Handbuch der Allgemeinen Psychologie – Motivation und Emotion

HANDBUCH DER PSYCHOLOGIE

hrsg. von J. Bengel, H.-W. Bierhoff, V. Brandstätter, M. Eid, D. Frey, P. A. Frensch, J. Funke, S. Gauggel, M. Hasselhorn, M. Herrmann, H. Holling, M. Jerusalem, J. H. Otto, F. Petermann, T. Rammsayer, H. Reinecker, B. Schmitz, W. Schneider, H. Schuler, Kh. Sonntag, M. Steller, R. Volbert und H. Weber.

Band 11
Handbuch der Allgemeinen Psychologie – Motivation und Emotion
hrsg. von Veronika Brandstätter und Jürgen H. Otto

weitere Bände:

Handbuch der Allgemeinen Psychologie: Kognition
hrsg. von Joachim Funke und Peter A. Frensch

Handbuch der Entwicklungspsychologie
hrsg. von Marcus Hasselhorn und Wolfgang Scheider

Handbuch der Sozialpsychologie und Kommunikationspsycholgie
hrsg. von Hans-Werner Bierhoff und Dieter Frey

Handbuch der Persönlichkeitspsychologie und Differentiellen Psychologie
hrsg. von Hannelore Weber und Thomas Rammsayer

Handbuch der Neuro- und Biopsychologie
hrsg. von Siegfried Gauggel und Manfred Herrmann

Handbuch der Psychologischen Methoden und Evaluation
hrsg. von Heinz Holling und Bernhard Schmitz

Handbuch der Psychologischen Diagnostik
hrsg. von Franz Petermann und Michael Eid

Handbuch der Klinischen Psychologie und Psychotherapie
hrsg. von Franz Petermann und Hans Reinecker

Handbuch der Arbeits- und Organisationspsychologie
hrsg. von Heinz Schuler und Karlheinz Sonntag

Handbuch der Pädagogischen Psychologie
hrsg. von Wolfgang Schneider und Marcus Hasselhorn

Handbuch der Gesundheitspsychologie und Medizinischen Psychologie
hrsg. von Jürgen Bengel und Matthias Jerusalem

Handbuch der Rechtspsychologie
hrsg. von Renate Volbert und Max Steller

HANDBUCH DER PSYCHOLOGIE

Handbuch der Allgemeinen Psychologie – Motivation und Emotion

herausgegeben von
Veronika Brandstätter und Jürgen H. Otto

HOGREFE

GÖTTINGEN · BERN · WIEN · PARIS · OXFORD · PRAG · TORONTO
CAMBRIDGE, MA · AMSTERDAM · KOPENHAGEN · STOCKHOLM

Prof. Dr. Veronika Brandstätter, geb. 1963. 1982-1987 Studium der Psychologie in München. 1991 Promotion. 2000 Habilitation. Seit 2003 Inhaberin des Lehrstuhls für Allgemeine Psychologie (Motivation) an der Universität Zürich.

Prof. Dr. Jürgen H. Otto, geb. 1952. 1971-1977 Studium der Psychologie in Berlin. 1981 Promotion. 1988 Habilitation. Apl. Professur seit 1993 an der FU Berlin und seit 1995 an der Universität Gh Kassel.

Bibliografische Information der Deutschen Nationalbibliothek
Die Deutsche Nationalbibliothek verzeichnet diese Publikation in der Deutschen Nationalbibliografie; detaillierte bibliografische Daten sind im Internet über http://dnb.d-nb.de abrufbar.

© 2009 Hogrefe Verlag GmbH & Co. KG
Göttingen · Bern · Wien · Paris · Oxford · Prag · Toronto
Cambridge, MA · Amsterdam · Kopenhagen · Stockholm
Rohnsweg 25, 37085 Göttingen

http://www.hogrefe.de
Aktuelle Informationen · Weitere Titel zum Thema · Ergänzende Materialien

Das Werk einschließlich aller seiner Teile ist urheberrechtlich geschützt. Jede Verwertung außerhalb der engen Grenzen des Urheberrechtsgesetzes ist ohne Zustimmung des Verlages unzulässig und strafbar. Das gilt insbesondere für Vervielfältigungen, Übersetzungen, Mikroverfilmungen und die Einspeicherung und Verarbeitung in elektronischen Systemen.

Satz: Grafik-Design Fischer, Weimar
Druck: AZ Druck und Datentechnik GmbH, Kempten
Printed in Germany
Auf säurefreiem Papier gedruckt

ISBN 978-3-8017-1845-9

Inhalt

Motivation und Emotion: Eine Einführung
Veronika Brandstätter & Jürgen H. Otto 13

I   Konzepte der Motivationspsychologie

Erwartung und Anreiz
Udo Rudolph 21

Implizite und explizite Motive
David Scheffer 29

Ziele
A. Timur Sevincer & Gabriele Oettingen 37

Werte
Wolfgang Bilsky 46

Interesse
Andreas Krapp 52

Selbstkonzept der Begabung
Oliver Dickhäuser 58

Zielorientierungen
Birgit Spinath 64

Annäherungs- vs. Vermeidungsmotivation
Natalie C. Ebner & Alexandra M. Freund 72

Persistenz und Zielablösung
Veronika Brandstätter 79

Motivation in kulturvergleichender Perspektive
Athanasios Chasiotis & Jan Hofer 89

Methoden der Motiv-, Motivations- und Volitionsdiagnostik
Thomas A. Langens 94

II Theorien der Motivationspsychologie

Historische Ansätze der Motivationspsychologie
Rosa Maria Puca 109

Risikowahl-Modell
Jürgen Beckmann & Josef A. Keller 120

Attributionstheorie und attributionale Theorien
Friedrich Försterling † 126

Selbstbewertungsmodell der Leistungsmotivation
Julia Schüler 135

Selbstbestimmungstheorie und Kognitive Bewertungstheorie
Nicola Baumann 142

Rubikonmodell der Handlungsphasen
Anja Achtziger & Peter M. Gollwitzer 150

Handlungskontrolltheorie
Markus Quirin & Julius Kuhl 157

Theorie der Persönlichkeits-System-Interaktionen (PSI)
Markus Quirin & Julius Kuhl 163

Zielsetzungstheorie
Jürgen Wegge & Klaus-Helmut Schmidt 174

Psychologie des Zukunftsdenkens
Caterina Gawrilow, A. Timur Sevincer & Gabriele Oettingen 182

Theorie des regulatorischen Fokus
Jens Förster & Markus Denzler 189

Theorie Erlernter Hilflosigkeit
Joachim Stiensmeier-Pelster 197

Automotiv-Theorie
Anja Achtziger & Peter M. Gollwitzer 204

Intentionstheoretischer Ansatz
Anja Achtziger & Peter M. Gollwitzer 209

III Thematische Klassen motivierten Verhaltens

Leistung
Thomas A. Langens 217

Macht
Heinz-Dieter Schmalt 225

Anschluss und Intimität
Kurt Sokolowski 231

Aggression
Horst Zumkley 239

Prosoziales Verhalten
Hans-Werner Bierhoff 246

Neugier und Exploration
Anke Lengning 252

Intrinsische Motivation
Falko Rheinberg 258

Entwicklung der Handlungsregulation
Manfred Holodynski 266

Entwicklung der Motive
Manfred Holodynski 272

IV Psychobiologische Aspekte von Motivation

Neurobiologie der Motivation und Volition
Lutz Jäncke 287

Endokrinologische Korrelate von Motiven
Marlies Pinnow 298

Belohnungs- und Bestrafungssensibilität
Dirk Hagemann 306

Biogene Bedürfnisse: Durst, Hunger, Sexualität
Marlies Pinnow 313

Kardiovaskuläre Prozesse und motivationale Intensität
Guido H. E. Gendolla & Michael Richter 324

V Motivation in angewandter Perspektive

Motivationspsychologie des Lernens
Regina Vollmeyer 335

Motivation in Arbeit und Beruf
Uwe Kleinbeck 347

Motivation von Anbietern und Nachfragern
Lutz von Rosenstiel & Peter Neumann 360

Motivationspsychologische Konzepte in der Ökonomie
Erich Kirchler, Marianne Holler & Martina Hartner 369

Motivation im Leistungssport
Jürgen Beckmann & Josef A. Keller 377

Motivation zur Förderung der Gesundheit
Julia Schüler 383

Motivationstraining
Albert Ziegler & Markus Dresel 392

VI Theoretische Ansätze der Emotionspsychologie

Evolutionäre Psychologie
Harald A. Euler 405

Psychophysiologie der Emotionen
Georg W. Alpers, Andreas Mühlberger & Paul Pauli 412

Ausdruck
Jörg Merten 422

Attributionale Ansätze
Friedrich Försterling † 429

Einschätzung
Rainer Reisenzein 435

Komponenten-Prozess-Modell – ein integratives Emotionsmodell
Tobias Brosch & Klaus R. Scherer 446

Sozial-konstruktivistischer Ansatz der Emotionspsychologie
Fay C. M. Geisler & Hannelore Weber 457

Entwicklung
Manfred Holodynski 463

VII Physiologische und neurochemische Grundlagen

Neuropsychologie
Rainer Bösel 473

Neurochemie
Ullrich Wagner & Jan Born 482

Physiologische Emotionsspezifität
Gerhard Stemmler 491

VIII Forschungsmethoden

Psychophysiologie
Gerhard Vossel & Heinz Zimmer 501

Bildgebende Verfahren
Lutz Jäncke 511

Methoden der Mimikanalyse und -synthese
Susanne Kaiser & Thomas Wehrle 521

Verbale Daten: Fragebogenverfahren
Lothar Schmidt-Atzert 532

Methoden zur Induktion von Emotionen
Markus Studtmann, Jürgen H. Otto & Rainer Reisenzein 540

Neurochemische Methoden in der Emotionspsychologie
Gisela Erdmann & Wilhelm Janke 550

Inhaltsanalysen und Interpretation
Philipp Mayring 563

IX Struktur der Emotionen und spezifische Emotionen

Kategoriale und dimensionale Modelle
Lothar Schmidt-Atzert 571

Überraschung
Achim Schützwohl 577

Freude und Glück
Philipp Mayring 585

Liebe und Verliebtsein
Carmen Wulf & Ulrich Mees 596

Eifersucht
Ralph B. Hupka & Jürgen H. Otto 605

Ärger
Volker Hodapp & Stephan Bongard 612

Angst und Furcht
Michael Hock & Carl-Walter Kohlmann 623

Trauer
Annette Schmitt & Ulrich Mees 633

Ekel und Verachtung
Jürgen Hennig 644

Stolz, Scham, Peinlichkeit und Schuld
Jeanette Roos 650

X Allgemeinpsychologische, differenzielle und soziale Aspekte von Emotionen

Gedächtnis und Emotion
Karl Christoph Klauer & Ulrich von Hecker 661

Motivation
Falko Rheinberg 668

Emotion und Handeln
Klaus Rothermund & Andreas B. Eder 675

Persönlichkeit und Emotion
Reinhard Pekrun & Anne C. Frenzel 686

Geschlechtsunterschiede in Emotionen
Andrea E. Abele 697

Emotionale Intelligenz und Emotionale Kompetenz
Jürgen H. Otto 706

Emotionsregulation
Boris Egloff 714

Empathie
Gisela Steins 723

XI Anwendungsbereiche

Psychotherapie und Emotionen
Peter Fiedler 731

Emotion und Gesundheit
Matthias Jerusalem 741

Schulisches Lernen und Emotionen
Martin Hänze 748

Emotionen in Organisationen
Dieter Zapf & Melanie Holz 755

Die Autorinnen und Autoren des Bandes 763

Autorenregister 773

Sachregister 795

Motivation und Emotion: Eine Einführung
Motivation and Emotion: An Introduction

Veronika Brandstätter & Jürgen H. Otto

1 Einführung in den Themenbereich Motivation und Emotion

Die Tatsache, dass in der Reihe „Handbuch der Psychologie" ein gemeinsamer Band zum Thema Motivation und Emotion vorgesehen ist und damit die beiden Themenfelder in einer Zusammenschau dargestellt werden können, ist sehr erfreulich. Zu stark stellen sich nämlich Motivations- und Emotionspsychologie nach wie vor als in sich geschlossene, hermetische Forschungsdisziplinen dar, die wenig Austausch pflegen, auch wenn sie traditionell in der Lehre an deutschsprachigen Universitäten unter dem Begriff Allgemeine Psychologie II zusammengefasst werden.

Dabei gilt – plakativ formuliert: Ohne Motivation keine Emotion und ohne Emotion keine Motivation. Diese Sichtweise erscheint produktiver als die alte Kontroverse, ob die Emotion die Grundlage der Motivation (z. B. Izard & Ackerman, 2000) oder die Motivation die Grundlage der Emotion sei (z. B. Lang, Bradley & Cuthbert, 1990). Eine ähnlich gelagerte Emotions-Kognitions-Debatte hat sich bereits in der Vergangenheit als unfruchtbar erwiesen (zsfd. Leventhal & Scherer, 1987). Zentrale Annahme verschiedenster klassischer (z. B. Psychophysiologische Emotionstheorie, William James) wie moderner (z. B. Kognitive Einschätzungstheorien, Richard Lazarus, Klaus Scherer) Theorien der Emotion ist, dass Objekte bzw. Ereignisse nur dann Emotionen auslösen, wenn sie für die persönlichen Belange der Person (ihre Ziele, Bedürfnisse, Motive) von Bedeutung, also motivational relevant sind. Die Beurteilung eines Ereignisses, inwieweit es die eigenen Ziele und Bedürfnisse fördert oder behindert, ist einer der ersten grundlegenden Einschätzungsschritte in der Emotionsentstehung (→ Komponenten-Prozess-Modell – ein integratives Emotionsmodell), und der Erfolg des individuellen Zielstrebens (→ Ziele) ist eine wichtige Quelle des emotionalen Befindens.

Eine Arbeitsdefinition, die sich in der Emotionspsychologie bisher als brauchbar erwiesen hat, weist auf diesen Sachverhalt hin: „Emotion refers to a relatively brief episode of coordinated brain, autonomic, and behavioral changes that facilitate a response to an external event of significance for the organism" (Davidson, Scherer & Goldsmith, 2003, S. XIII). Gerade der von Frijda (1986) stärker akzentuierte Handlungsaspekt „Der Kern einer Emotion sind Handlungsbereitschaft *(readiness to act)* und das Nahelegen *(prompting)* von Handlungsplänen; eine Emotion gibt einer oder wenigen Handlungen Vorrang, denen sie Dringlichkeit verleiht.

So kann sie andere mentale Prozesse oder Handlungen unterbinden oder mit ihnen konkurrieren ..." (nach Oatley & Jenkins, 1996, S. 96; Übersetzung der Verf.) macht ebenfalls die enge Verknüpfung von Emotion und Motivation deutlich und zeigt sich besonders in dem Kapitel → *Emotion und Handeln*, das deren wechselseitigen Einfluss darstellt.

Obwohl die Mehrheit motivationspsychologischer Modelle die kognitiven Komponenten des Motivationsprozesses in den Vordergrund stellt und Emotionen vernachlässigt, gibt es Ansätze, die die große Überschneidung von Emotion und Motivation in den Mittelpunkt ihrer Betrachtung rücken (→ Theorie der Persönlichkeits-System-Interaktionen (PSI)). Auch entwickelten sich etwa Bernard Weiners Analysen der Leistungsmotivation und der dabei auftretenden Emotionen Stolz, Scham, Schuld und Ärger hin zu einer umfassenden Emotionstheorie (Weiner, 2006; → Attributionale Ansätze). Innerhalb des Social-Cognition-Ansatzes wurde die Wechselwirkung von ergebnis- und prozessorientierter Motivation mit positiven und negativen Emotionszuständen untersucht. Das folgende, klassische Ergebnismuster wurde wiederholt repliziert (Martin, Ward, Achee & Wyer, 1993): Mit ergebnisbezogenem Verarbeitungsziel beschäftigen sich positiv gestimmte Personen kürzer und mit weniger Informationen als negativ gestimmte Personen. Mit prozessbezogenem Verarbeitungsziel hingegen sind positiv Gestimmte interessierter, berücksichtigen mehr Informationen und arbeiten länger als negativ gestimmte Personen (→ Schulisches Lernen und Emotionen).

Historisch ist interessant, dass Kleginna und Kleginna aufgrund ihrer klassischen Definitionsanalysen von Motivation (1981a) und Emotion (1981b) schon darauf hinweisen, dass es sich um verschiedene Aspekte ein und desselben Prozesses handeln könnte (1981a, S. 269, 270, 278). Heckhausen (1989) hat sehr treffend das Gemeinsame und Unterschiedliche von Emotion und Motivation gefasst, wenn er Grundemotionen als „rudimentäre Motivationssysteme" beschreibt. Sie sind „rudimentär", weil ihnen die differenzierteren kognitiven Beurteilungsprozesse fehlen, die ansonsten als typisch für die Motivationsgeschehen angenommen werden (→ Motivation).

Aus der Sicht der Motivationspsychologie sind affektive Zustände eine wichtige Voraussetzung für motiviertes, zielgerichtetes Handeln. Die für die aktuelle Motivationspsychologie typische Analyseperspektive ist die Frage nach dem Wozu, also die Suche nach angestrebten Zielzuständen, wobei angestrebte Zielzustände durch die Antizipation von Anreizen markiert werden (→ Erwartung und Anreiz, → Implizite und explizite Motive, → Werte, → Intrinsische Motivation). Darüber hinaus stehen affektive Zustände in engem Zusammenhang mit handlungsregulatorischen Prozessen (→ Handlungskontrolltheorie, → Theorie der Persönlichkeits-System-Interaktionen (PSI), → Theorie des regulatorischen Fokus, → Belohnungs- und Bestrafungssensibilität).

Diese kurzen Ausführungen mögen an dieser Stelle genügen, um auf die enge Verflechtung der Motivations- und Emotionspsychologie hinzuweisen. Insgesamt ist zu wünschen, dass motivations- und emotionspsychologische Konzepte und Theorien stärker als bisher mit einander in Beziehung gesetzt werden. Das vorliegende Handbuch möge dazu beitragen, Verbindungspunkte zwischen Motivations- und Emotionspsychologie noch deutlicher zu erkennen und daraus Anregungen für integrative Forschungsfragen und interdisziplinäre Praxisprojekte zu gewinnen.

2 Aufbau des Bandes und Auswahl der Themen

Der vorliegende Band gliedert sich in zwei Teile: Im ersten Teil wird der Inhaltsbereich Motivation behandelt. Er wurde verantwortlich von Veronika Brandstätter betreut und umfasst die fünf Themenfelder (a) Konzepte der Motivationspsychologie, (b) Theorien der Motivationspsychologie, (c) Thematische Klassen motivierten Verhaltens, (d) Psychobiologische Aspekte von Motivation und (e) Motivation in angewandter Perspektive. Der zweite Teil befasst sich mit dem Inhaltsbereich Emotion. Für ihn zeichnet Jürgen H. Otto verantwortlich. Der Emotionsteil umfasst die sechs Themenfelder (a) Theoretische Ansätze, (b) Physiologische und neurochemische Grundlagen, (c) Forschungsmethoden, (d) Struktur der Emotionen und spezifische Emotionen, (e) Allgemeinpsychologische, differentielle und sozial Aspekte sowie (f) Anwendungsbereiche. Die Herausgeberin und der Herausgeber haben jeweils die Kapitel beider Teile gelesen und kommentiert.

Bei der Auswahl der Themen haben uns verschiedene Überlegungen geleitet: Es ging uns einerseits darum, die große Vielfalt existierender Theorien und Forschungsansätze in den beiden Bereichen zu dokumentieren, die nicht nur auf eine lange Tradition zurückblicken, sondern gerade in jüngster Zeit sehr viel innovative Forschung hervorgebracht haben. Entsprechend finden sich ebenso Kapitel zu bedeutsamen klassischen Ansätzen, wie zu aktuellen theoretischen und methodischen Entwicklungen der Motivations- und Emotionspsychologie. In beiden Bereichen wurde besonderer Wert auf empirisch-experimentelle Untersuchungen gelegt.

Ein weiteres Kriterium für die Themenwahl war die Absicht, sowohl grundlagentheoretische als auch anwendungsorientierte Ansätze zu präsentieren, da Motivations- und Emotionspsychologie in exemplarischer Weise die Entwicklung von Theorien und deren Anwendung auf Fragestellungen der Praxis mit einander verbinden. Ein Beispiel sind theoretisch fundierte Motivationsförderprogramme, die für verschiedenste Lebensbereiche (Schule, Sport, Gesundheit, Arbeitsplatz) existieren. Ebenso spielen Emotionen gerade in der Klinischen und Gesundheitspsychologie, aber auch in pädagogisch-psychologisch orientierten Interventionsansätzen eine herausragende Rolle.

Fast eine Dekade nach dem Erscheinen des letzten deutschsprachigen Handbuches der Emotionspsychologie (Otto, Euler & Mandl, 2000), wurde eine erneute Bestandsaufnahme der oben genannten Themenfelder vorgenommen. Viele der Autoren des Bandes von Otto, Euler und Mandl schrieben hierzu neue Beiträge. Bei den Emotionstheorien treten die kognitionstheoretischen Ansätze hervor (→ Attributionale Ansätze, → Einschätzung, → Komponenten-Prozess-Modell – ein integratives Emotionsmodell), die sich motivationstheoretischen Modellen nähern. Bei den Methoden kommen die → *bildgebenden Verfahren* hinzu. Als weiterführende, neue Aspekte wurden die → *Emotionale Intelligenz und Emotionale Kompetenz*, die → *Emotionsregulation* und → *Geschlechtsunterschiede in Emotionen* behandelt.

3 Danksagung

Dieser Band ist im engagierten Zusammenwirken vieler Personen entstanden. An erster Stelle sei allen Autorinnen und Autoren herzlich gedankt, die durch ihren Handbuchbeitrag bzw. ihre Handbuchbeiträge einen lebendigen Einblick in ihr Arbeitsfeld und ihre Forschung gegeben haben und damit dokumentieren, dass die Motivations- und Emotionspsychologie aktive Felder der psychologischen Theoriebildung und Praxis sind. Die Autoren und Autorinnen sahen sich der Herausforderung gegenüber, weit verzweigte Forschungsgebiete in prägnanter Weise darzustellen. Die vom Verlag zur Verfügung gestellten Richtlinien zur Manuskriptgestaltung (z. B. im Hinblick auf Umfang der Kapitel und die Verwendung didaktischer Elemente) haben wesentlich dazu beigetragen, die Texte leserfreundlich zu gestalten.

Danken möchten wir auch insbesondere Frau Susanne Weidinger vom Hogrefe Verlag für ihre kompetente und freundliche Unterstützung unserer Herausgebertätigkeit. Für ihre Mitarbeit sei auch Prisca Greiner, Sonja Faè, Barbara Moser, Martin Pletscher und Carmen Roos von der Universität Zürich gedankt, die in verschiedenen Phasen des Handbuchprojekts wichtige redaktionelle Aufgaben übernommen haben. Der Emotionsteil hätte ohne die kollegiale und großzügige Unterstützung von Ernst-Dieter Lantermann und Martin Hänze an der Universität Kassel und Heinz Holling an der Universität Münster sowie sporadischen Zuwendungen der Agentur für Arbeit so nicht realisiert werden können.

Die Arbeit an diesem Handbuch wird überschattet vom Tode Friedrich Försterlings, der noch für beide Teile des Handbuchs je ein Kapitel verfasst hat. Wir möchten seiner an dieser Stelle mit tiefem Respekt gedenken. Mit ihm verliert die Motivationspsychologie einen der herausragendsten Vertreter.

Literatur

Davidson, R. J., Scherer, K. R. & Goldsmith, H. H. (Eds.). (2003). *Handbook of affective sciences.* New York: Oxford University Press.

Frijda, N. H. (1986). *The emotions.* Cambridge: Cambridge University Press.

Heckhausen, H. (1989). *Motivation und Handeln* (2. Aufl.). Berlin: Springer.

Izard, C. E. & Ackerman, B. P. (2000). Motivational, organizational, and regulatory functions of discrete emotions. In M. Lewis & J. M. Haviland-Jones (Eds.), *Handbook of emotions* (2nd ed., pp. 253–264). New York: Guilford.

Kleinginna, P. R. & Kleinginna, A. M. (1981a). A categorized list of motivation definitions with a suggestion for a consensual definition. *Motivation and Emotion, 5* (3), 263–291.

Kleinginna, P. R. & Kleinginna, A. M. (1981b). A categorized list of emotion definitions, with suggestions for a consensual definition. *Motivation and Emotion, 5* (4), 345–379.

Lang, P. J., Bradley, M. M. & Cuthbert, B. N. (1990). Emotion, attention, and the startle reflex. *Psychological Review, 97,* 377–395.

Leventhal, H. & Scherer, K. R. (1987). The relationship of emotion and cognition: A functional approach to a semantic controversy. *Cognition and Emotion, 1,* 3–28.

Martin, L. L., Ward, D. W., Achee, J. W. & Wyer, J. R., Jr. (1993). Mood as input: People have to interpret the motivational implications of their moods. *Journal of Personality and Social Psychology, 64,* 317–326.

Oatley, K. & Jenkins, J. M. (1996). *Understanding emotions.* Cambridge, MA: Blackwell.

Otto, J. H., Euler, H. A. & Mandl, H. (Hrsg.). (2000). *Emotionspsychologie. Ein Handbuch.* Weinheim: Beltz, Psychologie Verlags Union.

Weiner, B. (2006). *Social motivation, justice, and the moral emotions: An attributional approach.* Mahwah, NJ: Erlbaum.

I Konzepte der Motivationspsychologie

Erwartung und Anreiz
Expectancy and Incentive

Udo Rudolph

1 Einleitung

Die Konzepte „Erwartung" und „Anreiz" sind für die Motivationspsychologie von zentraler Bedeutung. Die meisten Theorien der Motivation greifen auf Erwartung und Anreiz zurück, um zu erklären, warum wir uns so verhalten, wie wir es tun: Motivation beruht auf dem, *was* wir wollen oder wünschen (einem subjektiven Anreiz oder Wert), sowie auf der subjektiven Erwartung oder Wahrscheinlichkeit, mit der wir es bekommen können. Einige Theorien der Motivation legen den Schwerpunkt auf das Konzept der Erwartung, andere auf das Konzept des Anreizes. Erwartungs-x-Wert-Theorien schließlich integrieren Erwartungen und Anreize.

2 Definition von Erwartung und Anreiz

2.1 Erwartung

Eine Erwartung ist die subjektive Vorwegnahme eines Ereignisses, „the act or action of anticipating something" (‚Websters New International Dictionary', Gove, 1993; → Psychologie des Zukunftsdenkens). In seiner Analyse der Alltagskonzepte von Erwartungen gelangt Heider (1958) zu dem Schluss, dass Erwartungen in Bezug auf eine bevorstehende Aufgabe auf der wahrgenommenen eigenen Fähigkeit (→ Selbstkonzept der Begabung) sowie der geplanten Anstrengung basieren, die man für ein Ziel aufbringen möchte. Hieraus folgt unmittelbar, dass der in der Literatur oftmals synonyme Gebrauch der Begriffe Aufgabenschwierigkeit und (Erfolgs-)Erwartung falsch ist: Subjektive Erwartungen sind abhängig von der (subjektiven) Aufgabenschwierigkeit einerseits sowie andererseits von dem Ausmaß der geplanten Anstrengung, die man aufwenden möchte.

Heiders (1958) Analyse des „gesunden Menschenverstandes" findet sich so allerdings nicht in allen psychologischen Theorien wieder. Mangelnde Einigkeit besteht insbesondere hinsichtlich der voraus laufenden Bedingungen von Erwartungen. So kommt Tolman (1932) aufgrund von Tierversuchen zu dem Schluss, dass Erwartungen eine Funktion von Verstärkungen sind. Atkinson (1964) dagegen sieht Erwartungen als Resultat verschiedener Faktoren, beispielsweise der Anzahl von Personen, mit denen man konkurriert, oder Informationen, die durch andere kommuniziert werden. Weiner (1986) hat aufgrund der zahlreichen Unklarheiten bezüglich der Genese von Erwartungen darauf hingewiesen, dass zur Vorhersage unseres motivierten Handelns möglicher Weise die *Änderung von Erwartungen* das hilfreichere Konzept ist. Zentral für das Konzept der Erwartung ist schließlich, dass Erwartungen immer subjektiv sind: Es ist nicht entscheidend, wie es um die objektive Aufgabenschwierigkeit steht, sondern wie diese von der Person wahrgenommen wird.

2.2 Anreiz und Wert

Im Folgenden gebrauchen wir die Begriffe des Anreizes und des Wertes synonym. Ein Anreiz ist geeignet, ein Verhalten auszulösen, anzuregen oder zu motivieren. Es herrscht in der Motivationspsychologie Einigkeit, dass eine Sache nur dann einen Anreiz oder einen Wert darstellt, wenn es eine Passung gibt zwischen Merkmalen dieser „Sache" und den Bedürfnissen der Person. Ein und dieselbe Sache kann also für zwei verschiedene Personen völlig unterschiedlichen Wert besitzen.

Anreize sind in psychologischen Theorien in sehr unterschiedlicher Weise operationalisiert worden: In behavioristischen Konzeptionen sind dies beispielsweise Belohnungen in Form von Futter (bei Tierexperimenten) oder anderen „Verstärkern" (z. B. Wertmarken in Studien zum menschlichen Verhalten). In anderen Motivationstheorien wird angenommen, dass auch die Aufgabe selbst, in Abhängigkeit vom Grad ihrer Schwierigkeit, einen Anreiz darstellt: Eine sehr schwierige Aufgabe zu lösen wird demzufolge als hoher Anreiz erlebt, während die Bearbeitung und/oder Lösung einer sehr leichten Aufgabe einen geringen Anreiz oder Wert darstellt. Schließlich bestimmen individuelle Motivdispositionen (→ Implizite und explizite Motive) darüber, ob eine Person eine bestimmte Sache (etwa eine Leistungssituation) als motivierend erlebt oder nicht (Heckhausen, 1989; s. a. Abschnitt 5.2).

3 Erwartungstheorien

3.1 Selbstwirksamkeitstheorien

In Banduras (1998) Theorie der Selbstwirksamkeit sind Erwartungen von zentraler Bedeutung für unser Handeln. Selbstwirksamkeit (self-efficacy) ist definiert als die Erwartung einer Person, jene Handlungen erfolgreich durchzuführen, die zum Erreichen eines Ziels notwendig sind. Selbstwirksamkeitserwartungen können hinsichtlich ihrer Stärke und ihrer Spezifität (beschränkt auf einen Tätigkeitsbereich oder allgemeingültig über viele verschiedene Tätigkeitsbereiche hinweg) variieren. Weiterhin unterscheidet Bandura zwischen Ergebniserwartungen und Wirksamkeitserwartungen (vgl. Tab. 1).

Tabelle 1: Die Unterscheidung zwischen Ergebnis- und Wirksamkeitserwartungen nach Bandura (1998)

Ergebniserwartung	Wirksamkeitserwartung
Die Erwartung, dass eine Handlung zu einem bestimmten Ergebnis führt.	Die Erwartung, eine Handlung in einer gegebenen Situation ausführen zu können.
Beispiel: Wenn ich täglich eine Stunde Spanisch lerne, werde ich in einem Jahr gut spanisch sprechen.	*Beispiel:* Dass ich jeden Tag eine Stunde Spanisch lerne, ist nicht sehr wahrscheinlich.

Bandura zufolge sind es insbesondere Wirksamkeitserwartungen, die Zielsetzungen, Aufgabenwahl, Anstrengungsaufwendung und Ausdauer (→ Persistenz und Zielablösung) determinieren. Hierbei ist zweierlei zu beachten:
1. Gute empirische Belege und Anwendungen existieren für zahlreiche Bereiche der Psychologie, so in Erziehung und Unterricht (→ Motivation des Lernens), zum Gesundheitsverhalten (→ Motivation zur Förderung der Gesundheit), und innerhalb der kognitiven Verhaltenstherapie.
2. Bandura kritisiert, frühere Theorien hätten sich ausschließlich mit Ergebnis- und nicht mit Selbstwirksamkeitserwartungen befasst. Eine genaue Analyse des methodischen Vorgehens bei Bandura zeigt jedoch, dass Selbstwirksamkeitserwartungen hier in ganz analoger Weise erfasst werden wie in diesen von Bandura kritisierten Theorien auch (siehe hierzu Meyer, 1984).

3.2 Kontrolltheorien

Die früheste Kontrolltheorie, die auch heute noch zu Weiterentwicklungen dieses Ansatzes führt, ist die Selbstverantwortlichkeitstheorie von Rotter (1966). Ein zentrales Konstrukt ist hier die „Lokation der Kontrolle". Rotter zufolge haben Personen generalisierte Erwartungen, inwiefern sie durch eigenes Verhalten Kontrolle über das Erreichen von Zielen ausüben können. Zur Messung solcher generalisierter Erwartungen entwickelten Rotter und Mitarbeiter einen Fragebogen (die „Internal-External-Control-Scale"). Empirische Befunde zu diesem Messinstrument weisen jedoch darauf hin, dass die erfassten Kontrollüberzeugungen zu weit gefasst sind, um eine gute Vorhersage individuellen Verhaltens zu ermöglichen. Einen Überblick über die neuere Forschung auf diesem Gebiet gibt Skinner (1995).

Ein eng verwandtes Konstrukt postuliert DeCharms (1968), das er als „persönliche Verursachung" bezeichnet (→ Selbstbestimmungstheorie und Kognitive Bewertungstheorie). Hierbei unterscheidet DeCharms Personen, die sich selbst in hohem Maße als „Urheber" betrachten, von solchen Personen, die sich eher als „Abhängige" sehen und glauben, nur wenig Kontrolle über ihre eigenen Handlungen und Handlungsergebnisse zu haben. Wie bei Rotter handelt es sich auch bei DeCharms Konzept um eine generalisierte Erwartung, die vor allem auf früheren Lernerfahrungen beruhen soll. Das Konzept der persönlichen Verursachung wurde insbesondere in Erziehung und Unterricht erfolgreich angewandt, und zwar im Rahmen eines von DeCharms und Mitarbeitern entwickelten „Urhebertrainings", das es Schülern und Lehrern ermöglichte, den Unterricht und das eigene Lernen aktiver und erfolgreicher zu gestalten.

4 Anreiztheorien

Im Rahmen der bisher genannten Theorien erfolgte keine Systematisierung der Gründe, die Personen für die Aufnahme und Durchführung von Handlungen haben. Selbst wenn eine Person sich gänzlich sicher ist, eine Aufgabe durchführen zu können, ist dies noch keine Gewähr dafür, dass sie hierzu motiviert ist. Ein erster Faktor, der eine solche Motivation befördern sollte, ist die Freude an der Tätigkeit selbst; hierzu betrachten wir zwei Ansätze.

4.1 Theorien der intrinsischen Motivation

Deci (1975; siehe auch Ryan & Deci, 2000) hat darauf hingewiesen, dass das Erleben eigener Kompetenz eine große Rolle für motiviertes Verhalten spielt. Intrinsisch motiviertes Verhalten (→ Intrinsische Motivation) wird gezeigt, um sich in der Auseinandersetzung mit der Umwelt als kompetent und selbstbestimmt zu erleben; Deci zufolge haben Menschen diesbezüglich ein angeborenes Bedürfnis. Extrinsisches Verhalten dagegen ist auf externe Ziele gerichtet, so etwa auf materielle Belohnungen, das Vermeiden negativer Konsequenzen, oder auf Anerkennung durch andere Personen. Beide Arten der Motivation schließen einander nicht aus: Wenn eine Person ein bestimmtes Studienfach wählt, so möchte sie vermutlich gerne ihre eigenen Kompetenzen erleben (und steigern), und zugleich ein Studienfach wählen, das in Zukunft gute Chancen eröffnet, den eigenen Lebensunterhalt zu bestreiten. Klassische lerntheoretische Ansätze haben den äußeren Anreizen des Verhaltens in überzeugender Weise Rechnung getragen; das Verdienst Decis besteht vor allem daran, die Aufmerksamkeit auch auf den erstgenannten Typ von intrinsischen Anreizen gelenkt zu haben.

Deci hat ferner darauf hingewiesen, dass extrinsische Motivation dazu führen kann, dass die intrinsische Motivation geschwächt wird (sog. Korrumpierungseffekt). Dieser Fall tritt ein, wenn die Ursachen des eigenen Verhaltens neu interpretiert werden: Statt der zunächst erfolgten Ausführung des Verhaltens aufgrund der Freude beim Erleben eigener Selbstbestimmung und Kompetenz kommt es dann zu einer Zuschreibung der Verhaltensursachen auf rein äußere Anreize. Deci bezeichnet dies als die „kontrollierende Funktion" äußerer Anreize.

4.2 Flow-Erleben

Csikszentmihalyi (1988) greift den Gedanken der intrinsischen Motivation von Deci (1975) auf und betont hierbei das unmittelbare subjektive Erleben beim Ausführen von Handlungen. Basierend auf zahlreichen Beobachtungen, so beispielsweise an Bergsteigern, Tänzern, Schachspielern, Sportlern und Komponisten, postuliert Csikszentmihalyi einen Zustand bei der Ausführung von intrinsisch motivierten Tätigkeiten, den er als Flow-Erleben bezeichnet. Dieser ist gekennzeichnet durch ein vollständiges Aufgehen in der Handlung, einer Einigkeit von Handlung und Bewusstsein, einer eingeschränkten Aufmerksamkeit, der Abwesenheit von Selbstaufmerksamkeit sowie durch eine subjektiv hohe Kontrolle über eigene Handlungen und die Umgebung. In neuerer Zeit sind auch individuelle Unterschiede im Flow-Erleben untersucht worden. Solche Unterschiede existieren in Bezug auf (a) Präferenzen für schwierige und herausfordernde Aufgaben, (b) selbst gesteuertes Lernen aufgrund von Neugier oder Interesse und (c) das Streben nach Kompetenz und Meisterschaft. Personen, die auf diesen Dimensionen hohe Werte aufweisen, bewältigen Misserfolge besser, zeigen bessere schulische und akademische Leistungen, verwenden effektivere Lernstrategien und erfahren mehr positive Emotionen (→ Motivationspsychologie des Lernens, → Schulisches Lernen und Emotion).

5 Theorien von Erwartung und Anreiz

5.1 Die Theorie der resultierenden Valenz

Die erste Theorie, in der sowohl Erwartungs- als auch Anreizkonzepte explizit berücksichtigt und zueinander in Beziehung gesetzt werden, ist die Theorie der resultierenden Valenz von Lewin und Mitarbeitern (Lewin, Dembo, Festinger & Sears, 1944). Der von Lewin et al. entwickelte Grundgedanke ist bis heute in allen Erwartungs-x-Wert-Theorien erhalten geblieben und verdient daher besondere Aufmerksamkeit. Ursprung der Überlegungen von Lewin et al. sind die Befunde von Hoppe (1930) zum Anspruchsniveau und zur Vorhersage der Aufgabenwahl. Es wird angenommen, dass jeder Aufgabenwahl ein Annäherungs-Vermeidungs-Konflikt zugrunde liegt: Eine Annäherungstendenz liegt vor, weil ein möglicher Erfolg als positiv erlebt und daher aufgesucht wird; eine Vermeidungstendenz resultiert aus einem möglichen Misserfolg (Annäherungs- vs. Vermeidungsmotivation).

Sowohl Annäherungs- als auch Vermeidungstendenz sind Lewin und Mitarbeitern zufolge ein Produkt aus einer Erwartungs- und einer Wert-Komponente (vgl. Abb. 1). Da vor der Aufgabenbearbeitung prinzipiell beide Kräfte wirksam sind (weil ja sowohl Erfolg als Misserfolg eintreten können), ergibt sich eine resultierende Kraft, die aus einer Annäherungs- und einer Vermeidungskomponente besteht. Rechenbeispiele, die diese Schlussfolgerungen illustrieren und belegen, fin-

Stärke der Kraft, Erfolg anzustreben: K(e)		Stärke der Kraft, Misserfolg zu vermeiden: K(m)		Resultierende Kraft: K(r)
Valenz von Erfolg	Subjektive Wahrscheinlichkeit von Erfolg	Valenz von Misserfolg	Subjektive Wahrscheinlichkeit von Misserfolg	
V(e)	W(e)	V(m)	W(m)	
Besonders hoch für schwierige Aufgaben, besonders niedrig für leichte Aufgaben.	Besonders niedrig für schwierige Aufgaben, besonders hoch für leichte Aufgaben.	Besonders niedrig für schwierige Aufgaben, besonders hoch für leichte Aufgaben.	Besonders hoch für schwierige Aufgaben, besonders niedrig für leichte Aufgaben.	
Kraft, die zum Erfolg führt: V(e) x W(e)*		Kraft, die zum Misserfolg führt: V(m) x W(m)**		K(e) + K(m)
* K(e) hat immer ein positives Vorzeichen		** K(m) hat immer ein negatives Vorzeichen		

Abbildung 1: Die Theorie der resultierenden Valenz von Lewin und Mitarbeitern

den sich in Rudolph (2007). Lewin und Mitarbeiter haben selbst keine empirischen Daten vorgelegt, die ihre Annahmen stützen, allerdings erklärt die Theorie der resultierenden Valenz in besonders eleganter Weise die Daten von Hoppe (1930) zur Anspruchsniveausetzung.

Implikationen der Theorie der resultierenden Valenz

1. Eine Aufgabe sollte freiwillig nur dann in Angriff genommen werden, wenn die resultierende Kraft, Erfolg aufzusuchen, größer ist als die resultierende Kraft, Misserfolg zu meiden.
2. Unter verschiedenen Handlungsalternativen wird diejenige gewählt, bei denen die resultierende Valenz am größten ist.
3. Viele Personen werden mittelschwere Aufgaben bevorzugen, da hier das Produkt aus Erwartung und Wert am größten ist.
4. Personen, die den negativen Wert eines möglichen Misserfolgs besonders hoch gewichten, werden sowohl besonders leichte als auch besonders schwere Aufgaben bevorzugen.

5.2 Die Theorie der Leistungsmotivation von John Atkinson

Atkinsons Theorie der Leistungsmotivation (→ Risikowahl-Modell) greift die Überlegungen von Lewin et al. (1944) auf und erweitert diese um zwei stabile Personvariablen, nämlich das Erfolgs- und Misserfolgsmotiv. Diese Erweiterung ist aus zwei Gründen bemerkenswert. Zum einen zeigen bereits die frühen Befunde von Hoppe (1930), dass Personen sich in hohem Maße in Bezug auf ihr Verhalten in Leistungssituationen unterscheiden: Zwar wählen viele Personen – entsprechend den Vorhersagen des Modells – bevorzugt mittelschwere Aufgaben; es gibt jedoch auch Personen, die sehr leichte oder sehr schwere Aufgaben wählen. Dieses Phänomen kann zumindest theoretisch mit dem Postulat verschiedener Erfolgs- und Misserfolgsmotive gut erklärt werden (vgl. Heckhausen, 1989), wenngleich die Messung von Erfolgs- und Misserfolgsmotiv nach wie vor nicht überzeugend gelöst ist (→ Methoden der Motiv-, Motivations- und Volitionsdiagnostik).

Zum zweiten liefert Atkinsons Definition des Erfolgs- und Misserfolgsmotivs einen viel versprechenden Hinweis, der in späteren Theorien der Motivation (so der attributionalen Theorie von Weiner, 1986; → Attributionstheorie und attributionale Theorien) aufgegriffen wurde: Das Erfolgsmotiv ist bei Atkinson als Fähigkeit definiert, Stolz nach Erfolg zu antizipieren oder zu erleben; das Misserfolgsmotiv ist definiert als Fähigkeit, Scham nach Misserfolg zu antizipieren oder zu erleben. Es sind demzufolge nicht nur die vorweggenommenen Konsequenzen des eigenen Verhaltens und deren Wahrscheinlichkeiten, die unser Handeln bestimmen: Zusätzlich wird unser Verhalten durch die Vorwegnahme oder das Erleben bestimmter Emotionen (in Atkinsons Theorie: Stolz und Scham, → Stolz, Scham, Peinlichkeit und Schuld) determiniert, welche von individuellen Motivausprägungen abhängig sind.

6 Neuere Entwicklungen

Zwei Forschungsstränge haben sich in jüngerer Zeit aus den hier vorgestellten Konzepten von Erwartung und Anreiz entwickelt. Zum einen gibt es eine Reihe von neueren Ausarbeitungen der als Erwartungs-x-Wert-Theorien bezeichneten Gruppe von Ansätzen. Wichtige Autoren hierbei sind Heckhausen (1989), Feather (1992) sowie Eccles und Wigfield (2002); der letztgenannte Beitrag gibt zudem einen sehr guten Überblick zu den Weiterentwicklungen des nach wie vor gültigen und bestechend eleganten Grundgedankens von Lewin und Mitarbeitern. In einer weiteren Gruppe von Theorien ist auf der Basis der Überlegungen Fritz Heider (1958) die Idee von John Atkinson aufgegriffen worden, der erstmals innerhalb der Motivationspsychologie die motivierende und handlungsleitende Funktion von Emotionen betont hat. Hier ist insbesondere Weiners attributionale Theorie der Emotion und Motivation zu nennen als eine sehr umfassende und systematische Ausarbeitung dieses Ansatzes (Weiner, 1986).

Weiterführende Literatur

Eccles, J. S. & Wigfield, A. (2002). Motivational beliefs, values, and goals. *Annual Review of Psychology, 53,* 109–132.
Rudolph, U. (2007). *Motivationspsychologie.* Weinheim: Beltz Psychologie Verlags Union.

Literatur

Atkinson, J. W. (1964). *An introduction to motivation.* Princeton, NY: Van Nostrand.
Bandura, A. (1998). *Self-efficacy: The exercise of control.* New York: Freeman.
Csikszentmihalyi, M. (1988). The flow experience and its significance for human psychology. In M. Csikszentmihalyi & I. S. Csikszentmihalyi (Eds.), *Optimal experience: Psychological studies of flow in consciousness* (pp. 15–35). Cambridge, MA: Cambridge University Press.
DeCharms, R. (1968). *Personal causation: The internal affective determinants of behavior.* New York: Academic Press.
Deci, E. L. (1975). *Intrinsic motivation.* New York: Plenum.
Feather, N. T. (1992). Values, valences, and actions. *Journal of Social Issues, 48,* 109–124.
Gove, P. B. (Ed.). (1993). *Webster's new international dictionary of the english language (unabridged).* Springfield, MA: Merriam-Webster.
Heckhausen, H. (1989). *Motivation und Handeln* (2. Aufl.). Berlin: Springer.
Heider, F. (1958). *The psychology of interpersonal relations.* New York: Wiley.
Hoppe, F. (1930). Untersuchungen zur Handlungs- und Affektpsychologie, IX: Erfolg und Misserfolg. *Psychologische Forschung, 14,* 1–63.
Lewin, K., Dembo, T., Festinger, L. & Sears, P. S. (1944). Level of aspiration. In J. McVicker Hunt (Ed.), *Personality and the behavior disorders* (pp. 333–378). New York: Ronald.
Meyer, W.-U. (1984). *Das Konzept von der eigenen Begabung.* Bern: Huber.
Rotter, J. B. (1966). Generalized expectancies for internal versus external control of reinforcement. *Psychological Monographs, 80,* 1–28.
Ryan, R. M. & Deci, E. L. (2000). Intrinsic and extrinsic motivations: Classic definitions and new directions. *Contemporary Educational Psychology, 25,* 54–67.
Skinner, E. A. (1995). *Perceived control, motivation, and coping.* Thousand Oaks, CA: Sage.
Tolman, E. C. (1932). *Purposive behavior in animals and men.* New York: Appleton-Century-Crofts.
Weiner, B. (1986). *An attributional model of motivation and emotion.* New York: Springer.

Implizite und explizite Motive
Implicit and Explicit Motives

David Scheffer

1 Implizite und explizite Motive: Zwei unabhängige Konstrukte

Wenn ein Mensch sich selbst in einem Fragebogen oder Gespräch als eine Person beschreibt, die
- sich gerne und oft anfordernde und spezifische Leistungsziele setzt,
- sehr stark daran interessiert ist, bezogen auf bestimmte Gütemaßstäbe besser zu werden,
- immer bereit ist, sich dafür auch bei Widerständen hartnäckig anzustrengen,

dann würden wir mit unserem „gesunden Menschenverstand" davon ausgehen, dass dieser Mensch auch seine Umwelt entsprechend wahrnimmt, also selektiv auf Möglichkeiten achtet, dieses *Leistungsmotiv* (→ Leistung) tatsächlich in die Tat umzusetzen. Wir würden es nicht unplausibel finden, dass diese Person bspw. Abbildung 1[1] in etwa so wahrnehmen und interpretieren würde: „Hier diskutieren drei Mitarbeiter(innen) über ein aufgetretenes Problem bei der Arbeit: es ist ihnen wichtig, nach wirkungsvollen Strategien zu suchen, um eine effiziente Lösung zu realisieren". Eher wundern würden wir uns vielleicht, wenn diese in der Selbstbeschreibung vorwiegend leistungsmotivierte Person stattdessen das Bild bindungsthematisch interpretiert (auch wenn diese Deutung an sich auch plausibel ist): „Hier sitzen drei Personen in einer Cafeteria bei Kaffee und Kuchen, sie genießen die herzliche, freundschaftliche Atmosphäre" (→ Anschluss und Intitmität). Ebenfalls unstimmig würde eine dritte (natürlich ebenso mögliche) machtthematische Deutung wirken (→ Macht): „Hier gibt der Chef seinen Mitarbeitern Anweisungen; er möchte *sofort* alle erforderlichen Unterlagen für das Vorstandsmeeting haben". Eine solche von der Selbstbeschreibung abweichende Interpretation von mehrdeutigen Bildvorlagen erscheint inkongruent.

Ein Motiv ist das, was Menschen besonders bewegt und daher unmittelbar ihre Wahrnehmung und mittelbar ihr Verhalten selektiert, orientiert und energetisiert (McClelland, 1987). Und wer sich selbst als leistungsmotiviert beschreibt, sollte auch entsprechend auf die dazu passenden leistungsthematischen Reize im Umfeld achten, die, wie in der obigen Bildvorlage ja in vielen Situationen (neben anderen motivspezifischen Reizen), anzutreffen sind.

---

[1] Die Abbildung einer Alltagsszene wurde fototechnisch bearbeitet, um die Bildqualität zu reduzieren. Die Idee dieser Bildvorlage ist die, dass Personen mit starker Motivdisposition die motivspezifischen Hinweisreize einfacher erkennen können als Personen mit weniger stark ausgeprägtem Motiv.

Abbildung 1: Mehrdeutige Bildvorlage, die sich zur Messung impliziter Motive eignet

2 Geringe Korrelationen zwischen selbstbeurteilten (expliziten) und aus Inhaltsanalysen erschlossenen (impliziten) Motiven

In zahlreichen Untersuchungen hat sich gezeigt, dass die Selbsteinschätzung von Motiven in einem Fragebogen nicht mit dem motivspezifischen Inhalt von Geschichten, die Personen zu mehrdeutigen Bildern wie dem in Abbildung 1 aufschreiben, korreliert; des weiteren hat sich gezeigt, dass beide Methoden zur Messung von Motiven (vgl. Kasten) mit ganz unterschiedlichen Facetten motivierten Verhaltens zusammenhängen (zsfd. Brunstein, 2006). Das in Fragebögen selbst zugeschriebene und daher *explizite* Leistungsmotiv korreliert bspw. mit Entscheidungen, Aufgaben zielstrebig weiterzuführen, und im Vergleich zu anderen besser zu werden; das aus Inhaltsanalysen erschlossene, also *implizite* Leistungsmotiv korreliert dagegen mit dem spontanen und flexiblen Bestreben, relativ zum eigenen Leistungsniveau besser zu werden.

Aus neuropsychologischer Sicht verortet man die impliziten Motive eher in älteren Teilen des Gehirns (vor allem in dem für die emotionale Informationsverarbeitung wichtigen limbischen System), sie haben einen affektiven Kern (McClelland,

1987). Explizite Motive hingegen müssen offenbar in stammesgeschichtlich jüngeren Regionen des Neokortex lokalisiert werden. Erstere haben die Funktion, eine ausgedehnte („freischwebende" oder „ganzheitliche") Aufmerksamkeit sicherzustellen, die bspw. bei intuitiven Kaufentscheidungen im „Konzert" von mehr als 50.000 durch die Werbung angepriesenen Marken in westlichen Industrienationen eine entscheidende Rolle spielt (Scheier & Held, 2007; → Motivation von Anbietern und Nachfragern). Letztere dagegen stellen eine bewusste und fokussierte Aufmerksamkeit bereit, wie sie bspw. in der Wahlkabine beim Ankreuzen einer bewusst präferierten Partei notwendig ist. Implizite und explizite Motive werden auch durch unterschiedliche Bedingungen angeregt: Erstere durch intrinsische, tätigkeitsbezogene Anreize, letztere durch eindeutige Wahlalternativen und sozial-evaluative Hinweisreize. Da beide Motivsysteme neurophysiologisch und statistisch unabhängig voneinander sind – d. h. nur schwach miteinander korrelieren – können sie miteinander interagieren und so im Falle des Leistungsmotiv z. B. eine Person gleichzeitig wettbewerbsorientiert (explizites System) *und* lernorientiert (implizites System) machen (Brunstein & Maier, 2005). Untersuchungen zeigen, dass die *Kongruenz* zwischen einem expliziten und impliziten Motiv das Wohlbefinden und den Erfolg von Menschen positiv beeinflusst, Inkongruenz dagegen mit gesundheitlichen Beschwerden einhergeht; es existieren auch bereits erste Interventionsansätze, um eine höhere Kongruenz zwischen impliziten und expliziten Motiven zu erhöhen (Brunstein, Schultheiß & Grässmann, 1998).

Die Unabhängigkeit des expliziten und impliziten Leistungsmotivs, ihre differenzierten Korrelationen mit bestimmten Verhaltensaspekten und die Möglichkeit der Kombination dieser unterschiedlichen Verhaltenseffekte konnte auch für die beiden anderen großen Motivbereiche Bindung und Macht (vgl. Kasten) nachgewiesen werden (McClelland, Koestner & Weinberger, 1989). Angesichts dieser Befundlage sollte man annehmen, dass implizite Motive als unabhängiges und valides Konstrukt in der Forschungsgemeinschaft weithin akzeptiert wären. Dies ist jedoch nicht der Fall, was leider dazu geführt hat, dass die für implizite Motive angemessene Messmethode der Inhaltsanalyse häufig in den Diagnostikvorlesungen nicht angemessen gelehrt wird.

Die „Big 3" der Motivationsforschung

1. *Leistungsmotiv:* Wunsch nach Herausforderung durch anregende, komplexe, schwierige aber lösbare Aufgaben. Affektiver Kern ist die Neugier und Stolz.
2. *Bindungsmotiv:* Wunsch nach Zugehörigkeit in einem sozialen Netz, nach Gemeinschaft, Geselligkeit und Geborgenheit. Affektiver Kern ist die Liebe.
3. *Machtmotiv:* Wunsch nach Einfluss auf und Kontrolle über andere, nach Autonomie und Entscheidungsspielraum. Affektiver Kern ist die Selbstbehauptung und Stärke.

3 Eine Entgegnung auf Kritik an der Operationalisierung von impliziten Motiven

Die bekannteste Methode zur Messung impliziter Motive ist der Thematische Apperzeptionstest (TAT), der bereits von Murray (1938) entwickelt wurde (vgl. Kasten; → Methoden der Motiv-, Motivations- und Volitionsdiagnostik). Seitdem ist dieser Test und andere zu der sog. *operanten* Testfamilie gehörenden Verfahren zum Teil scharf kritisiert worden, weil sie zu wenig objektiv und zu wenig reliabel seien.

Der Thematische Apperzeptionstest (TAT)

Mit Hilfe des TAT werden seit 1938 implizite Motive gemessen, indem Teilnehmer zu mehrdeutigen Szenen Fantasiegeschichten schreiben, die dann durch wohldefinierte Auswertungsschlüssel auf darin vorkommende Motive (bspw. Leistungsmotiv, Machtmotiv, Affiliationsmotiv) hin kodiert werden.

Atkinson und McClelland konnten am Beispiel des Hungerbedürfnisses 1948 in einem Feldexperiment nachweisen, dass der TAT implizite Motive misst. Sie ließen Matrosen nach einer Fastenperiode, deren Länge je nach Dauer des Einsatzes zwischen einer Stunde und 16 Stunden schwankte, einen TAT und einen Fragebogen ausfüllen. Es zeigte sich, dass nur im TAT nahrungsbezogene Inhalte linear mit zunehmender Fastendauer zunahmen. Im Fragebogen zeigte sich dagegen eine umgekehrt U-förmiger Zusammenhang. Die Selbsteinschätzung des eigenen Hungers stieg mit zunehmender Nahrungsdeprivation zunächst an, fiel dann jedoch wieder ab. Der Hunger wurde also aus dem Bewusstsein verdrängt bzw. nach einem ungewöhnlich langen Nahrungsentzug von 16 Stunden dachten die Matrosen offenbar nicht mehr explizit an den Hunger. Das Motiv nach Nahrungsaufnahme war jedoch weiter gewachsen, was sich nur im impliziten Motivmaß (dem TAT) offenbarte.

Nach dem Vorbild des TAT entwickelte und hinsichtlich der Objektivität und Realiabilität verbesserte Tests zur Messung impliziter Motive sind das Multi-Motiv-Gitter (MMG; Schmalt, Sokolowski & Langens, 2000) sowie der Operante Motivtest (OMT; Kuhl, Scheffer & Eichstaedt, 2003; Scheffer, 2005).

Ohne auf diese Kritik an dieser Stelle im Einzelnen eingehen zu können, soll der tieferliegende Problemraum kurz skizziert werden (Sarges & Scheffer, 2008): In der Differentiellen und Persönlichkeitspsychologie wie in großen Teilen der psychologischen Diagnostik gibt es seit Jahrzehnten eine dominante Tendenz zu einer „respondenten" Psychologie. Die Teststimuli (Fragen in Fragebögen, Aufgaben in Leistungstests etc.) werden *eindeutig* und die Reaktionen *geschlossen*

(Multiple Choice oder abgestufte Skalen = „respondent") gehalten. Implizite Motive dagegen lassen sich erst durch mehrdeutige Stimuli evozieren und durch offene (= „operante") Reaktionen erschließen. In der Diagnostik wird es daher darauf ankommen, *erweiterte Stimulus-Response-Kombinationen* zuzulassen und die dafür angemessenen psychometrischen Kennwerte zu entwickeln. Wichtige Persönlichkeitsmerkmale wie implizite Motive kommen offenbar erst in schwach strukturierten Situationen zu voller Blüte (das implizite Leistungsmotiv bspw. in „schwachen Situationen" ohne sozialen Leistungsvergleich, s. die bereits erwähnte Untersuchung von Brunstein & Maier, 2005).

Wie wichtig die Diagnostik impliziter Motive für die Praxis sein kann, zeigt eine Längsschnittuntersuchung von McClelland und Boyatzis (1982): Das im TAT gemessene Machtmotiv von Managern korrelierte noch 16 Jahre später mit der erreichten Führungsposition in einem großen amerikanischen Unternehmen. Wie erwartet waren zum Zeitpunkt ihrer Einstellung machtmotivierte Manager 16 Jahre später höher aufgestiegen als leistungsmotivierte, die eher nur bis in mittlere Hierarchieebenen gelangten, und als bindungsmotivierte, die den geringsten Aufstiegserfolg zu verzeichnen hatten. Dass operante Methoden zur Messung impliziter Motive trotz ihrer Probleme mit verschiedenen klassischen Testgütekriterien sogar valider zu sein scheinen als Fragebögen, legt eine rezente Meta-Analyse von Meyer et al. (2001) nahe.

4 Warum sich explizite und implizite Motive unterscheiden

Zusammengefasst lässt sich bis hierhin sagen:
- explizite und implizite Motive sind unabhängige Konstrukte,
- sie sagen unterschiedliche Verhaltensbereiche vorher,
- wirken bei der Handlungssteuerung zusammen.

Vor diesem Hintergrund stellt sich natürlich die Frage, warum in der menschlichen Evolution zwei motivationale Systeme entstanden sind. Eine mögliche Erklärung ist entwicklungspsychologischer Natur (McClelland et al., 1989; → Entwicklung der Motive): Während implizite Motive offenbar vor der Entwicklung von Sprache geprägt werden, entstehen explizite Motive im Zusammenhang mit dem sprachbasierten Selbstkonzept. Eine (die erste Erklärung ergänzende) funktionsanalytische Begründung liefert Kuhl (2001): Im Gehirn existieren unabhängig voneinander zwei völlig unterschiedliche Informationsverarbeitungsstile, die gemäß Epstein, Pacini, Denes-Raj und Heier (1996) in Tabelle 1 dargestellt sind.

Auf der Basis dieser Einteilung und der in diesem Band beschriebenen PSI-Theorie (→ Theorie der Persönlichkeits-System-Interaktionen (PSI)) lassen sich vier Umsetzungsstile von Motiven ableiten. Mit dem Operanten Motivtest (OMT, Kuhl

Tabelle 1: Merkmale der intuitiven und der analytisch-rationalen Informationsverarbeitung gegenübergestellt (Epstein et al., 1996, S. 391)

Vergleich zwischen Verstand (explizit) und Gefühl (implizit)	
Intuitive Verarbeitung (implizit)	*Analytische Verarbeitung (explizit)*
Ganzheitlich	Sequenziell (Schritt für Schritt)
Automatisch, anstrengungslos	Intentional, anstrengend
Affektiv: Lust-Unlust-betont	Logisch: an Ursachen orientiert
Assoziationistische Verbindungen	Logische Verbindungen
Enkodiert Realität in Bildern	Enkodiert Realität in abstrakten Symbolen
Rasche Verarbeitung: an sofortiger Aktion orientiert	Langsamere Verarbeitung: an verzögerter Aktion orientiert
Kontext-spezifische Verarbeitung	Kontext-übergreifende Prinzipien
Erfahrung ist passiv und vorbewusst	Erfahrung ist aktiv, bewusst und kontrolliert
Glauben	Beweisen

et al., 2003; Scheffer, 2005) wurde dieses Konzept zu einer Messmethode für die verschiedenen Umsetzungsformen der „Big 3"-Motive weiterentwickelt. Tabelle 2 zeigt dies exemplarisch für das Leistungsmotiv.

Für die Gültigkeit dieses theoretischen Rahmens sprechen mittlerweile einige empirische Befunde. Baumann und Scheffer (2008) konnten bspw. zeigen, dass die Flow-Komponente des Leistungsmotivs hoch mit dem Flowerleben (→ Intrinsische Motivation) bei verschiedenen Übungen eines Outdoor-ACs (Hochseilparcours, Konstruktion einer Brücke auf dem Wasser etc.) korreliert. Der theoretische Rahmen vereinfacht auch die Einordnung der Befunde von Brunstein und Maier (2005). Je stärker die expliziten Komponenten der Handlungskontrolle (→ Handlungskontrolltheorie) das Leistungsmotiv prägen, desto eher wird es durch soziale Vergleiche aktiviert und desto stärker äußert es sich in Wettbewerbsorientierung, im Bestreben besser zu sein als andere und im Erleben von Leistungsdruck. Das implizite Leistungsmotiv wird dagegen stärker durch Tätigkeitsanreize ausgelöst, den eigenen Leistungsstand zu verbessern und äußert sich in einer affektiv positiven, intuitiven Umsetzung dieses Motivs.

Dennoch ist festzuhalten, dass es weiterer großer Anstrengungen bedarf, um die Erscheinungsformen und Wechselwirkungen expliziter und impliziter Motive

Tabelle 2: Vier Formen des Leistungsmotivs im OMT

	Objekterkennungsystem (explizit)	**Intuitive Verhaltenssteuerung (implizit)**
Absichtsgedächtnis (explizit)	*„Leistungsdruck"* Das Leistungsmotiv wird durch detaillierte externe Standards und soziale Vergleiche aktiviert und äußert sich in hoher Wettbewerbsorientierung und dem Bestreben besser als andere zu sein	*„Gütemaßstab"* Das Leistungsmotiv wird durch visionäre, nicht zu detaillierte Ziele (Zielkorridore) aktiviert und äußert sich im Entwickeln von Strategien, die langfristig zum Erreichen der Ziele führen
Extensionsgedächtnis (implizit)	*„Misserfolgsbewältigung"* Das Leistungsmotiv wird durch herausfordernde Probleme, die bei der Bearbeitung von Aufgaben entstehen, aktiviert und äußert sich durch die Entwicklung flexibler Lernziele und Kreativität	*„Flow"* Das Leistungsmotiv wird durch in der Tätigkeit liegende Anreize ausgelöst und äußert sich u. a. in begeisterter und leidenschaftlicher Ausübung dieser Tätigkeit

besser zu verstehen und auch für die praktische Anwendung nutzbar zu machen (Scheffer, Eichstaedt, Chasiotis & Kuhl, 2007). Insbesondere über die Wirkung der expliziten Motivsysteme wissen wir noch zu wenig. Aber auch der Weiterentwicklung der Meßmethoden für implizite Motive kommt eine Schlüsselrolle zu; zum einen, um die Akzeptanz dieser Methoden in der Forschungsgemeinschaft zu erhöhen, zum anderen, um den bei Inhaltsanalysen anfallenden sehr großen Zeitbedarf durch den Einsatz von computergestützten Verfahren zu ökonomisieren. Vielversprechende Ansätze hierfür existieren bereits (Sarges & Scheffer, 2008).

Weiterführende Literatur

McClelland, D. C., Koestner, R. & Weinberger, J. (1989). How do self-attributed and implicit motives differ? *Psychological Review, 96,* 690–702.

Scheffer, D. & Heckhausen, H. (2006) Eigenschaftstheorien der Motivation. In J. Heckhausen & H. Heckhausen (Hrsg.), *Motivation und Handeln* (3. Aufl., S. 45–72). Berlin: Springer.

Literatur

Atkinson, J. W. & McClelland, D. C. (1948). The projective expression of needs: II The effect of different intensities of the hunger drive in thematic opperception. *Journal of Experimental Psychology, 33,* 643–658.

Baumann, N. & Scheffer, D. (2008). Operanter Motivtest und Achievement Flow. In W. Sarges & D. Scheffer (Hrsg.), *Innovative Ansätze für die Eignungsdiagnostik* (S. 65–76). Göttingen: Hogrefe.

Brunstein, J. C. (2006). Implizite und explizite Motive. In J. Heckhausen & H. Heckhausen (Hrsg.), *Motivation und Handeln* (3. Aufl., S. 235–235). Berlin: Springer.

Brunstein, J. C. & Maier, G. W. (2005). Implicit and self-attributed motives to achieve: Two seperate but interacting needs. *Journal of Personality and Social Psychology, 89,* 205–222.

Brunstein, J. C., Schultheiss, O. C. & Grässmann, R. (1998). Personal goals and emotional well-being: The moderating role of motive dispositions. *Journal of Personality and Social Psychology, 75,* 494–508.

Epstein, S., Pacini, R., Denes-Raj, V. & Heier, H. (1996). Individual differences in intuitive experiential and analytical-rational thinking styles. *Journal of Personality and Social Psychology, 71,* 390–405.

Kuhl, J. (2001). *Motivation und Persönlichkeit: Interaktion psychischer Systeme.* Göttingen: Hogrefe.

Kuhl, J., Scheffer, D. & Eichstaedt, J. (2003). Der Operante Motiv-Test (OMT): Ein neuer Ansatz zur Messung impliziter Motive. In F. Rheinberg & J. Stiensmeier-Pelster (Hrsg.), *Diagnostik von Motivation und Selbstkonzept* (S. 129–149). Hogrefe: Göttingen.

Murray, H. A. (1938). *Explorations in personality.* New York: Oxford University Press.

McClelland, D. C. (1987). *Human motivation.* Cambridge: Cambridge University Press.

McClelland, D. C. & Boyatzis, R. E. (1982). The leadership motive pattern and long term success in management. *Journal of Applied Psychology, 67,* 737–743.

McClelland, D. C., Koestner, R. & Weinberger, J. (1989): How do self-attributed and implicit motives differ? *Psychological Review, 96,* 690–702.

Meyer, G. J., Finn, S. E., Eyde, L. D., Kay, G. G., Moreland, K. L., Dies, R. R., Eisman, E. J., Kubiszyn, T. W. & Reed, G. M. (2001). Psychological testing and psychological assessment: A review of evidence and issues. *American Psychologist, 56,* 128–165.

Sarges, W. & Scheffer, D. (2008). *Innovative Ansätze für die Eignungsdiagnostik.* Göttingen: Hogrefe.

Scheffer, D. (2005). *Implizite Motive.* Göttingen: Hogrefe.

Scheffer, D., Eichstaedt, J., Chasiotis, A. & Kuhl, J. (2007). Towards an integrated measure of need affiliation and agreeableness derived from the Operant Motive Test. *Psychology Science, 49,* 308–324.

Scheier, C. & Held, D. (2007). *Wie Werbung wirkt. Erkenntnisse des Neuromarketing.* München: Haufe.

Schmalt, H.-D., Sokolowski, K. & Langens, T. A. (2000). *Das Multi-Motiv-Gitter für Anschluss, Leistung und Macht.* Frankfurt/M.: Swets.

Ziele
Goals

A. Timur Sevincer & Gabriele Oettingen

1 Einleitung

Was ist ein Ziel? Für die Behavioristen und Neobehavioristen war ein Ziel ein Objekt (z. B. ein Stück Käse), in dessen Relation Verhalten (etwa das Verhalten einer Ratte nach ihrem Futter zu suchen) objektiv beschrieben werden kann. Heute wird ein Ziel dagegen meistens begriffen als eine mentale Repräsentation eines erwünschten Ereignisses oder Verhaltens.

> **Definitionen:**
> „It is this purely *objective* fact of persistence until a certain specific type of goal-object is reached that we define as a *goal-seeking*. And as thus defined, a goal-seeking is a wholly objective and wholly behavioristic phenomenon. There is nothing ‚mentalistic' about it" (Tolman, 1925, S. 286).
>
> „A goal is what an individual is trying to accomplish; it is the object or aim of an action" (Locke, Shaw, Saari & Latham, 1981, S. 126).
>
> „We define *goals* as internal representations of desired states, where states are broadly construed as outcomes, events, or processes" (Austin & Vancouver, 1996, S. 338).

Durch das Setzen eines Ziels (z. B. 5 Kilo abnehmen) wird eine Diskrepanz zwischen einem gegenwärtigen Ist- und einem erwünschten Sollzustand (dem Ziel) kreiert (Miller, Galanter & Pribram, 1960). Diese Diskrepanz versuchen Personen durch ihr Handeln zu reduzieren. Personen können sich aber auch Ziele setzen, keine Diskrepanz entstehen zu lassen (z. B. sein Gewicht zu halten).

Setzen sich Personen Ziele, gehen sie eine Verbindlichkeit gegenüber dem Erreichen des erwünschten Ereignisses oder Verhaltens ein. Die Stärke der Zielbindung ist eine Determinante der Zielerreichung (Klinger, 1975). Personen, die sich verbindliche Ziele gesetzt haben, zeigen vergleichsweise höhere Anstrengungsbereitschaft, höhere Leistung und meist mehr Wohlbefinden. Neben dem verbindlichen Setzen eines Ziels (Das Setzen von Zielen) spielt es für den Erfolg beim Zielstreben auch eine Rolle, wie Ziele formuliert werden (Die Struktur von Zielen), auf was sich Ziele beziehen (Der Inhalt von Zielen) und wie Ziele umgesetzt werden (Das Realisieren von Zielen). Kann ein verbindliches Ziel nicht erreicht werden, so lösen sich Personen von ihrem Ziel ab (Das Ablösen von Zielen).

2 Das Setzen von Zielen

Wenn Personen sich ein verbindliches Ziel setzen, sind sie gut beraten vorher abzuwägen, ob die Erreichung des Ziels machbar und wünschbar ist (→ Rubikonmodell der Handlungsphasen). Machbarkeit bezieht sich dabei auf die subjektive Einschätzung, das Ziel erreichen zu können (Erfolgserwartung) und Wünschbarkeit auf die Attraktivität des Ziels (Erfolgsanreiz; → Erwartung und Anreiz).

Welche mentalen Prozesse führen aber zu einer verbindlichen Zielsetzung, wenn ein potenzielles Ziel machbar und wünschbar erscheint? Wenn Personen Zukunft und Realität *mental kontrastieren*, d. h., über eine positive Zukunft fantasieren (z. B. gut in den Beruf einzusteigen) und direkt danach mögliche Hindernisse der Gegenwart bedenken (z. B. Studium ist noch nicht abgeschlossen), binden sie sich bei hohen Erfolgserwartungen stark an das Ziel und verfolgen dies mit großem Engagement; bei niedrigen Erwartungen dagegen nehmen sie von der Zielrealisierung Abstand (Oettingen, Pak & Schnetter, 2001). Fokussieren Personen dagegen ausschließlich auf die positive Zukunft oder ausschließlich auf Hindernisse der Gegenwart, so binden sie sich selbst bei hohen Erfolgserwartungen nur moderat an ihr Ziel (→ Psychologie des Zukunftsdenkens).

Zielsetzungen können auch aufgrund automatischer Prozesse zustande kommen. Gelangt eine Person in eine Situation, in der sie in der Vergangenheit wiederholt und konsistent ein bestimmtes Ziel verfolgt hat (z. B. auf einer Party Leute beeindrucken), kann das Ziel automatisch aktiviert werden. Die Person verfolgt dann das Ziel, ohne dass ihr dies bewusst ist. Unbewusst verfolgte Ziele haben dabei meist die gleichen Eigenschaften wie bewusst gesetzte Ziele (→ Automotiv-Theorie). Wird jedoch für das Zielstreben eine Rechtfertigung benötigt (z. B. wenn es den sozialen Normen widerspricht), führen unbewusste Ziele zu einem Erklärungsvakuum. Diese Erklärungsnot kann durch negativen Affekt zum Ausdruck kommen (Oettingen, Grant, Smith, Skinner & Gollwitzer, 2006).

Schließlich können Ziele von anderen Personen aufgetragen werden. Wie stark sich eine Person einem aufgetragenen Ziel gegenüber verbunden fühlt, hängt von folgenden Faktoren ab:
• Empfundene Schwierigkeit des Ziels,
• Partizipation beim Setzen des Ziels,
• Vertrauenswürdigkeit der auftragenden Person,
• extrinsische Belohnung.

3 Die Struktur von Zielen

3.1 Zeitliche Dimension

Personen können sich langfristige (z. B. Arzt werden) oder kurzfristige Ziele setzen (z. B. eine Prüfung bestehen). Lang- und kurzfristige Ziele können *Zielhierarchien* bilden, in denen die langfristigen, übergeordneten Ziele den Inhalt der kurzfristigen, untergeordneten Ziele beeinflussen. Über- und untergeordnete Ziele sind dabei mental verbunden und können sich gegenseitig aktivieren (Kruglanski et al., 2002).

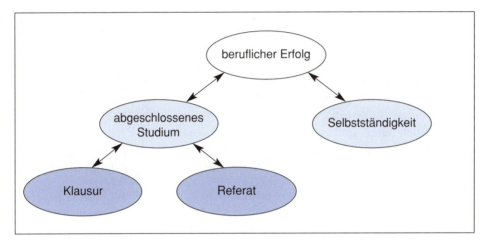

Abbildung 1: Hierarchische Ordnung von Zielen

Das Setzen von mehreren untergeordneten Zielen auf dem Weg zu einem übergeordneten Ziel fördert die Persistenz, weil unmittelbare Rückmeldung dem Handelnden seinen Fortschritt auf dem Weg zum übergeordneten Ziel zeigt. Positive Rückmeldung verstärkt den Glauben an die eigene Selbstwirksamkeit (Bandura, 1997) und kann so die intrinsische Motivation fördern (→ Intrinsische Motivation, → Selbstbestimmungstheorie und Kognitive Bewertungstheorie).

Kann ein bestimmtes kurzfristiges Ziel nicht erreicht werden (z. B. man fällt durch eine Klausur), kann das langfristige Ziel (z. B. sein Studium beenden) mit Hilfe eines anderen kurzfristigen Ziels (z. B. ein Referat halten) erreicht werden. Nach der Selbstergänzungstheorie (Wicklund & Gollwitzer, 1982) versuchen Personen, wenn sie ein Identitätsziel (z. B. ein angesehener Wissenschaftler werden) auf einem Weg nicht erreichen können (z. B. Durchführung bedeutender Forschungsarbeiten), dies durch den Gebrauch von leichter zugänglichen Selbstsymbolisierungen zu kompensieren (z. B. Titel, Auszeichnungen, großzügiges Büro).

3.2 Spezifität

Ziele können auch unterschiedlich spezifisch formuliert werden. Eine Person kann ein sehr vages Ziel (z. B. „Arbeite so viel wie möglich") oder aber ein spezifisches Ziel haben (z. B. „Schreibe 5 Seiten pro Tag"). Personen mit spezifischen Zielen zeigen bessere Leistungen als Personen mit vagen Zielen (→ Zielsetzungstheorie). Spezifische Ziele verbessern die Leistung, weil sie
- einen klaren Leistungsstandard setzen,
- die Ambiguität des Ziels reduzieren,
- auf die relevanten Informationen aufmerksam machen,
- alternative Wege finden lassen.

3.3 Schwierigkeit

Ziele können schwierig zu erreichen sein, weil sie komplex sind oder weil sie besondere Fähigkeiten oder besondere Anstrengung erfordern. Die potenzielle Motivation (die sich aus den Bedürfnissen der Person, der Attraktivität des Ziels und der Instrumentalitäts-Einschätzung ergibt) bestimmt die maximale Anstrengung, die Personen bereit sind zu investieren. Je schwieriger ein Ziel zu erreichen ist, desto mehr Anstrengung wird investiert. Ist ein Ziel jedoch zu schwierig zu erreichen, wird keine Anstrengung mehr investiert (→ Kardiovaskuläre Prozesse und motivationale Intensität).

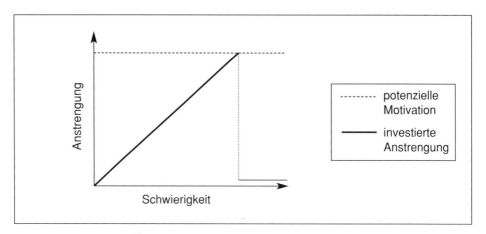

Abbildung 2: Die Beziehung zwischen potenzieller Motivation, Anstrengung und Schwierigkeit eines Ziels

3.4 Ausrichtung

Ziele können sich auf positive Zukunftsereignisse (z. B. eine gute Note bekommen) oder auf negative Zukunftsereignisse beziehen (z. B. keine schlechte Note bekommen). Zur Verwirklichung der gewünschten Zukunft können dabei Mittel der Annäherung (z. B. viel lernen) oder Mittel der Vermeidung (z. B. wenig ausgehen) genutzt werden (→ Annäherungs- vs. Vermeidungsmotivation). Positive Zukunftsereignisse müssen nicht notwendigerweise mit Annäherungsmitteln und negative Zukunftsereignisse nicht notwendigerweise mit Vermeidungsmitteln verfolgt werden. Ziele, die mit Mitteln der Vermeidung verfolgt werden, können sich aber negativ auf Persistenz, Leistung und die Einschätzung der eigenen Kompetenz auswirken und dies besonders dann, wenn die Ziele schwierig zu erreichen sind oder es um den Beweis der eigenen Fähigkeiten geht.

Die Regulationsfokus-Theorie unterscheidet zwischen Promotions- und Präventionsorientierung. Bei der Promotionsorientierung geht es um das Verfolgen von Idealen (ob positive Ereignisse eintreten oder nicht, z. B. in eine höhere Liga aufsteigen), bei der Präventionsorientierung geht es um die Erfüllung von Pflichten (ob negative Ereignisse eintreten oder nicht, z. B. nicht in eine schlechtere Liga absteigen; → Theorie des regulatorischen Fokus). Dabei können Ideale mit Eifer verfolgt werden (z. B. indem man viele Tore schießt) und mit Mitteln der Umsicht (z. B. indem man den Gegner nicht viele Tore schießen lässt). Auch Pflichten können mit Eifer und mit Umsicht erfüllt werden.

4 Der Inhalt von Zielen

4.1 Lern- und Leistungsorientierung

Ziele können unterschiedliche Inhalte haben. So mag eine Person, die die Aufgabe hat, ein Referat zu halten, primär nach einer positiven Bewertung der eigenen Fähigkeiten streben (Leistungsziel) oder danach, die eigenen Fähigkeiten zu verbessern (Lernziel). Personen, die ihre Fähigkeiten für unveränderbar halten *(entity theorists)*, tendieren zu Leistungszielen. Negative Rückmeldung bedeutet für diese Personen Misserfolg und daher Mangel an Fähigkeiten. Daher geben sie nach negativer Rückmeldung frühzeitig auf oder zeigen geringe Leistung. Personen, die ihre Fähigkeit für veränderbar halten *(incremental theorists)*, tendieren dagegen zu Lernzielen. Sie begreifen negative Rückmeldung als Information, dass mehr Anstrengung investiert werden muss und zeigen nach negativer Rückmeldung Persistenz (Dweck & Leggett, 1988; → Zielorientierungen).

4.2 Zielpassung und ideelle Ziele

Zielpassung hat Einfluss auf subjektives Wohlbefinden und Lebenszufriedenheit. Ziele, die eigenen Interessen und Werten entsprechen, fördern Wohlbefinden mehr als Ziele, die aufgrund inneren (z. B. Schuldgefühle) oder äußeren Drucks (z. B. Autoritäten), oder auch aufgrund sozialer Normen verfolgt werden (Sheldon & Houser-Marko, 2001). Wohlbefinden stellt sich auch ein, wenn die Ziele mit den

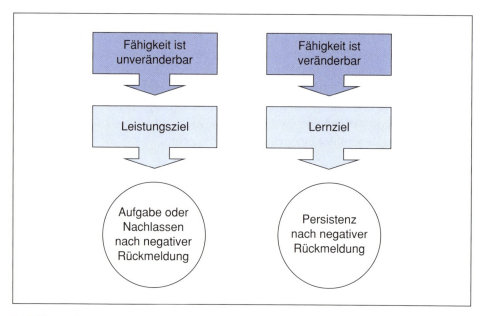

Abbildung 3: Lern- vs. Leistungsorientierung

impliziten Motiven einer Person übereinstimmen (→ Implizite und explizite Motive). Schließlich fördern ideelle Ziele, die auf Autonomie, Kompetenz und soziale Integration ausgerichtet sind, Wohlbefinden mehr als materielle Ziele, die auf Popularität, gesellschaftlichen Status oder Reichtum fokussieren (Ryan & Deci, 2000). Nach Diener, Sapyta & Suh (1998) hängt Wohlbefinden dagegen vor allem davon ab, ob Personen erwarten, ihre Ziele zu erreichen, unabhängig von deren Inhalten (Tabelle 1 fasst Unterscheidungen zu Struktur und Inhalten von Zielen zusammen).

Tabelle 1: Übersicht Struktur und Inhalt von Zielen

Zeitliche Dimension	nah (untergeordnet)	fern (übergeordnet)
Spezifität	spezifisch	vage (sein bestes tun)
Schwierigkeit	schwierig	einfach
Ausrichtung	Annäherung	Vermeidung
Fokus	Promotion	Prävention
Orientierung	Lernen	Leistung (positive Bewertung)
Selbstbestimmtheit	selbstbestimmt	fremdbestimmt
Inhalt	ideell	materiell

5 Das Realisieren von Zielen

Selbst bei einer starken Zielbindung können noch viele Faktoren (z. B. Mangel an Gelegenheiten, Ablenkung durch andere Ziele) das Erreichen eines Ziels verhindern. Eine erfolgreiche Zielrealisierung zeichnet sich durch folgende Merkmale aus:
- Suche nach guten Gelegenheiten,
- zügige Handlungsinitiierung,
- Persistenz bei Schwierigkeiten,
- Abwehren von Ablenkungen,
- Wiederaufnahme nach Unterbrechung.

Besonders effektiv für die Zielrealisierung ist das Planen. Beim Planen kann z. B. der Weg zum Ziel mental simuliert werden *(process simulation)*, d. h. eine zielgerichtete Handlung wird im Geist durchgespielt. Eine Simulation des Handlungsprozesses regt Emotionsregulations- und Problemlöseaktivitäten an und fördert die Zielrealisierung mehr als eine mentale Simulation des Handlungsergebnisses *(outcome simulation*; Taylor, Pham, Rivkin & Armor, 1998).

Eine weitere Form des Planens ist es, Vorsätze zu bilden, wann, wo, wie und für wie lange man eine Handlung ausführen möchte. Vorsätze *(implementation intentions)* haben die Struktur: „Wenn Situation X auftritt, dann führe ich Handlung Y aus". Solch eine mentale Verknüpfung einer Situation mit einer Handlung führt dazu, dass das zielgerichtete Verhalten automatisiert wird. Daher sind Vorsätze besonders bei unangenehmen Aufgaben, die keine unmittelbaren Belohnungen versprechen (z. B. Bericht schreiben, Brustkrebsvorsorge), und bei Personen, die Probleme mit der Handlungskontrolle haben (z. B. Frontallappengeschädigte Patienten, Heroinabhängige), wirksam (Gollwitzer, 1999; → Intentionstheoretischer Ansatz).

Während das Planen die Zielrealisierung fördert, sind Personen, die lediglich positiv über zukünftige Erfolge fantasieren, weniger erfolgreich bei der Zielrealisierung als solche, die auch negative Fantasien zulassen. Derart positive Fantasien verleiten dazu anzunehmen, man habe das Ziel bereits erreicht, und lenken davon ab, sich auf mögliche Hindernisse und Versuchungen vorzubereiten (Oettingen & Mayer, 2002; → Psychologie des Zukunftsdenkens).

Personen können auch andere Kontrollstrategien einsetzen, um die Realisierung eines aktuellen Zieles zu begünstigen, z. B. können potenzielle Ablenkungen von vornherein aus der Handlungssituation verbannt werden (Umweltkontrolle). Ob und in welchem Maße Kontrollstrategien eingesetzt werden liegt vor allem in einer persönlichen Disposition begründet: Während handlungsorientierte Personen sich auf das Planen und Initiieren der Zielrealisierung konzentrieren und Kontrollstrategien nutzen, grübeln lageorientierte Personen über erlittene Misserfolge, verlieren sich in Gedanken über zukünftige Erfolge und lösen sich nicht von unerledigten alten Zielen (→ Handlungskontrolltheorie, → Theorie der Persönlichkeits-System-Interaktionen (PSI)).

6 Das Ablösen von Zielen

Zielablösung kann nach Klinger (1975) als Zyklus beschrieben werden. Personen begegnen Hindernissen auf dem Weg zum Ziel zunächst mit einer erhöhten Kraftanstrengung (Mobilisierung). Erweisen sich die Hindernisse als unüberwindbar, stellt sich Frustration und aggressives Verhalten ein (Aggression). Bei anhaltender Frustration beginnt eine Person die Zielerreichung aufzugeben (Absinken in Depression), wird depressiv und stellt ihre Aktivitäten zur Zielerreichung komplett ein (Depression). Schließlich findet eine Person durch kleinere Erfolge in anderen Bereichen wieder aus ihrer Depression heraus (Erholung; → Persistenz und Zielablösung).

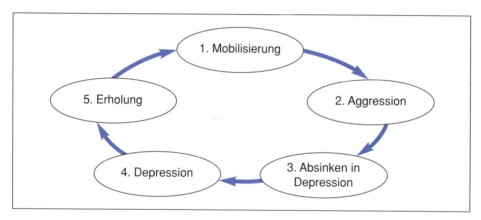

Abbildung 4: Der Zielablösezyklus

Möglicherweise ist jedoch einer Person gar nicht klar, dass ein Ziel, dem sie sich verbunden fühlt, nicht mehr erreichbar ist. In diesem Fall hilft die mentale Kontrastierung von Zukunft und Realität oder die Bildung von Vorsätzen bei der Zielablösung (Oettingen et al., 2001; Oettingen, Bulgarella, Henderson & Gollwitzer, 2004).

Weiterführende Literatur

Austin, J. T. & Vancouver, J. B. (1996). Goal constructs in psychology: Structure, process, and content. *Psychological Bulletin, 120,* 338–375.

Oettingen, G. & Gollwitzer, P. M. (2000). Das Setzen und Verwirklichen von Zielen. *Zeitschrift für Psychologie, 208,* 406–430.

Literatur

Bandura, A. (1997). *Self-efficacy: The exercise of control.* New York: Freeman.
Diener, E., Sapyta, J. J. & Suh, E. (1998). Subjective well-being is essential to well-being. *Psychological Inquiry, 9,* 33–37.
Dweck, C. S. & Leggett, E. L. (1988). A social-cognitive approach to personality and motivation. *Psychological Review, 95,* 256–273.
Gollwitzer, P. M. (1999). Implementation intentions: Strong effects of simple plans. *American Psychologist, 54,* 493–503.
Klinger, E. (1975). Consequences of commitment to and disengagement from incentives. *Psychological Review, 82,* 1–25.
Kruglanski, A. W., Shah, J. Y., Fishbach, A., Friedman, R., Chun, W. Y. & Sleeth-Keppler, D. (2002). A theory of goal-systems. In M. P. Zanna (Ed.), *Advances in experimental social psychology* (Vol. 34, pp. 331–378). New York: Academic Press.
Locke, E. A., Shaw, K. N., Saari, L. M. & Latham, G. P. (1981). Goal setting and task performance: 1969–1980. *Psychological Bulletin, 90,* 125–152.
Miller, G. A., Galanter, E. & Pribram, K. H. (1960). *Plans and the structure of behavior.* New York: Holt, Rinehart & Winston.
Oettingen, G., Bulgarella, C., Henderson, M. & Gollwitzer, P. M. (2004). The self-regulation of goal pursuit. In R. A. Wright, J. Greenberg & S. S. Brehm (Eds.), *Motivation and emotion in social contexts: Jack Brehm's influence on contemporary psychological thought* (pp. 225–244). Mahwah, NJ: Erlbaum.
Oettingen, G., Grant, H., Smith, P. K., Skinner, M. & Gollwitzer, P. M. (2006). Nonconscious goal pursuit: Acting in an explanatory vacuum. *Journal of Experimental Social Psychology, 42,* 668–675.
Oettingen, G. & Mayer, D. (2002). The motivating function of thinking about the future: Expectations versus fantasies. *Journal of Personality and Social Psychology, 83,* 1198–1212.
Oettingen, G., Pak, H. & Schnetter, K. (2001). Self-regulation of goal setting: Turning free fantasies about the future into binding goals. *Journal of Personality and Social Psychology, 80,* 736–753.
Ryan, R. M. & Deci, E. L. (2000). Self-determination theory and the facilitation of intrinsic motivation, social development, and well-being. *American Psychologist, 55,* 68–78.
Sheldon, K. M. & Houser-Marko, L. (2001). Self-concordance, goal attainment, and the pursuit of happiness: Can there be an upward spiral? *Journal of Personality and Social Psychology, 80,* 152–165.
Taylor, S. E., Pham, L. B., Rivkin, I. D. & Armor, D. A. (1998). Harnessing the imagination: Mental simulation, self-regulation, and coping. *American Psychologist, 53,* 429–439.
Tolman, E. C. (1925). Purpose and cognition: The determinants of animal learning. *Psychological Review, 32,* 285–297.
Wicklund, R. A. & Gollwitzer, P. M. (1982). *Symbolic self-completion.* Hillsdale, NJ: Erlbaum.

Werte
Values

Wolfgang Bilsky

1 Psychologische Wertforschung

Der Wertbegriff und seine theoretische Verankerung sind innerhalb der Psychologie bereits Anfang des vergangenen Jahrhunderts intensiv diskutiert worden (Urban, 1907). Die Hinwendung zu einer stärker empirisch orientierten Wertforschung erfolgte jedoch erst in den dreißiger Jahren. Obwohl diese frühen Arbeiten Beachtung fanden, gewann die empirische Wertforschung erst gegen Ende der sechziger Jahre an Bedeutung. Dies dürfte innerhalb der Psychologie vor allem auf den Einfluss von Milton Rokeach zurückzuführen sein, durch dessen Arbeiten eine Vielzahl weiterer Untersuchungen angeregt wurde. Neben ihm sind ferner Geert Hofstede, Ronald Inglehart und Shalom H. Schwartz zu nennen, deren Studien über Arbeitswerte und soziale Werte für die Forschung der letzten Jahrzehnte wegweisend waren (Braithwaite & Scott, 1991).

Heute spielen Werte in verschiedenen Teildisziplinen der Psychologie eine wichtige Rolle. Zu nennen sind insbesondere die Sozialpsychologie und die Kulturvergleichende Psychologie (Smith & Schwartz, 1997). Auch in der Arbeits- und Organisationspsychologie hat die Wertforschung seit Jahren einen festen Platz (Borg, 2006). Schließlich werden Werte auch in der Entwicklungspsychologie vermehrt berücksichtigt (Grusec & Kuczynski, 1997). In der Motivations- und Emotionsforschung spielen sie demgegenüber bis heute eine eher randständige Rolle.

2 Der Wertbegriff

Angesichts der thematisch breit gestreuten Literatur kann es nicht verwundern, dass der Wertbegriff nicht immer einheitlich verwendet wird. Hinzu kommt, dass beim Versuch einer Nominaldefinition von Werten definitorische Zirkel kaum vermeidbar erscheinen (Scholl-Schaaf, 1975). Ungeachtet dieser Probleme lassen Definitions- und Operationalisierungsversuche jedoch eine Reihe von Gemeinsamkeiten erkennen.

> **Definitionsmerkmale: Werte**
> Werte sind (a) Konzepte oder Überzeugungen, die sich (b) auf wünschenswerte Zielzustände oder Verhaltensweisen beziehen, (c) situationsübergreifend sind, (d) die Wahl und die Bewertung von Verhalten und Ereignissen leiten und (e) im Hinblick auf ihre relative Bedeutung geordnet sind. Sie sind kognitive Repräsentationen individueller (biologischer) Bedürfnisse (Motive), interaktiver Erfordernisse für die Abstimmung interpersonalen Verhaltens und gesellschaftlicher Erfordernisse für die Sicherung sozialen Wohlergehens und Überlebens (Schwartz & Bilsky, 1987).

Mit dem Wertbegriff sind sowohl personenbezogene als auch soziale und gesellschaftliche Aspekte verbunden. Während in der Sozialpsychologie vor allem der *normative* Charakter von Werten betont wird, stehen aus persönlichkeitspsychologischer Sicht *dispositionelle* Aspekte im Vordergrund, d. h., die zeitliche Stabilität und die situationsübergreifende Konsistenz von Werten. Sowohl für soziale (gesellschaftliche) wie für persönliche Werte wird angenommen, dass sie die Auswahl und Bewertung von Verhalten und Ereignissen steuern. Ihre Verbindlichkeit wird dabei, je nach Betrachtungsweise, durch die Salienz individueller oder sozialer (gesellschaftlicher) *Normen* unterstrichen.

3 Wertstrukturen

Aufgrund der weithin akzeptierten Annahme, dass Werte in *Wertsystemen* organisiert sind und sich im Hinblick auf ihre *relative Bedeutung* für den Einzelnen bzw. für die Gesellschaft unterscheiden, haben *strukturanalytische Arbeiten* in den vergangenen drei Jahrzehnten zunehmend an Bedeutung gewonnen. In diesem Zusammenhang ist vor allem auf die von Shalom H. Schwartz durchgeführten kulturvergleichenden und kulturübergreifenden Untersuchungen hinzuweisen. Schwartz betonte in seiner Strukturtheorie menschlicher Werte die Notwendigkeit, die in der Literatur häufig ohne weitere theoretische Begründung aufgelisteten Einzelwerte zu *Wertetypen* zusammenzufassen, die sich voneinander hinsichtlich ihres *motivationalen Inhalts* unterscheiden. Aus den Kompatibilitäten und Inkompatibilitäten zwischen diesen motivationalen Inhalten leitete er ein Modell ab, das auf individueller Ebene differenzierte Aussagen über die Beziehungen zwischen zehn verschiedenen Wertetypen ermöglicht (Schwartz, 1992). Der Ansatz von Schwartz ist seitdem in einer Vielzahl internationaler Studien und mit Hilfe unterschiedlicher Werteinventare überprüft worden. Die Tatsache, dass er im Hinblick auf seine Grundannahmen weitgehend bestätigt werden konnte, ist insofern von Bedeutung, als damit eine *Wertetaxonomie* zur Verfügung steht, die es ermöglicht, theoretisch und empirisch weitgehend unverbundene Forschungsergebnisse unter strukturellen Gesichtspunkten zu systematisieren, aufeinander zu beziehen und vielfach auch zu integrieren.

Das Strukturmodell von Shalom H. Schwartz

Nach Schwartz (1992) lassen sich individuelle Werte in zehn *motivationale Wertetypen* unterteilen: Selbstbestimmung, Universalismus, Wohlwollen, Konformität, Tradition, Sicherheit, Macht, Leistung, Hedonismus und Stimulation. Aus den zwischen diesen Wertetypen bestehenden Kompatibilitäten und Inkompatibilitäten ergibt sich ein zweidimensionales Strukturmodell, das sich bei der multidimensionalen Skalierung (MDS) von Wertedaten in einer kreisförmigen Struktur zeigt. Dieser Struktur liegen zwei orthogonale *Wertedimensionen* zu Grunde, die von Schwartz als „Selbsttranszendenz vs. Selbsterhöhung" und „Offenheit für Neues vs. Wahrung des Bestehenden" bezeichnet werden.

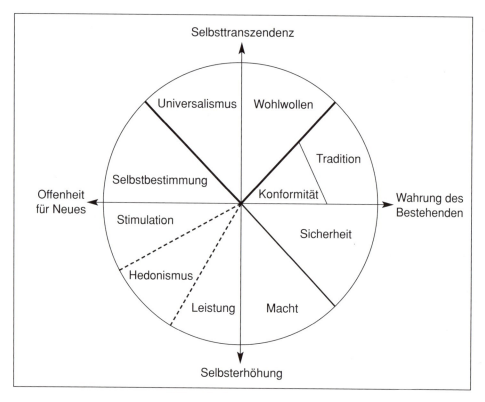

Abbildung 1: Das Strukturmodell von Shalom H. Schwartz (1992)

4 Werte und Motive

Mit der Feststellung, dass es sich bei Werten um die kognitive Repräsentation zentraler menschlicher → *Ziele* und Motive (→ *Implizite und explizite Motive*) handelt, stellt sich zwangsläufig die Frage, ob und in welchem Maße Werte und Motive gegeneinander abgegrenzt werden können. Im Hinblick auf *Gemeinsamkeiten* ist zunächst festzustellen, dass sowohl für Werte als auch für Motive ein relativ hohes Maß an intraindividueller Stabilität bei gleichzeitiger interindividueller Variabilität angenommen wird. Beide Konstrukte sind insofern zur Charakterisierung und zum Vergleich von Personen geeignet. Während es sich bei Persönlichkeitseigenschaften wie Extraversion oder Neurotizismus jedoch in der Regel um bloße *deskriptive* Merkmalszuschreibungen handelt, wird Werten und Motiven gleichermaßen eine *aktivierende und steuernde Funktion* zugeschrieben.

Für die *Unterscheidung* von Werten und Motiven lassen sich verschiedene Kriterien anführen. So wird von Seiten der Wertforschung betont, dass Werte im Vergleich zu Motiven *allgemeinere* Konstrukte sind, die innerhalb des Systems individueller Überzeugungen einen relativ *zentralen* Platz einnehmen (Scholl-Schaaf, 1975). Sie werden, im Unterschied zu Motiven, als (normative) *Anforderungen* an die eigene Person erlebt. Dementsprechend implizieren Werthaltungen Verhaltenserwartungen, die im Hinblick auf die eigene Person als *relativ verbindlich* angesehen werden. Von besonderer Bedeutung für die Abgrenzung beider Konstrukte erscheint ferner die starke Betonung der *kognitiven Komponente* von Werten. Nach allgemeinem Verständnis innerhalb der Wertforschung handelt es sich bei ihnen um *bewusste Zielorientierungen* für das eigene Leben, die sich im Hinblick auf ihre *relative Bedeutung* für den Einzelnen unterscheiden.

Aus Sicht der Motivationsforschung stellt sich die Abgrenzung von Werten und Motiven etwas anders dar. So ist zunächst festzustellen, dass Wertorientierungen, anders als Motive, nichts über ihre *handelnde Verwirklichung* sagen (Heckhausen, 1989). Darüber hinaus legen insbesondere die Arbeiten von McClelland und Mitarbeitern (McClelland, Koestner & Weinberger, 1989) die von Seiten der Motivationsforschung heute weitgehend akzeptierte Unterscheidung zwischen zwei recht unterschiedlichen Motivationssystemen nahe. Hierbei handelt es sich zum einen um basale klassische Motive, die vielfach auch als *implizite* Motive bezeichnet werden, zum anderen um so genannte *selbst-attribuierte (explizite)* Motive bzw. motivationale Selbstbilder. Beide Motivationssysteme werden als nahezu unabhängig von einander betrachtet. Der Grund hierfür wird in der weitgehend unterschiedlichen Entstehung und Verankerung beider Motivationssysteme gesehen. Während Kognitionen für die Definition und Unterscheidung impliziter Motive keine Rolle spielen, sind sie für selbst-attribuierte Motive von erheblicher

Bedeutung. Folgt man dieser Sicht, so erscheint es sinnvoll, den Gemeinsamkeiten von Wertorientierungen und *expliziten Motiven* besondere Aufmerksamkeit zu schenken.

5 Forschungsperspektiven

Tatsächlich weist bereits die Nomenklatur in Wert- und Motivationsforschung Ähnlichkeiten auf, die Überschneidungen zwischen den jeweiligen Konstrukten erwarten lassen. So unterscheidet die Motivationsforschung beispielsweise Leistungs- und Machtmotive, Neugier, Prosoziale Motive und Ängstlichkeit. Ganz ähnlich trennt Schwartz in seinem Wertemodell zwischen Leistung, Macht, Stimulation, Wohlwollen und Sicherheit. Trotz dieser augenscheinlichen Affinität bleibt der Versuch einer rein *sprachlichen* Eins-zu-eins-Zuordnung von Werten und Motiven jedoch wenig befriedigend.

Wissenschaftlich fruchtbarer erscheint es, nach *theoretisch begründeten* und *empirisch abgesicherten* Dimensionen zu suchen, aus denen sich – im Idealfall – eine allgemeine Taxonomie von Werten *und* Motiven ableiten lässt. Allerdings hat die Motivationsforschung dem „Problem der Motivklassifikation" (Heckhausen, 1989) bis heute wenig Beachtung geschenkt. Dies mag vor allem darauf zurückzuführen sein, dass sich motivationspsychologische Studien in der Vergangenheit zumeist auf die Erforschung einzelner oder einiger weniger Motive wie Leistung, Macht oder Affiliation konzentriert haben. Dennoch finden sich auch in der motivationspsychologischen Literatur vereinzelt Taxonomisierungsversuche. So hat Murray (1954) einen Klassifikationsversuch von Motiven unternommen, in dem er unter anderem auf sechs von Spranger unterschiedene und von Allport und Vernon operationalisierte idealtypische Werte Bezug genommen hat. Diese weisen ihrerseits deutliche Beziehungen zum zweidimensionalen Wertemodell von Schwartz auf.

Neben derartigen konzeptuellen Vergleichen lassen auch empirische Studien strukturelle Gemeinsamkeiten von Werten und (expliziten) Motiven erkennen. Beispielsweise konnte in zwei unabhängigen Replikationsstudien gezeigt werden, dass das Wertemodell von Schwartz geeignet ist, die Struktur der 14 in Jacksons *Personality Research Form* erfassten motivationalen Konstrukte nahezu theoriekonform zu beschreiben. Diese waren jeweils mittels dreier unterschiedlicher Instrumente erhoben und die Daten einer multidimensionalen Skalierung unterzogen worden (Bilsky, 2006).

Diese und ähnliche Studien (Bilsky & Schwartz, 2008) machen deutlich, dass es unter wissenschaftsökonomischen Gesichtspunkten durchaus sinnvoll ist, vermeintlich unabhängige Forschungsbereiche wie die Wert- und Motivationsforschung auf mögliche Überschneidungen zu untersuchen. Nicht zuletzt aufgrund der auch für die psychologische Forschung charakteristischen, zunehmenden Spezialisierung besteht die Gefahr, dass sich trotz der Bearbeitung ähnlicher Fragestellungen unterschiedliche Forschungstraditionen mit einer je eigenen Terminologie und Theoriebildung entwickeln. Hierdurch wird eine problemübergreifende, fachinterne Integration und Aggregation von Wissen erheblich erschwert.

Weiterführende Literatur

Bilsky, W. (2006). On the structure of motives: Beyond the ‚Big Three'. In M. Braun & P. Ph. Mohler (Eds.), *Beyond the horizon of measurement* (pp. 73–84). Mannheim: ZUMA.

Bilsky, W. & Schwartz, S. H. (2008). Measuring motivations: Integrating content and method. *Personality and Individual Differences, 44,* 1738–1751.

Literatur

Borg, I. (2006). Arbeitswerte, Arbeitszufriedenheit und ihr Zusammenhang. In L. Fischer (Hrsg.), *Arbeitszufriedenheit: Konzepte und empirische Befunde* (S. 61–79). Göttingen: Hogrefe.

Braithwaite, V. A. & Scott, W. A. (1991). Values. In J. P. Robinson, P. R. Shaver & L. S. Wrightsman (Eds.), *Measures of personality and social psychological attitudes* (pp. 661–753). San Diego: Academic Press.

Grusec, J. E. & Kuczynski, L. (Eds.). (1997). *Parenting and children's internalization of values.* New York: Wiley.

Heckhausen, H. (1989). *Motivation und Handeln.* Berlin: Springer.

McClelland, D. C., Koestner, R. & Weinberger, J. (1989). How do self-attributed and implicit motives differ? *Psychological Review, 96,* 690–702.

Murray, H. A. (1954). Toward a classification of interactions. In T. Parsons & E. A. Shils (Eds.), *Toward a general theory of action* (pp. 435–464). Cambridge: Harvard University Press.

Scholl-Schaaf, M. (1975). *Werthaltung und Wertsystem.* Bonn: Bouvier.

Schwartz, S. H. (1992). Universals in the content and structure of values: Theoretical advances and empirical tests in 20 countries. In M. Zanna (Ed.), *Advances in experimental social psychology* (Vol. 25, pp. 1–65). New York: Academic Press.

Schwartz, S. H. & Bilsky, W. (1987). Toward a universal psychological structure of human values. *Journal of Personality and Social Psychology, 53,* 550–562.

Smith, P. B. & Schwartz, S. H. (1997). Values. In J. W. Berry, M. H. Segall & C. Kagitcibasi (Eds.), *Handbook of cross-cultural psychology* (Vol. 3, pp. 77–118). Boston: Allyn and Bacon.

Urban, W. M. (1907). Recent tendencies in the psychological theory of values. *Psychological Bulletin, 4,* 65–72.

Interesse
Interest

Andreas Krapp

Wie viele andere psychologische Konzepte stammt der Begriff Interesse (lat. inter esse – dazwischen sein) aus der Alltagssprache. Im Verlauf der wissenschaftlichen Entwicklungen wurde er in verschiedenen Forschungsfeldern der Psychologie aufgegriffen und für unterschiedliche theoretische und pragmatische Zielsetzungen nutzbar gemacht.

1 Interesse als theoretisches Konstrukt der Allgemeinen und Differentiellen Psychologie

In den frühen phänomenlogisch orientierten Persönlichkeits- und Entwicklungstheorien wurde den Interessen einer Person eine zentrale Rolle für die Beschreibung und Erklärung zielgerichteten (motivierten) Verhaltens (vgl. Dewey, 1913) und – in längerfristiger Perspektive – der Entwicklung über die gesamte Lebensspanne eingeräumt. Über verschiedene Theorien hinweg gab es jedoch keinen Konsens hinsichtlich der maßgeblichen, empirisch fassbaren Definitionskriterien. Dies war ein wesentlicher Grund dafür, dass das Interesse als wissenschaftliches Konzept im Bereich der grundlagenorientierten Motivationspsychologie zunehmend an Bedeutung verlor, als sich in der Mitte des 20. Jahrhunderts zunächst behavioristische und später kognitiv orientierte Wissenschaftsauffassungen durchsetzten. An seine Stelle traten motivationale Konzepte, die bestimmte Aspekte des Interesses auf der Grundlage empirischer Untersuchungen sehr viel präziser theoretisch zu rekonstruieren erlaubten (→ Historische Ansätze der Motivationspsychologie).

In den 1980er Jahren wurde das Interessenkonstrukt in der grundlagenorientierten Forschung „wiederentdeckt", als man erkannte, dass für die Untersuchung und angemessene theoretische Rekonstruktion wichtiger Fragestellungen der Psychologie Konstrukte erforderlich sind, die den Sachverhalt der Inhalts- oder Gegenstandsspezifität menschlicher Motivation explizit thematisieren. Exemplarisch kann hier auf Untersuchungen zur Informationsaufnahme aus Texten verwiesen werden, in denen nachgewiesen wurde, dass thematische Interessen einen erheblichen Einfluss auf die kognitiven Verarbeitungsprozesse und die Speicherung des Gelesenen haben (zusf. Schiefele, 1996). Eine ähnliche Entwicklung vollzog sich im Forschungsfeld der Pädagogischen Psychologie, wo sich ebenfalls die Erkenntnis durchsetzte, dass das Interesse ein für die Pädagogik wichtiges motivationales Konzept darstellt, dessen theoretische Bedeutung durch die vorherrschenden handlungstheoretischen Motivationskonstrukte nicht hinreichend abgedeckt wird, da diese in der Regel weder Aussagen über inhaltsbezogene noch über subbewusst ablaufende emotionale Komponenten der Motivation machen (vgl. Krapp & Prenzel, 1992).

Eine andere Entwicklung ergab sich im Bereich jener Forschungsansätze, die sich am Paradigma der Differentiellen Psychologie orientieren und deren primäres Ziel darin besteht, mit Hilfe psychometrischer Methoden (Tests) die Ausprägung individueller Interesses zu messen. Hier ist seit den frühen Arbeiten von Strong (1927) eine kontinuierliche Forschungslinie zu erkennen. Die theoretischen Modelle orientieren sich in erster Linie an den Bedürfnissen und Zielen der psychologischen Praxis und haben z. B. in der Berufsberatung und der psychologischen Eignungsdiagnostik eine große Verbreitung gefunden.

2 Das Interessenkonstrukt in der Tradition der psychometrischen Interessenforschung

Begriffsbestimmung:
In dieser Forschungstradition werden Interessen als relativ *stabile* Präferenzen, Einstellungen oder Orientierungen in Bezug auf bestimmte Themenfelder, Lerngegenstände, Tätigkeitsformen etc. aufgefasst. Interessen haben den Status motivationaler Dispositionen.

Mit Hilfe von Tests will man in erster Linie individuelle Interessenprofile ermitteln, die Auskunft darüber geben, wo die interessenthematischen Schwerpunkte liegen und wo ggf. im Hinblick auf bestimmte (berufliche) Anforderungen Defizite bestehen. Ein einflussreicher aktueller Vertreter dieser Denk- und Forschungsrichtung ist Holland (vgl. Kasten).

Zentrale Interessenausrichtungen einer Person nach Holland (1985)

Im Zentrum der Theorie von Holland (1985) steht ein Modell zur Beschreibung und Klassifikation von Persönlichkeitstypen. Sie ergeben sich aus sechs grundlegenden Person-Umwelt-Orientierungen, an Hand derer die zentralen Interessenausrichtungen einer Person beschrieben werden können:
1. praktisch-technische Orientierung (R: realistic)
2. intellektuell-forschende Orientierung (I: investigative)
3. künstlerisch-sprachlichliche Orientierung (A: artitstic)
4. soziale Orientierung (S: social)
5. unternehmerische Orientierung (E: enterprising)
6. konventionelle Orientierung (C: conventional).

Die Beziehungen zwischen diesen sechs interessenthematischen Persönlichkeitstypen lassen sich nach Auffassung von Holland durch ihre spezifische räumliche Anordnung in einem hexagonalen Modell veranschaulichen (vgl. Abb. 1).

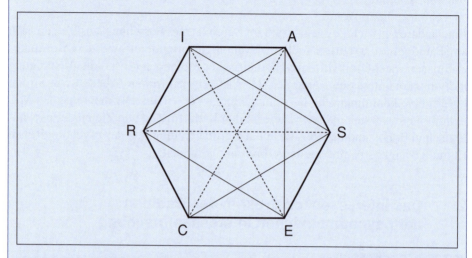

Abbildung 1: Hexagonales Modell der Person-Umwelt-Orientierungen nach Holland (1985, S. 29)

Die Verwandtschaft bzw. die psychologische Nähe zwischen den Typen ergibt sich aus der räumlichen Distanz in diesem Modell. Je geringer der Abstand zwischen zwei Typen, desto, größer ist ihre Ähnlichkeit.

Auf der Grundlage dieser theoretischen Konzeption wurde von Bergmann und Eder (2005) ein „Interessen-Struktur-Test" entwickelt, der sowohl für die berufsbezogene Beratung von Schülern, Studierenden und Auszubildenden als auch für empirische Untersuchungen im Bereich der Bildungsforschung eingesetzt wird. Auch der *Hohenheimer Online Test für Studieninteressierte* beruht auf dieser Konzeption (Schuler, Hell & Trapmann, 2007).

Aus der Tradition der differentialpsychologischen Interessenforschung ist auch der Ansatz von Todt (1978) hervorgegangen. Er unterscheidet allgemeine bzw. Berufsinteressen, spezifische bzw. Freizeitinteressen und Interessiertheit bzw. Unterrichtsinteressen.

Die wissenschaftliche Funktion des differenzialpsychologischen bzw. psychometrischen Interessenkonzepts liegt darin, ein empirisch fundiertes theoretisches Modell für die Entwicklung prognostisch verwertbarer und ökonomisch zu handhabender Testinstrumente zu liefern. Ein Konzept, das diesem anwendungsorientierten Ziel gerecht werden will, muss den Blick auf ganz bestimmte Aspekte des menschlichen Interesses richten und andere Aspekte in den Hintergrund rücken oder völlig ausklammern. Um aussagekräftige prognostische Informationen zu erhalten, kommt es z. B. in erster Linie darauf an, jene Ausprägungsformen des Interesses zu identifizieren, die über längere Zeit stabil bleiben und eine sichere Handhabe für die Unterscheidung von Personen liefern. Allgemeine, für alle Individuen gleichermaßen zutreffende Kategorien haben aus dieser Perspektive keinen Informationswert und bleiben deshalb weitgehend außer Acht. Ebenso wenig befasst sich die psychometrische Interessenforschung mit den wechselseitigen (funktionalen) Relationen zwischen einer auf Interesse beruhenden Motivation und der Qualität der Informationsverarbeitung oder den Wechselwirkungen zwischen emotionalen, motivationalen und kognitiven Prozessen in Lehr- Lernsituationen bzw. im Verlauf der menschlichen Entwicklung.

3 Das Interessenkonzept in der Tradition prozess- und entwicklungsorientierter Forschungslinien

Sowohl ältere als auch neuere Interessentheorien in dieser Forschungstradition basieren direkt oder indirekt auf einer *"Person-Gegenstands-Konzeption"*, die eine permanente Austauschbeziehung zwischen der sich entwickelnden Person und den aktuellen (sozialen und gegenständlichen) Gegebenheiten in ihrem „Lebensraum" postulieren (Krapp, 2002; Renninger, Hidi & Krapp, 1992). Vor dem Hintergrund einer solchen Rahmenkonzeption stellt das Interesse eine besondere Beziehung einer Person zu einem bestimmten Gegenstand dar. Der Gegenstand eines Interesses ist kognitiv repräsentiert, d. h. die Person verfügt über ein gegenstandsspezifisches Wissen, das sich im Verlauf interessenthematischer Auseinandersetzungen zunehmend ausdifferenziert.

Merkmale des Interessenkonstrukts

Gegenstandsspezifität: Im Gegensatz zu den inhaltsneutralen Konzepten der kognitiven Motivationstheorien bezeichnet der Begriff Interesse eine auf bestimmte Inhalte oder Lern- und Wissensgegenstände gerichtete motivationale Kategorie.

Epistemische Tendenz: Die Person möchte über die Gegenstände ihrer Interessen mehr erfahren und versucht in diesen Gebieten ihre Kenntnisse und Fähigkeiten selbstständig zu erweitern.

Übereinstimmung von sowohl emotionalen als auch kognitiv-rationalen Bewertungen des Interessengegenstandes: Etwas vereinfacht werden sie als emotionale und wertbezogene Merkmalskomponente bezeichnet (Hidi, Renninger &

> Krapp, 2004). Die *emotionale* Merkmalskomponente besagt, dass ein Interesse während seiner Realisierung mit überwiegend positiven Gefühlen und Erlebensqualitäten verbunden ist, z. B. mit optimaler Spannung und Freude (→ Freude und Glück) während der Auseinandersetzung mit dem Interessengegenstand (→ Intrinsische Motivation). Die *wertbezogene* Merkmalskomponente besagt, dass der Interessengegenstand und die inhaltliche Auseinandersetzung mit diesem Gegenstand für die Person eine herausgehobene subjektive Bedeutung besitzt. Sie resultiert in erster Linie aus dem Sachverhalt, dass sich eine Person mit ihren Interessen vorübergehend oder dauerhaft identifiziert. Die Wertkomponente eines Interesses ist nicht mit der Bewertungsdimension einer (sozialen) Einstellung gleichzusetzen (→ Werte). Eine Person kann z. B. gegenüber einem bestimmten Sachverhalt (z. B. Menschenrechtsverletzungen) eine eindeutig negative Einstellung besitzen und trotzdem an der Auseinandersetzung mit diesem Sachverhalt ein starkes thematisches Interesse haben.

Das allgemeine Interessenkonstrukt kann auf unterschiedlichen Analyseebenen näher spezifiziert werden. In der Literatur wird häufig zwischen situationalen und individuellen Interessen unterschieden. Im ersten Fall handelt es sich um den situativ ausgelösten Zustand des aktuellen „Interessiertseins", der in den ersten Anfängen der Interessengenese große Ähnlichkeit mit dem Phänomen der Neugier hat (→ Neugier und Exploration). Im zweiten Fall wird Interesse als eine motivationale Disposition aufgefasst, die mehr oder weniger stark in der Struktur des Selbstkonzepts einer Person verankert sein kann. Die Entstehung und Veränderung persönlicher Interessen ist eng mit den Prozessen der Identitätsentwicklung verbunden (Krapp, 2002; Todt, 1978). Bildungsbezogene Interessen bilden eine wichtige Grundlage intrinsischer Lernmotivation (Krapp, 1999; Schiefele, 2001).

Interessen können nicht isoliert von der jeweiligen Lebensumwelt des Individuums beschrieben und in ihrer Funktionsweise erklärt werden. Sowohl der inhaltliche Bedeutungsumfang (die subjektive Gegenstandsauffassung) als auch die Art und Weise wie sich ein Individuum mit einem bestimmten Gegenstand handelnd und lernend auseinandersetzt und welche Entwicklungschancen die Beschäftigung mit dem betreffenden Interessengebiet eröffnet, hängen entscheidend von den gesellschaftlich geprägten Bedeutungszuordnungen und den in der Gesellschaft gegebenen „Möglichkeitsräumen" ab.

Weiterführende Literatur

Krapp, A. (2002). Structural and dynamic aspects of interest development: Theoretical considerations from an ontogenetic perspective. *Learning and Instruction, 12,* 383–409.
Schiefele, U. (2001). The role of interest in motivation and learning. In J. M. Collis & S. Messick (Eds.), *Intelligence and personality* (pp. 163–194). Mahwah, NJ: Erlbaum.

Literatur

Bergmann, C. & Eder, F. (2005). *AIST-R Allgemeiner Interessen-Struktur-Test mit Umwelt-Struktur-Test (UST-R) – Revision.* Göttingen: Hogrefe.
Dewey, J. (1913). *Interest and effort in education.* Boston: Riverside.
Hidi, S., Renninger, K. A. & Krapp, A. (2004). Interest, a motivational construct that combines affective and cognitive functioning. In D. Y. Dai & R. J. Sternberg (Eds.), *Motivation, emotion and cognition: Integrative perspectives on intellectual functioning and development* (pp. 89–115). Mahwah, NJ: Erlbaum.
Holland, J. L. (1985). *Making vocational choices: A theory of vocational personalities and work environments.* Englewood-Cliffs, NJ: Prentice-Hall.
Krapp, A. (1999). Intrinsische Lernmotivation und Interesse. Forschungsansätze und konzeptuelle Überlegungen. *Zeitschrift für Pädagogik, 45* (3), 387–406.
Krapp, A. & Prenzel, M. (Hrsg.). (1992). *Interesse, Lernen, Leistung.* Münster: Aschendorff.
Renninger, K. A., Hidi, S. & Krapp, A. (Eds.). (1992). *The role of interest in learning and development.* Hillsdale, NY: Erlbaum.
Schiefele, U. (1996). *Motivation und Lernen mit Texten.* Göttingen: Hogrefe.
Schuler, H., Hell, B. & Trapmann, S. (2007). Hohenheimer OnlineTest für Studieninteressierte. Verfügbar unter: http://www.was-studiere-ich.de [13. 9. 2007].
Strong, E. K. (1927). An interest test for personnel managers. *Journal of Personality Research, 5,* 194–203.
Todt, E. (1978). *Das Interesse.* Bern: Huber.

Selbstkonzept der Begabung
Ability Self-Concept

Oliver Dickhäuser

1 Selbstkonzept und Selbstkonzept der Begabung: Definition und Struktur

Es ist eine faszinierende Fähigkeit des Menschen, über sich selbst reflektieren zu können. Vorstellungen über die eigene Person werden in der Psychologie unter dem Begriff des Selbstkonzepts diskutiert. Gemeinsam ist verschiedenen Selbstkonzeptdefinitionen, dass Selbstkonzepte als (kognitive) Repräsentationen einer Person ihrer selbst verstanden werden. Shavelson, Hubner und Stanton (1976) postulieren Selbstkonzepte als organisiert und multifaktoriell (d. h. die Selbstwahrnehmungen beziehen sich auf verschiedene geordnete Inhaltsbereiche) sowie hierarchisch (mit spezifischen Selbstwahrnehmungen [z. B. der Überzeugung, gut Schach spielen zu können] am unteren Ende und sehr globalen Selbstwahrnehmungen [z. B. der Überzeugung, ein wertvoller Mensch zu sein] an der Spitze der Hierarchie).

Obwohl sich diesem Modell zufolge selbstbezogene Vorstellungen auf viele verschiedene Eigenschaften beziehen können, hat sich die motivationspsychologische Forschung auf die wahrgenommenen eigenen Fähigkeiten oder Begabungen konzentriert. Für diesen Bereich der Selbstwahrnehmung wird in der Literatur der Begriff des „Selbstkonzepts der Begabung" (synonym auch: „Fähigkeitsselbstkonzept") verwendet.

> **Die drei Strukturmerkmale des Selbstkonzepts der Begabung nach Meyer (1984)**
>
> a) Begabungswahrnehmungen beziehen sich auf verschiedene Inhaltsbereiche (z. B. auf das eigene Talent beim Schachspielen oder die eigene mathematische Begabung),
> b) bestimmte Inhalte des Selbstkonzepts der Begabung werden als eher verbunden oder unverbunden wahrgenommen (z. B. könnten mathematische Begabung und Fähigkeit zum Schachspielen als einander gegenseitig begünstigend wahrgenommen werden) und
> c) verschiedene Inhalte sind für die Person mehr oder weniger zentral (z. B. könnte es einer Person mehr oder weniger wichtig sein, ein talentierter Schachspieler zu sein).

Unter dem Selbstkonzept der Begabung versteht man die Gesamtheit der wahrgenommenen eigenen Begabungen und deren Struktur. Es ist für Personen von hoher Funktionalität, die eigenen Begabungen relativ realistisch einzuschätzen. Allerdings ist Begabung ein hypothetisches Konstrukt, das nicht direkt beobachtet werden kann, sondern erschlossen werden muss. Entsprechend gilt für das Selbstkonzept der Begabung, dass Personen die Höhe ihrer eigenen Begabungen zum Beispiel aus der eigenen erbrachten Leistung unter Nutzung von Vergleichsprozessen erschließen müssen (→ Attributionstheorie und attributionale Theorien).

Die Differenzierung von Begabungswahrnehmungen nach verschiedenen Inhaltsbereichen lässt sich bereits zu einem frühen Zeitpunkt der Entwicklung nachweisen. Schon bei Erstklässlern sind Begabungswahrnehmungen nach Fächern trennbar (Eccles, Wigfield, Harold & Blumenfeld, 1993). Hinsichtlich des Strukturmerkmals der wahrgenommenen Verbundenheit konnten Möller, Pohlmann, Streblow und Kauffmann (2002) tatsächlich engere Zusammenhänge zwischen dem Selbstkonzept der mathematischen und der sprachlichen Begabung nachweisen, wenn Personen mathematische und verbale Fähigkeiten als positiv miteinander verbunden erachteten. Weiterhin finden sich Belege dafür, dass Selbstkonzepte der Begabung stärker mit dem allgemeinen Selbstwert einer Person zusammenhängen, je persönlich zentraler der Begabungsbereich für die Person ist (Dickhäuser & Schrahe, 2006).

2 Entstehung des Selbstkonzepts der Begabung

Das Selbstkonzept der Begabung entsteht aufgrund von individueller Erfahrung. Die Hauptdeterminante des Selbstkonzepts der Begabung ist die Leistung der Person. Hierbei wird die eigene Leistung zu Vergleichsgrößen in Beziehung gesetzt (vgl. Kasten), um anhand des Ergebnisses Rückschlüsse auf die eigene Begabung vorzunehmen (Skaalvik & Skaalvik, 2002).

Arten von Vergleichsmaßstäben

- *Sozialer Vergleichsmaßstab*
  Die eigene Leistung wird mit den Leistungen anderer Personen verglichen.
- *Individuell-temporaler Vergleichsmaßstab*
  Die eigene Leistung zu einem bestimmten Zeitpunkt wird mit eigenen früheren Leistungen in diesem Bereich verglichen.
- *Kriterialer Vergleichsmaßstab*
  Die eigene Leistung wird mit einem sachlichen Kriterium verglichen.
- *Individuell-dimensionaler Vergleichsmaßstab*
  Die eigene Leistung in einem bestimmten Bereich wird mit eigenen Leistungen aus einem anderen Bereich verglichen.

Wiederholt konnte gezeigt werden, dass soziale Vergleiche einen starken Effekt auf das Selbstkonzept der Begabung haben. Die Annahme sozialer Vergleichsprozesse wird auch genutzt, um Bezugsgruppeneffekte („big fish little pond effect") auf das Selbstkonzept der Begabung aufzuklären: Bei gleicher individueller Leistungsstärke resultieren in leistungsstarken Vergleichsgruppen niedrigere Begabungskonzepte als in leistungsschwachen (vgl. Marsh & Hau, 2003), da in leistungsstarken Vergleichsgruppen selbstkonzeptabträgliche soziale Aufwärtsvergleiche (Vergleiche mit besseren Personen) wahrscheinlicher sind als Abwärtsvergleiche.

Daneben schlagen sich individuell-dimensionale Vergleiche in Veränderungen des Selbstkonzepts der Begabung nieder (Möller & Köller, 2001): Wird die eigene Leistung in einem Bereich A mit einer schlechteren Vergleichsleistung im Bereich B kontrastiert, kommt es zu höheren Fähigkeitseinschätzungen in A als nach Vergleichen mit besseren Leistungen in B.

Neben dem über Vergleichsprozesse vermittelten Einfluss von Leistung auf das Selbstkonzept der Begabung nehmen auch direkte und indirekte Mitteilungen durch relevante Dritte Einfluss auf das Selbstkonzept der Begabung. Unter anderem können das Erhalten von Lob nach einer leichten Aufgabe, von ungebetener Hilfestellung oder von Mitleid nach Misserfolg als Mitteilungen über niedrige Begabung gedeutet werden und im nächsten Schritt zu einem niedrigeren Selbstkonzept der Begabung der Person führen (zsf. Meyer, 1992).

3 Das Selbstkonzept der Begabung unter motivationaler Perspektive

Selbstkonzepte der Begabung können an zahlreichen Stellen des Handlungsprozesses Einfluss auf das Erleben und Verhalten von Personen nehmen. Sie beeinflussen die Ausrichtung von Verhalten dergestalt, dass Personen sich eher solchen Aufgaben zuwenden, für die sie ihre Fähigkeiten für hoch halten. Die Wahl von Kursen in der Schule oder von Berufen kann unter anderem durch das Selbstkonzept der Begabung vorhergesagt werden (z. B. Marsh & Yeung, 1997; → Motivationspsychologie des Lernens). Der Wert einer realistischen Einschätzung eigener Fähigkeiten kann dabei darin gesehen werden, dass die Person bevorzugt solche Situationen aufsuchen kann, die sie nicht über- oder unterfordern. Die zwischen Selbstkonzept der Begabung und Aufgabenwahl vermittelnde Variable ist die Erfolgserwartung (→ Erwartung und Anreize, → Risikowahl-Modell). Bei gleicher Aufgabenschwierigkeit führt ein hohes Selbstkonzept der Begabung zu höheren Erfolgserwartungen als ein niedriges.

Längsschnittstudien konnten nachweisen, dass auch bei Kontrolle der vorauslaufenden Leistung das Selbstkonzept der Begabung Veränderungen in der Leistung einer Person vorhersagen kann (Guay, Marsh & Boivin, 2003). Eine bei diesem Prozess vermittelnde Variable könnte die Persistenz sein (→ Persistenz und Zielablösung). Wenn Personen bei Aufgaben auf Schwierigkeiten stoßen, so neigen sie bei einem niedrigen Selbstkonzept der Begabung möglicherweise schneller zum Aufgeben, was schließlich zu niedrigerer Leistung führt. Auch experimentell konnte gezeigt werden, dass ein niedriges Selbstkonzept der Begabung zu niedrigeren Leistungen führen kann als ein hohes Begabungskonzept. Allerdings gibt es hier bedeutende Moderatoren. Insbesondere zeigt sich dieser Zusammenhang in Situationen, die eine Leistungszielorientierung betonen (→ Zielorientierungen). So konnten etwa Spinath und Stiensmeier-Pelster (2003) einen Effekt des Selbstkonzepts der Begabung auf die Leistung der Person nachweisen, wenn aufgrund des Charakters der Situationen die Personen glaubten, sie müssten ihre eigenen Fähigkeiten unter Beweis stellen. In lernzielorientierten Situationen (also Situationen, die den Übungscharakter der Aufgabe betonen) führten dagegen Unterschiede im Selbstkonzept der Begabung nicht zu signifikanten Leistungsunterschieden.

4 Globalität vs. Spezifität des Selbstkonzepts der Begabung

Aus dem einflussreichen hierarchischen Selbstkonzept-Modell von Shavelson et al. (1976) wurde abgeleitet, dass insbesondere spezifische Selbstkonzepte der Begabung enger mit dem konkreten Erleben und Verhalten zusammenhängen sollten als globale Selbstkonzepte der Begabung. Häufig zitiert wurden in diesem Zusammenhang die Ergebnisse der Meta-Analyse von Hansford und Hattie (1982). Während sich in dieser Analyse zwischen Maßen des globalen Selbstkonzepts und Leistungsindikatoren im Mittel nur eine Korrelation von $r = .18$ zeigt, konnte zwischen Maßen des spezifischen Selbstkonzepts der Begabung und Leistung ein Zusammenhang von $r = .42$ festgestellt werden. Diese Befundlage hat zu einem starken Fokus auf die Erfassung und Analyse spezifischer Selbstkonzepte der Begabung geführt. Dickhäuser und Reinhard (2006) haben jedoch argumentiert, dass unter bestimmten Randbedingungen durchaus spezifisches Erleben und Verhalten in einer konkreten Leistungssituation besser durch das globale als durch ein spezifisches Selbstkonzept der Begabung vorhersagbar sein sollte. Soll eine Person beispielsweise für eine konkrete Aufgabe angeben, wie erfolgreich sie zu sein glaubt (Erfolgserwartung), so ist für die Beantwortung dieser Frage die Nutzung des globalen Selbstkonzepts der Begabung im Sinne einer breit anwendbaren Heuristik weniger aufwändig als der Rückgriff auf spezifische Selbstkonzepte. In einer Reihe von Experimenten konnten die Autoren zeigen, dass bei dispositional niedrigem Engagement und niedriger Freude für Denkaufgaben („Need for Cognition") oder bei Beeinträchtigung der kognitiven Kapazität zum sorgfältigen Nachdenken durch Ablenkungsaufgaben Erfolgserwartung und Leistung in Bezug auf eine spezifische Aufgabe enger mit dem globalen als mit dem spezifischen Selbstkonzept der Begabung zusammenhingen. Diese Befunde zeigen, dass Personen sowohl globale wie auch spezifische Selbstkonzepte der Begabung für die Steuerung des Verhaltens nutzen. Ob eher globale oder eher spezifische Selbstkonzepte das Erleben und Verhalten beeinflussen, hängt von personalen und situationalen Randbedingungen ab.

Weiterführende Literatur

Dickhäuser, O. (Hrsg.). (2006). Fähigkeitsselbstkonzepte: Entstehung, Auswirkung, Förderung [Themenheft]. *Zeitschrift für Pädagogische Psychologie, 20* (1/2).
Wigfield, A. & Karpathian, M. (1991). Who am I and what can I do? Children's self-concepts and motivation in achievement situations. *Educational Psychologist, 26,* 233–261.

Literatur

Dickhäuser, O. & Reinhard, M.-A. (2006). Factors underlying expectancies of success and achievement: The influential roles of need for cognition and general or specific self-concepts. *Journal of Personality and Social Psychology, 90,* 490–500.
Dickhäuser, O. & Schrahe, K. (2006). Sportliches Fähigkeitsselbstkonzept und allgemeiner Selbstwert: Zur Bedeutung von Wichtigkeit. *Zeitschrift für Sportpsychologie, 13,* 98–103.
Eccles, J., Wigfield, A., Harold, R. D. & Blumenfeld, P. (1993). Age and gender differences in children's self- and task perception during elementary school. *Child Development, 64,* 830–847.
Guay, F., Marsh, H. W. & Boivin, M. (2003). Academic self-concept and academic achievement: Developmental perspectives on their causal ordering. *Journal of Educational Psychology, 95,* 124–136.
Hansford, B. C. & Hattie, J. A. (1982). The relationship between self and achievement/performance measures. *Review of Educational Research, 52,* 123–142.
Marsh, H. W. & Hau, K.-T. (2003). Big-fish-little-pond effect on academic self-concept. *American Psychologist, 58,* 364–376.
Marsh, H. W. & Yeung, A. S. (1997). Coursework selection: Relations to academic self-concept and achievement. *American Educational Research Journal, 34,* 691–720.
Meyer, W.-U. (1984). *Das Konzept von der eigenen Begabung.* Bern: Huber.
Meyer, W.-U. (1992). Paradoxical effects of praise and criticism on perceived ability. In W. Stroebe & M. Hewstone (Eds.), *European review of social psychology* (Vol. 3, pp. 259–283). Chicester, NY: Wiley.
Möller, J. & Köller, O. (2001). Dimensional comparison: An experimental approach to the internal/external frame of reference model. *Journal of Educational Psychology, 93,* 826–835.

Möller, J., Pohlmann, B., Streblow, L. & Kauffmann, J. (2002). Die Spezifität von Begabungsüberzeugungen als Determinante des verbalen und mathematischen Begabungskonzepts. *Zeitschrift für Pädagogische Psychologie, 16,* 87–97.

Skaalvik, E. M. & Skaalvik, S. (2002). Internal and external frames of references for academic self-concept. *Educational Psychologist, 37,* 233–244.

Shavelson, R. J., Hubner, J. J. & Stanton, G. C. (1976). Self-concept: Validation of construct interpretations. *Review of Educational Research, 46,* 407–441.

Spinath, B. & Stiensmeier-Pelster, J. (2003). Goal orientation and achievement: The role of ability self-concept and failure perception. *Learning and Instruction, 13,* 403–422.

Zielorientierungen
Goal Orientations

Birgit Spinath

1 Ziele als Bedingungen von Erleben und Verhalten

Zieltheorien liegt die Annahme zugrunde, dass sich menschliches Erleben und Verhalten aus der Kenntnis der angestrebten → *Ziele* erklären und vorhersagen lässt. Einige Ansätze gehen davon aus, dass Personen ihre Ziele nicht ausschließlich aufgrund situationaler Gegebenheiten auswählen, sondern eine Prädisposition besitzen, bestimmte Ziele zu verfolgen. In diesem Zusammenhang wird von Zielorientierungen gesprochen.

Die Frage nach dispositionellen Zielorientierungen ist insbesondere in Bezug auf Lern- und Leistungssituationen (→ Leistung) untersucht worden. Verschiedene Autoren sind dabei mehr oder weniger unabhängig voneinander zu der Auffassung gelangt, dass sich zwei große Kategorien von Zielen unterscheiden lassen: Erstens das Ziel, eigene Fähigkeiten zu erweitern, und zweitens das Ziel, hohe Fähigkeit demonstrieren bzw. niedrige Fähigkeit verbergen zu wollen. Diese beiden Zielorientierungen haben je nach Forschungshintergrund unterschiedliche Bezeichnungen. So spricht Ames (1992) von Bemeisterungszielen und Leistungszielen (mastery vs. performance goal), Dweck (1986) von Lern- und Leistungszielen (learning vs. performance goals) und Nicholls (1984) von Aufgaben- und Ich-Orientierung (task vs. ego orientation). Im deutschsprachigen Raum hat sich das Begriffspaar der *Lern- und Leistungsziele* durchgesetzt und wird auch im Folgenden verwendet.

Um innerhalb der Leistungsziele zwischen dem Ziel, hohe Fähigkeiten zu demonstrieren oder aber mangelnde Fähigkeiten zu verbergen, differenzieren zu können, wurde zusätzlich eine Unterscheidung der Leistungsziele in *Annäherungs- und Vermeidungs-Leistungsziele* (→ Annäherungs- vs. Vermeidungsmotivation) vorgenommen (Elliot & Harackiewicz, 1996). Annäherungs-Leistungsziele beschreiben demnach die Tendenz, hohe Fähigkeiten zeigen zu wollen, während Vermeidungs-Leistungsziele darauf ausgerichtet sind, mangelnde Fähigkeiten nach Möglichkeit zu verbergen. Später ist auch noch die Einteilung der Lernziele in Annäherungs- und Vermeidungs-Lernziele vorgeschlagen worden (Elliot & McGregor, 2001). Dieser, wie auch andere weiter differenzierende Vorschläge, sind jedoch von anderen Autoren kaum aufgenommen worden. Stattdessen wird meistens von drei lern- und leistungsbezogenen Zielen ausgegangen, weshalb auch von einem trichotomen Zielansatz gesprochen wird. Gemeint sind dann Lernziele sowie Annäherungs- und Vermeidungs-Leistungsziele.

Während das Verfolgen der bislang benannten Ziele im engeren Sinne als leistungsmotiviert gelten kann, da jeweils eine Auseinandersetzung mit einem Gütemaßstab erfolgt, wird von einigen Autoren zusätzlich auf das Vorhandensein nicht leistungsmotivierter Ziele hingewiesen. Hierzu gehört z. B. die so genannte *Arbeitsvermeidung* (Nicholls, 1984), bei der nicht das Erreichen eines Ziels, sondern nur die Vermeidung von Arbeit im Vordergrund steht. Obwohl in Lern- und Leistungssituationen auch weitere Ziele verfolgt werden, wie z. B. soziale, so sind doch die hier genannten Orientierungen für Lern- und Leistungshandeln die wichtigsten.

Während anfangs noch davon ausgegangen wurde, dass Personen entweder lern- oder leistungszielorientiert seien (z. B. Dweck & Leggett, 1988), so zeigte sich empirisch, dass sich die beiden Zielorientierungen keineswegs ausschließen. Häufig findet sich ein mäßig positiver Zusammenhang zwischen dem Ausmaß, in dem Personen Lernziele und Annäherungs-Leistungsziele verfolgen, während Lernziele mit Vermeidungs-Leistungszielen eher negativ assoziiert sind. Annäherungs- und Vermeidungs-Leistungsziele korrelieren zum Teil hoch positiv miteinander (z. B. Spinath, Stiensmeier-Pelster, Schöne & Dickhäuser, 2002). Dies ist zwar zunächst kontraintuitiv, lässt sich aber damit erklären, dass beiden Leistungszielen Bewertungen anhand eines sozialen Vergleichsmaßstabs zugrunde liegen und sich Demonstrieren-Wollen hoher Fähigkeiten sowie Verbergen-Wollen niedriger Fähigkeit eher komplementär zueinander verhalten statt sich auszuschließen.

2 Vorauslaufende Bedingungen von Zielorientierungen

In der Literatur sind verschiedene Überlegungen über die Entstehung dispositioneller Zielorientierungen angestellt worden. Als Determinanten von Zielorientierungen sind dabei vor allem Leistungsmotive (→ Implizite und explizite Motive), implizite Theorien über die Veränderbarkeit von Intelligenz sowie Bewertungsmaßstäbe untersucht worden (siehe Tab. 1).

Elliot und andere sehen in Leistungsmotiven den Ursprung unterschiedlicher Zielorientierungen (z. B. Elliot & Church, 1997). Entsprechend dieser Annahme konnte gezeigt werden, dass die Bevorzugung von Lernzielen mit höheren Ausprägungen der Motivkomponente Hoffnung auf Erfolg einhergeht, jedoch unabhängig ist von der Ausprägung der Furcht vor Misserfolg bzw. der Leistungsängstlichkeit (z. B. Elliot & Church, 1997; Spinath et al., 2002). Umgekehrt korreliert eine stärkere Vermeidungs-Leistungszielorientierung positiv mit Furcht vor Misserfolg bzw. Leistungsängstlichkeit, ist jedoch unabhängig von Hoffnung auf Erfolg. Während in den Arbeiten von Elliot darüber hinaus der erwartete positive Zusammenhang zwischen Annäherungs-Leistungszielen und Hoffnung auf Erfolg sowie Furcht vor Misserfolg nachgewiesen werden konnte (z. B. Elliot & Church, 1997), zeigten sich diese in anderen Arbeiten nicht in der postulierten Weise (z. B. Spinath et al., 2002).

Tabelle 1: Vermutete vorauslaufende Bedingungen von Zielorientierungen

Vermutete vorauslaufende Bedingung		Ausgebildete Zielorientierung
Leistungsmotive	Hohe Hoffnung auf Erfolg	Lernzielorientierung
Implizite Theorien über Intelligenz	Veränderbarkeitstheorie	
Bewertungsmaßstäbe	Individuell-temporaler Vergleichsmaßstab	
Leistungsmotive	Hohe Hoffnung auf Erfolg und hohe Furcht vor Misserfolg	Annäherungs-Leistungsziel-orientierung
Implizite Theorien über Intelligenz	Nicht-Veränderbarkeits-theorie	
Bewertungsmaßstäbe	Sozialer Vergleichsmaßstab	
Leistungsmotive	Hohe Furcht vor Misserfolg	Vermeidungs-Leistungsziel-orientierung
Implizite Theorien über Intelligenz	Nicht-Veränderbarkeits-theorie	
Bewertungsmaßstäbe	Sozialer Vergleichsmaßstab	

Dweck nimmt in ihrer Leistungsmotivationstheorie an, dass implizite Theorien über die Veränderbarkeit von Intelligenz die entscheidenden vorauslaufenden Bedingungen für die Bevorzugung von Lern- oder Leistungszielen sind (Dweck & Leggett, 1988). Personen, die davon überzeugt sind, dass Intelligenz (auch Begabungen, Fähigkeiten) grundsätzlich veränderbar sind, sollten eher nach Kompetenzerweiterung streben, also lernzielorientiert sein. Dagegen sollten Personen, die Intelligenz für eine feste Größe halten, danach streben, ihre vorhandenen Kompetenzen zu zeigen oder aber nicht vorhandene Kompetenzen zu verbergen. Anders als von Dweck und anderen angenommen, zeigen sich empirisch meist keine oder nur sehr schwache Zusammenhänge zwischen impliziten Intelligenztheorien und Zielorientierungen (z. B. Braten & Stromso, 2004; Spinath et al., 2002).

Des Weiteren ist die Bevorzugung von Lern- und Leistungszielen mit der Verwendung unterschiedlicher Bewertungsmaßstäbe für eigene Leistungen in Verbindung gebracht worden (z. B. Elliot & McGregor, 2001). Tatsächlich ist die Betonung individueller Vergleichsmaßstäbe ein typischer Bestandteil experimenteller Induktionen von Lernzielen, ebenso wie soziale Vergleichsnormen typischerweise zur Herbeiführung von Leistungszielen herangezogen werden. Empirische Belege dafür, dass die verwendete Bezugsnorm ursächlich für die Annahme von Lern- oder Leistungszielen verantwortlich sind, stehen bislang jedoch noch aus. Stattdessen zeigte Utman (1997) in einer Metaanalyse, dass sich Studien, die zur Induktion unterschiedlicher motivationaler Orientierungen mehr oder weniger stark unterschiedliche Bezugsnormen in den Vordergrund stellten, nicht in der Größe der gefundenen Effekte unterschieden.

3 Effekte von Zielorientierungen in Lern- und Leistungssituationen

Insbesondere in der Pädagogischen Psychologie, und neuerdings auch in der Arbeits- und Organisationspsychologie, sind zahlreiche Forschungsarbeiten entstanden, denen zufolge die Art der verfolgten Ziele in deutlichem Zusammenhang steht mit Erleben und Verhalten in Lernsituationen und anschließender Leistung. So etwa berichten Personen mit Lernzielen vergleichsweise mehr positive Affekte gegenüber Lern- und Leistungsaufgaben (z. B. Nicholls, Patashnick & Nolen, 1985; → Schulisches Lernen und Emotion) sowie vermehrte intrinsische Motivation (z. B. Elliot & Church 1997; Meece, Blumenfeld & Hoyle, 1988; → Intrinsische Motivation) und Interesse für den Lerngegenstand (z. B. Harackiewicz, Barron, Carter, Lehto & Elliot, 1997; → Interesse). Als langfristige Folgen dieser positiven motivationalen und emotionalen Zustände konnten für Lernzielorientierte eine stärkere aktive, kognitive Beschäftigung mit dem Material (z. B. Meece et al., 1988) festgestellt werden, sowie die Verwendung adäquater Lösungsstrategien, wie beispielsweise tiefere Informationsverarbeitungsprozesse und größere Ausdauer (z. B. Miller, Behrens, Greene & Newman, 1993). Schließlich suchen lernzielorientierte im Vergleich zu leistungszielorientierten Personen auch stärker nach Hilfe, statt in Anbetracht von Schwierigkeiten aufzugeben (z. B. Butler & Neuman, 1995).

In Bezug auf tatsächliche Leistungsergebnisse konnte in experimentellen Studien nachgewiesen werden, dass die Orientierung hin auf Lernziele im Vergleich zu einer Orientierung auf Leistungsziele insgesamt zu besseren Leistungsergebnissen führt (Utman, 1997). Auch nicht experimentelle Studien, die in natürlichen Lern- und Leistungssituationen durchgeführt wurden, weisen mehrheitlich positive Zusammenhänge zwischen Lernzielen und der Güte von Leistungsergebnissen auf (z. B. Miller, Greene, Montalvo, Ravindran & Nichols, 1996; Spinath et al., 2002).

Tabelle 2: Postulierte Effekte von Zielorientierungen, jeweils im Vergleich zu den anderen Zielorientierungen, und mögliche Moderatoren der Effekte

Zielorientierung	Postulierte Effekte	Mögliche Moderatoren
Lernzielorientierung	– Positivere Affekte und mehr Interesse in Lern- und Leistungssituationen – Intensivere Beschäftigung mit Aufgaben – Adäquatere Lösungsstrategien – Größere Ausdauer – Mehr Aufsuchen von Hilfe bei Schwierigkeiten – Bessere Leistung	Bessere Leistung immer dann, wenn: – Keine situativen Hinweisreize vorhanden, die Bedeutung sozialer Vergleiche hervorheben
Annäherungs-Leistungszielorientierung	– Unter bestimmten Bedingungen gute Leistungen	Bessere Leistung immer dann, wenn: – Hohe Fähigkeitsselbstwahrnehmungen – Situation nur oberflächliches Wissen erfordert – Wissen nur kurzfristig verfügbar sein muss – Selbstbestätigung nicht im Vordergrund steht
Vermeidungs-Leistungszielorientierung	– Negativere Affekte und wenig Interesse in Lern- und Leistungssituationen – Inadäquate Lösungsstrategien – Geringste Ausdauer – Geringes Aufsuchen von Hilfe bei Schwierigkeiten – Schlechteste Leistung	

Obwohl zahlreiche Studien positive Zusammenhänge zwischen einer Lernzielorientierung und besseren Leistungen gefunden haben, wird die Wirkung von Lernzielen auf die Leistung von einigen Autor/innen bezweifelt (z. B. Harackiewicz, Barron, Pintrich, Elliot & Thrash, 2002), denen zufolge Lernziele lediglich auf die vorauslaufenden Bedingungen von Leistungen, wie Motivation, Wahlverhalten usw. positive Wirkungen haben sollten. Tatsächlich weisen Lernziele in einige Studien der Arbeitsgruppe um Elliot Korrelationen nahe Null mit Leistungsindikatoren auf. Es kann jedoch vermutet werden, dass sich die unterschiedlichen Befunde zum Zusammenhang zwischen Lernzielen und Leistungen mit Hilfe von Moderatorvariablen aufklären lassen. Vermutlich weisen Lernziele immer dann keine Zusammenhänge mit Leistungen auf, wenn situative Hinweisreize vorliegen, die die Bedeutung des Besserseins als andere, also des sozialen Vergleichs, sehr stark betonen. Dies ist beispielsweise für Prüfungssituationen im amerikanischen Studiensystem der Fall (viele Studien von Harackiewicz, Elliot und anderen wurden im Kontext des amerikanischen Studiensystems durchgeführt und erbrachten keine Effekte der Lernziele auf Studienleistungen).

Während eine Lernzielorientierung also in aller Regel mit besseren Leistungen einhergeht, ist der Zusammenhang zwischen Leistungszielen und Leistungsergebnissen komplizierter. Es erscheint intuitiv plausibel, dass in manchen Situationen ein Leistungsziel, also der Wunsch vorhandene Fähigkeiten zu beweisen und gleichzeitig nicht vorhandene Fähigkeiten zu verbergen, angemessen ist und zu guten Leistungsergebnissen führt. Dies gilt beispielsweise für Wettbewerbs- und Prüfungssituationen, in denen kurzfristig genau diese Strategien der positiven Selbstdarstellung gefordert sind. Daher gilt sicherlich nicht, dass Leistungsziele in jeder Situation schlechtere Leistungen nach sich ziehen als Lernziele. Insbesondere für Annäherungs-Leistungsziele, also das Streben, eigene Fähigkeiten zu demonstrieren, konnte mehrfach ein positiver Zusammenhang mit guten Leistungen nachgewiesen werden (z. B. Elliot & Church, 1997; Harackiewicz et al., 1997).

Vergegenwärtigt man sich jedoch, welche Voraussetzungen langfristig gute Leistungen sichern, etwa ein tiefes Verständnis des Stoffes, intensive Beschäftigung mit dem Gegenstand auch über das Nötige hinaus etc., so ist es fraglich, ob die hierfür benötigte Motivation in hinreichender Weise aus Leistungszielen geschöpft werden kann. Insbesondere dann, wenn Vermeidungs-Leistungsziele verfolgt werden, also der Wunsch im Vordergrund steht, vermeintlich geringe Fähigkeiten zu verbergen, gehen damit langfristig schlechte Leistungen einher (z. B. Elliot & Church, 1997; Harackiewicz et al., 1997).

Die zum Teil widersprüchlichen Befunde bezüglich der Adaptivität von Annäherungs-Leistungszielen haben einige der wichtigsten Zieltheoretiker dazu geführt, die Kombination von Lern- und Annäherungs-Leistungszielen als besonders günstig hervorzuheben (Harackiewicz et al., 2002). Andere Autoren dagegen vertreten die Auffassung, dass Annäherungs-Leistungsziele nur unter bestimmten, insgesamt wenig wünschenswerten Bedingungen zu besseren Leistungen führen, z. B. in Konkurrenzsituationen, wenn Wissen nur oberflächlich vorhanden sein muss und nur auf kurze Sicht, nicht aber bei längerer Beschäftigung mit einem Gegenstand (z. B. Brophy, 2005; Midgley, Kaplan & Middleton, 2001). Eine dritte Möglichkeit, die zur Auflösung der widersprüchlichen Befunde vorgeschlagen wurde, besteht in der Analyse der zugrunde gelegten Operationalisierungen von Annäherungs-Leistungszielen. So unterscheiden Grant und Dweck (2003) drei Komponenten, die in Operationalisierungen von Annäherungs-Leistungszielen verwandt werden, und zeigen, dass nur die Betonung der Selbstbestätigung negative Leistungen nach sich zieht, während weder der reine Vergleich mit anderen noch das Erreichen wollen eines bestimmten Ziels, wie z. B. guten Noten, negative Auswirkungen hatten.

Darüber hinaus zeigt sich, dass das Verfolgen von Leistungszielen insbesondere dann zu schlechten Leistungen führt, wenn gleichzeitig ein negatives Fähigkeitskonzept (→ Selbstkonzept der Begabung) vorliegt (Dweck & Leggett, 1988; Spinath & Stiensmeier-Pelster, 2003). Dann nämlich ist eine Person darauf hin orientiert, im sozialen Vergleich positiv abzuschneiden, glaubt aber gleichzeitig, dies nicht leisten zu können.

4 Fazit

Es kann festgehalten werden, dass ausgeprägte Lernziele in Lern- und Leistungskontexten rundum positiv zu bewerten sind, während im Bereich der Leistungsziele vor allem die Vermeidungs-Leistungsziele negative Folgen für Lernen und Leisten nach sich ziehen. Darüber hinaus können Annäherungs-Leistungsziele unter bestimmten Bedingungen von Vorteil sein. Unklar ist jedoch, ob diese Art der Motivation zu einer langfristig intensiven, tiefen Beschäftigung mit Themen führen kann. Außerdem wirken sich Leistungsziele dann negativ auf Lernen und Leistung aus, wenn gleichzeitig ein geringes Fähigkeitskonzept vorliegt.

Weiterführende Literatur

Köller, O. (1998). *Zielorientierungen und schulisches Lernen.* Münster: Waxmann.
Spinath, B., Stiensmeier-Pelster, J., Schöne, C. & Dickhäuser, O. (2002). *Die Skalen zur Erfassung von Lern- und Leistungsmotivation (SELLMO).* Göttingen: Hogrefe.

Literatur

Ames, C. (1992). Classrooms: Goals, structures, and student motivation. *Journal of Educational Psychology, 84,* 261–271.
Braten, I. & Stromso, H. I. (2004). Epistemological beliefs and implicit theories of intelligence as predictors of achievement goals. *Contemporary Educational Psychology, 29,* 371–388.
Brophy, J. (2005). Goal theorists should move on from performance goals. *Educational Psychologist, 40,* 167–176.
Butler, R. & Neuman, O. (1995). Effects of task and ego achievement goals on help seeking behaviors and attitudes. *Journal of Educational Psychology, 87,* 261–271.

Dweck, C. S. (1986). Motivational processes affecting learning. *American Psychologist, 41,* 1040–1048.
Dweck, C. S. & Leggett, E. L. (1988). A social-cognitive approach to motivation and personality. *Psychological Review, 95,* 256–273.
Elliot, A. J. & Church, M. A. (1997). A hierarchical model of approach and avoidance achievement motivation. *Journal of Personality and Social Psychology, 72,* 218–232.
Elliot, A. J. & Harackiewicz, J. M. (1996). Approach and avoidance achievement goals and intrinsic motivation: A mediational analysis. *Journal of Personality and Social Psychology, 70,* 461–475.
Elliot, A. J. & McGregor, H. A. (2001). A 2x2 achievement goal framework. *Journal of Personality and Social Psychology, 80,* 501–519.
Grant, H. & Dweck, C. S. (2003). Clarifying achievement goals and their impact. *Journal of Personality and Social Psychology, 85,* 541–553.
Harackiewicz, J. M., Barron, K. E., Carter, S. M., Lehto, A. T. & Elliot, A. J. (1997). Predictors and consequences of achievement goals in the college classroom: Maintaining interest and making the grade. *Journal of Personality and Social Psychology, 73,* 1284–1295.
Harackiewicz, J. M., Barron, K. E., Pintrich, P. R., Elliot, A. J. & Thrash, T. M. (2002). Revision of achievement goal theory: Necessary and illuminating. *Journal of Educational Psychology, 94,* 638–645.
Meece, J. L., Blumenfeld, P. C. & Hoyle, H. R. (1988). Students' goal orientations and cognitive engagement in classroom activities. *Journal of Educational Psychology, 80,* 514–523.
Midgley, C., Kaplan, A. & Middleton, M. (2001). Performance-approach goals: Good for what, for whom, under what circumstances, and at what cost? *Journal of Educational Psychology, 93,* 77–86.
Miller, R. B., Behrens, J. T., Greene, B. A. & Newman, D. (1993). Goals and perceived ability: Impact on student valuing, self-regulation, and persistence. *Contemporary Educational Psychology, 18,* 2–14.
Miller, R. B., Greene, B. A., Montalvo, B. R., Ravindran, B. & Nichols, J. D. (1996). Engagement in academic work: The role of learning goals, future consequences, pleasing others, and perceived ability. *Contemporary Educational Psychology, 21,* 388–422.
Nicholls, J. G. (1984). Achievement motivation: Conceptions of ability, subjective experience, task choice, and performance. *Psychological Review, 91,* 328–346.
Nicholls, J. G., Patashnick, M. & Nolen, S. B. (1985). Adolescents' theories of education. *Journal of Educational Psychology, 77,* 683–692.
Spinath, B. & Stiensmeier-Pelster, J. (2003). Goal orientation and achievement: The role of ability self-concept and failure perception. *Learning and Instruction, 14,* 403–422.
Utman, C. H. (1997). Performance effects of motivational state: A meta-analysis. *Personality and Social Psychology Review, 1,* 170–182.

Annäherungs- vs. Vermeidungsmotivation
Approach vs. Avoidance Motivation

Natalie C. Ebner & Alexandra M. Freund

1 Allgemeine Definition von Annäherungs- und Vermeidungsmotivation

Die vielleicht gundlegendste motivationspsychologische Annahme besteht darin, dass der Mensch, wie alle Lebewesen, erwünschte Zustände anzustreben (Annäherungsmotivation) und unerwünschte zu vermeiden sucht (Vermeidungsmotivation). Diese Annahme basiert darauf, dass es evolutionär adaptiv ist, wenn sich Lebewesen an Positives (bsp. Nahrung) annähern und Negatives (bsp. Gefahr) vermeiden, da solche Verhaltenstendenzen die Überlebenswahrscheinlichkeit eines Organismus erhöhen.

> **Definition: Annäherungs- und Vermeidungsmotivation**
>
> *Annäherungsmotivation* bezieht sich auf die Motivierung und Ausrichtung von Verhalten auf positive Stimuli (Objekte, Ereignisse, Möglichkeiten). Sie richtet sich auf das Erreichen erwünschter Zustände und wird durch die Verarbeitung appetitiver Reize hervorgerufen.
>
> *Vermeidungsmotivation* bezieht sich auf die Motivierung und Ausrichtugn von Verhalten auf negative Stimuli (Objekte, Ereignisse, Möglichkeiten). Sie zielt auf das Vermeiden unerwünschter Zustände und wird durch die Verarbeitung aversiver Reize hervorgerufen.

Ein großer Teil der gegenwärtigen psychologischen Forschung zu Annäherungs- und Vermeidungsmotivation bezieht sich auf Selbstberichtsmaße zu persönlichen Zielen (→ Ziele). Annäherungs- und Vermeidungsmotivation spiegeln sich jedoch nicht nur auf der expliziten, also dem Bewusstsein zugänglichen und verbalisierbaren Ebene wider, sondern auch auch der Ebene von nicht bewussten Motiven, automatisierten motorischen sowie neurophysiologischen (→ Belohnungs- und Bestrafungssensibilität) Prozessen.

Dieser Beitrag beginnt mit einem kurzen historischen Überblick über das Konzept der Annäherungs- und Vermeidungsmotivation (→ Historische Ansätze der Motivationspsychologie). Dann stellen wir neuere Konzepte aus der motivations- und sozialpsychologischen Literatur und ihre zentralen Forschungsbefunde dar. Anschließend gehen wir auf die Forschung zu annäherungs- und vermeidungsbezogenen Bewegungen und neuronalen Korrelaten von Annäherung und Vermeidung ein und diskutieren mögliche zukünftige Forschungsorientierungen.

2 Historischer Überblick über das Konzept der Annäherungs- und Vermeidungsmotivation

Die Unterscheidung zwischen Annäherung und Vermeidung spielt in lerntheoretischen, psychoanalytischen, gestalt-, motivations- sowie persönlichkeitspsychologischen Ansätzen eine wichtige Rolle. Ein vollständiger Überblick über die Geschichte des Konzepts ist in dem vorliegenden Rahmen nicht möglich (Elliot, 1999 für einen umfassenden Überblick). Wir beschränken uns daher auf eine Auswahl von Ansätzen, um beispielhaft die Breite der Konzeptualisierung in der Psychologie aufzuzeigen.

Für William James waren Freude und Schmerz die Sprungfedern von Verhalten – Freude als Verstärker und Schmerz als Inhibitor. Bereits James spekulierte über mögliche neuronale Mechanismen, die den beiden Motivationsprinzipien zugrunde liegen. Auch Freud betrachtete Freude und Schmerz als zwei zentrale Tendenzen der Psychodynamik.

Der Lerntheoretiker Thorndike integrierte die Idee von Annäherung und Vermeidung in das „law of effect", nach dem Verhalten mit größerer Wahrscheinlichkeit erneut gezeigt wird, wenn es mit Zufriedenheit als wenn es mit Unbehagen verknüpft ist. Skinner differenzierte in der von ihm begründeten Richtung des operanten Konditionierens zwischen Verhaltenskonsequenzen positiver und negativer Reize. Verhaltensverstärkend wirken demnach positive und negative Verstärker (Hinzufügen positiver Reize, Wegnahme negativer Reize) und verhaltensmindernd das Hinzufügen negativer Reize bzw. die Wegnahme positiver Reize. Die Wichtigkeit von Annäherungs- und Vermeidungsmotivation stand damit im Mittelpunkt der behavioristischen Tradition, die davon ausging, dass Verhalten durch Prinzipien klassischer und operanter Konditionierung letztendlich durch die Kopplung mit positiven oder negativen Reizen bestimmt wird.

Einer anderen psychologischen Tradition folgend, der Gestaltpsychologie, betonte Lewin die Wichtigkeit der *Valenz* von Zielobjekten. Ein wichtiger Beitrag von Lewin war das Postulat von gleichzeitig wirkenden Annäherungs- und Vermeidungstendenzen, die dann entstehen können, wenn ein Objekt gleichzeitig positive und negative Aspekte in Bezug auf eigene Ziele aufweist.

Ein weiterer Zweig der Psychologie, der die Unterscheidung zwischen Annäherung und Vermeidung zentral integrierte, ist die Forschung zu Leistungsmotivation (→ Leistung). Hier ist insbesondere die Konzeptualisierung Murrays zu nennen, der zufolge Menschen nach Leistung und Erfolg streben und Misserfolge zu vermeiden suchen. In dieser Tradition stehen auch spätere persönlichkeitspsychologische Eigenschaftskonzeptionen wie die von Atkinson oder McClelland, nach denen sich Personen nicht nur in der Stärke ihrer Leistungsmotivation unterscheiden, sondern auch hinsichtlich ihrer primären Ausrichtung auf Vermeidung von Misserfolgen oder Streben nach Erfolgen. Auch im Anschluss- und Machtmotiv (→ Anschluss und Intimität, → Macht) findet sich die annähernde vs. vermeidende Komponente. Somit stellen Annäherung und Vermeidung Kernkonzepte des Motivkonstrukts dar. McClelland geht davon aus, dass vorsprachliche Erziehungserfahrungen einen starken Einfluss auf Annäherungs- bzw. Vermeidungsmotivation im Sinne von Motivausprägungen für das gesamte Leben haben. Wie im nächsten Abschnitt dargestellt, bezieht sich der größte Teil der gegenwärtigen Forschung zu Annäherungs- und Vermeidungsmotivation jedoch auf persönliche Ziele.

3 Neuere Konzepte und zentrale Forschungsbefunde zu Annäherungs- und Vermeidungsmotivation

In der gegenwärtigen Forschung spielt die Unterscheidung von Annäherung und Vermeidung vor allem in drei (teilweise überlappenden) Gebieten eine zentrale Rolle: (1) persönliche Ziele, (2) Leistungsmotivation, (3) Selbstregulation. Einige neuere Konzepte und empirische Befunde werden im Folgenden kurz dargestellt (s. Tab. 1 für einen Überblick).

Tabelle 1: Neuere Konzepte und zentrale Forschungsbefunde zu Annäherungs- und Vermeidungsmotivation

Ebene/Unterscheidung		Forschungsbefund
Persönliche Ziele	– Annäherungsziele	– Primärer Fokus mit positiven Folgen für Wohlbefinden und Leistung
	– Vermeidungsziele	– Geringerer Fokus mit negativen Folgen für Wohlbefinden und Leistung; stärkere Ausrichtung und Adaptivität im höheren Erwachsenenalter
Leistungsmotivation	– Lern-Annäherungsziele – Lern-Vermeidungsziele	– Führen zu besserer Leistung – Weniger günstig als Lern-Annäherungsziele, vorteilhafter als Leistungs-Vermeidungsziele
	– Leistungs-Annäherungsziele – Leistungs-Vermeidungsziele	– Hängen primär mit höherer Persistenz und instrinsischer Motivation zusammen – Hängen mit geringerer Leistung zusammen
Selbstregulation	– Promotion-Fokus	– Geht mit Annäherungsstrategien einher; Zielerreichung führt zu Freude, Nichterreichen zu Trauer
	– Prevention-Fokus	– Geht mit Vermeidungsstrategien einher; Zielerreichung führt zu Ruhe, Nichterreichen zu Anspannung

3.1 Persönliche Ziele

Die Literatur zu persönlichen Zielen unterscheidet zwischen Zielen, die sich auf Gewinn und das Erreichen positiver Zustände richten (Annäherungsziele) und Zielen, die sich auf die Vermeidung von Verlusten und negativen Zuständen richten (Vermeidungsziele; Emmons, 1996). Studien belegen, dass die meisten Ziele auf Annäherung gerichtet sind und das Verfolgen von Annäherungszielen im Vergleich zu Vermeidungszielen mit Persistenz in der Zielverfolgung, positiven Kognitionen, Wohlbefinden und Handlungsgüte assoziiert ist (Coats, Janoff-Bulman & Alpert, 1996). Als Erklärung wird diskutiert, dass Vermeidungsziele möglicherweise dazu führen, dass negative Informationen zugänglicher sind, und sich daher ungünstig auf die Wahrnehmung persönlicher Kompetenz und den Zielerfolg auswirken.

Neuere, lebensspannenpsychologische Forschung zeigt allerdings, dass dieser Zusammenhang nur für das junge Erwachsenenalter gilt – einer Lebensphase, die sich durch eine weite Zukunftsperspektive und eine günstige physische und kognitive Ressourcenlage auszeichnet. Ältere Erwachsene hingegen verfügen üblicherweise über weniger Ressourcen und haben eine kürzere Zeitperspektive. Sie berichten in ihren Zielen einen stärkeren Vermeidensfokus, der hinsichtlich dem subjektiven Wohlbefinden und auch der Zielverfolgung adaptiv zu sein scheint (Ebner, Freund & Baltes, 2006; Freund, 2006). Damit bewegt sich die Forschung weg von der Frage, welcher Zielfokus vorherrschend ist und günstigere motivationale Konsequenzen mit sich bringt, hin zu der Frage, unter welchen Umständen dies der Fall ist und welche Prozesse dazu beitragen.

3.2 Leistungsmotivation

Aufbauend auf der langen Tradition der Forschung zu Hoffnung auf Erfolg und Furcht vor Misserfolg formulierte Elliot (1999) ein *Hierarchisches Modell der Leistungsmotivation*. Das Modell geht davon aus, dass neben Hoffnung auf Erfolg und Furcht vor Misserfolg auch die subjektive Überzeugung, ob eine Aufgabe eher der Möglichkeit zum Erlernen neuer Fertigkeiten dient oder dem Beweisen der eigenen Kompetenz, das Setzen und Verfolgen von Leistungszielen beeinflusst. Während sich *Leistungs-Annäherungsziele* auf den Nachweis von hoher Fähigkeit richten, zielen *Leistungs-Vermeidungsziele* auf Vermeidung des Eingeständnisses von mangelnder Fähigkeit ab. *Lern-Annäherungsziele* beziehen sich auf Erweiterung von Fähigkeiten und *Lern-Vermeidungsziele* auf das Vermeiden des Abbaus von Fähigkeiten. Es zeigt sich, dass vermeidungsbezogene Leistungsziele negative Folgen haben, annäherungsbezogene Leistungsziele hingegen primär mit positiven Ergebnissen zusammenhängen. Annäherungsbezogene Lernziele scheinen zu günstigeren Folgen zu führen als vermeidungsbezogene Lernziele; diese bringen jedoch noch vorteilhaftere Konsequenzen mit sich als vermeidungsbezogene Leistungsziele.

3.3 Selbstregulation

Eine sehr einflussreiche Selbstregulations-Theorie zu Annäherungs- und Vermeidungsorientierung ist die *Regulationsfokus-Theorie* (→ Theorie des regulatorischen Fokus; Higgins, 1997). Nach dieser Theorie sind Menschen danach bestrebt, Diskrepanzen zwischen ihrem tatsächlichen und einem von der Person selbst als ideal erachteten („ideal self") oder einem als von außen als Pflicht an die Person herangetragenen Zustand („ought self") zu reduzieren. Die Diskrepanz zum „ideal self" geht mit einem *Promotion-Fokus* einher, das heißt der Aufmerksamkeit auf Möglichkeiten zur Zielerreichung. Die Diskrepanz zum „ought self" geht hingegen mit einem *Prevention-Fokus* einher, das heißt mit der Aufmerksamkeit auf Hindernisse bei der Zielerreichung.

Personen unterscheiden sich im Hinblick auf ihren dispositionalen motivationalen Fokus und diese Unterschiede beeinflussen Zielverfolgungsstrategien. Ein Annäherungsfokus geht mit Annäherungsstrategien (z. B. Eifer, keine Möglichkeit zur Aufgabenlösung auszulassen) und mit jeweils spezifischen Emotionen einher: Erreichen von Zielen mit Annäherungsfokus führt zu Freude, Nichterreichen zu Trauer. Ein Vermeidensfokus ist dagegen mit Vermeidungsstrategien verbunden (z. B. Wachsamkeit gegenüber möglichen Fehlern bei der Aufgabenlösung). Das Erreichen von Zielen mit Vermeidensfokus führt zu Ruhe, das Nichterreichen zu Anspannung.

4 Annäherungs- und vermeidungsbezogene motorische Prozesse

Auf eher nicht bewusste Einflüsse von Annäherungs- und Vermeidensmotivation geht die Motor-Prozess Hypothese ein (Cacioppo, Priester & Berntson, 1993, Förster & Strack, 1997). Diese Hypothese geht davon aus, dass motorische Prozesse bzw. Körperhaltungen, selbst wenn sie nicht bewusst repräsentiert sind, unterschiedliche motivationale Orientierungen hervorrufen können, die wiederum Einstellungen beeinflussen. Empirisch konnten Unterschiede in dem Einfluss von annäherungs- (Armbeugung) und vermeidungsbezogenen (Armstreckung) Muskelkontraktionen auf Überzeugungen, Beurteilung neutraler Objekte oder Bewertung und Abrufen positiver bzw. negativer Information belegt werden. Umgekehrt kann aber auch die Verarbeitung positiver bzw. negativer Objekte annäherungs- und vermeidungsbezogenens Verhalten beeinflussen (Chen & Bargh, 1999).

5 Neurophysiologische Korrelate von Annäherungs- und Vermeidungsmotivation

Mittlerweile existieren verschiedene theoretische Ansätze zu den möglichen neuronalen Substraten von Annäherung und Vermeidung und auch die empirische Evidenz deutet auf eine psychophysiologische Basis. Verschiedene Neurotransmitter und neuroanatomische Strukturen wie der Präfrontalkortex, die Amygdala und der Hypothalamus konnten in diesem Zusammenhang identifiziert werden (→ Neurobiologie der Motivation und Volition).

Gray (1982) geht von zwei motivationalen, neurophysiologische Systemen aus, die Verhalten und Emotionen in Reaktion auf Belohnungs- und Bestrafungsreize zugrunde liegen: Das *Behavioral Activation System* (BAS) und das *Behavioral Inhibition System* (BIS). BIS bezieht sich auf negative affektive Zustände und reguliert Vermeidungsverhalten, indem es Rückzugsverhalten unterstützt und Verhalten in Reaktion auf Bestrafung und Fehlen von Belohnung hemmt. BIS umfasst das septohippocampale System und dessen monoaminerge Afferenzen aus dem Hirnstamm sowie neokortikale Projektionen in den Frontallappen. BAS hingegen ist der Mechanismus der Annäherungsverhalten und positiven Affekt als Antwort auf Belohnungsreize und Fehlen von Bestrafung reguliert (→ Belohnungs- und Bestrafungssensibilität). Erste Hinweise deuten darauf hin, dass katecholaminerge, und vor allem dopaminerge, Nervenbahnen eine zentrale Rolle in diesem System spielen.

→ *Bildgebende Verfahren* konnten Annäherung und Vermeidung mit Asymmetrien in der präfrontalen und anterior-temporalen kortikalen Hirnaktivität in Verbindung bringen (Davidson, Ekman, Saron, Senulis & Friesen, 1990). Diese Studien lassen vermuten, dass Annäherung und Vermeidung (zumindest teilweise) unabhängige motivationale Systeme sind, die im linken bzw. rechten frontalen Bereich des zerebralen Kortex lokalisiert sind. Es wird vermutet, dass dadurch kompetitive Interaktionen zwischen Annäherung und Vermeidung vermindert und flexibles Reagieren auf Belohnung und Bestrafung erleichtert wird. Die Identifikation der biologischen Substrate trägt entscheidend dazu bei, zugrunde liegende physiologische und neuronale Mechanismen von Annäherung und Vermeidung zu verstehen.

6 Zukünftige Forschungsorientierungen

Fragen im Zusammenhang mit der Entwicklung von Annäherungs- und Vermeidungsmotivation, den spezifischen Bedingungen für deren jeweilige Adaptivität, den bewussten und nicht bewussten Antezedenzien und Konsequenzen auf kognitiver, emotionaler, motivationaler, behavioraler und neurophysiologischer Ebene sind Gegenstand gegenwärtiger und zukünftiger Forschung. Sozial-kognitive und neurophysiologische Verfahren erlauben eine immer differenziertere Betrachtung und ein immer besseres Verständnis der mehr als einem Jahrhundert alten Frage, wie Annäherung und Vermeidung auf der Ebene bewusster Ziele aber auch nicht bewusster Motive unser Verhalten und Erleben bestimmen.

Auch Fragen nach angewandten Aspekten von annäherungs- und vermeidungsbezogener Motivation werden wichtig. Gesellschaftliche Veränderungen wie die immer größer werdende Anzahl älterer Menschen auf dem Arbeitsmarkt oder die Zunahme bestimmter Krankheiten einer immer sesshafter werdenden Gesellschaft erhöhen die Dringlichkeit von empirisch gut untermauerten Interventionsprogrammen im Kontext von Beruf und Freizeit, die verhaltensbestimmende Faktoren wie Annäherungs- und Vermeidungsmotivation miteinbeziehen.

Weiterführende Literatur

Elliot, A. J. & Covington, M. V. (2001). Approach and avoidance motivation. *Educational Psychology Review, 13,* 73–92.

Freund, A. M. & Ebner, N. C. (2005). The aging self: Shifting from promoting gains to balancing losses. In W. Greve, K. Rothermund & D. Wentura (Eds.), *The adaptive self: Personal continuity and intentional self-development* (pp. 185–202). Ashland, OH: Hogrefe & Huber Publishers.

Literatur

Cacioppo, J. T., Priester, J. R. & Berntson, G. G. (1993). Rudimentary determinants of attitudes. II: Arm flexion and extension have differential effects on attitudes. *Journal of Personality and Social Psychology, 65,* 5–17.

Chen, M. & Bargh, J. A. (1999). Consequences of automatic evaluation: Immediate behavioral predispositions to approach or avoid the stimulus. *Personality and Social Psychology Bulletin, 25,* 215–224.

Coats, E. J., Janoff-Bulman, R. & Alpert, N. (1996). Approach vs. avoidance goals: Differences in self-evaluation and well-being. *Personality and Social Psychology Bulletin, 22,* 1057–1067.

Davidson, R. J., Ekman, P., Saron, C. D., Senulis, J. A. & Friesen, W. V. (1990). Approach – withdrawal and cerebral asymmetry: Emotional expression and brain physiology. *Journal of Personality and Social Psychology, 58,* 330–341.

Ebner, N. C., Freund, A. M. & Baltes, P. B. (2006). Developmental changes in personal goal orientation from young to late adulthood: From striving for gains to maintenance and prevention of losses. *Psychology and Aging, 21,* 664–678.

Elliot, A. J. (1999). Approach and avoidance motivation and achievement goals. *Educational Psychologist, 34,* 169–189.

Emmons, R. A. (1996). Striving and feeling: Personal goals and subjective well-being. In P. M. Gollwitzer & J. A. Bargh (Eds.), *The psychology of action: Linking cognition and motivation to behavior* (pp. 313–337). New York: Guilford.

Förster, J. & Strack, F. (1997). Motor action in the retrieval of valenced information: A motor congruence effect. *Perceptual and Motor Skills, 85,* 1419–1427.

Freund, A. M. (2006). Differential motivational consequences of goal focus in younger and older adults. *Psychology and Aging, 21,* 240–252.

Gray, J. A. (1982). *The neuropsychology of anxiety: An enquiry into the functions of the septo-hippocampal system.* New York: Oxford University Press.

Higgins, E. T. (1997). Beyond pleasure and pain. *American Psychologist, 52,* 1280–1300.

Persistenz und Zielablösung
Persistence in Goal-Directed Behavior and Disengagement from Goals

Veronika Brandstätter

1 Einleitung

Gegenstand der Motivationspsychologie ist die Erklärung und Vorhersage zielgerichteten Verhaltens. Dabei stehen im Wesentlichen die folgenden drei Verhaltensmerkmale im Mittelpunkt des Interesses:

- **Ausrichtung** (welche Ziele wählt eine Person; → Erwartung und Anreiz, → Implizite und explizite Motive).
- **Intensität** (wieviel Konzentration und Anstrengung bringt eine Person bei der Verfolgung eines Ziels auf; → Kardiovaskuläre Prozesse und motivationale Intensität).
- **Persistenz** (Ausdauer; wie lange bleibt eine Person dabei ein Ziel zu verfolgen).

Nach der Wahl eines Handlungsziels und der Initiierung zielgerichteten Verhaltens kommt der Persistenz für die erfolgreiche Zielrealisierung besondere Bedeutung zu. Die meisten Ziele lassen sich nicht in einem Handlungsschritt erreichen; vielmehr ist wiederholtes Handeln über einen längeren Zeitraum notwendig (z. B. beim Ziel eine Sprache zu lernen), wobei das Handeln immer wieder unterbrochen werden muss, um entsprechende Handlungsgelegenheiten abzuwarten (z. B. die wöchentlichen Kursabende). Nach einer Unterbrechung die Handlung wieder aufzugreifen ist ebenso ein Aspekt von Ausdauer, wie bei Handlungsschwierigkeiten, Misserfolgen oder Ablenkungen nicht einfach aufgeben und auf Zielkurs zu bleiben. Die Bedeutsamkeit der Persistenz für das Zielstreben spiegelt sich auch darin wieder, dass ihre Förderung im Mittelpunkt praxisorientierter → *Motivationstrainings* steht.

Erfolgreiches Zielstreben erfordert aber nicht nur Ausdauer, sondern auch die Fähigkeit, sich von Zielen zu lösen, wenn sich die Zielerreichung als zu aufwändig oder unrealistisch erweist. Nicht nur im Bereich persönlicher Ziele, sondern auch in Wirtschaft und Politik finden sich Beispiele dafür, wie schwer es Menschen bisweilen fällt, ein Ziel aufzugeben, obwohl die weitere Zielverfolgung mit großen Unannehmlichkeiten verbunden ist und ein erfolgreicher Abschluss mehr als fragwürdig geworden ist: Ein Student, der ein einmal gewähltes Studienfach trotz anhaltender Misserfolge und obwohl es seinen Fähigkeiten und Neigungen nicht entspricht, weiterstudiert. Eine Rentnerin, die am hochalpinen Bergsport festhält, obwohl für sie körperliche Anstrengungen dieser Art ein gesundheitliches Risiko darstellen. Industrielle Projekte oder politische Maßnahmen, die häufig auch dann noch fortgeführt werden, wenn die Kosten in keinem Verhältnis mehr zum erwarteten Ertrag stehen. Diese Formen von Ausdauer erweisen sich als unproduktiv oder gar als riskant; sie binden die Handlungsressourcen (z. B. Energie, Zeit, Geld), die dann nicht für andere Ziele oder Projekte zur Verfügung stehen.

Während Persistenz beim Zielstreben ein zentrales Untersuchungsfeld der Motivationspsychologie ist, wurden Fragen der Zielablösung – und das vor allem im Hinblick auf misslingende Zielablösung (entrapment, escalation of commitment) – lange nur in der Sozial- und Organisationspsychologie untersucht (Brockner, 1992; Staw, 1997). Erst seit kurzem befasst man sich auch aus einer motivationspsychologischen Perspektive systematischer mit Bedingungen und Prozessen der Zielablösung (Brandstätter, 2003; Brandtstädter, 2007; Wrosch, Scheier, Carver & Schulz, 2003).

2 Die Forschung zu Persistenz

Sowohl in der klassischen Leistungsmotivationsforschung (Feather, 1962) als auch in der neueren Volitionspsychologie (Gollwitzer, 1990; Kuhl, 1984) wurden theoretische Annahmen zu den Bedingungen von Persistenz formuliert.

2.1 Persistenz aus Sicht der Leistungsmotivationsforschung

Feathers (1962) klassische Arbeiten zu Persistenz basieren auf dem → *Risikowahl-Modell* von Atkinson (1957), das Leistungsverhalten (die Wahl von Leistungszielen und die Ausdauer beim Verfolgen dieser Ziele) als Funktion der Motivausprägung einer Person (Erfolgsmotivierung vs. Misserfolgsmotivierung) und der situativ gegebenen Leistungsanreize (vermittelt über die Aufgabenschwierigkeit) betrachtet. Feather interessierte sich für die Frage, wie ausdauernd erfolgs- und misserfolgsmotivierte Personen an einer Aufgabe arbeiten, wenn sie dabei nur Misserfolg haben.

> **Beispiel:**
> In dem klassischen Persistenzexperiment von Feather (1961) erhielten erfolgs- und misserfolgsmotivierte Personen eine (tatsächlich unlösbare) Aufgabe, wobei sie jederzeit zu einer anderen Tätigkeit wechseln konnten. Jeweils einer Hälfte der Versuchsteilnehmer wurde die Aufgabe entweder als mittelschwierig oder als kaum lösbar präsentiert. Betrachtet wurde, wie lange die Versuchsteilnehmer an der Aufgabe festhielten. In Abhängigkeit von der angeblichen Auf-

> gabenschwierigkeit zeigten sich klare Unterschiede zwischen den beiden Motivgruppen: 75 % der Erfolgsmotivierten, aber nur 33 % der Misserfolgsmotivierten blieben ausdauernd bei der mittelschwierigen Aufgabe. Bei der angeblich kaum lösbaren Aufgabe zeigten nur 23 % der Erfolgsmotivierten, aber 75 % der Misserfolgsmotivierten Ausdauer. Dieses Ergebnismuster deutet auf einen unterschiedlich produktiven Einsatz der Handlungsressourcen der beiden Motivgruppen hin. Erfolgsmotivierte zeigten Ausdauer, wenn sie sich einer herausfordernden, aber subjektiv noch lösbaren Aufgaben gegenüber sahen, während Misserfolgsmotivierte an einer Aufgabe festhielten, die subjektiv für sie unslösbar sein musste und sie überforderte. Eine wichtige Implikation dieses Befundmusters ist, dass Misserfolgsmotivierte im Vergleich zu Erfolgsmotivierten auf Dauer ihre Kompetenzen weniger entwickeln und auch weniger Erfolgserlebnisse haben werden, wenn sie nicht realistische (mittelschwierige), sondern überfordernde Aufgaben wählen (→ Selbstbewertungsmodell der Leistungsmotivation).

Neben der Leistungsmotivausprägung wurden Selbstwirksamkeitserwartungen (→ Anreiz und Erwartung), → *Zielorientierungen*, Tätigkeitsanreize (→ Intrinsische Motivation) sowie der Attributionsstil (→ Attributionstheorie und attributionale Theorien) als Determinanten von Ausdauer untersucht (für einen Überblick, Heckhausen & Heckhausen, 2006). Insgesamt zeigt sich, dass hohe Selbstwirksamkeitserwartungen, das Verfolgen von Lernzielen (im Gegensatz zur Verfolgung von Leistungszielen), die Verfügbarkeit von positiven Tätigkeitsanreizen und ein motivational günstiger Attributionsstil zu hoher Ausdauer führen.

2.2 Persistenz aus Sicht der Volitionspsychologie

Als volitionale Determinanten von Ausdauer können die planende Bewusstseinslage (Gollwitzer, 1990; → Rubikonmodell der Handlungsphasen) sowie Handlungskontrollstrategien (Kuhl, 1984; → Handlungskontrolltheorie) betrachtet werden. Die planende Bewusstseinslage ist eine spezifische kognitive Orientierung, die sich u. a. durch eine einseitige Fokussierung auf die positiven Anreize der Zielverfolgung sowie eine illusionär optimistische Einschätzung der Realisierbarkeit des Ziels auszeichnet und die sich als persistenzfördernd erwiesen hat (z. B. Brandstätter & Frank, 2002). Neben der planenden Bewusstseinslage unterstützen sog. Handlungskontrollstrategien (z. B. Selektive Aufmerksamkeit, Motivationskontrolle, Emotionskontrolle, sparsame Informationsverarbeitung) die Ausdauer bei einem einmal gewählten Ziel. Sie sind laut Kuhl (1984) vor allem dann hilfreich, wenn die Verfolgung eines bestimmten Ziels durch konkurrierende Ziele oder Ablenkungen gefährdet ist. Aus dieser Perspektive sind es weniger die motivationalen Merkmale des in Frage stehenden Ziels (Anreiz und Erwartung) als vielmehr handlungsregulatorische (volitionale) Prozesse, die die Ausdauer steuern.

3 Die Forschung zu Zielablösung

Fragen der Zielablösung wurden lange vor allem in sozial- und organisationspsychologisch ausgerichteten Forschungsprogrammen untersucht (Brockner, 1992; Staw, 1997). Vermehrt finden sich inzwischen auch motivations- und volitionspsychologische Überlegungen zu den Bedingungen und Prozessen der Zielablösung (Brandstätter, 2003; Klinger, 1977; Kuhl, 2001; Wrosch et al., 2003), die auch in der Lebensspannenpsychologie aufgegriffen werden (Brandtstädter, 2007).

3.1 Die sozial- und organisationspsychologische Forschung zu misslingender Zielablösung

Die Tendenz, trotz zunehmender Widrigkeiten und Verluste an einem gewählten Ziel festzuhalten – also Schwierigkeiten bei der Zielablösung –, stehen im Mittelpunkt der Forschung zu eskalierender Zielbindung (entrapment, escalation of commitment, sunk cost effect), die entweder sozial- (z. B. Brockner, 1992) oder organisationspsychologisch (z. B. Staw, 1997) ausgerichtet ist bzw. der ökonomischen Entscheidungsforschung nahesteht (z. B. Arkes & Ayton, 1999).

> **Definition: Eskalierende Zielbindung**
> „Escalation of commitment ... a tendency to become locked into a course of action, throwing good money after bad or committing new resources to a losing course of actions" (Staw, 1981, S. 578).

In den genannten Ansätzen werden vor allem in einen ökonomischen Kontext eingebettete Handlungen analysiert: Für die Verfolgung eines Ziels bzw. Projekts wurden schon Ressourcen (z. B. Zeit, Geld, Anstrengung) investiert, die Handlung geht fehl, die Person hält dennoch am eingeschlagenen Handlungsweg fest und investiert weitere Ressourcen. In der Literatur finden sich im Wesentlichen drei theoretische Erklärungsansätze für das Phänomen eskalierender Zielbindung (vgl. Brandstätter, 2003).

> **Erklärungsansätze für eskalierende Zielbindung**
> - *Dissonanztheorie und Rechtfertigungsstreben.* Eskalierende Zielbindung geht auf das Bedürfnis der handelnden Person zurück, die ursprüngliche Handlungsentscheidung und die damit verbundenen bisherigen Investitionen sich selbst oder anderen gegenüber zu rechtfertigen. Die verlustreiche Handlung abzubrechen käme dem Eingeständnis einer Fehlentscheidung gleich und löste das Erleben von Dissonanz aus (z. B. Staw, 1981).
> - *Prospekttheorie und Risikofreude.* Eskalierende Zielbindung basiert auf einer Entscheidung unter Unsicherheit, bei denen es um Verluste (die bishe-

rigen Investitionen) geht. Bei Entscheidungen im Bereich von Verlusten herrscht Risikofreude vor. Die handelnde Person ist vor die Wahl zwischen zwei Alternativen – einer sicheren und einer risikobehafteten – gestellt: (a) den eingeschlagenen Handlungsweg aufgeben und sicher die bisherigen Investitionen verlieren oder (b) weiter investieren und mit einer gewissen Wahrscheinlichkeit entweder die Verluste kompensieren oder aber noch größere Verluste erleben (z. B. Whyte, 1993)
- *Eklektische Ansätze und ein Ordnungsversuch.* Eine große Vielzahl an weiteren Faktoren erwies sich als relevant für eskalierende Zielbindung. Sie stammen aus ganz unterschiedlichen theoretischen Zusammenhängen und sind bislang nicht in einem umfassenden Modell integriert, was Staw (1997) zu der Bemerkung veranlasste „we are left with little more than a laundry list of findings ..." (S. 196). Staw (1997) unternahm den Versuch, die Vielzahl an heterogenen Einflussfaktoren in einem Klassifikationsschema zu ordnen. Es umfasst die Kategorien Projekt- (z. B. erwarteter Ertrag der Zielerreichung), psychologische (z. B. illusionäre Kontrolle), soziale (z. B. Wettbewerbssituation) und organisationale (z. B. unternehmenspolitische Interessen) Determinanten, die je nach Phase eskalierender Zielbindung (anfängliche Entscheidung für Projekt, erste fragwürdige Ergebnisse, unübersehbare Verluste) sukzessive in den Vordergrund rücken.

Der Forschung zu eskalierender Zielbindung kommt das Verdienst zu, Fragen der Zielablösung in den Mittelpunkt des Interesses gerückt zu haben und auf deren praktische Relevanz im Hinblick auf wirschaftliche, soziale und politische Entscheidungen hingewiesen zu haben. Gleichwohl lässt dieser Forschungszweig die Anknüpfung an motivations- bzw. volitionspsychologische Theorien des Zielstrebens vermissen. Aktuelle Forschung zu eskalierender Zielbindung fokussiert wiederum auf einzelne ausgewählte Determinanten ohne Bezug zu einem integrativen theoretischen Rahmen (z. B. negativer Affekt: Wong, Yik & Kwong, 2006; Selbstwert: Zhang & Baumeister, 2006).

3.2 Motivations- und volitionspsychologische Überlegungen zur Zielablösung

Die Aufmerksamkeit der motivationspsychologischen Forschung richtet sich einerseits auf die kognitiven und affektiven Prozesse (Klinger, Brandstätter), die die Zielablösung begleiten, andererseits auf interindividuelle Unterschiede in diesen Variablen (Kuhl). Den theoretischen Hintergrund bilden Theorien des Zielstrebens.

Klingers Zielbindungs-Zielablösungs-Zyklus. Als einer der ersten Motivationspsychologen formulierte Eric Klinger (1977) theoretische Überlegungen zur Zielablösung. Er konzipiert die Ablösung von Zielen als langwierigen, zum Teil schwierigen Prozess, der einer bestimmten Abfolge von Phasen *(commitment-disengagement cycle)* folgt. Die Ablösung von einem Ziel, an das sich eine Person gebunden fühlt (commitment), stellt gemäß Klinger für das Individuum ein einschneidendes Ereignis dar: „... we might expect that eliminating it (die Ablösung vom Ziel, Anmerkung v. Verf.) will set in motion a massive reorganization, a kind of psychic earthquake ..." (Klinger, 1977, S. 137).

> **Die Phasen des Zielbindungs-Zielablösungs-Zyklus nach Klinger (1977)**
>
> - Anstrengungserhöhung *(invigoration)*
> - Aggression *(aggression)*
> - Depression *(depression)*
> - Erholung *(recovery)*

Am Anfang einer Zielablösung steht eine als unüberwindbar wahrgenommene Blockade des Zielstrebens (d. h. die angestrebten Anreize sind nicht mehr erreichbar oder aber die Mühen zur ihrer Erlangung sind unverhältnismäßig hoch). Es folgt zunächst eine Phase erhöhten Engagements für das Ziel *(invigoration)*, das mit einer Fixierung auf das fragliche Ziel und einer Abwertung alternativer Ziele verbunden sein soll. Die Aggressionsphase umfasst nach Klinger die affektiven und verhaltensbezogenen Folgen von Frustration (→ *Ärger*; Absicht, die Quelle der Frustration zu beseitigen). Die dritte Phase *(depression)* setzt dann ein, wenn die Frustration des Zielstrebens weiter anhält. Emotionale Beeinträchtigungen und ein Verlust des Interesses für Anreize jeglicher Art leiten die Zielablösung ein, die in die sog. Erholungsphase *(recovery)* mündet und das Individuum wieder empfänglich macht für die Bindung an neue Ziele.

Interessant ist, dass Klinger neben einem in der Motivationspsychologie schon lange bekannten anstrengungserhöhenden Mechanismus nach Zielblockade (Dükers reaktive Anspannungssteigerung; → Kardiovaskuläre Prozesse und motivationale Intensität) einen antagonistischen Mechanismus postuliert, der verhindert, dass man sich für ein unerreichbares Ziel gewissermaßen „aufarbeitet".

So interessant Klingers Überlegungen zum Prozess der Zielablösung sind, so bleiben doch viele Fragen offen: Wie viel Frustration muss die handelnde Person bei der Verfolgung eines Ziels erleben, dass sie einen Anreizverlust wahrnimmt und der Zielablösungs-Zyklus einsetzt? Wie viel Anstrengung muss eine Person für ihr fehlgehendes Ziel umsonst mobilisiert haben, bis sie in Depression verfällt? Wovon hängt es ab, dass die Erholungsphase einsetzt? Hinzukommt, dass Klinger zu seinem Modell keine eigenen empirischen Untersuchungen vorgelegt hat, sondern seine Argumentation auf existierende Befunde aus der Depressions- und Aggressionsforschung gründete, die nur bedingt Anknüpfungspunkte für eine motivationspsychologische Analyse des Zielstrebens bieten.

Zielablösung im Rahmen der Handlungskontrolltheorie und der Theorie der Persönlichkeits-System-Interaktionen Kuhls. Auch wenn Kuhl Fragen der Zielablösung keiner systematischen theoretischen und empirischen Analyse unterzieht, so finden sich in seinen Arbeiten doch Hinweise auf einen Zusammenhang zwischen der individuellen Handlungsregulationskompetenz und für die Zielablösung relevanten Prozessen. So zeigen beispielsweise Lageorientierte im Vergleich zu Handlungsorientierten (→ Handlungskontrolltheorie) einen höheren Intentions-Überlegenheitseffekt[1], haben größere Schwierigkeiten, sich von generell unerreichbaren oder aber momentan nicht ausführbaren Zielen zu lösen, und neigen eher dazu, den eigenen Bedürfnissen zuwiderlaufende Tätigkeiten auszuführen. All dies soll auf die eingeschränkte Affektregulationskompetenz von Lageorientierten zurückzuführen sein, die eine flexible Anpassung des eigenen Zielstrebens an äußere und innere Gegebenheiten (z. B. Handlungsgelegenheiten; Bedürfnisse und Motive) erschwert (→ Theorie der Persönlichkeits-System-Interaktionen (PSI), Kuhl, 2001).

Brandstätters Nutzen-Kosten-Analyse von Persistenz und Zielablösung. In einer anreiztheoretischen Analyse von Persistenz und Zielablösung stellt Brandstätter (2003) die Bedeutung von zielbezogenen Anreizen in den Mittelpunkt der Betrachtung. Zentral ist die Differenzierung zwischen einerseits positiven und negativen Anreizen (Nutzen und Kosten) der Zielverfolgung und andererseits Nutzen und Kosten der Zielablösung. Dadurch werden präzisere Verhaltensvorhersagen möglich als durch die alleinige Betrachtung der Anreize der Zielverfolgung, da Nutzen- und Kostenaspekte der Zielablösung (z. B. Möglichkeit eine attraktive Alternative zu verfolgen, negative soziale Konsequenzen) unter bestimmten Bedingungen für die Handlungsregulation eine bedeutsamere Rolle spielen als Nutzen und Kosten der Zielverfolgung.

Zielbezogene Anreize sollen ins Bewusstsein der handelnden Person treten und handlungsleitende Funktion übernehmen, wenn diese sich aufgrund anhaltender und zunehmend unüberwindbarer Schwierigkeiten (abnehmender Nutzen und zunehmende Kosten der Zielverfolgung) in einer sogenannten *Handlungskrise* befindet. Durch die volitionale Voreingenommenheit der Handlungsphase (→ Rubikonmodell der Handlungsphasen) soll sich zunächst eine Fokussierung auf die Kosten des Zielabbruchs einstellen, die letztlich die Zielablösung erschwert und zu einer unproduktiven Form von Persistenz führt (man verfolgt sein Ziel weiter,

---

[1] Intentionsbezogene Inhalte sind im Gedächtnis stärker repräsentiert als nicht intentionsbezogene Inhalte.

um die Kosten des Aufgebens zu vermeiden). Erst wenn Nutzenaspekte der Zielablösung und/oder die Kosten der weiteren Zielverfolgung wieder in den Vordergrund rücken, ist der Weg frei zur Ablösung vom Ziel. Durch diese theoretische Perspektive wird der Blick auf die zentrale Bedeutung zielbezogener Anreize (Nutzen und Kosten) für die Regulation von Persistenz und Zielablösung gelenkt, die in volitionspsychologischen Theorien vernachlässigt wird.

3.3 Zielablösung im Rahmen der Lebensspannenpsychologie

Ausgangspunkt der Überlegungen zu Zielablösung im Rahmen der Lebensspannenpsychologie ist die Tatsache, dass sich mit zunehmendem Alter die Realisierungsbedingungen für bestimmte Ziele verschlechtern (z. B. durch das Nachlassen der körperlichen Kräfte) oder Realisierungsmöglichkeiten gar vollständig entfallen (z. B. die Unmöglichkeit für Frauen ab einem bestimmten Alter noch Kinder zu haben). Nicht selten ist daher die Ablösung von unerreichbar gewordenen Zielen eine unabdingbare Voraussetzung für Wohlbefinden und Zufriedenheit im Alter, da sonst zunehmend Überforderung und Frustration das Leben kennzeichnen würden (Brandtstädter, 2007; Wrosch et al., 2003).

In seinem Modell assimilativer und akkomodativer Prozesse beschreibt Brandtstädter (2007) die beiden Regulationsmodi *Assimilation* und *Akkomodation,* in deren Wechselspiel sich die aktive Gestaltung der eigenen Entwicklung vollzieht. Beide sind darauf gerichtet, Diskrepanzen zu angestrebten Zielzuständen und Entwicklungsverlusten adäquat zu begegnen, beruhen jedoch auf unterschiedlichen verhaltensbezogenen und kognitiven Prozessen.

Tabelle 1: Regulationsmodi Assimilation und Akkomodation (nach Brandtstädter, 2007, S. 42)

Assimilativer Modus	Akkomodativer Modus
Verhalten („Hartnäckige Zielverfolgung") – Aktives und persistentes Engagement für die eigenen Ziele – Reaktive Anstrengungssteigerung bei Behinderungen des Zielstrebens	*Verhalten* („Flexible Zielanpassung") – Ablösung von blockierten Zielen – Umleitung von Ressourcen auf erreichbare Ziele
Kognitive Prozesse – Konvergente, zielunterstützende Informationsverarbeitung – Ausblendung konkurrierender Handlungstendenzen – erhöhte Verfügbarkeit von Kognitionen, die die Zielverfolgung unterstützen	*Kognitive Prozesse* – Divergent-holistische Informationsverarbeitung – Öffnung des Aufmerksamkeitsfeldes – erhöhte Verfügbarkeit zielablösungsbezogener Informationen

Der assimilative Modus soll so lange vorherrschen, bis sich Ziele als unerreichbar erweisen, Realisierungsschwierigkeiten also kumulieren und schließlich ein „kritischer Resignationspunkt" (Brandtstädter, 2007, S. 24) erreicht ist, an dem akkomodative Tendenzen in den Vordergrund treten. Akkomodation und Assimilation werden somit als Regulationsmodi dargestellt, die je nach Realisierungsbedingungen adaptiv einsetzen.

Die Neigung zu hartnäckiger Zielverfolgung bzw. flexibler Zielanpassung wird als Personmerkmal konzeptualisiert (Fragebogen zu seiner Messung, Brandtstädter & Renner, 1990), das einer altersabhängigen Veränderung unterliegt: Mit zunehmendem Alter tritt assimilative Persistenz gegenüber akkomodativer Flexibilität in den Hintergrund.

4 Zusammenfassung

Die bisherige Forschung zu Persistenz und Zielablösung hat wichtige Erkenntnisse zu den beiden zentralen Facetten erfolgreichen Zielstrebens erbracht. Man muss jedoch feststellen, dass die Zielablösung im Hinblick auf ihre Relevanz für soziale und wirtschaftliche Entwicklungen aber auch für das psychische und physische Wohlbefinden von Individuen noch zu wenig Forschungsaufmerksamkeit gefunden hat. Insgesamt wird es in zukünftiger Forschung darum gehen, ihre Bedingungen und Prozesse noch genauer zu spezifizieren und vermittelnde Mechanismen auf Befinden und Gesundheit (z. B. Wrosch, Miller, Scheier & dePontet, 2007) zu analysieren.

Weiterführende Literatur

Brandstätter, V. (2003). *Persistenz und Zielablösung. Warum es oft so schwer ist, los zu lassen.* Göttingen: Hogrefe.
Brandtstädter, J. (2007). *Das flexible Selbst. Selbstentwicklung zwischen Zielbindung und Ablösung.* München: Elsevier.

Literatur

Arkes, H. R. & Ayton, P. (1999). The sunk cost and Concorde effects: Are human less rational than lower animals? *Psychological Bulletin, 125,* 591–600.
Atkinson, J. W. (1957). Motivational determinants of risk-taking behavior. *Psychological Review, 64,* 359–372.
Brandstätter, V. & Frank, E. (2002). Effects of deliberative and implemental mindsets on persistence in goal-directed behavior. *Personality and Social Psychology Bulletin, 28,* 1366–1378.

Brandtstädter, J. & Renner, G. (1990). Tenacious goal pursuit and flexible goal adjustment: Explication and age-related analysis of assimilative and accomodative strategies of coping. *Psychology and Aging, 5,* 58–67.

Brockner, J. (1992). The escalation of commitment to a failing course of action: Toward theoretical progress. *Academy of Management Review, 17,* 39–61.

Feather, N. T. (1961). The relationships of persistence at a task to expectation of success and achievement related motives. *Journal of Abnormal and Social Psychology, 63,* 552–561.

Feather, N. T. (1962). The study of persistence. *Psychological Bulletin, 59,* 94–115.

Gollwitzer, P. M. (1990). Action phases and mind-sets. In E. T. Higgins & R. M. Sorrentino (Eds.), *Handbook of motivation and cognition* (Vol. 2, pp. 53–92). New York: Guilford.

Heckhausen, J. & Heckhausen, H. (2006). *Motivation und Handeln* (3. Aufl.). Berlin, Heidelberg: Springer.

Klinger, E. (1977). *Meaning and void. Inner experience and the incentives in people's lives.* Minneapolis, MN: University of Minnesota Press.

Kuhl, J. (1984). Volitional aspects of achievement motivation and learned helplessness: Toward a comprehensive theory of action-control. In B. A. Maher (Ed.), *Progress in Experimental Personality Research* (Vol. 13, pp. 99–171). New York: Academic Press.

Kuhl, J. (2001). *Motivation und Persönlichkeit.* Göttingen: Hogrefe.

Staw, B. M. (1981). The escalation of commitment to a course of action. *Academy of Management Review, 6,* 577–587.

Staw, B. M. (1997). The escalation of commitment: An update and appraisal. In Z. Shapira (Ed.), *Organizational decision making. Cambridge series on judgment and decision making* (pp. 191–215). New York: Cambridge University Press.

Whyte, G. (1993). Escalating commitment in individual and group decision making: A prospect theory approach. *Organizational Behavior and Human Decision Processes, 54,* 430–455.

Wong, K. F. E., Yik, M. & Kwong, J. Y. Y. (2006). Understanding the emotional aspects of escalation of commitment: The role of negative affect. *Journal of Applied Psychology, 91,* 282–297.

Wrosch, C., Scheier, M. F., Carver, C. S. & Schulz, R. (2003). The importance of goal disengagement in adaptive self-regulation: When giving up is beneficial. *Self and Identity, 2,* 1–20.

Wrosch, C., Miller, G. E., Scheier, M. F. & de Pontet, S. B. (2007). Giving up on unattainable goals: Benefits for health? *Personality and Social Psychology Bulletin, 33,* 251–265.

Zhang, L. & Baumeister, R. F. (2006). Your money or your self-esteem: Threatened egotism promotes costly entrapment in losing endeavors. *Personality and Social Psychology Bulletin, 32,* 881–893.

Motivation in kulturvergleichender Perspektive
A Cross-Cultural Perspective on Motivation

Athanasios Chasiotis & Jan Hofer

1   Einleitung

Die Motivationsforschung beschäftigt sich vor allem mit der Frage, warum Individuen unter bestimmten Bedingungen Handlungen initiieren, und warum sie diese mit einer gewissen Intensität eine Zeit lang verfolgen (Smith, 1992). Ein zentrales Erkärungskonstrukt in diesem Zusammenhang ist das Motivkonzept (→ Implizite und explizite Motive).

Motive werden in der modernen Motivationsforschung als komplexe funktionale Systeme und relativ stabile Dispositionen verstanden und repräsentieren somit bedeutsame Elemente der Persönlichkeit. Sie bilden einerseits die Bewertungsbasis von Zielzuständen, die ein Individuum erreichen oder vermeiden will. Andererseits sind an sie Erwartungen geknüpft, durch bestimmtes eigenes Verhalten diese Ziele sowie vor allem die damit verbundenen Affekte erreichen zu können. Der Gedanke, dass bewusste und nicht bewusste psychologische Prozesse solch zielgerichtetes Verhalten auslösen, spiegelt sich in einer Reihe von einflussreichen Theorien wider (Kuhl, 2001). Bei Motiven ist der Kulturvergleich aus theoretischer Sicht besonders interessant, weil hier von einer evolutionsbiologisch verankerten, kulturübergreifend auftretenden Motivtrias (Affiliation, → Anschluss und Intimität, → Leistung, → Macht) ausgegangen wird. In diesem Kapitel werden wir uns deshalb in erster Linie mit dem im Kulturvergleich besonders aktuellen impliziten Motivkonzept beschäftigen (zu anderen interkulturell untersuchten Faktoren des motivationalen Geschehens, z. B. Attributionen: Schuster, Försterling & Weiner, 1989; Werte: Schwartz, 1994).

In der Vergangenheit entwickelte sich unter Vertretern verschiedener psychologischer Schulen eine Diskussion darüber, ob Motive am adäquatesten durch Selbstauskunftsverfahren oder mit Hilfe impliziter Verfahren zu erfassen seien (Smith, 1992; → Methoden der Motiv-, Motivations- und Volitionsdiagnostik). Viele der Streitpunkte können auf Grundlage neuerer Ansätze in der Motivationspsychologie, die zwei Motivationssysteme des Menschen postulieren, als überholt gelten (McClelland, Koestner & Weinberger, 1989). Hierbei wird davon ausgegangen, dass sowohl implizite als auch selbst attribuierte (explizite) Motive, die zu unterschiedlichen Phasen in der Ontogenese geformt und mit unterschiedlichen Verhaltensweisen in Beziehung stehen, Handlungen energetisieren und ausrichten.

Während Prozesse individuellen Erlebens und Verhaltens auf der Basis kognitiv repräsentierter Entitäten, wie etwa → *Ziele* und → *Werte*, in der Vergangenheit intensiv in westlich orientierten europäischen und US-amerikanischen, aber auch in nicht westlichen Kulturen untersucht wurden, ebbte das Interesse an der Erforschung nicht oder kaum bewusstseinsfähiger motivationaler Aspekte seit den 50er Jahren deutlich ab. Jedoch finden implizite Motive in den letzten Jahren wieder vermehrt Beachtung, was sich sowohl in elaborierten theoretischen Ansätzen zur Motivation als auch in einer steigenden Zahl von empirischen Untersuchungen niederschlägt, die zeigen, dass die Berücksichtigung eines zweiten, impliziten Motivationssystems dazu beiträgt, umfassendere Einblicke in die Natur individueller Verhaltensweisen zu erlangen und diese mit größerer Genauigkeit vorherzusagen (Kuhl, 2001).

2   Implizite Motive: Inhaltliche und methodische Probleme des Kulturvergleichs

Wie in anderen Teildisziplinen der Psychologie basieren auch in der Motivationspsychologie Befunde vor allem auf Untersuchungen in westlichen Kulturen. Um die Theoriebildung jedoch voranzutreiben und die Generalisierbarkeit von Ergebnissen und Schlussfolgerungen zu Zusammenhängen zwischen impliziten Motiven und Verhaltens- und Erlebensmaßen zu überprüfen, ist es notwendig, Untersuchungen in anderen, so genannten kollektivistischen Kulturen durchzuführen. Der bestehende Mangel an Befunden aus nicht westlichen Kulturen ist vor allem mit Blick auf das universalistische Postulat der Existenz basaler menschlicher Motive, die über Kulturen hinweg die motivationale Quelle vieler menschlicher Verhaltensweisen darstellen, nicht zufriedenstellend. Die Erforschung impliziter Motive im Kulturvergleich ist unseres Erachtens besonders aufschlussreich, da hier auf Grund der evolutionsbiologisch abgeleiteten Motivgenese sowohl kulturübergreifende Universalien als auch kulturspezifische Ausprägungen der Motivtrias sowie interessante Wechselbeziehungen zu expliziten, stärker am Selbstkonzept orientierten und damit kulturabhängigeren Normen und Zielen zu erwarten sind (Chasiotis, Hofer & Campos, 2006; Hofer, Chasiotis & Campos, 2006).

Die kulturvergleichende Untersuchung impliziter Motive konfrontiert die Motivationsforschung mit einer Reihe von methodischen und theoretischen Herausforderungen. Kulturen unterscheiden sich nicht nur hinsichtlich ökologischer und sozioökonomischer Bedingungen, sondern auch bezüglich Praktiken der Kindererziehung, Sozialisationsmustern, vorherrschenden Werten und sozialen Regulationsinstanzen, die eine kulturspezifische Sanktionierung individuellen Verhaltens bedingen. Es liegt daher die Annahme nahe, dass sich kulturelle Unterschiede auch in der Anregung und Verhaltensumsetzung impliziter Motive zeigen.

> **Beispiel:**
> Befunde einer Reihe älterer Untersuchungen deuten darauf hin, dass in nicht westlichen Kulturen das implizite Leistungsmotiv (→ Leistung) durch eine starke soziale Orientierung gekennzeichnet ist, d. h. leistungsorientiertes Verhalten wird nicht entsprechend selbst gesetzter Gütemaßstäbe gezeigt und evaluiert, sondern basiert auf dem Bedürfnis, den Erwartungen wichtiger Bezugspersonen und -gruppen zu entsprechen. Folglich ist in kulturübergreifenden Untersuchungen die Äquivalenz des zu messenden psychologischen Konstrukts (Motivs) zu überprüfen.

Die Vergleichbarkeit der Befunde hängt aber nicht nur von der Konstruktäquivalenz ab. Van de Vijver und Leung (1997) beschreiben zwei weitere Quellen von Störvariablen, die eine Vergleichbarkeit der Messungen über Gruppen hinweg verhindern. Zum einen handelt es sich um Störvariablen, die mit der Testdurchführung zusammenhängen (z. B. Vertrautheit mit Testsituation und -material), zum anderen um solche, die mit dem Messinstrument selbst einhergehen: Bestimmte Items oder Bildvorlagen rufen bei Untersuchungsteilnehmern aus unterschiedlichen Kulturen, auch wenn sie sich hinsichtlich des zugrunde liegenden Konstrukts nicht unterscheiden, unterschiedliche Reaktionen hervor. Wie alle psychologische Konstrukte müssen auch Messungen impliziter Motive methodischen Standards genügen, d. h. gültige Aussagen über (kulturelle) Gruppen hinweg können nur getroffen werden, wenn auf allen Ebenen Verzerrungsquellen ausgeschlossen bzw. kontrolliert werden.

3 Neuere Befunde

Mit Ausnahme weniger Studien, die vor allem in den sechziger Jahren des 20. Jahrhunderts durchgeführt wurden, gab es außerhalb des europäischen und angloamerikanischen Raumes kaum motivationspsychologische Untersuchungen. Selbst die wenigen Studien innerhalb dieser Kulturkreise sind dabei wegen ihrer Beschränkung auf studentische Stichproben von fragwürdiger Generalisierbarkeit. In den letzten Jahren ist allerdings eine gewisse Renaissance in der Anwendung imaginationsbasierter bzw. operanter Instrumente zur Messung impliziter Motive (→ Methoden der Motiv-, Motivations- und Volitionsdiagnostik), auch im Kulturvergleich, zu verzeichnen. Dieser gingen eingehende methodologische Arbeiten voraus (Hofer, Chasiotis, Friedlmeier, Busch & Campos, 2005). Als Fazit dieser Arbeiten lässt sich festhalten, dass es auf der Basis eines gründlichen methodischen Vorgehens (Expertendiskussionen, Vortests, statistische Analysen, etc. s. Abschnitt 2) durchaus möglich ist, implizite Motive im Kulturvergleich valide zu erfassen. Die Entwicklung kulturunabhängig valider Instrumente zur Messung impliziter Motive ist somit als viel versprechend anzusehen, da es inzwischen eine Reihe interessanter inhaltlicher

Befunde sowohl mit eher an den klassischen TAT (Thematischer Auffassungstest) angelehnten Maßen (Hofer & Chasiotis, 2003; Hofer et al., 2006; Hofer, Busch, Chasiotis, Kärtner & Campos, 2008) als auch mit neueren impliziten Maßen wie dem Operanten Motiv Test gibt (Chasiotis et al., 2006). So konnte nach dem ersten erfolgreichen Versuch, den die seelische Gesundheit fördernden Effekt der Kongruenz impliziter Affiliations- und Leistungsmotive mit expliziten Zielen in einer nicht westlichen Stichprobe nachzuweisen (männliche Adoleszenten aus Sambia: Hofer & Chasiotis, 2003), dieser Befund bezüglich des Affiliationsmotivs kulturunabhängig repliziert und auf die Kongruenz mit sozialen → *Werten* ausgeweitet werden (Hofer et al., 2006). Zudem konnte kulturübergreifend ein gültiger Pfad zwischen einer prosozialen Umsetzung des Machtmotivs, Disposition zu generativer Sorge, expliziten generativen Zielen und Lebenszufriedenheit identifiziert werden (Hofer et al., 2008). Schließlich gelang in einer neueren Untersuchung der Nachweis der geschlechts- und kulturinvarianten prädiktiven Bedeutung der impliziten Fürsorgemotivation für Elternschaft: Mit Stichproben aus Europa, Lateinamerika und Afrika konnte ein Entwicklungspfad verifiziert werden, bei dem die implizite Fürsorgemotivation einen notwendigen Mediator zwischen der Existenz jüngerer Geschwister und der expliziten Kinderliebe darstellt, welche wiederum mit der Existenz eigener Kinder zusammenhängt (Chasiotis et al., 2006; vgl. Abb. 1).

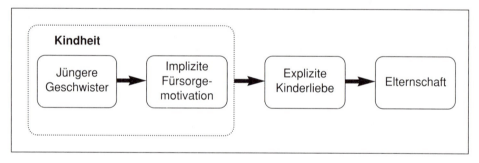

Abbildung 1: Pfadmodell zur kulturunabhängigen Äquivalenz entwicklungspsychologischer Mechanismen elterlicher Motivation (aus: Chasiotis et al., 2006, S. 100)

4 Ausblick

In der Psychologie wird noch allzu oft die Kulturabhängigkeit psychischer Merkmale vorausgesetzt, ohne diese Annahme empirisch zu überprüfen. Auch viele motivationspsychologische Ansätze leiden darunter, dass Annahmen zur Kultur- oder Sozialisationsabhängigkeit von Motiven nur selten empirisch überprüft werden. Auch weil dadurch nicht mehr ausschließlich auf das methodologisch problematische Datenniveau expliziter Selbstauskünfte zurückgegriffen zu werden braucht, eignet sich der Einsatz impliziter Motivmaße im Kulturvergleich vor allem zum Nachweis universeller motivationspsychologischer Wirkungsgefüge.

Viel versprechende Forschungsfragen zukünftiger kulturvergleichender Motivationspsychologie könnten somit die Untersuchung kulturabhängiger Motivumsetzungsstrategien, sozialorientierter Leistungsmotivation oder Studien zur dualen Natur des Machtmotivs sein. Weitere interessante inhaltliche Ziele motivationspsychologischer Forschung könnten darin bestehen, die Zusammenhänge impliziter Motive zu reproduktiven Verhaltensmaßen theoriegeleitet kulturvergleichend zu untersuchen und somit auch eine motivationspsychologische Perspektive in die Evolutionspsychologie einzubringen.

Weiterführende Literatur

Smith, C. P. (Ed.). (1992). *Motivation and personality: Handbook of thematic content analysis*. New York: Cambridge University Press.
Van de Vijver, F. J. R. & Leung, K. (1997). *Methods and data analysis for cross-cultural research*. Thousands Oaks, CA: Sage.

Literatur

Chasiotis, A., Hofer, J. & Campos, D. (2006). When does liking children lead to parenthood? Younger siblings, implicit prosocial power motivation, and explicit love for children predict parenthood across cultures. *Journal of Cultural and Evolutionary Psychology, 4*, 95–123.
Hofer, J. & Chasiotis, A. (2003). Congruence of life goals and implicit motives as predictors of life satisfaction: Cross-cultural implications of a study of Zambian male adolescents. *Motivation and Emotion, 27*, 251–272.
Hofer, J., Chasiotis, A. & Campos, D. (2006). Congruence of affiliation-oriented values and implicit motives: Effects on life satisfaction across three cultures. *European Journal of Personality, 20*, 305–324.
Hofer, J., Busch, H., Chasiotis, A., Kärtner, J. & Campos, D. (2008). Generativity and its relation to implicit and explicit motivation: A cross-cultural investigation. *Journal of Personality, 76*, 1–30.
Hofer, J., Chasiotis, A., Friedlmeier, W., Busch, H. & Campos, D. (2005). The measurement of implicit motives in three cultures: Power and affiliation in Cameroon, Costa Rica, and Germany. *Journal of Cross-Cultural Psychology, 36*, 689–716.
Kuhl, J. (2001). *Motivation und Persönlichkeit. Interaktionen psychischer Systeme*. Göttingen: Hogrefe.
McClelland, D. C., Koestner, R. & Weinberger, J. (1989). How do self-attributed and implicit motives differ? *Psychological Review, 96*, 690–702.
Schuster, B., Försterling, F. & Weiner, B. (1989). Perceiving the causes of success and failure: A cross-cultural examination of attributional concepts. *Journal of Cross-Cultural Psychology, 20*, 191–213.
Schwartz, S. H. (1994). Are there universal aspects in the structure and contents of human values? *Journal of Social Issues, 50*, 19–45.

Methoden der Motiv-, Motivations- und Volitionsdiagnostik
Measuring Motives, Motivation and Volition

Thomas A. Langens

1 Einleitung

Motivation bezeichnet „die aktivierende Ausrichtung des momentanen Lebensvollzugs auf einen positiv bewerteten Zielzustand" (Rheinberg, 2002, S. 17). Unter einem *Motiv* versteht man hingegen die latente Bereitschaft, über längere Zeiträume immer wieder thematisch ähnliche Zielzustände anzustreben (McClelland, 1985). Unter *Volition* werden schließlich Strategien zusammengefasst, die dazu führen, dass motivationale Tendenzen – möglicherweise auch gegen innere Hemmnisse und äußere Hindernisse – in zielgerichtetes Verhalten umgesetzt werden.

> **Begriffsklärung:**
> Die Aufgabe der Motiv-, Motivations- und Volitionsdiagnostik besteht darin,
> 1. momentanes Zielstreben und damit in Zusammenhang stehende Prozesse, wie etwa Ziele, Erwartungen, Anreize und Ursachenzuschreibungen (Motivation)
> 2. die überdauernde Neigung zur Verfolgung bestimmter Zielzustände etwa in den Bereichen Leistung, Macht und Anschluss (Motive) und
> 3. die Verfügbarkeit und den Einsatz von Strategien zur Steuerung zielgerichteten Verhaltens (Volition)
>
> zu quantifizieren.

Anwendung findet die Motiv- und Motivationsdiagnostik u. a. in der Pädagogischen Psychologie, etwa wenn man versucht, die Ursachen für mangelnde Schulmotivation zu ergründen oder Motivänderungsprogramme zur Verringerung leistungshemmender motivationaler Dispositionen (wie „Furcht vor Misserfolg") zu evaluieren (vgl. Rheinberg & Krug, 2004). In der Arbeits- und Organisationspsychologie kann Motivdiagnostik eingesetzt werden, um für einen Arbeitsplatz mit einem spezifischen Anreizprofil Personen mit einem passenden Motivprofil zu finden (Langens, Schmalt & Sokolowski, 2005). Schließlich wird die Motivdiagnostik auch in der Gesundheitsberatung eingesetzt mit dem Ziel, Konflikte zwischen unterschiedlichen Motivebenen (→ Implizite und explizite Motiven) zu verringern und damit das emotionale Wohlbefinden zu steigern (Roth, 2004).

Verfahren zur Erhebung von *Motiven* und *Motivation* lassen sich in zwei grundlegende Klassen einteilen (vgl. McClelland, 1985): Während *direkte Verfahren* Motive und Motivation erheben, indem Probanden die Wichtigkeit von oder ihre Entschlossenheit zur Verfolgung von Zielen selbst einschätzen, erfassen *indirekte Verfahren* Motive und Motivation über deren kognitive, affektive oder behaviorale Konsequenzen. *Volitionale Prozesse* werden zumeist durch direkte Verfahren erhoben; dieses Vorgehen steht in Übereinstimmung mit der Annahme, dass volitionale Prozesse der Handlungssteuerung an Bewusstheit gebunden sind und daher direkt durch Fragebögen erfasst werden können.

Im Folgenden werden zunächst ausgewählte diagnostische Verfahren aus dem Bereich der Motiv- und Motivationsdiagnostik vorwiegend am Beispiel leistungsmotivierten Verhaltens (→ Leistung) vorgestellt. Die grundlegenden Messprinzipien sind jedoch ebenfalls in anderen Motivationsbereichen wie → *Macht* und Anschluss (→ Anschluss und Intimität) verwirklicht worden (siehe Rheinberg, 2004). Anschließend wird auf Verfahren zur Erhebung volitionaler Prozesse eingegangen.

2 Direkte Verfahren der Motiv- und Motivationsdiagnostik

Direkten Verfahren zur Erhebung von Motivation und Motiven liegt die Annahme zugrunde, dass sich wichtige Parameter motivationaler Prozesse – z. B. das angestrebte Ziel, die bei der Verfolgung eines Ziels wirksamen Anreize, die Wahrscheinlichkeit von Erfolg, die emotionale Tönung der Zielverfolgung, die momentane Stärke einer motivationalen Tendenz und Präferenzen für thematische Klassen von Zielen – im Bewusstsein niederschlagen und daher unmittelbar erfragt werden können.

2.1 Direkte Verfahren zur Messung von Motivation

Ein breiter Ansatz zur Erfassung des aktuellen Zielstrebens ist die Erhebung von *Persönlichen Zielen* (Brunstein & Maier, 1996). Persönliche Ziele werden Probanden üblicherweise als Anliegen, Vorhaben und Pläne vorgestellt, mit denen sie sich momentan beschäftigen und die sie in den kommenden Monaten verfolgen wollen. Um die Stärke des Zielstrebens zu quantifizieren, können Teilnehmer z. B. gebeten werden, die Bindung an ihre Ziele (Beispielitem: „Komme, was da wolle, ich bin unter keinen Umständen bereit, dieses Ziel aufzugeben") und Fortschritte bei ihrer Verfolgung („Mit der Verwirklichung dieses Ziels komme ich gut voran") einzuschätzen. Das gemischt ideografisch-nomothetische Vorgehen hat eine Reihe von Vorteilen: Es schränkt das Spektrum möglicher Ziele nicht durch die Vorgabe von Kategorien ein, erlaubt aber dennoch die Quantifizierung der zentralen Indikatoren des Zielstrebens. In einer Vielzahl von Untersuchungen hat sich gezeigt, dass diese Indikatoren in sinnvoller Weise den langfristigen Erfolg bei der

Verfolgung von Zielen und das emotionale Wohlbefinden vorhersagen (Brunstein & Maier, 1996).

Nehmen wir beispielsweise an, eine Schülerin verfolgt das Ziel einer erfolgreichen Teilnahme am Wettbewerb „Jugend forscht", und wir wollen mehr über die emotionale Tönung der Motivation zur Verfolgung dieses Ziels erfahren. Da es sich bei dem Wettbewerb um eine *Lern- und Leistungssituation* handelt, könnte der *Fragebogen zur Erfassung der aktuellen Motivation* (FAM, Rheinberg, Vollmeyer & Burns, 2001) zum Einsatz kommen. Der Fragebogen erhebt vier voneinander unabhängige Dimensionen der aktuellen Motivation:
- die wahrgenommenen Herausforderung („Wenn ich diese Aufgabe schaffe, dann werde ich schon ein wenig stolz auf meine Tüchtigkeit sein"),
- das Interesse („Eine solche Aufgabe würde ich auch in meiner Freizeit bearbeiten"),
- die Erfolgswahrscheinlichkeit („Ich glaube, den Schwierigkeiten dieser Aufgabe gewachsen zu sein"),
- und Misserfolgsbefürchtungen („Wenn ich an die Aufgabe denke, bin ich schon etwas beunruhigt").

In einem weiteren Schritt kann der Frage nachgegangen werden, welcher Art die für die Veranlassung einer Handlung verantwortlichen *Anreize* (→ Erwartung und Anreiz) sind. Aufbauend auf dem Erweiterten Kognitiven Motivationsmodell von Heckhausen (1977) unterscheidet Rheinberg (2002) zwei grundlegende Klassen von Anreizen:
- *Tätigkeitsanreize:* Anreize, die in der Ausführung einer Tätigkeit selbst liegen. Einige Schüler nehmen an „Jugend forscht" teil, weil ihnen das Forschen und Experimentieren selbst Spaß macht.
- *Ergebnisanreize:* Anreize, die der Ausführung einer Tätigkeit folgen können. An „Jugend forscht" werden Schüler etwa auch teilnehmen, weil sie sich von einer Teilnahme gute Chancen für ihre berufliche oder akademische Karriere erhoffen.

Personen unterscheiden sich in dem Ausmaß, in dem sie sich in ihren alltäglichen Handlungen von Tätigkeits- oder Ergebnisanreizen leiten lassen; solche Unterschiede können mit der Anreiz-Fokus-Skala (Rheinberg, Iser & Pfause, 1997) erfasst werden. Zudem existieren Interview-Leitfäden, die es erlauben, das Anreizprofil von Handlungen zu explorieren (Rheinberg, 2004, S. 36 ff.), was z. B. dann interessant wird, wenn es darum geht, die Anreize von verbreiteten aber sozial nicht akzeptierten Handlungen (wie z. B. das Grafitti-Sprayen, siehe Rheinberg & Manig, 2003) zu identifizieren.

Weitere Parameter motivationaler Prozesse, die im Rahmen leistungsmotivierten Verhaltens direkt erfasst werden können, sind Flow-Erleben und Zielorientierungen. Als *Flow-Erleben* (→ Intrinsische Motivation) wird das „selbstreflexionsfreie Aufgehen in einer glatt laufenden Tätigkeit, die man trotz hoher Belastung noch gut unter Kontrolle hat" bezeichnet (Rheinberg, 2004, S. 30). Flow-Zustände sind üblicherweise mit hoher Leistungseffizienz und gehobenen emotionalen Wohlbefinden in Lernsituationen und im Sport verbunden. Die Flow-Kurzskala (FKS, Rheinberg, Vollmeyer & Engeser, 2003) erhebt drei voneinander unabhängige Dimensionen des Flow-Erlebens: glatter Verlauf („Ich weiß bei jedem Schritt, was ich zu tun habe"), Absorbiertheit („Ich bin völlig selbstvergessen") und – als Gegenspieler von Flow – Besorgnis („Ich darf jetzt keinen Fehler machen"). → *Zielorientierungen* können mit den Skalen zur Erfassung der Lern- und Leistungsmotivation (SELLMO, Spinath & Schöne, 2003) erfasst werden. Sie erheben, ob Schüler in Leistungssituationen eher *Lernziele* verfolgen, bei denen es darum geht, eigene Kompetenzen zu erweitern („In der Schule geht es mir darum, zum Nachdenken angeregt zu werden"), oder eher *Leistungsziele*, bei denen man bemüht ist, eigenes Wissen und Können vor anderen Personen zu demonstrieren („… dass, was ich kann und weiß, vor anderen zu zeigen", *Annäherungs-Leistungsziele*) oder eigene Inkompetenz vor anderen zu verbergen („… dass niemand merkt, wenn ich etwas nicht verstehe", *Vermeidungs-Leistungsziele*). In der Arbeitspsychologie konnte gezeigt werden, dass eine Lernzielorientierung positiv und das Setzen von Vermeidungs-Leistungszielen negativ mit beruflichen Leistungen korreliert (Payne, Youngcourt & Beaubien, 2007).

2.2 Direkte Verfahren zur Messung expliziter Motive

Direkte Verfahren zur Messung expliziter Motive erfassen die selbstberichtete Präferenz für *thematische Klassen von Zielzuständen* wie z. B. → *Leistung*, → *Machtmotivaton* und → *Anschluss und Intimität*. Im folgenden Kasten sind einige Beispielitems zur Erhebung des expliziten Leistungsmotivs aus einem gebräuchlichen Verfahren, der Personality Research Form (PRF, Jackson, 1984), wiedergegeben.

Beispielitems: Erfassung des expliziten Leistungsmotivs mit der Personality Research Form (PRF)

Geben Sie bitte für die folgenden Aussagen an, ob sie auf Sie persönlich zutreffen (Stimmt) oder nicht zutreffen (Stimmt nicht).
- Ich arbeite an Problemen weiter, bei denen andere schon aufgegeben haben.
- Ich habe mir vorgenommen, wenigstens etwas mehr zu leisten als irgendjemand vor mir.
- Ich setze mir oft schwer erreichbare Ziele.
- Ich arbeite, weil ich arbeiten muss, und nur deswegen. (Revers)

Mit Verfahren zur Messung expliziter Motive ermittelte Kennwerte haben zumeist eine hohe interne Konsistenz und sind recht stabil über die Zeit. Ihr Gültigkeitsbereich ist jedoch eingeschränkt: Explizite Motivmessverfahren sagen eher kognitive Präferenzen und Wahlentscheidungen als selbstinitiiertes Verhalten vorher. Um ein Beispiel zu geben: Das explizite Leistungsmotiv sagt vorher, ob sich eine Person in Situationen, in denen klare Leistungserwartungen bestehen, dafür entscheidet, eine Leistungsaufgabe zu übernehmen und sie zu bearbeiten. Es sagt dagegen nicht vorher, wie viel Anstrengung sie dann tatsächlich in diese Aufgabe investiert (vgl. Brunstein & Maier, 2005). Diese Befunde haben zu der Frage geführt, was direkte Verfahren eigentlich messen.

2.3   Was messen direkte Verfahren?

Was veranlasst Personen dazu, Items zur Erfassung des expliziten Leistungsstrebens wie etwa „Ich arbeite an Problemen weiter, bei denen andere schon aufgegeben haben" zuzustimmen? Die im Folgenden zusammengestellten Befunde sprechen dafür, dass direkte Verfahren ein Gemisch aus („echten") aktuellen motivationalen Tendenzen und in Richtung eines positiven Selbstkonzepts verzerrten Selbstpräsentationstendenzen erfassen, dessen Anteile sowohl von dem eingesetzten Verfahren als auch der Messsituation abhängen:

- **Orientierung am Ideal:** Probanden lassen sich bei der Beantwortung von Fragebögen zur Erhebung expliziter Motive zu gleichen Teilen von der Einschätzung ihrer wahrgenommenen *tatsächlichen* Eigenschaften („Wie sehen Sie sich selbst?") als auch von ihrem *Ich-Ideal* („Wie möchten Sie idealerweise gerne sein?") leiten (siehe Langens, Schmalt & Sokolowski, 2005).
- **Orientierung am Selbstkonzept der eigenen Fähigkeiten:** Das explizite Leistungsmotiv ist stark mit dem Selbstkonzept der eigenen Fähigkeiten korreliert (siehe z. B. Trope, 1986). Dieser Zusammenhang wird dahingehend interpretiert, dass hoch explizit leistungsmotivierte Personen nicht notwendig das Bedürfnis haben, gute Leistungen zu erbringen, sondern vor allem bestrebt sind, vor sich selbst und anderen als kompetent zu erscheinen.
- Die **Theorie der symbolischen Selbstergänzung** legt nahe, dass die Neigung, sich selbst als hoch leistungsmotiviert zu beschreiben, gerade aus einem *Mangel* an leistungsbezogenen Erfahrungen und Erfolgen resultieren kann (Wicklund & Gollwitzer, 1983). Insbesondere nach Misserfolgen kann die Zustimmung zu Aussagen wie „Ich habe mir vorgenommen, wenigstens etwas mehr zu leisten als irgend jemand vor mir" eher ein Versuch der Aufhebung eines Zustands der symbolischen Unvollständigkeit als ein Merkmal eines starken expliziten Zielstrebens sein.

3 Indirekte Verfahren der Motiv- und Motivationsdiagnostik

Der gemeinsame Nenner indirekter Verfahren ist der Ansatz, Motive und Motivation ohne Rückgriff auf Selbstbeurteilungen zu erheben da diese, wie wir gesehen haben, in deutlicher Weise durch bewusste Urteilsprozesse (Selbstkonzept und Selbstpräsentationstendenzen) beeinflusst werden.

3.1 Indirekte Verfahren zur Messung von Motivation

Indirekte Verfahren zur Messung einer aktuellen Motivation erheben die behavioralen Indikatoren zielgerichteten Verhaltens. Die folgenden Parameter – hier wiederum illustriert am Beispiel der Teilnahme am Wettbewerb „Jugend forscht" – können dabei unterschieden und erhoben werden:

- *Intensität des Verhaltens:* Wie viel Anstrengung investiert die Schülerin zu jedem gegebenen Zeitpunkt in den Wettbewerb? Ist sie nur oberflächlich konzentriert, oder widmet sie der Aufgabe ihre volle Konzentration?
- *Persistenz:* Wie lange arbeitet die Schülerin an dem Wettbewerb? Hört sie bereits nach wenigen Minuten auf, oder bleibt sie über Stunden bei der Sache?
- *Überwindung von Schwierigkeiten:* Gibt die Schülerin bei den ersten Schwierigkeiten auf oder versucht sie beharrlich, das Problem zu lösen?
- *Widerstand gegen Versuchungen:* Lässt sich die Schülerin von attraktiven alternativen Zielen – etwa einem Kinobesuch mit Freunden – von der Aufgabe ablenken, oder bleibt sie auch angesichts solcher Versuchungen bei der Aufgabe?
- *Wiederaufnahme nach Unterbrechungen:* Wenn die Arbeit an dem Projekt unterbrochen wird: Begibt sie sich ohne zu Zögern wieder an die Aufgabe oder dehnt sie die Unterbrechung über einen langen Zeitraum aus?

Indirekte Indikatoren können z.B. herangezogen werden, um langfristig Lernleistung und -erfolg zu prognostizieren. Denn offensichtlich ist eine ausdauernde Beschäftigung mit einem Lerngegenstand eine notwendige – wenn auch nicht hinreichende – Voraussetzung für einen hohen Lernerfolg (Rheinberg, 2004).

3.2 Indirekte Verfahren zur Messung impliziter Motive

Implizite Motive haben die Funktion, Gelegenheiten für die Befriedigung eines Motivs in der Umwelt zu identifizieren und die Aufmerksamkeit auf solche Hinweis- und Anreize zu lenken. Etablierte Verfahren zur Messung impliziter Motive nutzen diese Eigenschaft aus, indem sie mehrdeutiges Bildmaterial anbieten, das die Probanden interpretieren sollen. Die Szene in Abbildung 1 (die dem Standardbildersatz zur Erhebung impliziter Motive entnommen ist, vgl. Smith, 1992) lässt sich, da sie potenziell Anreize für jedes der drei Motive Leistung, Macht und Anschluss bietet, in vielerlei Hinsicht auffassen. Für eine Person mit einem starken impliziten Leistungsmotiv werden vorzugsweise leistungsthematische Anreize hervortreten: Sie könnte etwa annehmen, dass die zwei Chemikerinnen schon seit geraumer Zeit an einer neuen Methode zur Analyse genetischer Sequenzen arbeiten und überzeugt sind, bald den Durchbruch zu schaffen. Im Folgenden werden ausführlich drei Verfahren zur Messung impliziter Motive im Detail dargestellt, die auf der Interpretation bildhaften Materials beruhen: Die Bild-Geschichten-Aufgabe oder Picture-Story Exercise (PSE), der Operante Motivtest (OMT) und das Multi-Motiv-Gitter (MMG).

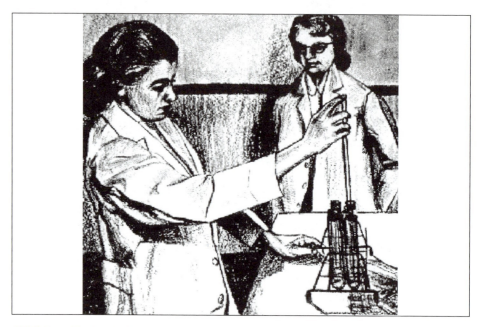

Abbildung 1: Ein Bild zur Erhebung von impliziten Motiven (aus Smith, 1992, S. 636, Abdruck erfolgt mit Genehmigung von Cambridge University Press)

Die PSE stellt Probanden vor die Aufgabe, Fantasiegeschichten zu üblicherweise vier bis sechs mehrdeutigen Bildern zu schreiben, die anhand von standardisierten Inhaltsschlüsseln ausgewertet werden (z. B. Smith, 1992; Winter, 1991). Historisch beruht die PSE auf dem von Morgen und Murray (1935) entwickelten Thematischen Auffassungstest (TAT); da die Motivkennwerte jedoch aufgrund eines objektiven Beurteilungsverfahrens ermittelt werden, schlug McClelland diese neue Bezeichnung vor um die PSE vom TAT abzugrenzen. Die Auswertung von PSE-Geschichten sollte nur von geübten Beurteilern vorgenommen werden, die eine hohe Übereinstimmung mit von Experten kalibrierten Geschichten nachweisen können (siehe z. B. das Material in Smith, 1992 und Winter, 1991).

> **Kategorien zur Verrechnung des Leistungsmotivs nach Winter (1991)**
>
> Als leistungsthematisch wird jeder Satz verrechnet, der ein Streben nach Erfolg in der Auseinandersetzung mit einem Gütemaßstab erkennen lässt, das sich wie folgt äußern kann:
> 1. Adjektive, die eine Leistung positiv bewerten.
> 2. Ziele und Leistungen die so beschrieben werden, dass eine positive Bewertung erschlossen werden kann.
> 3. Einen Wettbewerb gewinnen oder Erfolg bei sozialer Kompetition.
> 4. Misserfolg oder schlechte Leistung bei der Auseinandersetzung mit einem Gütemaßstab.
> 5. Einzigartige Leistungen.

Die PSE ist oft und mit großer Leidenschaft kritisiert worden. Seine Gegner kreiden dem Verfahren geringe interne Konsistenz und fehlende Validität an (z. B. Entwisle, 1972). Die Relevanz dieser Kritikpunkte konnte jedoch weitgehend entschärft werden: Zunächst konnte wiederholt gezeigt werden, dass PSE-Kennwerte Rasch-skalierbar sind (Kuhl, 1978; Tuerlinckx, De Boeck & Lens, 2002). Zudem weisen Studien, die über einen Zeitraum von mehr als 50 Jahren durchgeführt wurden nach, dass PSE-Kennwerte in theoretisch sinnvoller Weise spontanes Verhalten, langfristige Verhaltenstrends und physiologische Reaktionen vorhersagen (McClelland, 1985). Ein noch zu erwähnender Vorteil der PSE besteht darin, dass die Inhaltsschlüssel auf verbales Material historischer (etwa auch verstorbener oder nicht als Probanden verfügbarer) Personen – z. B. Reden und Tagebücher – angewendet werden können.

Eine Variante der PSE bietet der operante Motivtest (OMT, Kuhl, Scheffer & Eichstaedt, 2003), der ähnlich der PSE spontane Gedanken und Fantasien zu bildhaftem Material erfasst. Anders als in der PSE sollen die Probanden – statt ganze Geschichten zu einem Bild zu erzählen – drei Fragen zu jedem Bild („Was ist für die Hauptperson besonders wichtig?", „Wie fühlt sich die Hauptperson dabei?" und „Warum fühlt sie sich so?") in einem kurzen Satz oder in Stichworten beantworten. Während nur die Antwort auf die erste Frage thematisch ausgewertet wird, werden aus den beiden folgenden die psychischen Funktionen erschlossen, die nach der PSI-Theorie für die Umsetzung von motivationalen Tendenzen eingesetzt werden (→ Handlungskontrolltheorie; → Theorie der Persönlichkeits-System-Interaktionen (PSI)).

Eine Alternative zur PSE bietet das MMG (Sokolowski, Schmalt, Langens & Puca, 2000), das auf einer ähnlichen Testlogik wie die PSE beruht: Die Aufgabe der Probanden besteht darin, mehrdeutige Bildsituationen zu interpretieren. Statt

Geschichten zu schreiben, wählen die Probanden jedoch aus einer Reihe von vorgegebenen Aussagen – die die typischen Gedanken hoch leistungs-, macht- und anschlussmotivierter Personen repräsentieren – diejenigen aus, die ihrer Meinung nach am besten zu dem Bild passen (vgl. Abb. 2). Eine Person mit einem starken Leistungsmotiv wird annehmen, dass der Seilkletterer in Abbildung 2 sich Erfolg bei seiner Aufgabe zutraut. Eine machtmotivierte Person wird eher annehmen, dass es bei dieser Aufgabe Ansehen zu gewinnen oder zu verlieren gibt. Dieses Beispiel illustriert, dass das MMG die getrennte Erfassung von Hoffnungs- und Furchtkomponenten von Motiven (hier: Hoffnung auf Macht und Furcht vor Machtverlust) erlaubt.

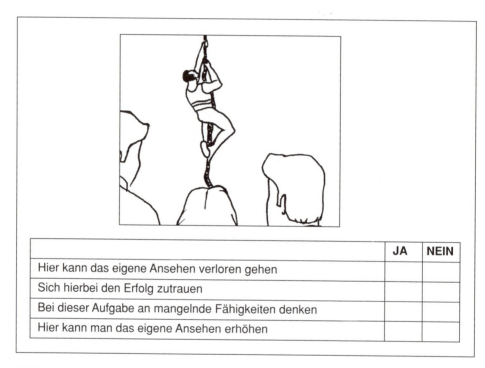

Abbildung 2: Eine Beispielseite aus dem Multi-Motiv-Gitter MMG (Schmalt, Sokolowski & Langens, 2000; Abdruck erfolgt mit Genehmigung von Harcourt Test Sevices)

Das MMG kann auch ohne Übung schnell und objektiv ausgewertet werden. Die internen Konsistenzen der resultierenden Skalen bewegen sich im mittleren bis hohen Bereich. In den letzten zwei Jahrzehnten durchgeführte Studien weisen darauf hin, dass das MMG einen ähnlichen Gültigkeitsbereich wie die PSE beanspruchen kann, aber aufgrund der getrennten Erfassung der Hoffnungs- und Furchtkomponenten für die drei Motivthematiken Leistung, Macht und Anschluss zusätzliche Informationen liefert (vgl. Langens & Schmalt, 2008). So zeigte sich z. B., dass bei der Auseinandersetzung mit einer herausfordernden Aufgabe ein dominantes Erfolgsmotiv (relativ zur Misserfolgsfurcht) den Spaß bei der Bearbeitung der Aufgabe vorhersagt, und Spaß wiederum eng mit der Leistung bei dieser Aufgabe korrelierte (Puca & Schmalt, 1999).

3.3 Was messen indirekte Verfahren?

Sowohl die theoretische Konzeption indirekter Verfahren als auch ihre empirischen Korrelate weisen darauf hin, dass indirekte Verfahren zur Messung von Motiven und Motivation affektive Präferenzen für spezifische Klassen von Tätigkeitsanreizen erfassen, und das weitgehend unabhängig vom Selbstkonzept einer Person. Allerdings kann nicht ausgeschlossen werden, dass auch bei der Bearbeitung einer PSE, des OMT oder des MMG Selbstpräsentationstendenzen zu einer Verzerrung der Messergebnisse führen können. So hat sich etwa gezeigt, dass PSE-Kennwerte ihre Validität einbüßen, wenn das Verfahren als ein „Persönlichkeitstest" vorgestellt wird (Lundy, 1988).

4 Volitionsdiagnostik

Volitionsprozesse sichern die Umsetzung einer motivationalen Tendenz gegen äußere Hindernisse (unerwartete Probleme bei der Handlungsausführung) und innere Hemmnisse (mangelnder Tätigkeitsanreiz, Ablenkungen und Versuchungen, Unlust und Furcht), indem sie die Rekrutierung zusätzlicher Handlungsregulationsstrategien (wie etwa Aufmerksamkeitskontrolle, Enkodierungskontrolle, Emotionskontrolle, Umweltkontrolle; vgl. Kuhl, 1983) veranlassen. Die Volitionsdiagnostik bezieht sich zum einen auf die Erhebung von Zuständen, in denen die Rekrutierung dieser Strategien blockiert ist (Handlungs- vs. Lageorientierung) oder erfasst die einzelnen Subkomponenten volitionaler Steuerungsprozesse (Selbststeuerungsinventar).

Das Konzept der Handlungs- vs. Lageorientierung (Kuhl, 1983, 2001) bezeichnet die mentale Fixierung auf eine eingetretene oder vorgestellte Lage. Zwei Formen der Lageorientierung stehen im Zentrum der Forschung: Lageorientierung nach Misserfolg (LOM) bezeichnet die Unfähigkeit, negative Emotionen als Folge eines belastenden Erlebnisses herabzuregulieren. Prospektive Lageorientierung (LOP) ist gekennzeichnet durch die mangelnde Fähigkeit, positive Affekte für eine anstehende Handlung zu rekrutieren. In einem Zustand der Lageorientierung haben Personen Schwierigkeiten, bedürfniskongruente Ziele zu bilden (LOM) und/oder in Verhalten umzusetzen (LOP). Lageorientierung kann sowohl als *State* auftreten – ausgelöst durch eine langandauernde öde Tätigkeit – oder die generelle Tendenz einer Person beschreiben, in einen Zustand der Lageorientierung zu geraten (Lageorientierung als *Trait*). Handlungs-Lageorientierung als Trait wird mit dem HAKEMP erhoben, zu dem auch Normen vorliegen (Kuhl & Kazén, 2003).

> **Beispielitems: HAKEMP zur Erfassung von Handlungs- vs. Lageorientierung**
>
> *Handlungs- vs. Lageorientierung nach Misserfolg*
> Wenn meine Arbeit als völlig unzureichend bezeichnet wird, dann
> a. bin ich zuerst wie gelähmt (Lageorientierung)
> b. lasse ich mich davon nicht lange beirren (Handlungsorientierung)
>
> *Prospektive Handlungs- vs. Lageorientierung*
> Wenn ich weiß, dass bald etwas erledigt werden muss, dann
> a. muss ich mir oft einen Ruck geben, um den Anfang zu kriegen (Lageorientierung)
> b. fällt es mir leicht, es schnell hinter mich zu bringen (Handlungsorientierung)

Eine feinere Dekomponierung und Erfassung volitionaler Teilprozesse gestattet das Selbststeuerungsinventar (SSI, Kuhl & Fuhrmann, 1998; englisch: Volitonal Components Questionnaire, VCQ). In der Langform erlaubt es die Erhebung von 32 Komponenten willentlicher Prozesse, die in sechs Bereiche eingeteilt werden: Selbregulation (z. B. Selbstbestimmung, Entscheidungsfreiheit), Selbstkontrolle (z. B. Planungsfähigkeit, Zielvergegenwärtigung), Selbsthemmung (z. B. Grübeln, Entfremdung), Willenshemmung (z. B. Energiemangel, Fremdbestimmtheit), Willensvermeidung (z. B. Anstrengungsvermeidung, Trotz) und globale Selbsteinschätzung (Selbstvertrauen und Optimismus). Für eine rezente Beschreibung des Verfahrens und seiner Kurzform (der SSI-K), siehe Fröhlich und Kuhl (2003).

5 Kombinierter Einsatz diagnostischer Verfahren

Direkte und indirekte Verfahren zur Erhebung von Motiven und Motivation sowie Verfahren zur Erfassung volitionaler Prozesse sind in der Regel nur sehr schwach miteinander korreliert und haben nicht überlappende Gültigkeitsbereiche. Für diagnostische Aufgaben in der Forschung wie in der angewandten Motivationspsychologie wird es daher oft von Vorteil sein, Motive und Motivation sowohl direkt als auch indirekt und zusätzlich die Fähigkeit zur volitionalen Umsetzung motivationaler Prozesse zu erfassen. Da implizite und explizite Motive und volitionale Kontrollstrategien auf vielfältige Weise interagieren können, ergibt sich aus der gemeinsamen Erfassung aller Konstrukte eine Vielfalt neuer Aussagemöglichkeiten. Um nur ein Beispiel zu nennen: Ein starkes implizites Leistungsmotiv (indirekt gemessen z. B. mit der PSE) weist auf eine hohe Präferenz für mittelschwere Aufgaben hin. In welchem Lebensbereich sich diese Präferenz vorwiegend aktualisiert – ob eher im Studium, bei sportlichen Aktivitäten, im Haushalt usw. – wird durch explizite Motive festgelegt. Wie gut es dann gelingt, solche aus impliziten und expliziten Motiven resultierenden Handlungstendenzen auch tatsächlich zu verwirklichen, hängt wiederum von der Verfügbarkeit volitionaler Kontrollstrategien ab.

Weiterführende Literatur

Rheinberg, F. (2004). *Motivationsdiagnostik*. Göttingen: Hogrefe.
Stiensmeier-Pelster, J. & Rheinberg, F. (2003). *Diagnostik von Motivation und Selbstkonzept*. Göttingen: Hogrefe.

Literatur

Brunstein, J.C. & Maier, G.W. (1996). Persönliche Ziele: Ein Überblick zum Stand der Forschung. *Psychologische Rundschau, 47*, 146–160.
Brunstein, J.C. & Maier, G.W. (2005). Implicit and self-attributed motives to achieve: Two separate but interacting needs. *Journal of Personality and Social Psychology, 89*, 205–222.
Entwisle, D.E. (1972). To dispel fantasies about fantasy-based measures of achievement motivation. *Psychological Bulletin, 77*, 377–391.
Fröhlich, S.M. & Kuhl, J. (2003). Das Selbststeuerungsinventar: Dekomponierung volitionaler Funktionen. In J. Stiensmeier-Pelster & F. Rheinberg (2003), *Diagnostik von Motivation und Selbstkonzept* (S. 221–258). Göttingen: Hogrefe.
Heckhausen, H. (1977). Achievement motivation and its constructs: A cognitive model. *Motivation and Emotion, 1*, 283–329.
Jackson, D.N. (1984). *Personality Research Form manual*. Port Huron, MI: Research Psychologists Press.
Kuhl, J. (1978). Situations-, reaktions- und personbezogene Konsistenz des Leistungsmotivs bei der Messung mittels Heckhausen-TAT. *Archiv für Psychologie, 130*, 37–52.
Kuhl, J. (1983). *Motivation, Konflikt und Handlungskontrolle*. Berlin: Springer.
Kuhl, J. (2001). *Motivation und Persönlichkeit*. Göttingen: Hogrefe.
Kuhl, J. & Fuhrmann, A. (1998). Decomposing self-regulation and self-control: The volitional components inventory. In J. Heckhausen & C. Dweck (Eds.), *Motivation and self-regulation across the life-span* (pp. 15–49). Cambridge: Cambridge University Press.
Kuhl, J. & Kazén, M. (2003). Handlungs- vs. Lageorientierung: Wie lernt man, seine Gefühle zu steuern? In J. Stiensmeier-Pelster & F. Rheinberg (2003), *Diagnostik von Motivation und Selbstkonzept* (S. 201–220). Göttingen: Hogrefe.
Kuhl, J., Scheffer, D. & Eichstaedt, J. (2003). Der Operante Motiv-Test (OMT): Ein neuer Ansatz zur Messung impliziter Motive. In J. Stiensmeier-Pelster & F. Rheinberg (2003), *Diagnostik von Motivation und Selbstkonzept* (S. 129–150). Göttingen: Hogrefe.
Langens, T.A. & Schmalt, H.-D. (2008). Motivational traits: New directions. Measuring motives with the Multi-Motive Grid. In G.J. Boyle, G. Matthews & D.H. Saklofske (Eds.), *Handbook of Personality Theory and Testing* (pp. 523–544). London: Sage.
Langens, T.A., Schmalt, H.-D. & Sokolowski, K. (2005). Motivmessung: Grundlagen und Anwendungen. In R. Vollmeyer & J.C. Brunstein (Hrsg.), *Motivationspsychologie und ihre Anwendung* (S. 70–89). Stuttgart: Kohlhammer.
Lundy, A. (1988). Instructional set and Thematic Apperception Test validity. *Journal of Personality Assessment, 52*, 309–320.

McClelland, D.C. (1985). *Human motivation*. Glenview, IL.: Scott, Foresman and Co.
Morgan, C.D. & Murray, H.A. (1935). A method for examining fantasies: The Thematic Apperception Test. *Archives of Neurology and Psychiatry, 34,* 289–306.
Payne, S.C., Youngcourt, S.S. & Beaubien, J.M. (2007). A meta-analytic examination of the goal orientation nomological net. *Journal of Applied Psychology, 92,* 128–150.
Puca, R.M. & Schmalt, H.-D. (1999). Task enjoyment: A mediator between achievement motives and performance. *Motivation and Emotion, 23,* 15–29.
Rheinberg, F. (2002). *Motivation*. Stuttgart: Kohlhammer.
Rheinberg, F., Iser, I. & Pfauser, S. (1997). Freude am Tun und/oder zweckorientiertes Schaffen? Zur transsituativen Konsistenz und konvergenten Validität der AF-Skala. *Diagnostica, 43,* 174–191.
Rheinberg, F. & Krug, S. (2005). *Motivationsförderung im Schulalltag* (3. Aufl.). Göttingen: Hogrefe.
Rheinberg, F. & Manig, Y. (2003). Was macht Spaß am Graffiti-Sprayen? Eine induktive Anreizanalyse. *Report Psychologie, 4,* 222–234.
Rheinberg, F., Vollmeyer, R. & Burns, B.D. (2001). FAM: Ein Fragebogen zur Erfassung aktueller Motivation in Lern- und Leistungssituationen. *Diagnostica, 47,* 57–66.
Rheinberg, F., Vollmeyer, R. & Engeser, S. (2003). Die Erfassung des Flow-Erlebens. In J. Stiensmeier-Pelster & F. Rheinberg (2003), *Diagnostik von Motivation und Selbstkonzept* (S. 261–279). Göttingen: Hogrefe.
Roth, S. (2004). *Check and change – mehr als ein Gesundheits-Check*. Verfügbar unter: http://www.checkandchange.com [Oktober 2004].
Schmalt, D., Sokolowski, K. & Langens, T. (2000). *Das Multi-Motiv-Gitter zur Erfassung von Anschluss, Leistung und Macht (MMG)*. Frankfurt: swets.
Smith, C.P. (1992). *Motivation and personality: Handbook of thematic content analysis*. Cambridge: Cambridge University Press.
Sokolowski, K., Schmalt, H.-D., Langens, T.A. & Puca, R.M. (2000). Assessing achievement, affiliation, and power motives all at once: The Multi-Motive Grid (MMG). *Journal of Personality Assessment, 74,* 126–145.
Spinath, B. & Schöne, C. (2003). Ziele als Bedingungen von Motivation am Beispiel der Skalen zur Erfassung von Lern- und Leistungsmotivation (SELLMO). In J. Stiensmeier-Pelster & F. Rheinberg (2003), *Diagnostik von Motivation und Selbstkonzept* (S. 29–40). Göttingen: Hogrefe.
Trope, Y. (1986). Self-enhancement and self-assessment in achievement behavior. In R.M. Sorrentino & E.T. Higgins (Eds.), *Handbook of motivation and cognition: Foundations of social behavior* (pp. 350–378). New York: Guilford.
Tuerlinckx, F., De Boeck, P. & Lens, W. (2002). Measuring needs with the Thematic Apperception Test: A psychometric study. *Journal of Personality and Social Psychology, 82,* 448–461.
Wicklund, R.A. & Gollwitzer, P.M. (1983). A motivational factor in self-report validity. In J. Suls & A.G. Greenwald (Eds.), *Psychological perspectives on the self* (Vol. 2, pp. 67–92). Hillsdale, NJ: Erlbaum.
Winter, D.G. (1991). *Manual for scoring motive imagery in running text* (3rd ed.). Unpublished manuscript, University of Michigan.

II Theorien der Motivationspsychologie

Historische Ansätze der Motivationspsychologie
Historical Approaches to Motivation

Rosa Maria Puca

1 Einleitung

Eine der ältesten Vorstellungen, die die moderne Motivationspsychologie bis heute nachhaltig beeinflusst hat, ist unter dem Begriff Hedonismus bekannt. Bereits Sokrates (470–399 v. C.) bzw. Epikur (341–271 v. C.) vermuteten die Ursache menschlichen Handelns in dem Bestreben, Glück bzw. Freude (hedon) zu erlangen und Schmerz zu vermeiden. Die grundsätzliche Vorstellung, dass Verhalten zu positiven Zuständen hin und von negativen Zuständen weggerichtet ist, findet sich sowohl in historischen als auch modernen Theorien und Konzepten der Annäherungs- und Vermeidungsmotivation wieder (→ Annäherungs- vs. Vermeidungsmotivation, → Theorie des regulatorischen Fokus).

Über diese grobe Zweiteilung hinaus wurde bereits in der Antike eine inhaltliche Klassifikation von Zielen vorgenommen auf die Verhalten gerichtet sein kann (→ Ziele; vgl. Schönpflug, 2004). So unterscheidet Platon verschiedene Arten von Glück.

> **Eine frühe Zielklassifikation: Drei Arten von Glück nach Platon**
> - Glück durch Erlangen irdischer Güter wie Nahrung und Kleidung
> - Glück durch Erlangen von Erfolg und Ehre
> - Glück durch Erlangen von Erkenntnis

Ein ähnlicher Klassifikationsgedanke liegt dem modernen Motivbegriff zugrunde, nach dem Motive (→ Implizite und explizite Motive) als Dispositionen verstanden werden, die bestimmen, welche Inhaltsklassen von Zielen als positiv oder negativ bewertet werden. Motive wie Hunger und Durst würden z. B. nach Platons Terminologie dem Erreichen des körperlichen Glücks zugeordnet und das Leistungsmotiv dem Erlangen von Erfolg. Die Wurzeln moderner Motivklassifikation finden sich in den Instinktlisten von James (1890) und McDougall (1908). Beeinflusst von diesen Instinktlisten und von Freuds Bedürfniskonzept (siehe Abschnitt 3.1) hat Murray (1938) auf empirischer Basis (u. a. Interviews und Fragebögen zu Alltagserfahrungen seiner Probanden) einen Bedürfniskatalog aufgestellt, in dem er bereits zwischen aufsuchenden Bedürfnissen (z. B. sozialer Anschluss) und meidenden Bedürfnissen (z. B. Vermeidung von Leid und Tadel) unterscheidet. Auch eine Einteilung in biogene Bedürfnisse wie Hunger und Sexualität und soziogene oder psychogene Bedürfnisse wie Leistung und Dominanz (→ Biogene Bedürfnisse: Durst, Hunger, Sexualität; → Leistung; → Macht) findet man bei Murray.

Murray war neben Lewin (1931/1982) einer der ersten, der neben solchen personseitigen Determinanten der Motivation auch situationsseitige Determinanten betrachtete, und zielgerichtetes Verhalten explizit mit der Interaktion zwischen Person- und Situationsvariablen in Verbindung brachte. Die situationsseitige Komponente bezeichnete er als press. Ein „press" ist ein Objekt oder eine Situation, die geeignet ist, ein Bedürfnis (need) zu aktivieren und sich so im Verhalten zu manifestieren. Murray gebührt das Verdienst, mit der Entwicklung des Thematischen Auffassungstests (TAT), eines Tests zur Erfassung von Bedürfnissen, den Grundstein für die Motiv- und Motivationsdiagnostik gelegt zu haben (→ Methoden der Motiv-, Motivations- und Volitionsdiagnostik).

Motivation als ein Zusammenspiel zwischen personseitigen und situationsseitigen Komponenten zu verstehen, gehört zu den Kerngedanken vieler moderner Motivationstheorien. Aus heutiger Sicht schlagen sich Motive in der Bewertung von Zielen nieder und führen in Abhängigkeit von Gegebenheiten der Situation schließlich zu der Motivation, entsprechende Ziele anzustreben. So kann ein situativer Hinweisreiz (z. B. eine herausfordernde Aufgabe) signalisieren, dass ein Ziel (Erfolg) erreicht werden kann. Dadurch wird das dem Ziel entsprechende Motiv (z. B. Leistungsmotiv) angeregt und zielgerichtetes (motiviertes) Verhalten in Gang gesetzt. Der Interaktionsgedanke lässt sich in verschiedenen historischen Ansätzen erkennen, auch wenn die Terminologie der person- und situationsseitigen Komponenten variiert. So wurde z. B. die personseitige Komponente im Laufe der Zeit als Instinkt, Trieb, Bedürfnis und schließlich als Motiv bezeichnet. Diese Begriffe kann man zwar nicht unbedingt als Synonyme verwenden, die Funktionen, die den Konstrukten zugedacht werden, ähneln sich aber z. T. in hohem Maße.

Die heutige Sicht auf den Motivationsbegriff ist durch verschiedene theoretische Ansätze geprägt und beeinflusst worden. Phänomene, die wir heute als Motivation bezeichnen, wurden im Rahmen allgemeiner psychologischer Theorien diskutiert. Natürlich muss sich die Darstellung im vorliegenden Rahmen auf die Auswahl einzelner Ansätze beschränken, die zudem auch nur in ihren wichtigsten Aspekten wiedergegeben werden können (für eine ausführlichere Darstellung siehe Atkinson, 1964). Die Auswahl war von der Frage geleitet, inwiefern sie zum Verständnis moderner motivationspsychologischer Konzepte beizutragen vermögen.

2 Einflüsse der Evolutionstheorie: Instinkt- und Triebtheoretische Ansätze

2.1 Der Grundgedanke der Evolutionstheorie

Erst gegen Ende des neunzehnten und zu Beginn des zwanzigsten Jahrhunderts wurde es gebräuchlich, menschliches Verhalten auf Instinkte und Triebe zurückzuführen. Instinkte sollten angeboren sein und ohne vorherige Lernerfahrung automatisch durch innere oder äußere Reize Verhalten auslösen, ohne dass Einsicht in den Zweck des Verhaltens nötig war. Noch hundert Jahre zuvor schien es nicht angemessen, Instinkte als Ursache für Verhalten beim Menschen heranzuziehen, da Menschen im Gegensatz zu Tieren als vernunftbegabte Wesen galten. Sie sollten rational und auf ihrem Willen basierend entscheiden können, welches Verhalten sie zu welchem Zweck ausführen wollten. Diese und andere Unterscheidungen zwischen Mensch und Tier brachte Darwin (1859) mit seiner Evolutionstheorie ins Wanken, in der er annahm, dass sich höhere Tierarten aus niedrigeren Arten entwickelt haben und lediglich verschiedene Punkte eines Kontinuums darstellen. Dabei sollten im Laufe der Entwicklungsgeschichte immer diejenigen Merkmale bestehen bleiben und weitervererbt werden, die einem Lebewesen gegenüber anderen einen Überlebens- oder einen Fortpflanzungsvorteil verschafften. Nur wer Merkmale besaß, die ihm erlaubten in einer bestimmten Umgebung zu überleben oder bei der Partnersuche die Konkurrenten aus dem Feld zu schlagen, konnte diese Merkmale auch weitervererben. Als Darwin (1871) die Äußerung wagte, dass dieses Prinzip auch für den Menschen gelte, und dass die Gattung Mensch von der Gattung der Affen abstamme, schien es möglich, die bis dahin angenommene qualitative Kluft zwischen Mensch und Tier zu überwinden. Die Folgen davon waren auch für die Entwicklung der Motivationspsychologie von entscheidender Bedeutung.

2.2 Instinkte und Triebe als Ursachen des Verhaltens

Wenn Menschen das Erbe niederer Tierarten in sich trugen, konnte man als Ursache oder Motor menschlichen Verhaltens auch Instinkte und Triebe oder andere unbewusste und irrationale Tendenzen annehmen. Herbert Spencer (1899) wendete Darwins Ideen explizit auf motivationale und emotionale Phänomene an, indem er annahm, dass Verhalten, welches überlebensdienlich ist, von angenehmen Gefühlen begleitet wird, während Verhalten, welches für das Überleben gefährlich ist, mit unangenehmen Gefühlen einhergeht. In der modernen evolutionären Psychologie wird dieser Gedanke wieder aufgegriffen. Motivthemen wie z. B. Bindung (→ Anschluss und Intimität), → *Aggression* oder Dominanz (→ Macht) werden daraufhin beleuchtet, welchen Vorteil sie für das individuelle Überleben oder bei der Partnerwahl und somit für den Fortbestand der eigenen Gene haben.

Deutlich von der Evolutionstheorie beeinflusst waren instinkttheoretische Ansätze wie die von James (1890) und McDougall (1908). Beide gingen davon aus, dass Instinkte eine stammesgeschichtliche Grundlage haben und ohne vorherige Lernerfahrung zielgerichtetes Verhalten energetisieren und steuern können. Nach James sind den Instinkten auslösende Reizbedingungen zugeordnet. Dies steht dem oben genannten Interaktionsgedanken der Motivation nahe. Instinktgeleitetes Verhalten beim Menschen soll nicht starr und blind gegenüber den Folgen sein, sondern durchaus durch Lernen modifizierbar und Gegenstand von Einsicht. Menschen schrieb James eine sehr viel größere Bandbreite an Instinkten zu als Tieren. Er verwendete in Folge dessen den Instinktbegriff derart inflationär, dass er praktisch jedem beobachtbaren Verhalten einen eigenen Instinkt zuordnete. So gab es z. B. einen Bescheidenheits- und Eifersuchtsinstinkt ebenso wie den Instinkt, den Kopf zur Seite zu drehen.

Im Vergleich zu James hat McDougall in der letzten Fassung seiner Instinktliste nur insgesamt 18 Instinkte (darunter z. B. Ekel und Neugier) angenommen, die er „propensities" (Neigungen) nannte. Seine Auflistung war allgemeiner gehalten als die von James, und sie beinhaltete auch ansatzweise die Ziele, auf die der jeweilige Instinkt gerichtet sein sollte. Die allgemeine Instinktdefinition McDougalls wird heute – etwas abgewandelt – auch als Motivdefinition herangezogen.

> **Definition:**
> Instinkte sind ererbte psychophysische Dispositionen, die bestimmen, welche Objekte man wahrnimmt, bzw. worauf man die Aufmerksamkeit richtet. Sie führen darüber hinaus zu einer emotionalen Erregung und setzen ein spezifisches motorisches Verhalten in Gang, oder generieren wenigstens den Impuls zu diesem Verhalten. Damit besitzen Instinkte eine kognitive, eine affektive und eine Verhaltenskomponente.

3 Der Psychoanalytische Ansatz

3.1 Lebenstriebe und Todestrieb als Ursachen des Verhaltens

In dem auf Freud zurückgehenden psychoanalytischen Ansatz (siehe Freud & Grubrich-Simitis, 2006) wird zielgerichtetes Verhalten durch Energie gespeist, die von Bedürfnissen oder Trieben ausgeht. Triebe sind Reize, die aus dem Körperinneren stammen und in der Vorstellung repräsentiert sind. Als Beispiel führt Freud die Austrocknung der Mundschleimhaut an, die in der Vorstellung als Durst repräsentiert ist. Triebreize sollen konstant wirken und mit Unlust einhergehen. Da sie von innen kommen, erfordern sie zu ihrer Beseitigung andere Aktionen als äußere Reize. So kann man ihnen z. B. nicht entfliehen. Für die Motivationspsychologie ist in diesem Zusammenhang von entscheidender Bedeutung, dass Freud Triebreduktion, also die Aufhebung der Triebreize, als Motor des Verhaltens ansieht. Die Energie, die durch Triebe freigesetzt wird, speist Verhalten, das geeignet ist, den Trieb zu befriedigen und die Energie zu reduzieren bzw. abzuführen. Dabei unterliegt der psychische Apparat dem Lustprinzip, d. h. Lust und Unlust begleiten den Umgang mit Reizen, die auf den Organismus einströmen. Eine Reduktion des Reizstroms soll mit Lust und eine Steigerung mit Unlust mit einhergehen. Damit zielt das Verhalten im Grunde auf Lustgewinn.

Im Vergleich zur Instinktliste von James erscheint die Liste Freuds mit zwei Elementen äußerst kurz. Zunächst hat Freud zwischen lebenserhaltenden Trieben und Sexualtrieben unterschieden. Dabei wird der Einfluss der Evolutionstheorie deutlich, in deren Zentrum die Selbst- und die Arterhaltung stand, und auf die die von Freud postulierten Triebe offensichtlich gerichtet sind. Später stellte Freud dann die Lebenstriebe (lebenserhaltende Triebe und Sexualtriebe) dem Todestrieb gegenüber. Die Lebenstriebe sollen Energieabfuhr durch Verhalten ermöglichen. Der Todestrieb hat dagegen das Ziel, vollständige Ruhe herbeizuführen bzw. organisches Leben in einen leblosen Zustand zurückzuführen. Die Unvereinbarkeit der Lebenstriebe mit dem Todestrieb hat Freud offenbar selbst erkannt. Später weist er darauf hin, dass sich der Todestrieb auch als Destruktionstrieb gegen die Außenwelt richten kann.

3.2 Triebe als unbewusste Ursachen des Verhaltens

Ein weiterer Eckpfeiler in Freuds Theorie ist die Annahme, dass Triebe als Ursachen des Verhaltens in der Regel unbewusst sind. Freud unterscheidet zwei Zustandsphasen, die ein psychischer Akt durchlaufen kann – das Unbewusste und das Bewusstsein. Ein psychischer Vorgang soll zunächst im Unbewussten ablaufen. Den beiden Systemen ist eine Zensur zwischengeschaltet. Nur Vorgänge, die die Prüfung der Zensur bestehen, können ins Bewusstsein gelangen. Dem Bewusstsein ist aber noch eine Stufe vorgeschaltet – das so genannte Vorbewusste (vgl. Abb. 1). Vorgänge, die hier ablaufen sind noch nicht bewusst, können aber unter bestimmten Umständen bewusst werden. Freud nahm an, dass insbesondere sexuelle Wünsche die Zensur nicht passieren können, sich aber trotzdem in verschlüsselter Form in Träumen oder auch im Verhalten z. B. als Fehlhandlungen wie Versprecher manifestieren können. Ein Weg, über den unbewusste Triebregungen zum Ausdruck kommen können, ist die Projektion. Hierbei schreiben Personen Bedürfnisse und Wünsche, die sie selbst haben, anderen Personen zu. Dieses Prinzip hat man sich in der Motivdiagnostik (→ Methoden der Motiv-, Motivations- und Volitionsdiagnostik) bei der Konstruktion so genannter projektiver Verfahren zunutze gemacht. Die Idee, dass Bedürfnisse, die Verhalten energetisieren und leiten können, nicht unbedingt bewusst sein müssen bzw. können, ist in das moderne Konzept der impliziten Motive eingeflossen (→ Implizite und explizite Motive).

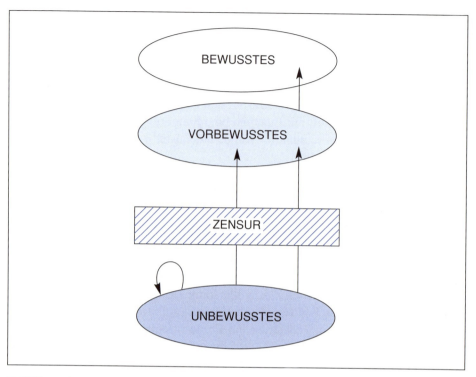

Abbildung 1: Unterschiedliche Bewusstseinsinstanzen nach Freud. Bestimmte Inhalte können die Zensur nicht passieren und können somit nicht bewusst werden.

4 Lerntheoretische Ansätze

In scheinbar krassem Gegensatz zum psychoanalytischen Ansatz standen die der behavioristischen Denktradition verpflichteten lerntheoretischen Ansätze. Sie vertraten die Auffassung, dass sich wissenschaftliche Analysen ausschließlich auf objektiv überprüfbare Sachverhalte zu beziehen haben, zu denen z. B. Instinkte und das Bewusstsein nicht gehörten. Wie noch deutlich werden wird, findet man aber auch Parallelen zwischen den lerntheoretischen Ansätzen und dem psychoanalytischen Ansatz.

4.1 Thorndikes Gesetz der Auswirkung

Vertreter rein behavioristisch ausgerichteter lerntheoretischer Ansätze sahen die Ursachen für Verhalten in gelernten Reiz-Reaktions-Verbindungen. So besagt z. B. ein grundlegendes Lerngesetz – das Gesetz der Auswirkung (law of effect) von Thorndike (1911) –, dass Reaktionen, denen eine Befriedigung folgt, enger an die situativen Gegebenheiten gebunden werden, in denen sie aufgetreten sind.

Die Befriedigung sollte in diesem Sinne also eine Reiz-Reaktions-Verknüpfung stiften, auf Grund derer die situativen Gegebenheiten in Zukunft die dazugehörige Reaktion hervorrufen können, ohne dass dazu Einsicht in die Konsequenzen des Verhaltens notwendig ist. Anders als aus hedonistischer Sicht nahm man nicht an, dass Verhalten ausgeführt wird, *um* positive Zustände zu erreichen und negative zu vermeiden. Damit kommt der behavioristische Standpunkt ohne die Annahme einer nicht beobachtbaren mentalen Repräsentation zukünftiger Zustände aus. Thorndike war sich dessen bewusst, dass auch Befriedigung ein nicht beobachtbares Phänomen ist. Er hat deshalb versucht, es anhand objektiver Gegebenheiten zu definieren. So sollten etwa Objekte oder Zustände als befriedigend gelten, für die ein Tier Verhalten zeigt, um sie zu erhalten oder um sie beizubehalten.

4.2 Hulls Verhaltensformel

Wie Thorndike war auch Hull (1943) der Meinung, zielgerichtetes Verhalten könne durch die befriedigende Wirkung vergangener Reiz-Reaktionsverbindungen erklärt werden. Er sah Lernen und Motivation als separate Prozesse an. In seine Formel zur Berechnung der Verhaltensstärke „evocation potential" (E), nahm er zunächst eine und später noch eine zweite motivationale Variable auf. Hull schlug vor, die Verhaltensstärke zu berechnen, indem man die Stärke der gelernten Reiz-Reaktions-Verbindungen (Habit = H) mit einer motivationalen Komponente, dem Trieb (Drive = D), multipliziert, $E = D \times H$. Der Trieb wird dabei als unspezifischer Energielieferant für das Verhalten verstanden. Bedürfnisse wie Hunger, Durst oder Temperaturregulation sollen in diesen unspezifischen Trieb einfließen. Die Habitstärke operationalisierte Hull durch die Anzahl der vorangegangenen Lerndurchgänge und die Triebstärke z. B. durch die Dauer vorangegangener Nahrungsdeprivation. Die multiplikative Verknüpfung zwischen Trieb und Habit sollte empirischen Befunden Rechnung tragen, die gezeigt hatten, dass diese beiden Variablen interaktiv auf die Verhaltensstärke wirken. Die Habitstärke wirkte sich bei starkem Trieb stärker auf die Verhaltensstärke aus als bei schwachem Trieb.

Hulls zentrale Annahme war, dass durch die Reduktion des Triebes gelernt, d. h. die Reiz-Reaktions-Verbindungen verstärkt werden sollten. Diese Annahme wurde durch Befunde erschüttert, nach denen Tiere z. B. auch ohne Belohnung einen bestimmten Weg durch ein Labyrinth lernten. Wenn sie vor den belohnten Durchgängen Gelegenheit hatten, das Labyrinth zu erkunden, fanden die Tiere später die Zielkammer mit dem Futter deutlich schneller, als Tiere, die dazu keine Gelegenheit hatten. Erstere hatten also offenbar bereits etwas gelernt, bevor sie belohnt worden waren. Darüber hinaus schien die Verhaltensstärke deutlich von der Menge und der Qualität des Futters abzuhängen. Aufgrund solcher und ähnlicher Befunde fügte Hull seiner Theorie als zweite motivationale Variable den Anreiz hinzu.

4.3 Tolmans neobehavioristische Position

Eine andere (neobehavioristische) Position nahm Tolman (1932) in seinem Ansatz des Orientierungslernens ein. Er bezog in seine Überlegungen zum zielgerichteten Verhalten kognitive Begriffe wie „Erwartung" mit ein, die er später mit den Anreizen kombinierte. Nach Tolman sollte Verhalten von Mittel-Zweck-Erwartungen geleitet sein. Diese sog. kognitiven Landkarten (cognitive maps) werden beim Lernen ausgebildet. In ihnen ist abgespeichert, welche Wege und Mittel zum Ziel führen und welche nicht. Dies ist sowohl im übertragenen als auch im eigentlichen Sinne zu verstehen. Tolman zeigte, dass Ratten, denen man in einem Labyrinth den ursprünglich kürzesten Weg zum Ziel versperrte, von allen anderen verfügbaren Wegen, ohne weiteres Lernen, den nächst kürzeren wählten. Sie hatten offenbar eine mentale Repräsentation des Labyrinths erworben. Die Sichtweise Tolmans war unter seinen behavioristisch orientierten Kollegen äußerst unpopulär, kam jedoch dem, was in Deutschland etwa zur gleichen Zeit im Umfeld gestaltpsychologischer Theorien – wie etwa in der Feldtheorie – diskutiert wurde, recht nahe.

5 Die Feldtheorie

5.1 Das Umweltmodell

Wie Tolman so hatte auch Kurt Lewin einen weiter gestellten Blickwinkel auf psychische Phänomene als elementaristisch geprägte Forscher seiner Zeit. Auf die Frage nach den Ursachen des Verhaltens hätte Lewin (1982) geantwortet „Verhalten ist eine Funktion des gegenwärtigen psychologischen Feldes". Dieses Feld besteht aus einer Person und ihrer Umwelt, die er als ein Kräftefeld verstand. Dieses Kräftefeld zieht die Person zu positiv bewerteten Zielen hin und stößt sie von negativen ab. Durch diese Feldkräfte erhält das Verhalten Antrieb und Richtung. Dabei wird die Person z. B. nicht einfach passiv auf dem kürzesten Weg zum Ziel hingezogen, sondern das Modell sieht verschiedene mögliche Wege zur Zielerreichung vor. Ziele können nicht nur physikalische Objekte sein, die es zu erreichen gilt (z. B. ein attraktives Lebensmittel), sondern auch psychische Zustände, wie z. B. Erfolg in einem Wettbewerb. Dementsprechend ist auch der Weg nicht physikalisch, sondern psychologisch gefasst und bildet im weitesten Sinne Mittel zur Zielerreichung ab. Die Stärke der Kraft soll einerseits von der erlebten Entfernung der Person vom Zielbereich abhängen. Andererseits ist sie vom Wert (Valenz) des Ziels bestimmt. Diese Valenz ist sowohl durch die Qualität des Zielobjekts als auch durch die Bedürfnisspannung der Person determiniert. So dürften z. B. von einem Glas Wasser größere Kräfte ausgehen, wenn eine Person viel Durst hat, als wenn die Person wenig Durst hat. Statt der Entfernung wurde später noch die Wahrscheinlichkeit der Zielerreichung zu den Determinanten der Feldkräfte gezählt und mit der Valenz multipliziert. Diesen Grundgedanken hat Atkinson schließlich in sein → *Risikowahl-Modell* aufgenommen.

5.2 Das Personenmodell

In Lewins Personenmodell wird der Begriff Bedürfnisspannung näher präzisiert. Dabei sollen Bedürfnisse und unerledigte Intentionen innerhalb der Person zu einer Spannung führen, die nach Spannungsausgleich oder Entspannung drängt. Vergleichbar mit dem Triebreduktionsmechanismus bei Freud, setzt diese Spannung Verhalten in Gang, das geeignet ist, die Intention zu erledigen oder das Bedürfnis zu befriedigen und dadurch die Spannung zu reduzieren. Spannungen sollen nicht nur die Valenz beeinflussen, d. h. ob und wie stark bestimmte Objekte positiv oder negativ bewertet werden, sie sollen auch einen Wahrnehmungsvorteil für Objekte mit sich bringen, die zur Zielerreichung geeignet sind. So sollte man z. B. Nahrungsmittel in hungrigem Zustand leichter bzw. schneller wahrnehmen als in sattem Zustand. Neuere Studien, die den Einfluss von Motivation auf Informationsverarbeitung untersuchen (z. B. Balcetis & Dunning, 2006) implizieren diese Konzeption von Bedürfnissen und Intentionen. Im Übrigen erinnert sie an die oben genannte Instinktdefinition von McDougall, die sinngemäß heute als Motivdefinition verwendet wird.

5.3 Das Konfliktmodell

Lewin hat ein weiteres Modell entwickelt. Im sog. Konfliktmodell wird sowohl berücksichtigt, dass es in der Umwelt mehrere Ziele geben kann, deren Kräfte gleichzeitig auf ein Individuum einwirken, als auch dass ein Ziel gleichzeitig positive und negative Valenzen haben kann. Ein Konflikt soll immer dann entstehen, wenn etwa gleich starke Kräfte auf das Individuum einwirken, die aber eine unterschiedliche Richtung vorgeben. So besteht z. B. ein Annähern-Meiden-Konflikt darin, dass ein Individuum von einem Ziel, welches gleichermaßen verlockend und Furcht einflößend ist, gleichzeitig angezogen und abgestoßen wird. Ein Annähern-Annähern-Konflikt entsteht, wenn man von zwei ähnlich attraktiven Zielen nur eines anstreben kann. Dieser Gedanke findet sich unter anderem in neuerer Forschung zu Zielkonflikten in schulischen oder beruflichen Kontexten wieder (z. B. Covington, 2000).

6 Willenspsychologische Ansätze

Der Wille war ein zentrales Thema vieler in die Psychologie einführender Texte des ausgehenden neunzehnten und beginnenden zwanzigsten Jahrhunderts. Zahlreiche Kontroversen um den Willen und der aufkommende Behaviorismus mögen dazu beigetragen haben, dass der Willensbegriff in den 30er Jahren des letzten Jahrhunderts allmählich aus der psychologischen Diskussion verschwand.

Die Vertreter unterschiedlicher Auffassungen waren sich aber weitgehend einig darin, dass willentliches Verhalten von trieb- und instinktgesteuertem oder auch reflexhaftem und gewohnheitsmäßigem Verhalten abzugrenzen ist. Während diese Arten von Verhalten eher durch äußere oder innere Reize ausgelöst werden und ohne Bewusstsein auskommen, sollen Willenshandlungen mit der bewussten Absicht verbunden sein, ein bestimmtes Verhalten bzw. bestimmte Verhaltensfolgen hervorzubringen.

Dabei sollen, ähnlich wie später von Tolman angenommen, die Folgen des Verhaltens mental repräsentiert sein. Nach James (1890) kann z. B. allein die Vorstellung der Effekte einer bestimmten Handlung oder Bewegung die entsprechende Handlung hervorbringen. Ein zusätzliches „fiat" d. h. ein innerer Befehl, dass eine Handlung ablaufen soll, sei nur dann nötig, wenn mehrere Vorstellungen miteinander in Konflikt geraten. Dann bedürfe es eines Abwägens, an dessen Ende das „fiat" steht.

Der Begriff „Wille" wurde mindestens mit drei verschiedenen Phänomenen in Zusammenhang gebracht.

Drei Auffassungen zum Willensbegriff

- *Willensakt:* Akt der Entscheidung für eine bestimmte Handlung und die Bildung einer Absicht
- *Willenshandlung:* Das von der Absicht geleitete Verhalten
- *Wille als Kontrollinstanz:* hilft eine Handlung aufrecht zu erhalten, wenn sich der Realisierung einer Absicht Hindernisse in den Weg stellen

In verschiedenen Abhandlungen wurde betont, dass der Willensakt zu der Bindung an ein Ziel führt. Nach Ach (1935), der als Begründer der experimentellen Willenspsychologie gilt, wird durch den Willensakt eine Art Handlungsplan generiert, der eine Vorstellung des zu erreichenden Ziels und eine Bezugsvorstellung beinhaltet, d. h. Mittel und Gelegenheiten zur Zielerreichung. Dieser Gedanke ist zu einem wichtigen Bestandteil moderner Intentionsforschung geworden (→ Intentionstheoretischer Ansatz; → Rubikonmodell der Handlungsphasen). Der Gedanke, dass Intentionen handlungsleitenden Charakter haben und Willensprozesse helfen, die Handlung auf Zielkurs zu halten und gegen Hindernisse durchzusetzen, findet sich in modernen Volitions- und Handlungskontrolltheorien wieder (→ Handlungskontrolltheorie; → Theorie der Persönlichkeits-System-Interaktionen (PSI)).

Wie bei modernen Motivationstheorien kann man auch für die modernen Volitionstheorien zusammenfassend sagen, dass sie von ihren historischen Vorläufern in hohem Maße befruchtet worden sind.

Weiterführende Literatur

Atkinson, J. W. (1964). *An introduction to motivation.* Princeton, NJ: Van Nostrand.
Heckhausen, H. (2006). Entwicklungslinien der Motivationspsychologieforschung. In J. Heckhausen & H. Heckhausen (Hrsg.), *Motivation und Handeln* (3. Aufl., S. 11–43). Berlin: Springer.
Schönpflug, W. (2004). *Geschichte und Systematik der Psychologie* (2. Aufl.). Weinheim: BeltzPVU.

Literatur

Ach, N. (1935). Analyse des Willens. In E. Abderhalden (Hrsg.), *Handbuch der biologischen Arbeitsmethoden* (Bd. 6). Berlin: Urban & Schwarzenberg.
Balcetis, E. & Dunning, D. (2006). See what you want to see: Motivational influences on visual perception. *Journal of Personality and Social Psychology, 91,* 612–625.
Covington, M. V. (2000). Goal theory, motivation, and school achievement: An integrative review. *Annual Review of Psychology, 51,* 171–200.
Darwin, Ch. (1859). *On the origin of species by means of natural selection.* London: Murray.
Darwin, Ch. (1871). *The descent of man and selection in relation to sex.* London: Murray.
Freud, A. & Grubrich-Simitis, I. (2006). *Sigmund Freud. Werkausgabe in zwei Bänden. Band I: Elemente der Psychoanalyse.* Frankfurt a. M.: Fischer.
Hull, C. L. (1943). *Principles of behavior.* New York: Appleton-Century-Crofts.
James, W. (1890). *The principles of psychology* (Vol. 2). New York: Holt.
Lewin, K. (1982). Feldtheorie. In C.-F. Graumann (Hrsg.), *Kurt Lewin Werkausgabe* (Bd. 4). Bern: Huber.
McDougall, W. (1908). *An introduction to social psychology.* London: Methuen.
Murray, H. A. (1938). *Explorations in personality.* New York: Oxford University Press.
Spencer, H. (1899). *The principles of psychology.* London: Williams & Norgate.
Thorndike, E. L. (1911). *Animal intelligence.* New York: Macmillan.
Tolman, E. C. (1932). *Purposive behavior in man and animals.* New York: Century.

Risikowahl-Modell
Risk-Taking Model

Jürgen Beckmann & Josef A. Keller

1 Einleitung

Mit dem Risikowahl-Modell formulierte Atkinson (1957, 1964) eine grundlegende Theorie des Leistungsverhaltens. Diese Theorie wurde zu einem der einflussreichsten Modelle der Motivationsforschung. Genau genommen ist es eine Weiterentwicklung der Theorie der resultierenden Valenz von Lewin, Dembo, Festinger und Sears (1944).

2 Das theoretische Modell

Das Risikowahl-Modell dient der Vorhersage von Leistungshandeln auf der Basis individueller Leistungsmotivation (→ Leistung, → Selbstbewertungsmodell der Leistungsmotivation). Es wurde primär für das Wählen von Aufgaben mit offenem Ausgang (Risiko) formuliert. Leistungsmotivation als Zustand (state) der Person bei bestimmten Aufgaben wird über verschiedene Modellparameter bestimmt. Dabei wird nicht nur Erwartung und Wert (Anreiz) einer Leistungsaufgabe, wie bei klassischen Erwartungs-Wert Theorien (→ Erwartung und Anreiz) berücksichtigt, sondern auch das dispositionale individuelle Leistungsmotiv (trait) als Gewichtungsfaktor einbezogen. Aus der Interaktion von Person- und Situationsfaktoren entsteht Leistungsmotivation. Bei dem für die Personseite postulierten Motiv werden zwei Komponenten unterschieden, ein Erfolgsmotiv („Hoffnung auf Erfolg") und ein Misserfolgsmotiv („Furcht vor Misserfolg"). Ersteres ist per definitionem eine Disposition, Erfolge aufzusuchen, um den positiven leistungsbezogenen Affekt (Stolz → Stolz, Scham, Peinlichkeit und Schuld) zu maximieren, letzteres ist eine Disposition, Misserfolge zu meiden, um dadurch den negativen leistungsbezogenen Affekt (Beschämung) zu minimieren. Auf der Situationsseite finden sich die Erwartungen (Wahrscheinlichkeiten) und Anreize von Erfolg bzw. Misserfolg.

3 Die Verknüpfung der Modellfaktoren

Die gegenseitige Abhängigkeit der Modellfaktoren ist ein zentrales Merkmal des Risikowahl-Modells. Die Situationsparameter werden dabei vom Personfaktor, dem Leistungsmotiv determiniert. Die Situationsfaktoren, Anreiz und Erwartung, stehen, in einer invers-linearen Beziehung zueinander. Mathematisch ausgedrückt gilt:

Anreiz des Erfolges (A_e) = 1 – Erfolgswahrscheinlichkeit (W_e).

Konkret heißt das, dass der Erfolgsanreiz maximal ist, wenn die subjektive Wahrscheinlichkeit eines Erfolges minimal ist. Ist ein Erfolg dagegen sehr wahrscheinlich – wie bei Vorliegen einer sehr leichten Aufgabe – ist der Erfolgsanreiz gering.

Die Bedeutung (Valenz) von Erfolg wird nun wiederum durch den eingeführten Personparameter, das Motiv, gewichtet. Demzufolge sollte bei einer subjektiv gleich schwierigen Aufgabe Erfolg für Individuen mit hohem Erfolgsmotiv (M_e) eine höhere Valenz haben als für Individuen mit niedrigem Erfolgsmotiv. Entsprechendes gilt für die Misserfolgsvalenz bei Individuen mit unterschiedlich starkem Misserfolgsmotiv. Mit anderen Worten: Der mit wachsender Aufgabenschwierigkeit ansteigende Gradient des Erfolgsanreizes wird umso steiler, je stärker das „Erfolgsmotiv" (M_e) ist. Der mit wachsender Aufgabenschwierigkeit sinkende Gradient des Misserfolgsanreizes wird umso steiler, je stärker das Misserfolgsmotiv (M_m) ist. Es ist diese motivgewichtete Valenzfunktion für Erfolg und Misserfolg, die über die Theorie der resultierenden Valenz – und damit über die üblichen Erwartungs-Wert-Theorien hinausgeht. Diese theoretische Grundaussage wurde allerdings nur sehr selten empirisch überprüft (Halisch & Heckhausen, 1989). Ein Grund dafür dürfte darin liegen, dass die Operationalisierung und Messung von subjektiver Erfolgswahrscheinlichkeit schwierig ist.

Aus der multiplikativen Verknüpfung der Modellparameter ergibt sich, dass alle drei Parameter zur Entstehung von Motivation notwendig sind. Wäre einer der Parameter gleich 0, würde auch das gesamte Produkt schon rein mathematisch 0 ergeben. Die Motivation Erfolg aufzusuchen (T_e) und ihr Gegenspieler, die Motivation Misserfolg zu meiden (T_m), ergeben sich aus folgenden Formeln:

$$T_e = M_e \times A_e \times W_e \text{ und } T_m = M_m \times A_m \times W_m$$

Beide Tendenzen zusammen bestimmen, ob eine Person sich in einer bestimmten Aufgabensituation aufsuchend oder meidend verhalten wird (→ Annäherungs- vs. Vermeidungsmotivation). Diese resultierende Tendenz (T_r) ergibt sich aus der algebraischen Summe der Tendenz Erfolg zu suchen (T_e) und der Tendenz Misserfolg zu meiden (T_m).

Bestimmung der resultierenden Tendenz

$T_r = T_e + T_m$, oder ausführlicher
$T_r = (M_e \times A_e \times W_e) + (M_m \times A_m \times W_m)$

Ist das Misserfolgsmotiv stärker als das Erfolgsmotiv, so sind die resultierenden Tendenzen für jeden Schwierigkeitsgrad negativ. Nach dem Modell sollte eine Person die Wahl einer Aufgabe umso eher meiden, je negativer deren resultierende Tendenz ist. Wird ihr jedoch eine solche Aufgabe zugewiesen, so sollte dies – so hat Atkinson (1957) zunächst postuliert – Anstrengung und Ausdauer steigern (und damit unter Umständen auch die Leistung). Später hat Atkinson diese plausible Annahme, die dem „Schwierigkeitsgesetz der Motivation" (Hillgruber, 1912) entspricht, verworfen. Stattdessen postulierte er aus rein theoretischen Gründen, dass eine negative resultierende Tendenz nicht nur die Wahl der Aufgabe, sondern auch die Anstrengung und Ausdauer hemme (Atkinson & Feather, 1966). Es gibt jedoch eine Reihe von empirischen Befunden, die für die ursprüngliche Annahme sprechen, dass sich auch die Misserfolgstendenz positiv im Aufgabenverhalten auswirkt, etwa um mit höherer Anstrengung den befürchteten Misserfolg zu vermeiden oder hohe Schwierigkeitsgrade noch zu meistern (Heckhausen, 1963; Locke und Latham, 1990; → Zielsetzungstheorie).

Aufgrund der bisher dargestellten gegenseitigen Beziehungen der Modellparameter trifft das Risikowahl-Modell für die Aufgabenwahl erfolgs- und misserfolgsmotivierter Personen folgende Vorhersagen:

- **Erfolgsmotivierte** ($M_e > M_m$) wählen bevorzugt Aufgaben, die subjektiv betrachtet mittelschwer sind; hier strengen sie sich am meisten an und zeigen maximale Ausdauer.
- **Misserfolgsmotivierte** ($M_m > M_e$) meiden generell Leistungsanforderungen. Allenfalls wählen sie Aufgaben, die subjektiv entweder sehr leicht oder sehr schwer sind. Bei mittlerer Schwierigkeit zeigen sie minimale Anstrengung und Ausdauer.

4 Empirische Untersuchungen zum Risikowahl-Modell

Zahlreiche empirische Untersuchungen konnten die Annahmen des Risikowahl-Modells in Grundzügen bestätigen (vgl. Beckmann & Heckhausen, 2006). Dies gilt vor allem für die modellkonformen Aufgabenwahlen erfolgsmotivierter Personen (Atkinson & Litwin, 1960); bei misserfolgsorientierten Personen ist hingegen – im Widerspruch zur Vorhersage Atkinsons – auch eine Bevorzugung mittlerer (neben extremen) Aufgabenschwierigkeiten beobachtbar.

Feather (1961) fand in Untersuchungen zur Persistenz bei der Aufgabenverfolgung (→ Persistenz und Zielablösung), dass Erfolgsmotivierte nach Misserfolg länger bei einer leichten als bei einer schwierigen Aufgabe ausharren. Misserfolgsmotivierte hingegen bleiben länger bei einer schwierigen als bei einer leich-

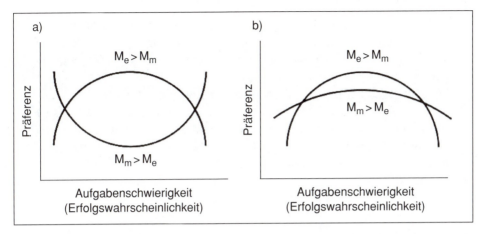

Abbildung 1: Beziehung zwischen Aufgabenschwierigkeit oder Erfolgswahrscheinlichkeit und Aufgabenattraktivität bzw. Präferenz der Aufgabe durch erfolgsmotivierte ($M_e > M_m$) und misserfolgsmotivierte ($M_m > M_e$) Personen (In (a) wird die postulierte – ideale – Beziehung aufgezeigt und in (b) die sich in Befunden ergebende – reale – Beziehung).

ten Aufgabe. Da fortgesetzter Misserfolg die ursprünglich für leicht gehaltenen Aufgaben als mittelschwer erscheinen lässt, ist das Verhalten der Erfolgsmotivierten im Sinne des Risikowahl-Modells zu verstehen. Ebenso stellen die Misserfolge bei schweren Aufgaben, die ohnehin nicht zu schaffen sind, keine Bedrohung für die Misserfolgsmotivierten dar, was sie im Einklang mit dem Modell länger bei diesen Aufgaben bleiben lässt. Für weitere Untersuchungsbefunde wird auf die umfassende Darstellung beispielsweise bei Beckmann und Heckhausen (2006) verwiesen.

5 Zusammenfassende Würdigung des Modells

Das Risikowahl-Modell hat die Leistungsmotivationsforschung (→ Leistung) entscheidend angeregt und beeinflusst. Die Verknüpfung von Situationsparametern mit Personfaktoren machte es zu einem Grundmodell der modernen Motivationsforschung. In seiner Anwendbarkeit unterliegt es allerdings einigen Einschränkungen:

- Es ist **nur für den Fall einer allein leistungsthematisch determinierten Aufgabenwahl konzipiert**. Damit ist der Einfluss anderer Motive ausgeschlossen.
- **Als Handlungsanreiz wird lediglich die Vorwegnahme der affektiven Selbstbewertung** (Stolz/Beschämung) **nach Erfolg und Misserfolg berücksichtigt** (McClelland, Atkinson, Clark & Lowell, 1953). Das Modell

> bleibt somit im Kern intrinsisch, extrinsische Anreize und Bedingungen nicht leistungsthematischer Art – die Misserfolgsmotivierten helfen könnten, Aufgabenziele aufzusuchen – und weitere Folgen der Wahl bleiben unberücksichtigt.
> - Das Risikowahl-Modell **gilt** ferner **nur für Aufgaben derselben Aufgabenklasse**, d. h. für Aufgaben, die sich nur nach ihrer objektiven Erfolgswahrscheinlichkeit unterscheiden. Über die Wahl zwischen verschiedenartigen Aufgaben mit gleichen oder verschiedenen subjektiven Erfolgswahrscheinlichkeiten kann es keine Aussagen machen. Denn dazu müssten zusätzliche, an die Art der Aufgaben gebundene Anreize berücksichtigt werden (z. B. Unterschiede der persönlichen Wichtigkeit).

Entgegen der von Atkinson und Feather (1966) ursprünglich beabsichtigten Beschränkung des Risikowahl-Modells auf die Aufgabenwahl wurde es später auch auf weitere Aspekte des Leistungshandelns wie Anstrengung, Ausdauer und Leistungsergebnis ausgedehnt. Ohne besondere empirische oder theoretische Begründung glaubt man einfach, dass der maximale Nettobetrag zwischen Erfolgs- und Misserfolgstendenz nicht nur die Wahl einer Aufgabe, sondern auch deren anschließende Bearbeitung beeinflusst. Die empirischen Befunde zu letzteren Annahmen fielen sehr gemischt aus. Verschiedene Modellrevisionen (siehe Brunstein & Heckhausen, 2006; Heckhausen, Schmalt & Schneider, 1985) versuchten abweichenden Ergebnissen Rechnung zu tragen und neue Phänomenbereiche zu erschließen.

In neuerer Zeit wurde das Risikowahl-Modell auch auf andere Motivbereiche (Affiliation, Macht, Aggression) übertragen (vgl. zsf. Beckmann & Heckhausen, 2006). Dabei ergaben sich allerdings diverse Probleme, etwa zur Definition und Operationalisierung der Modellparameter, aber auch bezüglich der grundsätzlichen Frage nach der Rationalität von Wahlentscheidungen, die für leistungsbezogene Aufgabenwahlen noch einigermaßen gegeben sein mag, für andere Motive aber doch eher nur eingeschränkt postuliert werden kann.

Weiterführende Literatur

Beckmann, J. & Heckhausen, H. (2006). Motivation durch Anreiz und Erwartung. In J. Heckhausen & H. Heckhausen (Hrsg.), *Motivation und Handeln* (3. Aufl., S. 105–142). Heidelberg: Springer.

Brunstein, J. & Heckhausen, H. (2006). Leistungsmotivation. In J. Heckhausen & H. Heckhausen (Hrsg.), *Motivation und Handeln* (3. Aufl., S. 143–191). Berlin: Springer.

Heckhausen, H., Schmalt, H.-D. & Schneider, K. (1985). *Achievement motivation in perspective.* New York: Academic Press.

Literatur

Atkinson, J. W. (1957). Motivational determinants of risk-taking behavior. *Psychological Review, 64,* 359–372.

Atkinson, J. W. (1964). *An introduction to motivation.* Princeton, NJ: Nostrand.

Atkinson, J. W. & Feather, N. T. (Eds.). (1966). *A theory of achievement motivation.* New York: Wiley.

Atkinson, J. W. & Litwin, G. H. (1960). Achievement motive and test anxiety conceived as motive to approach success and motive to avoid failure. *Journal of Abnormal and Social Psychology, 60,* 52–63.

Feather, N. T. (1961). The relationships of persistence at a task to expectation of success and achievement related motives. *Journal of Abnormal and Social Psychology, 63,* 552–561.

Halisch, F. & Heckhausen, H. (1989). Motive-dependent vs. ability-dependent valence functions for success and failure. In F. Halisch & J. van den Bercken (Eds.), *International perspectives on achievement and task motivation* (pp. 51–67). Lisse (Holland): Swets & Zeitlinger.

Heckhausen, H. (1963). *Hoffnung und Furcht in der Leistungsmotivation.* Meisenheim: Hain.

Hillgruber, A. (1912). Fortlaufende Arbeit und Willensbetätigung. *Untersuchungen zur Psychologie und Philosophie, 1,* 1–50.

Lewin, K., Dembo, T., Festinger, L. & Sears, P. S. (1944). Level of aspiration. In J. McVicker. Hunt (Ed.), *Personality and the behavior disorders* (Vol. 1, pp. 333–378). New York: Ronald.

Locke, E. A. & Latham, G. P. (1990). *A theory of goal setting and task performance.* Englewood Cliffs, NJ: Prentice Hall.

McClelland, D. C., Atkinson, J. W., Clark, R. A. & Lowell, E. L. (1953). *The achievement motive.* New York: Appleton-Century-Crofts.

Attributionstheorie und attributionale Theorien
Attribution- and Attributional Theories

Friedrich Försterling †

1 Forschungsgegenstand, Grundannahmen und wissenschaftshistorische Hintergründe

Attributionstheorien untersuchen, wie wir Ereignisse auf ihre zugrunde liegenden Ursachen zurückführen oder zuschreiben (lat.: attribuere). Sie fragen etwa nach den Bedingungen, unter denen wir Misserfolg mangelnder Fähigkeit und wann unfairer Behandlung durch einen Prüfer zuschreiben. Abhängige Variablen solcher Forschungsarbeiten stellen die Zuschreibungen dar, und deren vorauslaufende Bedingungen (etwa die Anzahl Anderer, die ebenfalls Misserfolg hatten) werden als unabhängige Variablen manipuliert. Attributionale Theorien beschäftigen sich dagegen mit den Auswirkungen solcher Zuschreibungen auf Verhalten und Erleben (vgl. Abb. 1). Experimente zur Überprüfung attributionaler Theorien manipulieren Zuschreibungen als unabhängige Variable und erfassen ihre Konsequenzen als abhängige Variable (Kelley & Michela, 1980).

Abbildung 1: Schema zur Unterscheidung von Attributionstheorien und attributionalen Theorien

Die Analyse naiver Erklärungen und Theorien geht auf Fritz Heider (1896–1988) zurück. Während seines Studiums der Philosophie in Graz bei Meinong entwickelte er seine phänomenologische Orientierung, und er hatte enge Kontakte mit Kurt Lewin und Vertretern der Gestaltpsychologie. Heider befasste sich zunächst mit wahrnehmungspsychologischen Fragen, zum Beispiel, wieso wir sagen, wir hören das Ticken der Uhr oder sehen ein Haus (das „Ding"), obwohl auf unserem Trommelfell lediglich die von der Uhr erzeugten Vibrationen der Luft beziehungsweise auf der Netzhaut das reflektierte Sonnenlicht (Medium) eintreffen. Heider konzipierte Wahrnehmung daher als einen Prozess, welcher die Objekte der Wahrnehmung („Dinge") aufgrund ihrer Effekte auf das Medium rekonstruiert. Er nannte diesen (Wahrnehmungs-)Prozess, in dem die dispositionalen Invarianzen von Objekten aufgrund ihrer Einflüsse auf das Medium rekonstruiert werden, „Attribution".

Heider (1958) wendete diese Konzepte später auf soziale Wahrnehmung an, um zu erklären, wie wir den Strom von Verhaltensweisen (Medium) auf relativ invariante Eigenschaften, das heißt oft, ihre Ursachen (z. B. Persönlichkeitseigenschaften, Motive und Absichten) attribuieren. Dabei griff Heider zum einen auf gestaltpsychologische Grundprinzipien zurück, um zu erklären, dass wir Ursache-Wirkungs-Zusammenhänge als in der Wahrnehmung unmittelbar gegeben erleben: Ursachen gehen ihren Wirkungen zeitlich voraus, es besteht raumzeitliche Kontiguität zwischen Ursache und Wirkung, und wir neigen dazu, einen Sachverhalt als Ursache eines anderen verantwortlich zu machen, wenn Ähnlichkeit zwischen diesen beiden Entitäten besteht (z. B. Michotte, 1946).

Darüber hinaus knüpfte er an John Stuart Mills (1872) Differenzmethode an, wonach wir aufgrund von Beobachtungen des gemeinsamen Auftretens beziehungsweise Ausbleibens eines Effektes beim Vorliegen unterschiedlicher potenzieller Ursachen Kausalität erschließen.

2 Attributionsforschung in Anschluss an Heider

Umfassendere Beachtung erhielten Heiders Arbeiten aber erst durch ihre Systematisierung von Jones (z. B. Jones & Davis, 1965) und Kelley (1967). Diese griffen zwei seiner zentralen Fragestellungen auf, und stimulierten dadurch Forschungsprogramme, denen bis heute Aufmerksamkeit geschenkt wird.

2.1 Attribution als Zuschreibung von Persönlichkeitseigenschaften

Jones & Davis (1965) widmen sich der Frage, wann das Verhalten einer Person (z. B. A schlägt B) auf zugrunde liegende Intentionen („A hatte die Absicht, B zu schlagen") und Dispositionen des Akteurs (z. B. „A ist aggressiv") attribuiert wird. Sie postulieren in ihrer Theorie korrespondierender Inferenzen, dass wir Verhalten in dem Maße auf eine Disposition zurückführen, wie die Handlung sozial unerwünscht ist und je einzigartiger die Effekte dieses Verhalten sind. Sie postulieren auch, dass wir Eigenschaftszuschreibungen nur aufgrund intentionalen Verhaltens vornehmen und nicht, wenn das Verhalten durch die Situation provoziert wurde.

Zahlreiche Arbeiten haben jedoch gezeigt, dass Verhalten eines Akteurs selbst dann auf dessen persönliche Dispositionen zurückgeführt wird, wenn es situationalen Zwängen unterliegt. Dieser Sachverhalt wurde mit den Konzepten „fundamentaler Attributionsfehler" und „Correspondence-Bias" bezeichnet.

> **Beispiel: Prototypisches Experiment zum fundamentalen Attributionsfehler von Jones und Harris (1967)**
>
> Versuchspersonen sollen aufgrund eines Aufsatzes Einstellungen der (in Wirklichkeit fiktiven) Autorinnen zu einem Sachverhalte (z. B. Fidel Castro) einschätzen. Sie werden entweder in den Glauben versetzt, die Autorinnen hatten freie Wahl, eine Pro- oder eine Kontra-Position einzunehmen, oder dass sie vom Experimentator einer der beiden Bedingungen zugewiesen wurden. Versuchspersonen zogen auch bei denjenigen Autoren Rückschlüsse auf ihre Einstellungen, die keine freie Wahl bei der thematischen Ausrichtung des Aufsatzes hatten.

Erklärungen für diesen Sachverhalt sind bis heute Gegenstand von Forschungsbemühungen (Gilbert & Malone, 1995; Trope & Gaunt, 2003). So unterscheidet Trope bei der Dispositionszuschreibung die Phasen der Verhaltensidentifikation und die der dispositionalen Inferenz. Bei der weitgehend automatisch ablaufenden Identifikation wird bestimmt, welcher Verhaltenskategorie ein (uneindeutiges) Verhalten zugeordnet wird (z. B., ob „Lächeln" Ausdruck von Freundlichkeit oder Aggressivität ist). Nachfolgend wird entschieden, inwieweit dem Verhalten eine korrespondierende Disposition zugrunde liegt (Inferenz). Bei vorhandener kognitiver Kapazität und Motivation wird „diagnostisch" (elaboriert) vorgegangen und situative Einflüsse werden abgewertet. Fehlt Motivation und kognitive Kapazität, kommt es zu pseudodiagnostischem Vorgehen: aufgrund des Verhaltens wird direkt auf Dispositionen geschlossen, ohne situative Faktoren zu berücksichtigen. Es kann daher zu Assimilations-Irrtümern (bei der Identifikation) und pseudodiagnostischem Vorgehen (Fehlern bei der Inferenz) kommen. Der Bias fällt besonders stark aus, wenn Assimilationsirrtümer vorliegen (z. B. ein Lächeln wird als Ausdruck von Aggressivität gesehen) und aufgrund pseudodiagnostischen Vorgehens das Verhalten (z. B. Lächeln) direkt auf Dispositionen (Aggressivität) zurückgeführt wird.

2.2 Attribution und Kovariation

Ein weiteres Forschungsfeld wurde von Kelley (1967) angeregt. Nach dem Kovariationsprinzip werden naive kausale Schlussfolgerungen aufgrund ähnlicher Prinzipien wie in den Naturwissenschaften vorgenommen. Diejenige mögliche Ursache (z. B. die Person oder die Entität) wird für einen Effekt (z. B. Misserfolg der Person P an der Aufgabe A) verantwortlich gemacht, die mit ihm kovariiert.

> **Das Kovariationsprinzip**
>
> Kovariiert der Effekt mit der Person (andere haben Erfolg bei A; niedriger Konsensus), werden wir die Person stärker als Ursache für den Effekt berücksich-

tigen als bei hohem Konsens (keine Kovariation zwischen Effekt und P; d. h., alle haben bei A Misserfolg). Kovariiert ein Effekt mit der Entität (z. B. P hat bei Aufgabe A Misserfolg und bei anderen Aufgaben Erfolg; hohe Distinktheit), dann wird die Entität als Ursache für das Ergebnis identifiziert. Liegt niedrige Distinktheit vor (z. B. die Person scheitert an allen Aufgaben), sieht man von Entitätsattributionen ab.

Weiterentwicklungen des Kovariationsmodells zeigten, dass es bestimmte attributionsrelevante Informationen unberücksichtigt lässt, insbesondere Information darüber, welche Effekte andere Personen (als P) bei anderen Entitäten (außer A) erzielen (z. B. Försterling, 1989; Novick & Cheng, 2004).

Wenn die für die Anwendung des Kovariationsprinzips notwendigen mehrfachen Beobachtungen nicht vorliegen, nehmen wir Kelley (1973) zufolge Attributionen aufgrund kausaler Schemata vor. Diese stellen Annahmen über das Zusammenwirken von zwei oder mehr Ursachen und ihren Effekten dar.

Kausale Schemata

Ein Schema multipler notwendiger Ursachen wird für Erklärungen unüblicher Ereignisse angewandt (z. B. Erfolg bei schwierigen Aufgaben); es beinhaltet die Annahme, dass mehrere Ursachen notwendig sind, um den Effekt zu erzeugen (z. B. Anstrengung *und* Fähigkeit). Schemata multipler hinreichender Ursachen kommen bei der Erklärung „üblicher" Ereignisse zum Tragen (z. B. Erfolg bei leichten Aufgaben). Sie beinhalten, dass eine von zwei Ursachen hinreichend ist, um den Effekt herbeizuführen (z. B. Fähigkeit *oder* Anstrengung).

Kausale Schemata erlauben es, aufgrund von Information über den Effekt und eine Ursache Rückschlüsse bezüglich einer zweiten Ursache vorzunehmen. Das Abwertungsprinzip, welches im Kontext multipler hinreichender Schemata Anwendung findet, besagt: Eine Ursache (z. B. Fähigkeit) wird als weniger bedeutsam für einen Effekt (z. B. Erfolg bei einer leichten Aufgabe) angesehen, wenn eine zweite Ursache, die ebenfalls den Effekt herbeiführen könnte (z. B. Anstrengung), vorliegt, als wenn diese nicht vorliegt (Erfolg ohne Anstrengung).

Morris und Larrick (1995) ergänzen Kelleys Modell kausaler Schemata um einige attributionsrelevante Parameter, zum Beispiel um die wahrgenommenen Korrelationen zwischen Ursachen; ob man etwa annimmt, dass mit hohen Fähigkeiten ausgestattete Personen dazu neigen, sich anzustrengen (positive Korrelation der

Ursachen), oder dass hohe Fähigkeit mit geringer Anstrengung einhergeht (negative Korrelation). Bei vermuteter positiver Korrelation zwischen den Ursachen wird eine bestimmte Ursache weniger als bei negativer Korrelation abgewertet.

3 Konsequenzen von Attributionen

Attributionen sind Determinanten von kognitiven, emotionalen und motivationalen Prozessen und infolge dessen von Verhalten. Die einflussreichsten Arbeiten über die Konsequenzen von Attributionen wurden von Bernard Weiner vorgelegt (1986, 2006). Er zeigt, dass die attributionstheoretischen Modelle von Heider, Jones und Kelley nicht nur auf die (soziale) Wahrnehmung (anderer Personen), sondern auch auf die Selbstwahrnehmung bezogen werden können. So fragen wir uns etwa nach einem eigenen Misserfolg, warum dieser eingetreten ist, und die Antworten auf diese „Warum"-Fragen bestimmen unsere Reaktionen auf den Misserfolg.

Am Beginn von Weiners Arbeiten steht die Klassifikation der Vielzahl möglicher Attributionen. Wie Heider (1958) unterteilt er Ursachen hinsichtlich ihrer Personabhängigkeit in internale (z. B. Fähigkeit) und externale Faktoren (z. B. Zufall). Die Dimension der Stabilität bildet ab, inwieweit eine Ursache über die Zeit hinweg stabil (z. B. Fähigkeit) beziehungsweise variabel ist (z. B. Zufall). Und auf der Dimension der Kontrollierbarkeit werden Ursachen in kontrollierbare (z. B. Anstrengung) und unkontrollierbare Faktoren (z. B. Krankheit) eingeteilt. Abramson, Seligman und Teasdale (1978) unterscheiden darüber hinaus globale (sie beeinflussen eine weite Bandbreite von Sachverhalten; z. B. Intelligenz) von spezifischen Ursachen (sie beeinflussen eine geringere Anzahl von Bereichen; z. B. sportliches Talent).

Dimensionen von Attributionen

- Personabhängigkeit (internal vs. external)
- Stabilität (stabil vs. variabel)
- Kontrollierbarkeit (kontrollierbar vs. unkontrollierbar)
- Globalität (spezifisch vs. global)

Weiner legt zwei viel beachtete Forschungsprogramme vor. Im ersten analysiert er die Konsequenzen der ursächlichen Erklärungen eigenen Verhaltens (intrapersonale Konsequenzen), und in nachfolgenden Arbeiten untersucht er, welche Auswirkungen Attributionen für die Handlungsergebnisse einer anderen Person auf das Verhalten gegenüber dieser Person haben (interpersonale Konsequenzen).

3.1 Intrapersonale Konsequenzen von Attributionen

Die Dimension der *Personabhängigkeit* bestimmt die Implikationen eines Ereignisses bezüglich des Selbstwertes und selbstwertbezogener Emotionen. Führt man Handlungsergebnisse auf internale Ursachen zurück, erlebt man nach Erfolg Stolz (→ Stolz, Scham, Peinlichkeit und Schuld) und möglicherweise ein gesteigertes Selbstwertgefühl und nach Misserfolg Beschämung und vielleicht Selbstzweifel.

Die *Stabilität* der Ursache bestimmt die Veränderung der Erfolgserwartung: Führt man ein Handlungsergebnis auf stabile Ursachenfaktoren zurück, dann sinkt die Erfolgserwartung nach Misserfolg, und nach Erfolg steigt sie. Werden jedoch variable Faktoren für das Ergebnis verantwortlich gemacht, dann beobachtet man sinkende Erfolgserwartung nach Erfolg und gesteigerte Erfolgserwartungen nach Misserfolg (vgl. Abb. 2).

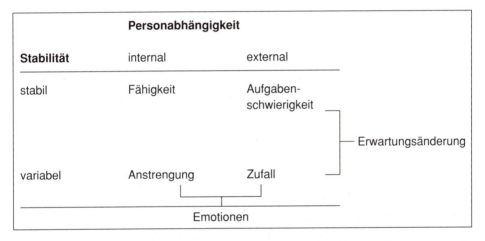

Abbildung 2: Klassifikationsschema für Ursachen von Erfolg und Misserfolg (nach Weiner et al., 1971, S. 2)

Da selbstwertbezogene Affekte und die Erfolgserwartung zentrale Komponenten von Erwartungs-x-Wert-Theorien der Leistungsmotivation (→ Risikowahl-Modell) darstellen, hat Weiner Leistungsmotivation als kognitive Disposition konzipiert, bestimmte Attributionen vorzunehmen. Hoch Leistungsmotivierte würden durch ihre Präferenz für Fähigkeitsattributionen für Erfolg und Zufallsattributionen nach Misserfolg und dem damit einhergehenden Stolz und der geringen Beschämung einen hohen Erfolgsanreiz (Wert) und einen geringen negativen Anreiz von Misserfolg erleben. Ebenfalls gehen mit dieser Attributionstendenz aufgrund der Stabilität von Erfolgs- und der Variabilität von Misserfolgserklärungen hohe Erfolgserwartungen einher. Die für niedrig Leistungsmotivierte charakteristische Tendenz, Erfolg external und variabel (Zufall) und Misserfolg internal und stabil (mangelnde Fähigkeit) zu erklären, führt spiegelbildlich zu einem geringen Erfolgs- und hohem (negativen) Misserfolgsanreiz sowie geringen Erfolgserwartungen. Diese attributionsvermittelten motivbedingten Unterschiede hinsichtlich der Erfolgserwartung und der Handlungsanreize erklären die für die beiden Motivgruppen charakteristischen Verhaltensweisen wie etwa die größerer Ausdauer nach Misserfolg und die Wahl leistungsbezogener Aufgaben hoch Leistungsmotivierter.

Ähnliche Überlegungen liegen der attributionstheoretischen Analyse erlernter Hilflosigkeit (→ Theorie Erlernter Hilflosigkeit) und Depression zugrunde (Abramson et al., 1978). Dieses Modell postuliert, dass Menschen insbesondere nach negativen Ereignissen ursächliche Erklärungen vornehmen, welche dann unterschiedliche Konsequenzen nach sich ziehen. Abramson etal. (1978) zeigen, dass Depressive eine Attributionsvoreingenommenheit aufweisen, welche beinhaltet, negative Ereignisse auf internale, stabile und globale Ursachen zurückzuführen. Die Zuschreibung negativer Ereignisse auf interne Faktoren erklärt die für Depressive typischen Selbstwertzweifel, die Stabilität korrespondiert mit der für Depressive charakteristischen Annahme, auch die Zukunft würde Misserfolge mit sich bringen, und die Globalität der Attributionen erklärt, wieso diese Menschen negative Ereignisse über alle Lebensbereiche hinweg erwarten. Aus den attributionstheoretischen Konzeptionen von Leistungsmotivation und Depression kann abgeleitet werden, dass Training von Leistungsmotivation und Therapie von Depression durch Veränderung von Attributionen geschehen kann (Försterling & Schuster, 2005; → Motivationstraining).

3.2 Interpersonale Konsequenzen von Attributionen

Später legte Weiner (2006) eine attributionale Analyse sozialer Motivation vor, welche auf der Annahme basiert, dass die Erklärungen für Handlungsergebnisse anderer Personen Verhalten und Erleben gegenüber diesen Personen beeinflussen. Weiner und Kukla (1970) zeigten bereits, dass Sanktionsverhalten (Lob und Tadel) von Attributionen abhängt. Versuchspersonen loben den Erfolg einer anderen Person, wenn dieser auf hoher Anstrengung (und nicht etwa hoher Fähigkeit) basiert, und sie tadeln Misserfolg besonders, wenn er auf niedrige Anstrengung zurückgeführt wird. Erklärt wird dieser Sachverhalt mit Hilfe der Dimension der Kontrollierbarkeit. Anstrengung ist der willentlichen Kontrolle unterworfen, daher wird man für seine Anstrengung – nicht jedoch für seine Fähigkeit – als persönlich verantwortlich betrachtet.

Die Dimension der Kontrollierbarkeit bestimmt auch, welche Emotionen man gegenüber hilfebedürftigen Personen empfindet, und inwieweit man zu Hilfeleistungen bereit ist. Führen Versuchspersonen eine Notlage auf unkontrollierbare Faktoren zurück (z. B. man hat die Vorlesung aufgrund einer Krankheit nicht besucht), dann sind sie eher geneigt, Mitleid zu empfinden und zu helfen (z. B. Vorlesungsmitschriften auszuleihen) als wenn die Hilfsbedürftigkeit auf kontrollierbare Ursachen zurückgeht (z. B. man war im Schwimmbad).

Die Kontrollierbarkeit bestimmt auch die Emotion → *Ärger* und nachfolgendes aggressives Verhalten. Führt man etwa den durch eine andere Person erlittenen Schaden auf kontrollierbare Ursachen zurück (z. B. eine Schädigungsabsicht), dann ärgert man sich über diese Person und plant möglicherweise „Vergeltung". Nichtkontrollierbare Attributionen für erlittenen Schaden reduzieren dagegen Ärger und Aggressionsbereitschaft.

Das Zurückführen negativer Verhaltensweisen oder persönlicher Besonderheiten durch andere auf kontrollierbare vs. unkontrollierbare Ursachen beeinflusst auch, welchen sozialen Status man in einer Gruppe einnimmt (Juvonen, 1991). Wird eine persönliche Besonderheit (z. B. Übergewicht) auf kontrollierbare Faktoren – wie etwa Disziplinlosigkeit – zurückgeführt, kann die (Klassen-)Gemeinschaft mit sozialem Ausschluss oder auch Mobbing auf diese Person reagieren. Solche sozialen Sanktionen sind unwahrscheinlicher, wenn die persönlichen Eigenarten auf nichtkontrollierbare Faktoren zurückgeführt werden.

Schließlich bestimmt die Kontrollierbarkeit auch Reaktionen gegenüber – wie Weiner es nennt – stigmatisierten Personen. So werden etwa Krankheiten als unterschiedlich kontrollierbar wahrgenommen. Die Ursachen von Alkoholismus werden z. B. als kontrollierbarer angesehen als die Ursachen von Krebs. Infolgedessen reagieren Menschen unterschiedlich auf diese Stigmata; so ist etwa die Spendenbereitschaft gegenüber Krebskranken größer als gegenüber Alkoholikern.

4   Schluss

Attributionstheorien und attributionale Ansätze haben einen nachhaltigen Einfluss in der Allgemeinen Psychologie (insbesondere der Motivations- und Emotionsforschung) und der Sozialpsychologie hinterlassen. Das Interesse an wahrgenommener Kausalität wurde aber auch von der Entwicklungspsychologie, der Differenziellen, der Klinischen und der Pädagogischen Psychologie aufgegriffen (zsfd. Försterling, 2001). In all diesen psychologischen Teildisziplinen hat man die große Bedeutung wahrgenommener Kausalität für Verhalten und Erleben nachgewiesen.

Weiterführende Literatur

Försterling, F. (2001). *Attribution: Theory, research, and practice*. Hove, East Sussex: Psychology Press.
Kelley, H. H. & Michela, J. (1980). Attribution theory and research. *Annual Review of Psychology, 31*, 457–501.
Weiner, B. (2006). *Social motivation, justice, and the moral emotions: An attributional approach*. Mahwah, NJ: Erlbaum.

Literatur

Abramson, L. Y., Seligman, M. E. P. & Teasdale, J. D. (1978). Learned helplessness in humans. *Journal of Abnormal Psychology, 87,* 49–74.

Försterling, F. (1989). Models of covariation and causal attribution: How do they relate to the analysis of variance? *Journal of Personality and Social Psychology, 57,* 615–625.

Försterling, F. & Schuster, B. (2005). Sozialpsychologische Faktoren: Evolutionäre und attributionale Aspekte. In M. Perrez & U. Baumann (Hrsg.), *Lehrbuch Klinische Psychologie – Psychotherapie* (S. 303–323). Bern: Hans Huber.

Gilbert, D. T. & Malone, P. S. (1995). The correspondence bias. *Psychological Bulletin, 117,* 21–38.

Heider, F. (1958). *The psychology of interpersonal relations.* New York: Wiley.

Jones, E. E. & Davis, K. E. (1965). From acts to dispositions: The attribution process in person perception. In L. Berkowitz (Ed.), *Advances in experimental social psychology* (Vol. 2, pp. 219–266). New York: Academic Press.

Jones, E. E. & Harris, V. A. (1967). The attribution of attitudes. *Journal of Experimental Social Psychology, 3,* 1–24.

Juvonen, J. (1991). Deviance, perceived responsibility, and negative peer reactions. *Developmental Psychology, 27,* 672–681.

Kelley, H. H. (1967). Attribution theory in social psychology. In D. Levine (Ed.), *Nebraska Symposium on Motivation* (pp. 192–238). Lincoln: University of Nebraska Press.

Kelley, H. H. (1973). The process of causal attributions. *American Psychologist, 28,* 107–128.

Michotte, A. E. (1946). *La perception de la causalité.* Paris: J. Frin.

Mill, J. S. (1872). *A system of logic* (8th ed.). London: Longmans, Green, Reader & Dyer.

Morris, M. W. & Larrick, R. P. (1995). When one cause casts doubt on another: A normative analysis of discounting in causal attribution. *Psychological Review, 102,* 331–355.

Novick, L. R. & Cheng, P. W. (2004) Assessing interactive causal influence. *Psychological Review, 111,* 455–485.

Trope, Y. & Gaunt, R. (2003). Attribution and person perception. In M. A. Hogg & J. Cooper (Eds.), *Handbook of Social Psychology* (pp. 190–209). London: Sage.

Weiner, B. (1986). *An attributional theory of motivation and emotion.* New York: Springer.

Weiner, B., Frieze, I. H., Kukla, A., Reed, L., Rest, S. & Rosenbaum, R. M. (1971). Perceiving the causes of success and failure. New York: General Learning.

Weiner, B. & Kukla, A. (1970). An attributional analysis of achievement motivation. *Journal of Personality and Social Psychology, 15,* 1–20.

Selbstbewertungsmodell der Leistungsmotivation
Self-Evaluation Model of Achievement-Motivation

Julia Schüler

1 Die theoretischen Quellen des Selbstbewertungsmodells

Die Leistungsmotivationsforschung wurde bis in die 70er Jahre des letzten Jahrhunderts überwiegend durch drei theoretische Ansätze bestimmt, die Heckhausen (1972, 1975) zu einem Selbstbewertungsmodell der Leistungsmotivation (→ Leistung) zusammenführte. Diese theoretischen Ansätze sind die Forschung zur affektiven Basis leistungsmotivierten Verhaltens (Heckhausen, 1972; McClelland, 1987), das Risikowahl-Modell (Atkinson, 1957 → Risikowahl-Modell) und die attributionale Theorie der Leistungsmotivation (Weiner et al., 1971; → Attributionstheorie und attributionale Theorien). Die zum Verständnis des Selbstbewertungsmodells notwendigen Erkenntnisse dieser theoretischen Annahmen werden im Folgenden nacheinander dargestellt und anschließend deren Integration in das Selbstbewertungsmodell erläutert.

> **Theoretische Wurzeln des Selbstbewertungsmodells**
> - Forschung zur affektiven Basis leistungsmotivierten Verhaltens
> - Risikowahl-Modell
> - Attributionale Theorie der Leistungsmotivation

1.1 Der Beitrag der Forschung zur affektiven Basis leistungsmotivierten Verhaltens für das Selbstbewertungsmodell

Nach Heckhausen (1974) ist Leistungsmotivation die Auseinandersetzung mit einem Gütestandard, der verfehlt oder erreicht werden kann. Das Erreichen wird mit der Tüchtigkeit der eigenen Person in Verbindung gebracht und zieht die positive Selbstbewertungsemotion des Stolzes nach sich. Das Verfehlen des Gütestandards wird mit mangelnder Tüchtigkeit assoziiert und führt zur negativen Selbstbewertungsemotion der Beschämung. Stolz fungiert als Belohnung und verstärkt zukünftiges Leistungsverhalten, während Beschämung Leistungsverhalten bestraft und dessen zukünftiges Auftreten unwahrscheinlicher macht (→ Stolz, Scham, Peinlichkeit und Schuld).

Emotionen spielen jedoch nicht nur im späten Prozess der Bewertung von Handlungsergebnissen eine Rolle, sondern schon viel früher bei der Anregung leistungsmotivierten Verhaltens. Die Anregung geschieht, indem die Selbstbewertungsemotionen Stolz und Beschämung zeitlich vorweggenommen werden. Die Antizipation von Stolz führt zur Entwicklung der Erwartungsemotion Hoffnung auf Erfolg, die für Erfolgsmotivierte charakteristisch ist. Die Antizipation von Beschämung hingegen löst die Erwartungsemotion Furcht vor Misserfolg aus, die Misserfolgsmotivierte kennzeichnet.

> **Merke: Emotionen haben zentralen Stellenwert im Selbstbewertungsmodell**
>
> Selbstbewertungsemotionen (Stolz, Beschämung) als auch Erwartungsemotionen (Hoffnung auf Erfolg, Furcht vor Misserfolg) bestimmen das zukünftige leistungsbezogene Verhalten entscheidend mit.

1.2 Der Beitrag des Risikowahl-Modells für das Selbstbewertungsmodell

Nach dem → *Risikowahl-Modell* von Atkinson (1957) sind Aufgaben mittlerer Schwierigkeit der optimale Aufgabentyp für Personen, deren Erfolgsmotiv stärker als ihr Misserfolgsmotiv ausgeprägt ist (Erfolgsmotivierte), da diese an ihnen am besten ihre eigene Tüchtigkeit erproben können. Misserfolgsmotivierte (Misserfolgsmotiv > Erfolgsmotiv) fürchten bei mittelschwierigen Aufgaben einen Misserfolg, den sie ihrer mangelnden Tüchtigkeit zuschreiben müssten, und weichen deshalb auf leichte oder schwierige Aufgaben aus. Leichte Aufgaben werden sehr wahrscheinlich erreicht. Schwierige Aufgaben werden sehr wahrscheinlich nicht gelöst, was jedoch der Schwierigkeit der Aufgabe und nicht der mangelnden Tüchtigkeit zugeschrieben werden kann.

> **Merke: Motivausprägungen haben zentralen Stellenwert im Selbstbewertungsmodell**
>
> Erfolgsmotivierte bevorzugen Aufgaben im mittelschwierigen Bereich, während Misserfolgsmotivierte sehr leichte oder sehr schwierige Aufgaben wählen.

1.3 Der Beitrag der Attributionstheorie für das Selbstbewertungsmodell

Nach der attributionalen Theorie der Leistungsmotivation (z. B. Weiner et al., 1971) unterscheiden sich Erfolgs- und Misserfolgsmotivierte in ihrem Attributionsstil. Erfolgsmotivierte attribuieren Erfolge internal stabil auf die eigenen

Fähigkeiten oder internal variabel auf die eigene Anstrengung und kommen so in den Genuss positiver Selbstbewertungsaffekte. Misserfolge werden hingegen entweder external attribuiert oder aber internal variabel der mangelnden Anstrengung zugeschrieben. Beide Möglichkeiten lassen den Selbstwert unberührt. Misserfolgsmotivierte hingegen attribuieren Erfolge external, womit sie sich positive Selbstbewertungsaffekte versagen und schreiben Misserfolge internalen Ursachen zu, aus denen negative Selbstbewertungsaffekte resultieren. Neben den Affekten unterscheiden sich Erfolgs- und Misserfolgsmotivierte in den Erwartungen, die sich als Folge der Attributionsstile einstellen. So stabilisieren sich bei Erfolgsmotivierten durch die Attribution von Erfolgen auf die eigene Fähigkeit die Erfolgserwartungen, während für Misserfolgsmotivierte durch die Attribution von Misserfolgen auf mangelnde Fähigkeiten die Misserfolgserwartungen stabilisiert werden.

> **Merke: Der Attributionsstil hat einen zentralen Stellenwert im Selbstbewertungsmodell**
>
> Erfolgsmotivierte haben einen für die zukünftige Motivation günstigen und Misserfolgsmotivierte einen ungünstigen Attributionsstil.

2 Die Integration der theoretischen Ansätze im Selbstbewertungsmodell

Heckhausen (1972, 1975) geht in seinem Selbstbewertungsmodell der Leistungsmotivation nun davon aus, dass die in den drei Theorien beschriebenen Teilprozesse durch ihr Zusammenwirken die Erfolgs- und Misserfolgsmotivation stabilisieren. Die Stabilisierungsprozesse sind in Abbildung 1 grafisch zusammengefasst und im folgenden Text erläutert.

Erfolgsmotivierte verfolgen die Handlungsdirektive, ihre eigene Tüchtigkeit zu steigern. Die Erwartungsemotion Hoffnung auf Erfolg führt zum Setzen von mittelschwierigen Zielen, bei denen sich Erfolge und Misserfolge etwa gleich häufig einstellen. Dennoch macht das günstige Attributionsmuster Erfolgsmotivierter eine positive Affektbilanz möglich. Erfolge werden internal entweder auf die eigenen Fähigkeiten oder auf die investierte Anstrengung attribuiert und ziehen positive selbstwertdienliche Emotionen wie Freude und Stolz nach sich. Misserfolge werden auf den variablen Ursachenfaktor der mangelnden Anstrengung attribuiert und führen zu schwachen negativen Emotionen, die jedoch den Selbstwert nicht belasten. Die resultierende positive Affektbilanz fungiert im Sinne eines positiven Verstärkers für die Handlungsdirektive, auch zukünftig die eigene Tüchtigkeit zu steigern (Brunstein & Heckhausen, 2006).

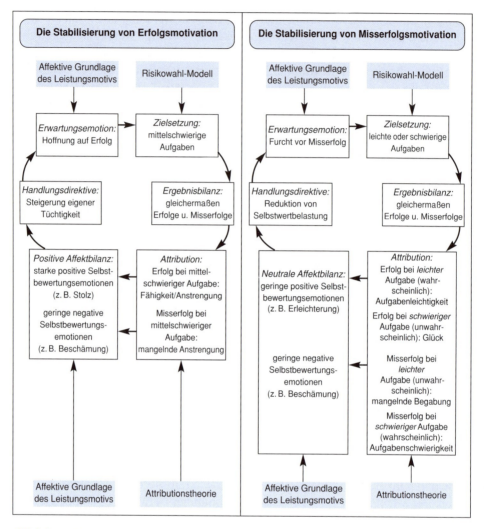

Abbildung 1: Illustration der Prozesse der Stabilisierung von Erfolgsmotivation und Misserfolgsmotivation und ihre theoretischen Quellen

Misserfolgsmotivierte verfolgen die Handlungsdirektive, Selbstwertbelastungen zu vermeiden. Diese wird durch die Erwartungsemotion der Furcht vor Misserfolg begleitet. Statt mittelschwieriger Aufgaben, bei denen sie ein dem Selbstwert abträgliches Versagen befürchten, wählen Misserfolgsmotivierte nun entweder leichte Aufgaben, für die ein Erfolg sehr wahrscheinlich ist oder schwierige Aufgaben, für die ein Misserfolg wahrscheinlich ist. In die Ergebnisbilanz spielen also Erfolge und Misserfolge gleichermaßen ein. Bei leichten Aufgaben ist die Wahrscheinlichkeit eines Erfolgs zwar hoch, die Selbstbewertungsemotionen fallen jedoch nur schwach positiv aus. Dafür ist die Wahrscheinlichkeit, bei sehr leichten Aufgaben einen Misserfolg zu erleiden, der negative Selbstbewertungsemotionen nach sich ziehen würde, sehr gering. Bei schwierigen Aufgaben ist zwar die Wahrscheinlichkeit des Misserfolgs hoch, da dieser jedoch auf die Aufgabenschwierigkeit attribuiert werden kann, sind die resultierenden Emotionen wenig selbstwertbelastend. Für den unwahrscheinlichen Fall eines Erfolges bei schwierigen Aufgaben werden Zufall und Glück als Ursachenerklärungen gefunden, die keinen Einfluss auf die Selbstbewertung haben. Die resultierende Affektbilanz ist bei den Misserfolgsmotivierten zwar nicht positiv, doch bleiben negative, selbstwertbelastende Emotionen ebenfalls aus. Die Handlungsdirektive Misserfolgsmotivierter ist somit erfüllt und wird negativ verstärkt. Trotz der Funktionalität der Handlungsdirektive hinsichtlich des Selbstwertschutzes trägt sie zur Stabilisierung von Misserfolgsmotivation mit ihren langfristig negativen Konsequenzen für Befinden und Leistung bei.

Durch die Integration empirisch gesicherter theoretischer Ansätze entstand mit dem Selbstbewertungsmodell der Leistungsmotivation ein umfassendes Modell, das einen hohen Erklärungswert für menschliches Leistungsverhalten hat. Zudem bietet es Ansatzpunkte für Interventionsmaßnahmen, die im folgenden Abschnitt dargestellt werden.

3 Praktische Anwendung des Selbstbewertungsmodells

Während das Leistungsmotiv lange als relativ stabile Persönlichkeitsdisposition galt, ist es im Selbstbewertungsmodell als das Resultat eines sich selbst stabilisierenden Systems aus verschiedenen Teilprozessen konzipiert. Diese Konzeption des Leistungsmotivs impliziert die Annahme seiner Veränderbarkeit, die vor allem für die Reduktion des Misserfolgsmotivs bedeutsam ist: Ein sich selbst stabilisierendes System lässt sich durch die Veränderung der es konstituierenden Teilprozesse destabilisieren.

Diese theoretische Implikation wurde vor allem von Krug (zsfd. Rheinberg & Krug, 2005) für die praktische Anwendung nutzbar gemacht. Er entwickelte Motivationstrainings für den schulischen Kontext (→ Motivationstraining), mit dem Ziel, die drei Teilprozesse der Selbstbewertung von misserfolgsmotivierten Schülern zu verändern. Die Schüler übten zunächst bei spielerischen Aufgaben (Ringwurfspiel) und später bei unmittelbar unterrichtsrelevanten Aufgaben realistische Zielsetzungen, günstige Attributionen für Erfolge und Misserfolge und günstige Selbstbewertungen. Dies taten sie, indem sie das Verhalten und die verbalisierten Gedanken des Trainers als Modell beobachteten und im Anschluss imitierten. Das Training beeinflusste die drei Teilprozesse der Selbstbewertung günstig und verschob sogar das Leistungsmotiv in Richtung Erfolgszuversicht (Krug & Hanel, 1976; Krug & Heckhausen, 1982).

Das berichtete Training zur Veränderung von Zielsetzungen, Attributionen und Selbstbewertungen setzt direkt an der Person an. Ein anderer Zugang ist die Veränderung situationaler Variablen, die eine günstige Entwicklung der drei Teilprozesse fördern. Eine solche Variable sind die Bezugsnormen, anhand derer Leistungen beurteilt werden (z. B. Dickhäuser & Rheinberg, 2003). Bei einer *individuellen Bezugsnorm* wird ein Leistungsergebnis am Gütemaßstab der eigenen, vergangenen Leistungen gemessen. Dies legt nahe, Erfolge und Misserfolge auf die eigene (mangelnde) Anstrengung zu attribuieren. Da Anstrengung eine variable Ursache ist, liegt ihre Variation in der Selbstverantwortung der Person. Im besten Falle kommt es zur Anstrengungssteigerung und längerfristig zur Verbesserung von Fähigkeiten. Bei der *sozialen Bezugsnorm* wird das Leistungsergebnis in Bezug auf eine soziale Bezugsgruppe (z. B. Schulklasse) beurteilt. Diese Beurteilungsnorm lässt Unterschiede in den Fähigkeiten von Personen als die Ursache für Erfolge und Misserfolge vermuten. Da Fähigkeiten als nicht so leicht veränderbar erscheinen, motivieren Fähigkeitsattributionen nicht zur Verhaltensänderung (z. B. Anstrengungssteigerung). Rheinberg und Krug (2005) bestätigten in experimentellen Untersuchungen, dass in Schulklassen mit individueller Bezugsnorm die Erfolgsmotivation und Anstrengungsbereitschaft der Schüler und die drei Teilprozesse des Selbstbewertungsmodells günstig beeinflusst wurden. Der Erfolg der theoriegeleiteten Interventionen unterstreicht die Relevanz des Selbstbewertungsmodells der Leistungsmotivation in Forschung und Anwendung.

Weiterführende Literatur

Heckhausen, H. (1975). Fear of failure as a self-reinforcing motive system. In I. G. Sarason & C. Spielberger (Eds.), *Stress and anxiety* (Vol. II., pp. 117–128). Washington, DC: Hemisphere.

Krug, S. & Heckhausen, H. (1982). Motivförderung in der Schule. In F. Rheinberg (Hrsg.), *Jahrbuch für empirische Erziehungswissenschaft 1982* (S. 65–114). Düsseldorf: Schwann.

Literatur

Atkinson, J. W. (1957). Motivational determinants in risk taking behavior. *Psychological Review, 64*, 359–372.

Brunstein, J. & Heckhausen, H. (2006). Leistungsmotivation. In J. Heckhausen & H. Heckhausen (Hrsg.), *Motivation und Handeln* (3. Aufl., S. 143–191). Berlin: Springer.

Dickhäuser, O. & Rheinberg, F. (2003). Bezugsnormorientierung: Erfassung, Probleme, Perspektiven. In J. Stiensmeier-Pelster & F. Rheinberg (Hrsg.), *Diagnostik von Motivation und Selbstkonzept* (S. 41–55). Göttingen: Hogrefe.

Heckhausen, H. (1972). Die Interaktion der Sozialisationsvariablen in der Genese des Leistungsmotivs. In C. F. Graumann (Hrsg.), *Handbuch der Psychologie* (Bd. 7/2, S. 955–1019). Göttingen: Hogrefe.

Heckhausen, H. (1974). *Leistung und Chancengleichheit*. Göttingen: Hogrefe.
Krug, S. & Hanel, J. (1976). Motivänderung: Erprobung eines theoriegeleiteten Trainingsprogramms. *Zeitschrift für Entwicklungspsychologie und Pädagogische Psychologie, 8,* 274–287.
McClelland, D. C. (1987). Biological aspects of human motivation. In F. Halisch & J. Kuhl (Eds.), *Motivation, intention, and volition* (pp. 11–19). Berlin: Springer.
Rheinberg, F. & Krug, S. (2005). *Motivationsförderung im Schulalltag* (3. Auflage). Göttingen: Hogrefe.
Weiner, B., Frieze, I. H., Kukla, A., Reed, L., Rest, S. & Rosenbaum, R. M. (1971). *Perceiving the causes of success and failure.* New York: General Learning Press.

Selbstbestimmungstheorie und Kognitive Bewertungstheorie
Self-Determination Theory and Cognitive Evaluation Theory

Nicola Baumann

1 Einleitung

Die Selbstbestimmungstheorie von Deci und Ryan (1985, 2000, 2002) ist eine *organismisch-dialektische* Makrotheorie menschlicher Motivation, die sich mit der Entwicklung und der Adaptivität der Persönlichkeit in einem sozialen Kontext beschäftigt. Der *organismische* Ausgangspunkt besagt, dass Menschen aktive Organismen sind, die eine natürliche Tendenz zu psychologischem Wachstum haben. Die Theorie ist *dialektisch*, weil sie davon ausgeht, dass sich diese Tendenz nicht automatisch entfaltet, sondern die kontinuierliche Unterstützung durch die soziale Umwelt erfordert. Aus dem Wechselspiel zwischen aktivem Organismus und sozialem Kontext lassen sich Verhalten, Erleben und Entwicklung vorhersagen. Die Selbstbestimmungstheorie hat ihren Ursprung in der Kognitiven Bewertungstheorie, die sich mit den Effekten des sozialen Kontextes auf die intrinsische Motivation beschäftigt.

2 Drei grundlegende psychologische Bedürfnisse

In der Selbstbestimmungstheorie werden drei grundlegende psychologische Bedürfnisse („psychological needs") postuliert, die angeboren sind, universell auftreten und deren kontinuierliche Befriedigung zentral für psychologisches Wachstum, Integrität und Wohlbefinden ist. Es wird davon ausgegangen, dass Menschen danach streben, sich mit anderen in einem sozialen Milieu verbunden zu fühlen („relatedness"), in diesem Milieu effektiv und wirkungsvoll zu agieren („competence") und sich dabei als persönlich autonom und initiativ zu erfahren („autonomy", → Implizite und explizite Motive).

> **Das Konzept grundlegender psychologischer Bedürfnisse postuliert das Streben nach**
>
> - sozialer Eingebundenheit (sozialer Zugehörigkeit)
> - Kompetenz (Wirksamkeit)
> - Autonomie (Selbstbestimmung)

3 Das „Was" und „Warum" der Zielverfolgung

Eine angemessene Bedürfnisbefriedigung hängt sowohl vom Inhalt (dem „Was") als auch vom Grund (dem „Warum") der Zielverfolgung ab (→ Ziele). Auf der inhaltlichen Ebene werden *intrinsische* Ziele (z. B. Eingebundenheit, persönliches Wachstum und Beiträge zur Gemeinschaft) von *extrinsischen* Zielen (z. B. Reichtum, Ruhm und Schönheit) unterschieden. Während intrinsische Ziele soziale Bedürfnisse angemessen befriedigen und Wohlbefinden fördern, befriedigen extrinsische Ziele soziale Bedürfnisse nur oberflächlich oder gar nicht und gehen mit reduziertem Wohlbefinden einher (Kasser & Ryan, 1993, 1996).

Auf der Regulationsebene werden sechs Gründe für die Zielverfolgung differenziert, die sich auf einem Kontinuum von heteronomer bis autonomer Kontrolle einordnen lassen (vgl. Abb. 1). Am Endpunkt heteronomer Kontrolle befindet sich *Amotivation*. Ein Verhalten wird als amotiviert und nicht reguliert bezeichnet, wenn es kein erkennbares Ziel verfolgt (z. B. dösen, herumlungern) oder einem unkontrollierten Handlungsimpuls entspringt (z. B. ein Wutausbruch). Am Endpunkt autonomer Kontrolle befindet sich die *intrinsische Motivation*, die den Prototyp selbstbestimmten Verhaltens darstellt, weil eine Person sich spontan (d. h. frei von äußerem Druck und inneren Zwängen) in einer Tätigkeit engagiert, die ihr Spaß macht (→ Interesse). Dazwischen liegen *extrinsisch motivierte* Verhaltensweisen, die mit instrumenteller Absicht durchgeführt werden, um eine von der Handlung separierbare Konsequenz zu erlangen.

Verhalten	Fremdbestimmung (Heteronome Kontrolle)					Selbstbestimmung (Autonome Kontrolle)
Art der Motivation	Amotivation	Extrinsische Motivation				Intrinsische Motivation
Typ der Regulation	Nicht-Regulation	Externale Regulation	Introjizierte Regulation	Identifizierte Regulation	Integrierte Regulation	Intrinsische Regulation
wahrgenommene Handlungsverursachung	Unpersönlich	External	eher External	eher Internal	Internal	Internal

Abbildung 1: Das Selbstbestimmungskontinuum von Deci und Ryan (2000)

3.1 Vier extrinsisch motivierte Regulationstypen

Extrinsisch motivierte Verhaltensweisen können durch den Prozess der Internalisierung in selbstbestimmte Handlungen überführt werden.

> **Begriffsbestimmung: Internalisierung**
>
> Internalisierung ist der Prozess, durch den externale Anforderungen, Werte und Regulationsprozesse in internale überführt werden, so dass selbstbestimmtes Handeln möglich wird. Wenn der Internalisierungsprozess optimal verläuft, identifizieren sich Personen mit sozialen Regeln, assimilieren sie in ihr integriertes Selbst und akzeptieren sie als ihre eigenen. Dadurch werden sie sowohl intrapsychisch als auch sozial *integriert*. Wenn der Internalisierungsprozess vereitelt wird, bleiben Regulationsmechanismen und Werte entweder *external* oder sind nur teilweise integriert und bilden *introjizierte* oder *identifizierte* Regulationsformen, die nicht vollständig selbstbestimmt sind.

Für die extrinsische Motivation lassen sich vier Typen der Regulation mit zunehmendem Internalisierungsgrad differenzieren (vgl. Abb. 1):

1. *Externale Regulation* ist von äußeren Anregungsfaktoren abhängig, auf die das Individuum keinen direkten Einfluss hat. Personen streben nach etwas, weil andere es von ihnen erwarten oder weil sie etwas dafür bekommen (z. B. Hausaufgaben machen, weil die Eltern es verlangen).
2. *Introjizierte Regulation* bezieht sich auf Verhaltensweisen, die internen Anstößen und innerem Druck folgen. Personen streben nach etwas, weil sie sich sonst beschämt, schuldig oder ängstlich fühlen; sie tun etwas, weil sie selbst meinen, dass sie es tun sollten oder dass es sich gehört (z. B. Hausaufgaben machen, weil man selbst das Gefühl hat, es zu müssen).
3. *Identifizierte Regulation* liegt vor, wenn eine Verhaltensweise vom Selbst als persönlich wichtig oder wertvoll anerkannt und teilweise in das individuelle Selbst integriert wird. Personen streben nach etwas, weil sie es für wichtig halten. Obwohl ein Ziel ursprünglich von anderen vermittelt worden sein mag, verfolgen sie es jetzt freiwillig und identifizieren sich damit (z. B. Hausaufgaben machen, weil sie für gute Noten wichtig sind).
4. *Integrierte Regulation* ist die Form extrinsischer Motivation mit dem höchsten Grad an Selbstbestimmung. Sie resultiert aus der weitergehenden Integration von Zielen, Werten und Handlungsstrategien in ein kohärentes Selbst. Integrierte Verhaltensweisen unterscheiden sich von intrinsischen nur dadurch, dass sie nicht autotelischer Natur sind (d. h. die Handlung selbst das Ziel ist), sondern eine instrumentelle Funktion besitzen. Sie werden freiwillig ausgeführt, weil das Handlungsergebnis subjektiv hoch bewertet wird (z. B. Hausaufgaben machen, um möglichst viel zu lernen).

Die Angaben einer Personen über das „Warum" einer Zielverfolgung sind nicht immer zutreffend. Personen können subjektiv davon überzeugt sein, dass sie ein Ziel verfolgen, weil sie es für persönlich wichtig halten, obwohl es gar nicht in das individuelle Selbst passt. Eine Medizinstudentin mag z. B. die elterlichen Erwartungen, sie möge Ärztin werden, für selbstkongruent halten, obwohl ein anderes Studium viel besser zu ihr passen würde. Kuhl und Kazén (1994) ergänzen die Liste extrinsisch motivierter Regulationsformen daher um die „fehlinformierte" Introjektion *(Selbstinfiltration)*, die nicht durch das bewusste Erleben von Kontrolle und Druck begleitet sein muss, sich jedoch mit nicht reaktiven Gedächtnismaßen über die Neigung zur falschen Selbstzuschreibung objektiv fremdinduzierter Ziele erfassen lässt. Personen mit Selbstregulationsdefiziten (→ Handlungskontrolltheorie, → Theorie der Persönlichkeits-System-Interaktionen (PSI)) neigen gerade unter Stress zur Verwechslung eigener und fremder Ziele (Baumann & Kuhl, 2003).

3.2 Anwendungsbereiche

Untersuchungen zu den Auswirkungen verschiedener Regulationsprozesse zeigen in zahlreichen Domänen (z. B. Schule, Sport, Gesundheit, Religion und Politik) und über unterschiedliche Kulturen hinweg einheitlich und theoriekonform, dass vollständiger internalisierte (identifizierte und integrierte) Regulationsformen mit größerer Ausdauer, effektiverer Leistung und besserer psychischer und physischer Gesundheit einhergehen als weniger stark internalisierte (externale und introjizierte) Regulationsformen (Deci & Ryan, 2000).

4 Die Bedeutung der sozialen Umwelt

Obwohl Menschen inhärent motiviert sind, Werte und Regulationen zu internalisieren und in ihr Selbst zu integrieren, bedarf diese natürliche Entwicklungstendenz der Unterstützung von außen (→ Entwicklung der Handlungsregulation). In vielen Studien zeigt sich theoriekonform, dass hohe Stufen der Internalisierung dann erreicht werden, wenn die soziale Umwelt die Befriedigung der Bedürfnisse nach Autonomie, Kompetenz und sozialer Eingebundenheit unterstützt (Deci & Ryan, 2000). Die Förderung von Autonomie kann im Vergleich zur Ausübung von Kontrolle zwar kurzfristig auch Nachteile beinhalten (z. B. verringerte Versuchungsresistenz; Baumann & Kuhl, 2005). Längerfristig sind jedoch autonomieförderliche Bedingungen eindeutig von Vorteil (Baumann & Kuhl, 2005; Deci, Eghrari, Patrick & Leone, 1994).

4.1 Intrinsische Motivation und Korrumpierungseffekt

Die Bedeutung der sozialen Umwelt ist besonders intensiv im Bereich der intrinsischen Motivation untersucht worden (→ Intrinsische Motivation). In mehr als 100 Untersuchungen hat sich gezeigt, dass Belohnungen die intrinsische Motivation für Tätigkeiten reduzieren. So verlieren Kinder z. B. die intrinsische Motivation am Malen, wenn sie eine Belohnung (z. B. eine Süßigkeit) bekommen. Die intrinsische Motivation wird dabei über das Interesse an der Tätigkeit und/oder die freiwillige Weiterbeschäftigung mit der Tätigkeit gemessen. Der Befund wird als *Korrumpierungseffekt* bezeichnet.

> **Der Korrumpierungseffekt der intrinsischen Motivation**
>
> Extrinsische Belohnungen (z. B. Sachbelohnungen) verringern die intrinsische Motivation für Tätigkeiten, d. h. Personen verlieren das Interesse an den Tätigkeiten und beschäftigen sich nicht mehr so lange oder gar nicht mehr freiwillig damit. Die intrinsische Motivation wird durch die Belohnung quasi „korrumpiert". Personen haben nicht mehr das Gefühl, freiwillig zu handeln, und fühlen sich in ihrer Autonomie eingeschränkt.

In der Kognitiven Bewertungstheorie (Deci & Ryan, 1985) – einer Untertheorie innerhalb der Selbstbestimmungstheorie – werden insbesondere die psychologischen Bedürfnisse nach Autonomie und Kompetenz als Grundlage der intrinsischen Motivation angesehen. Während wahrgenommene Kompetenz eine notwendige Voraussetzung für jegliches motiviertes Verhalten darstellt, ist wahrgenommene Autonomie erforderlich, damit die Motivation intrinsisch ist.

Der Effekt einer Belohnung hängt davon ab, wie sie die wahrgenommene Selbstbestimmung und die wahrgenommene Kompetenz beeinflussen. Wenn Belohnungen als primär *kontrollierend* empfunden werden, unterlaufen sie das Bedürfnis nach Selbstbestimmung, führen zur Wahrnehmung einer externalen Handlungsverursachung und reduzieren die intrinsische Motivation. Wenn Belohnungen als positiv *informativ* für die eigene Kompetenz angesehen werden, befriedigen sie das Bedürfnis nach Kompetenz und fördern die intrinsische Motivation.

Der Korrumpierungseffekt wurde immer wieder kontrovers diskutiert, weil er der behavioristischen Sichtweise widerspricht, dass Belohnungen eine verstärkende Wirkung auf das Verhalten haben sollten. Vor dem Hintergrund einer Meta-Analyse haben Eisenberger und Cameron (1996) den Korrumpierungseffekt sogar als Mythos bewertet, da er angeblich nur unter sehr eingeschränkten, leicht vermeidbaren Bedingungen auftrete. Deci, Koestner und Ryan (1999) kritisieren die methodische Herangehensweise der Meta-Analyse und haben in einer eigenen Meta-Analyse den Korrumpierungseffekt eindeutig bestätigt:

- Über verschiedene Aufgaben, Belohnungen und Gruppen hinweg zeigt sich, dass erwartete Sachbelohnungen die intrinsische Motivation reduzieren. Wenn Sachbelohnungen *un*erwartet vergeben werden, korrumpieren sie nicht.

- Im Gegensatz zu materiellen Belohnungen scheinen verbale Belohnungen (d. h. positive Rückmeldungen) besonders bei Studierenden die intrinsische Motivation sogar zu erhöhen, solange sie nicht auf eine kontrollierende Art formuliert sind.

4.2 Der kulturelle Kontext

Gemäß Selbstbestimmungstheorie sind die psychologischen Bedürfnisse nach Autonomie, Kompetenz und sozialer Eingebundenheit angeboren und universell. Obwohl die Befriedigung dieser drei Bedürfnisse über verschiedene Kulturen hinweg durchgängig positive Auswirkungen gezeigt hat (Deci & Ryan, 2000), wird die Universalität immer wieder in Frage gestellt. Iyengar und Lepper (1999) nehmen z. B. an, dass Autonomiebestrebungen für westliche, *independente* Kulturen förderlich sind, jedoch mit dem Bedürfnis nach Eingebundenheit in eine kohärente Gruppe in Konflikt stehen und daher für östliche, *interdependente* Kulturen hinderlich sind. So zeigen amerikanische Schüler asiatischer Herkunft im Gegensatz zu angloamerikanischen Schülern die höchste intrinsische Motivation bei Aufgaben, die angeblich von der Mutter (bzw. den Mitschülern) ausgewählt worden waren. Daraus schließen die Autoren, dass Wahlfreiheit und persönliche Autonomie nicht für alle Kulturen gleichermaßen bedeutsam sind.

Gemäß Selbstbestimmungstheorie ist Autonomie jedoch nicht das gleiche wie Unabhängigkeit. Sowohl independente als auch interdependente Verhaltensweisen sind nur dann autonom, wenn Personen sich mit den dahinterliegenden Werten identifizieren und sie in ihr Selbst integrieren (→ Werte). Obwohl sich die Werte zwischen den Kulturen sowohl in ihren Inhalten als auch in ihrer Passung zu psychologischen Bedürfnissen unterscheiden, zeigt sich in Übereinstimmung mit der Selbstbestimmungstheorie, dass eine relative Autonomie (identifizierte und integrierte Regulationsformen) in der individuellen Motivation, die jeweiligen kulturellen Praktiken zu befolgen, über alle Kulturen hinweg mit erhöhtem Wohlbefinden einhergeht (Chirkov, Ryan, Kim & Kaplan, 2003). Der Befund, dass asiatisch-amerikanische Schüler für Aufgaben intrinsisch motiviert sind, die ihnen wichtige Bezugspersonen nahe gelegt haben, ist bereits ein guter Beleg dafür, dass interdependente Werte autonom reguliert sein können (→ Motivation in kulturvergleichender Perspektive).

> **Autonomie ist nicht gleich Unabhängigkeit**
>
> Das Selbstbestimmungskontinuum mit den beiden Polen Heteronomie vs. Autonomie ist unabhängig vom Spektrum independenter vs. interdependenter kultureller Orientierungen, die Individuen mehr oder weniger autonom verfolgen können.

5 Evaluation der Selbstbestimmungstheorie

Die Selbstbestimmungstheorie ist eine humanistische Theorie, die eine phänomenologische (d. h. am subjektiven Erleben orientierte) Herangehensweise an zentrale Fragen der Motivations-, Persönlichkeits- und Entwicklungspsychologie ermöglicht. Sie ist in zahlreichen Kontexten (z. B. Schule, Sport, Gesundheit, Wirtschaft) und in verschiedenen Kulturen empirisch bestätigt worden und liefert nützliche und konkrete Ergebnisse für die Praxis in vielfältigen Anwendungsbereichen.

Weiterführende Literatur

Deci, E. L. & Ryan, R. M. (1985). *Intrinsic motivation and self-determination in human behavior.* New York: Plenum.
Deci, E. L. & Ryan, R. M. (Eds.). (2002). *Handbook of self-determination research.* Rochester, NY: University of Rochester Press.
Umfangreiche Homepage: http://www.psych.rochester.edu/SDT/

Literatur

Baumann, N. & Kuhl, J. (2003). Self-infiltration: Confusing assigned tasks as self-selected in memory. *Personality and Social Psychology Bulletin, 29,* 487–497.
Baumann, N. & Kuhl, J. (2005). How to resist temptation: The effects of external control versus autonomy support on self-regulatory dynamics. *Journal of Personality, 73,* 443–470.
Chirkov, V. I., Ryan, R. M., Kim, Y. & Kaplan, U. (2003). Differentiating autonomy from individualism and independence: A self-determination theory perspective on internalization of cultural orientations and well-being. *Journal of Personality and Social Psychology, 84,* 97–110.
Deci, E., Eghrari, H., Patrick, B. & Leone, D. (1994). Facilitating internalization: The self-determination theory perspective. *Journal of Personality, 62,* 119–142.
Deci, E. L., Koestner, R. & Ryan, R. M. (1999). A meta-analytic review of experiments examining the effects of extrinsic rewards on intrinsic motivation. *Psychological Bulletin, 125,* 627–668.
Deci, E. L. & Ryan, R. M. (2000). The „what" and „why" of goal pursuits: Human needs and the self-determination of behavior. *Psychological Inquiry, 11,* 227–268.
Eisenberger, R. & Cameron, J. (1996). Detrimental effects of reward: Reality of myth? *American Psychologist, 51,* 1153–1166.
Iyengar, S. S. & Lepper, M. R. (1999). Rethinking the value of choice: A cultural perspective on intrinsic motivation. *Journal of Personality and Social Psychology, 76,* 349–366.
Kasser, T. & Ryan, R. M. (1993). A dark side of the American dream: Correlates of financial success as a central life aspiration. *Journal of Personality and Social Psychology, 65,* 410–422.

Kasser, T. & Ryan, R. M. (1996). Further examining the American dream: Differential correlates of intrinsic and extrinsic goals. *Personality and Social Psychology Bulletin, 22*, 280–287.

Kuhl, J. & Kazén, M. (1994). Self-discrimination and memory: State orientation and false self-ascription of assigned activities. *Journal of Personality and Social Psychology, 66*, 1103–1115.

Rubikonmodell der Handlungsphasen
Rubicon Model of Action Phases

Anja Achtziger & Peter M. Gollwitzer

1 Das Rubikonmodell der Handlungsphasen

Um im Gegensatz zu traditionellen Motivationstheorien sowohl die Auswahl von Zielen als auch deren Realisierung zu unterscheiden und in einem Modell zu integrieren, wurde das Rubikonmodell der Handlungsphasen (Gollwitzer, 1990; Heckhausen & Gollwitzer, 1987) entwickelt. Dieses Modell versucht Antworten auf die folgenden Fragen zu geben: Wie wählt eine handelnde Person ihre → *Ziele* aus? Wie plant sie deren Realisierung? Wie führt sie diese Pläne durch? Wie bewertet sie die Ergebnisse ihrer Handlungen? Dadurch beschreibt das Rubikonmodell das Verfolgen eines Ziels und somit den „Handlungsverlauf" als die Lösung von vier zeitlich aufeinander folgenden Aufgaben. Diese Aufgaben beinhalten (a) die Wahl eines potenziellen Ziels aus einer Vielzahl von Wünschen (→ Implizite und explizite Motive), (b) das Planen der Umsetzung dieses Ziels (z. B. durch Vorsätze; → Intentionstheoretischer Ansatz), (c) dem Ziel entsprechende Handlungen (→ Handlungkontrolltheorie), (d) das Bewerten der Konsequenzen, die bisherige Handlungen mit sich brachten.

Entsprechend postuliert das Rubikonmodell folgende vier Phasen der Zielverfolgung:

- **Prädezisionale Phase:** Abwägen von Vor- und Nachteilen noch nicht realisierter Wünsche. Dies geschieht, indem die Wünschbarkeit wahrscheinlicher Folgen eines Ziels und die Erreichbarkeit des Ziels genau durchdacht werden (→ Erwartung und Anreiz; → Werte).
- **Postdezisionale Phase:** Planen bei welcher Gelegenheit mit welchen Mitteln die Realisierung des Ziels in Angriff genommen werden soll. Es wird entschieden, wann, wo und auf welche Art und Weise gehandelt wird, dass ein Erreichen des erwünschten Ziels wahrscheinlich wird.
- **Aktionale Phase:** Ausführen der in der postdezisionalen Phase geplanten Handlungen. Diese Handlungen sollen es wahrscheinlich machen, das Ziel zu erreichen (→ Persistenz und Zielablösung).
- **Postaktionale Phase:** Bewerten der Folgen der durchgeführten Handlungen. Es wird geprüft, inwieweit das Ziel erreicht wurde und welche Handlungen gegebenenfalls noch auszuführen sind, um den Handlungsverlauf zu einem Abschluss zu bringen (→ Attributionstheorie und attributionale Theorie).

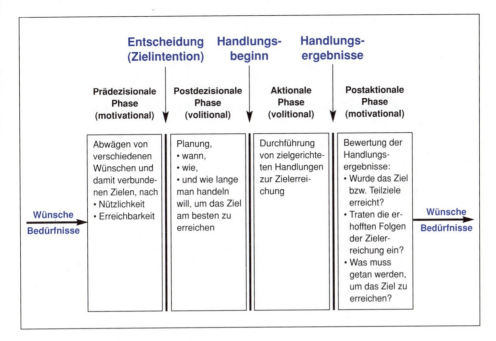

Abbildung 1: Rubikonmodell der Handlungsphasen (Heckhausen & Gollwitzer, 1987)

2 Übergänge zwischen den einzelnen Phasen

Die vier Phasen werden durch drei Übergänge voneinander getrennt:
- Die Entscheidung, einen ganz bestimmten aus den vielen existierenden Wünschen ausgewählten Wunsch zu realisieren. Durch diese Entscheidung wird aus diesem ehemals eher unverbindlichen Wunsch ein verbindliches Ziel, d. h., die handelnde Person verpflichtet sich darauf, diesen Wunsch in die Tat umzusetzen. Dies geschieht am Ende der prädezisionalen Phase.
- Der Beginn von Handlungen, die dazu geeignet sind, das ausgewählte Ziel zu realisieren. Dieser Übergang findet am Ende der präaktionalen Phase statt.
- Die Bewertung der Konsequenzen bereits durchgeführter Handlungen. Diese Bewertung findet am Ende der aktionalen Phase statt.

Das verbindliche Setzen eines Ziels am Ende der prädezisionalen Phase wird „das Überschreiten des Rubikons" genannt und gab dem Modell seinen Namen. Diese Metapher geht auf Cäsars Überqueren des Flusses Rubikon zurück, das nach langem Abwägen der Vor- und Nachteile dieser Handlung stattfand. Da Cäsar durch diese Handlung unwiderruflich den römischen Bürgerkrieg auslöste, bringt die Metapher zum Ausdruck, dass das verbindliche Setzen eines Ziels dem Abwägen der Vor- und Nachteile verschiedener Handlungen in Richtung Zielerreichung ein

Ende setzt. Gleichzeitig wird damit ausgedrückt, dass die Entscheidung für ein Ziel unwiderruflich wird, d. h. man stellt sein Ziel nicht mehr in Frage, sondern beginnt mit der konkreten Planung und Umsetzung des Ziels.

3 Bewusstseinslagen und ihre klassischen Effekte

In den geschilderten vier Phasen des Handlungsverlaufs treten verschiedene Bewusstseinslagen auf. Unter dem Begriff „Bewusstseinslage" (mind-set) versteht man eine bestimmte Art kognitiver Orientierung, die jeweils mit einer Phase des Handlungsverlaufs verbunden ist. Es gilt, diesen Begriff vom Begriff der Bewusstseinslage im Sinne eines „Aufgabensets" oder „Einstellung" wie es von der Würzburger Schule (z. B. Külpe, 1904) beschrieben wurde abzugrenzen. Während mit dem Begriff des „Aufgabensets" die kognitive Ausrichtung gemeint ist, die durch vom Veruschsleiter explizit gegebene Aufgabenbearbeitungsinstruktionen induziert wird (z. B. auf einer Stimulusvorlage von Buchstaben und Zahlen, die Anzahl der aufgelisteten Buchstaben zu benennen), meint das Konzept der Bewusstseinslage im Rubikonmodel implizit auftretende kognitive Orientierungen, die durch das Involviertsein mit der jeweils phasentypischen Aufgabe entsteht. Da diese Aufgaben entsprechend allgemein, weil inhaltsleer, definiert sind, beschreiben die Bewusstseinslagen des Rubikonmodells auch viel breitere kognitive Orientierungen als die „Aufgabensets" der Würzburger Schule. Das heißt, nicht nur die Bearbeitungsweise des spezifischen Stimulusmaterials einer vorgegebenen Aufgabe, sondern die Bearbeitung von verfügbaren Informationen im Allgemeinen.

In der prädezisionalen Phase tritt durch das Abwägen möglicher positiver und negativer Konsequenzen zielgerichteter Handlungen die *abwägende Bewusstseinslage* ein. In der präaktionalen Phase taucht durch das Planen konkreter Schritte in Richtung Zielerreichung die *planende Bewusstseinslage* auf. Entsprechend bringt die aktionale Phase durch die konkrete Durchführung zielgerichteter Handlungen eine *handelnde Bewusstseinslage* mit sich. Die postaktionale Phase induziert durch ihre Bewertung des bisher erreichten Handlungsergebnisses eine *bewertende Bewusstseinslage*.

Bisher wurden kognitive und selbstbewertende Konsequenzen sowie Verhaltenskonsequenzen der abwägenden und der planenden Bewusstseinslage untersucht. Das geschah durch Experimente der folgenden Art: Versuchsteilnehmern wird erzählt, dass sie an zwei voneinander unabhängigen Experimenten teilnehmen werden. Aus Gründen der Plausibilität werden diese angeblich unabhängigen Experimente von zwei Versuchsleitern durchgeführt. Der erste Versuchsleiter induziert beispielsweise die abwägende Bewusstseinslage. Das kann dadurch geschehen, dass er die Versuchsteilnehmer bittet, ein bisher von ihnen noch nicht gelöstes Problem oder Anliegen abzuwägen. Die planende Bewusstseinslage kann dadurch

Tabelle 1: Konsequenzen der abwägenden und der planenden Bewusstseinslage

Abwägende Bewusstseinslage	Planende Bewusstseinslage
– Realistische Selbstbeurteilung hinsichtlich Intelligenz, Beliebtheit, Attraktivität etc. – Realistische Betrachtung eigener Kontrollmöglichkeiten objektiv unkontrollierbarer Ereignisse (wenig „illusorisch optimistisch") – Realistische Einschätzung eigener Vulnerabilität hinsichtlich kontrollierbarer (z. B. eigene Alkoholprobleme) und nicht kontrollierbarer (z. B. Tod eines Angehörigen) Ereignisse – Objektive Beurteilung von Informationen über die Wünschbarkeit eigener Ziele – Effektive Verarbeitung von Informationen, die sich auf die Wünschbarkeit eines Ziels beziehen – offene Verarbeitung neu auftauchender Informationen	– Übertrieben positive Selbstbeurteilung (z. B. als attraktiver und intelligenter als andere; „illusorischer Optimismus") – Illusionen, was die Kontrolle häufig auftretender, aber objektiv nicht kontrollierbarer Ereignisse betrifft – Beurteilung eigener Vulnerabilität hinsichtlich kontrollierbarer (z. B. „Scheidung") und nicht kontrollierbarer Ereignisse (z. B. „Unfall") als eher niedrig – Zu positive Verarbeitung von Informationen über die Wünschbarkeit eigener Ziele aufgrund hoher Konzentration auf Informationen, die ein Ziel wünschenswert erscheinen lassen; Vernachlässigung von Informationen, welche die Wünschbarkeit eines Ziel in Frage stellen – Bevorzugte und sehr effiziente Verarbeitung von Informationen, die sich auf die Erreichung eines Ziels beziehen – Vernachlässigung neu auftauchender Informationen, die möglicherweise das Ziel in Frage stellen; verringerte Offenheit der genauen Verarbeitung dieser Informationen

induziert werden, dass die Umsetzung eines Ziels, für dessen Realisierung sich der Versuchsteilnehmer entschieden hat, durch konkrete Handlungsschritte geplant wird. Die Planung von Handlungsschritten erfolgt durch Antworten auf die Fragen „Wann, wo und wie handele ich?" Der zweite Versuchsleiter bittet die Versuchsteilnehmer darum, bestimmte andere Aufgaben durchzuführen oder Fragebögen zu beantworten. Diese neuen Aufgaben bzw. Fragebögen sollen die Merkmale und Unterschiede zwischen der abwägenden und der planenden Bewusstseinslage untersuchen. Eine Vielzahl von Studien konnte auf diese Weise zeigen, dass die abwägende und die planende Bewusstseinslage zu unterschiedliche Konsequenzen führt (z. B. Achtziger & Gollwitzer, 2006; Taylor & Gollwitzer, 1995).

Die Konsequenzen der abwägenden Bewusstseinslage sollen eine optimale Auswahl von Zielen fördern. Deshalb unterstützen sie eine objektive Einschätzung positiver und negativer Konsequenzen der Realisierung eines Ziels und auch eine genaue Beurteilung der Wahrscheinlichkeit, dieses Ziel tatsächlich zu erreichen (vgl. Tab. 1). Die Konsequenzen der planenden Bewusstseinslage unterstützen das Erreichen von Zielen indem sie dabei helfen, Probleme der Realisierung von Zielen wie beispielsweise plötzliches Anzweifeln der Wünschbarkeit und Realisierbarkeit eines Ziels zu bewältigen. Somit führen sie zu einer positiven Beurteilung des gewählten Ziels und fördern Optimismus (→ Psychologie des Zukunftsdenkens) hinsichtlich seiner Erreichbarkeit (vgl. Tab. 1).

4 Aktuelle Forschung zu den Effekten von Bewusstseinslagen

Die anfängliche Bewusstseinslagenforschung zielte darauf ab, die Unterschiedlichkeit der Auswahl- und Realisierungsprozesse von Zielen anhand der Unterschiede der kognitiven Merkmale der abwägenden und der planenden Bewusstseinslage zu belegen. Heute wird untersucht, inwiefern sich unterschiedliche Bewusstseinslagen auf verschiedene Urteils- und Verhaltensbereiche (z. B. Beurteilung der eigenen Partnerschaft, Aufgabenwahl und Persistenz bei der Zielverfolgung) auswirken. Gagné und Lydon (2001) stellten fest, dass Personen, die sich in einer planenden Bewusstseinslage befinden, hinsichtlich der Dauer ihrer Partnerschaft optimistischer sind als Personen, die sich in einer abwägenden Bewusstseinslage befinden.

Bewusstseinslagen nehmen auch auf die Einschätzung der Bewältigung von Aufgaben Einfluss. Hinsichtlich der Frage, wie gut sie eine bestimmte Aufgabe lösen werden, zeigen sich Personen in einer planenden Bewusstseinslage ebenfalls als optimistischer als solche in einer abwägenden Bewusstseinslage. Stellte man Versuchsteilnehmer vor die Wahl, sich eine eher einfache oder eine eher schwierige Aufgabe zur Bearbeitung auszusuchen, neigten Personen, die sich in einer planenden Bewusstseinslage befanden dazu, sich eher die schwierige Aufgabe auszusuchen. Personen in einer abwägenden Bewusstseinslage taten dies nicht (Puca, 2001).

Brandstätter und Frank (2002, Studien 1 und 2) untersuchten in einer Konfliktsituation zwischen Wünschbarkeit und Machbarkeit einer Aufgabe inwiefern die jeweilige Bewusstseinslage Persistenz beeinflusst. Sie fanden heraus, dass die planende Bewusstseinslage zu höherer Persistenz führte als die abwägende Bewusstseinslage, wenn ein Konflikt zwischen Wünschbarkeit und Machbarkeit bestand (z. B. die wahrgenommene Wünschbarkeit die Aufgabe zu lösen niedrig und die wahrgenommene Machbarkeit der Aufgabe hoch war bzw. umgekehrt). Waren dagegen sowohl Wünschbarkeit als auch Machbarkeit der Aufgabe beide hoch oder niedrig, gab es hinsichtlich der Persistenz in der Aufgabenbearbeitung keine Unterschiede.

Diese exemplarisch ausgewählten aktuellen Forschungsergebnisse weisen wie bereits die klassischen Effekte auf eine deutliche Überschätzung der eigenen Fähigkeiten hin, die dann auftritt, wenn man sich in einer planenden Bewusstseinslage befindet. Eine abwägende Bewusstseinslage führt entsprechend eher zu realistischen Einschätzungen der eigenen Fähigkeiten, Lebensumstände etc. Weiterhin sollte man bei Betrachtung der beschriebenen Effekte von Bewusstseinslagen beachten, dass diese interessanterweise entstehen, obwohl die Induktion der Bewusstseinslage *inhaltlich unabhängig* von den Aufgaben geschieht, anhand derer man die Effekte der Bewusstseinslagen zu messen versucht (siehe oben).

5 Moderatoren von Bewusstseinslagen

In einigen Studien wurden individuelle Unterschiede in der Fähigkeit, eine Bewusstseinslage zu aktivieren beobachtet. So scheinen Leistungsmotivation (Puca & Schmalt, 2001; → Leistung), soziale Ängstlichkeit (Hiemisch, Ehlers & Westermann, 2002), positive Bewertung des eigenen Selbst (Bayer & Gollwitzer, 2005) und Commitment auf das zur Frage stehende Ziel (Gagnè & Lydon, 2001) eine Rolle zu spielen. Personen, deren Leistungsmotivation stark durch die Hoffnung auf Erfolg (im Vergleich zu Furcht vor Misserfolg) bestimmt ist, sind dann hinsichtlich ihrer eigenen Kompetenz stark illusorisch optimistisch, wenn sie sich in einer planenden Bewusstseinslage befinden. In der abwägenden Bewusstseinslage ist dieser Effekt dagegen nicht zu beobachten. Bei Personen, deren Leistungsmotivation stark durch Furcht vor Misserfolg (→ Annäherungs- vs. Vermeidungsmotivation) bestimmt ist, tritt der umgekehrte Effekt ein (Puca & Schmalt, 2001). Diese Studien zeigen eine mögliche Einschränkung der ursprünglich in dem Modell postulierten generellen Neigung in der abwägenden Bewusstseinslage realistisch und in der planenden Bewusstseinslage eher zu optimistisch zu urteilen.

6 Abschließende Bemerkungen

Das Rubikonmodell mit seiner Bewusstseinslagenforschung hat zu einer Neukonzeptualisierung des Konzepts „Motivation" geführt. Früher wurde der Begriff „Motivation" benutzt, um sowohl die Bereitschaft einer handelnden Person, bestimmte Handlungen zu zeigen, als auch die Intensität und Effizienz, mit der diese Handlungen umgesetzt wurden, auszudrücken. Heutzutage wird jedoch unter dem Begriff „Motivation" die Ausgestaltung zielgerichteter Handlungen im Hinblick auf motivationale Aspekte wie Wünschbarkeit und Erreichbarkeit möglicher Ziele diskutiert. In diesem Sinne finden motivationale Prozesse in der prädezisionalen und in der postaktionalen Phase des Rubikonmodells statt. Die erfolgreiche Durchführung eines von der handelnden Person gewählten Handlungsverlaufs, d. h. die tatsächliche Realisierung eines Ziels, wird dagegen unter volitionalen Aspekten diskutiert. Das bedeutet letztlich, dass die tatsächliche Umsetzung zielgerichteter Handlungen von der Willenskraft der handelnden Person sowie ihren Selbstregulationsstrategien (→ Intentionstheoretischer Ansatz; → Theorie des regulatorischen Fokus) abhängt. Volitionale Prozesse finden hauptsächlich in der präaktionalen und in der aktionalen Phase statt.

Weiterführende Literatur

Achtziger, A. & Gollwitzer, P. M. (2006). Volition und Motivation im Handlungsverlauf. In J. Heckhausen & H. Heckhausen (Hrsg.), *Motivation und Handeln* (S. 227–302). Heidelberg: Springer.

Gollwitzer, P. M. & Bayer, U. (1999). Deliberative versus implemental mindsets in the control of action. In S. Chaiken & Y. Trope (Eds.), *Dual-process theories in social psychology* (S. 403–422). New York: Guilford.

Literatur

Bayer, U. C. & Gollwitzer, P. M. (2005). Mindset effects on information search in self-evaluation. *European Journal of Social Psychology, 35,* 313–327.

Brandstätter, V. & Frank, E. (2002). Effects of deliberative and implemental mindsets on persistence in goal-directed behavior. *Personality and Social Psychology Bulletin, 28,* 1366–1378.

Gagnè, F. M. & Lydon, J. E. (2001). Mindset and relationship illusions: The moderating effects of domain specificity and relationship commitment. *Personality and Social Psychology Bulletin, 27,* 1144–1155.

Gollwitzer, P. M. (1990). Action phases and mind-sets. In E. T. Higgins & R. M. Sorrentino (Eds.), *Handbook of motivation and cognition: Foundations of social behavior* (Vol. 2, pp. 53–92). New York: Guilford.

Heckhausen, H. & Gollwitzer, P. M. (1987). Thought contents and cognitive functioning in motivational versus volitional states of mind. *Motivation and Emotion, 11,* 101–120.

Hiemisch, A., Ehlers, A. & Westermann, R. (2002). Mindsets in social anxiety: A new look at selective information processing. *Journal of Behavior Therapy and Experimental Psychiatry, 33,* 103–114.

Külpe, O. (1904). Versuche über Abstraktion. In F. Schumann (Hrsg.), *Bericht über den ersten Kongress für Experimentelle Psychologie in Gießen vom 18. bis 21. April 1904* (S. 56–86). Leipzig: Ambrosius Barth.

Puca, R. M. (2001). Preferred difficulty and subjective probability in different action phases. *Motivation and Emotion, 25,* 307–326.

Puca, R. M. & Schmalt, H. (2001). The influence of the achievement motive on spontaneous thoughts in pre- and postdecisional action phases. *Personality and Social Psychology Bulletin, 27,* 302–308.

Taylor, S. E. & Gollwitzer, P. M. (1995). Effects of mindset on positive illusions. *Journal of Personality and Social Psychology, 69,* 213–226.

Handlungskontrolltheorie
Action Control Theory

Markus Quirin & Julius Kuhl

1   Handlungskontrollmechanismen

Häufig können Handlungen nicht direkt in die Tat umgesetzt werden, weil entweder die aktuelle Situation zur Umsetzung ungünstig ist oder der Ablauf einzelner Handlungsschritte noch nicht ausreichend ausgearbeitet wurde. Um eine wichtige Handlung oder deren Schritte nicht zu vergessen, ist es notwendig *Absichten (Intentionen; → Ziele)* zu bilden. Eine Intention gilt als umso „schwieriger", je weniger die einzelnen Teilschritte der Handlung automatisiert sind, je mehr Teilschritte die Tätigkeit umfasst, oder je weniger Lust man auf die auszuführende Tätigkeit hat. Allzu oft setzen sich dann die *dominanten* Handlungen durch, d.h. diejenigen, die einem leichter fallen oder mehr Spaß machen. Ein Paradebeispiel für *schwierige Absichten* sind Neujahrsvorsätze, bei denen man sich vornimmt, nichtdominante Handlungen öfter durchzuführen (z.B. regelmäßig zum Sport zu gehen) und/oder dominante Handlungen zu unterlassen (z.B. übermäßig zu essen, zu rauchen, Computer zu spielen oder fern zu sehen).

Wie wir wissen, werden viele Neujahrs- und andere schwierige Vorsätze nicht oder nur unzureichend umgesetzt. Daher stellt sich die Frage:

Welche Faktoren können eine Person von der Umsetzung einer schwierigen Absicht abhalten und welche Mechanismen sind nötig, dies zu verhindern? Basierend auf den Arbeiten von Ach (z.B. 1910; → Historische Ansätze der Motivationspsychologie) wurde die *Handlungskontrolltheorie* (HKT; u.a. Kuhl, 1982, 1984) entwickelt, um Antworten auf diese Frage zu geben. Traditionelle Erwartungs-mal-Wert-Theorien (→ Erwartung und Anreiz) können diese Frage kaum beantworten, weil sich nach ihnen stets die jeweils stärkste Motivationstendenz durchsetzt, nämlich diejenige mit dem höchsten Produkt aus Erfolgserwartung und persönlichem Wert. Um zu erklären, wie sich Personen auch an die Umsetzung nichtdominanter Handlungstendenzen binden (d.h. alle Tendenzen außer derjenigen mit dem höchsten Produkt aus Erwartung und Anreiz) und dabei die dominante Handlungstendenz unterdrücken, spielt in der HKT der Begriff der Kontrolle bzw. *Regulation* eine zentrale Rolle: Personen setzen aktiv, wenn auch nicht notwendigerweise bewusst, *Handlungskontrollmechanismen* ein, die die Aufrechterhaltung nichtdominanter (also schwieriger) Intentionen im Gedächtnis unterstützen, sie von konkurrierenden Handlungstendenzen abschirmen und somit letztlich deren Umsetzung in Handlungen vorantreiben.

> **Handlungskontrollmechanismen**
>
> - Aufmerksamkeitskontrolle: Konzentration auf intentionsrelevante statt auf ablenkende Reize
> - Enkodierungskontrolle: nur die Aspekte von Reizen oder Situationen werden gespeichert, die intentionsrelevant sind
> - Affektregulation: sich von negativen oder auch allzu positiven Emotionen lösen, wenn sie die Intentionsumsetzung behindern
> - Motivationsregulation: z. B. Erhöhung der subjektiven Attraktivität von beabsichtigten Handlungen und deren Ergebnissen
> - Umgebungskontrolle: Beseitigung absichtsgefährdender Ablenkungsquellen, z. B. Süßigkeiten erst gar nicht einkaufen, wenn man auf seine Figur achten möchte
> - Sparsame Informationsverarbeitung: Unterbindung der Suche nach weiteren Handlungsmöglichkeiten bzw. Pros und Cons einer Handlung, was zu überlangen Entscheidungsprozessen führen kann

Alle diese Mechanismen dienen dazu, den Entscheidungsprozess zu beenden und während der Umsetzungsphase Informationen einseitig so zu filtern, dass die Implementierung der Absicht nicht gefährdet wird (Kuhl, 1982; → Rubikonmodell der Handlungsphasen).

2 Absichtskomponenten

Eine optimale Handlungskontrolle liegt gemäß der HKT vor, wenn die zur Handlungsdurchführung notwendigen *Absichtskomponenten*, zugänglich sind:
1. angestrebter zukünftiger Zustand (z. B. private und berufliche Aktivitäten besser zu organisieren und zu strukturieren),
2. zu verändernder gegenwärtiger Zustand (Wie sieht eigentlich mein Tagesablauf im allgemeinen aus?),
3. zu überwindende Diskrepanz zwischen Ist- und Soll-Zustand (Wie weit bin ich vom Ziel entfernt?),
4. beabsichtigte Handlung, mit der diese Diskrepanz verringert werden soll (Was will oder muss ich tun, damit ich mein Ziel erreiche?).

Degenerierte Handlungskontrolle liegt vor, wenn der eine oder andere Aspekt nicht mehr wahrgenommen wird oder sich die Wahrnehmung im Extremfall auf einen dieser Aspekte reduziert. Wenn eine gefasste Intention degeneriert und deren Umsetzung vereitelt wird, sagt man, die Person befinde sich in einem *lageorientierten*, andernfalls in einem *handlungsorientierten Zustand*. Die Forschung hat sich nicht so sehr auf die Differenzierung zwischen den vier Degenerationsarten, sondern auf zwei Formen von Lageorientierung konzentriert (wobei der Zusammenhang zwischen den Degenerationsarten und den Formen der Lageorientierung wenig untersucht ist): Bei der *bedrohungsbezogenen Lageorientierung (vs. Handlungsorientierung)* degeneriert die Absichtsrepräsentation und -umsetzung durch Gedanken, die sich auf erwarteten oder eingetretenen Misserfolg oder absichtsirrelevante Bedrohungen beziehen, sowie durch damit einhergehenden negativen Affekt.

Die *prospektive Lageorientierung (vs. Handlungsorientierung)* bezieht sich auf Beeinträchtigungen bei der Entscheidungsfindung und beim Beibehalten von gefassten Entscheidungen.

Personen unterscheiden sich in ihrer Neigung zu Handlungs- vs. Lageorientierung. Solche *interindividuellen Unterschiede* können mit dem Handlungskontroll-Fragebogen erfasst werden (vgl. Kuhl & Beckmann, 1994). Das Besondere am Konstrukt der Handlungs- vs. Lageorientierung als Persönlichkeitsmerkmal ist, dass es sich im Unterschied zu vielen anderen, oft faktorenanalytisch begründeten Persönlichkeitskonstrukten (z. B. Neurotizismus/Ängstlichkeit oder Extraversion), nicht auf die Sensibilität bezieht, mit der eine Person zunächst auf positive oder negative Ablenkungsreize reagiert, sondern auf die Ablösung von diesen und damit einhergehenden Emotionen (*Aufmerksamkeits- und Affektregulation* → Emotionsregulation). Der Umgang mit Reizen und Affekten (also Handlungsorientierung) scheint eher erlernbar und damit veränderbar zu sein als die Sensibilität, mit der eine Person auf Reize reagiert (z. B. Kästele, 1988).

3 Bedrohungsbezogene Handlungsorientierung

Die Aufrechterhaltung einer Absicht kann erheblich durch eine übermäßige Beschäftigung mit vergangenen, derzeitigen oder zukünftigen unangenehmen Ereignissen (z. B. Bedrohung, Misserfolg) gestört werden, weil dadurch kognitive Ressourcen für die Repräsentation von handlungsrelevanten Absichtskomponenten reduziert werden und die Umsetzung einer entsprechenden Handlung erschwert wird. Personen, die dazu neigen, mit unkontrolliertem Grübeln auf Misserfolge oder andere negative Erlebnisse (allgemein: Bedrohungen) zu reagieren, werden als „bei Bedrohung (z. B. durch einen Misserfolg) lageorientiert" (LOM) bezeichnet. Personen, denen es hingegen gelingt, sich relativ rasch von negativen Gedanken und Emotionen zu lösen und ihre Absichten weiterhin zu verfolgen, werden als „bei Bedrohung (bzw. Misserfolg) handlungsorientiert" (HOM) bezeichnet. Hier liegt ein wesentlicher Unterschied zu kognitiv-motivationalen Ansätzen, die Störungen der misserfolgsbezogenen Handlungskontrolle primär in kognitiven oder motivationalen Defiziten begründet sehen (z. B. → Theorie Erlernter Hilflosigkeit): Wie Experimente zeigen, hängt die Effektivität der Handlungskontrolle selbst dann, wenn kognitive Defizite (z. B. fehlende Erfolgserwartung) und motivationale Defizite (z. B. erfragtes Ausmaß des Wollens) kontrolliert werden, von der Fähigkeit ab, nach Misserfolgserlebnissen die Perseveration unerwünschter Affekte zu unterbinden, die Absichtskomponenten zu aktivieren und somit die Konzentration auf aufgabenrelevante Aspekte zu lenken (z. B. Kuhl, 1981).

LOM geht mit einer *Entfremdung* von eigenen Präferenzen unter negativem Affekt („Stress") einher, was dadurch erklärt wird, dass negativer Affekt, der ja gerade bei LOMs weniger gut reguliert werden kann, den Zugang zum integrierten Selbst reduziert *(latente Alienation)*. Unter gänzlich stressfreien Bedingungen sollten sich diese Zusammenhänge nicht zeigen, weil sich LOM ja auf die Beeinträchtigung von Mechanismen bezieht, die erst durch die Anwesenheit von Stress gefordert werden. Guevara (1994) operationalisierte Entfremdung über die wiederholte Erfassung von Präferenzurteilen für grafische Muster. LOMs, die nach einer Bedrohung Präferenzurteile wiederholt abgeben sollten (30 min nach der ersten Beurteilung), zeigten im Vergleich zu HOMs geringere Übereinstimmungen mit den urspünglichen Präferenzurteilen. Entfremdungsphänomene bei LOMs wurden auch über ein höheres Ausmaß der Verwechslung eigener und fremder Wünsche nachgewiesen (→ Theorie der Persönlichkeits-System-Interaktionen (PSI), → Selbstbestimmungstheorie und Kognitive Bewertungstheorie). LOM kann sich aber auch als vorteilhaft erweisen, insbesondere in gefährlichen und unvorhersehbaren Situationen, weil hier eine Wachheit für potenziell gefährliche Reize adaptiv sein kann.

4 Prospektive Handlungsorientierung

Wenn sich im Entscheidungsprozess eine präferierte Alternative herauskristallisiert, so kommen in der Regel Mechanismen in Gang, die diese Alternative durch positiven Affekt stärken (→ Theorie der Persönlichkeits-System-Interaktionen (PSI)) und somit gegenüber konkurrierenden Alternativen durchsetzen, was den Entscheidungsprozess und die Absichtsbildung beschleunigt. Einen solchen Zustand nennt man prospektive *Handlungsorientierung (HOP)*. Bleibt der initiativefördernde positive Affekt jedoch aus, nennt man diesen Zustand bzw. die entsprechende Persönlichkeitsausprägung prospektive Lageorientierung (LOP). LOP zeichnet sich dadurch aus, dass viele Alternativen in Erwägung gezogen und in ihrer Bedeutung ständig umbewertet werden (unzureichende Sparsamkeit in der Informationsverarbeitung, s. o.). Daher handeln LOPs nicht selten entgegen ihrer persönlichen Präferenzen und Bedürfnisse *(manifeste Alienation)*. Statt mit zu erledigenden Aufgaben zu beginnen, bleiben LOPs im Planen und Abwägen von Handlungsalternativen verhaftet (Zentrierung auf Absichtskomponente 1) oder überrepräsentieren die Diskrepanz zwischen gegenwärtigem und angestrebtem Zustand (Absichtskomponente 3), was oft zu Belastungsgefühlen und dysfunktionalem Aufschieben der Aufgaben bzw. Entscheidungen führt. Allerdings haben LOPs keine Probleme, schnell zu handeln, wenn ihnen die Entscheidung abgenommen wird:

> **Beispiel:**
> Dibbelt (1997) ließ Probanden einen Cursor über den Bildschirm auf ein Zielobjekt hin bewegen und erfasste die Reaktionszeiten für Richtungsänderungen auf ein plötzlich auftauchendes neues Zielobjekt. Immer wenn das neue Ziel näher war als das alte, sollte ersteres angesteuert werden. Wenn hingegen das neue Zielobjekt dieselbe Entfernung vom Cursor hatte wie das alte, durften die Probanden *selbst* entscheiden, ob die Richtung beibehalten oder auf das neue Ziel ausgerichtet werden sollte. Wie erwartet zeigte sich, dass LOPs für selbst getroffene, nicht aber für vorgegebene Entscheidungen mehr Zeit benötigten als HOPs. Ähnlich fanden Kuhl und Beckmann (1994), dass LOPs länger zögerten, von einem uninteressanten Film mit Aufzeichnungen von Ziehungen der Lottozahlen auf ein interessanteres Programm umzuschalten (→ Persistenz und Zielablösung).

Seit langem ist bekannt, dass unerledigte Absichten *im Allgemeinen* besser erinnert werden als erledigte Absichten (Zeigarnik, 1927). Interessanterweise unterscheiden sich aber Personen darin, wie und wann sie unerledigte Absichten erinnern: Goschke und Kuhl (1993) erfassten das Ausmaß der Absichtsaktivierung über Reaktionszeiten beim Wiedererkennen von Wörtern, die sich auf Absichten bezogen, die nicht unmittelbar ausgeführt werden konnten. Es zeigte sich, dass LOPs schneller auf absichtsrelevante Wörter reagierten als HOPs. LOPs neigen demnach dazu, eine einmal gefasste Absicht dauerhaft aktiv zu halten, also selbst dann wenn sie noch gar nicht ausgeführt werden kann (Handlungskontrollaspekt 4). Dass diese bei LOPs anzutreffende *Absichtsüberlegenheit* dysfunktional ist, lässt sich daran erkennen, dass LOPs oftmals weniger Energie haben, die Absicht zu einem geeigneten Moment auszuführen oder sie sogar vergessen. Eine solche dysfunktionale Absichtsüberlegenheit ließ sich auch für depressive Störungen nachweisen (Johnson, Petzel, Hartney & Morgan, 1983), was auf eine Vulnerabilität von LOPs für die Entwicklung von Depressionen hinweist. HOPs hingegen zeigen eine Absichtsüberlegenheit eher im richtigen Moment, also kurz vor oder während für die Ausführung geeigneter Situationen (Goschke & Kuhl, 1993, Experiment 3).

Weiterführende Literatur

Kuhl, J. (1982). Action vs. state orientation as a mediator between motivation and action. In W. Hacker, W. Volpert & M. von Cranach (Eds.), *Cognitive and motivational aspects of action* (S. 76–95). Berlin, GDR: VEB Deutscher Verlag der Wissenschaften.

Kuhl, J. (1984). Volitional aspects of achievement motivation and learned helplessness: Toward a comprehensive theory of action-control. In B. A. Maher (Ed.), *Progress in Experimental Personality Research* (Vol. 13, pp. 99–171). New York: Academic Press.

Literatur

Ach, N. (1910). *Über den Willensakt und das Temperament.* Leipzig: Quelle & Meyer.

Dibbelt, S. (1997). *Wechseln und Beibehalten von Zielen als Subfunktionen der Handlungskontrolle.* Unveröffentlichte Dissertation, Universität Osnabrück.

Goschke, T. & Kuhl, J. (1993). Representation of intentions: Persisting activation in memory. *Journal of Experimental Psychology: Learning, Memory & Cognition, 19,* 1211–1226.

Guevara, M. L. (1994). *Alienation und Selbstkontrolle: Das Ignorieren eigener Gefühle. (Alienation and self-control: Ignoring one's preferences).* Bern: Lang.

Johnson, J. E., Petzel, T. P., Hartney, L. M. & Morgan, R. A. (1983). Recall of importance ratings of completed and uncompleted tasks as a function of depression. *Cognitive Therapy and Research, 7,* 51–56.

Kästele, G. (1988). *Anlage- und umweltbedingte Determinanten der Handlungs- und Lageorientierung nach Mißerfolg im Vergleich zu anderen Persönlichkeitseigenschaften.* Unveröffentlichte Dissertation, Universität Osnabrück.

Kuhl, J. (1981). Motivational and functional helplessness: The moderating effect of state versus action orientation. *Journal of Personality and Social Psychology, 40,* 155–170.

Kuhl, J. & Beckmann, J. (1994). *Volition and personality: State versus action orientation.* Göttingen: Hogrefe & Huber Publishers.

Zeigarnik, B. (1927). Über das Behalten erledigter und unerledigter Handlungen. *Psychologische Forschung, 9,* 1–85.

Theorie der Persönlichkeits-System-Interaktionen (PSI)
Theory of Personality-Systems Interactions (PSI)

Markus Quirin & Julius Kuhl

1 Einleitung

Die PSI-Theorie (Kuhl, 2001) ist aus dem Bestreben hervorgegangen, verschiedene Motivationstheorien zu integrieren (z. B. → Handlungskontrolltheorie, → Selbstbestimmungstheorie und Kognitive Bewertungstheorie; Selbstregulationstheorie; Reiz-Reaktions-Theorien, Trieb-Abwehrtheorie; → Historische Ansätze der Motivationspsychologie). Sie erklärt Motivation sowie Erleben und Verhalten durch die Beschreibung der Interaktionen zwischen Affekten und kognitiven Systemen. Jedes dieser Systeme verarbeitet Information auf eine bestimmte Art (z. B. bewusst vs. unbewusst, sequenziell vs. parallel). Ein zentraler Kern der PSI-Theorie besteht in der genauen Beschreibung der Art und Weise, wie positiver und negativer Affekt die Aktivierung und Verbindung der kognitiven „Makro"-Systeme modulieren. Ein solcher Ansatz, der beschreibt, *wie* und nicht *was* verarbeitet wird („funktionaler" vs. „inhaltszentrierter" Ansatz) ist in vielen Bereichen der Psychologie ungewöhnlich und neu. In der neurowissenschaftlichen Forschung ist dieser Ansatz hingegen seit langem etabliert: Auch hier werden Systemen (neuroanatomischen Strukturen) psychische Funktionen zugeordnet und psychische Prozesse anhand der Funktionsweise und Verbindungen der Strukturen analysiert (→ Neurobiologie der Motivation und Volition). Der psychofunktionale Ansatz hat den Vorteil, dass die postulierten Systemzusammenhänge quasi für alle Inhalte gelten (schulisches Interesse, Religiosität, Sport, etc.). Die Gemeinsamkeit in der funktionsanalytischen Orientierung zwischen PSI-Theorie und Neurobiologie erleichtert es, die Fortschritte der neurobiologischen Forschung in eine Handlungstheorie bis hin zu den komplexesten Ebenen der Persönlichkeit wie Selbststeuerung, Authentizität und Selbstentwicklung zu integrieren. Im Folgenden konzentrieren wir uns auf die Darstellung der psychologischen Grundannahmen der Theorie und ihrer empirischen Grundlagen. Details zur neurobiologischen Modellierung der Theorie finden sich bei Kuhl (2001).

2 Vier kognitive Makrosysteme

Die PSI-Theorie unterscheidet vier kognitive Makrosysteme:

- Das **Intentionsgedächtnis** ist an der Bildung und Aufrechterhaltung bewusster Absichten beteiligt und ist mit dem analytischen Denken vernetzt.

- Die **Intuitive Verhaltenssteuerung** ist an der Ausführung von Absichten unter Einsatz eher intuitiv als kontrolliert gesteuerter Verhaltensroutinen beteiligt.
- Das **Objekterkennungssystem** löst Einzelheiten („Objekte") zur späteren Wiedererkennung aus dem Gesamtkontext und registriert in Verbindung mit negativem Affekt, ob das Ergebnis der Handlungen oder auch andere Wahrnehmungen inkongruent zu Erwartungen und Bedürfnissen sind.
- Das **Extensionsgedächtnis** oder *„Selbst"* integriert kongruente („positive") und inkongruente („negative") Erfahrungen in bestehende, parallel verarbeitende Netzwerke bisheriger Lebenserfahrungen und stellt somit in späteren Problemsituationen die Informationen über eigene Bedürfnisse, Motive, Werte und Emotionen bereit, sowie abstrahierte Erfahrungen über positive Auswirkungen der Berücksichtigung solcher Selbstaspekte.

*Persönlichkeits*unterschiede werden im Wesentlichen erklärt durch (1) individuell unterschiedliche Aktivierungsschwellen („Dominanz") der Systeme, d. h. wie schnell ein System bei Stimuluskonfrontation aktiviert wird, und durch (2) die Stärke der einzelnen Verbindungen, die die Systeme untereinander eingehen, d. h. wie effektiv sie miteinander Informationen austauschen. Im Folgenden wird die Funktionsweise der vier Makrosysteme beschrieben (vgl. Tab. 1) und wie sie miteinander interagieren (vgl. Abb. 1).

2.1 Intentionsgedächtnis (IG)

Wenn eigene Präferenzen oder → *Ziele* nicht durch vorhandene, automatisch abrufbare (intuitive) Verhaltensprogramme umgesetzt werden können, wird in der Regel das IG beansprucht (z. B. Kazén & Kuhl, 2005). Es unterstützt die analytisch-rationale Form des handlungsvorbereitenden Denkens. Sobald eine Problemlösung erarbeitet worden ist, kann das IG eine neue Absicht generieren, die einen Handlungsplan zur Erreichung des besagten Ziels einschließt.[1] Die Absicht wird dann solange aufrechterhalten, bis eine günstige Situation zu ihrer Umsetzung gekommen ist. Nachgewiesen werden kann die Aufrechterhaltung von unerledigten Absichten z. B. durch verkürzte Zeiten für das (Wieder-)Erkennen absichtsbezogener Wörter (Goschke & Kuhl, 1993). Das IG arbeitet vor allem sprachnah, bewusst und sequenziell. Im IG liegen die Informationen überwiegend in verbalisierbaren Propositionen vor, z. B. „Wenn ich X tue, hat dies Y zur Folge". *Sequen-*

---

1 Während sich ein *Ziel* auf ein angestrebtes Handlungsergebnis bezieht, fokussiert eine Absicht auf die auszuführende Handlung oder Handlungssequenz. Der Fokus auf die Handlung ist besonders dann sinnvoll, wenn es um eine unangenehme oder schwierige Handlung geht. Man kann auch die handlungsleitenden Inhalte anderer Systeme „Intentionen" nennen, obwohl hier der Zielbegriff angemessener erscheint, weil es weniger um die Vorbereitung schwieriger Handlungen als um Handlungsergebnisse geht. Ziele müssen nicht notwendigerweise bewusst repräsentiert sein (→ Automotiv-Theorie).

ziell bedeutet, dass das IG solche Propositionen nur nacheinander und nicht gleichzeitig ins Bewusstsein transferieren kann. Personen, die allzu einseitig das IG aktivieren, reflektieren viel über ihre Absichten und Ideale, tun aber wenig zu deren Realisierung.

2.2 Intuitives Verhaltenssteuerungssystem (IVS)

Das IVS ist u. a. an der Übersetzung von Intentionen in ausführbare Handlungen beteiligt. Es braucht also die Interaktion (Kommunikation) mit dem IG, um zu wissen, welche Handlung momentan zielführend ist. Dieser Übergang von vorgestellten in konkrete Handlungen erfordert die Parametrisierung von Handlungsräumen: Eine Handlungsabsicht wird dann erst wirklich konkret und realisierbar, wenn klar ist, in welche Richtung im (konkreten oder abstrakten) Raum eine „Lokomotion" stattfinden soll (Lewin, 1936). Ausführungsrelevante Parameter werden also nie losgelöst von der Raumwahrnehmung berechnet, d. h. das IVS integriert Wahrnehmungsstrukturen, die sensibel sind für Orientierung, Bewegung und Kontextinformation. Ausführungsrelevante Informationen werden durch das IVS *automatisch*, d. h. ohne ständige bewusste Kontrolle verarbeitet. Es unterstützt den Abruf einfacher Assoziationen, die für eine rasche Umsetzung eines Ziels dienlich sind. Aufgrund seiner elementaren Form paralleler Verarbeitung ist das IVS durch Nachahmung von Vorbildern, indirekte Hinweisreize *(primes)* und Spezifikation der Ausführungsbedingungen aktivierbar (Bargh, Chen & Burrows, 1996; Gollwitzer, 1999). Sind die Verhaltensschemata einer Absicht gut gelernt (automatisiert), so ist der relative Einfluss des IVS auf die Handlungsbahnung im Vergleich zum IG entsprechend groß. In diesem Fall kann das IVS weitgehend unabhängig von IG operieren. Personen mit einer dominanten IVS-Ausprägung sind in ihrer Sprache und ihren Handlungen eher stereotyp, d. h. sie folgen erlernten Gewohnheiten, die durch übergeordnete Sinn- und Selbstbezüge schwer zu hemmen oder zu differenzieren sind.

2.3 Objekterkennungssystem (OES)

Das OES ist spezialisiert auf die Wahrnehmung von Einzelheiten („Objekten"), die aus ihrem Kontext herausgelöst werden, um sie in verschiedenen Kontexten wieder erkennen zu können, was besonders hilfreich zur Vermeidung von Gefahrenquellen ist. Das OES hebt besonders solche sensorischen oder konzeptuellen Informationen hervor, die nicht in Einklang sind mit Erwartungen (z. B. Schreibfehler auf einem Werbeplakat) oder Bedürfnissen (z. B. Signalisierung von Ablehnung durch einen verächtlichen Blick eines Zuhörers). Die Kontextabstraktion führt zu einer starken Kategorisierungsneigung, Überzeichnung von Unterschieden und Kategoriengrenzen. Sie kann überall dort nachteilig sein, wo es gerade auf die intuitive Beachtung von Kontextmerkmalen ankommt (z. B. bei der spontanen zwischenmenschlichen Interaktion, die den kontextsensiblen Austausch von Gefühlen erfordert). Durch den ständigen Vergleich des Vorgefundenen mit früher Angetroffenem bringt die Dominanz des OES eine gewisse *Vergangenheitszentrierung*. Wenn sich diese Tendenz verselbstständigt, kann es zu einem ständigen Grübeln über eine eingetretene Lage und einer Fixierung auf die damit zusammenhängenden Objekte oder Inhalte kommen, z. B. über einen Misserfolg, einen Unfall oder einen Schmerz. Wenn eine Person ein Ziel verfolgt, registriert das OES Abweichungen vom Ziel und kann somit das IG veranlassen, einen neuen Plan zu generieren. Personen mit einer niedrigen Aktivierungsschwelle des OES nehmen selbst die geringfügigsten Zielabweichungen wahr und haben eine sensible Wahrnehmung für potenzielle Gefahren („Unstimmigkeitsexperten").

2.4 Extensionsgedächtnis (EG)

Dem EG oder „Selbst" wird in der PSI-Theorie eine zentrale Bedeutung beigemessen, weil es viele intelligente Funktionen bereitstellt, die eine adäquate Zielverfolgung ermöglichen. Es arbeitet im Unterschied zum IG parallel-holistisch. Dieser Verarbeitungsmodus gewährleistet, dass bei der Zielverfolgung oder Bearbeitung von Aufgaben der Überblick gewahrt bleibt, z. B. über relevante autobiografische Erfahrungen, Handlungsmöglichkeiten, eigene und fremde Bedürfnisse bis hin zu Sinn stiftenden Selbstaspekten. Die kognitive Leistung des EG wird deutlich, wenn man sich die Schwierigkeiten eines Schülers vor Augen führt, der dieses System nicht sehr weit entwickelt hat. Dieser Schüler mag z. B. bei einer komplexen mathematischen Textaufgabe Schwierigkeiten haben, einen Lösungsansatz zu finden, weil er die verschiedenen in der Aufgabe gegebenen Parameter nicht gleichzeitig sehen und in Beziehung setzen kann. Hohe sequenziell-analytische Fähigkeiten (IG) und Detailbeachtung (OES) reichen hier nicht aus, denn nur die ganzheitlich-parallele Verarbeitung des EG ermöglicht es, mehrere Aspekte einer Sache gleichzeitig auf „dem Schirm" zu haben, und somit den Überblick nicht zu verlieren. Da das analytische Bewusstsein in seiner Aufnahmekapazität sehr beschränkt ist, ist klar, dass die parallel-holistische Verarbeitung weitgehend unbewusst ablaufen muss (da „intelligent" und „unbewusst" lange Zeit als Gegensätze betrachtet wurden, wurde einem solchen System bisher wenig Aufmerksamkeit geschenkt). Den Überblick über eine Vielzahl an Informationen zu haben ist eine wesentliche Determinante kreativen Problemlösens: Anders als das IVS, das direkte Assoziationen (Bargh et al., 1996) und eine einfache Form von Intuition (Epstein, Pacini, Denes-Raj & Heier, 1996) bahnt, unterstützt das EG durch seine integrierte und extensive Vernetzung die Verarbeitung entfernter Assoziationen und eine hochinferente Form von Intuition (Baumann & Kuhl, 2002; Bolte, Goschke & Kuhl, 2003; siehe auch Dijksterhuis & Nordgren, 2006).

Das EG ist zudem eng mit emotionsverarbeitenden Systemen (des rechten Kortex) vernetzt. Gemeinsam mit der Überblick stiftenden Eigenschaft des EG sorgt

Tabelle 1: Gegenüberstellung der Verarbeitungsmodi der hochinferenten (oben) und elementaren (unten) kognitiven Makrosysteme

Intentionsgedächtnis (IG)	Extensionsgedächtnis (EG; „Selbst")
– Übersetzung allgemeiner Zielvorgaben („Wünsche") vom EG (z. B. selbstbestimmt zu sein) in generelle Handlungspläne (z. B. in der Lerngruppe beim nächsten Mal die eigene Meinung deutlich zu vertreten) – bewusst, sequenziell – explizites propositionales Wissen: Pläne, Absichten – Generierung expliziter Selbstkategorien – Entweder-Oder-Klassifikationen; Kontextabstraktion: Reduktionismus – Langsam in der Anwendung, schnelles Lernen – Emotionsentkopplung (z. B. Affektisolierung, Rationalisierung, Intellektualisierung) – Kein Output bei unvollständigen Informationen – Zielorientierte Aufmerksamkeit	– Vorbewusste parallel-holistische Verarbeitung – Schnell in der Anwendung, langsames Lernen – Robust gegenüber unvollständiger Information – Verarbeitung entfernter Assoziationen, Kreativität, Intuition – Integrierte Selbstrepräsentationen („Erfahrungslandschaften") – Implizites Konfigurationswissen: Erwartungen, allg. Ziele, usw. – Integration von Gegensätzen, z. B. positiver und negativer Selbstaspekte – Wahrnehmung und Regulation von Emotionen – Breite Aufmerksamkeit („mindfulness", „Gewahrsein"; Vigilanz) – Integrative Emotionsregulation (intuitive Umbewertung)
Objekterkennungssystem (OES)	**Intuitive Verhaltenssteuerung (IVS)**
– Differenzierung von Figur und Grund (Verstärkung von Kontrasten, Extrahierung von Details aus dem Kontext: objektive statt erwartungsgeleitete Wahrnehmung, „allozentrisch") – Separierung der Sinne – Kategorisierung („entweder-oder") – verganzenheitszentriert („Wiedererkennung") – eher bewusst – Aufmerksamkeit für Diskrepanzen	– Intuitive/automatische Programme, z. B. für stereotype soziale Interaktionen – Kontext („Feld"-) abhängigkeit – Raumorientierung: Abgleich körperlicher Bewegungen mit Objektpositionen – Konnektionistische, multimodale Integration – Zentriert auf Gegenwart (Bewegungskontrolle) und Zukunft (Erwartung von Handlungsergebnissen) – Übersetzung von Intentionscodes in konkrete Handlungsroutinen – Räumliche Orientierung – Verstärkung von Signalen, die zu einer intendierten Handlung passen

die Emotionsvernetzung dafür, dass bei einer Beteiligung des EG an der Handlungssteuerung eigene und fremde Bedürfnisse selbst in Konfliktsituationen in umfassender Weise berücksichtigt werden. In diesem Zusammenhang ermöglicht die hochintegrative und parallele Verarbeitungs charakteristik des EG auch das Aushalten von Widersprüchen und gegensätzlichen Emotionen sowie die Berücksichtigung zahlreicher Kontextinformationen, was für eine umsichtige Lösung von intra- und interpersonellen Konflikten hilfreich ist („integrative Kompetenz"). Dieses System besitzt demnach das Potenzial zur Integration negativer und positiver Lebenserfahrungen und damit zur effizienten Bewältigung negativer Erfahrungen (s. u.).

Die Überblick stiftende Charakteristik des EG ist auch im Zusammenhang mit der Verfolgung und Ablösung von Zielen (→ Persistenz und Zielablösung) und damit für das Wohlbefinden von enormer Bedeutung: Wenn ein Ziel nicht erreicht werden kann, berechnet das EG auf Grundlage einer Vielzahl von Informationen aus bisherigen Erfahrungen, wie hoch die Erfolgserwartungen für weitere Versuche sind, und trifft eine vorbewusste Entscheidung, ob das Ziel weiterverfolgt werden soll oder nicht. Falls keine hinreichenden Erfolgschancen gesehen werden, bietet das EG die Fähigkeit zur emotionalen *Ablösung* von unangemessenen Zielerreichungsstrategien oder gar vom Ziel selbst, weil es durch seine extensive Vernetzung gut in der Lage ist, alternative Strategien oder Ziele zu finden, die ebenfalls kompatibel mit der Bedürfnislage sind.

IG und EG sind hochinferente Systeme, d. h. sie können elementare Repräsentationen integrieren und auf deren Grundlage durch komplexe Berechnungen Outputs generieren. Evolutionsbiologisch sind sie jünger als das OES und das IVS und dementsprechend den Funktionen der vorderen Großhirnrinde zuordnen.

Zwischen den eher bewusst arbeitenden Systemen IG und OES auf der einen Seite und den eher unbewusst arbeitenden Systemen IVS und EG auf der anderen Seite bestehen wechselseitige, aber aufhebbare Hemmungen. Individuen unterscheiden sich jedoch im Ausmaß dieser natürlichen Hemmung: Personen mit hoher Selbstwahrnehmung, also der Fähigkeit, ihre Eigenschaften sowie aktuellen Bedürfnisse und Gefühle treffend und differenziert beschreiben zu können, haben vermutlich eine geringere Hemmung zwischen IG und EG. Solche *strukturellen* Hemmungen von Systemverbindungen können durch den *dynamischen* Wechsel zwischen Affektzuständen aufgehoben werden, was einen besseren Informationsaustausch zwischen den Systemen ermöglicht. Solche durch Affektwechsel vermittelten Systeminteraktionen werden im Folgenden beschrieben.

3 Modulation der Systeminteraktionen durch Affekt

Positiver Affekt („Freude", → Freude und Glück) resultiert, wenn man ein gesetztes Ziel erreicht oder sich daran annähert. Andererseits wird positiver Affekt gehemmt, wenn sich die Annäherung an das entsprechende Ziel als schwieriger als erwartet herausstellt (Frustration oder „*Belastung*"). Die Hemmung positiven Affekts bahnt dann das IG und hemmt zugleich das IVS (*Willenshemmung*, präziser „Intentionsumsetzungshemmung"). Diese Hemmung hat den Zweck, dass zunächst ein Handlungsplan zur Lösung der Schwierigkeiten durch analytisches Denken entworfen werden kann. Wenn man also zum Erreichen eines schwierigen Ziels zunächst über eventuell notwendige Zwischenschritte nachdenken muss, ist es angebracht positiven Affekt zunächst zu dämpfen. Wenn dann ein Handlungsplan ausgearbeitet wurde, so bahnt die Heraufregulierung von positivem Affekt die Verbindung mit dem IVS und erleichtert dabei die Übergabe der Handlungsinformationen vom IG zum IVS *(Willensbahnung)*.

Dies konnte experimentell unter Rückgriff auf die „Stroop"-Aufgabe gezeigt werden, bei der auf die Druckfarbe (z. B. blau) eines Farbwortes (z. B. des Wortes „rot") reagiert werden soll und dazu die automatische (und daher einfachere) Reaktion, das Wort abzulesen gehemmt werden muss. Die Interferenz zwischen Lesen und Benennen der Farbe führt üblicherweise zu einer Verlangsamung der Antwort. Diese bleibt jedoch aus, wenn zuvor positive Reizwörter präsentiert werden (Kazèn & Kuhl, 2005). Analoge Befunde gibt es auch im Bereich des Alltagshandelns: Die Umsetzung schwieriger Vorhaben wird erleichtert, wenn Versuchspersonen angeleitet werden, sich abwechselnd die positiven Gefühle bei Zielerreichung und dann die zu überwindenden Schwierigkeiten (→ Psychologie des Zukunftsdenkens) vorzustellen (Oettingen, Pak & Schnetter, 2001).

Andererseits kann eine allzu starke Aktivierung des IG, sei sie dispositioneller Art („Denk"-Typus) oder durch hohe Anforderungen situativ angeregt, den Willen zur Umsetzung einer Tätigkeit so sehr hemmen, dass diese selbst in günstigen Situationen nicht mehr ausgeführt wird. Damit dies nicht geschieht, bedarf es der Fähigkeit, positiven Affekt auch bei Konfrontation mit schwierigen Aufgaben selbst wiederherzustellen (Koole & Jostmann, 2004). Diese Fähigkeit ist gerade bei der Depression geschwächt: Obwohl depressive Patienten über Absichten nachdenken, das IG also funktionsfähig ist, kann positiver Affekt für die Umsetzung der Absichten nicht generiert werden. Depressive bleiben dann in grüblerischem Denken verhaftet (Kuhl & Helle, 1986).

Die Interaktion zwischen OES und EG ist besonders relevant für den Umgang mit *Bedrohungen*, also Erlebnissen, die *negativen Affekt* wie Angst (→ Angst und

Furcht), Hilflosigkeit (→ Theorie Erlernter Hilflosigkeit) oder → *Trauer* auslösen. Die Aktivierung integrierter Selbstrepräsentationen des EG in bedrohlichen Situationen führt nach der *Selbstberuhigungsannahme* zur Herabregulierung negativen Affekts. Dies gelingt umso besser, je stärker die Verbindung zwischen dem EG und Mechanismen ausgeprägt ist, die auf einer subkognitiven Ebene negativen Affekt dämpfen (hier spielt z. B. der Hippocampus, ein Teil des limbischen Systems, eine wesentliche Rolle: Sapolsky, 1992; → Neuropsychologie). Durch die Aktivierung des EG bzw. des Selbst bei der Affektbewältigung wird ein hochinferenter Überblick über integrierte Lebenserfahrungen hergestellt, die in akuten Problemsituationen die Ablösung von verengten Sichtweisen des Problems und nicht zielführenden Lösungsstrategien begünstigt und zugleich das kreative Auffinden alternativer Lösungsmöglichkeiten unterstützt. Ebenso ist die Aktivierung integrierter Repräsentationen vorhandener Lebenserfahrungen durch das EG eine Voraussetzung dafür, dass durch das OES wahrgenommene unerwartete, unerwünschte oder schmerzhafte Erfahrungen in das EG integriert werden können und sich letzteres auf diese Weise weiter differenziert und komplexer wird („persönliches Wachstum").

Nur ein guter Zugang zu persönlichen Bedürfnissen, Werten, Emotionen, Erfahrungen, etc., also zum Selbst, führt langfristig zu einem sinnerfüllten Leben, weil das IG in diesem Fall mit Absichten gespeist werden kann, die zu den „wahren" Motivausprägungen (z. B. nach → Leistung, → Anschluss und Intitmität, → Macht) des Individuums passen *(Selbstbestimmung)*. Andererseits zeigen Personen, die sich z. B. durch äußeren Druck und Belange anderer Personen unmerklich von ihren eigenen Präferenzen entfremden, geringeres Wohlbefinden und mehr psychosomatische Beschwerden (→Selbstbestimmungstheorie und Kognitive Bewertungstheorie).

Umgekehrt können allzu schmerzhafte Erfahrungen, d. h. Gedächtnisinhalte, die mit extremem negativen Affekt assoziiert sind, nicht ins Selbst integriert werden, wenn die durch den negativen Affekt noch verstärkte genuine Hemmung zwischen OES und EG nicht aufgehoben werden kann, also das EG nicht aktiviert und negativer Affekt nicht herabreguliert wird *(Selbsthemmung)*. Die Erfahrungen können dann allenfalls (temporär) aus dem Bewusstsein *verdrängt* werden. Nur durch die gemeinsame Aktivierung des traumatischen Erlebnisses mit bisherigen Lebenserfahrungen aus dem Selbst kann eine Integration erfolgen und der entsprechende negative Affekt dauerhaft reduziert werden (durch *Relativierung* und *Sinnstiftung*). Diese Aktivierung kann zum Beispiel durch Reden oder Schreiben über das traumatische Erlebnis unterstützt werden (Pennebaker, 1997). Inwieweit voreingestellte Hemmungen zwischen IG und IVS oder OES und EG überwunden werden können, also Affekt reguliert werden kann, ist teilweise eine Frage der Persönlichkeit eines Individuums.

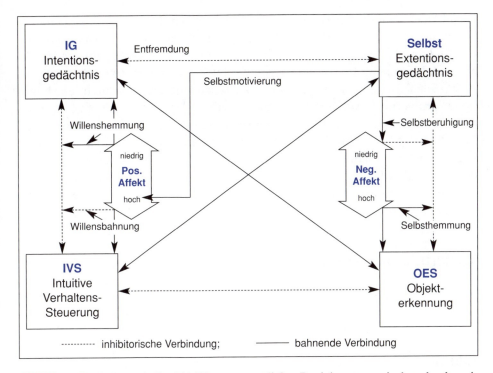

Abbildung 1: Schematische Abbildung wesentlicher Beziehungen zwischen den kognitiven Makrosystemen und ihrer Modulation durch (aufsuchungsbezogenen) positiven und (vermeidungsbezogenen) negativen Affekt

4 Affektregulation: Persönlichkeitsunterschiede

Das Ausmaß, in dem Menschen zwischen affektiven Zuständen wechseln können, kann mit dem Konstrukt der Handlungs- vs. Lageorientierung (Kuhl & Beckmann, 1994; → Handlungskontrolltheorie) beschrieben werden. Der Begriff „Handlungsorientierung" verweist auf die Fähigkeit, trotz widriger Umstände, die negativen Affekt auslösen, handlungsfähig zu bleiben und damit seine Ziele weiterverfolgen zu können. Als Gegenpol verweist „Lageorientierung" auf die Tendenz, in einer affektiv negativen *Lage* zu verweilen. Zwei unterschiedliche Dimensionen der Handlungs-/Lageorientierung lassen sich den Modulationsprozessen wie folgt zuordnen: Während *prospektive Handlungsorientierung* individuelle Differenzen in der Fähigkeit beschreibt, positiven Affekt für die Umsetzung von Intentionen bereitzustellen, beschreibt *bedrohungsbezogene Handlungsorientierung* die Fähigkeit zur Herabregulierung negativen Affekts und somit zur Integration negativer Erfahrungen ins Selbst. Prospektiv Handlungsorientierten gelingt es besser als prospektiv Lageorientierten („Zögerer"), die durch reduzierten positiven Affekt verstärkten Hemmungen zwischen IG und IVS durch Zugriff auf das EG aufzuheben und sich somit aus eigener Kraft für unangenehme Tätigkeiten zu motivieren *(Selbstmotivierung)*. Nach Bedrohung Handlungsorientierten gelingt es besser als nach Bedrohung Lageorientierten („Grübler") die durch erhöhten negativen Affekt zunächst gehemmte Verbindung zwischen OES und EG durch selbstregulierte Aktivierung des EG aufzuheben, negativen Affekt zu dämpfen und somit emotional belastende Erfahrungen effizient zu verarbeiten *(Selbstberuhigung)* (vgl. Motivationskontrolle und Emotionskontrolle in der → *Handlungskontrolltheorie*). Die Entwicklungsbedingungen der affektregulatorischen Kompetenz werden andernorts ausführlich beschrieben (Kuhl & Völker, 1998.) Für weitere Annahmen, die die Interaktionen zwischen den Systemen beschreiben, sei auf Kuhl (2001) verwiesen.

Weiterführende Literatur

Kuhl, J. (2001). *Motivation und Persönlichkeit. Interaktionen psychischer Systeme.* Göttingen: Hogrefe.

Literatur

Bargh, J. A., Chen, M. & Burrows, L. (1996). Automaticity of social behavior: Direct effects of trait construct and stereotype activation on action. *Journal of Personality and Social Psychology, 71,* 230–244.

Baumann, N. & Kuhl, J. (2002). Intuition, affect, and personality: Unconscious coherence judgments and self-regulation of negative affect. *Journal of Personality and Social Psychology, 83,* 1213–1223.

Bolte, A., Goschke, T. & Kuhl, J. (2003). Emotion and intuition: Effects of positive and negative mood on implicit judgments of semantic coherence. *Psychological Science, 14,* 416–421.

Dijksterhuis, A. & Nordgren, L. F. (2006). A theory of unconscious thought. *Perspectives on Psychological Science, 1,* 95–109.

Epstein, S., Pacini, R., Denes-Raj, V. & Heier, H. (1996). Individual differences in intuitive-experiential and analytical-rational thinking styles. *Journal of Personality and Social Psychology, 71,* 390–405.

Gollwitzer, P. M. (1999). Implementation intentions: Strong effects of simple plans. *American Psychologist, 54,* 493–503.

Goschke, T. & Kuhl, J. (1993). Representation of intentions: Persisting activation in memory. *Journal of Experimental Psychology: Learning, Memory & Cognition, 19,* 1211–1226.

Kazén, M. & Kuhl, J. (2005). Intention memory and achievement motivation: Volitional facilitation and inhibition as a function of affective contents of need-related stimuli. *Journal of Personality and Social Psychology, 89,* 426–448.

Koole, S. L. & Jostmann, N. B. (2004). Getting a grip on your feelings: Effects of action orientation and external demands on intuitive affect regulation. *Journal of Personality and Social Psychology, 87,* 974–990.

Kuhl, J. & Beckmann, J. (1994). *Volition and personality: Action versus state orientation.* Göttingen/Seattle: Hogrefe.

Kuhl, J. & Helle, P. (1986). Motivational and volitional determinants of depression: The degenerated-intention hypothesis. *Journal of Abnormal Psychology, 95,* 247–251.

Kuhl, J. & Völker, S. (1998). Entwicklung und Persönlichkeit. In H. Keller (Hrsg.), *Lehrbuch der Entwicklungspsychologie* (S. 207–240). Bern: Huber.

Lewin, K. (1936). *Principles of topological psychology.* New York: McGraw-Hill.

Oettingen, G., Pak, H.-J. & Schnetter, K. (2001). Self-regulation of goal-setting: Turning free fantasies about the future into binding goals. *Journal of Personality and Social Psychology, 80,* 736–753.

Pennebaker, J. W. (1997). Writing about emotional experiences as a therapeutic process. *Psychological Science, 8,* 162–166.

Sapolsky, R. M. (1992). *Stress, the aging brain, and the mechanism of neuron death.* Cambridge, MA: MIT Press.

Zielsetzungstheorie
Goal-Setting Theory

Jürgen Wegge & Klaus-Helmut Schmidt

1 Die Zielsetzungstheorie im Überblick

1.1 Grundannahmen und empirische Befunde

Die Zielsetzungstheorie der Aufgabenmotivation und -leistung (Locke & Latham, 1990; 2002) versucht die Frage zu beantworten, welche Merkmale von Leistungszielen für das Zustandekommen von guten Leistungen besonders wichtig sind und unter welchen Bedingungen verschiedene Leistungsziele (→ Ziele) die stärksten Leistungswirkungen entfalten. Die Theorie ist insbesondere im Bereich der beruflichen Arbeit sehr erfolgreich angewendet worden (→ Motivation in Arbeit und Beruf), sie lässt sich aber auch in anderen Kontexten gut nutzen (→ Motivationspsychologie des Lernens, → Motivation im Leistungssport).

Nach Locke und Latham (1990) sind Ziele bewusste Vornahmen einer Person, die sich auf zukünftige, von ihr angestrebte Handlungsresultate beziehen. Die Ziele können dabei ihren Ursprung in der handelnden Person selbst haben, sie können gemeinsam mit anderen Personen vereinbart werden oder aber von anderen Personen vorgegeben sein. Unabhängig vom eigentlichen Ursprung der Vornahme geht die Zielsetzungstheorie davon aus, dass die Wirkungen von einmal gebildeten Zielen auf die Leistung von zwei Zielmerkmalen abhängen, der objektiven *Schwierigkeit* von Zielen und der *Spezifität* von Zielen. Als Basishypothesen werden folgende Zusammenhänge postuliert.

1. Die Vornahme schwer zu erreichender Ziele sollte sich in höheren Leistungen niederschlagen als die Vornahme leichter Ziele (**Zielschwierigkeitseffekt**).
2. Die Vornahme spezifischer, schwerer Ziele sollte in höheren Leistungsniveaus resultieren als die Vornahme vager, unspezifischer oder keiner Ziele (**Zielspezifitätseffekt**).

Mittlerweile liegen mehr als 400 Studien vor, in denen diese Basishypothesen einer empirischen Prüfung unterzogen wurden (Locke & Latham, 2002, 2006). Von nur wenigen Ausnahmen abgesehen, zeigte sich, dass die Leistung erwartungsgemäß zunächst linear mit der Zielschwierigkeit ansteigt, bevor sie in ein durch die individuellen Fähigkeitsgrenzen bedingtes Plateau einmündet. Die überwiegende Mehrzahl der Untersuchungen konnte ebenfalls eindeutige Belege dafür

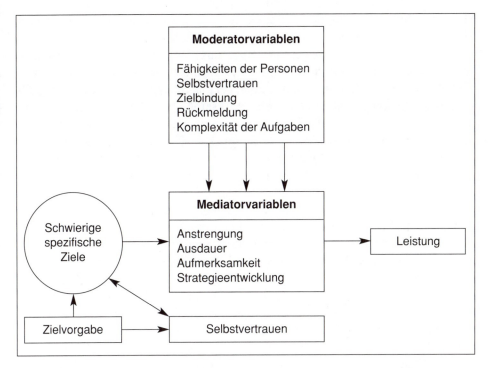

Abbildung 1: Zentrale Aussagen der Zielsetzungstheorie (nach Wegge, 2004).

liefern, dass unter dem Einfluss spezifischer, herausfordernder Ziele weitaus höhere Leistungen erreichbar sind als unter dem Einfluss vager und unspezifischer Ziele. Den beobachteten Ziel-Leistungs-Zusammenhängen kann zudem eine beeindruckende Generalisierbarkeit beigemessen werden. Sie lassen sich bei Einzelpersonen wie bei Arbeitsgruppen nachweisen, in Feld- und Laborstudien sowie bei verschiedensten Aufgabentypen und Personengruppen aus unterschiedlichsten Kulturkreisen. Aufbauend auf diesen Befunden sind nachfolgende Untersuchungen vor allem zwei Fragen nachgegangen. Die erste betrifft den Einfluss möglicher *Moderatorvariablen* auf den Ziel-Leistungs-Zusammenhang. Bei der zweiten Frage geht es dagegen um die Identifikation der *Mechanismen*, die den Leistungswirkungen von Zielen zu Grunde liegen. Die wesentlichen Erkenntnisse sind in Abbildung 1 zusammengefasst und werden im Folgenden erläutert.

1.2 Moderatorvariablen des Ziel-Leistungs-Zusammenhangs

Personen mit hoch ausgeprägten aufgabenspezifischen *Fähigkeiten* sind eher in der Lage, herausfordernde Ziele zu erreichen als Personen mit geringeren Fähigkeiten (der Zieleffekt ist bei geringen Fähigkeiten also schwächer). Ein zweiter Moderator ist die *Selbstwirksamkeit* (self-efficacy) der Person (Bandura, 1997).

Menschen haben unterschiedlich stark ausgeprägtes Zutrauen in die eigenen Möglichkeiten und Kompetenzen, spezifische Aufgabenanforderungen bewältigen zu können (→ Selbstkonzept der Begabung). Je höher das Selbstvertrauen, desto deutlicher fällt der Ziel-Leistungszusammenhang aus. Darüber hinaus spielt die Selbstwirksamkeit eine Vermittlerrolle bei der Übernahme von externen Zielvorgaben. Personen mit hohem Selbstwirksamkeitserleben sind eher bereit, schwierige Zielvorgaben als Ziele zu übernehmen als Personen mit geringerer Selbstwirksamkeit (Brown, Jones & Leigh, 2005). Zudem können schwierige Zielvorgaben direkt das Selbstvertrauen erhöhen, weil diese Vorgaben signalisieren, dass man der Person das Erreichen eines herausfordernden Ziels zutraut.

Von der *Zielbindung* („goal commitment") gehen ebenfalls deutliche Moderatorwirkungen aus. Die Zielbindung beschreibt das Ausmaß, in dem eine Person sich einem Ziel verpflichtet fühlt, es unter Anstrengung tatsächlich erreichen will und die Zielverfolgung selbst angesichts von Widerständen nicht aufgibt. Die Zielbindung selbst hängt u. a. von der subjektiven Wahrscheinlichkeit und dem Wert der Zielerreichung ab. Mit ansteigender Zielbindungsstärke fällt der Ziel-Leistungs-Zusammenhang zunehmend enger aus. Ist die Zielbindung dagegen gering, schwächt sich der Ziel-Leistungs-Zusammenhang insbesondere bei schwer zu erreichenden Zielen ab (Klein, Wesson, Hollenbeck & Alge, 1999). Eine weitere Moderatorvariable ist die *Rückmeldung* der erreichten Leistungsergebnisse. Studien, in denen die Wirkungen kombinierter Ziele und Rückmeldungen mit den Wirkungen der alleinigen Vorgabe von Zielen verglichen wurden, zeigen eine deutliche Leistungsüberlegenheit der Kombination von Zielen und Rückmeldungen.

> **Beispiel:**
>
> In der methodisch überzeugenden Meta-Analyse von Neubert (1998) wurden 16 Effekte aus 11 Studien herangezogen, in denen ein Vergleich immer innerhalb derselben Studie bei gleichen Aufgabenanforderungen angestellt wurde.
>
> Die mittlere *Zunahme* der Effektstärke bei der Kombination von Zielen und Rückmeldungen beträgt $d = .63$. Wie die Arbeit von Neubert zudem zeigt, ist der Zusatznutzen der Kombination von Zielen und externem Feedback (gegenüber nur Zielen) bei komplexen Aufgaben ($d = .95$) fast doppelt so groß wie bei einfacheren Aufgaben ($d = .43$).

Die Leistungsüberlegenheit der Kombination beider Größen wird damit erklärt, dass Ziele und Rückmeldungen zwei sich ergänzende Funktionen erfüllen, die beide für den Prozess des Leistungshandelns unerlässlich sind: Ziele organisieren und lenken Handlungen, während Rückmeldungen eine Kontrolle des Fortschritts zum Ziel erlauben (Hacker, 2005; Schmidt & Kleinbeck, 2006). Eine starke

Moderatorwirkung auf den Ziel-Leistungs-Zusammenhang hat schließlich auch die *Aufgabenkomplexität*: Bei einfachen Aufgaben ist der leistungsförderliche Einfluss von herausfordernden, spezifischen Zielen wesentlich stärker ausgeprägt ($d = .77$) als bei komplexen Aufgaben ($d = .41$; Locke & Latham, 2002).

1.3 Vermittelnde Mechanismen der Leistungswirkungen von Zielen

Zahlreiche Studien belegen, dass die Leistungswirkungen von Zielen an den Einsatz von vier vermittelnden Mechanismen gebunden sind (Locke & Latham, 2002).

> **Ziele beeinflussen die Leistung**
> 1. durch Konzentration und Ausrichtung der Aufmerksamkeit auf die für die Ausführung der Aufgabenhandlung relevanten Informationen,
> 2. durch die Mobilisierung von Anstrengung,
> 3. durch eine Erhöhung der Ausdauer bei der Zielverfolgung sowie
> 4. durch Bereitstellung oder Entwicklung zieladäquater Bearbeitungsstrategien.

Genauere Analysen mit Blick auf das zur Bearbeitung von Aufgaben erforderliche Wissen (Locke, 2000) und die konkret eingesetzten Informationsverarbeitungsstrategien (Wegge, 2001) belegen ferner, dass die Wirkung von Zielen insbesondere bei komplexen und neuen Aufgabenanforderungen stark vom Einsatz *neu zu entwickelnder aufgabenspezifischer* Bearbeitungsstrategien abhängt. In einigen Untersuchungen zeigte sich darüber hinaus, dass das Setzen schwieriger Ziele bei solchen Aufgaben sogar zu einem Leistungsabfall führen kann, z. B. wenn noch keine angemessenen Strategien bekannt sind und/oder durch die schwierigen Leistungsziele hoher Zeitdruck induziert wird.

2 Aktuelle Weiterentwicklungen der Zielsetzungstheorie

Wie Locke und Latham (2006) erörtern, wurden in den letzten Jahren interessante Forschungsergebnisse publiziert, die Erweiterungen der Zielsetzungstheorie nahe legen. Wir betrachten im Folgenden drei unseres Erachtens wichtige Punkte.

2.1 Lernziele bei komplexen Aufgaben und Zielorientierungen

Angesichts der wiederholt gefundenen negativen Effekte schwieriger Ziele bei der Bearbeitung von komplexen, neuen Aufgaben wurde analysiert, ob die Formulierung von *Lernzielen* für diese Aufgabenanforderungen ggf. günstiger ist als ergebnisbezogene Leistungsziele (Locke & Latham, 2002, 2006). In der Tat ließ sich nachweisen, dass schwierige, spezifische Lernziele (z. B. „X neue Strategien für die Bearbeitung von Aufgaben zu finden und zu erproben"), den typischer Weise verwendeten Leistungszielen (z. B. „das Leistungsergebnis X zu erzielen") überlegen sind (z. B. Nerdinger, 2004, für Verkäufer). Weil auch Kombinationen von Lern- und Leistungszielen möglich sind, diese bislang aber kaum untersucht wurden, dürften sich hier neue theoretische Entwicklungen eröffnen. Für hoch komplexe, eher unbekannte (ungeübte) Aufgaben ist nach heutigem Kenntnisstand zu empfehlen, schwierige und spezifische *Lern*ziele am Anfang der Aufgabenbearbeitung anzuregen. Diese fördern den Lern- und Leistungserfolg mehr als ergebnisorientierte Ziele.

Neuerdings wird der Unterschied zwischen lern- und ergebnisorientierten Zielvornahmen auch im Zusammenhang mit *dispositionellen Zielorientierungen* untersucht (→ Zielorientierungen). So konnten Seijts, Latham, Tasa und Latham (2004) in einer Unternehmenssimulation nachweisen, dass die positiven Leistungseffekte einer hoch ausgeprägten dispositionellen Lernzielorientierung bei Vorgabe schwieriger Lernziele und bei unspezifischen „Do your best"-Anweisungen am stärksten ausgeprägt sind, bei Vorgabe schwieriger, ergebnisorientierter Ziele aber verloren gehen. Auch mit Blick auf Gruppenleistungen wurde eine Wechselwirkung zwischen situativ induzierten Zielen und dispositionellen Zielorientierungen nachgewiesen. Le Pine (2005) fand, dass Teams, die schwierige Leistungsziele verfolgen, beim Auftreten unerwarteter Probleme nur dann die Ziele nicht aufgeben, wenn die Teammitglieder eine hohe Lernzielorientierung aufweisen.

2.2 Zielsetzungen bei Gruppenarbeit

Locke und Latham gehen davon aus, dass die Zielsetzungstheorie auch bei Gruppenarbeit gilt. Demnach sollten Gruppen möglichst schwierige, spezifische Gruppenziele verfolgen und es wäre eine wichtige Aufgabe des Vorgesetzten, die Bildung solcher Gruppenziele anzuregen. Im Einklang mit dieser Auffassung zeigen Ergebnisse aus Gruppenexperimenten, dass ein positiver Effekt schwieriger Gruppenziele auf Gruppenleistungen nachweisbar ist. Die Leistung von Gruppen, die herausfordernde Gruppenziele verfolgen, ist etwa eine Standardabweichung besser als die Leistung von Gruppen, die „ihr Bestes" geben (vgl. Wegge, 2004). Auf den ersten Blick könnte man daher versucht sein, die zahlreichen Aussagen der Zielsetzungstheorie ohne Änderungen auf die Führung von Gruppen zu übertragen. Dies wäre allerdings ein Fehlschluss. Es ist bisher nämlich nur in Ansätzen untersucht, was verschiedene Gruppenziele (in Kombination mit individuellen Zielen) tatsächlich bewirken und wie sie das Handeln in Gruppen steuern. Zudem ist die stark am individuellen Leistungshandeln orientierte Zielsetzungstheorie um einige Elemente zu erweitern, will man sie für Gruppenarbeit nutzen. Als zusätzliche Mediatorvariablen kommen z. B. Kommunikations- und Planungsprozesse in der Gruppe hinzu. Auch gruppenspezifische Motivationsphänomene,

z. B. Motivationsverluste wie „sozialer Müßiggang" und Motivationsgewinne wie „sich für eine Gruppe aufopfern" und Identifikationsprozesse sind zu bedenken. Ferner kommen neue Moderatorvariablen ins Spiel, z. B. das Ausmaß der Aufgabeninterdependenz und die Zusammensetzung der Gruppe. Im Einklang mit diesen Annahmen konnte Wegge (2004) in einer Reihe von Experimenten, in denen jeweils ein Gruppenzieleffekt auftrat, deutlich machen, dass die Theorieentwicklung keinesfalls als abgeschlossen gelten kann. Einige Erkenntnisse dieser Studien, in denen auch Mediationsanalysen zur Aufklärung der Ursachen von Gruppenzieleffekten angestellt wurden, sind im folgenden Kasten zusammengetragen. Die Befunde sprechen sowohl für die Nützlichkeit des Ansatzes auf Gruppenebene als auch für die Notwendigkeit der Theorieerweiterung.

Erkenntnisse zur Wirkung von Gruppenzielen nach Wegge (2004)
- schwierige, spezifische Gruppenziele können deshalb zu besseren Gruppenleistungen führen, weil sie:
    – den subjektiven Wert eines Misserfolgs der Gruppe erhöhen,
    – die Kommunikation während der Aufgabenbearbeitung anregen,
    – das Vergnügen an (sonst langweiligen) Gruppenaufgaben fördern und aufrecht erhalten,
    – der Nutzung ineffizienter Aufgabenstrategien entgegenwirken.
- insbesondere partizipative Zielvereinbarungstechniken führen zu hoher Gruppenkohäsion und einer starken Identifikation mit der Gruppe,
- schwierige, spezifische Gruppenziele erhöhen die Opferbereitschaft für die Gruppe, sie reduzieren die Erwartung, dass eigene Beiträge zum Gruppenergebnis überflüssig sind und z. T. auch die Bewertungsangst,
- schwierige, spezifische Gruppenziele erhöhen das kollektive Selbstvertrauen und den Wert, den man einem Erfolg der Gruppe zumisst.

2.3 Ziele und Emotionen

In der Forschung zur Zielsetzungstheorie wurden Emotionen im Handlungsprozess bislang eher vernachlässigt. Locke und Latham (2002) gehen davon aus, dass Ziele als Standards der Selbstbewertung fungieren und damit die (Arbeits-)Zufriedenheit mitbestimmen. Emotionen sollten ferner Einfluss darauf nehmen, inwieweit man geneigt ist, sich selbst herausfordernde Ziele zu setzen. Eine genauere Analyse dieser Zusammenhänge steht allerdings noch aus. Dass auch in dieser Hinsicht mehr zu entdecken ist, zeigen die folgenden Arbeiten. Nerdinger (2004) referiert Studien, die belegen, dass antizipierte positive Emotionen (z. B. antizipierter Stolz, → Stolz, Scham, Peinlichkeit und Schuld) die erfolgreiche *Handlungsplanung* steuern. Ilies und Judge (2005) untersuchten *Zielsetzungsprozesse nach* positiven und negativen Leistungsrückmeldungen. Sie fanden, dass die jeweils ausgelösten Emotionen eine wesentliche Ursache der Zielanpassungen darstellen. Schließlich beobachteten Wiese und Freund (2005) in einer Längsschnittstudie, dass das Erreichen beruflicher Ziele nur dann mit Zufriedenheit und Wohlbefinden positiv korreliert, wenn diese Ziele zuvor als schwierig eingestuft wurden. Die systematischere Analyse verschiedener Merkmale von Zielen und antizipierten bzw. aktuell erlebten Emotionen ist eine weitere Linie, entlang sich die Zielsetzungstheorie von Locke und Latham (2006) weiterentwickeln wird. Insgesamt betrachtet zeigt sich, dass die Zielsetzungstheorie empirisch solide fundiert ist und weiteres Entwicklungspotenzial besitzt.

Weiterführende Literatur

Locke, E. A. & Latham, G. P. (2006). New directions in goal setting theory. *Current Directions in Psychological Science, 15,* 265–268.
Wegge, J. (2004). *Führung von Arbeitsgruppen.* Göttingen: Hogrefe.

Literatur

Bandura, A. (1997). *Self-efficacy. The exercise of control.* New York: Freeman.
Brown, S. P., Jones, E. & Leigh, T. W. (2005). The attenuating effect of role overload on relationships linking self-efficacy and goal level to work performance. *Journal of Applied Psychology, 90,* 972–979.
Hacker, W. (2005). *Allgemeine Arbeitspsychologie: Psychische Regulation von Wissens-, Denk- und körperlicher Arbeit.* Bern: Huber.
Ilies, R. & Judge, T. A. (2005). Goal regulation across time: The effects of feedback and affect. *Journal of Applied Psychology, 90,* 453–466.
Klein, H., Wesson, M., Hollenbeck, J. & Alge, B. (1999). Goal commitment and the goal-setting process: Conceptual clarification and empirical synthesis. *Journal of Applied Psychology, 84,* 885–896.
LePine, J. A. (2005). Adaptation of teams in response to unforseen change: Effects of goal difficulty and team composition in terms of cognitive ability and goal orientation. *Journal of Applied Psychology, 90,* 1153–1167.
Locke, E. A. (2000). Motivation, cognition, and action: An analysis of studies on task goals and knowledge. *Applied Psychology: An International Review, 49,* 408–429.
Locke, E. A. & Latham, G. P. (1990). *A theory of goal setting and task performance.* Englewood Cliffs, NJ: Prentice Hall.
Locke, E. A. & Latham, G. P. (2002). Building a practically useful theory of goal setting and task motivation: A 35 year odyssey. *American Psychologist, 57,* 705–717.
Nerdinger, F. W. (2004). Ziele im persönlichen Verkauf. In J. Wegge & K.-H. Schmidt (Hrsg.), *Förderung von Arbeitsmotivation und Gesundheit in Organisationen* (S. 11–26). Göttingen: Hogrefe.
Neubert, M. J. (1998). The value of feedback and goal setting over goal setting alone and potential moderators of this effect: A meta-analysis. *Human Performance, 11,* 321–335.

Schmidt, K.-H. & Kleinbeck, U. (2006). *Führen mit Zielvereinbarung*. Göttingen: Hogrefe.
Seijts, G. H., Latham, G. P., Tasa, K. & Latham, B. W. (2004). Goal setting and goal orientation: An integration of two different yet related literatures. *Academy of Management Jounal, 47*, 227–239.
Wegge, J. (2001). Motivation, information processing, and performance: Effects of goal setting on basic cognitive processes. In A. Efklides, J. Kuhl & R. Sorrentino (Eds.), *Trends and prospects in motivation research* (pp. 269–296). Dordrecht: Kluwer.
Wiese, B. S. & Freund, A. M. (2005). Goal progress makes one happy, or does it? Longitudinal findings from the work domain. *Journal of Occupational and Organizational Psychology, 78*, 287–304.

Psychologie des Zukunftsdenkens
Psychology of Thinking About the Future

Caterina Gawrilow, A. Timur Sevincer & Gabriele Oettingen

Personen können auf verschiedene Weisen über die Zukunft nachdenken, und wie sie über die Zukunft nachdenken, beeinflusst ihr Verhalten in der Gegenwart. Basierend auf ihren Erfahrungen in der Vergangenheit bilden Personen Annahmen über die Zukunft (→ Erwartungen), welche auch illusorisch sein können (illusorischer Optimismus). Personen können auch ohne Bezug zur Vergangenheit über die Zukunft nachdenken (Fantasien) und besitzen mentale Repräsentationen ihres zukünftigen Selbst, die von den Erwartungen und Fantasien über sie selbst bestimmt werden (possible selves). Damit Erwartungen und Fantasien jedoch zum Handeln in der Gegenwart verpflichten, müssen aus ihnen verbindliche Ziele werden (Theorie der Fantasierealisierung; → Ziele). Letztlich repräsentieren Personen Ereignisse mental unterschiedlich, je nachdem ob sie in der fernen oder nahen Zukunft liegen (Temporal Construal Theory).

1 Erwartungen

Durch den Einfluss der neo-behavioristischen Tradition in der Nachfolge von Tolman (1932) hat die psychologische Forschung Zukunftsdenken weitgehend mit Zukunftserwartungen gleichgesetzt. Erwartungen sind Urteile darüber, wie wahrscheinlich es ist, dass bestimmte Ereignisse in der Zukunft auftreten werden oder nicht (→ Erwartung und Anreiz). Bandura (1977) unterscheidet vier Hauptinformationsquellen, auf denen Erwartungen basieren:
1. Erfahrungen und Leistungen in der Vergangenheit (performance accomplishments),
2. Nachahmen der Leistungen anderer Personen (vicarious experience),
3. Ermutigung und Entmutigung durch andere Personen (verbal persuasion),
4. Körperliches Erregungsniveau (physiological arousal).

Von diesen sind vergangene Erfahrungen (Erfolge und Misserfolge) die wichtigste Quelle. Erfolgserwartung und Leistung beeinflussen einander reziprok: Hohe Erwartungen sagen eine hohe Leistung vorher und eine hohe Leistung in der Vergangenheit stärkt die Erfolgserwartung (reziproker Determinismus; vgl. Oettingen, 1997). Personen mit hohen Erfolgserwartungen zeigen eine höhere Motivation und eine bessere Leistung als Personen mit niedrigen Erfolgserwartungen. Außerdem schützen optimistische Erwartungen vor Depression, Alkoholismus und Übergewicht und sind hilfreich bei der Bewältigung akuter und chronischer Erkrankungen (zusammenfassend Taylor, 1989).

2 Illusorischer Optimismus

Optimistische Erwartungen können auch illusorisch sein (illusorischer Optimismus), d. h. Personen überschätzen ihre Erfolgs- und unterschätzen ihre Misserfolgswahrscheinlichkeiten. Dabei haben die meisten Personen eine illusorisch optimistische anstatt eine realistische Weltsicht, zum Beispiel schätzen sie die Chancen, dass ihnen selbst ein schlimmes Ereignis zustößt (z. B. ein Autounfall, ein Verbrechen oder eine Krankheit) geringer ein als die Chancen, dass anderen Personen ein schlimmes Ereignis zustößt. Illusorischer Optimismus ist für Leistung, interpersonelle Beziehungen und Gesundheit bedeutsam. Positive Illusionen fördern beispielsweise kreative und produktive Leistung, die Bereitschaft, sich um andere Personen zu kümmern, und gehen mit positiver Stimmung und Wohlbefinden einher (Taylor, 1989). Weiterhin können positive Illusionen das Bewältigen bedrohlicher oder tragischer Ereignisse erleichtern (z. B. das Umgehen mit einer lebensbedrohlichen Krankheit) und sich sogar positiv auf die physische Gesundheit auswirken (z. B. auf den Verlauf einer Krankheit).

Optimistische Erwartungen sinken, wenn Personen selbstrelevante Rückmeldung in der nahen Zukunft antizipieren (z. B. sind Studenten einen Monat vor einer Klausur optimistischer als kurz vor der Notenbekanntgabe; Caroll, Sweeny & Shepperd, 2006). Dies kann durch zwei Ansätze erklärt werden: 1. In unmittelbarer Antizipation selbstrelevanter Rückmeldung steht Personen oft mehr Information zur Verfügung als in der Vergangenheit, sie benutzen mehr Informationsquellen (z. B. ihre Stimmung) und sie verarbeiten die ihnen zur Verfügung stehende Information sorgfältiger, und 2. In Antizipation selbstrelevanter Rückmeldung senken Personen ihre Erwartungen, um sich gegen unerwünschte Ergebnisse zu wappnen. Sie wollen sich dadurch vor Enttäuschung schützen, das Glück nicht herausfordern oder sich zu vermehrter Anstrengung motivieren (defensiver Pessimismus).

3 Fantasien

Während Erwartungsurteile auf vergangenen Erfahrungen basieren, können Personen in positiven Fantasien zukünftige Handlungen oder Ereignisse vor dem geistigen Auge abbilden, ganz unabhängig von deren Auftretenswahrscheinlichkeiten und von den vergangenen Erfahrungen der Personen. Positive Fantasien sind freie Gedanken oder Vorstellungen, die auch als Tagträume verstanden werden können (vgl. Oettingen, 1997). Positive Fantasien können gewollt oder spontan, in zusammenhängenden Szenen oder in einzelnen Bildern auftreten und ihre Perspektive kann „I" (z. B. ich werde etwas tun) oder „me" (z. B. mir wird etwas passieren) sein (Oettingen, 1997). Während positive Erwartungen mehr Anstrengung und Erfolg vorhersagen als negative Erwartungen, zeigen Personen mit positiven Fantasien weniger Anstrengung und Erfolg als Personen, die auch negative Fantasien zulassen. Eine Reihe von Labor- und Feldstudien bestätigte diese Befunde für verschiedene Lebensbereiche (z. B. Einstieg in das Berufsleben, Beginn einer Liebesbeziehung, Verbesserung der akademischen Leistung, Genesung nach einer Hüftgelenksoperation), Kulturen (Deutschland, USA), Zeitperioden (zwei Wochen bis zwei Jahre), Altersgruppen (junge und ältere Erwachsene) und Fantasiemaße (Häufigkeits- und semiprojektive Verfahren; Oettingen & Mayer, 2002). Es wird angenommen, dass positive Fantasien mit weniger Anstrengung und Erfolg einhergehen, weil sie

- den Erfolg konsumtiv vorwegnehmen,
- keine Notwendigkeit zum Handeln erkennen lassen,
- verhindern, dass der Weg zur Erfolgsverwirklichung geplant wird,
- verhindern, dass Vorkehrungen für eventuell auftretende Schwierigkeiten und Versuchungen getroffen werden.

4 Possible Selves

Erwartungen und Fantasien, Hoffnungen und Ängste, die sich auf das zukünftige Selbst beziehen, werden summarisch als „possible selves" (Markus & Nurius, 1986) zusammengefasst. Possible selves sind mentale Repräsentationen des zukünftigen Selbst, die durch die Vorstellungen einer Person darüber, was sie in der Zukunft werden könnte oder möchte, bestimmt werden. Sie stellen einen Kontext für die Bewertung und Interpretation des gegenwärtigen Selbst dar und fungieren als Anreize für zukünftiges Verhalten (sie sind Selbstkonzepte, die es zu erreichen oder zu vermeiden gilt). Personen, deren mental repräsentiertes zukünftiges Selbst Erfolg hat, zeigen im Allgemeinen bessere Leistungen sowie mehr Anstrengung und Persistenz als Personen, die ein zukünftiges Selbst mental repräsentieren, welches keinen Erfolg hat.

5 Theorie der Fantasierealisierung

Wie werden aus Erwartungen und Fantasien verbindliche Ziele, die uns zum Handeln verpflichten? Ein Ziel zeichnet sich durch eine besondere Verbindlichkeit (commitment) aus, die auch verstanden werden kann als Entschlossenheit, kontinuierlich nach dem gewünschten Ereignis zu streben (Klinger, 1975; → Ziele).

Psychologie des Zukunftsdenkens 185

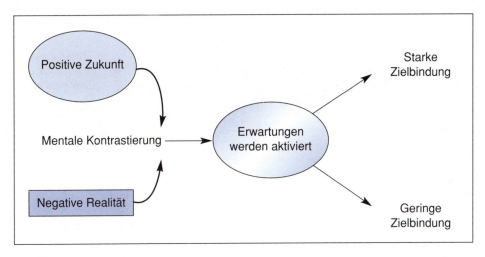

Abbildung 1: Mentale Kontrastierung als ein Weg zu erwartungsabhängiger Zielbildung

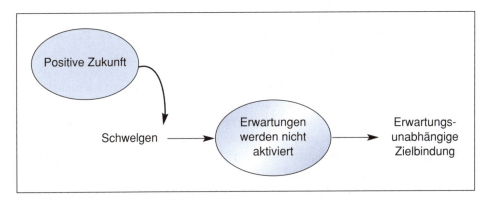

Abbildung 2: Schwelgen

Die Theorie der Fantasierealisierung (Oettingen, 1997; Oettingen & Thorpe, 2006) beschreibt mentale Kontrastierung als einen effektiven Weg zur Zielbindung, bei dem zwischen realisierbaren und nicht realisierbaren Fantasien diskriminiert wird: Durch das abwechselnde Elaborieren von positiven Aspekten der Zukunft (z. B. eine attraktive Person kennen lernen) und hinderlichen Aspekten der gegenwärtigen Realität (z. B. schüchtern sein) werden Zukunft und gegenwärtige Realität simultan kognitiv zugänglich und die Realität erscheint der erwünschten Zukunft als im Wege stehend. Dadurch entsteht eine Handlungsnotwendigkeit, die die Frage aufwirft, ob die gegenwärtige Realität in Richtung der erwünschten Zukunft verändert werden kann. Entsprechende Erfolgserwartungen werden aktiviert, so dass sich Personen bei niedrigen Erfolgswahrscheinlichkeiten nur schwach an ihr Ziel

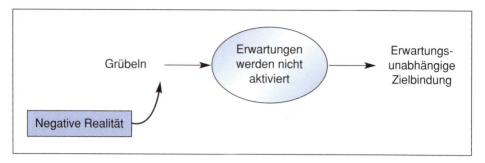

Abbildung 3: Grübeln

binden, bei hohen Erfolgswahrscheinlichkeiten dagegen stark (vgl. Abb. 1; → Persistenz und Zielablösung).

Elaboriert eine Person ausschließlich positive Aspekte der Zukunft (Schwelgen; vgl. Abb. 2) oder ausschließlich negative Aspekte der gegenwärtigen Realität (Grübeln; vgl. Abb. 3), entsteht keine Handlungsnotwendigkeit und es werden keine Erfolgserwartungen aktiviert. Dies führt dazu, dass sich die Person unabhängig von ihren Erfolgserwartungen an ihr Ziel bindet.

Experimentelle Untersuchungen bestätigten die Theorie der Fantasierealisierung im schulischen, interpersonellen, beruflichen und im Gesundheitsbereich (z. B. sich in Mathe verbessern, eine attraktive Person kennenlernen, Familie und Beruf vereinbaren, Zigarettenkonsum reduzieren), im Labor und im Feld (z. B. Krankenhaus) und in verschiedenen Kulturen (Deutschland und den USA). Dabei wurde die Zielbindung kurz- und langfristig (bis zu drei Monate nach dem Versuch), durch Selbstbericht und durch das Urteil anderer Personen (z. B. Bewertung durch Lehrer) und durch kognitive, affektive und Verhaltensindikatoren der Zielerreichung gemessen (z. B. Pläne formulieren, antizipierte Enttäuschung bzw. Anstrengung und Leistung; Oettingen, Pak & Schnetter, 2001).

Ist durch mentales Kontrastieren eine starke Zielbindung entstanden, beginnen Personen das Ziel umzusetzen, indem sie die Zielrealisierung für die Zukunft planen. Dabei stellen sie sich z. B. den zukünftigen Handlungsablauf in Gedanken vor, d. h. sie simulieren ihn mental (process simulation). Eine mentale Simulation des Handlungsablaufs fördert die Zielrealisierung mehr als eine mentale Simulation des Handlungsergebnisses (outcome simulation; Taylor, Pham, Rivkin & Armor, 1998). Personen, die durch mentales Kontrastieren ihre Fantasien in Ziele gewandelt haben, bilden auch Vorsätze (Oettingen et al., 2001). Vorsätze sind Wenn-dann Pläne, welche eine antizipierte Situation in der Zukunft mit einer Handlung mental verknüpfen und dadurch Verhalten automatisieren (Gollwitzer, 1999; → Intentionstheoretischer Ansatz).

6 Temporal Construal Theory

Nach Trope und Liberman (2003) repräsentieren Personen dasselbe Ereignis mental unterschiedlich abhängig davon, ob das Ereignis zu der fernen oder nahen Zukunft gehört. Ereignisse, die zu der fernen Zukunft gehören, werden auf einem abstrakten Level repräsentiert und extrahieren das Wesentliche der verfügbaren Information (high-level construals). Ereignisse, die zu der nahen Zukunft gehören, werden dagegen auf einem konkreten Level repräsentiert und enthalten auch nebensächliche Merkmale der Information (low-level construals). Die zeitliche Entfernung von Ereignissen hat Auswirkungen auf Entscheidungen: Bei Entscheidungen in Bezug auf die ferne Zukunft spielt Wünschbarkeit eine größere Rolle, bei Entscheidungen in Bezug auf die nahe Zukunft dagegen Machbarkeit.

7 Zusammenfassung und Ausblick

Positive Erwartungen sind verbunden mit Wohlbefinden und sagen hohe Anstrengung und Leistung vorher. Positive Fantasien gehen dagegen mit niedriger Motivation, Anstrengung und Leistung einher. Die mentale Kontrastierung von positiven Fantasien mit gegenwärtigen Hindernissen hilft dabei, zwischen machbaren und nicht machbaren Vorhaben zu diskriminieren, und führt bei hohen Erfolgserwartungen zu einer starken Zielbindung. Zurzeit fokussiert die Forschung auf weitergehende Fragen, wie zum Beispiel in welchen Kontexten das Schwelgen in positiven Fantasien vorteilhaft ist (z. B. in ausweglosen Situationen), inwieweit kulturelle Faktoren die Entstehung und Wirkung von Fantasien beeinflussen (z. B. normativer vs. nicht normativer Kontext; Oettingen, 1997) und welche mentalen Zustände die Wirkung von Fantasien auf die Zielbindung beeinflussen (z. B. Alkohol).

Weiterführende Literatur

Oettingen, G. (1997). *Psychologie des Zukunftsdenkens. Erwartungen und Phantasien.* Göttingen: Hogrefe.

Oettingen, G., Pak, H. & Schnetter, K. (2001). Self-regulation of goal setting: Turning free fantasies about the future into binding goals. *Journal of Personality and Social Psychology, 80,* 736–753.

Literatur

Bandura, A. (1977). Self-efficacy: Toward a unifying theory of behavioral change. *Psychological Review, 84,* 191–215.

Carroll, P., Sweeny, K. & Shepperd, J. A. (2006). Forsaking optimism. *Review of General Psychology, 10,* 56–73.

Gollwitzer, P. M. (1999). Implementation intentions: Strong effects of simple plans. *American Psychologist, 54,* 493–503.
Klinger, E. (1975). Consequences of commitment to and disengagement from incentives. *Psychological Review, 82,* 1–25.
Markus, H. R. & Nurius, P. (1986). Possible selves. *American Psychologist, 41,* 954–969.
Oettingen, G. & Mayer, D. (2002). The motivating function of thinking about the future: Expectations versus fantasies. *Journal of Personality and Social Psychology, 83,* 1198–1212.
Oettingen, G. & Thorpe, J. S. (2006). Fantasy realization and the bridging of time. In L. A. Sanna & E. C. Chang (Eds.), *Judgments over time: The interplay of thoughts, feelings, and behaviors* (pp. 120–142). Oxford: Oxford University Press.
Taylor, S. E. (1989). *Positive Illusions: Creative self-deception and the healthy mind.* New York: Basic Books.
Taylor, S. E., Pham, L. B., Rivkin, I. D. & Armor, D. A. (1998). Harnessing the imagination. *American Psychologist, 53,* 429–439.
Tolman, E. C. (1932). *Purposive behavior in animals and men.* New York: Century.
Trope, Y. & Liberman, N. (2003). Temporal construal. *Psychological Review, 110,* 403–421.

Theorie des regulatorischen Fokus
Regulatory Focus Theory

Jens Förster & Markus Denzler

1   Einleitung

Menschen streben positive Endzustände an: Sie suchen nach Angenehmem und vermeiden Unangenehmes. An dieses *hedonische Prinzip* knüpft die Theorie des regulatorischen Fokus (RFT; Higgins, 1997) an und erweitert es zugleich. Ziel ist es, vorherzusagen, *auf welchem Wege Personen positive Endzustände erreichen und wie sie diese Endzustände repräsentiert haben*. Die strategischen Orientierungen, das *Wie* der Zielverfolgung sowie die qualitativen Inhaltsklassen von Zielen werden dabei genauso zum Gegenstand empirischer Forschung wie resultierende Konsequenzen für Emotionen, Leistung, Denken und Verhalten.

2   Die Theorie des regulatorischen Fokus (RFT)

Gemäß der RFT gibt es zwei Grundbedürfnisse, das Bedürfnis nach Sicherheit und Schutz und das nach Selbstverwirklichung und Wachstum. Ein Bedürfnis nach Selbstverwirklichung führt zur Konzentration auf Idealziele („so möchte ich idealerweise sein"), während ein Bedürfnis nach Sicherheit die Aufmerksamkeit auf Pflichtziele legt („so sollte ich sein"). Die Fokussierung auf Ideale wird als Promotion-Fokus bezeichnet, die Fokussierung auf Pflichten als Prevention-Fokus. Da in Menschen mehr oder weniger beide Zielklassen repräsentiert sind, können sie auch in der Situation, z. B. durch eine Aufgabenstellung oder durch einen bewusst oder unbewusst wahrgenommenen Reiz, der Sicherheit oder Wachstum signalisiert, aktiviert werden.

Die Dominanz eines regulatorischen Fokus (RF) kann sich chronifizieren und als Persönlichkeitsmerkmal wirken. Eine Erziehung mit Hilfe von Strafen und Betonung von Pflichten führt zu einem starken Prevention-Fokus, während eine positive Unterstützung des Kindes und Betonung von Idealen zu einem dominanten Promotion-Fokus führt. Eine besonders hohe Motivationsstärke resultiert, wenn beide Foki hoch ausgeprägt sind und eine geringe Motivationsstärke, wenn beide niedrig sind. Üblicherweise wird ein Fokus dominant ausgeprägt und führt dazu, dass Personen ihre Ziele eher als Pflichtziele oder Idealziele repräsentieren. So versteht eine Person im Promotion-Fokus das Ziel zu heiraten z. B. eher als Idealziel („Heiraten entspricht meiner persönlichen Lebensvorstellung") während eine Person im Prevention-Fokus heiraten als Pflichtziel („Es wird von mir erwartet, dass ich heirate") begreift.

> **Standardmethoden zur Erfassung des chronischen RF**
>
> - *Reaktionszeitbasierte Erfassung* (Higgins, Shah & Friedman, 1997): Dieses Verfahren erfasst die Verfügbarkeit von Konstrukten, die mit dem Promotion bzw. Prevention Fokus assoziiert sind. Versuchspersonen werden instruiert wiederholt Attribute anzugeben, die auf sie selbst zutreffen. Sie werden dabei u. a. gefragt, wie sie gerne sein *möchten* (Promotion-Attribute) und wie sie sein *sollten* (Prevention-Attribute). Chronisch aktivierte Konstrukte sind stärker verfügbar; dies macht sich in schnelleren Reaktionen bemerkbar. Durch Mittlung der Reaktionszeiten der Promotion- und Prevention-Attribute ergibt sich die relative Fokusstärke für eine Person. Je schneller Reaktionszeiten für Promotion- im Vergleich zu Prevention-Attributen sind, umso stärker der Promotion-Fokus.
> - *Fragebogenverfahren* (Higgins et al., 2001): Dieser Fragebogen erfasst mit zwei getrennten Skalen, wie häufig eine Person in der Vergangenheit Promotion Erfolg bzw. Prevention Erfolg hatte (unabhängig von bestimmten Lebensbereichen). Ein Promotion-Fokus wird bspw. mit der Frage „Wie oft haben sie Ziele erreicht, die Sie sich gesteckt hatten?" erfasst, ein Prevention-Fokus durch Fragen wie „Haben Sie als Heranwachsender jemals Dinge getan, die Ihre Eltern verboten hatten?". Die Häufigkeit, mit denen solche Erfahrungen im Leben aufgetreten sind, bestimmt den chronischen Fokus einer Person.

Zusammenfassend sei festgestellt, dass der RF sowohl eine situationale als auch eine Persönlichkeitsvariable darstellt.

> **Standardmethoden zur experimentellen Manipulation des (RF)**
>
> *Aufgabeninstruktion* (Crowe & Higgins, 1997): Ein Promotion-Fokus kann durch eine Aufgabeninstruktion induziert werden, die das Eintreten und Nicht-Eintreten eines Gewinns betont (bspw. „Wenn Sie die Aufgabe gut machen, bekommen Sie eine Belohnung, wenn Sie diese nicht gut machen, dann nicht"). Ein Prevention-Fokus wird induziert, indem bei gleicher Aufgabe Verlust und Nicht-Verlust betont werden (bspw. Wenn Sie die Aufgabe schlecht machen, erhalten Sie Abzug von Ihrem Versuchspersonengeld, wenn Sie diese nicht schlecht machen, dann nicht.").
>
> Des weiteren kann man die Foki durch prozedurale Primingaufgaben induzieren (s. Friedman & Förster, 2001).

Die RFT qualifiziert das hedonische Prinzip: Obwohl Sicherheit und Wachstum beide positiv valente Endzustände sind, sagt die RFT für die beiden regulatorischen Foki unterschiedliche *Strategien* der Zielverfolgung – annähernde oder vermeidende – vorher. Ein viel zitiertes Beispiel beschreibt zwei Studenten am Tag vor der Prüfung. Beide sind sehr gut, wollen eine Eins schreiben und beide haben die gleiche Erwartung, dass dieser Erfolg eintreten wird. Während der Student im Promotion-Fokus am Abend noch einmal das Studienmaterial mit Kommilitonen durchgeht, stellt der Student im Prevention-Fokus sein Telefon ab, damit er bei der Prüfungsvorbereitung nicht gestört wird. Auf strategischer Ebene zeigt der Promotion-Student annähernde Strategien, während der Prevention-Student vermeidende Strategien zeigt.[1] Vermeidung auf strategischer Ebene bei positivem Endzustand (alles zu vermeiden, was eine Eins in der Prüfung verhindern könnte) ist in klassischen Theorien der Annäherungs-Vermeidungsmotivation (→ Annäherungs- vs. Vermeidungsmotivation) nicht vorgesehen. Higgins (1997) bezeichnet positive (z. B. eine Eins schreiben) und negative Endzustände (z. B. eine Sechs schreiben) als Referenzpunkte. Für klassische Theorien der Annäherung/Vermeidungsmotivation bestimmen diese die motivationale Richtung. Für die RFT dagegen sind die strategischen oder taktischen Verhaltensweisen bei der Zielerreichung ausschlaggebend: Menschen können sich einem erwünschten Ziel eifrig annähern (in dem sie sich allem annähern, das der Zielerreichung dient) oder sie können sich einem erwünschten Ziel vorsichtig annähern (indem sie alles vermeiden, was die Zielerreichung bedroht).[2]

Positive und negative Endzustände sind in den jeweiligen Foki unterschiedlich repräsentiert und werden unterschiedlich erlebt. Im Promotion-Fokus ist das *Eintreten eines positiven Ereignisses* positiv (Gewinn: z. B. Liebe) und das *Ausbleiben eines positiven Ereignisses* negativ (Nicht-Gewinn: z. B. Liebesentzug) repräsentiert. Dagegen ist im Prevention-Fokus das *Ausbleiben eines negativen Ereignisses* positiv (Nicht-Verlust: z. B. eine ausbleibende Strafe) und die *Anwesenheit des negativen Ereignisses* negativ (Verlust: z. B. Strafe) repräsentiert. Die Foki sind nicht mit Erfolg- vs. Misserfolgsorientierung gleichzusetzen[3] (→ Risikowahl-Modell; → Leistung). Menschen können in einem Prevention-Fokus sehr erfolgreich sein und hohe Erwartungen bezüglich ihres Potenzials haben („Mein Pflichtbewusstsein hat mir immer geholfen"), genauso wie Menschen im Promotion-Fokus erfolglos und wenig optimistisch bezüglich ihrer Fähigkeiten sein können („Niemand versteht meine kreativen Gedanken").

---

1 Das Beispiel betrifft hier RF als Persönlichkeitsmerkmal. Denkbar ist auch eine situationale Induzierung, z. B. dann, wenn eine Studentin eine Eins nicht mehr braucht und den Stoff lernt, weil sie dazulernen will (Promotion-Fokus) im Gegensatz zu einer Person, welche die Eins dringend braucht, weil sie sonst ihren Stipendienplatz verliert (Prevention-Fokus).
2 Die RFT hat sich bisher nur mit erwünschten Zielzuständen beschäftigt.
3 Neuere Skalen, die angeblich RF messen, beachten dies nicht und konfundieren Erfolgserwartung mit Promotion-Fokus und Misserfolgserwartung mit Prevention-Fokus.

Aus der RFT lassen sich Vorhersagen für Emotionen, Kognition und Verhalten ableiten. Für eine Übersicht zur RFT siehe Tabelle 1.

Tabelle 1: Zusammenfassung: Promotion- und Prevention-Fokus

	Promotion-Fokus	**Prevention-Fokus**
Bedürfnisse	Wachstum/ Selbstverwirklichung	Sicherheit/Schutz
Ziele	Idealziele	Pflichtziele
Emotion	Freude/Trauer	Ruhe/Angst
Strategische Orientierung	Annäherung	Vermeidung
Erinnerung	An- und Abwesenheit positiver Ereignisse	An- und Abwesenheit negativer Ereignisse
Denkstile	global/kreativ	lokal/analytisch

2.1 Emotionen: Freude und Trauer vs. Erleichterung und Angst

Higgins (1997) leitet aus den Foki unterschiedliche Emotionen bei Erfolg und Misserfolg ab: Das Eintreten eines negativen Ereignisses löst Angst aus (→ Angst und Furcht); bleibt das Ereignis aus, tritt Erleichterung ein. In einem Prevention-Fokus werden deshalb vor allem erregungsbezogene (bei Verlust) vs. ruhebezogene (bei Nicht-Verlust) Emotionen empfunden. Das Eintreten eines positiven Ereignisses, löst Freude aus; bleibt ein positives Ereignis aus, ist ein Mensch enttäuscht oder traurig. In einem Promotion-Fokus werden deshalb vor allem Freude (Gewinn) vs. trauerbezogene (Nicht-Gewinn) Emotionen erlebt. Zahlreiche Studien belegen diese Zusammenhänge sowohl für den chronischen als auch für den induzierten RF (s. Higgins et al., 1997).

2.2 Kognitionen: Gedächtnis für bestimmte Informationen und Denkstile

Gedächtnis für bestimmte Informationen. Versuchspersonen erinnern sich besser an Informationen, die zu ihrem Fokus passen. Higgins und Tykocinski (1992) zeigten, dass Personen im Prevention Fokus vermeidungsbezogene Informationen besser (bspw. „Da ich nichts Dummes sagen wollte, habe ich lieber gar nichts gesagt."), während Personen im Promotion-Fokus annäherungsbezogene Aussagen (bspw. „Da ich etwas Schönes für meinen Freund kaufen wollte, habe nach einem Geschenk gesucht.") besser erinnern. Versuchspersonen erinnern auch erwartungsinkonsistente Informationen besser, vermutlich, weil diese eine Bedrohung für die Richtigkeit bestehender subjektiver Theorien über die Welt sind (Förster, Higgins & Strack, 2000).

Globaler vs. lokaler Denkstil. In Situationen, wo Sicherheit eine Rolle spielt, sollten die Details möglicherweise problematischer Situationen genauer analysiert werden um dann konventionelle, sichere Strategien zu identifizieren. In einer Situation, in der Wachstumsziele eine Rolle spielen, ist ein solch lokaler und analytischer Denkstil nicht ausreichend. Hier muss das große Ganze in den Blick kommen um möglichst viele kreative, möglicherweise riskante Entwürfe zu produzieren. Versuchspersonen im Prevention-Fokus achten dementsprechend eher auf Details als auf das Gesamte, während Versuchspersonen im Promotion-Fokus eher das Ganze beachten (Förster & Higgins, 2005) und in Kreativitätsaufgaben, die von einem globalen Prozessstil profitieren, besser sind als Versuchspersonen im Prevention-Fokus; letztere lösen besser analytische Aufgaben als Personen im Promotion-Fokus (Friedman & Förster, 2001).

2.3 Verhalten: Motivationale Orientierungen und Strategien der Zielverfolgung

Motivationale Orientierungen – Annäherung vs. Vermeidung. Personen bevorzugen im Prevention-Fokus Vermeidungsstrategien, während sie im Promotion-Fokus Annäherungsstrategien bevorzugen (→ Annäherungs- vs. Vermeidungsmotivation, s. auch oben): In einer Serie von Studien wurde z. B. die Muskelaktivität von Muskeln, die mit Annäherungsverhalten assoziiert sind (Arm Flexor) und solchen, die mit Vermeidungsverhalten assoziiert sind (Arm Extensor) gemessen (Förster, Higgins & Idson, 1998). Mit der Nähe zum Ziel (und damit steigender Motivation) kontrahierten Personen im Promotion-Fokus die Annäherungsmuskulatur stärker, während Personen im Prevention-Fokus dagegen die Vermeidungsmuskulatur anspannten. In den Studien wurde das hedonische Prinzip gegen die Annahmen der RFT getestet: Wenn unter einer Nicht-Gewinn Situation gearbeitet wurde, zeigte sich eine Aktivierung der Annäherungsmuskulatur, während sich eine Aktivierung der Vermeidungsmuskulatur zeigte wenn unter Nicht-Verlust Instruktionen gearbeitet wurde. Nicht-Verlust ist in klassischen Annäherungs-Vermeidungstheorien ein positiver Endzustand, bei dem Annäherung erwartet wird und Nicht-Gewinn ein negativer Zustand, bei dem Vermeidung erwartet wird. Die Befunde sprechen für eine Wirkung der RFT über die Valenz von Referenzpunkten hinaus.

Strategien der Zielverfolgung – Vorsicht vs. Risiko. Im Promotion-Fokus stehen Gewinne im Vordergrund während mögliche Verluste vernachlässigt werden. Im Prevention-Fokus dagegen liegt das Augenmerk auf potenziellen Verlusten und wie diese vermieden werden können. Dies sollte im Promotion-Fokus zu einer lustvollen, eifrigen und riskanten und im Prevention-Fokus zu einer vorsichtigen, langsamen und risikoaversiven Vorgehensweise führen. So machen Personen im Promotion-Fokus bei Signalentdeckungsaufgaben in mehrdeutigen Situationen bspw. mehr Begehungsfehler (Nennen einer falschen Lösung – sie könnte ja richtig sein) während sie im Prevention-Fokus mehr Auslassungsfehler machen (Nicht-Nennen einer richtigen Lösung, sie könnte ja falsch sein; Crowe & Higgins, 1997). Weiterhin gehen Personen im Promotion-Fokus in Aufgaben mit Schnelligkeits-/Genauigkeitskonflikten eher das Risiko von Auslassungsfehlern zugunsten der Geschwindigkeit ein, während Prevention-Personen langsamer und genauer sind (Förster, Higgins & Taylor Bianco, 2003). Jüngere Forschung zeigt zahlreiche Anwendungen in sozial relevanten Bereichen wie bspw. Verkehrsverhalten, Gruppenverhalten und Interesse an Neuem und Unbekanntem vs. Altbekanntem und Bewährten (s. Werth & Förster, 2007).

2.4 Regulatorischer Fit

Die RFT sagt unter Zuhilfenahme des Konzepts des regulatorischen Fits (Higgins, 2000) auch Einstellungen vorher. Als „Fit" wird die Passung zwischen den strategischen Anforderungen (bspw. vorsichtig vs. riskant) der Aufgabe und dem RF der jeweiligen Person bezeichnet. Personen bevorzugen Aufgaben, die zu ihrem RF passen, die Verarbeitung von zum Fokus passender Information gelingt leichter und bewirkt ein Gefühl „richtig zu liegen". Dieses Gefühl kann dann ein nachfolgendes Urteil (bspw. Preiseinschätzung eines Produktes) beeinflussen.

Wenn sich Personen im Promotion-Fokus während einer Entscheidung zwischen zwei Produkten vorstellen, *was sie gewinnen, wenn sie ein Produkt auswählen* wird das später gewählte Produkt positiver bewertet als wenn sie sich vorstellen, *was sie verlieren, wenn sie sich gegen eines entscheiden*. Für Personen im Prevention-Fokus ist das Gegenteil der Fall. Weiterhin zeigte sich, dass zum Fokus passende Inhalte überzeugender wirken. Personen, die animiert werden sollen, einen Traubensaft zu kaufen, werden im Promotion-Fokus stärker durch Informationen, die persönliches Wachstum versprechen überzeugt (wie bspw. „steigert die Energie"), während sich Personen im Prevention-Fokus eher von Informationen überzeugen lassen, die Sicherheitsaspekte beinhalten (wie bspw. „reduziert das Krebsrisiko"; Higgins, Idson, Freitas, Spiegel & Molden, 2003).

Regulatorischer Fit wird auch durch die Passung von Prozessstilen und Regulatorischem Fokus erreicht (global und Promotion-Fokus; lokal und Prevention-Fokus) erreicht. Auch in diesem Fall wirkt sich das positive Gefühl von Fit auf auf Urteile aus (Förster & Higgins, 2005). Darüber hinaus kommt es unter Regulatorischen Fit zu besserer Leistung als unter Nicht-Fit (Förster et al., 1998).

3 Ausblick

Während sich die Forschung in der ersten Dekade der RFT vor allem auf die grundlegenden Prozesse fokussiert hat, zeichnen sich zunehmend Implikationen für angewandte Forschungsfelder ab. Die RFT hat in der Intergruppenforschung genauso Einzug gehalten, wie in der Konsumentenpsychologie, der Arbeits- und Organisationspsychologie und der Gehirnforschung. Forschung zu Rollenmodellen und zu selbst erfüllenden Prophezeiungen gewinnen durch RFT eine neue theoretische Fundierung (s. Werth & Förster, 2007). Inzwischen werden aber auch immer mehr Befunde im Lichte der RFT interpretiert, ohne dass diese notwendigerweise durch sie erklärt werden müssten. Studien, die lediglich die Valenz von Erwartungen, Emotionen, Situationen oder die Aktivierung von Annäherungs- und Vermeidungsmotivationen manipulieren oder erfassen, könnten oft einfacher mit klassischen Theorien des Annäherns und Vermeidens erklärt werden. Um sicherzustellen, dass RF wirken, muss auf jeden Fall ein einfacher Einfluss von Referenzpunkten ausgeschlossen werden. RFT operiert auch unabhängig von Erfolgs- oder Misserfolgs-Erwartungen und ist im Gegensatz zu vielen Annäherungs/Vermeidungstheorien auch eine sozialpsychologische Theorie, da die Foki situativ ausgelöst werden können. Um mit Tory Higgins (persönliches Gespräch, 2006) zu schließen: „The hedonic principle is one of the most important principles in psychology, there is nothing to say against it; however, RFT clearly goes beyond it. In order to study it one simply needs to control for valence."

Weiterführende Literatur

Förster, J., Higgins, E. T. & Idson, L. C. (1998). Approach and avoidance strength during goal attainment: Regulatory focus and the „goal looms larger" effect. *Journal of Personality and Social Psychology, 75,* 1115–1131.

Higgins, E. T. (1997). Beyond pleasure and pain. *American Psychologist, 52,* 1280–1300.

Higgins, E. T. (2000). Making a good decision: Value from fit. *American Psychologist, 55,* 1217–1230.

Literatur

Crowe, E. & Higgins, E. T. (1997). Regulatory focus and strategic inclinations: Promotion and prevention in decision-making. *Organizational Behavior and Human Decision Processes, 69,* 117–132.

Friedman, R. S. & Förster, J. (2001). The effects of promotion and prevention cues on creativity. *Journal of Personality and Social Psychology, 81,* 1001–1013.
Förster, J. & Higgins, E. T. (2005). Regulatory focus and global vs. local perception: Implications for performance and value. *Psychological Science, 16,* 631–636.
Förster, J., Higgins, E. T. & Strack, F. (2000). When stereotype disconfirmation is personal threat: How prejudice and prevention focus moderates incongruency effects. *Social Cognition, 18,* 178–197.
Förster, J., Higgins, E. T. & Taylor Bianco, A. (2003). Speed/accuracy in performance: Tradeoff in decision making or separate strategic concerns? *Organizational Behavior and Human Decision Processes, 90,* 148–164.
Higgins, E. T., Friedman, R. S., Harlow, R. E., Idson, L. C., Ayduk, O. N. & Taylor, A. (2001). Achievement orientations from subjective histories of success: Promotion pride versus prevention pride. *European Journal of Social Psychology, 31,* 3–23.
Higgins, E. T., Idson, L. C., Freitas, A. L., Spiegel, S. & Molden, D. C. (2003). Transfer of value from fit. *Journal of Personality and Social Psychology, 84,* 1140–1153.
Higgins, E. T., Shah, J. & Friedman, R. (1997). Emotional responses to goal attainment: Strength of regulatory focus as moderator. *Journal of Personality and Social Psychology, 72,* 515–525.
Higgins, E. T. & Tykocinski, O. (1992). Self-discrepancies and biographical memory: Personality and cognition at the level of psychological situation. *Journal of Personality and Social Psychology Bulletin, 18,* 527–535.
Werth, L. & Förster, J. (2007). Regulatorischer Fokus: Ein Überblick. *Zeitschrift für Sozialpsychologie, 38,* 33–42.

Theorie Erlernter Hilflosigkeit
Learned Helplessness Theory

Joachim Stiensmeier-Pelster

1 Einleitung

Erlernte Hilflosigkeit beschreibt einen psychischen Zustand, der erstmals von Seligman und Maier (1967) beobachtet und theoretisch erklärt wurde. Dieser ist Folge der Erwartung, zukünftig Erfolge oder andere positive Ereignisse durch eigenes Handeln nicht herbeiführen zu können (*Erwartung* von Inkontingenz zwischen Handeln und dessen Folgen), was Handeln zwecklos erscheinen lässt. Der Erwartung liegt eine Lerngeschichte zugrunde, die dadurch gekennzeichnet ist, dass man wiederholt die Erfahrung gemacht hat, Ereignisse, die einem widerfahren, nicht kontrollieren bzw. beeinflussen zu können (*Erfahrung* von Inkontingenz zwischen Handeln und dessen Folgen).

> **Die drei Defizite erlernter Hilflosigkeit**
> 1. *Motivationales* Defizit: Aufgrund der erwarteten Sinnlosigkeit eigenen Handelns unternimmt man keine Anstrengungen mehr, Ereignisse zu kontrollieren oder Erfolge herbeizuführen.
> 2. *Emotionales* Defizit: Solange man noch hofft, Kontrolle zu erlangen, überwiegen Symptome der Angst (→ Angst und Furcht) und später, sobald man sicher ist, keine Kontrolle mehr zu erlangen, Symptome der Depression (→ Trauer).
> 3. *Kognitives* Defizit: Unfähigkeit zu erkennen, wo, wann und wie Handlungsmöglichkeiten bestehen bzw. wo, wann und wie man durch eigenes Handeln seine Umwelt wirkungsvoll beeinflussen kann (Unfähigkeit bestehende Kontingenzen zwischen Handeln und Ereignissen wahrzunehmen).

Von herausragender Bedeutung war in diesem Zusammenhang die (später oft zu Recht kritisierte, s. u.) Annahme, dass die Erwartung zukünftiger Inkontingenz und die damit verbundenen Symptome der Hilflosigkeit auf viele unterschiedliche Bereiche und über sehr lange Zeiträume generalisieren.

> **Das klassische Hilflosigkeitsexperiment von Hiroto und Seligman (1975):**
> Das Experiment bestand aus zwei Phasen: einer Lernphase und einer Testphase. In der Lernphase wurden die Versuchspersonen einer von drei Bedingungen unterzogen. Die Versuchspersonen der ersten Bedingung wurden mit

einem sehr unangenehmen Lärm konfrontiert. Dabei konnten sie jedoch lernen, den Lärm mittels einer einfachen instrumentellen Tätigkeit, nämlich der mehrmaligen Betätigung eines Schalters, zu beenden (Bedingung 1: Wahrnehmung von Kontrolle bzw. Kontingenz). Die Versuchspersonen der zweiten Bedingung wurden ebenfalls mit dem sehr unangenehmen Lärm konfrontiert. Für sie bestand jedoch keine Möglichkeit den Lärm abzustellen. Vielmehr wurde der Lärm unabhängig davon, ob bzw. wie häufig sie den Schalter betätigten, beendet; und zwar jeweils dann, wenn eine ihnen (ohne ihr Wissen) zugeordnete Versuchsperson der ersten Bedingung die Lärmquelle abgeschaltet hatte (Bedingung 2: Wahrnehmung von Unkontrollierbarkeit bzw. Inkontingenz). Die Versuchspersonen der dritten Bedingung wurden dem Lärm nicht ausgesetzt (Bedingung 3: Kontrollgruppe).

In der Testphase hatten die Versuchspersonen entweder leistungsbezogene Aufgaben zu lösen oder eine einfache instrumentelle Tätigkeit zu erlernen. Dabei zeigte sich, dass die Versuchspersonen der Bedingung „Wahrnehmung von Unkontrollierbarkeit" im Vergleich zu den Versuchspersonen der beiden übrigen Bedingungen sowohl deutlich weniger Aufgaben lösten als auch deutlich größere Schwierigkeiten hatten, die instrumentelle Tätigkeit zu erlernen. Die Versuchspersonen der Kontrollgruppe und der Bedingung „Wahrnehmung von Kontrolle" unterschieden sich dagegen nicht. Das Experiment zeigte also in Übereinstimmung mit der Theorie der erlernten Hilflosigkeit, dass die Wahrnehmung von Unkontrollierbarkeit in einer spezifischen Situation zu Leistungs- und Verhaltensdefiziten (als Indikator für erlernte Hilflosigkeit) in einer ähnlichen (Erlernen einer instrumentellen Tätigkeit) wie auch (im Sinne der angenommenen Generalisierung) in einer vollständig anderen Situation (Bearbeiten von Leistungsaufgaben) führen kann.

2 Unzulänglichkeiten der ursprünglichen Theorie

Die Theorie der erlernten Hilflosigkeit erlangte schnell große Popularität und befruchtete die Forschung und Theoriebildung wie auch deren praktische Anwendung in vielen Bereichen der Psychologie (so z. B. in der Klinischen Psychologie im Hinblick auf die Erklärung von Depression, in der Pädagogischen Psychologie und der Organisationspsychologie in Bezug auf die Erklärung von schulischen bzw. beruflichen Leistungsdefiziten). Dennoch meldeten sich viele kritische Stimmen, die auf vielfältige Unzulänglichkeiten der Theorie hinwiesen (zsf. Meyer, 2000). So konnte die Theorie insbesondere nicht erklären (1) unter welchen Bedingungen der Zustand der Hilflosigkeit von nur temporärer Natur ist oder aber über lange Zeit stabil bleibt (chronisch ist), (2) welche Faktoren das Ausmaß bestimmen, in dem Hilflosigkeit über verschiedene Situationen hinweg generalisiert, (3) wann Hilflosigkeit mit Selbstwertdefiziten einher geht und wann nicht, (4) welche Rolle (neben der Unkontrollierbarkeit) die Valenz (positiv vs. negativ) des Ereignisses spielt und (5) welche Bedeutung dem Ausmaß der erfahrenen Unkontrollierbarkeit (einmalige, mehrmalige oder ständig auftretende Unkontrollierbarkeit) zukommt.

3 Die attributionstheoretische Reformulierung der Theorie und ihre Erweiterung zur Hoffnungslosigkeitstheorie

Um die genannten Mängel zu beheben, wurden verschiedene Reformulierungen der Theorie vorgelegt. Als besonders einflussreich erwies sich die attributionstheoretische Reformulierung der Theorie der erlernten Hilflosigkeit (Abramson, Seligman & Teasdale, 1978) sowie deren spätere Weiterentwicklung und Präzisierung als Theorie der Hoffnungslosigkeit (Abramson, Metalsky & Alloy, 1989). Der Kern dieser Theorierevision besteht darin, dass Überlegungen aus den attributiontheoretischen Arbeiten Weiners (zsf. Weiner, 1986; → Attributionstheorie und attributionale Theorien) in die Theorie einbezogen wurden. Darüber hinaus wurden auch die Auswirkungen unterschiedlicher Qualitäten (Valenzen) des unkontrollierbaren Ereignisses sowie die Folgen unterschiedlicher Ausprägungen der Stärke bzw. der Anzahl von Unkontrollierbarkeitserfahrungen spezifiziert. Weiterhin wurde die den Zustand der Hilflosigkeit auslösende Erwartung theoretisch neu gefasst und fortan als Hoffnungslosigkeit(-serwartung) konzeptualisiert. Hoffnungslosigkeit ist dabei definiert als das Zusammenspiel zweier Erwartungen: (1) die Erwartung, dass zukünftig negative Ereignisse mit sehr hoher und positive Ereignisse nur mit geringer Wahrscheinlichkeit eintreten (was die Valenz bzw. die Qualität der Unkontrollierbarkeitserfahrung berücksichtigt) und (2) die Erwartung, dass man über keine geeigneten Handlungsmöglichkeiten verfügt, die Wahrscheinlichkeiten des Auftretens positiver wie negativer Ereignisse zu ändern (die ursprüngliche Unkontrollierbarkeitserwartung).

Folgt man der attributionstheoretischen Reformulierung, so folgt auf die Wahrnehmung der Unkontrollierbarkeit[1] zunächst eine Bewertung der Valenz und der persönlichen Bedeutsamkeit des Ereignisses. Die Entstehung von Hoffnungslo-

---

[1] Die Wahrnehmung eines Ereignisses als unkontrollierbar unterstellt im Grundsatz einen ersten Attributionsprozess, denn die Wahrnehmung von Unkontrollierbarkeit setzt voraus, dass die Ursachen, die zu dem Ereignis geführt haben, als unkontrollierbar eingeschätzt werden. In allen theoretischen Analysen der erlernten Hilflosigkeit wird dieser Prozess nicht beachtet und stillschweigend als gegeben angenommen. Damit ist auch die zweite Hälfte der die Hoffnungslosigkeit ausmachende Erwartung gegeben, die die Unkontrollierbarkeit zukünftiger Ereignisse beschreibt.

sigkeit setzt voraus, dass das unkontrollierbare Ereignis negativ ist und als persönlich bedeutsam angesehen wird. Nur dann ist die erste Hälfte der zweigeteilten Erwartung gegeben sowie die Voraussetzung dafür, dass emotionale Defizite (wie z. B. depressive Symptome) entstehen. Parallel dazu erfolgt die kausale Interpretation des Ereignisses. Diese bestimmt anschließend, (1) ob die Hoffnungslosigkeit neben den o. g. Symptomen auch Selbstwertdefizite umfasst und (2) das Ausmaß, in dem die Hoffnungslosigkeit sowie die sie begleitenden Symptome chronifizieren und über verschiedene Situationen generalisieren.

Attributionsdimensionen zur Einordnung der Ursachen für das unkontrollierbare Ereignis

1. Lokation (beschreibt, ob die Ursachen innerhalb oder außerhalb der eigenen Person liegen),
2. Stabilität (beschreibt, ob die Ursachen zeitlich stabil oder variabel ist),
3. Globalität (beschreibt, ob die Ursache unterschiedliche Situationen beeinflusst, also global ist, oder nur die vorliegende, also spezifisch ist).

Glaubt man, die Ursache für die Unkontrollierbarkeit läge in der eigenen Person begründet, dann kommt es zu persönlicher Hilflosigkeit, die mit Selbstwertdefiziten einhergeht. Glaubt man dagegen, die Ursache für die Unkontrollierbarkeit läge in anderen Personen oder den Umständen, dann kommt es zu einer universellen Hilflosigkeit, die keine Selbstwertdefizite umfasst. Die Einordnung der Ursachen auf der Dimension Stabilität determiniert die Chronizität der Hoffnungslosigkeit. Eine stabile, d. h. chronische, Hoffnungslosigkeit folgt nach Attribution der Unkontrollierbarkeit auf stabile Ursachen und eine nur temporäre bzw. akute Hoffnungslosigkeit nach Attribution auf zeitlich variable Ursachen. Eine Attribution des unkontrollierbaren Ereignisses auf globale Ursachen schließlich zieht eine breit generalisierte Hoffnungslosigkeit nach sich – im Gegensatz zu einer sehr spezifischen Hoffnungslosigkeit als Folge einer Attribution auf spezifische Ursachen. Je länger andauernd die Erwartung von Hoffnungslosigkeit besteht und je stärker diese über Situationen hinweg generalisiert, umso chronischer und breiter generalisiert treten in der Folge auch Beeinträchtigungen des Erlebens und Verhaltens auf.

Der letzte Aspekt, den es noch zu klären gilt, betrifft die Stärke der Unkontrollierbarkeitserwartung. Diese soll abhängen von der Anzahl der erlebten unkontrollierbaren Ereignisse. Je häufiger man diese Erfahrung gemacht hat, umso stärker soll man von zukünftiger Unkontrollierbarkeit überzeugt sein und umso schwerwiegender sollen auch die Symptome ausfallen.

Wie bereits oben angedeutet, hat die attributionstheoretische Reformulierung der Theorie der erlernten Hilflosigkeit (bzw. deren Erweiterung als Hoffnungslosigkeitstheorie) Forschung und Praxis in verschiedenen Bereichen der Psychologie nachhaltig beeinflusst. So konnte sie sich als Erklärungsmodell für Depression etablieren. Gemäß dem Depressionsmodell der Theorie der erlernten Hilflosigkeit stellt die Tendenz, negative Ereignisse bevorzugt auf internale, stabile und globale Ursachen zurückzuführen (depressiver Attributionsstil; vgl. Poppe, Stiensmeier-Pelster & Pelster, 2005), einen bedeutsamen Risikofaktor für das Entstehen depressiver Störungen dar. In einer Vielzahl von Untersuchungen konnte dieses Modell empirisch bestätigt werden. So konnte in Querschnittstudien immer wieder gezeigt werden, dass Personen umso mehr Symptome der Depression aufweisen, je stärker sie einem depressiven Attributionsstil zuneigen (zsf. Sweeney, Anderson & Bailey, 1986). Zudem konnte in Längsschnittstudien wiederholt gezeigt werden, dass Personen auf negative Lebensereignisse umso stärker mit einem chronischen Anstieg an Depression reagieren, je stärker sie negative Ereignisse auf stabile und globale Ursachen zurückführen (zsf. Poppe et al., 2005).

> **Beispiel:**
> Metalsky, Halberstadt und Abramson (1987) erhoben bei Studierenden das Ausmaß an depressiver Symptomatik vor einer Klausur (t1), und unmittelbar (t2) sowie einige Tage (t3) nach Bekanntgabe der Noten. Weiterhin erfassten die Autoren zu t1 bei den Studierenden deren Attributionsstil. Die Ergebnisse dieser Studie entsprachen genau den Vorhersagen des Depressionsmodells der Theorie der erlernten Hilflosigkeit. Studierende, die einen Misserfolg, d.h. eine schlechte Note in der Klausur hatten, wiesen zu t2 im Vergleich zu t1 einen deutlichen Anstieg an depressiver Symptomatik auf und zwar unabhängig von ihrem Attributionsstil. Die akute Depression war also allein vom negativen Ereignis, nicht aber von dessen kausaler Interpretation abhängig. Zu t3 hatten jedoch nur noch diejenigen Studierenden einen im Vergleich zu t1 erhöhten Depressionswert, die einen depressiven Attributionsstil aufwiesen. Die Chronizität der als Folge von Misserfolg auftretenden depressiven Symptome war also – wie erwartet – abhängig von den Ursachenerklärungen, die für den Misserfolg herangezogen wurden.

4 Individuelle Unterschiede und erlernte Hilflosigkeit

Bei der Theorie der erlernten Hilflosigkeit handelt es sich um eine typische allgemeinpsychologische Theorie. Es wurde daher anfangs insbesondere der Einfluss von Situationsfaktoren (Ausmaß und Stärke von Inkontingenzerfahrungen) diskutiert. Personfaktoren wurden erst später in die Theorie integriert. Ein wesentlicher Personfaktor ist der o. g. depressive Attributionsstil. Ein weiterer intensiv theoretisch diskutierter wie auch empirisch untersuchter Personfaktor ist das Fähigkeitsselbstkonzept (→ Selbstkonzept der Begabung; s. Stiensmeier-Pelster & Schöne, 2008). Dabei zeigte sich, dass Personen mit einem niedrigen Fähigkeitsselbstkonzept (also Personen mit der Überzeugung, eher wenig begabt zu sein) besonders schnell in einen Zustand der Hilf- bzw. Hoffnungslosigkeit geraten. Dies hat insbesondere Implikationen im Hinblick auf das Bewältigen von Misserfolgen oder das Überwinden von Schwierigkeiten. Personen mit einem niedrigen Fähigkeitsselbstkonzept sehen die Ursachen für Misserfolg bevorzugt in ihren mangelnden Fähigkeiten (ein internaler, stabiler und globaler Faktor). Diese Attribution löst die Erwartung aus, Erfolge durch eigene Anstrengung nicht herbeiführen zu können, was wiederum bewirkt, dass sie ihre Anstrengung reduzieren, wodurch die Wahrscheinlichkeit weiterer Misserfolge steigt. Personen mit einem Konzept hoher eigener Fähigkeiten reagieren auf Misserfolg dagegen zunächst mit einer Erhöhung der Anstrengung. Sie sehen die Ursache für Misserfolg nämlich eher in ihrer mangelnden Anstrengung (oder ggf. in einer falschen Lernstrategie) und sind daher überzeugt, durch erhöhte Anstrengung Erfolge erzielen zu können.

> **Beispiel:**
>
> Eckert, Schilling und Stiensmeier-Pelster (2006) baten Studierende, Aufgaben aus einem Intelligenztest zu bearbeiten. Anschließend wurde je der Hälfte der Studierenden mitgeteilt, dass sie im Test unter- (Misserfolgsbedingung) bzw. überdurchschnittlich (Erfolgsbedingung) abgeschnitten hätten. Vor der Aufgabenbearbeitung wurde zudem das Fähigkeitsselbstkonzept (FSK) der Studierenden erhoben. Anschließend hatten alle Studierenden in einem weiteren Experiment einen Konzentrationstest zu bearbeiten. Wie gemäß der Theorie der erlernten Hilflosigkeit erwartet, zeigten Studierende der Misserfolgsbedingung im Vergleich zur Erfolgsgruppe einen deutlichen Einbruch in ihrer Konzentrationsleistung. Dieser Leistungseinbruch ging ausschließlich auf die Studierenden zurück, die ein niedriges FSK aufwiesen. Nur bei diesen führte Misserfolg zu einem Leistungseinbruch beim später zu bearbeitenden Konzentrationstest. Die Studierenden mit hohem FSK zeigten dagegen im Konzentrationstest unabhängig vom zuvor erlebten Erfolg oder Misserfolg eine gleichwertige Leistung. Ein niedriges FSK führte also dazu, dass Misserfolg gravierende Leistungseinbrüche bei nachfolgenden Aufgaben zur Folge haben kann, selbst dann, wenn die nachfolgenden Aufgaben andere Fähigkeiten erfordern als die Aufgaben, bei denen man Misserfolg erlebt hat.

Weiterführende Literatur

Meyer, W.-U. (2000). *Gelernte Hilflosigkeit.* Bern: Huber.

Literatur

Abramson, L. Y., Metalsky, G. I. & Alloy, L. B. (1989). Hopelessness depression: A theory-based subtype of depression. *Psychological Review, 96,* 358–372.
Abramson, L. Y., Seligman, M. E. P. & Teasdale, J. (1978). Learned helplessness in humans: Critique and reformulation. *Journal of Abnormal Psychology, 87,* 49–74.
Eckert, C., Schilling, D. & Stiensmeier-Pelster, J. (2006). Der Einfluss des Fähigkeitsselbstkonzepts auf die Intelligenz- und Konzentrationsleistung. *Zeitschrift für Pädagogische Psychologie, 20,* 41–48.
Hiroto, D. S. & Seligman, M. E. P. (1975). Generality of learned helplessness in man. *Journal of Personality and Social Psychology, 31,* 311–327.
Metalsky, G. I., Halberstadt, L. J. & Abramson, L. Y. (1987). Vulnerability to depressive mood reactions: Toward a more powerful test of the diathesis-stress and causal mediation components of the reformulated theory of depression. *Journal of Personality and Social Psychology, 52,* 386–393.
Poppe, P., Stiensmeier-Pelster, J. & Pelster, A. (2005). *Attributionsstilfragebogen für Erwachsene (ASF-E).* Göttingen: Hogrefe.
Seligman, M. E. P. & Maier, S. F. (1967). Failure to escape traumatic shock. *Journal of Experimental Psychology, 74,* 1–9.
Stiensmeier-Pelster, J. & Schöne, C. (2008). Fähigkeitsselbstkonzept. In W. Schneider & M. Hasselhorn (Hrsg.), *Handbuch Pädagogische Psychologie* (S. 62–73). Göttingen: Hogrefe.
Sweeney, P. D., Anderson, A. & Bailey, S. (1986). Attributional style in depression: A meta-analytic review. *Journal of Personality and Social Psychology, 50,* 974–911.
Weiner, B. (1986). *An attributional theory of motivation and emotion.* New York: Springer.

Automotiv-Theorie
Automotive-Theory

Anja Achtziger & Peter M. Gollwitzer

1 Unbewusste Prozesse der Motivation

Die Automotiv-Theorie (z. B. Bargh, 1994) basiert auf der Annahme, dass das Streben nach einem bestimmten Ziel durch automatische und somit unbewusste[1] Prozesse unterstützt wird. Diese Prozesse führen dazu, dass man sofort, ohne

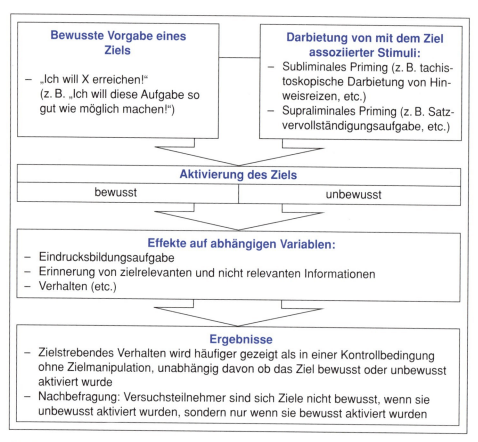

Abbildung 1: Unbewusste und bewusste Aktivierung von Zielen

---

1 Unter unbewussten Prozessen werden Prozesse verstanden, die nur wenig kognitive Ressourcen brauchen, prompt und ohne die Aufmerksamkeit darauf richten zu müssen ablaufen.

große Anstrengungen und ohne eine weitere bewusste Zielsetzung (→ Zielsetzungstheorie) auf Umweltbedingungen reagiert, die das Erreichen eines Ziels unterstützen, sobald das Ziel aktiviert worden ist. Das erleichtert es, in einer komplexen Umwelt weiterhin ein Ziel zu verfolgen, selbst wenn die Aufmerksamkeit auf andere Dinge ausgerichtet ist. Die Unterschiede zwischen bewusster und unbewusster Aktivierung von Zielen sind in Abbildung 1 dargestellt.

2 Automotiv-Theorie: Die unbewusste Aktivierung und Verfolgung von Zielen

Die Automotiv-Theorie (Bargh, 1994, 2006) nimmt an, dass → *Ziele* mental genauso repräsentiert sind wie Kognitionen. Das heißt, dass Ziele genauso wie Kognitionen durch das Auftauchen bestimmter Objekte in der aktuellen Umwelt automatisch aktiviert werden können, wenn sie mit diesen in der Vergangenheit wiederholt zusammen auftraten. Wenn bspw. ein Kind bei Anwesenheit der Mutter sich wiederholt ganz bewusst ein Leistungsziel (→ Leistung) setzt, kann auf Dauer dieses Ziel automatisch und somit ohne bewussten Willensakt durch die Anwesenheit der Mutter aktiviert werden.

Bargh (1994, 2006) konnte zeigen, dass ein unbewusst aktiviertes Ziel dieselben Effekte auf Gedanken und Verhalten hat wie ein bewusst gesetztes Ziel. Das bedeutet für das obige Beispiel, dass das unbewusst durch die Anwesenheit der Mutter aktivierte Leistungsziel dazu führt, dass das Kind sich bei ihrer Anwesenheit besonders stark anstrengt, um seine Hausaufgaben gut zu erledigen. Genauso wie es durch das bewusst gefasste Ziel, die Hausaufgaben gut zu erledigen, geschehen wäre.

> **Beispiel: Studie zu unbewusst aktivierten Zielen**
>
> Ziele können beispielsweise durch die Bearbeitung einer Satzkonstruktionsaufgabe unbewusst aktiviert werden, wenn das verbale Material zielbezogene Wörter enthält (Bargh & Chartrand, 2000). Chartrand und Bargh (1996) ließen in einer Bedingung Sätze aus Wörtern konstruieren, die mit der Bildung von Eindrücken von anderen Personen assoziiert sind (z. B. „beurteilen"). In der anderen Bedingung waren für die Satzkonstruktion Wörter aus dem Bereich „Erinnerung" (z. B. „behalten") vorgegeben. Durch die Beschäftigung mit diesen Wörtern sollte unbewusst das Ziel, sich einen Eindruck zu bilden bzw. sich etwas zu merken, aktiviert werden. Danach sollte eine weitere Aufgabe gelöst werden, die angeblich nichts mit der Satzkonstruktionsaufgabe zu tun hatte: Versuchsteilnehmer lasen eine Reihe von Verhaltensweisen, die von einer Person gezeigt wurden. Danach wurden sie unerwartet gebeten, alle Informa-

tionen an die sie sich erinnern konnten, wiederzugeben. Versuchsteilnehmer, bei denen unbewusst das Eindrucksbildungsziel aktiviert worden war, konnten mehr Verhaltensweisen erinnern und diese stärker als Eindruck von der geschilderten Person wiedergeben als Versuchsteilnehmer, bei denen unbewusst das Erinnerungsziel aktiviert worden war. Diese Studie replizierte Ergebnisse der Eindrucksbildungsforschung: Ein bewusst gesetztes Eindrucksbildungsziel führt dazu, dass man sich mehr Informationen über eine Person merkt als wenn man bzgl. dieser Person ein bewusstes Erinnerungsziel hat. In diesem Sinne konnte also gezeigt werden, dass Ziele tatsächlich unbewusst aktiviert werden können und danach dieselben Auswirkungen auf Gedanken und Verhalten haben wie bewusst gesetzte Ziele.

3 Der Einfluss unbewusst aktivierter Ziele

Bei Studien zur Automotiv-Theorie ist es notwendig, Versuchsteilnehmer nach der Studie intensiv zu befragen, ob sie sich der Aktivierung des Ziels bewusst waren. In der Regel glauben die Versuchsteilnehmer nach der Studie gar nicht, dass bei ihnen unbewusst ein Ziel aktiviert worden ist, selbst wenn man ihnen erklärt, wie das geschah. So beobachteten Bargh, Gollwitzer, Lee-Chai, Barndollar und Trötschel (2001, Studie 2), dass unbewusst aktivierte Ziele sich auf das Verhalten auswirken, ohne dass die Betroffenen das merken. Diese Autoren aktivierten in einer Experimentalgruppe unbewusst das Ziel, mit einem Gegner in einer Verhandlungsaufgabe zu kooperieren oder baten in einer zweiten Experimentalgruppe Versuchsteilnehmer darum, sich dieses Ziel ganz bewusst zu setzen. Versuchsteilnehmer in beiden Experimentalgruppen zeigten im offenen Verhalten mehr Kooperation (→ Prosoziales Verhalten) als Versuchsteilnehmer, bei denen dieses Ziel weder bewusst noch unbewusst aktiviert worden war (Kontrollgruppe). Fragte man sie aber nach ihrem Kooperationsverhalten, gaben nur Versuchsteilnehmer der bewussten Experimentalbedingung an, kooperiert zu haben, nicht aber Versuchsteilnehmer der unbewussten Experimentalbedingung. Das bedeutet, dass Versuchsteilnehmer, bei denen das Ziel zu kooperieren unbewusst aktiviert worden war, zwar mehr kooperierten als Versuchsteilnehmer der Kontrollbedingung, sich dessen aber offensichtlich nicht bewusst waren. Wurde ein Ziel also unbewusst aktiviert, wirkte es sich zwar auf das offene Verhalten aus, man war sich dessen aber nicht bewusst.

Das Verfolgen unbewusster Ziele hat dieselben Effekte auf Denken, Gedächtnis und Verhalten wie sie für bewusst gesetzte Ziele berichtet werden (Bargh, 2006; Bargh & Williams, 2006). So wird unabhängig davon, ob ein Ziel bewusst gesetzt oder unbewusst aktiviert wurde, die Verarbeitung und das Erinnern von Informationen und die Handlungssteuerung (→ Handlungskontrolltheorie, → Intentionstheoretischer Ansatz) beeinflusst. Hinsichtlich des Erreichens von Zielen scheint es also keine Rolle zu spielen, ob sie bewusst gefasst oder unbewusst aktiviert werden. Ziele beeinflussen die Verarbeitung von Informationen, die für ihr Erreichen relevant sind, und steuern dadurch das Verhalten in die beabsichtigte Richtung (Bargh, 2006; → Intentionstheoretischer Ansatz; → Rubikonmodell der Handlungsphasen).

4 Ähnlichkeiten unbewusster und bewusster Verfolgung von Zielen

Die Forschung zum bewussten Zielstreben hat Eigenschaften bewussten Zielstrebens dokumentiert, die nichts mit dem jeweiligen Inhalt des Ziels zu tun haben, also davon unabhängig sind, ob es sich um ein Leistungsziel (→ Leistung) oder um ein soziales Ziel (→ Anschluss und Intimität; → Prosoziales Verhalten) handelt. Es soll nachfolgend diskutiert werden, inwiefern inhaltsunabhängige Eigenschaften bewussten Zielstrebens auch auf unbewusstes Zielstreben zutreffen.

Das Erreichen von Zielen hat positive Effekte auf die Selbstwertschätzung (Heckhausen, 1977). Dadurch hebt sich nach dem Erreichen eines Ziels die Stimmung und man strebt anschließend sogar nach noch schwierigeren Zielen (proaktives Zielstreben; Bandura, 1997). Chartrand und Bargh (2002) überprüften inwiefern auch das Erreichen eines unbewusst aktivierten Ziels die positiven Effekte des Erreichens von bewusst gesetzten Zielen nach sich zieht. Hierzu wurde entweder ein sehr hohes Leistungsziel unbewusst aktiviert (Experimentalbedingung), oder den Versuchsteilnehmern nur gesagt, dass sie eine Aufgabe lösen sollen womit ein weniger hohes Leistungsziel manipuliert wurde (Kontrollbedingung). Danach erhielten die Versuchsteilnehmer Anagramme, die entweder sehr einfach oder gar nicht zu lösen waren. Dadurch erreichten Versuchsteilnehmer der Experimentalbedingung bei einfachen Anagrammen ihr hohes Leistungsziel und bei den unlösbaren Anagrammen verfehlten sie es. Nach der Anagrammaufgabe beurteilten alle Versuchsteilnehmer ihre Stimmung und absolvierten einen verbalen Fähigkeitstest. Mit dem Stimmungsfragebogen sollte erfasst werden, inwiefern Leistung und Stimmung in Zusammenhang standen. Mit dem verbalen Fähigkeitstest sollte proaktives Zielstreben untersucht werden. Es zeigte sich, dass unbewusstes und bewusstes Zielstreben nach der Zielerreichung zu denselben Effekten führt: In der Kontrollbedingung zeigten alle dieselbe Stimmung, unabhängig davon, ob sie die einfach zu lösenden Anagramme bearbeitet hatten oder die nicht lösbaren. Dasselbe galt für den verbalen Fähigkeitstest: Die Leistung der Versuchsteilnehmer in der Kontrollbedingung war unabhängig von der Art der zu lösenden Anagramme. Anders sahen die Ergebnisse in der Experimentalbedingung aus: Da hier unbewusst ein hohes Leistungsziel aktiviert worden war, war nach dem Lösen der einfachen Anagramme (Leistungsziel wurde erreicht) die Stimmung besser als nach Bearbeitung der nicht lösbaren Anagramme (Leistungsziel wurde nicht erreicht). Außerdem waren hier im verbalen Fähigkeitstest Versuchsteilnehmer besser, wenn sie zuvor die lösbaren Anagramme bearbeitet hatten. Das bestätigte, dass das Erreichen von unbewusst aktivierten Zielen dieselben Effekte (proaktives Zielstreben und positive Stimmung) nach sich zieht wie das Erreichen bewusst aktivierter Ziele.

Weiterführende Literatur

Bargh, J. A. (2006). What have we been priming all these years? On the development, mechanisms, and ecology of nonconscious social behavior. *Europoean Journal of Social Psychology, 36,* 147–168.

Bargh, J. A. & Williams, E. L. (2006). The automaticity of social life. *Current Directions in Psychological Science, 15,* 1–4.

Literatur

Bandura, A. (1997). *Self-efficacy: The exercise of control.* New York: Freeman.

Bargh, J. A. (1994). The four horseman of automaticity: In R. S. Wyer & T. K. Srull (Eds), *Handbook of social cognition* (pp. 1–40). Hillsdale, NJ: Erlbaum.

Bargh, J. A. & Chartrand, T. L. (2000). The mind in the middle: A practical guide to priming and automaticity research. In H. T. Reis & C. M. Judd (Eds.), *Handbook of research methods in social and personality psychology* (pp. 253–285). New York: Cambridge University Press.

Bargh, J. A., Gollwitzer, P. M., Lee-Chai, A., Barndollar, K. & Trötschel, R. (2001). The automated will: Nonconscious activation and the pursuit of behavioral goals. *Journal of Personality and Social Psychology, 81,* 1014–1027.

Chartrand, T. L. & Bargh, J. A. (1996). Automatic activation of impression formation and memorization goals: Nonconscious goal priming reproduces effects of explicit task instructions. *Journal of Personality and Social Psychology, 71,* 464–478.

Chartrand, T. L. & Bargh, J. A. (2002). Nonconscious motivations: Their activation, operation, and consequences. In A. Tesser, D. A. Stapel & J. V. Wood (Eds.), *Self and motivation: Emerging psychological perspectives* (pp. 13–41). Washington, DC: APA.

Heckhausen, H. (1977). Achievement motivation and its constructs: A cognitive model. *Motivation and Emotion, 1,* 283–329.

Intentionstheoretischer Ansatz
Intentional Action Control

Anja Achtziger & Peter M. Gollwitzer

1 Handlungssteuerung und Selbstregulation

Wird Verhalten aus einer Handlungsperspektive heraus untersucht, unterscheidet man zwischen Prozessen, die das Setzen von → *Zielen*, und Prozessen, welche die Realisierung von Zielen bewirken. Erstere sind motivationale Prozesse, letztere volitionale Prozesse (→ Rubikonmodell der Handlungsphasen, → Zielsetzungstheorie). Im Gegensatz zu einer behavioristischen Betrachtungsweise bedeutet eine handlungspsychologische Verhaltensanalyse die Suche nach einem Grund für ein Verhalten. Die motivationspsychologisch orientierte Handlungspsychologie untersucht Fragen der Steuerung von Handlungen und somit der Volition. Das ist wichtig, weil eine starke Motivation, ein bestimmtes Handlungsergebnis zu erzielen oder ein bestimmtes Verhalten zu zeigen, häufig nicht dazu ausreicht, dieses Verhalten auch wirklich durchzuführen (Gollwitzer & Sheeran, 2006; Kuhl, 1983). Deshalb erfordert die Realisierung eines Ziels den Einsatz von Selbstregulationsstrategien (→ Handlungskontrolltheorie, → Theorie der Persönlichkeits-System-Interaktionen (PSI), → Theorie des regulatorischen Fokus), wie sie beispielsweise von Gollwitzer (1993, 1999) als Vorsätze vorgeschlagen werden.

2 Zielintentionen (Absichten) und Vorsätze (Durchführungsintentionen)

Gollwitzer (1993, 1999) interpretierte das Phänomen einer mangelnden Zielerreichung als Selbstregulationsproblem und bezog sich dabei auf Ach (1935) und Lewin (1926). Unter Selbstregulationsproblemen werden Hindernisse verstanden, die der Realisierung eines Ziels im Wege stehen (z. B. Ablenkung) und die beseitigt werden müssen, um das Ziel zu erreichen (→ Handlungskontrolltheorie). Die Vorsatzforschung fand heraus, dass Ziele häufig erst dann realisiert werden können, wenn die konkrete Planung von Handlungen als Selbstregulationsstrategie eingesetzt wird (Gollwitzer, 1993, 1999; zum Überblick: Achtziger & Gollwitzer, 2006). Unter „Planen" wird die im Voraus gedanklich stattfindende Realisierung von Zielen durch das Festlegen auf konkrete Handlungen verstanden. Aufgrund dieser Unterscheidung zwischen Zielen und dem Planen von Handlungen, die der Erreichung dieser Ziele dienen sollen, werden zwei Arten von Intentionen unterschieden: Zielintentionen (Absichten; *„goal intentions"*) und Vorsätze (Durchführungsintentionen; *„implementation intentions"*) (Gollwitzer, 1993, 1999).

Zielintentionen definieren Endzustände, die noch nicht erreicht worden sind, die aber wünschenswert und wichtig erscheinen. Somit handelt es sich bei Zielintentionen um „Ziele" im landläufigen Sinne (→ Ziele). Sie haben das Format „Ich will X erreichen!" (z. B. „Ich will die Prüfung bestehen!"). Vorsätze stehen im Dienste von Zielintentionen und sind Wenn-Dann-Pläne, die die Realisierung von Zielintentionen unterstützen: Eine Situation oder Bedingung wird definiert, bei deren Eintreten ein bestimmtes Verhalten gezeigt werden soll. Dieses Verhalten wird so festgelegt, dass es das Erreichen der Zielintention unterstützt: „Wenn Situation/Bedingung X eintritt, dann will ich Verhalten Y ausführen!" Ein Beispiel für einen Vorsatz zur Unterstützung für die Zielintention „Ich will die Prüfung bestehen!" könnte lauten „Wenn ich von der Uni nach Hause komme, setze ich mich sofort an den Schreibtisch und lerne!"

Manchmal wird die Frage gestellt, inwiefern sich Vorsätze von Gewohnheitshandlungen unterscheiden, da beide die automatische Auslösung von Verhalten in bestimmten Situationen beschreiben. Beide unterscheiden sich darin, dass für den Einfluss von Vorsätzen auf das Verhalten nur ein einziger Willensakt notwendig ist, bei dem eine enge Verbindung zwischen einer bestimmten Situation/Bedingung und dem zielfördernden Verhalten generiert wird. Um eine Gewohnheitshandlung aufzubauen, muss dagegen sehr häufig in einer bestimmten Situation ein Verhalten gezeigt werden, damit diese Situation verhaltensauslösend wird.

2.1 Prozesse der Vorsatzwirkung

Durch die Auswahl einer Situation/Bedingung im „Wenn-Teil" des Vorsatzes wird deren mentale Repräsentation hoch aktiviert und ist dadurch kognitiv leicht zugänglich (Gollwitzer, 1999). Diese hohe Aktivierung des Wenn-Teils manifestiert sich in einem schnellen Erkennen der Situation/Bedingung auch bei subliminaler Präsentation, ihrer Fähigkeit die Aufmerksamkeit auch unter starker Ablenkung auf sich zu ziehen und in ihrer guten Wiedererinnerbarkeit.

Die Realisierung eines Vorsatzes geschieht automatisch (→ Automotiv-Theorie). Das heißt, dass ein Vorsatz bei Eintreffen der spezifizierten Situation/Bedingung sofort, effizient und ohne bewusstes Wollen umgesetzt wird. Es muss also nicht erst bewusst und unter Aufwendung kognitiver Ressourcen dafür gesorgt werden, dass die geplante Verhaltensweise bei Eintreten der spezifizierten Situation auch wirklich auftritt. Das macht Vorsätze effektiver als Zielintentionen. So konnte gezeigt werden, dass selbst bei hoher Ablenkung die im Vorsatz definierte Situation sofort zur Zielrealisierung genutzt wird, was bei einer Zielintention allein nicht der Fall ist (Brandstätter, Lengfelder & Gollwitzer, 2001). Weiterhin löst ein Vorsatz auch bei subliminaler Präsentation seines Wenn-Teils die zielfördernde Verhaltensweise aus, d. h. ohne dass hierfür bewusst intentionale Prozesse erforderlich sind (Bayer, Achtziger, Gollwitzer & Moskowitz, im Druck). Diese Prozesse sind im folgenden Kasten zusammengefasst.

> **Prozesse der Vorsatzwirkung**
>
> - Chronische Aktivierung der im Vorsatz spezifizierten Situation (z. B. besseres Gedächtnis, spontane Aufmerksamkeitszuwendung, bessere Entdeckungsleistung).
> - Automatizität der Realisierung zielförderlichen Verhaltens (z. B. geringer Verbrauch an kognitiven Ressourcen).
> - Automatische Initiierung der im Vorsatz vorgenommenen Handlung (z. B. unverzüglich, effizient und ohne bewusstes Wollen).

2.2 Die Förderung erwünschten Verhaltens durch Vorsätze

Vorsätze begünstigen das Entdecken, die Aufmerksamkeitszuwendung und das Wiedererinnern von günstigen Situationen zur Durchführung zielfördernden Verhaltens und ermöglichen eine automatische Handlungsinitiierung. Deshalb sollten Personen, die ihre Zielintentionen mit Vorsätzen ausstatten, häufiger diese Zielintentionen realisieren als Personen, die das nicht tun. Diese Annahme wurde durch Studien aus unterschiedlichen Bereichen (z. B. Gesundheitsvorsorge, Sport, soziale Interaktionen etc.) bestätigt (zum Überblick: Achtziger & Gollwitzer, 2006).

So untersuchten Gollwitzer und Brandstätter (1997) die Realisierung einer Zielintention in den Weihnachtsferien. Studierende sollten während der Weihnachtsferien einen Bericht über den Heiligabend schreiben. Wenn ein entsprechender Vorsatz gefasst worden war, erreichten Studierende dieses Ziel häufiger als wenn sie diesen Vorsatz nicht gefasst hatten. Ähnlich beobachteten Orbell, Hodgkins und Sheeran (1997), dass das regelmäßige Abtasten der Brust zur Krebsprävention häufiger durchgeführt wurde, wenn Frauen sich einen relevanten Vorsatz gefasst hatten. Bayer und Gollwitzer (2007) beobachteten, dass Schülerinnen in Mathematiktests eine bessere Leistung erbrachten, wenn sie sich einen Vorsatz gefasst hatten, der durch Selbstinstruktion die Motivation diesen Test zu lösen erhöhte. Auch hier reichte eine motivationsfördernde Zielintention alleine nicht für eine Leistungssteigerung aus. Trötschel und Gollwitzer (2007) unterstützten in einer Studie anhand von Vorsätzen das Erreichen prosozialer Ziele (→ Prosoziales Verhalten) in Verhandlungen.

2.3 Die Kontrolle unerwünschten Verhaltens durch Vorsätze

Vorsätze erleichtern auch die Unterdrückung spontaner Aufmerksamkeitsreaktionen, stereotyper und vorurteilsbehafteter Reaktionen, nachteiliger Selbstzustände, „social loafing", negativer Gedanken und Emotionen (zum Überblick: Achtziger & Gollwitzer, 2006). Achtziger und Gollwitzer (2006) berichten zur Kontrolle von Stereotypen und Vorurteilen, dass es mit Hilfe von Vorsätzen gelingt, diese negativen automatische Reaktionen zu unterbinden. Gollwitzer und Schaal (1998) beobachteten, dass es Studenten durch einen Vorsatz gelang, Mathematikaufgaben zu lösen, obwohl gleichzeitig stark ablenkende Reize präsentiert wurden. Gollwitzer und Bayer (2000, Studie 1) fanden heraus, dass es durch Vorsätze möglich war, den nachteiligen Selbstzustand „Unvollständigkeitserleben" (siehe Wicklund & Gollwitzer, 1982) zu kontrollieren. Dasselbe galt für die Kontrolle von „social loafing": Personen, die sich einen Vorsatz gefasst hatten, erbrachten trotz Mitgliedschaft in einem Team höhere Leistungen als Personen, die sich nur eine Zielintention gefasst hatten. In allen diesen Studien reichte eine Zielintention allein nicht aus, um das unerwünschte Verhalten zu kontrollieren.

3 Moderatoren der Wirkung von Vorsätzen

Die Vorsatzwirkung hängt von verschiedenen Moderatoren ab. So ließ sich beobachten, dass Vorsatzeffekte umso deutlicher werden, je schwieriger es ist, zielförderndes Verhalten zu initiieren (z. B. Gollwitzer & Brandstätter, 1997, Studie 1). Ein weiterer Moderator für die Vorsatzwirkung ist die Verpflichtung auf die dem Vorsatz übergeordnete Zielintention. Orbell und Mitarbeiter (1997) beobachteten, dass die Effekte eines Vorsatzes auf die Durchführung von Maßnahmen zur Brustkrebsfrüherkennung sich nur dann zeigten, wenn eine stark verpflichtende Zielintention vorhanden war dies zu tun. Sheeran, Webb und Gollwitzer (2005) fanden heraus, dass positive Effekte eines Vorsatzes auf das Wiedererinnern der im Vorsatz spezifizierten Situation nur dann auftraten, wenn die zu Grunde liegende Zielintention noch umgesetzt werden musste. War die Zielintention bereits realisiert worden, konnte die im Vorsatz spezifizierte Situation nicht mehr erinnert werden. Ein weiterer Moderator wurde von Sheeran und Mitarbeitern (2005, Studie 2) identifiziert: Vorsatzeffekte traten nur dann auf, wenn sich die Zielintention in einem aktivierten Zustand befand. War sie in einem deaktivierten Zustand, wurde der Vorsatz nicht mehr ausgeführt.

Die Stärke der Verknüpfung zwischen dem „Wenn"-Teil und dem „Dann"-Teil könnte Vorsatzeffekte beeinflussen. Wenn jemand viel Zeit und Konzentration aufwendet, um den Vorsatz zu enkodieren, oder wenn dieser innerlich oft wiederholt wird, sollte sich eine stärkere Verknüpfung zwischen Wenn- und Dann-Teil ausbilden als wenn dies nicht geschieht. Im ersten Fall erwartet man einen stärkeren Vorsatzeffekt als im zweiten Fall.

4 Potenzielle Kosten von Vorsätzen

Vorsätze erleichtern das Realisieren von Zielen, aber welche Kosten sind damit verbunden? Potenzielle Kosten von Vorsätzen könnten sein: Eine mögliche Verhaltensrigidität, die sich bei Flexibilität erfordernden Aufgaben ungünstig auswirken könnte. Eine Verminderung der Selbstregulierungskapazität, die zu Defiziten bei nachfolgenden Selbstregulationsaufgaben führen könnte. Das Auftauchen von Rebound-Effekten, d. h., dass nach einer Unterdrückung unerwünschter Gedanken, Gefühle oder Handlungen durch einen Vorsatz innerhalb eines Kontextes genau diese Gedanken, Gefühle und Handlungen in einem anderen Kontext wieder auftauchen. Bisher zeigte sich, dass Vorsätze ihre Wirkung offensichtlich ohne solche bedeutsame Kosten entfalten (Achtziger & Gollwitzer, 2006; vgl. Kasten).

Analysen zu potenziellen Kosten von Vorsätzen
- Vorsätze führen nicht zu rigidem Handeln (z. B. bei der Kontrolle von Vorurteilen, Leistung bei Wahlaufgaben).
- Vorsätze führen nicht zu einer verminderten Selbstregulierungskapazität (z. B. kein Absinken der Leistung nach Kontrolle von Emotionen durch Vorsätze).
- Vorsätze führen nicht zu Rebound-Effekten (z. B. bei der Kontrolle stereotypen Denkens).

Trotzdem gibt es Situationen, in denen ein Vorsatz nicht zu dem erwünschten Ergebnis führt. So kann es vorkommen, dass im Dann-Teil eines Vorsatzes ein Verhalten spezifiziert wurde, das außerhalb der eigenen Kontrolle liegt. Beispielsweise wenn man sich gesund ernähren möchte und plant, im Restaurant vegetarisches Essen zu bestellen, dann aber ein Restaurant aufsucht, in dem es kein solches Essen gibt. Ein weiterer verfehlter Umgang mit Vorsätzen wäre die Definition von Situationen im Wenn-Teil, die nur sehr selten oder gar nicht eintreten. Wenn beispielsweise eine Person beabsichtigt, sich im Restaurant vegetarisches Essen zu bestellen, aber nur in Ausnahmefällen ein Restaurant besucht, in dem es ein solches Essen gibt.

Weiterführende Literatur

Achtziger, A. & Gollwitzer, P. M. (2006). Volition und Motivation im Handlungsverlauf. In J. Heckhausen & H. Heckhausen, (Hrsg.), *Motivation und Handeln* (S. 227–302). Heidelberg: Springer.

Gollwitzer, P. M. & Sheeran, P. (2006). Implementation intentions and goal achievement: A meta-analysis of effects and processes. *Advances in Experimental Social Psychology, 38,* 69–119.

Literatur

Ach, N. (1935). Analyse des Willens. In E. Aberhalden (Hrsg.), *Handbuch der biologischen Arbeitsmethoden* (Bd. 6). Berlin: Urban & Schwarzenberg.

Bayer, U. C., Achtziger, A., Gollwitzer, P. M. & Moskowitz, G. (in press). Responding to subliminal cues: Do if – then plans cause action preparation and initiation without conscious intent? *Social cognition.*

Bayer, U. C. & Gollwitzer, P. M. (2007). Boosting scholastic test scores by willpower: The role of implementation intentions. *Self and Identity, 6,* 1–19.

Brandstätter, V., Lengfelder, A. & Gollwitzer, P. M. (2001). Implementation intentions and efficient action initiation. *Journal of Personality and Social Psychology, 81,* 946–960.

Gollwitzer, P. M. (1993). Goal achievement: the role of intentions. *European Review of Social Psychology, 4,* 141–185.

Gollwitzer, P. M. (1999). Implementation intentions: Strong effects of simple plans. *American Psychologist, 54,* 493–503.

Gollwitzer, P. M. & Bayer, U. (2000). *Becoming a better person without changing yourself.* Presented at the Self and Identity Pre-conference of the Annual Meeting of the Society of Experimental Social Psychology, Atlanta, GA.

Gollwitzer, P. M. & Schaal, B. (1998). Metacognition in action: The importance of implementation intentions. *Personality and Social Psychology Review, 2,* 124–136.

Gollwitzer, P. M. & Brandstätter, V. (1997). Implementation intentions and effective goal pursuit. *Journal of Personality and Social Psychology, 73,* 186–199.

Kuhl, J. (1983). *Motivation, Konflikt und Handlungskontrolle.* Heidelberg: Springer.

Lewin, K. (1926). Untersuchungen zur Handlungs- und Affekt-Psychologie II: Vorsatz, Wille und Bedürfnis. *Psychologische Forschung, 7,* 330–385.

Orbell, S., Hodgkins, S. & Sheeran, P. (1997). Implementation intentions and the theory of planned behavior. *Personality and Social Psychology Bulletin, 23,* 945–954.

Sheeran, P., Webb, T. L. & Gollwitzer, P. M. (2005). The interplay between goals and implementation intentions. *Personality and Social Psychology Bulletin, 31,* 87–98.

Trötschel, R. & Gollwitzer, P. M. (2007). Implementation intentions and the wilful pursuit of prosocial goals in negotiations. *Journal of Experimental Social Psychology, 43,* 579–598.

Wicklund, R. A. & Gollwitzer, P. M. (1982). *Symbolic self-completion.* Hillsdale, NJ: Erlbaum.

III Thematische Klassen motivierten Verhaltens

Leistung
Achievement

Thomas A. Langens

1 Einleitung

Von allen Motivationssystemen hat Leistung die stärkste Forschungsaktivität auf sich gezogen. Leistungsmotiviertes Verhalten zeichnet sich durch das *Streben nach Erfolg* in der *Auseinandersetzung mit einem Gütemaßstab* aus (McClelland, Atkinson, Clark & Lowell, 1953). Diese abstrakte Definition weist bereits darauf hin, dass eine große Vielfalt ganz unterschiedlicher Verhaltensweisen als leistungsthematisch charakterisiert werden kann: ein Sportler versucht, seine Bestmarke zu unterbieten; ein Kind löst ein herausforderndes Puzzle; ein Versicherungsvertreter setzt sich das Ziel, mehr Policen als im Vormonat zu verkaufen; ein Hausmann möchte seine Wohnung schneller als bisher in Ordnung bringen. In allen diesen Fällen geht es darum, eine schwierige Aufgabe zu meistern, etwas besser oder schneller zu tun, herausfordernde Probleme zu lösen oder die eigene Kompetenz zu erproben und zu steigern. Ein Verhalten wird allerdings nur dann als leistungsthematisch bezeichnet, wenn eine Person für das Ergebnis ihrer Handlungen selbst verantwortlich ist (Gegenbeispiel: ein Sechser im Lotto) und wenn ein Leistungsziel aus eigener Initiative (und nicht etwa unter Zwang) zustande kommt.

Die Forschung zur Leistungsmotivation wurde seit ihrem Beginn über einen weiten Zeitraum durch das → *Risikowahl-Modell* Atkinsons geprägt. Wegweisend war sowohl die Annahme, dass die Auseinandersetzung mit Gütemaßstäben sowohl Hoffnung (auf Erfolg) als auch Furcht (vor Misserfolg) anregen kann, und dass hoffnungsmotivierte Personen Aufgaben mittlerer Schwierigkeit (optimale Herausforderungen) bevorzugen. Weiner (1974) hat dieses Modell erweitert, indem er Attribuierungen für Erfolg und Misserfolg als zentrale Mediatoren leistungsmotivierten Verhaltens (→ Attributionstheorie und attributionale Theorien) konzeptualisierte. Als ein vorläufiger Endpunkt dieses Forschungsprogramms gilt das → *Selbstbewertungsmodell der Leistungsmotivation*, das unterschiedliche motivationale Direktiven hoffnungs- und furchtmotivierter Personen annimmt. Im Fokus der gegenwärtigen Forschung stehen Ziele als Variablen, die zwischen globalen Leistungsmotiven und dem Verhalten in konkreten Leistungssituationen vermitteln (→ Zielorientierungen).

Leistungsmotiviertes Verhalten kann unterschiedlichen motivationalen Quellen entspringen: Eine Person kann sich mit einem Gütemaßstab auseinandersetzen, weil sie genuin Spaß an der Herausforderung hat, *oder* weil sie sich selbst ihrer Fähigkeiten versichern will, *oder* weil sie einen drohenden Misserfolg abwenden möchte. Die empirische Forschung der letzten 60 Jahre legt nahe, dass diese drei Quellen des Leistungshandelns weitgehend voneinander unabhängige Motivationssysteme darstellen (vgl. Brunstein & Heckhausen, 2006; Heckhausen, Schmalt & Schneider, 1985):

- **Implizite Leistungsmotivation** ist eine eher autonome Form des Leistungshandelns, bei der eine Person danach strebt, Stolz und Zufriedenheit aufgrund der Meisterung mittelschwerer Aufgaben und dem Aufbau von Kompetenzen zu erleben.
- **Explizite Leistungsmotivation** ist dagegen eine eher kompetitive Form des Leistungshandelns mit dem Ziel, ein Selbstkonzept hoher eigener Begabung durch Entscheidungen für oder gegen Leistungsaufgaben aufrecht zu erhalten und vor anderen Personen zu demonstrieren (→ Selbstkonzept der Begabung).
- **Furcht vor Misserfolg** basiert auf der affektgetönten Erwartung, für unzureichende Leistungen getadelt oder herabgewürdigt zu werden.

2 Implizite Leistungsmotivation

Das implizite Leistungsmotiv (→ Implizite und explizite Motive) kann definiert werden als die Neigung, positive Emotionen – insbesondere Zufriedenheit und Stolz (→ Stolz, Scham, Peinlichkeit und Schuld) – als Resultat der erfolgreichen Auseinandersetzung mit einem Gütemaßstab zu erfahren. Das Ziel impliziter Leistungsmotivation liegt darin, die eigene Effizienz im Umgang mit Herausforderungen zu steigern und die eigenen Kompetenzen zu erweitern. Da das implizite Leistungsmotiv – wie andere implizite Motive auch – außerhalb des Bewusstseins arbeitet, kann es nur durch indirekte Verfahren wie dem Thematischen Auffassungstest (→ Methoden der Motiv-, Motivations- und Volitionsdiagnostik) gemessen werden.

Optimale Anreize für das implizite Leistungsmotiv bieten *aufgabenbezogene Tätigkeitsanreize*, in diesem Fall also das Ringen mit einer optimalen Herausforderung. Eine Aufgabe ist dann geeignet, das implizite Leistungsmotiv anzuregen, wenn sie die folgenden Merkmale aufweist (vgl. Schultheiss & Brunstein, 2005):

- Die Aufgabe hat einen für die Person **mittleren Schwierigkeitsgrad**, ist also weder zu leicht noch zu schwer (optimale Herausforderung),

- Erfolg und Misserfolg hängen ausschließlich davon ab, wie viel **Anstrengung** die Person selbst in die Lösung der Aufgabe investiert (Kontrollierbarkeit des Ergebnisses),
- **Fortschritte** bei der Bearbeitung der Aufgabe **werden kontinuierlich zurückgemeldet** und zeigen an, dass man noch unter dem eigenen individuellen Leistungspotenzial liegt (individuelles Feedback).

Implizite Motive determinieren *operantes Verhalten*, also selbst-initiiertes, spontanes Verhalten, das ohne Aufforderung immer wieder gezeigt wird und daher für eine Person charakteristisch ist. Wenn eine Aufgabe die eben genannten Tätigkeitsanreize aufweist, dann (und nur dann) sollte ein starkes implizites Leistungsmotiv dazu führen, dass sich eine Person über einen langen Zeitraum aufmerksam und konzentriert mit einer Aufgabe beschäftigt und daher auch – gleiche Fähigkeiten vorausgesetzt – erfolgreicher bei dieser Aufgabe ist als Personen mit einem niedrigen impliziten Leistungsmotiv. Illustriert wird dieses Prinzip durch den empirischen Befund, dass das implizite Leistungsmotiv langfristig den Berufserfolg von Farmern und Geschäftsleuten vorhersagt (McClelland, 1985). In beiden Berufsfeldern hängt Erfolg davon ab, sich selbstständig herausfordernde Ziele zu setzen und diese Ziele durch eigene Anstrengung (und nicht etwa durch die erfolgreiche Delegation von Aufgaben) zu verfolgen. Fehlen dagegen leistungsthematische Anreize, dann kann nur mit einem schwachen oder gar keinem Zusammenhang zwischen impliziten Leistungsmotiv und Leistungsmaßen gerechnet werden.

Entwicklung und Anregung des impliziten Leistungsmotivs

Den Prozess der Entwicklung und der Anregung des impliziten Leistungsmotivs haben McClelland et al. (1953; vgl. auch Schultheiss & Brunstein, 2005) in dem Modell der affektiven Erregung *(affective arousal model)* präzisiert. Nach diesem Modell entwickelt sich ein starkes implizites Leistungsmotiv als Resultat eines *affektiven Lernprozesses:* Wenn die Auseinandersetzung mit einer herausfordernden Aufgabe durch den Einsatz von Ausdauer und Anstrengung wiederholt zu dem Meistern der Aufgabe führt, dann ruft die erneute Konfrontation mit einer Herausforderung eine positive Erwartungsemotion („Vorfreude") hervor, die eine Person dazu antreibt, Erfolg in der Auseinandersetzung mit dieser Aufgabe – und damit eine Wiederholung der positiven affektiven Erfahrungen – anzustreben. Herausforderungen signalisieren einer implizit leistungsmotivierten Person die Gelegenheit, Freude an der Erweiterung der eigenen Kompetenzen und eine Steigerung der eigenen Handlungseffizienz erleben zu können. Implizites Leistungsverhalten resultiert aus vergangenen positiven Erfahrungen mit mittelschweren Aufgaben und hat das Ziel, diese positiven Erfahrungen zu wiederholen.

3 Explizite Leistungsmotivation

Personen mit einem starken expliziten Leistungsmotiv zeichnen sich durch das Bedürfnis aus, hohe Leistungen zu erbringen, andere Menschen zu übertreffen und anspruchsvolle Gütemaßstäbe zu erfüllen. Da es sich um ein bewusstes Bedürfnis handelt, kann das explizite Leistungsmotiv mit direkten Verfahren – also Fragebögen – erhoben werden. Das Ziel hoch explizit Leistungsmotivierter besteht darin, ihr Selbstkonzept hoher eigener Begabung vor sich selbst und anderen Personen aufrecht zu erhalten und zu demonstrieren. Daher spricht das explizite Leistungsmotiv auf *sozial-evaluative Anreize* an, die im Allgemeinen die folgenden Merkmale aufweisen:
- die Aufgabe wird (von einem Lehrer, einem Vorgesetzten, einem Versuchsleiter) als hoch diagnostisch für zentrale Fähigkeiten (wie z. B. Intelligenz) vorgestellt;
- das Feedback zu dieser Aufgabe bezieht sich auf die eigene Leistung im Vergleich zu einer relevanten Bezugsgruppe (andere Schüler, andere Mitarbeiter, andere Studenten).

Das explizite Leistungsmotiv sagt vorwiegend *respondentes Verhalten* vorher, im Fall von Leistung also die Bereitschaft, anspruchsvolle Ziele zu setzen oder die Entscheidung, nach Aufforderung durch andere Personen an leistungsthematischen Aufgaben weiterzuarbeiten. Im Gegensatz zum impliziten Leistungsmotiv determiniert das explizite Leistungsmotiv jedoch nicht, wie viel Anstrengung und Ausdauer eine Person in eine herausfordernde Aufgabe investiert, da nur *impliziten* Motiven eine energetisierende Funktion zugesprochen wird. Schüler mit einem starken (relativ zu einem schwachen) expliziten Leistungsmotiv geben etwa ein starkes Interesse an einer Teilnahme am Wettbewerb „Jugend forscht" an. Die tatsächliche Anstrengung und Ausdauer und die im Zuge des Wettbewerbs erbrachte Leistung kann es dagegen nicht vorhersagen (Dahme, Jungnickel & Rathje, 1993).

Ausgiebig diskutiert wurde die Frage, ob hoch explizit Leistungsmotivierte eine *Self-Assessment-Strategie* verfolgen, also unparteiisch nach veridikalen Informationen über ihre eigenen Fähigkeiten suchen oder eher eine *Self-Enhancement-Strategie* bevorzugen, also selektiv Informationen aufnehmen, die ihre überlegene Leistungsfähigkeit demonstrieren (Trope, 1986). Es zeigt sich, dass sie in Abhängigkeit von der Aufgabe, die ihnen vorgelegt wird und dem Feedback, das sie erhalten, beide Strategien einsetzen (vgl. Brunstein & Maier, 2005): Hoch explizit Leistungsmotivierte sind bestrebt, Informationen über ihre eigenen Fähigkeiten einzuholen, wenn eine Aufgabe *nicht ausdrücklich* als Marker wichtiger (intellektueller) Fähigkeiten vorgestellt wird und sie augenscheinlich *schlechter* abschneiden als eine relevante Bezugsgruppe. Wird eine Aufgabe dagegen als Indikator zentraler Fähigkeiten vorgestellt, dann entscheiden sich hoch explizit

Leistungsmotivierte zum Weitermachen, wenn sie augenscheinlich *besser* abschneiden als andere Personen. Unter solchen Bedingungen überwiegt das Bedürfnis, die eigene Überlegenheit zu demonstrieren und das Selbstbild eigener Fähigkeiten zu stärken.

4 Interaktion von impliziter und expliziter Leistungsmotivation

Einerseits stellen implizite und explizite Leistungsmotivation zwei voneinander unabhängige Motivationssysteme dar, die mit jeweils spezifischen Anreizen (Tätigkeits- vs. sozial-evaluative Anreize) interagieren und unterschiedliche Klassen von Verhaltensweisen (operantes vs. respondentes Verhalten) determinieren. Andererseits hat sich gezeigt, dass die beiden Motivationssysteme auf unterschiedliche Art und Weise miteinander interagieren: Sie können sich sowohl gegenseitig hemmen als auch Hand in Hand arbeiten.

Hemmende Einflüsse konnte eine Meta-Analyse von über 100 Studien (Spangler, 1992) nachweisen, die zu dem Ergebnis kam, dass Leistungsmotivation durch unpassende Anreize *unterdrückt* werden kann. So zeigen etwa hoch implizit leistungsmotivierte Personen weniger Konzentration und Ausdauer bei einer Aufgabe, wenn in einer Leistungssituation vorwiegend sozial-evaluative Anreize vorliegen. Offensichtlich kann die explizite Aufforderung, die eigenen Fähigkeiten unter Beweis zu stellen und sich mit anderen zu messen, implizit Leistungsmotivierten den Spaß bei der Auseinandersetzung mit herausfordernden Aufgaben nehmen und so ihr Leistungspotenzial untergraben. Umgekehrt kann eine starke explizite Leistungsmotivation unterdrückt werden, wenn ausschließlich die Tätigkeitsanreize einer Aufgabe in den Vordergrund gestellt werden. Wenn eine Aufgabe keine Informationen über die eigenen Fähigkeiten liefert und auch nicht genutzt werden kann, um vor anderen die eigene hohe Begabung zu demonstrieren, dann sehen hoch explizit Leistungsmotivierte keinen Anlass, sich für diese Aufgabe zu entscheiden.

Studien zur Interaktion der beiden Motivationssysteme konnten zeigen, dass eine starke explizite Leistungsmotivation das implizite Leistungsmotiv kanalisieren, also z. B. auf das Ziel, die eigenen Fähigkeiten in Schule oder Beruf unter Beweis zu stellen, ausrichten kann. Ein Hinweis für eine solche Interaktion ergab sich z. B. aus einer Reanalyse von Daten, die McClelland und Winter im Zuge eines Trainings zur Steigerung des Leistungsmotivs bei indischen Unternehmern durchgeführt haben (Langens, 2001). Nach dem Training wurden vorwiegend diejenigen Teilnehmer unternehmerisch aktiv, die vor dem Training über ein starkes implizites Leistungsmotiv verfügten und außerdem das bewusste Bedürfnis hatten, ihre Arbeitskompetenzen zu steigern (vgl. Abb. 1). Brunstein und Maier (2005)

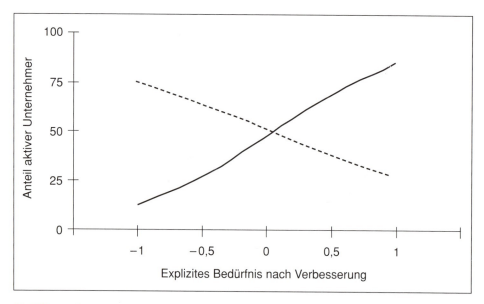

Abbildung 1: Nach einem Motivationstraining wurden vor allem Unternehmer aktiv, bei denen ein starkes implizites Leistungsmotiv (durchgezogene Linie) von einem starken expliziten Bedürfnis, Kompetenzen im Arbeitsbereich zu erweitern, ergänzt wurde (nach Langens, 2001).

fanden, dass ein Zusammenarbeiten von impliziter und expliziter Leistungsmotivation vor allem bei *Ich-Involviertheit* zu beobachten ist. Nur wenn eine Aufgabe als Indikator wichtiger Fähigkeiten vorgegeben wurde (nicht aber, wenn dieselbe Aufgabe unter neutralen Bedingungen bearbeitet werden sollte), erzielten diejenigen Probanden die höchste Leistung bei dieser Aufgabe, die sowohl implizit als auch explizit hoch leistungsmotiviert waren.

5 Furcht vor Misserfolg

Die Auseinandersetzung mit Gütemaßstäben birgt die Gefahr des Scheiterns und ruft daher nicht ausschließlich freudvolle Emotionen oder Ehrgeiz hervor. Aversiv werden Misserfolge zum einen, wenn sie als Anzeichen mangelnder Begabung angesehen (und nicht auf mangelnde Anstrengung oder falsche Lösungsstrategien zurückgeführt) werden und daher Emotionen wie Beschämung (→ Stolz, Scham, Peinlichkeit und Schuld) auslösen. Misserfolge können zum anderen wegen der erwarteten sozialen Konsequenzen gefürchtet werden, etwa weil Misserfolg in der Vergangenheit zu negativen Reaktionen der sozialen Umwelt (z. B. Tadel oder Unzufriedenheit der Eltern) geführt hat. Personen mit einer starken Furcht vor Misserfolg neigen dazu, in einem Misserfolg ein Anzeichen mangelnder Begabung zu sehen oder haben gelernt, dass Misserfolg zu negativen sozialen Konsequenzen führt.

Die empirische Forschung hat gezeigt, dass es zwei Formen des Umgangs mit Furcht vor Misserfolg gibt (Schmalt, 1982). Von *aktiver Misserfolgsfurcht* spricht man, wenn eine misserfolgsängstliche Person gelernt hat, dass die befürchteten negativen Konsequenzen von Misserfolg – Beschämung, Tadel, Zurückweisung – nach Erfolg ausbleiben und aus diesem Grund in leistungsthematischen Situationen hochmotiviert ist, einen Misserfolg aktiv zu vermeiden, indem sie Erfolg anstrebt (→ Annäherungs- vs. Vermeidungsmotivation). Tatsächlich hat sich gezeigt, dass die aktive Form von Misserfolgsfurcht mit besseren Schulnoten und stärkerer Anstrengung in Leistungssituationen verbunden ist (Schmalt, 2005). *Passive Misserfolgsfurcht* ist dagegen gekennzeichnet durch Hoffnungslosigkeit, einen drohenden Misserfolg durch den Einsatz von Ausdauer und Anstrengung abwenden zu können. Diese Form der Misserfolgsängstlichkeit führt daher zur Vermeidung von Leistungssituationen oder, wenn das nicht möglich ist, zu einer Sabotage des eigenen Leistungspotenzials („Self-Handicapping") um selbstwertbedrohliche Attributionen für einen Misserfolg abwenden zu können. Untersuchungen an Schülern zeigen, dass passive Misserfolgsfurcht mit schlechteren Schulnoten, weniger Spaß an der Schule und dem bewussten Ziel, Inkompetenz zu verbergen, einhergeht.

Weiterführende Literatur

Brunstein, J. C. & Heckhausen, H. (2006). Leistungsmotivation. In J. Heckhausen & H. Heckhausen (Hrsg.), *Motivation und Handeln* (3. Aufl., S. 143–192). Berlin: Springer.
Heckhausen, H., Schmalt, H.-D. & Schneider, K. (1985). *Achievement motivation in perspective.* New York: Academic Press.

Literatur

Brunstein, J. C. & Maier, G. W. (2005). Implicit and self-attributed motives to achieve: Two separate but interacting needs. *Journal of Personality and Social Psychology, 89,* 205–222.
Dahme, G., Jungnickel, D. & Rathje, H. (1993). Güteeigenschaften der Achievement Motivation Scale (AMS) von Gjesme und Nygard (1970) in der deutschen Übersetzung von Göttert und Kuhl: Vergleich der Kennwerte norwegischer und deutscher Stichproben. *Diagnostica, 39,* 257–270.
Langens, T. A. (2001). Predicting behavior change in Indian businessmen from a combination of need for achievement and self-discrepancy. *Journal of Research in Personality, 35,* 339–352.
McClelland, D. C., Atkinson, J. W., Clark, P. A. & Lowell, E. L. (1953). *The achievement motive.* New York: Appleton-Century-Crofts.

McClelland, D. C. (1985). *Human motivation*. Cambridge, MA: Cambridge University Press.

Schmalt, H.-D. (1982). Two concepts of fear of failure motivation. In R. Schwarzer, H. van der Ploeg & C. D. Spielberger (Eds.), *Advances in test anxiety research* (pp. 45–52). Lisse: Swets & Zeitlinger.

Schmalt, H.-D. (2005). Validity of a short form of the Achievement-Motive Grid (AMG-S): Evidence for the three-factor structure, emphasizing active and passive forms of fear of failure. *Journal of Personality Assessment, 84*, 172–184.

Schultheiss, O. C. & Brunstein, J. C. (2005). An implicit motive perspective on competence. In A. J. Elliot & C. Dweck (Eds.), *Handbook of competence and motivation* (pp. 31–51). New York: Guilford.

Spangler, W. D. (1992). Validity of questionnaire and TAT measures of need for achievement: Two meta-analyses. *Psychological Bulletin, 112*, 140–154.

Trope, Y. (1986). Self-assessment and self-enahncement in achievement behavior. In R. M. Sorrentino & E. T. Higgins (Eds.), *Handbook of motivation and cognition: Foundations of social behavior* (pp. 350–378). New York: Guilford.

Weiner, B. (1974). *Achievement motivation and attribution theory*. Morristown, NJ: General Learning.

Macht
Power

Heinz-Dieter Schmalt

1   Was ist Machtmotivation?

Machtbezogene Verhaltensweisen haben das Ziel, das Verhalten und Erleben Anderer zu kontrollieren – das Verhalten anderer Individuen wird gegen deren Widerstand verändert. Eine solche einseitige Kontrolle des Erlebens und Verhaltens führt zur Herausbildung von Rangordnungen, deren Stabilität durch Dominanz und Submission gewährleistet wird. Dominanz und Submission sind aber keine spezifisch menschlichen Phänomene, sondern finden sich auch in vielen Tiersozietäten, in denen ein individuelles Erkennen von Gruppenmitgliedern möglich ist. Macht und die soziale Ungleichheit ihrer Verteilung kann auf eine lange stammesgeschichtliche Entwicklung zurückgeführt werden, deren motivationale Grundlagen zur angeborenen Motivausstattung der Primaten – den Menschen eingeschlossen – und zu den Universalien menschlichen und tierlichen Zusammenlebens gehören (Kenrick, Li & Butner, 2003).

Weiss, King und Enns (2002) konnten bei Schimpansen, die in Zoos lebten, beobachten, dass Dominanz und Dominanzverhalten zu den auffallendsten Eigenschaften der beurteilten Schimpansen gehörten. Dominanzverhalten steht unter genetischer Kontrolle, und zwar gemeinsam mit dem subjektiven Wohlbefinden, beides wird durch die gleichen Gene determiniert. Wohlbefinden gilt als Fitnessmarker und markiert dasjenige Verhalten, das der reproduktiven Fitnessmaximierung dienlich ist. Machtvolles, dominantes Verhalten müsste deshalb auch mit hohem Reproduktionserfolg verbunden sein. Tatsächlich ist auch bei vielen Primaten die Stellung in der Dominanzhierarchie mit dem Reproduktionserfolg positiv korreliert. Schimpansen in hoher Macht- und Dominanzposition zeigen eine ganze Reihe von Verhaltensweisen, die funktional sind für die Erhöhung ihres Reproduktionserfolges: Sie setzen ihre Ansprüche eher durch, gehen dabei entschlossener vor, sie sind geschickter im Einwerben von Verbündeten, sie sind Meister darin, Artgenossen hinters Licht zu führen und sie zu täuschen und sind schließlich nicht so leicht einzuschüchtern (de Waal, 2000).

Macht kann im einfachsten Fall das Verhältnis von zwei Individuen in einem sozialen Feld beschreiben, kann sich aber auch beziehen auf das Verhältnis von Gruppen, Gesellschaften oder Nationen zueinander. Die am Individuum ansetzende Perspektive macht zwingend die Beschäftigung mit seinen Motiven (→ Implizite und explizite Motive) und den → *Zielen*, die mit machtorientierten Verhaltensweisen verfolgt werden, erforderlich. Das unmittelbare Ziel ist die Kontrolle des Erlebens und Verhaltens anderer Personen gegen deren Widerstand und das Erlebnis realisierter Kontrolle, das von positiven Emotionen begleitet wird. Eine Machtkonstellation wird zur Machtmotivation, wenn das Erlebnis realisierter Kontrolle einen Wert (Valenz) erhält, was sich in positiven Emotionen (z. B. „sich stark fühlen") äußert. Die Emotionen können antizipatorisch vorweggenommen werden und damit einen Anreizmechanismus darstellen, der machtorientiertes Verhalten in Gang setzt (McClelland, 1985).

Hoffnung auf Kontrolle und Furcht vor Kontrollverlust sind die zentralen Koordinaten der Machtmotivation. Ist eine Machthandlung durch Hoffnung auf Kontrolle getragen, so muss doch auch mit dem Einsatz von Gegenmacht gerechnet werden; die eigenen Kontrollbemühungen können auch scheitern so dass in der Situation nicht nur Hoffnungen und Wünsche, sondern auch Hemmungen und Befürchtungen zu berücksichtigen sind.

Eine solche Hemmung (Inhibitionstendenz) kann den Ausdruck des Machtmotivs in zweifacher Weise moderieren. So hat zum einen eine starke Inhibitionstendenz bei zugleich stark ausgeprägtem Machtmotiv beeinträchtigende Auswirkungen auf die Funktion des sympathischen Nervensystems und des Immunsystems, verbunden mit gesundheitlichen Beeinträchtigungen (McClelland, 1989). Ein hohes Machtmotiv in Verbindung mit einer starken Inhibitionstendenz hemmt aber auch den ungezügelten Einsatz der Macht zugunsten sozial akzeptierter und verbindlicher Formen der Macht. So werden etwa hoch Machtmotivierte mit zugleich hoher Inhibitionstendenz als Personen mit großer Überzeugungskraft wahrgenommen (Schultheiss & Brunstein, 2002).

2   Das Machtmotiv und seine Verhaltensauswirkungen

Wenn eine machtmotivierte Person versucht, eine andere Person zu veranlassen etwas zu tun, das sie ohne diese Einflussnahme nicht getan hätte, so muss diese machtausübende Person über wirksame Machtmittel verfügen und möglicherweise auch zum Einsatz bringen, die die kontrollierte Person nicht besitzt.

Machtmittel (nach Raven, 1974)
- Belohnungsmacht
- Zwangs- oder Bestrafungsmacht
- Legitimierte Macht
- Vorbildmacht
- Expertenmacht
- Informationsmacht

Hoch machtmotivierte Personen sind jedoch nicht permanent und unter allen denkbaren Umständen damit beschäftigt, andere zu gängeln, sie zu beeinflussen und zu kontrollieren. Die Verhaltenskorrelate des Machtmotivs sind recht vielgestaltig (McClelland, 1985; Winter, 1973; Schmalt, 2006; Schmalt & Heckhausen, 2006):

Verhaltenskorrelate bei hoch Machtmotivierten (nach Winter, 1973)

- Sie hatten mehr Ämter in Organisationen inne,
- kandidierten mehr für einflussreiche Kommissionen,
- arbeiteten mehr in Redaktionen von Zeitungen und Radiostationen der Universität mit,
- bevorzugten häufiger Sportarten mit Wettkampfcharakter und erreichten darin mehr Meistertitel,
- wählten häufiger „Manipulations-Berufe" wie Lehrer, Geistlicher, Psychologe und Journalist,
- lasen häufiger Sport- und Sexjournale (wie Playboy),
- schrieben mehr Leserbriefe,
- hatten als enge Freunde eher unscheinbare Kommilitonen,
- gaben an, schon relativ frühzeitig Geschlechtsverkehr gehabt zu haben,
- erschienen den Mitgliedern einer Gruppendiskussion einfluss- und mitreißender als die anderen,
- wurden in Aussprachegruppen eher als wenig hilfreich erlebt,
- gaben auf Nachfrage höhere Studienleistungen an als sie tatsächlich erreicht hatten,
- besaßen häufiger Prestigegüter und wendigere, sportliche Autos,
- tranken mehr Bier und hochprozentige Spirituosen,
- konsumierten mehr harte Drogen,
- drängten andere durch Zwang zum Sex,
- nahmen mehr an Wettspielen teil,
- achteten in kurzfristigen Sexualbeziehungen besonders auf die Attraktivität ihrer Partnerinnen,
- hatten Vorlieben für pornografische Darstellungen.

Winter (1973) und McClelland (1985) schlossen aus diesen Befunden, dass hoch Machtmotivierte dazu tendieren, Aufmerksamkeit auf sich zu ziehen, leicht beeinflussbare Gefolgsleute an sich zu binden, Positionen mit sozialem Einfluss und formaler Macht zu besetzen, Informationskanäle zu kontrollieren, Prestigegüter als Symbole der Macht zu erwerben und zur Schau zu stellen sowie sich einer Reihe von Ersatzbefriedigungen (z. B. Alkohol- und Drogenkonsum) für Machtbesitz und reale Machtausübung hinzugeben. Exzessiver Alkohol- und Drogenkonsum ist denn auch eher mit der Furchtkomponente des Machtmotivs verbunden.

Winter (1973) berichtet von hoch machtmotivierten Männern, dass sie viele und eher kurzfristige sexuelle Verbindungen eingehen. Hoch machtmotivierte Männer sind in kurzfristigen sexuellen Beziehungen sehr wählerisch und legen Wert auf attraktive Partnerinnen. Das sind Frauen mit einem Taille-zu-Hüfte Verhältnis von 0,7. Anatomisch gesehen, sind das die besten Voraussetzungen für eine gesunde Nachkommenschaft. Hoch machtmotivierte Männer können so ihre reproduktive Fitness optimieren, indem sie die Zahl ihrer Nachkommen in kurzfristigen Beziehungen vergrößern und gleichzeitig ihre Kosten minimieren (Schmalt, 2006). Hoch machtmotivierte Männer sind eher an kurzfristigen Partnerschaften interessiert und schrecken auch nicht davor zurück, sich mit List (z. B. Alkoholisierung) oder Androhung von Gewalt sexuellen Zugang zu Partnerinnen zu verschaffen.

3   Wahrnehmung, Lernen, Gedächtnis

In einer Reihe von Untersuchungen wurden auch Unterschiede zwischen Hoch- und Niedrigmachtmotivierten in Bezug auf Strategien und Ergebnisse der Informationsverarbeitung aufgedeckt. Auf machtthematische Bildszenen reagierten hoch Machtmotivierte schon nach 100 bis 150 Millisekunden mit ausgeprägteren evozierten Potenzialen als Niedrigmotivierte. Hochmotivierte erinnerten sich auch besser an herausragende machtthematische Erlebnisse ihrer Biografie oder ihres Alltagslebens. Waren Freundschaftsepisoden zu erinnern, so bestanden diese bei männlichen Machtmotivierten eher aus geplanten und zielbezogenen Interaktionen innerhalb einer größeren Gruppe, während Intimitätsmotivierte eher von Zweierbeziehungen berichteten, in denen man sich gegenseitig aufschloss, dem anderen mehr zuhörte und um dessen Wohl besorgt war. Wurde eine Geschichte mit je dreißig Fakten zu Macht und zu sozialer Bindung vorgetragen, so konnten hoch Machtmotivierte in einem überraschenden Reproduktionstest mehr Machttatsachen erinnern als niedrig Motivierte (McClelland, 1985). Woike und ihre Mitarbeiter (Woike & Poco, 2001) haben in mehreren Untersuchungen für das Machtmotiv einen Verarbeitungsvorteil für motivkongruente autobiografische Erinnerungen gefunden. Offensichtlich hat das Machtmotiv einen entscheidenden Einfluss darauf, wie bedeutsame autobiografische Erinnerungen selektiert, organisiert und wiedererinnert werden.

4   Die biologische Seite des Machtmotivs

Die neurophysiologische Analyse des Machtverhaltens hat sich insbesondere mit den hormonellen Grundlagen des Machtmotivs sowie dessen Auswirkungen auf das Immunsystem beschäftigt (→ Endokrinologische Korrelate von Motiven). Das männliche Sexualhormon Testosteron steht mit einer ganzen Reihe verschiedener Formen des Sozialverhaltens beim Menschen und den höher organisierten Säugern in Zusammenhang. Von Rhesusaffen ist bekannt, dass der Testosteron-Spiegel bei männlichen Gruppenmitgliedern mit dominanten und aggressiven Verhaltensweisen sowie mit der Höhe der Rangposition in Verbindung steht. Auch beim Menschen gibt es Hinweise dafür, dass der Testosteron-Spiegel in einem positiven Zusammenhang mit dominantem Verhalten sowie mit einer Neigung zu Gewaltanwendungen und antisozialer Aggression steht, darüber hinaus mit einer Tendenz, neben langfristigen Partnerschaften auch kurzfristige außerpaarmäßige Beziehungen einzugehen (Mazur & Booth, 1998). Bedeutende Veränderungen des aktuellen Testosteron-Spiegels findet man auch bei dominanzrelevanten direkten Konfrontationen, wie es in ritualisierter Form bei bestimmten sportlichen Wettkämpfen der Fall ist. Vor solchen Wettkämpfen steigt der Testosteron-Spiegel in der Regel an und bleibt nach dem Wettkampf noch eine Zeit lang erhalten – allerdings nur bei Gewinnern und bei hoch Machtmotivierten. Es fanden sich auch Hinweise darauf, dass der Testosteronanstieg bei hoch machtmotivierten Gewinnern, insbesondere bei Personen mit ungehemmtem Machtmotiv auftrat und mit dem Lernen von Verhaltensweisen einherging, die instrumentell für den Gewinn dieses Wettbewerbs waren (Schultheiss & Rohde, 2002).

McClelland (1989) ist der Frage nachgegangen, in welcher Weise ein unter „Stress" stehendes Machtmotiv, das aufgrund innerer oder äußerer Hemmungen und Widerstände nicht ausgelebt werden kann, zu neurophysiologischen und immunologischen Reaktionen führt, die ihrerseits gesundheitliche Beeinträchtigungen nach sich ziehen. Mehrere Beobachtungen weisen darauf hin, dass ein inhibiertes Machtmotiv sowohl mit hohem Blutdruck als auch mit häufigeren Erkrankungen, insbesondere der Atemwege, verbunden ist. Häufigere und schwerere Krankheiten berichten hoch Machtmotivierte, die mit erheblichem Stress im Leben umzugehen hatten. Ein hohes Machtmotiv bei gleichzeitig niedrigem Anschlussmotiv führt dazu, dass bei Personen unter Stress (z. B. bei einer Prüfung) höhere Noradrenalin- und niedrigere Immunoglobulinkonzentrationen im Speichel zu verzeichnen sind. Auch ohne die situationsspezifische Aktivation des sympathischen Nervensystems war bei Personen mit einem unter Stress stehenden Machtmotiv eine chronische Reduktion des Immunoglobulin A-Niveaus im Serum zu beobachten. Untersuchungen in mehreren Motivgruppen über die Stärke der Immunfunktionen ergaben, dass auch die Fähigkeit natürlicher „Killer"-Zellen zur Zerstörung von Krebszellen bei Personen mit dem unter Stress stehenden Machtmotiv reduziert ist, während bei einem hohen Anschlussmotiv die Funktion des Immunsystems eher gestärkt ist (→ Emotion und Gesundheit).

Weiterführende Literatur

McClelland, D. C. (1985). *Human motivation*. Glenview, IL: Scott, Foresman.
Schmalt, H.-D. & Heckhausen, H. (2006). Machtmotivation. In J. Heckhausen & H. Heckhausen (Hrsg.), *Motivation und Handeln* (S. 211–234). Berlin: Springer.

Literatur

de Waal, F. (2000). *Chimpanzee politics: Power and sex among apes.* Baltimore: Hopkins University Press.

Kenrick, D. T., Li, N. P. & Butner, J. (2003). Dynamical evolutionary psychology: Individual decision rules and emergent social norms. *Psychological Review, 110,* 3–28.

Mazur, A. & Booth, A. (1998). Testosterone and dominance in men. *Behavioral and Brain Sciences, 21,* 353–397.

McClelland, D. C. (1989). Motivational factors in health and disease. *American Psychologist, 44,* 674–683.

Raven, B. H. (1974). The comparative analysis of power and power preference. In J. T. Tedeschi (Ed.), *Perspectives on social power* (pp. 172–200). Chicago: Aldine.

Schmalt, H.-D. (2006). Waist-to-hip ratio and female physical attractiveness: The moderating role of power motivation and the mating context. *Personality and Individual Differences, 41,* 455–365.

Schultheiss, O. C. & Brunstein, J. C. (2002). Inhibited power motivation and persuasive communication: A lens model analysis. *Journal of Personality, 70,* 553–582.

Schultheiss, O. C. & Rohde, W. (2002). Implicit power motivation predicts men's testosterone changes and implicit learning in a contest situation. *Hormones and Behavior, 41,* 195–202.

Weiss, A., King, J. E. & Enns, R. M. (2002). Subjective well-being is heritable and genetically correlated with dominance in chimpanzees (pan troglodytes). *Journal of Personality and Social Psychology, 83,* 1141–1149.

Winter, D. G. (1973). *The power motive.* New York: The Free Press.

Woike, B. & Poco, M. (2001). Motive-related memories: Content, structure, and affect. *Journal of Personality, 69,* 391–415.

Anschluss und Intimität
Affiliation and Intimacy

Kurt Sokolowski

1 Einleitung

Menschen verbringen einen großen Teil ihres Lebens gemeinsam mit anderen. Das Zusammensein kann eher zufällig und anonym stattfinden, wie an Haltestellen oder in Fahrstühlen. Es kann aber auch absichtlich durch Verabredung geschehen. Die dabei verfolgten Ziele umfassen ein breites Spektrum. Man trifft sich, um sportlich miteinander zu wetteifern oder um einander zu helfen oder einfach „nur" zu einem geselligen Miteinander anlässlich einer Feier.

Egal, ob Menschen absichtlich oder unabsichtlich zusammentreffen, sie kommunizieren miteinander – es ist bekanntlich unmöglich, zusammen zu sein und nicht zu kommunizieren. Da eine der zentralen Funktionen von Emotionen in der Kommunikation liegt, kommt dem noverbalen Emotionsausdruck (→ Ausdruck) in dieser Interaktion eine herausragende Rolle zu (Sokolowski, 2002). Die übermittelten Kommunikationsinhalte betreffen u. a. den momentanen Antriebszustand, die gerade verfolgten Ziele oder die Einschätzung der Beziehung zum Gegenüber. Die meisten aller Emotionen entstehen ohnehin im Umgang mit anderen Menschen und ihre kommunikative Funktion dient der Regulation des Miteinanders in vielfacher Hinsicht. So werden durch den Emotionsausdruck etwa Sympathie-Antipathie, Dominanz-Unterwerfung, Gleichgültigkeit-Interesse oder Unabhängigkeit-Autonomie den Anwesenden signalisiert.

Auch im subjektiven Emotions*erleben*, das nicht notwendig dem Emotions*ausdruck* entsprechen muss[1], werden die vorliegenden Beziehungen zu anderen Menschen deutlich: in Gestalt der auftretenden Gefühle und Gedanken, die in den psychologischen Modellbildungen als Anreize und Erwartungen dargestellt werden. So gehen Personen eher optimistisch oder pessimistisch zu einem Treffen, fühlen sich dort sicher oder unsicher, interpretieren eine Gesprächsunterbrechung als Desinteresse oder Schüchternheit des Gegenübers und reagieren darauf beleidigt, hilflos oder unternehmungslustig. Um diese in derselben Situation beobachtbaren verschiedenartigen Verhaltens- und Erlebnisweisen, die zudem noch relativ

---

1 Die Möglichkeit, den eigenen Emotionsausdruck zu kontrollieren, besitzen Kinder etwa ab dem 4. Lebensjahr. Erst diese Möglichkeit, Gefühlserleben und Emotionsausdruck zu trennen, versetzt Menschen in die Lage, andere zu täuschen.

zeitstabil sind, zu erklären, wurde in der Motivationspsychologie das Konstrukt „Anschlussmotiv" eingeführt. Wie alle Motivsysteme, hat auch das Anschlussmotiv zwei Gesichter (vgl. Schmalt & Sokolowski, 2006). Beim Anschlussmotiv regulieren „Hoffnung auf Anschluss" und „Furcht vor Zurückweisung" auf sehr subtile Art Nähe und Distanz zwischen den Interaktionspartnern.

Beziehungen zu anderen zu knüpfen und aufzubauen, muss jedoch nicht durch Anregung des Anschlussmotivs erfolgen. Andere Motive können Anschlussverhalten zu gänzlich anderen Zwecken instrumentalisieren. Solche andersthematischen Ziele können sein: andere zu beeinflussen, auszuhorchen oder zu beherrschen, sich mit anderen zu vergleichen oder Hilfe bei anderen zu suchen. Zudem schließen sich Personen generell gerne dann mit anderen zusammen, wenn sie sich bedroht fühlen, um so in Gemeinschaft mit anderen die eigene Furcht zu bewältigen (→ Emotionsregulation).

In Abgrenzung zu dem auf andersthematische Ziele gerichteten, d. h. vom Machtoder Leistungsmotiv (→ Macht, → Leistung, → Implizite und explizite Motive) gesteuerten, Anschlussverhalten wird das Anschlussmotiv folgendermaßen definiert:

> **Definition:**
> Mit Anschluss (Kontakt, Geselligkeit) ist eine Inhaltsklasse von sozialen Interaktionen gemeint, deren Ziel es ist, mit bisher fremden oder noch wenig bekannten Menschen Kontakt aufzunehmen und in einer Weise zu unterhalten, die beide Seiten als befriedigend, anregend und bereichernd erleben und von Emotionen wie Sicherheit, Freude, Sympathie und Vertrauen begleitet wird. Die Anregung des Motivs findet in Situationen statt, in denen mit fremden oder wenig bekannten Personen Kontakt aufgenommen und interagiert werden kann (Sokolowski & Heckhausen, 2006).

Neben dem Anschlussmotiv wurde in den 1980er Jahren mit dem „Intimitätsmotiv" ein weiteres, soziale Beziehungen regulierendes Motiv vorgestellt. Während ersteres die Motivation im Umgang mit fremden Personen steuert, ist letzteres für die Motivation in eng vertrauten Beziehungen mit einer anderen Person verantwortlich (McAdams, 1982).

2 Phylo- und ontogenetische Grundlagen von Anschluss- und Intimitätsmotivation

Wenn man das auch für menschliche Ohren herzzerreißende Rufen kleiner Küken oder anderer Jungtiere nach ihrer Mutter hört (gleiches gilt natürlich auch für Menschenkinder), liegt der Eindruck nahe, dass hier ein starkes Bedürfnis zum Ausdruck kommt. Es steht dafür, den nicht nur für das leibliche Wohl lebenswichtigen Kontakt zur Mutter einzufordern. Beim Empfänger dieser Kontaktrufe ist biologisch verankert, Schreie in dieser Frequenz und Modulation zu erkennen, mit hoher Priorität zu beachten und mit Zuwendung zu reagieren – was sogar artübergreifend zu beobachten ist. Aufgrund der hohen Bedeutung enger Sozialbeziehungen im Tierreich bis hin zu Primaten kann auch bei Menschen mit großer Sicherheit eine biologische Basis sowohl für das Anschluss- als auch das Intimitätsmotiv angenommen werden (Bowlby, 1969).

Wann ist dieses Motivsystem entstanden, dass offensichtlich phylogenetisch bei vielen höheren Spezies so fest verankert ist? Die Notwendigkeit, Brutpflege zu betreiben, kann als eine „Schlüsselerfindung" in der Verhaltensevolution angesehen werden, mit der „die *Freundlichkeit* in die Welt kam". Aus der Brutpflege heraus kam es zur Entwicklung „persönlicher Bindungen" – der zweiten „Sternstunde" für das soziale Leben, mit der „die *Liebe* in die Welt kam" (Eibl-Eibesfeldt, 1984, S. 213). Daraus entwickelten sich in den Gemeinschaften spezifische soziale Bindungen wie Kindesliebe, Elternliebe, Gattenliebe oder Freundschaften in allen Altersgruppen, aber auch die Bereitschaft und das Vertrauen, auf unbekannten Artgenossen zuzugehen.

Wie bei vielen in Sozialverbänden lebenden Tieren lassen sich schon bei kleinen Kindern im Falle der Trennung und bei der Wiedervereinigung mit der Mutter hohe negative und positive Anreizqualitäten in Form der signalisierten Emotionen (Angst und Freude) finden (→ Angst und Furcht, → Freude und Glück). Schon bei Kindern im Alter von 12 bis 18 Monaten gibt es im Verhalten stabile Unterschiede in den Reaktionen auf Trennung und Wieder-vereint-Werden mit der Mutter sowie im Umgang mit einer fremden Person. Aufgrund des Verhaltens im sog. „Fremdensituationstest" zeigen sicher gebundene Kinder – im Gegensatz zu unsicher gebundenen – folgende Merkmale in ihrem Anschlussverhalten.

> **Merkmale sicher gebundene Kinder**
> **(im Vergleich zu unsicher gebundenen)**
> - Sie gehen weniger zögernd auf neue soziale Situationen zu.
> - Sie werden von anderen Kindern als Spielgefährten bevorzugt.
> - Sie schlagen häufiger gemeinsame Aktivitäten vor.
> - Sie ziehen sich seltener sozial zurück.
> - Sie besitzen höhere empathische Fähigkeiten.
> - Sie besitzen ein höheres Selbstvertrauen.

Diese schon bei kleinen Kindern beobachtbaren Unterschiede erweisen sich über die Entwicklungsspanne hin als relativ stabil, und es lassen sich eine Reihe von Gemeinsamkeiten und Unterschieden zwischen niedrig und hoch anschlussmotivierten Erwachsenen aufzeigen (siehe nächster Abschnitt).

3 Hoffnung auf Anschluss und Furcht vor Zurückweisung

Wie bei allen zentralen Motivsystemen des Menschen lassen sich auch beim Anschlussmotiv zwei antagonistisch einander regulierende Motivkomponenten unterscheiden: *Hoffnung auf Anschluss* und *Furcht vor Zurückweisung*. Die beiden Motivkomponenten korrelieren nur gering miteinander (Sokolowski, 1992). Furcht vor Zurückweisung gemahnt dabei zu Vorsicht und Sensibilität im Umgang mit Fremden, wogegen Hoffnung auf Anschluss das auf andere Zugehen und ihnen näher Kommen forciert. Durch diese beiden antagonistisch wirkenden Komponenten wird schon im Kindesalter Nähe und Distanz in der Interaktion mit anderen Menschen reguliert. Eine deutliche Dominanz einer starken Hoffnungskomponente führt zu einer eher distanzlos ungebremsten Vertraulichkeit Fremden gegenüber, die Dominanz einer ausgeprägten Furchtkomponente dagegen bewirkt einen ängstlich-ausweichenden Umgangsstil.

In den 1970er Jahren führten Mehrabian und Ksionzky (1974) eine Reihe von Experimenten durch, in denen das Verhalten und Erleben von Personen mit Hoffnung auf Anschluss („affiliative tendency") und Personen mit Furcht vor Zurückweisung („sensitivity to rejection") verglichen wurde (vgl. die beiden folgenden Kästen). Die Messung erfolgte mit dafür eigens entwickelten Fragebögen (Mehrabian, 1970).

Merkmale von Personen mit hoher Hoffnung auf Anschluss (nach Mehrabian und Ksionzky, 1974)

- Sie sehen andere sich selbst ähnlicher.
- Sie sehen andere in einem günstigeren Licht.
- Sie mögen andere mehr.
- Sie werden mehr von anderen gemocht.
- Sie wirken durch ihre freundliche Art auch auf andere (Fremde) ansteckend.
- Sie haben mehr Zuversicht und angenehme Gefühle im Umgang mit anderen.
- Sie treffen im sozialen Kontext Verhaltensentscheidungen zielangemessen (Schüler, 2002).

Hoffnung auf Anschluss lässt Menschen zuversichtlich auf fremde Personen zugehen. Furcht vor Zurückweisung dagegen hat die Aufgabe, im Umgang mit unbekannten Menschen eine vorsichtige Distanz zu behalten. Eine hohe Ausprägung dieser Furcht führt zu einer erhöhten Bereitschaft, mehrdeutige oder undeutliche Signale der Gesprächspartner als Zurückweisungen zu interpretieren – eine Beobachtung, die Mehrabian (1970) dazu führte, diese Furcht vor Zurückweisung als „sensitivity to rejection" zu bezeichnen (vgl. Kasten).

> **Merkmale von Personen mit hoher Furcht vor Zurückweisung (nach Mehrabian und Ksionzky, 1974)**
>
> - Sie fühlen sich in sozialen Situationen überfordert und wirken in diesen Gefühlen auch auf andere ansteckend.
> - Sie sind in sozialen Situationen weniger zuversichtlich, aber verspannter und ängstlicher.
> - Sie sehen sich selbst als unbeliebter und einsamer (obwohl sie de facto nicht weniger mit anderen interagieren).
> - Sie haben wenig soziales Geschick und ihr Verhalten hinterlässt in ihnen ein Gefühl der Unfähigkeit, mit sozialen Situationen umzugehen.
> - Sie zeigen niedrige Handlungs-Ergebnis-Erwartungen im Umgang mit Fremden (Sokolowski, 1992).
> - Sie zeigen intensive emotionale Reaktionen (Hilflosigkeits-Syndrom) auf Unterbrechungen der sozialen Interaktion (Sokolowski & Schmalt, 1996).

4 Messung des Anschlussmotivs und Verhaltenskorrelate

Zur Messung der Höhe des Anschlussmotivs stehen drei Verfahrenstypen zur Verfügung. Neben dem seit den 1950er Jahren zur Motivdiagnostik eingesetzten projektiven Thematischen Auffassungstest und den auf Selbsteinschätzungen beruhenden Fragebögen (Mehrabian, 1970) gibt es das semi-projektive Gitterverfahren (Sokolowski, 1992; Sokolowski, Schmalt, Langens & Puca, 2000; → Methoden der Motiv-, Motivations- und Volitionsdiagnostik). Da die verschiedenen Verfahrenstypen unterschiedliche Facetten von Motiven messen, ist es nicht verwunderlich, dass jeweils spezifische Bereiche des motivationalen Erlebens und Verhaltens aufgeklärt werden – jedoch in den allermeisten Fällen in hypothesenkonformer Weise (zusf. Sokolowski & Heckhausen, 2006; generell dazu: Schmalt & Sokolowski, 2006).

Nicht nur in den „rein" anschlussthematischen Situationen lassen sich die Auswirkungen eines hohen Anschlussmotivs finden. So fördert ein hohes Anschlussmotiv von Studenten dann die Kursleistungen, wenn der Dozent selbst ein hohes Anschlussmotiv besitzt – und vice versa (McKeachie, 1961). Im sportlichen Feld – hier bei Schwimmwettkämpfen – führt ein hohes Anschlussmotiv zu den individuellen Höchstleistungen während des Staffelschwimmens, dagegen hatten Studenten mit einem niedrigen Anschlussmotiv und einem hohen Leistungsmotiv ihre besten Leistungen in den Einzelwettbewerben (Sorrentino & Sheppard, 1978).

Mehrabian und Ksionzky (1974) untersuchten vor allem das Interaktionsverhalten von einander fremden Personen in Wartezimmer-Situationen. Als Verhaltensmaße wurden dabei z. B. die Häufigkeit des Kopfnickens, die Freundlichkeit des

Gesichtsausdrucks, die Sprechschnelligkeit oder die räumliche Distanz zur Anschlussperson gemessen. Eine Reihe der Indikatoren wiesen in die Richtung der erwarteten Unterschiede zwischen anschlussmotivierten und zurückweisungsmotivierten Personen – allerdings waren die Unterschiede nicht so deutlich, wie man erwartet hatte.

In den emotionalen Reaktionen lassen sich ebenfalls Unterschiede zwischen der aufsuchenden und der meidenden Komponente des Anschlussmotivs finden. Personen mit hoher Furcht vor Zurückweisung fühlen sich im Umgang mit einer unbekannten Person gereizter, nervöser und gehemmter als aufsuchend Motivierte. Mit dem Näherrücken des Zielereignisses senkt sich bei aufsuchend Motivierten die gemessene Herzfrequenz, bei meidend Motivierten dagegen stieg sie im selben Zeitraum an (Sokolowski & Schmalt, 1996).

Neben direkten Verhaltensmaßen und emotionalen Reaktionen zeigen Personen mit hoher Hoffnung auf Anschluss die effektiveren Wahlstrategien, um zu einem vorher festgelegten Ziel zu gelangen (Schüler, 2002). Die effektivere Informationsverarbeitung beginnt dabei schon bei der Aufnahme und Betrachtung der relevanten Hinweisreize. Personen mit hoher Furcht vor Zurückweisung gelingt dies deutlich weniger gut.

5 Intimitätsmotiv

Je besser die interagierenden Personen miteinander bekannt sind, umso schwächer wird die Wirkung des Anschlussmotivs auf das Erleben und Verhalten sein. Bei eng vertrauten, einander nahe stehenden Personen übernimmt dann das Intimitätsmotiv die motivationale Steuerung des Umgangs miteinander. McAdams (1982) beschreibt die Intimitätsmotivation gleichermaßen als Bestreben und Fähigkeit. Der besondere Zustand, den man nur in engen Beziehungen erleben kann, ist durch sieben Facetten charakterisierbar (vgl. Kasten).

Erlebnis- und Verhaltensfacetten in engen Beziehungen (McAdams, 1982, S. 137 f.)

1. Freude und gegenseitiges Erfreuen,
2. hin- und hergehender Dialog,
3. Offenheit, Aufnahmebereitschaft,
4. empfundene Harmonie,
5. Sorge um das Wohlergehen des anderen,
6. Verzicht auf jede manipulative Kontrolle,
7. die Begegnung mit eng vertrauten Personen als sich selbst genügenden Wert erleben.

Im Unterschied zur Anschlussmotivforschung gibt es für die Messung des Intimitätsmotivs bisher nur den TAT. Diese Messtechnik hat sich auch zur Erklärung von Verhaltensunterschieden, z. B. der Suche nach körperlicher Nähe, bewährt. Ebenfalls in Fremdbeurteilungen ergaben sich theoriekonforme Befunde: Studenten beiderlei Geschlechts mit hohem gemessenem Intimitätsmotiv wurden darin als „natürlicher", „wärmer", „aufrichtiger", „verständnisvoller", „liebevoller" und als weniger „dominant", weniger „freimütig" und weniger „selbst zentriert" beurteilt. Bemerkenswert sind auch die besseren Gedächtnisleistungen von Personen mit hohem Intimitätsmotiv in Bezug auf intimitätsthematische Ereignisse (zusf. Sokolowski & Heckhausen, 2006). Insgesamt kann man sagen, dass sich das Intimitätsmotiv zum einen in der positiven Bewertung enger Beziehungen niederschlägt und zum anderen in der Fähigkeit, sich auf nahe Beziehungen einzulassen und darin vertrauensvoll aufzugehen.

Weiterführende Literatur

Bischof, N. (1993). Untersuchungen zur Systemanalyse der sozialen Motivation I: Die Regulation der sozialen Distanz – Von der Feldtheorie zur Systemtheorie. *Zeitschrift für Psychologie, 201,* 5–43.

Sokolowski, K. & Heckhausen, H. (2006). Soziale Bindung: Anschlussmotivation und Intimitätsmotivation. In J. Heckhausen & H. Heckhausen (Hrsg.), *Motivation und Handeln* (3. Aufl., S. 193–210). Berlin: Springer.

Literatur

Bowlby, J. (1969). Attachment and loss. In M. M. Khan (Ed.), *Attachment 1* (pp. 119–154). London: Hogarth Press.

Eibl-Eibesfeldt, I. (1984). *Die Biologie menschlichen Verhaltens – Grundriß der Humanethologie.* München: Piper.

McAdams, D. P. (1982). Intimacy motivation. In A. J. Steward (Ed.), *Motivation and society* (pp. 133–171). San Francisco: Jossey-Bass.

McKeachie, W. J. (1961). Motivation, teaching methods, and college learning. In M. R. Jones (Ed.), *Nebraska Symposium on Motivation* (pp. 111–142). Lincoln: University of Nebraska Press.

Mehrabian, A. (1970). The development and validation of measures of affiliative tendency and sensitivity to rejection. *Educational and Psychological Measurement, 30,* 417–428.

Mehrabian, A. & Ksionzky, S. (1974). *A theory of affiliation.* Lexington, MA: Heath.

Schmalt, H.-D. & Sokolowski, K. (2006). Motivation. In H. Spada (Hrsg.), *Allgemeine Psychologie* (3., neubearbeitete Aufl., S. 501–552). Bern: Huber.

Schüler, J. (2002). *Ein hierarchisches Modell der Anschlussmotivation. Hoffnung-auf-Anschluss und Furcht-vor-Zurückweisung und die Selbstregulation von Zielsetzungen.* Dissertation, Online-Veröffentlichung auf den Internet-Seiten der Universitätsbibliothek

Wuppertal. Verfügbar unter http://elpub.bib.uni-wuppetal.de/rootcollection;internal&action=buildframes.action [September 2004].

Sokolowski, K. (1992). Entwicklung eines Verfahrens zur Messung des Anschlußmotivs. *Diagnostica, 38,* 1–17.

Sokolowski, K. (2002). Emotion. In W. Prinz & J. Müsseler (Hrsg.), *Allgemeine Psychologie* (S. 337–384). Heidelberg: Spektrum.

Sokolowski, K. & Schmalt, H.-D. (1996). Emotionale und motivationale Einflussfaktoren in einer anschlussthematischen Konfliktsituation. *Zeitschrift für Experimentelle Psychologie, 43,* 461–482.

Sokolowski, K., Schmalt, H.-D., Langens, T. & Puca, R. M. (2000). Assessing achievement, affiliation, and power motives all at once – the Multi-Motive-Grid (MMG). *Journal of Personality Assessment, 74,* 126–145.

Sorrentino, R. M. & Sheppard, B. H. (1978). Effects of affiliation-related motives on swimmers in individual versus group competition: A field experiment. *Journal of Personality and Social Psychology, 36,* 704–714.

Aggression
Aggression

Horst Zumkley

1 Erscheinungsformen und Funktionen

Über Struktur, Funktion und Genese von Aggression im Humanbereich bestehen äußerst mannigfaltige und kontroverse theoretische Vorstellungen. Dennoch herrscht relativ große Übereinstimmung in der Definition von Aggression.

> **Definition:**
> Aggression ist ein manifestes Verhalten, dessen Ergebnis oder Ziel in der (intendierten) Schädigung/Verletzung von Personen oder deren Interessen besteht. Weitere Charakteristika sind die Normabweichung (soziale Bewertung der Unangemessenheit) des Verhaltens und die Tendenz des potenziellen Opfers, die Schädigung zu vermeiden.
>
> Als Aggressivität wird die überdauernde, latente Bereitschaft zu aggressivem Verhalten (Aggression als Personfaktor) bezeichnet, die aus der individuellen Ausprägung von Häufigkeit, Art und Intensität aggressiven Verhaltens erschlossen und theoretisch sehr unterschiedlich aufgefasst werden kann, z. B. als Instinkt, Trieb, Habit, Motiv (Aggressionsmotiv).

Für eine Systematisierung aggressiven Verhaltens (Aggressionsarten und deren Funktion) gibt es verschiedene Zugänge:
1. Bei *topografischen (lebensraumbezogenen) Definitionen*, die aus der Ethologie stammen, werden artspezifische, aggressive motorische Verhaltensmuster (funktionale Verhaltenskontexte) identifiziert, die bei einem anderen Tier zu Flucht, Verletzung oder Tod führen. Es erwies sich aber für den Humanbereich als unangemessen, durch Verhaltensumschreibungen aggressive von nicht aggressiven Handlungen abzugrenzen, da es so nicht gelingt, die Vielfalt der Phänomene auf einen funktionellen Kern zu bringen.
2. *Definition mittels vorausgehender Bedingungen:* Die Absicht, jemandem zu schaden ist die in vielen Definitionen menschlicher Aggression am häufigsten verwandte vorausgehende Bedingung. Danach umfasst Aggression diejenigen Verhaltensweisen, mit denen die direkte oder indirekte Schädigung eines Individuums *intendiert* ist (z. B. Merz, 1965). Definitionsversuche dieser Art blieben nicht unumstritten, da die Intention nur erschlossen werden kann. Auch der

Versuch, das Konzept der Absicht durch das der (interpretierten) „Gerichtetheit" zu ersetzen (z. B. Selg, Mees & Berg, 1997), löst dieses Problem nicht.
3. *Definition mittels Reaktions-Konsequenzen:* Als aggressiv werden danach Verhaltensweisen bezeichnet, wenn sie verletzende oder schädliche Folgen für ein anderes Individuum haben (z. B. Buss, 1961). Allerdings wären danach auch unabsichtliche oder aus pro-sozialen Motiven heraus ausgeführte Handlungen mit schädigenden Konsequenzen (z. B. medizinische Eingriffe) Aggressionen.
4. *Gemischte Definitionen:* Hierbei werden vorauslaufende Auslöser *und* nachfolgende Ergebnisse/Konsequenzen als Bedingungen einbezogen. Das macht Differenzierungen von Aggressionsarten nach der *Art der zugrunde liegenden Motivation* erforderlich.

Feshbach (1970) unterscheidet die Aggressionen anhand verschiedener Verstärker:

- **„Feindselige"** Aggression (Handlungen mit dem Ziel zu verletzen, bei denen der Schmerz, das Leiden des Opfers das bekräftigende Ereignis ist).
- **„Instrumentelle"** Aggression (Handlungen, die einem anderen, nicht aggressiven Ziel dienen, dessen Erreichung aber mit Schädigung verbunden ist; verstärkend ist hier die Erreichung des nicht aggressiven Ziels).
- **„Expressive"** Aggression (primäre, unabsichtliche, auf unmittelbaren Ausdruck gerichtete Ärgerreaktion).

In einer neueren Systematisierung von Nolting (2005), die differenzierende Konzepte von Rule und Nesdale (1974) und Kornadt (1982) aufgreift, wird danach unterschieden, ob der *Affekt* oder der *Effekt* dominiert:
- *Affektive Aggressionsformen* sind *reaktiv*, durch aggressive Emotionen wie → Ärger, Rachebedürfnis motiviert und haben Verletzung zum Ziel (feindselige Vergeltungs-Aggression, Ärger-/Angst-verbundene Abwehr-Aggression und die sog. „Lust-Aggression"; Attackieren und Quälen als Selbstzweck, z. B. Mobbing).
- Die *Effekt*-bezogenen *instrumentellen Aggressionsformen* haben primär *aktiven* Charakter und sind auf das Erzielen eines Nutzeffekts gerichtet (Erlangen von Vorteilen, z. B. Anerkennung, auch die Durchsetzung moralischer Normen und politischer Ziele).

Neben solchen inhaltlich-motivationalen Systematiken existieren auch *äußerlich-formal* orientierte Kategorisierungen. Buss (1961) klassifiziert aggressive Verhaltensweisen mittels der Kombination und Ausprägung der Dimensionen *„körperlich-verbal"*, *„direkt-indirekt"* und *„aktiv-passiv"*, so dass sich acht Kombinationen, die jeweils eine Klasse aggressiven Verhaltens darstellen, ergeben.

2 Aggressionstheorien: Forschungsgeschichtliche Aspekte

Die Aggressionsforschung des 20. Jahrhunderts war von drei verschiedenen Familien von Aggressionstheorien dominiert, die die Variation aggressiven Verhaltens jeweils auf nur ein Erklärungsprinzip zurückführten:
1. Psychoanalytische *Triebtheorien* (Adler, Freud) und ethologische *Instinkttheorien* (Lorenz, Hacker) legen Aggression in das Individuum hinein als eine feste Disposition, die ständig eine Art aggressiver Triebenergie erzeugt, die sich bis zur Abfuhr aufstaut und dann in der einen oder anderen Form zum Ausdruck kommt. Dies sog. „psycho-hydraulische Energiemodell" ist wegen seiner kurzschlüssigen Übertragung auf komplexes menschliches Verhalten und gegenteiliger empirischer Befunde stark in die Kritik geraten, so dass die Bedeutung von Triebtheorien in der Psychologie heute sehr gering ist.
2. Nach der *Frustrations-Aggressions-Theorie* (Dollard und Mitarbeiter) ist Aggression die Folge von Frustrationen, d. h. von Behinderungen zielgerichteter Handlungen. Die Postulate der F-A-Theorie haben sich in strenger Form nicht halten lassen. Aggression ist nicht immer eine Folge von Frustration (z. B. jede Form instrumenteller Aggression) und Frustration führt nicht immer zu Aggression (z. B. unbeabsichtigte oder gerechtfertigte Frustration). Die Theorie wurde später von Berkowitz um zwei Zwischenvariablen (Antriebskomponente: negativer Affekt/Ärger und Richtungskomponente: auslösende Hinweisreize) erweitert.
3. Nach den *sozialen Lerntheorien* beruht Aggression, wie jedes andere Verhalten, auf Gesetzmäßigkeiten des Lernens. Antriebs- und Richtungskomponenten des Verhaltens werden in verschiedener Weise konzipiert und miteinander in Verbindung gebracht (Berkowitz: Auslöser-bedingte *Schub*-Konzeption im Rahmen des klassischen Konditionierens; Bandura: anreiz-theoretische *Zug*-Konzeption im Rahmen des instrumentellen Konditionierens und Modell-Lernens).
Die anfängliche Einfachheit und Strenge von S-R-Mechanismen zur Erklärung von Aggression erwies sich schnell als zu eng und wurde erweitert zugunsten kognitiver Prozesse zur Bedeutungsverleihung situativer Informationen (vgl. z. B. die Modelle von Bandura, Dodge, Huesmann).
4. Komplexere *motivationspsychologische Ansätze* zur Erklärung von Aggression (Kornadt, Olweus) gehen von einem intentionalistischen und interaktionistischen Grundkonzept aus, bei dem die Wechselwirkung zwischen Person und Situation eine Rolle spielt. Kornadt (1982, S. 84 und 300 f.) nimmt an, dass es ein überdauerndes psychisches Motivsystem der Aggression gibt mit zwei selbstständigen Komponenten: Aufsuchen und Meiden, „Aggressions-Motiv" und „Aggressions-Hemmungsmotiv". Die aggressive Handlung beginnt mit einer situativ ausgelösten Ärgeraktivierung in Folge von Beeinträchtigung,

Bedrohung oder Schmerz. Wird die Situation aufgrund eines kognitiven Bewertungsprozesses vom Individuum als „wirklich ärgerlich" (und nicht z. B. harmlos) eingestuft, erfolgt die Redintegration des überdauernden Aggressionsmotivs, und es bildet sich ein aktueller Motivationszustand heraus mit dem Entwurf konkreter Aggressionsziele und zielbezogener Handlungsmuster; dabei werden unter Abwägung der Erfolgswahrscheinlichkeiten für eine Zielerreichung positive Anreize antizipiert. Durch die Aktivierung des habituellen Aggressions-Hemmungsmotivs werden gleichzeitig Erwartungen bezüglich negativer Konsequenzen (z. B. Schuld, Strafe) sowie des (negativen) Anreizes, den die antizipierten negativen Konsequenzen einer Zielerreichung des konkreten Aggressionsziels haben, in den Motivationsprozess eingebracht. In diesem komplexen Verarbeitungsprozess kann es dann auch zu Rückkoppelungen und Neubewertungen der Situation kommen. Zu einer aggressiven Handlung kommt es, wenn alles in allem das Aggressionsmotiv stärker als das Hemmungsmotiv ist. Im Falle der Ausführung und Zielerreichung einer aggressiven Handlung erfolgt nach abschließender Bewertung eine Desaktivierung der Handlungstendenz (= Katharsis genannt).

Für diese Konzeption fanden sich in empirischen Untersuchungen Bestätigungen (vgl. Kasten). Außerdem zeigten sich als Verhaltenskorrelate des Aggressionsmotivs bei hoch- versus niedrig-aggressionsmotivierten Personen
- eine niedrigere subliminale Wahrnehmungsschwelle für aggressionsthematische Inhalte,
- eine höhere physiologisch-psychologische Aktivierung bei Ärger-auslösenden Situationen und eine weniger detaillierte Situationsanalyse,
- eine stärkere internale Ursachenzuschreibung bei frustrierenden Ereignissen und bei Situationen mit kausaler Ambiguität ein negativer Attributionsfehler, sowie
- eine stärkere Resistenz gegen die Aufnahme und Verwertung neuer, nachträglicher kausal relevanter Informationen (Kornadt, 1982; Zumkley, 1984, 1996).

In Einklang mit der Motivationstheorie der Aggression sind auch Untersuchungen, die die hohe Stabilität aggressiven Verhaltens belegen (vgl. Zumkley, 1994).

Beispiel: Studie zur Katharsis-Hypothese von Zumkley (1978)
Der Vl (ein angeblicher Doktorand) wurde durch eine studentische Hilfskraft (Komplize des Vl) zu einem „wichtigen" Gespräch herausgerufen und dieser Student gab vor, in der Zwischenzeit eine eigene Untersuchung durchführen zu wollen. Die Vpn absolvierten die gestellten Aufgaben erfolgreich, aber der versprochene Geldbetrag wurde ihnen vorenthalten und sie wurden obendrein noch verspottet. Danach kam der Doktorand zurück und es erfolgte die erste

Bedingungsvariation mit vier Bedingungen, die sich danach unterschieden, ob bzw. inwieweit durch eine aggressive Handlung das (aggressive) Handlungsziel erreicht wird: (1) „Vollkommene" Zielerreichung (der VI versprach die Bestrafung des Studenten und den entgangenen Geldbetrag); (2) „teilweise" Zielerreichung (der VI sagte lediglich das versprochen Geld zu); (3) „ohne" Zielerreichung (Vp musste den Versuch sofort fortsetzen). (4) Die Kontrollgruppe wurde mit einer neutralen Zwischentätigkeit beschäftigt. Als abhängige Variablen wurden Indikatoren für die Aktivierung (Pulsfrequenz und Ärger) und Maße für indirekte (Fantasie-)Aggression und direkte (Verbal-)Aggression herangezogen. Die Daten bestätigten den „Katharsis-Effekt": Pulsfrequenz und Ärger nehmen nach der Frustration zu und fallen nach der ersten Aggression ab, jedoch unterschiedlich stark, je nach dem Grad der realisierten (Aggressions-)Zielerreichung. Die bei einer nachträglichen Konfrontation mit dem Frustrator auftretenden Verbalaggressionen zeigen, dass es nach voller Zielerreichung kaum noch zu Aggressionen kommt (vergleichbar zur Kontrollgruppe), während insbesondere in der Gruppe ohne Zielerreichung stark ausgeprägte Verbalaggressionen auftreten (vgl. Abb. 1 und 2). Vergleichbare Befunde ergeben sich, wenn man die verbleibende Aggressionsmotivation auf Fantasieniveau erfasst (Formdeuten und TAT). Die mittels TAT gemessene Aggressionsmotivation in der Gruppe mit Zielerreichung ist vergleichbar zu der der Kontrollgruppe, während in der Gruppe ohne Zielerreichung die Aggressionsmotivation deutlich angestiegen ist. Diese Befunde stützen das motivationstheoretische Katharsis-Konzept einer Desaktivierung nach Zielerreichung.

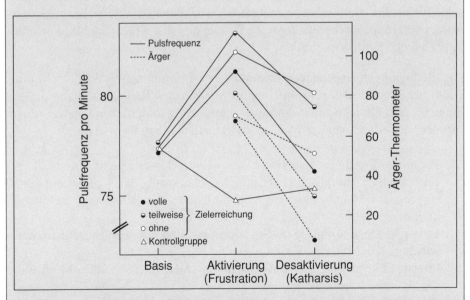

Abbildung 1: Pulsfrequenz und Ärger vor und nach Aktivierung und nach verschiedener Zielerreichung (nach Zumkley, 1978)

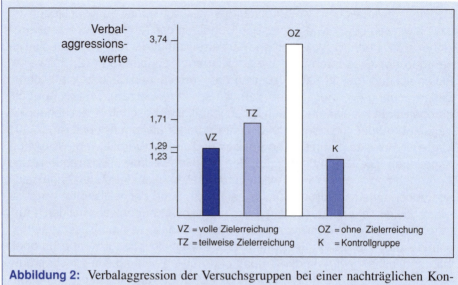

Abbildung 2: Verbalaggression der Versuchsgruppen bei einer nachträglichen Konfrontation mit dem Frustrator (nach Zumkley, 1978)

3 Bedingungen aggressiven Verhaltens

Zur Beschreibung, Erklärung und Beeinflussung von Aggression wird heute von einem komplexen Zusammenwirken von Bedingungen ausgegangen, die auf unterschiedlichen Erklärungsebenen angesiedelt sein können (individuelle, interpersonelle, intergruppale oder ideologische Ebene) und die je nach Sachlage eine differenzierende Synthese erfordern.

Die Bedingungen aggressiven Verhaltens (vgl. Mummendey, 1997; Nolting, 2005) lassen sich nach fünf miteinander verwobenen Rahmenaspekten ordnen, die unter dem Gesichtspunkt ihrer eher aggressions-förderlichen (auch *ent*-hemmenden) oder -hemmenden Wirkung untersucht wurden. Dies sind:

1. **Personale Faktoren** (genetische Disposition, Temperament, Erregbarkeit, Einstellungen [moralische oder ideologische Standards], Aggressions- und Aggressions-Hemmungsmotiv, Eigenschaften, Kompetenzen, Geschlecht) und deren
2. **Entwicklungsbedingungen** (Sozialisations- und Erziehungseinflüsse, Entwicklung von Motiven, Skripts);
3. **interne Faktoren** (selektive Wahrnehmung, Gedanken, Gefühle, Motivationen, Informationsverarbeitung);
4. **externe Faktoren** (negative Ereignisse [z. B. Provokationen], spezifische Anreize, anwesende Modelle [Medien!], Entdeckungs- und Strafrisiko, Dro-

gen, Lärm, Hitze, Dichte, Schmerzen), sowie in neuerer Zeit vermehrt als eigener Aspekt betont auch
5. **Faktoren der Interaktion** der beteiligten Partner (Art der Kommunikation und Beziehung [z. B. Rivalität], Reziprozität [z. B. bei Eskalation], Effektivität des Handelns, Reaktionen des Umfelds, Gruppenprozesse).

In der heutigen Aggressionsforschung (vgl. Krahé & Greve, 2002) herrscht eine multi-kausale Sichtweise vor. Nicht bestritten wird, dass menschliche Aggression erbgenetische Grundlagen hat und ihre Formung in Wechselwirkung mit Sozialisationseinflüssen erhält. In den letzten Jahren ist die Beschäftigung mit individuellen Differenzen und mit Möglichkeiten der Beeinflussung von Aggression in spezifischen Kontexten (z. B. Schule, Familie, politische und Mediengewalt) in den Mittelpunkt des Interesses der Forschung gerückt.

Weiterführende Literatur

Baron, R. & Richardson, D. (2007). *Human aggression*. New York: Springer.

Literatur

Buss, A. (1961). *The psychology of aggression*. New York: Wiley.
Feshbach, S. (1970). Aggression. In P. Mussen (Ed.), *Carmichael's manual of child psychology* (Vol. 2, pp. 159–259). New York: Wiley.
Kornadt, H.-J. (1982). *Aggressions-Motiv und Aggressions-Hemmung*, Bd. 1. Bern: Huber.
Krahé, B. & Greve, W. (2002). Aggression und Gewalt: Aktueller Erkenntnisstand und Perspektiven künftiger Forschung. *Zeitschrift für Sozialpsychologie, 33,* 123–142.
Merz, F. (1965). Aggression und Aggressionstrieb. In H. Thomae (Hrsg.), *Handbuch der Psychologie, Bd. 2/II: Motivation* (S. 569–601). Göttingen: Hogrefe.
Mummendey, A. (1997). Aggressives Verhalten. In W. Stroebe, M. Hewstone, J.-P. Codol & G. M. Stephenson (Hrsg.), *Sozialpsychologie* (S. 421–452). Berlin: Springer.
Nolting, H.-P. (2005). *Lernfall Aggression*. Reinbek: Rowohlt.
Rule, B. & Nesdale, A. (1974). Differing functions of aggression. *Journal of Personality, 42,* 467–481.
Selg, H., Mees, U. & Berg, D. (1997). *Psychologie der Aggressivität*. Göttingen: Hogrefe.
Zumkley, H. (1978). *Aggression und Katharsis*. Göttingen: Hogrefe.
Zumkley, H. (1984). Individual differences and aggressive interactions. In A. Mummendey (Ed.), *Social psychology of aggression* (pp. 33–49). New York: Springer.
Zumkley, H. (1994). The stability of aggressive behavior: A meta-anaylsis. *German Journal of Psychology, 18,* 273–281.
Zumkley, H. (1996). Aggression und Aggressivität. In M. Amelang (Hrsg.), *Temperament und Persönlichkeitsunterschiede* (S. 337–375). Göttingen: Hogrefe.

Prosoziales Verhalten
Prosocial Behavior

Hans-Werner Bierhoff

Der gemeinsame Nenner vieler Definitionen prosozialen Verhaltens liegt darin, dass es sich auf intentionale und freiwillige Handlungen bezieht, die potenziell bzw. tatsächlich einem Empfänger zugute kommen. Altruistisches Verhalten bezieht sich hingegen auf Verhalten, dem ein ganz spezifisches Ziel zugrunde liegt.

> **Ziel prosozialen Verhaltens**
>
> Das Ziel kann darin bestehen,
> - einer anderen Person Nutzen zu bringen (altruistische Motivation),
> - selbst Nutzen daraus zu ziehen (egoistische Motivation),
> - beides zu erreichen (gemischte Motivation).

Im Folgenden wird prosoziales Verhalten als Entscheidungssequenz dargestellt. Im Weiteren werden Formen prosozialen Verhaltens, die egoistisch oder altruistisch motiviert sind, gegenübergestellt. Daran anschließend werden die Empathie-Altruismus-Hypothese und die Empathie-Verzeihens-Hypothese dargestellt.

1 Prosoziales Verhalten als Handlungsverlauf

Wenn ein Notfall passiert, führt eine Abfolge von fünf Entscheidungen zum prosozialen Verhalten. Das folgende Handlungsmodell stimmt mit den Ergebnissen verschiedener Untersuchungen überein.

> **Kognitives Modell der Zuschauer-Hilfeleistung (nach Latané & Darley, 1970)**
> - Etwas ist passiert, was meine Aufmerksamkeit verdient.
> - Es handelt sich um einen Unfall.
> - Ich bin persönlich verantwortlich zu intervenieren.
> - Auswahl einer angemessenen Form der Hilfeleistung.
> - Ausführung der Handlung.

Viele Studien zeigen, dass die ersten drei Schritte im Entscheidungsprozess ausschlaggebend dafür sind, ob Hilfe geleistet wird oder nicht. Beispielsweise zeigt sich, dass die Wahrscheinlichkeit für ein Eingreifen dann relativ hoch ist, wenn Hinweise klar erkennen lassen, dass ein Notfall vorliegt (z. B. das Opfer ruft um Hilfe) und wenn die Person sich selbst als verantwortlich für ein Eingreifen sieht.

Der Handlungsverlauf lässt sich genauer dadurch beschreiben, dass im Modell Kenntnis, wie sie in einer Ausbildung zustande kommt, mit prosozialem Verhalten in Beziehung gesetzt wird. Diese Verbindung wird über psychologische Prozesse vermittelt (vgl. Abb. 1):
- Das Kompetenzgefühl ist der subjektive Ausdruck des Ausbildungsstandes.
- Die Entschlusssicherheit bezieht sich auf die Frage, wie sicher man ist, helfen zu können. Sie ist höher ausgeprägt, wenn das Kompetenzgefühl stärker ist.
- Die Bereitschaft zur Verantwortungsübernahme bezieht sich darauf, wie groß die Neigung ist, sich in einer bestimmten Situation als zuständig wahrzunehmen. Diese Zuständigkeit wird stärker erlebt, wenn die Entschlusssicherheit größer ist.
- Die prosoziale Intention ist das Ergebnis der Verantwortungsübernahme: Bei ausgeprägter Verantwortungsübernahme fällt die Intention höher aus als bei geringer Verantwortungsübernahme.
- Schließlich geht es noch um die Übersetzung der Intention in die Ausführung einer Intervention. Prosoziales Verhalten wird wahrscheinlicher, wenn die Intention stärker ausgeprägt ist.

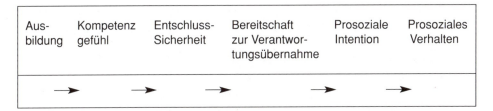

Abbildung 1: Prozessmodell des Eingreifens in konkreten Notsituationen (nach Bierhoff, 2002)

Das Kompetenzgefühl bringt die Selbstwirksamkeit zum Ausdruck (Bandura, 1997), die in Selbstsicherheit und Selbstvertrauen besteht, eine Handlung in einer Situation erfolgreich ausführen zu können (→ Erwartung und Anreiz, → Zielsetzungstheorie). Je größer die situationsspezifische Selbstwirksamkeit und das generelle Selbstvertrauen sind, desto eher wird die Hilfsbereitschaft in prosoziales Verhalten umgesetzt.

Mehrere Faktoren, die den Handlungsverlauf stören, reduzieren die Interventionsraten bei Unfällen (Bierhoff, 2002):

- **Diffusion der Verantwortung** als Resultat der Anwesenheit vieler Zuschauer, von denen jeder im Prinzip einschreiten könnte;
- **Implizite Modellierung eines „Nichts ist geschehen"** (sog. pluralistische Ignoranz), wenn jeder passive Zuschauer Vorbild für den anderen ist, nichts zu tun;
- **Soziale Hemmung** aufgrund von Angst, in der Öffentlichkeit etwas Falsches zu tun.

2 Egoistische Motivation

Selbstinteresse, das sich in der Erwartung eines direkten und undirekten eigenen Nutzens manifestiert, ist eine zentrale Determinante prosozialen Verhaltens. Zum Beispiel erhöht die Norm der Reziprozität (Perugini, Gallucci, Presaghi & Ercolani, 2003), die verbunden ist mit dem Ziel, gemeinsame Erträge mit anderen zu maximieren, die Bereitschaft, Hilfe zu leisten (wie unter Nachbarn).

Andere Determinanten können ebenfalls zu einer egoistischen Motivation prosozialen Verhaltens beitragen (Batson, Ahmad, Lishner & Tsang, 2002). So kann prosoziales Verhalten im Dienste der Reduktion aversiver Erregung stehen (→ Emotionsregulation). Das Aufeinandertreffen mit einer Person in Not kann Gefühle von eigenem Leiden im Beobachter auslösen. Eine angemessene Bewältigungsreaktion zur Reduktion des Leidens in der Situation kann Intervention sein. Allerdings kann das Mitleiden noch eher durch das Verlassen der Situation reduziert werden, falls eine solche Flucht aus der Situation relativ leicht möglich ist.

Weiterhin können Schuldgefühle entstehen, wenn einem von der Hilfe abhängigen Opfer nicht geholfen wird (→ Stolz, Scham, Peinlichkeit und Schuld). Die Antizipation solcher Schuldgefühle kann eine Intervention motivieren, mit dem Ziel, Selbstbestrafung für unterlassene Hilfeleistung zu verhindern. Schuldgefühle, die in zwischenmenschlichen Beziehungen entstehen, werden als prosoziale Emotionen angesehen (Baumeister, 1998). Sie werden typischerweise dann ausgelöst, wenn Personen das Leiden Anderer als ihr eigenes Verschulden ansehen, und sei es auch nur, weil sie unbedacht und nachlässig gehandelt haben.

Eine zusätzliche selbstdienliche Motivation basiert auf Belohnungen, wenn der Helfer das Gefühl hat, etwas Gutes getan zu haben und sich selber für das angemessene Handeln gratuliert. Kinder lernen während der Sozialisation, dass Helfen ein sozial wünschenswertes Verhalten darstellt, da es mit dem übereinstimmt, was die Gesellschaft von ihnen erwartet (Bierhoff, 2005; Cialdini, Kenrick & Baumann, 1982). Daraus entsteht ein System der Selbstverstärkung, das beinhaltet, sich für gute Taten selbst zu loben. Tatsächlich ist Selbstverstärkung eine wichtige Grundlage der Selbstkontrolle (Bandura, 1997).

3 Altruistische Motivation

Die altruistische Motivation basiert auf dem primären Ziel, der Person in Not zu helfen. Batson (1991) nimmt an, dass ihre Quelle die empathische Sorge ist. Diese wird als eine auf Andere gerichtete emotionale Reaktion definiert, die mit dem wahrgenommenen Wohlbefinden einer anderen Person kongruent ist (Batson et al., 2002; → Empathie).

Notlagen lassen sich darin unterscheiden, ob sich die Beobachter leicht entfernen können oder nicht, wenn sie nicht eingreifen. Diese Unterscheidung verweist auf motivationale Unterschiede des Helfens (altruistisch vs. egoistisch motiviert), die in der Empathie-Altruismus-Hypothese zum Thema gemacht werden (Batson, 1991). Es wird angenommen, dass prosoziales Verhalten bei leichter Fluchtmöglichkeit vor allem durch empathische Sorge (altruistisch) motiviert ist, während prosoziales Verhalten bei erschwerter Fluchtmöglichkeit auch egoistisch motiviert sein kann, da man den Situationsdruck und die damit verbundene aversive affektive Erregung der Irritation überwinden möchte. Entscheidend ist nun der Vergleich der Reaktionen bei leichter Fluchtmöglichkeit. Die Empathie-Altruismus-Hypothese besagt nämlich, dass empathische Emotionen, die in der Situation wachgerufen werden, in dieser Situation Hilfeleistung hervorrufen, während egoistische Strebungen nur wenig Hilfsbereitschaft fördern, da sie bei leichter Fluchtmöglichkeit durch ein Verlassen der Situation besser befriedigt werden können. Denn die egoistisch motivierte Person kann sich dadurch von ihrer negativen affektiven Erregung befreien (vgl. Abb. 2).

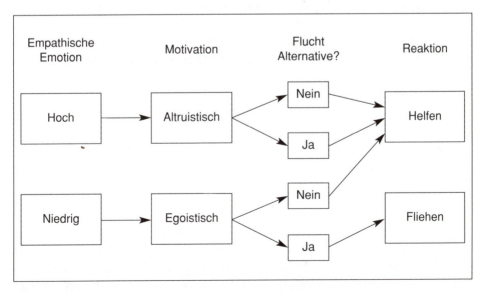

Abbildung 2: Empathie-Altruismus-Hypothese (nach Bierhoff, 2002)

Allerdings können auch antizipierte Schuldgefühle wegen der Unterlassung von Hilfeleistung bei leichter Fluchtmöglichkeit Hilfsbereitschaft auslösen. Insofern kann man schließen, dass viele, aber nicht alle egoistischen Strebungen als Grundlage für Hilfeleistung in der Bedingung leichte Fluchtmöglichkeit entfallen.

In einer Studie von Bierhoff und Rohmann (2004) wurde der Einfluss der sozialen Verantwortung auf prosoziales Verhalten im Kontext der Empathie-Altruismus-Hypothese untersucht. Die Leichtigkeit, mit der die Situaton zu verlassen war, wurde manipuliert. Dann erhielten die Studentinnen die Möglichkeit, einer Kommilitonin in einer Notlage zu helfen. Sie wurden aufgrund ihrer Selbsteinschätzung in zwei Gruppen hoher und niedriger empathischer Emotion unterteilt. Die Ergebnisse stimmten mit der Empathie-Altruismus-Hypothese überein. Bei niedriger empathischer Sorge und leichter Fluchtmöglichkeit wurde wenig geholfen, in den anderen drei Bedingungen war die Hilfsbereitschaft hoch.

Außerdem wurde der Stellenwert der sozialen Verantwortung deutlich. Nach Bierhoff (2000) wurde zwischen zwei Komponenten der sozialen Verantwortung unterschieden: Moralische Erfüllung der berechtigten Erwartungen Anderer und Befolgung der sozialen Spielregeln. Die erstgenannte Komponente hing positiv mit Hilfeverhalten in der Bedingung mit leichter Fluchtmöglichkeit zusammen, während die letztgenannte Komponente mit Hilfeverhalten in der Bedingung der schweren Fluchtmöglichkeit korrelierte. Das weist darauf hin, dass soziale Verantwortung eine altruistische Komponente der moralischen Erfüllung von Erwartungen und eine egoistische Komponente der Befolgung der Spielregeln beinhaltet. Diese Binnendifferenzierung der sozialen Verantwortung unterstützt die Feststellung, dass „wahrhaft" altruistisches Verhalten auftreten kann.

4 Verzeihen als prosoziale Transformation der Motivation

Die Situation des Verzeihens hat eine ähnliche Tiefenstruktur wie die Situation des Altruismus, die in der Empathie-Altruismus-Hypothese dargestellt wurde. Die Empathie-Altruismus-Hypothese führt zu der Erkenntnis, dass empathische Emotion die Sorge für eine notleidende Person steigert und Hilfe motiviert. Dieselbe empathische Sorge kann in einer interpersonellen Beziehung, die durch ein Vergehen belastet ist, dazu beitragen, dass die verletzende Person von der verletzten Person mit Rücksicht behandelt wird.

Das bringt die Empathie-Verzeihens-Hypothese (McCullough et al., 1998) zum Ausdruck. Sie geht davon aus, dass durch ein interpersonelles Vergehen eine primäre Reaktion im Sinne von Vergeltung und Vermeidung ausgelöst wird, die dem Selbstschutz der verletzten Person dient. Durch Verzeihen eines Vergehens wird die verletzte Person davon abgehalten, Vergeltung zu üben und sich von der verletzenden Person zu distanzieren. Stattdessen entsteht eine wohlwollende Tendenz. Empirische Resultate zeigen, dass Verzeihen in interpersonellen Beziehungen (zwischen Familienmitgliedern, Freunden oder Partnern) durch das Erleben der empathischen Sorge erleichtert wird. Daher kann man von der empathischen Komponente des Verzeihens sprechen, die zu einer prosozialen Transformation des anfänglichen Strebens nach Vergeltung und Vermeidung bei der verletzten Person führt.

Weiterführende Literatur

Bierhoff, H. W. (2002). *Prosocial behaviour*. Hove: Psychology Press.
Bierhoff, H. W. (2006). Prosoziales Verhalten in der Schule. In D. H. Rost (Hrsg.), *Handwörterbuch Pädagogische Psychologie* (3. Aufl., S. 602–608). Weinheim: Beltz.

Literatur

Bandura, A. (1997). *Self-efficacy. The exercise of control*. New York: Freeman.
Batson, C. D. (1991). *The altruism question: Toward a social-psychological answer.* Hillsdale, NJ: Erlbaum.
Batson, C. D., Ahmad, N., Lishner, D. A. & Tsang, J. A. (2002). Empathy and altruism. In C. R. Snyder & S. J. Lopez (Eds.), *Handbook of positive psychology* (pp. 485–498). Oxford: Oxford University Press.
Baumeister, R. F. (1998). Inducing guilt. In J. Bybee (Ed.), *Guilt and children* (pp. 127–138). San Diego, CA: Academic Press.
Bierhoff, H. W. (2000). Skala der sozialen Verantwortung nach Berkowitz und Daniels: Entwicklung und Validierung. *Diagnostica, 46,* 18–28.
Bierhoff, H. W. (2005) The psychology of compassion and prosocial behaviour. In P. Gilbert (Ed.), *Compassion. Conceptualisations, research, and use in psychotherapy* (pp. 148–167). London: Routledge.
Bierhoff, H. W. & Rohmann, E. (2004). Altruistic personality in the context of the empathy-altruism hypothesis. *European Journal of Personality, 18,* 351–365.
Cialdini, R. B., Kenrick, D. T. & Baumann, D. J. (1982). Effects of mood on prosocial behavior in children and adults. In N. Eisenberg (Ed.), *The development of prosocial behavior* (pp. 339–359). New York: Academic Press.
Latané, B. & Darley, J. M. (1970). *The unresponsive bystander: Why doesn't he help?* New York: Appleton.
McCullough, M. E., Rachel, K. C., Sandage, S. J., Worthington, E. L., Brown, S. W. & Height, T. L. (1998). Interpersonal forgiving in close relationships: II. Theoretical elaboration and measurement. *Journal of Personality and Social Psychology, 75,* 1586–1603.
Perugini, M., Gallucci, M., Presaghi, F. & Ercolani, A. P. (2003). The personal norm of reciprocity. *European Journal of Personality, 17,* 251–283.

Neugier und Exploration
Curiosity and Exploration

Anke Lengning

1 Einleitung

Im Laufe seiner Entwicklung ist es für einen Menschen wichtig, in seiner komplexen Lebensumwelt viel zu lernen und zu erkunden, um einen Anpassungsvorteil bei wechselnden Umweltgegebenheiten zu erlangen. Dieses Explorationsverhalten wird durch das Motiv der Neugier unterstützt, das im Kontakt mit neuen Sachverhalten angeregt wird.

> **Definition:**
> Definiert werden kann *Neugier* als das Bestreben, durch Explorationsverhalten neue Informationen und neues Wissen zu erlangen, ohne dass eine externe Verstärkung erwartet wird.

Laut Schneider und Schmalt ist Neugier darüber hinaus „[…] ein orginäres, biogenes Motivsystem, das in der Ontogenese, wie andere Motivsysteme auch, einer erfahrungsbedingten Modifikation unterliegt" (Schneider & Schmalt, 2000, S. 161 f.). Demnach werden individuelle Unterschiede in der Ausprägung der Neugier zum einen auf angeborene Verhaltensdispositionen und zum anderen auf Erfahrungseinflüsse zurückgeführt. Die Neugier scheint somit prädisponiert, was in ethologischen Ansätzen besonders hervorgehoben wird. Nach Lorenz (1950) bietet das Neugierverhalten besonders jenen Arten, die nicht auf bestimmte Lebensumwelten festgelegt sind, einen besonderen Selektionsvorteil, da es ihnen ermöglicht, sich durch Lernen an neue Lebensumwelten und deren Nahrungs- sowie Gefahrenquellen anzupassen. Weiterhin fördert das Neugierverhalten den Erwerb mentaler Wissensstrukturen. Dieses durch Exploration angeeignete Wissen erhöht aus evolutionsbiologischer Sicht langfristig den Reproduktionserfolg.

Da neue Situationen jedoch ebenfalls Gefahren für das Lebewesen bedeuten können, hat sich das Motivsystem der Furcht im Laufe der Evolution als Antagonist zum Motiv der Neugier herausgebildet. Diese beiden Tendenzen – Angst (→ Angst und Furcht) und Neugier – beeinflussen sich gegenseitig (Schneider & Schmalt, 2000).

2 Diversives und spezifisches Neugierverhalten

Berlyne (1974) unterscheidet das diversive von dem spezifischen Neugierverhalten.

> **Begriffsklärung:**
> Das *diversive Neugierverhalten* tritt in reizarmen Situationen auf. Menschen suchen hier nach Zerstreuung und Stimulation. Das *spezifische Neugierverhalten* hingegen wird durch konkrete Sachverhalte in der Umwelt ausgelöst und führt dazu, dass neue Informationen gesucht werden.

Folgende kollative (vergleichende) Variablen lösen das spezifische Neugierverhalten aus:
- Neuheit,
- Komplexität und Zweideutigkeit,
- Objektive Unsicherheit.

Diese Variablen können immer nur im Vergleich zu anderen Objekten bzw. lediglich individuell für ein Lebewesen bestimmt werden. In der Terminologie der Motivationspsychologie können diese als Anreize (→ Erwartung und Anreiz) bezeichnet werden (Schneider & Schmalt, 2000), die Explorationsverhalten hervorrufen.

Nach Berlyne (1974) führen sowohl niedriger Reizeinstrom, wenn diversives Neugierverhalten ausgelöst wird, als auch hoher Reizeinstrom, wenn spezifisches Neugierverhalten ausgelöst wird, zu einem hohen Aktivationsniveau. Dieses Aktivationsniveau auf ein mittleres zu verringern, also zu regulieren, soll bekräftigend wirken.

Die Annahmen einer Bevorzugung eines mittelhohen Reizeinstroms und einer allgemeinen zentralnervösen Aktivation scheinen jedoch überholt zu sein. Vielmehr sollten zwei antagonistische Systeme – das Annäherungs- und das Meidensystem (z. B. → Annäherungs- vs. Vermeidungsmotivation) – angenommen werden. Die Stärke beider Systeme steigt monoton mit dem Reizeinstrom an. Während das Annäherungssystem bereits bei niedrigem Reizeinstrom aktiviert wird, setzt das Meidensystem erst bei mittlerem Reizeinstrom ein und seine Stärke steigt mit größer werdendem Reizeinstrom steiler an als die des Annäherungssystems (Keller & Boigs, 1989).

3 Formen des Explorationsverhaltens

Das Explorationsverhalten kann in sehr unterschiedlicher Weise geäußert werden. Eine sehr allgemeine Einteilung kann zwischen der distalen und der proximalen Exploration vorgenommen werden, wobei das Ausmaß der Entfernung zwischen dem Lebewesen und dem zu erkundenden Objekt hier ausschlaggebend ist. Bei der distalen Exploration erkundet das Lebewesen aus einer gewissen Distanz und hat keinen direkten Kontakt mit dem fremden Objekt. Beispielhaft hierfür kann die visuelle aber auch die auditive Exploration genannt werden. Bei der proximalen Exploration wird das zu erkundende Objekt berührt bzw. es werden Manipulationen vorgenommen. Diese Form der Exploration bringt das Lebewesen stärker in Gefahr als die distale Exploration. Entsprechend ist hier eine stärkere Überwindung von Angst notwendig.

Eine weitere Einteilung des Explorationsverhaltens besteht darin, die verschiedenen Verhaltensweisen unterschiedlichen Facetten der Neugier zuzuordnen (vgl. Kasten).

> **Einteilung des Explorationsverhaltens nach Trudewind, Matip und Berg (1992)**
>
> - Epistemische Neugier. Typisches Verhalten: Fragen stellen.
> - Perzeptive und manipulative Neugier. Typische Verhaltensweisen: Schauen, Manipulieren.
> - Suche nach stimulierenden Ereignissen oder Sensation-seeking. Typisches Verhalten: Sich überraschenden Ereignissen oder Geheimnissen zuwenden.

Eine genauere Einteilung erfolgt durch Autoren, die die unterschiedlichen Modalitäten des Explorationsverhaltens voneinander trennen. Hier können unter anderem das Schauen, das Inspizieren, das Berühren und das Manipulieren differenziert werden. Darüber hinaus können auch Explorationen verbaler Form erfasst werden, z. B. wenn ein Kind Fragen stellt, die sich auf das zu erkundende Objekt beziehen.

Eine weitere Möglichkeit ist die Einteilung nach der Art der Anreize. So kann sich das Explorationsverhalten zum einen auf fremde Personen, zum anderen auf unbekannte Objekte beziehen. Demnach liegen die Anreize entweder in der sozialen oder in der dinglichen Umwelt. Einige Untersuchungen legen die Wichtigkeit nahe, bei der Untersuchung der Entwicklung des Explorationsverhaltens bzw. seiner Hemmung eine Trennung zwischen diesen beiden Arten der Anreize zu treffen (Lengning, 2004).

4   Entwicklung des Explorationsverhaltens

Der Entwicklungsstand der Wahrnehmung, der Motorik und des kognitiven Systems beeinflusst die Fähigkeit zur Exploration (Wentworth & Witryol, 2003). Neugeborene bevorzugen zunächst die Mundregion und verfolgen sich bewegende Objekte mit den Augen und mit Kopfdrehungen. Eine Präferenz besteht vor allem für gesichtsähnliche Objekte (Goren, Sarty & Wu, 1975). Durch Habituationsexperimente konnte gezeigt werden, dass zwischen bekannten und unbekannten Objekten unterschieden werden kann (Banks & Salapatek, 1983). Die Weiterentwicklung des Greifens ermöglicht es, dass Objekte in das Blickfeld gebracht und in den Mund genommen werden. Mit der Fähigkeit zur Fortbewegung steigt die Möglichkeit zur Exploration. Im Alter von anderthalb Jahren untersuchen Kinder bereits Gegenstände systematisch bzw. experimentieren mit diesen. Fortschritte in der Sprachentwicklung ermöglichen es, Fragen über bestimmte Sachverhalte zu stellen.

5 Verfahren zur Erfassung von Neugier und Explorationsverhalten

Es gibt unterschiedliche Methoden, um Neugier und Explorationsverhalten zu erfassen. Typisch sind Fragebögen und Beobachtungen. Während Fragebögen (→ Verbale Daten: Fragebogenverfahren) ökonomisch sind, da sie zeit- und kostengünstig einsetzbar sind, unterliegen sie der Gefahr, dass sozial gewünschte Antworten gegeben werden. Beobachtungen hingegen sind aufwendig, aber ökologisch sehr valide (→ Methoden der Motiv-, Motivations- und Volitionsdiagnostik). Ein Beispiel für ein Beobachtungsverfahren und einen Fragebogen finden sich in Tabelle 1.

Tabelle 1: Auswahl von Methoden zur Erfassung von Neugier und Explorationsverhalten

	Elternfragebogen zur Erfassung von Neugier und Angst (ELFRANA 3592; Trudewind et al., 1992)	Testbatterie zur Erfassung des Neugiermotivs (Schneider, Trudewind, Mackowiak & Hungerige, 1993)
Beschreibung	Um repräsentative Aussagen über die dispositionelle Neugier zu erhalten, wurden für diesen Elternfragebogen Items formuliert, die Situationen enthalten, mit denen Kinder mehr oder weniger häufig in ihrem Leben konfrontiert werden. Die Eltern schätzen auf einer vierstufigen Likert-Skala ein, wie typisch das Verhalten für ihr Kind in der jeweiligen Situation ist.	Bei der Testbatterie handelt es sich um ein Beobachtungsverfahren, bei dem das Explorationsverhalten von Kindern erfasst wird. Hierbei gibt es vier Untertests: 1. Präferenz für unbekannte Objekte 2. Schubladenbox 3. Banta-Box 4. Präferenz für komplexe Lichtmuster
Erhobene Variablen	1. Epistemische Neugier 2. Perzeptive und manipulative Neugier 3. Suche nach stimulierenden Ereignissen oder Sensationseeking	u. a. 1. Die Latenzzeit bis das Kind mit der Exploration des Spielzeugs beginnt 2. Frequenz der Manipulationen an den Objekten 3. Ausdauer der Exploration bei allen Untertests

6 Konsequenzen von Neugier für die kognitive Entwicklung

Eine ausgeprägte Neugier scheint sich positiv auf die kognitive Entwicklung von Kindern auszuwirken. Berg und Sternberg (1985) fassen hierzu die Ergebnisse unterschiedlicher Studien zusammen und folgern, dass bei Kindern im Alter von drei bis sechs Jahren die Neugier in einem positiven Zusammenhang zur Intelligenz steht. Neugierige Kinder wenden sich nicht nur neuen, unbekannten Reizen schneller, häufiger und intensiver zu, sondern betreiben ebenfalls eine ausdauerndere Informationssuche. Dies hat zur Folge, dass sie bessere bzw. vielfältigere Strategien zur Informationsgewinnung erwerben, die sie bei der weiteren Konfrontation mit neuen Sachverhalten nutzen können.

Zu ähnlichen Ergebnissen kamen Trudewind, Schubert und Ballin (1996). Hier konnte gezeigt werden, dass hoch neugierige Kinder bessere Leistungen beim Problemlösen zeigten als niedrig neugierige Kinder. Als weitere Variable wurde zudem die Ängstlichkeit der Kinder in dieser Studie kontrolliert. Wenig ängstliche Kinder lösten mehr Teilprobleme als die hoch ängstlichen. Weiterhin wurde eine Wechselwirkung zwischen den beiden Motivtendenzen deutlich. Auch hoch ängstliche Kinder erbrachten gute Leistungen, wenn ihre Neugier gleichzeitig stark ausgeprägt war. Unzureichend geklärt ist jedoch bislang immer noch, inwiefern die Ängstlichkeit als wichtiger Einflussfaktor dem fördernden Einfluss der Neugier auf die kognitive Entwicklung entgegenwirkt (vgl. Kasten).

Untersuchungsergebnisse über den Zusammenhang zwischen Neugier, Angst und kognitiven Leistungen

- Die Stärke der Angstdisposition steht in Zusammenhang mit dem Neugierverhalten.
- Der offene Ausdruck von Neugier wird bei wenig neugierigen Kindern durch Angst gehemmt.
- Durch distale Exploration aufgenommene Informationen werden von ängstlichen Kindern besser verarbeitet als von wenig ängstlichen.
- Bei wenig neugierigen Kindern wirkt sich die hohe Ängstlichkeit hemmend auf die informationseinholende Tätigkeit aus und damit werden auch die Leistungen im Problemlösen beeinträchtigt.
- Hohe Angst führt zu einer allgemeinen Verlangsamung der Tätigkeit. Diese wirkt sich nicht auf die Leistungsmenge und Leistungsgüte aus.

Abschließend lässt sich jedoch feststellen, dass der Einfluss der Ängstlichkeit auf die kognitive Entwicklung durch eine ausgeprägte Neugier positiv beeinflusst werden kann. Dies unterstreicht die hohe Bedeutung, kindliche Neugier frühzeitig zu fördern.

Weiterführende Literatur

Schneider, K. & Schmalt, H.-D. (2000). *Motivation*. Stuttgart: Kohlhammer.

Literatur

Banks, M. S. & Salapatek, P. (1983). Infant visual perception. In P. H. Mussen (Ed.), *Handbook of child psychology* (Vol. 2; pp. 435–571). New York: Wiley.
Berg, C. A. & Sternberg, R. J. (1985). Response to novelty: Continuity versus discontinuity in the developmental course of intelligence. *Advances in Child Development and Behavior, 19,* 1–47.
Berlyne, D. E. (1974). *Konflikt, Erregung, Neugier: Zur Psychologie der kognitiven Motivation*. Stuttgart: Klett.
Goren, C. C., Sarty, M. & Wu, P. Y. K. (1975). Visual following and pattern discrimination of face-like stimuli by newborn infants. *Pediatrics, 56,* 544–549.
Keller, H. & Boigs, R. (1989). Entwicklung des Explorationsverhaltens. In H. Keller (Hrsg.), *Handbuch der Kleinkindforschung* (S. 443–464). Berlin: Springer.
Lengning, A. (2004). *Gehemmtheit in neuen Situationen*. Frankfurt/Main: Peter Lang.
Lorenz, K. (1950). Ganzheit und Teil in der tierischen und menschlichen Gemeinschaft. *Studium Generale, 3,* 455–499.
Schneider, K., Trudewind, C., Mackowiak, K. & Hungerige, H. (1993). *Die Entwicklung einer Testbatterie zur Erfassung des Neugiermotivs bei Vorschulkindern* (Bericht Nr. 83). Bochum: Ruhr-Universität Bochum, Fakultät für Psychologie.
Trudewind, C., Matip, E. M. & Berg, P. (1992). *Elternfragebogen (ELFRANA 3592)* (Manuskript). Bochum: Ruhr-Universität Bochum, Fakultät Psychologie.
Trudewind, C., Schubert, U. & Ballin, U. (1996). Die Rolle von Neugier und Angst als Basismotivationen der frühkindlichen Erfahrungsbildung. In C. Spiel, U. Kastner-Koller & P. Deimann (Hrsg.), *Motivation und Lernen aus der Perspektive lebenslanger Entwicklung* (S. 15–30). Münster: Waxmann.
Wentworth, N. & Witryol, S. L. (2003). Curiosity, exploration, and novelty-seeking. In M. H. Bornstein, L. Davidson, C. L. Keyes & K. A. Moore (Eds.), *Well-being: Positive development across the life course* (pp. 281–294). Mahwah, NJ: Erlbaum.

Intrinsische Motivation
Intrinsic Motivation

Falko Rheinberg

1   Das Definitionsproblem

Intrinsic bedeutet im Englischen innerlich dazu gehörend, eigentlich, wahr, immanent; *extrinsic* bedeutet dagegen äußerlich, nicht dazu gehörend, unwesentlich. Von daher meint der Begriff intrinsische Motivation in einem sehr allgemeinen Sinn eine innerlich dazugehörende Motivationsquelle, während extrinsische Motivation auf eine äußerlich hinzugetretene verweist.

Die Unterscheidung zwischen „innen" und „außen" bei den anreizliefernden Motivationsquellen wurde schon in der Antike getroffen. In der Nikomachischen Ethik unterscheidet Aristoteles zwischen der Lust, die einer Tätigkeit wesensmäßig zukommt, und einer Lust, die von außen hinzutritt. Bei genauerer Betrachtung zeigt sich allerdings, dass das Begriffspaar intrinsisch vs. extrinsisch in der heutigen Psychologie recht unterschiedlich verwandt wird.

Dies rührt daher, dass der Bezugspunkt für innen vs. außen wechselt. Einmal liegt der Bezugspunkt in der Lokalisierung der handlungswirksamen Anreize (liegt der Anreiz in der Tätigkeit selbst vs. in ihren Ergebnissen und Folgen?), mal liegt er in der Thematik von Handlung, Ergebnis und Folgen (liegen alle Handlungskomponenten innerhalb derselben Thematik, d. h. „Leistung", „Macht", „Freundschaft" etc. oder nicht?) und mal im erlebten Ursprung der Handlungsveranlassung (liegt der Ursprung in der handelnden Person vs. in äußeren Kräften der Situation?). Zudem wird das Attribut intrinsisch mitunter auch dann verwandt, wenn ganz bestimmte Bedürfnisse maßgeblich am Motivationsgeschehen beteiligt sind (z. B. das Bedürfnis nach Kompetenzsteigerung, nach Selbstbestimmung oder auch Neugier). Wegen dieser unterschiedlichen Definitionen bleibt ohne nähere Spezifikation unklar, was gemeint ist, wenn eine Motivation als intrinsisch qualifiziert wird. Das führt bei Lesern zu Verwirrung, die irrtümlich davon ausgehen, dass intrinsische Motivation eine einheitliche Motivationsqualität bezeichnet. Im Folgenden werden häufige Begriffsverwendungen näher charakterisiert.

2   Intrinsisch als Anreiz in der Tätigkeit

Auf einer Metaebene lässt sich motiviertes Verhalten danach unterscheiden, ob der wirksame Anreiz unmittelbar im Vollzug der Tätigkeit liegt oder in den beabsichtigten Ergebnisfolgen, die sich nach erfolgreichem Abschluss der Tätigkeit einstellen sollen (*tätigkeits-* vs. *zweckzentrierte Anreize*; Rheinberg, 1989). Die Begriffe intrinsisch vs. extrinsisch wurden wohl erstmalig von Woodworth (1918, S. 70) auf diese Unterscheidung angewandt. Als *intrinsic* gilt für Woodworth eine Tätigkeit, die aus ihren Vollzugsanreizen motiviert ist *(activity running by its own drive)*. Dem werden dann Aktivitäten gegenübergestellt, die extrinsisch motiviert seien *(driven by some extrinsic motive)*.

Wenngleich die so spezifizierten Phänomene intrinsischer Motivation schon vor 100 Jahren recht präzise bei spielerischen Aktivitäten von Erwachsenen und Kindern beschrieben wurden (z. B. Groos, 1899), begann die systematische Erforschung von Tätigkeitsanreizen erst in den 70er Jahren des letzten Jahrhunderts (Csikszentmihalyi, 1975). In einem Spektrum verschiedener Anreize, die den Vollzug einer Tätigkeit per se attraktiv machen, entdeckte Csikszentmihalyi das *Flow-Erleben* als häufig wiederkehrende Anreizkomponente.

> **Begriffsbestimmung: Flow-Erleben**
> Das (selbst-)reflektionsfreie und freudige Aufgehen in einer glatt laufenden Tätigkeit, die man trotz hoher Beanspruchung noch gut unter Kontrolle hat.

Dieser Flow-Zustand wurde von Csikszentmihalyi und anderen in seinen verschiedenen Komponenten detailliert beschrieben und in seinen Voraussetzungen und Folgen untersucht. So zeigte sich z. B. beim Feisklettern oder in Computerspielen, aber auch bei der Arbeit und beim Lernen, dass eine anspruchsvolle Balance zwischen Anforderung und Fähigkeit, ein eingeschränktes Stimulusfeld oder eine kohärente Handlungsstruktur Flow begünstigen, wobei der Flow-Zustand seinerseits Konzentration, positive Aktivierung und letztendlich Leistung fördert (Csikszentmihalyi, 1975; Rheinberg, 2006). Diese Arbeiten wurden auch außerhalb der wissenschaftlichen Psychologie bekannt.

Ein paralleler Forschungsansatz zu Tätigkeitsanreizen fokussierte nicht auf eine einzelne Anreizkategorie wie das Flow-Erleben, sondern versuchte statt dessen, die sog. *tätigkeitsspezifischen Vollzugsanreize* in der ganzen Breite des Anreizspektrums zu ermitteln (Rheinberg, 1989). Solche Anreizspektren helfen, das mitunter starke und andauernde Engagement für bestimmte Aktivitäten wie Motorradfahren, Musizieren, Graffiti-Sprayen, Skifahren etc. nachvollziehbar zu machen, das für Außenstehende ansonsten rätselhaft bleiben würde (Rheinberg, 2006). Der Kasten zeigt ein Beispiel für die Ergebnisse solcher Forschung.

> **Anreize illegalen Graffitisprayens**
> **(Auszug aus Rheinberg & Manig, 2003)**
> *Kompetenzsteigerung:* Zu spüren, wie man perfekter wird, seinen Schriftzug *(tag)* immer besser sprayen kann.

> *Sensation Seeking:* Nervenkitzel beim Sprayen, Adrenalinstoß, Aufregung „wie eine Droge".
> *Flow-Erleben:* Alles andere vergessen, sich ganz in die Tätigkeit vertiefen.
> *Gruppengefühl:* Mit anderen zusammen sein, gegenseitiges Vertrauen spüren.
> *Kreativität:* Erleben, wie neue Ideen wachsen und sich in Bildern realisieren.
> *Lebenssinn:* Graffiti-Sprayen richtet den Alltag aus, gibt Halt im Leben.
> *Ruhm/Überlegenheit:* Zu genießen, dass man beim Sprayen besser als andere ist und bewundert wird.

Das hier skizzierte Verständnis von intrinsischer Motivation als Motivation, die aus dem Tätigkeitsvollzug und nicht aus ihren Ergebnisfolgen angeregt und aufrechterhalten wird, findet sich in der gegenwärtigen Literatur relativ häufig.

3 Intrinsische Motivation als Gleichthematik von Zweck und Mittel

Abweichend von dem tätigkeitszentrierten Verständnis können in einem zweiten Verständnis intrinsischer Motivation auch Ergebnisfolgen wirksam sein. Sie müssen jedoch den jeweiligen Tätigkeiten thematisch oder funktional eindeutig zugeordnet sein. Ein beabsichtigtes Ergebnis (Ziel) kann über verschiedene Tätigkeiten angestrebt werden *(Äquifinalität)*. Ebenso kann eine bestimmte Tätigkeit gleichzeitig verschiedene → *Ziele* erreichen *(Multifinalität)*. Nach Shah und Kruglanski (2000) liegt intrinsische Motivation dann vor, wenn beides nicht gegeben ist und stattdessen zwischen Tätigkeit und Ziel eine eineindeutige Beziehung vorliegt: Tätigkeit X führt nur Ziel Y herbei und Ziel Y kann allein durch Tätigkeit X erreicht werden. In diesem Fall wird eine Tätigkeit auch dann als intrinsisch motiviert aufgefasst, wenn sie über angestrebte Ergebnisfolgen motiviert ist.

In ähnlicher Weise bestimmt Heckhausen (1980) intrinsische Motivation dadurch, dass Handlung, Ergebnis und Folgen zum selben Motivthema gehören.

> **Intrinsisch als gleichthematisch**
>
> Wenn Person A eine Person B bedroht (Handlung), um sie gefügig zu machen (Ergebnis), damit sie (Person A) sich in ihrem Einfluss auf andere bedeutsam, stark und wichtig erleben kann (Folge), so wäre das ein Fall von intrinsisch motiviertem Machthandeln. Handlung, Ergebnis und Folgen gehören zur selben Motivthematik, nämlich zur Machtmotivation. Würde dagegen Person A den Einfluss ausüben, um damit z. B. dritte Personen zu schützen, so wäre das extrinsisch motiviertes Machthandeln, weil die angestrebten Ergebnisfolgen der Einflussnahme nicht macht-, sondern hilfeleistungsthematischer Natur sind (Schutz anderer Personen).

4 Intrinsische Motivation als Interesse

Interesse (→ Interesse) ist eine Motivationsform, die über ihren Gegenstand bestimmt wird (Interesse an XY). Die Qualifizierung von Interesse als intrinsische Motivation taucht in mindestens drei Varianten auf:

a) Schiefele (1996) sieht im Interesse ein gegenstandsspezifisches Pendant zu den oben erwähnten tätigkeitsspezifischen Vollzugsanreizen (s. Abschnitt 2). Nur liegt jetzt der Anreiz nicht in der Aktivität selbst, sondern im Gegenstand an und mit dem sie vollzogen wird. Um als intrinsisch motivierte Interessenhandlung zu gelten, darf die Tätigkeit aber nicht wegen der Ergebnisfolgen, sondern wegen des freudvollen Kontaktes mit dem Interessengegenstand ausgeführt werden. Interessengeleitetes Lernen ist danach nur so lange intrinsisch motiviert, wie es wegen der freudvollen Beschäftigung mit dem Lerngegenstand zustande kommt. Käme es dem Lerner aber darauf an, dabei möglichst viel Lernzuwachs zu erzielen, so wäre das bei diesem Begriffsverständnis extrinsisch motiviert, weil das Ergebnis (Lernzuwachs) und nicht die Beschäftigung mit dem Interessengegenstand im Vordergrund stünde.

b) Eine davon abweichende Auffassung von Interesse als intrinsische Motivation findet sich bei Krapp (1999). Anders als bei Schiefele (1996) ist hier interessengeleitetes Lernen auch dann intrinsisch motiviert, wenn die Lernaktivitäten auf einen beabsichtigten Lernzuwachs zielen. Entscheidend für intrinsische Motivation ist hier nicht, ob der Anreiz in der Tätigkeit oder in den Ergebnissen liegt, sondern ob sich die Person bei der (Lern-)Aktivität als selbstbestimmt erlebt oder nicht.

> **Begriffsbestimmung: Interesse**
>
> Interesse und intrinsische Motivation beschreiben nach Krapp das gleiche Phänomen, „nämlich eine aus innerer Neigung resultierende Lernmotivation, die nicht durch äußeren Druck oder Zwang zustande kommt, sondern durch einen in der Person verankerten inneren Antrieb" (Krapp, 1999, S. 24). Diese gegenstandsspezifische Motivation ist beim Lernen stets auf ein bestimmtes Ziel gerichtet und geht über den Anreiz der bloßen Lernhandlung hinaus. Trotz ihres instrumentellen Charakters gilt diese (Lern-)Motivation als intrinsisch, weil das Lernen selbstbestimmt erfolgt.

Die Selbstbestimmung (Selbstintentionalität) kommt nach Krapp beim interessengeleiteten Lernen dadurch zustande, dass sich der Lerner mit dem Lerngegenstand identifiziert. Ist dies einmal geschehen, spielt es keine Rolle mehr, ob der Gegenstand ursprünglich von außen (z. B. vom Lehrer) herangetragen wurde oder nicht und ob es dem Schüler beim Lernen auf großen Lernzuwachs ankommt oder nicht. Deci und Ryan (1985) folgend bezieht sich bei diesem Verständnis von intrinsisch das „innen" auf die Person als aktuell erlebten Ursprung der Handlung.

c) Von Sansone und Smith (2000) wird der Interessenbegriff *(interest)* seit einiger Zeit ausgeweitet und eine dritte Variante von Interesse als intrinsische Motivation eingeführt. *Interest* wird als eine positiv-affektive Erfahrung während einer Aktivität verstanden, die man jetzt gerade um ihrer selbst tun möchte *(feel like it)*, weil man Freude *(enjoyment)* dabei hat. Die von Schiefele (1996) und Krapp (1999) getroffene Begriffsklärung von Interesse als gegenstandsspezifischer Motivation (s. o.) taucht hier nicht mehr auf. Es geht jetzt allgemeiner um positives Erleben während der Tätigkeit. *Interest* wird damit deckungsgleich mit einer Motivation aus (positiven) tätigkeitsspezifischen Vollzugsanreizen, wie sie oben bereits beschrieben wurden (s. Abschnitt 2). Diese Anreize werden jetzt lediglich mit *interest* benannt und als intrinsisch motiviert qualifiziert: *„We consider individuals to be intrinsically motivated when their behaviour is motivated by actual, anticipated, or sought experience of interest"* (Sansone & Smith, 2000, S. 345).

5 Intrinsische Motivation als Ausdruck bestimmter Bedürfnisse

5.1 Kompetenzbedürfnis und Neugier

In den fünfziger Jahren des letzten Jahrhunderts wurde der Begriff intrinsische Motivation benutzt, um entgegen vorherrschender behavioristischer Auffassung zu betonen, dass Verhalten nicht nur auf die Befriedigung einfacher organischer Bedürfnisse (Hunger, Durst) oder auf die Erlangung sichtbarer Belohnungen zielt, sondern auch aus besonderen psychischen Bedürfnissen resultieren kann (Koch, 1956; White, 1959).

White (1959) beschrieb Verhaltensphänomene, die aus einem Bedürfnis nach Wirksamkeit und Kompetenzerleben *(effectance motivation)* herrühren. Dieses Bedürfnis lässt sich ähnlich der Neugier (→ Neugier und Exploration) evolutionär begründen (Schneider & Schmalt, 2000): Lebende Systeme, die über ein internes Belohnungssystem dazu veranlasst werden, ständig Neues zu erkunden (Neugier) und die eigenen Kompetenzen zu steigern (Kompetenz- bzw. Leistungsmotivation), müssten eine höhere darwinistische Fitness, mithin eine höhere Reproduktionsrate bei der Weitergabe solcher genetischer Informationen gehabt haben als Lebewesen, die mit dem bereits Bekannten und Erreichten stets zufrieden waren. Auf diese Weise haben sich interne Belohnungssysteme herausgebildet, die Aktivitäten auch dann in Gang setzen, wenn kurzfristig keine äußeren („extrinsischen") Verstärker oder organische Versorgungskrisen (z. B. Hunger, Durst) Einfluss nehmen.

5.2 Bedürfnis nach Selbstbestimmung

Deci und Ryan (1985) kombinierten das erwähnte Kompetenzbedürfnis mit dem Bedürfnis nach kausaler Autonomie bzw. dem *origin feeling* von DeCharms (1968) zu einer Selbstbestimmungstheorie (→ Selbstbestimmungstheorie und Kognitive Bewertungstheorie). In dieser Theorie wird intrinsische Motivation über diese beiden Bedürfnisse bestimmt: „Intrinsic motivation is based in the innate organismic needs for competence and self determination" (Deci & Ryan, 1985, S. 32). Die Befriedigung dieser Bedürfnisse sorgt dafür, dass eine Tätigkeit gerne und freiwillig ausgeführt wird, auch wenn es dafür keine weiteren Belohnungen gibt.

In jüngeren Theorieversionen versuchen Deci und Ryan (2002), mit einem dritten Grundbedürfnis, nämlich dem Bedürfnis nach Zugehörigkeit/Gemeinschaft zu rekonstruieren, wie ursprüngliche Fremdbestimmung zur Selbstbestimmung wird: Um dazu gehören zu können, übernehmen Personen Werte und geltende Normen einer Gemeinschaft, integrieren sie in ihr Selbst und erleben sich dann im Befolgen solcher ursprünglich externen Standards als selbstbestimmt.

6 Korrumpieren äußere Belohnungen intrinsische Motivation?

Unter besonderen Bedingungen lässt sich zeigen, dass äußere Belohnungen die Häufigkeit senken, mit der eine Tätigkeit freiwillig ausgeführt wird.

> **Der Korrumpierungseffekt**
>
> Deci (1975) hatte Kinder für die Ausführung einer Tätigkeit belohnt, die sie zuvor gerne und häufig auch ohne Belohnung ausgeführt hatten. Blieb diese überflüssige Belohnung nachfolgend aus, führten die Kinder diese Tätigkeit seltener als ursprünglich aus. Nach Deci (1975) war durch die Belohnung die intrinsische Motivation gesunken.

Dieser Effekt überflüssiger Belohnung wurde als Korrumpierungs- bzw. Überveranlassungseffekt bekannt. Intensive Forschung und kontroverse Diskussionen haben inzwischen klargestellt, dass dieser Effekt nur unter hoch spezifischen Bedingungen beobachtbar ist und dann auch nur schwache bis mäßige Effektstärken aufweist. So muss diese Tätigkeit (1) von vornherein attraktiv sein, dann muss sie (2) überflüssigerweise mit materiellen Gütern belohnt werden, wobei diese Belohnungen (3) ergebnisunabhängig erwartet werden (Cameron, Banko & Pierce,

2001). Außerhalb psychologischer Experimente dürften diese Bedingungen überflüssiger Belohnung wohl nur selten gegeben sein. Sind diese spezifischen Bedingungen nicht gegeben, so können sich Belohnungen durchaus motivationsförderlich auswirken (z. B. Lob für Leistungszuwächse).

7 Ausblick

Die unter der Bezeichnung „intrinsische Motivation" beschriebenen und untersuchten Sachverhalte sind theoretisch reizvoll und für unser Verständnis von Motivation hoch bedeutsam. Ein erhebliches Problem liegt allerdings darin, dass mit derselben Bezeichnung teils ganz unterschiedliche Phänomene benannt werden. Von daher ist in diesem Bereich stets zu prüfen, (1) was ein jeweiliger Autor mit der Unterscheidung intrinsische vs. extrinsische Motivation genau meint, (2) wie er diese Variablen gemessen hat und (3) wie gut die gemessenen Variablen zu seinen theoretischen Aussagen passen. Ohne solche Prüfungen entstehen in diesem interessanten Forschungsfeld schnell Verwirrungen.

Weiterführende Literatur

Rheinberg, F. (2006). Intrinsische Motivation und Flow-Erleben. In J. Heckhausen & H. Heckhausen (Eds.), *Motivation und Handeln* (3. Aufl., S. 331–354). Berlin: Springer.
Sansone, C. & J. M. Harackiewicz (Eds.). (2000), *Intrinsic and extrinsic motivation.* San Diego: Academic Press.

Literatur

Cameron, J., Banko, K. M. & Pierce, W. D. (2001). Pervasive negative effects of rewards on intrinsic motivation: The myth continues. *The Behavior Analyst, 24,* 1–44.
Csikszentmihalyi, M. (1975). *Beyond boredom and anxiety.* San Francisco: Jossey-Bass (deutsch: Das Flow-Erlebnis (9. Aufl.). Stuttgart: Klett-Cotta, 2005).
DeCharms, R. (1968). *Personal causation.* New York: Academic Press.
Deci, E. L. (1975). *Intrinsic motivation.* New York: Plenum.
Deci, E. L. & Ryan, R. M. (1985). *Intrinsic motivation and self-determination in human behavior.* New York: Plenum.
Deci, E. L. & Ryan, R. M. (2002). *Handbook of self-determination research.* Rochester, NY: University Press Rochester.
Groos, K. (1899). *Die Spiele des Menschen.* Jena: Fischer.
Heckhausen, H. (1980). *Motivation und Handeln.* Berlin: Springer.
Koch, S. (1956). Behavior as „intrinsically" regulated: Work notes towards a pre-theory of phenomena called „motivational". In M. R. Jones (Ed.), *Nebraska Symposium on Motivation* (pp. 42–87). Lincoln, NE: University of Nebraska Press.

Krapp, A. (1999). Intrinsische Lernmotivation und Interesse. Forschungsansätze und konzeptuelle Überlegungen. *Zeitschrift für Pädagogik, 45,* 387–406.
Rheinberg, F. (1989). *Zweck und Tätigkeit.* Göttingen: Hogrefe.
Rheinberg, F. & Manig, Y. (2003). Was macht Spaß am Graffiti-Sprayen? Eine induktive Anreizanalyse. *Report Psychologie, 4,* 222–234.
Sansone, C. & Smith, J. L. (2000). Interest and self-regulation: the relation between having to and wanting to. In C. Sansone & J. M. Harackiewicz (Eds.), *Intrinsic and extrinsic motivation* (pp. 343–372). San Diego, CA: Academic Press.
Schiefele, U. (1996). *Motivation und Lernen mit Texten.* Göttingen: Hogrefe.
Schneider, K. & Schmalt, H.-D. (2000). *Motivation* (3. Aufl.). Stuttgart: Kohlhammer.
Shah, J. Y. & Kruglanski, A. W. (2000). The structure and substance of intrinsic motivation. In C. Sansone & J. M. Harackiewicz (Eds.), *Intrinsic and extrinsic motivation* (pp. 105–127). San Diego: Academic Press.
White, R. W. (1959). Motivation reconsidered: The concept of competence. *Psychological Review, 66,* 297–333.
Woodworth, R. S. (1918). *Dynamic psychology.* New York: Columbia University Press.

Entwicklung der Handlungsregulation
Development of Action Regulation

Manfred Holodynski

Wenn eine Person ein Motiv (→ Implizite und explizite Motive) befriedigen möchte, bedeutet dies noch nicht, dass sie ihr Motiv auch tatsächlich befriedigt. Dies erfordert vielmehr eine Reihe von Handlungen, die geplant, koordiniert und gegen Hindernisse und konkurrierende Motivationen abgeschirmt werden müssen. Vergleicht man diesbezüglich ein neugeborenes Kind mit einem Erwachsenen, erscheint bei Säuglingen nicht nur die thematische Vielfalt an Motiven sehr begrenzt zu sein, sondern sie verfügen auch noch nicht über die Kompetenz, solche motivdienlichen Handlungen selbstständig ausführen zu können. Vielmehr müssen die Bezugspersonen alle motivdienlichen Handlungen stellvertretend für den Säugling ausführen. In der Ontogenese erfolgt demnach nicht nur eine Ausdifferenzierung von Motiven (→ Entwicklung der Motive), sondern auch der Erwerb der Fähigkeit, seine Motive selbstständig durch geeignete Handlungen befriedigen zu können.

Die Entwicklung dieser Regulationskompetenz zu modellieren, ist Gegenstand der Handlungsregulationsforschung (→ Handlungskontrolltheorie, → Theorie der Persönlichkeits-System-Interaktionen (PSI)). In der kognitiv dominierten Forschung hat man sich lange Zeit fast ausschließlich mit der willensgesteuerten (volitionalen) Regulation expliziter Motive befasst. Dass Handlungen auch mittels Emotionen reguliert werden können, wurde anfänglich gar nicht berücksichtigt, wie im Rubikonmodell (Heckhausen & Heckhausen, 2006, Kap. 11). Es war der Emotionsforschung vorbehalten, Emotionen als motivdienliche handlungsregulierende Prozesse zu konzeptualisieren (vgl. Frijda, 1986). Emotionen bewerten im Handlungsvollzug Geschehnisse und Handlungsresultate bezüglich ihrer Bedeutung für die Motivbefriedigung. Sie signalisieren dies der Person über interne Gefühlsempfindungen und richten über Ausdrucks- und Körperreaktionen die nachfolgenden Handlungen in motivdienlicher Weise aus, so dass sich eine Person durch ihre Emotionen z. B. zu einem Wutanfall hingerissen oder zur Vermeidung einer als gefährlich eingeschätzten Situation veranlasst fühlt. Hier fungieren Emotionen als Auslöser der Regulation, während die Handlungen das Objekt der Regulation sind.

Vereinfacht gesprochen lässt sich die emotionale Regulationsebene der Realisierung impliziter Motive zuordnen, indem Emotionen motivdienliche Handlungen initiieren und regulieren, und die volitionale Regulationsebene der Realisierung expliziter Motive, indem Vorsätze diesen Motiven dienende Handlungen initiieren und regulieren. Die Kunst einer gelungenen Lebensführung würde in der angemessenen Koordination beider Regulationsebenen liegen. Mittlerweile ist die Analyse des Zusammenspiels der volitionalen und emotionalen Regulationsebene zum Thema der Motivationsforschung geworden, wie z. B. in den Ansätzen der Lebenslauftheorie der Kontrolle (Heckhausen, 1999), der PSI-Theorie mit ihren Selbstregulationsmodi (→ Handlungskontrolltheorie, → Theorie der Persönlichkeits-System-Interaktionen (PSI)) oder der motivationalen Kompetenz (Heckhausen & Heckhausen, 2006, Kap. 12 bzw. Kap. 13). Diese allgemeinpsychologischen Ansätze haben sich jedoch nur punktuell mit dem ontogenetischen Aufbau dieser Regulationsebenen in der frühen Ontogenese befasst (vgl. aber Bischof-Köhler, 1998).

Ein weitgehender Konsens besteht in der Forschung über die Auffassung, dass jede Person ein Set an Motiven als unterschiedlich stark ausgeprägte Dispositionen in sich trägt, von denen zu einem gegebenen Zeitpunkt nur ein Teil aktiviert ist. Welche das sind und welche Handlungen eine Person zu deren Befriedigung ausführt, ist abhängig (1) von den aktuellen situativen Anregungs- und Realisierungsbedingungen, (2) von ihrer Handlungsregulationskompetenz, motivdienliche Handlungen auswählen und durchführen zu können, und (3) von den im Laufe des Lebens entwickelten Motiven und ihrer Hierarchie und relativen Stärke.

Aufgrund der noch geringen und unstrukturierten Befundlage zur Entwicklung der menschlichen Handlungsregulation wird im Folgenden „nur" ein konzeptueller Rahmen als Orientierungsgrundlage gegeben. Dazu bietet sich das Makrostrukturkonzept der Tätigkeit an (Holodynski & Oerter, 2008; Leontjew, 1982). Es unterscheidet drei Systemebenen, die Tätigkeits-, die Handlungs- und die Operationsebene, denen jeweils eine spezifische Form der Regulation zugeordnet werden kann.

1 Tätigkeitsebene und emotionale Regulation

Die Tätigkeitsebene umfasst den motivbezogenen Rahmen für die Handlungen einer Person. Sie umfasst die Bedürfnisse (z. B. nach Bindung, Leistung, Macht, etc.) und ihre durch die individuellen Lebenserfahrungen konkretisierten impliziten Motive. In der frühen Kindheit ist es Aufgabe der Bezugspersonen, die Bedürfnisse und Motive ihres Kindes anhand des kindlichen Emotionsausdrucks zu erschließen und die motivdienlichen Handlungen noch stellvertretend für das Kind auszuführen. Der kindliche Emotionsausdruck fungiert als Auslöser der elterlichen Handlungen (s. auch Abschnitt 4). Diese *inter*personale emotionale Regulation ist ontogenetisch primär und bis ins Vorschulalter die dominante Regulationsebene. Erst mit dem Erlernen differenzierter Emotionen und motivdienlicher Handlungen und der Hemmung des Impulses, sich in emotionsgeladenen Situationen stets des Beistands anderer zu vergewissern, nutzen Kinder ihre Emotionen auch, um ihre eigenen Handlungen auszurichten. Dieser Übergang zur *intra*personalen Regulation beginnt im Laufe des Vorschulalters (vgl. Holodynski, 2006).

2 Handlungsebene und volitionale Regulation

Eine motivierte Tätigkeit wird durch eine Kette von Handlungen realisiert, an deren Ende die Erreichung des aktualisierten Motivanreizes steht. Eine → *Handlung* ist ein auf ein Ziel ausgerichteter Prozess: Das Ergebnis der Handlung ist bereits zu Beginn als (mehr oder minder vage) mentale Vorstellung repräsentiert, die den Handlungsvollzug ausrichtet. Die Planung dieser → *Ziele* mittels mentaler Vorstellungen und ihre Realisierung mittels gefasster Vorsätze ist Kern der volitionalen Regulation (Heckhausen & Heckhausen, 2006, Kap. 11), wobei die motivspezifisch wirksamen Anreize nicht immer als Ziele bewusst sind.

Volitionale Regulation läuft im entwickelten Stadium rein mental ab: Es werden Handlungswege und -ergebnisse mental simuliert und mental ein Vorsatz gefasst, was als nächstes getan wird. Die volitionale Regulationskompetenz entsteht jedoch ontogenetisch erst in einem langwierigen sozial vermittelten Lernprozess. Dabei setzt ihr Erlernen in der sozialen Interaktion ein nicht mentales Kommunikationsmedium voraus. Diese Aufgabe erfüllt die Sprache und das Sprechen. Es ermöglicht zum einen das Simulieren von Handlungen durch ihre sprachliche Repräsentation: An die Stelle der Manipulation realer Gegenstände tritt die Manipulation der Sprechzeichen, die die Gegenstände repräsentieren. Zum anderen hat das Sprechen auch eine appellative Funktion, indem es als Anweisung zur Auslösung und Ausrichtung von Handlungen dient. Dementsprechend ist der Aufbau der volitionalen Regulationskompetenz eng mit dem Spracherwerb gekoppelt (Vygotskij, 2002).

Wie die Sprachentwicklung die volitionale Regulation befördert

Im Kleinkindalter wird das Sprechen als Appell an den anderen verwendet, wobei es zunächst nur auffordernden Charakter hat, Handlungen in Gang zu setzen. Diese basale Form der volitionalen Regulation gelingt anfänglich nur in Phasen, in denen das Kleinkind nicht bereits einem emotional initiierten Handlungsimpuls folgt. Denn laufende Handlungsimpulse mittels Sprechen zu stoppen oder fein zu adjustieren, bedarf bereits einer Koordination zwischen emotionaler und volitionaler Regulation, die erst im Laufe des Vorschulalters entsteht (Holodynski, 2006).

Im Vorschulalter lernen Kinder, sprachliche Appelle auch an sich selbst zu richten und damit das Sprechen als Mittel zur Regulation ihrer Handlungen insbesondere bei Schwierigkeiten zu nutzen. Verhindert man dieses private Sprechen, mindert das auch die Qualität der Problemlösung (Diaz & Berk, 1992).

Im Grundschulalter geht das private Sprechen in das automatisierte innere Sprechen über, dem lautlosen inneren Dialog mit sich selbst, was zu einer Effektivitätssteigerung der kognitiven Informationsverarbeitung führt. Dies ist unter dem Konzept des phonologischen Arbeitsspeichers und seiner Entwicklung näher analysiert worden (vgl. Hasselhorn, 1988). In vielen Konzepten und Studien zur volitionalen Regulation und ihrer Entwicklung werden Volitionen in der Regel unabhängig vom inneren Sprechen analysiert (vgl. Lütkenhaus & Bullock, 1991).

3 Operationsebene und habituelle/intuitive Regulation

Eine Handlung hat neben ihrem intentionalen Aspekt (was erreicht werden soll) auch einen operationalen Aspekt (auf welche Weise dies erreicht werden kann), der nicht durch das Ziel, sondern durch die aktuellen Bedingungen und Mittel zu seiner Erreichung bestimmt wird. Diese Verfahren werden Operationen genannt (Leontjew, 1982). So erfordert z. B. das Schalten der Gänge beim Auto mit seiner Handschaltung andere Operationen als beim Motorrad mit seiner Fußschaltung. Operationen werden nicht von einem willentlichen Vorsatz ausgelöst, sondern von den wahrgenommenen situativen Bedingungen, unter denen das jeweilige Ziel gegeben ist und die durch Lernprozesse mit adaptiven Reaktionen zu flexiblen Reiz-Reaktions-Ketten verknüpft worden sind. Diese habituelle Regulation, von Kuhl auch als intuitive Verhaltenssteuerung bezeichnet (Heckhausen & Heckhausen, 2006, Kap. 12), erleichtert das Handeln in vertrauten Situationen und bei regelhaften Abläufen, und sie entlastet die volitionale Regulation. Das Lernen (bzw. das Nichtlernen) relevanter Operationen kann wiederum positive (bzw. negative) Rückwirkungen auf die Regulation der Motivbefriedigung haben. Man denke z. B. an das Erlernen arithmetischer oder schriftsprachlicher Operationen, die für einen erfolgreichen Schulbesuch und damit für die Befriedigung des Leistungsmotivs unumgänglich sind.

4 Integration der Regulationsebenen und reflexive Regulation

Im alltäglichen Leben gibt es viele Situationen, in denen Motivkonflikte auftreten: ein Motiv lässt sich aufgrund der situativen Bedingungen aktuell nicht befriedigen (das Flugzeug in den Urlaub wurde verpasst) oder zwei Motive widersprechen sich in ihren Realisierungen (lerne ich für eine Prüfung – Leistungsmotiv – oder helfe ich einem hilfsbedürftigen Freund – Prosoziales Motiv). In diesen Fällen bedarf es einer reflexiven Integration der volitionalen und emotionalen Regulation. Sie erfordert eine Bewusstheit und Reflexion der eigenen Emotionen und Motive und ihre vorausschauende volitionale Beeinflussung mittels Emotionsregulationsstrategien, sei es um z. B. negative Emotionen zu modifizieren oder positive Emotionen zu induzieren (vgl. Heckhausen & Heckhausen, 2006, Kap. 12). Auch diese reflexive Emotionsregulation übernehmen anfänglich die Bezugspersonen, wenn sie für ihr Kind Situationen so arrangieren, dass z. B. erst gar keine Motivkonflikte auftreten oder sie durch Ablenkung und Umdeutung auftretende Motivkonflikte entschärfen (Campos, Frankel & Camras, 2004). In diesen Fällen sind die kindlichen Emotionen sowohl der Auslöser als auch das Objekt der elterlichen Regulationsbemühungen. Die selbstständige Koordination beider Regulationsebenen, der emotionalen und volitionalen, beginnt erst im Laufe des Vorschulalters, wenn Kinder z. B. lernen, auf eine Belohnung zu warten und Motivkonflikte durch ihre zeitliche Hierarchisierung zu entschärfen.

Von der Fremd- zur Selbstregulation. Als ein grundlegender Mechanismus, wie sich die komplexe menschliche Handlungsregulation ontogenetisch herausbildet, lässt sich der Übergang von der interpersonalen zur intrapersonalen Regulation identifizieren, der sukzessiven, auf allen Regulationsebenen sich vollziehenden Verlagerung der Regulationszuständigkeit von den Bezugspersonen (Eltern, Erzieher, Lehrer) auf das Kind (vgl. Holodynski, 2006). In entwicklungsangemessenen Bezugsperson-Kind-Interaktionen fordert die Bezugsperson gerade so viel Selbstregulation heraus und verzichtet auf entsprechende Fremdregulation, wie es das Kind auf dem jeweiligen Entwicklungsniveaus leisten kann.

Weiterführende Literatur

Heckhausen, J. & Heckhausen, H. (2006). Motivation und Entwicklung. In J. Heckhausen & H. Heckhausen (Hrsg.), *Motivation und Handeln* (3. Aufl., S. 393–454). Berlin: Springer.

Holodynski, M. & Oerter, R. (2008). Tätigkeitsregulation und die Entwicklung von Motivation, Emotion, Volition. In R. Oerter & L. Montada (Hrsg.), *Entwicklungspsychologie* (S. 535–571). Weinheim: Beltz.

Literatur

Bischof-Köhler, D. (1998). Zusammenhänge zwischen kognitiver, motivationaler und emotionaler Entwicklung in der frühen Kindheit und im Vorschulalter. In H. Keller (Hrsg.), *Lehrbuch Entwicklungspsychologie* (S. 319–375). Bern: Huber.

Campos, J. J., Frankel, C. B. & Camras, L. (2004). On the nature of emotion regulation. *Child Development, 75,* 377–394.

Diaz, R. M. & Berk, L. E. (Eds.). (1992). *Private speech: From social interaction to self-regulation.* Hillsdale, NJ: Erlbaum.

Frijda, N. (1986). *The emotions.* New York: Cambridge University Press.

Hasselhorn, M. (1988). Wie und warum verändert sich die Gedächtnisspanne über die Lebensspanne? *Zeitschrift für Entwicklungspsychologie und Pädagogische Psychologie, 20,* 322–337.

Heckhausen, J. (1999). Developmental regulation in adulthood: Age-normative and sociocultural constraints as adaptive challenges. New York: Cambridge University Press.
Heckhausen, J. & Heckhausen, H. (Hrsg.). (2006). *Motivation und Handeln* (3. überarb. u. akt. Aufl.). Berlin: Springer.
Holodynski, M. (unter Mitarbeit von W. Friedlmeier). (2006). *Emotionen: Entwicklung und Regulation*. Heidelberg: Springer.
Leontjew, A. N. (1982). *Tätigkeit, Bewusstsein, Persönlichkeit*. Köln: Pahl-Rugenstein.
Lütkenhaus, P. & Bullock, M. (1991). The development of volitional skills. In M. Bullock (Ed.), *The development of intentional action: Cognitive, motivational and interactive processes*. (Vol. 22, pp. 14–23). Basel: Karger.
Vygotskij, L. S. (2002). *Denken und Sprechen*. Weinheim: Beltz (Original 1934).

Entwicklung der Motive
Development of motives

Manfred Holodynski

Wie sich die Motive (→ Implizite und explizite Motive) eines Menschen entwickeln und wie er lernt, sie durch eigenes Handeln und in Abstimmung mit den situativen und sozialen Gelegenheiten zu befriedigen (→ Entwicklung der Handlungsregulation), sind zwei Seiten eines lebenslänglichen Entwicklungsprozesses. Doch sind sie in der Forschung weitgehend getrennt voneinander untersucht worden. Erst in jüngster Zeit gibt es Integrationsversuche (vgl. Bischof-Köhler, 1998; Heckhausen & Heckhausen, 2006, Kap. 15; Holodynski, 2006b).

> **Definition:**
> Ein Motiv wird als Anreiz menschlichen Handelns definiert, als ein positiv bewerteter Zielzustand, den eine Person bestrebt ist zu erreichen.

Dabei gibt es eine Reihe an thematisch recht unterschiedlichen Motiven wie z. B. Leistungs-, Macht-, Anschluss-, Intimitäts-, Aggressionsmotiv, etc. (→ Aggression, → Angst und Furcht, → Anschluss und Intimität, → Leistung, → Machtmotivation, → Neugier und Exploration, → Prosoziales Verhalten). Kontrovers diskutiert wird, welche Motivsysteme „angeboren" sind oder erst im Laufe der Ontogenese entstehen.

Vergleicht man diesbezüglich ein neugeborenes Kind mit einem Erwachsenen, erscheint die thematische Vielfalt an Motiven bei Säuglingen sehr begrenzt zu sein. Demnach erfolgt in der Ontogenese eine Ausdifferenzierung und thematische Konkretisierung der Motive.

Um diesen Entwicklungsprozess skizzieren zu können, benötigt man eine hinreichend elaborierte und empirisch fundierte Theorie über das Motivspektrum eines Erwachsenen. Dann lässt sich in entwicklungspsychologischen Studien der Entwicklungsprozess auf diesen Erwachsenenstatus hin rekonstruieren. Leider existiert eine solche umfassende Theorie bislang noch nicht, sondern nur z. T. zueinander widersprüchliche Teiltheorien (→ Implizite und explizite Motive, → Handlungskontrolltheorie; → Theorie der Persönlichkeits-System-Interaktionen (PSI); Bischof-Köhler, 1998; Heckhausen & Heckhausen, 2006, Kap. 11 und 12; Kornadt, 2007). Einzig die Entwicklung des Leistungsmotivs ist in hinreichender empirischer Breite und theoretischer Elaboration untersucht worden (vgl. zsfd. z. B. Heckhausen & Heckhausen, 2006; Holodynski, 2007).

Aufgrund dieser patchworkartigen Befundlage wird hier „nur" ein Rahmen vorgegeben, wie die Befunde systematisiert werden könnten. Eine Theorie über die Entwicklung der Motive müsste die drei folgenden Fragen beantworten können:
1. Welche Kriterien definieren ein Motiv?
2. Welche Motive lassen sich nach diesen Kriterien unterscheiden?
3. Wie entwickeln sich im Laufe der Ontogenese (neue) Motive?

1 Die Merkmale eines Motivs

Bislang gibt es keine allgemein akzeptierte Motivdefinition (vgl. Heckhausen & Heckhausen, 2006, Kap. 3). Man benötigt aber eine Definition um festzulegen, von welchen Phänomenen die Entwicklung beschrieben werden soll:
1. *Motive sind positiv bewertete Zielzustände einer Person.* Dieses Kriterium ist unstrittig. Entwicklungspsychologisch relevant ist die Frage, ob bereits ein Säugling mit Motiven im Sinne Verhalten ausrichtender Ziele auf die Welt kommt. McClelland, Koestner und Weinberger (1989) gehen in ihrer Theorie der impliziten Motive von angeborenen motivspezifischen Schlüsselreizen aus (siehe Abschnitt 3.1), die erst im Laufe der Entwicklung mit konkreten situativen Anreizen verknüpft werden.
2. *Zu einem gegebenen Zeitpunkt sind die Motive einer Person unterschiedlich stark aktiviert.* Dieses Kriterium ist ebenfalls unstrittig. Diese Gegebenheit erfordert ein funktionierendes Handlungsregulationssystem, um die vielfältigen Motive zu passenden Gelegenheiten auch faktisch befriedigen zu können. Entwicklungspsychologisch relevant ist die Frage, wie sich ein Kind ausgehend von einem minimalen Set an angeborenen Verhaltensweisen überhaupt erst das allgemeine Schema von zielorientierten Handlungen und deren motiv- und situationsorientierte Koordination aneignet, so dass es seine Motive selbstständig befriedigen kann (→ Entwicklung der Handlungsregulation; vgl. Heckhausen & Heckhausen, 2006. Kap. 15).
3. *Motive befördern die selektive Wahrnehmung motivspezifischer Zielzustände.* Unstrittig ist auch die Auffassung, dass je stärker ein Motiv sowohl aktualgenetisch angeregt als auch dispositionell verankert ist, desto selektiver die Wahrnehmung der jeweiligen Motivanreize ist. Dies hat man sich für die Motivmessung mittels projektiver Testverfahren wie z. B. dem Thematischen Apperzeptionstest (TAT) zunutze gemacht (→ Methoden der Motiv-, Motivations- und Volitionsdiagnostik; Scheffer, 2005). Entwicklungspsychologisch relevant ist, dass man sich bislang ausschließlich auf projektive Messverfahren gestützt hat, sich aber solche Verfahren für Kinder unter 6 Jahren nicht eignen und es keine vergleichbar validierten Motivmessverfahren für diese Altersgruppe gibt. Es ist daher eine offene Frage, wie sich Motive von Kindern unter 6 Jahren valide und reliabel messen lassen.
4. *Motive sind durch eine motivspezifische Emotion markiert.* Umstritten ist jedoch – gerade für Vertreter einer kognitiven Motivationspsychologie (vgl. Heckhau-

sen, 1989) – das Kriterium, ob ein Motiv des Weiteren durch eine motivspezifische Emotion gekennzeichnet ist, die die Person im Moment der Motivbefriedigung erlebt. Ein Leistungsmotiv wäre danach nicht nur dadurch gekennzeichnet, dass eine Person aktiv den Erfolg anstrebt, sondern im Falle des Erfolgs auch Stolz erlebt. Emotionen wird dabei eine handlungsregulierende Funktion zugeschrieben (Frijda, 1986): Sie signalisieren der Person, dass sie mit diesem spezifischen Gegenstand oder Sachverhalt hier und jetzt ihr Motiv befriedigt. Emotionen markieren damit diesen Gegenstand als motivspezifischen Anreiz. Negative Emotionen signalisieren mögliche Gefährdungen oder Beeinträchtigungen der Motivbefriedigung.

Das Emotionskriterium würde einen weiteren Zugang zur Motivmessung eröffnen: Man analysiert nicht nur die angestrebten Zielzustände einer Person, sondern erhebt auch, welche motivspezifischen Emotionen sie bei der Zielerreichung erlebt. Entwicklungspsychologisch relevant ist, dass sich diese Messmethode gerade auch bei Kindern unter 6 Jahren einsetzen lässt, wie dies z. B. Trudewind, Mackowiak und Schneider (1999) für das Neugier- und Furchtmotiv oder Holodynski (2006a) für das Leistungsmotiv getan haben. Aber bislang liegt nur für das Bindungsmotiv ein validiertes Motivmessverfahren mit der Fremde-Situation vor (Spangler, 1999).

> **Die Unterscheidung zwischen impliziten und expliziten Motiven**
> Die Unterscheidung in implizite und explizite Motive (McClelland et al., 1989) könnte eine Lösung der genannten strittigen Definitionsfrage darstellen. Danach sind implizite Motive durch eine spezifische Emotion charakterisiert, während explizite Motive solche positiv bewerteten thematischen Zielklassen umfassen, die sich eine Person bewusst als Motive zuschreibt und daher durch Selbstauskünfte erfassbar sind. Beide Motivsysteme korrelieren nur gering miteinander (Heckhausen & Heckhausen, 2006, Kap. 9). Entwicklungspsychologisch relevant ist, wie sich diese Motivsysteme ontogenetisch entwickeln (vgl. Holodynski, 2006b). Dabei existiert das implizite Motivsystem als rudimentärer Kern augenscheinlich bereits von Geburt an, während das explizite erst im Laufe der Ontogenese entsteht.

2 Die Vielfalt von Motiven und ihre Klassifikation

Leider ist die Frage, welche Motive sich unterscheiden lassen, in der Motivationsforschung der letzten 25 Jahre kaum noch diskutiert worden; der letzte umfassende Artikel hierzu stammt von Thomae (1983). Murrays Motivliste von 1938 mit 20 näher analysierten Motiven ist vielfach kritisiert worden. Aber an ihre Stelle sind zum einen „nur" spezialisierte „Ein-Motiv"-Theorien getreten (vgl. Tab. 1).

Tabelle 1: Murrays (1938) Motivliste (*n* steht für *need*), „Ein-Motiv"-Theorien und die Theorie impliziter Motive (McClelland et al., 1989)

Motiv (Murrays Bedürfnisbegriff)	Ein-Motiv-Theorien	Theorie impliziter Motive
Verstehen/Einsicht (*n*Understanding)	Neugiermotiv	Leistungsmotiv
Unabhängigkeit (*n*Autonomy)	Wirksamkeitsmotiv	
Spiel (*n*Play)		
Leistung (*n*Achievement)	Leistungsmotiv	
Misserfolgsmeidung (*n*Infavoidance)		
Schutz (*n*Defence)	Bindungsmotiv	Anschlussmotiv
Hilfesuchen (*n*Succorance)		
Fürsorglichkeit (*n*Nurturance)	Prosoziales Motiv	
Sozialer Anschluss (*n*Affiliation)	Anschlussmotiv	
Zurückweisung (*n*Rejection)		
Sexualität (*n*Sex)	Sexualitätsmotiv	
Aggression (*n*Aggression)	Aggressionsmotiv	Machtmotiv
Machtausübung (*n*Dominance)	Machtmotiv	
Selbstdarstellung (*n*Exibition)		
Erniedrigung (*n*Abasement)		
Leidvermeidung (*n*Harmavoidance)	Angstmotiv	?
Widerständigkeit (*n*Counteraction)	?	?
Selbstgerechtigkeit (*n*Defendance)	?	?
Ordnung (*n*Order)	?	?
Sinnenhaftigkeit (*n*Sentience)	?	?

Zum anderen sind Klassifikationen vorgeschlagen worden, die die Motivvielfalt auf ein Minimum reduzieren. So geht z. B. die Theorie impliziter Motive (McClelland et al., 1989) nur von drei Motiven aus, nämlich Leistung, Macht, Anschluss (vgl. Tab. 1).

McClellands Hypothese, dass die drei impliziten Motive eine angeborene Grundlage hätten und ihre jeweilige dispositionelle Stärke bereits im vorsprachlichen Stadium gelernt und bis ins Erwachsenenalter interindividuell betrachtet relativ stabil bleiben würde, kann zum jetzigen Zeitpunkt durch keine überzeugenden Längsschnittstudien belegt werden (vgl. auch Heckhausen & Heckhauen, 2006, Kap. 15). In der Längsschnittstudie von McClelland und Pilon (1983) wurden lediglich Korrelationen zwischen bestimmten Erziehungspraktiken der Eltern und der Ausprägung des Leistungs-, Macht- und Anschlussmotivs im Erwachsenenalter festgestellt.

In der entwicklungspsychologischen Forschung ist das Handeln Heranwachsender nur selten unter einer Motivperspektive analysiert worden: Kornadt (2007) geht in seiner kulturvergleichenden Entwicklungstheorie der Motive von drei basalen Motiven aus, nämlich Bindung, Leistung und Aggression; andere Autoren reduzieren die Motivvielfalt auf die Komplementarität von Bindung und Neugier (vgl. Bischof-Köhler, 1998; Grossmann & Grossmann, 1986; Schölmerich & Lengning, 2004), wobei allerdings vornehmlich das Säuglingsalter und nicht die Lebensspanne im Blick ist.

Ungeklärt ist die Anschlussfähigkeit von entwicklungspsychologischen mit allgemeinpsychologischen Konzepten, wenn z. B. Kornadt die Motivtrias Leistung, Bindung, Aggression für zentral hält, McClelland aber die Motivtrias Leistung, Anschluss/Intimität und Macht. Zudem spricht die entwicklungspsychologische Bindungsforschung von differenziellen „Bindungsstilen" – nicht von Motiven (vgl. Spangler, 1999), die auch nicht mit den allgemeinpsychologischen Analysen zum Anschlussmotiv (vgl. Heckhausen & Heckhausen, 2006, Kap. 7) in Verbindung gebracht werden. Nur beim Leistungsmotiv beziehen sich allgemein- und entwicklungspsychologische Forschung aufeinander.

Prämissen einer entwicklungspsychologischen Motivanalyse

Eine entwicklungspsychologische Analyse der Motiventwicklung könnte dazu beitragen, die unübersichtliche Befundlage sinnvoll zu systematisieren. Denn die komplexe Motivstruktur eines Erwachsenen hat sich aus einer vergleichsweise einfachen Motivstruktur eines Neugeborenen entwickelt. Daraus lassen sich drei Prämissen extrahieren:

1. *Emotionen als Motivindikatoren.* Ein Motiv ist nicht nur durch eine thematische Handlungsklasse, sondern zusätzlich durch eine motivspezifische Emotion gekennzeichnet, die als Antrieb dient, der die Ziel führenden Handlungen in Gang setzt und den Akt der Befriedigung mit seinem motivspezifischen Anreiz im Erleben der Person markiert.
2. *Zunehmende Individualisierung der Motivanreize.* Die thematische Klasse an motivspezifischen Anreizen muss für jede Person individuell bestimmt

werden, weil sie Produkt ihrer Lerngeschichte ist. Dabei können gleiche Handlungen unterschiedliche Motive oder ein Motiv durch unterschiedliche Handlungen befriedigt werden, wenn z. B. eine Person wetteifert, um ihr Leistungsmotiv zu befriedigen, die andere, um ihr Machtmotiv zu befriedigen (siehe Abschnitt 3.2). Die für ein Motiv charakteristischen Anreize unterliegen einem kulturhistorischen, lebensalterbezogenen und auch lebensbereichabhängigen Wandel.

3. *Funktionelle Autonomie von Motiven im Entwicklungsverlauf.* Da der Mensch als Kulturwesen seine Anreize, Handlungen und auch z. T. seine Emotionen (vgl. Holodynski, 2006b) erst kulturell schafft, erscheint es plausibel zu sein, nicht jedes Motiv als universell und angeboren anzusehen, sondern die Möglichkeit zuzulassen, dass manche Motive erst im Laufe der Entwicklung entstehen (z. B. das Macht- und Leistungsmotiv).

3 Die Entwicklung von Motiven

Anhand der genannten Prämissen soll im Folgenden ein knapper Überblick über die Entwicklung einzelner Motive gegeben werden, wobei die frühen Entwicklungsstadien und die gemeinsamen Wurzeln einzelner Motive im Zentrum stehen.

3.1 Die vier psychogenen Motive des Säuglingsalters

Benutzt man, wie vorgeschlagen, den Emotionsausdruck als Indikator eines angeregten Motivs, dann scheinen Säuglinge mit vier psychogenen Motivsystemen ausgestattet zu sein (von den viszerogenen Motiven Hunger, Durst, etc. abgesehen, → Biogene Bedürfnisse: Hunger, Durst, Sexualität):
1. Bindung (→ Anschluss und Intimität),
2. Neugier (→ Neugier und Exploration),
3. Leidvermeidung,
4. Wirksamkeit.

Das an dritter Stelle genannte Motiv wird in der Literatur oft als Furchtmotiv (→ Angst und Furcht) bezeichnet (vgl. Trudewind et al., 1999). Furcht ist aber „nur" die motivspezifische Emotion, die das Motiv „Leidvermeidung" (siehe Murray, 1938) in Gefahrensituationen sichert, indem sie Flucht- und Meidungsverhalten auslöst. Für alle vier Motive bilden sich die spezifischen Anreize erst im Laufe des Säuglingsalters heraus.

Bindungsmotiv. Als Bindung wird ein angeborenes, universales Bedürfnis nach Geborgenheit, Schutz und Trost bezeichnet, das durch die motivspezifische Emotion Distress und Kummer angezeigt wird (vgl. Spangler, 1999). Dadurch dass die

Bezugspersonen die Ursache des kindlichen Kummers beseitigen, werden sie im psychologischen Sinne als positive Anreize des Bindungsmotivs markiert, so dass das Kind bestrebt ist, die Nähe seiner Bezugspersonen zu suchen. Dabei differenziert die Bindungsforschung vier Stadien der Entwicklung des Bindungsmotivs.

Im Laufe des Säuglingsalters grenzt sich der Anreizcharakter auf die Bezugspersonen ein, so dass fremde Personen dann nicht mehr das Bindungsmotiv eines bekümmerten Kindes befriedigen können. Des Weiteren kristallisieren sich differenzielle Stile der Motivbefriedigung heraus, die in der Bindungsforschung als Bindungsstile bezeichnet werden. Sie gehen im Wesentlichen aus einer Wechselwirkung zwischen kindlichem Temperament und elterlichen Erziehungspraktiken hervor. Beim Bindungsmotiv können sich sowohl die Anreize als auch der Bindungsstil im Lebenslauf ändern.

Neugiermotiv. Es wird ebenfalls als angeborenes universales Bedürfnis konzipiert, das durch neue, inkongruente Sachverhalte zu bereits aufgebauten Schemata des Kindes ausgelöst wird (Schölmerich & Lengning, 2004; Trudewind et al., 1999). Die motivspezifische Emotion ist das Interesse, angezeigt durch Orientierungsverhalten und subjektive Unsicherheit in Bezug auf den Anlass der Neugierde, die seine weitere visuelle und manipulative Erkundung auslösen. Bei zu geringer Inkongruenz wird keine Neugier ausgelöst, bei zu hoher Inkongruenz Abwendung oder sogar Flucht. Da durch das Explorieren aus neuen Objekten vertraute Objekte werden, wandeln sich die Anreize des Neugiermotivs mit dem Aufbau der entsprechenden Schemata. Bereits im Kleinkindalter verlagert sich die Neugier auf inhaltlich bedingte Inkongruenzen. Man spricht dann von Interessen z. B. an Puppen, Autos oder Tieren. Auf späteren Altersstufen hat man die mit dem Erkunden neuer Sachverhalte verbundenen Phänomene vornehmlich unter dem Konzept des (situativen) Interesses analysiert (→ Interesse; vgl. Holodynski & Oerter, 2008).

Motiv nach Leidvermeidung/Furcht. Dies wird ebenfalls als angeborenes, universales Motivsystem angesehen, das durch die motivspezifische Emotion der Furcht angezeigt wird. Furcht hemmt das Neugiermotiv und schützt damit die Person vor zu waghalsiger Exploration, da unbekannte Objekte auch Gefahren in sich bergen können. Auch wenn das Furcht- und Neugiermotiv aktualgenetisch komplementär funktionieren, scheint das nicht für die dispositionelle Stärke beider Motive zu gelten. So haben Trudewind et al. (1999) bei Vorschulkindern alle Kombinationen beobachtet.

Wirksamkeitsmotiv. Neugier ist auch mit der Wirksamkeitsmotivation gleichgesetzt worden (vgl. Harter, 1978). Es gibt aber stichhaltige Gründe, das Wirksamkeitsmotiv als eigenständiges Motiv zu konzeptualisieren. Die zugehörige motivspezifische Emotion ist nicht das Interesse, sondern die Freude am Effekt. Spätestens mit dem Beginn des Funktionsspiels zum Ende des ersten Lebensjahres ist beobachtbar, dass Kinder es als lustvoll erleben, Effekte verursachen zu können, sei es in ihrer Umwelt durch instrumentelle Manipulation von Objekten (und Personen) oder bei sich selbst mittels Bewegungsspielen (Oerter, 1999). Der Anreiz liegt im verursachten Effekt und nicht im Erkunden – so setzt das Funktionsspiel erst nach einer Phase der Exploration mit neuen Gegenständen ein.

> **Wie funktionell autonom sind die Motive?**
>
> In den entwicklungspsychologischen Motivanalysen sind die Überschneidungsbereiche der einzelnen Motive nur unzureichend analysiert worden: In der Verhaltensbeobachtung von Säuglingen ist es schwierig, das Motiv nach Leidvermeidung und das Bindungsmotiv auseinander zu halten, weil Furcht nicht einfach ein Fliehen vor der Gefahr, sondern stets ein Aufsuchen der Bezugsperson auslöst. Daher hat man Bindung und Neugier als zwei komplementäre Motivsysteme konzeptualisiert (vgl. auch Bischof-Köhler, 1998). Kleinkinder benutzen ihre Bezugsperson als sichere Ausgangsbasis zur Exploration der Umwelt, so dass sie sich bei Furcht sofort rückversichern und schützen lassen können. Dabei zeigen sich augenscheinlich Bindungsstil typische Explorationsmuster von Kleinkindern (vgl. Schölmerich & Lengning, 2004).
>
> Die dem Wirksamkeitsmotiv und dem Spielmotiv (Oerter, 1999) zugeschriebenen Anreize, Emotionen und distalen Überlebensfunktionen (Einüben von Handlungs- und Rollenskripten) überschneiden sich derart, dass beide Motivkonzepte zumindest im Kleinkindalter das gleiche Phänomen meinen.

3.2 Die Entstehung des Leistungs- und Machtmotivs im Kleinkind- und Vorschulalter

Im Kleinkind- und Vorschulalter entstehen zwei weitere Motive, nämlich das Leistungsmotiv und das Machtmotiv.

Leistungsmotiv. Der Anreiz des Leistungsmotivs besteht in der Erfüllung eines wertgeschätzten Tüchtigkeitsmaßstabs, was durch die motivspezifische Emotion des Stolzes angezeigt wird. Dieses Motiv hat auch eine Meidungskomponente, nämlich Misserfolge zu meiden, die die Selbst- bzw. Fremdeinschätzung der eigenen Tüchtigkeit beeinträchtigen könnten, angezeigt durch Scham bzw. Schamangst. Einige Leistungsmotivationsforscher setzen das Leistungsmotiv mit dem Wirksamkeitsmotiv gleich, da sie den Emotionen Stolz und Scham nicht diesen Motiv konstituierenden Stellenwert einräumen (vgl. Wigfield & Eccles, 2002).

Das Leistungsmotiv geht ontogenetisch aus dem Wirksamkeitsmotiv hervor. Längsschnittstudien zeigen, dass zu hohe Anforderungen verbunden mit Einschränkungen der kindlichen Selbstständigkeit die Entwicklung eines starken misserfolgsängstlichen Leistungsmotivs begünstigen. Demgegenüber bilden diejenigen Kinder ein starkes erfolgszuversichtliches Leistungsmotiv aus, die ein positives affektives (Familien)klima gekoppelt mit entwicklungsangemessenen Selbstständigkeitsanforderungen erlebt hatten (vgl. zsfd. Heckhausen & Heckhausen, 2006, Kap. 15).

Machtmotiv. Als Machtmotiv wird die Disposition betrachtet, durch eigenes Verhalten intendierte Effekte auf das Verhalten oder die Emotionen einer anderen Person zu produzieren. Der zentrale Anreiz besteht in dem Erlebnis von Kontrolle über andere (Heckhausen & Heckhausen, 2006, Kap. 8). Als motivspezifische Emotion wird das Gefühl der Stärke und Dominanz über andere genannt, doch gibt es zu dieser Emotion bislang kaum Forschung (vgl. Geppert, Galinowski & Schmidt, 1997).

Machtthematische Verhaltensweisen lassen sich bereits Vorschulkindern zuschreiben, wenn sie ihr Sprechen und nonverbales Verhalten intentional zur Beeinflussung anderer Personen einsetzen. Inwiefern diese in motivationaler Hinsicht bereits im Vorschulalter funktional autonom von wirksamkeitsthematischen Verhaltensweisen werden können, so dass man von einem autonomen Machtmotiv sprechen kann, ist bislang nicht untersucht worden. Dazu müsste man nicht nur die kindlichen Verhaltensweisen und ihre sozialen Effekte, sondern auch den begleitenden Emotionsausdruck auf Ausdruckszeichen der Dominanz hin analysieren. Die wenigen entwicklungspsychologischen Studien dazu (vgl. Geppert et al., 1997) beziehen ihre Ergebnisse aber nicht auf das Machtmotiv, sondern auf Rangstrukturen in Kindergartengruppen (vgl. Bischof-Köhler, 1998).

Gemeinsame Wurzeln des Macht- und Leistungsmotivs

In der frühen Kindheit überschneidet sich die Entwicklung des Macht- und des Leistungsmotivs. Die Überschneidung zeigt sich zum einen im Wetteifern. Dies wird als typische leistungsthematische Handlungsklasse angesehen, weil es in Bezug auf eine wertgeschätzte Fähigkeit darum geht, als Erster fertig zu werden. Auf der anderen Seite enthält Wetteifern aber auch die Komponenten, den Anderen durch geschicktes Taktieren so zu beeinflussen, dass man ihn besiegen kann, oder durch den Sieg die Bewunderung der Zuschauer zu erhaschen. Beides sind aber prototypische Kennzeichen für das Machtmotiv. Das zeigt sich auch bis in den Emotionsausdruck hinein (vgl. Geppert et al., 1997).

Zum anderen betrifft diese Überschneidung die sozialen Ursprünge beider Motive. In den allgemeinpsychologischen Motivkonzeptionen stellt man sich das Leistungsmotiv als ein autonomes Streben nach der Erfüllung eines Gütemaßstabs vor, den die Person um ihrer selbst willen anstrebt. Studien (vgl. Holodynski, 2006a, b) haben aber zeigen können, dass dies für die Anfänge der Leistungsmotiventwicklung kaum zutrifft. Vielmehr werden die Gütestandards durch die soziale Umwelt eingebracht, indem die Bezugspersonen (und auch die Gleichaltrigen) dem Kind in Form von Bewunderung und Neid bzw. von Mitleid und Verachtung deutlich signalisieren, welche Fertigkeiten wertgeschätzt werden und welche nicht. Und umgekehrt will dann das Kind zunächst nicht sich selbst, sondern diesen wertgeschätzten Anderen demonstrieren, was es kann und ihnen die entsprechende emotionale Anerkennung entlocken. Das aber ist nach Scheffer (2005) ein machtthematischer Anreiz. Erst im Laufe des Grundschulalters scheinen diese Gütemaßstäbe soweit internalisiert zu werden, dass ein älteres Kind eine Leistung auch nur für sich selbst erreichen möchte (Holodynski, 2006b), was sich z B. darin zeigt, dass ein Kind auch unabhängig von der Wertschätzung anderer einen Gütemaßstab zu erfüllen trachtet. Erst dann wären Leistungs- und Machtmotiv funktional autonom geworden.

3.3 Die Entwicklung des Aggressionsmotivs und prosozialen Motivs

Im Kleinkindalter lassen sich erstmals zwei weitere Handlungsklassen beobachten, nämlich aggressives Handeln im Sinne einer intentionalen Schädigung einer anderen Person und prosoziales Handeln im Sinne einer freiwillig intendierten Handlung, jemand anderen etwas Gutes zu tun. Schon Kleinkindern kann man ein Aggressionsmotiv zuschreiben, da sie auf Zielfrustration durch eine andere Person nicht mehr unspezifisch mit Distress, sondern bereits mit Ärger reagieren, ebenso ein prosoziales Motiv, da sie auf den Kummer einer anderen Person bereits mit Mitgefühl und Trostspenden reagieren (vgl. Trommsdorff, 2005). Allerdings bestehen berechtigte Zweifel, inwiefern das Aggressionsmotiv bereits im Vorschulalter funktional autonom geworden ist, da Aggressionen in diesem Alter eher noch instrumentell für die Befriedigung anderer Motive eingesetzt werden.

Kornadt (2007) resümiert die kulturvergleichende Sozialisationsforschung dahingehend, dass dem Aggressionsmotiv eine biologisch gegebene Reaktionsdisposition zugrunde liegt, auf Beeinträchtigungen mit Ärger zu reagieren. Das differenzierte Motivsystem mit aggressionsthematischen Handlungen und entsprechendem Attributionsstil sei aber erfahrungsbasiert und von der kulturellen Wertschätzung von Ärger und Durchsetzungsvermögen sowie vom elterlichen Erziehungsstil abhängig. So zeigten Längsschnittstudien, dass ein aggressiv-belastendes Familienklima „gegenseitiger Nötigung" die Aggressionsneigung von Kindern massiv verstärkt: Zurückweisendes und bestrafendes Elternverhalten bei kindlicher Aggression intensiviert u. a. aggressive Reaktionen des Kindes; dies verstärkt wiederum die Zurückweisung durch Gleichaltrige und Lehrer bei gleichzeitigem schulischem Leistungsversagen; dies bestärkt wiederum die Eltern darin, sich für dieses ungezogene Kind nicht weiter zu engagieren und sein aggressives Verhalten zu kontrollieren (Trommsdorff, 2005).

Doch auch ein permissiver Erziehungsstil führt bei wenig folgsamen Kindern dazu, dass diese Kinder lernen, ihre Aggressivität ihren Eltern gegenüber einzusetzen, um sie zum Nachgeben zu zwingen, und sie auf diese Weise ihre Eltern zur „Folgsamkeit" erziehen. Diese Art der Aggression hat auch einen eindeutigen Machtaspekt, so dass sich die spannende Frage stellt, inwiefern es Überschneidungen zwischen einem auf diese Art entstandenen Aggressionsmotiv und dem Machtmotiv Erwachsener gibt. In diese Richtung lassen sich die Befunde der Längsschnittstudie von McClelland und Pilon (1983) deuten, die eine positive Korrelation zwischen permissiven elterlichen Erziehungspraktiken im Vorschulalter und dem Machtmotiv im jungen Erwachsenenalter gefunden haben.

Weiterführende Literatur

Bischof-Köhler, D. (1998). Zusammenhänge zwischen kognitiver, motivationaler und emotionaler Entwicklung in der frühen Kindheit und im Vorschulalter. In H. Keller (Hrsg.), *Lehrbuch Entwicklungspsychologie* (S. 319–375). Bern: Huber.

Kornadt, H.-J. (2007). Motivation im kulturellen Kontext. In G. Trommsdorff & H.-J. Kornadt (Hrsg.), *Erleben und Handeln im kulturellen Kontext* (Enzyklopädie der Psychologie, Serie Kulturvergleichende Psychologie, Band 2, S. 283–376). Göttingen: Hogrefe.

Literatur

Frijda, N. (1986). *The emotions.* New York: Cambridge University Press.

Geppert, U., Galinowski, I. & Schmidt, D. (1997). *Self-Evaluative Emotions Coding System (SEECS).* (Paper, No. 1997/19). Max-Planck-Institut für Psychologische Forschung, München.

Grossmann, K. E. & Grossmann, K. (1986). Phylogenetische und ontogenetische Aspekte der Entwicklung der Eltern-Kind-Bindung und der kindlichen Sachkompetenz. *Zeitschrift für Entwicklungspsychologie und Pädagogische Psychologie, 18,* 287–315.

Harter, S. (1978). Effectance motivation reconsidered: Toward a developmental model. *Human Development, 21,* 34–64.

Heckhausen, H. (1989). *Motivation und Handeln. Lehrbuch der Motivationspsychologie.* Berlin: Springer.

Heckhausen, J. & Heckhausen, H. (Hrsg.). (2006). *Motivation und Handeln* (3. überarb. u. akt. Aufl.). Berlin: Springer.

Holodynski, M. (2006a). Die Entwicklung der Leistungsmotivation im Vorschulalter. Soziale Bewertungen und ihre Auswirkung auf Stolz-, Scham- und Ausdauerreaktionen. *Zeitschrift für Entwicklungspsychologie und Pädagogische Psychologie, 38,* 2–17.

Holodynski, M. (unter Mitarbeit von W. Friedlmeier). (2006b). *Emotionen: Entwicklung und Regulation.* Heidelberg: Springer.

Holodynski, M. (2007). Entwicklung der Leistungsmotivation. In M. Hasselhorn & W. Schneider (Hrsg.), *Handbuch der Entwicklungspsychologie* (S. 300–311). Göttingen: Hogrefe.

Holodynski, M. & Oerter, R. (2008). Tätigkeitsregulation und die Entwicklung von Motivation, Emotion, Volition. In R. Oerter & L. Montada (Hrsg.), *Entwicklungspsychologie* (S. 535–571). Weinheim: Beltz.

McClelland, D. C., Koestner, R. & Weinberger, J. (1989). How do self-attributed and implicit motives differ? *Psychological Review, 96,* 690–702.

McClelland, D. C. & Pilon, D. A. (1983). Sources of adult motives in patterns of parent behaviour in early childhood. *Journal of Personality and Social Psychology, 44,* 564–574.

Murray, H. A. (1938). *Explorations in personality.* New York: Oxford University Press.

Oerter, R: (1999). *Psychologie des Spiels.* München: Quintessenz.

Scheffer, D. (2005). *Implizite Motive.* Göttingen: Hogrefe.

Schölmerich, A. & Lengning, A. (2004). Neugier, Exploration und Bindungsentwicklung. In L. Ahnert (Hrsg.), *Frühe Bindung. Entstehung und Entwicklung* (S. 198–212). München: Reinhardt.

Spangler, G. (1999). Frühkindliche Bindungserfahrungen und Emotionsregulation. In W. Friedlmeier & M. Holodynski (Hrsg.), *Emotionale Entwicklung. Funktion, Regulation und soziokultureller Kontext von Emotionen* (S. 176–196). Heidelberg: Spektrum.

Thomae, H. (1983). Spezielle Motivationssysteme. In H. Thomae (Hrsg.), *Psychologie der Motive* (Enzyklopädie der Psychologie, Serie Motivation und Emotion, Band 2, S. 1–11). Göttingen: Hogrefe.

Trommsdorff, G. (2005). Entwicklung sozialer Motive: Pro- und antisoziales Handeln. In J. S. Asendorpf (Hrsg.), *Soziale, emotionale und Persönlichkeitsentwicklung* (Enzyklopädie der Psychologie, Serie Entwicklungspsychologie, Band 3, S. 75–139). Göttingen: Hogrefe.

Trudewind, C., Mackowiak, K. & Schneider, K. (1999). Neugier, Angst und kognitive Entwicklung. In M. Jerusalem & R. Pekrun (Hrsg.), *Emotion, Motivation und Leistung* (S. 105–126). Bern: Huber.

Wigfield, A. & Eccles, J. S. (Eds.). (2002). *Development of achievement motivation.* San Diego, CA: Academic Press.

IV Psychobiologische Aspekte von Motivation

Neurobiologie der Motivation und Volition
Neurobiology of Motivation and Volition

Lutz Jäncke

1 Einleitung

Auf der Basis der unterschiedlichen Motivationskonzepte wurden unterschiedliche „Brücken" zur Neurobiologie geschlagen. Die älteren Homöostase- und Triebmodelle wurden überwiegend im Zusammenhang mit Tierstudien verwendet, in denen nach neuronalen „Triebzentren" oder triebspezifischen Hormonen oder Transmittern gesucht wurde. Bezogen auf die Erklärung von motivierten Verhalten beim Menschen blieben diese Versuche (mit Ausnahme von elementaren Motiven, z. B. Hunger und Durst; → Biogene Bedürfnisse: Durst, Hunger, Sexualität) weniger erfolgreich, insbesondere wenn es darum geht, Motive (und Volition) für komplizierte Handlungen neurowissenschaftlich zu erklären (Berridge, 2004). Etwas Erfolg versprechender ist das Konzept der *„Neuronalen Hierarchien der Motivation"*. Der Grundgedanke dieses Konzeptes ist, dass in unterschiedlichen Hirngebieten unterschiedliche Aspekte von Motivationen hierarchisch kontrolliert werden. Hierbei sollen übergeordnete Hirngebiete (und die durch sie kontrollierten motivationsrelevanten Funktionen) untergeordnete Hirngebiete (und deren Funktionen) beeinflussen können. Allerdings erklären diese Modelle nicht den dynamischen Zusammenhang dieser Funktionselemente. So kann z. B. durchaus eine übergeordnete Funktion (lokalisiert im Frontalcortex) untergeordnete Funktionen (z. B. lokalisiert im Hirnstamm) hemmen. Es gibt allerdings auch umgekehrte Situationen, in denen vermeintlich untergeordnete Strukturen übergeordnete hemmen. Es scheint zumindest keine klare Top-down- oder Bottom-up-Hierarchie zu geben, sondern es deutet vieles darauf hin, dass die Hierarchien eher dynamisch etabliert werden. Das Konzept der neuronalen Hierarchien von Motivation ist auch deshalb für die Neurowissenschaften interessant, da neurobiologische Triebüberlegungen mit modernen Anreiztheorien in Einklang gebracht werden können.

Mit dem Aufkommen der bildgebenden Verfahren hat sich der Forschungsfocus der neurobiologischen Motivationsforschung entscheidend geändert. In diesem Zusammenhang kamen insbesondere aus der kognitiven Psychologie entstammende *Anreiztheorien* der Motivation zur Anwendung. Insofern hat sich eine neue Forschungsrichtung etabliert, die sich selbst den Namen *Affektive Neurowissenschaften* gegeben hat, die eine enge inhaltliche und methodische Beziehung zur bereits etablierten *Kognitiven Neurowissenschaft* aufweist (Davidson, 2003). Im Rahmen dieser neuen Wissenschaftsdisziplin, die sich überwiegend auf die Erforschung der neuronalen Grundlagen beim Menschen konzentriert, wird der Erwerb, die Auswahl und die Kontrolle von zielgerichteten Verhaltensweisen in den Mittelpunkt gestellt. In diesem Zusammenhang werden Anreize *(incentive motivation)*, triebunabhängige Verstärkungsmechanismen *(reward)* sowie appetitive und affektive Komponenten von Verstärkung *(wanting* und *liking)* thematisiert. Ein weiterer neuer Aspekt ist die Betonung der Erfahrungsabhängigkeit dieser Systeme, was keine Abkehr von evolutionsbiologischen Überlegungen ist. Nach heutigem Verständnis wird das menschliche Gehirn eher als ein adaptives Organ aufgefasst, das evolutionär bedingt anpassungsfähig sein muss (Baltes, 1997). Im Folgenden wird aus der Sicht der kognitiven und affektiven Neurowissenschaft dargestellt, wie motiviertes Verhalten kontrolliert wird und welche Hirnstrukturen und neurophysiologischen Prozesse dabei beteiligt sind. In diesem Zusammenhang wird die Anatomie des Frontalcortex, das exekutive Kontrollsystem und das Konzept der Verstärkung (reward) erläutert. Auf eine Darstellung neuronaler Grundlagen homöostatischer Motivationskonzepte wird aus Platz- und Aktualitätsgründen verzichtet.

2 Der Frontalcortex

Derzeit besteht Einigkeit im Hinblick auf die Bedeutung des Frontalcortex für die Kontrolle von komplexen Handlungen. Obwohl in modernen Theorien des Frontalcortex nicht explizit auf die psychologischen Motivationskonzepte Bezug genommen wird, kann man allerdings eine inhaltliche Nähe zum Konzept der *Exekutivfunktionen* feststellen, die bekanntlich überwiegend im Frontalcortex lokalisiert sind (Fuster, 2000). Konkretisiert man die Exekutivfunktionen, die besonders stark mit Motivation verbunden sind, dann gelangt man zu sechs Kernfunktionen des Verhaltens:
- Zielgenerierung, -speicherung und -auswahl
- Verhaltensauswahl
- Verhaltensaktivierung
- Verhaltenshemmung
- Verhaltenskontrolle
- Lernen von Verhalten

Der Frontalcortex des Menschen hat im Zuge der Evolution eine enorme Volumenvergrößerung im Vergleich zu den Primaten erfahren. Zur Abgrenzung des Frontalcortex von anderen Hirnstrukturen dienen einerseits markante anatomische Landmarken (z. B. der Sulcus centralis, welcher die posteriore Grenze des Frontalcortex ausmacht) und zytoarchitektonisch abgrenzbare Felder. Der Präfrontalcortex umfasst die Broadmann-Areale (BA) 8–12, 44–47 und die Areale 24 und 32 im mesialen Hirnbereich um den cingulären Cortex. Der Präfrontalcortex ist zytoarchitektonisch heterogen und besteht aus granulären und agranulären Anteilen. Aus Tracerstudien an nichtmenschlichen Primatenhirnen ist bekannt, dass der Präfrontalcortex direkte oder indirekte Verbindungen mit nahezu allen Hirnregionen, mit Ausnahme des primären Motorcortex und des primären sensomotorischen Cortex aufweist. Nahezu alle Verbindungen mit Ausnahme der Verbindungen zu den Basalganglien sind reziprok. Von besonderer Bedeutung ist die reziproke Verschaltung mit den parietalen, temporalen und visuellen Assoziationsarealen. Diese projizieren auf jeweils unterschiedliche, umschriebene präfrontale Areale und sind an der Vermittlung des visuellen, auditorischen und somatosensorischen Inputs beteiligt. Der Präfrontalcortex stellt die einzige neokortikale Verbindung dar, in der eine Repräsentation von Informationen aus limbischen Netzwerken erfolgt. Die anatomische Grundlage hierzu ist durch seine direkten und indirekten Verbindungen zum Hippokampus, der Amygdala, dem limbischen Cortex, den thalamischen Relaiskernen sowie dem Pulvinar gegeben. Darüber hinaus ist der Präfrontalcortex die einzige neokortikale Struktur, die eine direkte Verbindung zum Hypothalamus aufweist. Wichtig im Zusammenhang mit diesem Kapitel ist, dass das Verschaltungsmuster des Prä-

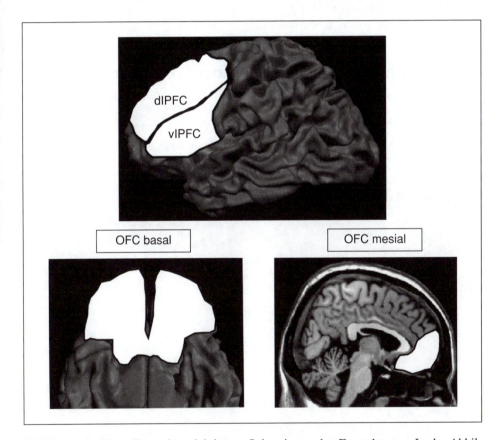

Abbildung 1: Darstellung der wichtigsten Subregionen des Frontalcortex. In der Abbildung oben sind der dorsale (dlPFC) und ventrale Präfrontalcortex (vlPFC) dargestellt. Unten links erkennt man in der Basalansicht den Orbitofrontalcortex (OFC) und unten rechts die mesiale Ansicht des Orbitofrontalcortex.

frontalcortex so organisiert ist, dass die von ihm ausgehenden Verbindungen sowohl Ein- als auch Ausgänge limbischer Strukturen regulieren und damit eine modulierende Funktion auf limbische Informationen ausüben (Fuster, 2000, 2001).

Aus dem Bereich des Hirnstamms erreichen den Präfrontalcortex Informationen aus dem noradrenergen (L. coeruleus), dopaminergen (S. nigra) und serotonergen System (Raphe-Kerne). Innerhalb des Präfrontalcortex werden insbesondere drei Amminosäuretransmitter (GABA, Glutamat und Aspartat) wirksam. Auch einige andere Neuropeptide entfalten ihre Wirkung im Präfrontalcortex. Anatomisch wird der Frontalcortex in folgende größere Bereiche unterteilt (vgl. Abb. 1):
- der laterale dorsale Präfrontalcortex auch dorsolateraler Präfrontalcortex (dLPFC)
- der laterale ventrale Präfrontalcortex auch ventrolateraler Präfrontalcortex genannt (vLPFC)
- der Orbitofrontalcortex (OFC)
- der mesiale Präfrontalcortex (mPFC)

3 Funktionelle Spezialisierung des Frontalcortex

Läsionsstudien am Menschen sowie moderne bildgebende Verfahren haben verschiedene Funktionen im Bereich des Frontalcortex kartiert. Hierbei konnten für die oben kurz skizzierten Subareale des Präfrontalcortex unterschiedliche Spezialisierungen herausgearbeitet werden.

Funktionale Spezialisierung des Cortex

Der *dorsolaterale Präfrontalcortex* ist insbesondere in folgende Funktionen eingebunden:
- Assoziieren von externen Reizen mit Handlungen.
- Assoziieren von Handlungen mit anderen Handlungen.
- Speichern und Abruf von Handlungen.
- Lernen von Reiz-Reaktionsverbindungen.
- Speichern von Handlungszielen.
- Planen von Handlungszielen.
- Realisieren von Handlungszielen.
- Auswahl und Hemmung von Handlungen.

Der *ventrolaterale Präfrontalcortex* übernimmt im Handlungskontrollablauf folgende Funktionen:
- Planen und mentales Simulieren von Handlungen.
- Sequenzieren von Handlungen.
- Imitation von Handlungen.
- Assoziation von Handlungen mit anderen Reizkonstellationen.

> Dem *mesialen Präfrontalcortex* (anteriores Cingulum, posteriores Cingulum) kommen folgende Funktionen zu:
> - Handlungskontrolle
> - Fehlermonitoring und -korrektur
> - Kontrolle von Handlungskonflikten
>   - Kognitive Konflikte
>   - Emotionale Konflikte

Zusammengefasst ist festzuhalten, dass die lateralen und mesialen Präfrontalcortexbereiche in verschiedene Aspekte der höheren Handlungskontrolle eingebunden sind. Allerdings darf nicht ausser Acht gelassen werden, dass diese Präfrontalcortexbereiche in enger Kooperation mit dem Orbitofrontalcortex und den mit ihm verbundenen subkortikalen Strukturen agieren. Der Orbitofrontalcortex übernimmt im Zusammenhang mit motiviertem Verhalten insbesondere eine *verstärkende* Funktion. Hierauf soll im nächsten Abschnitt näher eingegangen werden.

4 Das Konzept der Verstärkung

Ausgehend von evolutionsbiologischen Überlegungen ist die Suche nach Verstärkung eine wesentliche Grundlage für das Überleben und den Reproduktionserfolg des Organismus (Schultz, 2004). Gemäß allgemeiner psychologischer Terminologie wird jeder Reiz als Verstärker aufgefasst, der die Häufigkeit und die Intensität eines Verhaltensmusters positiv verstärkt. Man bezeichnet Nahrung, Wasser und gelegentlich sexuelle Betätigung als *primäre Verstärker*, da sie Verhaltensmuster verstärken, ohne das zwingend Lernprozesse involviert sein müssen. Wahrscheinlich ist das Erkennen dieser Reize und die verstärkende Reaktion auf sie genetisch determiniert. Andere Reize wie kulturelle Güter, Geld oder gar soziale Interaktionsmuster etc. müssen gelernt werden, denn sie erwerben ihren verstärkenden Charakter nur nach entsprechenden Lerndurchgängen. Deshalb bezeichnet man sie auch *sekundäre Verstärker*. In der Regel geht man davon aus, dass sie über Assoziation mit primären Verstärkern erworben werden. Wie aus den theoretischen Überlegungen und experimentellen Befunden von Bindra (1974) erkennbar ist, können sekundäre Verstärker allerdings ebenfalls direkte Verstärkungswirkung erzielen und somit qualitativ nicht mehr von den primären Verstärkern unterschieden werden.

4.1 Verstärkung im Affengehirn

Die neuronalen Grundlagen der Verstärkung sind besonders gut im Affengehirn untersucht worden. In diesen Untersuchungen konnte ein neuronales Netz identifiziert werden, das beim *Eintreten, Erwarten* und *Vorhersagen* von Verstärkern in

charakteristischer Weise aktiv ist. Die folgenden Hirnstrukturen wurden als *Verstärkungssystem* im Primatenhirn identifiziert (Schultz, 2004):
1. der dorsolaterale Präfrontalcortex,
2. das anteriore Cingulum,
3. der posteriore cinguläre Cortex,
4. das frontale Augenfeld,
5. Teile des Parietalcortex,
6. der Thalamus.

Man erkennt an dieser Aufstellung, dass nicht eine einzige Struktur an der Verarbeitung von Verstärkern beteiligt ist, sondern ein räumlich verteiltes neuronales Netz. Diese Affenstudien haben nicht nur zur Identifikation der an der Verarbeitung von Verstärkung beteiligten Strukturen beigetragen, sondern insbesondere auch den zeitlichen Verlauf der neuronalen Aktivität unter verschiedenen Bedingungen aufgezeigt (vgl. Abb. 2). So konnte z. B. festgestellt werden, dass die Verstärkungsareale bereits bei der Präsentation eines Hinweisreizes aktiv sind, wobei die Dauer und Form der Aktivierung mit der identisch ist, die auch bei der Präsentation eines Verstärkers zu messen ist. Dies belegt in gewisser Weise die Theorie des Psychologen Bindra (1978), der ja postulierte, dass selbst Hinweisreize Verstärkungen auslösen können. Interessant ist auch, dass das Verstärkungssystem bei der Bewegungsvorbereitung besonders stark aktiv ist, was belegt wie stark das Verstärkungssystem in die Planung und Kontrolle von Handlungen eingebunden ist.

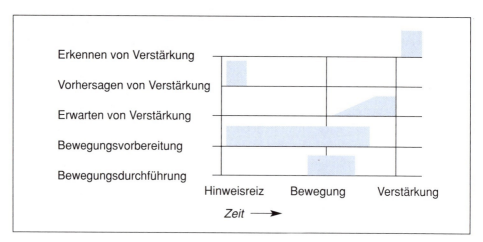

Abbildung 2: Zeitlicher Verlauf der neurophysiologischen Aktivität im Verstärkungssystem beim nichtmenschlichen Primaten in Abhängigkeit unterschiedlicher Versuchsbedingungen. Man erkennt, dass das Verstärkungssystem bereits dann aktiv ist, wenn ein Hinweisreiz den Verstärker ankündigt. Das Verstärkungssystem ist auch dann aktiv, wenn Bewegungen vorbereitet und/oder durchgeführt werden (modifiziert nach Schultz, 2004).

4.2 Verstärkung im Menschengehirn

Mit der Einführung der bildgebenden Verfahren konnten auch beim Menschen verschiedene Hirnstrukturen identifiziert werden, die in die Verarbeitung von Verstärkung eingebunden sind. Als Kernstrukturen haben sich allerdings folgende Hirngebiete herausarbeiten lassen (siehe Abb. 3):
1. der Orbitofrontalcortex (OFC),
2. die Amygdala,
3. das ventrale Striatum mit dem Nucleus accumbens.

Neuronale Aktivität in diesem System kann man nach Präsentation von primären Verstärkern (Nahrung, Geruch etc.) finden, aber praktisch auch bei allen sekundären Verstärkern (schöne Gesichter, positive soziale Interaktionen, Musik und Geld). Dieses Verstärkungssystem (der *OFC-Amygdala-Accumbens-Komplex*) ist ähnlich wie in Affenstudien nicht nur beim Eintreten sondern auch während der Erwartung, bei der Vorhersage von Verstärkung und auch *während* der Handlung, die zu Verstärkung führen, aktiv. Der Aufbau der verstärkenden Wirkung von sekundären Verstärkern über klassische Konditionierung mit primären Verstärkern konnte eindrücklich in einem eleganten Experiment von O'Doherty, Critchley, Deichmann und Dolan (2003) nachgewiesen werden. Am Beginn des Experimentes konnten im ventralen Striatum und im OFC neuronale Aktivitäten gemessen

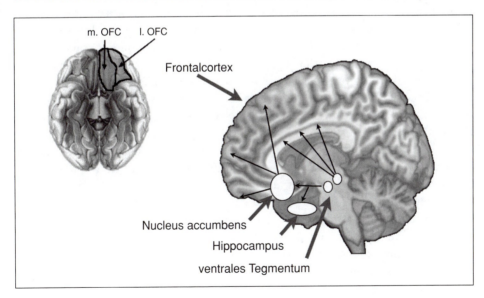

Abbildung 3: Die wichtigsten an der Verstärkung beteiligten Hirngebiete beim Menschen (mOFC: mesialer Orbitofrontalcortex, lOFC: lateraler Orbitofrontalcortex, Nucleus accumbens). Die Amygdala ist hier nicht eingezeichnet, da der gewählte Hirnschnitt eine präzise Darstellung dieser Struktur nicht ermöglicht. Allerdings kann man sich ungefähr vorstellen, dass die Amygdala unmittelbar seitlich vor dem Hippocampus liegt.

werden, wenn die Versuchsperson Zuckerwasser tranken. Nach einer klassischen Konditionierung auf einen neutralen Hinweisreiz löste der Hinweisreiz bereits Aktivitäten im ventralen Striatum und im OFC aus. Nachdem die wesentlichen Hirnstrukturen dargestellt wurden, die prinzipiell in die Verarbeitung von Verstärkung eingebunden sind, soll im Folgenden der Beitrag der einzelnen Hirngebiete näher erläutert werden.

Die neuronale Aktivität im *OFC* nimmt mit zunehmendem *Verstärkungswert* eines Reizes zu. So treten z. B. mit zunehmender Menge der finanziellen Belohnung, größerer Attraktivität von visuellen Reizen (Autos und Gesichter) und größerer Geschmackspräferenz bei Getränken auch stärkere Aktivitäten im OFC auf. In einigen Untersuchungen sind die Korrelationen zwischen den subjektiven Präferenzwerten (und den damit verbundenen Verstärkungswerten) linear (McClure, Berns & Montague, 2003). Einige neue Untersuchungen machen auf eine mögliche Dissoziation zwischen dem lateralen und medialen OFC aufmerksam. So scheint der *mediale* OFC stärker aktiv zu sein, wenn verstärkende Konsequenzen eines Verhaltens zu erwarten sind, während der *laterale* OFC besonders aktiv ist, wenn Bestrafung und/oder Verlust droht. Während der OFC eher in die Verarbeitung der Valenz von Verstärkern eingebunden ist, scheinen die Amygdalae die Intensität des Verstärkers unabhängig von der Valenz zu verarbeiten (Small et al., 2003).

In bildgebenden Studien konnte gezeigt werden, dass das *ventrale Striatum* mit dem *Ncl. accumbens* (NAc) sowohl beim Erhalt eines Verstärkers als auch bei der Erwartung bzw. Vorhersage eines Verstärkers aktiv ist. Besonders stark ist diese Struktur aktiv, wenn die Vorhersage über den Verstärkungswert des zu erwartenden Reizes schwierig oder gar unmöglich wird. Diese Erkenntnis hat zu der *Prediction Theory of NAc* geführt (McClure et al., 2003). Im Rahmen dieser Theorie wird zwischen einem positiven und negativen Vorhersage-Fehler unterschieden. Ein positiver Vorhersage-Fehler indiziert eine zu pessimistische Vorhersage. Man erhält eine Verstärkung, die positiver als erwartet ist. Ein negativer Vorhersage-Fehler indiziert eine zu optimistische Erwartung, was der Fall ist, wenn man eine Verstärkung erhält, die negativer ausfällt, als man erwartet hat. Andere Befunde legen eher nahe, dass der NAc die Salienz eines Verstärkers kodiert, z. B. wie es bei unerwarteten bzw. bedeutenden Reizen der Fall ist (Zink et al., 2003). Solche Reize lösen Aufmerksamkeitsprozesse aus und erfordern Verhaltensänderungen. In diesem Sinne kann man den NAc als eine Struktur auffassen, in der die verhaltensrelevante Bedeutung eines Verstärkers kodiert wird.

4.3 Wanting und Liking

Aus der Motivationspsychologie weiß man, dass verstärkende Stimuli eine appetitive Anreizkomponente *(Wanting – Wollen)* und eine affektive Komponente entwickeln *(Liking – Mögen)*. Gemäß der Protagonisten dieses Konzeptes (Toates, 1986; Bindra, 1974, 1978) wirken Reize umso stärker als Verstärker, desto stärker sie beide Komponenten auslösen. Vor allem Tierversuche haben gezeigt, dass beide Anreizkomponenten dissoziieren können und auch von unterschiedlichen Hirnstrukturen kontrolliert werden. *Liking* wird über Neurotransmittersysteme vermittelt, indem vorwiegend GABA und Endorphine (auch Benzodiazepine) wirksam werden. Die involvierten anatomischen Strukturen sind z. B. das ventrale Pallidum und der laterale Hypothalamus aber auch kortikale Strukturen. *Wanting* dagegen wird ausschließlich über das mesolimbische dopaminerge System vermittelt. Die wesentlichen Hirnstrukturen sind hierbei das ventrale Striatum mit dem Ncl. accumbens und den Amygdala. Man kann diese beiden System selektiv ausschalten oder in ihrer Aktivität verstärken. Z. B. durch Ausschaltung des dopaminergen Systems reduziert bzw. inhibiert man die appetitve Anreizkomponente *(Wanting)* während die affektive Komponente *(Liking)* durchaus erhalten bleiben kann. Umgekehrt kann man das *Liking-System* ausschalten während das *Wanting-System* noch voll erhalten und wirksam ist. Diese Dissoziation soll insbesondere bei Süchten wirksam sein, bei denen das *Wanting-System* besonders stark aktiv ist während das *Liking-System* sogar deaktiviert sein kann (Robinson & Berridge, 2000, 2001, 2003).

Der Protagonist des Wanting-Liking-Konzepts betont explizit, dass diese beiden Komponenten mehr oder weniger automatisch und unbewusst funktionieren (Ber-

Tabelle 1: Dichotomie der bewussten und unbewussten Prozesse

Motivation	Kognitives Wollen (cognitive wanting)	– Zielgerichtetes Verhalten – Pläne – Explizite Wünsche
	Automatisches Wollen (incentive salience wanting)	– Motivationaler Anreiz durch klassische Konditionierung – Hinweisreiz-getriggertes Wollen
Lernen	Kognitiv	– Erwartung von Verstärkung – Verständnis von Verhaltenskonsequenzen – Verbale Erklärungsmöglichkeit
	Assoziativ	– Reiz-Reiz-Assoziationen – Reiz-Reaktions-Assoziationen – Verhaltensverstärkung – Klassische Konditionierung – Instrumentelle Konditionierung
Emotion und Affekt	Bewusste Freude/Wohlbefinden (Liking)	
	Automatische Freude/Wohlbefinden	

ridge, 2004). Neuere Studien unterscheiden zwischen *deklarativem* und *automatischem Wanting*. Während das automatische *Wanting* durch die oben bereits kurz skizzierten subkortikalen mesolimbischen dopaminergen Hirnstrukturen kontrolliert wird, soll die kognitive Variante des *Wantings* eher durch den OFC und insulären Cortex vermittelt werden. Die Unterscheidung zwischen dem eher bewussten und unbewussten *Wanting* wird auch für das *Liking* wie auch für das Lernen postuliert. Insofern wird aus der Sicht der Neurowissenschaft ein enges Miteinander von bewussten und unbewussten Mechanismen angenommen, welche in die Motivationskontrolle eingebunden sind (Berridge & Robinson, 2003). Tabelle 1 beschreibt die Dichotomie der bewussten und unbewussten Prozesse im Zusammenhang mit der Motivation, dem Lernen und dem Affekt.

5 Zusammenfassung

Motiviertes Verhalten wird aus Sicht der Neurowissenschaften derzeit am Besten im Rahmen der exekutiven Funktionen verstanden. Dies bedeutet, dass insbesondere der Präfrontalcortex und daran angeschlossene Strukturen in die Kontrolle von motiviertem Verhalten eingebunden sind. Die lateralen Präfrontalcortexbereiche übernehmen in diesem Zusammenhang die Aufgabe, Handlungsziele zu entwickeln, sie bereitzustellen, diese an die Motorik weiterzuleiten und zu überprüfen, ob sie adäquat und zielführend sind. Eine wichtige Determinate in diesem Prozess ist die erwartete (bzw. angestrebte) *Verstärkung*. Diese Verstärkung wird über spezifische Hirnstrukturen vermittelt, die entweder eher eine unbewusste oder eine bewusste Form des Wollens *(Wanting)* auslösen. Hierbei ist festzuhalten, dass die angestrebten Verstärker im gesamten Handlungsablauf (nach Hinweisreizpräsentation, während der Handlung und nach dem Erreichen des Handlungsziels) handlungsmodulierend wirksam sein können. Bemerkenswert ist auch, dass beim Menschen ein hohes Maß an Flexibilität im Hinblick auf den Erwerb von Verstärkern ausgemacht werden kann. Die Verstärker können klassische primäre Verstärker, aber auch durch Lernen erworbene sekundäre Verstärker sein. Auch die sekundären Verstärker (Geld, soziale Signale, kulturell erworbene ästhetische Reize etc.) aktivieren die gleichen Hirnstrukturen, die bei Präsenz von primären Verstärkern zu finden sind. Aus neurobiologischer Sicht erkennt man hier die enorme Flexibilität des menschlichen Gehirns, neue insbesondere kulturelle Motive zu entwickeln und aus ihnen die *Kraft* für zielgerichtetes Verhalten zu gewinnen.

Weiterführende Literatur

Pessoa, L. (2008). On the relationship between emotion and cognition. *Nature Reviews Neuroscience, 9,* 148–158.
Sanfey, A. G. (2007). Social decision-making: Insights from game theory and neuroscience. *Science, 318,* 598–602.

Literatur

Baltes, P. B. (1997). On the incomplete architecture of human ontogeny. Selection, optimization, and compensation as foundation of developmental theory. *American Psychologist, 52* (4), 366–380.

Berridge, K. C. (2004). Motivation concepts in behavioral neuroscience. *Physiology and Behavior, 81* (2), 179–209.

Berridge, K. C. & Robinson, T. E. (2003). Parsing reward. *Trends in Neurosciences, 26* (9), 507–513.

Bindra, D. (1974). A motivational view of learning, performance, and behavior modification. *Psychological Review, 81* (3), 199–213.

Bindra, D. (1978). How adaptive behavior is produced: A perceptual-motivation alternative to response reinforcement. *Behavior and Brain Science, 1,* 41–91.

Davidson, R. J. (2003). Affective neuroscience and psychophysiology: Toward a synthesis. *Psychophysiology, 40* (5), 655–665.

Fuster, J. M. (2000). Executive frontal functions. *Experimental Brain Research, 133* (1), 66–70.

Fuster, J. M. (2001). The prefrontal cortex—an update: Time is of the essence. *Neuron, 30* (2), 319–333.

McClure, S. M., Berns, G. S. & Montague, P. R. (2003). Temporal prediction errors in a passive learning task activate human striatum. *Neuron, 38* (2), 339–346.

O'Doherty, J., Critchley, H., Deichmann, R. & Dolan, R. J. (2003). Dissociating valence of outcome from behavioral control in human orbital and ventral prefrontal cortices. *Journal of Neuroscience, 23* (21), 7931–7939.

Robinson, T. E. & Berridge, K. C. (2000). The psychology and neurobiology of addiction: An incentive-sensitization view. *Addiction, 95 Suppl 2,* S. 91–117.

Robinson, T. E. & Berridge, K. C. (2001). Incentive-sensitization and addiction. *Addiction, 96* (1), 103–114.

Robinson, T. E. & Berridge, K. C. (2003). Addiction. *Annual Review of Psychology, 54,* 25–53.

Schultz, W. (2004). Neural coding of basic reward terms of animal learning theory, game theory, microeconomics and behavioural ecology. *Current Opinion in Neurobiology, 14* (2), 139–147.

Small, D. M., Gregory, M. D., Mak, Y. E., Gitelman, D., Mesulam, M. M. & Parrish, T. (2003). Dissociation of neural representation of intensity and affective valuation in human gustation. *Neuron, 39* (4), 701–711.

Toates, F. (1986). *Motivational systems.* Cambridge, MA: Cambridge University Press.

Zink, C. F., Pagnoni, G., Martin, M. E., Dhamala, M. & Berns, G. S. (2003). Human striatal response to salient nonrewarding stimuli. *Journal of Neuroscience, 23* (22), 8092–8097.

Endokrinologische Korrelate von Motiven
Endocrinological correlates of motives

Marlies Pinnow

> „Moral ist ständiger Kampf gegen die Rebellion der Hormone."
> *Federico Fellini*

1 Hormonale Signalübermittlung

Das endokrine System ist unverzichtbar für Wachstum, Entwicklung, Fortpflanzung, aber auch für die Anpassung an die Umwelt und die Reaktion auf Belastungen und Stress. Die vergleichende Endokrinologie konnte zeigen, dass bereits einfache Lebensformen die Möglichkeiten der endokrinen Signalgebung nutzen und dass die hormonelle Kommunikation ein Grundprinzip auf allen Entwicklungsstufen des Lebens ist. Hormone entfalten ihre Wirkung über den Blutkreislauf, direkt von Zelle zu Zelle (parakrin) oder auf die Ursprungszelle zurückwirkend (autokrin) (vgl. Abb. 1).

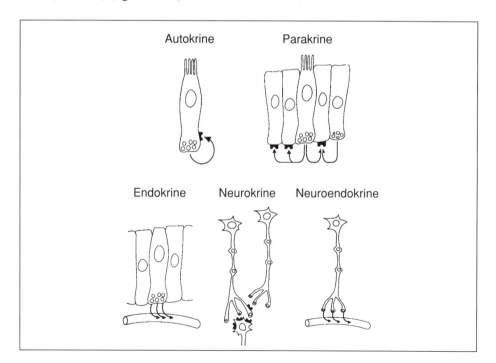

Abbildung 1: Darstellung der verschiedenen Kommunikationsmethoden innerhalb des neuroendokrinen Systems (nach Krieger, 1983)

> **Spezifische Charakteristika des hormonellen Systems im Vergleich zum Nervensystem**
>
> 1. Es aktiviert gleichzeitig viele Empfänger,
> 2. Auslösung kurz- und langfristiger Reaktionen möglich (Minuten bis Jahre),
> 3. der Zielort muss sowohl entsprechende Rezeptoren besitzen als auch eine eigene Aktivität aufweisen.

Schon Ende der 1970er Jahre hat sich hauptsächlich McClelland mit der Frage beschäftigt, ob die Anregung der Motive mit der Ausschüttung bestimmter Hormone einhergeht und welche weiteren langfristigen Folgen dies für die betroffenen Körperfunktionen und damit letztlich für die Gesundheit hat. Darüber hinaus sollte vor allem der Nachweis motivspezifischer Hormone seine These grundlegender Motive (Anschluss, Macht und Leistung) untermauern (vgl. McClelland, 1984).

2 Hormonelle Faktoren spezifischer Motivsysteme

> **Man unterscheidet grundsätzlich vier Klassen von Hormonen**
>
> - Protein- und Polypeptidhormone (z. B. Oxytocin, Opioide)
> - Aminosäuren- und Aminosäurenderivate (z. B. Dopamin)
> - Steroidhormone (z. B. Testosteron)
> - Fettsäurenderivate (z. B. Prostaglandin)

Innerhalb dieser Klassen gibt es eine Vielzahl von Hormonen mit unterschiedlichsten Ursprungs- und Zielorten und im Rahmen medizinischer Forschung werden ständig neue entdeckt (→ Neurochemie). Dabei kann die Wirkung motivational relativ spezifisch sein. So zeigen Opioide nur dann eine steigernde Wirkung auf die Nahrungsaufnahme, wenn die Nahrung süß und sehr fetthaltig ist. Dagegen zeigt sich ein genereller positiver Zusammenhang zwischen Testosteron und aggressivem Verhalten. In welcher Weise Hormone an der Steuerung motivierten Verhaltens beteiligt sind, soll detaillierter anhand spezifischer Motivsysteme – Anschluss (→ Anschluss und Intimität), → *Macht* und → *Leistung* – veranschaulicht werden.

2.1 Anschluss

Das Leben in sozialen Gemeinschaften ist ein universelles Anliegen des Menschen und stellt damit einen entscheidenden Teil seiner phylogenetischen Adaptationen dar. Daher sollten sich im Sinne der evolutionären Psychologie viele spezielle Mechanismen zur Lösung spezifischer Interaktions- und Kommunikationsprobleme gebildet haben. Nach Bischof (1985) lassen sich drei verschiedene Arten sozialer Bindung voneinander abgrenzen, die sich ontogenetisch in verschiedenen sensiblen Altersphasen entwickeln.

> **Entwicklungsphasen der Vertrautheit (nach Bischof, 1985)**
> 1. Die *primäre Vertrautheit* bezeichnet die Phase, in der der Säugling Vertrauen zu den primären Bezugspersonen fasst.
> 2. Die Phase der *sekundären Vertrautheit* bildet den organisatorischen Kern aller Interaktionen zu einzelnen Personen außerhalb der Familie (Peers, Freunde, Partnerschaft).
> 3. Elternschaft initialisiert die Phase der *tertiären Vertrautheit* und bildet damit die Grundlage der Beziehung von Eltern zu ihren Kindern.

Während die beteiligten Interaktionspartner bei primärer und tertiärer Bindung zu 50 % genetisch verwandt sind, sind es Interaktionspartner sekundärer Bindung normalerweise nicht. Im Folgenden sollen die spezifischen endokrinen Mechanismen, welche die der Motivation der verschiedenen Bindungsarten vermitteln, näher vorgestellt werden.

2.1.1 Eltern-Kind-Bindung

Während bei vielen Spezies die Aufzucht des Nachwuchses Sache der Mütter ist, zeigen vor allem Vögel die ebenfalls für den Menschen charakteristische väterliche Beteiligung an der Aufzucht, für die die Paarbildung eine Voraussetzung darstellt. Welche hormonellen Prozesse motivieren Frauen für ihre Kinder zu sorgen?

In der Schwangerschaft lassen sich dazu zwei Tendenzen beobachten. Während die Hormonspiegel der beiden Steroidhormone Östrogen und Progesteron während der gesamten Schwangerschaft sehr hoch sind und gegen Ende der Schwangerschaft abfallen, steigen die Peptide Oxytoxin und Prolaktin, die vor allem an der Milchbildung und Geburtsvorbereitung beteiligt sind, in der Endphase an. Studien mit jungfräulichen weiblichen und kastrierten männlichen Ratten zeigten, dass experimentelle Manipulationen dieser Hormongradienten (schwangerschaftsanalog) Pflegeverhalten bei beiden Tiergruppen hervorriefen. Auf der anderen Seite reicht die alleinige Anwesenheit fremder Jungen für jungfräuliche Ratten aus, sich langfristig um diese zu kümmern. Grundsätzlich scheinen also die schwangerschaftsinduzierten hormonellen Veränderungen für diese allgemeinen mütterlichen Verhaltensweisen keine notwendige Bedingung zu sein, doch werden viele Momente mütterlichen Verhaltens durch sie erleichtert. So zeigt sich ein hormoneller Einfluss auf die Geruchswahrnehmung von Babies. Frauen in der Endphase der Schwangerschaft schätzen Gerüche, die allgemein mit Babies assoziiert sind, als signifikant positiver ein als Frauen ohne Kinder und Männer generell. Für die individuelle Identifizierung des Nachwuchses scheint das Peptid Oxytocin von besonderer Bedeutung zu sein. Schafe weisen bei Ausbleiben des Oxytocin-Stosses am Ende der Tragzeit ihre eigenen Lämmer zurück. Kendrick (2004) vermutet, dass Oxytocin eine phylogenetische Lerndisposition aktiviert, die einer Lerngenese bedarf, um spezifische Merkmale des Nachwuchses (Geruch, Aussehen, Ruf etc.) zu etablieren. Eine so einmal etablierte „Identität" braucht dann in der weiteren Interaktion keine hormonelle Unterstützung mehr.

Väter weisen im Verlauf der Schwangerschaft parallel zu denen der schwangeren Partnerin ebenfalls hormonelle Veränderungen auf, indem der Prolaktin- als auch der Testosteronspiegel gegen Ende ansteigen. Die Funktion des gestiegenen Testosteronspiegels scheint dabei zu sein, die Verteidigungsbereitschaft der Nachkommen beider Eltern zu erhöhen.

Insgesamt gibt die bisherige Forschung deutliche Hinweise darauf, dass die oben genannten Hormone vor allem bei der Initiation neuer elterlicher Wahrnehmungs- und Ausführungsschemata von Bedeutung sind und nach diesen sensiblen Phasen wieder auf Normalniveau absinken.

Für die Bindung des Säuglings haben endogene Opioide sowohl als Reaktion auf positive Interaktionen (Geruch, Wärme, Nahrung etc.) als auch in der zwischenmenschlichen Regulation negativer Zustände eine wichtige Funktion. Im Tierversuch reduzieren external zugeführte Opioide bei Nagetieren experimentell induzierten Trennungsstress.

2.1.2 Sekundäre Bindungen

Sowohl die primäre als auch die tertiäre Bindung scheinen die Voraussetzung für die sekundäre Bindung zu schaffen. So ist die Vertrautheit in der Partnerschaft ebenfalls eng mit den Hormonen Oxytocin und Vasopressin verbunden. Die Spiegel beider Hormone steigen während der Paarung an. Während frühere Studien vor allem die Bedeutung von Oxytocin bei weiblichen und Vasopressin bei männlichen Tieren in der Partnerbindung vermutet haben, belegen neuere Studien die Bedeutung von Oxytocin für beide Geschlechter. Inwieweit Partnerbindung beim Menschen ebenfalls durch die zuvor beschriebenen Mechanismen determiniert ist, bleibt eine offene Frage. Zumindest zeigen neuere Studien, dass auch beim Menschen Oxytocin während sexueller Aktivitäten und bei Massagen ansteigt. Über die Sexualität hinaus lässt sich in der Beziehung zu fremden Interaktionspartnern eine vertrauensfördernde Wirkung des Oxytocins nachweisen. Im Rahmen einer Kooperationsspielsituation induziert das entgegengebrachte Vertrauen (operationalisiert durch die anvertraute Geldmenge) eine Oxytocinausschüttung beim Empfänger, die wiederum mit der vom Empfänger zurückerstatteten frei wählbaren Geldmenge korreliert. Eine weitere Studie konnte darüber hinaus zeigen, dass vor Spielbeginn nasal appliziertes Oxytocin das Vertrauen gegenüber dem Spielpartner generell erhöht (Kosfeld, Heinrichs, Zak, Fischbacher & Fehr, 2005; Zak, Kurzban & Matzner, 2005).

Ein charakteristisches Merkmal im sozialen Zusammenleben von Primaten ist die gegenseitige Fellpflege (grooming) auch nicht verwandter Gruppenmitglieder. Diese prosoziale Verhaltensweise erfüllt dabei zwei Funktionen. Zum einen dient sie der interindividuellen emotionalen Regulation, indem beim „gepflegten" Tier durch Ausschüttung körpereigener Opioide (β-Endorphin) Stress reduziert wird. Langfristig etabliert diese Verhaltensweise gegenseitige Unterstützung innerhalb der Gruppe. Primaten, die geringe Opioidlevel aufweisen, suchen aktiv nach entsprechenden Interaktionen (Taira & Rolls, 1996). Die Beteiligung körpereigener Opioide an der Anschlussmotivation des Menschen zeigte kürzlich eine Studie, in der durch Filmdarbietung erzeugte Anregung des Anschlussmotivs differenziell sowohl die empfundene Bereitschaft zur sozialen Interaktion als auch die Schmerzschwelle (Opioide reduzieren die Schmerzwahrnehmung!) nur bei Personen mit einer hohen Ausprägung der Anschlussdisposition erhöhte. Beide Effekte konnten durch Naltrexon, einen Opioid-Antagonisten, blockiert werden (Depue & Morrone-Strupinsky, 2005). In ihrem Modell vermuten Depue und Morrone-Strupinsky differenzielle Unterschiede hinsichtlich zweier grundlegender Mechanismen. Zum einen weisen hoch anschlussmotivierte Personen eine über Opioide vermittelte höhere Belohnungssensitivität hinsichtlich anschlussthematischer Anreize auf und zum anderen bessere Gedächtnisleistungen hinsichtlich motivspezifischer Information. Diese so gebildeten Netzwerke beeinflussen im Weiteren anschlussthematische Präferenzen und Bindungen.

In der zusammenfassenden Betrachtung zeigt sich, dass sowohl die Steroidhormone Östrogen und Gestagen als auch die Peptide Oxytocin und Prolaktion in der Initiationsphase elterlichen Verhaltens wirksam sind. Für die individuelle Identifikation der Nachkommen und die spezifische Bindung scheint vor allem Oxytocin bedeutsam zu sein. Oxytocin und Vasopressin unterstützen darüber hinaus Vertrautheit in der Partnerschaft und auch zu fremden Personen. Opioide scheinen dagegen eher einen Zusammenhang mit der Bindungsqualität und Anschlussmotivation aufzuweisen.

2.2 Testosteron, Aggression und Macht

In der Literatursuche nach endokrinologischen Korrelaten von Aggression stößt man unweigerlich auf die Vielzahl von tierexperimentellen Studien, vor allem mit Nagern, die einen generell positiven Zusammenhang zwischen dem Testosteronspiegel im Blut und aggressivem Verhalten belegen. Testosteron ist ein Hormon, das primär durch die Leydig-Zellen der männlichen Hoden gebildet wird, darüber hinaus zu einem geringeren Anteil durch die Nebennierenrinde bei beiden

Geschlechtern, und außerdem wird es in den weiblichen Eierstöcken ausgeschüttet. Um den Zusammenhang zwischen Testosteron und Aggression zu prüfen, wird aggressives Verhalten meist im innerartlichen Kontext erfasst, was die beiden Motivsysteme Macht und Aggression konfundiert. Während Machtmotivation dem Ziel dient, den eigenen Status innerhalb einer sozialen Gruppe zu halten bzw. zu erhöhen, und aggressives Verhalten eine Möglichkeit aus vielen ist, dieses Ziel zu erreichen, dient Aggression direkt dem Ziel, den anderen zu verletzen bzw. zu schädigen. Ein Vergleich zwischen hoch machtmotivierten nicht aggressiven und aggressiven männlichen Gefängnisinsassen zeigte keine bedeutsamen Unterschiede der Testosteronwerte dieser beiden Gruppen.

Viele Studien belegen eine reziproke Verbindung zwischen Hormonen und Verhalten. So zeigt eine Studie mit Tennisspielern, die nacheinander sechs Matches zu absolvieren hatten, dass vor Matchbeginn eine antizipatorische Erhöhung des Testosteronspiegels zu beobachten war, der bei Sieg noch stieg, während er bei Niederlage sank. Der Sieg bzw. die Niederlage in vorauslaufenden Spiels wirkte sich ebenfalls modulierend auf die antizipatorische Erhöhung von Testosteron vor dem folgenden Spiel aus. Gleiches lässt sich bei Fangruppen im Rahmen von Sportereignissen beobachten.

Nur wenige Studien haben bisher den Zusammenhang zwischen Testosteron und aggressivem Verhalten bei Frauen untersucht. Korrelationsstudien liefern insgesamt ein eher verwirrendes Bild. Bei einem Vergleich von Gefängnisinsassinnen mit Collegestudentinnen zeigte sich kein signifikanter Unterschied. Weitere Analysen der Daten zeigten allerdings, dass die Testosteronkonzentrationen vor allem bei den Gefängnisinsassinnen besonders hoch waren, die eigeninitiativ gewalttätige Straftaten begangen hatten, und am geringsten bei den Frauen, die für „defensive" Straftaten (z. B. Tötung bei sexuellem Missbrauch) inhaftiert waren (Dabbs, Ruback, Frady, Hopper & Sgoutas, 1989).

Zusammenfassend zeigt sich insgesamt ein positiver Einfluss von Testosteron auf Dominanzverhalten und Aggression, und wiederum modulieren die Folgen machtmotivierter Auseinandersetzungen die Testosteronwerte der Gewinner und Verlierer. Die Modulation wird dabei durch Stresshormone ausgelöst. Erhöhte Cortisolspiegel hemmen die Testosteronausschüttung, während sympathische Katecholamine (z. B. Dopamin, Noradrenalin) sie fördern. Aktuelle Studien zeigen, dass vor allem Personen mit einem hohen impliziten Machtmotiv in Situationen, die machthematische Herausforderungen implizieren, geringe Cortisolwerte, erhöhte sympathische Katecholamine und erhöhte Testosteronwerte aufweisen, während Personen mit gering ausgeprägtem Machtmotiv das entgegengesetzte Profil zeigen (Wirth, Welsh & Schultheiss, 2006) Darüber hinaus zeigt sich ein Testosteronanstieg im Rahmen eines Wettbewerbs besonders bei Gewinnern mit ungehemmtem Machtmotiv (Schultheiss & Rohde, 2002).

2.3 Vasopressin und Leistung

Im Vergleich zu den hier bisher vorgestellten Motiven ist die Forschung zu spezifischen endokrinologischen Korrelaten des Leistungsmotivs bisher wenig ergiebig. Eine Studie von McClelland (1995) gibt Hinweise darauf, dass die Anregung des Leistungsmotivs mit einer Ausschüttung des anti-diuretischen Hormons Vasopressin einhergeht. In einer neutralen und leistungsthematisch anregenden Situation wurden die Teilnehmer gebeten, definierte Mengen Wasser zu sich zu nehmen. Spezifisch in der leistungsanregenden Bedingung fielen die Urinmengen der hoch leistungsmotivierten Probanden vergleichsweise gering aus, was auf eine hohe Ausschüttung von Vasopressin schließen lässt. Darüber hinaus korrelierte die Gedächtnisleistung für motivspezifische Inhalte negativ mit den abgegebenen Urinmengen, was für eine spezifisch gedächtnisfördernde Wirkung des Vasopressin spricht. Zusammenfassend zeigt Vasopressin, wie an anderer Stelle bereits erörtert, allerdings eine Beteiligung an verschiedenen Motivsystemen (z. B. Durst, Anschluss), so dass eine leistungsmotivspezifische Funktion fraglich ist.

3 Fazit

Anschluss-, Macht- und Leistungsmotivation sind Ausdruck einer sowohl stammesgeschichtlichen als auch ontogenetischen Anpassung. Die endokrinen Mechanismen, die diesen Motivsystemen zugrunde liegen, und das entsprechende motivspezifische Verhalten und Erleben stehen in wechselseitigem Einfluss und tragen in hohem Maße zu einer inter- und auch intraindividuellen Differenzierung motivationaler Prozessen bei.

Dieser in der Vergangenheit stark durch tierexperimentelle Methoden dominierte Forschungsbereich hat in den letzten Jahren enorme Fortschritte in der Entwicklung humanexperimenteller endokriner Forschungsmethoden zu verzeichnen. Aufgrund dieser Entwicklung erlangen endokrine Korrelate auch seitens der sozial-kognitiven Motivationsforschung zunehmend Aufmerksamkeit.

Weiterführende Literatur

Nelson, R. J. (2005). *An introduction to behavioural endocrinology* (3rd ed.). Sunderland, MA: Sinauer Associates Inc.
Wirth, M. M., Welsh, K. M. & Schultheiss, O. C. (2006). Salivary cortisol changes in humans after winning or losing a dominance contest depend on their implicit power motivation. *Hormones and Behavior, 49* (3), 346–352.

Literatur

Bischof, N. (1985). *Das Rätsel Ödipus: Die biologischen Wurzeln des Urkonfliktes von Intimität und Autonomie*. München: Piper.

Dabbs, J. M., Ruback, R. B., Frady, R. L., Hopper, C. H. & Sgoutas, D. S. (1989). Saliva testosteron and criminal violence among women. *Personality and Individual Differences, 9*, 269–275.

Depue, R. A. & Morrone-Strupinsky, J. V. (2005). A neurobehavioral model of affiliative bonding: Implications for conceptualizing a human trait of affiliation. *The Behavioral and Brain Sciences, 28* (3), 313–350; discussion 350–395.

Kendrick, K. M. (2004). The neurobiology of social bonds. *Journal of Neuroendocrinology, 16* (12), 1007–1008.

Kosfeld, M., Heinrichs, M., Zak, P. J., Fischbacher, U. & Fehr, E. (2005). Oxytocin increases trust in humans. *Nature, 435* (7042), 673–676.

Krieger, D. T. (1983). Brain peptids: What, where and why? *Science, 222*, 975–985.

McClelland, D. C. (1984). Motives as sources of long-term trends in life and health. In D. C. McClelland (Ed.), *Motives, personality, and society* (pp. 343–364). New York: Praeger.

McClelland, D. C. (1995). Achievemant motivation in relation to achievement-related recall, performance, and urine flow, a marker associated with release of vasopressin. *Motivation and Emotion, 19*, 59–76.

Schultheiss, O. C. & Rohde, W. (2002). Implicit power motivation predicts men's testosteron changes and implicit learning in a contest situation. *Hormones and Behavior, 41* (2), 195–202.

Taira, K. & Rolls, E. T. (1996). Receiving grooming as an reinforcer for the monkey. *Physiology and Behavior, 59* (6), 1189–1192.

Zak, P. J., Kurzban, R. & Matzner, W. T. (2005). Oxytocin ist associated with human trustworthiness. *Hormones and Behavior, 48* (5), 522–527.

Belohnungs- und Bestrafungssensibilität
Sensitivity to Reward and Punishment

Dirk Hagemann

1 Einleitung

Aufgrund von Befunden aus pharmakologischen Studien sowie Läsionsuntersuchungen an Ratten postulierte der englische Psychologe Anthony Jeffrey Gray (1934–2004) in seiner Verstärkersensitivitätstheorie *(Reward Sensitivity Theory, RST)* drei fundamentale Hirnsysteme für die Verarbeitung von Belohnungs- und Bestrafungsreizen (Gray, 1970, 1981, 1982). Diese in Tierstudien identifizierten Systeme sollen auch im Gehirn des Menschen operieren und individuellen Unterschieden der Belohnungs- und Bestrafungssensibilität zugrunde liegen, wobei diese Systeme die biologische Basis der drei Persönlichkeitsdimensionen Ängstlichkeit, Impulsivität und Psychotizismus bilden. Diese Gehirnsysteme (→ Neurobiologie der Motivation und Volition) können dahingehend unterschieden werden, auf welche Art von Reizen sie reagieren und welche Reaktionen sie hervorbringen. Zusätzlich lassen sich diese Hirnsysteme durch eine abgrenzbare Neuroanatomie kennzeichnen (für eine neuere Übersicht s. Pickering et al., 1997).

2 Drei Hirnsysteme für Belohung und Bestrafung

2.1 Das Behavioral Inhibition System (BIS)

Als erstes dieser Hirnsysteme führte Gray (1970) das *Behavioral Inhibition System* (BIS; Verhaltensinhibitionssystem) ein, das auf konditionierte Reize für Bestrafung und frustrierende Nichtbelohnung reagiert. Dieses System wird also durch Hinweisreize für Bestrafung aktiviert oder durch Reize, die ein Ausbleiben einer Belohnung ankündigen. Neben diesen gelernten Reiz-Reaktionsverbindungen kann das BIS auch durch die ausgeprägte Neuheit eines Reizes angeregt werden (für primäre, also nicht gelernte Reiz-Reaktionsverbindungen, vgl. das Fight-Flight-System weiter unten).

Infolge einer solchen Aktivierung des BIS kommt es zu einer Verhaltenshemmung, d. h. das aktuell ausgeführte Verhalten wird unterbrochen. Zusätzlich führt eine Aktivierung des BIS zu einer erhöhten autonomen Erregung, die der Vorbereitung bzw. Energetisierung jenes Verhaltens dient, welches als Reaktion auf den auslösenden Reiz stattfinden soll (eine solche Mobilisierung des Organismus kann als phylogenetisch alte „Standardreaktion" in Bedrohungsreaktionen aufgefasst werden, die grundsätzlich die Reaktionsbereitschaft erhöht, selbst wenn im Einzelfall auch ein Unterdrücken von Verhalten adaptiv ist). Darüber hinaus führt die Aktivierung des BIS zu einer verstärkten Aufmerksamkeitszuwendung auf die Umgebung und hier besonders auf bedrohliche oder neue Reize. Schließlich resultiert eine Aktivierung des BIS in einem Gefühl der *Angst* (→ Angst und Furcht). Da alle diese Reaktionen durch die Gabe von Anxiolytika gedämpft werden können, wurde das BIS von Gray zunächst pharmakologisch definiert. Als neuroanatomische Basis des BIS wird ein weitverzweigtes Hirnsystem angenommen, in dessen funktionellem Zentrum sich das septo-hippocampale System befindet (bestehend aus der Hippocampusformation und den Septalkernen; vgl. Abb. 1).

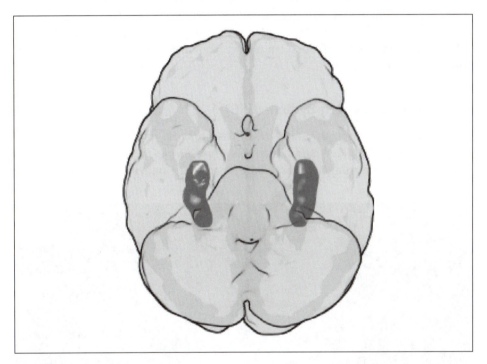

Abbildung 1: Lage des Hippocampus im Temporallappen des Gehirns (Blick von unten auf die Hirnbasis, die Frontallappen befinden sich im Bild oben; Quelle: http://de.wikipedia.org/wiki/Bild:Hippocampus.png)

2.2 Das Behavioral Approach System (BAS)

Als weiteres Hirnsystem postulierte Gray (1981) ein *Behavioral Approach System* (BAS; Verhaltensannäherungssystem), das synonym auch als *Behavioral Activation System* (BAS; Verhaltensaktivierungssystem) bezeichnet wird. Dieses System reagiert auf konditionierte Reize für Belohnung und Nichtbestrafung. Es wird somit aktiviert, falls Hinweisreize eine Belohnung ankündigen oder das Ausbleiben bzw. den Abbruch einer Bestrafung signalisieren.

Eine Aktivierung des BAS führt zu einer Verhaltensmobilisierung, wobei Annäherungsverhalten das wohl typischste Verhalten darstellt. Dabei umfasst Annäherungsverhalten sowohl eine einfache Zielannäherung (im Falle einer Belohnung), als auch eine aktive Vermeidung im Sinne einer Annäherung an Sicherheit (im Falle einer Nichtbestrafung). Diese Verhaltensaktivierung wird durch eine erhöhte autonome Erregung unterstützt bzw. energetisiert. Darüber hinaus führt eine Aktivierung des BAS zu einem Gefühl von *positiven, erhebenden Emotionen* wie beispielsweise Hoffnung, Erleichterung, Glück (→ Freude und Glück) oder einem „high", wie es auch beim Konsum stimulierender Drogen erlebt wird. Die anatomische Basis des BAS besteht nach Gray im Wesentlichen aus Teilen der Basalganglien (vorwiegend dem dorsalen und ventralem Striatum und besonders dem Nucleus accumbens).

2.3 Das Fight-Flight System (FFS)

Ein drittes System ist nach Gray (1981) das *Fight-Flight System* (FFS; Kampf-Flucht-System), das gelegentlich auch als *Fight-Flight-Freezing System* (FFFS; Kampf-Flucht-Erstarrungs-System) bezeichnet wird und in Grays Theorie nur

Abbildung 2: Ein zähnefletschender Hund signalisiert eine Bedrohung und aktiviert so unsere Verhaltenssteuerungssysteme (Quelle: Fotolia)

wenig ausgearbeitet wurde. Dieses System reagiert auf unkonditionierte (primäre) Reize für Bestrafung und Nichtbelohnung und somit auf Reize, die eine existenzielle Bedrohung darstellen (vgl. Abb. 2).

Eine Aktivierung des FFS führt entweder zu einer Erstarrungs- oder Fluchtreaktion (falls die Distanz zur Bedrohung groß ist) oder aber zu einer Kampfhandlung (bei geringer Distanz zur Bedrohung). Auch diese Reaktionen werden durch eine erhöhte autonome Erregung mobilisiert, wobei eine Aktivierung des FFS zu einem Erleben von *Panik* führt. Als neuroanatomische Basis des Systems wurden von Gray das zentrale Höhlengrau sowie der mediale Hypothalamus angegeben. Interessanterweise können diese Reaktionen durch Anxiolytika nicht gedämpft werden, was von Gray als Beleg für eine vom BIS unabhängige, neurale Basis des FFS gewertet wird.

3 Individuelle Unterschiede in den Funktionen des BIS, BAS und FFS

> **Merke:**
> Nach der RST werden belohnende und bestrafende Reize also in drei Hirnsystemen verarbeitet: Das BIS dient der Organisation von Reaktionen auf *konditionierte Bestrafungsreize*, das BAS koordiniert Reaktionen auf *konditionierte Belohnungsreize* und das FFS generiert die Reaktionen auf eine *primäre Bedrohung*.

Diese Funktionen sind allerdings nach Gray (1981) nicht bei allen Personen in gleichem Maße ausgeprägt. Individuelle Unterschiede in der Reagibilität dieser Systeme führen vielmehr zu einer individuell ausgeprägten Sensitivität für Belohnung und Bestrafung, wobei Unterschiede in der Sensitivität des BIS bzw. BAS für ihre jeweiligen aktivierenden Reize als Ursache von Ängstlichkeit bzw. Impulsivität angesehen werden (mit einem geringeren Bestimmtheitsgrad wird dies von Gray auch für das FFS und Psychotizismus angenommen, s. Pickering et al., 1997). Für solch individuellen Unterschiede in der Reagibilität des BIS und BAS kann eine genetische Basis angenommen werden (Gray & McNaughton, 2000).

Individuelle Unterschiede in der funktionellen Kapazität des BIS sollen Unterschiede in der *Sensibilität für Bestrafung* und in der Ängstlichkeit bedingen. Dabei haben Personen mit einer ausgeprägten Sensitivität für Bestrafung ein besonders reagibles BIS und zeichnen sich durch große Ängstlichkeit aus, während Personen mit einer geringen Sensitivität für Bestrafung auch ein wenig reagibles BIS aufweisen und durch eine niedrige Ängstlichkeit charakterisierbar sind. Individuelle Unterschiede in der funktionellen Kapazität des BAS sollen hingegen eine Ursache für Unterschiede in der *Sensibilität für Belohnung* und in der Impulsivität darstellen. Individuen mit einer ausgeprägten Sensitivität für Belohnung weisen demnach ein besonders reagibles BAS auf und zeichnen sich durch hohe Impulsivität aus, während Personen mit einer geringen Sensitivität für Belohnung auch ein wenig reagibles BAS haben und durch eine geringe Impulsivität gekennzeichnet sind. Die individuellen Variationen in diesen beiden Systemen sollen schließlich voneinander unabhängig auftreten, d. h. Sensibilität für Belohnung und Bestrafung bzw. Ängstlichkeit und Impulsivität sollten jeweils unkorreliert sein.

4 Diagnostik der Reagibilität von BIS und BAS

Schon Eysenck (1965) hatte berichtet, dass Ängstlichkeit eine positive Korrelation mit Neurotizismus und eine negative Korrelation mit Extraversion-Introversion aufweist. Aufgrund dieser regelhaften Beziehungen zwischen den verschiedenen Persönlichkeitsdimensionen wurde in den meisten (und besonders älteren) Studien zur RST die Reagibilität von BIS und BAS anhand von Skalen für Neurotizismus und Extraversion operationalisiert (für eine theoretische Rechtfertigung dieser Vorgehensweise, s. Gray, 1970, 1982). Dabei wurden die Probanden entweder in emotional labile Introvertierte (hohe BIS-Reagibilität) bzw. emotional stabile Extravertierte (niedrige BIS-Reagibilität) unterteilt, oder aber in emotional labile Extravertierte (hohe BAS-Reagibilität) bzw. emotional stabile Introvertierte (niedrige BAS-Reagibilität).

In weiteren Studien wurde die BIS-Reagibilität mit Hilfe von Ängstlichkeitsfragebogen operationalisiert und die BAS-Reagibilität durch Impulsivitätsskalen gemessen. Schließlich wurden in neurer Zeit auch verschiedene Fragebogen entwickelt, welche die BIS- und BAS-Reagibilität direkt erfassen sollen, wobei die BIS/BAS Scales von Carver und White (1994) eine weite Verbreitung gefunden haben. Eine deutsche Übersetzung dieser Skalen wurde von Strobel, Beauducel, Debener und Brocke (2001) vorgelegt.

5 Empirische Überprüfung

Mit diesen Operationalisierungen wurde eine Fülle von Untersuchungen durchgeführt, die eine empirische Bewertung der RST ermöglichen sollten. Dabei wurden unterschiedliche Paradigmen verwendet, wie beispielsweise die Untersuchung von Leistungsvariablen in Abhängigkeit von Belohnung und Bestrafung bei BIS- und BAS-reagiblen Personen. Eine detaillierte Darstellung von solchen Untersuchungsparadigmen findet sich in der Übersichtsarbeit von Matthews und Gilliland (1999) sowie bei Amelang, Bartussek, Stemmler und Hagemann (2006). Zusammenfassend kann hier als Ergebnis dieser Forschungsbemühungen festgehalten werden, dass einer Reihe von theoriekonsistenten Befunden einer großen Anzahl von negativen Befunden gegenübersteht. Diese Inkonsistenz der Befundlage wurde auch von der Gray'schen Arbeitsgruppe erkannt (Pickering et al., 1997) und gaben Anlass zu einer Modifikation der RST.

6   Revision der Theorie

Basierend auf einer Fülle von neueren tierexperimentellen Daten wurde von Gray und McNaughton (2000) sowie Corr (2004) und McNaughton und Corr (2004) eine Revision der RST vorgelegt. In dieser neuen Theorie aktivieren Bestrafung und Belohnung zwei komplementäre Systeme. Das *Fight-Flight-Freezing System* (FFFS) reagiert auf alle Formen von aversiver Stimulation (konditionierte und unkonditionierte Hinweisreize für Bestrafung) mit einer behavioralen Vermeidung des aktivierenden Reizes. Umgekehrt reagiert das *Behavioral Approach System* (BAS) auf alle Formen von appetitiver Stimulation (konditionierte und unkonditionierte Hinweisreize für Belohnung) mit einer behavioralen Annäherung an den aktivierenden Reiz.

Das *Behavioral Inhibition System* (BIS) reagiert in dieser neuen Theorie nicht mehr unmittelbar auf Bestrafungsreize, sondern ist ein dem FFFS und BAS nachgeordnetes System mit der Aufgabe eines Detektors für Zielkonflikte: Eine simultane Aktivierung von FFTS und BAS führt nämlich zu einem Konflikt zwischen Vermeidungs- und Annäherungsverhalten (wie z. B. im Falle einer Wanderung durch unwegsames Gelände zu einer naheliegenden Wasserstelle, bei der ein laut knurrender und die Reißzähne fletschender Hund den einzigen Weg versperrt; hier entsteht ein Konflikt zwischen zwei Handlungszielen, nämlich einerseits eine Konfrontation mit dem Hund zu vermeiden und sich andererseits der Wasserstelle anzunähern). Das BIS reagiert auf einen solchen Konflikt mit einer Hemmung des konfligierenden Annäherungs- und Vermeidungsverhaltens (der Wanderer bleibt stehen) bei einer gleichzeitigen Erhöhung der Aufmerksamkeit auf die Umgebung im Dienste einer Risikoeinschätzung; darüber hinaus geht die Aktivierung des BIS mit einem Zustand der Angst einher.

Zwar erfolgte mit der Neufassung der RST eine präzise Formulierung der Input-Output-Funktionen der drei Systeme, aber für eine Verknüpfung mit dem Konzept der Belohnungs- und Bestrafungssensitivität liegen bislang nur spekulative Hinweise vor (Corr, 2004).

Weiterführende Literatur

Corr, P.J. (2004). Reinforcement sensitivity theory and personality. *Neuroscience and Biobehavioral Reviews, 28,* 317–332.

Pickering, A. D., Corr, P. J., Powell, J. H., Kumari, V., Thornton, J. C. & Gray, J. A. (1997). Individual differences in reactions to reinforcing stimuli are neither black nor white: To what extend are they Gray? In N. Nyborg (Ed.), *The scientific study of human nature: A tribute to H. J. Eysenck at eighty* (pp. 36–67). Amsterdam: Pergamon/Elsevier.

Literatur

Amelang, M., Bartussek, D., Stemmler, G. & Hagemann, D. (2006). *Differentielle Psychologie und Persönlichkeitsforschung* (6. Aufl.). Stuttgart: Kohlhammer.

Carver, C. S. & White, T. L. (1994). Behavioral inhibition, behavioral activation, and affectiv responses to impending reward and punishment: The BIS/BAS Scales. *Journal of Personality and Social Psychology, 67,* 319–333.

Eysenck, H. J. (1965). Extraversion and the acquisition of eyeblink and GSR conditioned responses. *Psychological Bulletin, 63,* 258–270.

Gray, J. A. (1970). The psychophysiological basis of introversion-extraversion. *Behavior Research and Therapy, 8,* 249–266.

Gray, J. A. (1981). A critique of Eysenck's theory of personality. In H. J. Eysenck (Ed.), *A model for personality* (pp. 246–276). Berlin: Springer.

Gray, J. A. (1982). *The neuropsychology of anxiety.* Oxford: Clarendon.

Gray, J. A. & McNaughton, N. (2000). *The neuropsychology of anxiety. An enquiry into the functions of the septo-hippocampal system* (2nd ed.). Oxford: Oxford University Press.

Matthews, G. & Gilliland, K. (1999). The personality theories of H. J. Eysenck and J. A. Gray: A comparative review. *Personality and Individual Differences, 26,* 583–626.

McNaughton, N. & Corr, P. J. (2004). A two-dimensional neuropsychology of defense: Fear/anxiety and defensive distance. *Neuroscience and Biobehavioral Reviews, 28,* 285–305.

Strobel, A., Beauducel, A., Debener, S. & Brocke, B. (2001). Eine deutschsprachige Version des BIS/BAS-Fragebogens von Carver und White. *Zeitschrift für Differentielle und Diagnostische Psychologie, 22,* 216–227.

Biogene Bedürfnisse: Durst, Hunger, Sexualität
Biological motives: Thirst, hunger and sexuality

Marlies Pinnow

> „Du musst nicht nur mit dem Munde, sondern auch mit dem Kopfe essen,
> damit dich nicht die Naschhaftigkeit des Mundes zugrunde richtet."
> *(Nietzsche, 1878/1954, S. 279).*

1 Biogene Bedürfnisse: Begriffe, Konzepte und Mechanismen

Biogene Bedürfnisse und ihre regulativen Komponenten sind, wie der Artenvergleich zeigt, ein Produkt der Evolution. Sie stellen Antworten der Evolution auf die Erfordernisse des Überlebens und die Weitergabe des Erbgutes dar und bilden damit die ubiquitären Anliegen der Menschen.

> **Begriffsklärung:**
> Man unterscheidet *homöostatische* (z. B. Temperatur, Atmung etc.) und *nicht homöostatische biogene Bedürfnisse* (z. B. Schmerz, Sexualität etc.). Die Funktion beider Klassen ist es, den Körper auf einem optimalen Funktionsniveau zu halten. Claude Bernard hat 1878 hierfür den Begriff *„milieu intérieur"* geprägt. Bei Abweichung der internen Bedingungen von ihrem Optimum wird motivspezifisches Verhalten ausgelöst, das der Einregelung der gestörten Homöostase dient. Nicht homöostatische Motivation resultiert dagegen aus Veränderungen der externen Umwelt des Organismus und wird daher auch als stimulusinduzierte oder reizgebundene Motivation bezeichnet.

In offenen komplexen Verhaltenssystemen, wie wir sie bei Lebewesen – vor allem bei Säugern – vorfinden, ist die homöostatische Regelung nur eine Komponente aus einer Vielzahl von möglichen Regulationsmechanismen. Sie bildet aus dieser Perspektive eher die Ausnahme als die Regel (→ Neurobiologie der Motivation und Volition).

Ziel des vorliegenden Kapitels ist es, drei wesentliche Motive → Durst, Hunger und Sexualität → vorzustellen, die biologische Wurzeln aufweisen und im Laufe der Ontogenese mit Emotionen, Kognitionen und Verhaltenssystemen verknüpft werden. Aus dem dynamischen Gefüge biologisch, emotional, kognitiv, sozial und kulturell bedingter Komponenten ergibt sich die Reichhaltigkeit motivbezogener appetitiver und konsummatorischer Verhaltensweisen, die zumindest beim Menschen von Erlebnissen bestimmter Qualität (z. B. Hunger, Lust, Verlangen) begleitet werden.

Biogene Bedürfnisse bleiben bis heute zumindest im europäischen Raum weitgehend von der traditionellen Motivationspsychologie ausgespart, da ihre Steuerung von Verhalten anderen Gesetzmäßigkeiten (z. B. durch seine Impuls- und Dranghaftigkeit, den intrinsischen Anreiz der bedürfnisbefriedigenden Tätigkeit) genügt als Verhalten, das auf psychogene Bedürfnisse (Motive, Ziele) zurückgeht. Dieses Spezifikum hat immer da weitreichende Implikationen für die Handlungssteuerung, wo entsprechende biologisch fundierte Verhaltenssysteme betroffen sind (z. B. das Unterdrücken von Impulsen zur Nahrungsaufnahme bei Diätprogrammen). Hier haben vor allem bio- und neurowissenschaftliche Ansätze auf dem Gebiet der zentralnervösen und hormonellen Steuerung biogener Motive in den letzten Jahren viele Beiträge geliefert. Diese Entwicklungen werden im Mittelpunkt der folgenden Darstellung stehen, da auch sie die motivationspsychologischen Fragen im engeren Sinne betreffen.

2 Durst

Trinken ist für viele Organismen das Mittel, mit dem sie die für das Überleben der Zellen notwendige Flüssigkeit aufnehmen. Der Wasseranteil an der fettfreien Körpermasse beträgt nahezu stabil 70 % und diese Proportion muss in engen Grenzen konstant gehalten werden (Rolls & Rolls, 1982). Daher sind Lebewesen biologisch mit Mechanismen ausgestattet, die sie motivieren, Wasser zu suchen und aufzunehmen, falls die interne Flüssigkeitsbalance gestört ist. Schon bei einem Flüssigkeitsverlust von 0,5 % des Körpergewichts entsteht Durst. Flüssigkeitsregulation bezieht sich dabei auf den Ausgleich von Flüssigkeitsaufnahme und -abgabe. Regulativ wirken an erster Stelle das aktuelle Trinkbedürfnis und die Ausschüttung des anti-diuretischen Hormons (ADH) Vasopressin durch die Hypophyse (→ Endokrinologische Korrelate von Motiven; Verbalis, 1990).

Nicht-regulatorisch dagegen wirken Flüssigkeitsaufnahmen, die z. B. in der Schmackhaftigkeit des Getränks, anderer Anreizqualitäten wie Alkohol oder Koffein oder in der Antizipation gesundheitlicher Folgen begründet sind. Ebenso führen nicht-regulatorisch übermäßiges Schwitzen bei Hitze, gastrointestinale Störungen oder Blutverlust zu Störungen des Flüssigkeitshaushaltes. Wasser kann im Gegensatz zu Nahrung organismisch nicht bevorratet werden. Daher stellt ausreichende Flüssigkeitsversorgung ein Hauptproblem für Menschen in Trockenzonen dar. Andere Spezies, die stabil an solche Lebensräume gebunden sind, haben im Vergleich zum Menschen höchst effiziente Mechanismen zur Aufrechterhaltung des Flüssigkeits- und Mineralienhaushalts entwickelt (Fitzimons, 1991).

2.1 Homöostatische Steuerung der Flüssigkeitsaufnahme

Signale, die einen Flüssigkeitsbedarf anzeigen, entstehen an multiplen Orten im Organismus. Schon Trockenheit der Mundschleimhaut kann zur Flüssigkeitsaufnahme führen. Darüber hinaus sind Osmorezeptoren, die vor allem für den zellulären Flüssigkeitshaushalt verantwortlich sind, entlang der präoptischen und lateralen hypothalamischen Areale im Gehirn verteilt. Vermutlich sind die Rezeptoren, die an der Ausschüttung von ADH beteiligt sind, in der supraoptischen Region und der Lamina terminalis lokalisiert, während die, die an der Aktivierung von appetitiven Verhaltensweisen beteiligt sind, eher in der lateralen präoptischen Region und dem lateralen Hypothalamus lokalisiert sind (Peck & Blass, 1975).

Extrazellulärer Flüssigkeitsverlust wird durch Barorezeptoren im vaskulären System signalisiert, die wiederum das Renin-Angiotensin-System aktivieren. Neben vielfältigen Wirkungen ist im Zusammenhang mit der Flüssigkeitsregulation besonders die blutdrucksteigernde und dipsogene (dursterzeugende) Wirkung des Angiotensins von Bedeutung. Wood, Rolls, Lind, Lind und Ledingham (1980) zeigten, dass die Renin-Aktivität, die zur Bildung von Angiotensin führt, bei wasserdeprivierten Menschen ansteigt und im Zuge der Rehydrierung auf Normalniveau absinkt. Trotz dieser Befunde ist Angiotensin als physiologische Ursache der Flüssigkeitsaufnahme weiter fraglich, da diese Wirkung nur bei stark hyperphysiologischen Dosen hervorgerufen werden konnte.

Zusammenfassend führen Studien, die sich experimenteller physiologischer Methoden bedienen, zu Modellen, die aufgrund ihrer Simplizität nur unzureichenden Erklärungswert für die natürliche Flüssigkeitsaufnahme haben. Wie oben bereits erwähnt, ist sowohl im Tier- als auch im Humanbereich nicht jedes Trinkverhalten defizitär begründet (Bolles, 1979).

2.2 Nicht regulatorische Mechanismen des Durstes

Trinkverhalten findet im natürlichen Kontext häufig in enger Verbindung mit der Nahrungsaufnahme statt. Bietet man Ratten Futter ad libitum an, so nehmen sie 30 % der Flüssigkeitsmenge, die insgesamt während der Mahlzeit aufgenommen wird, vor Beginn ein. Hedonische Qualitäten der Flüssigkeit selbst modulieren ebenfalls Trinkverhalten; so steigern schmackhafte Lösungen (Saccharin, Orange oder Kirsche) die Flüssigkeitsaufnahme, während aversive Lösungen (Chinin, Zitronensäure) sie senken. Darüber hinaus wird in Tierversuchen, in denen Ratten bei ausreichender Flüssigkeitsversorgung intermittierend Nahrung angeboten wird, Trinkverhalten beobachtet, das als Übersprungshandlung zu interpretieren ist. Ob die starke Präferenz für hochkalorische Getränke in modernen Industriegesellschaften eine Analogie zu dieser beobachteten engen Verzahnung zwischen Flüssigkeits- und Nahrungsaufnahme im Tierversuch bildet, sollte Gegenstand zukünftiger Forschung sein.

3 Hunger

Als Folge der epidemischen Ausbreitung des Übergewichts und anderer Esspathologien in westlichen Industrienationen gewinnt das Motiv Hunger in der biologischen und klinischen Forschung zunehmend an Bedeutung. Bis heute ist trotz vielfältiger therapeutischer Maßnahmen die Wahrscheinlichkeit für Adipöse extrem gering, durch gewichtsreduzierende Maßnahmen langfristig das Normalgewicht zu erreichen (Stroebe, 2002). Neben den vielen und stark Kosten verursachenden gesundheitlichen Folgen ist es vor allem soziale Stigmatisierung, die mit extremem Übergewicht einhergeht. Daher sollte die zukünftige Forschung dringend umfassender die Fragen beantworten, wie Menschen Hunger, Appetit, Sättigung und das Körpergewicht regulieren, um effektive und effiziente Interventionen zur Bekämpfung der Adipositas entwickeln zu können (→ Motivation zur Förderung der Gesundheit).

3.1 Homöostatische Steuerung des Essverhaltens

Nahrungsaufnahme liefert die Grundlage des Energiestoffwechsels. Die Sicherstellung dieses Bedarfs dient bei Säugern vor allem der Konstanthaltung ihrer Körpertemperatur. In der homöostatischen Regulation der Nahrungsaufnahme dominierte lange Zeit ein Modell zweier antagonistischer Kerngruppen im Gehirn (→ Neurobiologie der Motivation und Volition): der laterale Hypothalamus (LH) als Fresszentrum und, als dessen Antagonist, der ventromediale Hypothalamus (VMH), der durch Hemmung des LH Sättigung verursacht (vgl. Abb. 1).

Obwohl das Modell bis heute gültige Elemente enthält und das Suchfeld für die nachfolgende Forschung enorm einschränkte, wurde es vor allem durch die Entdeckung der genetisch stark übergewichtigen *ob/ob* Maus stark differenziert (Zhang et al., 1994) (vgl. Abb. 2).

So zeigte sich, dass das *ob* Gen ein Hormon Leptin kodiert, das neben einer Vielzahl weiterer Hormone Einfluss auf die Nahrungsaufnahme nimmt (vgl. Tab. 1).

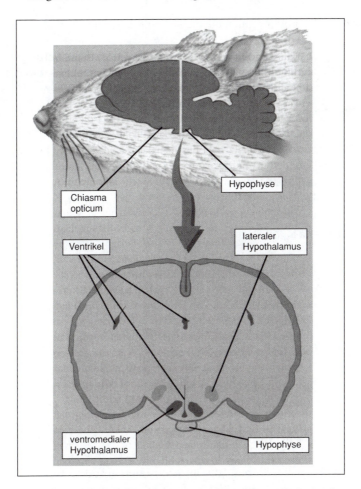

Abbildung 1: Die Lage des ventromedialen und lateralen Hypothalamus im Gehirn der Ratte (aus Pinel, 2008, S. 305, erschienen bei Allyn & Bacon, Bosten, MA; © by Pearson Education, Übersetzung erfolgt mit Genehmigung des Verlages)

Abbildung 2: Tägliche Leptingaben reduzieren das Körpergewicht von Mäusen des ob-Stammes (obese = übergewichtig; Abdruck erfolgt mit Genehmigung von © Science VU/KJackson, Visuals Unlimited)

Tabelle 1: Neurotransmitter, die die Nahrungsaufnahme beeinflussen

Stimulation der Nahrungsaufnahme (orexigen)	Verminderung der Nahrungsaufnahme (anorexigen)
– Neuropeptide Y (NPY) – Agouti related peptide (AGRP) – Melanin concentrating hormone (MCH) – Hypocretin 1 und 2/orexin A und B – Galanin – Noradrenalin (α2-Rezeptor)	– Melanocyte stimulating hormone (α-MSH) – Corticotropin-releasing hormone (CRH) – Thyrotropin releasing hormone (TRH) – Cocaine and amphetamine-regulated transcript (CART) – Interleukin-β (IL-1β) – Urocortin – Glucagon-like peptide 1 – Oxytocin – Neurotensin – Dopamin – Noradrenalin (α1- und β1-Rezeptor) – Serotonin

Leptingaben waren in der Lage, sowohl das Nahrungsaufnahmeverhalten als auch die neuroendokrinen und autonomen Parameter der *ob/ob* Mäuse zu normalisieren. Entgegen den hohen Erwartungen, die diese Entdeckung für die Behandlung der Adipositas hervorrief, zeigt der hohe Leptinspiegel Übergewichtiger, dass dieser beim Menschen anscheinend keine allzu starke Hemmungskomponente darstellt. Allerdings nehmen sowohl Menschen als auch Tiere, die über keine Leptin-Rezeptoren verfügen, übermäßig viel Nahrung zu sich. Während verfügbares Leptin primär in Regionen des ventralen Hypothalamus bindet, werden Leptinrezeptoren auch in verschiedenen extrahypothalamischen Arealen einschließlich des Hirnstamms exprimiert, so dass das Modell einer generellen Hemmung der Nahrungsaufnahme durch Leptin sicherlich zu einfach ist und zukünftige Forschung die Funktion des Hormons hinsichtlich der lokalen Wirkungen spezifizieren muss.

In den letzten Jahren wurde Ghrelin als ein weiteres Hormon identifiziert, das mit Ernährung in Verbindung steht. Ghrelin interagiert mit Leptin und ist an der Regulation der Wachstumshormone beteiligt. Es wird im Magen synthetisiert und steigt bei Ratten in Deprivationszeiten an. Beim Menschen zeigt Ghrelin seinen Höchstwert kurz vor Beginn von Mahlzeiten. Darüber hinaus zeigen Patienten, bei denen eine 17%ige Gewichtsreduktion durch zwangsweises Diäthalten erreicht wurde und die in der Regel nach Abschluss dieser Maßnahme ihr Ausgangsgewicht wieder erlangten, gesteigerte Ghrelinspiegel und auch erhöhte phasische Spitzenwerte vor Mahlzeiten. Übergewichtige dagegen, die einen Gewichtsverlust von annähernd 36 % durch operative Manipulation des Darms erreichen, weisen stark reduzierte Ghrelinspiegel mit Verlust des Anstiegs vor Mahlzeiten auf und sind ferner sehr erfolgreich, das reduzierte Gewicht zu halten. Steigende Ghrelin- in Kombination mit fallenden Leptingradienten könnten aus dieser Perspektive gute Kandidaten für Hungersignale in Fastenperioden sein.

3.2 Anreizsteuerung der Nahrungsaufnahme

Das Wissen über die zentralnervöse und psychologische Verarbeitung sensorischer Nahrungsreize, wie Hunger- und Sättigungssignale vor, während und nach der Nahrungsaufnahme Appetit regulieren, hat in den letzten Jahren das Verständnis endogener Regulation stark erweitert. Diesen evolvierten Mechanismen zur Kontrolle der Nahrungsaufnahme auf der einen Seite steht vor allem in westlichen Industrienationen ein Nahrungsangebot gegenüber, das durch seinen Anreizwert (z. B. Schmackhaftigkeit, Auswahl und Verfügbarkeit) eine Motivation zur Nahrungsaufnahme induziert, die nur unzureichend durch angeborene organismische Sättigungssignale gesteuert werden kann. Daraus folgt, dass vor allem Erkenntnisse hinsichtlich der reizgebundenen (nicht homöostatischen) Hungermotivation neue Ansätze zur Adipositas-Prävention und Intervention eröffnen dürften.

Unkonditionierte Anreize der Nahrungsaufnahme sind Geschmack, Geruch, Konsistenz, Fettgehalt, Temperatur etc. Schon Säuglinge zeigen kurz nach der Geburt eine Präferenz für süße und salzige Lösungen, während saure und bittere Lösungen meidende Reaktionen auslösen. Darüber hinaus zeigen umfangreiche, vor allem tierexperimentelle Studien, dass Präferenzen und Aversionen durch Konditionierung in einem einzigen Lerndurchgang erworben werden können (Pinnow & Schneider, 1994). Über angeborene und erlernte hedonische Komponenten hinaus, ist nach Berridge (1996) ein dopaminbasierter Anreizmechanismus in der Steuerung appetitiven Verhaltens und dort vor allem in der Erklärung von Suchtverhalten von zentraler Bedeutung.

Ausgehend von der Annahme, dass sich innerhalb eines komplexen Systems eine Vielzahl solcher Anreizkomponenten identifizieren lassen, eignen sich zu deren Untersuchung in besonderer Weise moderne bildgebende Verfahren (→ Bildgebende Verfahren). Die Nahrungsreaktivität verschiedener Hirnregionen und ihre Interaktion in Zusammenhang mit nahrungsspezifischem Verhalten bzw. Erleben wird in Zukunft maßgeblich zur Differenzierung des Anreizkonzepts beitragen (Rolls, 2006). In zahlreichen Studien wird dabei ein Prinzip immer wieder deutlich. So zeigt sich auf verschiedenen subkortikalen Verarbeitungsebenen des Gehirns, dass unabhängige Areale die Geschmacksidentität bzw. -intensität und die

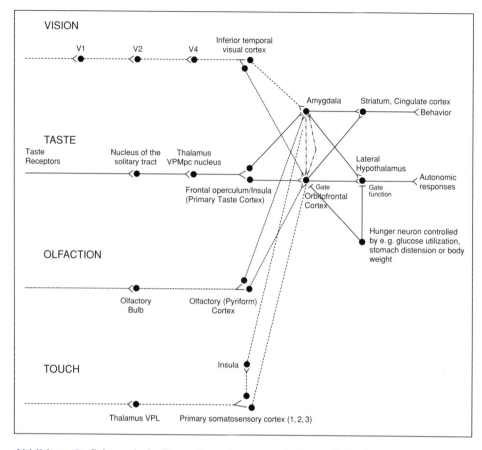

Abbildung 3: Schematische Darstellung der gustatorischen, olfaktorischen, visuellen und somatosensorischen Pfade zum orbitofrontalen Cortex (OFC) und einige ihrer Efferenzen bei Primaten. Die sekundären olfaktorischen und gustatorischen Cortices liegen innerhalb des OFC. V1 – primärer visueller Cortex, V4 – visuelles cortikales Areal (nach Rolls, 2006; Abdruck erfolgt mit Genehmigung von Elsevier)

Geschmacksvalenz kodieren. Erst auf der Ebene des orbitofrontalen Cortex stellt sich die durch Nahrungsstimuli hervorgerufene Aktivität sowohl bedarfs- als auch valenzabhängig dar (vgl. Abb. 3).

Neben unmittelbaren Anreizqualitäten der Nahrung beeinflussen auch soziale und kulturelle Faktoren, was und wie viel gegessen wird. So korreliert der prozentuale Anteil Übergewichtiger negativ mit dem sozioökonomischen Status. Angesichts der Tatsache, dass in bildungsnahen Gruppen mit hohem sozioökonomischem Status dieser Anteil vergleichsweise gering ausfällt, sollten zukünftige Forschungsarbeiten soziale und kulturelle Einflüsse stärker berücksichtigen.

4 Sexualität

Fortpflanzung ist für die meisten Spezies das primäre Ziel aller sexuellen Aktivitäten. Über dieses universelle Anliegen hinaus haben sich beim Menschen und einigen Primaten vielfältige soziale Zwecke des Sexualverhaltens herausgebildet, die durch den Einfluss des historischen und kulturellen Kontextes die hohe individuelle Vielfalt und Variabilität dieser Klasse von Verhaltens- und Erlebnisweisen begründen. Als nicht homöostatisches Bedürfnis wird die Kopulationsaktivität der meisten Spezies über Geschlechtshormone reguliert, während dieses Verhalten bei Primaten von der direkten hormonellen Kontrolle befreit ist.

Bei Rhesusaffen beeinflussen Geschlechtshormone vor allem die Sexualmotivation und ermöglichen damit eine erfahrungs- und kontextabhängige Modulation sexueller Verhaltensweisen. Menschliches Sexualverhalten variiert ebenfalls mit hormonellem Status, sozialem Kontext und kulturellen Konventionen. So beeinflussen Östrogene das sexuelle Verlangen bei Frauen, während das spezifische Verhalten in hohem Maße durch Kognitionen, z. B. das wahrgenommene Schwangerschaftsrisiko, beeinflusst wird.

In zahlreichen Studien wurde für Männer ein Zusammenhang zwischen Testosteron und der Motivation zur Partnersuche belegt. Männer, die in längerfristigen, partnerschaftlichen Beziehungen leben, weisen geringere Testosteronspiegel auf als ungebundene Männer. Darüber hinaus steigt der Testosteronspiegel bei Männern in Scheidungssituationen an und sinkt bei Wiederverheiratung ab (Mazur & Michalek, 1998). Eine kürzlich erschienene Studie zeigt ferner, dass dieser beziehungsbedingte Abfall Testosteronwerte bei Männern durch selbst zugeschriebene außerpartnerschaftliche sexuelle Interessen moduliert wird.

Neben diesen hormonellen Einflussfaktoren liefern für den Humanbereich auch die neuen bildgebenden Verfahren interessante Ansätze, Aktivitäten verschiedener Hirnregionen während sexueller Anregung zu untersuchen. So konnten beispielhaft Stoleru und Mitarbeiter (1999) zeigen, dass bei Männern vor allem der limbische und paralimbische Cortex und einige limbische Strukturen in Phasen visuell induzierter sexueller Erregung aktiviert waren mit gleichzeitiger Deaktivierung von Teilen des temporalen Cortex. Hier steckt die Forschung noch in den Anfängen, doch auch die bisher noch spärliche Datenlage macht schon die Komplexität der an der Sexualmotivation beteiligten Mechanismen deutlich.

5 Fazit

Biogene Bedürfnisse stellen auf genetischer Grundlage rudimentäre Kernsysteme zur Sicherstellung des Überlebens des Individuums und der Art dar. Diesen angeborenen domänenspezifischen konservativen Entwicklungspotenzialen steht kulturspezifisch ein Entwicklungsangebot gegenüber, das im Laufe der Ontogenese die individuelle Vielfalt und Variabilität ermöglicht. Dabei sind basale Mechanismen der motivgesteuerten Umweltanpassung wie Orientierungsreaktion, assoziative und instrumentelle Mechanismen, subkognitive und bewusst repräsentierte Antizipationsprozesse von zentraler Bedeutung.

Weiterführende Literatur

Mook, D. G. (1996). *Motivation: The organization of action* (2nd ed.). New York: Norton & Company.

Toates, F. M. (2001). *Biological psychology: An integrative approach.* Harlow, England: Prentice Hall.

Literatur

Berridge, K. C. (1996). Food reward: Brain substrates of wanting und liking. *Biobehavioral Reviews, 20* (1), 1–25.

Bolles, R. C. (1979). Toy rats and real rats: Nonhomeostatic plasticity in drinking. *Behavioral and Brain Sciences, 2,* 103.

Fitzimons, J. T. (1991). Evolution of physiological and behavioral mechanisms in vertebrate body homeostasis. In D. J. Ramsay & D. Booth (Eds.), *Thirst: Physiological and psychological aspects* (pp. 3–22). London: Springer.

Mazur, A. & Michalek, J. (1998). Marriage, divorce, and male testosteron. *Social Forces, 77,* 315–330.

Nietzsche, F. (1878/1954). *Menschliches, Allzumenschliches: Ein Buch für freie Geister.* Stuttgart: Kröner.

Peck, J. W. & Blass, E. M. (1975). Localization of thirst and antidiuretic osmoreceptores by intercranial injection in rats. *American Journal of Physiology, 228,* 1501–1509.

Pinel, J. P. J. (2008). *Biopsychology* (7th ed.). Boston, MA: Allyn & Bacon.

Pinnow, M. & Schneider, K. (1994). Mimetic behavior of rats in flavor aversion learning. *Behavioural Processes, 31,* 1–12.

Rolls, E. T. (2006). Brain mechanism of emotion and decision making. *International Congress Series, 1291,* 3–13.

Rolls, E. T. & Rolls, B. J. (1982). *Thirst.* Cambridge: Cambridge University Press.

Stoleru, S., Gregoire, M.-C., Gerard, D., Decety, J., Lafarge, E., Cinotti, L. et al. (1999). Neuroanatomical correlates of visual evoked sexual arousal in human males. *Archives of sexual behavior, 28* (1), 1–21.

Stroebe, W. (2002). Übergewicht als Schicksal? Die kognitive Steuerung des Essverhaltens. *Psychologische Rundschau, 53* (1), 14–22.

Verbalis, J. G. (1990). Clinical aspects of body fluid homeostasis in humans. In E. M. Stricker (Ed.), *Neurobiology of food and fluid intake. Handbook of behavioral neurobiology* (pp. 421–462). New York: Plenum.

Wood, R. J., Rolls, E. T., Lind, H., Lind, W. & Ledingham, J. G. (1980). Thirst following water deprivation in humans. *American Journal of Physiology, 239,* 476–482.

Zhang, Y., Proenca, R., Maffel, M., Barone, M., Leopold, L. & Friedman, J. M. (1994). Positional cloning of the mouse obese gene and its human homologue. *Nature, 372,* 425–432.

Kardiovaskuläre Prozesse und motivationale Intensität[1]
Cardiovascular Processes and Motivational Intensity

Guido H. E. Gendolla & Michael Richter

1 Einführung

In diesem Kapitel diskutieren wir Forschungsergebnisse zur systematischen Wirkung motivationaler Variablen (z. B. Aufgabenschwierigkeit, Anreize) auf das kardiovaskuläre System. Wir erörtern physiologische Grundlagen und psychophysiologische Befunde aus der Motivationsforschung. Der Schwerpunkt liegt auf einer Integration der motivationalen Intensitätstheorie und der „Active coping"-Forschung, die gezeigt hat, dass das kardiovaskuläre System die Mobilisierung von Ressourcen zur Handlungsausführung reflektiert. Insbesondere die Veränderung des systolischen Blutdrucks im Handlungskontext erwies sich als valider und reliabler Anstrengungsindikator.

2 Physiologische Grundlagen

Das *Herz-Kreislaufsystem* ist ein Transportsystem mit der Funktion, die Homöostase zu gewährleisten. Steigt z. B. der Sauerstoffbedarf an, muss das kardiovaskuläre System intensiver arbeiten, um diesen Bedarf zu decken. Studien von Obrist (1981) haben gezeigt, dass auch mentale Anstrengung mit kardiovaskulärer Reaktivität – Veränderungen der Aktivität im kardiovaskulären System – einhergeht, wenn Kontrolle über Handlungsergebnisse besteht *(„active coping")*. Die Stärke der kardiovaskulären Reaktivität hängt dabei von der Schwierigkeit aktueller Anforderungen ab: Auf höheren Schwierigkeitsstufen ist sie stärker als auf niedrigen oder unmöglich zu bewältigenden Stufen.

2.1 Parameter des kardiovaskulären Systems

Die am häufigsten gemessenen kardiovaskulären Parameter sind Herzschlagrate (HR; Anzahl der Herzschläge pro Minute), systolischer Blutdruck (SBD; maximaler Druck gegen die Gefäßwände nach einem Herzschlag) und diastolischer

---

[1] Ein Teil der hier diskutierten Forschung wurde von der Deutschen Forschungsgemeinschaft gefördert (Ge 987/1-1, Ge 987/3-1, Ge 987/7-1).

Blutdruck (DBD; minimaler Druck auf die Gefäßwände zwischen zwei Herzschlägen). Insbesondere der SBD reagiert sehr sensibel auf Anforderungen, da er systematisch durch sympathische Erregung des autonomen Nervensystems beeinflusst wird (Brownley, Hurwitz & Schneidermann, 2000): Neben dem Fließwiderstand in den Blutgefäßen hängt der SBD weitgehend von der Stärke myokardialer Kontraktion ab, die direkt durch β-adrenerge sympathische Stimulation des Herzmuskels bestimmt wird (→ Spezifische Physiologie). Dieser sympathische Einfluss verläuft proportional zur Anforderungshöhe: Die Kontraktionsstärke und der SBD steigen mit zunehmender Anforderungshöhe an, solange eine aktive Bewältigung möglich erscheint. Bei Blockierung der β-adrenergen Rezeptoren des Herzmuskels minimiert sich der Einfluss der Anforderungshöhe auf den SBD (Winzer et al., 1999).

Der DBD wird weitgehend durch α-adrenerge Verengung als auch durch β-adrenerge Erweiterung in verschiedenen Bereichen des vaskulären Systems bestimmt. Die HR wird sowohl sympathisch als auch parasympathisch beeinflusst. Beide Parameter sind daher weniger systematisch mit der Ressourcenmobilisierung verknüpft.

3 Motivationale Intensität und „Active Coping"

Wright (1996) hat den „Active coping"-Ansatz (Obrist, 1981) mit der *motivationalen Intensitätstheorie* (Brehm & Self, 1989) integriert und ein Modell entwickelt, dass sehr genaue Vorhersagen zur kardiovaskulären Reaktivität im Handlungskontext erlaubt. Demnach folgt der Organismus einem *Ökonomieprinzip*, nach dem nicht mehr Energie mobilisiert wird als für eine Handlungsausführung notwendig ist. Die Folge ist eine proportionale Beziehung zwischen subjektiver Aufgabenschwierigkeit und Anstrengung. Diese Beziehung hat jedoch zwei Grenzen. Die erste besteht darin, dass aktuelle Anforderungen für die Person nicht (mehr) zu bewältigen sind. In diesem Fall stellt der Organismus keine (weitere) Energie zur Handlungsausführung bereit (Disengagement; → Persistenz und Zielablösung). Die zweite Grenze besteht darin, dass ein Handlungsziel für eine Person nicht wichtig genug ist, um die erforderliche Anstrengung zu rechtfertigen. Je wichtiger ein Ziel ist, desto höher ist die maximale Anstrengung, die ein Organismus zu investieren bereit ist. Dieses Anstrengungsmaximum wird als *potenzielle Motivation* bezeichnet und von der *aktuellen Motivation*, der tatsächlich in eine Handlung investierten Anstrengung, abgegrenzt. Die Höhe der potenziellen Motivation hängt von Faktoren ab, die die Wichtigkeit von Erfolg bestimmen (z. B. Anreizwert und/oder aktuelle Bedürfnislage des Handelnden). Sie bestimmt die Anstrengungsintensität nur dann direkt, wenn die Aufgabenschwierigkeit unklar oder nicht festgelegt („unfix") ist, da sich der Organismus dann nicht an einer bekannten Schwierigkeitsstufe orientieren kann. Diese Vorhersagen sind in Abbildung 1 grafisch verdeutlicht. Das integrative Modell hat breite empirische Bestätigung gefunden (s. Gendolla & Brinkmann, 2005; Wright & Kirby, 2001).

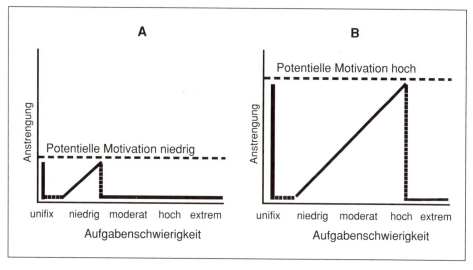

Abbildung 1: Anstrengungsmobilisierung in Abhängigkeit von subjektiver Schwierigkeit und potenzieller Motivation. (A) zeigt den Fall niedriger potenzieller Motivation, (B) den Fall hoher potenzieller Motivation.

4 Die Rolle der Schwierigkeit

Die meisten Studien untersuchten den Einfluss der Aufgabenschwierigkeit auf die Höhe der SBD Reaktivität (s. Wright, 1996), indem sie die objektive Aufgabenschwierigkeit manipulierten. Darüber hinaus wurden zwei Variablen untersucht, die die subjektive Anforderungshöhe (mit-)bestimmen: *Fähigkeitsüberzeugungen* (→ Selbstkonzept der Begabung) und die momentane *Stimmung* der Probanden.

4.1 Fähigkeitsüberzeugungen

Eine Reihe von Studien hat die Hypothese untersucht, dass Personen mit subjektiv niedriger Fähigkeit klar definierte („fixe") Schwierigkeitsstufen als schwieriger einschätzen und dementsprechend eine stärkere kardiovaskuläre Reaktivität aufweisen als Personen mit subjektiv hoher Fähigkeit. Dies gilt aber nur so lange, bis eine Aufgabe so schwierig ist, dass niedrigere Fähigkeit zu Disengagement führt (subjektiv zu schwierige Aufgabe), während hohe Fähigkeit in starke Anstrengung resultiert (subjektiv hohe, aber noch mögliche Schwierigkeit). Die Vorhersagen ließen sich in einer Reihe von Experimenten belegen (Wright & Kirby, 2001).

4.2 Stimmungseinflüsse

Nach dem „*Mood-Behavior-Model*" (MBM; Gendolla, 2000) können *Stimmungen* anstrengungsbezogene kardiovaskuläre Reaktivität systematisch beeinflussen, wenn sie als Information für die subjektive Bewertung der Anforderungshöhe genutzt werden. Stimmung sollte den subjektiven Schwierigkeitseindruck stimmungskongruent beeinflussen: In positiver Stimmung sollte eine gegebene Aufgabe leichter erscheinen als in negativer Stimmung. Die sich daraus ergebenden Effekte auf die Anstrengungsmobilisierung sind in Abbildung 2 illustriert. Entsprechende Befunde wurde auch für schwache vs. starke Depressivität erbracht (z. B. Brinkmann & Gendolla, 2008).

Einen Überblick über die publizierten experimentelle Befunde liefern Gendolla und Brinkmann (2005): Wie erwartet, bewerteten Probanden in diesen Studien bei Anforderungen ohne Leistungsstandard (unfixe Schwierigkeit) die Anforderungshöhe in negativer Stimmung höher und zeigten korrespondierend dazu während der Aufgabenbearbeitung stärkere SBD-Anstiege als positiv gestimmte – allerdings nur wenn die Zuverlässigkeit der momentanen Stimmung als aufgabenbezogene Information nicht in Frage gestellt wurde. Bei Anforderungen mit festgelegter Schwierigkeit (fixe Aufgabenschwierigkeit) nutzten die Probanden pragmatisch *beide* Informationen – ihre momentane Stimmung und die objektive Aufgabenschwierigkeit – gleichzeitig für die Anforderungsbewertungen und die Anstrengungsmobilisierung: Bei einfachen Aufgaben war sie in negativer Stim-

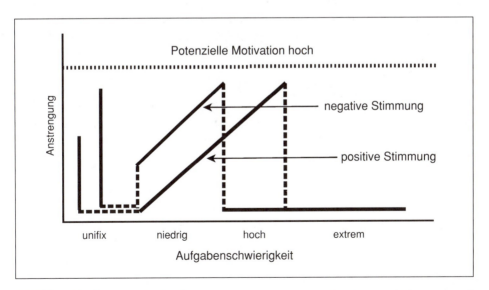

Abbildung 2: Theoretische Vorhersagen zum gemeinsamen Einfluss von Stimmung und Aufgabenschwierigkeit auf die Anstrengungsmobilisierung für Aufgaben mit unfixer und fixer Schwierigkeit.

mung stärker als in positiver Stimmung. Bei schwierigen Aufgaben war die SBD-Reaktivität in positiver Stimmung stärker als in negativer Stimmung. Bei einer objektiv nicht zu bewältigenden Anforderung war das effektive Gewicht der Stimmung so gering, dass es keine zusätzliche Information über die Anforderungshöhe liefern konnte. Die Folge war Disengagement in beiden Stimmungen. Leistung korrelierte in diesen Studien positiv mit der SBD-Reaktivität.

5 Die Rolle der potenziellen Motivation

Die potenzielle Motivation wurde meist durch leistungskontigente *Anreize* (→ Erwartung und Anreiz) manipuliert. Beispielsweise konnten Probanden durch Erfolg bei einer Aufgabe entweder 10 $ oder 100 $ verdienen (Eubanks, Wright & Williams, 2002). Wie vorhergesagt (vgl. Abb. 1), rechtfertigte hoher Anreiz mehr Anstrengung als niedriger und die Probanden gingen so bei höherem Anreiz schwierigere Aufgaben an und zeigten dort stärkere kardiovaskuläre Reaktivität als bei niedrigem Anreiz (Wright & Kirby, 2001).

Positiver Erfolgsanreiz kann auch das oben diskutierte Anstrengungsdefizit negativ gestimmter Personen bei schwierigen Aufgaben eliminieren (Gendolla & Krüsken, 2002). In diesen Studien wurde die Schwierigkeit einer Memorieraufgabe (einfach vs. schwierig), die Stimmung der Probanden (negativ vs. positiv) und Kontingenz von Leistung und Stimmungsregulation (Präsentation angenehmer Musik nur bei Erfolg vs. immer) manipuliert. Bei Kontingenz setzte dieser Anreiz die potenzielle Motivation so hoch, dass die sehr hohe Anstrengung, die für die Bewältigung einer schwierigen Aufgabe in negativer Stimmung erforderlich erschien, gerechtfertigt und mobilisiert wurde (vgl. Abb. 3).

Bei unklarer Aufgabenschwierigkeit hat die potenzielle Motivation einen direkten Einfluss auf die Anstrengungsmobilisierung (z. B. Fowles, 1988; Richter & Gendolla, 2006). Zudem steigt bei unklarer Schwierigkeit die Anstrengungsmobilisierung linear mit der Höhe positiven Erfolgsanreizes an (Richter & Gendolla, 2007).

Eine weitere Variable, die über Erfolgsanreiz die Höhe der potenziellen Motivation bestimmt, ist *Selbstinvolvierung* – das Ausmaß, in dem eine Handlung für eine Person in Hinblick auf ihre Selbstdefinition und ihren Selbstwert bedeutsam ist. In einer Studie (Gendolla & Richter, 2006a) bearbeiteten die Probanden eine Memorieraufgabe, die entweder als wichtiger Leistungstest (Selbstinvolvierung hoch) oder als Füllaufgabe (Selbstinvolvierung niedrig) angekündigt wurde. Zur Schwierigkeitsmanipulation sollten die Probanden entweder vier (einfach), sechs (moderat), 15 (schwierig) oder so viele Items wie möglich (unfix) memorieren. Wie Abbildung 4 zeigt, stieg der SBD bei hoher Selbstinvolvierung

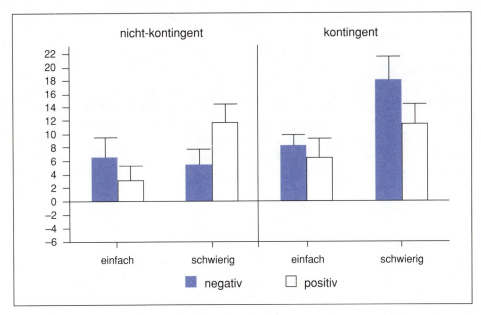

Abbildung 3: SBD-Reaktivität während der Aufgabenbearbeitung in Experiment 2 von Gendolla und Krüsken (2002; Negativ = negative Stimmung, positiv = positive Stimmung)

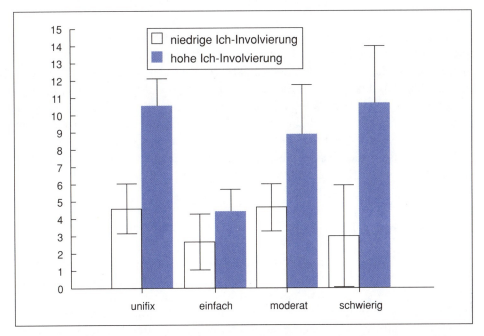

Abbildung 4: SBD-Reaktivität während der Aufgabenbearbeitung in Experiment 2 von Gendolla und Richter (2006a)

linear mit der Schwierigkeit an und entsprach in der unfixen Bedingung der fixen schwierigen Bedingung. Bei niedriger Selbstinvolvierung war die Reaktivität generell niedrig. Die Gedächtnisleistung korrelierte positiv mit der SBD-Reaktivität.

Kompatible Befunde fanden sich für die Effekte *sozialer Bewertung* von Leistungen. Sowohl bei expliziter Information, dass eine Leistung bewertet würde (Wright, Dill, Geen & Anderson, 1998) als auch bei impliziter Bewertung durch einen bloss anwesenden Beobachter (Gendolla & Richter, 2006b) wurde mehr Anstrengung gerechtfertigt und bei schwierigen Aufgaben mobilsiert als ohne dieselbe.

6 Fazit

In diesem Kapitel haben wir Studien diskutiert, in denen die Wirkung motivationaler Variablen auf die Reaktivität des Herz-Kreislaufsystems im Kontext der aktiven Anforderungsbewältigung untersucht wurde. Die Ergebnisse sprechen dafür, dass anstrengungsbezogene kardiovaskuläre Reaktivität den Vorhersagen der motivationalen Intensitätstheorie (Brehm & Self, 1989) und ihrer Integration mit dem „Active coping"-Ansatz (Obrist, 1981) durch Wright (1996) folgt. Handeln beinhaltet neben der Selektion einer Handlungsalternative auch stets die Exekution der Handlung an sich, was Ressourcen benötigt (s. Heckhausen & Heckhausen, 2006). Daher kann davon ausgegangen werden, dass die Anstrengungsregulation und die damit verbundenen kardiovaskulären Prozesse stets präsente Aspekte menschlichen Handelns sind. Insbesondere die Veränderung des SBD lässt sich im Handlungskontext genau vorhersagen. Andere physiologische Anstrengungsindikatoren, wie z. B. der Blutglucosespiegel, sind im Vergleich hierzu relativ aufwendig und hinsichtlich Reliabilität und Validität kardiovaskulären Messungen nicht vorzuziehen. Wiederum andere psychophysiologische Maße reflektieren andere Prozesse – die Hautleitfähigkeit ist z. B. eher mit Inhibition als mit Anstrengung assoziiert (Fowles, 1988).

Weiterführende Literatur

Brownley, K. A., Hurwitz, B. E. & Schneiderman, N. (2000). Cardiovascular psychophysiology. In J. T. Cacioppo, L. G. Tassinary & G. G. Berntson (Eds.), *Handbook of psychophysiology* (pp. 224–264). New York: Cambridge University Press.

Wright, R. A. & Kirby, L. D. (2001). Effort determination of cardiovascular response: An integrative analysis with applications in social psychology. In M. P. Zanna (Ed.), *Advances in experimental social psychology* (Vol. 33, pp. 255–307). New York: Academic Press.

Literatur

Brehm, J. W. & Self, E. A. (1989). The intensity of motivation. *Annual Review of Psychology, 40,* 109–131.

Brinkmann, K. & Gendolla, G. H. E. (2008). Does depression interfere with effort mobilization? Effects of dysphoria and task difficulty on cardiovascular response. *Journal of Personality and Social Psychology, 94,* 146–157.

Eubanks, L., Wright, R. A. & Williams, B. J. (2002). Reward influence on the heart: Cardiovascular response as a function of incentive value at five levels of task demand. *Motivation and Emotion, 26,* 139–152.

Fowles, D. C. (1988). Psychophysiology and psychopathology: A motivational approach. *Psychophysiology, 25,* 373–391.

Gendolla, G. H. E. (2000). On the impact of mood on behavior: An integrative theory and a review. *Review of General Psychology, 4,* 378–408.

Gendolla, G. H. E. & Brinkmann, K. (2005). The role of mood states in self-regulation: Effects on action preferences and resource mobilization. *European Psychologist, 10,* 187–198.

Gendolla, G. H. E. & Krüsken, J. (2002). The joint effect of informational mood impact and performance-contingent incentive on effort-related cardiovascular response. *Journal of Personality and Social Psychology, 83,* 271–285.

Gendolla, G. H. E. & Richter, M. (2006a). Ego-involvement and the difficulty law of motivation: Effects on effort-related cardiovascular response. *Personality and Social Psychology Bulletin, 32,* 1188–1203.

Gendolla, G. H. E. & Richter, M. (2006b). Cardiovascular reactivity during performance under social observation: The moderating role of task difficulty. *International Journal of Psychophysiology, 62,* 185–192.

Heckhausen, J. & Heckhausen, H. (2006). *Motivation und Handeln* (3. Aufl.). Berlin: Springer.

Obrist, P. A. (1981). *Cardiovascular psychophysiology: A perspective.* New York: Plenum.

Richter, M. & Gendolla, G. H. E. (2006). Incentive effects on cardiovascular reactivity in active coping with unclear difficulty. *International Journal of Psychophysiology, 61,* 216–225.

Richter, M. & Gendolla, G. H. E. (2007). Incentive value and cardiovascular reactivity in active coping. *International Journal of Psychophysiology, 63,* 294–301.

Winzer, A., Ring, C., Carrol, D., Willemsen, G., Drayson, M. & Kendall, M. (1999). Secretory immunoglublin A and cardiovascular reaction to mental arithmetic, cold pressor, and exercise: Effects of beta-adrenergic blockade. *Psychophysiology, 36,* 591–601.

Wright, R. A. (1996). Brehm's theory of motivation as a model of effort and cardiovascular response. In P. M. Gollwitzer & J. A. Bargh (Eds.), *The psychology of action: Linking cognition and motivation to behavior* (pp. 424–453). New York: Guilford.

Wright, R. A., Dill, J. C., Geen, R. G. & Anderson, C. A. (1998). Social evaluation influence on cardiovascular response to a fixed behavioral challenge: Effects across a range of difficulty levels. *Annals of Behavioral Medicine, 20,* 277–285.

V Motivation in angewandter Perspektive

Motivationspsychologie des Lernens
Psychology of Motivation for Learning

Regina Vollmeyer

Beim Lesen dieses Handbuchs wird deutlich, dass Motivation kein homogener Begriff ist, sondern je nach Theorie unterschiedliche Aspekte von Motivation hervorgehoben werden. Jedoch stimmen alle Theorien überein, dass Motivation dem Verhalten eine Richtung gibt, indem motivierte Personen bestimmte Tätigkeiten *auswählen*, sich bei diesen besonders *anstrengen* und mehr *Zeit dafür investieren*. Wenn sich Personen mehr anstrengen und mehr Zeit mit bestimmten Tätigkeiten verbringen, dann kann man für den Schulkontext daraus schließen, dass sie hier eine bessere Leistung zeigen werden. Eine Beobachtung, die Lehrkräfte häufig machen ist, dass Schüler und Schülerinnen nach der Grundschule ihre „Lust" am Lernen verlieren.

Um dieses Alltagsphänomen differenzierter zu betrachten, möchte ich in Abschnitt 1 einzelne Motivationsphänomene (Interesse, Selbsteingeschätzte Fähigkeiten und Werte/Anreize) beschreiben, die in der Schule auftreten. Anhand verschiedener Theorien (Interessentheorie, Erwartungs-Wert-Modell, Selbstbestimmungstheorie) werde ich erklären, warum es zu einem Motivationsverlust kommt. Ergebnisse, die im Rahmen dieser Theorien gewonnen wurden, werden mit empirischen Studien illustriert und Hinweise gegeben, wie Motivation gefördert werden kann. Zur Förderung von Motivation liegt bereits Literatur vor (u. a. Vollmeyer, 2008; → Motivationstraining), so dass diese Empfehlungen sehr kurz abgehandelt werden.

In einem zweiten Abschnitt wird ein Modell vorgestellt, das beschreibt, wie motivierte Schüler und Schülerinnen lernen und welches Verhalten das Lernergebnis beeinflusst.

1 Erklärungen für den Motivationsverlust in der Schule

1.1 Erklärung des Motivationsverlusts nach der Interessentheorie

Krapp (1998) versteht unter Interesse, dass ein Gegenstand, mit dem man sich freiwillig beschäftigt (das ist Selbstintentionalität), auch positiv bewertet wird. Wenn man sich mit dem Gegenstand auseinandersetzt, so stellen sich positive Gefühle ein (→ Interesse). Das so definierte Interesse an Schulfächern wurde häufig untersucht, besonders in den mathematisch-naturwissenschaftlichen Fächern.

In groß angelegten Längsschnittstudien, aber auch in kleineren Studien (z. B. Kessels & Hannover, 2004) stellte sich heraus, dass das Interesse an Schulfächern über die Schulzeit hinweg abnimmt.

Besonders bei Mädchen ist der Interessenverlust an mathematisch-naturwissenschaftlichen Fächern groß. Kessels und Hannover (2004) erklären diesen Befund damit, dass sich Lehrende von klassischen Geschlechtsstereotypen leiten lassen, d. h. Jungen wird mehr Kompetenz im Bereich der Naturwissenschaften zugesprochen und der Unterricht wird auch stärker auf die Erfahrung von Jungen abgestimmt. Da Mädchen wenig angeregt und unterstützt werden, verlieren sie das Interesse.

Auf der Grundlage von mehreren empirischen Studien kann insgesamt von einem kleinen bis mittleren Einfluss von Interesse auf Leistung ausgegangen werden, vor allem wenn das Vorwissen kontrolliert wird (z. B. Third International Mathematics and Science Study (TIMSS), Köller, Baumert & Schnabel, 2000; Schiefele, Krapp & Winteler, 1992). Auch wenn der Einfluss des Interesses auf die Schulleistung vergleichsweise gering ist, scheint eine Förderung des Interesses im Hinblick auf eine positive emotionale Befindlichkeit bei der Beschäftigung mit dem Lerngegenstand zentral.

> **Lehrkräfte können Interesse fördern, indem sie**
> - Situation ansprechender gestalten (z. B. Aufgabe als Spiel darbieten),
> - Aufgaben an Bedürfnisse der Schüler und Schülerinnen anpassen (z. B. Schwierigkeitsgrad verändern, persönlichen Bezug zur Lebenswelt der Schüler herstellen).

1.2 Erklärung des Motivationsverlusts nach dem Erwartungs-Wert-Modell

Nach Erwartungs-Wert-Modellen ist es für eine motivierte Handlung notwendig, dass Personen einer Tätigkeit und/oder dem Ergebnis der Tätigkeit einen hohen *Wert* beimessen und auch die *Erwartung* haben, die Tätigkeit zu einem positiven Ergebnis/Ziel führen zu können. Je höher der subjektive Wert des Ziels und je höher die Erfolgserwartung ist, desto eher wird eine Person die Tätigkeit auswählen, sich dafür anstrengen und auch eine bessere Leistung erzielen (→ Erwartung und Anreiz). Dies möchte ich an einem Beispiel aus der Schule illustrieren. Wenn eine Schülerin Ingenieurin werden möchte (hoher Wert), so wird sie sich besonders in den Fächern anstrengen, die für ein Ingenieurstudium relevant sind. Diese Fächer, nämlich Mathematik und Physik, besitzen dann einen hohen Wert für sie. In diesem Beispiel ist die Erfolgserwartung umso höher, je mehr die Schülerin glaubt, durch ihre Anstrengung und ihre Fähigkeiten tatsächlich dem Ziel „Ingenieurstudium" näher zu kommen. Diese beiden Aspekte, die *selbsteingeschätzten Fähigkeiten/Erwartungen* und *Werte,* verändern sich über die Schulzeit. Auch hier ist zu beobachten, dass Lerner während ihrer Schulzeit ihre Fähigkeiten immer negativer einschätzen und die Schulfächer weniger wichtig nehmen.

Ältere Studien berichten eine Abnahme der selbsteingeschätzten Fähigkeit (verwandte Konzepte: self-competence, self-concept, self-efficacy): Während noch Kinder ihre Fähigkeiten eher hoch einschätzen, sinkt der Glaube an die eigenen Fähigkeiten bei Jugendlichen ab. Besonders auffallend ist dieses Absinken zu dem Zeitpunkt, an dem Schüler und Schülerinnen die Schule wechseln, also von der Grundschule in eine weiterführende Schule (Eccles & Midgley, 1989).

In neueren Studien wird unterschieden, um welches Schulfach es sich handelt und ob Mädchen und Jungen sich in Bezug auf Werte und Erwartungen gleich verhalten. Grundlage ist das Modell von Eccles und Wigfield (2002), das in Abbildung 1 dargestellt ist. Im Vergleich zu dem älteren Modell kommt die Spezifizierung der Variablen hinzu, die die Erfolgserwartung und den subjektiven Aufgabenwert beeinflussen. Die Variablen, die direkt auf die Werte und die Erfolgserwartung wirken, sind Ziele und Selbstschemata der Lerner; die Variablen, die am Anfang des Modells stehen, sind z. B. Überzeugungen und Verhalten der Sozialisationsagenten oder das kulturelle Milieu. Eine weitere zentrale Variable ist das Geschlecht der Lerner, da Jungen und Mädchen in unserer Gesellschaft unterschiedlich behandelt werden (im Modell in Abb. 1 in „Wahrnehmungen

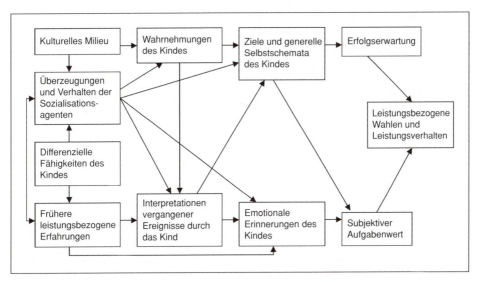

Abbildung 1: Erweitertes Erwartungs-Wert-Modell nach Wigfield und Eccles

des Kindes" enthalten). Eccles und Wigfield sind überzeugt, dass die Wahrnehmung der eigenen Geschlechterrolle sowohl die Werte als auch die Erfolgserwartung beeinflusst.

Ein solch umfangreiches Modell lässt sich nicht umfassend überprüfen, es liegen jedoch Teilüberprüfungen vor. Als Illustration werden hier zwei Studien detaillierter beschrieben.

1.2.1 Die Studie von Jacobs, Lanza, Osgood, Eccles und Wigfield (2002)

In ihrer groß angelegten Längsschnittstudie (761 Schüler und Schülerinnen, drei Kohorten über zehn Jahre, Klassen 1 bis 12) konnten Jacobs et al. (2002) für drei Schulfächer die Entwicklung von Werten (hier: Wichtigkeit, Nützlichkeit, aber auch Spaß) und die subjektive Fähigkeit von Schülern und Schülerinnen erfassen. Als Schulfächer wurde Sport als klassisch-männliches Schulfach, Sprachkunde als klassisch-weibliches Schulfach und Mathematik als neutrales, eher männliches Schulfach gewählt. Für alle drei Fächer zeigte sich die schon häufig berichtete Abnahme der Fähigkeitseinschätzung und gleichzeitig ein Geschlechtsunterschied. So schätzten Jungen ihre Fähigkeit in Sport über alle 12 Klassen höher ein als Mädchen. In Mathematik war der Unterschied zugunsten der Jungen in den ersten Jahren vorhanden, aber später wurde er nicht mehr statistisch signifikant, da die Fähigkeitseinschätzung von Jungen stärker abnahm. In Sprachkunde glaubten Jungen und Mädchen zu Beginn ihrer Schulzeit ähnliche Fähigkeiten zu haben, dann jedoch fiel die Fähigkeitseinschätzung von Jungen stärker ab als die der Mädchen. Bei der Entwicklung der Werte fanden Jacobs et al. ein ähnliches Muster wie bei der Fähigkeitseinschätzung: Von der ersten bis zur zwölften Klasse verloren alle drei Schulfächer für die Schüler und Schülerinnen an Wichtigkeit, Nützlichkeit und machten weniger Spaß (dies waren die gewählten Indikatoren für *Wert*).

1.2.2 Die Studie von Simpkins, Davis-Kean und Eccles (2006)

Häufig wurde das Erwartungs-Wert-Modell für den mathematisch-naturwissenschaftlichen Unterricht verwendet, da die Politik besonders Forschung in diesem Bereich fördert, um guten Nachwuchs für ihre technikzentrierte Ökonomie zu erhalten. Besonders in den USA gab es Längsschnittanalysen, die untersuchten, unter welchen Bedingungen Jugendliche Mathematik oder naturwissenschaftliche Kurse in der Schule wählen. Auf der Grundlage des Erwartungs-Wert-Modells wurde von Simpkins et al. eine Studie durchgeführt, die als Prädiktoren das Interesse an diesen Schulfächern, den subjektiven Wert und das Selbstkonzept erfasst. Weitere Prädiktoren waren das Einkommen der Eltern, der Schulabschluss der Eltern und das Geschlecht der Jugendlichen. Als Mediatoren wählten sie die

außerschulischen Aktivitäten und die Noten in der 5. und 10. Klasse, sowohl in Mathematik als auch in Naturwissenschaften. Diese Variablen sollten vorhersagen, wie viele Kurse in Mathematik und in Naturwissenschaften belegt wurden. Hier sind die Ergebnisse vereinfacht zuerst für Naturwissenschaften dargestellt und anschließend für Mathematik:
- Jungen und Mädchen unterscheiden sich nicht in der Auswahl ihrer Kurse in den naturwissenschaftlichen Fächern.
- Kinder von Eltern mit einem hohen Einkommen und einem höheren Schulabschluss haben bessere Noten.
- Schüler und Schülerinnen, die in der 5. Klasse gute Noten haben, haben auch in der 10. Klasse gute Noten.
- Wer sich früh außerschulisch mit Naturwissenschaften beschäftigt, der entwickelt Interesse für diese Fächer, misst den Fächern einen höheren Wert bei und hält sich auch für kompetent.
- Hohes Interesse, ein gutes Selbstkonzept, eine positive Wertschätzung und gute Noten führen dazu, dass Jugendliche naturwissenschaftliche Schulfächer belegen.

Für das Fach Mathematik lagen folgende Ergebnisse vor:
- Jungen halten Mathematik für wichtiger, sind mehr daran interessiert und schätzen sich für kompetenter ein als Mädchen.
- Interesse und subjektive Fähigkeiten wirken sich direkt auf die Noten und auf die Anzahl der gewählten Kurse aus.
- Kinder von Eltern mit einem hohen Einkommen und einem höheren Schulabschluss haben bessere Noten.

Mit der Studie von Simpkins et al. (2006), die auf dem Erwartungs-Wert-Modell basiert, lässt sich zeigen, dass Erwartungen (hier: Selbstkonzept) und Wert (hier: Interesse und Wichtigkeit) besonders die Auswahl der Kurse in der Schule beeinflussen.

Ein weiterer wichtiger Einflussfaktor auf die Leistung ist der Glaube an die eigene Fähigkeit (→ Selbstkonzept der Begabung). Personen mit einem positiven Selbstkonzept in einem bestimmten Schulfach haben tatsächlich eine bessere Leistung in diesem Fach als Personen mit einem negativen Selbstkonzept (u. a. Marsh & Yeung, 1997). Der Frage nach der Kausalrichtung (d. h. ob die Fähigkeitseinschätzung die Leistung beeinflusst oder umgekehrt) kann nur durch Längsschnittstudien nachgegangen werden, in denen sowohl kognitive als auch motivationale Prozesse getrennt untersucht werden. Baumert und Köller (2000) nennen diese Wechselwirkung von kognitiven und motivationalen Prozessen ein Kompetenz-Motivationssyndrom: Wer gute Leistungen hat, ist auch mehr motiviert und erreicht daher wieder bessere Leistungen. Wer jedoch schlechte Leistungen hat, verliert die Motivation und erzielt wieder schlechtere Leistungen.

> **Lehrkräfte können Erfolgserwartungen (hier: subjektive Fähigkeitseinschätzung) und Werte (hier: Anreize, Wichtigkeit) wie folgt fördern**
> - die subjektive Fähigkeitseinschätzung der Schüler und Schülerinnen verbessern, indem bei Erfolg die Fähigkeiten betont werden, bei Misserfolg dagegen die Anstrengung oder „Pech gehabt" als Ursache angeboten werden.
> - über positive Folgen des Lernerfolges nachdenken und diese Folgen sich lebhaft ausmalen.

1.3 Erklärung des Motivationsverlusts nach der Selbstbestimmungstheorie

Nach der Selbstbestimmungstheorie (→ Selbstbestimmungstheorie und Kognitive Bewertungstheorie) von Deci und Ryan (1985) haben Personen drei basale Bedürfnisse, und zwar das Bedürfnis nach *Selbstbestimmung/Autonomie, Kompetenz* und *sozialer Eingebundenheit*. Das Bedürfnis nach Selbstbestimmung äußert sich darin, dass eine Person sich selbst Ziele setzen möchte und bestimmen will, welche Mittel sie dafür einsetzt. Das Bedürfnis nach Kompetenz zeigt sich darin, dass eine Person den gegebenen Anforderungen einer Situation gewachsen sein möchte und Probleme aus eigener Kraft bewältigen will. Die soziale Eingebundenheit wird deutlich, wenn Personen lieber Tätigkeiten mit einer anderen Person oder einer Gruppe aufsuchen als etwas alleine zu unternehmen. Diese drei Bedürfnisse bilden die Grundlage für das Auftreten von *intrinsischer* Motivation (→ Intrinsische Motivation). Personen suchen von sich aus Situationen auf, in denen sie diese angeborenen Bedürfnisse befriedigen können.

Eine Kritik an der Schule ist, dass hier die basalen Bedürfnisse zu wenig befriedigt werden. So wird an dem Schulsystem kritisiert, dass es Selbstbestimmung unterbindet, da der Lehrer den Unterrichtsablauf und die Materialien vorgibt und die Schüler und Schülerinnen nur für Klassenarbeiten lernen. Wird dagegen die Selbstbestimmung gefördert, finden u. a. Reeve, Bolt und Cai (1999) tatsächlich, dass die Motivation steigt.

Der Gegensatz zur intrinsischen Motivation ist die *extrinsische Motivation*. Bei dieser geht es nicht um die Befriedigung basaler Bedürfnisse, sondern um Belohnungen, die von außen gegeben werden. In der Schule könnte die extrinsische Motivation durch Noten, Lob der Eltern oder Lehrer angeregt werden. Diese Abgrenzung von intrinsischer vs. extrinsischer Motivation wurde von Rheinberg (2005) kritisiert, da nicht immer klar entschieden werden kann, wann ein Anreiz intrinsisch und wann extrinsisch ist. So könnte ja das Lob der Eltern das Bedürfnis nach sozialer Eingebundenheit befriedigen und wäre damit intrinsisch und nicht etwa extrinsisch motiviert. In der Theorie der organismischen Integration zeigen Deci und Ryan (1985) auf, wie extrinsische Motivation in intrinsische Motivation übergehen kann.

Passung von Umwelt und Bedürfnis

Eccles und Midgley (1989) formulierten eine Theorie, um zu erklären, warum besonders Schüler und Schülerinnen beim Wechsel auf weiterführende Schulen einen starken Motivationsverlust berichten. Die Autoren machen dafür das wechselnde Schulklima verantwortlich. Wird noch in der Grundschule darauf Wert gelegt, viel in der Gruppe zu arbeiten und als Lehrkraft die Schüler und Schülerinnen zu unterstützen, so ist in den weiterführenden Schulen die oberste Priorität, Wissen zu vermitteln. Die Änderung des Lehrstils (das ist die Umwelt) könnte für einige Schüler und Schülerinnen, die noch ein starkes Bedürfnis nach sozialer Eingebundenheit haben, zu früh sein. Durch die fehlende Passung zwischen Lehrstil und dem Bedürfnis der Schüler und Schülerinnen wird der Motivationsverlust hervorgerufen.

Um diese Theorie zu überprüfen, wäre es notwendig, die Bedürfnisse der Schüler und Schülerinnen, das sind das Bedürfnis nach Kompetenz, Selbstbestimmung und sozialer Eingebundenheit, im Längsschnitt zu erfassen und Indikatoren für das Klassenklima zu erheben. Schüler und Schülerinnen, deren Bedürfnis durch das Klassenklima befriedigt wird, müssten am stärksten für ein Schulfach motiviert sein, während bei einer geringen Passung von Bedürfnis und dessen Befriedigung durch die Lernumgebung ein hoher Motivationsverlust zu erwarten ist. Zu dieser Schlussfolgerung liegen leider nur wenige Studien vor (s. Rakoczy, 2008), die die Annahmen dieser Theorie nur teilweise bestätigen können (z. B. nur für das Bedürfnis nach Kompetenz).

> **Bedürfnis nach Kompetenz, Selbstbestimmung und sozialer Eingebundenheit fördern**
> - Lehrkräfte können das Bedürfnis nach Kompetenz fördern, in dem sie den Unterricht gut strukturieren, eine klare Bewertungsstruktur geben und das Anforderungsniveau individuell passend gestalten.
> - Lehrkräfte können das Bedürfnis nach Selbstbestimmung fördern, indem sie Freiräume bereitstellen, wenig Fremdkontrolle ausüben und einen inhaltlichen Bezug zur Perspektive der Schüler und Schülerinnen schaffen.
> - Lehrkräfte können das Bedürfnis nach sozialer Eingebundenheit fördern, indem sie eine wertschätzende Beziehung zur Lehrkraft und zwischen den Mitschülern herstellen.

2 Motivation beim Lernen

Die Annahme, dass interessierte Schüler und Schülerinnen, denen ein Erfolg wichtig ist und die auch an einen Erfolg glauben, auch bessere Leistungen erbringen, ist weit verbreitet. Es existieren jedoch nur wenige empirische Belege für diese Annahme. Des Weiteren ist unklar, was genau motivierte Personen machen, damit sie eine bessere Leistung erreichen. Aus diesem Grund gehen die Modelle zunehmend davon aus, nicht direkt den Effekt eines Aspekts von Motivation auf Leistung zu untersuchen, sondern gezielt nach Mediatoren zu suchen (u. a. Rheinberg, Vollmeyer & Rollett, 2000). Im Folgenden wird ein Mediatorenmodell mit ersten empirischen Befunden berichtet.

2.1 Das kognitiv-motivationale Prozessmodell

Vollmeyer und Rheinberg (1998) gehen in ihrem kognitiv-motivationalen Prozessmodell davon aus, dass die Motivation, die die Lerner zu Beginn einer Lernaufgabe haben, die Lernleistung beeinflusst. Darüber hinaus wird dieser Einfluss genauer spezifiziert, indem Variablen benannt werden, die zwischen der Eingangsmotivation und der Leistung liegen. Diese sog. Mediatoren sollen erklären, was Hochmotivierte von Niedrigmotivierten unterscheidet.

Als erstes jedoch wurde die aktuelle Motivation genauer gefasst, indem vier Aspekte von Motivation fokussiert werden (s. u.). Nach Rheinberg et al. (2000) wird zwar davon ausgegangen, dass Motive und andere Persönlichkeitsmerkmale das Verhalten in Lernsituationen mitbestimmen. Motive, nämlich das Anschluss-, Leistungs- und Machtmotiv, werden dabei als zeitüberdauernde, stabile Persönlichkeitsmerkmale konzipiert. Diese Motive werden jedoch nur aktiviert, wenn in der Situation bestimmte Hinweisreize auftreten. So wird zum Beispiel das Leistungsmotiv angeregt, wenn die Person die Situation so interpretiert, dass sie hier ihre

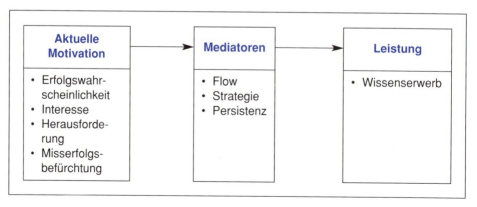

Abbildung 2: Das kognitiv-motivationale Prozessmodell nach Vollmeyer und Rheinberg

Fähigkeiten verbessern kann. Daher kann zum Beispiel nur von einer leistungsmotivierten Person gesprochen werden, wenn die Person selbst angibt, dass sie in der Situation Leistungsziele verfolgt. Diese Annahme liegt dem kognitiv-motivationalen Prozessmodell zugrunde. Für die Forschung mit diesem Modell bedeutet dies, dass eine Person die Situation (z. B. ein bestimmtes Lernmaterial) kennen muss, bevor sie nach ihrer Motivation befragt wird. Konkret heißt das, dass Personen zuerst mit der Lernsituation vertraut gemacht werden und anschließend wird die Motivation erfasst.

2.1.1 Aktuelle Motivation

Bei der aktuellen Motivation zu Beginn einer Lernsituation werden vier Aspekte betrachtet: *Interesse* und *Herausforderung* können zu der Wert-Komponente gezählt werden. Interesse wurde bereits weiter vorn beschrieben. Unter Herausforderung verstehen wir, dass die Lerner die Situation als Leistungssituation wahrnehmen. *Erfolgswahrscheinlichkeit* und *Misserfolgsbefürchtung* zählen zu der Erwartungs-Komponente. Unter Erfolgswahrscheinlichkeit wird verstanden, dass die Lerner abschätzen, wie gut sie die Aufgabe meistern können. Misserfolgsbefürchtung betont die sozialen Folgen eines Misserfolgs. Förderlich für das Lernen sollte sich das folgende Muster auswirken: Lerner, die interessiert und herausgefordert von dem Lernmaterial sind und gleichzeitig erwarten, Erfolg zu haben.

2.1.2 Mediatoren

Dieses Muster sollte sich so auf den Lernprozess auswirken, dass der Lernende für das Lernmaterial günstigere *Strategien* wählt, mehr Zeit mit dem Lernmaterial verbringt (das ist *Persistenz*) und beim Lernen eher *flow* empfindet. Günstige Strategien sind immer vom Lernmaterial abhängig. Geht es darum, Material zu explorieren, so sollte das Material systematisch untersucht werden. Wenn Material gelernt werden soll, dann sollten Tiefenstrategien und keine Oberflächenstrategien eingesetzt werden. Unter *flow* versteht Csikszentmihalyi (1975) das (selbst-)reflektionsfreie Aufgehen in einer glatt laufenden Tätigkeit, die man bei voller Kapazitätsauslastung noch gut unter Kontrolle hat. In diesem positiven Zustand der optimalen Konzentration soll das Lernen leicht fallen und daher zu einem besseren Lernergebnis führen. Dieses Modell wurde in Laborsituationen untersucht, aber auch in der „wirklichen Welt", wie die folgende Studie illustriert.

2.1.3 Studie von Engeser, Rheinberg, Vollmeyer und Bischoff (2005)

Engeser et al. (2005) untersuchten dieses Modell in einem universitären Setting, als Mediator wurde das Flow-Erleben erfasst. Als Lernsetting wurde ein Statistikseminar für Psychologiestudierende ausgewählt. Vor der Abschlussklausur wurden Lernaufgaben verteilt, die zu Hause zu bearbeiten waren. Vor der Bearbeitung gaben die Studierenden ihre aktuelle Motivation an. Während der Bearbeitung wurden die Studierenden unterbrochen und mussten angeben, wie tief sie sich in einem Flow-Zustand befanden. Als Leistung wurde das Ergebnis der Klausur am Ende des Semesters verwendet.

Das Ergebnis bestätigte die Hypothese, die aus dem kognitiv-motivationalen Prozessmodell abgeleitet wurde: Ein günstiges Motivationsmuster zu Beginn einer Lernsituation führte dazu, dass Lernende die Aufgabe konzentrierter bearbeiteten, so dass daraus dann eine bessere Leistung resultierte. Das Vorwissen (Mathematiknote in der Schule) wirkte sich auch auf die Klausurleistung aus, jedoch in geringerem Maße als das Flow-Erleben beim Bearbeiten der Übungen.

Zusammenfassend lässt sich feststellen, dass unterschiedliche Aspekte der aktuellen Motivation beim Lernen förderlich sind. Dies gilt nicht nur bei einzelnen Aufgaben, sondern es lässt sich auch über große Einheiten (ein Semester) hinweg beobachten. Die aktuelle Motivation hat einen Einfluss darauf, wie man sich beim

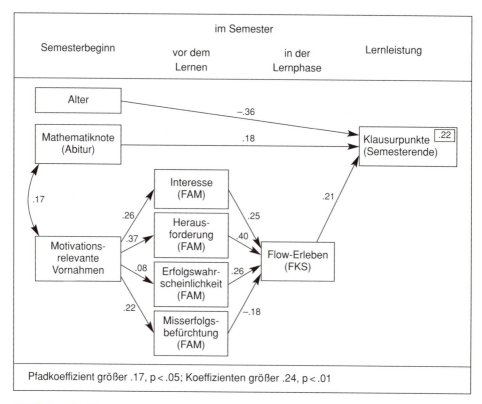

Abbildung 3: Pfaddiagramm zur Beziehungsstruktur zwischen Mathematiknote, Alter, Motivation und Flow-Erleben auf die Lernleistung in der Statistikausbildung für Psychologen

Lernen fühlt und wie sehr die Tätigkeit des Lernens Spaß macht. Flow ist daher nicht nur ein angenehmer Zustand beim Lernen, sondern führt sogar zu einer besseren Lernleistung. Aus diesem Grund sollten Lehrkräfte schon vor Beginn einer Aufgabenstellung versuchen, die beschriebenen Aspekte von Motivation zu fördern.

Weiterführende Literatur

Wigfield, A. & Eccles, J. S. (2002). *Development of achievement motivation*. San Diego: Academic Press.

Vollmeyer, R. (2008). Motivationsförderung. In F. Petermann & W. Schneider (Hrsg.), *Enzyklopädie der Psychologie, Serie Entwicklungspsychologie, Band 7, Angewandte Entwicklungspsychologie* (S. 307–330). Göttingen: Hogrefe.

Vollmeyer, R. & Brunstein, J. (2005). *Motivationspsychologie und ihre Anwendung*. Stuttgart: Kohlhammer.

Literatur

Baumert, J. & Köller, O. (2000). Unterrichtsgestaltung, verständnisvolles Lernen und multiple Zielerreichung im Mathematik- und Physikunterricht der gymnasialen Oberstufe. In J. Baumert, W. Bos & R. Lehmann (Hrsg.), *TIMSS/III. Dritte Internationale Mathematik- und Naturwissenschaftsstudie – Mathematische und naturwissenschaftliche Bildung am Ende der Schullaufbahn* (Bd. 2. Mathematische und naturwissenschaftliche Kompetenzen am Ende der gymnasialen Oberstufe, S. 271–315). Opladen: Leske + Budrich.

Csikszentmihalyi, M. (1975). *Beyond boredom and anxiety*. San Francisco: Jossey-Bass.

Deci, E. L. & Ryan, R. M. (1985). *Intrinsic motivation and self-determination in human behavior*. New York: Plenum.

Eccles, J. S. & Midgley, C. (1989). Stage-environment fit: Developmentally appropriate classrooms for young adolescents. In C. Ames & R. Ames (Eds.), *Research on motivation and education* (Vol. 3, pp. 139–186). San Diego: Academic Press.

Eccles, J. S. & Wigfield, A. (2002). Motivational beliefs, values, and goals. *Annual Review of Psychology, 53*, 109–132.

Engeser, S., Rheinberg, F., Vollmeyer, R. & Bischoff, J. (2005). Motivation, Flow-Erleben und Lernleistung in universitären Lernsettings. *Zeitschrift für Pädagogische Psychologie, 19*, 159–172.

Jacobs, J. E., Lanza, S., Osgood, D. W., Eccles, J. S. & Wigfield, A. (2002). Changes in children's self-competence and values: Gender and domain differences across grades one through twelve. *Child Development, 73*, 509–527.

Kessels, U. & Hannover, B. (2004). Entwicklung schulischer Interessen als Identitätsregulation. In J. Doll & M. Prenzel (Hrsg.), *Bildungsqualität von Schule: Lehrerprofessionalisierung, Unterrichtsentwicklung und Schülerförderung als Strategien der Qualitätsverbesserung* (S. 398–412). Münster: Waxmann.

Köller, O., Baumert, J. & Schnabel, K. (2000). Zum Zusammenspiel von schulischem Interesse und Lernen im Fach Mathematik. Längsschnittanalysen in den Sekundarstufen I und II. In U. Schiefele & K.-P. Wild (Hrsg.), *Interesse und Lernmotivation* (S. 163–181). Münster: Waxmann.

Krapp, A. (1998). Interesse. In D. H. Rost (Hrsg.), *Handwörterbuch Pädagogische Psychologie* (S. 213–218). Weinheim: Beltz PVU.

Marsh, H. W. & Yeung, A. S. (1997). Causal effects of academic self-concept on academic achievement. *American Educational Research Journal, 34*, 691–720.

Rakoczy, K. (2008). *Motivationsunterstützung im Mathematikunterricht*. Münster: Waxmann.

Reeve, J., Bolt, E. & Cai, Y. (1999). Autonomy-supportive teachers. How they teach and motivate students. *Journal of Educational Psychology, 91*, 537–548.

Rheinberg, F. (2005). *Motivation* (5. Auflage). Stuttgart: Kohlhammer.

Rheinberg, F., Vollmeyer, R. & Rollett, W. (2000). Motivation and action in self-regulated learning. In M. Boekaerts, P. Pintrich & M. Zeidner (Eds.), *Handbook of self-regulation* (pp. 503–529). San Diego, CA: Academic Press.

Schiefele, U., Krapp, A. & Winteler, A. (1992). Interest as a predictor of academic achievement: a meta-analysis of research. In K. A. Renninger, S. Hidi & A. Krapp (Eds.), *The role of interest in learning and development* (pp. 183–212). Hillsdale, NJ: Erlbaum.

Simpkins, S. D., Davis-Kean, P. E. & Eccles, J. S. (2006). Math and science motivation: A longitudinal examination of the links between choices and beliefs. *Developmental Psychology, 42*, 70–83.

Vollmeyer, R. & Rheinberg, F. (1998). Motivationale Einflüsse auf Erwerb und Anwendung von Wissen in einem computersimulierten System. *Zeitschrift für Pädagogische Psychologie, 12*, 11–23.

Motivation in Arbeit und Beruf
Motivation in Work and Occupation

Uwe Kleinbeck

1 Motivation – eine Voraussetzung für gute Leistung in Arbeit und Beruf

Es ist ein zentrales Ziel von Organisationen, die vorhandenen Leistungsvoraussetzungen so effektiv zu nutzen, dass dadurch ihre Produktivität gefördert wird. Um das zu erreichen, ist es notwendig, den Einsatz der aktuellen Leistungsvoraussetzungen wie Maschinen und ihre Laufzeiten, Fertigungssteuerung, Arbeitszeit und die Aufgabenverteilung an Mensch und Maschine grundsätzlich immer wieder zu überprüfen. Dabei ist es für ein Unternehmen relativ leicht, seine technischen Leistungsvoraussetzungen auf dem neuesten Stand zu halten. Weil ihnen oft das Wissen um die Bedingungen menschlichen Leistungshandelns fehlt, bereitet es ihnen größere Schwierigkeiten, die Mitarbeiter so motivierend zu unterstützen, dass sie das eigene Leistungspotenzial optimal nutzen, um auf diese Weise das Erreichen der gewünschten Unternehmensziele zu gewährleisten.

> **Leistung hängt von Fähigkeiten und Motivation ab**
> Der Einsatz menschlicher Leistungsvoraussetzungen in Organisationen hängt von zwei Faktorengruppen ab, zum einen von dem Ausmaß der persönlichen Fähigkeiten und Fertigkeiten und zum anderen von der Bereitschaft (Arbeitsmotivation), diese Fähigkeiten und Fertigkeiten im Dienst produktiver Arbeit zielgerichtet zu nutzen. Das Ergebnis dieses Einsatzes beeinflusst das Erreichen hoher Produktivitätsziele von Organisationen (Vroom, 1964; vgl. Abb. 1).

Fähigkeiten und Fertigkeiten von Mitarbeitern lassen sich durch Aus- und Weiterbildungsmaßnahmen fördern, und es hat sich gezeigt, dass sich Investitionen in diesem Bereich für Unternehmen auch lohnen (Sonntag & Stegmaier, im Druck). Doch muss darüber hinaus auch die Bereitschaft der Mitarbeiter, sie beim Arbeitshandeln zielgerichtet, engagiert und ausdauernd einzusetzen, unterstützt werden. Diese Bereitschaft wird mit dem Begriff Arbeitsmotivation umschrieben.

Weil ihnen das Wissen über Grundvoraussetzungen für das Zustandekommen von Arbeitsmotivation fehlt, erweist es sich für viele Organisationen häufig als Problem, ihren Mitarbeitern entsprechende Arbeitsbedingungen zu bieten, die sie veranlassen würden, mit Freude und Engagement – also mit einer hohen Arbeitsmotivation – die Lösung ihrer Aufgaben anzustreben und auch gegen Widerstände ausdauernd zu verfolgen (Pinder, 1998).

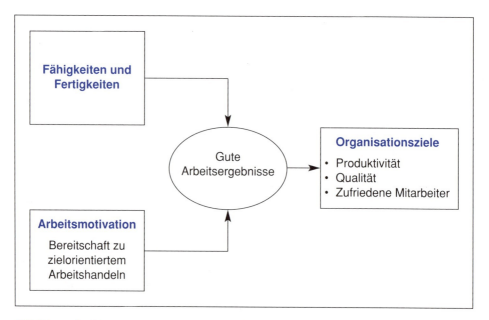

Abbildung 1: Motivation – eine wichtige Komponente für das Erreichen von Organisationszielen

Die Gestaltung motivationsfördernder Arbeitsbedingungen liegt aber nicht nur im Interesse der Organisationen, sondern ist auch für jeden einzelnen Mitarbeiter wünschenswert, denn sie steigert seine Zufriedenheit am Arbeitsplatz. Er wird sich für seine Aufgaben angemessen hohe, erreichbare → *Ziele* setzen, die er ausdauernd und mit der nötigen Anstrengung verfolgt, ohne sich dabei durch konkurrierende Ziele ablenken zu lassen. Das fördert seine Persönlichkeitsentwicklung, denn mit dem Erfahren eigener Kompetenz und Leistungsfähigkeit wachsen das Vertrauen in die eigene Tüchtigkeit und die Lust am leistungsorientierten Einsatz. Um das zu erreichen, ist es wichtig, die Arbeitsaufgabe und den Unternehmenskontext so zu gestalten, dass sie den Mitarbeitern Möglichkeiten bieten, beim Verfolgen der Unternehmensziele auch eigene Motivziele anzustreben. Gelingt es, den Motiven der Mitarbeiter (→ Implizite und explizite Motive, → Leistung, → Anschluss und Intimität, → Macht, → Neugier und Exploration sowie → Aggression) entsprechende Motivierungspotenziale am Arbeitsplatz zu schaffen, kommt es zu einer hohen Arbeitsmotivation, die das Resultat angeregter Motive ist (s. Heckhausen & Heckhausen, 2006). Sie wirkt sich auf das Arbeitshandeln von Mitarbeitern aus, indem sie ihre Leistungsstärke am Arbeitsplatz positiv beeinflusst und eine Verbesserung der Arbeitsergebnisse bewirkt. Auch die Neigung, dem Arbeitsplatz fernzubleiben (Absentismus) oder sich einen Arbeitsplatz in anderen Unternehmen zu suchen (Fluktuation), kann durch geeignete Motivierungspotenziale reduziert werden (Kleinbeck & Wegge, 1996).

2 Die Bedeutung von Motivation für den Handlungsverlauf

Der Handlungsverlauf allgemein und auch bei der Ausführung von Arbeitstätigkeiten lässt sich nach Heckhausen und Heckhausen (2006) in vier Phasen gliedern (→ Rubikonmodell der Handlungsphasen). Zwei von ihnen werden als im engeren Sinne motivationale Phasen bezeichnet. Die erste beschreibt die Entscheidung für bestimmte Ziele, die letzte bezieht sich auf die Ergebnisbewertung im Hinblick auf die angestrebte Zielerreichung. Die beiden mittleren werden als volitionale Phasen bezeichnet, denn sie umfassen die Willensprozesse, die es ermöglichen, Handlungen zielorientiert zu planen und auszuführen (vgl. Abb. 2). Mit diesem Modell lassen sich Motivationsprozesse bei der Arbeit strukturieren und auch die im Folgenden erwähnten Motivationstheorien können so in das Phasenmodell eingliedert werden, dass eine umfassende Betrachtung von Bedingungen und Wirkungen der Arbeitsmotivation möglich wird. Die klassischen Theorien von Vroom (1964), Hackman und Oldham (1976) und andere Erwartung-x-Wert-Theorien der Arbeitsmotivation (s. z. B. Pinder, 1998) werden im Rahmen des Gesamtmodells jeweils an der Stelle erwähnt, an der sie aufgrund ihres empirisch ermittelten Geltungsbereichs am ehesten passen. An einer vollständigen Beschreibung der einzelnen Theorieansätze interessierten Lesern sei der Überblick in Pinder (1998) empfohlen. Zur aktuellen Darstellung der Befunde, Theorien und Methoden im Rahmen von „Motivation in Arbeit und Beruf" erscheint die Betrachtung aus der Sicht des Rubikonmodells am besten geeignet.

In der ersten, der prädezisionalen Motivationsphase, wird nach Prozessen des Abwägens und Entscheidens ein Handlungsziel festgelegt, das die Richtung des Handelns vorgibt. Es kann langfristige Handlungsverläufe steuern, wie z. B. die Berufswahl mit entsprechender Ausbildungszeit (Kleinbeck, 1977), oder aber auch

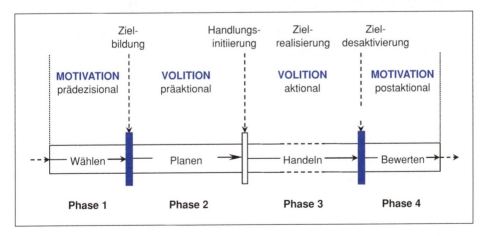

Abbildung 2: Die vier Phasen motivationaler Handlungssteuerung (nach Heckhausen & Heckhausen, 2006)

kürzere, wie den Arbeitsablauf bei der Lösung von Aufgaben im Arbeitsalltag. Ob man sich ein hohes Ziel (anspruchsvoller Beruf, Bewältigung einer schwierigen Aufgabe) oder ein niedrigeres setzt, ist das Ergebnis spezifischer Motivationsprozesse (Atkinson, 1957; Vroom, 1964; Nerdinger, 1995).

Zu Beginn der zweiten, der präaktionalen Volitionsphase, steht das Handlungsziel bereits fest (z. B. eine bestimmte Produktmenge in hoher Qualität und in einer festgelegten Zeitspanne herzustellen) und es beginnt die Planung der Vorgehensweise zur Zielerreichung. Dazu müssen mögliche Handlungsalternativen gesucht und gegeneinander abgewogen werden und es muss geprüft werden, ob die geforderten Fähigkeiten und Fertigkeiten vorhanden sind, bevor die eigentliche Handlung initiiert werden kann (s. Hacker, 2005, Kap. 17.5).

Die dritte, die aktionale Volitionsphase, beinhaltet das willensgesteuerte, zielorientierte Arbeitshandeln. Dabei zeigt sich, dass Personen mit hoher Arbeitsmotivation sich mehr als Niedrigmotivierte anstrengen, ihre gesetzten Ziele zu erreichen. Sie mobilisieren alle ihre Handlungsmöglichkeiten, verfolgen ihr Ziel ausdauernd und lassen sich durch alternative Ziele weniger ablenken. Setzen sie trotz auftauchender Schwierigkeiten und gelegentlicher Misserfolge ihr zielorientiertes Handeln unbeirrt und ausdauernd fort, so ist das ein Indikator für ihre hohe Arbeitsmotivation.

In der vierten Phase, der postaktionalen Motivationsphase, findet ein Vergleich zwischen Handlungsergebnis und angestrebtem Handlungsziel statt. Ist das Ziel annähernd oder ganz erreicht, wird das als Erfolg gewertet. Ein Verfehlen des Ziels hingegen gilt als Misserfolg. Die anschließende Attribuierung auf bestimmte Verursachungsfaktoren des Ergebnisses entscheidet über das weitere Verhalten im Umgang mit der Arbeitsaufgabe (s. Abschnitt 5).

Neben der Höhe der Zielsetzung und den damit verbundenen Leistungen beeinflusst die Arbeitsmotivation auch die Arbeitszufriedenheit, die sich u. a. in der Anwesenheitshäufigkeit bzw. den motivationsbedingten Fehlzeiten der Mitarbeiter äußert. Sobald die persönlichen Ziele nicht mit den Organisationszielen in

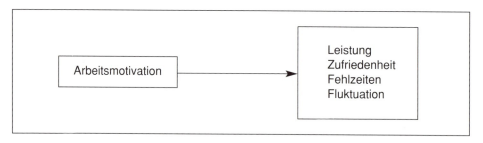

Abbildung 3: Arbeitsmotivation beeinflusst Leistung, Zufriedenheit und Fehlzeiten

Einklang gebracht werden können, fällt die Arbeitszufriedenheit niedrig aus und jede Möglichkeit, dem Arbeitsplatz fernzubleiben, wird genutzt. Auch die Fluktuationsrate steigt (Kleinbeck & Wegge, 1996; vgl. Abb. 3).

3 Der Zusammenhang zwischen Arbeitsmotivation und Handlungszielen

Bei der Herausbildung von Zielen in Arbeit und Beruf wirken die Motive der Mitarbeiter und die Motivierungspotenziale der Arbeitssituation (Hackman & Oldham, 1976) zusammen und bestimmen die Höhe der persönlichen, das Arbeitshandeln steuernden Zielsetzungen. Gewähren Arbeitsaufgaben Handlungsspielräume, können Mitarbeiter ihre Ziele bzw. Teilziele in dem durch die Unternehmensziele vorgegebenen Rahmen selbst setzen. Mit Hilfe des Risikowahl-Modells von Atkinson (1957) lässt sich das Zustandekommen unterschiedlich hoher Zielsetzungen erklären. Atkinson konnte nachweisen, dass erfolgszuversichtliche Personen bevorzugt Aufgaben mit einer mittleren subjektiven Erfolgswahrscheinlichkeit (mittlere Aufgabenschwierigkeit) auswählen, während Personen mit Furcht vor Misserfolg auf die Aufgaben mit geringerem Schwierigkeitsgrad ausweichen oder besonders schwierige Aufgaben mit geringen Erfolgschancen bevorzugen. Mittelschwere Aufgaben enthalten für die Erfolgszuversichtlichen ein hohes Motivierungspotenzial, da sie eine optimale Möglichkeit bieten, die eigene Tüchtigkeit zu erkennen und ggf. weiterzuentwickeln (das entspricht den mit dem leistungsthematischen Motiv „Hoffnung auf Erfolg" verbundenen Zielen). Die Misserfolgsängstlichen fürchten gerade diesen Bereich der Aufgabenschwierigkeit, weil er ein für sie negatives Motivierungspotenzial enthält. Bei diesem Schwierigkeitsgrad belegt der befürchtete Misserfolg die fehlende Tüchtigkeit am deutlichsten. Sind die Aufgaben weniger schwierig, wird der Erfolg umso wahrscheinlicher, sind sie extrem schwierig, lässt sich ein Misserfolg mit dem hohen Schwierigkeitsgrad begründen. Studien zur Anwendung dieses Modells in Arbeit und Beruf finden sich in Kleinbeck (1977).

In den meisten Fällen gibt es am Arbeitsplatz Zielvorgaben. Sie resultieren entweder aus den Aufgabenstellungen selbst oder werden von Vorgesetzten an die Mitarbeiter herangetragen, die sie dann akzeptieren müssen, bevor sie handlungswirksam werden können.

> **Merke:**
> Die Akzeptanz fremd gesetzter Ziele ist umso größer,
> - je wahrscheinlicher es für die Mitarbeiter ist, dass sie die mit dem Ziel verbundenen Handlungsergebnisse auch erreichen können;
> - je näher die erwarteten Ergebnisse den mit den persönlichen Motiven verbundenen Zielen kommen (Earley & Shalley, 1991).

4 Die Umsetzung von Zielen in Handlungen

Nach Hacker (2005) bestimmen Handlungsziele die Richtung, die Intensität und die Ausdauer menschlichen Handelns bei der Arbeit. Bei jeder ihrer Handlungen bedienen sich Menschen der ihnen zur Verfügung stehenden Ressourcen, die zum Einsatz kommen müssen, um das gesetzte Ziel zu erreichen. Dabei kalkulieren sie das erwartete Ausmaß ihrer Beanspruchung bei der Aufgabenbewältigung und aktivieren dann die erforderlichen Leistungsvoraussetzungen, um sie intensiv und ausdauernd zur Zielerreichung einzusetzen (→ Zielsetzungstheorie).

Locke und Latham (1990) konnten zeigen, dass die Leistung bei der Aufgabenbewältigung direkt von der Höhe der aufgabenbezogenen Zielsetzungen abhängt. Je höher die angestrebten Ziele sind, umso besser werden die erbrachten Leistungen. Bei sehr schwierigen Aufgaben mit hohen Zielsetzungen erreicht die Leistungskurve allerdings ihr Maximum; von diesem Punkt an bewirkt eine zusätzliche Zielerhöhung keine weitere Leistungssteigerung.

Ein zweiter Befund bezieht sich auf die Spezifität von Zielen (Locke & Latham, 1990). Danach beeinflussen spezifische, hohe Zielvorgaben (z. B. fertigen Sie heute 100 Produkte mit höchstens 1 % Ausschuss) die Leistung stärker als allgemein gehaltene wie „Tun Sie Ihr Bestes!".

Beide zuvor beschriebenen Basisbefunde – die allgemeine Wirkung von Zielsetzungen auf die Leistung und die leistungssteigernden Effekte spezifischer Ziele – können den Zusammenhang zwischen Zielsetzungen und Leistung noch nicht ausreichend beschreiben. Als weitere Wirkgrößen hat die Zielsetzungstheorie (Locke & Latham, 1990) eine Reihe von Moderatorvariablen identifiziert (vgl. Abb. 4).

Als wichtigste Moderatoren (Einflussfaktoren, die die Wirkung von Zielen auf die Leistung modifizieren) nennen die Autoren Fähigkeiten, Leistungsrückmeldung, Zielbindung, Aufgabenstruktur und die spezifische Ausprägung von Persönlichkeitsmerkmalen des Handelnden. Diese Moderatoren beeinflussen den Grad der Beziehungen zwischen den Zielen und den durch sie angeregten und gesteuerten Handlungen.

Unter Mediatoren verstehen Locke und Latham (1990) die Wirkmechanismen, mit deren Hilfe Ziele in Handlungen umgesetzt werden. Sie werden als Richtung der Aufmerksamkeit, Anstrengung und Ausdauer bezeichnet und entsprechen den drei Attributen motivierter Handlungen – Richtung (Auswahl), Intensität und Ausdauer. Sie vermitteln bzw. übertragen die Merkmale von Zielen in das zielorientierte Handeln, wobei ihr Ausprägungsgrad von der Stärke der Arbeitsmotivation abhängt.

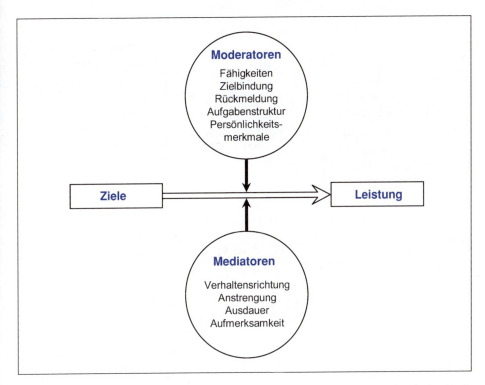

Abbildung 4: Determinanten der Wirkung von Zielen auf die Leistung (nach Locke & Latham, 1990)

An ihre aktuellen Handlungsziele können sich Mitarbeiter unterschiedlich stark gebunden fühlen. Ihre Zielbindung wird als stark bezeichnet, wenn sie ihr Ziel über einen längeren Zeitraum verfolgen und es auch bei unerwartet auftauchenden Schwierigkeiten oder Misserfolgen beibehalten. Personen mit schwacher Zielbindung neigen dazu, sich bei dem geringsten Widerstand von ihrem Ziel zu lösen und es vorschnell aufzugeben, statt es weiterhin ernsthaft zu verfolgen (Brandstätter, 2003; Schüler & Brandstätter, im Druck). Die Stärke der Zielbindung wird durch die Höhe der Arbeitsmotivation bestimmt, zu deren Entstehung wiederum verschiedene Faktoren beitragen (vgl. Abb. 5).

Attraktivitätseinschätzungen von Zielen im beruflichen Umfeld entstehen in Abhängigkeit von persönlichen Motiven, die sich als relativ konstante und überdauernde Persönlichkeitsmerkmale nicht abrupt ändern. Entsprechend wandelt sich auch die Attraktivitätseinschätzung von Zielen nur langsam. Anders ist es jedoch bei den Erwartungen, die in Form von Einschätzungen der Erfolgswahrscheinlichkeit, der Instrumentalität von Handlungsergebnissen für weitere Folgen (Vroom, 1964) und als Ergebnis des Vertrauens in die eigene Tüchtigkeit auftreten. Erwartungen haben mehr Zustands- als Eigenschaftscharakter und sind daher auch

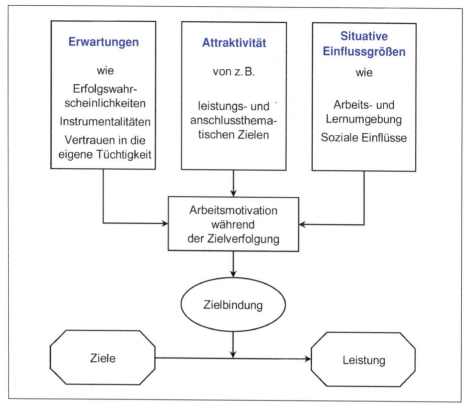

Abbildung 5: Bedingungsfaktoren der Zielbindung und ihre Wirkung auf zielorientierte Handlungen

leichter durch das Einwirken von Führungskräften positiv zu verändern. Diese Erkenntnis ist wichtig, denn wenn die Erfolgserwartungen niedrig sind oder andere attraktive Ziele mit höheren Erwartungen einhergehen, nimmt die Wahrscheinlichkeit zu, dass es zu einer Lockerung der aktuellen Zielbindung und evtl. auch zu einer veränderten Zielsetzung kommt. Arbeits- und Lernumgebungen sowie soziale Einflüsse, die von Führungskräften oder anderen Mitarbeitern ausgehen, können die Stärke der Zielbindung, die aufgrund von Erwartungen (Erfolgswahrscheinlichkeit, Instrumentalität, Vertrauen in die eigene Tüchtigkeit) zustande kommt, fördernd beeinflussen.

Abbildung 5 stellt die zentrale Rolle der Arbeitsmotivation mit ihren motivationalen und volitionalen Komponenten (s. Rubikonmodell, vgl. Abb. 2) bei der Umsetzung von Zielen in Leistung dar und enthält die Bedingungen, durch die ihre Stärke beeinflusst wird. Welche Möglichkeiten Organisationen haben, die Arbeitsmotivation ihrer Mitarbeiter positiv zu beeinflussen, um dadurch das Erreichen der Unternehmensziele zu fördern, soll in Abschnitt 6 dargestellt werden.

5 Der Umgang mit Erfolg und Misserfolg

In der vierten Phase des Rubikonmodells findet die Bewertung der Handlungsergebnisse statt, bei der motivationale Faktoren von entscheidender Bedeutung für die Ursachenzuschreibung und die daraus resultierenden Folgehandlungen sind. Wichtig ist dabei, ob interne (eigene Leistungsfähigkeit oder -unfähigkeit) oder externe Ursachen (Aufgabenschwierigkeit, Zufall) als Begründung für Erfolg oder Misserfolg herangezogen werden und ob sie als stabil oder veränderbar eingestuft werden.

Auf Unternehmen bezogen stellt sich dabei in erster Linie die Frage, wie ihre Mitarbeiter mit Erfolg und Misserfolg bei der Bewältigung ihrer Arbeitsaufgabe umgehen und welche Konsequenzen sie daraus für ihr weiteres Handeln ziehen. Erfolge, aber vor allem auch Misserfolge können ganz verschieden bewertet werden, sie bewirken unterschiedliche Motivationszustände und rufen damit auch unterschiedliche Reaktionen hervor, die die weiteren Zielsetzungen entscheidend beeinflussen. Erfolge beflügeln die Arbeitsmotivation und bergen in der Regel nur wenige Gefahren wie z. B. eine Überschätzung des eigenen Leistungsvermögens. Daraus können eine geringere Anstrengungsinvestition oder zu hohe, unrealistische Zielsetzungen resultieren. Davon unterscheiden sich die Auswirkungen des Misserfolgs erheblich. In einigen wenigen Fällen führen sie zu einem Verhalten, das durch ein „Jetzt erst recht!" gekennzeichnet ist und in einem lernzielorientierten Arbeitsklima (Fehler werden als Chance begriffen) eine Zielbeibehaltung bewirkt mit vermehrtem Anstrengungseinsatz und/oder veränderten Handlungsstrategien (Kleinbeck, 2006). Die Stärke der Arbeitsmotivation bleibt dabei trotzdem erhalten oder nimmt sogar noch zu. Häufig führt ein Misserfolgserleben jedoch zu Frustration und einem Sinken der Arbeitsmotivation. Das Vertrauen in die eigene Tüchtigkeit geht verloren und als Folge davon wird die Höhe der Zielsetzung reduziert oder es kommt sogar zu einer totalen Zielaufgabe (Ilgen & Davies, 2000). Führungskräfte in Organisationen müssen diese Gefahren erkennen und ihnen durch geeignete Maßnahmen wie Schaffung eines lernzielorientierten Arbeitsklimas begegnen, um die Arbeitsmotivation der Mitarbeiter weiterhin auf einem hohen Niveau zu halten (→ Zielorientierungen).

6 Maßnahmen zur Förderung der Arbeitsmotivation von Mitarbeitern

Zur Förderung der Arbeitsmotivation lassen sich personale und systemische Maßnahmen einsetzen. Personale Maßnahmen konzentrieren sich auf die Stärkung der motivationalen und volitionalen Kompetenzen von Mitarbeitern. Motivationale Kompetenz befähigt und ermutigt sie dazu, herausfordernde Ziele zu setzen bzw. zu akzeptieren und mit Erfolg oder Misserfolg angemessen umzugehen. Volitionale Kompetenz führt zu zielorientierter Planung und Durchführung von Arbeitshandlungen und zum Aufbau der erforderlichen Zielbindung. Die systemischen Techniken beziehen sich auf

1. die Gestaltung der Organisationsstruktur mit ihrer Führungshierarchie (Delegation von Verantwortung),
2. die Schaffung von Arbeitsaufgaben mit Handlungsspielräumen und Motivierungspotenzialen,
3. die Pflege einer motivationsfördernden Unternehmenskultur mit entsprechenden Management- und Entgeltsystemen (vgl. Abb. 6).

Motivationale Kompetenz lässt sich durch eine Reihe von Techniken vermitteln. Am Beginn sollten Übungen stehen, die es den Mitarbeitern ermöglichen, sich über die eigenen Motive und ihre damit verbundenen Motivziele klar zu werden, denn nicht alle ihre Motive sind ihnen tatsächlich auch bewusst. Sie gilt es ins Bewusstsein zu rufen (Kehr, 2004; Scheffer & Kuhl, im Druck). Zur motivationalen Kompetenz gehört neben der Kenntnis der eigenen Motive auch die Fähigkeit, solche Motivierungspotenziale in den Aufgaben zu erkennen, die den eigenen Motiven entsprechen. Jemand, der anschlussmotiviert ist, wird sich z. B. in einer Arbeitsgruppe wohler fühlen als an einem Einzelarbeitsplatz und dort engagiert mitarbeiten, um das Gruppenziel zu erreichen.

Die Fähigkeit, Erfolgswahrscheinlichkeiten für das Erreichen der gesetzten Handlungsziele realistisch einzuschätzen und Instrumentalitäten zwischen den ange-

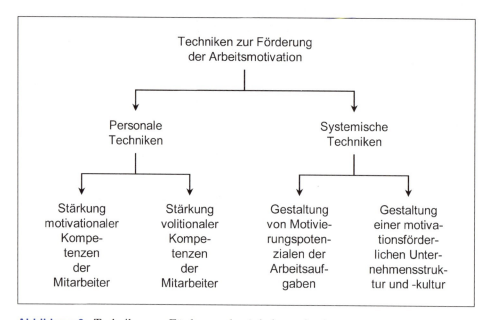

Abbildung 6: Techniken zur Förderung der Arbeitsmotivation

strebten Handlungsergebnissen und den daraus resultierenden Folgen erkennen zu können, lässt sich in leistungsbezogenen Spielen und Simulationsübungen erwerben. Mit ihnen kann man die realistische Einschätzung der eigenen fähigkeits- und fertigkeitsbezogenen Möglichkeiten trainieren und eine Einsicht in die Beziehungen zwischen den eigenen Handlungsmöglichkeiten und einer Zielerreichung gewinnen. Ein weiterer Aspekt der motivationalen Kompetenz umfasst den Umgang mit Erfolg und Misserfolg (Schmidt & Kleinbeck, 2006), der auch geübt werden muss, damit unerwünschte Reaktionen vermieden werden können.

Volitionale Kompetenz lässt sich ebenso wie motivationale Kompetenz in Planspielen und Simulationsübungen erwerben (Scheffer & Kuhl, im Druck).

Die Höhe individueller Handlungsziele ist ein Ausdruck aktueller Motivationszustände, die im Verlaufe längerfristiger Zielverfolgung beim Arbeitshandeln auf einem hohen Niveau gehalten werden müssen, um in der erwarteten Weise handlungssteuernd und zielführend zu wirken. Weil während eines zielorientierten Handlungsverlaufs innere und äußere Widerstände auftreten können, müssen Mitarbeiter lernen, damit umzugehen und ihre Zielbindung zu festigen. Mit der Steigerung ihrer volitionalen Kompetenz werden Mitarbeiter in die Lage versetzt, Handlungsabläufe zielorientiert zu planen und ihre Arbeitsmotivation auf dem Ausgangsniveau zu halten oder während des zielorientierten Handlungsverlaufs sogar noch zu stärken. Die Vorstellung positiver Gefühle und Folgen, die mit einer Zielerreichung einhergehen, fördert die Zielbindung und unterstützt das volitionsgesteuerte Verhalten. Mit Hilfe von Meditationsübungen lässt sich die Aufmerksamkeitsfokussierung bei der Zielverfolgung erlernen. Unterstützend wirken auch Atemübungen und Muskelentspannungstechniken zum Abbau von Erregungszuständen (Kehr, 2004; Scheffer & Kuhl, im Druck).

Managementtechniken wie das Partizipative Produktivitätsmanagement PPM von Pritchard, Kleinbeck und Schmidt (1993) unterstützen die Schaffung einer motivationsfördernden Unternehmenskultur. Sie bieten den Führungskräften die Möglichkeit, die motivationale und volitionale Kompetenz ihrer Mitarbeiter zu erweitern und dadurch ihre Arbeitsmotivation zu fördern. Mit Hilfe von PPM lässt sich unter Beteiligung aller Mitarbeiter z. B. ein valides Leistungsmess- und -rückmeldesystem entwickeln. Wie zuvor erwähnt, sind Rückmeldungen für eine positive Zielsetzungswirkung auf die Leistung unerlässlich. Ein solches partizipativ entwickeltes Leistungsmesssystem besitzt als Rückmeldequelle eine hohe Glaubwürdigkeit und allseitige Akzeptanz. Damit kann es zum Ausgangspunkt für kontinuierliche hohe Zielsetzungen und Zielvereinbarungen werden, die Folge hoher Arbeitsmotivation sind. Mess- und Rückmeldesysteme helfen dem Management nicht nur, die Mitarbeiter bei der Umsetzung von Handlungszielen in Leistung zu unterstützen, sondern eignen sich auch dazu, Misserfolge in einer lernzielorientierten Weise für kontinuierliche Verbesserungsprozesse im Arbeitsablauf zu nutzen (Schmidt & Kleinbeck, 2006). Die Wirksamkeit von Managementsystemen wie PPM zur Motivationsförderung kann durch leistungsorientierte Anteile im Entgeltsystem verstärkt werden.

Weiterführende Literatur

Hacker, W. (2005). *Allgemeine Arbeitspsychologie* (2. Aufl.). Bern: Huber.
Schmidt, K.-H. & Kleinbeck, U. (2006). *Führen mit Zielvereinbarung.* Göttingen: Hogrefe.

Literatur

Atkinson, J. W. (1957). Motivational determinants of risk-taking behavior. *Psychological Review, 64,* 359–372.
Brandstätter, V. (2003). *Persistenz und Zielablösung.* Göttingen: Hogrefe.
Earley, P. C. & Shalley, C. E. (1991). New perspectives on goals and performance: Merging motivation and cognition. In G. Ferris & K. Rowland (Eds.), *Research in personnel and human resources management, Vol. 9* (pp. 121–157). Greenwich, CT: JAI Press.
Hackman, J. R. & Oldham, G. R. (1976). Motivation through the design of work: Test of a theory. *Organizational Behavior and Human Performance, 16,* 250–279.
Heckhausen, J. & Heckhausen, H. (2006). *Motivation und Handeln* (3. Aufl.). Heidelberg: Springer.
Ilgen, D. R. & Davies, C. A. (2000). Bearing bad news: Reactions to negative performance feedback. *Applied Psychology: An International Review, 49,* 550–565.
Kehr, H. M. (2004). *Motivation und Volition.* Göttingen: Hogrefe.
Kleinbeck, U. (1977). Berufserfolg – Berufszufriedenheit – Berufliche Entwicklung. In K. H. Seifert (Hrsg.), *Handbuch der Berufspsychologie* (S. 345–396). Göttingen: Hogrefe.
Kleinbeck, U. (2006). Handlungsziele. In J. Heckhausen & H. Heckhausen (Hrsg.), *Motivation und Handeln* (3. Aufl., S. 255–276). Heidelberg: Springer.
Kleinbeck, U. & Wegge, J. (1996). Fehlzeiten in Organisationen: Motivationspsychologische Ansätze zur Ursachenanalyse und Vorschläge für die Gesundheitsförderung am Arbeitsplatz. *Zeitschrift für Arbeits- und Organisationspsychologie, 40,* 161–172.
Locke, E. A. & Latham, G. P. (1990). *A theory of goal-setting and task performance.* Englewood Cliffs, NJ: Prentice Hall.
Nerdinger, F. W. (1995). *Motivation und Handeln in Organisationen.* Stuttgart: Kohlhammer.
Pinder, C. C. (1998). *Work motivation in organizational behavior.* Upper Saddle River, NJ: Prentice Hall.
Pritchard, R. D., Kleinbeck, U. & Schmidt, K.-H. (1993). *Das Managementsystem PPM. Durch Mitarbeiterbeteiligung zu höherer Produktivität.* München: C. H. Beck.
Scheffer, D. & Kuhl, J. (im Druck). Volitionale Prozesse der Zielverfolgung. In U. Kleinbeck & K.-H. Schmidt (Hrsg.), *Arbeitspsychologie* (Enzyklopädie der Psychologie, Serie Wirtschafts-, Organisations- und Arbeitspsychologie, Band 1). Göttingen: Hogrefe.

Schüler, J. & Brandstätter, V. (im Druck). Zielbildung und Zielbindung. In U. Kleinbeck & K.-H. Schmidt (Hrsg.), *Arbeitspsychologie* (Enzyklopädie der Psychologie, Serie Wirtschafts-, Organisations- und Arbeitspsychologie, Band 1). Göttingen: Hogrefe.

Sonntag, K. & Stegmaier, R. (im Druck). Trainingsgestaltung. In U. Kleinbeck & K.-H. Schmidt (Hrsg.), *Arbeitspsychologie* (Enzyklopädie der Psychologie, Serie Wirtschafts-, Organisations- und Arbeitspsychologie, Band 1). Göttingen: Hogrefe.

Vroom, V. H. (1964). *Work and motivation.* New York: Wiley.

Motivation von Anbietern und Nachfragern
Motivation of Suppliers and Customers

Lutz von Rosenstiel & Peter Neumann

Seit es Menschen gibt, wird getauscht, wobei die Tauschpartner hoffen, dadurch eine höhere Bedürfnisbefriedigung zu erzielen. Sowohl Anbietende als auch Nachfragende hatten und haben also Beweggründe, Motive, für ihren Tauschhandel. Die wissenschaftliche Psychologie hat sich damit aber – obwohl Angebot und Nachfrage zentrale Felder menschlicher Daseinsgestaltung sind – erst spät und auch dann nur mit geringer Intensität auseinander gesetzt. Vorreiter war auf diesem Feld die Ökonomie und zwar sowohl in ihrer gesamt- als auch einzelwirtschaftlichen Ausrichtung.

Da nun alle angewandten psychologischen Disziplinen ihre psychologischen Grundlagenwissenschaften und ihre nicht psychologischen Bezugswissenschaften haben (v. Rosenstiel, 2007), werden wir uns in diesem Beitrag einerseits auf die Motivationspsychologie beziehen und andererseits auf die makro- und mikroökonomischen Konsumtheorien der Volkswirtschaft sowie auf die Betriebswirtschaftslehre (und hier insbesondere auf die Absatzlehre und das Marketing), um die dort implizit oder explizit bestehenden motivationspsychologischen Annahmen zu skizzieren. Darauf aufbauend sollen marktpsychologische Beiträge zur Motivation von Anbietern und Nachfragern dargestellt werden. Da auf diesem Feld eigenständige Theorien weitgehend fehlen, wird eine Konzentration auf die Methoden der Motiv- und Motivationsforschung sowie der Intervention im Sinne einer allgemeinen und spezifischen Aktivierung von Konsummotiven erfolgen. Abschließend werden die damit zusammenhängenden ethischen Probleme angesprochen.

1 Annahmen der Volkswirtschaftslehre

Das Modell des Marktes, das nach wie vor Kern der volkswirtschaftlichen Theorie ist, setzt ein bestimmtes Bild des Menschen voraus: den homo oeconomicus (→ Motivationspsychologische Konzepte in der Ökonomie). In kognitiver Hinsicht wird ihm vollkommenes Wissen und Voraussicht in wirtschaftlichen Dingen zugeschrieben; in motivationaler Hinsicht das Streben nach Gewinn- bzw. Nutzenmaximierung. Was dieser Nutzen inhaltlich im Einzelnen bedeutet, wird nicht hinterfragt. Wölker (1961, S. 70) karikiert diese Selbstbeschränkung der Nationalökonomen damit, dass man mit derartiger Forschung „in Teufels Küche [komme] oder, was noch schlimmer wäre, ... in die Hände der Psychologen" fiele. Entsprechend wird in den frühen *makroökonomischen Konsumtheorien* – also bei einer Betrachtung auf höherer Aggregatsebene – der Konsum als allein abhängig von monetären Größen, wie z. B. dem Gesamteinkommen und der Sparquote, gesehen. Psychologische Annahmen findet man erst bei Keynes (1936), der in seiner „absoluten Einkommenshypothese" davon ausgeht, dass sich der Konsum bei steigendem Einkommen erhöhe, allerdings nicht in gleichem Maße wie das Einkommen, weil „subjektive" Größen, wie Geiz oder der Wunsch nach Unabhängigkeit, einem proportionalen Anstieg entgegenstehen, was er als „grundlegendes psychologisches Gesetz" bezeichnet. Aber erst Katona (1960) griff in seiner empirischen Forschung explizit auf psychologische Konzepte zurück. Er konnte zeigen, dass die Konsumquote neben dem Einkommen im starken Maße vom empirisch erhobenen Optimismus bzw. Pessimismus der Verbraucher in wirtschaftlichen Dingen abhängt, worauf er kurzfristige Konjunkturprognosen gründete, die bis heute in regelmäßigen Erhebungen des Konsum- bzw. Investitionsklimas fortleben.

Die *mikroökonomischen Konsumtheorien* gehen vom einzelnen Wirtschaftssubjekt aus und unterstellen somit spezifische Motive des Konsums. Als ein Beispiel sei die Grenznutzentheorie genannt, nach der der Nutzen eines Gutes mit der Menge des Verbrauchs kontinuierlich abnimmt: Für den Durstigen bringt das erste Glas Wasser mehr Nutzen als das zweite, das zweite mehr als das dritte usw. Innerhalb der Mikroökonomie entwickelten Ökonomen – die freilich eher Außenseiterpositionen innerhalb der Volkswirtschaftslehre einnahmen – bereits explizite psychologische Motivationsannahmen wie z. B. Vershofen (1940) im Rahmen seines „Nürnberger Nutzenschemas", in dem er den Grundnutzen eines Gutes von seinem „seelisch-geistigen" Zusatznutzen unterscheidet und diesen vielfältig weiterdifferenziert.

Die weitgehende Entpsychologisierung der Volkswirtschaftslehre ließe sich daraus erklären, dass von der Knappheit der Güter ausgegangen und eine „Theorie der armen Leute" (Schmölders, 1953) entwickelt wird. Wer an Knappheit leidet, muss sein ganzes Einkommen konsumieren. Ihm bleibt keine – für die psychologische Forschung interessante – Entscheidungsfreiheit. Diese wächst erst in der Wohlstandsgesellschaft, also bei der damit gegebenen „Macht des Verbrauchers" (Katona, 1962). Diese lässt eine psychologische Analyse der Motive (→ Implizite und explizite Motive) von Marktteilnehmern lohnend erscheinen, d. h. die Frage danach, was potenzielle Kunden zum Konsum oder zum Sparen bewegen kann.

2 Die Perspektive der Marktpsychologie

Relativer Wohlstand in einer Gesellschaft führt dazu, dass eine psychologische Auseinandersetzung mit den Motiven von Anbietern und Nachfragern sinnvoll ist. Aus gesamtwirtschaftlicher Sicht wird dabei erforscht, ob und warum Anbieter in der Hoffnung auf künftige Nachfrage investieren. Sehr viel detaillierter geht allerdings die betriebswirtschaftliche Forschung – insbesondere im Rahmen der Absatzwirtschaft und des Marketing – den Beweggründen nach, die zum Konsum oder zur Zurückweisung von Produkten, Dienstleistungen oder Ideen führen, wobei die hier geleistete empirische Forschung sich nicht von einer entsprechenden psychologischen unterscheidet (Kroeber-Riel & Weinberg, 2003), sondern sogar explizit psychologische Konzepte und Methoden integriert. Dagegen werden Motive des Handelns der Anbieter kaum untersucht, was daran liegen dürfte, dass die angewandte Forschung in hohem Maße interessengebunden ist. Trotzdem liegen auch auf diesem Gebiet empirische Forschungen vor: Diese widerlegen die ökonomische These, dass Anbieter ausschließlich nach Nutzenmaximierung, nach Steigerung ihres Gewinns, streben. Schon Katona (1960) wies darauf hin, dass für viele Unternehmer ein *befriedigender* Gewinn der Sollwert ist, nach dessen Erreichen andere Ziele ihr Handeln bestimmen. So zeigen denn auch eine ganze Reihe von Studien und Fallanalysen, dass häufig Unternehmer und gelegentlich auch Unternehmen bei bewusstem Verzicht auf finanzielle Vorteile Angebote in ihr Sortiment aufnehmen, um die Versorgung bestimmter Regionen zu sichern, oder dass auf gewinnträchtige, aber ökologisch problematische Angebote verzichtet oder Dienstleistungen ausgeschlossen werden, die den ethischen Prinzipien des Anbieters widersprechen (→ Werte). Diese und ähnliche Zielvorstellungen und Handlungsmotive werden zunehmend von verschiedenen Seiten gefördert und erweitert, z. B. durch staatliche Empfehlungen, durch Verbraucherschutzverbände, durch Gesundheitsbehörden aber auch durch Pädagogen und Erzieher. Darüber hinaus finden sich bei Anbietern u. a. Machtmotive (→ Macht), der Wunsch, sich selbst ein Denkmal zu setzen, das Bestreben, die Familientradition fortzuführen, oder das Motiv nach Prestige und Geltung. Die Marktpsychologie (v. Rosenstiel & Neumann, 2002; v. Rosenstiel & Frey, 2007) ist in diesem Sinne weitgehend in eine psychologisch orientierte Marketingforschung integriert. Sie hat kaum eigenständige Theorien der Motivation der Anbieter und Nachfrager konzipiert, sondern entwickelt auf der Basis bestehender motivationspsychologischer Konzepte – hier allerdings in der gesamten Bandbreite von psychoanalytischen Ansätzen über Bedürfnis-, Anreiz-, Wachstums- bis hin zu kognitiven Theorien – Sozialtechnologien zur Diagnose und Beeinflussung von Motiven. Dies hat seinen Niederschlag in der psychologisch orientierten Marktforschung sowie in der motivaktivierenden Gestaltung verbreitungspolitischer Maßnahmen (Angebot, Preis, Werbung, Absatzweg) gefunden.

3 Diagnostik: Methoden der Motiv- und Motivationsforschung

Die Methoden zur Erfassung von Kauf- und Konsummotiven der Nachfrager (→ Methoden der Motiv-, Motivations- und Volitionsdiagnostik) – die in prinzipiell ähnlicher Weise auch zur Analyse von Handlungsmotiven der Anbieter eingesetzt werden könnten – wurden selten in zweckfreier Forschung, dagegen häufig im Rahmen von Aufträgen der Anbieter entwickelt. Diese Verfahren sind Teil einer empirischen Marktforschung, deren Methoden sich wie folgt klassifizieren lassen:

Tabelle 1: Die wichtigsten Dimensionen empirischer Marktforschung

Aspekt	Alternativen
Strategie	unsystematisch ⇔ systematisch ⇔ Quasi-Experiment ⇔ Experiment
Ort	Labor ⇔ Feld
Durchschaubarkeit	offen ⇔ nicht durchschaubar ⇔ quasi-biotisch ⇔ (voll-)biotisch
Aktivität	Introspektion ⇔ Befragung ⇔ Verhaltensbeobachtung ⇔ Analyse von Verhaltensergebnissen ⇔ Messung physiologischer Reaktionen
Untersuchungsgegenstand	Informationsaufnahme ⇔ Lernprozesse ⇔ Einstellungsbildung ⇔ Aktivierung ⇔ Entscheidung ⇔ Verhalten/Handlung
untersuchte Personen	Grundgesamtheit ⇔ Stichprobe von Anbietern, Nachfragern oder Funktionären
untersuchter (Teil-)Markt	differenziert nach: Region ⇔ Zeit ⇔ Angebot

Im Folgenden sollen einige exemplarisch ausgewählte qualitativ bzw. quantitativ orientierte Methoden vorgestellt werden. Über weitere Verfahren informieren Neumann und v. Rosenstiel (2007).

3.1 Qualitative Vorgehensweisen

Fragt man Verbraucher nach ihren Konsummotiven mit geschlossenen Fragen, so besteht die Gefahr, dass dadurch die Antworten extrem gebahnt und/oder fast ausschließlich im Sinne von Stereotypien oder sozialer Erwünschtheit erfolgen. Um dies zu vermeiden, werden als *Befragungsmethode* „qualitative Interviews" – insbesondere in seiner nondirektiven bzw. narrativen Form – eingesetzt. Der Einstieg in ein qualitatives Interview kann – nach einer Warming-up-Phase – z. B. lauten: „Was ist Ihnen wichtig, wenn Sie sich ein neues Auto kaufen?" Derartige Fragen werden – insbesondere bei sozial unerwünschten Themen – auch projektiv formuliert, z. B.: „Warum kaufen viele Leute die Bildzeitung?" Auch abgewandelte Verfahren der projektiven Psychodiagnostik kommen gelegentlich zum Einsatz, wie das Beispiel eines „Ballontests" zeigt, bei dem die Befragten die Denk- und Sprechblase ausfüllen sollen (vgl. Abb. 1).

Abbildung 1: Ballontest (aus Neumann, 2003, S. 168)

Neben der Befragung gibt es noch spezielle Verfahren der *Verhaltensbeobachtung* und der *Analyse physiologischer Indikatoren*: Verhalten wird z. B. im Rahmen des „Verfahrens der Bedürfnissteigerung" (Spiegel, 1970) beobachtet. Dabei konfrontiert man eine einschlägig deprivierte Person mit mehreren Alternativen einer Verpackung oder Werbung und beobachtet ihre Reaktionen – in der Regel ohne ihr Wissen. Ähnliche Vorgehensweisen lassen sich auch am „Point of Sale" anwenden. Physiologische Indikatoren (→ Psychophysiologie) für die Aktivierung von Motiven werden insbesondere bei der Werbewirkungsanalyse eingesetzt, gelegentlich aber auch bei der Optimierung von Verpackungs- oder Produktgestaltungen. Die „psychogalvanische Reaktion", gelegentlich aber auch die „Herzrate", der „Pupillendurchmesser" und zunehmend sog. „Bildgebende Verfahren der Aktivitäten des Gehirns" (→ Bildgebende Verfahren) zeichnen physiologische Reaktionen auf die zu testenden Reize auf, die dann qualitativ interpretiert werden; wobei hier natürlich auch quantitative Vorgehensweisen üblich sind.

Obwohl in der Marktforschung der Trend dahin geht, mit vorstrukturierten, meist sogar geschlossenen Fragen, Kunden über das Telefon oder das Internet anzusprechen, sind qualitative Methoden, bei deren Durchführung und Auswertung Psychologen zunehmend mehr Einfluss gewinnen, für Motivstudien besonders geeignet.

3.2 Quantitative Vorgehensweisen

Innerhalb der quantitativ orientierten Motivforschung, die von der betriebswirtschaftlich ausgerichteten Marktforschung dominiert wird, spielen *Skalierungsverfahren* die größte Rolle. Die Befragten werden z. B. aufgefordert, aus einer vorgegebenen Auswahl von Motiven diejenigen anzukreuzen, die für ihre Kaufentscheidung relevant sind, oder die Motive in eine Rangreihe zu bringen bzw. sie nach ihrer Bedeutung (meist auf einer Likert-Skala) zu gewichten (→ Verbale Daten: Fragebogenverfahren). Allerdings sind auch hier indirekte und gelegentlich projektive Vorgehensweisen üblich, z. B. das *Einkaufslistenverfahren*. Dabei wird zwei parallelisierten Gruppen je eine Einkaufsliste vorgelegt. Die beiden Listen unterscheiden sich nur in einem Punkt: dem zu untersuchenden Produkt. Jede Gruppe soll die Person beschreiben, die mit einer solchen Liste Einkaufen geht. Unterschiede in der Beschreibung der Person weisen auf Unterschiede in der Kauf- bzw. Ablehnungsmotivation hin.

Eine quantitative *Erfassung des Verhaltens* als Indikator für Motive hat Lysinski bereits 1919 beschrieben. Er registrierte, wie Passanten auf unterschiedliche Gestaltungen von Schaufenstern reagierten: Wie viele z. B. blieben stehen, wie lange schauten sie hinein oder wie viele gingen in das Geschäft? In ähnlicher Weise registriert man heute, wie am „Point of Sale" mit der angebotenen Ware umgegangen wird: Welches Produkt wird mit welcher Mimik (→ Methoden der Mimikanalyse und -synthese) wie lange betrachtet, welches ohne Verzögerung in den Einkaufswagen gelegt, welches unmittelbar konsumiert? Aus den beobachteten Daten versucht man dann, die zugrunde liegenden Motive zu erschließen.

Aber auch *Verhaltensergebnisse* können als Hinweise auf entsprechende Motive verwendet werden: wie z. B. die Zusammensetzung des Wochenendeinkaufs, die sich an der Scannerkasse für verschiedene Konsumentengruppen ablesen lässt.

Während diagnostische Methoden in der psychologischen Grundlagenforschung, insbesondere aber in der Eignungspsychologie, meist auf ihre Güte (Objektivität, Reliabilität, Validität) untersucht werden, geschieht dies bei marktpsychologischen Methoden nur selten. Dies liegt zum einen an der stark pragmatischen und unter ökonomischem Druck zu leistenden Arbeit, zum anderen aber auch daran, weil es ja nicht – wie in der psychologischen Diagnostik – um einzelne Personen geht, sondern um Aussagen auf einem höheren Niveau der Aggregierung.

4 Intervention: Motivprägung, -entwicklung und -aktivierung

Eine zentrale Zielsetzung des Marketings besteht darin, die Nachfrager in ihrem Verhalten so zu beeinflussen, dass sie im Interesse des Anbieters handeln, also deren Angebote zum geforderten Preis akzeptieren. Dies erfolgt durch eine gezielte, meist auf den Ergebnissen der Marktforschung beruhende Gestaltung des

Angebots, des Preises, der Werbung und des Absatzweges. Derartige Maßnahmen wirken jedoch nicht nur unmittelbar auf Kaufentscheidungen ein, sondern sie führen, da es sich ja um gesamtgesellschaftliche Phänomene handelt, zu Sozialisationseffekten und zur gesellschaftstypischen Herausbildung bestimmter Konsummotive.

4.1 Sozialisation in der Konsumgesellschaft

Die einschlägige Forschung zeigt, dass Menschen von ihrer frühen Kindheit an eine spezifische Konsumsozialisation erfahren, wobei zunächst die Eltern, dann zunehmend die Peers und Mitglieder von Bezugsgruppen sowie durchgehend die Medien, vor allem das Fernsehen, eine zentrale Rolle spielen. Dabei ist beachtenswert, dass der Selbstwert einer Person und die Interpretation ihrer eigenen Rolle und Identität sehr oft durch den Konsum ganz bestimmter Angebote beeinflusst wird. Dies wird durch die unterschiedliche psychologische Positionierung objektiv weitgehend identischer Angebote unterstützt. Man kann aber auch zeigen, dass – vermutlich durch Modelllernen – Personen im Zuge des Erwachsenwerdens zunehmend jenen Konsumstil übernehmen, den sie in ihrer Kindheit bei ihren Eltern beobachtet und dann als Jugendliche zunächst abgelehnt haben.

4.2 Entwicklung von Konsummotiven durch Marketingstrategien

Im Zuge des Hineinwachsens eines Menschen in die Gesellschaft werden primäre Motive vor dem Hintergrund der im jeweiligen sozialen Kontext vorherrschenden Motive inhaltlich ausdifferenziert (→ Entwicklung der Motive): Aus dem „Hunger" wird beispielsweise der Wunsch nach Spagetti, Weißwurst, Hamburger oder Nasigoreng. Dieser Prozess wird durch Marketingmaßnahmen gezielt zum Aufbau ganz spezifischer Konsummotive genutzt. Damit werden häufig ohnehin bestehende gesellschaftliche Trends verstärkt. Das hier besonders häufig eingesetzte Marketinginstrument ist die Werbung: Durch Gemeinschaftswerbung werden z. B. spezifische Wünsche aufgebaut („Man geht nicht mehr ohne Hut"). Noch unübliche Verhaltensweisen werden als scheinbare Normen oder Selbstverständlichkeiten dargestellt („Verantwortungsvolle Hundehalter füttern …"). Modellpersonen haben durch das beworbene Angebot Erfolg oder vermeiden Misserfolg („Seit ich XY verwende, …"). Dabei wird das Angebot ständig als Mittel zu einem bestimmten Zweck gezeigt, bis es schließlich Selbstzweck wird (was Gordon Allport als „Autonomie der Motive" bezeichnet hat).

Durch diese und ähnliche Maßnahmen werden in der Gesellschaft Motive aufgebaut oder verstärkt, die den Konsum erhöhen, aber anderen Lebensbereichen entzogen werden. Es werden aber auch beim Nachfrager höchst differenzierte Motivprofile modelliert, die dann wiederum nach Lebensstilen oder auf andere Weise typologisiert werden können.

4.3 Aktivierung von Konsummotiven durch den Marketingmix

Kommerzielle Motivforschung als Teil der Marktforschung dient letztlich zwei Zielen: Die Angebote sollen so gestaltet und kommuniziert werden, dass sie eine Befriedigung wichtiger Motive versprechen und – falls dieses Versprechen eingelöst wird – Konsumzufriedenheit und eine positive Einstellung dem Angebot gegenüber bewirken (Nerdinger, 1994). Zum anderen sollen diese häufig latenten Motive durch Marketingmaßnahmen – insbesondere Werbung und Produktgestaltung – so aktiviert werden, dass häufiger bzw. intensiver gekauft und konsumiert wird. Motivationspsychologisch werden dabei die Marketinginstrumente zu inhaltlich spezifizierten Anreizen. Diese Wirkung ist empirisch vielfach nachgewiesen worden (Koeppler, 2000; Kroeber-Riel & Weinberg, 2003).

5 Wertkonflikte

Marketingmaßnahmen im Allgemeinen und marktpsychologische im Besonderen – und hier wieder das „Schaffen von Wünschen für Dinge, die man eigentlich gar nicht braucht" – sind auch zum Gegenstand kulturkritischer Überlegungen geworden. Dies hat Marktpsychologen den Vorwurf eingebracht, „geheime Verführer" zu sein, die gezielt eine „Strategie im Reich der Wünsche" (Dichter, 1961) realisieren, damit Verbraucher manipulieren und sie im Extremfall in die Konsumsucht treiben und verarmen lassen. Man wird kaum leugnen können, dass die marktpsychologisch begründete Sozialtechnologie zur Erfassung und Beeinflussung von Konsummotiven sehr unterschiedlich bewertet werden kann. Einerseits wird dadurch Konsum angeregt, was dem Wohlstand und der Beschäftigung in der Gesellschaft dienen kann und möglicherweise auch bei den Einzelnen zu einer Differenzierung ihres Lebens und Erlebens führt. Andererseits kann dadurch die Lebensthematik vereinseitigt und von Bereichen abgelenkt werden, die einem bei anderer Sicht deutlich wichtiger erscheinen als der Konsum.

Weiterführende Literatur

Kroeber-Riel, W. & Weinberg, P. (2003). *Konsumentenverhalten* (8. Aufl.). München: Vahlen.
Rosenstiel, L. v. & Neumann, P. (2002). *Marktpsychologie. Ein Handbuch für Studium und Praxis*. Darmstadt: Primus.

Literatur

Dichter, E. (1961). *Strategie im Reich der Wünsche.* Düsseldorf: Econ.
Katona, G. (1960). *Das Verhalten der Verbraucher und Unternehmer.* Tübingen: Mohr.
Katona, G. (1962). *Die Macht des Verbrauchers.* Düsseldorf: Econ.

Keynes, J. M. (1936). *The general theory of employment, interest, and money.* London: Cambridge University Press. (Deutsch: Keynes, J. M. (2006): *Allgemeine Theorie der Beschäftigung, des Zinses und des Geldes* (10. Aufl.). Berlin: Duncker & Humblot).

Koeppler, K. (2000). *Strategien erfolgreicher Kommunikation.* München: Oldenbourg.

Lysinski, E. (1919). Zur Psychologie der Schaufensterreklame. *Zeitschrift für Handelswissenschaften und Handelspraxis, 12,* 6–19.

Nerdinger, F. W. (1994). *Zur Psychologie der Dienstleistung. Theoretische und empirische Studien zu einem wirtschaftpsychologischen Forschungsgebiet.* Stuttgart: Schäffer-Poeschel.

Neumann, P. (2003). *Markt- und Werbepsychologie, Band 2* (2. Aufl.). Gräfelfing: Fachverlag Wirtschaftspsychologie.

Neumann, P. & Rosenstiel, L. v. (2007). Methoden der Marktpsychologie. In L. v. Rosenstiel & D. Frey (Hrsg.), *Enzyklopädie der Psychologie, Serie Wirtschafts-, Organisations- und Arbeitspsychologie, Band 5 Marktpsychologie* (S. 27–111). Göttingen: Hogrefe.

Rosenstiel, L. v. (2007). Grundlagen- und Bezugswissenschaften der Arbeits- und Organisationspsychologie. In H. Schuler & K.-H. Sonntag (Hrsg.), *Handbuch der Arbeits- und Organisationspsychologie* (S. 17–26). Göttingen: Hogrefe.

Rosenstiel, L. v. & Frey, D. (Hrsg.). (2007). *Enzyklopädie der Psychologie, Serie Wirtschafts-, Organisations- und Arbeitspsychologie, Band 5 Marktpsychologie.* Göttingen: Hogrefe.

Schmölders, G. (1953). Ökonomische Verhaltensforschung. *Ordo-Jahrbuch für die Ordnung von Wirtschaft und Gesellschaft, 5.*

Spiegel, B. (1970). *Werbepsychologische Untersuchungsmethoden.* Berlin: Duncker & Humblot.

Vershofen, W. (1940). *Handbuch der Verbrauchsforschung.* Berlin: Heymann.

Wölker, H. (1961). *Die Bedeutung der empirischen Verhaltensforschung für die ökonomische Theorie.* Meisenheim: Hain.

Motivationspsychologische Konzepte in der Ökonomie
Psychological Concepts of Motivation in Economics

Erich Kirchler, Marianne Holler & Martina Hartner

1   Ökonomische Prinzipien und ihre Einschränkungen

Wirtschaftlich handelnde Akteure sind zielorientiert. Sie kennen ihre Ziele, wie zum Beispiel der Kauf eines Produkts oder eine Investitionsentscheidung, und sind aus Sicht des traditionell ökonomischen Menschenbildes in der Lage, diese auch durch rationale Entscheidungsprozesse optimal zu realisieren. Wenn Ziele oder Präferenzen für konkrete Produkte über die Zeit der Entscheidungsfindung stabil bleiben und Marktinformation vollständig verfügbar ist, dann ist es möglich, unter Anwendung der Regeln der Logik, die für den Akteur beste aus den verfügbaren Alternativen auszuwählen.

> **Merke:**
> Das universell gegebene Motiv wirtschaftlich handelnder Akteure ist die Maximierung des eigenen Nutzens auf der Basis der Rationalität, definiert als Anwendung der Regeln der Logik (Etzioni, 1988).

Diese standardökonomischen Annahmen des rationalen Handelns und Maximierens des eigenen Nutzens finden Eingang im Modell des „Homo Oeconomicus" und entsprechen den motivationspsychologischen Konzepten nur wenig – dort wird Geld und finanzieller Nutzen gänzlich ausgespart. Das Modell zeichnet ein Idealbild, das sich aber kaum zur Beschreibung wirtschaftlicher Entscheidungen im Alltag eignet. Daher beschäftigen sich verschiedenste Theorien mit den Abweichungen vom „Homo Oeconomicus" wie nachfolgend illustriert werden soll.

Satisficing statt maximizing. Entscheidungssituationen sind häufig komplex, relevante Information ist nicht immer verfügbar oder nur schwer identifizierbar. Zeit und kognitive Fähigkeiten von Akteuren sind begrenzt und die Motivation, die beste Alternative zu entdecken, ist wahrscheinlich weit seltener gegeben, als die Motivation, eine zufriedenstellende Alternative zu finden („satisficing principle"). An die Stelle des universellen Motivs, den eigenen Nutzen zu maximieren, tritt das Bestreben, eine gute Wahl zu treffen. Motor des Handelns sind aber nicht ausschließlich Maximierungsstreben und Rationalität, sondern multiple Ziele, die aufgrund beschränkter kognitiver Ressourcen, Bequemlichkeit und Zeitknappheit in begrenzt rationalen Entscheidungen angestrebt werden (Simon, 1957).

Das Meliorationsprinzip. Menschen sind oft nicht in der Lage oder nicht willens, zu Gunsten eines bedeutsamen Fernziels auf eine unmittelbar konsumierbare Annehmlichkeit zu verzichten, auch wenn die langfristigen Folgen negativ sind. Gesundheitsbezogenes Fehlverhalten wie Bewegungsmangel, unausgewogene Ernährung oder Rauchen wird darauf zurückgeführt, dass Menschen bequem sind und ihre momentanen Wünsche realisieren, während sie die langfristigen Konsequenzen ignorieren (→ Motivation zur Förderung der Gesundheit). Herrnstein (1991) zeigte, dass Personen die Wahlalternativen miteinander vergleichen und die momentan gewinnbringendere Alternative wählen und zwar auch dann, wenn die Wahl der momentan besseren Alternative längerfristig die schlechtere Lösung bedeutet. Diese Präferenz für die kurzfristige Besserstellung widerspricht dem rationalen Kalkül des „Homo Oeconomicus" und wird als Meliorationsprinzip bezeichnet.

Risikofreude vs. Risikoscheu. Welche Ziele eine wirtschaftlich handelnde Person anpeilt, hängt häufig auch davon ab, ob die von einer Person getroffene Entscheidung eine Gewinnsicherung oder Verlustreduktion bzw. -reparation bewirkt. Eine Alternative kann je nach Ausgangswert entweder einen Gewinn oder einen Verlust darstellen. Laut Prospect Theory (Kahneman & Tversky, 1979) werden Optionen nicht nach ihrem absoluten Wert beurteilt, sondern relativ zum sogenannten Referenzwert. Ausserdem „wiegen" objektiv gleich hohe Gewinne und Verluste subjektiv nicht gleich viel. Während ein Gewinn zwar positiv erlebt wird, schlägt ein objektiv gleich hoher Verlust in der Relation weit negativer zu Buche. Je nach Präsentation einer Entscheidungssituation und Interpretation seitens eines Akteurs, kann sich eine sachlich gleiche Ausgangslage gewinn- oder verlustbringend darstellen und je nachdem, ob ein Gewinn winkt oder ein Verlust droht, handeln Akteure entweder risikoscheu oder risikofreudig (→ Annäherungs- vs. Vermeidungsmotivation).

Der Besitzeffekt. Aus rationaler Sicht mag es verwundern, dass Menschen ein Gut, das sie gerade in Besitz genommen haben, nach der Besitznahme für wertvoller als vorher erachten. Aus Sicht begrenzt rational handelnder Menschen, die komplexe Situationen vereinfacht wahrnehmen und subjektiv interpretieren, wie dies in der Prospect Theory formuliert ist, leuchtet ein, dass ein Gut, das angeschafft wird, einen Käufer vom aktuellen Stand, dem sogenannten Status quo, in eine Gewinnsituation bringt, allerdings auf Kosten, die für das Gut zu entrichten sind.

Wenn ein Gewinn subjektiv weniger wiegt als ein gleich hoher Verlust, dann ist klar, dass dann, wenn ein Gut einmal in Besitz genommen wurde und wieder verkauft werden soll, der Verkäufer nicht mehr in die Ausgangslage vor dem Kauf zurückkehrt, sondern vom neu positionierten Status quo in die Verlustzone gerät, wobei der Verlust nur durch einen höheren Verkaufspreis kompensiert werden kann (Thaler, 1992).

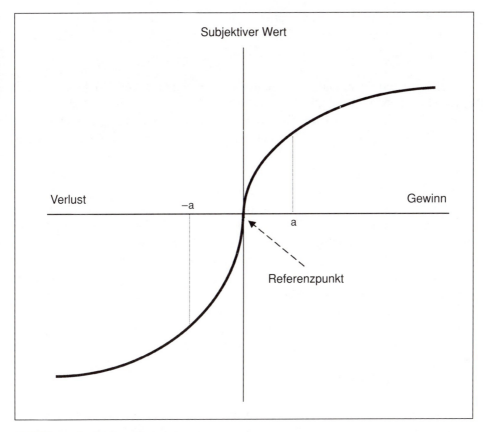

Abbildung 1: Wertefunktion

Verlusteskalation. So wie der Besitzeffekt („endowment effect") durch die Wertefunktion, wie sie die Prospect Theory beschreibt, erklärt werden kann, kann auch die Unvernunft, „schlechtem Geld gutes nachzuwerfen" durch die Asymmetrie des Erlebens von Gewinn und Verlust erklärt werden. Thaler (1991) beschreibt „Sunk Cost Effekte" als Tendenz von wirtschaftlich handelnden Personen, Geld, Zeit und Energie leichtfertig zu investieren, wenn bereits massiv investiert wurde. Es wird auch dann beispielsweise noch in Aktien investiert, wenn die Kurse bereits tief gefallen sind und eine Erholung der Finanzmärkte unwahrscheinlich aber eventuell doch möglich ist. Firmen, die in die Entwicklung eines Produktes investiert haben, investieren auch dann noch weiter, wenn sich das Projekt als Flop entpuppt, Regierungen investieren auch dann in Kriegshandlungen, wenn die Lage bereits ausweglos ist. Gemäß Prospect Theory führt die im Bereich von Verlusten vorherrschende Risikofreude zum Festhalten an einer Entscheidung, durch die bereits unwiederbringliche Kosten entstanden sind, und damit häufig zur Eskalation des Verlustes (→ Persistenz und Zielablösung). Der Abbruch des Projekts würde zum sicheren Verlust bisheriger Mittel führen, während das Fortführen des Projekts die risikobehaftete Alternative darstellt – mit einer gewissen Wahrscheinlichkeit können die Verluste kompensiert werden, ebenso können jedoch auch weit höhere Verluste entstehen.

Der Rückschaufehler. Darüber hinaus belegen Studien zum Rückschaufehler („hindsight bias") eindrücklich, dass die Lernfähigkeit von wirtschaftlich handelnden Personen eingeschränkt ist. Auch wenn Erfahrungen lehren könnten, welche „Fehler" zu suboptimalen Entscheidungen geführt haben, wehren sich Menschen gegen die Einsicht, falsche Prognosen und Handlungen gesetzt zu haben, indem sie einen Entscheidungsprozess im Nachhinein so rekonstruieren, dass die eigenen Erwartungen zum Zeitpunkt der Prognosen und Entscheidungen den später erlebten Entwicklungen angepasst werden. Dabei werden gerade jene Erwartungen in der Rückschau systematisch „korrigiert", die dem eigenen „Weltbild" entsprechen, so dass kein Bedarf besteht, das eigene Wissen, die Erwartungsbildung oder gar das eigene „Weltbild" zu modifizieren. Die Währungsumstellung in zwölf Ländern der EU 1999 lieferte Beispiele für die motivationsgesteuerte Korrektur von Prognosen im Nachhinein. Eurobefürworter zeigten ein halbes Jahr nach der Euroeinführung einen stärkeren Rückschaufehler bei positiven als bei negativen Entwicklungen: Sie hatten „immer schon" von günstigen wirtschaftlichen Entwicklungen, wie dem Rückgang der Arbeitslosenrate oder der Inflation und einem Anstieg der Exporte, „gewusst". Bei Eurogegnern hingegen wurde das umgekehrte Muster festgestellt (Hölzl & Kirchler, 2005).

Die oben angeführten Beispiele zeigen die Komplexität von Bewertungen und Entscheidungssituationen. So überfordert beispielsweise die Informationsflut am Konsumgütermarkt die Konsumenten, die statt der Berücksichtigung der relevanten Information gerade in komplexen Situationen auf der Basis hervorstechender Kriterien entscheiden. Die Anwendung von „kognitiven Daumenregeln", sogenannten Heuristiken, erlaubt es, Entscheidungen zeitökonomisch und mit relativ geringem Aufwand zu treffen. Häufig gelingt es auch, eine akzeptable Wahl zu treffen, manchmal führen „Anomalien" – wie Abweichungen vom Rationalmodell genannt werden – jedoch zu Fehlentscheidungen. Trotzdem sind „Anomalien", die dem rationalen Nutzenmaximierungskalkül zuwiderlaufen, häufig zu beobachten, weil eben nicht allein die Nutzenmaximierung, sondern die Erreichung multipler Ziele intendiert wird.

2   Geld als Mittel der Bedürfnisbefriedigung

In seiner Kernfunktion ist Geld ein Mittel zum Erwerb von Ressourcen, die eine Befriedigung verschiedenartigster Bedürfnisse versprechen. Ein Anstieg an Kaufkraft und Freizeit hat diese Bedürfnisbefriedigung in den letzten Jahrzehnten zunehmend vereinfacht. Technischer Fortschritt, Wirtschaftswachstum und sich wandelnde → *Werte* erhöhen neben den Möglichkeiten der Bedürfnisbefriedigung jedoch auch die Zahl neuer Ansprüche, wodurch das Aufkommen von Zufriedenheit wiederum erschwert wird.

Diese sich immer weiter nach oben schraubende Spirale der Ansprüche wird als „hedonistische Tretmühle" bezeichnet. Motor dieser Tretmühle sind soziale Vergleiche. Daher ist weniger die absolute, sondern die relative Höhe des Einkommens wichtig für Zufriedenheit. Steigt beispielsweise das Einkommen aller Personen, führt der eigene Aufstieg in der Einkommensskala zu keiner Zufriedenheitssteigerung (Scitovsky, 1977). Die Zufriedenheit von Mitarbeitern, die eine Lohnerhöhung erhalten haben, hängt ebenso von dem Ergebnis des Vergleichs mit den Arbeitskollegen ab. Da Mitarbeiter über ihr Lohnniveau Informationen zu ihrem sozialen Status im Unternehmen und zur Wertschätzung ihrer Leistung im Vergleich zu der Leistung von Kollegen gewinnen, ist Kontingenz zwischen Leistung und Lohn sehr wichtig. In einem Unternehmen, in dem Mitarbeiter unabhängig von ihrem tatsächlichen Arbeitseinsatz die gleichen Lohnerhöhungen erhalten, ist die Bezahlung kein effektiver Motivator. Nur wenn höhere Leistung auch relativ besser vergütet wird, motiviert eine Lohnerhöhung zu höherem Arbeitseinsatz (→ Motivation in Arbeit und Beruf). Manager sollten daher bei Gehaltsentscheidungen sowohl die relative Leistung als auch die relative Bezahlung ihrer Mitarbeiter miteinbeziehen (Rynes, Gerhart & Minette, 2004).

3 Geld als Symbol für Erfolg und Macht

Neben der Befriedigung von Bedürfnissen durch den Konsum von Produkten, kann Gelderwerb und -besitz auch Macht, Erfolg, soziale Anerkennung und Freiheit der Lebensgestaltung signalisieren und dadurch an sich begehrenswert erscheinen.

Häufig wird versucht, diese Ziele durch den Konsum materieller Güter zu realisieren. Kaufen ist zu einem sozial akzeptierten, beliebten und leicht verfügbaren Zeitvertreib geworden. Produkte werden nicht mehr vorwiegend wegen ihres Grundnutzens gekauft, sondern locken mit dem Zusatznutzen eines hedonistischen Kauferlebnisses, das Emotionen, Stimulation und Fantasien verspricht. Durch „Entertailing" wird der Verkauf („retailing") erfolgreich mit Unterhaltung und Spaß („entertaining") verknüpft. Konsumgüter haben häufig eine Funktion, die über die des Freizeiterlebens hinausgeht. Sie sind ein modernes Mittel für den Erwerb und den Ausdruck der eigenen Identität, für die Regulation von Emotionen (→ Emotionsregulation) oder für die Erhöhung des eigenen Status. Sie sind materielle Symbole dessen, wie eine Person ist oder wie sie gerne wäre. „Ich kaufe, also bin ich" ist das Motto vieler moderner Konsumenten. Der „Homo Consumericus" konsumiert zur Verbesserung des Selbstbildes, aus Gründen der Selbstergänzung und der Selbstdarstellung (Firat, 1997). Anhand des offen zur Schau getragenen Kaufverhaltens drückt er seine Position in der Gesellschaft aus.

Ist der Erwerb von Konsumgütern ein wichtiges Lebensziel und für eine Person der wichtigste Indikator für Erfolg sowie der Schlüssel zu Zufriedenheit und Selbstbehauptung, ist diese von stark materialistischen Wertvorstellungen (→ Werte) geprägt (Dittmar, 2005). Materialismus geht oft mit geringem Selbstwertgefühl, Unzufriedenheit mit dem eigenen Leben und geringem subjektivem Wohlbefinden einher, da das Bedürfnis nach Sicherheit und Geborgenheit nicht ausreichend gestillt ist (Kasser & Kanner, 2004), woraufhin manche Betroffene mit exzessivem Kaufverhalten reagieren. Kaufzwang ist im Steigen begriffen, besonders betroffen sind Frauen für die Einkaufen eine stärkere emotionale, psychologische und symbolische Funktion zu haben scheint (Dittmar & Drury, 2000).

4 Geld in seiner sozialen Funktion

Dass Menschen nicht ausschließlich ihren eigenen Nutzen maximieren wollen, sondern auch soziale Motive verfolgen, zeigen Verhaltensweisen wie Reziprozität und Kooperation. Reziprozität bezeichnet den Effekt, dass Menschen freundliche Handlungen mit ebenso freundlichen Gesten erwidern, was im Widerspruch zu den Annahmen des „Homo Oeconomicus" steht. Gratisproben von Produkten, Wahlgeschenke sowie politische Gegengeschäfte bedienen sich dieses Bedürfnisses, sich für erhaltene Geschenke oder Hilfe erkenntlich zu zeigen. Die Reziprozitätsregel erklärt auch, warum Arbeitgeber häufig höhere Löhne bezahlen, als es der Markt erfordert, und diese in Zeiten hoher Arbeitslosigkeit nicht gesenkt werden. Arbeitgeber befürchten den schädigenden Einfluss von Niedriglöhnen auf die Arbeitsmoral und würden als Gegenleistung für den niedrigen Lohn reduzierten Arbeitseinsatz erwarten (Fehr & Gächter, 2000).

Menschen verhalten sich also reziprok, um in Zukunft ebenfalls – sozusagen als Gegenleistung – vorteilhaft behandelt zu werden (direkte Reziprozität). Das erklärt allerdings nicht, warum Menschen auch bei einmaligem Kontakt kooperieren. Eine weitere mögliche Konsequenz von kooperativem Verhalten ist die Erlangung einer positiven Reputation und die Erhöhung des sozialen Status innerhalb einer größeren Gruppe, da gemäß den sozialen Normen gehandelt wurde (indirekte Reziprozität). Indirekte Reziprozität kommt zum Beispiel bei den Bewertungssystemen von Verkäufern und Käufern auf E-Commerce-Plattformen oder Online-Auktionshäusern wie eBay zur Anwendung. Aufgrund der einmaligen Interaktion zwischen Verkäufer und Käufer ist es wichtig, Vertrauen durch Mechanismen wie diese Bewertungssysteme aufzubauen (Brandt & Sigmund, 2005).

Menschen zeigen allerdings auch dann Vertrauen und Kooperationsverhalten, wenn sich daraus keine vorhersehbaren persönlichen Vorteile für sie ergeben, sondern ihr Verhalten allein dem Wohle der Gemeinschaft dient. Um Trittbrettfahrer zu bestrafen und das Kooperationsverhalten von Personen, die nicht kooperieren, zu erhöhen, werden sogar eigene finanzielle Kosten in Kauf genommen. Somit dient das Bestrafen der Trittbrettfahrer genauso wie das Kooperieren dem Wohle der Gemeinschaft (Bowles & Gintis, 2002).

5   Zusammenfassung

Ökonomische Entscheidungen werden aufgrund beschränkter kognitiver Ressourcen, Bequemlichkeit oder Zeitknappheit nur begrenzt rational getroffen. Sie werden nicht bloß von dem Bestreben, den eigenen Nutzen zu maximieren, sondern von verschiedenen Motiven geleitet. Überlegungen, wie Ansehen und Zufriedenheit gesteigert werden können, ob sich reziprokes und kooperatives Verhalten „lohnt" oder ob durch den Kauf eines Gutes die Identität ausgedrückt und der Selbstwert erhöht werden kann, beeinflussen die Entscheidungen maßgeblich. Motivationspsychologische Erkenntnisse im Auge zu behalten hilft, auf den ersten Blick irrational erscheinendes ökonomisches Verhalten besser zu verstehen.

Weiterführende Literatur

Kirchler, E. (2003). *Wirtschaftspsychologie: Grundlagen und Anwendungsfelder der Ökonomischen Psychologie* (3. Aufl.). Göttingen: Hogrefe.

Literatur

Bowles, S. & Gintis, H. (2002). Homo reciprocans. *Nature, 415,* 125–128.
Brandt, H. & Sigmund, K. (2005). Indirect reciprocity, image scoring, and moral hazard. *Proceedings of the National Academy of Sciences, 102* (7), 2666–2670.
Dittmar, H. (2005). Compulsive buying – a growing concern? An examation of gender, age, and endorsement of materialistic values as predictors. *British Journal of Psychology, 96,* 467–491.
Dittmar, H. & Drury, J. (2000). Self-image – is it in the bag? A qualitative comparison between „ordinary" and „excessive" consumers. *Journal of Economic Psychology, 21* (2), 109–142.
Etzioni, A. (1988). *The moral dimension. Toward a new economics.* New York: Free Press.
Fehr, E. & Gächter, S. (2000). Fairness and retaliation: The economics of reciprocity. *Journal of Economic Perspectives, 14* (3), 159–181.
Firat, A. F. (1997). Educator insights: Globalization of fragmentation – A framework for understanding contemporary global markets. *Journal of International Marketing, 5* (2), 77–86.

Herrnstein, R. J. (1991). Experiments on stable suboptimality in individual behavior. *The American Economic Review, 81,* 360–364.

Hölzl, E. & Kirchler, E. (2005). Causal attribution and hindsight bias for economic developments. *Journal of Applied Psychology, 90* (1), 167–174.

Kahneman, D. & Tversky, A. (1979). Prospect theory: An analysis of decision under risk. *Econometrica, 47,* 263–291.

Kasser, T. & Kanner, A. D. (2004). *Psychology and consumer culture: The struggle for a good life in a materialistic world.* Washington, DC: American Psychological Association.

Rynes, S. L., Gerhart, B. & Minette, K. A. (2004). The importance of pay in employee motivation: Discrepancies between what people say and what they do. *Human Resource Management, 43* (4), 381–394.

Scitovsky, T. (1977). *Psychologie des Wohlstands. Die Bedürfnisse des Menschen und der Bedarf der Verbraucher.* Frankfurt: Campus.

Simon, H. A. (1957). *Models of man: Social and rational.* New York: Wiley.

Thaler, R. H. (1991). *Quasi rational economics.* New York: Sage.

Thaler, R. H. (1992). *The winner's curse: Paradoxes and anomalies of economic life.* New York: Macmillan.

Motivation im Leistungssport
Motivation in Competitive Sports

Jürgen Beckmann & Josef A. Keller

1 Einleitung

Motivation ist ein zentrales Thema bei der Diskussion sportlicher Leistung. Arbeiten über Motivation im Sport beziehen sich meist auf das Leistungsmotiv (→ Leistung), obgleich andere Motive, wie das Affiliations- (→ Anschluss und Intimität) und Machtmotiv (→ Macht) oder → *Aggression* ebenfalls bedeutsam sind. Trotz der genannten Forschungsaktivitäten sind, gerade auch angesichts der Relevanz, die der Motivation zugeschrieben wird, immer noch große Defizite in der Untersuchung motivationspsychologischer Fragestellungen im Leistungssport auszumachen. Im Folgenden werden einige wichtige Problembereiche vorgestellt: Die Erforschung von Motiven, das Thema Übermotivation und die Frage, wie man Sportler motiviert.

2 Motiveinflüsse im Leistungssport

Untersuchungen zur Leistungsmotivation, bei der es im Kern um die Auseinandersetzung mit einem Gütemaßstab geht, bilden den Schwerpunkt motivationspychologischer Arbeiten im Sport (vgl. Gabler, 2002). Inzwischen wird jedoch zunehmend deutlich, dass auch andere Motive eine wichtige Rolle spielen, nämlich Macht, Affiliation und Aggression.

Leistungsmotiv. Im Leistungssport besteht ein Anreiz gerade darin, herauszufinden, wer die beste Leistung bringt, wie weit sich Leistungsgrenzen verschieben lassen im Sinne des olympischen Mottos des „Schneller, Höher, Weiter". Ein hohes Leistungsmotiv ist eine wesentliche Voraussetzung für eine Karriere im Leistungssport (vgl. Elbe, Beckmann & Szymanski, 2003). Untersuchungen belegen, dass leistungsstarke Sportler auch über ein höheres Leistungsmotiv verfügen als leistungsschwächere Sportler (Vanek & Hosek, 1977).

Bezogen auf die Komponenten des Leistungsmotivs berichtet Gabler (1995), dass eine „größere Erfolgszuversichtlichkeit und eine geringere Misserfolgsängstlichkeit bedeutsame Voraussetzungen dafür sind, dass die Leistungsbereitschaft für ein Training über eine längere Zeit hinweg aufrecht erhalten wird" (S. 90). In einer Studie von Thomassen und Halvari (1996) wurde eine signifikant positive Korrelation zwischen dem Erfolgsmotiv und dem Umfang an leistungssportlichem Training und sportlichem Erfolg gefunden. Eine starke Ausprägung des Misserfolgsmotivs korreliert hingegen negativ mit Sporterfolg. Diese Ergebnisse konnten Elbe et al. (2003) in einer Längsschnittuntersuchung mit Sportinternatsschülern dahingehend bestätigen, dass Nachwuchsathleten eine niedrigere Ausprägung der Komponente Furcht vor Misserfolg aufweisen als Schüler einer Vergleichsschule, die keinen Leistungssport betrieben.

Untersuchungen, in denen das Leistungsmotiv mit verschiedenen Fragebogenmaßen erhoben wurde, kommen zu ähnlichen Ergebnissen.

Machtmotiv. Entsprechend der Auffassung des Machtmotivs als einer Tendenz, andere Menschen zu überragen, sie zu beeinflussen und auch im öffentlichen Wettbewerb zu besiegen, begreift Winter (1973) Wettkampfsport als eine mögliche „Form sozialer Machtausübung". Auch die besondere Affinität des Machtmotivs zu Risikoverhalten verdeutlicht eindrucksvoll die engen Beziehungen zwischen Macht und Sport. Bedenkt man zudem, dass Sport eine sozial weithin akzeptierte Möglichkeit eröffnet, Prestige und Macht auszuüben und teilweise auch den Weg in einflussreiche berufliche Positionen ebnet – wie verschiedene prominente ehemalige Sportler zeigen –, dann ergibt sich auch daraus die Schlussfolgerung, dass Machtmotiv und Sport eng miteinander zusammenhängen müssen. In einer Untersuchung konnte z. B. belegt werden, dass Studenten, die einen Wettkampfsport (mit „Mann-Berührung") (Fußball, Basketball, Eishockey, Rugby) betreiben, ihre eine Einzelsportart (Schwimmen, Golf) betreibenden Mitstudenten hinsichtlich ihres Machtmotivs signifikant überragen (Winter, 1973). Ähnlich berichtet auch McClelland (1975) positive Korrelationen zwischen Wettkampfsport und Machtbedürfnis.

Affiliationsmotiv. Das Affiliationsmotiv, als wichtiger Beweggrund für Freizeit- und Gesundheitssport (→ Motivation zur Förderung der Gesundheit) hinreichend belegt (Gabler, 2002), spielt für den Leistungssport eine etwas fragwürdige Rolle. Definiert man das Affiliationsmotiv als das Bedürfnis nach positiven emotionalen Beziehungen zu anderen Menschen, dann zeigt sich eine gewisse Inkompatibilität zum Wettbewerbscharakter jedes Leistungssports. Auch die engen positiven Korrelationen zwischen Affiliationsmotiv und Bedürfnis nach Konformität und sozialer Zustimmung (Mehrabian & Ksionzky, 1974) verweisen darauf, dass diese Motivkonstellation eher wenig mit Leistungs- und Konkurrenzorientierung gemein hat.

Eines der insgesamt seltenen einschlägigen Experimente stammt von Sorrentino und Sheppard (1978). Untersucht wurden dabei die Schwimm-Mannschaften dreier kanadischer Universitäten im Einzelwettkampf und im Gruppenwettkampf. Die Ergebnisse für die Auswirkungen der Affiliationsmotivation waren erwartungsgemäß: Im Gruppenwettkampf erbrachten die positiv (von Hoffnung auf Anschluss) motivierten Schwimmer bessere Resultate als im Einzelwettkampf; die negativ (von Furcht vor Zurückweisung) motivierten Teilnehmer schnitten hingegen im Einzelwettkampf besser ab als im Gruppenwettkampf. Besonders interessant sind die Befunde, wenn man die Versuchspersonen sowohl hinsichtlich ihres Leistungsmotivs als auch ihres Affiliationsmotivs betrachtet: Versuchspersonen (Vpn) mit hohem Leistungsmotiv (Hoffnung auf Erfolg) und gleichzeitig hohem positiven Affiliationsmotiv (Hoffnung auf Anschluss) zeigten beste Leistungen im Gruppenschwimmen, während Vpn mit ebenfalls hohem positivem Leistungsmotiv aber gleichzeitig hohem negativen Affiliationsmotiv (Furcht vor Zurückweisung) die schlechteste Leistung im Gruppenwettkampf erbrachten.

Aggression. Russell (1993) meinte, Sport sei (neben dem Krieg) das vielleicht einzige Ereignis, in dem interpersonale Aggression nicht nur toleriert, sondern von großen Teilen der Bevölkerung enthusiastisch gefeiert wird. Oft ist es im Rahmen der festgeschriebenen Regeln Bestandteil des Sports (z. B. beim Boxen) dem Gegner zumindest Schaden zuzufügen. Aber auch in anderen Sportarten, speziell im professionellen Bereich, sind Aggressionen Bestandteil des taktischen Kalküls, sei es um den Gegner einzuschüchtern, wichtige Spieler auszuschalten oder auch nur den Spielfluss zu unterbrechen. Dieses Erfordernis von Aggression kann natürlich zu einer Art Doppelmoral auf Seiten des Athleten führen. Fair Play bleibt so gesehen immer nur ein unerfülltes Ideal. Natürlich hängt das Auftreten von Aggressionen von bestimmten situationalen Gegebenheiten ab (Sportart: Kampfsport mit Körperkontakt oder Einzelsport, Verbindlichkeit von Spielregeln, Schiedsrichter, Spielstand, Zuschauereinfluss, Bedeutung des Wettkampfes usw.). Die allermeisten Aggressionen im Sport sind instrumenteller Art und dienen dem angestrebten Erfolg. Seltener sind wirklich feindselige (spontane, reaktive) Aggressionen. Trotz der Relevanz des Themas gibt es nur wenige Untersuchungen zu individuellen (motivationalen) Determinanten aggressiven Verhaltens. Russell (1993) berichtet aber beispielsweise, dass Football- und Basketballspieler in der campusinternen Kriminalitätsstatistik von 350 US-Colleges deutlich überrepräsentiert sind. Eine gewisse personspezifische Tendenz zur Aggression bei bestimmten Leistungssportlern scheint also nachweisbar, auch wenn das Ergebnis nichts über die eigentlichen Entstehungsbedingungen dieser Aggressivität aussagt.

3 Übermotivation

Wenn ein Fußballer unter dem Eindruck einer drohenden Niederlage aus ungünstiger Position auf das Tor schießt anstatt an einen günstiger postierten Mitspieler abzuspielen, wird oft argumentiert, der Spieler sei übermotiviert gewesen. Zur Erklärung hierfür dient das sogenannte Yerkes-Dodson-Gesetz.

> **Yerkes-Dodson-Gesetz**
>
> Das Gesetz (Yerkes & Dodson, 1908) besagt, dass zwischen allgemeiner psychophysischer Aktivierung (Erregung) und Leistung ein umgekehrt u-förmiger Zusammenhang besteht – somit also bei niedriger und hoher Aktivierung eine reduzierte Leistung, bei mittlerer Aktivierung aber optimale Leistung resultiert. Zusätzlich gilt, dass es für jede Aufgabe oder Leistung ein Optimalniveau an Erregung gibt, welches mit zunehmender Schwierigkeit (Komplexität) dieser Aufgabe abnimmt.

Trotz theoretischer Kritik und widersprüchlicher Befundlage dient diese Hypothese nach wie vor als Grundlage für die sportpsychologische Forschung und Praxis. Die hohe Akzeptanz der Yerkes-Dodson-Regel bei Praktikern ist plausibel, da unterschiedliche Aktivierungsniveaus auf den ersten Blick eine gute Erklärungsbasis für bestimmte Sportleistungen bieten: Grobmotorische Leistungen verlangen demnach etwa ein höheres Erregungslevel als feinmotorische oder koordinative Leistungen, die besser bei mittlerer oder niedriger Erregung zu bewältigen sind. Der „Herstellung" der adäquaten Erregungsniveaus dienen entsprechende Entspannungs- oder Mobilisierungsmaßnahmen.

Es sind vor allem zwei grundlegende Probleme der Yerkes-Dodson Hypothese, die ihre Verwendung als universelle Regel für den Zusammenhang von Energetisierung und Leistung in Frage stellen, nämlich zum einen die Annahme eines eindimensionalen Erregungskonzeptes und zum anderen die mangelnde Differenzierung zwischen Aufgaben mit verschiedenen Leistungscharakteristika außer der Schwierigkeit. Nach Beckmann und Rolstad (1997) entscheidet die kognitive Bewertung einer Leistungssituation darüber, ob leistungsförderliche oder -beeinträchtigende Aktivierungsprozesse auftreten (→ Einschätzung). Wird die Situation als Herausforderung im Sinne eines Zieles, das zwar schwer aber durchaus zu erreichen ist, bewertet, kann die Aktivierung offensichtlich gar nicht hoch genug sein; leistungsschädliche „Übermotivation" ist damit ausgeschlossen. Wird die Situation jedoch als bedrohend, nicht kontrollier- und bewältigbar erlebt, dann kann es zu leistungsabträglichen kognitiven und physiologischen Prozessen kommen. Entscheidend ist, ob die Tätigkeit die Handelnden über eine „angestrengte Aufmerksamkeit" in den Bann ziehen kann. Entsteht auf diesem Wege eine „intensive Aufmerksamkeit", so können Spitzenleistungen auf ein anfänglich erlebtes Konzentrationsproblem folgen. So gesehen wird das Problem der sogenannten Übermotivation zu einer Frage der Bewertung der Leistungssituation. Die Einschätzung der Situation als Bedrohung und damit verbundene Besorgtheitskognitionen oder ein Bewältigungsversuch über vermehrte bewusste Aufmerksamkeit auf die Bewegung vermitteln dann Leistungseinbrüche.

4 Wie kann man motivieren?

Wissenschaftlich betrachtet entsteht Motivation aus personalen Dispositionen und aus situationalen Anreizen sowie Erwartungen, die eher interaktionalen Charakters sind (→ Risikowahl-Modell). Da personinterne Motive eher schwer zugänglich sind, konzentrieren sich Änderungsbemühungen auf das Anbieten motivrelevanter Anreize und die Beeinflussung der subjektiven Erwartung.

Im weiteren Sinne ist auch das Führungsverhalten des Trainers für das Motivieren entscheidend. Saborowski, Alfermann und Würth (2000) finden beispielsweise, dass ein motivierendes Trainingsklima bei Nachwuchssportlern von einem partizipativen Führungsverhalten, sportfachlichen Erklärungen sowie der sozialen Unterstützung durch den Trainer abhängt. Ames (1992) verweist zusätzlich auf die Wichtigkeit der Anerkennung von Einsatz, Leistungsverbesserungen und persönlichen Bestleistungen. Fuchs, Lippke und Knäuper (2000) fanden, dass Übungsleiter des Typs „internal fokussierend" eher einen Teilnehmerzuwachs in ihren Freizeit- und Gesundheitssportgruppen zu verzeichnen hatten als Übungsleiter des Typs „dual fokkussierend". Internal-fokussierende Übungsleiter haben einen Motivierungsstil, der an eher „intrinsischen" Bedingungen der Teilnahmemotivation ansetzt (z. B. Freude an der Bewegung vermitteln), wohingegen der dual-fokussierende Übungsleiter internale wie externale (z. B. Führung von Anwesenheitslisten) Motivierungsstrategien als wirkungsvoll einschätzt. Das bevorzugte Führungsverhalten von Athleten hängt außerdem von verschiedenen Faktoren ab, wie Alter, Könnensniveau, Geschlecht sowie kulturellem Hintergrund.

In neuerer Zeit wird vor allem dem Thema Zielsetzung (→ Zielsetzungstheorie) im Sport viel Gewicht beigemessen. Des Weiteren lassen sich aus der allgemeinen Motivationsförderung (→ Motivationstraining) Aspekte ableiten, die auch im Sport von Relevanz sind; Hecker (1984) sieht in optimaler Passung von Fähigkeiten und Aufgabenanforderungen, Selbstbestimmung bei der Aufgabenwahl sowie realistischer Anspruchsniveausetzung Motivationsbedingungen, die nicht nur im Sport, sondern allgemein von besonderer Bedeutung sind. Gerade auch Misserfolgsmotivierte profitieren, wenn man ihnen längere Zeit zum eigenständigen Üben lässt und ihre Leistung an einer individuellen statt einer sozialen Bezugsnormorientierung ausrichtet (vgl. Rheinberg & Krug, 1999).

Während in der früheren Motivationspsychologie die Frage einer Anwendung der gewonnenen Erkenntnisse eher sekundär blieb, bieten vor allem die neueren kognitiven Motivationsansätze eine Fülle von Anregungen und Möglichkeiten für eine praktische Umsetzung durch Förderung günstiger Attributionen und leistungsspezifischen Selbstvertrauens (Selbstwirksamkeit), angemessener Zielsetzung, wirksamer Handlungs- und Volitionskontrolle und Stressmanagement (vgl. z. B. Vollmeyer & Brunstein, 2005).

Weiterführende Literatur

Beckmann, J. & Rolstad, K. (1997). Aktivierung und Leistung. Gibt es so etwas wie Übermotivation? *Sportwissenschaft, 27,* 23–37.
Vollmeyer, R. & Brunstein, J. (Hrsg.). (2005). *Motivationspsychologie und ihre Anwendung.* Stuttgart: Kohlhammer.

Literatur

Ames, C. (1992). Achievement goals, motivational climate, and motivational processes. In G. C. Roberts (Ed.), *Motivation in sport and exercise* (pp. 161–176). Champaign, IL: Human Kinetics.
Elbe, A.-M., Beckmann, J. & Szymanski, B. (2003). Die Entwicklung des allgemeinen und sportspezifischen Leistungsmotivs von Sportinternatsschülern/innen. *Psychologie und Sport, 10,* 134–143.
Fuchs, R., Lippke, S. & Knäuper, B. (2000). Motivierungsstrategien bei Übungsleitern im Freizeit- und Gesundheitssport: Eine clusteranalytische Typologisierung. *Psychologie und Sport, 2,* 67–81.
Gabler, H. (1995). Motivationale Aspekte sportlicher Handlungen. In H. Gabler, J. R. Nitsch & R. Singer (Hrsg.), *Einführung in die Sportpsychologie* (2. Aufl.) (S. 64–102). Schorndorf: Hofmann.
Gabler, H. (2002). *Motive im Sport.* Schorndorf: Hofmann.
Hecker, G. (1984). Möglichkeiten der Motivationsförderung im Sportunterricht. In D. Hackfort (Hrsg.), *Handeln im Sportunterricht – psychologisch-didaktische Analysen* (S. 210–233). Köln: Deutsche Sporthochschule.
McClelland, D. C. (1975). *Power: The inner experience.* New York: Irvington.
Mehrabian, A. & Ksionzky, S. (1974). *A theory of affiliation.* Lexington, MA: Heath.
Rheinberg, F. & Krug, S. (1999). *Motivationsförderung im Schulalltag* (2. Aufl.). Göttingen: Hogrefe.
Russell, G. W. (1993). *The social psychology of sport.* New York: Springer.
Saborowski, C., Alfermann, D. & Würth, S. (2000). Trainer/innen im Nachwuchssport – Interaktionspartner im sportlichen Karriereverlauf. In J. P. Janssen (Hrsg.), *Leistung und Gesundheit – Themen der Zukunft* (S. 229–324). Köln: bps.
Sorrentino, R. M. & Sheppard, B. H. (1978). Effects of affiliation-related motives on swimmers in individual versus group competition: A field experiment. *Journal of Personality and Social Psychology, 36,* 704–714.
Thomassen, T. O. & Halvari, H. (1996). Achievement motivation and involvement in sport competitions. *Perceptual and Motor Skills, 83,* 1363–1374.
Vanek, M. & Hosek, V. (1977). *Zur Persönlichkeit des Sportlers.* Schorndorf: Hofmann.
Winter, D. G. (1973). *The power motive.* New York: Free Press.
Yerkes, R. M. & Dodson, J. D. (1908). The relation of strength of stimulus to rapidity of habit-formation. *Journal of Comparative and Neurological Psychology, 18,* 459–482.

Motivation zur Förderung der Gesundheit
Motivation and Health Promotion

Julia Schüler

1 Die Gesundheit in der Motivationspsychologie

Der Gegenstand der Motivationspsychologie ist zielgerichtetes Verhalten (Schneider & Schmalt, 2000). Eine Sonderform zielgerichteten Verhaltens, die besondere Beachtung verdient, ist gesundheitsbezogenes Verhalten. Gesundheitsverhalten wie regelmäßige sportliche Aktivität und gesunde Ernährung tragen nicht nur zur Verbesserung der individuellen Gesundheit des Einzelnen bei, sondern sind gerade auch im Hinblick auf den zunehmenden Anteil älterer Menschen an der Gesamtbevölkerung und die damit einhergehenden Anforderungen an die Gesundheitsversorgung gesamtgesellschaftlich und gesundheitspolitisch von hoher Bedeutung.

Ein motivationspsychologisches Modell, das komplexe Handlungen in übersichtliche Teilphasen zerlegt, ist das Rubikonmodell der Handlungsphasen (Heckhausen & Gollwitzer, 1987 → Rubikonmodell der Handlungsphasen). Die Phaseneinteilung soll in diesem Kapitel als Ordnungsprinzip für sehr unterschiedliche theoretische Konzeptionen dienen, denen gemeinsam ist, dass sie motivationspsychologische Prinzipien zur Erklärung gesundheitsbezogenen Verhaltens heranziehen. Abbildung 1 stellt die Phasen des Rubikonmodells bezogen auf das Gesundheitsverhalten dar.

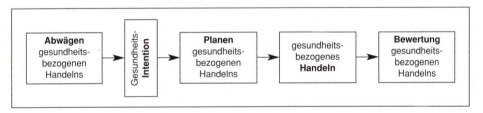

Abbildung 1: Phasen gesundheitsbezogenen Handelns in Anlehnung an die Handlungsphasen des Rubikonmodells

2 Das Abwägen gesundheitsbezogenen Handelns und die Intentionsbildung

Erwartung-Wert-Modelle postulieren, dass die Intentionsbildung auf dem Abwägen von Erwartungen und Anreizen beruht (→ Erwartung und Anreiz).

> **Theoretische Konzepte, in denen Erwartungen und Anreize zentrale Bestimmungsstücke des Handelns darstellen**
> - Erweitertes kognitives Motivationsmodell
> - Selbstwirksamkeitserwartungen
> - Theorie der Schutzmotivation
> - Theorie des geplanten Verhaltens
> - Sozial-kognitives Prozessmodell gesundheitlichen Verhaltens

2.1 Erweitertes kognitives Motivationsmodell

Nach dem Erweiterten kognitiven Motivationsmodell (Heckhausen & Rheinberg, 1980) wird menschliches Handeln von drei Erwartungstypen geleitet. Am Beispiel des Gesundheitsverhaltens illustriert: *Situations-Ergebnis-Erwartungen* sind Annahmen, dass sich die Gesundheit auch ohne das eigene Zutun einstellt. *Handlungs-Ergebnis-Erwartungen* beziehen sich auf die Überzeugung, dass die Gesundheit durch eigenes Handeln herbeigeführt werden kann. Ein Beispiel für *Ergebnis-Folge-Erwartungen* ist die Erwartung, dass die gesteigerte körperliche Fitness, die sich als Ergebnis regelmäßiger sportlicher Aktivität eingestellt hat, auch tatsächlich das Risiko einer Erkrankung reduziert. Hohe Handlungs-Ergebnis- und Ergebnis-Folge-Erwartungen, nicht aber hohe Situations-Ergebnis-Erwartungen erhöhen die Wahrscheinlichkeit für Gesundheitshandeln. Die *Anreize* sind im Erweiterten kognitiven Motivationsmodell als Folgen des Handlungsergebnisses konzipiert *(Zweckanreize)*. In einer Revision des Modells fügt Rheinberg (1989) Anreize hinzu, die in der Tätigkeit selbst liegen *(Tätigkeitsanreize)*. Ein Beispiel für einen Tätigkeitsanreiz sportlicher Aktivität ist der Spaß an der Bewegung, der eine wichtige Rolle für die Sportpartizipation spielt (Salmon, Owen, Crawford, Bauman & Sallis, 2003).

2.2 Selbstwirksamkeitserwartungen

Selbstwirksamkeitserwartungen sind die Annahme, mit dem Einsatz persönlich zur Verfügung stehender Mittel gesundheitsbezogenes Handeln auch gegen Widerstände bis zum erwünschten Ergebnis durchführen zu können. Empirische Studien zeigen, dass Selbstwirksamkeitserwartungen eine zentrale Rolle beim Aufbau gesundheitsförderlicher Verhaltensweisen (z. B. Sportpartizipation) und beim Abbau gesundheitsgefährdender Verhaltensweisen (z. B. Rauchen) spielen (s. Bandura, 1997).

2.3 Theorie der Schutzmotivation

Ein motivationspsychologisches Modell des Gesundheitsverhaltens ist die *Theorie der Schutzmotivation* (Rogers, 1983). Schutzmotivation meint die Intention, ein gesundheitsbezogenes Verhalten ausführen zu wollen, um eine Erkrankung zu verhindern. Der Anreiz ist hier also die Abwendung der Erkrankung. Die Intention wird durch den *wahrgenommenen Schweregrad einer Gesundheitsbedrohung*, der *wahrgenommenen eigenen Vulnerabilität*, der *wahrgenommenen Wirksamkeit*, dass das Verhalten geeignet ist, um die Gesundheitsbedrohung abzuwenden, und einem Erwartungstypus *(Selbstwirksamkeitserwartung)* bestimmt. Meta-Analysen zeigen, dass sich vor allem die Selbstwirksamkeit und die wahrgenommene Wirksamkeit des Verhaltens als gute Prädiktoren für verschiedene Gesundheitsverhaltensweisen, wie körperliche Aktivität und Nichtrauchen, erwiesen (Milne, Sheeran & Orbell, 2000; Petersen & Lieder, 2006).

2.4 Theorie des geplanten Verhaltens

Nach der *Theorie des geplanten Verhaltens* (Ajzen, 2002) wird die Gesundheitsintention durch die *Einstellung*, die *Verhaltenskontrolle* und die *subjektive Norm* bestimmt. Mit *Einstellung* ist die subjektive Bewertung des Gesundheitsverhaltens gemeint. Im weiteren Sinne entspricht dies der Valenz des Anreizes des Gesundheitsverhaltens. Die *wahrgenommene Verhaltenskontrolle* ist die Überzeugung, das erwünschte Handlungsergebnis durch eigene Ressourcen und gute Gelegenheiten kontrollieren zu können. Sie beinhaltet die Selbstwirksamkeitserwartung und repräsentiert ein Erwartungskonzept im Modell des geplanten Verhaltens. Die *subjektive Norm* berücksichtigt, dass auch die soziale Umwelt Ansprüche an das eigene Gesundheitsverhalten stellt, die die Gesundheitsintention mitbestimmen. Ein Beispiel ist das Drängen des Lebenspartners, das unerwünschte Rauchen endlich einzustellen. Die Theorie des geplanten Verhaltens hat sich als fruchtbar für die Vorhersage und Erklärung verschiedener gesundheitsbezogener Verhaltensweisen, wie beispielsweise der Reduktion von Übergewicht erwiesen (Armitage & Conner, 2001).

2.5 Sozial-kognitives Prozessmodell gesundheitlichen Handelns

Das *Sozial-kognitive Prozessmodell gesundheitlichen Handelns* (vgl. Schwarzer, 2004; Schwarzer & Luszczynska, 2008) ist ein Stadienmodell, nach dem gesundheitsbezogenes Verhalten qualitativ unterschiedliche Phasen durchläuft. Seine Struktur entspricht der im Rubikonmodell beschriebenen Abfolge motivationaler und volitionaler Phasen, bezieht sich jedoch ausschließlich auf gesundheitliches Handeln. Aufgrund seiner theoretischen Fundierung in der Motivations- und Volitionspsychologie bietet es zahlreiche Anknüpfungspunkte für theoriegeleitete Interventionsmaßnahmen. Wie in Abbildung 2 dargestellt, bestimmen drei Faktoren die Intentionsbildung. Die *Risikowahrnehmung* bildet sich aus der subjektiven Einschätzung des Schweregrades von Erkrankungen und der eigenen Verwundbarkeit. Zwei weitere Faktoren sind die *Handlungsergebniserwartung* und die *Selbstwirksamkeitserwartung*. Letztere ist im Modell nicht nur für die Intentionsbildung, sondern auch für die folgenden Teilprozesse der volitionalen Phase wichtig. Die volitionale Phase beinhaltet das Bilden detaillierter Handlungspläne und die Überwindung von Barrieren, durch die die Handlungsrealisierung gefährdet ist. Diese Prozesse werden in den folgenden Abschnitten erläutert.

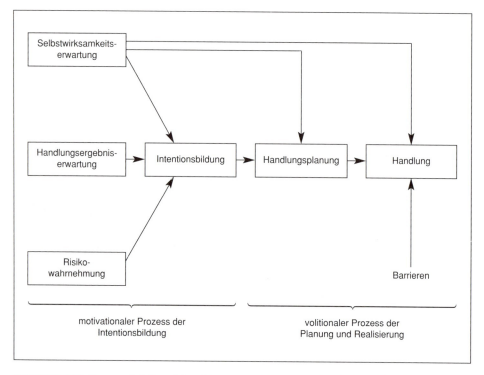

Abbildung 2: Das sozial-kognitive Prozessmodell gesundheitlichen Handelns (modifiziert nach Schwarzer, 2004, S. 91).

3 Das Planen gesundheitsbezogenen Handelns

Eine Gesundheitsintention führt nicht unbedingt auch zum Gesundheitsverhalten. Erst das Planen verbindet die Intention mit der Handlung (→ Intentionstheoretischer Ansatz) (Gollwitzer, 1999).

Die wichtigsten theoretischen Konzepte, die Planungsprozesse als Determinanten gesundheitsbezogenen Verhaltens annehmen, sind:
- Implementierungsintentionen und
- Handlungspläne.

3.1 Implementierungsintentionen

Im Gegensatz zu der sehr allgemeinen *Zielintention* „Ich will X erreichen" (z. B. „Ich will mehr Sport treiben") haben *Implementierungsintentionen* (Gollwitzer, 1999; → Intentionstheoretischer Ansatz) das Format „Wenn Situation X eintritt, dann werde ich Verhalten Y zeigen" (z. B. „Wenn es 18.00 Uhr ist, dann gehe ich joggen"). Wie eine Vielzahl an Untersuchungen im Gesundheitsbereich zeigt, ist das Bilden von Implementierungsintentionen ein einfaches, aber hochwirksames Prinzip. So ernähren sich Menschen mit Implementierungsintentionen gesünder, treiben häufiger Sport, kommen häufiger ärztlich empfohlenen Bewegungsempfehlungen nach, nehmen Gesundheitsvorsorgeuntersuchungen häufiger wahr und vergessen die Einnahme von Vitamintabletten seltener als Menschen, die keine Implementierungsintentionen bilden (zfs. Achtziger & Gollwitzer, 2006).

3.2 Handlungspläne

Handlungspläne sind konkrete Pläne, wann, wo und wie eine Handlung ausgeführt wird. Sie subsumieren das Prinzip der Implementierungsintentionen, spezifizieren aber mehr Parameter des Handlungsplans (Ort, Zeit, Art) und erwiesen sich für verschiedene Gesundheitsverhaltensweisen, wie körperliche Aktivität, Diäthalten und Gesundheitsvorsorgeverhalten als äußerst wirksam (zfs. Sniehotta, Schwarzer, Scholz & Schüz, 2005).

4 Das gesundheitsbezogene Handeln

Ist das Gesundheitsverhalten erst einmal initiiert, muss es mit Hilfe volitionaler Strategien gegen Widerstände und Hindernisse aufrechterhalten werden. Zusätzlich zu den volitionalen Strategien sichern auch motivationale Variablen die Aufrechterhaltung gesundheitsbezogenen Verhaltens.

Volitionale Strategien der Aufrechterhaltung von Verhalten sind:
- Handlungskontrollstrategien und
- Bewältigungplanung.

Motivationale Variablen der Aufrechterhaltung von Verhalten sind:
- Anreize in der Handlungsphase.

4.1 Handlungskontrollstrategien

Zu den Strategien willentlicher Handlungskontrolle (→ Handlungskontrolltheorie) nach Kuhl (1987) zählen die Aufmerksamkeitskontrolle, die Motivationskontrolle, die Emotionskontrolle, die handlungsorientierte Misserfolgsbewältigung, die Umweltkontrolle und die Sparsamkeit der Informationsverarbeitung. Ein Beispiel für die Anwendung der Strategien auf das Gesundheitsverhalten ist die *Aufmerksamkeitskontrolle*, die darin bestehen kann, sportabsichtsfördernde Gedanken wie zum Beispiel das Planen der bevorstehenden Joggingstrecke zu unterstützen und sportabsichtswidrige Gedanken, wie beispielsweise an die Attraktivität eines gemütlichen Fernsehabends, zu vermeiden. Ein weiteres Beispiel ist die *Motivationskontrolle*, die in der gedanklichen „Aufschaukelung" der positiven Anreize des Sporttreibens (sich beim Joggen gut fühlen, hinterher stolz auf sich sein) bestehen kann.

4.2 Bewältigungsplanung

Während Handlungsplanung die Initiierung von gesundheitsbezogenem Verhalten sichert, stellen Bewältigungspläne die Aufrechterhaltung von Verhalten in Anbetracht von Widerständen sicher. So zeigten beispielsweise Patienten einer Rehabilitationsklinik, die Hindernisse ihres geplanten Bewegungsverhaltens antizipierten und auf diese zugeschnittene Bewältigungspläne formulierten (z. B. „Wenn ich mich eigentlich zu müde zum Joggen fühle, setze ich mich gar nicht erst hin, sondern gehe sofort los"), über einen viermonatigen Zeitraum mehr Bewegungsaktivität als Patienten ohne Bewältigungspläne (Sniehotta et al., 2005).

4.3 Anreize in der Handlungsphase

Anreize sind Charakteristika motivationaler Phasen und würden demnach laut Rubikonmodell in der volitionalen Phase des Handelns keine oder nur eine sehr untergeordnete Rolle spielen. Definiert man jedoch komplexe Handlungen, wie die gesunde Ernährung als eine Sequenz aufeinander folgender Handlungseinheiten (z. B. gesunde Nahrung einkaufen, zubereiten, gesunde Nahrung verzehren), die sich wiederum selbst aus den einzelnen Handlungsphasen zusammensetzen, ist die Annahme, dass Anreize auch in der Handlungsphase handlungsleitend wirken, mit dem Rubikonmodell konzeptionell kompatibel. Demnach kann jede Handlungseinheit der übergeordneten Gesundheitshandlung (z. B. gesunde Nahrung verzehren als Handlungseinheit der gesunden Ernährung) anhand von Anreizen bewertet werden. Dies entspricht auch der Beobachtung Rothmans (2000), dass die wahrgenommene Zufriedenheit mit dem Eintreten antizipierter Anreize bestimmt, ob das Gesundheitsverhalten fortgesetzt wird.

Eine auf der Konzeption von Tätigkeits- und Zweckanreizen basierende Untersuchungsreihe von Schüler und Brunner (2006) zeigte für gesundheitsbezogenes Bewegungsverhalten, dass positive Tätigkeitsanreize über einen dreimonatigen Zeitraum bedeutend stärker zunahmen als positive Zweckanreize. Dies liegt in der Natur von Tätigkeitsanreizen begründet. Sie sind *inhärent* in der Tätigkeit und werden so erst in direkter Interaktion mit dieser erfahrbar und handlungsleitend (Rheinberg, 1989). Die Zunahme von Tätigkeitsanreizen sagte vorher, ob das Bewegungsverhalten sechs Monaten später noch ausgeübt wurde.

Die Veränderbarkeit von Anreizen über verschiedene Handlungsphasen konnten Prochaska und Kollegen (Prochaska et al., 1994) für 12 gesundheitsbezogene Verhaltensweisen nachweisen. So nahmen beispielsweise für das Bewegungs- und das Gesundheitsvorsorgeverhalten die positiven Anreize von der Phase des Planens über die Handlung bis zur Aufrechterhaltung über 6 Monate zu, während die negativen Anreize deutlich abnahmen.

5 Die Bewertung gesundheitsbezogener Handlungsergebnisse

Der Phase der Handlung folgt die Bewertung des Handlungsergebnisses und seiner Folgen. Motivationspsychologische Konzepte, die über die Bewertungsphase Aussagen machen, sind:
- Anreize als Bewertungsgrundlage und
- Attributionen.

5.1 Anreize als Bewertungsgrundlage

In der Bewertungsphase werden Informationen, die Aufschluss über die Güte des Handlungsergebnisses und seiner Konsequenzen geben, unparteiisch und genau verarbeitet. Ein gesundheitsbezogenes Handlungsziel wird dahingehend bewertet, bis zu welchem Ausmaß es erreicht wurde und ob der Anstrengungsaufwand das Ergebnis wert war. Das Hauptbewertungskriterium ist das Ausmaß der Erfüllung der intendierten Anreize. Es ist entscheidend für zukünftiges Gesundheitshandeln, ob sich körperliche Fitness, Wohlbefinden und Gesundheit auch tatsächlich als Folge gesunder Ernährung und körperlicher Aktivität einstellen (s. auch Rothman, 2000).

5.2 Attributionen

Die Ursachen, die für das gesundheitsbezogene Handlungsergebnis gefunden werden, bestimmen den Affekt und die Erwartungen entscheidend mit (→ Attributionstheorie und attributionale Theorien). So wirkt sich beispielsweise die internal-variable Attribution, dass die gesteigerte körperliche Fitness auf das regelmäßige Training zurückzuführen ist, positiv auf den Affekt und die Erwartung aus, auch zukünftig durch eigene Anstrengung gesundheitsförderliche Effekte zu erzielen. Viele Studien zeigen, dass sich die Annahme, gesundheitsbezogene Erfolge (Gesundheit) und Misserfolge (Erkrankung) durch gesundheitsrelevantes Verhalten kontrollieren zu können (internal-variable Ursache), bei verschiedensten Patientengruppen positiv auf Gesundheitsverhalten, Gesundheit und Krankheitsbewältigung auswirkt (zf. Taylor, 2003).

Weiterführende Literatur

Achtziger, A. & Gollwitzer, P. M. (2006). Motivation und Volition im Handlungsverlauf. In H. Heckhausen & J. Heckhausen (Hrsg.), *Motivation und Handeln* (3. Aufl., S. 277–302). Berlin: Springer.

Schwarzer, R. (2004). *Psychologie des Gesundheitsverhaltens* (3. Aufl.). Göttingen: Hogrefe.

Schwarzer, R. & Luszczynska, A. (2008). How to overcome health compromising behaviors: The health action process approach. *European Psychologist, 13* (2), 141–151.

Literatur

Ajzen, I. (2002). Perceived behavioral control, self-efficacy, locus of control, and the theory of planned behaviour. *Journal of Applied Social Psychology, 32,* 665–683.

Armitage, C. J. & Connor, M. (2001). Efficacy of the theory of planned behaviour: A meta-analytic review. *British Journal of Social Psychology, 40,* 471–499.

Bandura, A. (1997). *Self-efficacy: The exercise of control.* New York: Freeman.

Gollwitzer, P. M. (1999). Implementation intentions: Strong effects of simple plans. *American Psychologist, 54,* 493–503.

Heckhausen, H. & Gollwitzer, P. M. (1987). Thought contents and cognitive functioning in motivational vs. volitional states of mind. *Motivation and Emotion, 11,* 101–120.

Heckhausen, H. & Rheinberg, F. (1980). Lernmotivation im Unterricht, erneut betrachtet. *Unterrichtswissenschaft, 8,* 7–47.

Kuhl, J. (1987). Motivation und Handlungskontrolle: Ohne guten Willen geht es nicht. In H. Heckhausen, P. M. Gollwitzer & F. E. Weinert (Hrsg.), *Jenseits des Rubikon: Der Wille in den Humanwissenschaften* (S. 101–120). Berlin: Springer.

Milne, S., Sheeran, P. & Orbell, S. (2000). Prediction and intervention in health-related behaviour: A meta-analytic review of protection motivation theory. *Journal of Applied Social Psychology, 30* (1), 106–143.

Petersen, L. E. & Lieder, F. (2006). Die Effektivität von schriftlichen und graphischen Warnhinweisen auf Zigarettenschachteln: Eine Überprüfung des revidierten Modells der Schutzmotivation. *Zeitschrift für Sozialpsychologie, 37* (4), 245–258.

Prochaska, J. O., Velicer, W. F., Rossi, J. S., Goldstein, M. G., Marcus, B. H., Rakowski, W., Fiore, C., Harlow, L. L., Redding, C. A., Rosenbloom, D. & Rossi, S. R. (1994). Stages of change and decisional balance for 12 problem behaviors. *Health Psychology, 13* (1), 39–46.

Rheinberg, F. (1989). *Zweck und Tätigkeit.* Göttingen: Hogrefe.

Rogers, R. W. (1983). Cognitive and physiological processes in fear appeal and attitude change: A revised theory of protection motivation. In J. R. Cacioppo & R. E. Petty (Eds.), *Social Psychology: A sourcebook* (pp. 153–176). New York: Guilford.
Rothman, A. J. (2000). Toward a theory-based analysis of behavioral maintenance. *Health Psychology, 19* (1), 64–69.
Salmon, J., Owen, N., Crawford, D., Bauman, A. & Sallis, J. F. (2003). Physical activity and sedentary behaviour: A population-based study of barriers, enjoyment, and preference. *Health Psychology, 22,* 178–188.
Schneider, K. & Schmalt, H. D. (2000). *Motivation.* Stuttgart: Kohlhammer.
Schüler, J. & Brunner, S. (2006). *Exercise – adherence: The role of incentives.* Talk at the 26th International Congress of Applied Psychology, 2006, Athens, Greece.
Sniehotta, F. F., Schwarzer, R., Scholz, U. & Schüz, B. (2005). Action planning and coping planning for long-term lifestyle change: Theory and assessment. *European Journal of Social Psychology, 35,* 565–576.
Taylor, S. E. (2003). *Health Psychology.* New York: McGraw-Hill.

Motivationstraining
Motivational Training

Albert Ziegler & Markus Dresel

1 Einleitung

Maßnahmen zur Verbesserung der Motivation können grundsätzlich in allen Bereichen menschlichen Handelns ergriffen werden (z. B. Gesundheit, Sport, Arbeit, vgl. die Kapitel im Bereich Motivation in angewandter Perspektive). Eine geringe Motivation in bestimmten Handlungsfeldern ist allerdings nicht per se dysfunktional, sondern sollte nur dann Anlass für die Initiierung einer Motivationsfördermaßnahme sein, wenn sie im Kontrast zu hohen institutionellen, sozialen oder persönlichen Ansprüchen an Motivation und Handeln steht, die etwa im Bereich der schulischen Bildung oder der Berufsausübung häufig existieren.

2 Ziele von Motivationstrainings

Motivationstrainings zielen letztlich auf eine Verbesserung des Handelns. Darunter sind vier Ziele zu subsumieren:

1. Erhöhung der Auftretenswahrscheinlichkeit vorab definierter erwünschter Handlungsklassen, also eine Steigerung der **Handlungsfrequenz**. So zielt beispielsweise ein schulisches Motivationstraining auf das häufigere Initiieren des Ensembles an Handlungen, die als Lernhandlungen umschrieben werden können.
2. Verbesserung der **Handlungspersistenz**, also die Beharrlichkeit mit der ein Ziel insbesondere angesichts von Rückschlägen verfolgt wird.
3. Steigerung der **Handlungsintensität**, was die Ausführung der gleichen Handlung mit einem höheren Aufwand meint. Ein einfaches Beispiel hierfür ist der Mitarbeiter, der nach dem Motivationstraining die gleichen Routinehandlungen mit erhöhter Konzentration durchführt.
4. Verbesserung der **Handlungsqualität**, die sich beispielsweise auf die Effektivität der eingesetzten Bearbeitungs- oder Lernstrategien bezieht.

Um diese vier auf die Verbesserung des Handelns gerichteten Ziele zu erreichen, streben Motivationstrainings die Verbesserung von Motivationskomponenten an, die im Zusammenhang mit den genannten Handlungsaspekten stehen. Prinzipiell kommen dazu alle in diesem Band beschriebenen Motivationskomponenten in

Frage (vgl. die Kapitel im Bereich Konzepte der Motivationspsychologie sowie die Beiträge im Bereich Theorien der Motivationspsychologie). Unterschiedliche Trainingsansätze fokussieren jedoch – je nach theoretischer Fundierung – auf unterschiedliche Motivationskomponenten.

3 Ablauf von Motivationstrainings

Motivationstrainings lassen sich idealtypisch in vier Phasen einteilen. Je nach Ausrichtung der Fördermaßnahme, *kurativ* oder *präventiv*, gestalten sich diese etwas anders (vgl. Abb. 1). Sie beginnen mit der Feststellung des Trainingsanlasses. Bei kurativen Maßnahmen schließt sich eine differenzierte Eingangsdiagnostik (→ Motiv-, Motivations- und Volitionsdiagnostik) an, auf deren Grundlage die Trainingsziele festgelegt und die konkreten Trainingsschritte spezifiziert werden. Bei präventiven Maßnahmen entfällt die Eingangsdiagnose in der Regel – die Festlegung der Trainingsziele und Trainingsschritte erfolgt hier auf der Basis des Wissens über den Trainingsanlass, also über die jeweilige motivationskritische Situation. Nach (und bei längeren kurativen Maßnahmen auch während) der eigentlichen Trainingsphase findet eine Wirksamkeitskontrolle statt.

4 Evaluation von Motivationstrainings

Von der Kontrolle der Wirksamkeit einer auf der Basis einer spezifischen Ausgangssituation (Anlass, Eingangsdiagnose) spezifisch konzipierten Motivationsfördermaßnahme bei einzelnen Personen ist die umfassende Evaluation eines Motivationstrainings abzugrenzen, mit der generalisierbare Aussagen zu dessen Wirksamkeit gewonnen werden sollen. Grundsätzlich sollten neuartige Trainings erst dann für die Praxis veröffentlicht werden, wenn mit einer solchen Evaluation der Wirksamkeitsnachweis erbracht wurde, und umgekehrt sollten in der Praxis nur Trainings eingesetzt werden, für die dieser Nachweis vorliegt. Beides ist häufig, aber nicht immer der Fall.

Für die Evaluation von Motivationstrainings sollten die Standards und Kriterien angelegt werden, die Hager, Patry und Brezing (2000) für die Evaluation von psychologischen Interventionsmaßnahmen definieren. Dazu zählen praktisch bedeutsame und statistisch nachweisbare Trainingswirkungen, die über Zuwendungs- oder Neuigkeitseffekte hinausgehen, sich auch abseits der spezifischen Trainingssituation zeigen und über längere Zeit erhalten bleiben (s. auch Schober & Ziegler, 2002). Zum belastbaren Nachweis dieser Wirkungen sind quasiexperimentelle oder experimentelle Untersuchungen in ökologisch validen Settings nötig, die typischerweise drei Untersuchungsgruppen (Treatment-, Kontroll- und Placebogruppe) und mindestens drei Messzeitpunkte (Prätest, Posttest, Follow-up) umfassen.

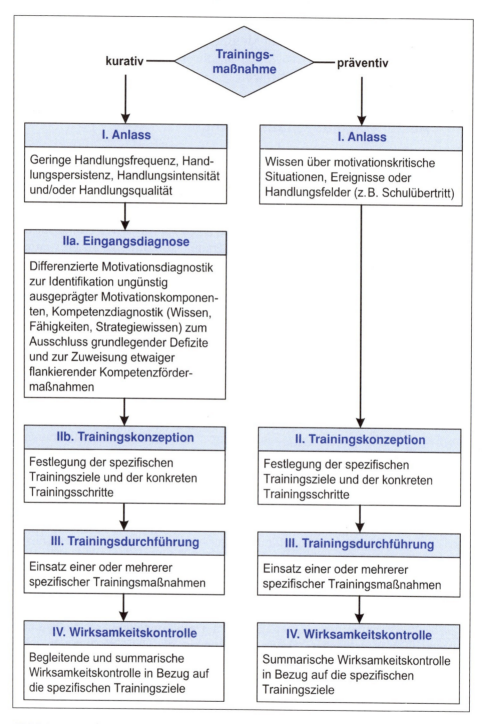

Abbildung 1: Idealtypischer Ablauf von Motivationstrainings

5 Typologie von Motivationstrainings

Motivationstrainings basieren auf Motivationstheorien, deren Komplexitätsgrad teilweise beträchtlich sein kann. Falls jedoch das Training nur auf die Verbesserung einer einzelnen Motivationskomponente fokussiert, sprechen wir von einem *einfachen Motivationstraining*. Werden mehrere Komponenten angesprochen, bezeichnen wir dies als *multiples Motivationstraining*. Motivationstrainings, die den Anspruch erheben, unter Bezugnahme auf ein umfassendes theoretisches Modell menschlichen Handelns alle darin spezifizierten Motivationskomponenten zu fördern, nennen wir *holistische Motivationstrainings*.

Im Folgenden illustrieren wir jeden der drei Typen mit einem Beispiel eines Motivationstrainings, wobei wir vorrangig auf den Bereich schulischer Motivation fokussieren. Daneben existieren Motivationsföderansätze für viele weitere Kontexte, beispielsweise für den organisationalen Bereich (vgl. Kehr, 2004; Wunderer & Küpers, 2003) oder den Bereich persönlichen Zielstrebens (vgl. Martens & Kuhl, 2005).

5.1 Einfache Motivationstrainings

Einfache Motivationstrainings erhoffen sich durch das systematische Training einzelner Motivationskomponenten generelle Motivationszuwächse. Wir gehen stellvertretend für die Klasse dieser Trainings ausführlicher auf die *Interessenförderung* ein (vgl. Schiefele, 2004).

Nach aktueller Auffassung bezeichnet → *Interesse* eine besondere Beziehung zwischen einer Person und einem spezifischen Gegenstand, die dadurch gekennzeichnet ist, dass die handelnde Person dem Gegenstand und den damit verbundenen Tätigkeiten eine hohe Wertschätzung beimisst und die Beschäftigung als emotional befriedigend erlebt (Krapp, 1998). Charakteristisch ist zudem die Inhalts- bzw. Gegenstandsspezifität von Interesse, die bei der Anwendung von Fördermaßnahmen berücksichtigt werden muss.

Eingeordnet in die beiden grundlegenden Motivationskonzepte → *Erwartung und Anreiz* zielt die Interessenförderung primär auf die Anreizkomponente ab. Ziel ist es, ein langfristiges Interesse (individuelles bzw. dispositionales Interesse) zu entwickeln. Dieses ist von einer kurzfristigen und auf einzelne Situationen beschränkten interessierten Zuwendung abzugrenzen (situationales Interesse), das deutlich leichter und mit anderen Methoden herzustellen ist (vgl. Krapp, 1998). Für die Wahl des Interesses als Angriffspunkt für Motivationstrainings spricht eine mittlerweile recht umfangreiche Befundlage pädagogisch-psychologischer Provenienz, die belegt, dass das Interesse besonders eng mit einer hohen Handlungspersistenz und einer hohen Handlungsqualität (effektiver Strategieeinsatz, effektive Selbstregulation, hohe Aufmerksamkeit) zusammenhängt.

Für die Konzeption von Interessenfördermaßnahmen sind drei grundlegende psychologische Bedürfnisse bedeutsam, deren Befriedigung nach der Selbstbestimmungstheorie (Deci & Ryan, 1993; → Selbstbestimmungstheorie und Kognitive Bewertungstheorie) wichtige Entwicklungsbedingungen von dispositionalem Interesse darstellen. Dies sind die Bedürfnisse nach Selbstbestimmung, Kompetenz und sozialer Eingebundenheit. Nach Schiefele (2004) sollten die einzelnen Maßnahmen zur Förderung des Interesses sowohl auf diese drei Grundbedürfnisse als auch direkt auf die Förderung der persönlichen Bedeutsamkeit des Gegenstands abzielen (vgl. Kasten).

Maßnahmen zur Förderung von Interessen im schulischen Unterricht (zusammengefasst nach Schiefele, 2004)

- *Förderung der Autonomie:* Mitbestimmungsmöglichkeiten der Schüler bei der Auswahl von Lerngegenständen und Lernaktivitäten; Möglichkeiten zur Selbstbewertung; gemeinsames Aushandeln statt einseitigem Vorgeben von notwendigen Regeln
- *Förderung des Kompetenzerlebens:* häufiges positives Feedback; klare, strukturierte und verständnisorientierte Instruktion; soziale Unterstützung bei Schwierigkeiten; aktive Beteiligung der Lernenden an der Erarbeitung des Stoffs, bei der auch andere als kognitive Fähigkeiten eingebracht werden können
- *Förderung der sozialen Einbindung:* Einsatz von Gruppenarbeitsmethoden; partnerschaftliches Verhältnis zwischen Lehrkraft und Schüler; Hinweise darauf, dass die Lernfortschritte für die Lehrkraft von persönlicher Bedeutung sind
- *Förderung der persönlichen Bedeutsamkeit des Handlungsgegenstands:* Betonung der praktischen Anwendbarkeit; Verknüpfung mit persönlich bedeutsamen Oberzielen und vorhandenen Interessen; Verbalisierung des eigenen Interesses durch die Lehrkraft; Erhöhung des emotionalen Gehalts des Lerngegenstands; Induktion kognitiver Konflikte; Abwechslung im Hinblick auf Inhalte, Methoden und Sozialformen

---

Falls bei kurativem Einsatz die Eingangsdiagnostik ergibt, dass auch andere Motivationskomponenten als das Interesse ungünstige Ausprägungen aufweisen, insbesondere falls ein sehr niedriges Selbstkonzept der eigenen Begabung, eine sehr geringe Erwartung zukünftiger Erfolge und/oder ausgeprägte Hilflosigkeitssymptome (→ Selbstkonzept der Begabung, → Theorie Erlernter Hilflosigkeit) vorliegen, ist anzunehmen, dass das geringe Interesse Folge der unrealistisch niedrigen Einschätzungen der eigenen Kompetenzen ist (vgl. Bedürfnis nach Kompetenz).

In diesem Fall sollte das Hauptaugenmerk auf der Vermittlung realistischer Selbsteinschätzungen der eigenen Kompetenzen und Handlungsmöglichkeiten liegen (z. B. durch die Anwendung eines Reattributionstrainings) und eine Interessenförderung ergänzend oder erst anschließend angewendet werden.

5.2 Multiple Motivationstrainings

Im Gegensatz zu einfachen Motivationstrainings zielen multiple Motivationstrainings auf die Förderung mehrerer Motivationskomponenten. Naturgemäß ist dies verbunden mit einer höheren Trainingskomplexität. Ein typischer Vertreter dieses Typs von Motivationstrainings sind so genannte Reattributionstrainings (weitere Beispiele finden sich bei Fries, 2002, sowie bei Rheinberg & Krug, 1999). Dabei werden motivationsabträgliche durch motivationsförderliche Attributionen, also subjektive Ursachenerklärungen von Personen für das Zustandekommen von Handlungsergebnissen, ersetzt, daher der Begriff „Re-Attribution" (→ Attributionstheorie und attributionale Theorien, → Selbstbewertungsmodell der Leistungsmotivation). Sie machen sich zu Nutze, dass attributionale Prozesse – mehr oder weniger bewusst – nach jedem Handlungsergebnis stattfinden und Einfluss auf die Motivation für zukünftige vergleichbare Tätigkeiten haben (Überblick bei Försterling & Stiensmeier-Pelster, 1994). Die empirisch gut belegte attributionale Theorie der Leistungsmotivation von Weiner (1985) postuliert, dass das emotionale Erleben im Zusammenhang des Handlungsergebnisses sowie die Erfolgserwartung für zukünftige ähnliche Handlungen von den Ursachenfaktoren abhängen, die Personen zur Erklärung heranziehen. Insofern können Reattributionstrainings als Motivationsfördermaßnahmen eingeordnet werden, die (unter der bereits im → *Risikowahl-Modell* enthaltenen Annahme, dass antizipiertes emotionales Erleben einen wirksamen Handlungsanreiz darstellt) auf beide grundlegenden Motivationskomponenten, → *Erwartung und Anreiz*, abzielen (Überblick bei Dresel, 2004). Darüber hinaus werden mit Reattributionstrainings – vermittelt über die Förderung der genannten Komponenten – die Reduktion von Symptomen erlernter Hilflosigkeit sowie die Verbesserung aller vier oben ausgeführten Aspekte des Handelns angestrebt (Frequenz, Persistenz, Intensität, Qualität).

Ganz allgemein können Reattributionstrainings zur Verbesserung der Motivation in allen Bereichen eingesetzt werden, in denen Personen an die Ergebnisse ihrer Handlungen einen Gütemaßstab anlegen und somit Erfolg oder Misserfolg erleben. Damit ist der Anwendungsbereich von Reattributionstrainings grundsätzlich sehr breit und umfasst die Motivation bei so unterschiedlichen Inhalten und Tätigkeiten wie beispielsweise die sportliche Betätigung in der Freizeit, die interpersonale Kommunikation, das Lernen im Rahmen institutioneller Bildungsangebote (z. B. schulischer Unterricht) oder die Bedienung von Computern. Besonders häufig und erfolgreich wurden Reattributionstrainings (teilweise in Kombination mit anderen Förderansätzen) bisher im klinischen Bereich im Rahmen der Therapie von z. B. depressiven Störungen (Überblick bei Försterling & Stiensmeier-Pelster, 1994) und im pädagogischen Bereich zur Verbesserung der Lernmotivation eingesetzt (Überblick bei Ziegler & Schober, 2001). Neben der kurativen Anwendung können Reattributionstrainings auch präventiv zur Immunisierung gegenüber ungünstigen Attributionen eingesetzt werden, im Bildungsbereich etwa nach einem Übertritt in eine weiterführende Schule oder bei der Einführung eines neuen, als schwierig geltenden Schulfachs.

Zur Konzeption von Reattributionstrainings (und deren Abstimmung auf individuelle Bedingungen) ist zunächst zu betrachten, welche Attributionen motivationsabträglich und welche motivationsförderlich sind. Aus theoretischen Überlegungen leitet Försterling (1986) ab, dass realistische Attributionen günstig sind, weil sie zu funktionalen Reaktionen führen, die den personalen und situationalen Gegebenheiten optimal angepasst sind, und dass unrealistische Attributionen ungünstig sind, weil sie zu schlecht angepassten und damit dysfunktionalen Reaktionen führen. Über dieses allgemeine Kriterium hinaus lässt sich im Hinblick auf die motivationalen Konsequenzen aus der attributionalen Theorie von Weiner (1985) ableiten, dass Ursachenerklärungen für erfolgreiche Handlungen dann günstig sind, wenn sie sich auf Faktoren beziehen, die innerhalb der handelnden Person verortet werden (häufig: hohe Fähigkeiten/Begabungen oder hohe Anstrengungen). Für Misserfolge ergeben sich günstige motivationale Konsequenzen, wenn diese auf Ursachenfaktoren zurückgeführt werden, die als variabel betrachtet werden (häufig: mangelnde Anstrengungen). Als Attributionen mit ungünstigen motivationalen Folgen gelten Misserfolgserklärungen durch personinterne, stabile Faktoren (insbesondere: mangelnde eigene Fähigkeiten/Begabungen) und Erfolgsattributionen durch personexterne Faktoren (häufig: niedrige Anforderungen, Glück).

Ein Reattributionstraining mit kurativer Zielsetzung ist vor allem dann indiziert, wenn Personen unrealistische, motivationsabträgliche Attributionen heranziehen und/oder ihre Handlungsmöglichkeiten systematisch unterschätzen. Verdachtsmomente dafür sind eine geringe Handlungspersistenz, eine geringe Handlungsqualität, Hilflosigkeitssymptome aber auch das gehäufte Anführen von „Ausreden" (personexterne Misserfolgsattributionen). Bedeutsam ist, dass in vielen Fällen die oben genannten, aus der Theorie von Weiner (1985) abgeleiteten ungünstigen Attributionen unrealistisch sind, zumindest wenn sie als ausschließliche Ursachenerklärungen herangezogen werden und gravierende Defizite in basalen Fähigkeiten ausgeschlossen werden können. Von daher sollten insbesondere starke Misserfolgsattributionen auf mangelnde eigene Fähigkeiten/Begabungen nahezu immer durch günstigere Ursachenerklärungen ersetzt werden.

Um motivationsförderliche Ursachenerklärungen zu vermitteln, kommen in Reattributionstrainings verschiedene Techniken zum Einsatz (vgl. Kasten).

> **Techniken des Reattributionstrainings (vgl. Ziegler & Schober, 2001)**
>
> - *Kommentierungstechnik* (auch „attributionales Feedback"): Kommentierung von Leistungsergebnissen mit erwünschten Attributionen. Prototypische Kommentare aus dem schulischen Bereich: „Texte zu schreiben liegt dir offensichtlich", „Man merkt, dass du dich ausführlich mit dem Text befasst hast", „Du hast die Vokabeln ineffektiv gelernt. Besser ist es, wenn du immer nur ganz wenige Wörter so lange übst, bis du sie sicher beherrschst". Die Kommentierung kann sowohl verbal als auch schriftlich erfolgen. Gezeigt hat sich zudem, dass auch computergenerierte Attributionsrückmeldungen, die nach der Aufgabenbearbeitung von einer Lernsoftware dargeboten werden, geeignet sind, die Motivation von Lernenden zu fördern (Dresel, 2004; Dresel & Ziegler, 2006).[1]
> - *Modellierungstechnik:* Stellvertretende Verbalisierung von erwünschten Attributionen durch ein Modell (unvermittelt oder videobasiert). Beispiel: Chemielehrkraft berichtet von Schwierigkeiten bei der Einführung dieses Fachs in der eigenen Schulzeit, die sich aber durch eine Steigerung der Lernbemühungen beseitigen ließen (Information über die geringe Konsistenz von Misserfolg und Attribution auf nicht hinreichende Anstrengungen).
> - *Operante Konditionierung:* Verstärkung von günstigen Ursachenerklärungen, die Personen spontan äußern (z. B. durch Lob, Belohnung, zustimmende Mimik oder Gestik). Aufgrund ihrer sehr begrenzten Reichweite sollte diese Technik nur ergänzend eingesetzt werden.

Zur Wirksamkeit von Reattributionstrainings im pädagogischen Bereich existiert mittlerweile eine recht breite Literatur (Überblicke bei Dresel, 2004; Ziegler & Schober, 2001). Belegt wurden gute Trainingswirkungen in Einzeltrainings und unterrichtsbegleitenden Kleingruppentrainings. Wurden Reattributionstrainings innerhalb des regulären Unterrichts von Lehrkräften durchgeführt, erwiesen sie sich ebenfalls als geeignet Motivation, Lernverhalten und Leistung von Schülern zu verbessern, aber die Wirksamkeit war hierbei verringert. Als wichtiger Faktor für den Trainingserfolg gilt, dass im Erfolgsfall nicht nur Anstrengungs- sondern auch Fähigkeitsattributionen nahe gelegt werden. Als effektiv hat es sich dabei erwiesen, Erfolge bei der Beschäftigung mit einem neuen Lerngegenstand zunächst auf hohe Anstrengungen zu attribuieren und zu einem späteren Zeitpunkt (sobald sich die Lernenden grundlegende Konzepte angeeignet haben) auf Fähigkeitsrückmeldungen zu wechseln. Durch die Realisierung dieser Feedbacksequenz können die Lernenden die Erweiterung ihrer Kompetenzen als Ergebnis eigener Anstrengungen interpretieren (Dresel & Ziegler, 2006).

---

[1] Computergeneriertes attributionales Feedback wurde erstmals mit der Mathematiklernsoftware *MatheWarp* realisiert, die unter http://www.mathewarp.de verfügbar ist.

5.3 Holistische Motivationstrainings

Holistische Motivationstrainings erheben den Anspruch, alle in einem Bezugsmodell spezifizierten Motivationskomponenten zu fördern – welche dies im Einzelnen sind, ist abhängig vom zugrunde gelegten Modell. Häufig werden holistische Motivationstrainings mit weiteren Funktionstrainings kombiniert, beispielsweise mit der Förderung gegenstandsbezogenen Wissens. Exemplarisch wird im Folgenden das *Münchner Motivationstraining* (MMT) skizziert, das einen typischen Vertreter dieses Trainingstyps darstellt (ausführlicher siehe Schober, 2002). Das motivationstheoretische Bezugsmodell ist das → *Rubikonmodell der Handlungsphasen*.

Das übergeordnete Anliegen des MMT ist die Verbesserung des gesamten Aktiotops eines Schülers (zum Aktiotop-Konzept vgl. Ziegler, Heller, Schober & Dresel, 2006). Das Training umfasst vier Bausteine um dieses Ziel zu erreichen (vgl. Kasten).

> **Trainingsbausteine des Münchner Motivationstrainings (vgl. Schober, 2002)**
>
> 1. *Verbesserung des Handlungsrepertoires:* Förderung von Domänenwissen und Lernstrategien
> 2. *Funktionalere Gestaltung des subjektiven Handlungsraums:* Veränderung selbstbezogenen Wissens (Verbesserung des Umgangs mit Misserfolg, Modifizierung des Attributionsstils, Vermittlung einer Theorie erweiterbarer Fähigkeiten)
> 3. *Förderung auf Zielebene:* Stärkung der Orientierung an Lernzielen
> 4. *Veränderung der Umwelt:* z. B. motivationsgerechte Gestaltung von Lernanforderungen und Leistungsbewertungen

Der Holismus des MMT ist sehr gut daran ablesbar, dass es versucht, sowohl theoretisch als auch praktisch die fruchtbaren Elemente bisheriger Motivationsföderansätze zu kombinieren, zu optimieren und auf die Anforderungen des schulischen Kontexts abzustimmen (Schober & Ziegler, 2002). In dessen Rahmen versucht das MMT gleichermaßen Prozesse und Einflussgrößen günstig zu beeinflussen, die die Initiierung, die Aufrechterhaltung und die Bewertung lern- und leistungsbezogenen Handelns betreffen. So strebt es unter anderem an, das Wissen um das „Wie" einer Handlung mit der motivationsförderlichen Sicht des „Warum" ihrer Ergebnisse zu kombinieren. Dabei werden verschiedene Vorgehensweisen integriert, z. B. attributionstheoretisch fundierte Maßnahmen mit Maßnahmen, die aus der Selbstbestimmungstheorie (Deci & Ryan, 1993) abgeleitet wurden.

Die Operationalisierung des theoretischen Gesamtkonzepts des MMT in entsprechende Trainingsprinzipien findet auf mehreren Ebenen statt: (1) Zunächst werden bestimmte Interventionsthemen *explizit* bearbeitet. Beispielsweise erarbeiten, diskutieren und üben die Trainer gemeinsam mit den Schülern günstige Ursachenerklärungen für Erfolg und Misserfolg. (2) Die Trainingsprinzipien sind zudem *implizit* in das Training integriert, d. h. die Trainer realisieren diese ohne dies gegenüber den Schülern explizit zu benennen. Zum Beispiel soll durch den Projektcharakter von Übungen das Interesse und eine Lernzielorientierung gefördert werden. Implizite Integration bedeutet aber auch, dass die explizit erarbeiteten Interventionsthemen von den Trainern stets in ihrem instruktionalen Handeln bedacht werden. Dazu zählen etwa die Realisierung einer individuellen Bezugsnormorientierung, das Setzen spezifischer und zeitlich naher Ziele oder die Betonung der Relevanz des Lernstoffes. (3) Die Trainer fungieren überdies als *Modelle*, die den Schülern die Trainingsprinzipien anhand des eigenen Handelns vorleben und verbal verdeutlichen.

Die Wirksamkeit des MMT wurde in einer umfangreichen und im Schulfach Mathematik angesiedelten Trainingsstudie mit Schülern der 5. Jahrgangsstufe evaluiert, in der die in Abschnitt 4 dargestellten Standards und Kriterien angelegt wurden. Deren Ergebnisse belegen die Effektivität des Trainingsansatzes zur Förderung der angestrebten Motivationskomponenten und der Schulleistung (vgl. Schober, 2002; Schober & Ziegler, 2002).

6 Motivationstrainings als Gegenstand aktueller Forschung

Auch wenn bereits etliche wirksamkeitsgeprüfte Motivationstrainings existieren, ist die Förderung der Motivation nach wie vor Gegenstand der Forschung. Neben der praktischen Umsetzung von theoretischen Fortschritten der Motivationspsychologie in Interventionsmaßnahmen bezieht sich diese beispielsweise auf die Kombination von bewährten Motivationstrainings mit der Förderung anderer zentraler Aspekte des Handelns wie etwa der Selbstregulation (z. B. Dresel & Haugwitz, im Druck). Wünschenswert wäre es darüber hinaus, dass zukünftige Forschungsbemühungen stärker als bisher auf die Implementation von Motivationstrainings in natürlichen Handlungsfeldern gerichtet werden (z. B. Weiterentwicklung der Trainings so dass natürliche Bezugspersonen, wie Vorgesetzte oder Lehrkräfte, als Trainer fungieren können; Identifikation förderlicher und hinderlicher Bedingungen der Implementation), nicht zu letzt um zur Verbreitung effektiver Motivationstrainings in der Praxis beizutragen.

Weiterführende Literatur

Dresel, M. (2004). *Motivationsförderung im schulischen Kontext*. Göttingen: Hogrefe.
Schiefele, U. (2004). Förderung von Interessen. In G. W. Lauth, M. Grünke & J. C. Brunstein (Hrsg.), *Interventionen bei Lernstörungen* (S. 134–144). Göttingen: Hogrefe.
Schober, B. (2002). *Entwicklung und Evaluation des Münchner Motivationstrainings (MMT)*. Regensburg: Roderer.

Literatur

Deci, E. L. & Ryan, R. M. (1993). Die Selbstbestimmungstheorie der Motivation und ihre Bedeutung für die Pädagogik. *Zeitschrift für Pädagogik, 39,* 223–238.
Dresel, M. & Haugwitz, M. (im Druck). A computer based training approach to foster motivation and self-regulated learning. *Journal of Experimental Education*.
Dresel, M. & Ziegler, A. (2006). Langfristige Förderung von Fähigkeitsselbstkonzept und impliziter Fähigkeitstheorie durch computerbasiertes attributionales Feedback. *Zeitschrift für Pädagogische Psychologie, 20,* 49–63.
Försterling, F. (1986). *Attributionstheorie in der Klinischen Psychologie*. München: Urban & Schwartzenberg.
Försterling, F. & Stiensmeier-Pelster, J. (Hrsg.). (1994). *Attributionstheorie. Grundlagen und Anwendungen*. Göttingen: Hogrefe.
Fries, S. (2002). *Wollen und Können: Ein Training zur gleichzeitigen Förderung des Leistungsmotivs und des induktiven Denkens*. Münster: Waxmann.
Hager, W., Patry, J.-L. & Brezing, H. (Hrsg.). (2000). *Evaluation psychologischer Interventionsmaßnahmen: Standards und Kriterien: Ein Handbuch*. Bern: Huber.
Kehr, H. (2004). *Motivation und Volition*. Göttingen: Hogrefe.
Krapp, A. (1998). Entwicklung und Förderung von Interessen im Unterricht. *Psychologie in Erziehung und Unterricht, 44,* 185–201.
Martens, J. U. & Kuhl, J. (2005). *Die Kunst der Selbstmotivierung: Neue Erkenntnisse aus der Motivationsforschung praktisch nutzen* (2. Aufl.). Stuttgart: Kohlhammer.
Rheinberg, F. & Krug, S. (1999). *Motivationsförderung im Schulalltag* (2. Aufl.). Göttingen: Hogrefe.
Schober, B. & Ziegler, A. (2002). Theoretical levels in the evaluation of motivational trainings. *European Journal of Psychological Assessment, 18,* 204–213.
Weiner, B. (1985). An attributional theory of achievement motivation and emotion. *Psychological Review, 92,* 548–573.
Wunderer, R. & Küpers, W. (2003). *Demotivation – Remotivation – Wie Leistungspotentiale blockiert und reaktiviert werden*. Neuwied: Luchterhand.
Ziegler, A., Heller, K. A., Schober, B. & Dresel, M. (2006). The actiotope: A heuristic model for a research program designed to examine and reduce adverse motivational conditions influencing scholastic achievement. In D. Frey, H. Mandl & L. v. Rosenstiel (Eds.), *Knowledge and Action* (pp. 143–173). Cambridge, MA: Hogrefe & Huber Publishers.
Ziegler, A. & Schober, B. (2001). *Theoretische Grundlagen und praktische Anwendungen von Reattributionstrainings*. Regensburg: Roderer.

VI Theoretische Ansätze der Emotionspsychologie

Für Sabine, Britta und Elise

Evolutionäre Psychologie
Evolutionary Psychology

Harald A. Euler

1 Einleitung

Die evolutionäre Psychologie erkundet die natürliche Gestaltung der menschlichen Psyche durch Anwendung von Kenntnissen aus Evolutionsbiologie, Kognitionswissenschaften und Anthropologie. Sie versteht sich nicht als Unterdisziplin der Psychologie, sondern als eine andere Herangehensweise, die mit der üblichen Psychologie nicht konkurriert, sondern diese komplettiert (Buss, 2004). Grundlegend ist die Analyse der ultimaten Ursachen für die evolutionäre Entstehung von Gestaltungsmerkmalen, also ihrer reproduktionsförderlichen Auswirkung: Wieso ist die menschliche Psyche so konstruiert, wie sie ist, was ist oder waren die Zwecke ihres Designs für die genetische Reproduktion unserer Vorfahren? Nicht evolutionäre Ansätze hingegen erforschen proximate Ursachen, d.h. das gegenwärtige kausale Wirkgefüge und dessen Ontogenese. Das Ziel der evolutionären Psychologie ist also die Beschreibung und Erklärung der Natur der menschlichen Psyche (engl. *mind*), ihrer evolvierten universalen Merkmale, insbesondere ihrer natürlich mitgegebenen informationsverarbeitenden Mechanismen (Pinker, 1998). Die Grundannahme ist adaptionistisch: Die funktionalen Bestandteile der menschlichen Psyche wurden evolutionär so und nicht anders gestaltet, weil sie konkrete Lebensprobleme unserer Vorfahren besser lösten als andere ebenfalls denkbare Designs. Evolutionär entstandene reproduktionsvorteilige Merkmale (sog. Anpassungen) können somatisch sein (genetisch, physiologisch, anatomisch), den Lebensverlauf (*life history*, z. B. Alter bei Pubertät) oder psychische Prozesse charakterisieren. In der menschlichen Evolution waren Kognitionen, Motive und Emotionen ebenso mit genetischer Replikation korreliert, also reproduktionsdienlich, wie körperliche Ausstattungen. Bewährte Strukturen blieben erhalten. So wurde die menschliche Psyche eine Ansammlung von Anpassungen, die in der Vergangenheit jeweils spezielle Probleme des Überlebens und der Fortpflanzung lösten (Gaulin & McBurney, 2004).

2 Kurze Geschichte der evolutionären Emotionspsychologie

Eine breite Palette von psychologischen Themen einschließlich Motivation und Emotion behandelte Darwin schon früh in seinen Notizbüchern. In seiner „Abstammung des Menschen" von 1871 beschreibt er menschliche Emotionen als

Tabelle 1: Glossar evolutionspsychologischer Begriffe

Deutsch	Englisch	Erklärung
Anpassung, Adaptation	adaptation	Merkmal, das in der natürlichen Selektion erhalten blieb, weil es mit Reproduktionserfolg korreliert war; auch Prozess der Merkmalsentstehung.
EEA	EEA: environment of evolutionary adaptedness	Angestammte Umwelt (d. h. Steinzeit); kein bestimmter Ort oder Zeitpunkt, sondern Summe der evolutionär bedeutsamen anzestralen Umwelten.
Lebensverlaufsgeschichte	life history	Verteilung von zentralen Reproduktionsmerkmalen (z. B. Pubertätsbeginn, Menarchealter, Geburtenabstand) über den Lebensverlauf.
proximat	proximate	Gegenwärtiges kausales Wirkgefüge betreffend.
Psyche	mind	Im Englischen umfassende Bedeutung, einschließlich Kognition, Motivation, Emotion.
psychischer Mechanismus	psychological mechanism	Psychische Anpassung; modernes Synonym für Instinkt.
ultimat	ultimate	Ursprünglichen Reproduktionsnutzen und damit Gestaltungszweck betreffend.
Lebensaufwand	life effort	Aufwand für Erwerb oder Verwendung von reproduktiven Ressourcen.

Bestandteile von Instinkten und als integralen Teil seiner Theorie der natürlichen und sexuellen Selektion. Der Emotionsausdruck wird schließlich in einem eigenen Buch (Darwin, 1872) ausführlich behandelt, wobei er dort vorrangig auf proximate Zusammenhänge verweist und damit eher am Seelenleben interessierte Philosophen als Naturforscher ansprach. Bemerkenswert ist Darwins empirische Sorgfalt und Strenge bei seiner vergleichenden Methode. Er beobachtete und verglich den Gesichtsausdruck von Kindern, Geisteskranken und Haustieren, überprüfte die Beobachterübereinstimmung von fotografierten Gesichtsausdrücken, befragte postalisch Informanten im Ausland zur Überprüfung der Kulturuniversalität und erforschte die Ausdrucksentwicklung blindgeborener Kinder. So zeigte er, dass der Ausdruck der Emotionen sowohl instinktiv angelegt als auch durch Erfahrung modifizierbar ist, über Kulturen und teilweise auch über Artgrenzen gleichförmig oder ähnlich ist und kommunikative Funktion hat.

Die Vorstellung von Emotionen als erlebte und mitgeteilte Instinkte blieb nach Darwin bis ins 20. Jahrhundert erhalten, besonders durch Schriften von William James und William McDougall (s. Euler, 2000; Meyer, Schützwohl & Reisenzein, 1997). Die Vielfalt der menschlichen Emotionen wurde plausibel mit der Feststellung, dass der Mensch vergleichsweise reich an Instinkten sei, eine Ansicht, die auch in der modernen Evolutionspsychologie nachdrücklich geteilt wird. Nach dem 1. Weltkrieg aber, mit dem neuen milieutheoretischen Zeitgeist in Psychologie (Watson), Anthropologie (Boas) und Soziologie (Durckheim), wurde „Instinkt" zum fachlichen Unwort und die Emotionspsychologie degradiert. „Emotionen" wurden zum undifferenzierten Plural, zum Störfaktor in Experimenten und zum Hindernis im vernünftigen sozialen Umgang.

Währenddessen entwickelte sich die Evolutionstheorie weiter. Gene wurden entdeckt und die Populationsgenetik mit der Evolutionstheorie verzahnt. Mit der Erkenntnis, dass der Kern des evolutionären Antriebs nicht im Überleben und der Fortpflanzung von Individuen steckt, sondern in der genetischen Replikation („Neodarwinismus"), wurde die Evolutionstheorie auf ein neues Fundament gestellt und das Rätsel des Altruismus erhellt. Die Wiederbelebung der evolutionären Emotionstheorie in den 70er Jahren jedoch – erwähnt seien hier Ekman (1982) und Plutchik (1980) – blieb von diesen Fortentwicklungen weitgehend unberührt und setzte dort an, wo Darwin und seine Nachfolger aufgehört hatten.

Ekman (z. B. 1982) postulierte in seiner empirisch gut gestützten neuro-kulturellen Theorie des mimischen Ausdrucks (→ Ausdruck) eine begrenzte Anzahl von Basisemotionen, die kulturuniversal durch jeweils spezifische subjektive Gefühle, physiologische Merkmale und mimischen Ausdruck gekennzeichnet sind. Der biologisch angelegte Gesichtsausdruck wird durch die aktivierte Emotion unwillkürlich angeregt, kann aber auch willentlich kontrolliert oder durch situative bzw. kulturspezifische Darstellungsregeln moderiert werden. Plutchiks Emotionstheorie (z. B. 1980) gründet sich ebenfalls auf sog. primären Emotionen, die theoretisch in einem geschlossenen geometrischen Modell als Gegensatzpaare angeordnet werden können, mit sekundären Emotionen als Mischungen aus primären Emotionen. Diese Theorie war zwar in der Emotionspsychologie vorübergehend recht populär, fand aber in den evolutionären Verhaltenswissenschaften wenig Anerkennung, weil sie scholastisch sowie unnötig anthropozentrisch ist und evolutionären Bauprinzipien widerspricht. Die Evolution lässt Strukturen allein aufgrund von Selektionsvorteilen unter opportunistischer Verwendung vorgefundener Strukturen entstehen und berücksichtigt nicht die Konstruktionsästhetik. Dieses Konservativitätsprinzip führt zu Kontinuitäten zwischen Spezies, sofern nicht speziestypische Selektionsdrücke Diskontinuitäten hervorbringen. Basis- oder primäre Emotionen werfen daher sogleich die Frage nach ihrer Existenz in anderen Primaten auf. Sind primäre Emotionen etwa solche, die schon eine lange phylogenetische Geschichte haben? Anscheinend ist dies nicht so, denn sexuelle

Eifersucht zählt bei Plutchik (1980) nicht als primäre Emotion, obwohl die Auswirkung von Eifersucht (Sicherung der Vaterschaft) bei einer Vielzahl von Vogel- und Säugetierspezies reproduktionsdienlich ist und die behavioralen Manifestationen von Eifersucht (Partnerüberwachung, Rivalenabwehr) bei diesen Spezies beobachtbar sind (Birkhead, 2000). Das Konzept der primären Emotionen ist kritikwürdig und aus evolutionärer Sicht eher irreführend.

3 Die Psyche als Ansammlung von modularen bereichsspezifischen Anpassungen

Im Zentrum evolutionspsychologischer Analyse stehen psychische Anpassungen, sog. evolutionsbedingte und damit genetisch kodierte psychische Mechanismen. Sie machen die Natur des Menschen aus. Psychische Mechanismen bestehen aus Prozessen mit folgenden Charakteristika (Buss, 2004):

1. Sie entstanden, weil sie ein spezifisches und häufig wiederkehrendes Überlebens- und damit **Reproduktionsproblem** besser lösen konnten als mögliche Alternativen.
2. Sie sprechen auf jeweils nur spezifische, nämlich **problemrelevante Hinweisreize** aus der Umwelt an und
3. **informieren** so den Organismus über das anstehende adaptive Problem.
4. Die Eingabe wird durch **Entscheidungsregeln** („Darwinsche Algorithmen") in eine Ausgabe umgewandelt.
5. Die Ausgabe **manifestiert** sich im Verhalten und Erleben oder stellt eine Eingabe für einen anderen psychischen Mechanismus dar.
6. Die Ausgabe löst das anstehende adaptive Problem. Das Erfolgskriterium für die **Problemlösung** ist differenzielle Reproduktivität: Inwieweit kann nun die Anpassung die lebenszeitliche genetische Replikation des Anpassungsträgers im Vergleich zu dessen Artgenossen vermehren?

Die Psyche des Menschen ist eine „unordentliche" und dicht gepackte, aber funktionstüchtige, weil bewährte Ansammlung von psychischen Mechanismen, so wie die Anatomie eine unordentliche und gepackte, aber sehr funktionstüchtige Ansammlung von Strukturen ist (Tooby & Cosmides, 2005). Die Mechanismen sind bereichsspezifisch, d.h. sie sind gestaltet zur Lösung jeweils spezifischer Probleme. Es sind Spezialzweckmechanismen, weil die Probleme typischerweise spezifisch sind. Bereichsunspezifische, also kontext- und inhaltsfreie Allzweckmechanismen wie Wahrnehmung, Lernen oder Gedächtnis sind nicht auszuschließen, aber sie machen nicht den Kern der menschlichen Natur aus. Beispielsweise ist die Wahrnehmung eines menschlichen Gesichts von anderer Art als die Wahrnehmung etwa eines Schlüsselbundes. Die Psyche ist nach dieser Auffassung wie eine Werkzeugkiste mit vielen Spezialwerkzeugen. Die psychischen Mechanismen sind modular, das heißt, sie sind partiell unabhängig voneinander. Beispielsweise kann die Gesichtserkennung isoliert gestört sein (Prosopagnosie), ohne dass andere Wahrnehmungsleistungen beeinträchtigt sind. Schließlich sind die psychischen Mechanismen zumeist spezies-typisch und spezies-universal, aber nicht notwendigerweise ontogenetisch universal, sondern lebensalter-typisch. Weil sie situativen Input verlangen, sind sie selbstverständlich beeinflussbar durch individuelle Erfahrung.

Weil psychische Mechanismen Lösungen für anzestrale Probleme sind, können sie in modernen Umwelten dysfunktional sein. Die natürliche Selektion ist zu langsam für regelmäßige Updates. Massenmedien, Mobilität, Transportmittel, Geburtenkontrolle und ähnliche Errungenschaften können steinzeitliche entstandene Anpassungen alt aussehen lassen. Die Anpassungen entstanden, weil sie in angestammten Umwelten reproduktionsdienlich waren, und wir führen sie nach wie vor aus (z. B. Sex), auch wenn genetische Replikation ausgeschlossen ist (z. B. durch bewusste Verhütung).

Emotionen sind ebenso wie Kognitionen und Motivationen integraler Bestandteil von psychischen Mechanismen. Eine Vielfalt von Emotionen sind in der evolutionspsychologischen Literatur bislang behandelt worden (vgl. Euler, 2000). Oft steht die Frage an, ob eine Emotion tatsächlich eine Anpassung oder nur eine Begleiterscheinung einer anderen Anpassung ist. Ist etwa die Trauer beim Tod einer nahe stehenden Person selbst eine Anpassung, also reproduktionsdienlich, oder ist sie nur die Begleiterscheinung von Trennungsschmerz, der reproduktionsdienlich die Trennung von der nahestehenden Person vermeidet (Archer, 1999)?

Ob eine Emotion als solche subjektiv wahrgenommen wird, ob eine Emotion sozial mitgeteilt wird oder verborgen bleibt, ob es überhaupt ein Wort für die Emotion gibt, alle diese Fragen sind einer evolutionstheoretischen Analyse zugänglich (Cosmides & Tooby, 2005) und sind für jeden psychischen Mechanismus getrennt zu beantworten. Das Vorkommen einer Vokabel ist nicht notwendig als Beleg für die Existenz einer Emotion. Im Englischen gibt es kein eigenständiges Wort für Schadenfreude und im Deutschen keine Entsprechung für das Jiddische *naches* (Stolz auf das eigene Kind), doch in beiden Sprachkreisen sind beide Emotionen wohl vertraut.

Eine evolutionstheoretisch fundierte befriedigende Klassifikation menschlicher Emotionen steht noch aus, vermutlich auf längere Zeit. Die Theorie der Lebensverlaufsgeschichte (Kaplan & Gangestad, 2005) bietet sich als Klassifikationsgrundlage an. Diese Theorie behandelt die Frage, wie ein Organismus seinen Aufwand (Zeit, Energie) auf die verschiedenen Aufgaben über den Lebensverlauf verteilen sollte, so dass die lebenszeitliche genetische Reproduktion optimiert wird. Vier verschiedene Arten von Lebensaufwand lassen sich unterscheiden. (1) Der somatische Aufwand ist die Akkumulation von Ressourcen für Reproduktion. Dieser Aufwand ist vorherrschend im jungen Alter und besteht u. a. aus Essen, Wachstum, Vermeidung von Gefahren, Lernen, Gesundung und Aufbau von Bündnissen. Diese Ressourcen können für drei Arten von Reproduktionsaufwand verwendet werden: (2) Paarungsaufwand (Partnersuche, Werbung, Partnerwahl), (3) Elternaufwand (Schwangerschaft, elterliche Fürsorge) und (4) nepotistischer Aufwand (Unterstützung von Verwandten). Jede Art von Aufwand betrifft ein Interesse oder ein Bündel von Interessen, also eine übergeordnete Motivation, mit entsprechenden begleitenden Emotionen. Da der Aufwand in begrenzten Ressourcen gründet, stellt sich das Problem des Abgleichs und des Interessenkonflikts: Kümmere ich mich um mich selbst, um meinen Geschlechtspartner, oder um mein Kind?

Negative Emotionen scheinen häufiger vorzukommen und spezifischer zu sein als positive Emotionen (Frederickson, 1998). Furcht, Ärger oder Ekel haben eher spezifische Auslöser als Freude, Zufriedenheit oder Entspanntheit. Der Grund könnte im reproduktiven Kosten-Nutzen-Kalkül der Signalentdeckung liegen. Ein versäumter Alarm für eine negative Emotion (z. B. fehlende Höhenangst) bringt hohe reproduktive Kosten (Tod), ein Fehlalarm aber nur geringe Einbußen. Ein versäumtes Signal für eine positive Emotion (z. B. ein übersehenes Lächeln) hingegen ist eben nur eine versäumte Gelegenheit von vielen.

4 Emotionen als Dirigenten des Anpassungsorchesters

Wenn die Psyche eine Ansammlung von spezifischen Anpassungen ist, jede aktiviert durch eigene Hinweisreize, dann gibt es ein Abstimmungsproblem: Welcher Mechanismus soll jetzt überschwellig aktiviert und welche inkompatiblen Mechanismen müssen deaktiviert werden? Welche Bestandteile von verschiedenen Mechanismen sollen in welcher Konfiguration mit welchen spezifischen Einstellungsparametern aktiviert werden? Die Psyche benötigt übergeordnete Programme, die Koordinierungsfunktionen übernehmen. Cosmides und Tooby (2000) sehen hier die zentrale und adaptive Funktion von Emotionen, die als dienstbare Hintergrundprogramme, vergleichbar den *„demons"* der Mustererkennung bei Lindsay und Norman (1972), u. a. Handlungsziele setzen, motivationale Gewichtungen ändern, Wahrnehmungsmechanismen und Aufmerksamkeit aktivieren, Informationssuchprogramme umdirigieren, Abrufe aus dem Gedächtnis vornehmen, schlussfolgernde Systeme umstellen, physiologische Regulationen einstellen, Lernmechanismen anregen, je nach Emotion und Situation die Befindlichkeit nach außen darstellen und Entscheidungsregeln für Verhalten aktivieren. Tooby und Cosmides (2005) greifen damit auf ältere Metaphern zurück. Der Evolutionsbiologe Julian Huxley bemühte das Bild von Kapitänen (Antrieben), die um Zugang zum Steuer rangeln, und Konrad Lorenz sprach vom Parlament der Instinkte.

Weiterführende Literatur

Buss, D. M. (2004). *Evolutionäre Psychologie* (2. Aufl.). München: Pearson.
Buss, D. M. (Ed.). (2005). *The handbook of evolutionary psychology*. Hoboken, NJ: Wiley.
Euler, H. A. (2000). Evolutionstheoretische Ansätze. In J. Otto, H. A. Euler & H. Mandl, (Hrsg.), *Handbuch Emotionspsychologie* (S. 45–63). Weinheim: Beltz, Psychologie-VerlagsUnion.
Schwab, F. (2004). *Evolution und Emotion*. Stuttgart: Kohlhammer.

Literatur

Archer, J. (1999). *The nature of grief: the evolution and psychology of reactions to loss*. London: Routledge.
Birkhead, T. R. (2000). *Promiscuity*. Cambridge, MA: Harvard University Press.
Buss, D. M. (2004). *Evolutionäre Psychologie* (2. Aufl.). München: Pearson (Engl. 2008 in 3., veränderter Aufl., Boston, MA: Pearson).
Cosmides, L. & Tooby, J. (2000). Evolutionary psychology and the emotions. In M. Lewis & J. M. Haviland-Jones (Eds.), *Handbook of emotions* (2nd ed., pp. 91–115). New York, NY: Guilford.
Darwin, C. (1872). *Der Ausdruck der Gemüthsbewegungen bei dem Menschen und den Thieren*. Stuttgart: Schweizerbart'sche Verlagshandlung.
Ekman, P. (1982). *Emotion in the human face* (2nd ed.). Cambridge, UK: Cambridge University Press.
Euler, H. A. (2000). Evolutionstheoretische Ansätze. In J. Otto, H. A. Euler & H. Mandl, (Hrsg.), *Handbuch Emotionspsychologie* (S. 45–63). Weinheim: Beltz, Psychologie-VerlagsUnion.
Frederickson, B. (1998). What good are positive emotions? *Review of General Psychology, 2*, 300–319.
Gaulin, S. J. C. & McBurney, D. H. (2004). *Psychology: an evolutionary approach* (2nd ed.). Upper Saddle River, NJ: Prentice-Hall, Inc.
Kaplan, H. S. & Gangestad, S. W. (2005). Life history theory and evolutionary psychology. In D. M. Buss (Ed.), *The handbook of evolutionary psychology* (pp. 68–95). Hoboken, NJ: Wiley.
Lindsay, P. H. & Norman, D. A. (1972). *Human information processing*. New York, NY: Academic Press.
Meyer, W.-U., Schützwohl, A. & Reisenzein, R. (1997). *Einführung in die Emotionspsychologie, Band 2. Evolutionspsychologische Emotionstheorien*. Bern: Huber.
Pinker, S. (1998). *Wie das Denken im Kopf entsteht*. München: Kindler.
Plutchik, R. (1980). *Emotion: A psychoevolutionary synthesis*. New York, NY: Harper & Row.
Tooby, J. & Cosmides, L. (2005). Conceptual foundations of evolutionary psychology. In D. M. Buss (Ed.), *The handbook of evolutionary psychology* (pp. 5–67). Hoboken, NJ: Wiley.

Psychophysiologie der Emotionen
Psychophysiology of Emotions

Georg W. Alpers, Andreas Mühlberger & Paul Pauli

1 Einführung

Emotionale Reaktionen erfolgen immer auf drei Ebenen, der verbal-kognitiven Ebene, der Verhaltensebene und der physiologischen Ebene (Lang, 1993). Die emotionalen Reaktionen können auf den verschiedenen Ebenen unterschiedlich stark ausgeprägt sein und unterschiedliche Verläufe haben, daher ist eine vollständige Erfassung emotionaler Reaktionen unter Einbeziehung aller Ebenen sinnvoll. Die meisten Emotionstheorien schreiben physiologischen Veränderungen eine entscheidende Rolle beim Emotionserleben zu. Die psychophysiologischen Emotionstheorien sind historisch betrachtet von gegensätzlichen Annahmen über das Zusammenspiel zwischen diesen Ebenen geprägt. Darüber hinaus unterscheiden sich die Theorien darin, ob sie Emotionen kategorisieren oder dimensional beschreiben (→ Kategoriale und dimensionale Modelle).

2 Geschichte Psychophysiologischer Emotionstheorien

James und Lange. Voll ausgebildete Gefühle entstehen laut James und Lange aufgrund von Rückmeldungen der peripheren physiologischen und motorischen Reaktionen an das zentrale Nervensystem. Für diese Annahme spricht z. B., dass das emotionale Erleben bei Patienten mit Querschnittslähmung und bei Patienten mit autonomer Neuropathie eingeschränkt ist (Pauli, Strian, Lautenbacher, Karlbauer & Hölzl, 1989). Wenn die periphere Störung aber erst relativ spät auftrat, haben diese Patienten ein normales emotionales Empfinden. Dies spricht für die Bedeutung von Erfahrung für emotionales Erleben.

Cannon und Bard. Im expliziten Widerspruch zu James' Theorie sahen Cannon und Bard den Ursprung des emotionalen Erlebens sowie anderen emotionalen Reaktionen ausschließlich im zentralen Nervensystem. Diese „Thalamische Theorie" nahm an, dass es parallel, aber kausal unabhängig voneinander einerseits zu einer Reizbewertung und andererseits zu einer generellen, unspezifischen autonomen Erregung (arousal) kommt, die funktional für die Vorbereitung angepasster Kampf- oder Flucht-Reaktionen ist.

Moderne neuropsychologische Modelle. Dass Gefühle zentralnervös fundiert sind, wird heute nicht mehr angezweifelt. Gefühle können allein durch die direkte Reizungen der Hirnrinde hervorgerufen werden (Penfield & Jasper, 1954). Dennoch betonen auch moderne Emotionstheorien die Bedeutung von peripherphysiologischen Reaktionen, da es vielfältige Befunde zu spezifischen emotionalen peripherphysiologischen Reaktionsmustern gibt (siehe unten). Beispielsweise geht die so genannte „Somatic Marker"-Hypothese von Damasio davon aus, dass vor allem auch jene Gehirnareale für das emotionale Erleben wichtig sind, die mit der Repräsentation von somatischen Prozessen zu tun haben (Damasio et al., 2000).

3 Psychophysiologische Forschungsmethoden

Tabelle 1 zeigt die am häufigsten eingesetzten psychophysiologischen Maße. Sie erfassen eine anhaltende physiologische Grundaktivität (Spontanaktivität oder tonische Aktivität) oder physiologische Reaktionen auf spezifische Reize (phasische Aktivität), die als Zielreize im Fokus der Aufmerksamkeit stehen oder als Probe-Reize während der Verarbeitung von Zielreizen dargeboten werden (z. B. Startle-Reize; → Psychopyhsiologie).

Tabelle 1: Häufig eingesetzte psychophysiologische Maße

Zentralnervöse Aktivität	– hirnelektrische Aktivität (spontan-Elektroenzephalogramm, EEG; evozierte kortikale Potenziale, EKPs) – hirnmagnetische Aktivität (Magnetenzephalogramm, MEG) – Messungen des Blutflusses und des Sauerstoffverbrauchs einzelner Gehirnregionen (Positron-Emission-Tomografie, PET; funktionelle Magnetresonanztomografie, fMRI; nah-infrarot Spektroskopie, NIRS)
Peripherphysiologische Aktivität	– kardiovaskuläre Aktivität (z. B. Herzrate; Blutdruck) – elektrodermale Aktivität (Hautleitfähigkeit, SCR) – respiratorische Aktivität (Atemfrequenz; Hyperventilation/CO_2-Partialdruck) – weitere Körperfunktionen (z. B. Pupillenweite, Elektrogastogramm)
Somatische Aktivität	– elektromuskuläre Aktivität (Elektromyogramm, EMG) – Elektroocculogramm (Electrooculogramm, EOG)
Hormonelle Aktivität	– Nebennieren-Rinden-Hormone (z. B. Noradrenalin) – Nebennieren-Mark-Hormone (z. B. Cortisol)

Bei psychophysiologischen Untersuchungen erfolgt die Erfassung der Variablen normalerweise über Elektroden oder Messfühler, die auf der Haut angebracht werden. Die Aktivität des Hormon- und Immunsystems dagegen wird über Blut-

oder Speichelproben analysiert (→ Neurochemische Methoden). Portable Rekordersysteme erlauben auch Erhebungen außerhalb des Labors. Technisch aufwändiger sind die modernen bildgebenden Verfahren (→ Bildgebende Verfahren).

4 Theoretische Ansätze

4.1 Dimensionaler Ansatz: Valenz und Arousal

Dimensionale Ansätze gehen auf Wundt zurück und postulieren, dass Emotionen am besten durch das Ausmaß von *Valenz* (negativ versus positiv) und *Aktiviertheit* (ruhig versus aktivierend) beschrieben werden können (Russell, 1980). Mit stärkerer emotionaler Aktivierung geht eine erhöhte Hautleitfähigkeit und veränderte ereigniskorrelierte Gehirnpotenziale (EKPs, siehe unten) einher. Die Valenz einer Emotion (positiv versus negativ) ist mit der Tendenz zur Annäherung oder Vermeidung des emotionsauslösenden Reizes verbunden (Lang, 1995). Als physiologische Maße zur Erfassung der Valenzdimension eignen sich die Modulation des Schreckreflexes, die Herzratenreaktion und die Gesichtsmuskelaktivität (M. corrugator supercilii und M. zygomatikus major).

Auf positiv oder negativ konnotierte Reize (z. B. Wörter oder Bilder) kann schneller mit einer kompatiblen motorischen Reaktion (hin oder weg vom eigenen Körper) geantwortet werden (Chen & Bargh, 1999). Diese Kompatibilität zeigt sich auch in willkürlichen Reaktionen der Gesichtsmuskulatur (Neumann, Hess, Schulz & Alpers, 2005).

Die meisten hormonellen Veränderungen gehen unspezifisch mit emotionaler Aktivierung einher, lediglich die Cortisolausschüttung scheint spezifisch mit negativen emotionalen Zuständen zu korrelieren (z. B. Alpers, Abelson, Wilhelm & Roth, 2003) (→ Neurochemie).

4.2 Kategorialer Ansatz: Physiologische Maße für spezifische Emotionen

Kategoriale Ansätze gehen von abgrenzbaren Basis- oder Primäremotionen aus. Die Vielzahl der unterschiedlichen emotionalen Empfindungen und Reaktionen entsteht durch Kombinationen dieser Basisemotionen. Vor allem weil charakteristische Gesichtsausdrücke universell zu sein scheinen, wird davon ausgegangen, dass die Fähigkeit zum Erkennen und Ausdrücken dieser Basisemotionen entweder angeboren oder ontogenetisch sehr früh erworben wird (Ekman, 1992). Die emotionalen Gesichtsausdrücke (→ Ausdruck) lassen sich mittels EMG registrieren, wobei sich mit dieser Technik auch minimale emotionale Reaktionen ableiten lassen, selbst wenn keine Mimik zu beobachten ist (→ Methoden der Mimikanalyse und -synthese). Bei negativen Emotionen ist vor allem der M. corrugator aktiviert (Stirnrunzeln) und bei positiven der M. zygomaticus major (Lächeln). Eine Emotionsspezifität (→ Physiologische Emotionsspezifität) innerhalb der negativen Emotionen zeigt sich unter anderem in der Aktivität des M. levator labii (Naserümpfen), die mit Ekelgefühlen einhergeht. Außerdem liegen Hinweise vor, dass peripherphysiologische Reaktionsmuster nicht nur zwischen positiven und negativen Emotionen unterscheiden, sondern auch zwischen spezifischen negativen Emotionen wie Angst und Ärger (Stemmler, 1989). Bislang liegen aber kaum Studien vor, die das Kriterium der kulturellen Universalität spezifischer Emotionen mit entsprechend übereinstimmenden psychophysiologischen Reaktionsmustern bestätigen.

4.3 Evolutionspsychologischer Ansatz: Preparedness

Die Preparedness-Theorie postuliert, dass emotionale Reaktionen zwar nicht angeboren sind, aber auf spezifische phylogenetisch relevante Reize besonders effektiv erlernt werden (Seligman, 1971). So wird für phylogenetisch vorbereitete Furchtreize eine rasche Aneignung von Furcht- und Vermeidungsverhalten oft bereits nach einmaliger Konfrontation („ease of acquisition") und eine erhöhte Extinktionsresistenz („resistance to extinction") erwartet. Solche vorbereiteten Assoziationen werden als primitive, nicht kognitive Lernform angesehen, die durch kognitive Instruktionen kaum beeinflussbar sein sollten („irrationality"). Für Menschen sind demnach z. B. phobietypische Reize wie Spinnen, die in der Entwicklungsgeschichte des Menschen eine Gefahr darstellten, phylogenetisch relevant und damit vorbereitet (Öhman, 2000). Eine Reihe empirischer Befunde unterstützt diese Annahme. Selbst innerhalb der Gruppe der phobischen Patienten zeigen sich Unterschiede: phylogenetisch relevante phobische Reize (Spinnen bei Spinnenphobikern) lösen stärkere und überdauerndere physiologische Reaktionen aus als phylogenetisch nicht relevante phobische Situationen (Flugzeugabstürze bei Probanden mit Flugphobie; Mühlberger, Wiedemann, Herrmann & Pauli, 2006). In Experimenten mit Primaten und Menschen ließen sich Furchtreaktionen auf phylogentisch relevante Objekte besonders leicht konditionieren. Experimentell konnte außerdem sowohl beim Tier als auch beim Menschen gezeigt werden, dass beim Modelllernen und bei der klassischen Konditionierung phylogenetisch relevante Objekte leichter mit einer Furchtreaktion assoziierbar sind. Die Löschung einer konditionierten Reaktion (durch wiederholte Darbietung des konditionierten Reizes ohne aversive Folgen) ist bei phylogenetisch relevanten Reizen verlangsamt (siehe Öhmann, 2000) (→ Evolutionäre Psychologie).

5 Zentralnervöse Prozesse

5.1 EEG Korrelate von Emotionen

Ereigniskorrelierte Potenziale. Ereigniskorrelierte Potenziale (EKP), ausgelöst durch emotionale Bild- und Wortreize, sind durch eine frühe posteriore Negativierung, beginnend 200 ms (early posterior negativity, EPN) nach der Reizpräsentation, sowie eine erhöhte postsensorische Positivierung (late positive potential, LPP), beginnend 300 ms nach Reizpräsentation, charakterisiert (z. B. Schupp, Junghöfer, Weike & Hamm, 2003). Diese Komponenten treten generell als Reaktion auf emotional bedeutsame positive oder negative Reize auf, sind also unspezifisch (siehe oben, dimensionaler Ansatz). Die Negativierung ist vermutlich ein Merkmal verstärkter automatischer sensorischer Reizverarbeitung, die erhöhte Positivierung ist vermutlich ein elektrophysiologisches Korrelat verstärkter Aufmerksamkeit und elaborierter Verarbeitungsprozesse, die durch emotional bedeutsame Reize aktiviert werden.

Asymmetrie. Asymmetrien in der frontalen Gehirnaktivität können durch das Spontan-EEG quantifiziert werden und werden basierend auf einem dimensionalen Emotionsverständnis als Korrelate negativer oder positiver Emotion interpretiert (Davidson, 1992). Davidsons Forschergruppe fand beispielsweise, dass das Betrachten von Filmszenen negativen Inhalts mit einer relativ stärkeren rechtsfrontalen Aktivierung im EEG einhergeht (reduzierte rechtsfrontale Alphaaktivität) und solche mit positivem Inhalt mit einer relativ stärkeren linksfrontalen Gehirnaktivität. Entsprechend der Theorie ist die erhöhte rechtsfrontale Aktivität bei negativen Emotionen ein Zeichen einer Aktivierung des Vermeidungs-Rückzugssystems und die linksfrontale Aktivität bei positiven Emotionen entspricht der Aktivierung des Annäherungs-Systems. Darüber hinaus ist wiederholt eine Asymmetrie in der EEG Aktivität frontaler Areale mit interindividuellen Unterschieden in der Emotionsregulation in Zusammenhang gebracht worden (Jackson et al., 2003).

5.2 Beteiligte Hirnstrukturen

Die neuronale Grundlage emotionaler Reaktionen ist inzwischen im Tiermodell sehr gut beschrieben. Hierbei wurde vor allem das Konditionierungsparadigma genutzt, um den Erwerb emotionaler Reaktionen zu beschreiben. Starke Furchtreaktionen werden z. B. gelernt, indem ein unkonditionierter aversiver Stimulus (Schreckreiz, lauter Ton) wiederholt gemeinsam mit einem zuvor neutralen Stimulus dargeboten wird, der dadurch zu einem konditionierten Stimulus wird und selbst eine Furchtreaktion auslöst.

Das am Tiermodell entwickelte, einflussreiche Modell von LeDoux (2000) geht davon aus, dass die konditionierten Furchtreize auf zwei Wegen verarbeitet werden. Auf einer direkten Route wird bereits in sensorischen Thalamuskernen eine basale Analyse der Reize vorgenommen, die gegebenenfalls direkt an die Amygdala weitergeleitet werden, um eine schnelle Furchtreaktion einzuleiten („quick and dirty"). Auf einer zweiten Route über kortikale Assoziationsareale werden die Stimuli eingehender analysiert und die Furchtreaktion durch Bewertungen moduliert (s. u.). Auch im Humanbereich ließ sich eine Amygdala-Aktivierung auf vielfältige konditionierte wie unkonditionierte emotionale Reize nachweisen (Phan, Wager, Taylor & Liberzon, 2004).

Bei aversiven Emotionen wie Angst und Furcht werden Verhaltensdispositionen für Kampf-/Fluchtreaktionen ausgelöst und verstärken daher protektive Reflexe (Lang, 1995). Dies gilt auch für den Schreckreflex, der durch unerwartete Reize hoher Intensität (z. B. ein plötzlicher lauter Ton oder ein Lichtblitz) ausgelöst wird. Der damit einhergehende protektive Lidschluss kann beim Menschen mittels der Amplitude der EMG-Aktivität am M. orbicularis oculi zur Quantifizierung der Schreckreaktion herangezogen werden. Die Auslösung der Schreckreaktion erfolgt im zentralen Nervensystem auf sehr direktem Wege über den N. reticularis pontis caudalis (Davis, 1989). Eine Modulation der Schreckreaktion über die Einflüsse der Amygdala und des N. accumbens auf den N. reticularis pontis caudalis ist aber möglich. Im Humanbereich hat sich der Einsatz von standardisierten Bildreizen zur Untersuchung der Emotionsmodulation der Schreckreaktion bewährt (Lang, 1995; → Methoden zur Induktion von Emotionen) und es konnte dokumentiert werden, dass die Schreckreaktion reliabel durch negative Emotionen verstärkt und durch positive Emotionen reduziert wird.

In der Literatur wird oft auf die besondere Bedeutung der Amygdala bei der Verarbeitung negativer Reize hingewiesen, obwohl negativer Affekt eventuell auch nur einen besonders gut untersuchten Spezialfall darstellt. Eine grundlegendere Funktion der Amygdala könnte auch sein, die Aufmerksamkeit auf emotionale Reize zu lenken, die für das betreffende Individuum von besonderer Bedeutung sind und weiterer Verarbeitung bedürfen, unabhängig von der emotionalen Valenz.

Neben diesen Hirnstrukturen, die vor allem im Zusammenhang mit Angst erforscht wurden, spielen dopaminerge Bahnen des mesolimbischen Verstärkersystems eine große Rolle, wenn es z. B. um die Modulation des emotionalen Ausdrucks sowie zielgerichtetes und verstärkungsorientiertes Verhalten geht (Willner, 1995). Das dopaminerge System springt vor allem an, wenn eine unerwartete Belohnung erfolgt.

Obwohl viele Aspekte sowohl des Furchtsystems als auch des Verstärkersystems autonom ablaufen können, sind auch Hirnstrukturen, die intentional gesteuerte Prozesse verarbeiten, an emotionalen Reaktionen beteiligt. Ergebnisse bildgebender Verfahren zeigen, dass bei der intentionalen Emotionsregulation vor allem frontale Strukturen aktiviert sind (Ochsner, 2006).

6 Anwendungsbeispiele

6.1 Psychophysiologie pathologischer Angst

Bezüglich der EEG-Korrelate konnten Studien an Panikpatienten (Pauli, Dengler, Wiedemann & Montoya, 1997) und Phobikern (Miltner et al., 2005) erhöhte Positivierungen nachweisen, die durch störungsspezifische Angstreize ausgelöst wurden. Die mittels fMRI bei Panikpatienten beobachtete erhöhte Aktivität im linken posterioren zingulären Cortex und im linken dorsolateralen präfrontalen Cortex, ausgelöst durch angstrelevante Wortreize, werden ebenfalls als Zeichen einer elaborierten Verarbeitung dieser Reize interpretiert (Maddock, Buonocore, Kile & Garrett, 2003). Bei Patienten mit spezifischen Phobien zeigte sich während der Reizkonfrontation eine Zunahme des Blutflusses im visuellen Assoziationscortex und in thalamischen Gehirnregionen sowie im orbitofrontalen Cortex und in der Amygdala (z. B. Straube, Mentzel & Miltner, 2006). Auch die oben dargestellten Asymmetrien fanden sich bei Panikpatienten, wenn sie mit angstassoziierten Bildreizen konfrontiert wurden (Wiedemann et al., 1999). Die Frage, ob diese zentralnervösen Charakteristika differenzialdiagnostisch bedeutsam und als Trait- oder Statemarker anzusehen sind, ist noch offen (→ Angst und Furcht).

Bei Angststörungen, ganz besonders aber bei der Panikstörung und der posttraumatischen Belastungsstörung, wird eine starke physiologische Reaktivität als zentrales Symptom beschrieben. Paradoxerweise wird die physiologische Erfassung dieser Symptome im klinischen Setting und im Einzelfall kaum zur Diagnostik eingesetzt. Die durch phobische Angst hervorgerufene Aktivierung des autonomen Nervensystems konnte aber in zahlreichen Studien in einer Vielzahl von Organsystemen nachgewiesen werden (siehe Hugdahl, 1988). Vor allem können psychophysiologische Parameter auch sehr sinnvoll zur Beurteilung des laufenden Therapieprozesses, und damit des Therapieerfolgs eingesetzt werden (→ Psychotherapie und Emotion).

Vorteile einer ambulatorischen Messung der psychophysiologischen Reaktionen während realer Situationen oder im Alltag liegen in der größeren ökologischen Validität der Ergebnisse im Vergleich zu Laborerhebungen (siehe Fahrenberg & Myrtek, 2001). Die dafür notwendigen Messfühler und portablen Aufzeichnungsgeräte sind inzwischen so klein, dass die Probanden während ihres alltäglichen Tagesablaufs oder aber auch während realer Stress- oder Angstsituationen nicht beeinträchtigt sind. Am häufigsten erhoben werden ein (Langzeit-)EKG und der Blutdruck. In den letzten Jahren hat sich aber das Instrumentarium deutlich erweitert, sodass auch Hautleitfähigkeit, Atmung sowie Atemluftzusammensetzung, Muskelspannung und körperliche Bewegung erfasst werden können. Die ambulatorische Evaluation einer verhaltenstherapeutischen Intervention bei Patienten mit einer Autofahrphobie deckte auf, dass die Angstkonfrontation physiologische Reaktionen hervorrief, die sich eindeutig von denen der Gesunden unterscheiden, und dass nicht nur subjektive Angstreaktionen, sondern auch physiologische und endokrinologische Angstreaktionen durch die Therapie vermindert wurden (Alpers et al., 2003; Alpers, Wilhelm & Roth, 2005). Den prädiktiven Wert der initialen Herzratenreaktion für den Therapieerfolg im Rahmen von Konfrontationstherapien konnten wir für Klaustrophobiker bei in vivo Konfrontation in realen Situationen und für Flugphobiker bei Virtual Reality-Exposition bestätigen. Interessanterweise fanden sich in keiner der Studien Zusammenhänge zwischen subjektiven Angstreaktionen und dem spezifischen Therapieerfolg, was die Bedeutung der physiologischen Erhebung unterstreicht (Alpers & Sell, 2008).

6.2 Emotion und Psychosomatik

Ausgehend von psychoanalytischen Krankheitstheorien wurde spekuliert, dass bestimmte emotionale Zustände mit bestimmten autonomen Aktivierungsmustern einhergehen und damit das Erkrankungsrisiko in bestimmten Organen erhöhen (→ Emotion und Gesundheit). Während sich solche spezifischen Bedingungsgefüge nicht als psychophysiologische Krankheitsursachen bestätigen ließen, wurden jedoch unspezifische Zusammenhänge, z. B. zwischen Feindseligkeit und Herzerkrankungen, dokumentiert. In jüngerer Zeit werden vor allem die negativen Konsequenzen des unterdrückten Emotionsausdrucks für stärkere psychophysiologische Erregung untersucht (Gross, 2002). Es konnte inzwischen gezeigt werden, dass das Unterdrücken von emotionalen Reaktionen gravierende Auswirkungen haben kann, wie die Erhöhung des Risikos, an Krebs zu erkranken oder bei einer vorliegenden Erkrankung, einen negativeren Verlauf zu haben (Cacioppo et al., 2003).

7 Ausblick

Psychophysiologische Emotionstheorien gehören zu den einflussreichsten und am besten evaluierten Ansätzen, und psychophysiologische Forschungsmethoden werden in der Emotionsforschung relativ häufig genutzt. Die Erhebung und Auswertung von physiologischen Parametern erfordert jedoch in der Regel einen gewissen technischen Aufwand, der die Anwendung erschwert. Es ist aber anzunehmen, dass durch neue technische Erhebungsmöglichkeiten der Einfluss psychophysiologischer Methodik zunehmen wird. Emotionen auf allen drei Reaktionsebenen zu erfassen, kann wesentlich zum Verständnis von Emotionen beitragen.

Weiterführende Literatur

Cacioppo, J. T., Tassinary, L. G. & Berntson, G. G. (Eds.). (2000). *Handbook of psychophysiology* (2nd ed.): New York, NY: Cambridge University Press.
Davidson, R. J., Scherer, K. R. & Goldsmith, H. H. (2003). *Handbook of affective sciences*. New York, NY: Oxford University Press.

Literatur

Alpers, G. W., Abelson, J. L., Wilhelm, F. H. & Roth, W. T. (2003). Salivary cortisol response during exposure treatment in driving phobics. *Psychosomatic Medicine, 65,* 679–687.

Alpers, G. W., Wilhelm, F. H. & Roth, W. T. (2005). Psychophysiological assessment during exposure in driving phobic patients. *Journal of Abnormal Psychology, 114,* 126–139.

Alpers, G. W. & Sell, R. (2008). And yet they correlate: Psychophysiological measures predict the outcome of exposure therapy in claustrophobia. *Journal of Anxiety Disorders, 22,* 1101–1109.

Cacioppo, J. T., Giese-Davis, J., Spiegel, D., Ryff, C. D., Singer, B. H., Berntson, G. G., Sarter, M., McEwen, B. S. & Seeman, T. (2003). Emotion and health. In R. J. Davidson, K. R. Scherer & H. H. Goldsmith (Eds.), *Handbook of Affective Sciences* (pp. 1047–1137). New York, NY: Oxford University Press.

Chen, M. & Bargh, J. A. (1999). Consequences of automatic evaluation: Immediate behavioral predispositions to approach or avoid the stimulus. *Personality and Social Psychology Bulletin, 25,* 215–224.

Damasio, A. R., Grabowski, T. J., Bechara, A., Damasio, H., Ponto, L. L., Parvizi, J. & Hichwa, R. D. (2000). Subcortical and cortical brain activity during the feeling of self-generated emotions. *Nature Neuroscience, 3,* 1049–1056.

Davidson, R. J. (1992). Emotion and affective style: Hemispheric substrates. *Psychological Science, 3,* 39–43.

Davis, M. (1989). Neural systems involved in fear-potentiated startle. *Annals of the New York Academy of Sciences, 563,* 165–183.

Ekman, P. (1992). Are there basic emotions? *Psychological Review, 99,* 550–553.

Fahrenberg, J. & Myrtek, M. (Eds.). (2001). *Progress in Ambulatory Assessment.* Göttingen: Horgrefe & Huber Publishers.

Gross, J. J. (2002). Emotion regulation: affective, cognitive, and social consequences. *Psychophysiology, 39,* 281–291.

Hugdahl, K. (1988). Psychophysiological aspects of phobic fears: An evaluative review. *Neuropsychobiology, 20,* 194–204.

Jackson, D. C., Mueller, C. J., Dolski, I., Dalton, K. M., Nitschke, J. B., Urry, H. L., Rosenkranz, M. A., Ryff, C. D., Singer, B. H. & Davidson, R. J. (2003). Now you feel it, now you don't: frontal brain electrical asymmetry and individual differences in emotion regulation. *Psychological Science, 14,* 612–617.

Lang, P. J. (1993). The three-system approach to emotion. In N. Birbaumer & A. Öhman (Eds.), *The Structure of Emotion* (pp. 18–30). Seattle: Hogrefe & Huber.

Lang, P. J. (1995). The emotion probe: Studies of motivation and attention. *American Psychologist, 50,* 372–385.

LeDoux, J. E. (2000). Emotion circuits in the brain. *Annual Review of Neuroscience, 23,* 155–184.

Maddock, R. J., Buonocore, M. H., Kile, S. J. & Garrett, A. S. (2003). Brain regions showing increased activation by threat-related words in panic disorder. *Neuroreport, 14,* 325–328.

Miltner, W. H., Trippe, R. H., Krieschel, S., Gutberlet, I., Hecht, H. & Weiss, T. (2005). Event-related brain potentials and affective responses to threat in spider/snake-phobic and non-phobic subjects. *International Journal of Psychophysiology, 57,* 43–52.

Mühlberger, A., Wiedemann, G., Herrmann, M. J. & Pauli, P. (2006). Phylo- and ontogenetic fears and the expectation of danger: differences between spider- and flight-phobic subjects in cognitive and physiological responses to disorder-specific stimuli. *Journal of Abnormal Psychology, 115,* 580–589.

Neumann, R., Hess, M., Schulz, S. & Alpers, G. W. (2005). Automatic behavioural responses to valence: Evidence that facial action is facilitated by evaluative processing. *Cognition & Emotion, 19,* 499–513.

Ochsner, K. N. (2006). Characterizing the functional architecture of affect regulation: Emerging answers and outstanding questions. In J. T. Cacioppo, P. S. Visser & C. L. Pickett (Eds.), *Social neuroscience: People thinking about thinking people* (pp. 245–268). Cambridge, MA: MIT.

Öhman, A. (2000). Fear and anxiety: Evolutionary, cognitive, and clinical perspectives. In M. Lewis & J. M. Haviland-Jones (Eds.), *Handbook of Emotions* (2nd ed., pp. 573–593). New York: Guilford.

Pauli, P., Dengler, W., Wiedemann, G. & Montoya, P. (1997). Behavioral and neurophysiological evidence for altered processing of anxiety-related words in panic disorder. *Journal of Abnormal Psychology, 106,* 213–220.

Pauli, P., Strian, F., Lautenbacher, S., Karlbauer, G. & Hölzl, R. (1989). Emotionale Auswirkungen der autonomen Deafferentierung bei Diabetes-Neuropathie. *Zeitschrift für Klinische Psychologie, 18,* 268–177.

Penfield, W. & Jasper, H. (1954). *Epilepsy and the functional anatomy of the human brain.* Oxford: Little, Brown & Co.

Phan, K. L., Wager, T. D., Taylor, S. F. & Liberzon, I. (2004). Functional neuroimaging studies of human emotions. *CNS Spectrum, 9,* 258–266.

Russell, J. A. (1980). A circumplex model of affect. *Journal of Personality and Social Psychology, 39,* 1161–1178.

Schupp, H. T., Junghöfer, M., Weike, A. I. & Hamm, A. O. (2003). Emotional facilitation of sensory processing in the visual cortex. *Psychological Science, 14,* 7–13.

Seligman, M. (1971). Phobias and preparedness. *Behavior Therapy, 2,* 307–320.

Stemmler, G. (1989). The autonomic differentiation of emotions revisited: Convergent and discriminant validation. *Psychophysiology, 26,* 617–632.

Straube, T., Mentzel, H. J. & Miltner, W. H. (2006). Neural mechanisms of automatic and direct processing of phobogenic stimuli in specific phobia. *Biological Psychiatry, 59,* 162–170.

Wiedemann, G., Pauli, P., Dengler, W., Lutzenberger, W., Birbaumer, N. & Buchkremer, G. (1999). Frontal brain asymmetry as a biological substrate of emotions in patients with panic disorders. *Archives of General Psychiatry, 56,* 78–84.

Willner, P. (1995). Dopaminergic mechanisms in depression and mania. In F. E. Bloom & D. J. Kupfer (Eds.), *Psychopharmacology* (pp. 921–931). New York: Raven.

Ausdruck
Emotional Expression

Jörg Merten

1 Einleitung

Das Ausdrucksverhalten steht im Zentrum einer Reihe von Emotionstheorien und insbesondere der mimische Ausdruck bildet den Mittelpunkt zum Teil kontroverser theoretischer Debatten z. B. zur kulturellen Universalität der Basisemotionen, der kategorialen oder dimensionalen Ordnung der Emotionen und der verschiedenen Funktionen des emotionalen Ausdrucksverhaltens. Der Begriff „Ausdruck" impliziert und betont die kommunikative Funktion emotionalen Verhaltens. Durch den Emotionsausdruck wird ein „innerer Seelenzustand" sichtbar gemacht (Darwin, 1872, 2000), sodass er für Artgenossen erkennbar wird. Jedes einzelne emotionale Verhalten gäbe also Auskunft über den emotionalen Zustand des Senders. Dieser als *„emotions view"* bezeichnete theoretische Standpunkt blieb nicht unwidersprochen, so verstehen Russel und Fernandez-Dols (1997) emotionales Ausdrucksverhalten als ein soziales Zeichensystem, das sich in einer Koevolution von Sender und Empfänger ausdifferenziert hat und nur bedingt den „Seelenzustand" des Senders wiedergibt *(„behavioral ecology view")*. Eine ausführliche Diskussion dazu findet sich bei Kappas (1997), Merten (1997) sowie Russel und Fernandez-Dols (1997).

Die Mimik und die Stimme sind die emotional spezifischsten Ausdrucksformen, da mit ihrer Hilfe einzelne Basisemotionen so ausgedrückt werden können, dass sie von Artgenossen mit hoher Genauigkeit erkannt werden können. Emotionale Zeichen können aber auch zum Vortäuschen von Emotionen verwendet werden. Eng damit verknüpft ist die Frage nach der Echtheit der wahrgenommenen Emotion und deren proximater und ultimater Nutzen für den mit Emotionen versehenen Organismus (→ Evolutionäre Psychologie). Emotionale Zeichen werden demnach funktionalisiert, um z. B. verbal geäußerte Inhalte emotionalisiert darzustellen, ohne dass die ausgedrückte Emotion auch erlebt werden muss. Sie können an das soziale Umfeld gerichtete Signale sein, die Beziehungswünsche ausdrücken und Appellfunktion haben. Zur Disambiguierung der verschiedenen Funktionen emotionaler Zeichen dienen konfigurative Aspekte des Verhaltens, z. B. temporale Charakteristika des Verhaltens und Informationen aus dem Kontext des Zeichens, wie z. B. das gleichzeitige, vorausgehende oder nachfolgende Blickverhalten, oder verbalsprachliche Referenzen. Hinzu kommt der soziale und kulturelle Kontext, in dem das Verhalten auftritt, da in Abhängigkeit davon unterschiedliche Arten von „feeling-rules" und „display-rules" zum Tragen kommen.

Die objektive und valide Analyse emotionalen Ausdrucksverhalten insbesondere der differenzierten Mimik und der Stimme erfordert speziell entwickelte Codier- und Analysesysteme und erfordert die Berücksichtigung relevanter Kontextinformationen. So lassen sich eine Vielzahl von Lächelformen unterschiedlichster Funktion differenzieren. Beispielsweise kann das willkürliche Zeigen mimischer Freude vom spontanen durch kürzere On- und Offset-Zeiten und durch eine größere Asymmetrie der Bewegung der Mundwinkel unterschieden werden (Krumhuber, Manstead & Kappas, 2007).

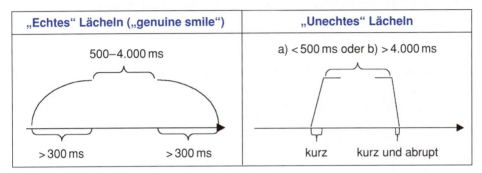

Abbildung 1: „Echtes" Lächeln („genuine smile") und „Unechtes" Lächeln

Löst die verwendete Erhebungsmethode solche Unterschiede im Verhalten nicht ausreichend auf, ist mit irreführenden Ergebnissen zu rechnen. Im Fall der Mimik kann zur Begründung einer reliablen und objektiven Analyse auf die hoch differenzierte Gesichtsmuskulatur zurückgegriffen werden, die zu Veränderungen der Oberflächenstruktur des Gesichts führt (siehe z. B. das Facial Action Coding System FACS von Ekman & Friesen, 1978; → Methoden der Mimikanalyse und -synthese). Die emotionale stimmliche Qualität lässt sich durch die vokale Stimmanalyse erfassen (Scherer, Banse & Wallbott, 2001). Neben den zum spezifischen Ausdruck tauglichen Verhaltensweisen in Mimik und stimmlicher Qualität werden in Gestik und Körperhaltungen eher unspezifische Informationen wie Anspannung/Entspannung mit entsprechendem Tonus der Skelettmuskulatur ausgedrückt. Das Blickverhalten selbst hat keine emotionale Qualität und erhält sie im Eindruck lediglich durch kontextuelle Verhaltensweisen z. B. in der Mimik. Es spielt aber eine zentrale Rolle in der Regulation von Beziehungen und bildet selbst eine wichtige Kontextinformation zum mimischen und stimmlichen Ausdruck, z. B. um den Empfänger eines emotionalen Signals zu bestimmen.

2 Emotionaler Ausdruck und Handlungstendenz

Das emotionale Ausdrucksverhalten bildet den Ausgangspunkt mehrerer Emotionstheorien. Vor allem evolutionsbiologische Ansätze stellen die Frage nach den Reproduktionsvorteilen emotionalen Ausdrucksverhaltens und suchen nach dessen ultimaten Nutzen. Erklärt werden nicht nur Prozesse der Auslösung und Differenzierung von Emotionen (proximate Erklärungen) und auch nicht nur deren ontogenetische Entwicklung (distale Erklärungen), sondern die evolutionäre Entstehung und den evolutionären Nutzen emotionalen Ausdrucksverhaltens. Charles Darwin sah es als eine evolutionstheoretisch sinnvolle Entwicklung an, dass man Artgenossen über innere Zustände und Handlungstendenzen unterrichtet. So kann sich der emotionale Ausdruck von der eigentlichen Handlung entkoppeln. Was bestehen bleibt ist das Ausdrucksmuster des Ärgers oder der Wut und die zugehörige Handlungstendenz, die Angriffshandlung selbst muss nicht mehr notwendigerweise ausgeführt werden.

3 Die Universalitätshypothese mimischen Ausdrucks

Darwins Theorie der Evolution des Ausdrucksverhaltens beeinflusste die weitere Forschung, deren Hauptvertreter Tomkins, Ekman und Izard sind. Sie gehen davon aus, dass angeborene motorische Programme für die Auslösung und Differenzierung von Emotionen verantwortlich sind. Die Autoren nahmen an, dass lediglich eine begrenzte Anzahl diskreter Basisemotionen oder Primäraffekte existiert. Durch Silvan Tomkins trat der mimische Ausdruck der Basisemotionen in den Mittelpunkt der Forschung. Sechs bis acht Emotionen werden als grundlegend angesehen und es werden kulturübergreifend beobachtbare mimische Ausdrucksmuster postuliert. Ekman zählt z. B. die Emotionen Angst, Ärger, Ekel, Freude, Trauer, Überraschung und Verachtung dazu und stellt die im Kasten aufgeführten Kriterien für den Status einer Basisemotion auf.

> **Kriterien oder Charakteristika für „basic emotions"
> (Ekman, 1992)**
> 1. Distinctive universal signals (Emotionsspezifische universelle Zeichen).
> 2. Presence in other primates (Sind auch bei anderen Primaten beobachtbar).
> 3. Distinctive physiology (Emotionsspezifische Physiologie; → Physiologische Emotionsspezifität).
> 4. Distinctive universals in antecedent events (Emotionsspezifische und universelle auslösende Ereignisse).
> 5. Coherence among emotional response systems (Kohärenz zwischen emotionalen Reaktionssystemen, z. B. zwischen Ausdruck und Physiologie).
> 6. Quick onset (Schneller Beginn).
> 7. Brief duration (Kurze Zeitdauer).
> 8. Automatic appraisal (Automatische Bewertung, im Gegensatz zu einem willentlichen, bewussten Appraisal).
> 9. Unbidden occurrence (Unkontrollierbares Auftreten, expressive und physiologische Veränderungen „geschehen" ohne eigenes Zutun).

Geht man davon aus, dass es sich im Fall der Emotionen – zumindest der Basisemotionen – um angeborenes Verhalten handelt und insbesondere die motorischen Programme zum mimischen Ausdruck der Basisemotionen genetisch bestimmt sind, bieten sich mehrere Methoden zur Überprüfung an, ob und wie weit das Ausdrucksverhalten des Menschen genetisch bestimmt ist.

Methoden zur Überprüfung der Universalitätshypothese mimischen Ausdrucksverhaltens
- Entwicklungspsychologische Studien an Neugeborenen oder Säuglingen.
- Decodierungsstudien: Emotionen werden aus Gesichtsaudrücken erschlossen.
- Studien an Primaten: Vergleiche mit dem Ausdrucksverhalten von Primaten.
- Studien zum Nachweis neurobiologischer emotionaler Areale und/oder peripherphysiologischer emotionsspezifischer Prozesse.

Die Beobachtung von Säuglingen, Kindern, und die von „Geisteskranken" erschien bereits Darwin geeignet, weil bei ersteren der emotionale Ausdruck noch weitgehend ungehemmt sei und die Beobachtung von Geisteskranken, weil diese „Ausbrüchen der stärksten Leidenschaft ausgesetzt sind, ohne sie irgendwie zu kontrollieren" (Darwin, 2000, S. 21). Als drittes schlug er so genannte Decodierungsstudien vor, in denen Emotionen aus Gesichtsaudrücken erschlossen werden müssen. Darwin selbst führte solche Versuche durch, indem er Aufnahmen, die von Duchenne de Bologne gewonnen worden waren, benutzte. Die Frage, ob mimische Ausdrucksmuster von Emotionen in der ontogenetischen Entwicklung spontan auftreten, ohne dass sie durch Imitation oder Beobachtung gelernt worden sind, untersuchten Galati, Miceli und Sini (2001) bei blind geborenen Kindern und fanden, dass auch die Mimik der blind geborenen Kinder kontextspezifische emotionale Informationen enthält. Da sich die äußere Erscheinungsform der Gesichtsmuskelaktivität der Babies vor allem auf Grund des von Erwachsenen abweichenden Unterhautfettgewebes unterscheidet, entwickelten Oster und Rosenstein (1996) das speziell für den Einsatz bei Babies angepasste BabyFACS. Sie fanden allerdings keine differenzierten und voll ausgebildeten Ausdrucksformen negativer Emotionen, wie sie bei Erwachsenen auftreten, sondern nur Teile derselben (Camras, Campos, Campos, Miyake, Oster, Tatsuo, Wang & Meng, 1998).

Das Ausdrucksverhalten von Primaten weist auf eine phylogenetische Verankerung desselben hin. Chevalier-Skolnikoff fand Übereinstimmungen bei Schimpansen für den Ausdruck von Ärger, Lächeln, Frustration-Trauer und Lachen. Für die unterschiedlichen Funktionen des Lächelns bemerkenswert ist, dass Chevalier-Sknolikoff Lächeln und Lachen verschiedenen Vorläufern beim Schimpansen zuordnet. Das Lachen ist aus dem Spielgesicht („Mund-offen-Gesicht", van Hooff, 1972) entstanden, das wiederum eine freundliche Beißintention signalisiert. Der Ausdruck ist draufgängerisch-freundlich aggressiv, während der Ausdruck des Lächelns freundlich submissiv ist. Es handelt sich in diesem Fall also eher um ein „soziales" Lächeln, das z. B. zur Beschwichtigung eines Artgenossen eingesetzt werden kann. Studien zum Ausdrucksverhalten bei Primaten sind generell mit dem Problem konfrontiert, dass die Mimik der Primaten ähnlich komplex ist wie die des Menschen und entsprechend schwierig reliabel und valide zu erfassen ist. Vick, Waller, Parr, Pasqualini und Bard (2007) haben in den letzten Jahren jedoch bei einem artübergreifenden Vergleich der Morphologie und der Bewegungen von Menschen und Schimpansen festgestellt, dass die zugrunde liegende Muskelstruktur in vielen Fällen ähnlich ist. Die Änderungen im Gesicht der Schimpansen haben auf Grund der abweichenden Morphologie jedoch nicht die gleiche Salienz wie beim Menschen, z. B. bewegen sich die Mundwinkel beim Lächeln nicht mit der Deutlichkeit wie beim Menschen. Der aktuelle Stand der Diskussion um die Universalität der Basisemotionen wird von Russell (1994) einem der größten Kritiker Ekmans wie folgt zusammengefasst. Er gesteht eine „minimale Universalität" zu, die besagt, dass überall auf der Welt Menschen in der Lage sind, etwas aus der Mimik des anderen zu lesen. Die Befundlage erlaubt jedoch die weitergehende Interpretation, dass die Basisemotionen trotz kultureller Variationen in der Benennung der Emotionen auch spezifisch erkannt werden. Die Erkennensraten liegen bei fast allen untersuchten Kulturen weit über dem bei zufälligem Raten zu erwartenden Werten. Dieser Befund gilt auch für die von Ekman untersuchten Naturvölker.

Kulturelle Einflüsse auf das Ausdrucksverhalten werden aber auch von Ekman nicht geleugnet, vielmehr führten Friesen und Ekman sogenannte „display-rules" ein als Sammelbegriff, für alle Regeln, die innerhalb einer Kultur die Intensität und Angemessenheit von Ausdrucksverhalten bestimmen. Zusammen mit kulturellen Einflüssen wirkt sich auch das Geschlecht von Sender und Empfänger auf das Ausdrucksverhalten aus. Kulturübergreifend erkennen Frauen Emotionen besser als Männer, unabhängig davon, ob es sich um für das weibliche Stereotyp typische Emotionen („powerless emotions", z. B. Angst, Trauer, Freude) oder um eher untypische („powerful emotions", Ärger) handelt. Die kulturelle Varianz im Ausdrucksverhalten kann zum Teil durch die Hofstede Dimensionen Individualismus/Kollektivismus und die der Machtdistanz aufgeklärt werden. Das Ausmaß der Geschlechtsunterschiede variiert jedoch vor allem mit dem „Gender Empowerment Measure" des „United Nations Development Programme", das angibt wie stark Frauen in politischen und wirtschaftlichen Positionen vertreten sind. Entgegen der ursprünglichen Annahme vergrößern sich die Geschlechtsunterschiede je mehr Frauen am politischen und wirtschaftlichen Leben beteiligt sind (Merten, 2005).

4 Ausdruck und soziale Interaktionen

In Einklang mit der kommunikativen Funktion emotionalen Ausdrucksverhaltens tritt mimisches Verhalten häufiger auf, wenn andere Menschen anwesend sind oder potenzielle Empfänger vermutet werden. Ein Großteil der beobachtbaren emotionalen Mimik in sozialen Interaktionen ist dabei von sehr kurzer Dauer (= micro-momentary expressions) und hat einen erheblichen Einfluss auf die Regulation sozialer Beziehungen, das damit verbundene eigene emotionale Erleben und das des Interaktionspartners. In den „micro-momentary expressions" drückt sich das Ergebnis unwillkürlich und schnell ablaufender kognitiv-affektiver Bewertungsprozesse aus, die sich z. B. auf Urteile über die für das Gegenüber empfundene Sympathie oder Antipathie auswirken. Im Gegensatz zur isolierten Betrachtung des Ausdrucksverhaltens einzelner Personen geben Maße, die das Verhalten von zwei oder mehr Personen abbilden, den jeweiligen Regulationszustand sozialer Systeme weit besser wider. Ein Beispiel ist das synchrone Lächeln von zwei Personen.

Das Charakteristikum des Unwillkürlichen und Unkontrollierbaren speziell der sehr kurzen Ausdrucksformen macht sie auch für das Identifizieren von Gefühlen verwendbar, die unentdeckt bleiben sollen, z. B. im Kontext des Lügens oder des Vortäuschens von Emotionen. Hierbei ist jedoch zu beachten, dass z. B. Anzeichen für Angst nicht zwingend auf Lügen hinweisen, vielmehr kann die Angst auch eine Angst vor fälschlicher Beschuldigung sein (= Othello-Fehler). Zum anderen können Hinweise auf Täuschung auch bewusst und zielgerichtet eingesetzt werden, um das Gegenüber in die Irre zu führen (= Brokaw-Fehler, z. B. beim Pokern).

Vor allem aus der Befundlage zum Ausdrucksverhalten in natürlichen, sozialen Interaktionen lässt sich ableiten, dass temporale Aspekte des Ausdrucksverhalten und potenzielle Bedeutungsmodifikationen durch die Kontexte, in denen das Verhalten auftritt, weiterer Forschung bedürfen, um das Verständnis emotionalen Ausdrucksverhaltens zu verbessern.

Weiterführende Literatur

Merten, J. (2003). *Einführung in die Emotionspsychologie*. Stuttgart: Kohlhammer.
Scherer, K. R. & Wallbott, H. (1990). Ausdruck von Emotionen. In K. Scherer (Hrsg.), *Enzyklopädie der Psychologie, Serie Motivation und Emotion, Band 3, Psychologie der Emotion* (S. 345–422). Göttingen: Hogrefe.

Literatur

Darwin, C. (1872, 2000). *Der Ausdruck der Gemütsbewegungen bei dem Menschen und den Tieren*. Frankfurt am Main: Eichborn.

Camras, L. A., Campos, J., Campos, R., Miyake, K., Oster, H., Tatsuo, U., Wang, L. & Meng, Z. (1998). Production of Emotional Facial Expressions in European American, Japanese, and Chinese Infants. *Developmental Psychology, 34,* 4, 616–628.

Chevalier-Skolnikoff, S. (1973). Facial expression of emotion in nonhuman primates. In Ekman, P. (Ed.), *Darwin and facial expression* (pp. 11–89). New York/London: Academic Press.

Ekman, P. (1992). An argument for basic emotions. *Cognition and Emotion, 6,* 169–200.

Ekman, P. & Friesen, W. V. (1978). *Manual for the Facial Action Coding System*. Palo Alto: Consulting Psychologists Press.

Galati, D., Miceli, R. & Sini, B. (2001). Judging and coding facial expression of emotions in congenitally blind children. Source: *International Journal of Behavioral Development, 25* (3), 268–278.

Kappas, A. (1997). The fascination with faces: are they windows to our soul? *Journal of Nonverbal Behavior, 21* (3), 157–161.

Merten, J. (1997). Facial-affective behavior, mutual gaze and emotional experience in dyadic interactions. *Journal of Nonverbal Behavior, 21* (3), 179–201.

Krumhuber, E., Manstead, A. S. R. & Kappas, A. (2007). Temporal Aspects of Facial Displays in Person and Expression Perception: The Effects of Smile Dynamics, Head-tilt, and Gender. *Journal of Nonverbal Behavior, 31,* 39–56.

Merten, J. (2005). Culture, gender and the recognition of the basic emotions. Special issue on gender and culture, *Psychologia, 48* (4), 306–316.

Oster, H. & Rosenstein, D. (1996). *Baby FACS*: Analyzing facial movement in infants. Unpublished manuscript.

Russell, J. A. (1994). Is there universal recognition of emotion from facial expression? A review of the cross-cultural studies. *Psychological Bulletin, 115,* 102–141.

Russell, J. A. & Fernandez-Dols, J.-M. (1997). *The Psychology of Facial Expression* (Studies in Emotion & Social Interaction). Cambridge University Press.

van Hooff, J. R. A. M. (1927). A comparative approach to the phylogeny of laughter and smiling. In R. A. Hinde (Ed.), Non-verbal communication (pp. 209–238). Cambridge, UK: Cambrige University Press.

Vick, S. J., Waller, B. W., Parr, L. A., Smith Pasqualini, M. C. & Bard, K. B. (2007). A Cross-species Comparison of Facial Morphology and Movement in Humans and Chimpanzees Using the Facial Action Coding System (FACS). *Journal of Nonverbal Behavior, 31* (1), 1–20.

Scherer, K. R., Banse, R. & Wallbott, H. G. (2001). Emotion inferences from vocal expression correlate across languages and cultures. *Journal of Cross-Cultural Psychology, 32* (1), 76–92.

Attributionale Ansätze
Attributional Approaches

Friedrich Försterling †

1 Attributionsforschung und Emotionstheorien

Unter Attributionen versteht man naive Erklärungen von Handlungsergebnissen. Attributionstheorien untersuchen daher die Frage, wie der „Mann auf der Straße" Handlungen und Ereignisse erklärt (→ Attributionstheorie und attributionale Theorien). Die Konsequenzen solcher naiven Verhaltenserklärungen (z. B. welche emotionalen Reaktionen Zuschreibungen eines Misserfolgs auf mangelnde Fähigkeit nach sich ziehen) fallen in den Bereich *attributionaler* Theorien. Attributionen sind Gegenstand von Forschungsbemühungen in vielen Bereichen der Psychologie. Die Rolle von Attributionen für Emotionsphänomene wurde insbesondere im Rahmen der Zweifaktorentheorien der Emotion von Schachter und Singer (1962) und in Weiners attributionalen Arbeiten zu Motivations- und Emotionsphänomenen (Weiner, 1986, 1995, 2006) untersucht.

Schachter und Singer (1962) fokussieren auf kausale Erklärungen physiologischer Erregung und betrachten nicht, inwieweit Attributionen eigener Handlungsergebnisse Einfluss auf Emotionen haben, und ob verschiedene Emotionen durch unterschiedliche Attributionen entstehen. Daher werden wir lediglich die neuere und umfassender auf Attributionen basierende Emotionstheorie von Weiner darstellen.

2 Die attributionale Emotionstheorie Weiners

Weiners attributionale Theorie der Emotion hat sich aus seinen motivationspsychologischen Arbeiten entwickelt. Er ordnet die Vielzahl möglicher Attributionen ihren zugrunde liegenden Dimensionen zu: Auf der Dimension der Personabhängigkeit unterscheidet er internale (z. B. Fähigkeit) und externale Faktoren (z. B. Zufall). Die Dimension der Stabilität spiegelt wider, inwieweit eine Ursache über die Zeit hinweg stabil (z. B. Fähigkeit) beziehungsweise variabel ist (z. B. Zufall). Und auf der Dimension der Kontrollierbarkeit werden Ursachen hinsichtlich ihrer willentlichen Beeinflussbarkeit in kontrollierbare (z. B. Anstrengung) und unkontrollierbare Faktoren (z. B. Krankheit) eingeteilt.

2.1 Attibutionale Determinanten von Emotionen im Leistungskontext

Im Rahmen seiner leistungsmotivationstheoretischen Arbeiten untersuchte Weiner die Auswirkungen der Kausaldimensionen auf Reaktionen nach eigenem Erfolg und Misserfolg. Er zeigte, dass die Dimension der Stabilität Veränderungen der Erfolgserwartung bestimmt, und die Attribution auf interne vs. externe Faktoren beeinflusst die affektiven Reaktionen nach dem Handlungsergebnis: Interne Attributionen führen zu Stolz nach Erfolg und zu Beschämung nach Misserfolg (Stolz und Scham sind die zentralen Anreiz bestimmenden Emotionen in der auf Erwartungs-mal-Wert-Prinzipien basierenden Leistungsmotivationstheorie Atkinsons).

Auf den Befunden zu der Bedeutung interner versus externer Attributionen für Emotionen basierend, formuliert Weiner eine umfassendere attributionale Emotionstheorie (Weiner, Russell & Lerman, 1978). Er postuliert, dass emotionale Episoden im Leistungskontext damit beginnen, dass ein Individuum Erfolg oder Misserfolg feststellt, und dies löst ergebnisabhängige, attributions*un*abhängige Emotionen aus, etwa Freude nach Erfolg und Traurigkeit nach Misserfolg. Attributionen haben für diese Emotionen keine Bedeutung.

Nach Eintritt des Handlungsergebnisses wird dieses, insbesondere wenn es unerwartet, wichtig und negativ ist, ursächlich erklärt. Diese Erklärungen (Attributionen) beziehungsweise deren dimensionale Qualität ziehen unterschiedliche Emotionen nach sich, welche Weiner daher als attributions- beziehungsweise dimensionsabhängige Emotionen bezeichnet. So soll etwa das Zurückführen des Handlungsergebnisses auf „Zufall" zu „Überraschung" Anlass geben. Welcher Kausaldimension eine Ursache zuzuordnen ist, bestimmt dann wichtige weitere Qualitäten dieser (dimensionsabhängigen) Emotionen (vgl. Tab. 1). So sollen etwa selbstwertbezogene Emotionen wie Stolz oder Beschämung von der Dimension der Personabhängigkeit bestimmt werden und in stärkerem Maße bei interner Attribution von Handlungsergebnissen (Anstrengung/Fähigkeit) auftreten als bei Zuschreibungen auf externe Faktoren (Aufgabenschwierigkeit/Zufall). Weiner weist darauf hin, dass bereits Kant den Unterschied zwischen ergebnisabhängigen und attributionsabhängigen Emotionen benannte, indem er schrieb, jeder könne sich über ein gutes Essen freuen, doch nur der Koch könne Stolz darüber empfinden.

Ursachenfaktoren unterscheiden sich auch hinsichtlich ihrer Kontrollierbarkeit: Anstrengung und Fähigkeit sind beide interne Ursachen, wobei Anstrengung, nicht jedoch Fähigkeit, der persönlichen Kontrolle unterliegt. Wird etwa ein Misserfolg mangelnder Anstrengung (internal und kontrollierbar) zugeschrieben, so sollen in der Folge Schuldgefühle entstehen, wobei das Zurückführen eines Misserfolges auf internale, nichtkontrollierbare Ursachen (mangelnde Fähigkeit) zu

Tabelle 1: Beziehung zwischen Attributionsdimensionen und Emotionen nach Weiner (1986, 2006)

	Ereignis betrifft die eigene Person				Ereignis betrifft eine andere Person			
	internale Attribution		Externale Attribution		Internale Attribution		Externale Attribution	
	Kontrollierbar	Nicht Kontrollierbar	Kontrollierbar	Nicht Kontrollierbar	Kontrollierbar	Nicht Kontrollierbar	Kontrollierbar	Nicht Kontrollierbar
Positives Ereignis	Stolz	Stolz	Dankbarkeit					
Negatives Ereignis	Schuld	Scham	Ärger		Ärger	Mitleid		

Schamgefühlen Anlass geben soll (Brown & Weiner, 1984). Wird der eigene Misserfolg externalen Ursachen zugeschrieben, dann ist die Einschätzung der Kontrollierbarkeit der Ursache durch den externalen Agens ebenfalls eine wichtige Determinante der Emotion (vgl. Tab. 1): wird Misserfolg etwa auf einen unfairen Prüfer oder Erfolg auf die Hilfe einer anderen Person zurückgeführt (i. e., Faktoren, die unter der willentlichen Kontrolle der anderen Person stehen), dann werden „soziale Emotionen" wie etwa Ärger (nach Misserfolg) oder Dankbarkeit (nach Erfolg) erlebt.

Hinsichtlich der affektiven Konsequenzen der Stabilitätsdimension finden sich kaum Forschungsarbeiten. Weiner schlägt vor, dass antizipatorische Emotionen wie Hoffnung oder Furcht beziehungsweise Resignation und Hilflosigkeit über die durch die Stabilität der Attribution vermittelten Erfolgserwartungen beeinflusst werden. Führt man Erfolg auf stabile Ursachen zurück, wird auch zukünftig Erfolg erwartet, und die Emotion „Hoffnung" sollte sich einstellen. Wenn Misserfolg dagegen auf stabile Ursachen zurückgeführt wird, dann erwarte man auch zukünftig Misserfolg, und dies sollte die Emotion „Furcht" oder auch Resignation auslösen.

Die bisher beschriebenen Analysen der attributionalen Determinanten emotionaler Reaktionen nehmen eine intraindividuelle Perspektive ein. Versuchspersonen nehmen Attributionen für *eigenen* Erfolg oder Misserfolg vor, und es werden die emotionalen Reaktionen auf das *eigene* Handlungsergebnis analysiert. Wir nehmen aber auch Ursachenzuschreibungen für Handlungsergebnisse anderer Personen vor, und diese bestimmen unsere emotionalen Reaktionen und unser Verhalten in Bezug auf die handelnde andere Person. Diese Perspektive kennzeichnet Weiners Theorie sozialer Motivation (s. Weiner, 2006).

2.2 Attributionale Determinanten von Emotionen im Kontext sozialer Motivation

Anders als in der Analyse leistungsorientierten Verhaltens besteht der die Attribution auslösende Stimulus nicht (nur) in Erfolgen oder Misserfolgen der anderen Person, sondern auch aus der Verletzung von Regeln, dem Bestehen von Hilfebedürftigkeit oder dem Vorliegen eines mentalen oder physischen Defizits. Wenn der Auslöser (z. B. „Hilfebedürftigkeit" wie etwa das Benötigen einer Vorlesungsmitschrift) auf eine unkontrollierbare Ursache (z. B. einen Krankenhausbesuch) zurückgeführt wird, soll die attribuierende Person Mitleid gegenüber der Stimulusperson empfinden. Werden dagegen kontrollierbare Ursachen für das Ereignis verantwortlich gemacht (z. B. das Versäumen der Vorlesung aufgrund eines Strandbesuches), soll die attribuierende Person Ärger empfinden (vgl. Tab. 1). Nachfolgendes Verhalten, wie etwa das Gewähren oder Verweigern von Hilfe, wird durch diese Emotionen (Ärger oder Mitleid) bestimmt. Weiners generelle Verhaltenstheorie besagt daher, dass Kognitionen zu Emotionen Anlass geben und die Emotionen nachfolgend das Verhalten „anstoßen".

Später hat Weiner das Konzept der Verantwortlichkeit eingeführt, welches eng mit dem der Kontrollierbarkeit zusammenhängt. Er stellt fest, dass zum Beispiel das Zurückführen eines Regelverstoßes auf kontrollierbare Ursachen nicht hinreichend für die Entstehung von Emotionen wie etwa Schuld oder Ärger ist: Wenn eine Person eine Vorlesung versäumt, weil sie einer anderen Person aus einer lebensbedrohlichen Situation geholfen hat, dann wird sie selbst kaum Schuldgefühle und andere kaum Ärger über diese Person erleben, obwohl die Entscheidung, Hilfe zu leisten statt die Vorlesung zu besuchen, unter der Kontrolle der Person stand. In diesem Fall würden wir die Person jedoch nicht als verantwortlich für das Versäumnis betrachten. Weiner schlägt daher vor, dass nicht die Kontrollierbarkeit allein, sondern zusätzlich Verantwortungszuschreibungen notwendig für die Entstehung von Emotionen wie Ärger und Schuld sind. Verantwortungszuschreibungen beinhalten normative Überzeugungen wie etwa „man muss anderen helfen" oder „man muss pünktlich sein".

2.3 Der Prozess der Emotionsentstehung

Weiner spezifiziert in seiner Theorie nicht nur die Inhalte emotionsauslösender Gedanken, sondern auch eine zeitliche Sequenz (den Prozess) der Emotionsentstehung, in der aufgrund komplexer werdender kognitiver Aktivität differenziertere Emotionen entstehen. Im ersten Schritt dieses Prozesses bewertet das Individuum einen Sachverhalt als Erfolg oder Misserfolg. Infolge dieser Einschätzung entstehen ergebnisbezogene Emotionen wie etwa Freude oder Traurigkeit. Ist das Ereignis negativ, unerwartet und/oder wichtig, dann soll das Individuum eine Ursache für dieses Ereignis suchen. Diese Ursachen lösen dann „attributionsabhängige Emotionen" aus. So soll aufgrund Zufallsattributionen etwa die Emotion Überraschung entstehen. In einem nächsten Schritt werden die Ursachen ihren zugrunde liegenden Dimensionen zugeordnet, und in der Folge entstehen dimensionsabhängige, zum Beispiel selbstwertbezogene Emotionen wie etwa Stolz oder Scham (vgl. Tab. 1). Wenn eine Ursache als kontrollierbar angesehen wird, dann wird zusätzlich gefragt, ob Verantwortlichkeit gegeben ist. Erst wenn dies der Fall ist, können Emotionen wie Schuld, Ärger oder Dankbarkeit entstehen. Weiner (2006) räumt ein, dass diese Sequenz von kognitiven Aktivitäten nicht notwendigerweise bewusst oder willkürlich ablaufen muss.

3 Einordnung der Theorie

Da die Identifikation emotionsauslösender Kognitionen das zentrale Anliegen der Emotionstheorie Weiners darstellt, ist diese Theorie den kognitiven Emotionstheorien zuzuordnen. Weiner legt keine umfassende Emotionstheorie vor, welche alle kognitiven Determinanten sämtlicher Emotionen spezifiziert. So betont er, dass einige Emotionen – wie etwa hormonell bedingte Depression – überhaupt nicht durch Kognitionen vermittelt sind. Vielmehr fragt er, welche Emotionen besonders stark von Attributionen beeinflusst werden, und er legt mit seiner Theorie auch ein Prozessmodell der Emotionsentstehung vor. Darüber hinaus wurde seine Theorie umfangreicher empirischer Überprüfungen unterzogen (s. Weiner, 2006). Die Bedeutung von kausalen Kognitionen wurde von anderen Autoren aufgegriffen und in deren Theorien integriert (s. etwa Ortony, Clore & Collins, 1988).

Die Emotionsdefinition, welche Weiners Theorie zugrunde liegt, scheint auf den ersten Blick eine Syndromdefinition darzustellen. Diese Definitionen implizieren, dass sich Emotionen aus verschiedenen Komponenten, wie etwa physiologischer Erregung, mimischem Ausdruck, Kognitionen und Verhaltenimpulsen zusammensetzen. Er schreibt: „... I define emotion as a complex syndrome or composite of many interacting factors. Emotions are presumed to have 1) positive or negative qualities of 2) a certain intensity that 3) frequently are proceeded by an appraisal of a situation and 4) give rise to action" (1986, S. 119). Reisenzein, Meyer und Schützwohl (2002; S. 103) machen jedoch darauf aufmerksam, dass anders als in anderen kognitiven Emotionstheorien weder die emotionsauslösenden Kognitionen noch das durch die Emotion ausgelöste Verhalten Bestandteil der Emotion selbst sind. Als Emotion wird daher das subjektive „Gefühl" betrachtet, und daher stellt das Modell eine mentalistische Theorie dar.

Weiterführende Literatur

Reisenzein, R., Meyer, W.-U. & Schützwohl, A. (2002). *Einführung in die Emotionspsychologie*. Band 3. Bern: Huber.
Weiner, B. (2006). *Social motivation, justice, and the moral emotions: An attributional approach*. Mahwah, NJ: Lawrence Erlbaum Associates.

Literatur

Brown, J. & Weiner, B. (1984). Affective consequences of ability and effect ascriptions: Empirical controversies, resolutions, and quandareis. *Journal of Educational Psychology, 76,* 146–158.
Ortony, A., Clore, G. L. & Collins, A. (1988). *The cognitive structure of emotions*. Cambridge: Cambridge University Press.
Schachter, S. & Singer, J. E. (1962). Cognitive, social and physiological determinants of emotional states. *Psychological Review, 69,* 379–399.
Weiner, B. (1986). *An attributional theory of motivation and emotion*. New York: Springer.
Weiner, B. (1995). *Judgment of responsibility: A foundation for a theory of social conduct*. New York: Guilford.
Weiner, B., Russell, D. & Lerman, D. (1978). Affective consequences of causal ascriptions. In J. H. Harvey, W. J. Ickes & R. F. Kidd (Eds.), *New directions in attribution research* (Vol. 2, pp. 59–90). Hillsdale, N. J.: Erlbaum.

Einschätzung
Appraisal

Rainer Reisenzein

1 Einleitung

Einschätzung (englisch *appraisal*) ist der zentrale Begriff der *Einschätzungstheorien* der Emotion *(appraisal theories)*, die auch als *Bewertungstheorien* der Emotion oder als *kognitive Emotionstheorien* bezeichnet werden (Reisenzein, 2000; Reisenzein, Meyer & Schützwohl, 2003). Die Einschätzungstheorien sind in den letzten 20 Jahren zur dominierenden Theorie der Entstehung (Aktualgenese) von Emotionen geworden und haben die Emotionspsychologie auch in anderen Bereichen nachhaltig beeinflusst.

> **Das Kernpostulat der Einschätzungstheorien**
>
> Die Art und Intensität der von einem „Objekt" (einem Ereignis, einer Person usw.) hervorgerufenen Emotionen hängt davon ab, wie die Person das Objekt einschätzt; insbesondere, wie sie es relativ zu ihren Wünschen und Zielen bewertet.

Die konkret existierenden Einschätzungstheorien sind mehr oder weniger unterschiedliche Versuche, das im Kasten aufgeführte Kernpostulat der Einschätzungstheorien auszuarbeiten und zu präzisieren. Diese Ausarbeitungen und Präzisierungen betreffen Strukturannahmen, Prozessannahmen und Annahmen über die Kognitions-Emotions-Beziehung (Reisenzein, 2000). *Strukturannahmen* sind Annahmen über die Einschätzungen (Einschätzungsmuster), die unterschiedlichen Emotionen zugrunde liegen. *Prozessannahmen* sind Annahmen über die Beschaffenheit der kognitiven Prozesse, durch die Einschätzungen gebildet werden. Annahmen über die *Kognitions-Emotions-Beziehung* präzisieren, was mit der „Abhängigkeit" der Emotionen von Einschätzungen (vgl. Kasten) gemeint ist. Neben diesen Postulaten – die allesamt die Aktualgenese von Emotionen betreffen – enthalten viele Einschätzungstheorien weitere Annahmen, insbesondere zu den Auswirkungen von Emotionen (z. B. auf das Handeln oder den Gesichtsausdruck) (→ Emotion und Handeln, → Ausdruck), aber auch zur evolutionären oder sozialisatorischen Herkunft der emotionalen Mechanismen (→ Evolutionäre Psychologie, → Entwicklung). Tatsächlich ist es das erklärte Ziel einiger Einschätzungstheoretiker, eine *umfassende* Emotionstheorie zu entwickeln (so bereits Arnold, 1960). Dreh- und Angelpunkt der Analyse ist dabei jedoch stets der postulierte Prozess der Einschätzung.

Einschätzungstheorien der Emotion wurden in der neueren Psychologie zuerst in den 1960er Jahren formuliert. Wegweisend waren die Theorien von Magda B. Arnold (1960) und Richard S. Lazarus (1966), die den historischen Ausgangspunkt der meisten nachfolgenden Einschätzungstheorien in der Psychologie bildeten (Reisenzein, 2006a). Diese neueren Einschätzungstheorien wurden unter anderem von Frijda (1986), Ortony, Clore und Collins (1988), Roseman (1984), Scherer (1984) und Weiner (1986) formuliert (Literaturangaben in Reisenzein, 2000). Vorformen der heutigen Einschätzungstheorien finden sich allerdings schon bei dem griechischen Philosophen Aristoteles (ca. 350 v. Chr.) und bei einer ganzen Reihe weiterer klassischer Autoren (Reisenzein, 2000). Auch in der Anfangszeit der institutionalisierten Psychologie wurden von einigen Autoren kognitive Emotionstheorien entwickelt (z. B. Meinong, 1894; s. Reisenzein et al., 2003). Deshalb stellen die Einschätzungstheorien keine revolutionäre Neuentwicklung dar, sondern eine Wiederbesinnung auf alte Annahmen, die im Übrigen (zumindest in vereinfachter Form) bereits in der impliziten Alltagspsychologie enthalten sind (vgl. Mees, 1991).

2 Strukturannahmen der Einschätzungstheorien

2.1 Die Theorie von Arnold

Die strukturellen Grundannahmen der Einschätzungstheorien lassen sich gut anhand der Theorie von Arnold (1960) veranschaulichen. Ausgangspunkt Arnolds ist die Beobachtung, dass sich Emotionen normalerweise auf Objekte beziehen (nach Arnold ist dies sogar stets der Fall). Zum Beispiel freut sich Anna *über einen Lottogewinn* oder ist traurig *über eine nicht bestandene Prüfung*. Solche objektbezogenen Gefühle treten nach Arnold dann und nur dann auf, wenn die erlebende Person das Objekt der Emotion auf bestimmte Weise *einschätzt*; das heißt, wenn sie bestimmte Kognitionen (Überzeugungen) darüber erwirbt. Diese emotionsrelevanten Kognitionen sind nach Arnold von zweierlei Art: Sie umfassen einerseits *faktische Kognitionen* oder *Tatsachenüberzeugungen* und andererseits *evaluative Kognitionen* oder *Wertüberzeugungen* (Bewertungen). Zum Beispiel tritt Freude über einen Sachverhalt auf, wenn die Person (a) zur Überzeugung gelangt, dass der Sachverhalt besteht (Tatsachenüberzeugung) und (b) den Sachverhalt positiv bewertet bzw. glaubt, dass er gut für sie ist (Wertüberzeugung). Leid oder Kummer erlebt die Person dagegen, wenn sie zur Überzeugung kommt, dass ein Sachverhalt vorliegt, der schlecht für sie ist. Eine positive Bewertung („das ist gut für mich") bedeutet, dass der Sachverhalt mit den Wünschen der Person übereinstimmt; eine negative Bewertung („das ist schlecht für mich") bedeutet, dass er den Wünschen der Person widerspricht. Somit gehören nach Arnold neben *Überzeugungen* (Kognitionen) auch *Wünsche* (also motivationale Zustände) zu den Voraussetzungen von Emotionen. Man kann deshalb auch sagen: Emotionen entstehen, wenn die Person eine tatsächliche oder mögliche (dazu unten) Erfüllung oder Frustration ihrer Wünsche kogniziert. Oder: Emotionen sind Reaktionen auf von der Person kognizierte Wunscherfüllungen und Wunschfrustrationen (Reisenzein, 2006a, b).

Die am Beispiel von Freude und Leid illustrierte Analyse der kognitiven Grundlagen von Emotionen lässt sich nach Arnold – in angemessen modifizierter Form – auf alle Emotionen anwenden. Wie Freude und Leid, so setzen auch alle anderen Emotionen Wert- und Tatsachenüberzeugungen voraus; diese Überzeugungen sind jedoch für jede Emotion anders beschaffen. Allgemein gesagt treten angenehme Gefühle auf, wenn man einen Sachverhalt positiv bewertet und unangenehme Gefühle, wenn man ihn negativ bewertet. Die weiteren Differenzierungen von Emotionen (jenseits von angenehm-unangenehm) hängen dagegen von bestimmten Tatsachenüberzeugungen über das auslösende Objekt ab. Nach Arnold (1960) sind für die feinere Differenzierung von Emotionen vor allem die Einschätzungsdimensionen *Anwesenheit-Abwesenheit* eines Sachverhalts (sicher vorhanden und gegenwärtig versus unsicher und zukünftig) und *Bewältigbarkeit* des Sachverhalts von Bedeutung. Glaubt man zum Beispiel, dass ein positives Ereignis sicher vorhanden und leicht beizubehalten ist, dann erlebt man Freude. Hält man das Ereignis dagegen für bloß möglich oder wahrscheinlich, aber als mit Anstrengung erreichbar, dann erlebt man Hoffnung. Analog erlebt man Kummer oder Traurigkeit, wenn man ein negatives Ereignis als sicher vorhanden und schwer bewältigbar betrachtet und Furcht, wenn man es für bloß möglich und nicht sicher vermeidbar hält (s. Arnold, 1960).

2.2 Die Theorie von Ortony, Clore und Collins

Die umfassendste und zugleich systematischste neuere Einschätzungstheorie wurde von Ortony, Clore und Collins (1988) formuliert (s. auch Mees, 1991). Ortony et al. behandeln in ausführlicher Form die Einschätzungen für insgesamt 11 positive und 11 negative Emotionen. Alle weiteren Emotionen sind ihrer Ansicht nach Unterarten dieser 22 Emotionen, die sich von ihren Stammformen hauptsächlich durch ihre spezielleren Gegenstände unterscheiden. So ist zum Beispiel *Bedauern* eine spezielle Form von *Leid*, nämlich Leid über den Verlust einer günstigen Gelegenheit.

Wie Arnold, so gehen auch Ortony et al. davon aus, dass Emotionen Tatsachen- und Wertüberzeugungen voraussetzen. Anders als Arnold unterscheiden Ortony et al. aber zwischen drei Arten von emotionsrelevanten Bewertungen: Bewertungen nach Erwünschtheit, nach Lobwürdigkeit und nach Attraktivität. Diese Bewertungen unterscheiden sich voneinander sowohl in bezug auf den Gegenstand (Ereignisse, Handlungen, Einzeldinge) als auch das Bewertungskriterium (persönliche Wünsche, internalisierte Normen, Einstellungen).

Ereignisse werden im Hinblick auf *rein persönliche Wünsche oder Ziele* bewertet. Erwünscht ist ein Ereignis, das mit einem persönlichen Wunsch übereinstimmt (z. B. ein Gewinn im Lotto); unerwünscht ist ein Ereignis, das einen persönlichen Wunsch frustriert (z. B. der Verlust der Brieftasche). Erwünschtheitsbewertungen bilden die Grundlage der sogenannten *ereignisbezogenen Emotionen*, wie zum Beispiel Freude über den Lottogewinn oder Leid über den Verlust der Brieftasche. Die weiteren Differenzierungen der ereignisbezogenen Emotionen ergeben sich aufgrund von unterschiedlichen Tatsachenüberzeugungen über das auslösende Ereignis. Bedeutsam sind vor allem der wahrgenommene *Ereignisfokus* (man selbst versus jemand anders ist betroffen), die subjektive *Ereigniswahrscheinlichkeit* (das Ereignis ist sicher versus unsicher) sowie, bei sicheren Ereignissen, die *Erwartungswidrigkeit* des Ereignisses (erwartungsbestätigend, erwartungswidrig, Erwartung spielt keine Rolle). Abbildung 1 gibt eine Übersicht über die ereignisbezogenen Emotionen.

Betrifft das Ereignis hauptsächlich einen selbst, so resultieren in Abhängigkeit von der Erwünschtheit (erwünscht versus unerwünscht) des Ereignisses (vgl. Abb. 1):
- *Freude* versus *Leid*, wenn das Ereignis als sicher eingeschätzt wird und ereignisbezogene Erwartungen keine Rolle spielen;
- *Hoffnung* versus *Furcht*, wenn das Ereignis als ungewiss eingeschätzt wird;

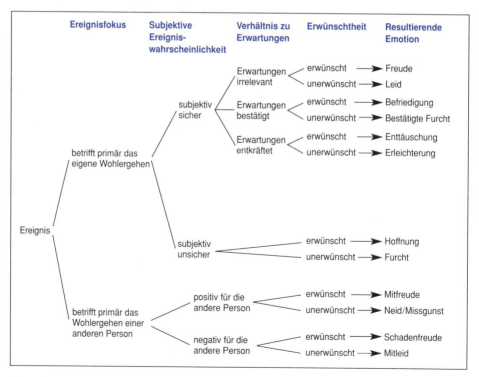

Abbildung 1: Die ereignisbezogenen Emotionen (nach Ortony, Clore & Collins, 1988)

- *Enttäuschung* versus *Erleichterung*, wenn das Ereignis als erwartungswidrig eingeschätzt wird; und
- das *Gefühl der Befriedigung* versus der sogenannten *bestätigten Furcht*, wenn das nun als sicher eingeschätzte Ereignis auch erwartet wurde.

Betrifft ein Ereignis in erster Linie eine andere Person, so resultieren *Mitfreude, Schadenfreude, Neid* oder *Mitleid* in Abhängigkeit davon, ob man das Ereignis (a) als positiv oder negativ für den anderen beurteilt und ob man es (deshalb) (b) selbst als erwünscht oder unerwünscht bewertet (vgl. Abb. 1).

Handlungen werden nach Ortony et al. (1988) auf der Grundlage von internalisierten *sozialen oder moralischen Normen* (Geboten oder Verboten) bewertet. Lobenswert ist eine Handlung, die nach Meinung der Person eine von ihr akzeptierte Norm erfüllt (z. B. Anna hilft Wilhelm); tadelnswert ist eine Handlung, die eine Norm verletzt (z. B. Anna belügt Wilhelm). Diese Lobwürdigkeitsbewertungen bilden die Grundlage der sogenannten *handlungsbezogenen Emotionen*, wie zum Beispiel Stolz über eine eigene Tat oder Empörung über die Tat eines anderen.

Mit *Objekten* meinen Ortony et al. Einzeldinge wie Personen, Tiere und nichtbelebte Gegenstände. Objekte werden auf der Grundlage von *Einstellungen* (Meinungen über ihre positiven und negativen Eigenschaften) als anziehend oder abstoßend bewertet. Anziehend ist ein Objekt, das nach Ansicht der Person positive Eigenschaften hat (z. B. ein Freund); abstoßend ist ein Objekt, das negative Eigenschaften hat (z. B. eine Küchenschabe). Diese Attraktivitätsbewertungen bilden die Grundlage der *objektbezogenen Emotionen*, wie zum Beispiel Zuneigung für den Freund oder Ekel vor der Küchenschabe.

Einige weitere Emotionen, nämlich *Befriedigung, Dankbarkeit, Ärger* und *Reue* werden von Ortony et al. (1988) als Verbindungen von gleichzeitig auftretenden ereignisbezogenen Emotionen und Attributionsemotionen analysiert. So ist zum Beispiel *Befriedigung* eine Verbindung von *Freude* und *Stolz*.

3 Prozessannahmen der Einschätzungstheorien

Prozesstheorien der Einschätzung versuchen zu klären, wie Einschätzungen zustande kommen bzw. wie der Einschätzungsprozess im Detail aussieht. Diese Theorien entstanden zum Teil als Resultat des Versuchs, Emotionen in vorhandene, allgemeine Theorien kognitiver Prozesse bzw. „kognitive Architekturen" (vgl. z. B. Anderson, 1983) zu integrieren. Dabei wurde typischerweise versucht, Einschätzungsprozesse als Spezialfälle der in diesen allgemeinen Theorien postulierten Informationsverarbeitungsprozesse zu interpretieren; zum Beispiel als Prozesse der Schlussfolgerung in einem propositionalen (sprachartigen) Repräsentationsmedium (vgl. Reisenzein, 2001). Für einige der von den kognitiven Emotionstheoretikern postulierten Einschätzungsprozesse (zum Beispiel die Einschätzung der Verantwortlichkeit für eine Tat) ist diese Interpretation sicher plausibel; umstritten ist jedoch, ob *alle* Einschätzungsprozesse so interpretiert werden können. Zum Beispiel argumentiert Reisenzein (2001, 2006b), dass zwei zentrale Einschätzungsprozesse – nämlich diejenigen kognitiven Prozesse, durch die ermittelt wird, ob Ereignisse mit Erwartungen und Wünschen übereinstimmen oder nicht – sich von propositionalen Schlussfolgerungsprozessen grundlegend unterscheiden. Teasdale und Barnard (1993) halten es zur Erklärung der Emotionsgenese sogar für erforderlich, ein spezielles Repräsentationsmedium (den sogenannten *implicational code*) zu postulieren, in dem die in anderen Codes (z. B. einem propositionalen oder imaginalen Code) repräsentierte Information integriert wird.

Eine Reihe von Autoren nehmen an, dass dieselben Einschätzungen auf mehreren verschiedenen Wegen getätigt werden können. In bezug auf die Ausgestaltung dieser Annahme bestehen allerdings deutliche Unterschiede zwischen verschiedenen Forschern. Leventhal und Scherer (1987) zum Beispiel unterscheiden drei *Ebenen der Informationsverarbeitung*, die unter anderem durch unterschiedliche Formen der Repräsentation charakterisiert sind: die sensumotorische Ebene, die schematische Ebene, und die begriffliche Ebene. Sie postulieren, dass emotionserzeugende Einschätzungsprozesse auf jeder dieser drei Ebenen stattfinden. Nach einer anderen Auffassung können Einschätzungsprozesse dagegen auch im selben Repräsentationsmedium (z. B. in einem propositionalen Code) in deutlich unterschiedlicher Form ablaufen. So nehmen Meyer, Reisenzein und Schützwohl (1997) an: Ist ein einzuschätzendes Ereignis neuartig bzw. sind vorhandene Schemata nicht darauf anwendbar, dann laufen Einschätzungsprozesse bewusst ab. Die so berechneten Einschätzungen werden in einem Schema für das Ereignis abgespeichert und können deshalb beim späteren Auftreten eines Ereignisses derselben oder einer ähnlichen Art einfach aus dem Schema abgerufen und auf das Ereignis „angewendet" werden. Der Einschätzungsprozess erschöpft sich in diesem Fall also weitgehend in einer *Kategorisierung* des Ereignisses *x* als zu einem bestimmten Typ gehörig (z. B. „*x* ist eine Bedrohung"). Durch den beschriebenen Prozess der *Schematisierung* kommt es zur *Automatisierung* von Einschätzungen, das heißt zu einer Beschleunigung der Einschätzungsprozesse und ihrer Verlagerung auf eine unbewusste Ebene der Informationsverarbeitung (vgl. Reisenzein, 2001).

4   Zur Beziehung zwischen Einschätzungen und Emotionen

Das Kernpostulat der Einschätzungstheorien (Kasten 1) besagt, dass die Qualität und Intensität der Emotionen gegenüber einem Objekt von der Einschätzung dieses Objekts „abhängt". Unter den Einschätzungstheoretikern bestehen allerdings recht unterschiedliche Ansichten darüber, was genau mit „abhängen" gemeint ist, sowie – eng damit zusammenhängend – was die Emotion selbst ist.

- Nach der in der Emotionspsychologie am weitesten verbreiteten Auffassung sind Einschätzungen typische oder sogar notwendige **Ursachen** von Emotionen. Die Emotionen selbst sind nach dieser Ansicht von den Einschätzungen verschiedene Zustände; zum Beispiel Gefühle der Lust oder Unlust oder bestimmte Handlungsimpulse.
- Einige Theoretiker postulieren jedoch eine engere Beziehung zwischen Einschätzungen und Emotionen: Sie nehmen an, dass Einschätzungen **Bestandteile** von Emotionen sind (z. B. Lazarus, 1991). Eine nahe verwandte Position besagt, dass Emotionen das Produkt einer Synthese von Einschätzungen und anderen psychischen Zuständen, wie zum Beispiel Erregungsempfindungen, darstellen (z. B. Schachter, 1964; vgl. Reisenzein, 1994).
- Einige Theoretiker postulieren sogar, dass Emotionen mit Einschätzungen – verstanden als bewertende Urteile – **identisch** sind (z. B. Solomon, 1988). Nach dieser Auffassung sind Emotionen also nichts anderes als eine bestimmte Klasse von Kognitionen (Überzeugungen).

Zugunsten der Teil-Ganzes- und der Identitätshypothese der Beziehung zwischen Einschätzungen und Emotionen wurde unter anderem Folgendes vorgebracht: (1) Nur diese Hypothesen können die spezifische Objektgerichtetheit von Emotionen erklären (vgl. Green, 1992); (2) nur diese Hypothesen können die feine Differenzierung der Emotionen erklären, denn Emotionen unterscheiden sich voneinander zum Teil *nur* aufgrund unterschiedlicher Einschätzungen.

Diese Argumente sind allerdings nicht zwingend (Reisenzein, 2000). So könnte der subjektive Eindruck, dass Emotionen sich auf Objekte richten – dass man sich zum Beispiel *über den Lottogewinn* freut – eine *Illusion* sein, die durch die enge kausale Beziehung zwischen Einschätzungen und emotionalen Gefühlen zustande kommt. Zur Lösung des Problems der qualitativen Differenzierung von Emotionen genügt es anzunehmen, dass Emotionen *funktional* definiert sind, das heißt durch Bezugnahme auf ihre Wirkungen und insbesondere ihre Ursachen, die Einschätzungen (vgl. Reisenzein, 1994). Zur Illustration: *Freude* ist das Lustgefühl, das durch die Einschätzung verursacht wird, ein erwünschtes Ereignis sei eingetreten; *Stolz* dagegen ist das Lustgefühl, das durch die Einschätzung verursacht wird, man habe eine lobenswerte Tat vollbracht.

5 Argumente für die Einschätzungstheorien der Emotion

Die Einschätzungstheorien werden durch zahlreiche empirische Untersuchungen gestützt (Ellsworth & Scherer, 2003; Reisenzein et al., 2003). Darüber hinaus sprechen auch theoretische Argumente für sie (Reisenzein et al., 2003). Insbesondere liefern die Einschätzungstheorien plausible Erklärungen für zahlreiche, schon aus dem Alltag bekannte emotionspsychologische Tatsachen. Zu diesen Tatsachen gehören die Folgenden:

- Die menschlichen Emotionen sind sehr differenziert (es gibt zahlreiche Emotionen: Freude, Stolz, Traurigkeit, Hoffnung usw.). Die Einschätzungstheorien erklären dies damit, dass Menschen zu hoch differenzierten Einschätzungen in der Lage sind.
- Dasselbe objektive Ereignis (z. B. der Sieg einer Fußballmannschaft) kann bei unterschiedlichen Personen ganz unterschiedliche Emotionen auslösen (z. B. Freude versus Kummer). Erklärung: Dasselbe Ereignis kann von verschiedenen Personen unterschiedlich eingeschätzt werden (z. B. als erwünscht versus unerwünscht).
- Dieselbe Emotion kann durch objektiv ganz unterschiedliche Ereignisse ausgelöst werden. Freude kann zum Beispiel durch ein Lob, einen Prüfungserfolg oder einen Lottogewinn hervorgerufen werden. Erklärung: Unterschiedliche Ereignisse können auf dieselbe Weise eingeschätzt werden (z. B. als sicher vorhanden und erwünscht).
- Dieselbe Emotion kann durch Informationen verursacht werden, die auf ganz unterschiedlichen Wegen erworben wurden. Zum Beispiel kann man dieselbe Empörung über die Tat eines anderen erleben, wenn man die Tat selbst beobachtet und wenn man davon hört. Erklärung: Ausschlaggebend für das Auftreten einer bestimmten Emotion ist, dass die Person bestimmte Tatsachen- und Wertüberzeugungen erwirbt; *wie* sie diese Überzeugungen erwirbt, ist dagegen von untergeordneter Bedeutung.

6 Einwände gegen die Einschätzungstheorien

Ungeachtet der empirischen und theoretischen Argumente für die Einschätzungstheorien sind eine Reihe von Einwänden gegen sie vorgebracht worden. Umstritten ist vor allem, ob *alle* Arten von emotionalen Zuständen *immer* so entstehen, wie die Einschätzungstheorien dies postulieren.

Eine Version dieses Einwands lautet, dass bestimmte Arten von Emotionen *grundsätzlich* auf „nichtkognitivem" Weg entstehen. Dies wurde insbesondere für die sensorischen Lust- und Unlustgefühle behauptet, gelegentlich auch für Stimmungen. Die *sensorischen Lust- und Unlustgefühle* sind die angenehmen und unangenehmen Gefühle, die durch einfache Sinnesreize ausgelöst werden. Beispiele sind das angenehme Gefühl, das vom Duft einer Rose hervorgerufen wird und das Unlustgefühl, das von einem bitteren Geschmack erzeugt wird. Diese Gefühle stellen für die kognitiven Emotionstheorien in der Tat ein Problem dar, denn sie scheinen keine Überzeugungen über die Existenz oder Beschaffenheit der auslösenden Reize zu erfordern. Vielmehr scheinen diese Gefühle unmittelbar an die sie verursachenden Sinnesempfindungen anzuknüpfen. Weniger problematisch ist für die Einschätzungstheorien dagegen die Erklärung von Stimmungen. *Stimmungen* (z. B. Hochstimmung, Deprimiertheit) unterscheiden sich von Emotionen primär dadurch, dass ihre Objekte diffuser sind als die von Emotionen und manchmal sogar zu fehlen scheinen. Dies kann man aus Sicht der kognitiven Emotionstheoretiker jedoch durch folgende Annahmen erklären: (a) die Objekte von Stimmungen stehen nicht im Zentrum der Aufmerksamkeit oder sind sogar unbewusst (Schwarz & Clore, 1996); (b) bei Stimmungen summieren sich mehrere, auf unterschiedliche Objekte gerichtete Gefühle derselben Art zu einem Gesamtgefühl, das kein eindeutiges Objekt mehr hat (Siemer, 2005). Stimmungen sind demnach bloß eine spezielle Erscheinungsform von Emotionen.

Aber auch für einige der Emotionen, die *normalerweise* durch Einschätzungsprozesse entstehen, wie Furcht oder Ärger, ist die Möglichkeit einer „nichtkognitiven" Enstehung behauptet worden (s. Reisenzein et al., 2003). Die Belege für diese Thesen sind allerdings nicht eindeutig. Zum Beispiel wird als Beleg für die nichtkognitive Entstehung von Furcht oft auf sogenannte *Phobien* (übermäßige Angst vor, zum Beispiel, engen Räumen, Spinnen, Schlangen oder Höhen) verwiesen. Das Argument lautet, dass Phobiker Angst erleben, obwohl sie von der Ungefährlichkeit der von ihnen gefürchteten Objekte oder Situationen überzeugt seien. Empirische Untersuchungen haben jedoch gefunden, dass Phobiker ihre Furchtobjekte sehr wohl als bedrohlich einschätzen (z. B. Jones, Whitmont & Menzies, 1996). Ein weiterer behaupteter Beleg für die nicht kognitive Entstehung von Emotionen wie Furcht sind Forschungsergebnisse zu den Wirkungen von emotionalen Reizen, die unterhalb der Wahrnehmungsschwelle dargeboten werden. Zum Beispiel berichteten Öhman und Soares (1994), dass spinnen- und schlangenängstliche Personen auf Dias mit ihren Furchtobjekten selbst dann mit physiologischer Erregung (einer Zunahme der Hautleitfähigkeit) reagierten, wenn die Bilder so kurz dargeboten wurden, dass sie nicht bewusst erkannt werden konnten. Neuere Untersuchungen legen jedoch nahe, dass ein Teil der Versuchsteilnehmer die „subliminalen" Furchtreize doch bewusst erkannt haben dürfte (Pessoa, Japee & Ungerleider, 2005). Ferner lösten die „subliminalen" Furchtreize zwar physiologische Erregung, aber offenbar keine *Angstgefühle* aus; daher ist diskutierbar, ob überhaupt eine Emotion vorlag. Schließlich können, wie in Abschnitt 3 erwähnt, Einschätzungsprozesse – ebenso wie andere kognitive Prozesse – durch ihre wiederholte Durchführung automatisiert werden und dann unbewusst ablaufen. Tatsächlich sind Einschätzungsprozesse nach Ansicht einiger kognitiver Emotionstheoretiker sogar *typischerweise* automatisch und unbewusst. Belege für die Existenz von automatischen Bewertungsprozessen liefern unter anderem Forschungen zum *Affektiven Priming* (vgl. Reisenzein et al., 2003).

Weiterführende Literatur

Ellsworth, P. C. & Scherer, K. R. (2003). Appraisal processes in emotion. In R. J. Davidson, K. R. Scherer & H. H. Goldsmith (Eds.), *Handbook of affective sciences* (pp. 572–595). Oxford: Oxford University Press.
Reisenzein, R. (2000). Einschätzungstheoretische Ansätze. In J. H. Otto, H. A. Euler & H. Mandl (Hrsg.), *Emotionspsychologie: Ein Handbuch* (S. 117–138). Weinheim: Psychologie Verlags Union.
Reisenzein, R., Meyer, W.-U. & Schützwohl, A. (2003). *Einführung in die Emotionspsychologie, Band III: Kognitive Emotionstheorien.* Bern: Huber.

Literatur

Anderson, A. (1983). *The architecture of cognition.* Cambridge, MA: Harvard University Press.
Arnold, M. B. (1960). *Emotion and personality* (Vol. 1 & 2). New York: Columbia University Press.
Green, O. H. (1992). *The emotions: A philosophical theory.* Dordrecht: Kluwer.
Jones, M. K., Whitmont, S. & Menzies, R. G. (1996). Danger expectancies and insight in spider phobia. *Anxiety, 2,* 179–185.
Lazarus, R. S. (1966). *Psychological stress and the coping process.* New York: McGraw-Hill.
Lazarus, R. S. (1991). *Emotion and adaptation.* New York: Oxford University Press.
Leventhal, H. & Scherer, K. R. (1987). The relationship of emotion and cognition: A functional approach to a semantic controversy. *Cognition and Emotion, 1,* 3–28.
Mees, U. (1991). *Die Struktur der Emotionen.* Göttingen: Hogrefe.
Meyer, W.-U., Reisenzein, R. & Schützwohl, A. (1997). Towards a process analysis of emotions: The case of surprise. *Motivation and Emotion, 21,* 251–274.
Öhman, A. & Soares, J. J. F. (1994). „Unconscious anxiety": Phobic responses to masked stimuli. *Journal of Abnormal Psychology, 103,* 231–240.
Ortony, A., Clore, G. L. & Collins, A. (1988). *The cognitive structure of emotions.* New York: Cambridge University Press.
Pessoa, L., Japee, S. & Ungerleider, L. G. (2005). Visual awareness and the detection of fearful faces. *Emotion, 2,* 243–247.
Reisenzein, R. (1994). Kausalattribution und Emotion. In F. Försterling & J. Stiensmeier-Pelster (Hrsg.), *Attributionstheorie: Grundlagen und Anwendungen* (S. 123–161). Göttingen: Hogrefe.
Reisenzein, R. (2001). Appraisal processes conceptualized from a schema-theoretic perspective: Contributions to a process analysis of emotions. In K. R. Scherer, A. Schorr & T. Johnstone (Eds.), *Appraisal processes in emotion: Theory, methods, research* (pp. 187–201). Oxford: Oxford University Press.
Reisenzein, R. (2006a). Arnold's theory of emotion in historical perspective. *Cognition and Emotion, 20,* 920–951.
Reisenzein, R. (2006b). Emotions as metarepresentational states of mind. In R. Trappl (Ed.), *Cybernetics and Systems 2006. Proceedings of the 18th European Meeting on*

Cybernetics and systems Research (pp. 649–653). Vienna: Austrian Society for Cybernetic Studies.

Schachter, S. (1964). The interaction of cognitive and physiological determinants of emotional state. In L. Berkowitz (Ed.), *Advances in experimental social psychology,* Vol. 1 (pp. 49–80). New York: Academic Press.

Scherer, K. R., Schorr, A. & Johnstone, T. (2001). *Appraisal processes in emotion: Theory, methods, research.* Oxford: Oxford University Press.

Schwarz, N. & Clore, G. L. (1996). Feelings and phenomenal experiences. In E. T. Higgins & A. W. Kruglanski (Eds.), *Social psychology: Handbook of basic principles* (pp. 433–465). New York: Guilford.

Siemer, M. (2005). Moods as multiple-object directed and as objectless affective states: An examination of the dispositional theory of moods. *Cognition & Emotion, 19,* 179–845.

Solomon, R. C. (1988). On emotions as judgments. *American Philosophical Quarterly, 25,* 183–191.

Teasdale, J. D. & Barnard, P. J. (1993). *Affect, cognition, and change.* Hove: Erlbaum.

Komponenten-Prozess-Modell – ein integratives Emotionsmodell
Component Process Model of Emotion – An Integrative Model of Emotion

Tobias Brosch & Klaus R. Scherer

1 Einleitung

Die klassischen Emotionstheorien (→ Kategoriale und dimensionale Modelle) haben sich vorwiegend mit verhaltens- und gefühlsmäßigen Emotionsreaktionen beschäftigt, ohne dem zentralen Problem der Emotionsentstehung große Bedeutung beizumessen. Da bei einer angenommenen adaptiven Funktion der Emotionen die Reaktionsformen von den Emotionsursachen abhängen müssen, führt dies zu einer Unterspezifizierung des Emotionsprozesses, die theoriegeleitete Forschung, aber auch komputationale Modellierung unmöglich macht. Der Beitrag der integrativen *Appraisal*-Theorien besteht somit vor allem in der Spezifikation einer Anzahl von Kriterien oder Dimensionen, die dem emotionskonstituierenden Prozess, und damit auch den Reaktionsformen, zugrunde liegen (Roseman & Smith, 2001).

Das in diesem Kapitel vorgestellte Komponenten-Prozess-Modell der Emotion (KPM, siehe auch Sander, Grandjean & Scherer, 2005; Scherer, Schorr & Johnstone, 2001) versucht, die Verbindung zwischen einem spezifischen *Appraisal*-Ergebnis und dem Muster der daraus resultierenden physiologischen, expressiven und motivationalen Veränderungen genauer zu spezifizieren. Durch die Berücksichtigung aller Emotionskomponenten kann das KPM zu einer Integration der verschiedenen Theorien der Emotionsentstehung beitragen.

2 Die Stimulus Evaluation Checks (SECs)

Die SECs sind nach vier *Appraisal*-Dimensionen organisiert (→ Einschätzung). Diese Ziele betreffen die wichtigsten Informationsklassen, die ein Organismus benötigt, um adaptiv auf ein salientes Ereignis reagieren zu können (vgl. Kasten).

> **Die *Appraisal*-Dimensionen des Komponenten-Prozess-Modells**
>
> 1. *Relevanz:* Wie unmittelbar relevant ist dieses Ereignis für mich? Könnte es für mich/meine soziale Referenzgruppe wichtige Konsequenzen haben?

2. *Implikationen:* Was sind die konkreten Implikationen oder Konsequenzen dieses Ereignisses, wie beeinflussen sie mein Wohlbefinden und meine unmittelbaren oder langfristigen Ziele?
3. *Bewältigungspotenzial:* Wie gut kann ich diese Konsequenzen bewältigen oder mich ihnen anpassen?
4. *Normative Signifikanz:* Wie wichtig ist dieses Ereignis in Bezug auf mein Selbstkonzept und soziale Normen und Werte?

Die Ergebnisse dieser SECs basieren auf subjektiven individuellen Inferenzen, die nicht notwendigerweise mit den objektiven Charakteristika einer gegebenen Situation übereinstimmen müssen. Individuelle Differenzen, motivationale Zustände oder Stimmungen, kulturelle Werte und Gruppendruck können einen großen Einfluss auf das *Appraisal*-Ergebnis ausüben (Van Reekum & Scherer, 1997).

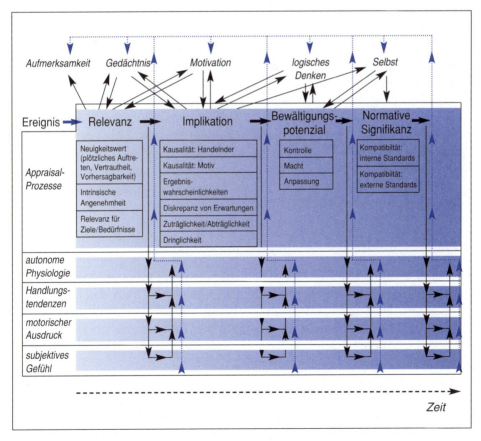

Abbildung 1: Das Komponenten-Prozess-Modell

2.1 Detektion der unmittelbaren Relevanz

Organismen überwachen permanent ihre externe und interne Umwelt bezüglich des Auftretens von Ereignissen (oder des Nichtauftretens von Ereignissen, die eigentlich erwartet wurden), die die Allokation von Aufmerksamkeit, weitere Informationsverarbeitung und möglicherweise adaptive Reaktionen erfordern. Dabei sind drei verschiedene, weitgehend automatisch und unbewusst ablaufende SECs involviert:

a) *Neuigkeitswert:* Jeder neue Stimulus benötigt Aufmerksamkeit und weitere Informationsverarbeitung. Hierbei kann man drei verschiedene Aspekte von Neuheit differenzieren:
– *plötzliches/abruptes Auftreten* eines Stimulus, häufig gepaart mit hoher Stimulationsintensität,
– *Vertrautheit* mit dem Objekt oder Ereignis, basierend auf der Übereinstimmung mit Schemata,
– *Vorhersagbarkeit*, basierend auf Beobachtungen von Regelmäßigkeiten und Wahrscheinlichkeiten.

b) *Intrinsische Angenehmheit:* Auf einer sehr basalen Verarbeitungsebene evaluiert der Organismus durch genetisch fixierte Schemata oder überlernte Assoziationen, ob ein Stimulus als eher angenehm oder unangenehm empfunden wird. Die Bezeichnung „intrinsisch" bezieht sich darauf, dass die Evaluation auf einer Eigenschaft des Stimulus basiert und relativ unabhängig von den momentanen Präferenzen oder Zielzuständen des Organismus ist.

c) *Relevanz für Ziele und Bedürfnisse:* Diese Relevanz variiert abhängig von der Anzahl der durch das Ereignis betroffenen Bedürfnisse, Ziele oder Werte und von ihrem relativen Status in der persönlichen Hierarchie der Prioritäten. In dieser Phase wird die unmittelbare, potenzielle Relevanz auf einer niedrigen Informationsverarbeitungsebene, etwa durch Schemata, durchgeführt und in der nächsten Phase auf höherer Ebene elaboriert.

2.2 Elaborierte Beurteilung der Implikationen

Um zumindest annäherungsweise die konkreten Implikationen, Konsequenzen und zukünftigen Entwicklungen abzuschätzen, muss das Individuum mehr über ein Ereignis und seine Ursachen in Erfahrung bringen oder durch Inferenzprozesse erschließen. Mindestens die folgenden fünf Prüfkriterien scheinen notwendig zu sein, um die tatsächliche Relevanz und den Handlungsbedarf präzise abschätzen zu können:

a) *Kausale Attribution:* Die wichtigste Information betrifft die Ursache eines Ereignisses, insbesondere bezüglich eines handelnden Akteurs und seiner Intentionalität. In anderen Worten: Wer hat etwas getan und warum? Die Einschätzungen der weiteren Entwicklung der Situation werden zu einem großen Teil vom Ergebnis der Attribution bezüglich des Handelnden und seiner Intention abhängen (→ Attributionstheorie und attributionale Theorien). Wenn mich zum Beispiel ein Fußgänger auf der Straße anrempelt, so hängt meine Reaktion von der wahrgenommenen Absicht ab.

b) *Ergebniswahrscheinlichkeit:* Das Individuum muss die Wahrscheinlichkeit einschätzen, mit der bestimmte Konsequenzen erwartet werden. Wie hoch ist z. B. die Wahrscheinlichkeit, dass aggressives Folgeverhalten seitens des Fußgängers folgen wird?

c) *Diskrepanz von Erwartungen:* Die durch ein Ereignis entstandene Situation kann konsistent oder diskrepant zu den Erwartungen des Individuums zu diesem Zeitpunkt sein. Wenn zum Beispiel gerade sehr viele Menschen mit ihren Weihnachtseinkäufen durch die Strassen strömen, wird ein Anrempeln weniger Absichtsattributionen hervorrufen als wenn mir ein einzelner Spaziergänger auf einem Feldweg entgegenkommt.

d) *Zuträglichkeit oder Abträglichkeit zu eigenen Zielen und Bedürfnissen:* Je mehr bestimmte Verhaltensweisen (die eigenen oder die anderer) oder Ereignisse die Zielerreichung erleichtern, desto größer die Zuträglichkeit. Je mehr solche Verhaltensweisen eine zielgerichtete Verhaltenssequenz blockieren, desto höher ihre Abträglichkeit. Typischerweise führt Zuträglichkeit zu positiven Emotionen und Abträglichkeit zu negativen Emotionen (wie z. B. Frustration).

e) *Dringlichkeit:* Adaptive Reaktionen auf einen Stimulus sind dringlich, wenn Ziele oder Bedürfnisse hoher Priorität bedroht sind und der Organismus kämpfen oder fliehen muss, und/oder wenn eine Verzögerung wahrscheinlich zu einer Verschlimmerung der Lage führt. Der Effekt von Dringlichkeit ist ein sofortiger Anstieg der Handlungsbereitschaft und eine sympathisch kontrollierte Reaktion des autonomen Nervensystems.

2.3 Beurteilung des Bewältigungspotenzials

Im Allgemeinen sind Organismen nicht darauf beschränkt, passiv die Konsequenzen von Ereignissen zu erdulden, sondern sie können durch Handlungen dem Eintreten negativer Konsequenzen vorbeugen oder solche Konsequenzen modifizieren. Folglich beinhaltet die adaptive Beschaffenheit von Emotionen eine Einschätzung des Bewältigungspotenzials, nämlich der Kontrolle und der Macht, die einem zur Verfügung steht, um ein Ereignis und seine Konsequenzen zu verändern oder sich erfolgreich an unabänderliche Ereignisse anzupassen. Im Falle überfüllter Fußgängerzonen könnte dies z. B. eine elaborierte Ausweich- und Vermeidungsstrategie sein oder das Akzeptieren gelegentlicher blaue Flecken. Drei Aspekte des Bewältigungspotenzials müssen eingeschätzt werden:

a) *Kontrolle:* Das Ausmaß, in dem ein Ereignis oder seine Konsequenzen beeinflusst oder kontrolliert werden können.

b) *Macht:* Die Fähigkeit, selbst Kontingenzen und Ergebnisse im Einklang mit eigenen Interessen zu verändern. Machtquellen können sehr verschieden sein – z. B. physische Stärke, Reichtum, Wissen oder soziale Attraktivität.
c) *Anpassungspotenzial:* Die Fähigkeit, mit einem Ereignis zu leben und sich anzupassen

2.4 Evaluation der normativen Signifikanz

In sozial lebenden Spezies muss das Individuum einschätzen, wie die Mehrheit der anderen Gruppenmitglieder seine Handlungen interpretieren. Auch müssen die Folgen für das eigene Selbstwertgefühl bestimmt werden, insbesondere dann, wenn Konsequenzen durch das eigene Verhalten verursacht wurden. Zwei Aspekte müssen überprüft werden:
a) *Interne Standards:* Eine Bewertung des Ausmaßes, in dem eine Handlung interne Standards wie z. B. das persönliche Selbst-Ideal (erstrebenswerte Eigenschaften) oder einen internalisierten Moralstandard (verpflichtendes Wohlverhalten) übertrifft oder verfehlt.
b) *Externe Standards:* Eine Bewertung des Ausmaßes, in dem eine Handlung mit den wahrgenommenen Normen oder Ansprüchen einer Referenzgruppe kompatibel ist.

3 Verarbeitungsebenen im *Appraisal*-Prozess

Die hier geschilderte Informationsverarbeitung kann auf verschiedenen Komplexitätsebenen stattfinden (Leventhal & Scherer, 1987, vgl. Tab. 1). Auf der sensomotorischen Ebene sind die SECs größtenteils genetisch determiniert, die Prüfkriterien bestehen aus Vorlagen zum Mustervergleich und ähnlichen Mechanismen. Auf der schematischen Ebene findet man SECs als Ergebnis sozialer Lernprozesse, wobei ein großer Teil der Verarbeitung auf dieser Ebene automatisch und außerhalb des Bewusstseins erfolgt. Auf der konzeptuellen Ebene werden die Kriterien hauptsächlich in kortikalen Assoziationsarealen verarbeitet, die Verarbeitung beinhaltet kulturelle Bedeutungssysteme und erfolgt bewusst. Die drei Ebenen interagieren kontinuierlich und produzieren *Bottom-up-* und *Top-down*-Effekte.

Die *Appraisal*-Mechanismen, wie sie hier dargestellt werden, setzen die Interaktion vieler kognitiver Funktionen und ihrer zugrunde liegenden neuronalen Schaltkreise voraus. So sind beim *Appraisal* beispielsweise die Allokation von Aufmerksamkeit hin zu bestimmten Stimuli und der Vergleich von Stimuluseigenschaften mit gespeicherten Schemata, Gedächtnisrepräsentationen, Selbstkonzept und Erwartungen involviert, weiterhin werden komplexe Problemlösungsfähigkeiten und logisches Denken zur Berechnung von Wahrscheinlichkeiten, Einschätzung von Bewältigungspotenzial und Organisation von Handlungsalternativen benötigt.

Tabelle 1: Verarbeitungsebenen einiger SECs (adaptiert aus Leventhal & Scherer, 1987)

	Neuigkeitswert	Angenehmheit	Zuträglichkeit zu Zielen und Bedürfnissen	Bewältigungspotenzial	Kompatibilität mit Normen/Selbst
Konzeptuelle Ebene	Erwartungen: Ursache/Wirkung, Wahrscheinlichkeitseinschätzungen	Erinnerte, erwartete oder abgeleitete positiv/negativ-Evaluationen	Bewusste Ziele und Pläne	Problemlösungsfähigkeiten	Selbst-Ideal, moralische Evaluation
Schematische Ebene	Vertrautheit: passende Schemata	Erlernte Präferenzen/Aversionen	Erworbene Bedürfnisse, Motive	Körperschemata	Selbst-/soziale Schemata
Sensomotorische Ebene	Plötzliche, intensive Stimulation	Angeborene Präferenzen/Aversionen	Grundbedürfnisse	Vorhandene Energie	empathische Adaptation

Abbildung 1 zeigt die bidirektionalen Einflüsse zwischen *Appraisal*-Prozess und kognitiven Funktionen. So wird zum Beispiel nur minimale Aufmerksamkeit benötigt, um den Prozess zu starten, die Bewertung eines Stimulus als „relevant" aber führt unmittelbar zur Allokation weiterer Aufmerksamkeitsressourcen. Die Eigenschaften des Stimulus werden daraufhin mit Schemata im Gedächtnis verglichen, wobei sehr relevante Eigenschaften nach entsprechendem *Appraisal* als emotionale Schemata im Gedächtnis enkodiert werden (→ Gedächtnis und Emotion). Konsequenzen eines Ereignisses werden mit aktuellen motivationalen Zuständen verglichen, bestimmte *Appraisal*-Ergebnisse werden aber auch den motivationalen Zustand verändern und adaptive Handlungstendenzen produzieren.

Appraisal ist kein Prozess, der nur einmal auf lineare Art und Weise abläuft. Organismen überwachen ihre Umwelt und ihren internalen Zustand kontinuierlich auf Veränderungen hin, die entdeckt, bewertet und wiederbewertet werden. Das KPM postuliert, dass externe oder interne Veränderungen einem rekursiven *Appraisal*-Prozess unterworfen sind, der solange anhält, bis das Überwachungs-Subsystem signalisiert, dass das Ereignis beendet ist oder dass eine Anpassung erfolgt ist. Das KPM postuliert eine starre sequenzielle Reihenfolge der Kriteriumschecks, die den vier oben erläuterten Stufen Relevanz, Implikationen, Bewältigungspotenzial und normative Signifikanz entspricht. Die Sequenzannahme wird begründet durch Systemökonomie und logische Abhängigkeiten – für spätere SECs müssen zunächst erste Ergebnisse der früheren Stufen vorliegen. Aufwendige Verarbeitungsprozesse sollten nur für solche Stimuli initiiert werden, die im Relevanzcheck als wichtig für den Organismus eingestuft wurden. Der Relevanzcheck auf einer niedrigen, automatisch und unbewusst ablaufenden Ebene wird also als erster Selektionsfilter angesehen, den ein Stimulus überwinden muss, um zur weiteren Verarbeitung zugelassen zu werden. Eine elaboriertere Verarbeitung und die Vorbereitung von Verhaltensreaktionen sollten nur dann erfolgen, wenn ein Ereignis ein Ziel oder Bedürfnis von größerer Bedeutung betrifft oder wenn eine saliente Diskrepanz zu einer Erwartung entdeckt wird. Dies macht die Bewertung der Implikationen zum logischen nächsten Schritt der Sequenz. Die Ursachen und Implikationen eines Ereignisses müssen bestimmt werden, bevor das Bewältigungspotenzial des Organismus evaluiert werden kann, da das Bewältigungspotenzial immer bezüglich einer bestimmten Anforderung eingeschätzt wird. Man kann weiterhin erwarten, dass die Verarbeitungsstufen im Laufe des *Appraisal* immer komplexer werden. Die normative Signifikanz eines Ereignisses, d. h. die Konsequenzen für das Selbstbild und den normativen/moralischen Status, sollte als letztes bewertet werden, da sie umfassende Informationen über das Ereignis und einen Abgleich mit komplexen propositionalen Repräsentationen benötigt.

Diese Sequenzannahme ist kompatibel mit einem parallelen Verarbeitungsmodus. Alle SECs werden simultan verarbeitet, beginnend mit der Relevanzdetektion. Das wichtige Kriterium für die Sequenzannahme ist jedoch der Zeitpunkt, an dem ein SEC zu einem vorläufigen Abschluss kommt, d. h. ein annähernd definitives Ergebnis liefert, welches efferente Anweisungen zu den Reaktionsmodalitäten rechtfertigt (wie durch die aufsteigenden Pfeile in Abbildung 1 symbolisiert). In anderen Worten, die Prüfprozesse für verschiedene Kriterien laufen zwar parallel ab, werden aber erst dann efferent wirksam, wenn ein Zwischenergebnis vorliegt, das es rechtfertigt, den Beurteilungsprozess zu beeinflussen oder Reaktionen anzustoßen. Die Sequenzannahme postuliert, dass die Ergebnisse eines Schrittes vorliegen müssen, bevor der nachfolgende Schritt einen vorläufigen Abschluss mit efferenten Konsequenzen produzieren kann. Betrachtet man die unterschiedlichen notwendigen Verarbeitungstiefen für die verschiedenen Evaluationskriterien, so ist anzunehmen, dass die Ergebnisse bei der parallelen Verarbeitung verschiedener Kriterien zu unterschiedlichen Zeitpunkten vorliegen.

4 Reaktionsmuster in verschiedenen Emotionskomponenten

Die Ausdifferenzierung verschiedener Emotionen ist das Ergebnis aller Veränderungen der Subsysteme, die durch das Ergebnis der SECs hervorgerufen wurden. Diese Veränderungen werden auf der Basis eines Modells der Komponentenmuster theoretisch vorhergesagt. Die zentrale Annahme dieses Modells ist, dass die verschiedenen organischen Subsysteme in hohem Maße interdependent sind und dass Veränderungen in einem Subsystem Veränderungen in anderen Subsystemen anstoßen.

Wie Abbildung 1 zeigt, beeinflussen die Ergebnisse jedes aufeinander folgenden SECs in differenzieller und kumulativer Art und Weise den Zustand der Subsysteme. So führt z. B. die Entdeckung eines neuen, unerwarteten Stimulus durch den Neuigkeitscheck zu (1) einer Orientierungsreaktion im ANS (z. B. Anstieg der Herzrate, Anstieg der Hautleitfähigkeit), (2) motivations- (oder handlungstendenz-) gesteuerten Veränderungen der Körperhaltung, die die sensorischen rezeptiven Areale hin zu dem neuen Stimulus ausrichten, (3) Veränderungen in der Zuweisung von Zielprioritäten im exekutiven Subsystem und (4) Aufmerksamkeitsveränderungen im Überwachungssubsystem. Wenn einige Millisekunden später der nächste SEC, die Überprüfung der intrinsischen Angenehmheit, zum vorläufigen Abschluss kommt und feststellt, dass der Stimulus unangenehm ist, werden die efferenten Effekte dieses Ergebnisses wiederum den Zustand aller anderen Subsysteme beeinflussen und die vom Neuigkeitscheck initiierten Veränderungen modifizieren. So kann z. B. eine Bewertung als „unangenehm" zu folgenden Veränderungen führen: (1) eine Verteidigungsreaktion im ANS (z. B. weiterer Anstieg der Herzrate), (2) eine Vermeidungstendenz im exekutiven Subsystem, (3) motorisches Verhalten, dass den Körper von der unangenehmen Stimulation wegdreht (und so die Intensität der aufgenommenen aversiven Stimulation reduziert) und (4) ein negatives subjektives Gefühl im Monitorsystem. In ähnlicher Weise werden die folgenden SECs den Zustand aller Subsysteme ändern und die bereits erfolgten Veränderungen weiter modifizieren.

5 Multimodale und temporale Integration als subjektives Gefühl

Die subjektive Gefühlskomponente spielt eine besondere Rolle im Emotionsprozess, sie dient einer Überwachungs- oder Monitorfunktion, die essenziell für Emotionsregulation ist. Scherer (2004) hat dargestellt, wie Gefühle die zentralnervösen Repräsentationen von *Appraisal*-gesteuerter Reaktionsorganisation integrieren. Eine Annahme des KPM ist es, dass das Ausmaß an Synchronisation zwischen den Komponenten bestimmt, welche Repräsentationen bewusst werden. Informationen über Feedback aus verschiedenen Reaktionskomponenten (wie z. B. vokaler und mimischer → Ausdruck, → Psychophysiologie) müssen integriert werden, um zu einer kohärenten Repräsentation der Gefühle oder Qualia zu kommen.

Das existierende Wissen über die Integration propriozeptiver Marker in den verschiedenen Reaktionsmodalitäten (physiologisch, mimisch, vokal, gestisch, postural) des Emotionsprozesses ist noch extrem limitiert. Dies ist wohl darauf zurückzuführen, dass viele Emotionsforscher sich auf die Untersuchung einer oder weniger Reaktionskomponenten beschränken. Es wird noch viel Grundlagenforschung nötig sein, um zu einem besseren Verständnis der zugrunde liegenden Feedback- und Integrationsmechanismen zu kommen.

6 Empirische Überprüfung der Postulate des KPM

Inzwischen liegt eine Vielzahl von empirischen Befunden aus experimentellen Untersuchungen vor, die die Annahmen der *Appraisal*-Theorien und insbesondere auch des KPM stützen (siehe auch Scherer et al., 2001). In einer Vielzahl experimenteller Untersuchungen unserer Forschungsgruppe konnten die Vorhersagen des KPM erhärtet werden, so u. a. (1) die Vorhersage von verbal berichteten Emotionsreaktionen aufgrund von *Appraisal*-Profilen in Felduntersuchungen (Mikula, Scherer & Athenstaedt, 1998; Scherer, 1993, 1997a, 1997b; Scherer & Ceschi, 1997), und (2) die Vorhersage von Verbalreport, mimischem und stimmlichem Emotionsausdruck, und physiologischen Reaktionsmustern bei experimentell manipulierten *Appraisal*-Kombinationen (Aue, Flykt & Scherer, 2007; Johnstone, van Reekum, Hird, Kirsner & Scherer, 2005; Scherer, Dan & Flykt, 2006; Scherer, Zentner & Stern, 2004). Darüber hinaus konnte indirekte Evidenz für *Appraisal*-generierte Gesichtsausdrucksmuster aus der Analyse von Schauspielerdarstellungen und Videoaufnahmen in Felduntersuchungen natürlich ablaufender Emotionsprozesse gewonnen werden (Scherer & Ceschi, 2000; Scherer & Ellgring, 2007a, b).

Aktuelle Projekte unserer Forschungsgruppe befassen sich insbesondere mit der Untersuchung der Aufmerksamkeitszuwendung als Folge der Relevanzdetektion und der experimentellen Überprüfung der Sequenzannahme.

Das zentrale Bewertungskriterium der Relevanz, das ganz zu Beginn des Appraisalprozesses steht und weitgehend automatisch abläuft, sollte nach den Vorhersagen des KPM in gleicher Weise für negative und positive Reize eingesetzt werden (entgegen den Annahmen einiger Theoretiker, dass furchtauslösende Stimuli eine präpotente Rolle spielen). In einer ersten Studie wurde eine Modulation von Aufmerksamkeitsressourcen durch Stimuli gefunden, die dem biologisch relevanten Konzept des „Kindchenschema" entsprechen (Brosch, Sander & Scherer, 2007). Dieses Resultat wird nun mit psychophysiologischen Untersuchungsmethoden weiter untersucht und mit den zugrunde liegenden neuralen Strukturen in Verbindung gebracht (Brosch, Sander, Pourtois & Scherer, 2008).

Auch wenn mittlerweile bei verschiedenen *Appraisal*-Theoretikern eine relative inhaltliche Konvergenz bezüglich der Art der *Appraisal*-Dimensionen besteht, gibt es keine Einigkeit bezüglich der zeitlichen Abfolge der Erfassung dieser Dimensionen. Das KPM postuliert eine feste zeitliche Sequenz der SECs. Diese Hypothese konnte bereits in experimentellen Reaktionszeitstudien (Flykt, Dan Glauser & Scherer, zur Veröff. einger.; Scherer, 1999) und in einer Untersuchung der physiologischen Reaktionen auf *Appraisal*-Manipulationen (Aue et al., 2007) gestützt werden. In einer EEG-Studie wurde diese Sequenzhypothese nunmehr erstmals direkt überprüft und chronometrisiert (Grandjean & Scherer, 2008).

Die Ergebnisse der Analyse der Hirnaktivität mit Hilfe topografischer Karten, die funktionellen Mikrozuständen des Gehirns entsprechen, zeigen Effekte des Neuigkeitswertes des Stimulus 80 ms, der intrinsischen Angenehmheit 100 ms und der Aufgaben- oder Zielrelevanz 150 ms bzw. 300 ms nach Stimulusbeginn. Neben dem Nachweis der postulierten zeitlichen Abfolge verschiedener Bewertungsschritte stützen die Ergebnisse die Annahme eines parallelen, kontinuierlichen Informationsverarbeitungsprozesses auf verschiedenen Verarbeitungsebenen.

7 Ausblick

Das integrative KPM-Modell liefert eine fruchtbare theoretische Grundlage für eine Vielzahl empirischer Untersuchungen zu verschiedenen Aspekten des Emotionsprozesses. Besonders bedeutsam ist hierbei die Möglichkeit, alle Emotionskomponenten einbeziehen zu können. Klassische Emotionsmodelle sind mit dem KPM durchaus kompatibel, da die differenzierten, hochdimensionalen KPM-Muster auf niedrig-dimensionale Räume oder Kategoriensysteme projiziert werden können. Eine Ableitung in umgekehrter Richtung ist allerdings nicht möglich. Insgesamt scheint es forschungstechnisch sinnvoller, die untersuchten Prozesse in höchstmöglicher Auflösung zu konzeptualisieren und zu messen und Komplexitätsreduktionen nur dann vorzunehmen, wenn der Erkenntnisgewinn hierdurch nicht gefährdet wird.

Weiterführende Literatur

Sander, D., Grandjean, D. & Scherer, K. R. (2005). A systems approach to appraisal mechanisms in emotion. *Neural Networks, 18,* 317–352.
Scherer, K. R., Schorr, A. & Johnstone, T. (2001). *Appraisal Processes in Emotion: Theory, Methods, Research.* New York: Oxford University Press.

Literatur

Aue, T., Flykt, A. & Scherer, K. R. (2007). First evidence for differential and sequential efferent effects of stimulus relevance and goal conduciveness appraisal. *Biological Psychology, 74,* 347–357.
Brosch, T., Sander, D. & Scherer, K. R. (2007). That baby caught my eye ... attention capture by infant faces. *Emotion, 7,* 685–689.
Brosch, T., Sander, D., Pourtois, G. & Scherer, K. R. (2008). Beyond fear: Rapid spatial orienting forward positive emotional stimuli. *Psychological Science, 19,* 362–370.
Flykt, A., Dan Glauser, E. S. & Scherer, K. R. (zur Veröff. einger.). Using a probe detection task to assess the timing of valence appraisal.

Grandjean, D. & Scherer, K. R. (2008). Unpacking the cognitive architecture of emotion processes. *Emotion, 8* (3), 341–351.

Johnstone, T., van Reekum, C. M., Hird, K., Kirsner, K. & Scherer, K. R. (2005). The effect of manipulated appraisals on voice acoustics. *Emotion, 5,* 513–518.

Leventhal, H. & Scherer, K. R. (1987). The relationship of emotion to cognition: a functional approach to a semantic controversy. *Cognition and Emotion, 1,* 3–28.

Mikula, G., Scherer, K. R. & Athenstaedt, U. (1998). The role of injustice in the elicitation of differential emotional reactions. *Personality and Social Psychology Bulletin, 24,* 769–783.

Roseman, I. J. & Smith, C. A. (2001). Appraisal theory: Overview, assumptions, varieties, controversies. In K. R. Scherer, A. Schorr & T. Johnstone (Eds.), *Appraisal processes in emotion: Theory, methods, research* (pp. 3–19). London: London University Press.

Sander, D., Grandjean, D. & Scherer, K. R. (2005). A systems approach to appraisal mechanisms in emotion. *Neural Networks, 18,* 317–352.

Scherer, K. R. (1993). Studying the emotion-antecedent appraisal process: An expert system approach. *Cognition and Emotion, 7,* 325–355.

Scherer, K. R. (1997a). Profiles of emotion-antecedent appraisal: testing theoretical predictions across cultures. *Cognition and Emotion, 11,* 113–150.

Scherer, K. R. (1997b). The role of culture in emotion-antecedent appraisal. *Journal of Personality and Social Psychology, 73,* 902–922.

Scherer, K. R. (1999). On the sequential nature of appraisal processes: Indirect evidence from a recognition task. *Cognition and Emotion, 13,* 763–793.

Scherer, K. R. (2004). Feelings integrate the central representation of appraisal-driven response organization in emotion. In A. S. R. Manstead, N. H. Frijda & A. Fischer (Eds.), *Feelings and emotions: The Amsterdam Symposium* (pp. 136–157). New York: Cambridge University Press.

Scherer, K. R. & Ceschi, G. (1997). Lost luggage emotion: A field study of emotion-antecedent appraisal. *Motivation and Emotion, 21,* 211–235.

Scherer, K. R. & Ceschi, G. (2000). Studying affective communication in the airport: The case of lost baggage claims. *Personality and Social Psychology Bulletin, 26,* 327–339.

Scherer, K. R., Dan, E. S. & Flykt, A. (2006). What determines a feeling's position in three-dimensional affect space? A case for appraisal. *Cognition and Emotion, 20,* 92–113.

Scherer, K. R. & Ellgring, H. (2007a). Are facial expressions of emotion produced by categorical affect programs or dynamically driven by appraisal? *Emotion, 7,* 113–130.

Scherer, K. R. & Ellgring, H. (2007b). Multimodal Expression of Emotion: Affect Programs or Componential Appraisal Patterns? *Emotion, 7,* 158–171.

Scherer, K. R., Schorr, A. & Johnstone, T. (2001). *Appraisal Processes in Emotion: Theory, Methods, Research.* New York: Oxford University Press.

Scherer, K. R., Zentner, M. R. & Stern, D. (2004). Beyond Surprise: The Puzzle of Infants' Expressive Reactions to Expectancy Violation. *Emotion, 4,* 389–402.

Van Reekum, C. M. & Scherer, K. R. (1997). Levels of processing for emotion-antecedent appraisal. In G. Matthews (Ed.), *Cognitive science perspectives on personality and emotion* (pp. 259–300). Amsterdam: Elsevier.

Sozial-konstruktivistischer Ansatz der Emotionspsychologie
Social Constructivist Perspective on Emotions

Fay C. M. Geisler & Hannelore Weber

Der Begriff „Sozialer Konstruktivismus" steht für eine allgemeine erkenntnis- und wissenschaftstheoretische Position, die von der Grundannahme ausgeht, dass Aussagen über die Realität Gegenstand und Ergebnis von sozialen Prozessen sind (Westmeyer, 1999). Der Fokus liegt auf den sozialen Konventionen und Normen, die beim Sprechen über die Dinge eine Rolle spielen und mitbestimmen, wie die Dinge sind (Hacking, 1999). Gerade im Bereich der Emotionen erscheint dies als eine gewagte Auffassung, da Emotionen als unveränderbar und „natürlich" empfunden werden, nicht zuletzt, weil biologischen Faktoren eine entscheidende Rolle zugeschrieben wird.

1 Grundannahmen sozial-konstruktivistischer Emotionstheorien

Sozial-konstruktivistische Emotionstheorien interpretieren Emotionen als Erlebens- und Verhaltensmuster, die in Form von Skripts, Schemata oder Rollen definiert und innerhalb einer Gruppe mehr oder weniger verbindlich sind (Averill, 1997). Armon-Jones (1986) unterscheidet dabei zwischen zwei Varianten: Die „schwache" Variante nimmt an, dass emotionale Skripts auch angeborene Reaktionen beinhalten, etwa physiologische Aktivierung und Verhaltensimpulse, die von sozialen Einflüssen unberührt bleiben. Nach der „starken" Variante bestehen Emotionen in erster Linie aus Empfindung und einer kulturell geformten Einstellung (Überzeugungen, Urteile und Begehren) gegenüber einem Ereignis, welches die Emotion auslöst. Die Antithese zum „starken" sozialen Konstruktivismus bildet eine rein biologisch-evolutionäre Sichtweise auf Emotionen (→ Evolutionäre Psychologie, → Psychophysiologie der Emotion).

Eine weitere grundlegende Annahme sozial-konstruktivistischer Ansätze beinhaltet, dass die Konstruktion von Emotionen durch deren soziale Funktionen bestimmt wird. Beispiele dafür sind die Kontrolle abweichenden Verhaltens im Falle von Ärger (Averill, 1997). Auch die Interpretation von Geschlechtsunterschieden in Emotionalität und Expressivität (→ Geschlechtsunterschiede in Emotionen) als ein Ergebnis sozial definierter Rollenerwartungen entspricht einer sozial-konstruktivistischen Perspektive und stellt zugleich ein wichtiges Anwendungsfeld des Sozialen Konstruktivismus dar. Auch andere Emotionstheorien schreiben Emotionen soziale Funktionen zu. Biologisch orientierte Theorien beispielsweise interpretieren diese Funktionen jedoch als Ergebnis von Verhaltenstendenzen, die sich im Laufe der Evolution herausgebildet haben. Im Unterschied dazu betonen sozial-konstruktivistische Ansätze die aktive Konstruktion von emotionalen Skripts durch eine Gruppe. Dies ermöglicht eine im Vergleich zu langwierigen evolutionären Prozessen schnelle und flexible Gestaltung sozialer Prozesse, die zudem nicht auf eine bestimmte Anzahl von Funktionen begrenzt ist, wie es aus der Idee weniger basaler Emotionen folgen würde. Indem Skripts als verbindlich vereinbart werden und damit Konformität eingefordert wird, wird die Erfüllung der ihnen zugeschriebenen Funktionen gewährleistet.

2 Emotionen als Verhaltensvorschriften

Emotionale Rollen oder Skripts basieren auf Regeln, die beschreiben, welche Emotion unter welchen Bedingungen empfunden und zum Ausdruck gebracht werden sollte. Auch die Regulation von Emotionen unterliegt sozialen Regeln (Weber, 2004).

Ekman und Friesen (1969) haben das Konzept der *Darstellungsregeln* (display rules) eingeführt, um kulturbedingten Modifikationen im Emotionsausdruck (→ Ausdruck) Rechnung zu tragen, von dem sie aber grundsätzlich annehmen, dass er für einige als basal postulierte Emotionen angeboren ist. Darstellungsregeln legen fest, wer wem gegenüber welches Gefühl auf welche Weise zeigen darf.

Hochschild (1983) beschreibt mit dem Begriff der *Gefühlsregel* (feeling rules) Vorschriften für das korrekte Empfinden einer Emotion unter definierten Bedingungen, beispielsweise Mitleid zu empfinden, wenn einem Freund etwas Unerfreuliches widerfährt. Während das Konzept der Darstellungsregeln lediglich eine Anpassung der expressiven Komponente einer im Übrigen als authentisch empfundenen emotionalen Reaktion vorsieht, bricht das Konzept der Gefühlregel gänzlich mit der Idee der Authentizität, wie es auch sozial-konstruktivistischen Überzeugungen entspricht. Das Konzept der Gefühlsregel sieht vor, dass Gefühle entweder bewusst oder aufgrund von Gewohnheiten automatisch aktiviert werden, wenn eine entsprechende Auslösekonstellation wahrgenommen wird. Die so aktivierten Gefühle sind nicht mehr „authentisch" in dem Sinne, dass sie „spontan" und „aus dem Inneren der Person" in Reaktion auf eine Situation hervorbrechen. Stattdessen wird eine soziale Rolle eingenommen, wobei der Rollencharakter nicht bewusst werden muss.

3 Implikationen eines sozial-konstruktivistischen Ansatzes

Aus dem Verständnis von Emotionen als soziale Konstruktionen ergeben sich drei wichtige Implikationen.

3.1 Emotionen können sich über Kulturen und Epochen hinweg verändern

Kulturelle Unterschiede in emotionsbezogenen Deutungen und Praktiken werden vor allem in anthropologischen und kulturvergleichenden Studien aufgezeigt. Zur Untersuchung kultureller Unterschiede zerlegt Shweder (1993) Emotionen in fünf „konstitutive narrative Slots", die durch die Fragen charakterisiert sind: (1) Wie werden die emotionsauslösenden Ereignisse bewertet? (2) Welche körperlichen Veränderungen werden erlebt? (3) Welches affektive Erleben begleitet dieses Erleben körperlicher Veränderung? (4) Welche Bedeutung hat das Geschehen für die erlebende Person? (5) Welche Handlungen und Gesten werden von der erlebenden Person erwartet und welche Handlungen und Gesten führt sie durch?

Zwei Formen kulturbedingter Varianz lassen sich unterscheiden. Die radikalere Annahme ist die *kulturspezifische* Existenz emotionaler Skripts, die nur in einer bestimmten Kultur definiert werden, und für die es keine Entsprechung in anderen Kulturen gibt.

> **Beispiel:**
> Als Beispiel für eine möglicherweise kulturspezifische Emotion führen Markus und Kitayama (1991) den Begriff „amae" an, der in der japanischen Sprache für ein aus der Gewissheit einer sicheren Bindung resultierendes Gefühl von Geborgenheit stehe und für den sich zumindest in Nordamerika und Europa keine begriffliche Entsprechung finden lasse.

Die weniger radikale Variante sieht *kulturtypische* Gestaltungen jener Emotionen vor, die in den Theorien (westlicher Autoren) als basale Emotionen postuliert werden, z. B. Angst, Ärger oder Freude. Kulturtypische Variationen in der Gestaltung emotionaler Skripts beziehen sich auf einzelne Merkmale und soziale Praktiken (z. B. skriptadäquate Auslösemomente, angemessenes Verhalten oder Ausdruck) und auf Unterschiede in Stellenwert und Bedeutung, die einer bestimmten Emotion oder Emotionen im Allgemeinen in einer Kultur zugeschrieben werden.

> **Beispiel:**
> Ein Beispiel für eine kulturtypische Variante einer vertrauten Emotion ist der von Lutz (1990) beschriebene Gebrauch des Begriffs „song" bei den Bewohnern von Ifaluk, einem mikronesischen Atoll. Song, von Lutz als „justifiable anger" übersetzt, wird auf Ifaluk verwendet, um einen Verstoß gegen die in der Ifaluk-Gesellschaft hochbewerteten Verteilung der (geringen) Ressourcen anzuzeigen, und verbindet sich mit bestimmten Regeln für Sanktionierung. Song

> ist damit auf die besonderen Lebensbedingungen und Bedürfnisse der Ifaluk-Bewohner zugeschnitten und verdeutlicht, wie sehr emotionale Skripts Bestandteil der sozialen Matrix einer Kultur sind.

Es wird davon ausgegangen, dass sich in Abhängigkeit von gesellschaftlichen Bedingungen und Funktionen emotionale Skripts auch über Epochen hinweg geändert haben. Historische Analysen beschäftigen sich allerdings weniger mit epochenspezifischen Emotionen als mit epochentypischen Gestaltungen der (in westlichen Kulturen) gegenwärtig noch vertrauten Emotionskonzepte.

3.2 Emotionen werden gelernt

Emotionale Skripts und Rollen werden im Laufe der Sozialisation durch direkte Unterweisung, Verstärkung, Modelle und suggestive Kommunikation vermittelt und gelernt. Eine besondere Form der emotionalen Sozialisation (→ Entwicklung) erfolgt in Berufen, die das Empfinden und den Ausdruck von Emotionen als Bestandteil der Tätigkeit und damit als „emotionale Arbeit" erfordern (Thoits, 2004). Die Soziologin Arlie Hochschild (1983) hat am Beispiel von Delta-Air-Lines-Flugbegleiterinnen beschrieben, wie berufsadäquate Freundlichkeit als die Übernahme einer emotionalen Rolle trainiert wird. Die emotionsbezogene Berufssozialisation der Flugbegleiterinnen lässt sich Hochschild zufolge auch auf andere Berufe übertragen, vor allem im Dienstleistungsbereich, in dem die Produktion und Darstellung vorgeschriebener Emotionen (z. B. Mitleid und Freude) in besonderem Maße verlangt wird.

3.3 Abweichendes Verhalten wird sanktioniert

Emotionsbezogene Regeln bieten zwar wie alle soziale Regeln Verhaltenssicherheit, sie stellen aber auch Verpflichtungen dar. Aufgrund des normativen Charakters von Emotionsregeln ist zu vermuten, dass abweichendes Verhalten sowohl subjektiv als unangemessen erlebt, als auch von anderen abgelehnt und sanktioniert wird. Daher liegt nahe, dass Emotionen reguliert werden, um emotionalen Normen zu entsprechen (Weber, 2004).

Nicht nur Ausdruck und Verhalten, sondern auch subjektiv erlebte Gefühle können von Regeln abweichen, indem z. B. das geforderte Mitleid aufgrund der eigenen, abweichenden Konstruktion der Situation nicht empfunden wird. So zeigten sich negative psychische Konsequenzen der emotionalen Arbeit vor allem bei denen, die sich mit ihrer Arbeitsrolle weniger identifizierten und lediglich Strategien der Anpassung des emotionalen Ausdrucks und nicht des Empfindens einsetzten. Für diejenigen, die die geforderte Rolle voll erfüllen konnten, führte emotionale Arbeit sogar zu positiven Effekten (Thoits, 2004).

4 Fazit

Der sozial-konstruktivistische Ansatz ist wie kein anderer geeignet, Emotionen aus einem Wechselspiel von individuellen Bedürfnissen und sozialen Funktionen heraus zu erklären und in einer ganzheitlichen Perspektive Psychologie, Biologie und Soziologie zu verbinden. Um auf Dauer zu überzeugen, ist es jedoch erforderlich, dass präzise Modellannahmen ausgearbeitet und mit dem Methodenkanon der Psychologie geprüft werden. Hier ist insbesondere die Integration von sozial-konstruktivistischen und sozial-kognitiven Ansätzen ein viel versprechender Weg. Der soziale Konstruktivismus und die experimentelle Sozialpsychologie stellen zwei Paradigmen zur Untersuchung menschlichen Verhaltens dar, die sich unnötigerweise fremd geworden sind, obwohl sie ähnlichen Leitgedanken folgen und sich fruchtbar integrieren lassen (Jost & Kruglanski, 2002).

Eine Zusammenführung beider Ansätze stellt die Emotionstheorie von Johnson-Laird und Oaetly (2000) dar. In ihrer Theorie, die von der zentralen These ausgeht, dass es zur sozialen Konstruktion *kognitiver* Konstruktion bedarf, unterscheiden sie *basale, objektbezogene* und *komplexe* Emotionen. Da der Anteil von kognitiven Elementen sich zwischen den verschiedenen Emotionen unterscheidet, ist der Einfluss von Kultur auf die verschiedenen Emotionen unterschiedlich. Basale Emotionen werden in ihrem Ausdruck und objektbezogene Emotionen in ihren auslösenden Bedingungen kulturell bestimmt. Komplexe Emotionen hingegen sind in ihrer Existenz und ihrem Erleben kulturell bedingt.

Weiterführende Literatur

Johnson-Laird, P.N. & Oaetly, K. (2000). Cognitive and Social Construction in Emotion. In M. Lewis & J.M. Haviland-Jones (Eds.), *Handbook of Emotions* (pp. 458–475). New York: Guilford.
Westmeyer, H. (1999). Konstruktivismus und Psychologie. *Zeitschrift für Erziehungswissenschaft, 2,* 507–525.

Literatur

Armon-Jones, C. (1986). The thesis of constructionism. In R. Harré (Ed.), *The social construction of emotions* (pp. 32–56). Oxford: Blackwell.
Averill, J.R. (1997). The emotions: an integrative approach. In R.G. Hogan (Ed.), *Handbook of Personality Psychology* (pp. 513–541). San Diego: Academic Press.
Ekman, P. & Friesen, W.V. (1969). The repertoire of nonverbal behavior: Categories, origins, usage, and coding. *Semiotika, 1,* 49–98.
Hacking, I. (1999). *The Social Construction of What?* Cambridge: Harvard University Press.

Hochschild, A. R. (1983). *The managed heart: The commercialization of human feelings.* Berkeley, CA: University of California Press.

Jost, J. & Kruglanski, A. W. (2002). The estrangement of social constructionism and experimental social psychology: History of the rift and prospects for reconciliation. *Personality and Social Psychology Review, 6* (3), 168–187.

Lutz, C. (1990). Morality, domination and understandings of „justifiable anger" among the Ifaluk. In G. P. Semin & K. J. Gergen (Eds.), *Everyday understanding. Social and scientific implications* (pp. 204–226). London: Sage.

Markus, H. R. & Kitayama, S. (1991). Culture and the self: Implications for cognition, emotion and motivation. *Psychological Review, 98,* 224–253.

Shweder, R. A. (1993). The cultural psychology of the emotions. In M. Lewis & J. Haviland (Eds.), *Handbook of emotions* (pp. 417–431). New York: Guilford.

Thoits, P. A. (2004). Emotion norms, emotion work, and social order. In A. S. R. Manstead, N. H. Frijda & A. H. Fischer (Eds.), *Feelings and emotions: The Amsterdam Symposium* (pp. 359–378). Cambridge: Cambridge University Press.

Weber, H. (2004). Explorations in the social construction of anger. *Motivation and Emotion, 28* (2), 197–219.

Entwicklung
Development

Manfred Holodynski

1 Erkenntnispotenziale einer entwicklungspsychologischen Theoriebildung

Eine entwicklungspsychologische Analyse von Emotionen erscheint vielen nur dann interessant zu sein, wenn man etwas über die Emotionen von Säuglingen, Kindern oder Jugendlichen erfahren möchte. Die Beantwortung der entwicklungspsychologischen Frage, aus welchen Anfangszuständen beim Neugeborenen die Emotionen Erwachsener hervorgegangen und welche Mechanismen dabei wirksam sind, ermöglicht jedoch auch die allgemeinpsychologische Frage zu beantworten, welche Komponenten und Funktionen die Emotionen eines Erwachsenen umfassen. Der entwicklungspsychologische Rekonstruktionsprozess kann dabei als ein weiteres Prüfkriterium für die Güte allgemeinpsychologischer Theorien verstanden werden.

Die allgemeinpsychologische Emotionsforschung hat nämlich die Beschränkung, dass sie ausschließlich das fertige, ausdifferenzierte Emotionssystem eines Erwachsenen in den Blick nimmt und die einzelnen Emotionskomponenten nur nach ihrer aktualgenetischen Funktion und Struktur beurteilt. So kommt es, dass z. B. die Ausdruckskomponente in manchen aktuellen Einschätzungstheorien (vgl. Lazarus, 1991; → Einschätzung) nicht als notwendige Emotionskomponente konzeptualisiert wird und zur Emotionsklassifikation ausschließlich die Einschätzungskomponente herangezogen wird (vgl. aber Ekman, 1994; → Ausdruck). Unberücksichtigt bleibt, dass der Emotionsausdruck im Säuglings- und Kleinkindalter eindeutig funktional ist (nämlich der Bezugsperson die emotionale Handlungsbereitschaft zu signalisieren) und eine notwendige Emotionskomponente darstellt (Holodynski, 2006). Da aus entwicklungspsychologischer Perspektive das Kind jedoch der „Vater des Erwachsenen" ist, muss eine Emotionstheorie also entweder zeigen können, wie im Laufe der Ontogenese die Ausdruckskomponente unbedeutend wird (s. u.) – oder das Modell ist unvollständig.

In einer entwicklungsbezogenen Analyse kann daher auch geprüft werden, inwiefern sich im Laufe der Ontogenese aus der emotionalen Ausstattung eines Neugeborenen die in der jeweiligen Theorie angenommenen Emotionskomponenten (und auch Emotionsqualitäten) herausbilden können. Gelingt dieser Rekonstruktionsprozess, wäre das ein erweiterter Beleg für die Güte dieser Theorie.

> **Leitfragen einer entwicklungsbezogenen Analyse von Emotionen**
> - Mit welchem Emotionsrepertoire kommen Neugeborene auf die Welt?
> - Entspricht dieses den Basisemotionen?
> - Sind diese Emotionen mit denen Erwachsener in ihrer Konfiguriertheit und Funktionalität vergleichbar?
> - Inwiefern entstehen und entwickeln sich einzelne Emotionen erst im Laufe der Ontogenese?
> - Welche Rolle spielen dabei soziokulturelle Faktoren wie z. B. spezifische Interaktionsmuster zwischen den Heranwachsenden und ihren Bezugspersonen?
> - Inwiefern bleiben ursprüngliche Emotionsstrukturen, wie sie bei Säuglingen und Kindern beobachtet werden können, auch in den entwickelten Emotionsstrukturen bei Erwachsenen bestehen? (z. B. ist der Emotionsausdruck ein Merkmal kindlicher Emotionen; ist er es auch für Emotionen Erwachsener?)

Die folgenden entwicklungspsychologischen Überlegungen gehen von einer Syndromdefinition der Emotionen aus. Danach wird eine Emotion als ein System verstanden, in dem die Komponenten „Ausdruck" (→ Ausdruck), „Körperreaktionen" (→ Psychophysiologie der Emotion) und „subjektives Gefühl" sowie „Einschätzung" (→ Einschätzung) zusammenwirken. Mit Hilfe letzterer schätzt eine Person die von ihr wahrgenommenen Anlässe auf ihre Motivrelevanz hin ein; sie löst eine emotionsspezifische Handlungsbereitschaft in den ersten drei genannten Emotionskomponenten aus, die aktuelle Person-Umwelt-Beziehung in motivdienlicher Weise zu verändern (Frijda, 1986).

2 Grundlegende Erkenntnisse einer Entwicklungsanalyse von Emotionen

Eine Entwicklungsanalyse von Emotionen beginnt mit den Emotionen Neugeborener und versucht die Entwicklungsmechanismen aufzudecken, die zur Emotionsvielfalt Erwachsener führen. Eine solche Analyse führte u. a. zu zwei grundlegenden Erkenntnissen, die die Funktion von Emotionen und die Ausdruckskomponente betreffen.

2.1 Von der interpersonalen zur intrapersonalen Regulation

Emotionen haben eine handlungsregulierende Funktion, indem sie Bewältigungshandlungen initiieren, die der Motivbefriedigung einer Person in einer bestimmten Situation dienen (Frijda, 1986). Diese Handlungen können vom Individuum selbst ausgeführt werden, dann dienen Emotionen der *intra*personalen Regulation. Motivdienliche Handlungen können aber auch durch eine andere Person stellvertretend ausgeführt werden, dann dienen Emotionen der *inter*personalen Regulation. So kann Trauer eine Person veranlassen, sich jemanden zu suchen, der tröstet (interpersonale Regulation). Trauer kann aber auch dazu veranlassen, allein vor sich hin zu weinen und sich selbst zu trösten (intrapersonale Regulation) (Holodynski, 2006).

In allgemeinpsychologischen Emotionstheorien (z. B. Frijda, 1986; Lazarus, 1991; Scherer, Schorr & Johnstone, 2001) wird die intrapersonale Regulation der Handlungen als das Primäre angesehen; die interpersonale als die davon abgeleitete Regulationsform. Unter einer entwicklungspsychologischen Perspektive zeigt sich aber, dass die *inter*personale Regulation das Primäre und Ursprüngliche ist, aus der die *intra*personale Regulation erst hervorgeht.

Beim Säugling ist es augenscheinlich, dass seine Emotionen in erster Linie die Funktion haben, die Handlungen seiner Bezugsperson zu regulieren. Sein Schreien als Ausdruck von Distress führt zu keinen eigenen Bewältigungshandlungen. Es veranlasst vielmehr die Bezugsperson, die erforderlichen motivdienlichen Handlungen für den Säugling auszuführen. Der Adressat der Emotion ist eine andere Person, die Regulation erfolgt „interpersonal". Erst im Laufe der Entwicklung entsteht aus der völligen Abhängigkeit des Neugeborenen von der interpersonalen Regulation die selbstständige, intrapersonale Regulationsfähigkeit des älteren Kindes, Jugendlichen und Erwachsenen (Sroufe, 1996). Dabei gibt es erste entwicklungspsychologische Befunde, dass die Art und Weise, wie Emotionen interpersonal die Handlungen des anderen regulieren, als Muster dient, wie Emotionen auch intrapersonal die eigenen Handlungen regulieren (s. u.).

2.2 Ausdrucksreaktionen als Medium der Emotionsentwicklung

Wenn Emotionen zu Beginn der Ontogenese die Funktion haben, die Handlungen der Bezugsperson zu regulieren, dann müssen sie für den Interaktionspartner wahrnehmbar sein – und das sind sie mittels des Ausdrucks. In der interpersonalen Regulation wird der Ausdruck im Wesentlichen semiotisch, d. h. als Zeichen, gebraucht: Der Ausdruck verändern die aktuelle Person-Umwelt-Beziehung nur *indirekt*, indem er das Verhalten des Interaktionspartners so beeinflusst, dass dieser die aktuelle Situation in motivdienlicher Weise verändert. So kann z. B. der Angstausdruck des Kleinkindes der Bezugsperson signalisieren, dass es eine Gefahr wahrnimmt und die Bezugsperson es schützen soll. Der Emotionsausdruck des Kindes wird in diesem Fall zum Ausdrucks*zeichen* für andere.

Mit solchen Ausdruckszeichen können in der Kommunikation zwei Effekte zugleich erzeugt werden (vgl. Holodynski, 2006; Horstmann, 2003; Scherer, 1992):

1. Ein Ausdruckszeichen signalisiert das aktuelle Gefühl und die Handlungsbereitschaft des Senders (**Ausdruckszeichen als Symptom**).
2. Ein Ausdruckszeichen ruft zugleich beim Empfänger einen Eindruck hervor, in bestimmter Weise handeln zu sollen (**Ausdruckszeichen als Appell**).

Darüber hinaus kann ein Ausdruckszeichen statt als Symptom auch als Emotionsdisplay eingesetzt werden, dann repräsentiert es Gefühlszustände in konventionalisierter Form. Eine Person, die ein Ausdruckszeichen als Emotionsdisplay nutzt, tut so, als ob sie das ausgedrückte Gefühl aktuell fühlt, um damit all die Wirkungen im Adressaten hervorrufen zu können, die auch eine aktuell gefühlte Emotion hervorrufen würde.

Allgemeinpsychologische Emotionstheorien fokussieren vornehmlich auf den Symptomcharakter emotionaler Ausdruckszeichen, um daran den Gefühlszustand einer Person abzulesen. Aber bereits die ethologische Forschung (vgl. Fridlund, 1994) hat darauf hingewiesen, dass der Ausdruck während der Evolutionsgeschichte als Mittel zur Verhaltenssteuerung anderer Artgenossen entstanden ist und damit in erster Linie als sozialer Appell dient. Diese Appellfunktion ist auch in der menschlichen Ontogenese primär. So soll z. B. der Kummerausdruck zum Trösten und Helfen veranlassen, der Freudeausdruck zum Mitfreuen, etc. Damit werden der Emotionsausdruck und die Fähigkeit der Bezugspersonen, sich vom Ausdruck ihrer Kinder beeindrucken zu lassen, zu den zentralen Vermittlungsgliedern für die interpersonale Regulation. Sie haben einen wesentlichen Anteil an der ontogenetischen Ausdifferenzierung von Emotionen (s. u.; vgl. Holodynski, 2006).

3 Phasen der Emotionsentwicklung

Im Folgenden soll anhand einer entwicklungsbezogenen Analyse der Ausdruckskomponente exemplarisch gezeigt werden, wie eine entwicklungspsychologische Rekonstruktion auch der allgemeinpsychologischen Theoriebildung nutzen kann.

3.1 Der ontogenetische Ausgangspunkt

Neugeborene kommen mit einer nur begrenzten Zahl an Emotionen zur Welt, nämlich Distress, Interesse, endogenes Wohlbehagen, Ekel und Erschrecken (vgl. Holodynski, 2006). Damit gehören einige der von Ekman (1994) als basal angesehenen Emotionen, nämlich Trauer, Überraschung, Furcht, Wut (nach Izard, 1999, auch noch Verachtung, Scham und Schuld) nicht zum ontogenetischen Ausgangspunkt der Emotionsentwicklung, sondern erstere entstehen erst im Laufe des ersten Lebensjahres, letztere erst im dritten (Sroufe, 1996).

Die Emotionen von Neugeborenen sind bezüglich ihrer Funktion, die Handlungen der Bezugsperson auszurichten, noch nicht voll funktionstüchtig und werden daher von Sroufe (1996) als Vorläuferemotionen bezeichnet. Sie haben noch nicht die prototypische Konfiguriertheit entwickelter Emotionen. Daher müssen Bezugspersonen einen einfühlsamen Versuch-Irrtums-Prozess durchlaufen, um den Ausdruck Neugeborener für eine erfolgreiche interpersonale Regulation angemessen deuten zu können. Die Emotionen von Neugeborenen und die von Erwachsenen unterscheiden sich demnach deutlich voneinander.

3.2 Die Entstehung neuer Emotionsqualitäten in der frühen Kindheit

Ausgehend vom begrenzten Emotionsrepertoire Neugeborener stellt sich die Frage, welche Emotionsqualitäten aufgrund welcher Entwicklungsmechanismen entstehen. Entwicklungspsychologische Befunde liefern Belege, dass sich die Vorläuferemotionen eines Neugeborenen erst in der interpersonalen Regulation mit sensitiven Bezugspersonen zu funktionstüchtigen Emotionssystemen, denen deutlich voneinander unterscheidbare Einschätzungen und Handlungsbereitschaften zugrunde liegen, entwickeln.

Als entscheidender Entwicklungsmechanismus, über den sich funktionstüchtige Emotionen herausbilden, lässt sich das interaktive Zusammenspiel zwischen Bezugsperson und Kind identifizieren (Gergely & Watson, 1999; Holodynski, 2006; Saarni, Campos, Camras & Witherington, 2006; Sroufe, 1996): Erst dadurch, dass die Bezugsperson die noch ungerichteten kindlichen Ausdrucks- und Körperreaktionen angemessen deutet, sie in ihrem eigenen Ausdruck in Form prägnanter Emotionsdisplays spiegelt und prompt mit motivdienlichen Bewältigungshandlungen reagiert, vervollständigt sie die kindlichen Vorläuferemotionen zu voll funktionsfähigen motivdienlichen Emotionen. Das Kind bildet in diesem Prozess Kontingenzen zwischen Anlass, seinem Ausdruck und den Reaktionen seiner Bezugsperson und optimiert damit seinen Emotionsausdruck als sozialen Appell. Der kindliche Emotionsprozess ist demnach anfänglich auf Kind und Bezugsperson aufgeteilt, sie agieren als ein koreguliertes System.

Mit Hilfe dieses Entwicklungsmechanismus könnte erklärt werden, wie im Laufe der Ontogenese aus wenigen Vorläuferemotionen eine Vielzahl an neuen Emotionsqualitäten entstehen wie Wohlbehagen, Freude, Zuneigung, Belustigung, Frustration, Ärger, Trotz, Furcht, Überraschung, Kummer, Traurigkeit und Verlegenheit. Es ist anzunehmen, dass dieser Mechanismus nicht auf das Säuglingsalter und die westliche Kultur beschränkt ist, sondern generell der Genese neuer Emotionsqualitäten zugrunde liegt. Die Entstehung neuer Emotionsqualitäten wäre demnach durch soziale Ko-Konstruktionsprozesse vermittelt (→ Sozial-konstruktivistischer Ansatz der Emotionspsychologie).

3.3 Die Entstehung intrapersonaler Regulationsniveaus im Vorschulalter

Entwicklungspsychologische Studien (Sroufe, 1996) zeigen, dass Kinder im Laufe des Vorschulalters zunehmend zur *intra*personalen Regulation fähig werden: Ihre Emotionen erlangen das Potenzial, die motivdienlichen Handlungen in der Person selbst auszulösen ohne den „Umweg" über eine andere Person. Hier ist die Frage zu beantworten, inwieweit der Emotionsausdruck auch für die *intra*personale Regulation genutzt wird. Gelänge es, diesen Übertragungsmechanismus zu finden, wäre das gleichzeitig ein Beleg dafür, dass eine entwicklungsgeschichtlich basale Emotionsstruktur in der Emotionsstruktur Erwachsener weiter besteht, wenn auch für einen modifizierten Zweck.

Wie aber kann die Ausdruckskomponente einer Emotion zur intrapersonalen Regulation beitragen? Dies funktioniert anscheinend in der Weise, dass das Kind seinen eigenen Emotionsausdruck zunehmend als Appell an sich selbst versteht und nutzt, um seine Handlung selbstständig zu koordinieren – so wie es im gleichen Altersabschnitt auch das Sprechen zunehmend als Appell an sich selbst nutzt (Diaz & Berk, 1992). Den Emotionsausdruck in dieser Form zu nutzen, ohne ihn sehen zu können, ist dem Kind nur möglich, weil der Ausdruck auch introspektiv als Körpersensation erlebt und damit in der Gefühlskomponente als somatische Marker repräsentiert werden kann (Damasio, 1995). Der Ausdruck wird demnach für die emotionale Selbstregulation nicht überflüssig, sondern behält seine Appellfunktion – nur nicht mehr für andere, sondern für die Person selbst. Auf diese Weise kann die emotionale Selbstregulation nach dem Muster der interpersonalen Regulation entstehen.

3.4 Die Internalisierung der Ausdruckskomponente in der intrapersonalen Regulation

Es ist eine empirisch belegte Beobachtung, dass bei der Selbstregulation im Laufe des Grundschulalters aus dem hörbaren privaten Sprechen das lautlose innere Sprechen hervorgeht (Diaz & Berk, 1992). Ein solcher Internalisierungsprozess lässt sich auch bei der Ausdruckskomponente der Emotionen beobachten, wenn Emotionen ausschließlich der Selbstregulation dienen (Holodynski, 2004). Aus Ausdruckszeichen, die für Außenstehende wahrnehmbar sind, werden Ausdruckszeichen, die im Extremfall nur noch für die Person selbst als innere Repräsentationen wahrnehmbar sind: Aus dem hörbaren Fluchen wird ein inneres Fluchen, aus dem sichtbaren Lächeln wird ein inneres Lächeln. Offensichtlich entsteht im Laufe der Ontogenese nicht nur eine mentale Ebene des Sprechens und Handelns, sondern auch eine mentale Ebene des „Ausdrückens". Dies steht in Einklang mit der Idee Damasios (1995), dass Personen „Als-ob-Gefühle" entwickeln, d. h. Gefühle, die auf keinem Körperfeedback von realen Ausdrucks- und Körperreaktionen mehr beruhen, sondern auf deren somatosensiblen Repräsentationen. Ein solcher Internalisierungsprozess des Ausdrucks könnte erklären, warum sich bei vielen Emotionsepisoden Erwachsener keine gleichgerichteten Veränderungen in der Ausdrucks- und Gefühlskomponente mehr objektiv beobachten lassen (Fridlund, 1994).

4   Fazit

Wie die Befunde exemplarisch gezeigt haben, kann eine entwicklungspsychologische Analyse nicht nur wertvolle Einsichten in die Emotionsgenese in den einzelnen Altersperioden liefern. Sie kann auch verblüffende Einsichten für eine allgemeinpsychologische Theoriebildung eröffnen, die die sozialen Ursprüngen der Emotionsentwicklung stärker in den Blick treten lassen und durch die Idee der Internalisierung von Ausdruckszeichen neue integrative Wege in der Konzeptualisierung der Emotionskomponenten und ihrer Konfiguration beschreiten helfen.

Weiterführende Literatur

Holodynski, M. (unter Mitarbeit von W. Friedlmeier). (2006). *Emotionen: Entwicklung und Regulation.* Heidelberg: Springer.
Sroufe, A. (1996). *Emotional development.* Cambridge: Cambridge University Press.

Literatur

Damasio, A. R. (1995). *Descartes' Irrtum. Fühlen, Denken und das menschliche Gehirn.* München: dtv.
Diaz, R. M. & Berk, L. E. (Eds.). (1992). *Private speech: From social interaction to self-regulation.* Hillsdale, NJ: Erlbaum.
Ekman, P. (1994). Strong evidence for universals in facial expressions: A reply to Russell's mistaken critique. *Psychological Bulletin, 115,* 268–287.
Fridlund, A. J. (1994). *Human facial expression. An evolutionary view.* San Diego, CA: Academic Press.
Frijda, N. H. (1986). *The emotions.* New York: Cambridge University Press.
Gergely, G. & Watson, J. S. (1999). Early socio-emotional development: Contingency perception and the social-biofeedback model. In P. Rochat (Ed.), *Early social cognition: Understanding others in the first months of life* (pp. 101–136). Mahwah, NJ: Erlbaum.
Holodynski, M. (2004). The miniaturization of expression in the development of emotional self-regulation. *Developmental Psychology, 40,* 15–27.
Horstmann, G. (2003). What do facial expressions convey: Feeling states, behavioral intentions, or action requests? *Emotion, 3,* 150–166.
Izard, C. E. (1999). *Die Emotionen des Menschen.* (4., neu ausgest. Aufl.). Weinheim: Beltz.

Lazarus, R. S. (1991). *Emotion and adaptation.* New York: Oxford University Press.
Saarni, C., Campos, J. J., Camras, L. & Witherington, D. C. (2006). Emotional development. In W. Damon, R. M. Lerner & N. Eisenberg (Eds.), *Handbook of Child Psychology, Vol. 6* (pp. 226–299). New York: Wiley.
Scherer, K. R. (1992). Vocal affect expression as symptom, symbol, and appeal. In H. Papoušek, U. Jürgens & M. Papoušek (Eds.), *Nonverbal vocal communication: Comparative and developmental approaches* (pp. 43–60). New York: Cambridge University Press.
Scherer, K. R., Schorr, A. & Johnstone, T. (Eds.). (2001). *Appraisal process in emotion. Theory, methods, research.* New York: Oxford University Press.

VII Physiologische und neurochemische Grundlagen

Neuropsychologie
Neuropsychology

Rainer Bösel

1   Einleitung

Die Neuropsychologie menschlicher Emotionalität will klären, welche Zustände und Effekte der Funktionen des Nervensystems und insbesondere des Gehirns zur Zuschreibung einer Emotion und deren Eigenschaften im Erleben oder bei der Beobachtung einer Person beitragen.

Ausgangspunkt der Betrachtung sind sehr unterschiedliche psychologische Sachverhalte, die emotionale Zuschreibungen erfahren: beobachtbare Verhaltensweisen, Erlebensweisen und physiologische Reaktionen. Entsprechend muss man aus neuropsychologischer Sicht bestimmte Steuerungsmechanismen für Verhaltensweisen *(Motorik)*, psychophysiologische Affektäußerungen *(Vegetativum)* oder bestimmte Modi der höheren Informationsverarbeitung *(Erleben)* betrachten.

Bei der Suche nach den neurobiologischen Grundlagen für Emotionen orientiert man sich im Einzelnen seit Darwin (1872; vgl. Plutchik 1984) an der Auffassung, dass Emotionen funktionell vor allem als *Verhaltenstendenzen* zu verstehen sind. Sie sind demnach Begleiterscheinungen von frühen Prozessen, die komplexe Verhaltensweisen vorbereiten und einleiten (Davidson, 2003). Sie setzen in der Regel Mechanismen der *energetischen Vorbereitung* in Gang und lassen bereits erste *motorische Aktionen* erkennen. Insoweit sind Emotionen Teil des natürlichen Verhaltensrepertoires und als Reaktionen zu beschreiben (Bösel, 2000).

Emotionen sind nicht einfach als menschliche Residuen tierischer Instinkte aufzufassen, da Auslöser und Gestalt von Emotionen in großem Umfang nicht erbkoordiniert sondern erlernt sind. Man kann Emotionen neurobiologisch und neuroanatomisch sogar nach dem Anteil an erlernten Komponenten unterscheiden. Teilweise sind sie zwar elementaren, biologischen Mechanismen zu zuordnen, wie der Vorbereitung von *Kampf und Flucht*, von *Essen und Trinken* oder von *Sexualität*. Wenn aber erlernte Hinweisreize oder eine erlernte Kombination von Verhaltensmustern im Vordergrund stehen, sind höhere Mechanismen beteiligt. Die entsprechenden Verhaltensweisen und die dabei begleitenden Empfindungen werden mit Attributen wie *Angst und Furcht, Appetit und Ekel, Lust oder Leid* beschrieben.

Pathologische Formen menschlicher Emotionalität entstehen teils aus angeborenen Besonderheiten oder Störungen (z. B. verminderte Zahl von GABA-Rezeptoren oder erhöhte Glukocorticoid-Sensitivität → Neurochemie), teils aus erworbener Schädigung eines der im folgenden zu besprechenden Systeme (z. B. Frontalhirnschädigung) oder auf Grund konditionierter Sensibilisierung (z. B. übersteigerte Ekelreaktionen).

2 Basale Verhaltenssteuerung und vegetative Funktionen

Handlungsvorbereitende, physiologische Prozesse sind im Wesentlichen Köperprozesse mit breiter Aktivierung verschiedener Organsysteme. Solche Köperprozesse tragen je nach Ausprägung auch im Erleben zum Gefühl der Aufgeregtheit oder einem die Bewegung begleitenden spezifischen Bewegungsgefühl bei (→ Psychophysiologie).

Als zentrale Region für die Steuerung vegetativer Funktionen gilt der *Hypothalamus* (vgl. Abb. 1). Durch dessen Verbindungen zum endokrinen System ist er insbesondere die zentrale Steuerungsregion für breite Syndrome unspezifischer Belastungsreaktionen (Stress). Der Hypothalamus ist auch mit untergeordneten Zentren des Hirnstamms verbunden, und zwar über ankommende Nervenbahnen (Afferenzen) aus der Formatio reticularis (z. B. allgemeine energetische Aktivierung infolge intensiver sensorischer Stimulation) und wegführende Nervenbahnen (Efferenzen) zu den motorischen Hirnstammkernen (z. B. gehemmte oder erhöhte Bewegungsbereitschaft).

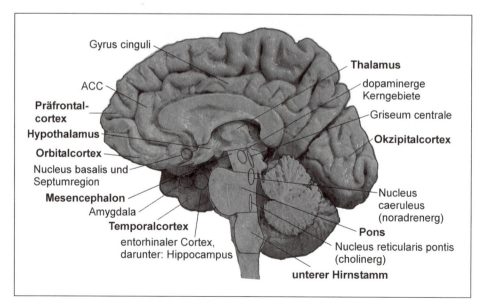

Abbildung 1: Lage einiger Hirnteile, die an der Steuerung emotionaler Verhaltensweisen beteiligt sind

Über das Faserbündel der Stria terminalis erhält der Hypothalamus (v. a. Area preoptica und Nucleus ventromedialis) Afferenzen aus der *Amygdala* (Corpus amygdaloideum, Mandelkern). Die Amygdala gehört zu den phylogenetisch ältesten Rindenteilen des Großhirns und steuert über den Hypothalamus Annäherung und Vermeidung in Abhängigkeit vom laufenden Verhalten, von auftretenden Reizen und von momentanen Absichten. Die Amygdala ist insbesondere die zentrale Struktur beim Ingangsetzen und Erlernen von Furchtreaktionen (LeDoux, 2000). Bei länger anhaltenden Provokationen ist ihre Aktivität vermindert.

3   Amygdala-Afferenzen und emotionale Stimulation

Eine große Anzahl von Reizmustern aus der Umwelt kann bereits auf Grund elementarer Detektionsfunktionen im *Thalamus* unterschieden werden. Dies ist für einfache Reize nachgewiesen, die letztlich Furchtreaktionen auslösen (weil sie z. B. an Schlangen erinnern). Afferenzen aus dem Thalamus treffen auf den Lateralkern der Amygdala, der das Erlernen affektiver Reaktionen, insbesondere der aktiven Vermeidung, auf bestimmte einfache Reizkombinationen ermöglicht (Rodrigues, Schafe & LeDoux, 2001).

Afferenzen aus dem rostralen *Hypothalamus* erlauben es z. B., eine sexuelle Ausgangslage in der physiologischen Regulation in spezifische Verhaltensweisen der Annäherung an einen Sexualpartner zu übersetzen.

Weitere Inputs erhält die Amygdala aus dem bewegungs- und objekterkennenden *Temporalcortex*. Mimiken, Gesten und sogar bedrohliche Worte können Reaktionen in der Amygdala auslösen (Isenberg et al., 1999). Sowohl im Lateralkern der Amygdala wie im Hippocampus verhindern präsynaptische Hemmungen zu starke Lerngeneralisierungen. Diese Hemmungen erfolgen mit Hilfe von GABA-Rezeptoren, deren Funktion durch genetische Faktoren oder durch Stress beeinträchtigt sein kann (Shaban et al., 2006).

Die Amygdala erhält schließlich auch Inputs vom *Cingulum*. Dieses, im Gyrus cinguli verlaufende Fasersystem sammelt Informationen aus großen Teilen des Neocortex und repräsentiert gewissermaßen die Informationen aus den voraktivierten Gedächtnisteilen und damit Informationen, die das System im Augenblick erwartet. Der *anteriore cinculäre Cortex (ACC)* reagiert bei Bewegungskonflikten (Interferenzen) und bei Verletzungen von Erwartungen in Bezug auf eigene Handlungen (Fehlerdetektion bzw. conflict monitoring, Holroyd et al., 2004). Der ACC stellt damit auch eine Verbindungsstelle zwischen den Überwachungsaufgaben des Arbeitsgedächtnisses und der affektiven Reaktivität dar. Abgesehen von den Verbindungen des Gyrus cinguli zur Amygdala, gibt es eine direkte Verbindung des Cingulum zum Hippocampus und damit zum deklarativen Gedächtnis.

4 Amygdala-Efferenzen und emotionale Reaktivität

Die Efferenzen aus den basalen und lateralen Amygdala-Bereichen sind eher Aktivitäts-unterstützenden Funktionen zuzurechnen, während die Efferenzen aus den centralen und medialen Amygdala-Bereichen Defensivfunktionen unterstützen. Beide Funktionen wirken über sehr verschiedene Effektorsysteme und manifestieren sich in Verhaltensäußerungen, die basale Motoriken (z. B. Schreckkontraktion des M. orbicularis oculi), vegetative Reaktionen (z. B. emotionales Schwitzen) und gedankliche Prozesse (z. B. Überlegungen zu möglichen Konsequenzen eines Ereignisses) umfassen.

Efferenzen in den unteren Hirnstamm enden an verschiedenen Kernen des Nervus vagus. Hier sind neuronale Grundlagen für bestimmte Formen von *Furcht- und Trauerreaktionen* zu verorten. Bei Verletzungen, vor allem aber auch bei der Wahrnehmung von Verletzungsprozessen, von Wunden und von Blut kann es dadurch zur Senkung von Blutdruck und Herzrate kommen. Außerdem wird Weinen, Wasserlassen und Defäkation unterstützt.

Efferenzen der Amygdala in den Pons unterstützen mehrere Funktionen der Aktivierung, insbesondere auch der Erhöhung von Blutdruck und Herzrate. Zielorte wie der Nucleus caeruleus oder der Nucleus reticularis pontis caudalis haben auch cortical aktivierende Funktionen, vor allem unter Schreck, etwa beim unvermittelten Auftreten eines aversiven Reizes (Schlange, Abgrund). Die Potenzierung von Schreckreaktionen unter emotionaler Anspannung ist eine gut messbare Aktivierungsfolge und insofern ein valider Indikator insbesondere auch für die *Wirksamkeit konditionierter phobischer Reize* auf die Amygdala.

Tegmentale Zielorte amygdalärer Efferenzen steuern motorische Muster von *zielgerichtetem Verhalten* bzw. Verhaltensunterbrechung. Insbesondere das anteriore, ventrale Tegmentum und dessen dopaminerge Kerngebiete sind in die Mechanismen der Veranlassung von operanter Motorik und erfolgsabhängiger Verstärkung eingebunden, sodass letztlich auch operantes Lernen unterstützt wird. Im Konfliktfall wird durch das Griseum centrale (= periaqueductales Grau) in *Frustrations-, Schreck- oder Paniksituationen*, d. h. wenn für einen aversiven Reiz keine angemessenen Möglichkeiten zu Angriff/Abwehr oder Flucht zur Verfügung stehen, laufendes Verhalten unterbrochen und unter Umständen eine *Bewegungsstarre* herbeigeführt.

Bedeutsame Efferenzen der Amygdala endigen direkt im motorischen Striatum, im Claustrum und in ventrikelfernen (lateralen und paraventrikulären) Teilen des Hypothalamus. An diesen Zielorten werden motorische Reaktionen durch visecrales Feedback reguliert, affektives motorisches Lernen begünstigt und unter Belastung wird als wichtigste *Stressreaktion* die ACTH (Adrenocorticotropes Hor-

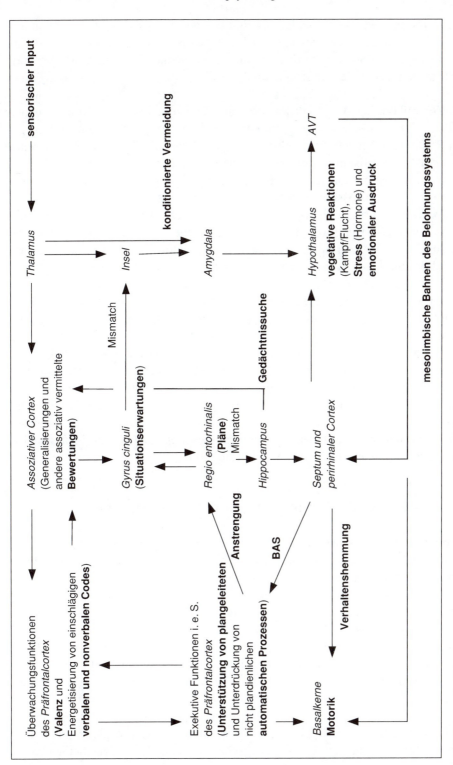

Abbildung 2: Überblicksdiagramm zur Neuropsychologie der emotionalen Informationsverarbeitung

mon)-Freisetzung unterstützt. Das Gefühl des *Vertrauens* scheint mit einem anderen, Entspannung begünstigenden Aktivitätsmuster der gleichen Zielorte einherzugehen, insbesondere in den Basalkernen (dorsales Striatum), aber auch in der Oxytocin-sensitiven Inselrinde (→ Neurochemie).

Der Zentralkern der Amygdala versorgt auch den zum ventralen Pallidum gehörenden Nucleus basalis und sorgt für cortikale Aktivierung, vor allem unter Angst und Stress. Der Nucleus basalis ist durch das Diagonale Band mit dem Septum und dem dort lokalisierten, cholinergen Medialkern verbunden. Er ist Teil des von Gray und McNaughton (2000) beschriebenen septo-hippocampalen Systems. Durch den Nucleus basalis werden corticale Erregungsschwellen gesenkt und rezeptive Felder geringfügig vergrößert. Dieser Mechanismus unterstützt Effekte der Reizgeneralisierung, vor allem auch beim Vermeidungslernen. Insofern ist die Messung von Generalisationsgradienten in operanten Diskriminationsaufgaben ein valider Indikator für *generalisierte Angst*.

Kurze reziproke Fasern verbinden die Amygdala mit Kontrollarealen im dorsolateralen Präfrontalcortex. Außerdem existieren lange, reziproke, occipito-temporale Assoziationsbahnen mit Verbindungen zu mimischen, gestischen und lexikalischen Informationen. Die Bedeutung solcher Verbindungen wird durch die Theorie der somatischen Marker beschrieben. Die genannten Amygdala-Efferenzen bewirken unter anderem eine rasche *Emotionserkennung* bei Gesichtsausdrücken (Schupp et al., 2004) und emotional bedeutsamen Wörtern, eine Modulation der P300 im EKP (Ereigniskorreliertes Potenzial) durch Emotionen und selektive, emotionsabhängige frontale Aktivierungen bei *Entscheidungsaufgaben* (z. B. in einem Glücksspiel; Bechara, Damasio, Tranel & Damasio, 2005).

5   Urteilsverhalten und emotionales Empfinden

Emotionale Komponenten werden durchaus auch bei bewussten, gedanklichen Prozessen und im Verlauf rationaler Entscheidungen erkennbar. Eine Grundlage dafür liefern Bahnen, die von zahlreichen Kernen des Hirnstamms zu weit verteilten Bereichen des Cortex aufsteigen und dort *neuromodulatorische Funktionen* aus üben. Diese Modulation ist an monoaminerge und cholinerge Neurotransmitter gebunden und hat deutliche Auswirkungen auf das emotionale Befinden (→ Neurochemie). Lateralisierte Effekte können auftreten, wenn situativer Kontext und routinisierte Verhaltensweisen nicht zueinander passen und in unzutreffenden Urteilen über die Erfolgserwartung eigener Handlungen und übersteigerten Trauerreaktionen resultieren.

Im Allocortex muss der Hippocampus als wichtige Struktur im Bereich der emotionalen Informationsverarbeitung angesehen werden. Neben den „heißen" (d. h.

energiebereitstellenden) Anteilen der Amygdala bei Emotionen leistet der Hippocampus die für emotionale Zustände ebenfalls charakteristische Form einer „kalten" (d. h. nur subjektiv erlebbaren) *konzentrierten Gedächtnissuche*, unter Umständen sogar mit wiederholtem Abruf gleicher und wenig zielführender Gedächtnisinhalte.

Im Neocortex ist einer der phylogenetisch ältesten Teile die Inselregion. Dieser Rindenteil erhält viscerale Afferenzen und ist mit dem somatosensorischen Cortex und mit der Amygdala verbunden. Ekelerregende und üblicherweise schmerzverursachende Reize aktivieren die Insel und tragen zu *Missempfindungen* bei. Die Aktivität der vorderen Inselrinde ist nicht nur mit der Genauigkeit der interozeptiven Wahrnehmung, sondern auch mit dem Ausmaß emotionaler Empfindung korreliert (Crichley, Wiens, Rotshtein, Öhman & Dolan, 2004). Die Insel besitzt auch visceromotorische Funktionen. Zusammen mit dem ACC (siehe Abschnitt 3) unterstützt die Insel insofern auch die affektive Symptomatik.

Die vordere Inselrinde ist außerdem aktiv, wenn ein emotionaler Ausdruck imitiert werden soll oder wenn das Bild einer Person betrachtet wird, für die man Zuneigung empfindet. Befunde dieser Art verweisen auf *empathische Funktionen*, die durch Spiegelneurone vermittelt werden (→ Empathie). Auch für Wettbewerbs- und Kooperationsbedingungen wurden Aktivierungen der vorderen Insel beschrieben. Insbesondere der Ablehnung unfairer Angebote (im sogenannten Ultimatum-Spiel) geht eine Einschätzung voraus, die von einer bilateralen Aktivierung der vorderen Insel begleitet ist.

Ein neuropsychologisches Problem besteht in der Erklärung der großen *Ich-Nähe* emotionaler Empfindungen, zumal wenn sie nach außen nur als sublime Tendenzen ohne deutliche Affekte oder Bewegungen auftreten. Beziehungen zum Selbst entstehen üblicherweise durch ein Wissen darüber, wie andere Menschen über die eigene Person urteilen würden, aber auch beim Empfinden, selbst Akteur zu sein und sich dabei zu beobachten. Die Konstruktion einer „Theory of Self" ist insofern nur auf Grund einer weiten Vernetzung von Informationen aus visceralen Afferenzen, über Pläne und Absichten, sowie über vergangene oder mögliche Reaktionen der Umwelt, insbesondere der sozialen Umwelt möglich. Es gibt Argumente dafür, dass der mediale Frontalcortex gute Voraussetzungen für eine Vernetzung zu Cortexteilen mit entsprechenden Gedächtniskomponenten mitbringt (vgl. Bösel, 2006) und damit für einen hohen Grad von Bewusstheit verantwortlich ist. Der mediale Frontalcortex ist aktiv bei *Introspektion*, wenn Personen sich selbst Attribute zuschreiben sollen (Johnson et al., 2002) oder selbstrelevante Erinnerungen abrufen wollen.

Effekte der Konfliktverarbeitung geben auch Hinweise zur Interpretation von Befunden zum *ästhetischen Erleben* (Bösel, 2003). Im Grunde leistet auch jede Sinnesmodalität ihren Beitrag zu einer *Gestimmtheit* im Erleben, sei es, dass jemand von Farben berauscht oder von Klängen erfüllt wird, sei es, dass Berührungen gefühlt werden. Zu den Sinnen gehört auch das *propriozeptive Empfinden*, das Körperhaltungen und Bewegungen begleitet. Sinneseindrücke dieser Art treten bereits während der Vorbereitung jeder Bewegung als Erwartungen auf. Insofern kann durch die Aktivität von Spiegelneuronen bei Beobachtung einer sich bewegenden oder sprechenden Person nicht nur die entsprechende Bewegung, sondern auch das entsprechende Gefühl vorbereitet werden. Für mehrere Wahrnehmungsmodalitäten einschließlich der Sprachwahrnehmung scheint für die Extraktion emotionsrelevanter Information (z. B. mimische oder prosodische Elemente) eine feine *Auflösung* von Zeit- und Ortsfrequenzen erforderlich zu sein, die überwiegend rechtshemisphärisch erfolgt.

Von besonderem angewandtem Interesse sind Untersuchungen von emotional-semantischen Wechselwirkungen. Entsprechend zahlreicher Befunde resultiert eine Reizverarbeitung dann nicht in ausgeprägten emotionalen Reaktionen (geringere EKP-Amplituden, geringere Amygdala-Aktivierung im fMRI; → Bildgebende Verfahren), wenn Merkmale potenziell emotionaler Reize (Wunden, Spinnen) beachtet werden, die nicht emotionsbezogen sind (Form, Farbe). Im Konflikt zwischen emotionaler und semantischer Verarbeitung entscheiden also letztlich *motivationale Faktoren* über den Verarbeitungsverlauf. Je nach Gewöhnungsgrad für die emotionale Reaktion und je nach Generalisierungsumfang kann unter den genannten Umständen eine graduelle Exposition mit emotionalen Stimuli dazu beitragen, dass der affektive Einfluss reduziert wird.

Weiterführende Literatur

Bösel, R. (2006) *Das Gehirn. Eine funktionelle Anatomie für die Psychologie.* Stuttgart: Kohlhammer.
Davidson, R. J., Scherer, K. R. & Goldsmith, H. H. (Eds.). (2003). *Handbook of Affektive Sciences.* Oxford: Oxford University Press.

Literatur

Bechara, A., Damasio, H., Tranel, D. & Damasio, A. R. (2005). The Iowa Gambling Task and the somatic marker hypothesis: some questions and answers. *Trends in Cognitive Sciences, 9,* 159–162.
Bösel, R. (2000). Neuropsychologische Grundlagen der Emotion. In J. H. Otto, H. A. Euler & H. Mandl (Hrsg.), *Emotionspsychologie* (S. 491–497). Weinheim: PVU.
Bösel, R. (2003). Ästhetisches Empfinden: Neuropsychologische Zugänge. In J. Küpper & C. Menke (Hrsg.), *Dimensionen ästhetischer Erfahrung* (S. 264–283). Frankfurt am Main: Suhrkamp.

Critchley, H. D., Wiens, S., Rotshtein, P., Öhman, A. & Dolan, R. J. (2004). Neural systems supporting interoceptive awareness. *Nature Neuroscience, 7,* 189–195.

Darwin, C. (1872). *The Expression of Emotions in Man and Animals.* New York: Philosophical Library.

Gray, J. A. & McNaughton, N. (2000). *The Neuropsychology of Anxiety.* Oxford: Oxford University Press.

Holroyd, C. B., Niewenhuis, S., Yeung, N., Nystrom, L., Mars, R. B., Coles, M. G. H. & Cohen, J. D. (2004). Dorsal anterior cingulate cortex shows fMRI response to internal and external error signals. *Nature Neuroscience, 7,* 497–498.

Isenberg, N., Silberzweig, D., Engelien, A., Emmerich, S., Malavade, K., Beattie, B., Leon, A. C. & Stern, E. (1999). Linguistic threat activates the human amygdala. *Proceedings of the National Academy of Sciences of the U. S. A., 96,* 10456–10459.

Johnson, S. C., Baxter, L. C., Wilder, L. S., Pipe, J. G., Heisermen, J. E. & Prigatano, G. P. (2002). Neural correlates of self-reflection. *Brain, 125,* 1808–1814.

LeDoux, J. E. (2000). Emotion circuits in the brain. *Annual Review of Neurosciences, 23,* 155–184.

Plutchik, R. (1984). Emotion: A general psychoevolutionary theory. In K. Scherer & P. Ekman (Eds.), *Approaches to emotion.* Hillsdale, NJ: Erlbaum.

Rodrigues, S. M., Schafe, G. E. & LeDoux, J. E. (2001). Intraamygdala blockade of the NR2B subunit of the NMDA receptor disrupts the acquisition but not the expression of fear conditioning. *Journal of Neuroscience, 21,* 6889–6896.

Schupp, H. T., Öhman, A., Junghöfer, M., Weike, A. I., Stockburger, J. & Hamm, A. O. (2004). The fasciated processing of threatening faces: An ERP analysis. *Emotion, 4,* 189–200.

Shaban, H., Humeau, Y., Herry, C., Cassasus, G., Shigemoto, R., Ciocchi, S., Barbieri, S., van der Putten, H., Kaupmann, K., Bettler, B. & Lüthi, A. (2006). Generalization of amygdala LTP and conditioned fear in the absence of presynaptic inhibition. *Nature Neuroscience, 9,* 1028–1035.

Neurochemie
Neurochemistry

Ullrich Wagner & Jan Born

1 Einleitung

Wie sind die verschiedenen Emotionen zentralnervös, d. h. im Gehirn repräsentiert? Hierzu gibt es zwei Untersuchungsansätze: den neuroanatomischen und den neurochemischen. Der neuroanatomische Ansatz versucht, durch bildgebende Methoden wie z. B. die Magnetresonanz-Tomografie (MRT) diejenigen Gehirnregionen räumlich abzugrenzen, die an spezifischen emotionalen Steuerungsprozessen beteiligt sind (→ Neuropsychologie). Der neurochemische Ansatz, der hier vorgestellt wird, definiert demgegenüber Emotionssysteme nicht primär räumlich, sondern funktional über die Wirkung biochemischer Botenstoffe an spezifischen Rezeptoren (vgl. Kasten).

Rezeptoren für einen bestimmten Botenstoff können in sehr verschiedenen Regionen des Gehirns vorkommen, wodurch eine koordinierte Zusammenarbeit dieser Regionen auch über weite Entfernungen ermöglicht wird. Allerdings können Rezeptoren eines bestimmten Typs in spezifischen Gehirnregionen gehäuft vorkommen, was dann eine besondere Bedeutsamkeit dieser Region in dem entsprechenden neurochemischen System anzeigt und auch neuroanatomische Abgrenzungen rechtfertigt. Die beiden Forschungsansätze stehen daher nicht im Widerspruch zueinander, sondern ergänzen sich vielmehr. Eine sehr viel versprechende neuere Methode, die beide Ansätze verbindet, ist die Verwendung radioaktiv markierter Liganden, über die man mithilfe der Positronen-Emissions-Tomografie (PET) Aussagen über Verteilung, Dichte und Aktivität der entsprechenden Rezeptortypen im Gehirn treffen kann (Heiss & Herholz, 2006).

Für eine Reihe von Botenstoffen bzw. Rezeptorsystemen liegen heute weitgehend gesicherte Erkenntnisse über ihre Beteiligung an der Vermittlung bestimmter Emotionen vor. So spielt beispielsweise der GABA-Benzodiazepin-Rezeptorkomplex eine wesentliche Rolle bei der Regulation von Angst, Opioide sind entscheidend an der Entstehung von Glücksgefühlen beteiligt, Testosteron steht im Zusammenhang mit sozial-kompetitivem Selbstwertgefühl, und Oxytocin ist wichtig für soziale und sexuelle Bindungsgefühle. Aus Platzgründen wird hier auf eine umfassende Abhandlung der verschiedenen relevanten Transmittersysteme verzichtet. Stattdessen beschränken wir uns auf die allgemeine Beschreibung der grundlegenden methodischen Ansätze der neurochemischen Emotionsforschung und stellen anschließend beispielhaft Untersuchungen zu einem besonders gut erforschten

Rezeptorsystem, dem GABA-Benzodiazepin-Rezeptorsystem, im Hinblick auf seine Rolle bei der Regulation von Angstgefühlen genauer dar (für ausführlichere Darstellungen auch anderer neurochemischer Systeme und Funktionen, siehe Wagner & Born, 2000, 2003; Davis, Charney, Coyle & Nemeroff, 2002)

Rezeptorsysteme

Rezeptoren sind in Zellmembranen oder im Zellplasma eingelagerte Proteine, die als Bindungsstellen für spezifische Botenstoffe fungieren und durch Interaktion mit diesen Botenstoffen bestimmte intrazelluläre Reaktionen auslösen, über die dann z. B. der Stoffwechsel der Zelle oder im Falle der Nervenzellen ihre Informationsübertragungseigenschaften beeinflusst werden. Es gilt dabei das Schlüssel-Schloss-Prinzip, d. h. jeder Botenstoff bindet in der Regel nur an einen ganz bestimmten Rezeptortyp. Die auf einen spezifischen Rezeptortyp „passenden" Botenstoffe nennt man Liganden, die den Rezeptor entweder als sog. Agonisten aktivieren oder ihn als sog. Antagonisten blockieren (d. h. sie binden ihn, ohne die entsprechende intrazelluläre Reaktion hervorzurufen). Man unterscheidet grundsätzlich drei verschiedene Typen von Botenstoffen, die an der neuronalen Informationsübertragung beteiligt sind:

1. *Klassisch-niedermolekulare Neurotransmitter:* Sie werden fast ausschließlich zentralnervös synthetisiert und freigesetzt und wirken direkt auf die Informationsübertragung zwischen Neuronen, indem sie eine Depolarisierung oder Hyperpolarisierung an der postsynaptischen Membran einer Synapse bewirken. Im Hinblick auf die Vermittlung von emotionalen Zuständen stehen sie für das Konzept einer schnell wirkenden und primär zentralnervös gesteuerten Generierung von Gefühlen. Beispiele sind Katecholamine wie Noradrenalin und Dopamin.

2. *Neuropeptide:* Sie bestehen aus unterschiedlich langen Aminosäureketten, die sowohl zentralnervös als auch peripher synthetisiert werden können und deutlich langsamere Informationsübertragungseigenschaften als die klassisch-niedermolekularen Transmitter haben. Die Bindung an einen Peptidrezeptor aktiviert in der Regel intrazelluläre „Messenger"-Systeme, die auch längerfristige, die Zeit der akuten Rezeptorbindung überdauernde Erregungsveränderungen des Neurons zur Folge haben können. Diese phylogenetisch ältere und schwerfälligere Transmission durch Neuropeptide spielt vor allem in Strukturen des limbischen Systems und im Hypothalamus eine bedeutende Rolle, also Gehirnregionen, denen eine hervorragende Rolle bei der Vermittlung von Gefühlsreaktionen zukommt. Neuropetide sind häufig zusammen mit einem klassisch-niedermolekularen Transmitter in derselben Zelle kolokalisiert und werden zusammen mit diesen freigesetzt. Beispiele sind die Opioide, z. B. das Beta-Endorphin und die Enkephaline.

3. *Neuroaktive Steroide:* Sie werden entweder (als Steroidhormone) in peripheren Drüsen synthetisiert und erreichen über den Blutweg u. a. auch das

> Gehirn, oder sie werden (als Neurosteroide) direkt in bestimmten Regionen des Gehirns gebildet. Im Gegensatz zu den Peptiden sind die Steroide fettlöslich und können per passiver Diffusion die Blut-Hirn-Schranke auch ohne aktive Transportmechanismen überwinden. Rezeptoren befinden sich anders als bei den klassisch-niedermolekularen Transmittern und den Neuropeptiden nicht nur an der Zellmembran, sondern hauptsächlich auch im Zellplasma (Zytosol). Nach Bindung an den Rezeptor im Zytosol wandert der entstandene Hormon-Rezeptor-Komplex in den Zellkern und aktiviert dort durch Bindung an komplementäre DNA-Regionen spezifische Gene. Diese über den Zellkern vermittelten „genomischen" Wirkungen von Steroiden setzten allerdings sehr langsam (> 30 Minuten) an. Beispiele neuroaktiver Steroide sind das als „Stesshormon" bekannte Cortisol sowie bestimmte Sexualhormone wie Testosteron oder Progesteron.

2 Methoden der Untersuchung neurochemischer Emotionssysteme

Rezeptorsysteme lassen sich einerseits *in vitro* („im Reagenzglas") an präparierten Zellkulturen und andererseits *in vivo* („im Lebendigen") an lebenden Organismen untersuchen, wobei im Hinblick auf die psychologisch relevanten Rezeptorfunktionen naturgemäß der letztere Ansatz im Vordergrund steht. Obwohl die Erforschung neurochemischer Emotionssysteme letztlich auf das Verständnis emotionalen Erlebens und Verhaltens beim Menschen zielt, beruht ein nicht unerheblicher Teil der Erkenntnisse auf diesem Forschungsgebiet auf Tierversuchen, da die Durchführung von Humanexperimenten aufwändiger ist und stärkeren ethischen Einschränkungen unterliegt. Voraussetzung ist dabei aber grundsätzlich, dass ein geeignetes *Tiermodell* für die untersuchte Emotion zur Verfügung steht, um die Ergebnisse sinnvoll auf den Menschen übertragen zu können. Ein typisches Tiermodell der Angst ist beispielsweise das in Experimenten an Ratten häufig verwendete „elevated plus maze". Dieses um etwa 50 cm vom Boden erhobene Labyrinth besteht aus vier wie ein Plus-Zeichen (Kreuz) angeordneten Wegen, von denen zwei mit Wänden versehen, die anderen beiden aber offen sind. Als Indikator für Angst wird über ein definiertes Zeitintervall der Anteil der Zeit gemessen, den die Ratte in den offenen, ungeschützten Wegen des Labyrinths verbringt: Je geringer dieser Anteil, desto höher die Ängstlichkeit der Ratte. Wenn man nun vermutet, dass die Aktivierung eines bestimmten Rezeptortyps für die Auslösung von Angst verantwortlich ist, kann man das in diesem Tiermodell systematisch durch die Gabe eines selektiven *Agonisten* oder *Antagonisten* (siehe Kasten) testen; im ersten Fall sollte die Zeit, die die Ratte auf den offenen Wegen verbringt, erhöht und im zweiten Fall reduziert sein. Um die jeweiligen *Dosis-Wirkungs-Beziehungen* spezifizieren zu können, sollten die einzelnen Substanzen in verschiedenen Dosierungen getestet werden. Gentechnische Verfahren ermöglichen die Herstellung und Testung von Tieren, bei denen bestimmte Rezeptoren überexprimiert werden oder völlig fehlen (*„transgene"* bzw. *„Knock-out"*-Tiere). Eine Veränderung in der auf den offenen Wegen des Labyrinths verbrachten Zeit im Vergleich zu normalen Tieren zeigt ebenfalls eine Rolle des betreffenden Rezeptortyps für die Vermittlung von Angst an.

Im Humanversuch lassen sich Studien an gesunden Probanden und Studien an Patienten *(klinische Forschung)* unterscheiden. Letztere sind für die Emotionsforschung vor allem relevant im Hinblick auf solche Erkrankungen, die als pathologisch übersteigerte Ausprägungen bestimmter emotionaler Prozesse gelten, wie z. B. Phobien als übersteigerte Form der Angst und Depression als übersteigerte Form der Trauer, wobei beides häufig gemeinsam auftritt. In solchen Fällen lässt sich vermuten, dass die Krankheit auf einer Fehlfunktion der entsprechenden neurochemischen Systeme beruht. Hier setzt auch die Arzneimittelforschung an, die versucht, das gestörte System durch die Gabe geeigneter Substanzen (meist Agonisten oder Antagonisten eines spezifischen Rezeptortyps) kompensatorisch wieder in ein gesundes Gleichgewicht zu bringen. Um klare Wirkungsaussagen treffen zu können, sollten die Arzneimitteltests dabei systematisch gemäß eines *Placebo-kontrollierten, „doppel-blind"* gehaltenen Versuchsdesigns durchgeführt werden, bei dem die Wirkung des Medikaments mit der eines Scheinpräparats verglichen wird, wobei weder der Patient noch der Versuchsleiter während der Versuchsdurchführung weiß, welches der beiden Präparate verabreicht wird. Dies gilt natürlich auch für entsprechende Studien an gesunden Probanden. Zu beachten ist ferner, dass die Substanzen beim Menschen fast immer „systemisch" verabreicht werden, d. h. zunächst in den Blutkreislauf eintreten, um von dort zu ihren Zielgebieten im Gehirn zu gelangen. Daher ist wichtig, dass die betreffende Substanz die *Blut-Hirn-Schranke* überwinden kann, d. h. gehirngängig ist. Uneingeschränkt gilt dies für lipophile (fettlösliche) Substanzen, für die Zellmembranen grundsätzlich kein Hindernis darstellen.

3 Ein Beispiel: Benzodiazepine und Angst

Benzodiazepine binden an den $GABA_A$-Benzodiazepin-Rezeptorkomplex. Obwohl dieser Rezeptorkomplex zu den am besten erforschten Rezeptorsystemen überhaupt gehört, konnten die körpereigenen „endogenen" Benzodiazepinliganden hinsichtlich ihrer Struktur bisher nicht eindeutig charakterisiert werden. Der andere Ligand dieses Rezeptorkomplexes ist GABA (Gamma-Amino-Buttersäure), der verbreitetste inhibitorische Neurotransmitter im Gehirn. Nur die $GABA_A$-Untergruppe der GABA-Rezeptoren enthält auch Erkennungsstellen für Benzodiazepine. Dieser Rezeptorkomplex wird auf allen Ebenen des zentralen Nervensystems exprimiert, insbesondere in kortikalen und limbischen Regionen.

Gemeinsam steuern GABA und die Benzodiazepine an diesen Rezeptoren den Einstrom von Chlorid-Ionen in die Zelle: Bindet GABA an den Rezeptor, so strömen Chlorid-Ionen in das Zellinnere, wo sie wegen ihrer negativen elektrischen Ladung zu einer Hyperpolarisation führen und damit der Ausbildung eines Aktionspotenzials entgegenwirken. Die zusätzliche Bindung von Benzodiazepinen an die entsprechenden Bindungsstellen verstärkt diesen Effekt durch eine weitere Erhöhung der Durchlässigkeit des Rezeptorkanals für Chlorid-Ionen. Der bekannteste synthetische Agonist am Benzodiazepin-Rezeptor ist Diazepam (Valium), ein typischer Antagonist ist Flumazenil.

Seit ihrer Einführung in die psychiatrische Praxis in den 60er Jahren haben die Benzodiazepine die medikamentöse Behandlung von pathologischen Angstzuständen dominiert, v. a. wegen ihrer schnellen und effektiven Wirksamkeit. Dieser klinische Erfolg macht den Zusammenhang zwischen Benzodiazepinen und Angst offensichtlich. Die Vorstellungen darüber, wie das $GABA_A$-Benzodiazepin-Rezeptorsystem als Angst regulierendes neurochemisches System wirksam wird, sollen im Folgenden anhand der beispielhaften Darstellung einiger Untersuchungsergebnisse aus human- und tierexperimentellen Studien beschrieben werden.

Eine Studie von Short et al. (1994) zeigt exemplarisch die gegenläufigen Beeinflussung von Angst durch Agonisten und Antagonisten des Benzodiazepin-Rezeptors. Die Autoren verabreichten gesunden männlichen Probanden den Benzodiazepin-Agonisten Midazolam und unmittelbar anschließend den Antagonisten Flumazenil. Sowohl vor als auch mehrmals innerhalb von vier Stunden nach der Injektion der beiden Wirkstoffe wurde die Ängstlichkeit der Probanden mithilfe einer visuellen Analogskala mit den Endpunkten „entspannt" und „ängstlich" erfasst. Die Angstwerte nahmen nach der Injektion zunächst innerhalb weniger Minuten stark ab, gingen dann aber innerhalb der folgenden Stunden wieder kontinuierlich auf das Ausgangsniveau zurückgingen. Bemerkenswert ist, dass dieser Verlauf direkt mit der anhand kinetischer Daten geschätzten Aktivierung des Benzodiazepin-Rezeptors durch Midazolam korrelierte. Das heißt die sich schnell aufbauende Angst lösende Wirkung von Midazolam wurde mit der Zeit mehr und mehr durch die Flumazenil-Wirkung konterkariert.

Interessanterweise hat die *alleinige* Verabreichung von Flumazenil bei gesunden, unvorbehandelten Individuen in vielen Fällen keine bedeutsame Angst erhöhende Wirkung. In der Tat wurden nach alleiniger Gabe von Flumazenil sowohl erhöhte als auch verminderete Angstwerte beobachtet (Higgitt, Lader & Fonagy, 1986; Little, 1991; File & Hitchcott, 1990; Savic et al., 2004; Rowlett, Lelas, Tornatzky & Licata, 2006). Zur Erklärung dieser widersprüchlichen Befunde schlugen File & Hitchcott (1990) ein einfaches Modell vor. Danach wirkt Flumazenil immer dann angststeigernd, wenn das aktuelle Angstniveau des Individuums niedrig ist (z. B. infolge einer kurzfristigen Benzodiazepin-Einnahme) aber Angst reduzierend, wenn das aktuelle Angstniveau hoch ist (z. B. aufgrund von Entzugserscheinungen nach Beendigung einer Benzodiazepin-Medikation). Die Ursache für die aktuell niedrige oder hohe Angst spielt dabei keine Rolle, entscheidend ist allein das aktuelle Angstniveau. Bestätigung für dieses Erklärungsmodell fanden die Autoren in einem Experiment, in dem sie habituell hoch-ängstliche und habituell niedrig-ängstliche Ratten im oben beschriebenen „elevated plus maze" testeten. In diesem Tiermodell der Angst bewirkte Flumazenil (im Vergleich zur Vehikel-Kontrollsubstanz) bei den niedrig-ängstlichen Ratten eine Erhöhung, bei den hoch-ängstlichen Ratten dagegen eine Reduzierung des ängstlichen Verhaltens (vgl. Abb. 1a).

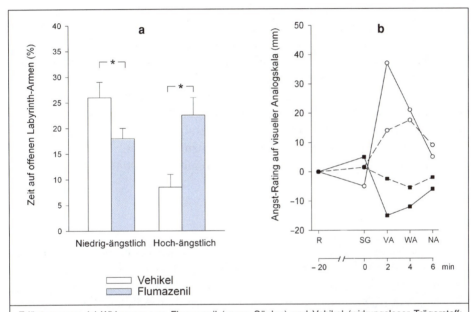

Erläuterungen: (a) Wirkungen von Flumazenil (graue Säulen) und Vehikel (wirkungsloser Trägerstoff; weiße Säulen) bei genetisch niedrig-ängstlichen (links) und hoch-ängstlichen Ratten (rechts) auf das Verhalten im „elevated plus maze". Die Ordinate gibt die Zeit (in Prozent) an, die die Ratte im Test auf den offenen Armen des Labyrinths verbringt. Die Säulen zeigen Mittelwerte ± Standardmessfehler. Signifikante Unterschiede zwischen Flumazenil- und Vehikelgabe sind durch einen Stern gekennzeichnet. Bei niedrig-ängstlichen Ratten induziert Flumazenil Angst, d. h. es vermindert die Zeit, die die Ratte auf den offenen Armen des Labyrinths verbringt, bei hoch-ängstlichen Ratten hat es einen entgegengesetzten Effekt (nach File & Hitchcott, 1990). *(b)* Selbst eingeschätzte Angst bei gesunden Probanden nach Gabe von Flumazenil (gestrichelte Linien) oder Placebo (durchgezogene Linien). Die Probanden wurden unter Angst induzierendem Stress (freie Rede halten; leere Kreise) oder bei stressfreien Kontrollaufgabe (freie Reden anderer beurteilen; schwarze Quadrate) getestet. Angst-Ratings wurden unter Ruhe 20 Minuten vor der Substanzgabe (R) sowie direkt nach der Substanzgabe (SG) und kurz vor (VA), während (WA) und nach (NA) der Stress- bzw. Kontroll-Aufgabe durchgeführt. Gezeigt sind die mittleren Abweichungen vom Angstscore während der Ruhephase. In der angstbehafteten Stress-Situation führt Flumazenil zu einer Reduktion der Angst, in der angstfreien Situation erhöht es sie (nach Kapczinski et al., 1994).

Abbildung 1: Parallele Effekte des Benzodiazepin-Rezeptor-Antagonisten Flumazenil auf Angst bei Tieren (a) und Menschen (b) mit hoher und niedriger Ängstlichkeit

Auch humanexperimentelle Daten stehen in Übereinstimmung mit den Modellvorstellungen von File und Hitchcott (1990). Kapczinski et al. (1994) beispielsweise untersuchten die Wirkungen von Flumazenil (versus Placebo) auf die Ängstlichkeit gesunder Probanden im Rahmen einer Angst erzeugenden Stresssituation im Vergleich zu einer stressfreien Situation. In der Stresssituation mussten die Probanden vor laufender Kamera eine freie Rede halten, die angeblich später von geschulten Psychologen beurteilt wurde. Bei der angstfreien Kontrollaufgabe sollten die Probanden die Reden anderer Personen auf Video beobachten und beurteilen. Abbildung 1 b fasst die wesentlichen Ergebnisse der Studie zusammen: In der angstbehafteten Stresssituation führt Flumazenil zu einer Reduzierung der Angst, während es in der angstfreien Kontrollsituation die subjektiv gemessene Ängstlichkeit leicht, allerdings nicht signifikant erhöht. Die Autoren erklären den Angst reduzierenden Effekt des Flumazenils unter der Stressbedingung mit der Freisetzung eines endogenen inversen Benzodiazepin-Agonisten (d. h. eines Agonisten mit umgekehrter Wirkung) in angstbehafteten Stresssituationen, dessen Wirkung am Benzodiazepin-Rezeptor durch die Flumazenil-Gabe konterkariert wird. Allerdings bleibt unklar, welches diese endogenen Liganden des Benzodiazepin-Rezeptors mit invers-agonistischer Wirkung sind. Diskutiert wurden in diesem Zusammenhang u. a. Beta-Carboline, deren Verabreichung in Tier- und Humanstudien deutliche Angstsymptome auslöste (Ninan et al., 1982; Dorow, Horowski, Paschelke & Amin, 1983; Jaskiw, Lipska & Weinberger, 2003).

4 Schlussbemerkungen

In diesem Kapitel wurde beschrieben, wie auf neurochemischer Ebene Botenstoffe bzw. Rezeptorsysteme identifiziert werden können, über die jeweils bestimmte emotionale Zustände vermittelt werden. Anzumerken ist dabei jedoch, dass aus dem Nachweis, dass ein bestimmtes neurochemisches System eine bestimmte Emotion beeinflusst, keineswegs der Umkehrschluss zu ziehen ist, dass diese Emotion allein von dem betreffenden neurochemischen System determiniert wird. Dies lässt sich am näher beschriebenen Beispiel der Benzodiazepine und ihrer Rolle bei der Steuerung von Angst verdeutlichen: Zwar zeigen die Befunde eindeutig eine funktionale Bedeutung des $GABA_A$-Benzodiazepin-Systems in Bezug auf Angstgefühle auf. Jedoch kann dieses System deshalb nicht mit *dem* neurochemischen Angstsystem gleichsetzt werden. Zum einen zeigen Benzodiazepine neben ihrem anxiolytischen Effekt auch mehr oder weniger ausgeprägte unspezifische Effekte wie z. B. Muskelentspannung und eine allgemein sedierende Wirkung; diese könnten teilweise für die angstreduzierende Wirkung mitverantwortlich sein, ohne dabei notwendigerweise auch ein spezifisches Angstsystem zu betreffen. (Neuere Arbeiten weisen allerdings darauf hin, dass die anxiolytischen Effekte von Benzodiazepinen über andere Rezeptor-Untereinheiten vermittelt werden als diese unspezifischen Effekte; vgl. Johnston, 2005; Morris,

Dawson, Reynolds, Atak & Stephens, 2006). Zum anderen wurden inzwischen auch Anxiolytika entwickelt, die in anderen Transmittersystemen eine ähnlich gute Wirksamkeit entfalten, so z. B. Buspiron, ein Agonist auf den 5HT-1A-Rezeptoren des Serotonin-Systems (Haefely, 1991; Gorman, 2003). Ein weiterer wirksamer Regulator der Angst ist das Neuropeptid Corticotropin-Releasing Hormone (CRH) (Steckler & Holsboer, 1999; Muller et al., 2003; Wagner & Born, 2003). Ähnliches gilt auch für andere Botenstoff- und Rezeptorsysteme, für die Zusammenhänge mit bestimmten emotionalen Zuständen bekannt sind. Wie es im neuroanatomischen Ansatz keine 1:1-Zuordnung eines einzelnen Gehirngebiets zu einer spezifischen Emotion gibt, existiert auch im neurochemischen Ansatz keine 1:1-Zuordnung eines einzelnen Transmittersystems zu einer bestimmten Emotion. Angesichts der Komplexität und Interaktivität der neurochemischen Vorgänge im Gehirn wäre dies jedoch auch kaum zu erwarten. Vieles spricht daher dafür, dass bei der Erzeugung spezifischer Emotionen immer mehrere Transmittersysteme in koordinierter Weise zusammenwirken.

Weiterführende Literatur

Davis, K. L., Charney, D., Coyle, J. T. & Nemeroff, C. (2002). *Neuropsychopharmacology: The Fifth Generation of Progress*. Philadelphia: Lippincott Williams & Wilkin.
Wagner, U. & Born, J. (2000). Neurochemische Emotionssysteme. In J. H. Otto, H. A. Euler & H. Mandl (Hrsg.), *Emotionspsychologie: Ein Handbuch* (S. 498–517). Weinheim: Psychologie Verlags Union.
Wagner, U. & Born, J. (2003). Psychoendokrine Aspekte neuropsychologischer Funktionen. In S. Lautenbacher & S. Gauggel (Hrsg.), *Neuropsychologie psychischer Störungen* (S. 123–145). Heidelberg: Springer.

Literatur

Davis, K. L., Charney, D., Coyle, J. T. & Nemeroff, C. (2002). *Neuropsychopharmacology: The Fifth Generation of Progress*. Philadelphia: Lippincott Williams & Wilkin.
Dorow, R., Horowski, R., Paschelke, G. & Amin, M. (1983). Severe anxiety induced by FG 7142, a beta-carboline ligand for benzodiazepine receptors. *Lancet, 2,* 98–99.
File, S. E. & Hitchcott, P. K. (1990). A theory of benzodiazepine dependence that can explain whether flumazenil will enhance or reverse the phenomena. *Psychopharmacology, 101,* 525–532.
Gorman, J. M. (2003). Treating generalized anxiety disorder. *Journal of ClinicalPsychiatry, 64 Supplement 2,* 24–29.
Haefely, W. (1991). Psychopharmacology of anxiety. *European Neuropsychopharmacology, 1,* 89–95.
Heiss, W. D. & Herholz, K. (2006). Brain receptor imaging. *Journal of Nuclear Medicine, 47,* 302–312.

Higgitt, A., Lader, M. & Fonagy, P. (1986). The effects of the benzodiazepine antagonist Ro 15-1788 on psychophysiological performance and subjective measures in normal subjects. *Psychopharmacology, 89,* 395–403.

Jaskiw, G. E., Lipska, B. K. & Weinberger, D. R. (2003). The anxiogenic beta-carboline FG-7142 inhibits locomotor exploration similarly in postweanling and adult rats. *Neuroscience Letters, 346,* 5–8.

Johnston, G. A. (2005). GABA(A) receptor channel pharmacology. *Current Pharmaceutical Design, 11,* 1867–1885.

Kapczinski, F., Curran, H. V., Gray, J. & Lader, M. (1994). Flumazenil has an anxiolytic effect in simulated stress. *Psychopharmacology, 144* (1), 187–189.

Little, H. J. (1991). The benzodiazepines: anxiolytic and withdrawal effects. *Neuropeptides, 19 Suppl,* 11–14.

Morris, H. V., Dawson, G. R., Reynolds, D. S., Atack, J. R. & Stephens, D. N. (2006). Both alpha2 and alpha3 $GABA_A$ receptor subtypes mediate the anxiolytic properties of benzodiazepine site ligands in the conditioned emotional response paradigm. *European Journal of Neuroscience, 23,* 2495–2504.

Muller, M. B., Zimmermann, S., Sillaber, I., Hagemeyer, T. P., Deussing, J. M., Timpl, P. et al. (2003). Limbic corticotropin-releasing hormone receptor 1 mediates anxiety-related behavior and hormonal adaptation to stress. *Nature. Neuroscience, 6,* 1100–1107.

Ninan, P. T., Insel, T. M., Cohen, R. M., Cook, J. M., Skolnick, P. & Paul, S. M. (1982). Benzodiazepine receptor-mediated experimental „anxiety" in primates. *Science, 218,* 1332–1334.

Rowlett, J. K., Lelas, S., Tornatzky, W. & Licata, S. C. (2006). Anti-conflict effects of benzodiazepines in rhesus monkeys: relationship with therapeutic doses in humans and role of $GABA(A)_{-A}$ receptors. *Psychopharmacology, 184,* 201–211.

Savic, M. M., Obradovic, D. I., Ugresic, N. D., Cook, J. M., Yin, W. & Bokonjic, D. R. (2004). Bidirectional effects of benzodiazepine binding site ligands in the elevated plus-maze: differential antagonism by flumazenil and beta-CCt. *Pharmacology, Biochemistry and Behavior, 79,* 279–290.

Short, T. G., Young, K. K., Tan, P., Tam, Y. H., Gin, T. & Oh, T. E. (1994). Midazolam and flumazenil pharmacokinetics and pharmacodynamics following simultaneous administration to human volunteers. *Acta Anaesthesiologica Scandinavica, 38,* 350–356.

Steckler, T. & Holsboer, F. (1999). Corticotropin-releasing hormone receptor subtypes and emotion. *Biological Psychiatry, 46,* 1480–1508.

Wagner, U. & Born, J. (2003). Psychoendokrine Aspekte neuropsychologischer Funktionen. In S. Lautenbacher & S. Gauggel (Hrsg.), *Neuropsychologie psychischer Störungen* (S. 123–145). Heidelberg: Springer.

Physiologische Emotionsspezifität
Physiological Emotion Specificity

Gerhard Stemmler

> **Begriffsbestimmung:**
> Physiologische Emotionsspezifität bezeichnet eine Besonderheit im Muster von physiologischen Reaktionen, die eine von einer anderen Emotion unterscheidet.

Hierbei wird zunächst vorausgesetzt, dass Emotionen als diskrete Kategorien oder als Bereiche in kontinuierlichen Beschreibungsdimensionen definiert werden können. Zweitens wird angenommen, dass physiologische Reaktionen einen hohen Differenzierungsgrad aufweisen; erst dann ist eine Musterbildung überhaupt möglich. Drittens wird postuliert, dass eine Validierungsstrategie existiert, mit der empirisch unter Angabe von notwendigen und hinreichenden Bedingungen entschieden werden kann, ob ein gegebenes physiologisches Muster tatsächlich auch spezifisch für eine Emotion ist. Hierzu ist es viertens erforderlich, mögliche gleichzeitig wirksame Einflüsse auf die physiologische Messebene zu differenzieren und ggf. zu kontrollieren. Solche Einflüsse könnten neben einer Emotion z. B. auch Kognitionen oder die Körperhaltung sein. Es zeigt sich also, dass die Untersuchung emotionsspezifischer physiologischer Aktivität ein umfassendes Forschungsprogramm ist, das in eine Vielzahl theoretischer Vorannahmen eingebettet ist.

In den folgenden Abschnitten werden die vorgenannten Themenbereiche näher erläutert. Abschließend wird der empirische Stand der Forschung zur physiologischen Emotionsspezifität skizziert.

1 Emotionstheorie und physiologische Emotionsspezifität

Emotionstheorien unterscheiden sich u. a. in ihren Aussagen über die konstituierenden Elemente von Emotionen. In Abhängigkeit davon kann es zweckmäßig sein, physiologische Emotionsspezifität näher – oder gar nicht zu untersuchen.

Die Theorie von William James zur Entstehung von Gefühlen wies den somatoviszeralen Afferenzen aus dem Körper eine Schlüsselrolle zu (→ Psychophysiologie). Somit enthielt diese Theorie ein explizites physiologisches Spezifitätspostulat. Die anfänglich für vernichtend gehaltene Kritik von Walter Cannon an dieser Position ist inzwischen einer wesentlich moderateren Einschätzung gewichen

(Jänig, 2003). Unter Rückgriff auf Charles Darwin postulierte Silvan Tomkins, dass das menschliche Affektsystem aus einer kleinen Anzahl fundamentaler, phylogenetisch evolvierter und universaler Affektprogramme besteht. Tomkins' Schüler Paul Ekman und Carroll Izard setzten diese Grundauffassung in ihren Studien zur Spezifität von emotionalen Gesichtsausdrücken (→ Ausdruck) bzw. der ontogenetischen Emotionsentwicklung fort. Die Annahme von basalen Affektprogrammen wird auch von einigen Neurowissenschaftlern, etwa Panksepp (2005, „Emotionssysteme") vertreten. Stemmler versteht in seinem Modell der Basisemotionssysteme Emotionen als Verhaltenssysteme zur Lösung grundlegender, wiederkehrender Anliegen von Menschen in ihrer Welt (Stemmler, 2002). Basisemotionssysteme richten das Verhalten auf ein Emotionsziel aus; Emotionen haben danach einen motivationalen Charakter: Sie organisieren den Wahrnehmungsraum, richten die Aufmerksamkeit aus, bereiten Verhalten vor und organisieren es bei seiner Durchführung. Allen diesen Auffassungen ist gemeinsam, dass distinkte Emotionsklassen bestehen, die auch emotionsspezifische physiologische Muster auslösen könnten.

Ein theoretisch begründeter Einwand gegen physiologische Emotionsspezifität ergibt sich aus Theorien, die Emotionen als aus Komponenten zusammengesetzt – und nicht als integrative Einheiten – verstehen. In dem Komponenten-Prozess-Modell von Scherer werden Emotionen als eine Sequenz synchronisierter Veränderungen in den Zuständlichkeiten aller organismischen Subsysteme verstanden (Scherer, 2001, → Komponenten-Prozess-Modell – ein integratives Emotionsmodell). Jede der fünf postulierten Schritte der Reizbewertung *(stimulus evaluation checks)* wird eine eigenständige adaptive Reaktion in den organismischen Subsystemen veranlassen, die jede für sich genommen nicht spezifisch für eine bestimmte Emotion ist, die allerdings im Gesamtmuster aller Teilkomponenten für bestimmte Emotionen typisch sein können *(modal emotions)*. Physiologische Emotionsspezifität wird für die einzelnen Schritte der Reizbewertung, nicht jedoch zwingend für eine „Emotion" behauptet.

Eine ebenfalls skeptische bis ablehnende Haltung zur Möglichkeit von physiologischer Emotionsspezifität leitet sich aus dimensionalen Auffassungen von Emotionen ab. Prominent ist hier die Theorie von Peter Lang und Mitarbeitern über die Bedeutung eines defensiven und eines appetetiven Motivationssystems (Lang, Bradley & Cuthbert, 1990). Diese Motivationssysteme stellen Verhaltensdispositionen für Abwehr bzw. Annäherung bereit. Da Emotionen von Lang als Verhaltensdispositionen definiert sind, aktivieren emotionale Reize diese übergeordneten neurobehavioralen Motivationssysteme, die durch Bahnung und Hemmung weiterer Verarbeitungssysteme schließlich Verhaltenstendenzen orchestrieren. Nach dieser Theorie sind emotionsauslösende Reize ebenso wie physiologische Reaktionen hauptsächlich nach ihrer Valenz und ihrer Intensität zu charakterisieren, da es diese beiden Merkmale sind, die die neurobiologische Reizverarbeitung bestimmen. Daraus ergibt sich, dass emotionale Zustände graduell im „affektiven Raum" variieren und allenfalls eine Spezifität für positive versus negative Emotionen zu bestimmen erlauben.

2 Physiologie und physiologische Emotionsspezifität

Einmal unterstellt, dass die von einem Wissenschaftler angenommene Emotionstheorie die Untersuchung von physiologischer Emotionsspezifität als eine sinnvolle Fragestellung zulässt, würden die Erkenntnisse aus Physiologie und Neurowissenschaften dies auch als zweckmäßig erachten? Sind also Aktivierungsmuster prinzipiell genügend differenziert, um physiologische Emotionsspezifität überhaupt abbilden zu können? Im Folgenden wird die Aktivität von Endorganen betrachtet, die vom autonomen Nervensystem reguliert werden.

In den letzten Jahren sind vermehrt Hirnregionen identifiziert worden, die einen efferenten Einfluss auf autonome Reaktionsmuster ausüben. Zusammenfassend werden diese Regionen als das „Zentrale Autonome Netzwerk" bezeichnet (Thayer & Brosschot, 2005). Hierzu gehören präfrontale und limbische Strukturen, u. a. die zentralen Kerngebiete der Amygdala, der anteriore zinguläre Cortex, die Insula, der orbito- und ventromediale Präfrontalcortex, Kerngebiete des Hypothalamus, das periaquäduktale Höhlengrau, die Nuclei parabrachialis, solitarius und ambiguus sowie die Medulla. Für diese bidirektional verbundenen Gebiete ist die Funktionsveränderung einzelner autonomer Variablen wie auch ganzer Reaktionsmuster gezeigt worden. Das Zentrale Autonome Netzwerk ist über präfrontale Modulation von sensorischen Informationen prominent an der flexiblen und adaptiven Regulation autonomer Ressourcen beteiligt und unterstützt damit zielgerichtetes Verhalten.

Auf spinaler Ebene (Rückenmark) werden viele autonome Reflexe koordiniert. Andere autonome Pfade unterliegen verstärkt den supraspinalen Einflüssen aus dem Zentralen Autonomen Netzwerk. Die Verbindung zu autonom angesteuerten Endorganen erfolgt über prä- und postganglionäre Fasern, die untereinander funktional weitgehend unabhängig sind. Damit sind autonome Regulationen hochgradig spezifisch und erlauben eine präzise und integrierte Kontrolle durch das zentrale Nervensystem (Jänig, 2003; → Neuropsychologie). Die Vorstellung von Walter Cannon, dass das sympathische Nervensystem einheitlich und undifferenziert („Massenaktion") funktioniere und dass es ferner einen einfachen Antagonismus zwischen sympathischem und parasympathischem Nervensystem geben würde, ist danach unhaltbar.

Diese Erkenntnisse aus physiologischer und neurowissenschaftlicher Grundlagenforschung werden eindrucksvoll durch psychophysiologische Registrierungen gestützt (Stemmler, 2004). Wenn in Multikanalableitungen in verschiedenen Situationen somatoviszerale Aktivierungen registriert werden, zeigt sich eine hohe Differenzierung der Aktivierungsmuster in Abhängigkeit von der Untersuchungssituation bei gleichzeitiger Stabilität der Aktivierungsmuster bei Wiederholung dergleichen Situation.

Das autonome Nervensystem ist also durchaus in der Lage, spezifische Muster hervorzubringen; nur dadurch kann es die vielfältigsten Anpassungsleistungen bei unterschiedlichsten Anforderungen erbringen. Warum sollte es nicht auch spezifische Aktivierungsmuster bei Emotionen vermitteln, sofern diese spezifische Funktionen für die menschliche Anpassung haben?

3 Spezifitätsmodelle

Forscher haben unterschiedliche – oft implizite – Annahmen über „Spezifität". Lang et al. (1990) schlugen etwa vor: „... that such physiological specificity in emotion may be tactical. That is, although specific action dispositions may be implicit in the conception of particular emotions ..., they are also heavily modified by the demands of any specific context of expression" (S. 388). Allerdings bleibt bei diesen Autoren unklar, ob sie die Untersuchung physiologischer Emotionsspezifität für *unmöglich* oder nur *schwierig* erachten, da physiologische Effekte von Verhaltensdispositionen und von situativen behavioralen („taktischen") Erfordernissen einander überlagern.

Der Autor hat vier Spezifitätsmodelle vorgeschlagen (Stemmler, 1984, 2003), die verbreitete Annahmen über Spezifität abbilden, darunter auch den Fall der Überlagerung von Effekten:

- **Nichtspezifität** von Emotionen behauptet, dass physiologische Reaktionen kein integraler Bestandteil von Emotionen sind. Die bei Emotionen zu beobachtenden physiologischen Reaktionen sind danach nur von nicht emotionalen Bedingungen des Induktionskontextes, etwa der Körperhaltung, der Umgebungstemperatur, der momentanen motorischen Aktivität oder Beanspruchungen durch kognitive Prozesse, die nicht im Dienste von Emotionen stehen, hervorgerufen.
- **Absolute Emotionsspezifität** nimmt dagegen an, dass – unabhängig von den Kontexten – wenigstens einige Emotionen von spezifischen physiologischen Mustern begleitet sind.
- In dem **Kontext-Abweichungsmodell** wird eine Überlagerung der Effekte verschiedener Einflussfaktoren auf die somatoviszeralen Regulationsmuster postuliert. Ein „emotionaler" Reiz soll danach ein bereits bestehendes physio-

logisches Muster modifizieren. Emotionsspezifität kann also nur nach experimentellen Kontrollen nachgewiesen werden, unter denen diese Konfundierung aufgehoben ist.
- **Spezifität prototypischen Verhaltens** nimmt an, dass Emotionen spezifische Handlungstendenzen hervorrufen. Wenn Emotionen zu funktionell unterschiedlichen Verhaltensweisen vorbereiten, könnten physiologische Reaktionsmuster auch in einem gewissen Grad Spezifität aufweisen. Reaktionsmuster würden aber nicht notwendigerweise zwischen Emotionen differenzieren können, die mit ähnlichen Verhaltenstendenzen verbunden sind.

Aus den Spezifitätsmodellen leiten sich Forschungsstrategien zur Untersuchung von Emotionsspezifität ab, die sich an der Unterscheidung von diskriminanter und konvergenter Validität (DV bzw. KV) orientieren. Ein Anwendungsbeispiel findet sich in Stemmler, Heldmann, Pauls und Scherer (2001). Vorausgesetzt wird, dass mindestens zwei Emotionen mit jeweils eigenen Induktionsverfahren (z. B. Furcht in einer Aufgabe zum öffentlichen Sprechen; Ärger in einer Kopfrechenaufgabe mit schikanösen Kommentaren des Versuchsleiters) ausgelöst werden. Die Induktionsverfahren provozieren einerseits emotionale Effekte, andererseits nicht emotionale „Kontexteffekte" (z. B. Denken, Aufmerksamkeit, Anstrengung).

Forschungsstrategien zur Untersuchung von Emotionsspezifität

- *Situationale Reaktionsspezifität (DV1)*. Prüft, ob die physiologischen Muster der nicht emotionalen Kontexte der verwendeten Induktionen verschieden sind.
- *Notwendige Bedingung für physiologische Emotionsspezifität (DV2)*. Prüft, ob das physiologische Muster der Induktion (emotionaler plus nicht emotionaler Effekt) von dem Muster des Kontextes allein (nicht emotionaler Effekt) verschieden ist.
- *Hinreichende Bedingung für physiologische Emotionsspezifität (DV3)*. Prüft, ob die physiologischen Muster verschiedener Emotionsinduktionen nach Kontrolle für deren jeweiligen Kontext (DV1) verschieden sind.
- *Situationale Reaktionsunspezifität (KV1)*. Wenn verschiedene Emotionen in demselben Kontext induziert werden (z. B. Imagination), wird hier geprüft, ob die physiologischen Muster der Kontexte der Emotionsinduktionen gleich sind.
- *Nichtspezifität von Emotionsintensität (KV2)*. Prüft, ob die physiologischen Muster einer identischen, aber unterschiedlich stark induzierten Emotion eine gleiche Profilgestalt haben (bei vermutlich unterschiedlichen Profilhöhen als Ausdruck der Intensitätsunterschiede).
- *Notwendige Bedingung für physiologische Emotionsspezifität (KV3)*. Prüft, ob die physiologischen Muster ein und derselben Emotion, die jedoch durch

> unterschiedliche Induktionsverfahren ausgelöst werden (z. B. einmal über Imagination, ein anderes Mal über einen Film), nach Kontrolle für deren jeweiligen Kontext (DV1) gleich sind.

Eine rigorose Anwendung dieser Validierungsstrategien ist in der Literatur nur selten zu finden. Könnte die oft bemängelte Inkonsistenz von Ergebnissen zur physiologischen Emotionsspezifität auf die suboptimalen Untersuchungsstrategien in vielen Studien zurückzuführen sein, insbesondere vor dem Hintergrund einer Überlagerung von Effekten auf der physiologische Messebene, wie in dem Modell der Kontext-Abweichungsspezifität postuliert?

Das Komponentenmodell der somatoviszeralen Aktivierung bei Emotionen (Stemmler et al., 2001) unterscheidet drei Effektklassen, die je eigenständige Einflüsse auf das beobachtete physiologische Muster ausüben.

- *Nicht emotionaler Kontext.* Die erste Komponente wird durch den „nicht emotionalen" Kontext einer Emotionsinduktion bestimmt, etwa die Körperhaltung, die Umgebungstemperatur, die momentane motorische Aktivität oder Beanspruchungen durch kognitive Prozesse, die nicht im Dienste von Emotionen stehen.
- *Emotionssignaturen.* Die zweite Komponente spiegelt eine fixe (spezifische?) somatoviszerale Adaptation wider, die mindestens zwei Funktionen hat: Schutz des Organismus durch autonome Reflexe und die Vorbereitung des Organismus auf prototypische Verhaltensweisen im Dienste der Erreichung des Emotionsziels.
- *Kontextuelle Ressourcen.* Die dritte Komponente umfasst Effekte von organismischen, behavioralen und mentalen Beanspruchungen, die durch die aktuelle Situation in Verfolgung eines Emotionsziels erfordert werden, z. B. Flucht hin zu einem sicheren Platz. Diese Komponente organisiert die flexible Zusammenstellung von körperlichen Ressourcen unter aktuellen Situationserfordernissen.

4 Befundlage

Die Ergebnisse psychophysiologischer Spezifitätsforschung von Emotionen wurden zuletzt von Cacioppo, Berntson, Larsen, Poehlman und Ito (2000) metaanalytisch zusammengefasst. Bei den Ergebnissen dieser Meta-Analysen ist zu bedenken, dass die o. g. methodologischen Probleme oft nicht ausreichend berücksichtigt worden sind. Die Schlussfolgerung aus 22 Studien war, dass selbst ein kleiner Satz an Emotionen wie Freude, Traurigkeit, Furcht, Ärger und Ekel „nicht vollständig allein durch autonome Aktivität differenziert werden kann"

(S. 184). Wenn hingegen positive versus negative Emotionen kontrastiert wurden, ergaben sich deutlichere Ergebnisse. Aber die Annahme, dass eine vollständige Differenzierung von diskreten Emotionen durch autonome Aktivität notwendig sei, um ihre biologische Besonderheit zu zeigen, mag fraglich erscheinen. Zwar unterscheiden sich physiologische Emotionsreaktionen oft nur in einer Auswahl der untersuchten Variablen („unvollständige Differenzierung"). Gleichwohl wird die biologische Bedeutung der physiologischen Emotionsreaktion erst aus der Reaktion in allen Variablen (evtl. bereinigt um andere, überlagerte Effekte, s. Abschnitt 3) ersichtlich. So kann ein Herzratenanstieg ohne starke Blutdrucksteigerung auf vagalen Rückzug, ein Herzratenanstieg mit starker Blutdrucksteigerung auf eine kombinierte alpha- und beta-adrenerge Aktivierung hindeuten. Ohne Berücksichtigung des in beiden Fällen vorhandenen Herzratenanstiegs könnte der erste Fall nicht mehr als vagaler Rückzug, sondern ebenso gut als ausbleibende Reaktion gewertet werden.

Speziell zu Studien zum Vergleich von Furcht und Ärger liegt eine weitere Meta-Analyse von über 15 Studien und 12 somatoviszerale Variablen vor (Stemmler, 2004). Bei der Berechnung von *Emotionsreaktionen* (Emotion – Kontrolle) waren für Ärger 11 und für Furcht 10 Variablen signifikant verändert. Die Ärgerreaktion ähnelte den Effekten einer Mischung von Adrenalin und Noradrenalin mit einem deutlichen Beitrag durch vagalen Rückzug. Die Furchtreaktion ähnelte dem Effekt von Adrenalin, wieder verbunden mit vagalem Rückzug. *Spezifische Reaktionen* ([Furcht – Kontrolle] – [Ärger – Kontrolle]) waren in 6 Variablen erkennbar und indizierten einen relativ größeren Einfluss noradrenerger Wirkungen unter Ärger und einen relativ größeren Einfluss adrenerger Wirkungen unter Furcht. Damit werden biologisch unterschiedliche organismische Ziele unterstützt: Schutz vor Blutverlust im Fall von Furcht und die Vorbereitung für muskuläre Anstrengung im Fall von Ärger (Stemmler et al., 2001).

Obwohl sich die Stichprobe der Studien in den beiden Meta-Analysen stark überlappte, sind doch die Schlussfolgerungen deutlich unterschiedlich. Das mag darin begründet sein, dass Cacioppo et al. (2000) implizit von dem Modell absoluter Emotionsspezifität ausgingen, Stemmler (2004) hingegen von dem Spezifitätsmodell der Kontext-Abweichung.

Weiterführende Literatur

Ekman, P. & Davidson, R.J. (Eds.) (1994). *The nature of emotion: Fundamental questions*. New York: Oxford University Press.

Levenson, R.W. (2003). Autonomic specificity and emotion. In R.J. Davidson, H.H. Goldsmith & K.R. Scherer (Eds.), *Handbook of affective science* (pp. 212–224). New York: Oxford University Press.

Literatur

Cacioppo, J. T., Berntson, G. G., Larsen, J. T., Poehlmann, K. M. & Ito, T. A. (2000). The psychophysiology of emotion. In M. Lewis & J. M. Haviland-Jones (Eds.), *Handbook of emotions* (2nd ed., pp. 173–191). New York: Guilford.

Jänig, W. (2003). The autonomic nervous system and its co-ordination by the brain. In R. J. Davidson, H. H. Goldsmith & K. R. Scherer (Eds.), *Handbook of affective science* (pp. 135–186). New York: Oxford University Press.

Lang, P. J., Bradley, M. M. & Cuthbert, B. N. (1990). Emotion, attention, and the startle reflex. *Psychological Review, 97,* 377–395.

Panksepp, J. (2005). Affective consciousness: Core emotional feelings in animals and humans. *Consciousness and Cognition: An International Journal, 14,* 30–80.

Scherer, K. R. (2001). Appraisal considered as a process of multi-level sequential checking. In K. R. Scherer, A. Schorr & T. Johnstone (Eds.), *Appraisal processes in emotion: Theory, methods, research* (pp. 92–120). New York: Oxford University Press.

Stemmler, G. (1984). *Psychophysiologische Emotionsmuster.* Frankfurt: Lang.

Stemmler, G. (2002). Persönlichkeit und Emotion: Bausteine einer biobehavioralen Theorie. In M. Myrtek (Hrsg.), *Die Person im biologischen und sozialen Kontext* (S. 115–141). Göttingen: Hogrefe.

Stemmler, G. (2003). Methodological considerations in the psychophysiological study of emotion. In R. J. Davidson, H. H. Goldsmith & K. R. Scherer (Eds.), *Handbook of affective science* (pp. 225–255). New York: Oxford University Press.

Stemmler, G. (2004). Physiological processes during emotion. In P. Philippot & R. S. Feldman (Eds.), *The regulation of emotion* (pp. 33–70). Mahwah, NJ: Erlbaum.

Stemmler, G., Heldmann, M., Pauls, C. A. & Scherer, T. (2001). Constraints for emotion specificity in fear and anger: The context counts. *Psychophysiology, 38,* 275–291.

Thayer, J. F. & Brosschot, J. F. (2005). Psychosomatics and psychopathology: looking up and down from the brain. *Psychoneuroendocrinology, 30,* 1050–1058.

VIII Forschungsmethoden

Psychophysiologie
Psychophysiology

Gerhard Vossel & Heinz Zimmer

Spätestens mit der Formulierung der äußerst einflussreichen Theorie von William James (1884) wird Körpervorgängen eine zentrale Bedeutung für die Beschreibung und Erklärung von Emotionen zugesprochen. Im Folgenden werden Methoden zur non-invasiven Erfassung solcher psychophysiologischer Variablen dargestellt, die häufig im Zusammenhang mit der Untersuchung emotionaler Prozesse – z. B. der Frage, ob sich verschiedene Gefühlsqualitäten durch spezifische körperliche Veränderungen charakterisieren lassen (vgl. Cacioppo, Klein, Berntson & Hatfield, 1993; → Physiologische Emotionsspezifität) – Verwendung fanden (vgl. Tab. 1).

Tabelle 1: Übersicht über psychophysiologische Variablen in der Emotionsforschung

Bezeichnung	Somatische Grundlage	Variablen
Kardiovaskuläre Aktivität	Herz, Kreislauf	– Herzschlagfrequenz – Blutdruck – Periphere Durchblutung – Temperatur
Elektrodermale Aktivität	Schweißdrüsen (Haut)	– Hautleitfähigkeit – Hautfeuchte
Elektrische Muskelaktivität	Quergestreifte Muskulatur	– Muskelspannung
Elektrische Gehirnaktivität	Gehirn	– Spontane Aktivität (Frequenz-EEG) – Ereignisbezogene Potenziale

1 Kardiovaskuläre Aktivität

Kardiovaskuläre Aktivität bezeichnet die zahlreichen Vorgänge im Herz-Kreislauf-System, die mit Hilfe unterschiedlichster Verfahren abgebildet werden können. Die für die psychophysiologische Emotionsforschung bedeutsamsten Einzelvariablen dieses Systems sind die Herzschlagfrequenz, der Blutdruck, die periphere Durchblutung und die Hauttemperatur (vgl. Tab. 1).

1.1 Herzschlagfrequenz

Die wichtigste Aufgabe des kardiovaskulären Systems ist es, das Blut durch die Gefäße zu transportieren und damit wesentliche lebenserhaltende Funktionen (z. B. Sauerstoffversorgung der Organe) zu erfüllen. Dabei fungiert das Herz als der Motor dieses Systems. Es zeichnet sich u. a. durch seine Autorhythmie aus, worunter man die Tatsache versteht, dass die zur Kontraktion des Herzmuskels führenden Aktionspotenziale durch sog. Schrittmacherzellen am Herzen selbst erzeugt werden. Diese Autorhythmie impliziert, dass die sympathischen und parasympathischen Herznerven nur modulierenden und keinen generierenden Einfluss auf die Herzaktivität ausüben. Die zentralnervösen Kontrollzentren der Herztätigkeit finden sich überwiegend in der Medulla oblongata, aber auch in höheren Gehirnstrukturen, wie dem Hypothalamus, einigen subkortikalen limbischen Strukturen sowie in kortikalen Arealen.

Als *Herzschlagfrequenz* (*heart rate*, HR) bezeichnet man die Anzahl der Herzschläge in einem definierten Zeitraum (üblicherweise 1 min; *beats per minute*, bpm). Sie kann über verschiedene Methoden erfasst werden. Üblicherweise wird die HR auf der Grundlage des Elektrokardiogramms (EKG) bestimmt, da nur so kleinere Veränderungen von einem Herzschlag zum nächsten feststellbar sind. Das EKG stellt die vom Herzen ausgehenden Potenzialschwankungen dar. Es wird von der Körperoberfläche mittels zweier Messelektroden und einer Masseelektrode erfasst. Als Ableitorte kommen Punkte an den Gliedmaßen oder auf der Brustwand in Frage. Die markanteste Potenzialschwankung im EKG ist die R-Zacke, die deshalb meist zur Bestimmung der HR herangezogen wird. Die *tonische HR* bezieht sich auf die Frequenz, mit der das Herz über einen längeren Zeitraum schlägt. Sie wird einfach über eine Auszählung der R-Zacken innerhalb des interessierenden Intervalls bestimmt. Die *reizbezogene* oder *phasische HR* bezeichnet Veränderungen gegenüber einem Bezugswert, die unmittelbar nach einem äußeren Reiz auftreten. Es handelt sich um kurzfristige Verlangsamungen (Dezelerationen) oder Beschleunigungen (Akzelerationen), die an der Länge einzelner Schlagabstände festgemacht werden. Bei der Bestimmung der reizbezogenen HR werden zunächst die Zeitabstände zwischen den R-Zacken (Herzperioden) in Werte der Herzschlagfrequenz transformiert. Diese werden dann auf eine Echtzeitskala bezogen, deren Nullpunkt durch den Reizbeginn markiert wird, wobei für die einzelnen Intervalle der Echtzeitskala (z. B. jeweils 1 s) die Werte der HR als gewichtete Mittelwerte berechnet (vgl. Velden & Wölk, 1987) und meist als Veränderungen gegenüber dem Bezugswert dargestellt werden. Das Verfahren ist vor allem dann zu empfehlen, wenn die reizbezogene HR über Personen verglichen oder als mittlerer Kurvenverlauf über die Zeit präsentiert werden soll.

Die *Variabilität der Schlagfrequenz* (*heart rate variability*, HRV) wird über die kleineren funktionellen Schwankungen der Schlagabstände bestimmt. Diese

Schwankungen sind typisch für ein voll funktionsfähiges gesundes Herz, besonders während entspannter Phasen. Die HRV wird über verschiedene, meist spektralanalytische Verfahren (wie die Fourier-Transformation) berechnet. Wichtigste Voraussetzung für diese Analysen sind reizfreie Intervalle von mindestens 30 bis 40 Sekunden Dauer. Die Fourier-Transformation liefert demnach lediglich tonische Werte über den Zustand des kardiovaskulären Systems während eines festgelegten Zeitraums. Mit dieser Methode werden in der Psychophysiologie vor allem die Stärke der respiratorischen Sinusarrhythmie (RSA) und die Stärke der Schwankungen im sog. 0,1-Hz-Bereich bestimmt. Die RSA ist durch eine Beschleunigung der HR beim Einatmen und eine Verlangsamung beim Ausatmen gekennzeichnet und gilt als guter Indikator für parasympathische Aktivität oder Entspannung. Das 0,1-Hz-Band reagiert sensibel auf kurzfristige Blutdruckregulationen. Es sollte noch erwähnt werden, dass andere Verfahren zur Bestimmung der RSA die simultane Aufzeichnung der Atmungskurve (z. B. mittels eines Atemgürtels) erfordern.

1.2 Blutdruck

Der *Blutdruck* (*blood pressure*, BP) ist die vom Blut ausgeübte Kraft auf die Gefäßwände. Er schwankt bei jedem Herzschlag zwischen einem maximalen (systolischer Druck) und einem minimalen Wert (diastolischer Druck). Der BP ist das Produkt aus dem Herzminutenvolumen und dem totalen peripheren Widerstand, wobei diese Größen wiederum von zahlreichen Variablen beeinflusst werden. Blutdruckwerte können somit lediglich als relativ allgemeine, summative Indikatoren kardiovaskulärer Aktivität angesehen werden. Das bekannteste non-invasive Verfahren zur Messung des BPs ist das Manschettendruck-Verfahren, das über mehrere Herzschläge hinweg einen Wert für den systolischen und den diastolischen Druck liefert (vgl. Schandry, 1996). Es weist eine Reihe von Nachteilen für die Psychophysiologie auf. Der schwerwiegendste ist, dass dieses Verfahren keine kontinuierliche Messung erlaubt und somit auch nicht die Abhängigkeit des BPs von einzelnen Reizen bestimmt werden kann. Dies ist erst möglich mittels des sog. *Fin. A. Pres-Verfahrens* (vgl. Rüddel & Curio, 1991), das eine echte non-invasive kontinuierliche Messung des Druckverlaufs im Verlaufe eines Herzzyklus gestattet. Dabei wird einem Finger eine aufblasbare Manschette übergestülpt, die gleichzeitig eine Registrierung von Blutvolumenänderungen gestattet. Ein Rechner steuert ein Luftdruckventil, welches bei jedem Pulsschlag die Manschette so weit aufbläst, dass gerade keine Blutvolumenänderungen mehr auftreten. In diesem Falle entspricht der arterielle Blutdruck im Finger dem regulierten Gegendruck in der Manschette, dessen Messung den Kennwert für den arteriellen Innendruck liefert. Bei der Analyse des Druckverlaufs, insbesondere des mittleren Druckverlaufs, über die Zeit stellen sich ähnliche Probleme wie bei der reizbezogenen HR, und es wurde auch für den BP vorgeschlagen, gewichtete Mittelwerte für Echtzeitintervalle zu bestimmen.

1.3 Periphere Durchblutung

Das Ausmaß der *peripheren Durchblutung* ist nahezu ausschließlich durch die Weite der herzfernen Blutgefäße bestimmt, die über sympathische konstriktorische Nervenfasern reguliert wird. Veränderungen in der peripheren Durchblutung werden mittels sog. plethysmografischer Methoden erfasst, wobei photoelektrische Verfahren am häufigsten verwendet werden. Grundlage der Photoplethysmografie bilden die unterschiedlichen lichtabsorbierenden Eigenschaften von Gewebe und Blut insbesondere für Licht im infraroten Bereich, das vom Blut stark absorbiert wird. Es lassen sich zwei Messprinzipien unterscheiden: Messung des durchtretenden Lichts und Messung des reflektierten Lichts. Aus solchen Messungen lassen sich zwei Variablen bestimmen, die sowohl unter tonischen als auch unter reizbezogenen Aspekten analysiert werden können. Dies ist zum einen das *Blutvolumen* (BV), das die relative Gesamtblutmenge über Herzschläge hinweg erfasst; dies ist zum anderen die *Pulsvolumenamplitude* (PVA), die das relative Blutvolumen und dessen Veränderung von Herzschlag zu Herzschlag beschreibt.

1.4 Temperatur

In relativ vielen Untersuchungen zur Psychophysiologie von Emotionen werden auch Temperaturmessungen eingesetzt (vgl. u. a. Zajonc, Murphy & Inglehart, 1989). Dabei wird allerdings meist nicht die Körper- oder Kerntemperatur, sondern die Hauttemperatur von der Körperoberfläche gemessen. Diese Messung erfolgt hauptsächlich mittels Thermistoren, die an akralen Ableitorten (vom Rumpf entfernten Körpergebieten, wie z. B. Finger, Hand, Ohren) befestigt werden. Die Hauttemperatur steht zwar in engem Zusammenhang mit der Hautdurchblutung, ist mit ihr aber nicht identisch. Sie ist eine Funktion der gesamten inneren und äußeren Wärmetransportverhältnisse und damit von zahlreichen Faktoren abhängig, zu denen nicht nur die Durchblutung, sondern u. a. auch die Kerntemperatur, die Art des beteiligten Gewebes oder die Schweißsekretion gehören. Bei Temperaturmessungen muss besonders auf kontrollierte Außenbedingungen und eine ausreichende Akklimatisationszeit für die Versuchsteilnehmer geachtet werden. Darüber hinaus darf es unter dem Temperaturfühler nicht zu einem Wärmestau kommen. Der Messbereich sollte sich in der Größenordnung von 20 bis 40 °C bewegen und die Auflösung < 0,1 °C betragen.

2 Elektrodermale Aktivität

Elektrodermale Aktivität (EDA) bezeichnet bioelektrische Eigenschaften der Haut, die mit unterschiedlichen physikalischen Messmethoden erfasst werden können (z. B. Messung der Hautleitfähigkeit oder des -potenzials). Die für die EDA wichtigsten Strukturen in der Haut sind die ekkrinen Schweißdrüsen, deren Aktivität ausschließlich vom sympathischen Teil des autonomen Nervensystems gesteuert wird. Hinsichtlich der höheren zentralnervösen Kontrollinstanzen für die EDA gilt als gesichert, dass insbesondere Strukturen der Formatio reticularis und des limbischen Systems, der laterale Hypothalamus sowie verschiedene Anteile des Kortex von Bedeutung sind.

Von den verschiedenen *Messmöglichkeiten* der EDA hat sich im Routinebetrieb die exosomatische Gleichspannungsmethode durchgesetzt (vgl. Vossel & Zimmer, 1998). Dabei werden zwei Silber/Silberchlorid-Elektroden (Ag/AgCl), die mit einer isotonischen Paste gefüllt sind, an der Handinnenfläche oder den Fingerphalangen angebracht (bipolare Ableitung) und eine konstante Spannung von 0,5 V angelegt. Diese Methode führt direkt zu einer Messung der *Hautleitfähigkeit* (*skin conductance*, SC) im Mikro-Siemens Bereich (µS).

Die Hautleitfähigkeitskurve besteht aus einer Grundlinie, deren Wert (*skin conductance level*, SCL) sich im Verlaufe einer Messung langsam erhöhen oder verringern kann, und kurzfristigen reizbezogenen (*skin conductance responses*, SCRs) oder spontanen (*nonspecific responses*, NSRs) Leitwertserhöhungen. Das gebräuchlichste Maß von den *reizbezogenen Veränderungen* ist die Amplitude, d. h. die Differenz zwischen dem Fuß- und Gipfelpunkt einer SCR. Um eine SCR als reizbezogen werten zu können, muss ein Latenzfenster definiert werden, in dem der Fußpunkt einer SCR nach Darbietung eines Reizes liegen muss. Nach heutiger Auffassung dürfte für die meisten Fragestellungen ein Latenzfenster zwischen 1 und 3 Sekunden nach Reizbeginn angemessen sein. Außer durch die Amplitude sind SCRs durch drei Zeitmaße charakterisierbar: Durch die Latenzzeit (von Reiz- bis Reaktionsbeginn), durch die Anstiegszeit (von Reaktionsbeginn bis Erreichen des Gipfelpunktes) und durch die Erholungszeit (vom Gipfelpunkt bis zur Rückkehr auf die Grundlinie bzw. bis zum Erreichen der Hälfte des Amplitudenwertes). Das SCL (tonische Hautleitfähigkeit) beschreibt das Niveau der Kurve, wobei Niveauwerte und deren Veränderungen über längere Zeiträume (in der Größenordnung von 10 bis 30 Sekunden) und nicht in Abhängigkeit von einzelnen Reizen betrachtet werden. Grundsätzlich kann das SCL zu jedem Zeitpunkt als der gerade anliegende Wert bestimmt werden, solange er sich nicht im Bereich einer SCR oder NSR befindet, wobei in der Praxis das SCL allerdings meist über eine Mittelung von mehreren Einzelwerten gewonnen wird. Bei den *spontanen Fluktuationen* (NSRs) handelt es sich um kurzfristige Veränderungen der Leitfähigkeit, die ihrer Form nach den reizbezogenen sehr ähneln, die allerdings ohne einen erkennbaren äußeren Anlass auftreten. Bei den NSRs interessieren meist nicht einzelne Reaktionsparameter, sondern ihre Häufigkeit pro Zeiteinheit, die von einigen Autoren zu den tonischen Größen gerechnet wird. Als minimales Kriterium zur Identifizierung einer NSR wurde ein Wert von 0,02 µS vorgeschlagen (Vossel, 1990). Somit können alle Veränderungen der Leitfähigkeit, die die typische Verlaufsform kurzfristiger Veränderungen aufweisen und diesen Kriterienwert überschreiten, als NSRs gewertet werden, sofern sie nicht nach den genannten Latenzkriterien als reizbezogen anzusehen sind.

Neben den Verfahren zur Erfassung der bioelektrischen Hautaktivität existieren weitere Verfahren nicht elektrischer Natur zur Ermittlung der Hautfeuchte. Dabei hat sich vor allem die Bestimmung des „palmar sweat index" (PSI) mit der Fingerprint-Methode bewährt. Der PSI gibt die Anzahl aktiver Schweißdrüsen in einem bestimmten Fingerareal für einen definierten Zeitraum an. Dabei bestehen intraindividuell substantielle Beziehungen zwischen dem PSI, der Anzahl der NSRs und der Höhe des SCLs, so dass sich der PSI insbesondere für Felduntersuchungen empfiehlt, wenn ohne großen apparativen Aufwand eine reliables tonisches Aktivationsmaß bestimmt werden soll (vgl. Köhler, Dunker & Zander, 1992).

3   Elektrische Muskelaktivität

Die elektrische Aktivität der quergestreiften Muskulatur (Skelettmuskulatur) lässt sich mittels der Elektromyografie erfassen. Die resultierende Aufzeichnung wird als *Elektromyogramm* (EMG) bezeichnet. Die physiologische Grundlage des EMGs stellen die Muskelaktionspotenziale dar, die sich nach einer vom somatischen Nervensystem stammenden Stimulation über den Skelettmuskel ausbreiten und zu seiner Kontraktion führen. Dabei werden von einem motorischen Neuron immer mehrere Muskelfasern innerviert; dieses System von Motoneuron und zugehörigen Muskelfasern wird als motorische Einheit bezeichnet. Die Spannungsveränderungen, die das Oberflächen-EMG abbildet, rühren allerdings nicht von einem einzigen Muskelaktionspotenzial her, sondern von zahlreichen Aktionspotenzialen. Das EMG repräsentiert somit immer eine zeitliche und räumliche Aggregation elektrischer Signale von Muskeln, die sich bis zur Körperoberfläche ausbreiten.

Das EMG wird mit Ag/AgCl-Elektroden unterschiedlicher Größe (je nach Ableitungsort) abgeleitet. Im Rahmen der Emotionsforschung interessieren insbesondere EMG-Ableitungen von der Gesichtsmuskulatur, die für die Mimik verantwortlich ist (→ Ausdruck, → Methoden der Mimikanalyse und -synthese). Von Fridlund und Cacioppo (1986) wurden u. a. für das Gesicht einige Standardisierungsvorschläge für die Wahl von Ableitorten formuliert. Diese konzentrieren sich auf die Bereiche Stirn, Augenbrauen, Augen, Nasenflügel, Lippen und Kinn.

Üblicherweise wird das EMG mit sog. Integrationsverfahren ausgewertet. Deren Prinzip besteht darin, dass – nach Gleichrichtung des bipasischen EMG-Signals – einem Integrator elektrische Energie zugeführt wird, die sich in diesem bis zu einem festgelegten Kriteriumswert akkumuliert und dann abgefragt wird (vgl.

Stern, Ray & Quigley, 2001). Eine weitere Möglichkeit der EMG-Analyse, die zunehmend angewendet wird, ist die Glättung des EMG-Rohsignals durch den Einsatz eines Präzisionsgleichrichters. Hierzu wird ein gleitender Mittelwert der gleichgerichteten kontinuierlichen EMG-Aktivität bestimmt, indem proportional zur Kontur des EMG-Signals ein Spannungsverlauf ermittelt wird *(contour following)*. Dieses Verfahren eignet sich besonders zur Quantifizierung der von einzelnen Reizereignissen abhängigen Muskelaktivität. Diese reizbezogene Aktivitätsänderung wird dabei über die Differenz zwischen dem maximalen und einem vorausgehenden minimalen oder durchschnittlichen Wert des Spannungsverlaufs ermittelt, und zwar in einem engen und für die Reaktionslatenz des Muskels charakteristischen Intervall. Darüber hinaus kann die Latenz und bei mehrfacher Reizdarbietung auch die Wahrscheinlichkeit der EMG-Reaktion quantifiziert werden.

4 Hirnelektrische Aktivität

Die aufgezeichnete elektrische Aktivität des Gehirns bezeichnet man als *Elektroenzephalogramm* (EEG), das entsprechende Verfahren zur Registrierung dieser Aktivität als Elektroenzephalografie. Das EEG wird non-invasiv über Ag/AgCl-Elektroden erfasst, die an der Schädeloberfläche angebracht werden. Die Standardmethode zur Plazierung der Elektroden ist das internationale *10-20-System*. Nach diesem System werden die einzelnen Ableitorte als Abstände zu vier anatomischen Bezugspunkten (Nasion, Inion und den beiden präaurikulären Punkten) bestimmt (vgl. z. B. Cooper, Osselton & Shaw, 1980).

In der Psychophysiologie werden bevorzugt unipolare Ableitungen (Abtastrate > 125 Hz) verwendet, d. h. Ableitungen, bei denen die Differenz zwischen einem aktiven und einem inaktiven Punkt (Referenz) verstärkt wird. Als Referenz können u. a. die Ohrläppchen oder die Knochen hinter den Ohren (Mastoide) dienen. Zur Erkennung und Korrektur von organismischen Störeinwirkungen (z. B. durch Blinzeln oder Augenrollen) ist zusätzlich zum EEG die gleichzeitige Erfassung des Elektrookulogramms (EOG) zu empfehlen.

Bei der Aufzeichnung der hirnelektrischen Aktivität beobachtet man ständige Spannungsschwankungen, die z. T. einen ausgeprägten Rhythmus aufweisen. Sie können nach ihrer Amplitude und Frequenz beschrieben werden. Einige Rhythmen treten so zuverlässig auf, dass sie in bestimmte *Frequenzbänder* eingeteilt werden. Von ihnen ist bekannt, dass sie periodisch im gesunden Gehirn auftreten und mit bestimmten psychischen Zuständen kovariieren. Die wichtigsten dieser Bänder sind das *Alpha-* (Frequenz: 8 bis 13 Hz, Amplitude: 5 bis 100 µV), *Beta-* (Frequenz: 14 bis 30 Hz, Amplitude: 2 bis 20 µV), *Theta-* (Frequenz: 5 bis 7 Hz, Amplitude: 5 bis 100 µV) und *Delta-*Band (Frequenz: 0,5 bis 4 Hz, Amplitude: 20 bis 200 µV).

Neben der *spontanen hirnelektrischen Aktivität* und ihrer Veränderungen interessieren in der Psychophysiologie noch die evozierten oder *ereignisbezogenen Potenziale* (*event related potentials*, ERPs). Sie sind meist nicht schon in einer einmaligen Ableitung des EEGs zu erkennen und stehen eindeutig in zeitlichem Zusammenhang mit Ereignissen. Bei ERPs handelt es sich meist um eine komplexe Wellenform von begrenzter Dauer, die eine unterschiedliche Anzahl von positiven und negativen Extrema aufweist. Diese Extrema werden im Allgemeinen nach ihrer Polarität und Latenz (z. B. N100, P200, P300) benannt oder unter Hinzufügung ihrer Polarität durchnummeriert (z. B. N1, P2, P3). Zur weiteren Spezifikation wird z. T. noch ein kleiner Buchstabe (z. B. N2a, N2b oder P3a, P3b) oder eine Charakterisierung (z. B. unspezifische N1) hinzugefügt. Die Amplituden der EPRs sind relativ klein, so dass ein spezifisches Verfahren (s. u.) angewendet werden muss, um ERPs in ihrem Verlauf und ihrer typischen Latenz deutlich sichtbar machen und analysieren zu können. Werden ERPs zur Analyse psychologischer Prozesse herangezogen, so geschieht dies meist auf der Grundlage einzelner Segmente oder Komponenten ihrer Wellenform. Diese Komponenten können auf drei Arten definiert werden (Fabiani, Gratton & Coles, 2000): (1) pragmatisch (mit den Extrema), (2) funktionell (als Aspekte, die über Personen, Bedingungen und/oder Ableitorte kovariieren) und (3) neuronal (unter Bezug auf ihre Generatorstrukturen).

Die *physiologischen Grundlagen* der spontanen Aktivität und insbesondere der einzelnen Komponenten ereignisbezogener Potenziale sind bis heute nicht eindeutig geklärt. Die erste Vorstellung, wonach das EEG die summierte Aktivität von Aktionspotenzialen kortikaler Neuronen reflektiert, musste schon bald wieder aufgegeben werden. Aktionspotenziale sind sehr schnelle, hochfrequente elektrische Ereignisse von kurzer Dauer, auf deren Grundlage man nicht das Zustandekommen der wesentlich langsameren Wellen des EEGs erklären kann. Daher geht man heute davon aus, dass das EEG auf die summierte Aktivität von unterschwelligen postsynaptischen Potenzialen zurückzuführen ist, die einen deutlich langsameren Zeitverlauf als Aktionspotenziale aufweisen. Damit die postsynaptischen Potenziale die bekannten EEG-Phänomene erklären können, müssen sie (1) synchron in einer großen Anzahl von Neuronen (funktionale Einheiten) aktiviert (oder gehemmt) werden, und (2) ihre elektrischen Felder müssen so ausgerichtet sein, dass sie sich an der Schädeloberfläche gegenseitig verstärken statt auszulöschen. Dies allein reicht aber noch nicht aus, um den Verlauf der Hirnwellen erklären zu können. Deshalb wird weiterhin angenommen, dass verschiedene dieser funktionalen Einheiten mehrmals pro Sekunde zu unterschiedlichen Zeitpunkten aktiviert oder gehemmt sind. Unter neuroanatomischen Gesichtspunkten geht man heute davon aus, dass diese postsynaptischen Potenziale vor allem an den Apikaldendriten der kortikalen Pyramidenzellen auftreten. Weitgehende Einigkeit besteht zudem darüber, dass subkortikale Strukturen (wie Thalamus und Formatio reticularis) maßgeblich an der Entstehung der spontanen rhythmischen Aktivität beteiligt sind. Eine Schlüsselstellung unter ihnen nimmt der Thalamus ein. Ihm wird eine Schrittmacherfunktion für den Alpha-Rhythmus zugeschrieben. Aber auch extrathalamische subkortikale Modulationen kortikaler Funktionen und Hirnwellen sind bekannt. Für die Erzeugung der evozierten Potenziale werden gleichfalls sowohl kortikale als auch subkortikale Hirnstrukturen diskutiert.

Das bekannteste und heute am häufigsten angewandte Verfahren zur *Analyse der spontanen hirnelektrischen Aktivität* ist die Fourier-Transformation. Dies ist eine zeitreihenanalytische Technik, die ein Signal als eine Überlagerung von Sinusfrequenzen behandelt. Mit ihr wird das EEG-Signal für einen bestimmten Zeitausschnitt (1 bis 10 s) von der Zeit- in die Frequenzdomäne transformiert und bestimmt, wie stark eine Frequenz oder ein Frequenzband im Signal vertreten ist. Neben der Fourier-Transformation existieren noch andere Analysemethoden des spontanen EEGs. Dazu zählen vor allem kohärenzanalytische und korrelative Techniken (vgl. Cooper et al., 1980). Aber auch einfache Verfahren, die z. B. bestimmen, wie lange ein bestimmter Frequenzbereich mit einer festgelegten Mindestamplitude in einem definierten Analyseintervall im EEG aufgetreten ist, finden Verwendung. In der Emotionsforschung zunehmend beliebter ist ein weiterer Verrechnungsschritt geworden, der auf den Ergebnissen der Fourier-Transformation aufbaut. Es ist dies die Bestimmung der – vor allem frontalen – *Hemisphärenasymmetrie*. Hierbei werden aus unipolaren Ableitungen des EEGs während mehrerer kurzer (z. B. 2 s langer) Grundlinienintervalle meist Mittelwerte der Leistungsdichte (in $\mu V^2/Hz$) in einzelnen Frequenzbändern (bevorzugt im Alpha-Band) bestimmt und anschließend durch Differenzbildung (rechte Hemisphärenableitung minus kontralaterale homologe Ableitung) Asymmetriekennwerte gebildet (s. Tomarken, Davidson, Wheeler & Kinney, 1992).

Grundlage der *Analyse von ERPs* ist ein Mittelungsverfahren. Ziel dieses Verfahrens ist es, das Verhältnis von Signal (ERP) zu Rauschen (spontanes EEG) zu verbessern. Liegt das „bereinigte" ERP vor, kann es auf verschiedene Weise parametrisiert werden. Die Vorgehensweise hängt hierbei auch von der Wahl der Komponentendefinition ab. Besonders beliebt – weil pragmatisch – sind einfache Latenz-, Amplituden- und Flächenmaße. Amplituden- und Latenzmaße bieten sich an bei ERP-Komponenten, die einen klaren Gipfel oder Extremwert haben. Zur Amplitudenbestimmung kann der Gipfel nun entweder auf die Grundlinie (mittlerer Wert eines kurzen Intervalls vor dem Reiz) oder – besonders bei bipolaren Phänomenen wie der N1/P2 – auf einen anderen Gipfel bezogen werden *(peak-to-peak)*. Zur Latenzbestimmung wird die Zeit zwischen Gipfel und Reizbeginn gemessen. Flächenmaße werden vor allem bei langsamen Wellen oder Potenzialverschiebungen verwendet. Die saubere Auswertung von Zeitstrecken zur Bestimmung der Latenzen von ERP-Komponenten verlangt kurze Abtastintervalle des Analog-Digital-Wandlers (< 4 ms).

Weiterführende Literatur

Schandry, R. (1996). *Lehrbuch Psychophysiologie: Körperliche Indikatoren psychischen Geschehens*. Weinheim: Beltz, Psychologie Verlags Union.
Stern, R. M., Ray, W. J. & Quigley, K. S. (2001). *Psychophysiological recording*. Oxford: Oxford University Press.
Vossel, G. & Zimmer, H. (1998). *Psychophysiologie*. Stuttgart: Kohlhammer.

Literatur

Cacioppo, J. T., Klein, D. J., Berntson, G. G. & Hatfield, E. (1993). The psychophysiology of emotion. In M. Lewis & J. M. Haviland (Eds.). *Handbook of emotions* (pp. 119–142). New York: Guilford Press.
Cooper, R., Osselton, J. W. & Shaw, J. C. (1980). *EEG technology*. London: Butterworths.
Fabiani, M., Gratton, G. & Coles, M. G. H. (2000). Event-related brain potentials: Methods, theory, and applications. In J. T. Cacioppo, L. G. Tassinary & G. G. Berntson (Eds.). *Handbook of psychophysiology* (pp. 53–84). Cambridge: Cambridge University Press.
Fridlund, A. J. & Cacioppo, J. T. (1986). Guidelines for human electromyographic research. *Psychophysiology, 23*, 567–589.
James, W. (1884). What is an emotion? *Mind, 9*, 188–205.
Köhler, T., Dunker, J. & Zander, O. (1992). The number of active palmar sweat glands (palmar sweat index, PSI) as an activation measure in field studies. *Behavior Research Methods, Instruments, & Computers, 24*, 519–522.
Rüddel, H. & Curio, I. (Eds.). (1991). *Non-invasive continuous blood pressure measurement*. Frankfurt: Lang.
Tomarken, A. J., Davidson, R. J., Wheeler, R. E. & Kinney, L. (1992). Psychometric properties of resting anterior EEG asymmetry: Temporal stability and internal consistency. *Psychophysiology, 29*, 576–592.
Velden, M. & Wölk, C. (1987). Depicting cardiac activity over real time: A proposal for standardization. *Journal of Psychophysiology, 1*, 173–175.
Vossel, G. (1990). *Elektrodermale Labilität: Ein Beitrag zur Differentiellen Psychophysiologie*. Göttingen: Hogrefe.
Zajonc, R. B., Murphy, S. T. & Inglehart, M. (1989). Feeling and facial efference: Implications of the vascular theory of emotion. *Psychological Review, 96*, 395–416.

Bildgebende Verfahren
Brain Imaging Methods

Lutz Jäncke

1   Was ist Bildgebung?

Unter dem Begriff „bildgebende Verfahren" werden in den modernen Neurowissenschaften Methoden zusammengefasst, die es erlauben, hirnanatomische Strukturen (Gyri, Sulci, Kerngebiete, Axone, Rezeptorbindungsstellen) anhand bestimmter Messwerte zu rekonstruieren und möglichst präzise dreidimensional zu visualisieren. Des Weiteren werden neuerdings auch Methoden diesen Verfahrensgruppen zugeordnet, welche den zeitlichen Ablauf eines physiologischen Prozesses (z. B. lokale Veränderung der Hirndurchblutung oder Stoffwechselvorgänge, geschätzte intrazerebrale neuronale Aktivität beim EEG und MEG) auf anatomische Strukturen beziehen. Die so entstandenen anatomischen Bilder sind für die neurologische Diagnostik von unschätzbarem Wert (z. B. zur Tumordiagnostik, Angiografie, Dysplasien etc.). Zunehmend finden diese Methoden auch im Rahmen von kognitions- und emotionswissenschaftlichen Experimenten Verwendung. Wesentliches Ziel hierbei ist, bestimmte anatomische und neurophysiologische Auffälligkeiten mit bestimmten Aspekten menschlicher Kognition und Emotion in Verbindung zu bringen.

> **Typische bildgebende Verfahren**
>
> - *Magnetresonanztomografie* (MRI[1], magnetische Resonanz von H-Kernen; Messung von hämodynamischen Reaktionen),
> - *Diffusion Tensor Imaging* (DTI; Messen des Kabelsystems – Axone),
> - *Sonografie* (Messung von Schallreflexionen),
> - *Computertomografie* (CT; Messung der Röntgen-Absorption),
> - *Szintigrafie* (Messung der Aktivität eines Tracers),
> - *Positronen-Emmissions-Tomografie* (PET zur Durchblutungsmessung, Messung der Tracerkonzentration),
> - *Spektroskopie* (Messen der Konzentrationsverhältnisse bestimmter chemischer Substanzen),
> - optische Bildgebung mittels *near-infrared-spectroscopy* (NIRS; nicht invasive Durchblutungsmessung).

---

[1] Im Rahmen dieses Beitrages wird die Englische Abkürzung MRI (nach Magnetic Resonance Imaging) verwendet.

In den Verhaltenswissenschaften haben die funktionelle und strukturelle Magnetresonanztomografie (fMRI und sMRI) eine bedeutende Rolle, einerseits im Hinblick auf das, was sie zur Entwicklung der Psychologie in den letzten Jahren beigetragen haben und andererseits was von diesen Methoden in der Zukunft noch zu erwarten ist. Die PET-Technologie hat zwar zum Durchbruch der bildgebenden Verfahren für die Verhaltenswissenschaften verholfen, nimmt aber derzeit eher (eine zweifellos wichtige) Randstellung ein. Eine interessante Neuentwicklung ist die *Near-Infrared-Spectroskopie* (NIRS), mit der nicht invasiv die kortikale Durchblutung mit hoher zeitlicher und moderater räumlicher Auflösung gemessen werden kann. Im Folgenden soll auf die am häufigsten in der Psychologie und den Neurowissenschaften verwendeten Verfahren (sMRI, fMRI, PET, EEG und MEG) Bezug genommen werden (weiterführend siehe auch Hüsing, Jäncke & Tag, 2006; Jäncke, 2005).

Die neurowissenschaftliche Bildgebung kann grundsätzlich in zwei Teilbereiche unterteilt werden: (1) die strukturelle und (2) funktionelle Bildgebung. Das Grundprinzip dieser beiden Ansätze soll im Folgenden näher erläutert werden.

2   Strukturelle Bildgebung

Beim MRI und fMRI werden die Probanden in einem starken Magnetfeld von 1.5 bis 3 Tesla platziert. Infolge dieses Magnetfeldes werden die Wasserstoffatome, welche einen Eigendrehimpuls (Spin) besitzen und dadurch wie schwache Stabmagneten wirken, entlang des angelegten Magnetfeldes ausgerichtet. Durch geeignete Radiofrequenzimpulse, welche in dieses Magnetfeld und insbesondere durch das interessierende Gewebe transmittiert werden, wird ein Reihe von biophysikalischen Prozessen ausgelöst, die letztlich zur Messung von anatomischen und funktionalen Kennwerten führen (für eine detaillierte Beschreibung der Technik siehe auch Jäncke, 2005).

Im Zusammenhang mit der strukturellen Bildgebung werden magnetresonanztomografische Aufnahmen des menschlichen Gehirns mit spezifischen Methoden analysiert, um Struktur-Funktionsbeziehungen im menschlichen Gehirn aufzudecken. Während man zu Beginn der strukturellen Bildgebung noch einzelne anatomische Strukturen visuell identifizieren und manuell segmentieren musste, werden gegenwärtig komplexe mathematische Methoden angewendet, um die anatomischen Analysen mehr oder weniger automatisch durchzuführen.

> **Ablauf der automatisierten anatomische Analyse *(computational neuroanatomy)***
> - stereotaktische Normalisierung des gemessenen Gehirns in einen „Standardraum" (Talairach-Tornoux-Raum oder MNI-Raum),

- Segmentierung der grauen und weißen Substanz,
- Modellierung von lokalen und globalen Formaspekten des Gehirns,
- Modellierung der Form und des Verlaufs von markanten Sulci,
- Schätzung der Cortexdicke oder der Gyrifizierung (Faltungsgrad).

Nach erfolgreicher Transformation in den Standardraum kann dann jeder einzelne Voxel[2], der bestimmte anatomische Parameter repräsentiert, statistisch analysiert werden (so genannte Voxel-basierte-Morphometrie: VBM). Der klassische Verlauf der VBM ist in Abbildung 1 dargestellt.

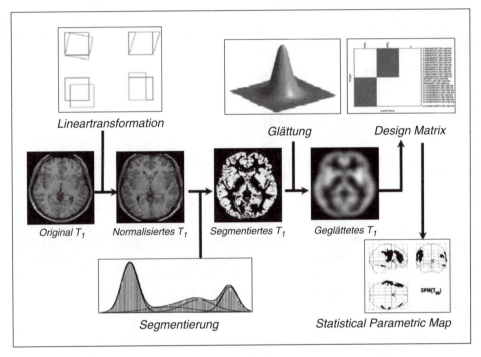

Abbildung 1: Schematische Darstellung des Ablaufs bei der Voxel-basierten-Morphometrie (VBM). Zunächst werden die Gehirne linear in den Standardraum transformiert. Dann erfolgt die Segmentierung in die einzelnen Kompartimente (graue und weiße Substanz). Danach wird das interessierende Kompartiment geglättet. Hiernach kann die Inferenzstatistik getrennt für jeden Voxel berechnet werden.

---

2 Der Begriff Voxel setzt sich aus den Wörtern „volumetric" und „pixel" zusammen. Hierbei handelt es sich um das dreidimensionale Äquivalent eines Pixels. Man spricht hier auch vom isotropen Voxel oder „Volumenpixel". Im Rahmen der Bildgebung handelt es sich bei den in Voxelgittern enthaltenen Daten um Farbwerte, die mit den Mitteln der Volumengrafik zur Visualisierung bestimmt sind.

Im Zusammenhang mit den affektiven Neurowissenschaften und der Emotionspsychologie hat die strukturelle Bildgebung erhebliche Beiträge geleistet. So konnte z. B. gezeigt werden, dass viele psychiatrische Erkrankungen mit charakteristischen hirnanatomischen Veränderungen verbunden sind (Schizophrenie, Depression, Psychopathie etc.; siehe auch Jäncke & Steinmetz, 2003). Für die Emotionsforschung besonders interessant sind Forschungsansätze, in denen anatomische Grundlagen von Persönlichkeitseigenschaften, Angst, Depression, Schizophrenie, Soziopathie, Empathie und Verstärkung (inkl. Sucht) untersucht werden (siehe auch Davidson, 2000; Herwig, Kaffenberger, Baumgartner & Jäncke, 2007; Hüsing et al., 2006; Jäncke & Steinmetz, 2003). Aber auch bislang in den experimentellen Verhaltenswissenschaften kaum untersuchte Phänomene wie Liebe, Empathie, Motivation, moralisches Verhalten und Lügen werden zunehmend mit diesen Verfahren untersucht (Abe, Suzuki, Mori, Itoh & Fujii, 2007; Appelbaum, 2007; Damasio, 2007; Fisher, Aron & Brown, 2006; Singer et al., 2004; Walter, Abler, Ciaramidaro & Erk, 2005).

3 Funktionelle Bildgebung

3.1 Die funktionelle Magnetresonanztomorafie (fMRI)

In Abhängigkeit der fokalen neuronalen Aktivität nimmt die Durchblutung des aktivierten Gewebes zu. Hierbei kommt es zu einem lokalen Überschuss an sauerstoffreichem Blut (oxygeniertes Blut). Durch den Überschuss an lokalem sauerstoffreichen Blut wird die relative Konzentration des Deoxyhämoglobins reduziert und damit die gemessene Signalintensität besser (je höher die relative Konzentration von Deoxyhämoglobin desto schwächer das MR-Signal). Dieser Reaktionsablauf (Blood Oxygenation Level Dependent: BOLD) ist die Grundlage der meisten fMRI-Messungen in den kognitiven und affektiven Neurowissenschaften.

Diese BOLD-Reaktion ist relativ langsam und erreicht ca. 4 bis 8 Sekunden nach Beginn der neuronalen Erregung sein Reaktionsmaximum und benötigt ca. 8 bis 15 Sekunden, um wieder abzuschwächen und auf das Ausgangsniveau zurückzukehren. Neue Messmethoden versuchen, anhand ausgeklügelter mathematischer Modelle den Anstieg und das Plateau der BOLD-Reaktion genau zu vermessen und die zeitliche Auflösung zu verbessern. Manche Autoren berichten von zeitlichen Auflösungen im Bereich von 100 ms bei Verwendung spezieller Messsequenzen und Messung kleiner Hirnbereiche. Ein großer Vorteil von fMRI ist die hohe räumliche Auflösung, welche bei Verwendung geeigneter Messsequenzen bei 1 bis 4 mm^3 liegt.

In kognitions- und emotionswissenschaftlichen Experimenten wird im Prinzip die BOLD-Reaktion in mindestens einer Kontroll- und einer Experimentalbedingung gemessen (zur detaillierten Beschreibung der experimentellen Paradigmen siehe auch Jäncke, 2005). Durch geeignete statistische Subtraktion können die beiden Bedingungen miteinander verrechnet und jene Hirngebiete identifiziert werden, die in den jeweiligen Bedingungen stärkere hämodynamische Reaktionen zeigen. Ein typisches Ergebnis ist in Abbildung 2 dargestellt. Hier erkennt man das Hirngebiet, in dem eine stärkere BOLD-Reaktion während der Wahrnehmung und Verarbeitung emotionaler Prosodie festzustellen war (Buchanan et al., 2000).

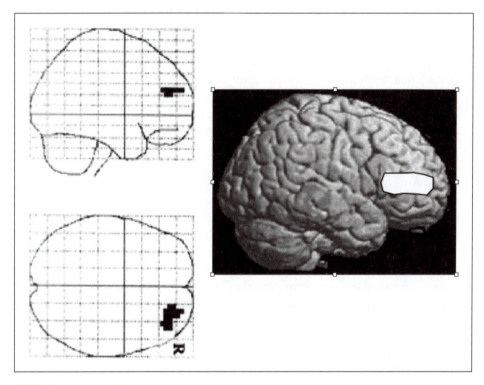

Abbildung 2: Kortikale Kartierung der neuronalen Netzwerke, welche an der Wahrnehmung emotionaler Prosodie beteiligt sind. Auf der linken Seite sind die „Aktivierungen" in einem Glasgehirn dargestellt (oben links: von der Seite betrachtet; unten links: von oben betrachtet). Auf der rechten Seite sind die „Aktivierungen" auf einem Standardgehirn nachgezeichnet. Die Ergebnisse sind nach Buchanan et al. (2000) angefertigt worden.

3.2 Positronen-Emmissions-Tomografie (PET)

Mit der PET-Methode werden lokale Konzentrationen von radioaktiv markierten Substanzen gemessen. Diese Substanzen werden dem Organismus in der Regel über die Blutbahn zugeführt. Dies wird in Form von organischen Molekülen bewerkstelligt, welche Atome beinhalten, die Isotope ihrer natürlichen Ursprungsform sind. Solche Isotope senden (emittieren) positiv geladene Teilchen (Positronen), die mit negativ geladenen Teilchen (Elektronen) interagieren und dabei Photonen produzieren. Diese Photonen werden mit entsprechenden Sensoren gemessen.

Die Positronen emittierenden Isotope werden in speziellen Teilchenbeschleunigern (den Cyclotronen) hergestellt. Diese Isotope werden mit anderen chemischen Substanzen kombiniert, um organische Moleküle zu erschaffen, welche die natürlich im Organismus vorkommenden (nicht radioaktiven) Substanzen ersetzen können. Typische Substanzen sind radioaktiv markiertes Wasser, 2-Fluoro-2-deoxy-8-glucose (FDG), 6-Fluoro-L-DOPA und viele andere. Radioaktiv markierte Substanzen wie die oben aufgeführten nennt man im Englischen *„probes"* oder auch *„tracer"*. Anhand der räumlichen Verteilung der emittierten Photonen kann auf den anatomischen Ursprungsort der Photonenstrahlung geschlossen werden. Die räumliche Präzision moderner PET-Scanner liegt bei ca. 2 bis 6 mm^3. Die Halbwertszeit der verwendeten Isotope bestimmt im Wesentlichen die zeitliche Auflösung. Damit wird die zeitliche Auflösung der PET-Messung auf einen Zeitbereich von einigen Minuten beschränkt.

Mit dem Aufkommen der fMRI-Technologie werden klassische Fragestellungen aus dem Bereich der Emotionspsychologie zunehmend eher mit der neuen nicht invasiven fMRI-Technik bearbeitet. Dies ist dadurch begründet, dass die PET-Messung immer die intravenöse Verabreichung von radioaktiven Substanzen erfordert. Deshalb sind Wiederholungsmessungen an den gleichen Versuchspersonen innerhalb kurzer Zeitabstände ethisch und medizinisch nicht vertretbar. Ein weiteres nicht zu unterschätzendes Problem ist der Umstand, dass die intravenöse Applikation immer das Einstechen einer Injektionsnadel erfordert. Als Folge hiervon wird dieser Eingriff von vielen Versuchspersonen nicht gerade als angenehm empfunden und erschwert damit die Untersuchung von Emotionen.

Der größte Vorteil des PET ist in der kortikalen Lokalisation von Neurotransmittern und deren Rezeptoren zu sehen. So ist es z. B. möglich, dass nicht nur die räumliche Verteilung der klassischen Neurotransmitter und deren Rezeptoren wie Dopamin und Serotonin kartiert werden können, sondern auch die Verteilung der Opiat- und Benzodiazepin-Rezeptoren. Solche Analysen haben sich als besonders bedeutsam für psychiatrische aber auch neurologische Fragestellungen erwiesen.

3.3 Elektrische und magnetische Tomografie

Methoden, welche die elektrischen (EEG) und magnetischen (MEG) Signale des Gehirns ausnutzen, um diverse psychologische Funktionen bzw. deren neurophysiologische Korrelate näher zu untersuchen, werden erst neuerdings auch im

Sinne der bildgebenden Verfahren eingesetzt. Grundlage der elektrischen bzw. magnetischen Tomografie sind EEG- bzw. MEG-Signale, die entweder als evozierte Potenziale, als Roh-EEG (ROH-MEG), oder als Energiekennwerte für einzelne EEG-Bänder vorliegen. Sofern diese Kennwerte mit möglichst vielen Elektroden bzw. Sensoren aufgenommen werden (>32 Elektroden bis 256 Elektroden), können aus diesen Informationen die zugrunde liegenden intrazerebralen Quellen (Dipole) geschätzt werden. Hierbei muss allerdings das *„inverse Problem"* zumindest ansatzweise gelöst werden. Hiermit wird das Problem bezeichnet, dass anhand der Verteilung der elektrischen und/oder magnetischen Aktivität über dem Schädel mathematisch nicht eindeutig auf die zugrunde liegende neuronale Aktivität geschlossen werden kann. Um dieses Problem zumindest annähernd zu lösen, sind verschiedene mathematische Verfahren entwickelt worden, die recht gute Lösungen anbieten (z. B. Modellierung von äquivalenten Dipolen oder Schätzung mehrerer simultaner Dipole; zusammengefasst in Jäncke, 2005).

Mittels der elektrischen Tomografie können allerdings elektrische Quellen, welche tief im Gehirn lokalisiert sind (z. B. Hirnstamm oder Basalganglien) entweder gar nicht oder nur sehr ungenau entdeckt werden. Ein Problem für das MEG stellen die senkrecht zur Kopfoberfläche orientierten Quellen dar, da deren Feldlinien parallel zum Magnetometer verlaufen und somit nicht zu messbaren Signalen führen. Dies ist ein Nachteil des MEGs verglichen mit dem konventionellen EEG, welches auch solche Quellen erfassen kann.

Die Modellierung von Dipolen im Gehirn kann anhand der an der Kopfoberfläche abgeleiteten EEG- oder MEG-Signale auf der Basis von homogenen, kugelförmigen oder realistischen Kopfmodellen erfolgen. Als Grundannahme dieser Kopfmodelle gilt, dass unterschiedliche Gewebeteile auch unterschiedliche Leitungs- und Ausbreitungseigenschaften für die elektrischen Felder haben. Der Vorteil der elektrischen bzw. magnetischen Tomografie ist die kortikale Modellierung von neuronalen Erregungen, was mittels PET und fMRI nur indirekt über die Quantifizierung der hämodynamischen Reaktion möglich ist. Des Weiteren ist die zeitliche Auflösung des EEGs und MEGs unerreicht (im Millisekundenbereich) und die räumliche Auflösung zumindest für kortikale Strukturen für viele psychologische Fragestellungen akzeptabel (räumliche Genauigkeit <2 cm).

Abbildung 3 zeigt exemplarisch die Möglichkeiten, die sich mit der Anwendung der elektrischen Tomografie ermöglichen. Man erkennt hier, dass der zeitliche Verlauf der kortikalen Aktivität auf die Millisekunde genau kartiert werden kann.

Dargestellt ist hier der Aktivierungsverlauf innerhalb der ersten 500 ms nach Präsentation eines angenehmen Reizes im Vergleich zur Präsentation eines neutralen Reizes (aus Esslen, Pascual-Marqui, Hell, Kochi, Lehmann, 2004).

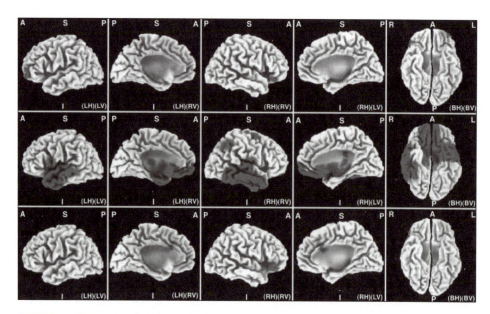

Abbildung 3: Beispiele für ein Ergebnis einer Arbeit, in der die Methode der elektrischen Tomografie (*low resolution electrical tomography:* LORETA) zur Untersuchung emotionaler Prozesse verwendet wurde. Dargestellt ist die kortikale Kartierung der intrazerebralen Quellen elektrischer Aktivität für Hirngebiete, die während des Wahrnehmens angenehmer Reize stärker aktiviert sind, als während des Wahrnehmens neutraler Reize. In den drei Zeilen sind von oben nach unten die „Aktivierungen" für unterschiedliche Zeiträume dargestellt (oben: 138 bis 205 ms nach Reizpräsentation, Mitte: 244 bis 290 ms, unten: 361 bis 467 ms; aus Esslen et al., 2004, Abdruck erfolgt mit Genehmigung von Elsevier)

4 Fazit

Im den vorangegangenen Abschnitten wurden die wichtigsten bildgebenden Verfahren dargestellt. Die strukturelle Bildgebung beschäftigt sich mit der präzisen Vermessung und Darstellung von *in vivo* gemessenen Hirnstrukturen. Die funktionellen Bildgebungsmethoden messen hämodynamische Reaktionen auf externe Reize oder auf intern ablaufende kognitive Prozesse. Die in den vorangegangen Abschnitten berichteten Methoden erlauben die Darstellung lokaler Veränderungen der Hämodynamik mit guter räumlicher Auflösung (fMRI ca. 1 bis 4 mm^3 und PET ca. 2 bis 6 mm^3) und mäßiger zeitlicher Auflösung (fMRI 4 Sekunden und PET ca. 1 bis 2 Minuten). Die Verfahren zur elektrischen Tomografie sind hinsichtlich der zeitlichen Auflösung exzellent (im Millisekundenbereich) und hinsichtlich der räumlichen Auflösung moderat bis gut (< 2 cm je nach Anzahl der Elektroden bzw. Sensoren). In Abbildung 4 sind die einzelnen bildgebenden

Verfahren im Kontext der zeitlichen und räumlichen Auflösung dargestellt. Insgesamt eröffnen die bildgebenden Verfahren ein breites Spektrum neuer Methoden, mit deren Hilfe ein erweiterter Zugang zu der Erforschung der neuronalen Grundlagen von emotionalen Prozessen möglich ist. Durch diese Methoden hat überdies die Emotionspsychologie eine enge Beziehung zu einer neuen Wissenschaftsdisziplin – den affektiven Neurowissenschaften – aufgebaut. Im Rahmen dieser neuen Wissenschaftsdisziplin werden gegenwärtig praktisch alle Fragen der Emotionspsychologie in Bezug zu den Neurowissenschaften bearbeitet.

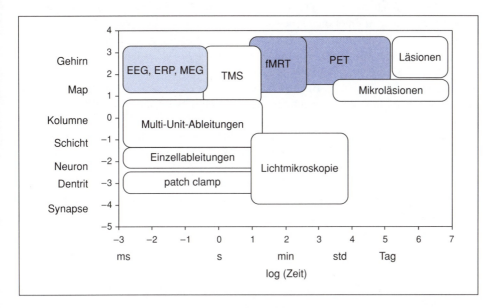

Abbildung 4: Grafische Darstellung der zeitlichen und räumlichen Auflösefähigkeit aktueller bildgebender Verfahren, sowie sie in den kognitiven und affektiven Neurowissenschaften verwendet werden

Weiterführende Literatur

Hüsing, B., Jäncke, L. & Tag, B. (2006). *Impact Assessment of Neuroimaging: Final Report.* Zürich: Vdf Hochschulverlag.
Jäncke, L. (2005). *Methoden der Bildgebung in der Psychologie und den kognitiven Neurowissenschaften.* Stuttgart: Kohlhammer.

Literatur

Abe, N., Suzuki, M., Mori, E., Itoh, M. & Fujii, T. (2007). Deceiving others: distinct neural responses of the prefrontal cortex and amygdala in simple fabrication and deception with social interactions. *Journal of Cognitive Neuroscience, 2* (19), 287–295.

Appelbaum, P. S. (2007). Law & psychiatry: The new lie detectors: neuroscience, deception, and the courts. *Psychiatric Services (Washington, DC), 4* (58), 460–462.

Buchanan, T. W., Lutz, K., Mirzazade, S., Specht, K., Shah, N. J., Zilles, K. & Jäncke, L. (2000). Recognition of emotional prosody and verbal components of spoken language: an fMRI study. *Cognitive Brain Research, 3* (9), 227–238.

Damasio, A. (2007). Neuroscience and ethics: intersections. *American Journal of Bioethics, 1* (7), 3–7.

Davidson, R. J. (2000). Affective style, psychopathology, and resilience: brain mechanisms and plasticity. *The American Psychologist, 11* (55), 1196–1214.

Esslen, M., Pascual-Marqui, R. D., Hell, D., Kochi, K. & Lehmann, D. (2004). Brain areas and time course of emotional processing. *Neuroimage, 4* (21), 1189–1203.

Fisher, H. E., Aron, A. & Brown, L. L. (2006). Romantic love: a mammalian brain system for mate choice. *Philosophical Transactions of The Royal Society of London Series B, Biological Sciences, 1476* (361), 2173–2186.

Herwig, U., Kaffenberger, T., Baumgartner, T. & Jäncke, L. (2007). Neural correlates of a ‚pessimistic' attitude when anticipating events of unknown emotional valence. *Neuroimage, 2* (34), 848–858.

Jäncke, L. & Steinmetz, H. (2003). Anatomical brain asymmetries and their relevance for functional asymmetries. In K. Hugdahl & R. Davidson (Eds.), *Brain Asymmetry* (pp. 187–230). Cambridge: MIT.

Singer, T., Seymour, B., O'Doherty, J., Kaube, H., Dolan, R. J. & Frith, C. D. (2004). Empathy for pain involves the affective but not sensory components of pain. *Science, 5661* (303), 1157–1162.

Walter, H., Abler, B., Ciaramidaro, A. & Erk, S. (2005). Motivating forces of human actions. Neuroimaging reward and social interaction. *Brain Research Bulletin, 5* (67), 368–381.

Methoden der Mimikanalyse und -synthese
Methods for the Analysis and Synthesis of Facial Expressions

Susanne Kaiser & Thomas Wehrle

1 Einleitung

Methoden der Analyse des nonverbalen Ausdrucks werden in der Emotionsforschung mit dem Ziel eingesetzt, beobachtbare Indikatoren für unbeobachtbare emotionale Prozesse zu finden. Die meisten Forscher stellen hierbei den mimischen Ausdruck in den Mittelpunkt. Der stimmliche Ausdruck wird kaum untersucht (Scherer, Banse & Wallbott, 2001). Gestik und Körperhaltung sind noch seltener Gegenstand emotionspsychologischer Untersuchungen (Wallbott, 1998).

Bei der folgenden Beschreibung ausdruckspsychologischer Methoden werden wir uns daher auf den mimischen Ausdruck beschränken. Zudem werden wir nur solche Verfahren vorstellen, mit denen mimische Signale „kodiert" werden. Wir werden nicht auf Beurteilungsstudien eingehen, in denen von Beobachtern subjektive Interpretationen erfragt werden, die sie aus dem Gesichtsausdruck erschließen können. Zwar kommen sowohl bei *Kodiermethoden* als auch bei *Beurteilungsmethoden* Beobachter zum Einsatz, doch ist deren Aufgabe verschieden. Während Beobachter in Beurteilungsstudien Inferenzen darüber anstellen sollen, welche Emotion oder Affektstörung „hinter" der sichtbaren Mimik liegt, sollen Beobachter bei Kodierverfahren den mimischen Ausdruck so objektiv wie möglich beschreiben. Sie sollen beispielsweise registrieren, wie oft ein bestimmtes Verhalten auftaucht.

2 Multifunktionalität mimischen Verhaltens

Es gibt eine Reihe von Anhaltspunkten dafür, dass der Gesichtsausdruck mit dem subjektiven Erleben von Emotionen verknüpft ist (Ekman & Rosenberg, 2005), und die Untersuchung des Zusammenhangs zwischen Gesichtsausdruck und Emotion hat eine lange Tradition (→ Ausdruck). Mit der Entwicklung präziser Methoden zur objektiven Beschreibung des mimischen Verhaltens sind in den letzten Jahren vermehrt Untersuchungen entstanden, die diesen Zusammenhang systematisch untersucht haben. Allerdings gilt auch hier, wie generell für die Untersuchung von Emotionen, dass nur wenige Studien vorliegen, die diesen

Zusammenhang in spontanen Interaktionen untersucht haben und empirisch belegen konnten. Eine Zusammenstellung von Untersuchungen, die den mimischen Affektausdruck in *Face-to-face*-Interaktionen untersucht haben, findet sich in Bänninger-Huber und von Salisch (1994). Die Gründe hierfür liegen zum einen in der Multifunktionalität und Komplexität mimischen Verhaltens selbst und zum anderen in der großen interindividuellen Variabilität, die es schwierig macht, zu Aussagen zu gelangen, die für eine Gruppe von Personen und nicht nur für eine bestimmte Person in einer bestimmten Situation Gültigkeit haben. Es existiert daher kein globales, kontextunabhängiges Lexikon, das es erlauben würde, einem spezifischen Ausdrucksmuster eine spezifische Emotion oder Emotionskombination zuzuordnen.

Eine Schwierigkeit bei der Zuordnung von mimischen Signalen zum emotionalen Erleben einer Person liegt darin, dass ein Großteil der in spontanen Interaktionen auftretenden Gesichtsbewegungen nicht dem Ausdruck von Gefühlen dient, sondern andere kommunikative Funktionen hat. Hinsichtlich ihrer kommunikativen Funktion ist die Mimik Bestandteil des Verhaltensrepertoires, mit dem Informationen zwischen Individuen ausgetauscht und Interaktionen reguliert werden. Nonverbale Signale spielen beispielsweise eine wichtige Rolle bei der Definition und Aufrechterhaltung von Beziehungen. Sie können zudem sprachliche Äußerungen bekräftigen, modifizieren oder ihnen widersprechen (Illustratoren), und sie spielen eine wichtige Rolle bei der Steuerung des Hörer-Sprecher-Wechsels (Kaiser, 2002).

Ein Aspekt des Emotionsausdrucks, zu dem relativ viele Forschungsergebnisse vorliegen, betrifft die Universalität der sogenannten *Basisemotionen*. Für die Emotionen Freude, Ärger, Trauer, Angst, Überraschung und Ekel scheinen emotionsspezifische, angeborene Ausdrucksmuster zu existieren (Ekman & Rosenberg, 2005). Auch wenn die für diese Emotionen gefunden Ausdrucksmuster universal zu sein scheinen, so gibt es doch auch bei diesen Emotionen kultur- und familienspezifische Normen und Konventionen, die angeben, wer wann welches Gefühl in welcher Intensität wem gegenüber zeigen darf. Der Ausdruck von Gefühlen wird also häufig kontrolliert und durch willkürliche Bewegungen überlagert. Auch die für die Basisemotionen postulierten Ausdrucksmuster treten in ihrer spontanen, unkontrollierten Form in alltäglichen Interaktionen nur selten auf.

Es besteht zudem kein Konsens darüber, ob sich das mimische Ausdrucksverhalten vor allem in Hinblick auf seine Rolle in der Kommunikation entwickelt hat, oder ob es der intrapsychischen Regulation von Emotionen dient. In neuester Zeit wurde die Frage der Beziehung zwischen Gesichtsausdruck und Emotion von Fridlund und Russell (Russell & Fernández-Dols, 1997) betont polarisierend beantwortet und zur simplifizierten Frage verkürzt, ob Gesichtsbewegungen emotionale Zustände ausdrücken *oder* rein kommunikativen Funktionen wie der Vermittlung sozialer Motive dienen.

In der Tradition Darwins, Wundts, Bühlers und Lerschs liegen jedoch schon lange differenziertere Emotionsmodelle vor. Emotionen werden hier als Prozess verstanden, der alle Systeme eines Organismus zur Vorbereitung einer angemessen Antwort auf relevante Situationsanforderungen mobilisiert. Das Ausdrucksverhalten wird hierbei sowohl als Rudiment einer adaptiven Handlung als auch als soziales Signal aufgefasst, das die Umwelt über die Reaktion und die Handlungstendenzen des Organismus informiert. Emotionen dienen zum einen der intra-individuellen Regulierung von Gedanken und Handeln und zum anderen der inter-individuellen Regulation sozialer Interaktionen. Das Ausdrucksverhalten spielt dabei die Rolle einer Schnittstelle zwischen beiden Regulierungsprozessen (Kaiser, 2002).

Was ein konkretes mimisches Ereignis wirklich bedeutet, kann hinreichend treffend nur im Kontext anderer nonverbaler und verbaler Verhaltensweisen aller beteiligten Interaktionspartner im zeitlichen Verlauf interpretiert werden. Zur bereits beschriebenen Multifunktionalität mimischen Verhaltens kommt also auch noch dessen kulturelle, soziale, räumliche und zeitliche Kontextabhängigkeit hinzu (→ Ausdruck). Vor dem Hintergrund der aufgezeigten Komplexität und Multifunktionalität mimischen Verhaltens müssen ausdruckspsychologische Methoden hinsichtlich ihrer Objektivität und ihrer Vollständigkeit beurteilt werden.

3 Elektromyografische Verfahren (EMG) der Mimikanalyse

Eine Möglichkeit, mimisches Verhalten direkt zu messen, bieten elektromyografische Techniken. Gesichtsmuskel-EMG-Ableitungen wurden beispielsweise benutzt, um nicht sichtbare mimische Muskelaktivität, wie sie bei mentalen Vorstellungen emotionaler Erlebnisse auftritt, nachzuweisen. Gesichtsmuskel-EMG-Untersuchungen unterliegen jedoch zwei Einschränkungen. Zum einen ist eine EMG-Ableitung der hoch differenzierten Ausdrucksmuster mit den üblicherweise benutzten Oberflächenelektroden, die oft die Aktivität mehrerer Muskeln erfassen, kaum zu bewerkstelligen. Die meisten Forscher, die EMG-Techniken verwenden, beschränken sich daher auf die Ableitung des *Zygomaticus major* („Lächelmuskel") und des *Corrugator supercilii* (Augenbrauenzusammenziehen), die zwischen positiven und negativen Emotionszuständen zu differenzieren scheinen (z. B. Hess, Philippot & Blairy, 1998). Zum anderen können bei EMG-Messungen bereits geringfügige Bewegungen der Versuchspersonen zu Artefakten führen. Diese Einschränkung und die Beeinträchtigung der Versuchsperson durch die „Verkabelung" macht es schwierig, EMG-Techniken in interaktiven Situationen, die wohl am häufigsten Emotionen auslösen, einzusetzen.

4 Mimikkodierung

Wegen dieser Messproblematik wird die Mimik meistens anhand ausgefeilter Kodiersysteme durch menschliche Beobachter kodiert. Die Möglichkeit, mimisches Verhalten auf Film oder Videoband festzuhalten, hat die Entwicklung und den Einsatz objektiver Beschreibungssysteme gefördert. Mimische Sequenzen können wiederholt und in *slow-motion* analysiert werden. Dies erlaubt es, detaillierte mimische Verlaufsmuster zu erkennen, objektiv beobachtbare Beschreibungsmaße zu definieren und die Kodiererübereinstimmung zu erfassen. Da der Zusammenhang zwischen Mimik und subjektivem Erleben von Gefühlen nicht eindeutig ist, ist es wünschenswert, die Kodierung der Mimik vom Prozess der Bedeutungszuordnung zu trennen. Zudem sollte ein Kodierverfahren, das dieser Komplexität gerecht werden soll, eine umfassende Kodierung aller mimischen Bewegungen erlauben. Beide Forderungen werden mit dem Einsatz von Kodiersystemen, die auf der Analyse der dem mimischen Verhalten zugrunde liegenden Muskeln basieren, eingelöst (siehe unten). Da jedoch sowohl die Erlernung als auch die Anwendung solcher Systeme sehr zeitaufwendig ist, kommen auch selektive Systeme zum Einsatz, die diesen idealtypischen Ansprüchen nicht entsprechen. Die Gründe hierfür liegen zum einen darin, dass einige Theoretiker ausschließlich an den von ihnen postulierten prototypischen Ausdrucksmustern der Basisemotionen interessiert sind. Zum anderen analysieren einige Forscher aus ökonomischen Gründen nur Teilbereiche mimischen Verhaltens, die sie aufgrund einer spezifischen konkreten Fragestellung definieren. Bei der Beschreibung verschiedener Kodierverfahren werden die verschiedenen methodischen Vorgehensweisen unterschieden (vgl. Kasten).

> **Kodierverfahren**
>
> - Anatomisch basierte Verfahren
> - Theoretisch basierte selektive Verfahren
> - Situierte Verfahren

Im Folgenden werden zuerst *anatomisch basierte Verfahren* beschrieben. Dann werden *theoretisch basierte selektive Verfahren* aufgeführt, wenn sie als Teilmenge eines anatomisch basierten Systems definiert sind oder wenn sie die als emotionsrelevant erachteten Beschreibungseinheiten aufgrund ihrer muskulären Basis beschreiben. Zudem werden zwei sogenannt *situierte Kodierverfahren* vorgestellt. Als *situierte Verfahren* bezeichnen wir anatomisch basierte Kodierverfahren, bei denen neben mimischen Indikatoren systematisch zusätzliche Verhaltensmerkmale und Kontextinformationen kodiert und für die Interpretation der mimischen Ausdrucksmuster herangezogen werden, und die daher als integraler Bestandteil des experimentellen Settings definiert sind. Situierten Verfahren kommt angesichts der beschriebenen Kontextabhängigkeit des mimischen Ausdrucks eine besondere Bedeutung zu.

4.1 Anatomisch basierte Verfahren

Einer der ersten, der versuchte, mimische Bewegungen systematisch und differenziert zu beschreiben, war Frois-Wittmann (1930). Er untersuchte, welche Muskeln am Ausdruck verschiedener Emotionen beteiligt sind und stützte sich dabei auf Pionierarbeiten wie die von Duchenne (1862) und Landis (1924). Dieser Ansatz ist jedoch lange Zeit in Vergessenheit geraten und erst in neuerer Zeit von Hjortsjö (1970) wieder aufgegriffen worden. Dessen Beschreibungssystem wurde von Ekman und Friesen übernommen und durch die Erarbeitung eines systematisch aufgebauten Manuals zur Erlernung und Anwendung einer breiteren Basis von Forschern zugänglich gemacht.

Facial Action Coding System (Ekman & Friesen, 1978)

Das *Facial Action Coding System* (FACS) von Ekman und Friesen (1978) ist ein umfassendes Kategoriensystem, das alle visuell unterscheidbaren Gesichtsbewegungen erfasst. Die Beobachtungseinheit ist die *Action Unit* (AU), die aus der Bestimmung der Muskeln, die unabhängig voneinander inneviert werden können, resultiert. Die Kennzeichnung der Action Units erfolgt durch ein System von Nummern, die keine suggestiven Implikationen wie „freundliches Lächeln" oder „Kummerfalten" und ähnliche verbalsprachlichen Benennungen haben, wie sie in anderen Systemen verwendet werden. Da die Definition der Action Units auf Begriffen der funktionellen Anatomie basiert, kann das Verfahren bei Individuen mit ganz unterschiedlicher Physiognomie angewendet werden.

Mit FACS können Fotografien oder Videoaufnahmen von Gesichtern kodiert werden. Für die Kodierung von Videoaufnahmen wird das Band zunächst in Realzeit abgespielt, bis eine mimische Bewegung erkennbar ist. Danach wird das Band im *slow-motion*-Betrieb mehrmals vor- und zurückgespielt, um die Bewegung genauer zu analysieren. Zur Kodierung gehört die Bestimmung der vorliegenden AU oder AU-Kombination, die Angabe, ob eine *Action Unit* einseitig oder auf beiden Seiten vorliegt, sowie die Angabe des Anfangs- und Endzeitpunktes, der anhand eines ins Bild eingespielten Zeitsignals auf $4/100$ Sekunden genau bestimmt wird (bei 25 Bildern pro Sekunde für PAL). Bei einzelnen *Action Units* werden auch 5 Intensitätsgrade (a bis e) kodiert. Mit diesen Kodierschritten kann in einer Feinanalyse prinzipiell die zeitliche Organisation eines Kontraktionsmusters hinsichtlich Aufbau, Höhepunkt und Ausklingen beschrieben werden. Eine Sammlung empirischer Arbeiten mit FACS haben Ekman und Rosenberg (2005) publiziert. Ekman, Friesen und Hager (2002) haben eine neue Version des FACS Manuals erarbeitet, das als CD bezogen werden kann. Eine Adaption von FACS für die Kodierung mimischer Veränderungen bei Säuglingen und Kleinkindern (Baby FACS) haben Oster und Rosenstein (1993) in Angriff genommen. Allerdings ist das Manual bisher nicht veröffentlicht worden und daher schwer zugänglich.

4.2 Theoretisch basierte Verfahren

Maximally Discriminative Facial Movement Coding System (Izard, 1979)

Parallel zu Ekman und Friesen hat Izard (1979) ein Kodiersystem entwickelt, dessen Grundeinheiten (*Appearance Changes*, AC) ebenfalls durch die Arbeiten von Hjörtsjö inspiriert sind. Allerdings hat Izard von Anfang an die Zielsetzung verfolgt, nur diejenigen *Appearance Changes* in sein System aufzunehmen, die er aufgrund interkultureller Studien als prototypische Ausdrucksmuster identifiziert hat. Zudem wurde das *Maximally Discriminative Facial Movement Coding System* (MAX) für die Kodierung mimischen Verhaltens bei Säuglingen und Kleinkindern entwickelt. Da Izard davon ausgeht, dass bei Kleinkindern noch kaum kulturelle Verformungen und Kontrollprozesse intervenieren, scheint ihm dieses Vorgehen gerechtfertigt. Während mit MAX der Kodierprozess selbst noch theorieunabhängig auf der Notierung der einzelnen Komponenten basiert und die Suche nach prototypischen Mustern in einem zweiten Schritt zu geschehen hat, haben Izard, Dougherty und Hembree (1983) später ein System vorgestellt, mit dem direkt emotionale Ausdruckskonfigurationen kodiert werden. Bei der Anwendung dieses Systems (AFFEX, *A System for Identifying Affect Expressions by Holistic Judgments*) soll der Kodierer nach emotionsbezogenen mimischen Veränderungen suchen und sie direkt einer bestimmten Emotionskategorie zuordnen. MAX ist in einer Reihe von entwicklungspsychologischen Studien eingesetzt worden (z. B. Lewis, Stanger & Sullivan, 1989; Montague & Walker-Andrews, 2001). AFFEX wurde seltener verwendet, aber ebenfalls ausschließlich in entwicklungspsychologischen Studien (z. B. Strayer & Roberts, 2004; Weinberg & Tronick, 1994).

Emotional Facial Action Coding System (Friesen & Ekman, 1984)

Auf der Grundlage von FACS haben Friesen und Ekman (1984) das *Emotional Facial Action Coding System* (EMFACS) entwickelt. Während FACS alle visuell unterscheidbaren Gesichtsbewegungen erfasst, werden im EMFACS nur diejenigen Action Units kodiert, die von den Autoren als emotionsrelevant postuliert werden. Die damit verbundene Zielsetzung, das Kodierprozedere zu rationalisieren, wird zudem dadurch erreicht, dass auf die genaue Festlegung der Anfangs- und Endzeitpunkte von Innervationen verzichtet wird. Stattdessen wird nur der Zeitpunkt kurz vor der maximalen Intensitätsausprägung festgehalten. Während die genaue Kodierung von *onset-apex-offset* mit FACS nur mit Hilfe von langwierigen Bild für Bild Analysen möglich ist, sollen EMFACS-Kodierer *Slow-motion*-Analysen nur begrenzt einsetzen und nur kodieren, was auch in Normalgeschwindigkeit ersichtlich ist. Eine detaillierte Beschreibung von EMFACS sowie eine Beschreibung der Vor- und Nachteile von FACS und EMFACS liefert Steimer-Krause (1996). Einschränkend gilt festzuhalten, dass Friesen und Ekman das

EMFACS-Manual bisher nicht veröffentlicht haben und auch die theoretische Grundlage für die Zuordnung von mimischen Ausdrucksmustern zu den Basisemotionen nur begrenzt transparent ist.

4.3 Situierte Verfahren

Self-Evaluative Emotions Coding System (Geppert, Schmid & Galinowski, 1997)

Geppert, Schmidt und Galinowski (1997) haben ein System zur Kodierung des Ausdrucks selbstbewertender Emotionen, das *Self-Evaluative Emotions Coding System* (SEECS) entwickelt. Neben mimischen Ausdruckselementen, die mit FACS beschrieben werden, werden Merkmale der Haltung, der Gestik, des Blickverhalten und der Situation erhoben. Das System soll das Verhalten von zwei- bis fünfjährigen Kindern in experimentellen Leistungs- und Wettbewerbssituationen erfassen. Im Mittelpunkt steht dabei selbstbewertendes Verhalten als Reaktion auf Erfolg und Misserfolg sowie Gewinn und Verlust. SEECS stellt also ein situiertes Verfahren dar, das für die Anwendung in diesem spezifischen experimentellen Setting entwickelt wurde. Die theorieunabhängig kodierten Einzelmerkmale werden zuerst isoliert voneinander auf einer Zeitachse aufgetragen. Mit Hilfe von Merkmalskombinationsformeln, die nach vordefinierten emotionsspezifische Mustern suchen, und einer Unterteilung des Verhaltensstroms in Episoden sollen dann emotionsauslösende Situationen spezifiziert werden. Neben den Emotionen Freude/Zufriedenheit und Stolz auf der einen Seite sowie Trauer/Unzufriedenheit/Enttäuschung, Verlegenheit und Beschämung auf der anderen Seite werden auch Verhaltensindikatoren für Dominanz und Submission erfasst.

Facial Expression Analysis Tool (Wehrle, 1996)

Kaiser und Wehrle haben ein Verfahren zur automatischen Kodierung mimischen Verhaltens in Mensch-Computer-Interaktionen entwickelt, das auf FACS basiert (Kaiser & Wehrle, 1992). Der erste Schritt dieser automatischen Kodierung besteht darin, die mimischen Daten einem Digitalisierer zugänglich zu machen. Dies geschieht mit Hilfe kleiner reflektierender Punkte, die an vordefinierten Stellen im Gesicht der Versuchsperson angebracht werden. Ein spezieller Muster-Erkennungs-Algorithmus erlaubt die Identifizierung der Punktmuster in der digitalisierten Videosequenz. In einem zweiten Schritt wird das Punktmuster mit Hilfe eines künstlichen neuronalen Netzes in der Terminologie von FACS klassifiziert. Die neueste Version des Systems, das *Facial Expression Analysis Tool* (FEAT; Wehrle, 1992/1996) erweitert die Intensitäts- und Asymmetriekodierung von FACS. Die Normierung der Intensitätskodierung in fünf Schritten (a bis e) erwies sich als robust und unabhängig von der individuellen Physiognomie. Da die kontinuierliche Kodierung von Intensitätsveränderungen mit FACS zeitlich extrem aufwendig ist, wird die fünfstellige Intensitätsskala von den wenigsten Forschern verwendet, die spontane mimische Interaktionen kodieren. Mit FACS wird nur eine Intensitätsstufe pro Action Unit kodiert, auch wenn die Bewegung auf einer Gesichtshälfte weniger intensiv ist. Nur im Falle einer rein einseitigen Bewegung wird dies durch den Zusatz „L" oder „R" vermerkt. FEAT dagegen kodiert alle Intensitäten automatisch und für beide Gesichtshälften. Daher können auch Asymmetrien automatisch erfasst werden. FEAT stellt derzeit das einzige System zur automatischen Mimikkodierung dar, das auf einem objektiven Klassifikationsschema basiert.

FEAT ist als situiertes Verfahren für den Einsatz in experimentellen Mensch-Computer Interaktionen – und noch spezifischer im Rahmen der mit dem *Geneva Appraisal Manipulation Environment* (GAME, Wehrle, 1996) entwickelten Computerspielinteraktionen – entwickelt worden (Kaiser & Wehrle, 2001). Für die Anwendung im nicht experimentellen und speziell therapeutischen Bereich scheint das Verfahren eher ungeeignet, da es auf die künstlichen Markierungen angewiesen ist. An automatischen Verfahren der Mimikkodierung, die ohne Markierungen auszukommen versuchen, wird seit Beginn der neunziger Jahre in den verschiedensten Bereichen der Computerwissenschaften gearbeitet. Die meisten dieser Systeme wurden ursprünglich zur Gesichtserkennung entwickelt und in einem zweiten Schritt zur Erfassung mimischer Bewegungen ausgebaut. Auch wenn selbst Paul Ekman zu Beginn sehr zuversichtlich war, dass eine automatische FACS-Kodierung möglich sei, sind die meisten Systeme heute nur in der Lage, statische prototypische Ausdrucksmuster von Basisemotionen wie Freude und Ärger zu erkennen. Ansätze, die einzelnen Action Units des FACS und deren Kombinationen im dynamischen Verlauf automatisch zu erfassen, sind selten. Das am weitesten entwickelte System ist das der Forschergruppe von Jeffrey Cohn (Psychologe) und Takeo Kanade (Computerwissenschaftler). Es kombiniert verschiedene sich ergänzende und sehr komplexe Verfahren (*optical flow, Gabor wavelets, Multi-state models* etc.) und ist in der Lage, Lächeln, Augenbrauenheben und Augenbrauenzusammenziehen in spontanen Interaktionen zu erfassen (Cohn & Kanade, 2007).

5 Methoden der Synthese mimischer Ausdrucksbewegungen

Wie eingangs skizziert, unterscheiden sich die Vertreter der verschiedenen Emotionstheorien hinsichtlich der Rolle, die sie dem mimischen Ausdruck für das emotionale Erleben zusprechen (→ Ausdruck). Eine zur Analyse mimischen Verhaltens in emotionalen Episoden komplementäre Forschungsmethode bieten synthetische Ansätze. Mit synthetischen Verfahren kann die Plausibilität konkurrierender Hypothesen überprüft werden, indem die postulierten Ausdrucksmuster simuliert werden. Hierbei ist es natürlich ebenso wie für die Analyse natürlichen mimischen Verhaltens unabdingbar, dass die Simulation theorieunabhängig geschieht. Musterle (1990) hat ein solches Programm erstellt *(Mimikfaces)*, das auf FACS basiert und es erlaubt, einzelne Action Units und Action Unit Kombinationen in einer einfachen Strichzeichnung auf dem Computerbildschirm darzustellen. Das Programm wurde beispielsweise von Ricci-Bitti, Caterina und Garotti (1996) für die Untersuchung verschiedener Lächeltypen eingesetzt. Das Programm kann jedoch nur *statische* Stimuli produzieren. Wehrle hat ein Instrument entwickelt, das die *animierte* Darstellung eines einfachen dreidimensionalen Gesichtes (nur auf Linien basierend, ohne *texture-mapping*) in Echtzeit erlaubt, das *Facial Action Composing Environment* (FACE; Wehrle, 1995). Die Animation der mimischen Bewegungen basiert auf den in FACS beschriebenen Action Units. Jede einzelne Action Unit wurde entsprechend der im FACS Manual beschriebenen *appearance changes* definiert. Dies bedeutet, dass auch Faltenbildungen und Veränderungen in der Form von Gesichtspartien synthetisiert werden. Einige Ergebnisse zum Einsatz von FACE in einer empirischen Untersuchung finden sich in Wehrle, Kaiser, Schmidt und Scherer (2000).

Weiterführende Literatur

Cohn, J. & Ekman, P. (2005). Measuring facial action by manual coding, facial EMG, and automatic facial image analysis. In J. A. Harrigan, R. Rosenthal & K. Scherer (Eds.), *Handbook of nonverbal behavior research methods in the affective sciences* (pp. 9–64). Oxford: Oxford University Press.

Ekman, P., Friesen, W. V. & Hager, J. (2002). *Facial Action Coding System*. Salt Lake City, Utah: Research Nexus. Verfügbar unter: http://face-and-emotion.com/dataface/facs/description.jsp

Kaiser, S. (2002). Facial expressions as indicators of „functional" and „dysfunctional" emotional processes. In M. Katsikitis (Ed.), *The human face: Measurement and meaning* (pp. 235–254). Dordrecht: Kluwer.

Literaturverzeichnis

Bänninger-Huber, E. & von Salisch, M. (1994). Die Untersuchung des mimischen Affektausdrucks in face-to-face Interaktionen. *Psychologische Rundschau, 45*, 79–98.

Cohn, J. F. & Kanade, T. (2007). Automated facial image analysis for measurement of emotion expression. In J. A. Coan & J. J. B. Allen (Eds.), *The handbook of emotion elicitation and assessment* (pp. 222–238). New York: Oxford University Press.

Duchenne de Boulogne, G.-B. (1990). *The mechanism of human facial expression*. (R. A. Cuthbertson, Ed. and Trans.) New York: Cambridge University Press. (Original work published 1862)

Ekman, P. & Friesen, W. V. (1978). *Manual for the Facial Action Coding System*. Palo Alto: Consulting Psychologist Press.

Ekman, P. & Rosenberg, E. L. (Eds.). (2005). *What the face reveals: Basic and applied studies of spontaneous expression using the Facial Action Coding System*. Oxford: Oxford University Press.

Friesen, W. V. & Ekman, P. (1984). *EMFACS: Emotional Facial Action coding System*. Unpublished manuscript. Verfügbar unter: http://www.face-and-emotion. com/dataface/facs/emfacs.jsp.

Frois-Wittmann, J. (1930). The judgment of facial expression. *Journal of Experimental Psychology, 13,* 113–151.

Geppert, U., Schmidt, D. & Galinowski, I. (1997). *Self-Evaluative Emotions Coding System (SEECS)*. (Technical Manual, 19/1997). Max-Planck-Institute for Psychological Research, Munich.

Hess, U., Philippot, P. & Blairy, S. (1998). Facial reactions to emotional facial expressions: Affect or cognition? *Cognition and Emotion, 12,* 509–532.

Hjortsjö, C. H. (1970). *Man's face and mimic language*. Lund: Student-Litteratur.

Izard, C. E. (1983). *The maximally discriminative facial movement coding system (MAX)*. Unpublished manuscript, Newark, DE: University of Delaware.

Izard, C. E., Dougherty, L., & Hembree, E. (1983). *A system for identifying affect expressions by holistic judgment (AFFEX)*. Unpublished manuscript, Newark, DE: University of Delaware.

Kaiser, S. & Wehrle, T. (1992). Automated coding of facial behavior in human-computer interactions with FACS. *Journal of Nonverbal Behavior, 16,* 67–83.

Kaiser, S. & Wehrle, T. (2001). Facial expressions as indicators of appraisal processes. In K. R. Scherer & A. Schorr (Eds.), *Appraisal processes in emotion: Theory, methods, research* (pp. 285–300). New York: Oxford University Press.

Landis, C. (1924). Studies of emotional reactions: II. General behavior and facial expression. *Journal of Comparative Psychology, 4,* 447–509.

Lewis, M., Stanger, C. & Sullivan, M. W. (1989). Deception in three-year-olds. *Developmental Psychology, 25,* 439–443.

Montague, D. P. F. & Walker-Andrews, A. S. (2001). Peekaboo a new look at infants' perception of emotion expressions, *Developmental Psychology, 37,* 826–838.

Oster, H. & Rosenstein, D. (1993). *Baby FACS: Measuring facial movements in infants and young children*. Unpublished manuscript, New York University.

Russell, J. A. & Fernández-Dols, J. M. (Eds.). (1997). *The psychology of facial expression*. Cambridge: Cambridge University Press.

Ricci-Bitti, P. E., Caterina, R. & Garotti, P. L. (1996). Different behavioral markers in different smiles. In N. H. Frijda (Ed.), *Proceedings of the VIIIth Conference of the International Society for Research on Emotions*, ISRE'96 (pp. 297–301). Storrs, CT: ISRE Publications.

Scherer, K. R., Banse, R. & Wallbott, H. G. (2001). Emotion inferences from vocal expression correlate across languages and cultures. *Journal of Cross-Cultural Psychology, 32* (1), 76–92.

Strayer, J. & Roberts, W. (2004). Empathy and observed anger and aggression in five-year olds. *Social Development, 13,* 1–13.

Steimer-Krause, E. (1996). *Übertragung, Affekt und Beziehung: Theorie und Analyse nonverbaler Interaktionen schizophrener Patienten.* Bern: Lang.

Wallbott, H. G. (1998). Bodily expression of emotion. *European Journal of Social Psychology, 28,* 879–896.

Wehrle, T. (1992/1996). *The Facial Expression Analysis Tool (FEAT).* Unpublished computer software. University of Geneva, Switzerland.

Wehrle, T. (1996). *The Geneva Appraisal Manipulation Environment (GAME).* Unpublished computer software. University of Geneva, Switzerland

Wehrle, T., Kaiser, S., Schmidt, S. & Scherer, K. R (2000). Studying the dynamics of emotional expression using synthesized facial muscle movements. *Journal of Personality and Social Psychology, 78* (1), 105–119.

Weinberg, M. K. & Tronick, E. Z. (1994). Beyond the face: an empirical study of infant affective configurations of facial, vocal, gestural, and regulatory behaviors. *Child Development, 65,* 1503–1515.

Verbale Daten: Fragebogenverfahren
Verbal Data: Questionnaires

Lothar Schmidt-Atzert

1 Messgegenstand und Abgrenzungen

Über den eigenen Gefühlszustand, das eigene emotionale Erleben, kann nur die betroffene Person selbst Auskunft geben. Sie kann dies spontan tun, auf Befragung im Interview oder durch Beantwortung eines Fragebogens. Dieser Beitrag handelt von der Messung des emotionalen Befindens mittels Fragebogen. Auf eine standardisierte Frage nach dem eigenen Gefühlszustand antwortet die Person durch Ankreuzen von Antwortalternativen.

In diesem Beitrag finden bestimmte Ansätze und Verfahren *keine Berücksichtigung:*
- *Fremdsprachige Fragebogen*, von denen keine deutsche Adaptation bekannt ist.
- *Ältere, vor 1990 publizierte Verfahren*, sofern seitdem keine Neuauflage zu verzeichnen ist (Übersicht: Westhoff, 1993).
- *Eindimensionale Verfahren*, die also nur eine Befindensqualität wie Depressivität oder Ängstlichkeit erfassen (Übersicht für den klinischen Bereich: Collegium Internationale Psychiatriae Scalarum, 2005).
- *Ad hoc-Skalen*. In der Literatur stößt man immer wieder auf Angaben zur Methode wie: „die Emotionen wurden durch siebenstufige Ratingskalen für Ärger, Wut und Gelassenheit erfasst". Zu einem Messinstrument gehören Angaben, die eine standardisierte Durchführung und Auswertung gewährleisten, eine fundierte Auswahl der Skalen sowie Angaben zur Reliabilität und/oder Validität.
- *Verfahren zu anderen Aspekten des Befindens*. Fragebogen, die Lebensqualität und Wohlbefinden (Übersicht: Schumacher, Klaiberg & Brähler, 2003), Körpersymptome, Emotionskontrolle oder etwa Expressivität thematisieren.

2 Welche Gefühle werden erfasst?

Eine wichtige Anforderung an einen Befindensfragebogen ist, dass die Auswahl der Dimensionen oder Kategorien theoretisch und/oder empirisch begründet wird. In der Intelligenz- und der Persönlichkeitsforschung kennt man Strukturmodelle, die den Messbereich gliedern. In der Emotionsforschung leisten Untersuchungen zur Klassifikation von Emotionen sowie zu Emotionsdimensionen das Gleiche, ohne dass ein etablierter Ansatz in Sicht wäre. Als Ergebnis der einschlägigen Forschung kann man festhalten, dass die Dimensionen *Valenz* (angenehm-unangenehm) und *Erregung* (ruhig-erregt) zur globalen Beschreibung des emotionalen Befindens gut bestätigt sind. Studien zur Einteilung sprachlicher Emotionskonzepte in Klassen oder Kategorien haben relativ übereinstimmend *Freude, Zuneigung, Unruhe, Traurigkeit, Angst, Ärger, Abneigung, Scham* und *Überraschung* als gut voneinander abgrenzbare Emotionsqualitäten aufgezeigt (→ Kategoriale und dimensionale Modelle). Innerhalb dieser Kategorien ist eine weitere Differenzierung möglich, wie Storm und Storm (2005) für den Bereich Liebe (oder Zuneigung) demonstriert haben.

3 Welche Aspekte der Gefühle werden erfasst?

Gefühle können nach ihrer *Intensität*, ihrer *Dauer* und nach ihrer *Häufigkeit* in einem bestimmten Zeitraum beschrieben werden. Die Intensität kann darüber hinaus aktuell („wie fühlen Sie sich jetzt?") oder retrospektiv (z. B. „wie haben Sie sich in der vorangegangenen Situation gefühlt?") erfragt werden. Für die Dauer und die Häufigkeit von Gefühlen kommt meist nur die retrospektive Erfassung in Frage. Bei Verwendung von Taschencomputern im Rahmen eines Ambulatorischen Assessments (Fahrenberg, Myrtek, Pawlik & Perrez, 2007) ist auch eine aktuelle Registrierung des Befindens über einen längeren Zeitraums möglich; aus den Aufzeichnungen können anschließend die Häufigkeit und bei schnell aufeinander folgenden Messzeitpunkten auch die Dauer von Gefühlen bestimmt werden.

4 Was zeigen die Angaben zum Befinden an?

Das in der Messung festgehaltene emotionale Befinden wird durch zwei Faktoren beeinflusst, nämlich die Ereignisse, denen die Person ausgesetzt war, und die Person selbst. Je nach Untersuchungsstrategie sagt das Messergebnis etwas über die Situation, die Person oder über die Wechselwirkung von Situation und Person aus. So kann ein Ereignis durch die von ihm ausgelöste mittlere Reaktion der Personen psychologisch charakterisiert werden. Die *emotionale Reaktivität* einer Person kann über die Veränderung ihres emotionalen Befindens bei standardisierten Emotionsinduktionen erfasst werden.

5 Voraussetzungen für valide Angaben zum Befinden

Zur sprachlich vermittelten Emotionsmessung müssen seitens der Auskunft gebenden Person einige Voraussetzungen erfüllt sein:
- *Fähigkeit zur Wahrnehmung des eigenen emotionalen Zustandes*. Mit den Konzepten Alexithymie oder Emotional Awareness wurde die These aufgestellt,

dass manche Menschen nicht fähig sind, ihre Gefühle (richtig) wahrzunehmen (zur Messung Ciarrochi, Caputi & Mayer, 2003). Mit der Antwortmöglichkeit „weiß nicht" kann invaliden Antworten vorgebeugt werden.
- *Sprachliche Kompetenz.* Bei der Beschreibung des eigenen emotionalen Zustandes muss die Person zwischen den Bedeutungen der zahlreichen Emotionsbegriffe differenzieren können. Diese Voraussetzung kann bei Kindern, Immigranten oder geistig retardierten Personen verletzt sein. Zur Kontrolle empfiehlt es sich, nach Verständnisproblemen zu fragen.
- *Merkfähigkeit.* Bei der retrospektiven Beurteilung des eigenen Zustandes können Information verloren gehen. Deshalb sollte das Befinden möglichst kurzfristig nach der Episode, auf die sich die Angaben beziehen, gemessen werden.
- *Mitteilungsbereitschaft.* Auch wenn die Person ein klares Bild ihres Befindens mitteilen könnte, kann sie gute Gründe haben, dies nicht zu tun. Die Gründe für mangelnde Offenheit können in der Person liegen, aber auch in der Situation (Schmidt-Atzert, 1993, Kap. 6). Bei Befindensmessungen zu Forschungszwecken sollte deshalb Wert auf Anonymität gelegt werden.
- *Reaktivität der Messung.* Das emotionale Befinden wird unter Umständen durch den Messvorgang verändert. So kann das emotionale Befinden beim Betrachten eines schönen Films durch mehrfache Fragebogenbearbeitung negativ beeinflusst werden. Auch eine Intensivierung oder selektive Ausrichtung der Selbstbeobachtung ist möglich. Anzahl und Zeitpunkt der Messungen sind deshalb sorgfältig zu überlegen.

6 Besondere Anforderungen an Gütekriterien

Zur Schätzung der *Reliabilität* sind Konsistenzmaße sinnvoll, sofern mehrere Items pro Skala verwendet werden. Die Retest-Reliabilität darf bei Befindensmaßen nicht hoch ausfallen, da Zustände über Situationen hinweg variieren.

Bei der *Validierung* von Befindensmaßen ist zu bedenken, dass es außerhalb von verbalen Angaben keine validen Kriterien dafür gibt, wie sich eine Person „wirklich" fühlt. Mimische Indikatoren und physiologische Maße erfassen weitgehend andere Anteile der emotionalen Reaktion und korrelieren meist nur schwach mit verbalen Angaben. Korrelationen zwischen inhaltlich sehr ähnlichen Skalen haben eher den Charakter von Paralleltest-Reliabiltäten. Als Königsweg eignen sich Vergleiche von Befindenseinstufungen unter verschiedenen Bedingungen, etwa einer experimentellen Emotionsinduktion mit einer Neutralbedingung oder von klinischen Gruppen (z. B. Angstpatienten) mit den gesunden Kontrollpersonen. Die Validität ist dabei an den Effektstärken ablesbar. Die faktorielle Struktur des Verfahrens ist ein wichtiger Aspekt der Validität. Idealerweise legen die Autoren der Entwicklung ihres Fragebogens ein Strukturmodell der Emotionen zugrunde und überprüfen anschließend mit Hilfe von Strukturgleichungsmodellen, ob und wie gut die Items den Skalen zugeordnet werden und ob alternative Strukturmodelle nicht besser zu dem Datensatz passen.

Eine *Normierung* ist nur unter bestimmten Randbedingungen sinnvoll, nämlich bei standardisierten Reizen (emotionale Reaktivität; siehe oben) sowie bei Angaben zum Befinden im Alltag.

7 Verfahren im Überblick

In Tabelle 1 sind mehrdimensionale Fragebogen zur Messung des emotionalen Befindens bzw. der Stimmung in alphabetischer Reihenfolge aufgeführt und anhand wichtiger Merkmale beschrieben.

Tabelle 1: Kurzbeschreibung von Fragebogen zur Messung des emotionalen Befindens

Verfahren und Autor(en)	Theoretische Grundlage/ Konstruktionsprinzip	Skalen und Items (Itembeispiel)	Antwortmodus	Anmerkungen
BASTI: Berliner Alltagssprachliches-Stimmungs-Inventar (Schimmack, 1997)	Semantik der Begriffe in der Umgangssprache; Ähnlichkeitsbeurteilung von Adjektiven	10 spezifische und 3 globale Skalen mit je 2 Items: Teilnahmslosigkeit, Sentimentalität, Deprimiertheit, Mürrische Stimmung, Geladene Stimmung, Ängstlichkeit, Nervosität, Ausgelassenheit (ausgelassen), Heitere Stimmung, Entspannung; angenehm/ unangenehm, erregt/ruhig, wach-müde	Intensität (genau in diesem Moment). 7 Stufen von sehr schwach bis maximale Intensität; zusätzlich „nein"	
EMO 16 (Schmidt-Atzert und Hüppe, 1996)	Semantik der Begriffe in der Umgangssprache; Ähnlichkeitsbeurteilung	16 Skalen, 1 Item pro Skala: Abneigung, Ärger, Neid, Langeweile, Unruhe, Traurigkeit, Sehnsucht, Scham, Schuldgefühl, Freude, Stolz, Mitgefühl, Zuneigung, Sexuelle Erregung, Überraschung	Intensität; 6 Stufen von nicht vorhanden bis sehr stark	
EMO-16-Woche (Schmidt-Atzert, 1997)	Siehe EMO 16	Siehe EMO 16	Häufigkeit in den letzten 7 Tagen, 5 Stufen von überhaupt nicht bis sehr häufig	Mittelwerte und Streuungen für 300 Studierende und 151 Berufstätige berichtet

Tabelle 1: Fortsetzung

Verfahren und Autor(en)	Theoretische Grundlage/ Konstruktionsprinzip	Skalen und Items (Itembeispiel)	Antwortmodus	Anmerkungen
EWL: Eigenschaftswörterliste (Janke & Debus, 1978)	Faktorenanalyse	15 Skalen (6 übergeordnete Bereichsskalen) mit insges. 161 Items: Aktiviertheit, Konzentriertheit; Desaktiviertheit, Müdigkeit, Benommenheit; Extravertiertheit, Introvertiertheit; Selbstsicherheit, Gehobene Stimmung (heiter); Erregtheit, Empfindlichkeit, Ärger; Ängstlichkeit, Deprimiertheit, Verträumtheit	Vorhandensein (trifft zu/ trifft nicht zu)	Auch Kurzform EWL-K mit 123 Items (Skala Konzentriertheit entfällt hier); ähnlich konstruiertes Verfahren EWL 40-KJ für Kinder mit 10 Salen und 4 Items pro Skala von Janke und Janke (2005)
LSB: Leipziger Stimmungsbogen (Hinz, Hessel & Brähler, 2002)	Items anderer Fragebogen; Faktorenanalyse	5 Skalen mit je 6 Items: Freude (glücklich), Aktivität, Gereiztheit, Erschöpfung, Apathie	Wie zutreffend? (5 Stufen von überhaupt nicht bis sehr)	Normen, repräsentative Eichstichprobe
MDBF: Mehrdimensionaler Befindlichkeitsfragebogen (Steyer, Schwenkmezger, Notz & Eid, 1997)	Strukturmodell der Befindlichkeit (Stimmungen)	3 Skalen mit je 8 Items: Gute/schlechte Stimmung, Wachheit/Müdigkeit, Ruhe/ Unruhe (nervös)	Intensität; 5 Stufen von überhaupt nicht bis sehr	Auch Kurzform A und B mit je 12 Items
PANAS: Positive and Negative Affect Schedule (Krohne, Egloff, Kohlmann & Tausch, 1996)	Modell der amerikanischen Autoren mit zwei unabhängigen Dimensionen des „Affekts"	2 Skalen mit je 10 Items: Positiver Affekt, Negativer Affekt (bekümmert)	Intensität; wie fühlen Sie sich im Moment? (5 Stufen von gar nicht bis äußerst)	Weitere Instruktionen, z. B. Wie haben Sie sich heute gefühlt? Wie fühlen Sie sich im allgemeinen?

Tabelle 1: Fortsetzung

Verfahren und Autor(en)	Theoretische Grundlage/ Konstruktionsprinzip	Skalen und Items (Itembeispiel)	Antwortmodus	Anmerkungen
POMS: Deutsche Kurzform des Fragebogens „Profile of Mood States" (siehe Albani et al., 2005)	Amerikanisches Original mit 65 Items: Faktorenanalyse	4 Skalen mit je 14 bzw. 7 Items: Niedergeschlagenheit/Angst (ängstlich), Müdigkeit, Tatendrang, Missmut	u. a. Intensität, bezogen auf die letzten 24 Stunden; 7 Stufen von sehr schwach bis sehr stark	Weitere Versionen des POMS verbreitet; Computerversion im Wiener Testsystem; repräsentative Normen bei Grulke et al. (2006)

8 Auswahlkriterien

Welches Verfahren man einsetzt, hängt vor allem davon ab, welche Gefühlsqualitäten erwartet werden oder von Interesse sind. So wird der POMS vermutlich wegen der Skala Tatendrang häufig in der Sportspsychologie eingesetzt. Einige Fragebogen liefern nur ein grobes Bild des Befindens, andere ein differenziertes. Die Anzahl der Skalen reicht von 2 (PANAS) bis 16 (EMO 16). Die meisten Fragebogen erfassen Stimmungen; explizit auf Emotionen beziehen sich EMO 16 und PANAS. Je nach Fragestellung interessieren das aktuelle Befinden oder das Vorherrschen bestimmter Gefühle in einem längeren Zeitraum, etwa einer Woche. Wenn in der Einzelfalldiagnostik das Befinden erfasst werden soll, sind Normen unerlässlich, die LSB und POMS bieten. Die Bearbeitungsdauer kann von Bedeutung sein; die Anzahl der Items liefert hier erste Hinweise. Schließlich sind die Gütekriterien der Verfahren relevant, auf die hier aus Platzgründen nicht eingegangen wird; die Anforderungen wurden oben genannt.

9 Alternativen zu den üblichen Fragebogen

Die Bearbeitung von Fragebogen setzt voraus, dass die Probanden die genaue sprachliche Bedeutung von Items wie „zufrieden", „fröhlich" oder „glücklich" kennen. Für bestimmte Fragestellungen oder Personengruppen ist der Einsatz von Verfahren zu erwägen, die mit bildhaften Symbolen arbeiten: Im Self-Assessment Manikin *SAM* (siehe Hamm & Vaitl, 1993) werden drei Dimensionen des Befindens (Valenz, Erregung, Dominanz) durch eine stilisierte menschliche Figur ausgedrückt. Die Valenz etwa wird durch die Mundform symbolisiert; nach oben gezogene Mundwinkel stehen für positives Befinden. Die Picture Emotion Scales *PES* (Bosch, Schiel & Winder, 2005) wurden zur Bewertung von Produkten entwickelt, können aber auch auf die Messung des emotionalen Befindens übertragen werden. Jede von 12 Emotionen (u. a. Ärger, Freude, Liebe) wird durch mehrere Fotos repräsentiert (z. B. tränendes Auge für Traurigkeit). Die Probanden geben an, welche Bilder (zu dem Produkt) passen.

Weiterführende Literatur

Larsen, R. J. & Fredrickson, B. L. (1999). Measurement issues in emotion research. In D. Kahneman, E. Diener & N. Schwarz (Eds.), *Well-being: The foundations of hedonic psychology* (pp. 40–60). New York: Russell Sage Foundation.

Robinson, M. D. & Clore, G. L. (2002). Belief and feeling: Evidence for an accessibility model of emotional self-report. *Psychological Bulletin, 128,* 934–960.

Schmidt-Atzert, L. (1996). *Lehrbuch der Emotionspsychologie.* Stuttgart: Kohlhammer.

Literatur

Albani, C., Blaser, G., Geyer, M., Schmutzer, G., Brähler, E., Bailer, H. & Grulke, N. (2005). Überprüfung der Gütekriterien der deutschen Kurzform des Fragebogens „Profile of Mood States" (POMS) in einer repräsentativen Bevölkerungsstichprobe. *Psychotherapie, Psychosomatik, Medizinische Psychologie, 55,* 324–330.

Bosch, C., Schiel, S. & Winder, T. (2005). Die Messung von Emotionen im Marketing. *Transfer Werbeforschung & Praxis, 50,* 20–25.

Ciarrochi, J., Caputi, P. & Mayer, J. D. (2003). The distinctiveness and utility of a measure of trait emotional awareness. *Personality and Individual Differences, 34,* 1477– 1490.

Collegium Internationale Psychiatriae Scalarum CIPS (Hrsg.). (2005). *Internationale Skalen für Psychiatrie (5., vollst. überarb. u. erw. Aufl.).* Göttingen: Hogrefe.

Fahrenberg, J., Myrtek, M., Pawlik, K. & Perrez, M. (2007). Ambulatorisches Assessment – Verhalten im Alltagskontext erfassen: Eine verhaltenswissenschaftliche Herausforderung an die Psychologie. *Psychologische Rundschau, 58,* 12–23.

Grulke, N., Bailer, H., Schmutzer, G., Brähler, E., Blaser, G., Geyer, M. & Albani, C. (2006). Normierung der deutschen Kurzform des Fragebogens „Profile of Mood States" (POMS) anhand einer repräsentativen Bevölkerungsstichprobe – Kurzbericht. *Psychotherapie, Psychosomatik, Medizinische Psychologie, 56,* 403–405.

Hamm, A. O. & Vaitl, D. (1993). Emotionsinduktion durch visuelle Reize: Validierung einer Stimulationsmethode auf drei Reaktionsebenen. *Psychologische Rundschau, 44,* 143–161.

Hinz, A., Hessel, A. & Brähler, E. (2002). Der Leipziger Stimmungsbogen. Testkonstruktion, Gütekriterien sowie Einflüsse von Alter, Geschlecht und sozioökonomischem Status auf die Befindlichkeit. *Zeitschrift für Differentielle und Diagnostische Psychologie, 23,* 55–65.

Janke, B. & Janke, W. (2005). Untersuchungen zur Erfassung des Befindens von Kindern: Entwicklung einer Selbstbeurteilungsmethode (EWL 40-KJ). *Diagnostica, 51,* 29–39.

Janke, W. & Debus, G. (1978). *Die Eigenschaftswörterliste (EWL).* Göttingen: Hogrefe.

Krohne, H. W., Egloff, B., Kohlmann, C. W. & Tausch, A. (1996). PANAS: Positive and Negative Affect Schedule – deutsche Fassung. *Diagnostica, 42,* 139–156.

Schimmack, U. (1997). Das Berliner-Alltagssprachliche-Stimmungs-Inventar (BASTI): Ein Vorschlag zur kontentvaliden Erfassung von Stimmungen. *Diagnostica, 43,* 150–173.

Schmidt-Atzert, L. (1993). *Die Entstehung von Gefühlen. Vom Auslöser zur Mitteilung.* Berlin: Springer.

Schmidt-Atzert, L. (1997). Entwicklung und Evaluierung von Skalen zur Erfassung des emotionalen Befindens in den letzten 7 Tagen (EMO-16-Woche). *Zeitschrift für Differentielle und Diagnostische Psychologie, 18,* 182–198.

Schmidt-Atzert, L. & Hüppe, M. (1996). Emotionsskalen EMO 16: Ein Fragebogen zur Selbstbeschreibung des aktuellen emotionalen Gefühlszustandes. *Diagnostica, 42,* 242–267.

Schumacher, J., Klaiberg, A. & Brähler, E. (2003). *Diagnostische Verfahren zu Lebensqualität und Wohlbefinden.* Göttingen: Hogrefe.

Steyer, R., Schwenkmezger, P., Notz, P. & Eid, M. (1997). *Der Mehrdimensionale Befindlichkeitsfragebogen (MDBF).* Göttingen: Hogrefe.

Storm, C. & Storm, T. (2005). The English lexicon of interpersonal affect: Love, etc. *Cognition and Emotion, 19,* 333–356.

Westhoff, G. (1993). *Handbuch psychosozialer Meßinstrumente.* Göttingen: Hogrefe.

Methoden zur Induktion von Emotionen
Methods for Inducing Emotions

Markus Studtmann, Jürgen H. Otto & Rainer Reisenzein

Empirische Untersuchungen, die sich mit Emotionen beschäftigen – sei es mit ihrer Entstehung, ihren Auswirkungen oder ihren neurophysiologischen Korrelaten – setzen deren Verfügbarkeit voraus. Als episodische Zustände von häufig nur kurzer Dauer liegen Emotionen aber nicht ständig bei jedermann zur Untersuchung vor. Deshalb müssen sie vom Forscher entweder (a) gezielt in ihren natürlichen Entstehungskontexten aufgesucht oder (b) bewusst erzeugt (induziert) werden. Die Induktion von Emotionen erfolgt meist in Verbindung mit einem experimentellen Untersuchungsverfahren, d. h. der systematischen Manipulation von potenziellen Ursachenvariablen. Dabei lassen sich zwei Fälle unterscheiden:

1. Im ersten Fall liegt das Forschungsinteresse auf den *Ursachen von Emotionen*. Zum Beispiel interessiert der Effekt der zeitlichen Nähe eines bedrohlichen Ereignisses auf die Intensität der Angst. Hier ist die Emotion nicht die manipulierte, sondern die abhängige Variable.
2. Im zweiten Fall liegt das Forschungsinteresse auf den *Auswirkungen von Emotionen auf andere Variablen*, wie zum Beispiel den Gesichtsausdruck. In diesem Fall zielt die experimentelle Manipulation auf die Emotion selbst ab. Dazu wird im einfachsten Fall eine Experimentalbedingung, in der eine Emotion (z. B. Ärger) induziert wird, mit einer Kontrollbedingung ohne Induktion verglichen. Es können aber auch zwei oder mehrere Emotionsqualitäten (z. B. positive versus negative Stimmung; Ärger versus Angst) oder Emotionsintensitäten (z. B. hohe versus niedrige Angst) miteinander verglichen werden.

1 Vor- und Nachteile von Induktionsverfahren

Die Induktion von Emotionen hat gegenüber der Untersuchung von natürlich auftretenden emotionalen Episoden einige unbestreitbare Vorzüge:
- Die aktive Erzeugung von Emotionen ermöglicht eine weit bessere Kontrolle über die Qualität, Intensität und die zeitlichen Parameter (Beginn, Dauer, Verlauf) der Emotion als Untersuchungsmethoden, die auf natürlich auftretende Emotionen angewiesen sind.
- Emotionen, die im Alltag selten auftreten oder dort schwer zugänglich sind, werden unter Umständen überhaupt nur durch aktive Induktion der Untersuchung zugänglich.

- Die mit der Induktion von Emotionen meist einhergehende experimentelle Methode erlaubt es deutlich besser als nichtexperimentelle Untersuchungsverfahren, Kausalhypothesen über die Ursachen oder Wirkungen von Emotionen zu überprüfen.

Allerdings hat die Induktion von Emotionen gegenüber der Untersuchung natürlich auftretender Emotionen auch Nachteile. Diese betreffen insbesondere die praktische Realisierbarkeit, ethische Verantwortbarkeit und ökologische Validität der Emotionsinduktion.

2 Methoden der Emotionsinduktion

In der Emotionsforschung sind eine Vielzahl von Verfahren zur Induktion von Emotionen erprobt worden. Die folgende Übersicht berücksichtigt neben Verfahren zur Erzeugung von Emotionen im engeren Sinn (wie Freude, Angst oder Ärger) auch Verfahren zur Induktion von Stimmungen (z. B. gehobene oder gedrückte Stimmung). Stimmungen unterscheiden sich nur graduell von Emotionen (insbesondere durch ihre geringere Objektspezifität; Frijda, 1993) und werden in der Forschung teilweise mithilfe derselben Methoden induziert wie Emotionen (z. B. durch Filme; vgl. Siemer, 2001). Wir gehen zuerst auf die Emotionsinduktion durch Herstellung von realen (oder zumindest real erscheinenden) Situationen ein und erörtern anschließend Verfahren der Emotionsinduktion durch reproduzierte oder simulierte Situationen (Erinnerungen, Vorstellungen, Filme, Computerspiele und virtuelle Realität). Danach besprechen wir Induktionsverfahren, in denen jeweils die visuelle (Bilder), die auditive (Geräusche und Musik) oder die olfaktorische Modalität (Gerüche) im Mittelpunkt steht. Abschließend werden einige spezielle Verfahren vorgestellt (Velten-Technik, motorisches Feedback, Hypnose und Pharmaka).

2.1 Emotionsinduktion durch reale Situationen

Emotionen wie Freude, Traurigkeit, Angst, Ärger, Erleichterung, Mitleid usw. werden im Alltag typischerweise durch bestimmte Ereignisse sozialer oder nichtsozialer Natur hervorgerufen. Es liegt deshalb nahe, zur Induktion von Emotionen im Labor analoge Situationen herzustellen. Von dieser Methode wurde in zahlreichen Untersuchungen Gebrauch gemacht. Beispielsweise wurde *Freude/gehobene Stimmung* induziert, indem die Versuchsteilnehmer ein kleines Geschenk erhielten (z. B. Isen, Shalker, Clark & Karp, 1978). *Stolz* wurde durch Rückmeldung über eine angeblich hervorragende Leistung bei einem Test erzeugt (z. B. Stepper & Strack, 1993). *Ärger* wurde durch die herabsetzende Kritik eines Aufsatzes des Versuchsteilnehmers durch eine vermeintliche andere

Versuchsperson hervorgerufen (Bushman & Baumeister, 1998). *Angst* wurde durch die Aufforderung zum freien Reden über ein unangenehmes Thema (z. B. Mauss, Wilhelm & Gross, 2004) oder durch die Konfrontation mit einem gefürchteten Objekt (z. B. einer Spinne bei spinnenängstlichen Personen; Vernon & Berenbaum, 2002) induziert. *Mitleid* wurde erzeugt, indem die Versuchsteilnehmer das Leiden einer vermeintlichen anderen Versuchsperson miterlebten (z. B. Batson, Duncan, Ackerman, Buckley & Birch, 1981); *Verlegenheit*, indem sie von Gleichaltrigen geneckt wurden (z. B. Keltner, Young, Oemig, Heerey & Monarch, 1998); und *Überraschung*, indem ihnen unerwartete Lösungen von Quizfragen mitgeteilt wurden (Reisenzein, 2000). Weitere Beispiele mit Literaturhinweisen finden sich in Otto (2000) und Harmon-Jones, Amodio und Zinner (2007).

2.2 Emotionsinduktion durch Erinnerung und Vorstellung

Bei der *Erinnerungsmethode* werden die Versuchsteilnehmer aufgefordert, sich anschaulich und lebhaft an Lebensereignisse zu erinnern, die eine bestimmte Emotion (z. B. Freude oder Traurigkeit) bei ihnen hervorgerufen haben (z. B. Abele, 1990). Bei der *Vorstellungsmethode* werden den Versuchsteilnehmern kurze schriftliche oder mündliche Geschichten oder Beschreibungen von emotionsauslösenden Situationen (sogenannte „Vignetten" oder „Szenarien") vorgegeben, meist zusammen mit der Instruktion, sich in die Rolle des Protagonisten zu versetzen und sich lebhaft vorzustellen, ihnen würden die beschriebenen Ereignisse zustoßen (z. B. Wacker, Heldmann & Stemmler, 2003). Beide Methoden können prinzipiell zur Induktion eines breiten Emotionsspektrums eingesetzt werden. Ein Nachteil der Erinnerungsmethode relativ zur Vorstellungsmethode ist, dass sich unterschiedliche Versuchsteilnehmer an unterschiedliche Ereignisse erinnern. Die Vorstellungsmethode gestattet es dagegen, alle Personen mit derselben (vorgestellten) Situation zu konfrontieren. Insbesondere bei nicht vertrauten Situationen kann es den Versuchsteilnehmern jedoch schwer fallen, sich intensiv genug in die beschriebene Situation zu versetzen, um das intendierte Gefühl zu erleben.

2.3 Emotionsinduktion durch Filme

Filme eignen sich sowohl zur Induktion von globalen positiven und negativen Stimmungen (z. B. Forgas, 1993) als auch, in begrenztem Maße, zur Induktion von spezifischen Emotionen. Zur Induktion spezifischer Emotionen haben Gross und Levenson (1995) zwei Serien von jeweils 8 maximal achtminütigen Filmclips zusammengestellt, die anhand von Gefühls-Selbstberichten validiert wurden. Durch diese Filmclips sollen Erheiterung, Ekel, Traurigkeit, Ärger, Furcht, Überraschung, Zufriedenheit sowie ein neutraler Gefühlszustand (Kontrolle) induziert werden.

Nach Rottenberg, Ray und Gross (2007) haben sich vor allem die Filmclips für Erheiterung, Traurigkeit und Ekel als gut geeignet zur Induktion der betreffenden Emotionen erwiesen. Längere Filmausschnitte lösen allerdings neben der Zielemotion oft noch andere Emotionen aus. Will man dies vermeiden, kann es sinnvoll sein, die Filmclips auf Kernereignisse zu kürzen. Eine Validierung von Filmclips zur Emotionsinduktion bei deutschen Studierenden stammt von Hewig, Hagemann und Seifert (2005).

2.4 Emotionsinduktion durch Computerspiele und virtuelle Realität

Im Gegensatz zu Filmen ermöglichen Computerspiele – und allgemeiner, vom Computer simulierte, virtuelle Umwelten – die Interaktion mit anderen Spielteilnehmern, künstlichen Agenten oder der simulierten Umwelt. Dadurch eröffnen Computerspiele im Prinzip die Möglichkeit zur Induktion zahlreicher Emotionen (Loomis, Blascovich & Beall, 1999; Wang & Marsella, 2006). Bislang wurde von dieser Möglichkeit in der Emotionsforschung allerdings wenig Gebrauch gemacht (z. B. Kappas & Pecchinenda, 1999; van Reekum et al., 2004; Wang & Marsella, 2006). Zum Beispiel verwendeten Wang und Marsella (2006) ein modifiziertes Abenteuerspiel, bei dem der Spieler in einem unterirdischen Verlies auf Goldsuche geht. Im Verlauf des Spiels wurden Ereignisse inszeniert, die Langeweile, Überraschung, Freude, Ärger und Enttäuschung hervorrufen sollten. Virtuelle Umwelten sind darüber hinaus bei entsprechend disponierten Personen zur Induktion von Ängsten wie Höhenangst, Spinnenangst oder Flugangst geeignet (Krijn, Emmelkamp, Olafsson & Biemond, 2004). Die erlebte Realität der virtuellen Umwelt kann durch spezielle Darbietungsgeräte wie 3D-Videobrillen erhöht werden (Loomis et al., 1999).

2.5 Emotionsinduktion durch Bilder

Bei diesem Verfahren werden den Versuchsteilnehmern potenziell emotionsinduzierende Bilder in Form von Dias, auf Papier oder auf einem Bildschirm dargeboten. Bei der Auswahl der Bilder wird in den letzten Jahren zunehmend auf das *International Affective Picture System* (IAPS) von Lang, Bradley und Cuthbert (2005) zurückgegriffen. Das IAPS umfasst gegenwärtig (2007) über 900 Fotos unterschiedlicher Kategorien (z. B. Tiere, Waffen, erotische Darstellungen) zusammen mit mittleren Beurteilungen auf den Gefühlsdimensionen Valenz (angenehm-unangenehm), Erregung (erregend-beruhigend) und Dominanz (kontrolliert-kontrollierend). Solche Normwerte – die zugleich eine Validierung des IAPS als Emotionsinduktionsmethode darstellen – liegen für mehrere Länder vor (für Deutschland: Hamm & Vaitl, 1993). Die Bandbreite der Emotionen, die durch statische Fotos wie die des IAPS hervorgerufen werden können, ist allerdings begrenzt: Die IAPS-Bilder erscheinen vor allem geeignet zur Induktion von Ekel, Angst (zumindest bei prädisponierten Personen, z. B. solchen mit Schlangenfurcht), sexueller Erregung sowie von Gefühlen der Amüsiertheit und der Zuneigung (beim Anblick von Haustieren wie Kätzchen).

2.6 Emotionsinduktion durch Geräusche und Musik

Ein zum IAPS analoges, standardisiertes Verfahren zur Emotionsinduktion durch *Alltagsgeräusche* verschiedenster semantischer Kategorien (z. B. Bombenlärm) wurde von Bradley und Lang (1999) entwickelt (*International Affective Digitized Sounds*, IADS). Beim *Musikverfahren* der Emotionsinduktion werden den Untersuchungsteilnehmern spezielle, auf ihre Eignung zur Gefühlsinduktion hin überprüfte Musikstücke vorgespielt. Die Versuchspersonen werden entweder instruiert, lediglich zuzuhören oder aufgefordert, sich mit Hilfe der Musik aktiv in eine bestimmte Stimmung zu versetzen. Mit diesem Verfahren können positive und negative Stimmungen induziert werden (Västfjäll, 2002). Musik kann außerdem mit der Erinnerungsmethode kombiniert werden, um deren Wirkung zu verstärken (z. B. Siemer, 2001).

2.7 Emotionsinduktion durch Gerüche

Gerüche sind bislang nur selten zur Emotionsinduktion eingesetzt worden. Beispiele sind die Untersuchungen von Ehrlichman und Halpern (1988) sowie Leppänen und Hietanen (2003), welche unangenehme Gefühle mittels Pyridingeruch und angenehme Gefühle mittels Mandel- und Zitronenduft zu erzeugen versuchten. Noch mehr als im Fall von statischen Bildern und Musik lässt sich durch einfache Sinnesreize wie Gerüche aber nur eine geringe Bandbreite von Gefühlen erzeugen.

2.8 Emotionsinduktion mit der Velten-Technik

Bei dieser von Velten (1968) entwickelten Prozedur werden die Versuchspersonen aufgefordert, eine Serie von selbstbezogenen Aussagen zu lesen und sich in die durch die Aussagen suggerierte Stimmung zu versetzen. Die klassische Velten-Technik wird eingesetzt, um eine gehobene oder depressive Stimmung zu induzieren. Eine Erweiterung des Verfahrens auf die Induktion von Angst haben Andrews und Borkovec (1988) vorgelegt; eine deutschsprachige Adaptation Mecklenbräuker und Hager (1986).

2.9 Emotionsinduktion durch Manipulation des Ausdrucksverhaltens

Diese Emotionsinduktionsmethode hat ihren Ursprung in der Forschung zur Mimik-Feedback-Hypothese, der zufolge Rückmeldungen von emotionstypischen Gesichtsausdrücken (z. B. Lächeln bei Freude) das zugehörige Gefühl hervorbringen oder zumindest verstärken. Dementsprechend wird bei dieser Induktionsmethode versucht, durch das Herstellen von emotionalen Gesichtsausdrücken, aber auch Körperhaltungen (z. B. Stepper & Strack, 1993) das damit verbundene Gefühl zu erzeugen oder zu verstärken. Die vorliegenden Untersuchungen stützen die Annahme, dass diese Methode zumindest geeignet ist, vorhandene positive und negative Gefühle zu verstärken (z. B. McIntosh, 1996). Allerdings ist sie offenbar nur bei einem Teil der Personen wirksam (Laird & Bresler, 1992).

2.10 Hypnose und Pharmaka

Hypnose und die Verabreichung von Pharmaka (→ Neurochemische Methoden in der Emotionspsychologie) sind nur bedingt als eigenständige Methoden der Emotionsinduktion anzusehen. Sie sind jedoch geeignet, die Wirkung anderer Induktionsverfahren zu verstärken (im Fall von Pharmaka auch abzuschwächen) oder bessere Voraussetzungen für ihre Anwendung zu schaffen. Im Zustand der Hypnose können durch gelenkte Imaginationen und Erinnerungen auch länger anhaltende Gefühlszustände induziert werden (Blaney, 1986). Adrenerg stimulierende Pharmaka wie Adrenalin oder Koffein können die Effekte anderer Induktionsverfahren verstärken, allerdings nur unter bestimmten Umständen (Reisenzein, 1983). Umgekehrt können Pharmaka mit sedierender Wirkung (z. B. Benzodiazepine) vorhandene Emotionen abschwächen, was insbesondere zur Überprüfung von Hypothesen über die Auswirkungen von Emotionen auf andere Variablen genutzt werden kann (z. B. Cooper, Zanna & Taves, 1978). Hypnose und Pharmaka können allerdings nur bei Personen angewendet werden, die gut hypnotisierbar sind (was nur für 20–25 % zutrifft) bzw. der Einnahme der Pharmaka zustimmen (vgl. Otto, 2000).

3 Auswahl eines Verfahrens

Bei der Auswahl eines geeigneten Verfahrens zur Emotionsinduktion sollten insbesondere die folgenden Fragen geklärt werden:

- Ist das in Betracht gezogene Verfahren **effektiv**, das heißt geeignet zur Induktion der gewünschten Emotion? Einige der besprochenen Verfahren eignen sich nur zur Induktion von globalen positiven oder negativen Gefühlen oder Stimmungen (z. B. Musik, Velten-Technik), andere dagegen auch zur Induktion von spezifischen Emotionen (insbesondere reale Situationen,

Erinnerungen und Vorstellungen, Filme). Die Wirksamkeit von verschiedenen Methoden zur Induktion von *positiven und negativen Stimmungen* wurde in einer Meta-Analyse von Westermann, Spies, Stahl und Hesse (1996) verglichen. Die Autoren fanden unter anderem, dass Filme und die Vorstellungsmethode zur Induktion positiver Stimmungen besser geeignet waren als die übrigen untersuchten Verfahren. Für die Induktion negativer Stimmungen galt dies ebenfalls, sofern die Vpn explizit aufgefordert worden waren, sich in die durch die die Filme bzw. Vorstellungsvorlagen suggerierte Stimmung zu versetzen. Vergleichende Studien oder Meta-Analysen zur Wirksamkeit von Methoden zur Induktion *spezifischer Emotionen* gibt es bislang offenbar nicht. Hinweise auf die Wirksamkeit dieser Verfahren geben jedoch die Manipulationskontrollen von Studien, in denen die jeweiligen Verfahren zur Anwendung gekommen sind. Derartige Kontrollmessungen (entweder im Rahmen der Induktionsstudien selbst oder in Voruntersuchungen) sind aber auch dann zu empfehlen, wenn eine bereits bewährte Methode angewendet wird, um die Wirksamkeit des Induktionsverfahrens auch im vorliegenden Fall zweifelsfrei nachzuweisen und um statistische Mediationsanalysen (z. B. Pfadanalysen) zu ermöglichen (Baron & Kenny, 1986). Zur Emotionsmessung wird meistens der Gefühls-Selbstbericht verwendet, gewöhnlich in Form von Intensitätsurteilen auf Ratingskalen. Andere Emotionsindikatoren, wie die Mimik oder physiologische Veränderungen, wurden zum Zweck der Validierung von Gefühlsinduktionsverfahren dagegen bislang selten verwendet. Dies liegt nicht zuletzt an den schwachen und zum Teil ungeklärten Zusammenhängen dieser Indikatoren zum Gefühlserleben.

- Ist das Verfahren **ausreichend spezifisch** oder induziert es außer der gewünschten Emotion noch weitere, unerwünschte Gefühle? Auch diese Frage kann durch geeignete Kontrollmessungen beantwortet werden (z. B. Siemer, 2001).
- Ist das Verfahren **ethisch vertretbar**? Diese Frage stellt sich insbesondere dann, wenn die Induktion negativer Emotionen beabsichtigt ist. Erfordert das Induktionsverfahren die Täuschung der Versuchsteilnehmer (wie oft bei der Emotionsinduktion durch reale Situationen), muss auf jeden Fall am Versuchsende eine Aufklärung erfolgen.
- Welche **Applikationsformen** des Induktionsverfahrens gibt es? Reale Situationen lassen sich meist nur im Einzelversuch herstellen. Soll eine Emotion zum Beispiel aus ökonomischen Gründen bei mehreren Personen gleichzeitig induziert werden, müssen deshalb andere Methoden wie Vorstellungsverfahren, Erinnerungsverfahren oder Filme verwendet werden. Diese Verfahren können übrigens auch in Webexperimenten über das Internet eingesetzt werden. In diesem Fall sind Methoden zu bevorzugen, die nur geringe Voraussetzungen an die technische Ausstattung der Nutzer stellen. Bislang erprobt wurden die Erinnerungsmethode, Fotos und die Velten-Technik (Göritz

& Moser, 2006). Sollen bei denselben Personen nacheinander mehrere Emotionen oder dieselbe Emotion mehrfach induziert werden, ist besonders auf mögliche Transfereffekte (inklusive Habituationseffekte) zu achten.
- Welche Rolle spielt die **zeitgenaue Applikation** der Emotionsinduktion? Insbesondere dann, wenn kurzlebige Effekte von Emotionen (z. B. Effekte auf die Mimik) untersucht werden sollen, ist es wichtig, den genauen Zeitpunkt der Emotionsentstehung zu kennen. Dieser Zeitpunkt ist bei der Verwendung von Erinnerungen, Vorstellungen oder Musik deutlich schlechter bestimmbar als etwa bei der Darbietung von Bildern und in vielen Realsituationen.
- Welche Rolle spielen **Erwartungseffekte** *(demand effects)*? Potenziell anfällig für Erwartungseffekte sind vor allem solche Emotionsinduktionsmethoden, bei denen die Absicht zur Emotionsinduktion leicht erraten werden kann oder die Teilnehmer gar um Mithilfe bei der Herbeiführung der Emotion gebeten werden (wie es bei der Velten-Technik und bei Varianten der Musikinduktions- und Erinnerungsmethoden der Fall ist). Empirische Untersuchungen zum Einfluss von Erwartungseffekten in der Stimmungsforschung weisen allerdings darauf hin, dass diese dort nur eine untergeordnete Rolle spielen (z. B. Finegan & Seligman, 1995).

Weiterführende Literatur

Coan, J. A. & Allen, J. J. B. (Eds.). (2007). *Handbook of emotion elicitation and assessment*. Oxford: University Press.
Otto, J. H. (2000). Induktionsverfahren. In J. H. Otto, H. A. Euler & H. Mandl (Hrsg.) *Emotionspsychologie. Ein Handbuch* (S. 395–408). München: Beltz.

Literatur

Abele, A. (1990). Die Erinnerung an positive und negative Lebensereignisse. Untersuchungen zur stimmungsinduzierenden Wirkung und zur Gestaltung der Texte. *Zeitschrift für Experimentelle und Angewandte Psychologie, 37,* 181–207.
Andrews, V. H. & Borkovec, T. D. (1988). The differential effects of induction of worry, somatic anxiety, and depression on emotional experience. *Journal of Behavior Therapy and Experimental Psychiatry, 19,* 21–26.
Baron, R. M. & Kenny, D. A. (1986). The moderator-mediator variable distinction in social psychological research: Conceptual, strategic, and statistical considerations. *Journal of Personality and Social Psychology, 51,* 1173–1182.
Batson, C. D., Duncan, B. D., Ackerman, P., Buckley, T. & Birch, K. (1981). Is empathic emotion a source of altruistic motivation? *Journal of Personality and Social Psychology, 40,* 290–302.

Blaney, P. L. (1986). Affect and memory: a review. *Psychological Bulletin, 99,* 229–246.

Bradley, M. M. & Lang, P. J. (1999). *International affective digitized sounds (IADS): Stimuli, instruction manual and affective ratings* (Tech. Rep. No. B-2). Gainesville, FL: The Center for Research in Psychophysiology, University of Florida.

Bushman, B. J. & Baumeister, R. F. (1998). Threatened egotism, narcissism, self-esteem, and direct and displaced aggression: Does self-love or self-hate lead to violence? *Journal of Personality and Social Psychology, 75,* 219–229.

Cooper, J., Zanna, M. P. & Taves, P. A. (1978). Arousal as a necessary condition for attitude change following induced compliance. *Journal of Personality and Social Psychology, 36,* 1101–1106.

Ehrlichman, H. & Halpern, J. N. (1988). Affect and memory: Effects of pleasant and unpleasant odors on retrieval of happy and unhappy memories. *Journal of Personality and Social Psychology, 55,* 769–779.

Finegan, J. E. & Seligman, C. (1995). In defense of the Velten mood induction procedure. *Canadian Journal of Behavioural Science, 27,* 405–419.

Forgas, J. P. (1993). On making sense of odd couples: Mood effects on the perception of mismatched relationships. *Personality and Social Psychology Bulletin, 19,* 59–71.

Frijda, N. H. (1993). Moods, emotion episodes, and emotions. In M. Lewis & J. M. Haviland (Eds.), *Handbook of emotions* (pp. 381–403). New York: Guilford.

Göritz, A. S. & Moser, K. (2006). Web-based mood induction. *Cognition and Emotion, 20,* 887–896.

Gross, J. J. & Levenson, R. W. (1995). Emotion elicitation using films. *Cognition and Emotion, 9,* 87–108.

Hamm, A. O. & Vaitl, D. E. (1993). Emotionsinduktion durch visuelle Reize: Validierung einer Stimulationsmethode auf drei Reaktionsebenen. *Psychologische Rundschau, 44,* 143–161.

Harmon-Jones, E., Amodio, D. M. & Zinner, L. R. (2007). Social psychological methods in emotion elicitation. In J. A. Coan & J. J. B. Allen (Eds.), *Handbook of Emotion Elicitation and Assessment* (pp. 91–105). New York: Oxford University.

Hewig, J., Hagemann, D. & Seifert, J. (2005). A revised film set for the induction of basic emotions. *Cognition and Emotion, 19,* 1095–1109.

Isen, A. M., Shalker, T. E., Clark, M. S. & Karp, L. (1978). Positive affect, accessibility of material in memory, and behavior: A cognitive loop? *Journal of Personality and Social Psychology, 36,* 1–36.

Kappas, A. & Pecchinenda, A. (1999). Don't wait for the monsters to get you: A video game task to manipulate appraisals in real time. *Cognition and Emotion, 13,* 119–124.

Keltner, D., Young, R. C., Oemig, C., Heerey, E. A. & Monarch, N. D. (1998). Teasing in hierarchical and intimate relations. *Journal of Personality and Social Psychology, 75,* 1231–1247.

Krijn, M., Emmelkamp, P. M. G., Olafsson, R. P. & Biemond, R. (2004). Virtual reality exposure therapy of anxiety disorders: A review. *Clinical Psychology Review, 24,* 259–281.

Laird, J. D. & Bresler, C. (1992) The process of emotional feeling: A self-perception theory. In M. Clark (Ed.), *Review of Personality and Social Psychology* (Vol. 13, pp. 223–234). Newbury Park, CA: Sage.

Lang, P. J., Bradley, M. M. & Cuthbert, B. N. (2005). *International affective picture system (IAPS): Affective ratings of pictures and instruction manual*. Technical Report A-6. University of Florida, Gainesville, FL.

Leppänen, J. M. & Hietanen, J. K. (2003). Affect and face perception: Odors modulate the recognition advantage of happy faces. *Emotion, 3*, 315–326.

Loomis, J. M., Blascovich, J. J. & Beall, A. C. (1999). Immersive virtual environments as a basic research tool in psychology. *Behavior Research Methods, Instruments, and Computers, 31*, 557–564.

Mauss, I. B., Wilhelm, F. W. & Gross, J. J. (2004). Is there less to social anxiety than meets the eye? Emotion experience, expression, and bodily responding. *Cognition and Emotion, 18*, 631–662.

McIntosh, D. N. (1996). Facial feedback hypotheses: Evidence, implications, and directions. *Motivation and Emotion, 20*, 121–147.

Mecklenbräuker, S. & Hager, W. (1986). Zur experimentellen Variation von Stimmungen: Ein Vergleich einer deutschen Adaptation der selbstbezogenen Velten-Aussagen mit einem Musikverfahren. *Zeitschrift für Experimentelle und Angewandte Psychologie, 33*, 71–94.

Reisenzein, R. (1983). The Schachter theory of emotion: Two decades later. *Psychological Bulletin, 94*, 239–264.

Reisenzein, R. (2000). Exploring the strength of association between the components of emotion syndromes: The case of surprise. *Cognition and Emotion, 14*, 1–38.

Rottenberg, J., Ray, R. R. & Gross, J. J. (2007). Emotion elicitation using films. In J. A. Coan & J. J. B. Allen (Eds.), *Handbook of emotion elicitation and assessment* (pp. 9–28). New York: Oxford University Press.

Siemer, M. (2001). Mood specific effects on appraisal and emotion judgments. *Cognition and Emotion, 15*, 453–485.

Stepper, S. & Strack, F. (1993). Proprioceptive determinants of emotional and nonemotional feelings. *Journal of Personality and Social Psychology, 64*, 211–220.

Västfjäll, D. (2002). Emotion induction through music: A review of the musical mood induction procedure. *Musicae Scientiae, Special Issue 2001–2002*, 173–211.

van Reekum, C. M., Johnstone, T., Banse, R., Etter, A., Wehrle, T. & Scherer, K. R. (2004). Psychophysiological responses to appraisal dimensions in a computer game. *Cognition and Emotion, 18*, 663–688.

Velten, E. (1968). A laboratory task for induction of mood states. *Behavior Research and Therapy, 6*, 473–482.

Vernon, L. L. & Berenbaum, H. (2002). Disgust and fear in response to spiders. *Cognition and Emotion, 16*, 809–830.

Wacker, J., Heldmann, M. & Stemmler, G. (2003). Separating emotion and motivational direction in fear and anger: Effects on frontal asymmetry. *Emotion, 3*, 167–193.

Wang, N. & Marsella, S. (2006). Introducing EVG: An Emotion Evoking Game. *6th International Conference on Intelligent Virtual Agents* (Marina del Rey, CA, August 21–22 2006).

Westermann, R., Spies, K., Stahl, G. & Hesse, F. W. (1996). Effectiveness and validity of mood induction procedures: A meta-analysis. *European Journal of Social Psychology, 26*, 557–580.

Neurochemische Methoden in der Emotionspsychologie
Neurochemical Approaches to the Study of Emotions

Gisela Erdmann & Wilhelm Janke

1 Neurochemische Systeme als Grundlagen emotionaler Vorgänge

Die *neurochemische* Betrachtungsweise macht mehr als die *neurophysiologische* die somatische Fundierung emotionaler Vorgänge deutlich (→ Neurochemie) (Überblick über Neurostoffe: Janke & Erdmann, 2008; Netter, 2008). Besonders das limbische System, das für Emotionen entscheidend ist, ist gekennzeichnet durch seine neurochemische Modulation.

Exogene und endogene Reize beeinflussen die Verfügbarkeit und Aktivität von Substanzen, die in neurochemischen Teilsystemen gebildet werden. Erhöhte oder erniedrigte Aktivität von bestimmten Neurostoffen führt zu neurophysiologischen Veränderungen, die mit dem Auftreten spezifischer emotionaler Zustände und Störungen verknüpft sein können. Störungen sind in der Regel Ausdruck von Dysfunktionen eines oder (meist) mehrerer neurochemischer Systeme und können oft durch Verabreichung chemischer Stoffe, meist sog. Psychopharmaka, vermindert werden.

Neurotransmitter und -modulatoren: Es sind Stoffe, die bei der Impulsübertragung an den Synapsen beteiligt sind oder die Erregbarkeit von Neuronen längerfristig verändern können. Die „klassischen" Neurostoffe sind Neurotransmitter wie Noradrenalin (NA), Dopamin (DA), Serotonin (5-HT), Acetylcholin (ACh), GABA und Glutamat. Die meisten *Neuromodulatoren* sind Peptide und werden daher *Neuropeptide* genannt. Ihre Zahl ist weitaus größer als die der „klassischen" Neurotransmitter. Sie werden oft gemeinsam mit Neurotransmittern an den Synapsen freigesetzt, können aber auch an anderen Stellen der Zellmembran freigesetzt werden. Neuropeptide werden in verschiedenen Systemen gebildet, so im Hypothalamus und anderen neuronalen Systemen. Viele dieser Peptide werden aber auch außerhalb des Nervensystems synthetisiert und freigesetzt, so als Gewebshormone im Magen-Darm-Trakt, dem Herzen und anderen Organen. Neben den Neuropeptiden sind inzwischen eine Reihe von Steroid-Hormonen bekannt, die auf dem Blutweg ins Gehirn transportiert werden *(Neurosteroide)*. Die zentralen Wirkungen werden z. T. über spezifische (intrazelluläre) Rezeptoren vermittelt, z. T. über die Modulation von Neurotransmitter-Rezeptoren.

Hormone: Hormonsystem und Nervensystem interagieren miteinander. Insbesondere zwischen endokrinem und vegetativem System bestehen enge Beziehungen. Dem Hormonsystem kommt vor allem eine Bedeutung bei der Regulation längerfristiger emotionaler Vorgänge zu, so etwa der vorherrschenden längerdauernden Stimmungslage. Bei (auch) direkt am ZNS angreifenden Hormonen ist aber auch eine kurzfristige Beeinflussung von Emotionen möglich.

Immunsystem: In den letzten 20 Jahren wurde erwiesen, dass Neurotransmitter, Hormone und Immunsystem Emotionen gemeinsam regulieren und von diesen beeinflusst werden. Die Systeme benutzen z. T. die gleichen Botenstoffe. Emotionen sowie psychisch wirksame chemische Stoffe beeinflussen das Immunsystem kurz- und langdauernd und umgekehrt.

2 Ansätze zur Untersuchung der Beziehung zwischen Neurostoffen und Emotionen

In methodischer Hinsicht ergibt sich das zentrale Problem der Neurochemopsychologie (→ Neurochemie) daraus, dass die Effekte von Neurostoffen auf das Verhalten sowie die Verhaltenseffekte auf die Neurostoffe beim Menschen nur indirekt untersucht werden können.

> **Grundlegende, sich ergänzende, methodische Ansätze beim Menschen**
> 1. Verabreichung von chemischen Stoffen, insbesondere Pharmaka, zur Variation der Aktivität neurochemischer Systeme und Erfassung daraus resultierender emotionaler Veränderungen;
> 2. Bestimmung von Indikatoren der Verfügbarkeit endogener Stoffe, der Aktivität bzw. der Reaktivität neurochemischer Systeme beim Vorliegen von emotionalen Merkmalen/Zuständen.

2.1 Verabreichung von chemischen Stoffen

2.1.1 Pharmaka als Forschungswerkzeuge der (neurochemischen) Emotionsforschung

Die Verabreichung chemischer Stoffe, insbesondere von Pharmaka, ist der bedeutsamste, nach Auffassung einiger Autoren (Eysenck, Gray, Janke, Russel, Warburton) der wichtigste Ansatz in der Physiologischen Psychologie überhaupt. Pharmakonverabreichung wird als erstrangiges *Forschungswerkzeug* gesehen, weil sie es ermöglicht, physiologische und biochemische Vorgänge in *dosierbarer* Weise

("Quantifizierbarkeit"), *vorübergehend* ("Reversibilität") und *spezifisch* ("Selektivität" oder „Spezifität") zu verändern (Erdmann & Janke, 2000; Janke, 1988; Janke & Erdmann, 2008).

Vor allem in *Human*untersuchungen ist sie oft die einzig praktikable oder ethisch vertretbare Methode zur Variation somatischer Vorgänge. Besonders die Reversibilität und Quantifizierbarkeit zeichnen chemische Stoffe gegenüber anderen Methoden, z. B. der Ausschaltung von Hirnstrukturen, aus.

Auch wenn mit der Verbesserung von Nachweismethoden geklärt wurde, dass die meisten verabreichten Stoffe nicht so selektiv wirken wie früher erhofft, und bei der in der Regel systemischen Verabreichung beim Menschen die Wirkungen auch nicht auf einen bestimmten Zielort begrenzt sind, ist es mit Hilfe einer Stoffverabreichung besser als mit vielen anderen Methoden möglich, physiologische und biochemische Vorgänge relativ spezifisch zu beeinflussen. Es ist wahrscheinlich, dass in Zukunft immer mehr selektiv wirkende Stoffe entwickelt werden. Damit bietet die Pharmakopsychologie ein vielversprechendes Instrumentarium für die physiologische Emotionsforschung. Bereits jetzt machen viele neuropsychologische Emotionstheorien von Ergebnissen der Verabreichung chemischer Stoffe Gebrauch, so Gray, Panksepp und Graeff (→ Neuropsychologie).

> **Die Variation neurochemischer Systeme durch die Verabreichung chemischer Stoffe ermöglicht**
> 1. angenommene Beziehungen zwischen psychischen und somatischen Merkmalen zu hinterfragen,
> 2. psychologische Konstrukte hinsichtlich ihrer biologischen Grundlagen zu belegen,
> 3. die Homogenität anscheinend *unterschiedlicher* Konstrukte plausibel zu machen,
> 4. die Heterogenität anscheinend *einheitlicher* Konstrukte plausibel zu machen,
> 5. Konstrukte in Teilkomponenten aufzugliedern.

2.1.2 Emotionsbeeinflussende chemische Stoffe und ihre Wirkungen

Eine große Zahl von Stoffen, die chemisch, pharmakologisch und klinisch zu unterschiedlichsten Klassen gehören, beeinflussen emotionale Vorgänge.

> **Grundsätzliche Wirkungen in neurochemischer Perspektive sind**
> 1. Die Beeinflussung der Synthese von Neurostoffen.
> 2. Die Beeinflussung der Freisetzung von Neurostoffen.

3. Die Beeinflussung der Rezeptorbindung von Neurostoffen.
4. Die Beeinflussung der Inaktivierung von Neurostoffen, die über enzymatischen Abbau und/oder die Wiederaufnahme in die Präsynapse (bei Transmittern) erfolgt.

Als Ergebnis der angeführten Wirkungsmechanismen und Wirkungen resultiert: (a) Erhöhung oder Erniedrigung der Verfügbarkeit oder Wirksamkeit bestimmter Neurostoffe, (b) Verlängerung oder Verkürzung der Dauer der Wirksamkeit von Neurostoffen, (c) Veränderung der Balance mehrerer Neurostoffe.

Von den 3 Fällen ist wahrscheinlich der letzte bei den meisten Stoffen realisiert. Die Mehrheit der bekannten Stoffe greift nämlich in mehrere neurochemische Systeme ein, und zwar mit unterschiedlichem Gewicht, so dass es zur Veränderung der Konfiguration kommt. Die praktisch bedeutsamsten Stoffe sind die *Psychopharmaka*. Ihre gängige Unterteilung erfolgt nach *klinisch-therapeutischen* Gesichtspunkten. Diese ist zum Teil identisch mit der nach Verhalten. Es ist wahrscheinlich, dass den klinischen und den verhaltensorientierten Unterteilungen meist Unterschiede in der neurochemischen Beeinflussung entsprechen.

Psychopharmaka wie Tranquillantien, Sedativa/Hypnotika, Neuroleptika, Antidepressiva, Psychostimulantien, zentrale Analgetika und Psychotomimetika haben je nach Dosis emotionale Wirkungen, die oft klarer als andere, etwa leistungsbezogene, in Erscheinung treten.

Tranquillantien: Dieser Klasse gehören verschiedene Stoffgruppen an. Besonders eindeutig sind die emotionalen Effekte der Tranquillantien vom Typ der Benzodiazepine, die sich als Minderung von emotionaler Spannung und Angst ausdrücken und die deshalb zur Beeinflussung von Spannungs-/Angst-Zuständen verwendet werden. Tranquillantien haben neben den emotionalen auch desaktivierende und muskelrelaxierende sowie antikonvulsive Wirkungen. Neurochemisch ist primär das GABA-System beteiligt, indirekt vor allem das Serotonin- und das Noradrenalin-System. Neuere Tranquillantien, wie Buspiron aus der Gruppe der Azapirone, das in die serotonerge Übertragung eingreift, wirken weniger desaktivierend, ihre angstreduzierenden Wirkungen sind aber auch weniger deutlich bzw. breit und treten erst verzögert auf. Mehr als bei einer anderen Stoffgruppe wurde bei den Tranquillantien eine große Wirkungsvariabilität in inter- und intraindividueller Hinsicht betont, d. h. die Wirkungen eines Pharmakons sind abhängig von Person- und Situationsmerkmalen (zsfd. Janke & Netter, 2004).

Sedativa/Hypnotika: Sie beeinflussen – im Unterschied zu Tranquillantien – schon in niedrigen Dosen die Aktiviertheit, haben wie diese aber auch emotional entspannende und stimmungsverbessernde Wirkungen. Sie wirken auch muskelrelaxierend und antikonvulsiv. Historisch bedeutsam sind insbesondere die Barbiturate, die durch die Benzodiazepine weitgehend abgelöst wurden. Barbiturate greifen auch am GABA-A-Rezeptorkomplex an, aber an anderer Stelle als die Benzodiazepine und wirken, anders als diese, auch unabhängig von der GABA-Verfügbarkeit. Auch Alkohol kann zur Gruppe der Sedativa/Hypnotika gerechnet werden.

Neuroleptika: Sie entfalten spezifische emotionale Wirkungen vor allem bei psychisch gestörten Personen (Schizophrenie, Erregungszustände, Angstzustände). Aber auch bei Gesunden sind Wirkungen auf emotionale Prozesse bei niedrigen Dosierungen in geeigneten Anordnungen nachweisbar, so Angstminderungen in experimentellen Angstsituationen. Die Wirkung von Neuroleptika wird hauptsächlich vermittelt über das Dopamin-System. Die verschiedenen Stoffe beeinflussen vorzugsweise D_2-Rezeptoren. Zusätzlich spielen andere Transmitter eine Rolle, so Serotonin (5-HT_2-Rezeptoren), Histamin (H_1-Rezeptoren) und Acetylcholin. In den letzten Jahren wurden die klassischen Neuroleptika bei der Behandlung von Psychosen durch eine neue Generation, die sog. antytpischen Neuroleptika, verdrängt. Sie haben bei vergleichbarer antipsychotischer Wirkung eindeutigere und breitere emotionale Wirkungen als die klassischen Neuroleptika, vor allem geringere motorische Wirkungen. Sie haben auch ein anderes neurochemisches Wirkungsprofil.

Antidepressiva: Sie entfalten spezifische emotionale Wirkungen in der Regel nur bei Patienten mit Depressionen. Neben stimmungsverbessernden treten zusätzlich je nach Substanz(gruppe) aktivierende oder desaktivierende Wirkungen auf. Therapeutisch relevante Veränderungen treten erst mit zeitlicher Verzögerung von 1 bis 2 Wochen auf. Auch bei Gesunden mit hohen Werten in Depressionstests können bei niedrigen Dosierungen in geeigneten Anordnungen stimmungsverbessernde Wirkungen nachgewiesen werden. Die emotionalen Wirkungen aller verfügbaren Antidepressiva werden vermittelt über das serotonerge und/oder noradrenerge System. Auch das Acetylcholinsystem spielt eine Rolle, nicht zuletzt für vielfältige vegetative Nebenwirkungen (z. B. Mundtrockenheit, Schwindel). Der Wirkungsnachweis von Antidepressiva wird durch vegetative Nebenwirkungen und durch lange Wirkungslatenzen erschwert. Die verzögerte Wirklatenz wird mit adaptiven Veränderungen an den Neuronen in Verbindung gebracht (einführend z. B. Ising, 2005).

Psychostimulantien: Sie haben neben aktivierenden stimmungsverbessernde (vgl. Weyers & Janke, 2008) und appetitmindernde Wirkungen. Wegen ihrer stimmungsverbessernden Wirkungen können sie zu Missbrauch und Abhängigkeit führen. Herausragende Stoffe sind Cocain, die Amphetamine und verwandte Stoffe wie Methylphenidat. Letzteres ist das einzige noch im Handel befindliche Psychostimulans; es wird bei ADHS therapeutisch angewandt, wobei anscheinend paradoxe Dämpfungen der Hyperaktivität als Zielsymptom auftreten. Psychostimulantien hemmen die Wiederaufnahme von Dopamin und Noradrenalin. Die bei den meisten Psychostimulantien auftretenden sympathikomimetischen Effekte können die emotionalen Wirkungen beeinflussen, sie sind aber nicht entscheidend.

Zentral wirksame Analgetika: Sie verändern das Schmerzerleben (Schmerzgefühl und -wahrnehmung) über eine Beeinflussung von sog. µ-Opioidrezeptoren im ZNS und im Rückenmark. Die klassischen Analgetika sind die opoidartigen Analgetika mit der Substanz Morphin, die aus Opium gewonnen wird. Durch multiple Mediatoren lässt sich die Vielfalt der Wirkungen erklären. Neben den analgetischen haben sie stimmungsverbessernde, eventuell euphorisierende, sowie desaktivierende Wirkungen (vgl. Weyers & Janke, 2008). Bislang ist es nicht gelungen, Stoffe zu finden, die eine Trennung analgetischer von den anderen Wirkungskomponenten, insbesondere stimmungsverbessernden, erlauben. In neuerer Zeit sind Stoffe entwickelt worden, die der Aufklärung der komplexen Wirkungen dienen können.

Psychotomimetika (Halluzinogene) bzw. Rauschmittel: Sie haben emotionale Wirkungen negativer oder positiver Valenz, d. h. je nach Stoff, Person und Situation können Euphorie oder Deprimiertheit auftreten. Die emotionalen Veränderungen können Primär- oder Sekundärwirkungen sein, etwa Ausdruck einer negativen Bewertung der zum Teil als bedrohlich erlebten Wahrnehmungsstörungen. Als Psychotomimetika hatten einige der Stoffe historisch eine Bedeutung für die Induktion von experimentellen Psychosen (Modellpsychosen). Die Wirkungsmediatoren sind unterschiedlich bei verschiedenen Stoffen. Die Vielfalt und Vielgestaltigkeit der Wirkungen verschiedener Stoffe, verbunden mit verschiedenen neurochemischen Mediatoren, macht Psychotimetika zu wertvollen Forschungswerkzeugen.

Muskulär und vegetativ wirkende Pharmaka: Stoffe mit muskulärer oder vegetativer Wirkung beeinflussen meist direkt über das ZNS auch psychische Vorgänge. Die „Mischungsverhältnisse" zentraler und peripherer Wirkungen sind bei verschiedenen Stoffen unterschiedlich. Sie können deshalb als Forschungswerkzeuge zur Abschätzung der Bedeutung muskulärer oder vegetativer Entspannung/Erregung für die emotionalen Wirkungen verschiedener Psychopharmaka nützlich sein. Stoffe mit möglichst geringem zentralen Wirkungsanteil werden in der experimentellen Emotionsforschung darüber hinaus zur Untersuchung der Beziehung zwischen Emotionen und peripher-physiologischen Veränderungen eingesetzt (Erdmann, 1983; Stemmler, 1998) (→ Physiologische Emotionsspezifität).

Hormone: Sie werden biogen produziert, können z. T. aber auch als Pharmaka verabreicht werden. Steroidhormone wie die Gonadenhormone und die Nebennierenrindenhormone (Cortisol) wirken auch direkt auf das ZNS (sog. *Neurosteroide*). Sie können emotionale Effekte aber auch indirekt (z. B. über das VNS) ausüben. Letzteres ist wahrscheinlich für Nicht-Steroide, wie z. B. Adrenalin.

Neurosteroide: Zu den wichtigsten Erkenntnissen der neueren Zeit gehört, dass – wie erwähnt – Steroid-Hormone direkte Wirkungen auf das Gehirn ausüben. Sie wurden in den letzten Jahren hinsichtlich ihrer Wirkungen auf das emotionale Erleben diskutiert, so auf Angst und Stress und für primäre Motivationsqualitäten und damit assoziierte Emotionen.

Neuropeptide: Zu den Stoffen, die ursprünglich nur als *endogene Stoffe* diskutiert wurden, in den letzten Jahren aber auch synthetisch oder halbsynthetisch herstellbar sind und verabreicht werden, oft intracerebral (beim Tier), gehören auch die *Neuropeptide* (Panksepp, 1998). Neuropeptide haben tiefgreifende Wirkungen auf motivationales und emotionales Geschehen.

2.1.3 Emotionsmerkmale, die durch chemische Stoffe verändert werden

Die emotionale Wirkung chemischer Stoffe kann sich in verschiedenen Merkmalen ausdrücken

1. Auslösung/Verhinderung von Emotionen.
2. Erhöhung oder Erniedrigung der emotionalen Intensität.
3. Veränderung der emotionalen „Tönung" in positiver oder negativer Richtung.
4. Verstärkung oder Abschwächung emotionaler Reaktivität.
5. Veränderung spezifischer Emotionsqualitäten.
6. Veränderung des Emotionsverlaufs.
7. Veränderung von am Emotionsgeschehen beteiligten Teilprozessen (z. B. Reizwahrnehmung und -bewertung).

Ad (3): Verschiebungen in *positiver* Richtung drücken sich als allgemeines Wohlbehagen, Sorglosigkeit, gehobene Stimmung (Euphorie), erhöhte leistungsbezogene Aktiviertheit, Entspanntheit oder Selbstsicherheit aus (Weyers & Janke, 2008). Verschiebungen in *negativer* Richtung können sich als Erregtheit und Angst, Missstimmung (Dysphorie), Traurigkeit (Deprimiertheit), Ärger/Gereiztheit/Aggressivität oder Antriebslosigkeit bemerkbar machen. Es scheint so zu sein, dass die negative Gefühlstönung, die eine Substanz bewirkt, sich bei verschiedenen Personen unterschiedlich ausdrückt, z. B. als Gereiztheit oder Traurigkeit.

Ad (4): Ein Stoff kann die emotionale Reaktivität, d. h. Schnelligkeit, Stärke oder Dauer, mit der auf externe und interne Reize mit Emotionen reagiert wird, ändern. Eine weitere Komponente ist die Habituationsgeschwindigkeit (zur Reaktivität vgl. Janke & Kallus, 1995).

Ad (5): Bei jeder verabreichten Substanz stellt sich die Frage, ob und wieweit sie bestimmte Emotionen und/oder ihre Komponenten spezifisch beeinflussen kann (→ Physiologische Emotionsspezifität).

Eine spezifische Veränderung würde dann vorliegen, wenn eine bestimmte Emotion (z. B. Angst) beeinflusst wird, ohne dass gleichzeitig andere Emotionen (z. B. Ärger) gleichermaßen verändert werden.

Den Tranquillantien wurden spezifische angstlösende Wirkungen zugeschrieben, weshalb sie auch als Anxiolytika bezeichnet wurden und bis heute werden (→ Neurochemie). Solche Bezeichnungen täuschen aber eine Wirkungsspezifität u. U. nur vor. Die zurzeit vorliegenden empirischen Daten lassen nämlich eine abschließende Beurteilung der emotionsspezifischen Wirkung praktisch aller Pharmaka nicht zu. Es gibt nur wenige Untersuchungen, in denen mehrere Emotionen gleichzeitig hinsichtlich ihrer Beeinflussbarkeit durch eine bestimmte Stoffgruppe beobachtet worden sind (z. B. Erdmann & Janke, 1978; Erdmann, Janke, Neugebauer & Wolwer, 1993). Erst recht liegen wenige Untersuchungen vor, in denen mehrere Emotionen *und* mehrere Pharmakaarten gleichzeitig überprüft wurden, so bei verschiedenen Angstarten Tranquillantien und Neuroleptika. Derartige Untersuchungen wären notwendig, um klare Folgerungen zur emotionsspezifischen Wirkung von Pharmaka zu ziehen.

Vermutlich können Stoffe, deren Wirkung sich auf spezifische Konfigurationen von Neurotransmittern und Neuromodulatoren erstrecken, spezifische Emotionen auslösen oder verstärken, so z. B. Stoffe mit Wirkungen auf Dopamin und Oxytocin das Bindungsgefühl.

Ad (6) und (7): Eine grundsätzliche Schwierigkeit der neurochemischen Emotionsforschung ergibt sich dadurch, dass alle Forschungsstrategien davon ausgehen, es sei möglich, zeitlich bestimmbare diskrete Emotionszustände zu operationalisieren und sie hinsichtlich ihrer neurochemischen Merkmale abzubilden. Es kann jedoch kein Zweifel daran bestehen, dass Emotionen Komponenten in einem komplexeren, in der Zeit ablaufenden, motivationalen Geschehen sind. Dieses Geschehen erstreckt sich vom Auftreten spezifischer Reizbedingungen (unkonditionierte und konditionierte Reize), über die Ingangsetzung von spezifischen Prozessen als Antwort auf Reizbedingungen (z. B. Bewertung der Reize oder deren Konsequenzen als positiv oder negativ), bis zur Vorbereitung und Ausführung von Reaktionen, so von Handlungen.

Chemische Stoffe greifen in dieses Geschehen ein. An welcher „Stelle" sie das tun, ist bislang kaum erforschbar, weil zum einen dafür bislang differenzierte Nachweisstrategien fehlen und zum anderen die einzelnen zeitlich aufeinander folgenden Komponenten nicht hinreichend differenzierbar sind.

Es ist zu erwarten, dass vorgeschlagene Verhaltenssysteme, so das Verhaltenshemmsystem und Annäherungssystem von Gray oder das System von Depue, in Zukunft ergänzt und/oder modifiziert werden und damit spezifische Verknüpfun-

Tabelle 1: Beeinflussung verschiedener Emotionen durch chemische Stoffe

Emotion	+ (Vermehrung/Auslösung) Stoff(gruppe)	Mediator	− (Verminderung/Beseitigung) Stoff(gruppe)	Mediator
Negative Emotionen				
Angst	*je nach Angstart:* Inverse Benzodiazepin-Agonisten	GABA ↓	*je nach Angstart:* Benzodiazepin-Tranquillantien Sedativa, Hypnotika, Alkohol	GABA ↑ GABA ↑
	α_2-Rezeptorantagonisten (Yohimbin) Adrenalin u. verwandte Stoffe	NA ↑ A ↑	α_2-Rezeptoragonisten (Clonidin) β-Rezeptorenblocker	NA ↓ A ↓ (Sympathikus ↓)
	CRH_1-Agonisten	CRH ↑, NA ↑	Serotonin($5HT_{1A}$)-Agonisten (Buspiron) CRH_1-Antagonisten Atriales Natriuretisches Peptid Neuropeptid Y	5-HT ↓ CRH ↓, NA ↓ ? NA ↓ ?
	Cholecystokinin (CCK-4)-Agonisten	?	Cholecystokinin (CCK-4)-Antagonisten	?
Ärger/ Aggression	Noradrenalin u. verwandte Stoffe Serotonerge Stoffe (Antagonisten) Benzodiazepine (niedrige Dosen) Alkohol	NA ↑ 5-HT ↓ GABA ↑ ?	Serotonerge Stoffe	5-HT ↑
			Benzodiazepine (hohe Dosen)	GABA ↑
Miss-stimmung	Psychostimulantien (hohe Dosen) Neuroleptika	NA ↑, Sympathikus ↑ DA ↓	Psychostimulantien (niedrige Dosen)	NA ↑, DA ↑
Traurigkeit	Reserpin (bei Mehrfachapplikation)	NA ↓, 5-HT ↓	Antidepressiva (verzögerte Wirkung) Psychostimulantien	NA ↑ u./o. 5-HT ↑ NA ↑, DA ↑
Schmerz-gefühl	Histamin Opiatantagonisten (Naloxon) Capsaicin	Histamin ↑ Opioide ↓ Substanz P ↑	Serotonerge Stoffe zentrale Analgetika (Opiate)	5-HT ↑ Opioide ↑
Hunger-gefühl	NA-Agonisten (α_2-Rezeptoren) NA-Antagonisten (α_1-Rezeptoren)	α_2-Aktivität im PVN ↑ α_1-Aktivität im PVN ↓	NA-Antagonisten (α_2-Rezeptoren) NA-Agonisten (α_1-Rezeptoren) Psychostimulantien (z. B. Amphetamine) 5-HT-Agonisten (Fenfluramin)	α_2-Aktivität im PVN ↓ α_1-Aktivität im PVN ↑ NA ↑ 5-HT ↑
	Neuropeptid Y Dynorphin Cannabinoide	NA, α_2-Aktivität im PVN ↑ κ-Rezeptorbindung CB_1-Rezeptorbindung	CRH CB_1-Antagonisten	Neuropeptid Y, Dynorphin ↓ CB_1-Rezeptorbindung ↓

Tabelle 1: Fortsetzung

Emotion	+ (Vermehrung/Auslösung)		− (Verminderung/Beseitigung)	
	Stoff(gruppe)	Mediator	Stoff(gruppe)	Mediator
Negative Emotionen				
Durstgefühl	Angiotensin-Agonisten	Renin → Angiotensin II ↑	Angiotensin-Antagonisten	Renin → Angiotensin II ↓
Positive Emotionen				
Leistungsbezogene Aktiviertheit	Psychostimulantien (niedrige Dosen)	NA ↑, DA ↑	Hypnotika, Sedativa	NA ↓
Gutgestimmtheit	Psychostimulantien (niedrige Dosen)	DA ↑	Psychostimulantien (hohe Dosen)	NA ↑, Sympathikus ↑
Euphorie, Glücksgefühl, Entspanntheit	Psychostimulantien (Cocain) Tranquillantien Opiate	DA ↑ GABA ↑ Opioide ↑	Neuroleptika Inverse Benzodiazepin-Agonisten Opiat-Antagonisten	DA ↓ GABA ↓ Opioide ↓
Subjektive Kompetenz	Psychostimulantien (Cocain)	DA ↑	?	?
Sexuelle Lustgefühle	Androgene l-Dopa Oxytocin	zentr. Androgen-Rezeptoren ↑ DA ↑ zentr. Oxytocin-Rezeptor ↑	Antiandrogene ? ?	zentrale Androgen-Rezeptoren ↓ ?
Sättigungsgefühl	Leptin Cholestystokinin (CCK)	NPY ↓ CCK ↑	Neuropeptid Y (NPY)	NPY ↑, NA (α₂) im PVN ↓
Hedonische Reaktivität auf sensorische Reize	Dopamin-Agonisten	DA ↑	Dopamin-Antagonisten	DA ↓

Abkürzungen: A: Adrenalin; CB: Cannabinoid; CCK: Cholecystokinin; CRH: Corticotropin-Releasinghormon; DA: Dopamin; GABA: Gamma-Aminobuttersäure; H: Histamin; 5-HT: Serotonin; NA: Noradrenalin; NPY: Neuropeptid Y; PVN: Periventriculärer Nucleus des Hypothalamus gen zwischen Emotionssystemen und neurochemischen/-physiologischen Systemen bestimmt werden. Hierbei sind chemische Stoffe, Pharmaka, Hormone und Neurostoffe, unentbehrlich als Forschungswerkzeuge.

In Tabelle 1 sind verschiedene emotionale Qualitäten und die sie beeinflussenden Stoffe zusammengestellt. Der Tabelle ist zu entnehmen, dass die meisten Emotionen durch verschiedene Stoffe mit unterschiedlichen neurochemischen Angriffspunkten beeinflussbar sind und – umgekehrt – Stoffe mit ähnlichen neurochemischen Wirkungen verschiedene Emotionen beeinflussen können. Sie unterstreicht somit das vorher Gesagte. Es folgt, dass die Frage nicht sein kann, welches neurochemische System mit welcher Emotion verknüpft ist, sondern welche Konfiguration von Neurostoffen, welche Emotion oder Komponente einer Emotion spezifisch oder unspezifisch kennzeichnet.

2.2 Bestimmung von Indikatoren der Verfügbarkeit endogener Stoffe

Die Untersuchung biochemischer Veränderungen bei experimentell induzierten oder „natürlich auftretenden" Emotionen, hat in der Endokrinopsychologie eine längere Tradition und ist in Bezug auf *Hormone und Emotionen* auch der bis heute vorherrschende Ansatz. Auch für Indikatoren des *Immunsystems* liegen aus Stressuntersuchungen inzwischen eine Reihe von Befunden vor.

Für *Neurostoffe* sind gute Nachweismethoden für den Tierbereich verfügbar. Auch für Untersuchungen am Menschen wurde eine Reihe von Techniken entwickelt. Hierzu gehören die Bestimmung der Konzentration von Neurotransmittern oder deren Metabolite im Liquor (bei Patienten) oder anderen Körperflüssigkeiten (auch bei Gesunden), von Neuropeptiden im Liquor (bei Patienten) sowie (bei Patienten) die Überprüfung von neurochemischen Veränderungen mit bildgebenden Verfahren wie z. B. der Positronen-Emissions-Tomografie (PET) (→ Bildgebende Verfahren), bei denen radioaktiv markierte Liganden für bestimmte Transmittersysteme verwendet werden.

Entsprechende Methoden kommen für Untersuchungen an Gesunden aber entweder gar nicht in Betracht, sind für eine Routineanwendung zu teuer und/oder für den Nachweis kurzzeitiger Veränderungen wie bei experimentell induzierten Emotionen nicht hinreichend sensitiv.

Ein anderer, indirekter Ansatz, Veränderungen in der Verfügbarkeit von Neurostoffen oder der Ansprechbarkeit neurochemischer Systeme beim Menschen zu überprüfen, bedient sich des Hypothalamus-Hypophysen-Systems als „Fenster zum Gehirn" und der Kenntnisse über dessen Beeinflussung durch verschiedene Neurotransmitter, die sich z. T. auch anhand der Bestimmung peripherer Hormone nachweisen lassen. Im Rahmen sog. Provokationstests („Challenge"-Tests) werden Pharmaka mit möglichst spezifischen Wirkungen auf ein Neurotransmittersystem appliziert und die darauf folgende Hormonantwort überprüft. Eine Übersicht über gängige Verfahren geben Janke und Netter (2004) sowie Netter (2008). Sie wurden in psychologischen Untersuchungen im Zusammenhang mit längerfristig konstanten Merkmalen der Emotionalität mehrfach eingesetzt. Für die Untersuchung von mit (kurzfristigen) emotionalen Zuständen verbundenen neurochemischen Veränderungen, dürften sie weniger geeignet sein.

Weiterführende Literatur

Janke, W., Schmidt-Daffy, M. & Debus, G. (Hrsg.). (2008). *Experimentelle Emotionspsychologie. Methodische Ansätze, Probleme, Ergebnisse*. Lengerich: Pabst.
Meyer, J. S. & Quenzer, L. F. (2005). *Psychopharmacology*. Sunderland: Sinauer.

Literatur

Erdmann, G. (1983). *Zur Beeinflußbarkeit emotionaler Prozesse durch vegetative Variation*. Weinheim: Beltz.
Erdmann, G. & Janke, W. (1978). Interaction between physiological and cognitive determinants of emotions. Experimental studies on Schachter's theory of emotions. *Biological Psychology, 6,* 61–74.
Erdmann, G. & Janke, W. (2000). *Pharmakopsychologie*. In Lexikon der Psychologie. Heidelberg: Spektrum.
Erdmann, G., Janke, W., Neugebauer, S. & Wolwer, W. (1993). On anxiety-specific actions of tranquilizers. *Anxiety, Stress & Coping, 6,* 25–42.
Ising, M. (2005). Gestörte Stresshormonregulation bei Depression. Gene und Umwelt entscheidend. *Neurotransmitter, 4,* 63–66.
Janke, W. (1988). Pharmaka als Forschungswerkzeuge in der Leistungforschung. Zu Heinrich Dükers Bedeutung für die Pharmakopsychologie. *Archiv für Psychologie, 140,* 223–245.
Janke, W. & Erdmann, G. (2008). Chemische Stoffe als Werkzeuge in der neuropsychologischen Emotionsforschung. In W. Janke, M. Schmidt-Daffy & G. Debus (Hrsg.), *Experimentelle Emotionspsychologie. Methodische Ansätze, Probleme, Ergebnisse* (S. 649–682). Lengerich: Pabst.
Janke, W. & Kallus, K. W. (1995). Reaktivität. In M. Amelang (Hrsg.), *Enzyklopädie der Psychologie, Differentielle Psychologie und Persönlichkeitsforschung, Band 2, Verhaltens- und Leistungsunterschiede* (S. 1–89). Göttingen: Hogrefe.
Janke, W. & Netter, P. (2004). Differentielle Pharmakopsychologie. In K. Pawlik (Hrsg.), *Theorien und Anwendungsfelder der Differentiellen Psychologie* (Enzyklopädie der Psychologie, Differentielle Psychologie und Persönlichkeitsforschung, Band 5, S. 925–1020). Göttingen: Hogrefe.
Netter, P. (2008). Neurochemische und endokrine Systeme in der experimentellen Emo-

tionsforschung: Forschungsansätze und Grundlagen. In W. Janke, M. Schmidt-Daffy & G. Debus (Hrsg.), *Experimentelle Emotionspsychologie. Methodische Ansätze, Probleme, Ergebnisse* (S. 617–630). Lengerich: Pabst.

Panksepp, J. (1998). *Affective neuroscience: The foundations of human and animal emotions.* New York: Oxford University Press.

Stemmler, G. (1998). Emotionen. In F. Rösler (Hrsg.), *Ergebnisse und Anwendungen der Psychophysiologie* (Enzyklopädie der Psychologie, Biologische Psychologie, Band 5, S. 95–163). Göttingen: Hogrefe.

Weyers, P. & Janke, W. (2008). Pharmaka als Forschungswerkzeuge zur Differenzierung von Emotionen positiver Valenz. In W. Janke, M. Schmidt-Daffy & G. Debus (Hrsg.), *Experimentelle Emotionspsychologie. Methodische Ansätze, Probleme, Ergebnisse* (S. 683–704). Lengerich: Pabst.

Inhaltsanalysen und Interpretation
Content Analysis and Interpretation

Philipp Mayring

1 Einleitung: Zur Begrifflichkeit inhaltsanalytischer und interpretativer Verfahren

Hier soll ein Überblick gegeben werden über sozialwissenschaftlich-textanalytische Methoden in der Emotionsforschung. Die Begriffe Inhaltsanalyse und Interpretation sollen dabei das Spektrum von eher systematischer, kategoriengeleiteter Textanalyse zu eher offener, verstehender Textauslegung beschreiben. Die Bezeichnung „inhaltsanalytische und interpretative Verfahren" ist dabei genauer und unmissverständlicher als die oft gebrauchte Bezeichnung „qualitative Methoden" (vgl. dazu Schmitt & Mayring, 2000), die in eine wenig sinnvolle Dichotomisierung zu quantitativen Methoden führen würde. Dezidiert werden hier also auch quantifizierende textanalytische Verfahren, einsetzbar auch im Sinne einer „Mixed Methodology" (vgl. Mayring, 2001; Mayring, Huber, Gürtler & Kiegelmann, 2007), besprochen.

Begriffsbestimmung: Inhaltsanalytische Verfahren

Dabei wollen wir unter *inhaltsanalytischen* Verfahren kategoriengeleitete, systematische (theorie- und regelgeleitete, an Gütekriterien überprüfte) Textauswertungsmethoden verstehen, von quantitativen Worthäufigkeitsanalysen bis zu qualitativ orientierten Zusammenfassungen, induktiven Kategorienbildungen, Explikationen und Strukturierungen (vgl. Krippendorff, 1980; Mayring, 2008). Die Analysen können dabei über die rein inhaltlichen Aspekte des Materials hinausgehen (der Begriff Inhaltsanalyse geht zurück auf die amerikanischen Kommunikationswissenschaften zu Beginn des 20. Jahrhunderts, damals meist quantitative Analysen von Zeitungsinhalten umfassend). Typisch ist dabei auch für Inhaltsanalysen, dass sie ihr Material nicht isoliert, sondern immer in ein übergeordnetes Kommunikationsmodell eingeordnet analysieren.

Begriffsbestimmung: Interpretative Verfahren

Mit *interpretativen* Auswertungsverfahren sollen Material- bzw. Textanalysen bezeichnet werden, die über ein reines Registrieren des manifesten Inhalts hinausgehen und das Material durch Heranziehen weiterer Überlegungen auslegen, den latenten Gehalt zu verstehen versuchen (Dilthey, 1957/Original 1894), das Material „mit beziehungsstiftenden Erläuterungen" (Fahrenberg, 2002, S. 1) anreichern. Dabei kann man drei Ebenen unterscheiden, je nachdem wie tief die Interpretation vorstößt:

> - Analytische Interpretation: Erklärung unklarer Textstellen, Auslegung, Übersetzung;
> - Individuell einfühlendes Verstehen: Nachempfinden des subjektiv gemeinten Sinns;
> - Dialogische Interpretation: Interaktionseinbettung des Texts, hermeneutischer Zirkel.
>
> Der hermeneutische Zirkel konzipiert Interpretation als Dialog zwischen dem eigenen Vorverständnis und dem Textgehalt. Zu den interpretativen Verfahren zählen insbesondere die Psychoanalytische Textinterpretation, die Sozialwissenschaftlich-hermeneutische Paraphrase, die Objektive Hermeneutik, Diskurs- und Konversationsanalyse sowie z. T. die Grounded Theory (vgl. Mayring, 2002).

Zwischen inhaltsanalytischen und interpretativen Verfahren gibt es dabei einen Überschneidungsbereich, da in der Qualitativen Inhaltsanalyse (Mayring, 2008) interpretative Elemente (Zuordnung von Kategorien zu Textstellen; allerdings streng regelgeleitet) ebenfalls eine Rolle spielen.

Eine Psyndex/Psychinfo-Recherche der Jahre 2000 bis 2006 hat ergeben, dass ca. 250 englischsprachige und 150 deutschsprachige emotionspsychologische Arbeiten Inhaltsanalysen eingesetzt haben, etwas weniger interpretative Verfahren. Es zeigt sich damit, dass sich hier wichtige Methoden entwickelt haben.

2 Materialien für inhaltsanalytische und interpretative emotionspsychologische Auswertungen

Interessant an inhaltsanalytischen und interpretativen Verfahren in der Emotionspsychologie ist, dass sie die unterschiedlichsten Materialien zum Gegenstand der Analyse machen und damit die Emotionspsychologie bereichern können. Im Kasten sind einige Beispiele angeführt, um die Bandbreite aufzuzeigen (aktuelle Studien aus der o. a. Recherche).

> **Beispiele:**
> - Zeichnungen einer „idealen Person in Aktion" von südamerikanischen Straßenkindern, inhaltsanalytisch ausgewertet, um deren emotionale Reife einzuschätzen;
> - Graffiti von Jugendlichen in Israel nach der Ermordung von Rabin auswerten, um inhaltsanalytisch auf Trauma und Trauer zu schließen;
> - Protokolle aus teilnehmender Beobachtung auf einer Krebsstation untersuchen, um mit Hilfe der Grounded Theory auf Strategien „emotionalen Überlebens" bei Krankenschwestern zu schließen;

- Offene Fragebögen von Frauen nach perinatalem Kindstod hinsichtlich negativer und positiver (!) Emotionen auswerten;
- Alltagsgespräche in verschiedensten Kontexten inhaltsanalytisch nach Geschlechtsunterschieden in der Häufigkeit von Emotionsbegriffen ausgewerten;
- Retrospektive Interviews zu kritischem Lebensereignis (früher Kindstod nach Abbruch lebensverlängernder Maßnahmen) nach Emotionen in den Interaktionen in der Familie und zum damaligen medizinischen Personal auswerten;
- Probanden schreiben Fortsetzungsgeschichten zu Filmsequenzen mit unterschiedlicher Filmmusik, die nach emotionalem Gehalt inhaltsanalytisch untersucht werden;
- Tiefeninterviews mit Krebspatienten, an der Grounded Theorie orientiert auf den Prozess emotionaler Erschöpfung („fatigue") interpretiert;
- Halbstrukturierte Interviews mit Frauen über Situationen mit Schamgefühlen interpretativ auf Faktoren der Schambewältigung untersucht;
- Autobiografien von Therapeuten (Psychoanalytikern) auf das Vorkommen glücklicher, aggressiver und depressiver Themenkomplexe untersucht;
- Fokusgruppeninterviews von Jugendlichen über problematische heterosoziale Situationen, inhaltsanalytisch ausgewerten, die starke Rolle romantischer Gefühle aufzeigend;
- Die Titel von über 3.000 Schulbüchern zwischen 1830 und 1999 auf das Verhältnis affektiver zu kognitiven Begriffen hin inhaltsanalytisch ausgewertet.

Die Liste zeigt die Vielfalt der Einsatzmöglichkeiten von inhaltsanalytischen und interpretativen Verfahren.

3 Ansätze emotionspsychologischer Inhaltsanalysen und Interpretationsverfahren

Im Weiteren soll nun auf einzelne Verfahrensweisen genauer eingegangen werden (vgl. dazu auch Schmitt & Mayring, 2000). Ein „Klassiker" der inhaltsanalytischen Methoden zur Erfassung emotionaler Gehalte in Texten ist dabei die *Affektskala von Gottschalk und Gleser* (deutsche Version: Schöfer, 1980). Das Verfahren versteht sich als psychometrisches Instrument, mit dessen Hilfe emotionales Befinden quantifiziert werden kann und dessen Güte an den klassischen testtheoretischen Kriterien zu messen ist. Die Affektskalen, insbesondere die Skalen zur Messung ängstlicher und aggressiver Affekte sowie der sozialer Entfremdung, finden in der klinisch-psychologischen Forschung breite Anwendung. Die Probanden schreiben einen freien Fantasietext festgelegten Umfanges oder reden frei zu einem Thema (5 Minuten). Bei der Kodierung wird zum einen die *Qualität* des entsprechenden Gefühls differenziert, zum anderen erhält jeder grammatikalische Satz regelgeleitet eine Gewichtung für die *Intensität* des jeweiligen Gefühls. So kann sowohl die besondere gefühlsbezogene Thematik eines Sprechers als auch ein Gesamtwert für die Intensität der Gefühle bestimmt werden.

Hölzer, Scheytt, Mergenthaler und Kächele (1994) entwickelten ein Instrument zur computergestützten Vokabularbestimmung von Texten, den *„Affektiven Diktionär Ulm"*. Dieser Diktionär besteht aus einer Liste von Emotionswörtern, die im Vorhinein nach festgelegten Kodierregeln je einer von acht Basiskategorien zugeordnet wurden. Der Affektive Diktionär erlaubt im Zusammenwirken mit einem Programm zur quantitativen Textanalyse eine voll automatisierte, rein quantitative Bestimmung des in einem Text verwendeten Vokabulars und kann so Veränderungen im Therapieverlauf bestimmen.

Ein differenziertes Kategoriensystem zur Analyse von Eifersuchtsgeschichten wurde an der Universität Oldenburg entwickelt (vgl. Schmitt, 1996). Dabei wurden textgeleitet und auf Konsens der Entwickler basierend über 400 Mikrokategorien zur Erfassung der Aussagen in Eifersuchtsgeschichten gefunden und in ein hierarchisch aufgebautes Kategoriensystem integriert. Die Oberkategorien des Kategoriensystems „Kommentierende Aussagen", „Vorgeschichte", „Vernachlässigung", „Vermutete Untreue", „Subjektive Gewissheit über Untreue" und „Nachgeschichte" folgen dem typischen Aufbau einer Eifersuchtserzählung. Auf den unteren Ebenen werden diese „Grundbausteine" weiter aufgefächert, so dass bspw. verschiedenste Anlässe der Eifersucht, Kognitionen und Emotionen, Umgangsweisen und Reaktionen des Partners unterschieden werden. Dieses „logographe" Vorgehen ermöglicht es, den Wissensbestand zu rekonstruieren, auf den die Erzähler bei der Konstruktion ihrer Eifersuchtsgeschichte zurückgreifen.

Strauss und Corbin (1996) haben das Vorgehen der Grounded Theory an einem Projekt zum Phänomen Schmerz und seiner Bewältigung verdeutlicht. Hier werden im Sinne von offener Feldforschung unterschiedlichste Materialien gesammelt (Beobachtungsprotokolle, Narrationen, Interviews) und rund um das zu untersuchende Phänomen (Schmerz) daraus induktiv Kategorien (Codes) gebildet, die theoretisch interessante Aspekte des Phänomens ausdrücken sollen. Durch Vernetzung der Codes wird daraus dann eine gegenstandbezogene Theorie explorativ konstruiert.

Ebenfalls mit offenen Verfahren arbeiten diskursanalytische Ansätze, die eng mit dem sozialkonstruktivistischem Denken verbunden sind. Ziel diskursanalytischer Arbeiten ist die Rekonstruktion gesellschaftlicher Diskurse über Gefühle als kulturell vermittelten „Diskursrepertoires" und die Einbettung konkreter Alltagskommunikation in solche Diskurse (z. B. Potter, Wetherell, Gill & Edwards, 1990). So wurde z. B. die Veränderung des gesellschaftlichen Diskurses über Eifersucht zwischen der Mitte des 19. Jahrhunderts und dem ausgehenden 20. Jahrhundert anhand der historisch-vergleichenden Analyse von öffentlichen Dokumenten über Eifersucht, z. B. von Erziehungs- und Eheratgebern, Gerichtsprotokollen oder Zeitschriftenartikeln diskursanalytisch herausgearbeitet.

In einem eigenen Projekt haben wir Lerntagebücher von Schülerinnen und Schülern der 8. Klasse inhaltsanalytisch danach ausgewertet, welche Rolle Lernemotionen spielen (vgl. Glaeser-Zikuda & Mayring, 2003). Aus den Tagebucheintragungen wurden induktiv-inhaltsanalytisch Kategorien gebildet und zu Hauptkategorien zusammengefasst. Dabei konnte gezeigt werden, dass weniger die Freude am Lernmaterial oder an der Lernumgebung, sondern vor allem die Freude am Lernprozess lernförderlich ist.

4 Die Stärken inhaltsanalytischer und interpretativer methodischer Ansätze

Inhaltsanalytische und interpretative Ansätze sind unverzichtbar, wenn Textmaterial vorliegt (z. B. Beobachtungsprotokolle, Interviewtranskripte). Denn Texte sprechen nicht für sich selbst, sondern müssen ausgelegt oder auf Auswertungsgesichtspunkte (Kategorien) bezogen werden. Besondere Bedeutung kommt ihnen im Rahmen von Dokumentenanalysen zu, also der Auswertung bereits vorliegender Materialien (Akten, Schriften, Webpages) im Sinne nicht reaktiver Messverfahren. Die Stärke inhaltsanalytischer Techniken liegt dabei in der strengen Regelgeleitetheit, durch die die Zuordnung von Kategorien zu Textstellen methodisch abgesichert wird (Intra- und Interkoderreliabilität). Dadurch kann sie auch größere Materialmengen bearbeiten. Ausgewertet wird hier jedoch nur, was im Raster der Kategorien hängen bleibt. Hier sind stärker interpretative Verfahrensweisen offener, beziehen auch stärker den Gesamteindruck des Materials mit ein. Ihre Schwäche liegt in der oft mangelnden Vergleichbarkeit (Objektivität) der Interpretationen.

Weiterführende Literatur

Fahrenberg, J. (2002). *Psychologische Interpretation. Biographien – Texte – Tests*. Bern: Huber.
Mayring, Ph. (2006). *Qualitative Inhaltsanalyse. Grundlagen und Techniken* (10. Aufl.). Weinheim: Beltz-UTB.

Literatur

Dilthey, W. (1957). Ideen über eine beschreibende und zergliedernde Psychologie. *Gesammelte Schriften, Band V*. Stuttgart: Teubner (Original 1894).

Glaeser-Zikuda, M. & Mayring, Ph. (2003). A qualitative oriented approach to learning emotions at school. In Ph. Mayring & Ch. v. Rhoeneck (Eds.), *Learning Emotions* (pp. 103–126). Frankfurt: Lang.

Hölzer, M., Scheytt, N., Mergenthaler, E. & Kächele, H. (1994). Der Einfluß des Settings auf die therapeutische Verbalisierung von Affekten. *Psychotherapie, Psychosomatik, medizinische Psychologie, 44,* 382–389.

Krippendorff, K. (1980). *Content analysis. An introduction to ist methodology*. Beverly Hills: Sage.

Mayring, Ph. (2001). Kombination und Integration qualitativer und quantitativer Analyse. *Forum Qualitative Sozialforschung FQS 2 (1).* http://www.qualitative-research.net/fqs [Zugriff 1.8.2006].

Mayring, Ph. (2002). *Einführung in die Qualitative Sozialforschung. Eine Anleitung zu qualitativem Denken* (5. Aufl.). Weinheim: Beltz-Studium.

Mayring, Ph. (2008). *Qualitative Inhaltsanalyse. Grundlagen und Techniken* (10. Aufl.). Weinheim: Beltz.

Mayring, Ph., Huber, G. L., Gürtler, L. & Kiegelmann, M. (Hrsg.). (2007). *Mixed methodology in psychological research*. Rotterdam: Sense.

Potter, J., Wetherell, M., Gill, R. & Edwards, D. (1990). Discourse: Noun, verb or social practice. *Philosophical Psychology, 3,* 205–217.

Schmitt, A. & Mayring, Ph. (2000). Qualitativ orientierte Methoden. In J. H. Otto, H. A. Euler & H. Mandl (Hrsg.), *Handbuch Emotionspsychologie* (S. 469–477). Weinheim: Psychologie Verlags Union.

Schmitt, A. (1996). *Logographie der Eifersucht: Eine inhaltsanalytische Untersuchung von Geschichten über selbsterlebte Eifersucht*. Lengerich: Pabst.

Schöfer, G. (1980). *Gottschalk-Gleser-Sprachinhaltsanalyse: Theorie und Technik. Studien zur Messung ängstlicher und aggressiver Affekte*. Weinheim: Beltz.

Strauss, A. & Corbin, J. (1996). *Grounded Theory: Grundlagen Qualitativer Sozialforschung* (engl. Org. 1990). Weinheim: Psychologie Verlags Union.

IX Struktur der Emotionen und spezifische Emotionen

Kategoriale und dimensionale Modelle
Categorial and Dimensional Models

Lothar Schmidt-Atzert

1 Einleitung

Dimensionale und kategoriale Modelle dienen der Einteilung von Emotionen. Sie sollen den Forschungsgegenstand strukturieren. Wie wichtig dieses Anliegen ist, lässt sich durch einen Blick in andere Wissenschaftsbereiche erkennen. In einem Werk über die bedeutendsten Naturwissenschaftler (Farndon, Woolf, Rooney & Gogerly, 2006) wurden mit dem schwedischen Botaniker Carl von Linné (System zur Einteilung von Pflanzen) und dem russischen Chemiker Dimitij (Periodensystem der Elemente) zwei von 34 Forschern explizit wegen ihrer herausragenden Leistungen bei der Entwicklung von Klassifikationsmodellen gewürdigt. Ein Linné oder Mendelejew der Emotionsforschung ist leider nicht in Sicht. Die meisten Klassifikationssysteme in diesem Bereich basieren auf Ähnlichkeitsurteilen von Laien und orientieren sich daher auch an Eigenschaften, die vermutlich unwesentlich sind. Beispielsweise würden auf Lebewesen angewandt, Wale und Biber weiterhin zu Fischen und Fledermäuse zu den Vögeln gerechnet.

2 Vorgehen bei der Systematisierung von Emotionen

Zunächst ist zu klären, was genau geordnet werden soll. Dann wird entschieden, woran die Ähnlichkeiten und Unterschiede von Emotionen festgestellt werden sollen. Liegen dann Ergebnisse zur Ähnlichkeit von Emotionen vor, ist es weitgehend eine Frage der Auswertung, ob ein dimensionales oder kategoriales Modell resultiert.

1. *Welche Emotionen sollen geordnet werden?* Wenn eine Gesamtheit von Objekten oder Phänomenen unterteilt werden soll, ist zunächst zu klären, welche Exemplare dazu gehören und welche nicht. Das Konzept der Emotionen schließt besonders typische Exemplare wie Angst und Freude ein, zeichnet sich aber am Rand durch unscharfe, fließende Grenzen aus. Sind etwa Neugierde oder Pflichtgefühl Emotionen? Eine allgemein anerkannte Emotionsdefinition, die zur Abgrenzung nötig wäre, gibt es nicht. Laien zu befragen, bringt auch keine Lösung; denn wenn sie Begriffe danach beurteilen, ob sie eine Emotion bezeichnen (z. B. Clore, Ortony & Foss, 1987), resultiert eine breite Verteilung der Urteile. Eine Trennlinie zwischen Emotionen und anderen Eigenschaften oder Zuständen lässt sich so nicht entdecken. Emotionen

scheinen im Vergleich zu Pflanzen und chemischen Elementen sehr komplexe Phänomene zu sein.
2. *Wie wird die Ähnlichkeit der Emotionen ermittelt?* Idealerweise würden alle ausgewählten Emotionen anhand wesentlicher Merkmale „vermessen". Da kein Konsens erkennbar ist, welche Merkmale wesentlich sind, werden anstelle präzise definierter Eigenschaften vergleichsweise vage Items eines Semantischen Differenzials verwendet (z. B. gut – schlecht). Oder man überlässt es den Versuchspersonen, wonach sie die Emotionen beurteilen, wobei verschiedene Methoden Verwendung finden:
   a) Bei wenigen Exemplaren können Paarvergleiche durchgeführt werden.
   b) Bei Sortierverfahren verteilen die Versuchspersonen auf Kärtchen gedruckte Emotionswörter auf Stapel jeweils ähnlicher Qualitäten. Häufig zusammen auf einen Stapel sortierte Emotionen gelten als ähnlich.
   c) Bei freier Benennung von Emotionen sehen die Probanden nonverbale Darstellungen (Osgood, 1966) oder hören umgangssprachliche Umschreibungen von Emotionen (Schmidt-Atzert, 1987). Sie sollen die intendierte Emotion erschließen. Aus den dabei beobachteten „Verwechslungen" wird auf die Ähnlichkeit der Emotionen geschlossen. Werden etwa Scham und Verlegenheit ausgedrückt und viele Beobachter vermuten in beiden Fällen die gleichen Emotionen, so gelten Scham und Verlegenheit als ähnlich.
   d) Schließlich kann das Auftreten von Emotionen im Alltag erfasst werden, wobei Emotionen, die häufig zusammen auftreten, als ähnlich gelten.

3 Dimensionale Modelle

Dimensionale Modelle bestehen aus einigen wenigen Beschreibungsdimensionen: dabei kann ein zweidimensionales System grafisch sehr anschaulich dargestellt werden kann. Die einzelnen Emotionen werden durch ihre Lage im Raum, der durch die Dimensionen aufgespannt wird, charakterisiert. Die Frage, welches die grundlegenden Dimensionen von Emotionen sind, hat die Emotionsforschung schon lange beschäftigt. Als Stimulusmaterial dienten meist Fotos oder Filmaufnahmen von Gesichtsausdrücken, live dargestellte Emotionen (Osgood, 1966) oder sprachlich benannte Emotionen (z. B. „Angst", „Liebe"). Die resultierenden Ähnlichkeitsurteile lassen sich in einer Matrix zusammenfassen, in der für jede Emotion die „Nähe" zu jeder anderen Emotion ablesbar ist. Da aber nicht einzelne Ähnlichkeiten interessieren, sondern die den Urteilen zugrunde liegenden allgemeinen Ordnungsgesichtspunkte, werden die Ähnlichkeitsmatrizen meist faktorenanalytisch ausgewertet. Unabhängig vom Stimulusmaterial resultierten als wichtigste Dimension Lust – Unlust (Valenz) und meist auch Erregung – Ruhe (Aktivierung). Eine typischerweise als sehr angenehm beurteilte Emotion ist *Freude*, während *Angst* oder *Traurigkeit* stark mit Unlust verbunden werden. Auf der Aktivierungsdimension wird *Angst* zugleich hoch auf Erregung lokalisiert, während *Traurigkeit* sich eher am Gegenpol findet. Bezüglich weiterer Dimensionen divergieren die Ergebnisse. Berichtet werden Dimensionen wie Unkontrollierbarkeit oder Kontrolle, Natürlichkeit des Ausdrucks oder Dominanz. Für eine ausführliche Darstellung sei auf Schmidt-Atzert (1981, S. 37 ff.) verwiesen.

4 Kategoriale Modelle

Kategoriale Modelle dienen dazu, ähnliche Emotionen zusammenzufassen, um mehr oder weniger viele Gruppen jeweils ähnlicher Emotionen zu bilden. Neben empirischen Ansätzen finden sich hier auch theoretisch fundierte Ordnungsversuche, die sich etwa an evolutionstheoretischen Überlegungen orientieren. Als „basale" Emotionen werden von unterschiedlichen Autoren *Furcht, Ekel, Ärger, Traurigkeit, Freude* und *Überraschung* hervorgehoben (für einen Überblick siehe Schmidt-Atzert, 2008). Trotz ihrer scheinbar guten theoretischen Fundierung haben diese Ansätze den Nachteil, dass andere Autoren mit den gleichen Argumenten die Liste der ausgewählten Emotionen in Frage stellen können. So lassen sich gute Gründe dafür finden, dass auch andere Emotionen evolutionstheoretisch bedeutsam sind.

Zur empirischen Ermittlung von Emotionskategorien wurden meist Emotionswörter beurteilt. Im englischsprachigen Raum gilt eine Studie von Shaver, Schwartz, Kirson und O'Connor (1987) als Klassiker, in der mit *Liebe, Freude, Angst, Traurigkeit, Ärger* und *Überraschung* sechs Emotionsgruppen gefunden wurden. Shaver et al. (1987) stellen jedoch ein hierarchisches Modell vor, dem man entnehmen kann, dass sich bei einer stärkeren Differenzierung weitere Emotionskategorien „abspalten" ließen. In mehreren ähnlich konzipierten Studien fanden sich mit relativ großer Übereinstimmung zusätzlich *Unruhe, Abneigung/Ekel* und *Scham*; statt *Liebe* wird die Bezeichnung *Zuneigung* bevorzugt (siehe Schmidt-Atzert, 2008).

Lively und Heise (2004) führten eine telefonische Befragung durch, um das gemeinsame Auftreten von Gefühlen im Alltag zu erkunden. Die Interviewer nannten nacheinander 19 Gefühle; die 1.460 Befragten sollten jeweils angeben, an wie vielen Tagen in der letzten Woche sie dieses Gefühl hatten. Mit einer konfirmatorischen Faktorenanalyse konnten sie ihr Modell mit den Gefühlsqualitäten *Freude, Stolz, Hoffnung, Ruhe, Traurigkeit, Angst, Ärger, Wut* und *Scham/Verlegenheit* bestätigen. In zwei anderen Studien zu Gefühlen im Alltag (siehe Schmidt-Atzert, 2008) wurden teilweise andere Gefühlsbegriffe eingesetzt, so dass einzelne Gefühlsqualitäten nicht repliziert werden konnten, in einzelnen Fällen dafür aber andere hinzukamen. Die größte Übereinstimmung besteht darin, dass *Freude, Angst, Traurigkeit, Ärger* und *Scham/Verlegenheit* im Alltagserleben differenziert wurden.

Schließlich kann man argumentieren, dass Emotionen, die sprachlich gut unterscheidbar sind, auch in ihrem (nonverbalen) Ausdruck verschieden sein müssen. In diesem Zusammenhang wurde die Mimik intensiv untersucht. In einer Meta-Analyse stellen Elfenbein und Ambady (2002) fest, dass bei Verwendung von Fotos *Glück* (oder *Freude*), *Überraschung, Traurigkeit, Ekel, Ärger, Angst* und *Verachtung* relativ gut erkannt und damit auch unterschieden werden.

In Tabelle 1 sind die übereinstimmenden Ergebnisse aus den Untersuchungen zur semantischen Ähnlichkeit, zur Kovariation im Erleben und zum mimischen Ausdruck zusammenfassend dargestellt. Der Tabelle lässt sich entnehmen, dass nur *Freude, Angst, Traurigkeit* und *Ärger* über alle Forschungstraditionen hinweg zuverlässig als eigene Emotionskategorie auftauchen.

Tabelle 1: Emotionskategorien in verschiedenen Forschungstraditionen

Emotions-kategorie	Beurteilungsgrundlage		
	Semantische Ähnlichkeit	Kovariation von Gefühlen im Alltag	Unterscheidbare Gesichtsausdrücke
Freude/Glück	X	X	X
Zuneigung	X		
Angst	X	X	X
Unruhe	X		
Traurigkeit	X	X	X
Ärger	X	X	X
Abneigung/Ekel	X		X
Verachtung			X
Scham/Verlegenheit	X	X	
Überraschung	X		X

Anmerkung: Synopse von Analysen bei Schmidt-Atzert (2008). X = Emotionskategorie mit großer Übereinstimmung gefunden.

Drei Gefühlsqualitäten haben offenbar kein Pendant in der Mimik. *Scham/Verlegenheit* wird zwar mit Erröten in Verbindung gebracht; die meisten Mimikforscher befassen sich aber nur mit Reaktionen, an denen Gesichtsmuskeln beteiligt sind. Bemerkenswert ist, dass *Verachtung* in den Studien zur Mimik von *Abneigung/Ekel* unterschieden wird, während sich in den beiden anderen Forschungstraditionen keine Hinweise für eine solche Differenzierung finden.

Diskrepanzen zwischen Studien zur Klassifikation von Emotionen anhand von Aussagen über das eigene Befinden und solchen zur Klassifikation von Emotionsbegriffen sind vermutlich in der Itemauswahl begründet. Reisenzein und Schimmack (1999) zufolge sollten Emotionen, die im Erleben kovariieren, auch als semantisch ähnlich beurteilt werden. Die Autoren fanden hohe Übereinstimmungen und argumentieren, dass die Ähnlichkeitsurteile durch implizites Wissen über die Kovariation beeinflusst werden. Deshalb sollten die in Tabelle 1 dokumentierten Unterschiede zwischen diesen beiden Ansätzen nicht überbewertet werden. Betrachtet man die drei Studien zum emotionalen Erleben (Lively & Heise, 2004; sowie zwei weitere Studien) separat, so lassen sich in mindestens einem Fall auch Belege für die Emotionskategorien *Zuneigung*, *Abneigung/Ekel* und *Überraschung* finden. Lediglich für *Unruhe* fehlt jede Bestätigung, was offenbar daran liegt, dass die Forscher entsprechende Gefühle nicht erfragt hatten.

5 Ein Modellvergleich: dimensional gegen kategorial

Die Stärke des dimensionalen Ansatzes liegt darin, dass zumindest die Dimensionen Valenz (Lust – Unlust) und Aktivierung robust sind und in vielen Untersuchungen, auch bei unterschiedlichen Aspekten (Gefühle, Wörter, Ausdruck), replizierbar waren. Der dimensionale Ansatz kann herangezogen werden, ohne dass die Frage der Abgrenzung von Emotion und Nicht-Emotion gelöst ist. Zustandsbegriffe wie Schläfrigkeit oder Konzentriertheit lassen sich mühelos einordnen, ohne das gesamte System zu verändern. Einschränkend ist festzustellen, dass es sich dabei um zwei der drei allgemeinen Dimensionen des semantischen Raums (Evaluation, Potency, Activity) handelt, die nicht spezifisch für Emotionen sind, sondern bei der Beurteilung vieler Objekte eine Rolle spielen (Clore, Ortony & Foss, 1987). Speziell auf Emotionen bezogen weist der Ansatz zwei Schwächen auf: (1) Emotionen wie Angst, Ärger und Ekel, die im kategorialen Ansatz deutlich unterscheidbar sind, können nicht klar voneinander abgegrenzt werden und (2) ist die Aktivierungsdimension mehrdeutig, da sie sowohl mit Energie als auch mit Aufregung/Unruhe assoziiert sein kann.

Der kategoriale Ansatz bietet dagegen bessere Differenzierungsmöglichkeiten, ist aber weniger robust. So lange noch kein Konsens besteht, wie Emotionen von anderen Zuständen exakt abgegrenzt werden können, besteht die Gefahr der Erweiterung um unsichere Emotionsqualitäten. Strittig ist etwa, ob *Interesse* eine Emotion ist. Wie viele Emotionsqualitäten überhaupt unterschieden werden, hängt von dem angestrebten Differenzierungsgrad ab. Ein hierarchisches Modell mit groben Kategorien sowie einer weiteren Binnengliederung der Kategorien (z. B. verschiedene Varianten von Freude) könnte sich als ideale Lösung erweisen.

Weiterführende Literatur

Schimmack, U. (1999). Strukturmodelle der Stimmungen: Rückschau, Rundschau und Ausschau. *Psychologische Rundschau, 50,* 90–97.
Schmidt-Atzert, L. (2008). Klassifikation von Emotionen. In W. Janke, G. Debus & M. Schmidt-Daffy (Hrsg.), *Experimentelle Emotionspsychologie* (S. 181–193). Lengerich: Pabst.

Literatur

Clore, G. L., Ortony, A. & Foss, M. A. (1987). The psychological foundations of the affective lexicon. *Journal of Personality and Social Psychology, 53,* 751–766.
Elfenbein, H. A. & Ambady, N. (2002). On the universality and cultural specificity of emotion recognition: A meta-analysis. *Psychological Bulletin, 128,* 203–235.
Farndon, J., Woolf, A., Rooney, A. & Gogerly, L. (2006). *Die berühmtesten Wissenschaftler.* Münster: Premio.
Lively, K. J. & Heise, D. R. (2004). Sociological realms of emotional experience. *American Journal of Sociology, 109,* 1109–1136.
Osgood, C. E. (1966). Dimensionality of the semantic space for communication via facial expression. *Scandinavian Journal of Psychology, 7,* 1–30.
Reisenzein, R. & Schimmack, U. (1999). Similarity judgments and covariations of affects: Findings and implications for affect structure research. *Personality and Social Psychology Bulletin, 25,* 539–555.
Schmidt-Atzert, L. (1981). *Emotionspsychologie.* Stuttgart: Kohlhammer.
Schmidt-Atzert, L. (1987). Zur umgangssprachlichen Ähnlichkeit von Emotionswörtern. *Psychologische Beiträge, 29,* 140–163.
Schmidt-Atzert, L. (2008). Klassifikation von Emotionen. In W. Janke, G. Debus & M. Schmidt-Daffy (Hrsg.), *Experimentelle Emotionspsychologie* (S. 181–193). Lengerich: Pabst.
Shaver, P., Schwartz, J., Kirson, D. & O'Connor, C. (1987). Emotion knowledge: Further exploration of a prototype approach. *Journal of Personality and Social Psychology, 52,* 1061–1086.

Überraschung
Surprise

Achim Schützwohl

1   Einleitung

Im Alltagsverständnis ist Überraschung ein von unerwarteten Ereignissen hervorgerufenes Gefühl, das oft von einem charakteristischen Gesichtsausdruck begleitet wird. Unter der Lupe einer wissenschaftlichen Analyse betrachtet, erkennt man in Überraschung allerdings einen komplexen Vorgang spezialisierter Informationsverarbeitung, der ein wichtiges Anpassungsproblem löst. Im Folgenden wird zunächst das Anpassungsproblem knapp geschildert und anschließend die Beschaffenheit und Funktionsweise des Überraschungsmechanismus beschrieben. Abschließend wird die Frage diskutiert, ob Überraschung eine Emotion ist.

2   Das Anpassungsproblem

Situationsangepasstes Verhalten erfordert, dass wir die aktuelle Situation verstehen und ihren weiteren Verlauf vorhersagen können. Verstehen und Vorhersage wiederum ist so lange gewährleistet, wie unsere Wissensstrukturen (fortan als Schemata bezeichnet, vgl. Meyer, 1988) unsere Umwelt angemessen repräsentieren. Besteht allerdings eine Diskrepanz zwischen Umwelt und unseren Schemata, ist situationsangepasstes Verhalten nicht gewährleistet. Im Gegenteil, in schemadiskrepanten Situationen sind klare Entscheidungen darüber, welches Verhalten situationsangepasst ist, nicht möglich, weil wir die Situation weder verstehen noch deren weiteren Verlauf vorhersagen können. In schemadiskrepanten Situationen wird Verhalten also in gewisser Weise beliebig, was zwangsläufig mit hohen Kosten verbunden ist, da beliebiges Verhalten uns im ungünstigen Fall in lebensbedrohliche Situationen versetzen kann.

Das Anpassungsproblem, zu dessen Lösung sich der Überraschungsmechanismus im Lauf unserer evolutionären Geschichte entwickelt hat, besteht also in den hohen Kosten, die mit beliebigem Verhalten in schemadiskrepanten Umweltsituationen verbunden sind. Der Überraschungsmechanismus setzt an die Stelle beliebigen Verhaltens eine kleine Anzahl funktionell spezialisierter Mechanismen der Informationsverarbeitung, die gemeinsam zur Lösung des Anpassungsproblems beitragen. Die Lösung lässt sich sinnvoller Weise in die Erreichung eines kurz- und eines langfristigen Zieles einteilen. Das kurzfristige Ziel des Überraschungsmechanismus besteht darin, Schemadiskrepanzen zuverlässig zu entdecken, in schemadiskrepanten Situationen beliebiges Verhalten zu verhindern und die Bereitschaft für situationsangepasstes Verhalten unter den lokalen Gegebenheiten so schnell wie möglich wiederherzustellen. Das langfristige Ziel besteht darin, zukünftige Schemadiskrepanzen zu vermeiden, was unter bestimmten Umständen die Aktualisierung oder Revision der in Frage gestellten Schemata erforderlich machen kann. Damit trägt der Überraschungsmechanismus entscheidend dazu bei, dass unsere Schemata die Umwelt in angemessener Weise repräsentieren.

3 Die Beschaffenheit und Funktionsweise des Überraschungsmechanismus

Die organisierte Funktionsweise des Überraschungsmechanismus lässt sich am besten in drei aufeinanderfolgenden Prozessstufen beschreiben, die in Abbildung 1 dargestellt sind.

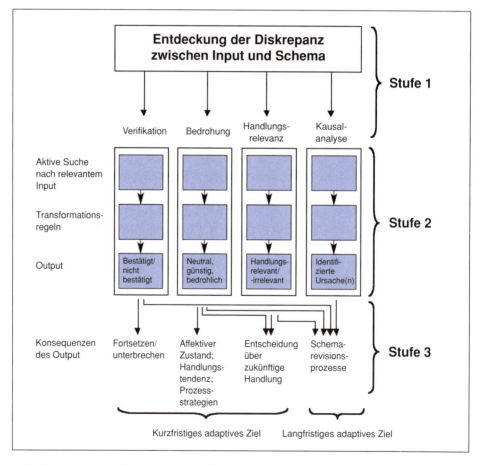

Abbildung 1: Darstellung des dreistufigen Prozessmodells der Überraschung

3.1 Stufe 1

Die Prozesse der ersten Stufe dienen der zuverlässigen Entdeckung von Schemadiskrepanzen und der Vorbereitung nachfolgender Analysen des schemadiskrepanten Ereignisses. Dazu ist es erforderlich, die aktivierten Schemata fortlaufend auf ihre Kompatibilität mit dem aktuellen Input zu überprüfen. Wird dabei eine Diskrepanz zwischen aktuellem Input und Schemata festgestellt, die einen gewissen, nicht näher definierten Schwellenwert überschreitet, werden die momentan ablaufenden Handlungen und die sie kontrollierenden Prozesse unwillkürlich unterbrochen (Horstmann, 2006). Die Handlungsunterbrechung erfüllt möglicherweise mehrere Funktionen. Zum einen können dadurch solche Kosten vermieden werden, die mit der Fortsetzung der gerade ausgeführten, aber unter den veränderten Bedingungen möglicher Weise situationsunangepassten Handlung verbunden sein könnten. Zum anderen gewährleistet die Handlungsunterbrechung den störungsfreien Ablauf der nachfolgenden Analyseprozesse, die zusätzlich durch die Verlagerung der Aufmerksamkeit auf das die Überraschung auslösende Ereignis unterstützt werden.

Mit der Verlagerung der Aufmerksamkeit auf das überraschende Ereignis geht vermutlich auch das Gefühl der Überraschung einher, dessen Intensität von der Plötzlichkeit, dem Ausmaß oder der Dauer der Verlagerung von Aufmerksamkeitsressourcen determiniert wird (Schützwohl & Krefting, 2001). Das Gefühl der Überraschung hat dabei die Funktion, das Auftreten einer Schemadiskrepanz zu signalisieren und nachfolgende Prozesse, die der Beseitigung der Diskrepanz dienen, zu motivieren (Meyer, Reisenzein & Schützwohl, 1997).

3.2 Stufe 2

Damit sind die Voraussetzungen für die zweite Prozessstufe geschaffen, in der der Überraschungsmechanismus vier spezialisierte Informationsverarbeitungsmechanismen aktiviert und leitet, die den festen Kern der Analyse des überraschenden Ereignisses ausmachen. Diese Analysen umfassen die Verifikation der Schemadiskrepanz des in Frage stehenden Ereignisses, eine Bewertung seiner Bedrohlichkeit für das eigene Wohlergehen und seiner Relevanz für momentan ablaufende Aktivitäten sowie eine Analyse der ihm zugrunde liegenden kausalen Struktur.

Um ihre jeweilige Aufgabe schnell und effizient erfüllen zu können, benötigt jeder dieser Mechanismen bestimmte Informationen. Die jeweils wichtigsten Informationen werden bedarfsgerecht von jedem der Mechanismen dem überraschenden Ereignis direkt entnommen. Unter bestimmten Bedingungen kann es aber auch erforderlich sein, Informationen von einem der anderen Mechanismen anzufordern bzw. Informationen aus existierenden Schemata abzurufen. Informationssuche und -aufnahme werden vermutlich vom einem charakteristischen Gesichtsausdruck der Überraschung zumindest teilweise unterstützt. So vermutetete bereits Darwin (1872/1965), dass zum Beispiel das für Überraschung typische Weiten der Augen das Gesichtsfeld vergrößert und das Hochziehen der Augenbrauen die Beweglichkeit der Augen erhöht, was beides die Aufnahme visueller Information begünstigt.

Der Mechanismus zur Verifikation der Schemadiskrepanz des Ereignisses klärt zunächst die Frage, ob das Überraschung auslösende Ereignis fehlerfrei wahrgenommen und verarbeitet wurde, das heißt, ob das Ereignis zurecht als schemadiskrepant eingeschätzt wurde. Das Ergebnis dieses Überprüfungsschrittes ist entweder eine Bestätigung oder eine Widerlegung der ursprünglichen Einschätzung dieses Ereignisses. Der Mechanismus zur Bewertung der Bedeutung des überraschenden Ereignisses für das eigene Wohlergehen prüft ganz gezielt, inwieweit das überraschende Ereignis bedrohlich ist (Schützwohl & Borgstedt, 2005). Denn überraschende Ereignisse waren in der evolutionären Geschichte des Menschen häufig mit Gefahren verbunden und sind es oft heute noch. Zudem erscheint der Fehler, eine unerwartete Bedrohung nicht schnell zu entdecken auf lange Sicht mit größeren Kosten verbunden zu sein als der Fehler, einen unerwarteten Nutzen nicht zu erkennen (vgl. Darwin, 1872/1965). Bei der Bewertung der Bedrohlichkeit des überraschenden Ereignisses handelt es sich vermutlich zumindest anfänglich nur um eine rasche und eher grobe Einschätzung der Bedrohlichkeit auf der Grundlage oberflächlich verarbeiteter sensorischer Information (z. B. LeDoux, 1995), der im Falle bedrohlicher Ereignisse eine eingehendere Analyse folgt.

Zur Überprüfung der Handlungsrelevanz des überraschenden Ereignisses werden die an der momentanen Handlungssteuerung beteiligten Informationen mit Informationen über das überraschende Ereignis abgeglichen. Handlungsrelevant ist das überraschende Ereignis dann, wenn bei diesem Vergleichsprozess entweder gemeinsame Elemente zwischen dem überraschenden Ereignis und den an der momentane Handlungssteuerung beteiligten Informationen ermittelt oder dabei Aspekte entdeckt werden, die bei der zukünftigen Handlungsplanung zu berücksichtigen sind.

Für gewöhnlich liegt im Falle der Überraschung die einmalige Beobachtung eines Ereignisses vor. Deshalb muss bei der Suche nach den Ursachen des überraschenden Ereignisses bevorzugt auf kausale Schemata (d. h., auf allgemeine Regeln bzw. Vorannahmen über die Beziehung von Ursache und Wirkung) zurückgegriffen werden (Heider, 1958). Die kausalen Schemata beziehen die für sie relevanten Informationen von den sensorischen Daten des überraschenden Ereignisses, die in Verbindung mit den in den kausalen Schemata abgespeicherten Vorannahmen die Identifikation einer oder mehrerer Ursachen ermöglicht.

3.3 Stufe 3

Die Prozesse der dritten Stufe dienen unmittelbar der Erreichung des kurzfristigen und des langfristigen Ziels. Die Verifikation der Schemadiskrepanz sowie die Bewertung der Bedrohlichkeit und Handlungsrelevanz dienen vorrangig dem Erreichen des kurzfristigen Ziels, also der möglichst raschen Wiederherstellung der Handlungsbereitschaft. Falls zum Beispiel der Verifikationsmechanismus die ursprüngliche Wahrnehmung des Ereignisses als schemadiskrepant nicht bestätigt, erübrigen sich weitere zeitaufwendige Analysen dieses Ereignisses und die unterbrochene Handlung kann unmittelbar fortgesetzt werden. Bestätigt sich dagegen die Wahrnehmung des Ereignisses als schemadiskrepant, entscheiden die Bewertungen der Bedrohlichkeit und der Handlungsrelevanz darüber, ob die unterbrochene Handlung in unveränderter oder aber in modifizierter Form wieder aufgenommen werden kann oder ob eine neue, alternative Handlung geplant und ausgeführt werden muss. Am leichtesten ist diese Entscheidung für den Fall zu treffen, dass das überraschende Ereignis als neutral für das eigene Wohlergehen und gleichzeitig als handlungsirrelevant bewertet wurde: Die unterbrochene Handlung kann in diesem Fall einfach in unveränderter Form wieder aufgenommen werden. Dagegen wird vermutlich rasch eine neue Handlung geplant und initiiert, wenn das überraschende Ereignis als bedrohlich für das eigene Wohlbefinden eingeschätzt wurde, und zwar unabhängig von der Relevanz des überraschenden Ereignisses für die unterbrochene Handlung (ausführlicher Schützwohl, 2000).

Das Ergebnis der Kausalanalyse ist von zentraler Bedeutung für das Erreichen des langfristigen Ziels. Denn es ist die dem überraschenden Ereignis zugeschriebene Ursache oder vielmehr genauer eine dieser Ursache zugrunde liegende spezifische kausale Dimension, die darüber entscheidet, ob Schemata, die sich als unpassend herausgestellt haben, aktualisiert oder revidiert werden müssen. Diese kausale Dimension betrifft die Stabilität bzw. Variabilität der für das Auftreten des überraschenden Ereignisses verantwortlich gemachten Ursache (Weiner, 1986). Wird die verantwortlich gemachte Ursache als über die Zeit hinweg variabel betrachtet, wie zum Beispiel Zufall oder eine Ursache, die sich in dieser Form kaum wiederholen wird, erscheint eine Schemaaktualisierung bzw. -revision unangemessen. Denn bei einer variablen Ursache bleibt unklar, ob sich das Ereignis überhaupt wiederholen wird und falls ja, unter welchen Umständen. Wird dagegen eine stabile Ursache für das Auftreten des überraschenden Ereignisses verantwortlich gemacht, wird man vermutlich erwarten, dass das gleiche Ereignis unter ähnlichen Umständen wiederum eintreten wird. In diesem Fall ist eine angemessene Aktualisierung bzw. Revision des betroffenen Schemas erforderlich, um zukünftige Vorkommnisse dieser Art von Ereignissen als wiederkehrenden Fall des gleichen Ereignisses wahrnehmen und verarbeiten zu können (Schützwohl, 1998).

Die Ergebnisse der anderen Ereignisanalyse-Prozesse tragen ebenfalls zur Erreichung des langfristigen adaptiven Ziels bei, und zwar insofern als sie in das betroffene Schema integriert werden – vorausgesetzt natürlich, dass das Ergebnis der Kausalanalyse eine Schemarevision nahe legt. Denn die Ergebnisse der Analyseprozesse bezüglich (1) der Angemessenheit der Einschätzung des Ereignisses als schemadiskrepant, (2) der Bedrohlichkeit und (3) der Handlungsrelevanz eines schemadiskrepanten Ereignisses werden gemeinsam mit anderen Informationen als Teil des betreffenden Schemas aufgenommen. Diese Ergebnisse können und werden typischerweise wieder verwendet, wenn sich ein Ereignis des gleichen Typs wiederholt. Der Vorteil dieses Mechanismus liegt auf der Hand, da die Analysen zukünftiger Vorkommnisse des Ereignisses erheblich abgekürzt werden können, indem die verschiedenen Ergebnisse der Analyseprozesse einfach aus dem Schema abgerufen werden können (Meyer et al., 1997).

4   Ist Überraschung eine Emotion?

Zahlreiche Autoren schreiben der Überraschung den Status einer primären, fundamentalen oder Basisemotion zu (z. B. Ekman, 1992), und zwar auf Grund von Hinweisen auf ihre genetische Grundlage. Denn zum einen scheint Überraschung in allen bekannten Kulturen mit einem charakteristischen Gesichtsausdruck verknüpft zu sein, der sich unter normalen Umständen bei allen Menschen zuverlässig entwickelt (z. B. Darwin, 1872/1965; Ekman et al., 1987). Zum anderen ist Überraschung ein phylogenetisch altes Phänomen, das sich in der evolutionären Geschichte bereits entwickelt hatte, bevor die Entwicklungslinie des Menschen vom evolutionären Baum abgezweigt ist. So tritt Überraschung bereits bei Affen auf (z. B. Tinklepaugh, 1928; Yerkes, 1927), was darauf schließen lässt, dass bereits unsere ersten menschlichen Vorfahren zumindest über eine rudimentäre Form des Überraschungsmechanismus verfügten. Andere Autoren sehen in Überraschung zwar eine Emotion, jedoch nicht eine Basisemotion (z. B. Oatley & Johnson-Laird, 1987).

Im Gegensatz dazu sprechen andere Autoren Überraschung den Status einer Emotion gänzlich ab, und zwar mit unterschiedlichen Argumenten. So argumentieren beispielsweise Ortony, Clore und Collins (1988), Überraschung könne keine Emotion sein, weil Emotionen grundsätzlich eine hedonische Qualität aufweisen, das heißt als angenehm oder unangenehm empfunden werden. Überraschung dagegen kann hedonisch neutral empfunden werden. Lazarus (1991) hingegen spricht Überraschung den Status einer Emotion mit dem Argument ab, dass für die Entstehung einer Emotion die Bewertung eines Sachverhalts als relevant für das eigene Wohlergehen notwendig ist. Überraschung entsteht aber bereits, wenn ein Ereignis als unerwartet oder schemadiskrepant bewertet wurde und damit bevor eine Bewertung der Bedeutung des Ereignisses für das eigene Wohlergehen vorgenommen werden kann. Lazarus bezeichnet Überraschung deshalb als „pre-emotion", die andere, emotionsrelevante Einschätzungen erst nach sich zieht. Sowohl Ortony, Clore und Collins (1988) als auch Lazarus (1991) betrachten Überraschung also auf Grund eines einzelnen für Emotionen entscheidenden Merkmals als Nicht-Emotion. Allerdings hat Überraschung mehrere Merkmale wie zum Beispiel einen charakteristischen Gesichtsausdruck, physiologische Veränderungen und ein Gefühl von unterschiedlicher Intensität mit prototypischen Emotionen wie beispielsweise Furcht, Ärger und Freude gemeinsam. Auf der Grundlage dieser Gemeinsamkeiten erscheint die Klassifizierung von Überraschung als Emotion durchaus gerechtfertigt. Letztendlich ist die Klärung der Frage nach dem Status von Überraschung jedoch von nachrangiger Bedeutung, da im Vordergrund wissenschaftlicher Bemühungen die Verbesserung unseres Verständnisses der Beschaffenheit und Funktionsweise diese überlebenswichtigen Mechanismus stehen sollte.

Weiterführende Literatur

Meyer, W.-U. (1988). Die Rolle von Überraschung im Attributionsprozeß. *Psychologische Rundschau, 39,* 136–147.
Schützwohl, A. (2000). Ein psychoevolutionäres Modell der Überraschung. In F. Försterling, J. Stiensmeier-Pelster & L.-M. Silny (Hrsg.), *Kognitive und emotionale Aspekte der Motivation* (S. 177–204). Göttingen: Hogrefe.

Literatur

Darwin, C. (1965). *The expression of the emotions in man and animals.* Chicago: Chicago University Press. (Original veröffentlicht 1872).
Ekman, P. (1992). Are there basic emotions? *Psychological Review, 99,* 550–553.
Ekman, P., Friesen, W. V., O'Sullivan, M., Chan, A., Diacoyanni-Tarlatzis, I., Heider, K., Krause, R., LeCompte, W. A., Pitcairn, T., Ricci-Bitti, P. E., Scherer, K. R. & Tomita, M. (1987). Universals and cultural differences in the judgments of facial expressions of emotions. *Journal of Personality and Social Psychology, 53,* 712–717.
Heider, F. (1958). *The psychology of interpersonal relations.* New York: Wiley.
Horstmann, G. (2006). Latency and duration of the action interruption in surprise. *Cognition and Emotion, 20,* 242–273.
Lazarus, R. S. (1991). *Emotion and adaptation.* New York: Oxford University Press
LeDoux, J. E. (1995). Emotion: Clues from the brain. *Annual Review of Psychology, 46,* 209–235.
Meyer, W.-U., Reisenzein, R. & Schützwohl, A. (1997). Towards a process analysis of emotions: The case of surprise. *Motivation and Emotion, 21,* 251–274.
Oatley, K. & Johnson-Laird, P. N. (1987). Towards a cognitive theory of emotions. *Cognition and Emotion, 1,* 29–50.
Ortony, A., Clore, G. L. & Collins, A. (1988). *The cognitive structure of emotions.* New York: Cambridge University Press.

Schützwohl, A. (1998). Surprise and schema strength. *Journal of Experimental Psychology: Learning, Memory, and Cognition, 24,* 1182–1199.

Schützwohl, A. & Borgstedt, K. (2005). The processing of affectively valenced stimuli: The role of surprise. *Cognition and Emotion, 18,* 583–600.

Schützwohl, A. & Krefting, E. (2001). Die Struktur der Intensität von Überraschung. *Zeitschrift für experimentelle Psychologie, 48,* 41–56.

Tinklepaugh, O. L. (1928). An experimental study of representative factors in monkeys. *Journal of Comparative Psychology, 8,* 197–236.

Weiner, B. (1986). *An attributional theory of motivation and emotion.* New York: Springer.

Yerkes, R. M. (1927) The mind of a gorilla. *Genetic Psychology Monographs, 2,* 1–193.

Freude und Glück
Joy and Happiness

Philipp Mayring

1 Einleitung: Zum Stellenwert von Glück und Freude

Mit Freude und Glück werden in diesem Handbuch (neben → Liebe und → Stolz) die positiven Emotionen angesprochen. Es scheint bei Freude/Glück um eine Basisemotion des Menschen zu gehen, wenngleich die Definition solcher Basisemotionen schwierig ist (vgl. Ulich & Mayring, 2003). Freude und Glück lassen sich in den unterschiedlichsten Kulturkreisen sicher am Ausdrucksverhalten erkennen: Lachen oder Lächeln, offener Blick, Straffung der unteren Augenpartie (Lachfalten).

Die Beschäftigung mit Glück geht weit zurück, zu den Anfängen der Philosophie (vgl. Bellebaum, 2002). Bei Aristoteles (Nikomachische Ethik) gilt Glückseligkeit (eudaimonia) als zentralstes Ziel und Gut des Menschen, gebunden an richtiges, tugendhaftes Leben in der Gemeinschaft. Seitdem spielen Glückskonzeptionen eine bedeutsame Rolle in philosophischen, theologischen und politischen Theorien (vgl. Marcuse, 1972). In der Mitte des 20. Jahrhunderts hat sich im Rahmen der Sozialindikatorenforschung, also der sozialwissenschaftlichen Analyse der Lage gesellschaftlicher Gruppen, die systematische empirische Analyse von Glück, Wohlbefinden und Lebenszufriedenheit der Bevölkerung zur Einschätzung gesellschaftlicher Zustände und Entwicklungen etabliert. Wichtig für die Wohlbefindensforschung waren dabei die groß angelegten empirischen Studien von Norman Bradburn in den 60er Jahren, die nachweisen konnten, dass positives und negatives Befinden relativ unabhängige Faktoren sind, also aus der Abwesenheit von negativen Affekten nicht unmittelbar auf Wohlbefinden zu schließen ist. In diesem Kontext wurde das Konzept der Lebensqualität, als Balance subjektiven Wohlbefindens und guter objektiver Lebensbedingungen, formuliert (vgl. Glatzer & Zapf, 1984). Auch die Gerontologie hat sich verstärkt seit Mitte des 20. Jahrhunderts mit Glück und Zufriedenheit, hier mehr auf individueller Ebene, als Indikatoren erfolgreichen Alterns (vgl. Baltes & Baltes, 1990), beschäftigt. Diverse Ansätze und Studien zu diversen Aspekten subjektiven Wohlbefindens folgten in Psychologie und angrenzenden Sozialwissenschaften (zum Überblick Diener, 1984; Strack, Argyle & Schwarz, 1991). Die reichste Quelle für solche Studien ist wohl die „World Database of Happiness" (www1.eur.nl/fsw/happiness), von Ruut Veenhoven an der Erasmusuniversität Rotterdam gegründet und laufend aktualisiert, in der online viele Tausend Studien, Ergebnisse und Messinstrumente (incl. der Items) zur Wohlbefindensforschung frei recherchierbar sind.

2   Freude und Glück im Rahmen „Positiver Psychologie"

In den letzten Jahren wurde versucht, mit dem Konzept der „Positiven Psychologie" (Seligman, 2000) nun einen einheitlichen Rahmen zu formulieren. Die Psychologie, so wird behauptet, habe sich lange genug nur mit psychischem Leiden, Belastung und negativen Emotionen (z. B. Angst, Depression) beschäftigt. Gesundheit und Wohlbefinden, als zentrale Zielgrößen psychologischer Arbeit, stellen sich aber nicht automatisch ein, wenn Krankheit und Belastung beseitigt sind. Wir müssen sie selbst aktiv anstreben, eigene Ressourcen und positive Kräfte erkennen und für Bewältigungsprozesse nutzen. Neben den Anregungen für die klinische Praxis (weg vom medizinischen Modell hin zur Ressourcenorientierung) führte dieses Programm zu verstärkten empirischen und theoretischen Analysen subjektiven Wohlbefindens in der Psychologie (vgl. Snyder & Lopez, 2002) und auch zur Gründung einer eigenen Zeitschrift (Journal of Happiness Studies). Seligman (Einleitung zu Snyder & Lopez, 2002) umreißt den Rahmen des Programms einer positiven Psychologie als Analyse positiver Emotionen (Wohlbefinden, Zufriedenheit, Flow, Freude, Lust und Glück) mit dem Ziel der Unterstützung positiver Persönlichkeitseigenschaften auch für soziales Zusammenleben im Sinne eines präventiven, gesundheitserhaltenden Ansatzes. Heute stellt Seligman das Programm, das in Amerika nach den Ereignissen vom 11. September 2001 einen besonderen Aufschwung erlebt, unter das Label des „authentischen Glücks" (vgl. www.authentichappiness. org). Zur deutschsprachigen Diskussion sei auf Auhagen (2004) verwiesen.

3   Definitionsprobleme[1]

Ein großes Problem bei der emotionspsychologischen Analyse von Freude und Glück besteht darin, dass die beiden Begriffe sowie das gesamte Begriffsumfeld subjektiven Wohlbefindens sehr unterschiedlich definiert werden, vor allem auch, wenn wir die englischsprachige Literatur heranziehen. Dort wird heute oft Glück (happiness) als Überbegriff von Zufriedenheit, positiven Gefühlen, psychischer Belastungsfreiheit und Gesundheit (so bei Argyle, 1987) verstanden (der Gesundheitsbegriff tritt hier seit der neueren Definition der WHO von Gesundheit als physischem, psychischem und sozialen *Wohlbefinden* hinzu). Manche verwenden Glück und subjektives Wohlbefinden als austauschbar (Bradburn, 1969). Seligman (in Snyder & Lopez, 2002) versteht Freude und Glück als aktuelle Gefühlszustände, Zufriedenheit und Wohlbefinden als biografisch entwickelte Persönlichkeitszüge. Im Deutschen dagegen bedeutet „Glück" von der Wortwurzel (althochdeutsch „luhhan") die Art und Weise, wie etwas schließt, endigt, ausläuft (günstigen Zufall einschließend) und hat sich dann zu einem dauerhaften, intensiven, die ganze Person umfassenden Wohlbefindensbegriff gewandelt (vgl. Mayring, 1991), wäh-

---

1   Die folgenden Ausführungen bauen zum Teil auf dem Handbuchartikel Mayring (2000) auf.

rend Freude eher eine spontane emotionale Reaktion auf für die Person angenehme Situationen bezeichnet.

Nun sind Definitionen immer auch Konventionen. Trotzdem sollte eine schlüssige und einheitliche Konzeption angestrebt werden. In der einschlägigen Literatur setzt sich immer mehr durch, „Subjektives Wohlbefinden" als den Überbegriff emotionaler Zustände des sich gut Fühlens zu verstehen (vgl. Kahnemann, Diener & Schwarz, 1999). Verschiedene konzeptionelle und empirisch-faktorenanalytische Studien (vgl. Mayring, 1991) legen nun nahe, zwischen einer negativen (Freiheit von subjektiver Belastung) und einer positiven (Freude, Zufriedenheit, Glück) Wohlbefindenskomponente sowie zwischen einer eher kognitiven (Einschätzung des eigenen Lebens) und einer eher affektiven (Lebensgefühl) Wohlbefindenskomponente zu unterscheiden. Somit kann man zumindest vier Faktoren des subjektiven Wohlbefindens differenzieren:

- **Belastungsfreiheit** meint einen eher weniger intensiven, angenehmen Zustand der Unbeschwertheit, des Entspanntseins, der einen kognitiven Anteil der subjektiven Einschätzung der Belastungsfreiheit enthält. Den Gegenpol dieser Komponente stellen Leiden und Schmerz dar.
- **Freude** ist ein stärker emotionaler Zustand des sich gut Fühlens. Er ist an konkrete Situationen gebunden, eher kurzfristig, bei wachem Bewußtsein, mit Vitalität und Lebendigkeit verbunden (Abgrenzung gegenüber rauschhaften Wohlbefindenszuständen). Schwerer abgrenzen lässt sich Freude gegenüber Lustgefühlen, die aber wohl einen stärkeren Bedürfnisbezug und einen zyklischen Charakter (Lust – Unlust) aufweisen. Das Gegenteil der Freude stellt das Unwohlsein dar.
- **Zufriedenheit** stellt einen eher ruhigeren, kognitiv akzentuierten Befindenszustand dar. Sie ist das Produkt von Abwägens- und Vergleichsprozessen (vgl. Abschnitt 7). Sie kann bereichsspezifisch sehr unterschiedlich sein (z. B. finanzielle Zufriedenheit, Ehezufriedenheit, Arbeitszufriedenheit, Freizeitzufriedenheit). Sie steht meist im Hintergrund des Erlebens. Ihr Gegenpol ist die Unzufriedenheit.
- **Glück** bezeichnet den intensivsten Wohlbefindenszustand, der die ganze Person ergreift, überdauernder als Freude ist, auf einem allgemeinen positiven Lebensgefühl basiert und in der Regel überindividuelle Bezüge (z. B. soziale Situationen, Einheit mit Natur) aufweist. Sein Gegenteil stellen Trauer und Depression dar.

4   Die State-Trait-Differenzierung des Wohlbefindens

Hier lässt sich auch gut die in der Emotionsforschung etablierte (vgl. Angst, Ärger) State-Trait-Unterscheidung anwenden (Abele-Brehm & Becker, 1994; Mayring, 1991). Freuden und Lust sind danach eher aktuelle, situationsspezifische Gefühlszustände *(state)*, Zufriedenheit und Glück eher habituelle, biografisch entwickelte Persönlichkeitszüge *(trait)*, wobei Glück auch eine State-Komponente beinhaltet (aktuelles Glückserleben im Gegensatz zu biografsch entwickeltem Lebensglück).

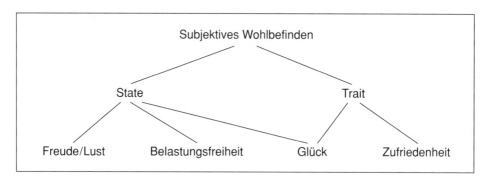

Abbildung 1: Variablen subjektiven Wohlbefindens als States und Traits

In der Wohlbefindensforschung stellt sich nun die Frage, in welcher Beziehung Wohlbefindensstate und Wohlbefindenstrait stehen. Schon Diener (1984) unterscheidet hier Top-down-Theorien (Globales Glück beeinflusst die alltäglichen Freuden) und Bottom-up-Theorien (Glück als die Summe alltäglicher Freuden). Heute scheinen Bottom-up-Ansätze im Vordergrund zu stehen. So zeigt Frederickson (in Snyder & Lopez, 2002) auch an empirischen Daten in ihrer *Broaden & Build Theory of Positive Emotions,* dass die Erfahrung positiver Emotionen wie Freude das Kognitions-Aktions-Repertoire der Person erweitern und dadurch andauernde persönliche Ressourcen bilden, gleichzeitig negative Emotionen behindern. Dies führt zum Aufbau von Trait-Wohlbefinden. Letztlich bedeutet damit Trait-Glück die Erinnerung an viele freudige Ereignisse und glückliche Momente. Allerdings gibt es in der Wohlbefindensforschung auch immer wieder Einwände gegen das Bottom-up-Modell, die mit der hohen lebenslangen Stabilität von Trait-Wohlbefinden argumentieren (zur Diskussion vgl. Veenhoven, 1998).

5 Zur Phänomenologie von Freude- und Glücksgefühlen

Verschiedene Studien versuchen genauer zu beschreiben, wie Glück und Freude subjektiv erlebt werden. Die Ansätze reichen von klinischen Einzelfallstudien, Berichten nach retrospektiven Imaginationsübungen, offenen Fragebögen bis zu Tiefeninterviews (vgl. Izard, 1999; Mayring, 1991). In der Aufstellung in Tabelle 1 wurden auch neuere Studien berücksichtigt, die hier nicht einzeln zitiert werden können.

Tabelle 1: Merkmale von Freude und Glück

Freude	Glücksgefühle *(state)*	Lebensglück *(trait)*
– positives Befinden – in angenehmer Situation – oft Genusssituationen – Fröhlichkeit – Lachen/Lächeln – Vitalität – positive Sicht der Dinge – oft soziale Situationen – Wiederfinden von Vertrautem – bei wachem Bewusstsein	– stark positives Befinden – länger andauernd – oft in Partnerschaft/ Liebe – hohe Sensibilität – Strahlungseffekt – soziale Aufgeschlossenheit – gesteigertes Selbstwertgefühl – Produktivität/Kreativität – Lebensbejahung – eher Gelassenheit – in der Tätigkeit aufgehen – abstrakte Idealkonzepte	– positive Grundstimmung – erhöhte Wahrscheinlichkeit zu Glückserleben – auf grundlegender Lebenszufriedenheit aufbauend – Ich-Erweiterung und -Überwindung – abstrakte Idealkonzepte

Mit dem letzten Punkt der Beschreibungsmerkmale von Glücksgefühlen (abstrakte Idalkonzepte) ist gemeint, dass Personen mit solchen Emotionen in der Regel allgemeine Konzepte von Idealzuständen assoziieren (im Gegensatz zu Freude): Harmonie, Erhabenheit, Einheit, Schönheit, Erfolg, Kreativität, Gemeinschaft, Lebenssinn, Geborgenheit, Freiheit und Kraft (vgl. Mayring, 1991).

6 Theorieansätze zu Freude und Glück

Zur weiteren Analyse von Glück und Freude werden in der psychologischen Literatur unterschiedliche Analyseperspektiven herangezogen (vgl. Mayring, 1991; 2000). Im Vordergrund steht dabei die Frage, wie Glück und Freude beim Menschen entsteht. Diener, Lucas und Oishi (in Snyder & Lopez, 2002) sehen drei Gruppen von Theorieansätzen:
- *Bedürfnis- und Zielerreichungstheorien* sehen in der Spannungsreduktion den entscheidenden Mechanismus. Psychoanalytische Ansätze versuchen Glücksgefühle auf dem Hintergrund der Freud'schen Theorie psychischer Instanzen zu bestimmen. Einerseits wurde hier das Lustprinzip als treibende Kraft aus dem Es definiert. Helene Deutsch sieht danach, durch Fallanalysen belegt, Glück als meist nur kurzfristige Einheit, Harmonie, Aufhebung von Abhängigkeiten zwischen Ich, Es und Über-Ich und damit ein Aufheben der Instanzen. Dazu ist ein aktives sich Öffnen notwendig. Humanistische Ansätze formulieren Glück als produktive Realisation eigener Potenziale, als Höhepunktserlebnis („peak experience"), das als Folge von selbstaktualisierenden,

eigene Fähigkeiten und Wünsche verwirklichenden Aktivitäten sich einstellt. Die unten (vgl. Abschnitt 7) angeführten kognitiven Vergleichsansätze sind hier ebenfalls zu erwähnen, da sie Wohlbefinden vom Erreichen subjektiver Ziele abhängig machen.
- *Aktivitätstheorien oder Handlungstheorien* binden Wohlbefinden an das Ausführen bestimmter Tätigkeiten selbst. Hier kann man sich einerseits auf den negativen Wohlbefindensfaktor (Belastungsfreiheit) beziehen. Die Bewältigungsforschung hat gezeigt, dass man mit belastenden Lebensereignissen, Lebenskrisen und alltäglichen Sorgen aktiv befindensverbessernd umgehen kann (*coping*). Neuere Studien belegen, dass auch positive Lebensereignisse handelnd bewältigt werden müssen, im Sinne eines Profitierens oder Ausnützens, um zu positivem Befinden zu führen. Die Handlungsebene ist also zentral für das positive Befinden der Person. Eindrucksvoll wird dies auch durch die Studien von Csikszentmihalyi (1992) verdeutlicht. Bei intrinsisch motivierten Tätigkeiten (z. B. Felsenklettern, Schachspielen, Rocktanzen), die die Fähigkeiten der Person weder unterfordern (Langeweile als Ergebnis) noch überfordern (Angst als Ergebnis), kann ein Zeit vergessendes Verschmelzen mit der Tätigkeit resultieren („flow"), das als Freude bzw. Glücksgefühl erlebt wird.
- *Persönlichkeitspsychologische Ansätze* definieren Glück als Persönlichkeitseigenschaft *(trait)* des sich Wohlfühlens, als Neigung *(propensity)* des Subjekts zum guten Befinden und verweisen auf die empirisch gut belegte hohe Konstanz von Glück und Wohlbefinden im Lebenslauf. Hier werden also eher Top-down-Ansätze zum Verhältnis von State- und Traitkomponenten des Wohlbefindens vertreten (s. o.). Zentrale Bedeutung kommt bei der Erklärung von Wohlbefinden dabei der Persönlichkeitsvariable der Extraversion (Subskalen: Soziabilität, Tempo, Lebenskraft, Soziale Eingebundenheit) zu.

Solche unterschiedlichen Perspektiven zeigen auch, wie wichtig es ist, sich bei der Analyse von Wohlbefinden auf einen begrifflichen und theoretischen Rahmen zu verständigen.

7 Kognitive Mediatoren des Wohlbefindens

Ein wichtiges Feld der Wohlbefindensforschung stellt die Untersuchung kognitiver Mediatoren dar; man könnte diese Studien auch als eigenen Theorieansatz der Wohlbefindensforschung bezeichnen. Kognitive Faktoren vermitteln danach zwischen emotionsrelevanten Faktoren der äußeren und inneren Situation der Person und ihrem subjektiven emotionalen Empfinden und zeigen damit, dass Emotionen nicht „automatisch" ausgelöst werden. Die ursprünglich aus der Stressforschung stammende kognitive Emotionstheorie von R. S. Lazarus (1991) begreift für alle

Emotionen primäre (Was bedeutet der Situationsfaktor für mich?) und sekundäre (Wie kann ich mit der Situation umgehen?) Einschätzungsprozesse als ursächlich für das emotionale Empfinden. Die gleiche Situation kann also von verschiedenen Personen aufgrund unterschiedlicher Einschätzungsprozesse unterschiedlich empfunden werden. Für Glück und Freude stellt Lazarus die Einschätzungen als wohltuend (benefit), zielrelevant und zielkongruent ohne große Anforderungen an die Person als bestimmend dar.

Damit wird zunächst betont, dass das individuelle *Anspruchsniveau* der Person einen entscheidenden kognitiven Moderator darstellt. Vor allem Zufriedenheit wird als subjektives Abwägen der eigenen Ziele und Ansprüche mit dem davon Erreichten konzipiert, oft sogar als Quotient formelhaft dargestellt:

$$\text{Erreichtes} : \text{Ziele} = \text{Zufriedenheit (Glück)}.$$

Das interne Anspruchsniveau der Person kann sich mit der Zeit ändern, vor allem nach einschneidenden Lebensereignissen, spielt sich aber mit der Zeit wieder auf ein mittleres Maß ein, so die *adaptation level theory* (Brickman, Coates & Janoff-Bulman, 1978). Die Autoren haben dies in einer eindrucksvollen Studie verdeutlicht, in der sie Lotteriegewinner und Unfallopfer im Längsschnitt über ihre subjektiven Glückseinschätzungen befragten. Die anfänglich starken Wohlbefindensunterschiede zwischen beiden Gruppen gleichen sich mit der Zeit aus, orientieren sich an einem mittleren Bezugspunkt. Brickman et al. (1978) bezeichnen dies als „hedonistische Tretmühle". Hier sind weiterhin kognitive Prozesse des *sozialen Vergleichs* wichtig. In der Sozialindikatorenforschung wurde ein Unzufriedenheitsdilemma (trotz guter Bedingungen kein Wohlbefinden) und ein Zufriedenheitsparadox (Wohlbefinden trotz negativer Situation) formuliert und als empirisch häufig vorkommend nachgewiesen (vgl. Glatzer & Zapf, 1984). Dafür ist vor allem der Vergleich der Person mit für sie relevanten Bezugsgruppennormen als kognitiver Mediator verantwortlich. Nur so ist beispielsweise zu erklären, dass die durchschnittliche finanzielle Zufriedenheit in der Nachkriegszeit in westlichen Ländern praktisch konstant blieb, obwohl sich in der gleichen Zeit das Durchschnittseinkommen vervielfältigt hat.

Solche Ansätze zu kognitiven Mediatoren der Wohlbefindens wurden schließlich in der *Multiple Discrepancies Theory* von Michalos (1985) in einem Modell integriert, das objektiv messbare und subjektiv wahrgenommenen Diskrepanzen der jetzigen Situation mit diversen Vergleichsankern als Grundlage des Wohlbefindens begreift. Die Person vergleicht sich dabei mit relevanten Bezugspersonen, mit dem früheren eigenen Befinden, mit den Erwartungen in der konkreten Situation, mit eigenen Zukunftsvorstellungen, der eigenen Vergangenheit, mit den Wünschen für die Zukunft sowie den momentanen Bedürfnissen.

8 Korrelate des Wohlbefindens

Einen weiteren wichtigen Forschungsstrang stellen die Studien zu den Korrelaten des Wohlbefindens dar. Hier wird die in der Menschheitsgeschichte uralte Frage gestellt: Was macht den Menschen glücklich? Korrelationen zwischen Situationsfaktoren und Wohlbefindenseinschätzungen werden auch an großen Datensätzen berechnet. Solche Korrelationsstudien sind zwar mit dem Makel behaftet, dass eine kausale Interpretation nicht möglich ist (deshalb ist hier die Rede von Korrelaten und nicht von Ursachenfaktoren); trotzdem lässt sich in unterschiedlichen Studien, zum Teil auch anhand von Längsschnittdaten, eine hohe Übereinstimmung der Ergebnisse feststellen (vgl. dazu; Argyle, 1987 und in Kahnemann, Diener & Schwarz, 1999; Mayring, 1991; Veenhoven, 1996). Danach lassen sich vier Hauptkorrelate von Glück nennen:

- Der **sozioökonomische Status** der Person, d. i. ihre finanzielle Situation, ihr beruflicher Status, ihr Bildungsstand, korrelieren hoch mit Lebenszufriedenheit, Wohlbefinden und Glück. In unterschiedlichen Studien wird von etwa 10 % erklärter Wohlbefindensvarianz berichtet – nicht viel, aber mehr als jeder andere einzelne Faktor. Vor allem ein Basiswert scheint hier für Wohlbefinden wichtig zu sein; ist dieser erreicht, so steigt das Glück nicht mehr proportional zum materiellen Zuwachs (Veenhoven, 1996). Arbeitslosigkeit dagegen stellt eine Bedrohung für Wohlbefinden dar.
- Die **soziale Integration,** vor allem anderen eine enge Vertrauensbeziehung bzw. Partnerschaft stellt ein weiteres wichtiges Korrelat dar. Im weiteren Sinne ist hier auch die gesellschaftliche Partizipation gemeint (vgl. dazu neue Studien von Frey & Stutzer, 2002).
- Schließlich ist die **Gesundheit** der Person als Glückskorrelat zu nennen. Moderne Gesundheitskonzepte fassen Wohlbefinden als Bestandteil von psychischer Gesundheit auf. Empirische Untersuchungen zeigen hier vor allem einen hohen Zusammenhang von Glück und Zufriedenheit mit dem subjektiven, selbsteingeschätzten Gesundheitszustand, aber auch mit objektiveren Gesundheitsmaßen.
- **Positive Lebensereignisse** stellen Wohlbefindenskorrelate dar, die zeigen, dass Glück im Sinne vollkommenen Wohlbefindens auch etwas mit Glück im Sinne von positivem Zufall zu tun hat. Hier sind vor allem Zugewinns- und Erfolgserlebnisse gemeint, wie der schon erwähnte Lotteriegewinn. Der Zusammenhang gilt auch für negative Lebensereignisse, deren Abwesenheit zentral für Belastungsfreiheit als Wohlbefindensaspekt (s. o.) ist.

Neben diesen „großen vier" Korrelaten wurden noch diverse Korrelationen vor allem mit Persönlichkeitsvariablen festgestellt, wie Extraversion, emotionale Stabilität, Selbstwert und Kontrollüberzeugung.

Nimmt man die Ergebnisse der letzten Abschnitte zusammen, so könnte man zu folgendem hypothetischen Modell der Einflussfaktoren von subjektivem Wohlbefinden gelangen (vgl. Mayring, 1991). In diesem Modell sind neben dem bisher Angesprochenen noch gesellschaftliche Voraussetzungen des Wohlbefindens aufgeführt. Damit ist einerseits die gesellschaftliche Verteilung befindensrelevanter Ressourcen (z. B. materielle Faktoren) gemeint, andererseits die in jeder Kultur unterschiedliche begriffliche Füllung der Wohlbefindenskategorien, z. B. unterschiedliche Glücksbegriffe und Glücksideologien (vgl. dazu Diener & Shu in Kahnemann, Diener & Schwarz, 1999). Weiterhin sind noch emotionale Mediatoren aufgenommen worden. Diverse Experimente der Stimmungsforschung zeigen, dass positive Stimmung einen direktiven Einfluss auf die Glücks-Selbsteinschätzung von Personen hat, negative Stimmung dagegen einen indirekter Wirkung über zwischengeschaltete Attributionsprozesse. Wir gelangen dadurch zu dem in Abbildung 2 gezeigtem Modell. Dieses Modell müsste eigentlich weiter nach den verschiedenen Wohlbefindenskomponenten und nach Kausalitätsrichtungen differenziert und analysiert werden.

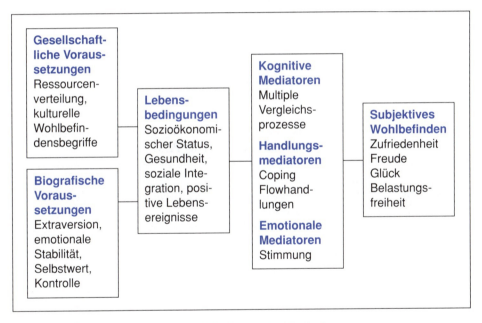

Abbildung 2: Einflussfaktoren des Subjektiven Wohlbefindens

9 Interventionsmöglichkeiten

Kann man Glück beeinflussen, hervorrufen, steuern? Auch wenn viele gerade theologisch orientierte Autoren hier warnen, muss man darauf hinweisen, dass es eine Reihe emotionspsychologisch gut fundierter „Glückstherapien" gibt (vgl.

Mayring, 1991), die auch nachweisbare Effekte zeigen. Vor allem im Zusammenhang mit emotionalen Störungen (Depressivität) scheint hier eine besondere Bedeutung zu liegen. Neuere Studien zur Stimmungsforschung und zu leistungsbezogenen Emotionen (Mayring & v. Rhoeneck, 2003) belegen, dass es auch pädagogisch sinnvoll ist, positives Befinden in Lern- und Leistungssituationen zu unterstützen. Die aktuellen Forschungen zur „emotionalen Intelligenz" zeigen, dass es Überschneidungen zu Glück gibt und damit auch Möglichkeiten zur Emotionsregulierung (vgl. Salovey, Mayer & Caruso, in Snyder & Lopez, 2002).

Weiterführende Literatur

Mayring, Ph. (1991). *Psychologie des Glücks*. Stuttgart: Kohlhammer.
Snyder, C. R. & Lopez, S. J. (Eds.). (2002). *Handbook of positive psychology*. Oxford: University Press.

Literatur

Abele-Brehm, A. & Becker, P. (Hrsg.). (1994). *Wohlbefinden. Theorie – Empirie – Diagnostik* (2. Aufl.). Weinheim: Juventa.
Argyle, M. (1987). *The psychology of happiness*. London: Methuen.
Auhagen, A. E. (Hrsg.). (2004). *Positive Psychologie. Anleitung zum „besseren Leben"*. Weinheim: Beltz PVU.
Baltes, P. B. & Baltes, M. M. (Eds.). (1990). *Successful aging: Perspectives from the behavioral sciences*. New York: Cambridge University Press.
Bellebaum, A. (Hrsg.). (2002). *Glücksforschung. Eine Bestandsaufnahme*. Konstanz: UVK.
Bradburn, N. M. (1969). *The Structure of Psychological Well-Being*. Chicago: Aldine.
Brickman, P., Coates, D. & Janoff-Bulman, R. (1978). Lottery winners and accident victims: Is happiness relative? *Journal of Personality and Social Psychology, 36*, 917–927.
Csikszentmihalyi, M. (1992). *Flow: Das Geheimnis des Glücks*. Stuttgart: Klett-Cotta.
Diener, E. (1984). Subjective well-being. *Psychological Bulletin, 95*, 542–575.
Frey, B. & Stutzer, A. (2002). *Happiness and Economics*. Princeton: University Press.
Glatzer, W. & Zapf, W. (1984). *Lebensqualität in der Bundesrepublik – objektive Lebensbedingungen und subjektives Wohlbefinden*. Frankfurt: Campus.
Izard, C. E. (1999). *Die Emotionen des Menschen. Eine Einführung in die Grundlagen der Emotionspsychologie* (4. Aufl.). Weinheim: Beltz PVU.
Kahnemann, D., Diener, E. & Schwarz, N. (Eds.). (1999). *Well-being: The foundations of hedonic psychology*. New York: Russell Sage Foundation.
Lazarus, R. S. (1991). *Emotion and adaptation*. New York: Oxford University Press.
Marcuse, L. (1972). *Philosophie des Glücks. Von Hiob bis Freud*. Zürich: Diogenes.
Mayring, Ph. (2000). Freude und Glück. In J. H. Otto, H. A. Euler & H. Mandl (Hrsg.). *Handbuch Emotionspsychologie* (S. 221–230). Weinheim: Psychologie Verlags Union.

Mayring, Ph. & Rhoeneck, Ch. v. (Eds.). (2003). *Learning emotions. The influence of affective factors on classroom learning*. Frankfurt: Lang.

Michalos, A. C. (1985): Multiple discrepancies theory (MDT). *Social Indicators Research, 16*, 347–413.

Seligman, M. E. P. (Ed.). (2000). Positive Psychology. *American Psychologist, 55, 1* (Special Issue). Washington, DC: APA.

Strack, F., Argyle, M. & Schwarz, N. (Eds.). (1991). *Subjective well-being*. Oxford: Pergamon.

Ulich, D. & Mayring, Ph. (2003). *Psychologie der Emotionen*. Grundriss der Psychologie, Bd. 5 (2. Aufl.). Stuttgart: Kohlhammer.

Veenhoven, R. (1996). Developments in satisfaction research. *Social Indicators Research, 33*, 1–46.

Veenhoven, R. (1998). Two state-trait discussions on happiness. *Social Indicators Research, 43*, 211–225.

Liebe und Verliebtsein
Love and Being in Love

Carmen Wulf & Ulrich Mees

Das Erleben von Liebe und Verliebtsein gehört bei Erwiderung zu den schönsten und am höchsten geschätzten menschlichen Erfahrungen. Auch wenn in westlichen Industriestaaten mittlerweile mehr als jede dritte Ehe mit einer Scheidung endet, hat die Bedeutung der Liebe für das Eingehen – und Beenden – einer Partnerschaft eher noch zugenommen.

Die große Wichtigkeit der Liebe wird auch bei den Auswirkungen enttäuschter Liebe deutlich: Bei Jugendlichen und jungen Erwachsenen ist Liebeskummer der häufigste Grund für Selbstmord, ein häufiger Auslöser für Alkoholmissbrauch und hängt insgesamt mit einer niedrigen Lebenszufriedenheit zusammen (vgl. Grau, 2002).

Nachfolgend beschränken wir uns auf die Erörterung der sog. „romantischen" oder Partner-Liebe und lassen andere Formen (wie etwa Eltern- oder Geschwisterliebe) unberücksichtigt. Dabei erläutern wir zunächst einige strukturelle Modelle, die Aufschluss über verschiedene Attribute und Formen der Liebe geben, bevor wir auf Theorien eingehen, die sich schwerpunktmäßig auf die Entstehung der Liebe beziehen. Wir schließen unseren Überblick mit einigen Ausführungen über den Einfluss der Kultur auf die Ausgestaltung der Liebe.

1 Das Modell der Intensitätsindikatoren der Liebe

Aufgrund sprachanalytischer Überlegungen und empirischer Befunde identifizierte Mees (z. B. 1997) mehrere Intensitätsindikatoren der Liebe, wobei die folgenden besonders bedeutsam sind:

Intensitätsindikatoren der Liebe nach Mees (1997)

- starke Zuneigung
- Freude über Zusammensein
- Glück bei Erwiderung
- Hoffnung auf Erwiderung
- Sehnen nach Zusammensein
- Trauer bei Ende
- Mitleid/Mitfreude
- Zärtlichkeit
- Loyalität, Unterstützung
- sexuelle Treue
- enge Verbundenheit
- Verantwortung

• Offenheit, Ehrlichkeit • sehr gutes Verstehen • volles Vertrauen • sexuelles Begehren • Eingehen auf die Wünsche des Partners	• häufiges Denken • Selbstwertsteigerung • Wertschätzung • Wichtigkeit • Wunsch nach Dauer • Exklusivität

Diese Indikatoren umschreiben Gedanken, Gefühle und Verhaltensweisen, die zwischen unterschiedlich intensiven Liebeserlebnissen differenzieren und signifikant mit der Gesamtintensität des Liebeserlebens korrelieren. Sie können somit als *zentrale Attribute der Partnerliebe* bezeichnet werden.

Merke:
Die Partnerliebe kann daher als Disposition bezeichnet werden, gegenüber der geliebten Person ein charakteristisches Muster an
- Gefühlen (wie Freude, Sehnsucht, Trennungstrauer u. a.),
- Gedanken (an die geliebte Person und ihr Wohlergehen) und
- Verhaltensweisen (wie Zärtlichkeit oder Unterstützung)

zu erleben bzw. zu manifestieren.

2 Verliebtsein

Verliebtsein stellt in der Beziehungsgeschichte zweier Partner eine frühe Phase dar, die entweder nach einiger Zeit in Liebe übergeht oder aber endet. Der Vergleich von „Verliebtsein" mit „Liebe" anhand der o. e. Intensitätsindikatoren ergibt folgende Gemeinsamkeiten und Unterschiede: Auch das Verliebtsein wird – wie die Liebe – durch starke Zuneigung, Freude über das Zusammensein, Sehnsucht bei Abwesenheit und das Bedürfnis nach Zärtlichkeit charakterisiert. Als wesentliches Kennzeichen gehört zur Verliebtheit allerdings noch das Verspüren körperlicher Empfindungen (Herzklopfen, Kribbeln/Schmetterlinge im Bauch), was bei der Liebe geringer ausgeprägt ist. Außerdem kreist das Denken frisch Verliebter häufiger um die geliebte Person. Dagegen sind Vertrauen, Offenheit und Ehrlichkeit, Verständnis und enge Verbundenheit im Stadium der Verliebtheit noch wenig ausgeprägt. Insgesamt lässt sich Liebe im Gegensatz zum Verliebtsein durch mehr Attribute beschreiben, während sich beide Phänomene in ihrer Intensität nicht unterscheiden (Mees & Schmitt, 2000).

3 Liebesstile

Lee (1988) beschreibt in sechs Liebesstilen die Einstellungen von Personen in partnerschaftlichen Beziehungen. Die Liebesstile beschreiben auf Erfahrung basierende Präferenzen, die sich im Laufe unseres Lebens wandeln können:

- **Eros**, die leidenschaftliche, sinnliche Liebe, bei der die körperliche Anziehung durch die Erscheinung des Partners eine große Rolle spielt.
- **Ludus** beschreibt die spielerische herausfordernde Liebe, in der Liebe ein Spiel mit unterschiedlichen Partnern ist, ohne die Gefühle dabei allzu ernst zu nehmen.
- **Storge** ist die kameradschaftliche Liebe, eine sich langsam entwickelnde Liebe ohne Leidenschaft, bei der gemeinsame Interessen und Aktivitäten im Vordergrund stehen.
- **Mania** steht für die besitzergreifende Liebe, der manisch Liebende ist stark eifersüchtig.
- **Pragma** ist eine rationale Art der Liebe. Bei der Partnerwahl wird besonderer Wert auf die Kompatibilität der Partner und gegenseitige Bedürfnisbefriedigung gelegt.
- **Agape** bezeichnet eine Form altruistischer, selbstloser Liebe, bei der die Sorge um den Partner im Vordergrund steht.

Hendrick und Hendrick (2006) haben diese Klassifikation in umfangreichen Untersuchungen aufgegriffen. Sie konnten feststellen, dass die Liebesstile unterschiedliche emotionale Inhalte haben, in Verbindung zu Persönlichkeitseigenschaften stehen (Ludus steht z. B. in Zusammenhang mit Narzissmus) und das Liebeserleben moderieren (z. B. erleben erotisch oder manisch Liebende das Verliebtsein intensiver als pragmatisch Liebende). Weiterhin gibt es Geschlechtsunterschiede: Ein ludischer Liebesstil findet sich eher bei Männern, während Frauen pragmatischer lieben.

4 Duplex-Theorie der Liebe

In der Duplex-Theorie integriert Sternberg (2006) die triangulare Theorie der Liebe und die Theorie der „Liebe als Erzählung". Während die trianguläre Theorie die Struktur der Liebe beschreibt, bezieht sich die Theorie der „Liebe als Erzählung" auf die Entwicklung dieser Struktur.

4.1 Triangulare Theorie der Liebe

Die Struktur der Liebe beschreibt Sternberg (2006) als Dreieck mit den drei Komponenten Intimität, Leidenschaft und Bindung.

- **Intimität/Vertrautheit** ist die emotionale Komponente, die Gefühle gegenseitiger Verbundenheit, Vertrautheit und Nähe einschließt.
- **Leidenschaft** ist die motivationale Komponente, die sich auf körperliche Anziehung und sexuelle Erfüllung bezieht.
- **Entscheidung/Verpflichtung** ist die kognitive Komponente, die kurzfristig die Entscheidung beinhaltet, den Partner zu lieben, und langfristig eine Verpflichtung bedeutet, diese Liebe auch aufrecht zu erhalten.

Die drei Komponenten können in unterschiedlicher Ausprägung vorhanden sein und bilden damit verschiedene *Arten der Liebe* (vgl. Abb. 1). So wird z. B. das Erleben einer Person, die zu ihrem Partner viel Vertrauen hat, sich ihm sehr verbunden fühlt, die Beziehung lange aufrecht halten möchte, aber nur wenig körperliche Anziehung verspürt, als *kameradschaftliche Liebe* eingestuft.

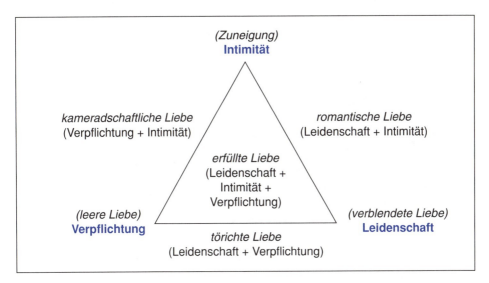

Abbildung 1: Die drei Komponenten der triangularen Theorie und ihre Kombination in sieben verschiedenen Liebesformen (aus Sternberg, 1988)

Die Dreiecksmetapher kann aber nicht nur verschiedene *Formen der Liebe* beschreiben, sondern ist auch geeignet, das *Ausmaß der Liebe* (über die Größe des

Dreiecks), die *Beziehungsproblematik* (über die Passung der Partnerdreiecke) oder die eigene *Beziehungszufriedenheit* (über die Übereinstimmung von realen und idealen Dreiecken) zu verdeutlichen.

4.2 Liebe als Erzählung

Die „Liebesdreiecke" sind Ergebnis unserer Erfahrungen mit Liebesbeziehungen und Liebeserzählungen. So sind wir ständig einer Vielzahl von Modellen ausgesetzt, wie Liebe innerhalb von Beziehungen ausgelebt wird. Nicht nur reale Beziehungen dienen dabei als Vorbilder, sondern auch Darstellungen in Filmen oder Büchern. Diese Beobachtungen speichern wir in Form von „Lovestories", d. h. prototypischen Liebeserzählungen, nach denen wir unsere Beziehungen ausrichten. Sternberg hat 26 verschiedene solcher „Lovestories" gesammelt, die eine große Bandbreite individueller Liebeserfahrungen darstellen und jeweils durch typische Gedanken- und Verhaltensmuster gekennzeichnet sind. Eine sehr häufig vorkommende Geschichte ist die „Garden-Story", die durch die Vorstellung gekennzeichnet ist, dass Beziehungen wie ein Garten gehegt und gepflegt werden müssen. In der nur selten genannten „Game-Story" wird die Liebe dagegen – analog zum Liebesstil Ludus – als Spiel oder Sport konzipiert. Die Beziehungszufriedenheit hängt dabei nicht von einem bestimmten Geschichtentyp ab, sondern von der Übereinstimmung der Partner in ihren Geschichtenprofilen (vgl. Sternberg, 1998).

5 Evolutionspsychologische Theorie der Liebe

Nach der evolutionspsychologischen Theorie (→ Evolutionäre Psychologie) hat die Liebe letztlich die Funktion, den eigenen Fortpflanzungserfolg zu erhöhen, also die Weitergabe der eigenen Gene an die nächste Generation zu sichern. Dabei befasst sich diese Theorie v. a. mit den geschlechtsspezifischen Strategien der Auswahl und Gewinnung eines Sexualpartners. Die evolutionspsychologische Theorie geht davon aus, dass sich im Lauf der Evolution aufgrund unterschiedlicher Aufgaben der Geschlechter bei der Fortpflanzung universelle geschlechtsspezifische Partnerwahlstrategien entwickelt haben, die heute noch wirksam sind.

Für Männer ist es bei der Partnerwahl besonders wichtig, Frauen mit potenziell hohen reproduktiven Fähigkeiten zu identifizieren. Frauen sollten dagegen aufgrund ihrer höheren Investitionen bei der Fortpflanzung (Schwangerschaft, Stillzeit) mehr Wert auf den Status und die Fähigkeit zum Ressourcenerwerb ihres Partners legen, um dadurch die Versorgung und den Schutz ihrer Nachkommen langfristig zu sichern. Diese geschlechtsspezifischen Partnerpräferenzen konnten in mehreren Untersuchungen bestätigt werden (vgl. Buss, 2006).

Während die jeweiligen Ressourcen anhand von Indikatoren wie Jugend und Aussehen bzw. Status und Einkommen leichter erkennbar sind, ist die Bindungsbereitschaft und damit die Bereitschaft, die eigenen Ressourcen für den Partner und den Nachwuchs einzusetzen, schwieriger festzustellen. Die evolutionspsychologische Theorie geht nun davon aus, dass die wichtigsten Hinweise für die Bindungsbereitschaft eines (potenziellen) Partners die „Beweise seiner Liebe" sind. Als Ausdruck der Liebe gelten Liebeshandlungen wie z. B. Gespräche über Heirat und Kinder, Geschenke, Unterstützung und sexuelle Treue. Mit derartigen Liebeshandlungen signalisiert der Partner seine Bindungsbereitschaft, was seinen Reproduktionserfolg wahrscheinlicher werden lässt.

Die evolutionspsychologischen Erklärungen sind nicht ohne Kritik geblieben. So besteht eine Schwäche des evolutionstheoretischen Ansatzes darin, dass er die dramatischen kulturhistorischen Veränderungen z. B. im Verhältnis zwischen Mann und Frau in den letzten Jahrhunderten nicht adäquat erklären kann, da in dieser Zeit keine entsprechenden genetischen Veränderungen stattgefunden haben.

6 Bindungstheoretischer Ansatz der Liebe

Eine Grundannahme der Bindungstheorie der Liebe besteht darin, dass die frühkindlichen Beziehungserfahrungen, v. a. die affektive Bindung des Kleinkindes zu seiner Bezugsperson (Bowlby, 1969), die Art der Liebes- und Beziehungsfähigkeit des späteren Erwachsenen beeinflussen. Hazan und Shaver (1987) unterschieden drei sog. „Bindungsstile" bei Erwachsenen:

- **Sicher** gebundene Erwachsene haben keine Angst vor Nähe oder davor, vom Partner im Stich gelassen zu werden.
- **Ängstlich-ambivalente** Personen haben einen starken Wunsch nach Nähe, was ihrer Meinung nach ihr Partner nicht entsprechend erwidert.
- **Vermeidende** Personen schließlich weichen einer zu großen Nähe zu Ihren Liebespartnern aus und versuchen, eine gewisse Distanz zu halten.

Bartholomew und Horowitz (1991) erweiterten diese Klassifikation um einen *vierten Bindungsstil*, indem sie den vermeidenden Bindungsstil weiter differenzierten: Während *gleichgültig-vermeidende* Personen auf Nähe verzichten, weil sie ihre Unabhängigkeit höher schätzen, gehen *ängstlich-vermeidende* Personen engen Beziehungen aus dem Wege, weil sie Angst haben, enttäuscht zu werden, obwohl sie sich intime Beziehungen wünschen.

Diese Bindungsstile entwickeln sich als Reaktion des Kleinkindes auf die Art und Weise, wie seine Bedürfnisse von seinen Bezugspersonen erfüllt werden. Zusätzlich zum angeborenen Bindungssystem sind noch zwei weitere, ebenfalls angeborene „Verhaltenssysteme" in romantischen Beziehungen involviert, nämlich Fürsorge und Sex. Das Zusammenspiel der drei Verhaltenssysteme bewirkt die Anziehung der Partner, verstärkt die körperliche und emotionale Nähe und fördert das Gefühl der Liebe.

Die Bindungstheorie hat eine Fülle von Studien angeregt. So konnten Zusammenhänge zwischen dem Bindungsstil und diversen Beziehungscharakteristika wie z. B. der Partnerwahl und der Qualität und Stabilität von Beziehungen festgestellt und die Beziehungen zwischen den drei Verhaltenssystemen Bindung, Fürsorge und Sex weiter aufgeklärt werden (vgl. Mikulincer & Goodman, 2006).

Sowohl der evolutionspsychologische als auch der bindungstheoretische Ansatz betrachten Liebe vorwiegend in ihrer biologischen Funktion. Beide Ansätze gehen davon aus, dass sich die Liebe „letztlich" evolutionär entwickelt hat, um Bindungen zwischen erwachsenen sexuellen Partnern zu ermöglichen und die Weitergabe des eigenen Erbmaterials zu sichern. Insofern ergänzen sich beide Theorien. Im Gegensatz zur Evolutionstheorie eröffnet die Bindungstheorie jedoch die theoretische Möglichkeit, dass sich ungünstige, unsichere Bindungsstile im späteren Erwachsenenalter durch neue Beziehungserfahrungen noch ändern können. Die direkte Übertragung des Bindungskonzepts auf romantische Beziehungen bleibt aber insofern problematisch, als die Bindungen erwachsener Partner nicht mit der kindlichen Bindung gleichzusetzen sind (vgl. die Vielfalt der Intensitätsindikatoren bei der Liebe).

7 Sozialkonstruktivistische Ansätze

Biologische Theorien der Liebe gehen davon aus, dass Liebe universal ist. Tatsächlich kann Liebe in (fast) allen Kulturen beobachtet werden. Allerdings bestimmen (inoffizielle) kulturelle Regeln, wie Liebe als emotionaler Zustand erfahren, ausgedrückt und erinnert wird. Diese Regeln können interkulturell erheblich variieren. Kulturelle Unterschiede sowie historische Veränderungen betrachten Sozialkonstruktivisten (→ Sozial-konstruktivistischer Ansatz der Emotionspsychologie) als Beleg für den gesellschaftlichen Einfluss auf Emotionen, der das emotionale Erleben formt bzw. „konstruiert". Liebe hat in unserer Kultur aus sozialkonstruktivistischer Sicht die Funktion, die emotionale Passung und soziale Koordinierung potenzieller Liebespartner zu gewährleisten und den Zusammenhalt von Paaren auch unabhängig von Reproduktionsaufgaben zu fördern.

Es lassen sich mehrere Typen kultureller Emotionsregeln unterscheiden: So geben sog. *Erlebensregeln* vor, welche Empfindungen und Gefühle bei Liebe erlebt werden sollten, während die sog. *Darstellungsregeln* sich darauf beziehen, wie die

Liebe ausgedrückt werden darf. Besonders die Erlebensregeln bestimmen Emotionen grundlegend. Zu unserem heutigen Liebesverständnis gehört z. B. die Vorstellung, dass unser Partner auch ein guter Freund ist. Das Erleben von Nähe, Intimität, Vertrauen und Offenheit dem Partner gegenüber ist deshalb heute untrennbar mit dem Erleben von Liebe verbunden. In der Romantik dagegen findet sich als zentrales Liebesmerkmal die Fürsorge des Mannes gegenüber seiner Frau, freundschaftliche Aspekte waren in dieser Epoche – auch aufgrund der unterschiedlichen Stellung der Geschlechter – für die Liebe unvorstellbar (Wulf, 2008).

Der enorme Einfluss gesellschaftlicher Veränderungen spiegelt sich auch in der Annäherung der Liebesvorstellungen unterschiedlicher Kulturen wider (vgl. Hatfield & Rapson, 2002): Während noch vor nicht allzu langer Zeit asiatische Kulturforscher die romantische Liebe für ein Produkt westlicher Zivilisation hielten, verschwinden heute Unterschiede in den Liebesauffassungen zwischen westlichen und östlichen modernen Gesellschaften zunehmend.

Weiterführende Literatur

Sternberg, R. J. & Weis, K. (Eds.). (2006). *The new psychology of love*. New Haven: Yale University Press.

Literatur

Bartholomew, K. & Horowitz, L. M. (1991). Attachment styles among young adults: A test of a four-category model. *Journal of Personality and Social Psychology, 61* (2), 226–244.
Bowlby, J. (1969). *Attachment and loss: Vol. 1. Attachment*. New York: Basic Books.
Buss, D. M. (2006). The evolution of love. In R. J. Sternberg & K. Weis (Eds.), *The new psychology of love* (pp. 65–86). New Haven: Yale University Press.
Grau, I. (2002). Erleben und Verarbeiten von Liebeskummer. *Zeitschrift für Psychologie, 210* (2), 87–98.
Hatfield, E. & Rapson, R. L. (2002). Passionate love and sexual desire: Cultural and historical perspectives. In A. L. Vangelisti, H. T. Reis & M. A. Fitzpatrick (Eds.), *Stability and change in relationships* (pp. 306–324). Cambridge: Cambridge University Press.
Hazan, C. & Shaver, P. R. (1987). Romantic love conceptualized as an attachment process. *Journal of Personality and Social Psychology, 52,* 511–524.
Hendrick, C. & Hendrick, S. S. (2006). Styles of romantic love. In R. J. Sternberg & K. Weis (Eds.), *The new psychology of love* (pp. 149–170). New Haven: Yale University Press.
Lee, J. A. (1988). Love-styles. In R. J. Sternberg. & M. L. Barnes (Eds.), *The psychology of love* (pp. 38–67). New Haven: Yale University Press.

Mees, U. (1997). Ein Vergleich der eigenen Liebe mit der vom Partner erwarteten Liebe. In E. H. Witte (Hrsg.), *Sozialpsychologie der Paarbeziehungen* (S. 10–33). Lengerich: Pabst.

Mees, U. & Schmitt, A. (2000). Liebe, Sexualität und Eifersucht. In P. Kaiser (Hrsg.), *Partnerschaft und Paartherapie* (S. 53–75). Göttingen: Hogrefe.

Mikulincer, M. & Goodman, G. S. (Eds.). (2006). *Dynamics of romantic love. Attachment, caregiving, and sex.* New York: Guilford.

Sternberg, R. J. (1988). *The triangle of love: Intimacy, passion, commitment.* New York: Basic Books.

Sternberg, R. J. (1998). *Love is a story.* New York: Oxford University Press.

Sternberg, R. J. (2006). A duplex theory of love. In R. J. Sternberg & K. Weis (Eds.), *The new psychology of love* (pp. 184–199). New Haven: Yale University Press.

Wulf, C. (2008). *Historischer Wandel von Liebesvorstellungen.* Hamburg: Kovac.

Eifersucht
Jealousy

Ralph B. Hupka & Jürgen H. Otto

In den letzten zwanzig Jahren nahm das Forschungsinteresse an Eifersucht allgemein und besonders an romantischer oder sexueller Eifersucht zu. Dabei handelt es sich um die Eifersucht, die in partnerschaftlichen Beziehungen oder Ehen erlebt wird. Wie in anderen Forschungsbereichen wurden anfangs Mess-Skalen (für die Eifersucht) entwickelt (White & Mullen, 1989). Diese Forschung hat zu interessanten inhaltlichen Ergebnissen geführt und bis heute ungelöste Probleme aufgeworfen, die im Folgenden betrachtet werden.

1 Definition

Einige Wissenschaftler fassen Eifersucht als globales Konzept auf, ohne zwischen verschiedenen Arten oder Graden von Eifersucht zu unterscheiden. Andere (z. B. Hupka, 1991) unterscheiden vor allem zwei Eifersuchtsarten (vgl. Kasten).

> **Zwei Arten der Eifersucht**
> - Die *antizipatorische und argwöhnische* Eifersucht, die ausgelöst wird, wenn der Partner Interesse an einer anderen Person[1] zeigt (z. B. auf einer Party).
> - Die *reaktive und „fait accompli"* Eifersucht, die als starke emotionale Reaktion durch die sexuelle Untreue des Partners ausgelöst wird.

Wenn auch Wissenschaftler die Untreue als den grundlegenden Auslöser für die fait accompli Eifersucht ansehen, so berichten Personen doch, dass die Untreue sie eher ärgerlich, deprimiert, verletzt, verraten und enttäuscht empfinden lässt, statt nur eifersüchtig zu sein. Diese differenzierten Berichte und die Beobachtung, dass ein Betrug eine lange Erholungszeit erfordert und sogar zum Ende einer Beziehung führen kann, veranlassten Hupka (1991), die fait accompli Eifersucht von der argwöhnischen Eifersucht konzeptuell und erlebnismäßig abzugrenzen.

---

[1] In diesem Kapitel werden die Begriffe „Partner" und „Rivale" generisch verwandt, d. h. es sind immer sowohl männliche als auch weibliche Personen gemeint.

Statt die fait accompli Eifersucht als eine singuläre Emotion aufzufassen, beschreibt Hupka diese als einen schmerzhaften Eifersuchtsprozess, in dem die betrogene Person wiederkehrende Phasen von Schock, gegenseitigen Beschuldigungen (z. B. Verletztheits-, Ärger-, Trauergefühle), Schmerz (z. B. Gefühle von Verrat, Verlust, Desillusion), Anpassung (z. B. Erklärungssuche) und schließlich der Erholung durchläuft.

2 Subjektives Erleben

Wenn man Personen fragt, was sie fühlen, wenn sie eifersüchtig sind, wird eine Vielzahl von Emotionen und am häufigsten Ärger, Furcht und Traurigkeit (→ Ärger, → Angst und Furcht, → Trauer) genannt (Bryson, 1991; Sharpsteen, 1991). Die Benennung einzelner Emotionen variiert nicht nur mit der Nationalität und der Geschlechtszugehörigkeit (Bryson, 1991), sondern auch damit, ob die Emotionen nur erlebt oder auch kommuniziert werden (z. B. Zammuner & Frijda, 1994).

Einige Wissenschaftler nehmen an, dass Eifersucht eine Mischung (blend; Sharpsteen, 1991) oder ein Gemisch (mixture; Plutchick, 1980) von primären Emotionen wie Ärger, Furcht, usw. ist. Für White und Mullen (1989) gibt es kein einzigartiges Eifersuchtsmuster. Die Bezeichnung „Eifersucht" beziehe sich auf einen Komplex aus Gefühlen, Gedanken und Verhaltensweisen und es seien viele verschiedene Eifersuchtskomplexe möglich. Die Adaptation des Wundtschen Konzepts „Aufmerksamkeitsfokus" (focus of attention) stellt eine andere Erklärung für die verschiedenen Emotionen in Eifersuchtssituationen dar. Nach Hupka (1984) rühren die verschiedenen emotionalen Reaktionen der betrogenen Person von ihren jeweiligen Anliegen (focus of concern) her. So entsteht Ärger, wenn an das Eindringen des Rivalen in die Beziehung gedacht wird und Traurigkeit, wenn Gedanken an das mögliche Ende der Beziehung aufkommen. Jede Veränderung des Fokus kann eine andere Emotion auslösen.

Attributionale Theorien erklären das Entstehen verschiedener Emotionen durch die unterschiedlichen Schuldzuschreibungen für das Eifersuchtereignis (Bauerle, Amirkhan & Hupka, 2002). Wird der Partner als verantwortlich angesehen, so werden andere Emotionen ausgelöst als wenn die Ursache in zufälligen Umständen gesehen wird (zum Beispiel wenn der Partner mit dem Rivalen absichtlich Zeit verbringt gegenüber der Situation, wenn er mit dem Rivalen in einem defekten Aufzug stecken bleibt). Verschiedene Emotionen werden auch ausgelöst wenn der Partner als die Situation kontrollierend wahrgenommen wird gegenüber einer Situation, auf die er keinen Einfluss hat (wenn er absichtlich den Rivalen umarmt gegenüber dem unabsichtlichen Haltsuchen beim Stolpern).

3 Ursachen von Eifersucht

3.1 Evolution versus Soziale Konstruktion

Was löst die romantische Eifersucht aus? Evolutionspsychologen nehmen an, dass Frauen und Männer ein unterschiedliches Eifersuchtsmotiv haben, da sie in der Evolution verschiedenen Anpassungsproblemen gegenüberstanden. Männer entwickelten die sexuelle Eifersucht, um Vaterschaftsgewissheit zu erlangen und ihre Ressourcen nicht an fremde Nachkommen zu verschwenden. Frauen, die sich ihrer Mutterschaft immer sicher sein können, entwickelten die Beziehungseifersucht. Sie wachen darüber, dass ihr Partner sich nicht in andere Frauen verliebt, um die Verfügbarkeit ausreichender Mittel für ihren eigenen Nachwuchs zu sichern (Buss, Larsen, Westen & Semmelroth, 1992; Daly, Wilson & Weghorst, 1982).

Die kulturelle Betrachtung geht davon aus, dass die romantische Eifersucht bei Frauen und Männern aus den Werten der Gesellschaft, insbesondere der Bedeutung, die Frauen und Männer füreinander haben, resultiert. Wenn zum Beispiel die Ehe als die Voraussetzung für schuldlosen Geschlechtsverkehr, den Nachwuchs, die Anerkennung als Erwachsener und Macht und Prestige angesehen wird, dann werden Personen ihren Partner wahrscheinlich eifersüchtiger gegenüber einem Rivalen bewachen, als wenn die Ehe für Geschlechtsverkehr, Nachwuchs und Status nicht erforderlich ist (Hupka, 1981, 1991). Somit rühren die Motive für Eifersucht aus sozialen Strukturen her.

> **Beispiel:**
> Betrachten wir den Bari Volksstamm in Venezuela. Vor dem Kontakt mit der westlichen Zivilisation waren die Frauen sehr promiskuitiv (Beckerman et al., 1998). Dies nehmen Evolutionspsychologen nur für Männer an, da es für diese vorteilhaft ist, so viele Frauen wie möglich zu schwängern, um die maximale Verbreitung ihrer Gene zu sichern. Das Verhalten der Frauen beruhte auf dem Glauben der Bari, dass ein Kind mehrere Väter haben kann. Dadurch, dass die – oft schon schwangere – Frau viele Liebhaber hatte, veranlasste sie diese Männer, für ihr Kind zu sorgen.

Der kulturellen Perspektive nach stimmt das Verhalten der Bari-Frauen mit den Werten und Glaubenssätzen ihrer Gesellschaft überein und bedurfte keiner evolutionstheoretischen Erklärung (→ Evolutionäre Psychologie).

Für die Frage, ob es sie unglücklicher machen würde, wenn ihr Partner eine intensive emotionale Beziehung mit jemand anderen entwickeln würde oder leidenschaftlichen Geschlechtsverkehr mit der Person hätte, stellten Buss und seine Mitarbeiter fest (Buss et al., 1992), dass mehr Männer als Frauen den Geschlechtsverkehr missbilligten, während Frauen die Entwicklung einer emotionalen Beziehung mehr störte. Buss et al. interpretieren diese Ergebnisse als Beleg für die evolutionspsychologische Hypothese, dass Männer sexuelle Eifersucht entwickeln, um sich der Vaterschaft zu versichern, und Frauen Kummer über emotionale Untreue, um der Umverteilung der Ressourcen des Mannes auf eine andere Frau vorzubeugen.

Das Buss-Paradigma hat bedeutende Forschungsarbeiten angeregt, von denen viele aber nicht als Belege für die evolutionspsychologische Hypothese akzeptiert werden (DeSteno & Salovey, 1996; Harris, 2003). So merken zum Beispiel Hupka und Bank (1996) an, dass es darum geht, was die meisten Männer und Frauen fürchten (absolute Häufigkeiten), und nicht darum, was einige Männer in Bezug auf Frauen fürchten (relative Häufigkeiten). Die Forschungsarbeiten von Buss und Hupka zeigten, dass die meisten Männer – ähnlich wie Frauen und gegensätzlich zur Evolutionshypothese – die Entstehung einer emotionalen Beziehung nicht schätzen.

3.2 Situative Variable

Die tatsächlichen Ereignisse, die Eifersucht hervorrufen, wie z. B. das Flirten oder auch nur eine verheiratete Frau um Wasser zu bitten, unterscheiden sich beträchtlich zwischen den und innerhalb der Kulturen (Buunk & Hupka, 1987; Hupka, 1981; Hupka et al., 1985). Die Häufigkeit von Eifersucht wird vermutlich auch durch die von Paaren gesuchte Nähe und Autonomie bestimmt. So betonen zum Beispiel russische und jugoslawische Männer mehr ihre Eigenständigkeit und weniger das Miteinander als die Frauen im Vergleich mit den USA und Niederlanden (Buunk & Hupka, 1986). Ein anderer Eifersuchtsfaktor in westlichen Nationen sind die Absprachen, die Paare über extradyadischen Geschlechtsverkehr, wie in offenen Ehen und beim „swinging", treffen. Letzteres bezieht sich auf extradyadischen Geschlechtsverkehr, an dem als Paar und nicht als Individuum teilgenommen wird (Buunk, 1980). Ungeachtet solcher Arrangements tritt Eifersucht häufig auf (Buunk, 1981).

Da sich Personen mit dem Rivalen vergleichen, bedingen die Eigenschaften des Rivalen das Ausmaß der Eifersucht. Einige Befunde hierzu sind:
- Die Eifersucht ist am intensivsten, wenn die Leistungen des Rivalen in einem Bereich liegen (z. B. der Intelligenz, Athletik, Popularität), der auch im Selbstkonzept des Eifersüchtigen sehr wichtig ist. Möglicherweise fühlt sich durch die Ähnlichkeit der eifersüchtige Partner dem Rivalen unterlegen.
- Die Eifersucht von Frauen ist intensiver, wenn der Rivale physisch attraktiv ist, während bei Männern die Eifersucht stärker ist, wenn der Rivale Status und Dominanzattribute besitzt (Buss, Shakelford, Choe, Buunk (Dijkstra, 2000).
- Rivalen mit einer idealen weiblichen Model-Figur rufen bei Frauen die intensivste Eifersucht hervor, während bei Männern ein langer und schlanker Körperbau hierzu führt (Buunk & Dijkstra, 2005).

3.3 Psychologische Variable

Welche psychologischen Variablen rufen die Eifersucht hervor? Salovey nimmt an (self-evaluation maintenance model; 1991), dass eine Bedrohung der Selbstbewertung die Eifersucht auslöst. White und Mullen (1989) führen Eifersucht auf den Verlust oder die Bedrohung der Selbstachtung zurück. Andere Wissenschaftler betonen die Bedrohung der Beziehung. Einige glauben, Eifersucht beruhe auf dem Verlangen nach Exklusivität und der Besitzgier. White (1981) fand heraus, Eifersucht werde durch ein stärkeres Engagement für die Beziehung und die wahrgenommene Inadäquatheit als Partner verursacht. Bindungsstile (→ Liebe und Verliebtsein) beeinflussen die Eifersucht und ihren Ausdruck. So drücken z. B. ängstlich gebundene Personen ihren Ärger in der Regel nicht aus, vermeidende Personen neigen dazu, ihn gegenüber dem Rivalen zu zeigen und sicher gebundene Personen äußern ihn gegenüber dem Partner (Sharpsteen & Kirkpatrick, 1997).

4 Kommunikation von Eifersucht

Personen zeigen unterschiedliche Kommunikationsstile, wenn sie versuchen, ihre Eifersucht über das Partnerverhalten zu bewältigen (→ Emotionsregulation):
- den *negativen Emotionsausdruck* (z. B. von Ärger, Depression, Frustration),
- die *integrative Kommunikation* (z. B. Testfragen stellen, eine offene Diskussion führen, Rückversicherung geben),
- die *Vermeidung von Interaktion* (z. B. Schweigen, aus dem Felde gehen, Meidung des Partners) und
- den *Gefühlen freien Lauf* zu lassen (z. B. Beschimpfungen, Anklagen, Sarkasmus).

Die Opfer von Eifersuchtsepisoden ziehen eine Entschuldigung des Partners seinen Ausreden (Ich war betrunken) oder Rechtfertigungen (Ich habe ein Recht, zu tun, was ich will) vor. Die Zielpersonen der Eifersuchtskommunikation neigen dazu, mit der Emotion zu reagieren, die das Opfer anstimmt. Das heißt, dass eine positive Kommunikation seitens des Opfers von der Zielperson erwidert wird.

Weniger häufig induzieren Personen auch absichtlich Eifersucht bei ihrem Partner. Das häufigste Motiv hierfür ist, die Stärke der Beziehung zu testen. Einige der Taktiken eifersüchtig zu machen sind z. B. Angezogensein von anderen zu diskutieren, Verabredungen zu treffen und mit anderen gemeinsame Pläne zu machen.

Wenn, wie Hupka (1991) behauptet, Eifersucht durch die Bedrohung ausgelöst wird, an Rivalen zu verlieren, was durch eine Beziehung gewonnen wurde, dann impliziert dies deutlich, dass Eifersucht eine normale Emotion ist. Niemand möchte an Rivalen die Vorzüge, die ein Freund oder Ehepartner bietet, verlieren.

Wenn Eifersucht in der Tat eine normale Emotion ist, dann kann dies die geringen Korrelationen zwischen Eifersucht und den Variablen erklären, die allgemein als Anzeichen von Fehlanpassung der Person gelten (z. B. Dogmatismus, Unsicherheit, Neurotizismus, Fehlen von Vertrauen etc.) und die nicht mehr als neun Prozent gemeinsame Varianz aufweisen. Das ungewöhnliche Auftreten extremer Eifersucht, so genannter pathologischer Eifersucht, hat wahrscheinlich ein psychoendokrinologisches Ungleichgewicht oder neurologische Schäden zur Grundlage (White & Mullen, 1989).

Wenn auch die Forschung zur Eifersucht nur einige Dekaden umfasst, so sind doch bereits kulturelle, situative und differenzialpsychologische Variablen identifiziert worden, die ein besseres Verständnis dieser starken Emotion gestatten. Die Forschungsergebnisse lassen vermuten, dass Eifersucht – die von vielen bisher als unreif angesehen wurde – vor Bedrohungen wertvoller Beziehungen warnt und damit die Möglichkeiten für eine in der Regel gesunde Bedrohungsbewältigung eröffnet.

Weiterführende Literatur

Salovey, P. (1991). *The psychology of envy and jealousy*. New York: Guilford.
White, G. L. & Mullen, P. E. (1989). *Jealousy: Theory, research, and clinical strategies*. New York: Guilford.

Literatur

Bauerle, S. Y., Amirkhan, J. H. & Hupka, R. B. (2002). An attribution theory analysis of romantic Jealousy. *Motivation and Emotion, 26* (4), 297–319.
Beckerman, S., Lizarralde, R., Ballew, C., Schroeder, S., Fingelton, C., Garrison, A. & Smith, H. (1998). The Barí partible paternity project: Preliminary results. *Current Anthropology, 39,* 164–67.
Bryson, J. B. (1991). Modes of response to jealousy-evoking situations. In P. Salovey (Ed.), *The psychology of jealousy and envy* (pp. 178–207). New York: Guilford.
Buss, D. M., Larsen, R. J., Westen, D. & Semmelroth, J. (1992). Sex differences in jealousy: Evolution, physiology, and psychology. *Psychological Science, 3* (4), 251–255.
Buss, D. M., Shakelford, T. K., Choe, J., Buunk, B. P. & Dijkstra, P. (2000). Distress about mating rivals. *Personal Relationships, 7* (3), 235–243.
Buunk, B. (1980). Sexually open marriages: Ground rules for countering potential threats to marriage. *Alternative Lifestyles, 3,* 312–328.
Buunk, B. (1981). Jealousy in sexually open marriages. *Alternative Lifestyle, 4,* 357–372.
Buunk, B. P. & Dijkstra, P. (2005). A narrow waist versus broad shoulders: Sex and age differences in the jealousy-evoking characteristics of a rival's body build. *Personality and Individual Differences, 39* (2), 379–389.

Buunk, B. & Hupka, R. B. (1986). Autonomy in close relationships: A cross-cultural study. *Family Perspective, 20,* 209–221.

Buunk, B. & Hupka, R. B. (1987). Cross-cultural differences in the elicitation of sexual jealousy. *The Journal of Sex Research, 23,* 12–22.

Daly, M., Wilson, M. & Weghorst, S. J. (1982). Male sexual jealousy. *Ethology and Sociobiology, 3,* 11–27.

DeSteno, D. A. & Salovey, P. (1996). Evolutionary origins of sex differences in jealousy? Questioning the „fitness" of the model. *Psychological Science, 7,* 367–372.

Harris, C. R. (2003). A review of sex differences in sexual jealousy, including self-report data, psychophysiological responses, interpersonal violence, and morbid jealousy. *Personality and Social Psychology Review, 7,* 102–128.

Hupka, R. B. (1981). Cultural determinants of jealousy. *Alternative Lifestyles, 4,* 310–356.

Hupka, R. B. (1984). Jealousy: Compound emotion or label for a particular situation? *Motivation and Emotion, 8,* 141–155.

Hupka, R. B. (1991). The motive for the arousal of romantic jealousy: Its cultural origin. In P. Salovey (Ed.), *The psychology of jealousy and envy* (pp. 252–270). New York: Guilford.

Hupka, R. B. & Bank, A. L. (1996). Sex differences in jealousy: Evolution or social construction? *Cross-Cultural Research, 30,* 24–59.

Hupka, R. B., Buunk, B., Falus, G., Fulgosi, A., Ortega, E., Swain, R. & Tarabrina, N. V. (1985). Romantic jealousy and romantic envy. *Journal of Cross-Cultural Psychology, 16,* 423–446.

Plutchik, R. (1980). *Emotion: A psychoevolutionary synthesis.* New York: Harper & Row.

Salovey, P. (1991). Social comparison processes in envy and jealousy. In J. Suls & T. A. Wills (Eds.), *Social comparison: Contemporary theory and research* (pp. 261–285). Hillsdale, NJ: Erlbaum.

Sharpsteen, D. J. (1991). The organization of jealousy knowledge: Romantic jealousy as a blended emotion. In P. Salovey (Ed.), *The psychology of jealousy and envy* (pp. 31–51). New York: Guilford.

Sharpsteen, D. J. & Kirkpatrick, L. A. (1997). Romantic jealousy and adult romantic attachment. *Journal of Personality and Social Psychology, 72,* 627–640.

White, G. L. (1981). Relative involvement, inadequacy, and jealousy: A test of a causal model. *Alternative Lifestyles, 4,* 291–309.

White, G. L. & Mullen, P. E. (1989). *Jealousy: Theory, research, and clinical strategies.* New York: Guilford.

Zammuner, V. L. & Frijda, N. H. (1994). Felt and communicated emotions: Sadness and jealousy. *Cognition and Emotion, 8,* 37–55.

Ärger
Anger

Volker Hodapp & Stephan Bongard

1 Einleitung

Ärger ist eine universelle Emotion, die im Alltag sehr häufig auftritt und von den Betroffenen meist als unangenehm erlebt wird. Ärger und verwandte Gefühle wie Wut oder Zorn treten auf, wenn wir uns durch andere geschädigt fühlen (Hodapp & Schwenkmezger, 1993; Weber, 1994). Während Wut im Allgemeinen eine besonders intensive Variante des Ärgers bezeichnet und auf seine biologische Wurzel verweist („blinde Wut"), wird im Begriff des Zorns der soziale Aspekt von Ärger angesprochen. Jemand verstößt gegen eine Norm, man fühlt sich „im Recht" („gerechter Zorn") (Mees, 1992).

2 Komponenten des Ärgers

In der Emotionspsychologie ist allgemein anerkannt, dass eine Emotion als ein Syndrom betrachtet werden kann, das sich in der Evolution als Reaktion auf eine Klasse lebenswichtiger Situationen bewährt hat (→ Evolutionäre Psychologie). Ein solches Reaktionssyndrom besteht aus mehreren Komponenten, die auch für den Ärger beschrieben worden sind. So lässt sich eine *subjektive Komponente* des Erlebens von *expressiv-verhaltensbezogenen*, *physiologischen* und *kognitiven* Komponenten des Ärgers trennen. In Arbeiten zur subjektiven Ärgerphänomenologie wurden typische Merkmale des Ärgererlebens wie Gefühle der Hyperaktiviertheit, der motorischen Unruhe, des Verlusts an Kontrolle sowie Gefühle der Anspannung, Stärke und Macht beschrieben. Darüber hinaus erkennen wir Ärger in der Mimik, und Ärger kann verbales (z. B. Beschimpfungen) und nonverbales Verhalten (z. B. Türen schlagen) nach sich ziehen. Metaphern wie „vor Wut kochen" oder „vor Ärger platzen" beziehen sich auf die im Zusammenhang mit Ärger empfundenen körperlichen Reaktionen. Diese Metaphern beschreiben durchaus reale körperliche Veränderungen, da Ärger mit einer Aktivierung des autonomen Nervensystems verbunden ist und zu starken Veränderungen, insbesondere im Herz-/Kreislaufsystem führen kann. Ärger ist jedoch auch ein kognitives Phänomen. Eine stark verärgerte Person ist in ihrer Wahrnehmung und ihren Gedanken von ihrem Ärger beherrscht, ihre Aufmerksamkeit ist auf die Quelle des Ärgers gerichtet. Theorien zum Ärger sollten erklären, wie Ärger entsteht, wie Ärger wirkt und wie diese unterschiedlichen Aspekte des Ärgers aufeinander bezogen sind (Schwenkmezger & Hodapp, 1993).

Von besonderer Bedeutung für eine differenzierte Betrachtung von Ärger ist die Unterscheidung zwischen Ärger als Zustand *(State-Ärger)* und Ärger als Disposition *(Trait-Ärger)*. Ärger als Zustand bezieht sich auf ein emotionales Bedingungsgefüge, welches aus subjektiven Gefühlen der Spannung, Störung, Irritation und Wut besteht, begleitet von einer Aktivierung des autonomen Nervensystems (Schwenkmezger, Hodapp & Spielberger, 1992). Im Gegensatz zum State-Ärger repräsentiert der Trait-Ärger bzw. die Ärgerdisposition die interindividuell unterschiedliche Neigung einer Person, Situationen als ärgerprovozierend zu erleben. Personen mit hohen Trait-Ärger-Werten erleben somit Ärger-Zustände häufiger und intensiver als Personen mit niedrigen Trait-Ärger-Werten (Hodapp, 2005). Die Intensität des Ärger-Zustandes variiert als Funktion der Frustration, die aufgrund der Wahrnehmung einer vermeintlichen Ungerechtigkeit oder der Blockierung einer zielgerichteten Handlung resultiert.

3   Theorien des Ärger

Ärgertheorien lassen sich in *biologische*, *kognitive* und *sozialkonstruktivistische* Ansätze aufteilen. Die biologischen Ansätze gehen von der physiologischen und expressiven Komponente des Ärgers aus. Dabei wird Ärger als *Notfallreaktion* des sympathischen Nervensystems beschrieben, deren Funktion darin besteht, alle körperlichen Ressourcen für eine schnelle Reaktion (Kampf oder Flucht) bereitzustellen. Tatsächlich scheint Ärger mit einem spezifischen autonomen und neuroendokrinen Erregungsmuster verknüpft zu sein (Stemmler, 2004). Ekman (1988) hat in umfangreichen Forschungsarbeiten den Nachweis erbracht, dass sich sechs bis acht Basisemotionen, darunter Ärger, über verschiedene Kulturen hinweg in gleichen mimischen Mustern ausdrücken und anscheinend eine artspezifische genetische Basis haben. Dabei spiegelt die Mimik nicht nur das emotionale Erleben wider, sondern sie kann auch das emotionale Erleben modifizieren („Gesichtsfeedback-Hypothese"). Abbildung 1 zeigt den Gesichtsausdruck eines fünfjährigen Jungen mit typischen Ärgermerkmalen wie Zusammenziehen der Augenbrauen, Verkleinerung der Augenhöhlen, Weiten der Nasenflügel und Anspannung der Muskulatur im Mund-Kieferbereich mit geöffneten Lippen (→ Ausdruck).

Während die biologischen Theorien die physiologischen und genetischen Determinanten des Ärgers betonen, gehen *kognitive Theorien* davon aus, dass Ärger nur dann resultiert, wenn das mit Ärger verknüpfte Ereignis auf eine bestimmte Art und Weise interpretiert und kognitiv bewertet wird. Im Zentrum der Betrachtungen stehen spezifische *Einschätzungen* oder *Bewertungen* („Appraisal-Prozesse"; → Komponenten-Prozess-Modell – ein integratives Emotionsmodell). Für Ärger charakteristische Einschätzungen beziehen sich auf Ereignisse, die den Motiven und Bedürfnissen einer Person zuwiderlaufen und schuldhaft von anderen

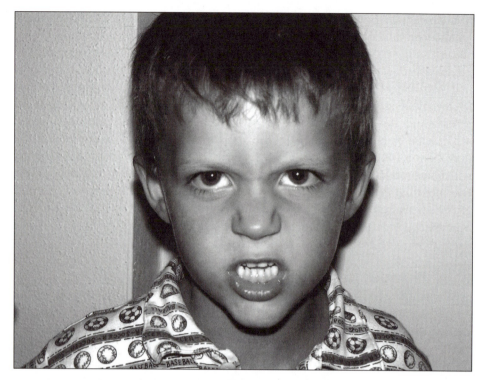

Abbildung 1: Gesichtsausdruck eines fünfjährigen Jungen nach der Aufforderung Ärger darzustellen

herbeigeführt wurden bzw. durch die Verletzung von sozialen Regeln und Standards durch andere Personen zustande kamen. Smith und Lazarus (1993) betonen, dass vor allem die Frage nach der Verantwortlichkeit das zentrale Thema des Ärgers darstelle und die Bewertung einer Fremdschuld („other-blame") charakteristisch für Ärger sei (→ Attributionstheorie und attributionale Theorien). Für die kognitiven Bewertungstheorien sind solche Bewertungen Voraussetzungen dafür, dass eine Emotion ausgelöst wird. Kuppens, Van Mechelen, Smits und De Boeck (2003) zeigten, dass die Bewertungskomponenten zwar sehr deutlich mit einzelnen Emotionen assoziiert (z. B. Fremdschuld mit Ärger), jedoch nicht notwendig und hinreichend für die Auslösung der Emotion sind. Man kann sich ärgern, ohne dass ein vermeintliches Unrecht vorangehen *muss* (z. B. über das Wetter).

Berkowitz und Harmon-Jones (2004) beschreiben in ihrem neo-assoziationistischen Modell eine Netzwerkkonzeption des Ärger-/Aggressionssyndroms. Dabei konzipieren sie den Ärgerzustand als assoziatives Netzwerk, in dem spezifische Gefühle, physiologische und motorische Reaktionen sowie Gedanken und Erinnerungen miteinander verknüpft sind. Dieses Syndrom ist assoziativ mit dem Drang verbunden, die Quelle einer negativen Erfahrung zu schädigen. Die Emotion des Ärgers wird ausgelöst, wenn ein „Knoten" dieses Netzwerks durch eine Wahrnehmung, ein äußeres Ereignis oder eine Erinnerung aktiviert wird. Entscheidend ist, dass sowohl starke negative Affekte als auch ärgerbezogene Muskelbewegungen wie eine typische Mimik Ärgergefühle auslösen können, wobei eine Vermittlung durch Bewertungsprozesse nicht notwendigerweise gegeben sein muss. Bewertungsprozesse haben in diesem Modell die Funktion, Ärgergefühle abzuschwächen bzw. zu intensivieren.

Es ist immer wieder darauf hingewiesen worden, dass Ärger im Wesentlichen eine soziale Emotion ist. Bereits Ekman hat zeigen können, dass für Ärger zwar ein typischer Gesichtsausdruck existiert, der Ausdruck einer Emotion jedoch durch zahlreiche kulturspezifische Regeln modifiziert wird, die festlegen, welches Gefühl in einer bestimmten Situation gezeigt werden darf. Solche Ausdrucksregeln, sog. „display rules" sollen die kulturellen Besonderheiten im Gesichtsausdruck erklären. Sie entspringen allgemein verbindlichen Regeln und persönlichen Normen und modifizieren die Darstellung einer Emotion.

Averill (1982) geht noch einen Schritt weiter. Er begreift Emotionen als *sozial konstruierte Syndrome*, d. h. als Verhaltensmuster, die durch soziale Regeln geprägt sind und deren Funktion darin besteht, interpersonale Beziehungen zu regulieren (→ Sozial-konstruktivistischer Ansatz der Emotionspsychologie). Ärger hilft, Fehlverhalten und Regelverstöße mit Hilfe von Affekten und Emotionen zu ahnden. Die regulative Funktion des Ärgers in sozialen Beziehungen wird in Ärgerepisoden deutlich, die sehr häufig die Beziehung zu einem anderen Menschen in den Mittelpunkt stellen, meist vertraute Personen als Akteure beinhalten und häufig langfristig positive Auswirkungen zeigen.

4 Auslösebedingungen für Ärger

Bereits vor mehr als 100 Jahren untersuchte Hall (1899) Auslösebedingungen von Ärger, indem Personen retrospektiv danach befragt wurden, in welchen Situationen sie Ärger erlebt haben. Bis heute liegen eine Reihe weiterer Untersuchungen vor, die unterschiedliche Klassifikationen der ärgerauslösenden Bedingungen erbrachten. Dennoch zeigt sich überwiegend, dass Ärger meist in Situationen ausgelöst wird, die als frustrierend oder provozierend erlebt werden. Beispielsweise ließ Averill (1979) Probanden angeben, inwiefern eine von sechs vorgegebenen Bedingungen bei von ihnen erlebten Ärgersituationen verwirklicht war (vgl. Tab. 1).

In experimentellen Anordnungen wurden diese Ergebnisse aufgegriffen und unterschiedliche Methoden entwickelt, um Ärger unter Laborbedingungen zu induzieren (s. Bongard & Wilke, 2008). Als relativ zuverlässige und weit verbreitete

Tabelle 1: Relative Häufigkeiten von Ärgerauslösebedingungen nach Averill (1979)

Auslösebedingungen	Häufigkeit in %*
1. Frustration oder Unterbrechung einer ausgeführten oder geplanten Aktivität	79
2. Verletzung von persönlich wichtigen Werten oder Erwartungen	72
3. Verletzung der persönlichen Würde, der Selbstachtung oder des Stolzes	63
4. Verletzung von sozial akzeptierten und allgemein üblichen Verhaltensregeln	62
5. Mögliche oder tatsächliche Beschädigung persönlichen Eigentums	22
6. Mögliche oder tatsächliche körperliche Verletzung	16

Anmerkung: * In dieser Untersuchung waren Mehrfachantworten möglich, weshalb sich die Prozentangaben auf über 100 summieren.

Methode zur experimentellen Ärgerinduktion gilt die Provokation durch einen Komplizen des Versuchsleiters, der die Untersuchung unter einem Vorwand für den Versuchleiter weiterführt und die Versuchsperson unfreundlich, barsch und herablassend behandelt. Häufig wird auch mehrmals während der Untersuchung offensichtlich unberechtigte Kritik an der Kooperationsbereitschaft oder der Leistung der Versuchsperson geäußert. Ein derartiges Vorgehen führt in der Regel zu deutlichen Ärgerreaktionen, die sich in Selbstberichten, in beobachtbaren mimischen Reaktionen und in physiologischen Aktivierungsprozessen manifestieren.

Weitere experimentelle Methoden zur Ärgerinduktion sind die Imagination von Ärger erzeugenden Situationen, die man selbst erlebt hat, oder die Imagination von Situationen, die vorgegeben werden, aber bei den meisten Menschen zu einer Ärgerreaktion führen. Ärger kann auch durch eine modifizierte Version der Veltentechnik hervorgerufen werden, indem einer Person 50 Aussagen wie beispielsweise „Ich bin rachsüchtig" oder „Ich bin auf alles wütend" schriftlich dargeboten werden und sie aufgefordert wird, sich die Aussage des Satzes zu vergegenwärtigen. Die Probanden sollen dabei mögliche bedeutsame Erinnerungen abrufen und ganz allgemein versuchen, sich so gut wie möglich in die Stimmung zu versetzen, die mit der Aussage verbunden ist. Schließlich wurde Ärger auch wiederholt in experimentellen Untersuchungen erzeugt, indem Filmausschnitte dargeboten wurden, in denen eine Person Unrecht erfährt und provoziert wird. Imagination, Veltentechnik und Filmdarbietungen rufen meist deutliche Effekte auf der Erlebensebene und relativ schwache Effekte im beobachtbaren Verhalten und in den physiologischen Reaktionen hervor (Bongard & Wilke, 2008; → Methoden zur Induktion von Emotionen).

5 Ärger als psychophysiologischer Erregungszustand

Ärger ist ein emotionaler Zustand, der durch subjektive und physiologische Erregungsprozesse gekennzeichnet ist. Arbeiten zur subjektiven Ärgerphänomenologie fanden typische Merkmale des Ärgererlebens in Gefühlen der Hyperaktiviertheit, der motorischen Unruhe, des Verlusts an Kontrolle sowie Gefühlen der Anspannung, Stärke und Macht. Zahlreiche Metaphern wie „vor Wut kochen", „vor Ärger platzen" oder „Gift und Galle spuken" verweisen auf die enge Verknüpfung zwischen Ärger und Reaktionen des autonomen Nervensystems. Bei Ärger sind Anstiege im diastolischen Blutdruck, im peripheren Widerstand und in der Hauttemperatur im Gesicht stärker ausgeprägt als bei anderen emotionalen Zuständen (Stemmler, 2004).

Während des Ärgerzustands kommt es im neuroendokrinen Bereich zu einer Aktivierung miteinander interagierender Systeme, der Hypothalamus-Hypophysen-Nebennierenrinde-Achse, der Sympatho-Nebennierenmark-Achse, des Immunsystems und wahrscheinlich auch des endogenen Opiatsystems, mit entsprechenden Anstiegen der Blutkonzentration von Clucocorticoiden (insbesondere Cortisol), Katecholaminen (insbesondere Adrenalin und Noradrenlin), Killer-Zellen und Endorphinen (al'Absi & Bongard, 2006).

In jüngeren Studien, die die neuroanatomischen Korrelate von Ärger untersuchten, wurden Probanden meist Fotografien von Gesichtern mit einem ärgerlichen Ausdruck dargeboten. In funktionalen Magnet-Resonanz-Tomografien (fMRI) und in Positronen-Emissions-Tomografien (PET) wurde häufig eine Aktivierung der Amygdala bei der Verarbeitung von ärgerlichen Gesichtsausdrücken nachgewiesen (→ Bildgebende Verfahren). Jedoch ist diese Aktivierung nicht als spezifisch für Ärger anzusehen, sondern vielmehr im Zusammenhang mit anderen emotionalen Zuständen (insbesondere Angst) zu finden. Murphy, Nimmo-Smith und Lawrence (2003) kommen in einer Meta-Analyse von 106 PET- und fMRI-Studien zu dem Ergebnis, dass eine Aktivierung des lateralen Orbito-Frontal-Cortex (OFC) für Ärger spezifisch ist. Weiterhin wird aktuell diskutiert, inwiefern Ärger mit einer lateralisierten Aktivierung der frontalen Cortexregion einhergeht. In zahlreichen Untersuchungen aus der Arbeitsgruppe um Harmon-Jones konnte gezeigt werden, dass Ärger im Spontan-EEG mit einer relativen Aktivierungsdominanz des linkshemisphärischen Präfrontalcortex einhergeht (E. Harmon-Jones, Sigelman, Bohlig & C. Harmon-Jones, 2003; → Psychophysiologie der Emotion).

6 Konsequenzen von Ärger

Bei der Betrachtung der Konsequenzen von Ärger lassen sich kognitive, soziale und körperliche Konsequenzen unterscheiden.

- *Kognitive Konsequenzen* von Ärger sind bisher wenig untersucht worden. Vielmehr wird häufig angenommen, dass sich Forschungsergebnisse bezüglich anderer negativer Emotionen und Stimmungen auch auf die Ärger-Emotion übertragen lassen (Immenroth & Joest, 2004). Vor diesem Hintergrund ist davon auszugehen, dass Ärger mit einer Einschränkung der Aufmerksamkeit für nicht ärgerrelevante Reize einhergeht, wohingegen ärgerbezogene Stimuli besser (schneller, fehlerfreier) verarbeitet werden. Gedächtniseffekte sollten insofern zu beobachten sein, als im Zustand von Ärger ärgerrelevante Stimuli besser erinnert bzw. ärgerkongruente Informationen leichter abgespeichert werden können. Aufgrund der gesteigerten Aktivierung sollten wenig komplexe Aufgaben im Zustand von Ärger besser bearbeitet werden als in einem emotional wenig erregenden Zustand, wohingegen die Leistungen bei hoch komplexen Aufgaben unter Ärger sinken sollten. Weiterhin konnte gezeigt werden, dass Ärger zu schnelleren und riskanteren Entscheidungen führt (Lerner & Tiedens, 2006).
- Im *sozialen Bereich* führt Ärger zu zahlreichen Konsequenzen sowohl positiver als auch negativer Natur. Personen, die Ärger zeigen, werden von anderen Personen als bedrohlich, kompetent, mit Macht ausgestattet und dominant beurteilt (Tiedens, 2001). Wird Ärger offen und in aggressiver Weise geäußert, führt dies bei sozialen Interaktionspartnern dazu, dass auch bei ihnen Ärger entsteht, wodurch sich Konflikte verschärfen. Es kann aber auch dazu kommen, dass mit der Darbietung von Ärger das Gegenüber eingeschüchtert wird und eigene Interessen leichter durchgesetzt werden können.
- *Körperlich* geht Ärger, wie bereits dargestellt, mit einer intensiven Aktivierung des Organismus einher. Ohne dass die physiologischen Mechanismen im Detail geklärt wären, lässt sich jedoch zeigen, dass ein häufig und/oder sehr intensiv erlebter Ärger langfristig die Entstehung unterschiedlicher chronischer und akuter Erkrankungen begünstigt. Zahlreiche Untersuchungen konnten insbesondere Zusammenhänge zwischen Ärger, Ärgerausdrucksverhalten und Herz-Kreislauferkrankungen wie essenzielle Hypertonie oder koronare Herzkrankheit nachweisen (al'Absi & Bongard, 2006). Auch konnte gezeigt werden, dass Episoden intensiv erlebten Ärgers einem akuten Herzinfarkt häufig vorangehen (Mittleman et al., 1995).

7 Bewältigung von Ärger

Ärger-Reaktionen als unmittelbare Folgen einer Ärgerauslösung stellen Belastungen dar, die die Anpassungskapazität einer Person beanspruchen oder sogar übersteigen können (Immenroth & Joest, 2004). Es liegt daher nahe, das aus der Stressforschung stammende Konzept der Bewältigung auch für den Ärger zu übernehmen. Weber (1994) versteht unter *Ärger-Bewältigung* alle Aktivitäten einer Person, die die Veränderung von ärgerspezifischen, beanspruchenden bzw. herausfordernden Situationen zur subjektiven Zufriedenheit der Person intendieren.

Zentraler Forschungsgegenstand war allerdings zunächst nicht die Bewältigung, sondern der *Ausdruck von Ärger*. Dabei werden zwei, bereits in den 1950er Jahren thematisierte Ärgerausdrucksvarianten unterschieden: *Anger-in* und *Anger-out* (vgl. Kasten).

> **Begriffsbestimmung:**
>
> *Anger-out* beinhaltet den Ausdruck von Ärger gegen andere Personen oder Objekte in der Umgebung, äußert sich also in physischen Angriffen oder auch in verbalen Attacken wie Kritik, Beschimpfungen, verbalen Bedrohungen. Er kann sich gegen die Quelle der Provokation oder aber auch indirekt auf andere Personen, in bestimmten Fällen auch gegen die eigene Person, richten.
>
> Die zweite Komponente des Ärgerausdrucks ist nach innen gerichtet. Dabei wird das Unterdrücken von Ärger bzw. das Nichtäußern von ärgerlichen Gefühlen zu erfassen versucht. Wir verwenden hierzu ebenfalls unter Beibehaltung der englischsprachigen Kurzbezeichnung den Begriff *Anger-in* (Schwenkmezger, Hodapp & Spielberger, 1992, S. 9).

Zahlreiche Forschungsarbeiten zu den gesundheitlichen Auswirkungen des Ärgerausdrucks konnten zeigen, dass beide Ärgerausdrucksformen, sowohl der nach innen als auch der nach außen gerichtete Ärger, mit Herz-Kreislauferkrankungen assoziiert sind. Demnach scheinen besonders solche Personen gefährdet zu sein, die ihren Ärger *immer* unterdrücken oder nach außen richten, während Personen, die den Ausdruck von Ärger den Erfordernissen der Situation anpassen und eine flexible Bewältigung an den Tag legen, geringere Krankheitsrisiken aufweisen (al'Absi & Bongard, 2006).

In jüngster Zeit gab es mehrere Versuche, die traditionellen Ansätze zur Erfassung des Ärgerausdrucks zu erweitern. Dabei findet das Konzept des „konstruktiven Ärgers" (Davidson, McGregor, Stuhr, Dixon & McLean, 2000) zunehmende Beachtung. Weber und Titzmann (2003) haben einen Fragebogen zu ärgerbezogenen Reaktionen und Zielen (AERZ) vorgestellt. Dabei geht es darum, nicht nur *ineffektive*, sondern auch *effektive* Formen ärgerbezogenen Verhaltens zu erfassen. Eine Reaktion wird als effektiv bezeichnet, wenn sie zu einer Reduktion negativer Emotionen und/oder zu einer Korrektur des Fehlverhaltens beiträgt. Die hauptsächlichen ärgerbezogenen Reaktionen sind im Kasten aufgeführt, wobei die ersten drei Reaktionsformen effektive, die letzten drei Formen ineffektive Reaktionen darstellen.

> **Ärgerbezogene Reaktionen**
> - *Feedback:* offene und unmissverständliche, aber nichtaggressive Kommunikation des empfundenen Ärgers;
> - *Distanzierung:* dem potenziell ärgerauslösenden Ereignis wird keine oder wenig Aufmerksamkeit geschenkt, die betroffene Person lässt sich von Provokationen wenig oder gar nicht berühren;
> - *Humor:* Konstruktion einer Provokation als komisch oder amüsant-belustigend;
> - *Ausbruch:* impulsiv-aggressive, aufbrausende Reaktionen und Ungehaltensein;
> - *Brüten:* Fokussierung der (gedanklichen) Aufmerksamkeit auf die Provokation, begleitet von andauernden Gefühlen des Ärgers;
> - *Unterwerfung:* Bereitschaft, lieber Schuld auf sich zu nehmen, als eine offene Auseinandersetzung zu riskieren, auch um den Preis der Aufgabe eigener Interessen und Rechte.

Zusätzlich zu den ärgerbezogenen Reaktionen werden im AERZ Ziele, die Personen bei der Regulation von Ärger verfolgen, erfasst. Weber und Titzmann (2003) unterscheiden assertive, defensive und selbstbezogene Ziele. Bei den assertiven Zielen richten sich Personen darauf ein, dass der Ärgerverursacher sein Verhalten ändert; sie versuchen, die ärgerauslösenden Umstände zu beseitigen. Defensive Ziele wirken einem aktiven Eingreifen entgegen. Vermeiden von Konflikten oder Abwägen von Kosten und Nutzen wären defensive Zielsetzungen. Selbstbezogene Ziele beziehen sich schließlich auf Aspekte des subjektiven Erlebens der Person (z. B. Verbesserung des Befindens oder Schutz des eigenen Ansehens).

Während man lange Zeit nur die negativen schädlichen Auswirkungen des Ärgers analysiert hat (→ Aggression), wird zunehmend deutlich, dass Ärger eine komplexe Emotion ist, die sich sehr unterschiedlich äußert und die je nach verfolgtem Ziel zu sehr unterschiedlichen Formen der Bewältigung mit entsprechenden negativen oder positiven Konsequenzen führt.

8 Modifikation und Intervention

Ärger kann als negativer belastender Zustand so bedeutsam werden, dass eine Modifikation des Ärgererlebens indiziert erscheint. Konstellationen, in denen ein Ärgerbewältigungstraining von Nutzen sein könnte, sind beispielsweise Paare mit stark ausgeprägten Konflikten, die ihre Probleme gemeinschaftlich bewältigen wollen, Sicherheitskräfte, die auch in provozierenden Situation einen „kühlen Kopf" behalten wollen, Sportler, die sich auch bei Misserfolg auf ihre Aufgabe konzentrieren wollen oder Herz-/Kreislaufkranke, die ihr Gesundheitsrisiko senken wollen.

Für derartige oder ähnliche Zwecke wurden von mehreren Autoren unterschiedliche Trainings- oder Therapiekonzepte entwickelt, mit Hilfe derer eine Modifikation des Ärgererlebens erreicht werden kann (s. Schwenkmezger, Steffgen & Dusi, 1999). Ein zentraler Bestandteil aller Modifikationsprogramme ist ein kognitives Training zur Veränderung innerer Bewertungsprozesse, um so eine Abschwächung des erlebten Ärgers und seiner Konsequenzen zu erreichen. Ein derartiges kognitives Training wird von weiteren Interventionsstrategien flankiert, in denen z. B. in Rollenspielen Kommunikationsmöglichkeiten trainiert werden oder durch Entspannungsübungen gelernt wird, die körperliche Erregung zu senken. Ärgermodifikationsprogramme werden meist als Gruppentraining durchgeführt, um auch innerhalb des Trainings dem sozialen Charakter dieser Emotion gerecht zu werden.

Weiterführende Literatur

Hodapp, V. & Schwenkmezger, P. (Hrsg.). (1993). *Ärger und Ärgerausdruck.* Bern: Huber.
Immenroth, M. & Joest, K. (2004). *Psychologie des Ärgers.* Stuttgart: Kohlhammer.
Weber, H. (1994). *Ärger. Psychologie einer alltäglichen Emotion.* Weinheim: Juventa.

Literatur

al'Absi, M. & Bongard, S. (2006). Neuroendocrine and behavioral mechanisms mediating the relationship between anger expression and cardiovascular risk: Assessment consideration and improvements. *Journal of Behavioral Medicine, 29,* 573–591.
Averill, J. R. (1979). Anger. In H. Howe & R. Dienstbier (Eds.), *Nebraska Symposium on Motivation* (Vol. 26). Lincoln: University of Nebraska Press.
Averill, J. R. (1982). *Anger and aggression. An essay on emotion.* New York: Springer.
Berkowitz, L. & Harmon-Jones, E. (2004). Toward an understanding of the determinants of anger. *Emotion, 4,* 107–130.
Bongard, S. & Wilke, B. (2008). Methoden der kontrollierten Ärgerinduktion. In W. Janke, G. Debus & M. Schmidt-Daffy (Hrsg.), *Experimentelle Emotionspsychologie* (S. 334–346). Lengerich: Pabst.
Davidson, K., MacGregor, M. W., Stuhr, J., Dixon, K. & MacLean, D. (2000). Constructive anger verbal behavior predicts blood pressure in a population-based sample. *Health Psychology, 19,* 55–64.
Ekman, P. (1988). *Gesichtsausdruck und Gefühl. 20 Jahre Forschung von Paul Ekman.* Paderborn: Jungfermann.
Mittleman, M. A., Maclure, M., Sherwood, J. B., Mulry, R. P., Toflerm, G. H., Jacobs, S. C., Friedman, R., Benson, H. & Muller, J. E. (1995). Triggering of acute myocardial infarction onset by episodes of anger. *Circulation, 92,* 1720–1725.
Hall, G. S. (1899). A study of anger. *American Journal of Psychology, 10,* 516–591.
Harmon-Jones, E., Sigelman, J. D., Bohlig, A. & Harmon-Jones, C. (2003). Anger, coping, and frontal cortical activity. *Cognition & Emotion, 17,* 1–24.

Hodapp, V. (2005). Ärgerneigung. In H. Weber & T. Rammsayer (Hrsg.), *Handbuch der Persönlichkeitspsychologie und Differentiellen Psychologie* (S. 394–401). Göttingen: Hogrefe.

Kuppens, P., Van Mechelen, I., Smits, D. J. M. & De Boeck, P. (2003). The appraisal basis of anger: Specificity, necessity, and sufficiency of components. *Emotion, 3,* 254–260.

Lerner, J. S. & Tiedens, L. Z. (2006). Portrait of the angry decision maker: How appraisal tendencies shape anger's influence on cognition. *Journal of Behavioral Decision Making, 19,* 115–137.

Mees, U. (1992). Ärger-, Vorwurf- und verwandte Emotionen. In U. Mees (Hrsg.), *Psychologie des Ärgers* (S. 30–87). Göttingen: Hogrefe.

Murphy, F. C., Nimmo-Smith, I. & Lawrence, A. D. (2003). Functional neuroanatomy of emotions: a meta-analysis. *Cognitive, Affective & Behavioral Neuroscience, 3,* 207–233.

Schwenkmezger, P. & Hodapp, V. (1993). Theorie und Messung von Ärgerausdruck. In V. Hodapp & P. Schwenkmezger (Hrsg.), *Ärger und Ärgerausdruck* (S. 35–69). Bern: Huber.

Schwenkmezger, P., Hodapp, V. & Spielberger, C. D. (1992). *Das State-Trait-Ärgerausdrucks-Inventar STAXI*. Bern: Huber.

Schwenkmezger, P., Steffgen, G. & Dusi, D. (1999). *Umgang mit Ärger. Ärger- und Konfliktbewältigungstraining auf kognitiv-verhaltenstherapeutischer Grundlage*. Göttingen: Hogrefe.

Smith, C. A. & Lazarus, R. S. (1993). Appraisal components, core relational themes, and the emotions. *Cognition and Emotion, 7,* 233–269.

Stemmler, G. (2004). Physiological processes during emotion. In P. Philippot & R. S. Feldman (Eds.), *The regulation of emotion* (S. 33–70). Mahwah, NJ.: Lawrence Erlbaum.

Tiedens, L. Z. (2001). Anger and advancement versus sadness and subjugation: The effect of negative emotion expressions on social status conferral. *Journal of Personality and Social Psychology, 80,* 86–94.

Weber, H. & Titzmann, P. (2003). Ärgerbezogene Reaktionen und Ziele: Entwicklung eines neuen Fragebogens. *Diagnostica, 49,* 97–109.

Angst und Furcht
Anxiety and Fear

Michael Hock & Carl-Walter Kohlmann

1 Definition

Angst und Furcht zählen zu den basalen Emotionen des Menschen. Wie bei anderen Emotionen muss für die Analyse von Angst bzw. Furcht das Zusammenwirken verschiedener, bereits in sich sehr komplex organisierter Reaktionskomponenten berücksichtigt werden. Scherer (1990) führt kognitive, physiologische, motivationale, motorisch-expressive und subjektiv-gefühlsmäßige Komponenten als zentrale Bestandteile der Emotion an, die unterschiedlichen organismischen Subsystemen mit einem jeweils dominanten Funktionsschwerpunkt zugeordnet sind. Entsprechend vielfältig sind die theoretischen und methodischen Ansätze zur Untersuchung des Emotionsgeschehens. Zur psychologischen Erforschung von Angst und Furcht sowie ihrer Bedingungen und Folgen haben dabei besonders psychodynamische, lerntheoretische, kognitive und psychobiologisch fundierte Forschungsprogramme beigetragen. Die unterschiedlichen Perspektiven schlagen sich nicht zuletzt in einer uneinheitlichen Terminologie nieder, die auch die Definition von Angst und Furcht sowie deren Abgrenzung von anderen Emotionen betrifft.

> **Definition: Angst**
> Eine prägnante Arbeitsdefinition hat Spielberger (1972) im Rahmen seines in der psychologischen Angstforschung sehr bekannt gewordenen State-Trait-Angstmodells geliefert. Hier wird die Emotion Angst als ein vorübergehender, durch Anspannungsgefühle, Besorgnis und verstärkte körperliche (insbesondere autonome) Reaktionen gekennzeichneter Zustand bestimmt (state anxiety, Zustandsangst), der ausgelöst wird, wenn die Person eine Situation als bedrohlich bewertet. Neben der Wahrnehmung einer Gefahr sind für die Angstentstehung verstärkte Unsicherheit und die teilweise hierin gründende Blockierung der Ausführung unmittelbarer Reaktionen, die der Bedrohung begegnen können, charakteristisch.

Unsicherheit, die sich z. B. auf das Auftreten, die Art, den Verlauf oder die Konsequenzen einer bevorstehenden Konfrontation mit einem aversiven Ereignis beziehen kann, wird häufig zur Abgrenzung von Angst und Furcht herangezogen. Der Konzeption von Lazarus (1966) zufolge entsteht Angst, wenn die Person eine Situation als bedrohlich einschätzt und ihr gleichzeitig keine Möglichkeiten zum direkten Eingreifen gegeben sind. Sie ist damit zunächst auf kognitive Regulationsprozesse verwiesen, deren Begleitemotion die Angst darstellt. Nimmt die Person dagegen Möglichkeiten zum direkten Handeln wahr, soll entweder „Angriff" mit Ärger als Begleitemotion oder „Flucht" mit Furcht als Begleitemotion eingeleitet werden, je nachdem, ob sie ihre Bewältigungskapazität als größer oder geringer einschätzt als das Gefahrenpotenzial. In ähnlicher Weise sehen Kimmel und Burns (1977) in der Furcht eine phasische Reaktion auf gut bestimmbare Stimuli. Auf solche Stimuli kann entsprechend mit offenem Verhalten reagiert werden. Angst dagegen ist eine länger anhaltende Reaktion auf weniger klar erkennbare Ereignisse, gewissermaßen eine „unentschiedene Furcht". Im Unterschied zur Furcht legt die Situation hier zunächst kein adäquates instrumentelles Verhalten nahe. Da zumindest im Humanbereich die meisten bedrohlichen Situationen inhärent mehrdeutig sind, ist allerdings von vornherein mit fließenden Übergängen rechnen. Es ist zurzeit noch unklar, inwieweit eine begriffliche Trennung von Angst und Furcht, die über situative Auslöser und Zeitparameter der Reaktion hinausgeht, theoretisch fruchtbar ist. Wir verwenden daher Angst im Folgenden als generischen Begriff, der beide Emotionsvarianten umfasst.

Die Zustandsangst variiert intraindividuell nach Maßgabe der kognitiven Verarbeitung von Situationsmerkmalen und deren Veränderungen im Verlauf einer Episode. Demgegenüber wird die intraindividuell vergleichsweise stabile, aber interindividuell variierende Tendenz von Personen, Situationen als mehr oder weniger bedrohlich zu bewerten, als dispositionelle Angst oder Ängstlichkeit (trait anxiety) bezeichnet. Ängstlichkeit manifestiert sich entsprechend in Unterschieden der Leichtigkeit, Stärke und Dauer der Angstauslösung.

Die situativen Auslöser der Angstreaktion sind vielfältig. Üblicherweise werden zwei große Situationsbereiche differenziert, nämliche physische Gefahren (z. B. Gewalt, Naturkatastrophen, Operationen) und Selbstwertbedrohungen (z. B. öffentliche Auftritte, Prüfungen, soziale Kontakte), die sich ihrerseits weiter unterteilen lassen. Die Berücksichtigung des Situationsbezugs ist vor allem für die Analyse der Angst als Disposition essenziell, da sich hinsichtlich der Bewertung unterschiedlicher Situationen als mehr oder weniger bedrohlich deutliche interindividuelle Differenzen finden. So kann etwa eine sozial ängstliche (z. B. extrem schüchterne) Person physischen Gefahren (z. B. einem schwerwiegenden chirurgischen Eingriff) durchaus relativ angstfrei begegnen.

In den folgenden Abschnitten werden zentrale psychologische Konzepte zur Angst skizziert, wobei wir uns aus Platzgründen auf illustrative Aspekte reiz-reaktionstheoretischer und kognitiv orientierter Modelle beschränken. Im letzten Abschnitt wird die Messung von Angst angesprochen.

2   Reiz-Reaktionstheorien

Reiz-reaktionstheoretische Ansätze bemühen sich, Angst bzw. Furcht einer experimentellen Untersuchung zugänglich zu machen. Ein großer Teil der Forschung stützte sich dabei auf Tierversuche, da sich relevante Variablen hier leichter manipulieren lassen als im Humanversuch. Wertvolle Beiträge lieferte diese Forschungsrichtung für die Analyse der Angstentstehung sowie für die Modellierung der Beziehung zwischen Angst und Lernen bzw. Leistung. Für den ersten Bereich, auf den wir uns hier konzentrieren, ist die Zwei-Prozess-Theorie der Angst exemplarisch.

Die Zwei-Prozess-Theorie (z. B. Miller, 1948) thematisiert den Erwerb und die Stabilisierung von Angstreaktionen. Ausgangspunkt ist die bereits von Watson formulierte Annahme, dass Angst durch klassische Konditionierung und Stimulusgeneralisierung an beliebige neutrale Reize gebunden werden kann, die im Kontext von Schmerz, Verletzung oder plötzlicher Hilflosigkeit auftreten. Der vordem neutrale und nunmehr konditionierte Reiz erwirbt hiermit angstauslösende Qualität. Dabei wird er nicht nur zu einem Signal für ein bevorstehendes Trauma, vielmehr soll er selbst einen aversiven Charakter gewinnen. Dieser erste in der Theorie postulierte Prozess bezieht sich also auf die Auslösung emotionaler Reaktionen. Der zweite Prozess spricht dagegen deren motivierende Funktion an. Danach sollen über instrumentelle Konditionierung Reaktionen verstärkt werden, die zum Vermeiden des Signals führen, da sie die durch das Signal ausgelöste Angst reduzieren. Hierauf wird die Stabilität einmal etablierter Flucht- bzw. Vermeidungsreaktionen zurückgeführt. Diese Theorie erschien besonders zur Erklärung phobischer Störungen sehr attraktiv.

> **Beispiel: Versuch von Miller (1948)**
>
> Die mittlerweile klassische Demonstration dieser Prozesse ist Miller (1948) gelungen. Das Versuchstier wird in einen Käfig gesetzt, der aus zwei für das Tier unterscheidbaren Abteilen besteht, z. B. einem weißen und einem schwarzen. Die beiden Abteile sind durch eine Falltür miteinander verbunden, die zunächst geöffnet ist. Nachdem ausgeschlossen wurde, dass das Tier eine natürliche Präferenz für eines der Abteile aufweist, erhält es im weißen Abteil, das hier als konditionierter Stimulus fungiert, einen schmerzhaften Schock (unkonditionierter Stimulus). Das Tier flieht in das schwarze Abteil, in dem es in Sicherheit ist. Nach einigen Schockdurchgängen wird der unkonditionierte Stimulus ausgesetzt. Es zeigt sich, dass die Fluchtreaktion trotzdem erhalten bleibt. Anschließend wird die Tür geschlossen. Das Tier manifestiert im weißen Abteil nun deutliche Angstanzeichen (konditionierte Reaktion). In diesem Abteil befindet sich ein Rädchen, dessen Drehen die Falltür öffnet. Das Tier betätigt das Rädchen irgendwann einmal zufällig und kann ins sichere Abteil flie-

> hen. Die instrumentelle Reaktion wird gelernt und erweist sich als sehr stabil. Darüber hinaus lernt das Tier auch neue instrumentelle Reaktionen, z. B. Drücken eines Hebels, die eine Flucht ins sichere Abteil ermöglichen. Nach Auffassung Millers wird die instrumentelle Reaktion durch Verringerung der durch den konditionierten Stimulus ausgelösten Angst verstärkt. Der Angst wird damit eine triebanaloge Wirkung zugeschrieben.

Ein Problem dieses Modells rührt daher, dass der konditionierte Reiz keine Angstanzeichen mehr auslöst, sobald eine effektive Vermeidungsreaktion etabliert ist. (Angst wird erst dann wieder ausgelöst, wenn die instrumentelle Reaktion verhindert wird.) Wenn aber keine Emotion aufgebaut wird, entfällt auch der postulierte Verstärker und die Vermeidungsreaktion müsste extinguieren. Dies ist aber nicht der Fall; vielmehr ist Vermeidung außerordentlich stabil. Angstreduktion alleine scheint deren Persistenz nicht zureichend erklären zu können.

Dieses und weitere Puzzles haben zu Reformulierungen des Modells geführt. Neuere Theorien inkorporieren dabei kognitionspsychologische Begriffe. Ein viel beachtetes Beispiel hierfür ist das Modell von Seligman und Johnston (1973). Diesem Modell zufolge ist Furcht nur für den Aufbau, nicht aber für die Aufrechterhaltung der Vermeidung relevant. Der Erwerb der Furcht wird hier wie in der Zwei-Prozess-Theorie über klassische Konditionierung erklärt. Demgegenüber wird die Stabilität der Vermeidung nicht auf die Furchtreduktion, sondern vielmehr auf die Bildung von Erwartungen zurückgeführt. In Millers Versuch lernen die Tiere danach zwei Erwartungen: (a) Bei Ausführen der Vermeidungsreaktion unterbleibt das aversive Ereignis. (b) Dem Unterlassen der Vermeidungsreaktion folgt das aversive Ereignis. Jedes Ausüben der Vermeidungsreaktion bestätigt nun die Erwartung (a) und lässt gleichzeitig die Erwartung (b) unberührt. Daher wird Vermeidung nicht unterlassen. Solange aber Vermeidung ausgeübt wird, kann die invalide Erwartung (b) auch nicht falsifiziert werden. Dieses Modell kann die generelle Löschresistenz von Vermeidung also recht einfach erklären. Es ist außerdem mit dem Befund kompatibel, dass die Vermeidungsreaktion rasch extinguiert, wenn sie mehrmals verhindert wird. In diesem Fall wird die Erwartung (b) geschwächt bzw. abgebaut. Aus reiz-reaktionstheoretischer Sicht müsste eine solche Schwächung langsamer und graduell erfolgen.

Der ursprünglich sehr weitgehende Anspruch reiz-reaktionstheoretischer Modelle zur Angst muss in weiteren Hinsichten eingeschränkt werden (Mineka, 1985). So ist Angst z. B. nicht – wie ursprünglich angenommen wurde – auf jeden beliebigen neutralen Stimulus konditionierbar. Vielmehr sind Organismen artspezifisch darauf vorbereitet, ganz bestimmte (evolutionär bedeutsame) Angst- bzw. Furchtauslöser zu erlernen. Darüber hinaus spielen komplexere Formen des Lernens

(z. B. Modelllernen) sowie kognitiv-symbolische Prozesse auch im subhumanen Bereich eine nicht vernachlässigbare Rolle für die Angstentstehung und deren weitere Verhaltensfolgen.

3 Kognitive Modelle

In kognitiven Modellen werden Konzepte zur Informationsverarbeitung und Handlungsregulation für die Analyse der Angst herangezogen. Ein Schwerpunkt der Forschung liegt hier in der Untersuchung informationsverarbeitender Strukturen und Prozesse, die bei der Auslösung und Stabilisierung der Angst beteiligt sind. Die meisten kognitiven Modelle teilen die Annahme, dass die der Angstentstehung zugrunde liegenden Mechanismen die evolutionär sinnvolle Funktion besitzen, die frühe Entdeckung von Gefahren zu fördern. Unter Angst werden Wahrnehmung und Reizverarbeitung gewissermaßen in einen vigilanten Modus geschaltet, der durch intensive Aufmerksamkeitszuwendung zur Bedrohung gekennzeichnet ist, und damit darauf abgestellt, Bedrohungen möglichst effektiv begegnen zu können. Obwohl dieser Angst-Vigilanz-Mechanismus generell adaptiv ist, kann er dysfunktionale Folgen haben, wenn er auf eine Vielzahl von Reizen anspricht, die keine wirklichen Gefahren signalisieren.

Williams, Watts, MacLeod und Mathews (1997) formulierten auf der Basis einer umfassenden Literaturübersicht die Hypothese, dass ängstliche Personen durch eine Kombination von automatischer (und bereits auf präattentivem Niveau der Reizanalyse ausgelöster) Vigilanz gegenüber bedrohungsassoziierten Reizen charakterisiert sind, die durch (allerdings nur teilweise erfolgreiche) Versuche, die bewusste Weiterverarbeitung (Elaboration) bedrohlicher Information einzustellen, abgelöst wird. Grundlage dieser Hypothese sind Befunde, denen zufolge hochängstliche Personen in Untersuchungsparadigmen, die automatische Aspekte der Enkodierung bedrohungsassoziierter Reize prüfen, vigilantes Verhalten manifestieren, während sich keine konsistenten Unterschiede zwischen Hoch- und Niedrigängstlichen bei Versuchsanordnungen aufweisen lassen, die primär elaborative Aspekte der Reizverarbeitung erfassen.

In der automatischen Ausrichtung der Aufmerksamkeit auf schwache und nur lose mit Bedrohungen assoziierte Reize sehen die Autoren einen Vulnerabilitätsfaktor für die Entwicklung von Angst und angstbezogenen Störungen. Sie vermuten, dass die bei Ängstlichen vorliegende extreme Vigilanz eine kausale Rolle für die (häufige) Auslösung, (verstärkte) Intensität und (längere) Aufrechterhaltung von Angstzuständen spielt. Darüber hinaus sollen akute Angstzustände die Tendenz Ängstlicher, auf Gefahrenreize mit Zuwendung der Aufmerksamkeit zu reagieren, erhöhen, so dass das Risiko einer schwer zu durchbrechenden Angst-Vigilanz-Spirale besteht. Die Hypothese einer bei ängstlichen Personen verstärkten Vigilanz ist recht gut belegt (Bar-Haim et al., 2007). Die kausale Rolle dieses Mechanismus für die Angstentstehung ist aber noch offen.

Ein traditioneller Schwerpunkt kognitiver Modelle zur Angst liegt in der Analyse der Angst-Leistungsrelation in Prüfungen oder prüfungsähnlichen Situationen. Angst mindert im Allgemeinen die Leistung bei komplexen Aufgaben, auch wenn die Zusammenhänge in empirischen Untersuchungen keineswegs so durchgängig sind, wie man dies vielleicht erwarten würde.

Sehr wichtig für die Prüfungsangstforschung ist die von Liebert und Morris (1967) eingeführte Unterscheidung zwischen einer kognitiven und einer emotionalen Komponente der Angst geworden. Die kognitive Komponente, die als *Besorgnis* (engl. *worry*) bezeichnet wird, ist durch selbstwertbezogene Gedanken charakterisiert, die um die Möglichkeit des eigenen Versagens kreisen. In solchen Kognitionen drücken sich Selbstzweifel, Misserfolgserwartungen sowie Gedanken an weitere negative Konsequenzen einer Prüfungssituation aus. Besorgnis wird besonders dann angeregt, wenn eigene Leistungen einer Fremdbeurteilung unterworfen werden. Die emotionale Komponente wird als *Aufgeregtheit* (engl. *emotionality*) bezeichnet und meint die Wahrnehmung körperlicher Erregung, die meist als unangenehm erlebt wird. Sie umfasst relativ unspezifische allgemeine Angstanzeichen (Anspannung, Nervosität, Unruhe), aber auch spezifische und umgrenzte Symptome wie Zittern, Schwitzen oder ein flaues Gefühl im Magen. Besorgnis und Aufgeregtheit zeigen einen jeweils spezifischen zeitlichen Verlauf (Aufgeregtheit steigt erst kurz vor der Konfrontation mit dem bedrohlichen Ereignis an, dann aber steiler als die Besorgnis; sie nimmt auch relativ rasch wieder ab), sind unterschiedlich sensitiv für Rückmeldungen (Besorgnis lässt sich leichter durch positive bzw. negative Rückmeldungen beeinflussen als Aufgeregtheit) und unterschiedlich stark mit der Leistung bei komplexen Aufgaben assoziiert (für Besorgnis ergeben sich insgesamt deutlichere negative Korrelationen). Der letzte Befund wird damit erklärt, dass Besorgnis Aufmerksamkeitsressourcen stärker bindet als Aufgeregtheit. Diese Ressourcen stehen dann für die eigentliche Problemlösung nicht zur Verfügung, so dass die Leistung sinkt (Zeidner, 1998).

Sarason und Kollegen konnten in einer Reihe von Studien zeigen, dass prüfungsängstliche Personen auf Instruktionen, welche die Selbstwertrelevanz des wahrgenommenen Abschneidens bei einer Aufgabe beeinflussen, in ganz anderer Weise reagieren als niedrigängstliche (z. B. Sarason, 1984). Wird die Aufgabe z. B. einfach als Intelligenz- oder Eignungstest deklariert oder in der Instruktion zusätzlich die spätere Bewertung der erzielten Leistung hervorgehoben, schneiden Ängstliche erwartungsgemäß schlecht ab. Deren Leistung profitiert dagegen von beruhigenden Instruktionen, in denen die Bedeutsamkeit der eigenen Leistung herabgespielt wird sowie von Instruktionen, die den Selbstfokus bei Ängstlichen zugunsten eines erhöhten Aufgabenfokus reduzieren (z. B. „die Untersuchung soll Aufschlüsse über die Schwierigkeit der Aufgaben, nicht über individuelle Leistungen geben"). Beruhigende Instruktionen sind dagegen bei Niedrigängstlichen ausgesprochen kontraproduktiv: Sie zeigen unter solchen Bedingungen eher schlechte Leistungen und liegen dabei oft unter dem Niveau ängstlicher Personen. Für Niedrigängstliche sind leistungsorientierte Instruktionen optimal, bei denen sie meist deutlich besser abschneiden als Hochängstliche.

Eysenck und Calvo (1992) haben versucht, die nicht immer konsistenten Befunde zur Angst-Leistungsbeziehung in einen einheitlichen theoretischen Rahmen zu integrieren. Sie stützen sich dabei auf das Konzept des Arbeitsgedächtnisses (engl. *working memory*). Unter dem Arbeitsgedächtnis wird ein kapazitätsbegrenztes kognitives System verstanden, das für die Verarbeitung und kurzfristige Speicherung aufgabenrelevanter Information zuständig ist. Es besteht aus einer übergeordneten Kontrolleinheit (zentrale Exekutive; sie entspricht in etwa dem, was man umgangssprachlich „Aufmerksamkeit" nennt) und zwei Subsystemen für die Verarbeitung visuell-räumlicher und sprachlich-symbolischer Information. Eysenck und Calvo vermuten, dass angstbedingte Leistungseinbußen darauf zurückzuführen sind, dass Besorgnis einen Teil der Ressourcen des Arbeitsgedächtnisses beansprucht. Betroffen ist dabei besonders die zentrale Exekutive, evtl. auch das sprachlich-symbolische Subsystem. Bei komplexen Aufgaben, die einen großen Teil der Kapazität des Arbeitsgedächtnisses beanspruchen oder sie sogar erschöpfen, sind damit Leistungsunterschiede zwischen Hoch- und Niedrigängstlichen zu erwarten. Bei einfachen Aufgaben ist dies nicht der Fall, da hier nur ein kleiner Teil der Kapazität zur Bearbeitung benötigt wird. Eine wichtige Annahme der Theorie ist es, dass Angst nicht nur leistungsmindernde, sondern auch leistungsfördernde Effekte besitzt. Angst soll mit verstärkter Anstrengung verbunden sein, wodurch besorgnisbedingte Defizite in manchen Fällen ausgeglichen werden können. Dies führt zur Vorhersage, dass Unterschiede zwischen Hoch- und Niedrigängstlichen sich in der *Effizienz* der Leistung manifestieren, also im Verhältnis zwischen Resultat und aufgewendeter Anstrengung, dagegen nicht unbedingt im Resultat selbst. Hoch- und Niedrigängstliche können in Bewertungssituationen also durchaus gleich gute Leistungen zeigen, Hochängstliche müssen hierfür aber relativ viel Anstrengung investieren, so dass ihre Effizienz geringer ausfällt als die Niedrigängstlicher.

4 Angstmessung

Zugänge zur Diagnostik von Angst und Ängstlichkeit stützen sich auf Selbst- und Fremdbeurteilungen, systematische Verhaltensbeobachtung, physiologische Messungen sowie kognitiv-experimentelle Verfahren. Am häufigsten verwendet wird die Selbstbeurteilung, wobei meist auf standardisierte Fragebogen zurückgegriffen wird. Systematische Verhaltensbeobachtung und physiologische Indikatoren werden seltener und bislang nahezu ausschließlich in Forschungskontexten verwendet. Neben dem mit der Erhebung und der Auswertung der Daten verbundenen Aufwand ist dies auch darin begründet, dass im Hinblick auf die Identifikation angstspezifischer behavioraler oder physiologischer Reaktionsmuster noch erheblicher Forschungsbedarf besteht.

Da Selbstbeurteilungen anfällig für eine Reihe systematischer Fehlerquellen sind – etwa Selbsttäuschung, Fremdtäuschung oder diverse Antwortstile – hat man sich seit langer Zeit bemüht, objektive Verfahren zur Messung der Angst zu konstruieren. Besonders viel versprechend erscheinen hier die in den letzten Jahren entwickelten Ansätze auf der Basis des von Greenwald, McGhee und Schwartz (1998) entwickelten Impliziten Assoziationstests (IAT). Das Verfahren, das auf experimentellen Paradigmen der Kognitionsforschung basiert, wurde mit der Intention entwickelt, verhaltenssteuernde Prozesse und Strukturen offen zu legen, die unserer bewussten Kognition nicht oder nur partiell zugänglich sind. Hierher rührt die Bezeichnung „implizit". Das ursprünglich primär für die Einstellungsmessung konzipierte Verfahren wurde von Asendorpf, Banse und Mücke (2002) für die Erfassung von Schüchternheit sowie von Egloff und Schmukle (2002) für die Erfassung von Angst adaptiert. Bestimmt werden dabei Indikatoren der Assoziationsstärke zwischen Konzepten, welche die jeweils anvisierten Zielkonstrukte (z. B. Selbst und Angst) und deren Gegenpole (z. B. Andere und Gelassenheit) repräsentieren.

Impliziter Assoziationstest

Der IAT zur Messung von Angst besteht aus mehreren Übungs- und Messphasen, in denen die Probanden einzeln auf einem Bildschirm dargebotene Wörter möglichst schnell den Kategorien Ich vs. Andere bzw. Angst vs. Gelassenheit zuordnen sollen. Beispiele für solche Wörter sind „selbst", „mich", „ihr", „sie", „furchtsam", „nervös", „entspannt", „ruhig". Die Zuordnung geschieht durch Drücken einer von zwei Reaktionstasten. In der ersten Messphase sollen die Probanden die linke Taste drücken, wenn sich das auftauchende Wort auf „Ich" oder „Angst" bezieht, die rechte Taste, wenn es sich auf „Andere" oder „Gelassenheit" bezieht. In der zweiten Messphase werden die Tastenzuordnungen der Kategorien „Angst" und „Gelassenheit" vertauscht, so dass nun z. B. „Ich" und „Gelassenheit" der linken, „Andere" und „Angst" der rechten Taste zugeordnet sind. Die unter den beiden Bedingungen registrierten Reaktionszeiten werden nun miteinander verglichen. Der Grundgedanke ist dabei, dass Durchgänge, in denen individuell leicht vereinbare Konzepte – bei einer ängstlichen Person also Ich und Angst – die gleiche Reaktion erfordern, einfach (und mithin schnell) zu bewältigen sind. Werden dagegen individuell inkompatible Kategorien der gleichen Reaktion zugeordnet – bei einer ängstlichen Person also Ich und Gelassenheit –, entstehen Irritationsmomente, die sich in Reaktionsverzögerungen manifestieren. Die Differenz der Reaktionszeiten unter beiden Bedingungen soll ein Maß für die Stärke der Assoziation zwischen den verwendeten Kategorien liefern, die als Indikator der dispositionellen Angst angesehen wird.

Asendorpf et al. (2002) sowie Egloff und Schmukle (2002) fanden, dass implizite Maße der Schüchternheit bzw. Angst nur moderat positiv mit korrespondierenden expliziten Maßen (Fragebogen) korrelieren und einen eigenständigen Beitrag zur Vorhersage spontaner expressiver Angstäußerungen in Belastungssituationen liefern. Die sich hier andeutende Validität für Verhaltensbereiche, die relativ geringer bewusster Steuerung und Überwachung unterliegen, erschließt viel versprechende diagnostische Möglichkeiten. Auch für Effekte von Selbstdarstellungsstrategien oder willentlicher Verfälschung scheinen implizite Tests weniger anfällig zu sein als explizite Verfahren. Vor einer Anwendung für praktische Fragen müssen diese Verfahren allerdings noch umfassender geprüft werden.

Weiterführende Literatur

Krohne, H. W. (1996). *Angst und Angstbewältigung.* Stuttgart: Kohlhammer.
Laux, L. & Glanzmann, P. G. (1996). Angst und Ängstlichkeit. In M. Amelang (Hrsg.), *Enzyklopädie der Psychologie, Serie Differentielle Psychologie und Persönlichkeitsforschung, Band 3, Temperaments- und Persönlichkeitsunterschiede (S. 107–151).* Göttingen: Hogrefe.

Literatur

Asendorpf, J. B., Banse, R. & Mücke, D. (2002). Double dissociation between implicit and explicit personality self-concept: The case of shy behavior. *Journal of Personality and Social Psychology, 83,* 380–393.
Bar-Haim, Y., Lamy, D., Pergamin, L., Bakermans-Kranenburg, M. J. & van IJzendoorn, M. H. (2007). Threat-related attentional bias in anxious and nonanxious individuals: a meta-analytic study. *Psychological Bulletin, 133,* 1–24.
Egloff, B. & Schmukle, S. C. (2002). Predictive validity of an Implicit Association Test for assessing anxiety. *Journal of Personality and Social Psychology, 83,* 1441–1455.
Eysenck, M. W. & Calvo, M. G. (1992). Anxiety and performance: The processing efficiency theory. *Cognition and Emotion, 6,* 409–434.
Greenwald, A. G., McGhee, D. E. & Schwartz, J. L. K. (1998). Measuring individual differences in implicit cognition: the Implicit Association Test. *Journal of Personality and Social Psychology, 74,* 1464–1480.
Kimmel, H. D. & Burns, R. A. (1977). The difference between conditioned tonic anxiety and conditioned phasic fear: Implications for behavior therapy. In C. D. Spielberger &

I. G. Sarason (Eds.), *Stress and anxiety*, Vol. 4 (pp. 117–131). Washington, DC: Hemisphere.

Lazarus, R. S. (1966). *Psychological stress and the coping process*. New York: McGraw-Hill.

Liebert, R. M. & Morris, L. W. (1967). Cognitive and emotional components of test anxiety: A distinction and some initial data. *Psychological Reports, 20,* 975–978.

Miller, N. E. (1948) Studies of fear as an aquirable drive: I. Fear as motivation and fear reduction as reinforcement in the learning of new responses. *Journal of Experimental Psychology, 38,* 89–101.

Mineka, S. (1985). Animal models of anxiety-based disorders: Their usefulness and limitations. In A. H. Tuma & J. D. Maser (Eds.), *Anxiety and the anxiety disorders* (pp. 199–244). Hillsdale, NJ: Erlbaum.

Sarason, I. G. (1984). Stress, anxiety, and cognitive interference: Reactions to tests. *Journal of Personality and Social Psychology, 46,* 929–938.

Scherer, K. R. (1990). Theorien und aktuelle Probleme der Emotionspsychologie. In K. R. Scherer (Hrsg.), *Enzyklopädie der Psychologie, Serie Motivation und Emotion, Band 3, Psychologie der Emotion* (S. 2–38). Göttingen: Hogrefe.

Seligman, M. E. P. & Johnston, J. C. (1973). A cognitive theory of avoidance learning. In F. C. McGuigan & D. B. Lumsden (Eds.), *Contemporary approaches to conditioning and learning* (pp. 69–110). Washington, DC: Winston.

Spielberger, C. D. (1972). Anxiety as an emotional state. In C. D. Spielberger (Ed.), *Anxiety: Current trends in theory and research,* Vol. 1 (pp. 23–49). New York: Academic Press.

Williams, J. M. G., Watts, F. N., MacLeod, C. & Mathews, A. (1997). *Cognitive psychology and emotional disorders* (2nd ed.). Chichester, UK: Wiley.

Zeidner, M. (1998). *Test anxiety: The state of the art*. New York: Plenum.

Trauer
Grief

Annette Schmitt & Ulrich Mees

1   Einleitung

Unter *Trauer* verstehen wir die umfassende, leidvolle Reaktion einer Person auf einen schwerwiegenden und unwiderruflichen *Verlust*. Dabei kann es um den Verlust eines nahe stehenden Menschen gehen, um den Verlust von Besitz, aber auch um den unvermeidlichen Abschied von wichtigen Lebenszielen, sozialen Rollen und Wertvorstellungen.

Der Begriff Trauer bezeichnet *mehr* als die niedergeschlagene, getrübte Stimmung oder das Gefühl der Traurigkeit nach einem Verlust, er steht vielmehr als Oberbegriff für eine komplexe psychologische Reaktion. Neben dem Kummer über den Verlust können dazu weitere *Gefühle* gehören (bspw. Verzweiflung, Angst und Einsamkeit), *körperliche Symptome* (bspw. Appetit- und Schlaflosigkeit) sowie typische *Verhaltensweisen* wie die Suche nach dem Verstorbenen oder sozialer Rückzug. Im weitesten Sinne bezeichnet „Trauer" zudem den Bewältigungsprozess und die soziale Rolle einer Person nach einem Verlust – etwa, wenn man davon spricht, eine Person sei „in Trauer" um ihren verstorbenen Ehepartner.

Wir beschränken uns in diesem Beitrag auf die Erörterung der Trauer nach einer der schwerwiegendsten Verlustarten überhaupt, nämlich dem Verlust einer geliebten Person durch deren Tod.

2   Das Erleben von Trauer

Der Tod eines geliebten Menschen stellt eine der schmerzvollsten Erfahrungen überhaupt dar, die vor allem als Verzweiflung und Kummer über diesen schweren Verlust erlebt wird. Zudem leiden Hinterbliebene häufig unter weiteren belastenden Gefühlen in Bezug auf die verlorene Person und das Leben ohne sie und unter körperlichen Begleiterscheinungen, wie sie für schwer belastende Lebenssituationen typisch sind (vgl. Kasten).

> **Das Erleben von Trauer (nach Bonanno, 2001; Shaver, Schwartz, Kirson & O'Connor, 1987; Shuchter & Zisook, 1993)**
>
> - Niedergeschlagenheit, Lethargie, Teilnahmslosigkeit, niedriges Aktivitätsniveau.
> - Ärger, der sich auf den Verstorbenen richten kann, aber auch auf das Schicksal oder (vermeintlich) Verantwortliche für den Tod.
> - Angst, vor allem vor dem Leben ohne den Verstorbenen.
> - Einsamkeit und Sehnsucht nach dem Verstorbenen.
> - Schuldgefühle wegen eigener Versäumnisse zu Lebzeiten des Verstorbenen.
> - Tendenz zum Grübeln, negative Weltsicht, Selbstkritik.
> - Gereiztheit, Empfindlichkeit.
> - Sozialer Rückzug.
> - Schlaf-, Appetit- und Konzentrationsstörungen.

Hinterbliebene können trotz ihrer niedergeschlagenen Grundstimmung aber auch positive Gefühle in Bezug auf die verstorbene Person erleben, etwa andauernde Liebe und Verbundenheit mit ihr und Stolz auf sie und das gemeinsam Erreichte. Diese positiven Gefühle und Erinnerungen bilden Bonanno (2001) zufolge eine wichtige Ressource für die erfolgreiche Bewältigung des Verlustes.

3 Der Verlauf von Trauer

Trauer bezeichnet nicht nur die Reaktionen der Person unmittelbar nach dem Verlust, sondern in einem weiteren Sinne ihre längerfristige Anpassung an die neue Lebenssituation ohne den Partner. Der Verlauf dieses Trauerprozesses wurde häufig als eine Abfolge von Phasen beschrieben (vgl. Tab. 1).

Tabelle 1: Beispiel eines Phasenmodells der Trauer (nach Rando, 2003)

Phase	Erleben	Funktion
Vermeidung	Schock, Benommenheit, Negation des Verlustes	Abpuffern des Verlust-Schmerzes
Konfrontation	intensiver Kummer, Sehnsucht, Verzweiflung	Einsicht in Unwiderruflichkeit des Verlustes und Notwendigkeit der Neuanpassung
Anpassung	Rückgang des akuten Kummers, beginnende Zukunftspläne	Aufbau einer symbolischen Beziehung zum Verstorbenen, Übernahme neuer sozialer Rollen, „Rückkehr ins Leben"

Phasenmodelle und die Vorstellung, Verluste und die damit verbundenen belastenden Gefühle seien „durchzuarbeiten", sind sehr populär und auch in der Trauertherapie und -beratung weit verbreitet. In diesen praktischen Anwendungen wirken Phasenmodelle vermutlich entlastend: So kann es Trauernde beruhigen, wenn professionelle Helfer ihnen verdeutlichen können, dass intensive Reaktionen (z. B. lebendige Vorstellungen von der verstorbenen Person bis hin zu halluzinatorischen Erlebnissen) als „normal" für eine bestimmte Trauerphase anzusehen sind.

Als empirisch bestätigt bzw. allgemein gültig können diese Modelle und Konzepte wie das der „Trauerarbeit" (s. u.) jedoch keineswegs gelten. Es ist vielmehr von großen interindividuellen Unterschieden beim Erleben und beim Umgang mit Trauer auszugehen.

Wortman und Silver (2001) sprechen in diesem Zusammenhang von „Mythen", da für weit verbreitete Annahmen über den Verlauf der Trauerreaktionen eindeutige empirische Belege fehlen.

Kulturell geteilte Mythen über den Trauerprozess

Für die folgenden weit verbreiteten Überzeugungen („Mythen") hinsichtlich des „normalen" Trauerverlaufs, die Wortman und Silver (2001) in Fachveröffentlichungen und Laientheorien fanden, gibt es ihrer Analyse der Datenlage zufolge keine überzeugenden Belege:
1. Auf einen Verlust folgt zwangsläufig eine Phase intensiven Leids bzw. der Depression.
2. Wird dieses Leid nicht erlebt, ist das ein Zeichen einer pathologischen Entwicklung.
3. Für eine erfolgreiche Anpassung an den Verlust muss die Person sich ihren Gefühlen stellen und sie durcharbeiten, d. h. „Trauerarbeit" leisten.
4. Eine anhaltende emotionale Bindung an den Verstorbenen ist pathologisch, die Auflösung dieser Bindung ist die wichtigste Traueraufgabe.
5. Nach ein bis zwei Jahren haben Hinterbliebene den Verlust bewältigt und kehren zum „normalen" Funktionieren zurück, sonst handelt es sich um eine „chronische" Trauer.

Zwar ist es durchaus möglich, dass der Trauerprozess im Einzelfall so verläuft, allerdings gibt es auch Hinterbliebene, die keine offenen Gefühlsreaktionen zeigen und/oder die sich z. B. beruflich „ablenken" und sich dennoch an ihren erlittenen Verlust adaptieren. Vorstellungen wie jene von der notwendigen „Trauerarbeit" spiegeln wohl eher kulturell geprägte Konzepte über den Umgang mit Gefühlen als universell gültige Umgangsweisen (vgl. auch Stroebe, 1993).

4 Erklärungsmodelle der Trauer

4.1 Psychoanalytischer Ansatz

Sigmund Freud, der Begründer der Psychoanalyse, führte in seiner klassischen Arbeit „Trauer und Melancholie" (1917/1975) den Begriff „Trauerarbeit" ein, der auf die intrapsychische Aktivität hinweist, die notwendig sei, damit der Hinterbliebene den Verlust akzeptiert und sich allmählich wieder dem Leben zuwenden kann. Im Verlauf einer „gesunden, normalen" Trauer muss also notwendigerweise ein Rückzug der emotionalen Zuwendung von der verstorbenen Person erfolgen. Dies ist die Voraussetzung für die Bereitschaft zur Anknüpfung neuer Beziehungen. Der Rückzug wird nach Freud dadurch erreicht, dass die Hoch- und Tiefpunkte der „Bindungen an das Objekt" reproduziert und dadurch langsam gelöst werden können. Dementsprechend lässt die Schmerzhaftigkeit der Trauer, die primär auf die anhaltende aber unerfüllbare Sehnsucht nach der verlorenen Person zurückzuführen ist, im Verlauf einer „erfolgreichen Trauerarbeit" allmählich nach.

4.2 Evolutionstheorie

Der evolutionstheoretische Ansatz zur Erklärung von Trauer (Archer, 1999) versucht die Frage zu beantworten, ob Trauer ein Produkt der Evolution sein kann, obwohl sie eine nicht adaptive Reaktion darstellt (→ Evolutionäre Psychologie).

Ob ein Merkmal in evolutionärer Hinsicht adaptiv ist oder nicht, hängt von seinem Beitrag zur Fitness ab, d. h. die Fähigkeit zur Weitergabe der eigenen Gene an die nachfolgende Generation. Die typischen Trauerreaktionen sind klar nicht adaptiv: So ist beim Menschen Trauer verbunden mit erhöhter Krankheitsanfälligkeit und Mortalität. Vermutungen, Trauer sei indirekt vorteilhaft, weil sie bei anderen Personen Mitleid weckt und vermehrte Unterstützung auslöst (→ Prosoziales Verhalten), konnten nicht bestätigt werden: Der Mensch trauert am intensivsten, wenn er allein ist. Dann stellt sich aber die Frage, wie diese fehl angepasste Emotion durch den Prozess der natürlichen Selektion entstanden sein kann. Trauer bei Verlust einer geliebten Person wird von Archer als Konsequenz auf die Trennung von dieser Person interpretiert. Die Reaktionen eines Kindes auf die Trennung von einer geliebten Person – nämlich Protest, Weinen, Schreien sowie ein Leid, das zur Suche nach der entschwundenen Person führt – sind in der Regel adaptiv, weil sie die Nähe mit dieser Person wiederherstellen. Dagegen ist die Trauer bei einem endgültigen Verlust der geliebten Person evolutionstheoretisch ein dysfunktionales Nebenprodukt der adaptiven Trennungsreaktion. Da eine Trennung von einer geliebten Person häufig vorkommt, der Tod einer solchen Person aber selten ist, bleibt die reproduktive Gesamtbilanz im Allgemeinen positiv.

4.3 Bindungstheorie

Aus Sicht der Bindungstheorie (Bowlby, z. B. 1991) ist Trauer die Folge des Verlusts einer engen gefühlsmäßigen Bindung an eine sog. Bindungsfigur. Eine zentrale Behauptung der Bindungstheorie besteht darin, dass die Merkmale und Funktionen der Bindungsbeziehungen zwischen Kindern und ihren Eltern im Wesentlichen von der „Wiege bis zur Bahre" gleich bleiben. So befriedigen z. B. die Nähe bzw. prinzipielle Zugänglichkeit zur Bindungsfigur existenzielle Sicherheits- und Geborgenheitsbedürfnisse. Entsprechend zielt das Bindungsverhalten, also jenes Verhalten, das bei drohender Gefahr gezeigt wird, darauf ab, Nähe zur Bindungsfigur zu schaffen und sie zu einem entsprechenden Schutzverhalten zu veranlassen. Solange keine Gefahr besteht, „ruht" das Bindungssystem; es wird erst bei einer Bedrohung aktiviert, was sich u. a. in Protest und Weinen äußert. Bei erwachsenen Partnern wird das Bindungsverhalten vor allem. bei einer Bedrohung der Beziehung selbst ausgelöst, sei es bei Trennungsangst bzw. Eifersucht oder durch den Tod des Partners.

Die Bindungstheorie erklärt unterschiedliche Trauerreaktionen bei Erwachsenen als Folge je unterschiedlicher Bindungsstile. Hazan und Shaver (1987) unterschieden drei Bindungsstile bei Erwachsenen: Eine sichere und zwei unsichere Bindungen (ängstlich-ambivalent und vermeidend). Diese Bindungsstile sollen die Erfahrungen einer Person mit den Reaktionen ihrer primären Bindungsfigur (meist der Mutter) widerspiegeln, wenn sie deren Nähe sucht. So neigen ängstlich-ambivalente Personen (die einerseits einen starken Wunsch nach Nähe haben, ihn aber andererseits vom Partner nicht erwidert sehen) nach dem Tod ihres Partners zu chronischer, lang anhaltender Trauer, was als andauernder Protest interpretiert wird, der von Angst und Ärger begleitet wird. Dagegen sollen nach Hazan und Shaver (1992) vermeidende Personen (die einer zu großen Nähe zu ihrem Partner ausweichen) eher zu einer anderen „komplizierten" Trauerform tendieren, nämlich dem Nicht-Zeigen ihres Kummers bei gleichzeitig hoher Krankheitsanfälligkeit.

4.4 Sozialkonstruktivistischer Ansatz

Trauer ist zwar wahrscheinlich eine menschliche Universalie: In wohl allen Kulturen wird der Tod einer geliebten oder geschätzten Person als belastend erlebt. Dennoch ist menschliches Trauern außerordentlich formbar und variabel. Die enorme historische, kulturelle, ethnische und interindividuelle Variabilität von Trauerreaktionen spricht dafür, dass sie zu einem großen Teil sozial geformt bzw. konstruiert (→ Sozial-konstruktivistischer Ansatz der Emotionspsychologie) sind. Die Unterschiede beziehen sich u. a. auf die Interpretation des Todes, auf die künftigen Beziehungen zwischen Hinterbliebenen und Verstorbenen, auf Trauerrituale sowie auf die Konstruktion sog. „normaler" bzw. „abweichender" Trauer (vgl. Rosenblatt, 2001).

Die *Interpretation des Todes bzw. seiner Ursache* hat gravierende Auswirkungen: Angehörige eines Stammes auf Papua-Neuguinea – Kwanga – glauben z. B., dass die allermeisten Tode durch Hexerei verursacht werden. Wut auf den vermeintlichen Hexer und Rache an ihm stellen dann folgerichtige „Trauerreaktionen" dar.

Die Frage, ob und wie der Hinterbliebene noch *Kontakt zum Verstorbenen* halten soll, wird zu verschiedenen Zeiten und in unterschiedlichen Kulturen anders beantwortet.

Gegenwärtige westliche Gesellschaften huldigen hier einem „modernistischen Standpunkt" (Stroebe, Gergen, Gergen & Stroebe, 1992), wonach die Trauer das glatte psychische Funktionieren beeinträchtigt; daher sollten sich die Hinterbliebenen so schnell wie möglich von ihrem intensiven Schmerz erholen und zur normalen Effektivität zurückkehren. „Erfolgreiches" Trauern besteht in der Lösung der emotionalen Beziehungen zu Verstorbenen, damit neue Verbindungen möglich werden. Historisch hatte Freuds Schrift „Trauer und Melancholie" einen großen Einfluss auf die Entstehung dieser Auffassung (vgl. Abschnitt 4.1). Stroebe et al. (1992) stellen diesem Standpunkt der „zerbrochenen Bande" eine früher in der Viktorianischen Zeit geltende Haltung gegenüber, in der Familien und Ehen als Gemeinschaft von Seelen aufgefasst wurden, die in ewiger Liebe vereint sind und die der Tod daher nicht trennen kann. Die Trauer dauerte dann oft lebenslang.

Auch im heutigen Japan herrscht eine zu der modernistischen Sicht gegenteilige Auffassung. Nach den dort vertretenen religiösen Überzeugungen des Buddhismus und Shintoismus sollte ein Kontakt mit dem Verstorbenen, der jetzt zu den verehrten Ahnen gehört, unbedingt aufrecht erhalten werden.

Das andere Extrem in dieser Hinsicht stellen die Überzeugungen der Hopi-Indianer (die im Südwesten der USA beheimatet sind) dar, wonach die Verstorbenen nicht mehr erwähnt werden dürfen und so schnell wie möglich vergessen werden müssen, da sie nun zu den gefürchteten übernatürlichen Geistern zählen.

Trauerrituale und Gedenkfeierlichkeiten sind symbolische soziale Einrichtungen zum Gedenken an Verstorbene (seien es nun bestimmte Individuen oder anonyme Kriegsgefallene), welche auch die Identität einer Gruppe oder Gesellschaft erneuern bzw. festigen helfen.

In Europa und Nordamerika wurden Trauerrituale – wie etwa das Tragen von schwarzer Trauerkleidung – seit den 1960er/70er Jahren zunehmend als Zwang erlebt. Die starren Traditionen wurden als unvereinbar mit dem Wunsch nach individueller Authentizität beim Ausdruck der eigenen Trauer angesehen. Trauerriten wurden informeller und persönlicher. Neue Rituale entstanden, die den Wunsch nach öffentlicher Kenntnisnahme und Teilhabe am Trauerprozess von

Hinterbliebenen durch eine symbolische Gemeinschaft erfüllen (wie etwa der Internationale AIDS-Gedenktag) (vgl. auch Wouters, 2002).

Auch die *Definition von „normaler" und „abweichender" Trauer* ist kulturrelativ. Trauer ist mehr als nur ein Prozess, der „im" trauernden Individuum stattfindet. Kulturen bzw. Gemeinschaften erstellen informelle *Bewältigungsregeln*, die vorschreiben, wer wie lange und wie intensiv trauern kann und darf. Diese Regeln dienen unterschiedlichen Funktionen. Sie sollen z. B. Risiken (wie Krankheiten, Strafen der Götter u. a.) vom Trauernden und seiner Gemeinschaft fernhalten, aber auch der sozialen Stellung des Verstorbenen Rechnung tragen und dem jeweiligen Glauben entsprechen.

„Komplizierte" Trauer (s. z. B. Znoj, 2004) wird nach sozialkonstruktivistischer Auffassung dann diagnostiziert, wenn die Gefühle des Trauernden dem vorherrschenden Diskurs seiner Gesellschaft nicht entsprechen. Letzten Endes meint „kompliziert" eine Trauer, die zu lang bzw. zu intensiv ist und das effektive Funktionieren beeinträchtigt (vgl. Walter, 2005).

5   Bewältigung von Verlusten

Der Tod einer emotional wichtigen Person ist ein sehr einschneidendes und schmerzhaftes Ereignis im Leben eines Menschen, das eine grundlegende Neuorientierung erfordert. Auch wenn nicht alle Hinterbliebenen in gleicher Weise und in starrer festgelegter Reihenfolge „Trauerarbeit" leisten, so kann man doch von zentralen *Aufgaben* ausgehen, die in dieser Situation zu leisten sind (vgl. Worden, 2006):
- die Realität des Verlustes akzeptieren,
- die emotionale Beziehung zu dem Verstorbenen der Realität anpassen,
- den Schmerz des Verlustes erleben und bewältigen,
- sich an das Leben ohne den Verstorbenen anpassen.

Die Anpassung an den Verlust erfordert dabei eine tief greifende Neuorientierung der Person (Janoff-Bulman, 1992). Traumatische Ereignisse wie der Verlust einer nahe stehenden Person können grundlegende Annahmen über die Welt und das eigene Selbst erschüttern; etwa die, man selbst und nahe stehende Personen seien „unverwundbar", oder jene, die Welt sei prinzipiell kontrollierbar. Verlieren Personen ihr „Weltmodell", erleben sie eine grundlegende Verunsicherung: Die Welt wird zu einem Ort, in dem man dem Zufall ausgeliefert ist und jederzeit Katastrophen über einen hereinbrechen können.

Als übergeordnete Aufgabe müssen Betroffene somit ihr Weltmodell rekonstruieren. Den Verlust zu akzeptieren bedeutet in diesem Sinn nicht nur, ihn als real anzuerkennen, sondern auch, ihn als sinnhaftes Geschehen im Rahmen der eigenen Weltsicht zu verstehen. Zudem umfasst die Aufgabe der Neuorganisation des Lebens eine grundlegende Veränderung der Selbst- und Weltsicht, die in der Konstruktion einer neuen persönlichen Identität münden sollte.

5.1 Risiko- und Schutzfaktoren

Der Mehrheit der Hinterbliebenen gelingt es, das belastende Lebensereignis des Todes einer geliebten Person langfristig ohne Beeinträchtigung ihrer psychischen und physischen Gesundheit zu bewältigen (s. Dutton & Zisook, 2005). Es bleibt aber eine Gruppe, welche diese erfolgreiche Neuanpassung nicht ohne weiteres erreicht. Um ihr rechtzeitig geeignete Hilfen zur Verfügung stellen zu können, ist es nützlich, wenn man den gefährdeten Personenkreis anhand von Risikofaktoren bzw. dem Fehlen protektiver Faktoren identifizieren kann.

Stroebe und Schut (2001) nennen folgende *Risikofaktoren*, für die eine ausreichend sichere empirische Evidenz besteht:
- *Todesumstände:* Ein plötzlicher, unerwarteter Tod steht mit stärkeren somatischen und psychischen Beschwerden in Zusammenhang. Dies ist besonders dann der Fall, wenn die hinterbliebene Person ein geringes Kontrollgefühl über ihr Leben besitzt.
- *Alter:* Jüngere Hinterbliebene leiden unter stärkeren Beeinträchtigungen – vermutlich, weil für sie der Verlust weit häufiger unerwartet eintrat als bei Älteren.
- *Geschlecht:* Witwer weisen eine höhere Mortalitätsrate auf als Witwen. Dies wird auf das i. d. R. kleinere soziale Netzwerk bzw. die geringere soziale Unterstützung von Männern zurückgeführt.
- *Verwandtschaftsbeziehung zur verstorbenen Person:* Die stärksten Beeinträchtigungen erleben Hinterbliebene nach dem Tod eines Kindes. Dieser Verlust ist zum einen extrem erwartungswidrig, zum anderen besteht zu Kindern eine sehr enge Bindung, die durch den Tod zerstört wird (s. o.).

Als *günstig* für die Bewältigung eines Verlustes haben sich folgende Schutz-Faktoren erwiesen:
- *Religiosität:* Eine starke religiöse Orientierung hilft Hinterbliebenen, Sinn in dem Verlust zu finden und eine andauernde symbolische Beziehung zum Verstorbenen aufzubauen (z. B., wenn man an ein Wiedersehen im Jenseits glaubt). Außerdem sind religiöse Bindungen (z. B. die Mitgliedschaft in einer Gemeinde) häufig auch eine Quelle sozialer Unterstützung.
- *Soziale Unterstützung:* Die Unterstützung durch Freunde und Familie hat sich generell als positiver Faktor für physische und psychische Gesundheit erwiesen. Zusätzlich wirkt sie als protektiver Faktor bei schwer wiegenden belastenden Ereignissen wie dem Tod eines Angehörigen.

> **Merke:**
> Gemeinsam ist allen diesen protektiven und Risikofaktoren, dass sie die *Sinnfindung* und *kognitive Integration* des Verlustes erleichtern bzw. behindern: Der erlebte Verlust kann leichter in die eigene Lebensgeschichte integriert und akzeptiert werden, wenn die Art des Verlustes eher erwartungskonform war und wenn ein starkes Wertesystem und/oder soziale Unterstützung zur Verfügung stehen, die bei der emotionalen und kognitiven Integration helfen.

5.2 Unterstützung bei der Bewältigung von Verlusten

Subjektiv sehen Hinterbliebene die Bedeutung sozialer Unterstützung in erster Linie darin, ihre Trauer einer akzeptierenden Person gegenüber offen ausdrücken zu können (Lehman, Ellard & Wortman, 1986). Eine wichtige Funktion dieser offenen Mitteilung belastender Gefühle besteht wiederum darin, den Verlust in ein neues Welt- und Selbstbild zu integrieren. So fanden Pennebaker, Mayne und Francis (1997), dass das soziale Mitteilen eines Traumas nur dann hilfreich ist, wenn sowohl das emotionale Erleben thematisiert wird als auch eine kognitive Umstrukturierung erfolgt. Eine fortwährende Thematisierung des belastenden Erlebens, bei der keine Veränderung der Sichtweisen stattfindet, führt dagegen eher zu einer Verschlechterung des Befindens (Nolen-Hoeksema & Larson, 1999). Auch ist damit zu rechnen, dass sich die positiven Effekte des Mitteilens erst mittel- bis langfristig zeigen, während kurzfristig keine Verbesserung oder sogar eine Eintrübung der Stimmung erlebt wird (Pennebaker, Zech & Rimé, 2001).

Neben informellen Stützsystemen können *Selbsthilfegruppen* und *professionelle Helfer* diese kontinuierliche Begleitung bei der Bewältigung der o. g. Traueraufgaben übernehmen. Solche präventiven Angebote bieten sich vor allem für Angehörige von Risikogruppen an (Worden, 2006). Weiterreichende therapeutische Interventionen können notwendig werden, wenn es nach dem Tod eines Angehörigen zu psychischen Störungen kommt, die therapeutische Hilfen erforderlich machen. Hierzu zählen vor allem depressive Störungen, aber auch Angststörungen, posttraumatische Belastungsstörungen (PTDS) und Süchte (Raphael, Minkov & Dobson, 2001).

Weiterführende Literatur

Wittkowski, J. (Hrsg.). (2003). *Sterben, Tod und Trauer*. Stuttgart: Kohlhammer.
Stroebe, M. S., Hanson, R. O., Stroebe, W. & Schut, H. (Eds.). (2001), *Handbook of bereavement research: Consequences, coping, and care*. Washington, DC: American Psychological Association.

Literatur

Archer, J. (1999). *The nature of grief: The evolution and psychology of reactions to loss.* New York: Rootledge.
Bonanno, G. A. (2001). Grief and emotion: A social-functional perspective. In M. S. Stroebe, R. O. Hanson, W. Stroebe & H. Schut (Eds.), *Handbook of bereavement research: Consequences, coping, and care* (pp. 493–517). Washington, DC: American Pychological Association.
Bowlby, J. (1991). *Verlust, Trauer und Depression.* Frankfurt/M.: Fischer (engl. Orig. 1980).
Dutton, Y. C. & Zisook, S. (2005). Adaptation to bereavement. *Death Studies, 29,* 877–903.
Freud, S. (1975). Trauer und Melancholie. In A. Mitscherlich, A. Richards & J. Strachey (Hrsg.), *Studienausgabe* (2. Aufl., Bd. 3, S. 193–212). Frankfurt/M.: Fischer (Original: Internationale Zeitschrift für ärztliche Psychoanalyse, Bd. 4, S. 288–301, 1917).
Hazan, C. & Shaver, P. R. (1987). Romantic love conceptualized as an attachment process. *Journal of Personality and Social Psychology, 52,* 511–524.
Hazan, C. & Shaver, P. R. (1992). Broken attachments: Relationship loss from the perspective of attachment theory. In T. L. Orbuch (Ed.), *Close relationship loss. Theoretical approaches* (pp. 90–111). New York: Springer.
Janoff-Bulman, R. (1992). *Shattered assumptions: Toward a new psychology of trauma.* New York: The Free Press.
Lehman, D. R., Ellard, J. H. & Wortman, C. B. (1986). Social support for the bereaved: Recipients' and providers' perspectives on what is helpful. *Journal of Consulting and Clinical Psychology, 54,* 438–446.
Nolen-Hoeksema, S. & Larson, J. M. (1999). *Coping with Loss.* Mahwah: Erlbaum.
Pennebaker, J. W., Mayne, T. J. & Francis, M. E. (1997). Linguistic predictors of adaptive bereavement. *Journal of Personality and Social Psychology, 72,* 863–871.
Pennebaker, J. W., Zech, E. & Rimé, B. (2001). Disclosing and sharing emotion: Psychological, social and health consequences. In M. S. Stroebe, R. O. Hansson, W. Stroebe & H. Schut (Eds.), *Handbook of bereavement research: Consequences, coping, and care* (pp. 517–544). Washington, DC: American Psychological Association.
Rando, T. (2003). Trauern. Die Anpassung an Verlust. In J. Wittkowski (Hrsg.). *Sterben, Tod und Trauer.* (S. 173–192). Stuttgart: Kohlhammer.
Raphael, B., Minkov, C. & Dobson, M. (2001). Psychotherapeutic and pharmacological intervention for bereaved persons. In M. S. Stroebe, R. O. Hansson, W. Stroebe & H. Schut (Eds.), *Handbook of bereavement research: Consequences, coping, and care* (pp. 587–612). Washington, DC: American Psychological Association.
Rosenblatt, P. C. (2001). A social constructionist perspective on cultural differences in grief. In M. S. Stroebe, R. O. Hanson, W. Stroebe & H. Schut (Eds.), *Handbook of bereavement research: Consequences, coping, and care* (pp. 285–301). Washington, DC: American Psychological Association.
Shaver, P., Schwartz, J., Kirson, D. & O'Connor, C. (1987). Emotion knowledge: Further explorations of a prototype approach. *Journal of Personality and Social Psychology, 52,* 1061–1086.

Shuchter, S. R. & Zisook, S. (1993). The course of normal grief. In M. S. Stroebe, W. Stroebe & R. O. Hanson (Eds.), *Handbook of bereavement: Theory, research, and intervention* (pp. 23–43). Cambridge: Cambridge University Press.

Stroebe, M. (1993). Coping with bereavement: A review of the grief work hypothesis. *Omega, 26,* 19–42.

Stroebe, M., Gergen, M. M., Gergen, K. J. & Stroebe, W. (1992). Broken hearts or broken bonds. Love and death in historical perspective. *American Psychologist, 47* (10), 1205–1212.

Stroebe, W. & Schut, H. (2001). Risk factors in bereavement outcome: A methodological and empirical review. In M. S. Stroebe, R. O. Hansson, W. Stroebe & H. Schut (Eds.), *Handbook of bereavement research: Consequences, coping, and care* (pp. 349–371). Washington, DC: American Psychological Association.

Walter, T. (2005). What is complicated grief? A social constructionist perspective. *Omega, 52* (1), 71–79.

Worden, J. W. (2006). *Beratung und Therapie in Trauerfällen: Ein Handbuch* (3. Aufl.). Bern: Huber.

Wortman, C. B. & Silver, R. C. (2001). The myths of coping with loss revisited. In M. S. Stroebe, R. O. Hansson, W. Stroebe & H. Schut (Eds.), *Handbook of bereavement research: Consequences, coping, and care* (pp. 405–429). Washington, DC: American Psychological Association.

Wouters, C. (2002). The quest for new rituals in dying and mourning: Changes in the We-I balance. *Body & Society, 8* (1), 1–27.

Znoj, H. (2004). *Komplizierte Trauer.* Göttingen: Hogrefe.

Ekel und Verachtung
Disgust and Contempt

Jürgen Hennig

1 Allgemeine Annahmen

Ekel und Verachtung sind Emotionen, die lange Zeit nicht Gegenstand der psychologischen Forschung waren. Erst in neuerer Zeit hat sich ein verstärktes Interesse an der Ekelemotion herausgebildet, da sie auch für die Psychopathologie bedeutsam sein könnte. Bereits 1882 beschrieb Charles Darwin die Ekelemotion, die wir auch heute als eine grundlegende Emotion auffassen.

> **Begriffsklärung:**
> Obgleich es Ähnlichkeiten zwischen Ekel und Verachtung gibt (beide verbinden sich z. B. mit Zurückweisung), ist Verachtung sehr viel mehr auf soziale bzw. interpersonelle Situationen begrenzt. Auslöser von Verachtung sind vertikale soziale Vergleiche. Mit der Emotion Verachtung verbindet sich immer ein Überlegenheitsgefühl und sie ist sicherlich eine Grundvoraussetzung für soziale Diskriminierungen.

Fundamentale Emotionen sind neben anderem durch einen charakteristischen Gesichtsausdruck gekennzeichnet. In der Tat lässt sich der mimische Ekelausdruck kulturübergreifend erkennen. Er bezieht in erster Linie Mund- und Nasenpartie (Zurückziehen der oberen Lippe, Nase Rümpfen, Anheben des Kinns) ein. Eine extreme Ekelempfindung kann Ausdruck in einem Spuckreflex finden.

Kulturvergleichende Untersuchungen des mimischen Emotionsausdrucks kamen zu dem Ergebnis, dass insbesondere die unilaterale Anhebung der Lippe am ehesten Verachtung signalisiert. Die Zuordnung ist aber deutlich schwieriger als die anderer fundamentaler Emotionen, wie z. B. die der Freude. Im Mittel gelingt es ca. 75 % der untersuchten Personen, den mimischen Ausdruck von Verachtung richtig zuzuordnen, wenn sie informiert sind, dass Verachtung tatsächlich innerhalb der Vorlagen vorhanden ist. Bei der freien Wiedergabe sind die Trefferquoten deutlich niedriger, was aber auch an dem weniger häufigen Gebrauch des Wortes „Verachtung" liegen könnte. Werden Personen instruiert, innerhalb von einer Minute möglichst viele Emotionen aufzuschreiben, dann ist nur bei 1 % der Befragten „Verachtung" aufgeführt (Fehr & Russell, 1984). Teilweise blieben die Befunde verschiedener Studien nicht ohne Widerspruch, zumal häufig eine klare Trennung zwischen der Zuschreibung von mimischem Ekelausdruck und solchem für Verachtung nicht gut gelang (Russell, 1991), insbesondere dann, wenn andere Emotionsausdrücke (Trauer) auch dargeboten wurden.

2 Auslöser

Kulturübergreifend können Körperabfallprodukte, -sekrete, bestimmte Tiere bzw. deren Produkte insbesondere im Kontext der Nahrungsaufnahme eine starke Ekelreaktion auslösen. Es stellt sich natürlich die Frage, welche Merkmale von Nahrung in besonderem Maße Ekel auslösen können. Offensichtlich spielen die Oberflächenstruktur und vor allem aber der Bezug zu Tieren bzw. Lebendem allgemein die zentrale Rolle (Martins & Pliner, 2006). Nicht selten findet man Bezeichnungen für Lebensmittel vor, die ihren Ursprung zu kaschieren versuchen (z. B. Gulasch). Auch die allgemeine Präferenz für Fleisch ohne Knochen oder Fisch ohne Gräten könnte eine Strategie sein, sich des tierischen Ursprungs der Nahrung nicht allzu plastisch bewusst zu werden um damit einer Ekelempfindung vorzubeugen.

Curtis, Aunger & Rabie (2004) gehen davon aus, dass die evolutionsbiologische Funktion der Ekelemotion Krankheitsabwehr sei. In der Tat sprechen diverse Befunde für diese Annahme, da die Ekelemotion besonders ausgeprägt ist bei der Konfrontation mit Ausscheidungsprodukten (Kot, Urin, Mukus), die in besonderem Maße mit Antigenen behaftet sind (Curtis et al., 2004). Vor diesem Hintergrund wird deutlich, dass gerade diese Reize in direkter Verbindung mit dem mimischen Ausdruck stehen, der offensichtlich einer Kontamination des Körpers über die (orale) Aufnahme von potenziell krankheitsfördernden Substanzen entgegenwirken soll (siehe Spuckreflex). Die Ekelsensitivität (auf die noch näher eingegangen wird) ist in Phasen einer z. B. durch Krankheit reduzierten Immunkompetenz und der damit verbundenen erhöhten Vulnerabilität deutlich erhöht. Auch die oftmals berichtete erhöhte Ekelsensitivität während einer Schwangerschaft bezieht sich ausschließlich auf Nahrungsreize. Sie dürfte die Funktion haben, möglichen durch Kontamination der Nahrung ausgelösten Schaden vom Embryo abzuwenden (Fessler, Eng & Navarrete, 2005). Für diese Sichtweise spricht, dass die erhöhte Ekelempfindlichkeit nur im ersten Trimester beschrieben wird, in dem bekanntlich die Gefährdung des Fötus am höchsten ist.

Zwischenzeitlich ist die Auffassung von Ekel breiter geworden und als Auslöser werden auch Reize aufgenommen, die über die orale Aufnahme von möglichen Pathogenen hinausgehen (z. B. bestimmte Formen der Sexualität, Blut, schlechte Hygiene oder Tod). Auch diejenigen Reize, die dem Menschen seine Gemeinsamkeiten mit dem Tier dokumentieren (animal-orgin-disgust, Haidt, McCauley & Rozin, 1994) können ebenso wie die Berührung von unerwünschten bzw. fremden Personen (interpersonal contamination) Ekelreaktionen auslösen. Der Begriff „ekelhaft" wird darüber hinaus nicht selten bei eklatantem Fehlverhalten (z. B. Inzest, Missbrauch, etc.) verwendet. Zusammengefasst bezeichnet Miller (1997) die Funktion der Ekelemotion als einen Schutz des Körpers *und* der Seele vor „Verunreinigungen".

3 Sensitivität

Selbst Neugeborene reagieren mit einem starken mimischen Ausdruck, wenn sie eine bittere Substanz auf die Zunge bekommen. Kleinkinder nehmen hingegen auch Gegenstände in den Mund, welche Ältere aus Ekel weit von sich weisen. Im Gegensatz zur Geschmacksaversion (dis-taste) scheint „dis-gust" also nicht angeboren, sondern erworben zu sein. Man muss sich aber darüber im Klaren sein, dass nicht alles, was erst im späteren Leben wirksam wird, erworben ist, sondern durchaus ein genetisch bedingtes, angeborenes Merkmal sein kann, welches eben erst verzögert zu Tage tritt. Die Erbe-Umwelt-Debatte hinsichtlich der Ekelemotion ist also keineswegs abgeschlossen.

Zur Auslösung einer Ekelemotion bedarf es entsprechender Reize (Situationen). Zusätzlich liegen aber auch diverse Befunde vor, dass die Ekelsensitivität interindividuell sehr unterschiedlich ist und somit durchaus den Charakter einer Disposition aufweist. Nicht nur Geschlechtsunterschiede (erhöhte Ekelsensitivität bei Frauen) sondern auch entsprechende Korrelationen mit Persönlichkeitsmaßen (positiv mit Neurotizismus, negativ mit Psychotizismus und Sensation Seeking, Hennig, Pössel & Netter, 1996) belegen dies.

4 Neurophysiologische Grundlagen

Die neurophysiologische Ekelforschung verfolgt neben der Frage, welche zentralnervösen Prozesse an der Ekelemotion beteiligt sind (s. u.) auch diejenige nach den neuronalen Grundlagen der Wahrnehmung des mimischen Ekelausdrucks.

Bei verschiedenen Patientengruppen (Morbus Parkinson, Chorea Huntington und Patienten mit Zwangsstörungen) konnte eine reduzierte Fähigkeit zur Wahrnehmung des miminschen Ekelausdrucks beobachtet werden (Sprengelmeyer et al., 1996; Suzuki, Hoshino, Shigemasu & Kawamura, 2006). Auch Träger des für Chorea Huntington verantwortlichen Gens zeigten diese reduzierte Wahrnehmung, was dafür spricht, dass sie nicht eine Folge der Erkrankung ist, sondern in der genetischen Disposition begründet ist (Sprengelmeyer, Schroeder, Young & Epplen, 2006). Diese Befunde rückten als neuroanatomisches Substrat der Ekelwahrnehmung die Basalganglien und die Insula in den Focus des Interesses. Auch

Läsionen im Bereich der Insula und des Putamen verbinden sich mit einer reduzierten Wahrnehmung von mimischem Ekelausdruck. Eine Studie unter Verwendung der funktionalen Magnetresonanztomografie (fMRT) weist zusätzlich auf eine Aktivierung der Insula bei der Wahrnehmung mimischen Ekelausdruckes bei Gesunden hin (Phillips, Senior, Fahy & David, 1998).

Diese Befunde richteten auch hinsichtlich der Frage nach neuronalen Grundlagen der Ekel*empfindung* die Aufmerksamkeit auf die Insula. Wenn sich Probanden aktiv an Situationen erinnern, die Ekel auslösten, wird eine Aktivierung der Insula im fMRT sichtbar (Fitzgerald et al., 2004), wobei dies nicht unbedingt bedeutet, dass diese Hirnstruktur das alleinige und *spezifische* neuroanatomische Korrelat für Ekelerleben ist. Es gibt durchaus Befunde, die auch der Amygdala und dem orbito-frontalen Cortex eine Verursachung der Ekelemotion zusprechen (Schienle et al., 2002). Es sollte aber festgehalten werden, dass die Erweiterung des Ekelkonzeptes auch zur Konsequenz hat, dass Reize eingesetzt werden (Bilder von blutenden Unfallopfern oder Körperdeformationen u. a.), die ggf. auch Angst induzieren (→ Angst und Furcht).

Biochemisch kommt dem cholinergen Neurotransmittersystem eine zentrale Rolle zu (siehe auch Chorea Huntington), da auch Scopolamin (Antagonist), welches ja auch Übelkeit reduziert, zu einer Reduktion der Wahrnehmung mimischen Ekelausdrucks führt (Kamboj & Curran, 2006). Auf der Ebene der peripheren Physiologie verbinden sich mit der Ekelemotion eine Herzratendezeleration und vasovagale Reaktionen, die der parasympathische Nucleus des tractus solitarii kontrolliert. Dieser ist auch maßgeblich an der Geschmackswahrnehmung beteiligt und initiiert die Zurückweisung ungenießbaren Materials (Übelkeit und Erbrechen). Aber auch in Hinblick auf die peripher-physiologischen Reaktionen muss genau betrachtet werden, welche ekelinduzierenden Stimuli verwandt wurden, da vereinzelt auch Herzratenakzelerationen beobachtet wurden (z. B. bei aversiven Gerüchen).

5 Neuere Entwicklungen

In den letzten Jahren wurde verschiedentlich postuliert, dass Ekel bei der Entstehung und Aufrechterhaltung von psychiatrischen Erkrankungen von Bedeutung sei, wobei insbesondere Zwangsstörungen, Ängste und Phobien genannt werden (Davey, 1997). Ekel ist demnach nicht mehr „the forgotten emotion in psychiatry" (Phillips et al., 1998). Welche Rolle Ekel allerdings im Bereich der Angststörungen spielt, ist bislang nicht abschließend geklärt. Eine erhöhte Ekelsenstivität bei Angstpatienten könnte durchaus auf die höhere Neurotizismusausprägung (und damit auf eine habituelle Neigung, unangenehme Reize besonders negativ wahrzunehmen) zurückgehen. Ebenfalls kritisch ist der Umstand, dass diejenigen ekelinduzierenden, die die orale Aufnahme möglicherweise pathogenen Materials betreffen (core disgust) üblicherweise nicht zu Angstreaktionen führen (Marzillier & Davey, 2005) und solche aus dem erweiterten Ekelverständnis unter Umständen nicht „Ekel-spezifisch" sind. Ekelinduzierende Stimuli führen zu zusätzlichen Anstiegen von Verachtung und → *Ärger*, was bereits von Izard (1972) beschrieben wurde und zu der Zusammenfassung von Ekel, Verachtung und Ärger als „feindselige" Emotionen führte, die alle die Gemeinsamkeit aufweisen, andere(s) abzuwerten, bzw. Distanz dazu aufzubauen.

Ekel und Verachtung sind zweifelsohne interessante Emotionen, die zumindest im Fall von Ekel erfreulicherweise zunehmend untersucht werden. Neben den angesprochenen Gemeinsamkeiten sind aber fundamentale Unterschiede zwischen beiden Emotionen zu berücksichtigen. So dürfte außer Zweifel stehen, dass Verachtung soziale Normen, Bezüge und Wertvorstellungen voraussetzt und somit nicht unabhängig von der Entwicklung und dem kulturellen Hintergrund des Individuums sein kann. Während Ekelreaktionen schon im Vorschulalter beobachtbar sind, tritt Verachtung erstmals meist deutlich später auf und auch die Möglichkeiten diese Emotionen auszulösen, sind völlig verschieden. Es ist sicherlich vorstellbar, Reize zu präsentieren, die bei annähernd jedem/jeder eine Ekelempfindung auslösen. Bezogen auf die Emotion Verachtung ist dies weitaus komplizierter, wenn nicht sogar unmöglich. Wahrscheinlich ist für die Forschung zur Verachtung die Konzentration auf die empfindende Person gewinnbringender als die Frage nach auslösenden Reizen, die in den vergangenen Jahren die Ekelforschung maßgeblich bestimmt hat.

Weiterführende Literatur

Curtis, V., Aunger, R. & Rabie, T. (2004). Evidence that disgust evolved to protect from risk of disease. *Proceedings of the Royal Society of London Series B-Biological Sciences, 271*, S131–S133.

Marzillier, S. L. & Davey, G. C. L. (2005). Anxiety and disgust: Evidence for a unidirectional relationship. *Cognition & Emotion, 19*, 729–750.

Literatur

Davey, G. C. L. (1997). Self-reported fears to common indigenous animals in an adult UK population: the role of disgust sensitivity. *British Journal of Psychology, 85*, 541–554.

Fehr, B. & Russell, J. A. (1984). Concept of emotion viewed from a prototype perspective. *Journal of Experimental Psychology 113*, 464–486.

Fessler, D. M. T., Eng, S. J. & Navarrete, C. D. (2005). Elevated disgust sensitivity in the first trimester of pregnancy – Evidence supporting prophylaxis the compensatory hypothesis. *Evolution and Human Behavior, 26*, 344–351.

Fitzgerald, D. A., Posse, S., Moore, G. J., Tancer, M. E., Nathan, P. J. & Phan, K. L. (2004). Neural correlates of internally-generated disgust via autobiographical recall: a functional magnetic resonance imaging investigation. *Neuroscience Letters, 370,* 91–96.

Haidt, J., McCauley, C. & Rozin, P. (1994). Individual-differences in sensitivity to disgust – A scale sampling 7 domains of disgust elicitors. *Personality and Individual Differences, 16,* 701–713.

Hennig, J., Pössel, P. & Netter, P. (1996). Sensitivity to disgust as an indicator of neuroticism: A psychobiological approach. *Personality and Individual Differences, 20,* 589–596.

Izard, C. E. (1972). *Patterns of emotions: A new analysis of anxiety and depression.* London: Academic Press.

Kamboj, S. K. & Curran, H. V. (2006). Scopolamine induces impairments in the recognition of human facial expressions of anger and disgust. *Psychopharmacology, 185,* 529–535.

Martins, Y. & Pliner, P. (2006). „Ugh! That's disgusting!": Identification of the characteristics of foods underlying rejections based on disgust. *Appetite, 46,* 75–85.

Miller, W. I. (1997). *The Anatomy of Disgust.* Cambridge: Harvard University Press.

Phillips, M. L., Senior, C., Fahy, T. & David, A. S. (1998). Disgust – the forgotten emotion of psychiatry. *British Journal of Psychiatry, 172,* 373–375.

Russell, J. A. (1991). The contempt expression and the universality thesis. *Motivation and Emotion, 15,* 149–168.

Schienle, A., Stark, R., Walter, B., Blecker, C., Ott, U., Kirsch, P., Sammer, G. & Vaitl, D. (2002). The insula is not specifically involved in disgust processing: an fMRI-study. *NeuroReport, 13,* 2023–2026.

Sprengelmeyer, R., Schroeder, U., Young, A. W. & Epplen, J. T. (2006). Disgust in preclinical Huntington's disease: A longitudinal study. *Neuropsychologia, 44,* 518–533.

Sprengelmeyer, R., Young, A. W., Calder, A. J., Karnat, A., Lange, H., Homberg, V., Perrett, D. J. & Rowland, D. (1996). Loss of disgust – Perception of faces and emotions in Huntington's disease. *Brain, 119,* 1647–1665.

Suzuki, A., Hoshino, T., Shigemasu, K. & Kawamura, M. (2006). Disgust-specific impairment of facial expression recognition in Parkinson's disease. *Brain, 129,* 707–717.

Stolz, Scham, Peinlichkeit und Schuld
Pride, Shame, Embarrassment, and Guilt

Jeanette Roos

1 Einleitende Bemerkungen

Obgleich die Relevanz komplexer Emotionen wie Stolz, Scham, Peinlichkeit und Schuld für die individuelle wie interindividuelle Funktion und Regulation menschlichen Verhaltens unbestritten ist, werden diese selbstwertrelevanten Emotionen in der Forschungsliteratur noch immer vernachlässigt (Tangney & Fischer, 1995). Solche Emotionen treten im Zusammenhang mit der Bewertung des Tuns/Unterlassens von Personen aufgrund internalisierter Standards wie Konventionen (z. B. Tischsitten, Begrüßungsformen, Kleiderordnungen), moralischen Normen (u. a. Achtung der Interessen anderer) und gesetzlichen Regeln (u. a. Achtung der Rechte anderer), aber auch persönlicher Güte-Maßstäbe (Standards, die Personen für sich selbst aufstellen) auf. Auch Gedanken können eingeschlossen sein, sofern diese als „richtig/falsch", „gut/schlecht", oder „löblich/tadelnswert" eingeschätzt werden. Selbstwertbezogene Emotionen sind demzufolge eng mit kulturell geprägten normativen Bezugssystemen verknüpft und dienen der Aufrechterhaltung sozialer Systeme. Im Mittelpunkt dieser Emotionen steht das Selbsterleben von Individuen im Zusammenhang mit (Selbst)Bewertungen (soziale Rückmeldung, Selbstwahrnehmung und sozialer Vergleich). Die sinn- und situationsadäquate Selbst- wie auch Fremdzuschreibung dieser Emotionen setzt die Kenntnis der für sie charakteristischen begrifflichen Merkmale voraus. Mit diesen Bedeutungserläuterungen ist keine Festlegung darüber getroffen, welche konkreten Situationen für eine bestimmte Person in einem bestimmten sozialen oder historischen Kontext diese Merkmalsstruktur realisieren; dies ist eine empirische Frage. Bei vielen in der Literatur zu findenden Explikationsversuchen komplexer Emotionen, auch den selbstbezogenen, bleibt unklar, ob sie als Bedeutungserläuterungen oder als empirische Hypothesen aufzufassen sind. Nach dem hier zugrunde liegenden Verständnis (vgl. auch Roos & Brandtstädter, 1988) handelt es sich bei den Merkmalen der entsprechenden Emotionen nicht um kausale Ursachen oder empirische Korrelate von Stolz, Scham, Peinlichkeit oder Schuld, sondern vielmehr um Identitätskriterien, die zentralen Bedeutungselementen (Konstitutiven Merkmalen bzw. Bestimmungsstücken) der Emotionsbegriffe entsprechen. Ohne Bezugnahme auf diese Merkmale können diese Emotionen kaum hinlänglich charakterisiert und erfasst werden. Jede der Emotionen setzt ein spezifisches Muster von Kognitionen voraus. Der sozial-kognitive und sprachliche Entwicklungsstand einzelner Individuen beeinflusst, wie nuanciert und kompetent vorliegende Situationsmerkmale als

Bestimmungsstücke oder zentrale Bedeutungselemente verschiedener Emotionen wahrgenommen und erkannt werden können (vgl. Roos, 1987).

Die Beschreibung und Abgrenzung der vier in Frage stehenden Emotionen erfolgt aufgrund typischer, konstitutiver Merkmale. Dabei wird keine erschöpfende Auflistung beansprucht. Stolz und Scham werden in Anlehnung an Taylor (1985), der die beiden Emotionen als „Gegenpole" bezeichnete, gegenüberstellend betrachtet. Peinlichkeit und Schuld ähneln auf den ersten Blick der Scham, weisen aber dennoch Unterschiede auf und werden daher auch einer getrennten Betrachtung unterzogen.

2 Stolz und Scham

Die Emotion Stolz resultiert aus Situationen der Zufriedenheit mit vollbrachten Handlungen. Sie entspringt der (subjektiven) Gewissheit, etwas Besonderes, Anerkennenswertes oder Zukunftsträchtiges für sich oder andere geleistet oder zumindest daran mitgewirkt zu haben. Stolz gilt als die selbstreflektierte Reaktion auf einen Gewinn, eine vollbrachte Leistung, ein erreichtes Ziel, während Scham die Reaktion auf eine Niederlage, ein Scheitern oder das Offenkundigwerden von etwas ist, das man lieber nicht preisgibt. In Beschämungssituationen vorgenommene Attribuierungen sind meist global, negativ und internal (vgl. Kämmerer, 2004). Die psychologische Forschung hat sich den Emotionen Stolz und Scham vor allem im Rahmen der Leistungsmotivationsforschung gewidmet (etwa Atkinson, Weiner, Heckhausen; vgl. Schützwohl, 1991; → Leistung). Dort nehmen die beiden Emotionen als Bestimmungsstücke des Erfolgs- bzw. Misserfolgsmotivs und als positive/negative Anreize von Erfolg und Misserfolg eine zentrale Stellung ein. Die Vorwegnahme von Stolz stellt den Anreiz dar, eine (leistungsthematische) Handlung aufzunehmen; die Vorwegnahme von Scham wird als hemmender oder negativer Anreiz verstanden eine solche Handlung zu unterlassen. Stolz folgt nur dann als affektive Konsequenz eines positiven Ergebnisses von Handlungen, wenn man dieses auf internale unter Kontrolle stehende Ursachenfaktoren (→ Attributionstheorie und attributionale Theorien), wie etwa die eigene Anstrengung oder Fähigkeit im Kontext einer Handlung zurückführen kann. Stolz wie auch Scham können sich darüber hinaus auch auf eine andere Person oder Gruppe beziehen. Ein Gefühl des Stolzes auf andere, wie z. B. einen Freund, die Familie, Arbeitsgruppe oder Sportmannschaft stellt sich ein, wenn diese Menschen, denen man sich nah oder zugehörig fühlt, Erfolg haben. In der Regel basiert diese Form des Stolzes aber auf dem Gefühl, auch selbst etwas zu einem positiven Resultat beigetragen zu haben, und sei es durch das unterstützende, engagierte Anfeuern der bevorzugten Sportmannschaft. Das Sich-Schämen für nahe stehende Personen geht mit einer gewissen Verantwortung für diese einher und ist meist Ausdruck für das offenkundig werden von Verfehlungen und Verstößen dieser Menschen gegen soziale oder gesellschaftliche Tabus. Stellvertretende Scham kann auftreten, wenn man sich für eine andere Person schämt, die sich als Akteur/in in einer beschämenden Situation befindet, aber selbst keine Scham empfindet und/oder zeigt. Äußeres Kennzeichen für Schamreaktionen ist, die Augenniederschlagen, das Gesichtabwenden oder mit Händenbedecken, Erröten und in Anwesenheit anderer Blickkontakte zu vermeiden. Auch Stolz kann leichtes Erröten zur Folge haben, hervorzuheben sind außerdem eine aufrechte Haltung, ein gehobener Brustkorb, weit geöffnete glänzende Augen und Lächeln (vgl. Tab. 1).

Tabelle 1: Bestimmungsstücke von Stolz und Scham

Selbstwertrelevanz/ Selbstbezug	– Auftreten von Scham nach selbstbilddiskrepanter, Wertvorstellungen/Standards einer Person entgegenstehender Handlungen. – Nach Unterlassungen kann Stolz oder Scham folgen (z. B. kann es eine Person stolz machen, nicht mehr zu rauchen oder sie kann sich schämen, wenn sie einen hilfsbedürftigen Menschen nicht unterstützt hat). – Betroffenen gehen davon aus, unzulänglich/inkompetent zu sein oder versagt zu haben. – Diskrepanz zwischen realem und idealem Selbst führt zu Infragestellung wesentlicher, für die betroffene Person zentraler Aspekte des Selbstkonzeptes.
Negative/positive Folgen für die Person selbst	– Auftreten von Stolz wie Scham hat Folgen für Selbst/Selbstkonzept oder gar Identität. – Scham: Negative Folgen, die zu Selbstabwertung, nicht selten zu Schwächung der Selbstachtung führen. – Stolz: Positive Folgen, verbunden mit Selbstaufwertung und vermehrter Selbstachtung.
Verantwortung/ Intentionalität	– Intentionalität des Verhaltens ist für Scham- wie Stolzsituationen notwendiges Kennzeichen. – Verhaltensweisen, die Stolz oder Scham produzieren, werden in der Regel freiwillig und beabsichtigt vollzogen. – Verantwortlichkeit setzt die Freiheit der Wahl zwischen Alternativen voraus; sie ist nicht gegeben, wenn Verhalten z. B. durch äußere Umstände, Unfähigkeit oder psychischen Zwang verursacht wurde.

Die wahrgenommene oder antizipierte Bewertung durch andere (Fremdbewertung) ist für Stolz und Scham weniger ausschlaggebend; wenngleich Publikum oder Öffentlichkeit beide verstärken kann. Scham und Stolz resultiert – ähnlich wie auch Schuld – aus einer negativ bzw. positiv ausfallenden Selbstbewertung. Sie stellen sich auch dann ein, wenn andere gar nichts vom zu missbilligenden persönlichen Versagen, einer löblichen Tat, von der Verletzung oder Einhaltung internalisierter, für die Person wichtiger Standards, Werte oder Ziele wissen (vgl. auch Lewis, 1993; Ortony, Clore & Collins, 1988).

3 Peinlichkeit

Individuen tendieren dazu, sich in öffentlichen Situationen vorteilhaft darzustellen, ihr Erscheinungs- bzw. Selbstbild (auch öffentliches Selbst) zu kontrollieren und den Verlust von sozialer Anerkennung zu vermeiden. Wenn eine Person durch die Verletzung bzw. Nichterfüllung, Überschreitung sozialer Erwartungen/Regeln, einen Faux pas oder ein Missgeschick, Unstimmigkeiten mit dem von sich selbst entworfenen oder gewünschten Erscheinungsbild in der Öffentlichkeit wahrnimmt, kann das Bewusstwerden dieser Diskrepanz zu einer gesteigerten Selbstaufmerksamkeit und schließlich zu Peinlichkeit führen (vgl. Tab. 2). Die Emotion Peinlichkeit hat als eine von (internalisierten) sozialen Verhaltenerwartungen abhängige Emotion bisher vor allen Dingen in der sozialpsychologischen sowie soziologischen und im vergangenen Jahrzehnt vereinzelt auch in der entwicklungspsychologischen Forschung Beachtung gefunden.

Tabelle 2: Bestimmungsstücke peinlicher Situationen

Selbstwertrelevanz/ Selbstbezug	– Wie Stolz und Scham weist Peinlichkeit einen Selbstbezug auf. – In Peinlichkeitssituationen kommt es zu kurzfristigen Diskrepanzen zwischen intendierter und faktischer Selbstdarstellung. – Auftreten von Peinlichkeit hat keine weitreichenden Auswirkungen für das Selbst/Selbstkonzept. – Lediglich situationsbezogene, vorübergehende Selbstdarstellungsprobleme, die häufig nur in subjektiver Wahrnehmung Betroffener existieren und nicht mit Selbstabwertung einhergehen. – Bei Zuschreibung von Peinlichkeit lediglich Infragestellung periphere Elemente des Selbstkonzeptes. – Bei Scham sind substanzielle Bereiche tangiert.
Öffentlichkeit	– Selbstdarstellungsprobleme setzen sozialen Kontext/soziale Bühne voraus. – Peinliche Situationen implizieren zumindest vorgestellte Öffentlichkeit (z. B. werden Vorkommnisse wie Stolpern, Verlieren des Inhaltes einer Einkaufstüte, in der Nase bohren oder Herumlaufen mit verschmutzter/unordentlicher Kleidung von Betroffenen nur dann als peinlich betrachtet, wenn sie nicht privat, sondern öffentlich stattfinden). – Gezeigtes Verhalten ist unachtsam, verletzt Konventionen, offenbart schlechte Manieren oder verstößt gegen gängige gesellschaftliche Umgangsformen. – Derartige Ereignisse sind blamabel nur vor Publikum, dem bestimmte Erwartungen, Kenntnisse oder Werthaltungen unterstellt werden, die in einer perzipierten – häufig aber nur in durch Betroffene antizipierten – Fremdbewertung münden.

Peinlichkeitssituationen lassen sich nicht wie Stolz-, Scham- oder Schuldsituationen durch die Intentionalität des in der Situation gezeigten Verhaltens charakterisieren, sondern sind vielmehr als Widerfahrnisse zu beschreiben. Bestimmte Elemente einer peinlichen Situation werden von den Betroffenen nicht kontrolliert oder sind nicht beabsichtigt. Nichtintentionale Ereignisse, wie etwa mehr oder weniger einmalige Fehlhandlungen, Vernachlässigungen von Standards, Unterbrechungen sozialer Routinen, Versehen, „Ausrutscher", „Patzer" usw. können als Musterbeispiele peinlicher Situationen gelten. Aber auch intentionales Verhalten, das erst in Verbindung mit unbeabsichtigten oder unvorhergesehenen Umständen ein peinliches Ereignis hervorbringt, ist als Auslöser denkbar, etwa wenn man jemandem (intendiert) auf einem Empfang zuprostet und bei dieser Gelegenheit (versehentlich) den Inhalt des Glases verschüttet.

Auch Peinlichkeit kann stellvertretend für eine andere Person oder Gruppe erlebt werden. Dabei spielt, ähnlich wie bei Scham und Stolz, die erlebte oder tatsächliche Nähe, Bindung oder Identifikation mit dieser Person bzw. Gruppe eine Rolle. Typische Reaktionen oder Handlungstendenzen während und nach peinlichen Ereignissen sind das Bedürfnis aus dem Felde zu gehen („in den Erdboden versinken", „sich in Luft auflösen"), Versuche der Ablenkung (z. B. durch ein neues Gesprächsthema) und der Neutralisierung (Belächeln der eigenen Person und/oder Situation), Entschuldigungen sowie Rechtfertigungen für die partiell missglückte Selbstdarstellung (vgl. hierzu auch Parrot & Smith, 1991). Äußeres Zeichen der Peinlichkeit ist der physiologische Mechanismus des Errötens. Beide gehen nicht zwingend miteinander einher. „Rotwerden" kann auch eine Folge anderer Emotionen (z. B. Scham, Stolz, Freude) sein (vgl. auch Miller, 1995).

4 Schuld

Schuldgefühle treten nach Abweichungen wie Übertretungen von moralischen Normen mit negativen Folgen für andere auf. Während beim Erleben von Scham die negative Bewertung auf der gesamten Person lastet und das Selbst Quelle und Ziel der Beschämung ist („*I* did that horrible thing"), liegt bei Schuld der Fokus der Bewertung auf der Handlung/Unterlassung. Das (falsche) Tun ist Quelle und Ziel der Beschuldigung („I *did* that horrible thing"; vgl. Lewis, 1971 zit. nach Tangney & Dearing, 2002, S. 25).

Reaktionen auf schuldhaftes Verhalten sind verschieden. Bei Opfern und Beobachtern vorwerfbarer Handlungen ist mit den Emotionen Zorn und Empörung zu

Tabelle 3: Drei Bestimmungsstücke von Schuld

Selbstwertrelevanz/ Selbstbezug	– Bei Schuldgefühlen befinden sich Handlungsergebnisse im Widerspruch mit internen moralischen Sollwerten. – Impliziert ist Selbstbewertung handelnder Personen. – Bedeutsam ist Gewissheit/Überzeugung, dass man hätte anders handeln „müssen". – Schuldgefühle sind quälende Empfindungen, die Selbstwertgefühl herabsetzen/destabilisieren, wobei nicht (wie bei Scham), substantielle oder zentrale Bereiche des Selbstkonzeptes berührt sein müssen.
Verantwortung/ Intentionalität	– Verantwortlichkeit ist notwendige, aber nicht hinreichende Voraussetzung für Schuld; nach Montada (1993) sind „verantwortliche Abweichungen" von einer moralischen Norm, durch gute Gründe gerechtfertig (z. B. wenn ein noch größeres Unrecht zu vermeiden ist).
Negative Folgen für andere Personen	– Erleben von Schule setzt einerseits Anerkennung negative Handlungsfolgen für andere voraus, andererseits Bedauern und Mitgefühl. – Schädigung anderer durch Handlungen/Unterlassungen ist wichtiges Kriterium zur Unterscheidung von Scham- und Schuldgefühlen. Anders als bei Scham ist für Schuld relevant, ob es Opfer der beabsichtigten und vorwerfbaren Handlung gibt und wer Opfer sind. Alltagsbeobachtungen zeigen, dass Schuldgefühle stärker sind, wenn das Opfer dem Handelnden nahe steht, leidet oder gar verletzt ist.

rechnen. Glaubwürdige Ausreden aus der Verantwortlichkeit, Entschuldigungen und akzeptable Rechtfertigungsgründe können Empörung und Zorn dämpfen (vgl. auch Montada, 1993). Ausreden und Rechtfertigungen können nach Montada (2002) vielfältig ausfallen: Bestreiten der Absicht, der Vorhersehbarkeit oder der Verursachung (was wie eine Handlung aussah, war die Folge von Ermüdung, Drogenkonsum, Unfähigkeit und dergleichen), der Verweis auf berechtigte eigene Interessen oder die Verantwortlichkeit Dritter (Autoritäten) sowie die Priorität übergeordneter Ziele und Werte (etwa konfligierende Interessen, politische, moralische oder religiöse Werte). Die Verletzung einer moralischen Norm kann gerechtfertigt sein, wenn damit die Verhinderung größeren Unrechtes möglich wird. Eine verwerfliche Handlung kann aber auch als Wiederherstellung der Gerechtigkeit durch Vergeltung, Strafe oder Sühne beschrieben werden.

Tabelle 4 fasst wesentliche Strukturmerkmale der vier Emotionen zusammen.

Tabelle 4: Strukturelle Merkmale der selbstbezogenen Emotionen im Überblick

	Selbstwertrelevanz bzw. Selbstbezug	Negative/positive Folgen für Person selbst/andere	Verantwortung/ Intentionalität	Öffentlichkeit
Stolz	*notwendig* (Selbstbewertung – Selbstachtung/Selbstaufwertung)	*notwendig* (*positiv* für P. selbst/andere)	*notwendig*	nicht notwendig, aber verstärkend
Scham	*notwendig* (Selbstbewertung – Selbstverachtung/Selbstabwertung)	Notwendig (*negativ* für P. selbst)	*notwendig*	nicht notwendig, aber verstärkend
Peinlichkeit	*notwendig* (Fremdbewertung misslungene Selbstdarstellung)	nicht notwendig (nur *vermeintlich* negativ für P. selbst)	nicht notwendig	*notwendig* (zumindest vorgestellt)
Schuld	*notwendig* (Selbstbewertung – Selbstkritik)	*notwendig* (*negativ* für andere)	*notwendig*	nicht notwendig, aber verstärkend

Weiterführende Literatur

Tangney, J. P. & Fischer, K. W. (Eds.). (1995). *Self-conscious emotions. The psychology of shame, guilt, embarrassment and pride*. New York: Guilford.

Literatur

Kämmerer, A. (2004). *Schamgefühle. Entwicklung, Überprüfung und Normierung eines Messinstruments zur diagnostischen Erfassung von Schamgefühlen und dessen Anwendung bei psychischen Störungen*. Universität Heidelberg: Habilitationsschrift, Fakultät für Empirische Kultur- und Verhaltenswissenschaften.

Lewis, M. (1993). *Scham. Annäherung an ein Tabu*. Hamburg: Ernst Kabel Verlag. (Original 1992: Shame – the exposed self. New York: The Free Press, a devision of Macmillan, Inc.).

Miller, R. S. (1995). On the nature of embarrassability: Shyness, social evaluation, and social skill. *Journal of Personality, 63,* 315–339.

Miller, R. S. (1996). *Embarrassment. Poise and peril in everyday life*. New York: Guilford.
Montada, L. (2002). Moralische Entwicklung und moralische Sozialisation. In R. Oerter & L. Montada (Hrsg.), *Entwicklungspsychologie* (S. 619–647). Weinheim: Beltz/PVU.
Montada, L. (1993). *Moralische Gefühle*. In W. Edelstein, G. Nunner-Winkler & G. Noam (Hrsg.), *Moral und Person* (S. 259–277). Frankfurt: Suhrkamp.
Ortony, A., Clore, G. L. & Collins, A. (1988). *The cognitive structure of emotions*. Cambridge: Cambridge University Press.
Parrot, W. G. & Smith, S. F. (1991). Embarrassment: actual vs. typical cases, classical vs. prototypical representations. *Cognition and Emotion, 5*, 467–488.
Roos, J. (1987). *Die Entwicklung der Zuschreibung komplexer Emotionen am Beispiel der Emotion Peinlichkeit*. Frankfurt: Lang.
Roos, J. & Brandtstädter, J. (1988). Strukturelle und ontogenetische Bedingungen der Zuschreibung von Peinlichkeitsgefühlen. *Sprache & Kognition, 2*, 84–98.
Schützwohl, A. (1991). Determinanten von Stolz und Scham: Handlungsergebnis, Erfolgserwartung und Attribution. *Zeitschrift für experimentelle und angewandte Psychologie, 1*, 76–93.
Tangney, J. P. & Dearing, R. L. (2002). *Shame and guilt*. New York: Guilford Press.
Taylor, G. (1985). *Pride, shame, and guilt. Emotions of self-assessment*. Oxford: Clarendon.

X Allgemeinpsychologische, differenzielle und soziale Aspekte von Emotionen

Gedächtnis und Emotion
Memory and Emotion

Karl Christoph Klauer & Ulrich von Hecker

Das menschliche Gedächtnis wird im Paradigma der Informationsverarbeitung als ein System für das Speichern, Verarbeiten und Wiederauffinden von Informationen verstanden. Dieser Ansatz legt nahe, dass das Gedächtnis von möglichen Verzerrungen durch Emotionen und Stimmungen frei sei. Andererseits lehrt aber die alltägliche Erfahrung, dass die Erinnerung an Ereignisse, die mit starken Emotionen verbunden waren, besonders lebhaft und stabil sein kann. Wie gut oder wie schlecht ist also das Gedächtnis für emotionsbeladene Geschehnisse?

1 Gedächtnis für emotionale Ereignisse

Die Arbeiten zum Gedächtnis für emotionsbeladene Episoden bedienen sich verschiedener Methoden. Studien zu tatsächlich erlebten Ereignissen ergeben Hinweise darauf, dass negative oder traumatische Ereignisse recht gut erinnert werden, wobei die Güte der Erinnerung oft aus der Konsistenz der Erinnerungsberichte zu zwei weit auseinander liegenden Zeitpunkten indirekt erschlossen werden muss, da die tatsächlichen Geschehnisse meistens nicht bekannt sind (Williams, Watts, McLeod & Mathews, 1997). Ähnliches gilt für die Forschung zu so genannten flashbulb memories oder Blitzlicht-Erinnerungen (Winograd & Neisser, 1992). Dabei geht es um die Erinnerung an schockierende, in den Medien weit verbreitete und allgemeine Aufmerksamkeit findende Ereignisse wie zum Beispiel die Ermordung hochrangiger Politiker. Nicht nur erweist sich die Erinnerung an das kritische Ereignis selber als gut erhalten, sondern es werden auch viele spezifische Umstände berichtet, zum Beispiel, wer die Nachricht überbrachte, was der Erinnernde in dem Moment gerade tat, welche Kleidung sie oder er trug und so weiter. Obwohl diese Erinnerungen also lebhafter als die Erinnerung an weniger emotionale, gleich lang zurückliegende Ereignisse zu sein scheinen, gibt es andererseits Hinweise dafür, dass die berichteten Details nicht notwendigerweise akkurat sind (Christianson & Safer, 1996). Ein Problem dieser Studien ist, dass es in vielen Fällen unmöglich ist, objektiv zu beschreiben, wie die Situation tatsächlich beschaffen war und wie sich die fragliche Person und andere Personen darin verhielten.

Eine wichtige Rolle scheint dabei die thematische Zentralität des Materials für die zu behaltende Episode zu spielen. Studien verschiedener Forscher deuten darauf hin, dass zentrale Aspekte emotionaler Episoden kurz- und langfristig besser behalten werden als vergleichbare zentrale Aspekte neutraler Episoden. Neutrale Episoden sind emotionalen Episoden hingegen hinsichtlich der Behaltensgüte für periphere Aspekte überlegen (Christianson & Safer, 1996). Es gibt also kein generell besseres oder schlechteres Gedächtnis für emotionale als für vergleichsweise emotionslos erlebte Episoden, sondern die Art des zu behaltenden Materials spielt eine entscheidende Rolle. Möglicherweise spiegelt das geschilderte Befundmuster auch eine Fokussierung der Aufmerksamkeit auf zentrale Aspekte wider, die von starken Emotionen oder der damit einhergehenden physiologischen Aktivierung bedingt wird (vgl. Easterbrook, 1959). Die neuere hirnphysiologische Forschung zeigt hierzu auch Mechanismen auf, nach denen speziell bei der Einspeicherung und Konsolidierung erregungsfördernder Information im Gedächtnis die sogenannte Amygdala (Mandelkern) eine zentrale Rolle spielt. Diese Befunde beruhen teils auf Tierexperimenten (McGaugh, 2004), teils auf Humanstudien, die funktionale magnetische Resonanzinduktion (fMRI) verwenden, sowie auf Studien an Läsionspatienten (Buchanan & Adolphs, 2004) (→ Bildgebende Verfahren). Sie verweisen auf adaptive Mechanismen im Gehirn, die selektiv auf emotionale Inhalte ansprechen (→ Neuropsychologie, → Neurochemie).

Wie aber steht es mit dem Gedächtnis für Emotionen selber? Christianson und Safer (1996) fassen in ihrer Überblicksarbeit die Befunde so zusammen, dass Personen die Intensität und Häufigkeit ihrer früheren Emotionen meist nicht richtig einschätzen können. Häufigkeitsschätzungen neigen allerdings zwar absolut gesehen dazu, das tatsächliche Auftreten von Emotionen zu unterschätzen, sind aber relativ genau hinsichtlich der Größenverhältnisse zwischen den Personen sowie zwischen verschiedenen Emotionen (Thomas & Diener, 1990). Auch hinsichtlich der Intensität muss das harte Fazit von Christanson und Safer etwas eingeschränkt werden. Eine Studie von Levine (1997) zeigt auch, dass die Erinnerung systematisch in Richtung der gegenwärtigen Bewertung des Ereignisses verzerrt wird, so dass Emotionen möglicherweise zum Zeitpunkt des Erinnerns rekonstruiert werden.

Es könnte aber ein affektives Gedächtnis geben, das dem Bewusstsein nicht ohne weiteres zugänglich ist. So könnte man zum Beispiel Befunde zum so genannten Effekt bloßer Darbietung (z. B. Moreland & Zajonc, 1979) deuten, bei dem die bloße wiederholte Darbietung eines bestimmten visuellen Musters oder einer Melodie die Sympathie dafür erhöht, selbst wenn keine Erinnerung an die Darbietungsepisoden vorhanden ist. Ähnliches kann für das so genannte evaluative Konditionieren gezeigt werden, bei dem klassisches Konditionieren von positiven oder negativen Einstellungen auf vorher neutrale Stimuli selbst dann gelingt, wenn die unkonditionierten positiven oder negativen Stimuli nicht bewusst bemerkt werden (Klauer, 1998). Klinische Beobachtungen berichten von Patienten, die trotz ausgeprägter Amnesie Abneigungen gegen Personen entwickelten, die für den Patienten mit negativen Emotionen assoziiert waren.

2 Stimmung und Gedächtnis: Kongruenzeffekte

Die Ergebnisse zum Gedächtnis für emotionale Ereignisse legen nahe, dass es beim Enkodieren Vorteile für emotionsbezogenes Material gibt (vgl. assoziative Netzwerkmodelle des Gedächtnisses, Bower, 1981). Diese Vermutung wird auch durch Forschungen zu der verwandten Frage gestützt, ob die Stimmung beim Enkodieren das Einprägen stimmungskongruenten Materials fördert, ob also zum Beispiel in froher Stimmung positiv getönte Wörter besser gelernt werden als neutrale oder negative. Stimmungen können im Labor mit verschiedenen Methoden induziert werden, zum Beispiel durch Hypnose, mit Hilfe autosuggestiver Verfahren wie der so genannten Velten-Technik oder durch die zumeist fiktive Rückmeldung von Erfolg oder Misserfolg; einen Überblick und meta-analytischen Vergleich geben Westermann, Spies, Stahl und Hesse (1996). Problematisch ist dabei, dass diese Methoden nicht nur die Stimmung affizieren, sondern darüber hinaus spezifische andere Wirkungen haben. Zum Beispiel wurde argumentiert, dass sie sich unterschiedlich auf die physiologische Aktivierung der Personen auswirken; diese selber ist aber eine Variable, die das Gedächtnis stark beeinflusst (Revelle & Loftus, 1992). Tatsächlich gilt der oben skizzierte Stimmungskongruenzeffekt beim Enkodieren als gesichert (Singer & Salovey, 1988). Stabile Kongruenzeffekte finden sich bei Personen mit induzierter depressiver Stimmung und mit natürlicher Depression, während sich für induzierte positive Stimmung ein weniger klares Befundmuster einstellt (siehe die Meta-Analyse von Matt, Vázquez & Campbell, 1992). Nur wenn das Material einen Selbstbezug aufwies, zeigte sich auch im Bereich positiver Stimmung Kongruenz. Mayer, McCormick und Strong (1995) haben zuverlässige Stimmungskongruenzeffekte auf der Grundlage nicht induzierter, natürlich auftretender Stimmungsschwankungen gefunden. Ein weiterer Fragenkomplex betrifft die Annahme, dass Stimmungen als Hinweisreize beim Abruf hilfreich sind, wenn sie beim Einprägen vorhanden waren und mit dem zu lernenden Material enkodiert wurden (Baddeley, 1997). So stellt Kenealy (1997) im Überblick Studien dar, die die These erhärten, dass eine Übereinstimmung der Stimmungen beim Enkodieren und beim Abruf dem Erinnern durchaus auch neutralen Materials förderlich ist.

3 Emotionsbedingte Gedächtnisdefizite

Negative Stimmungen, depressive Verstimmung und klinische Depression gehen mit Beeinträchtigungen des Erinnerungsvermögens und des komplexen Denkens einher. Dabei scheinen solche Prozesse betroffen zu sein, die mentale Anstrengung oder den spontanen Einsatz von Strategien erfordern, für die also mentale Ressourcen verfügbar sein und zugeordnet werden müssen (Clore, Schwarz & Conway, 1994; Hartlage, Alloy, Vázquez & Dykman, 1993; Hertel & Rude, 1991; von Hecker

& Sedek, 1999; siehe auch Bless, 1997, und Spies, 1995, für andere Beurteilungen des Einflusses negativer Stimmungen). Solche Strategien betreffen das elaborative Enkodieren zu lernenden Materials, seine Organisierung und späteren Abruf. Automatische Prozesse, die lediglich ein Minimum der verfügbaren Ressourcen belegen, erweisen sich oft als unbeeinflusst von negativen Emotionen, während es in dem Maße zu kognitiven Defiziten kommt, in dem Ressourcen eingesetzt werden müssten, um die gefragte Leistung zu erbringen.

Gut in dieses Muster passen auch einige Studien zum so genannten impliziten Gedächtnis, womit im Gegensatz zum „expliziten Gedächtnis" der Einfluss früherer Erfahrungen auf späteres Verhalten in Situationen bezeichnet wird, in denen absichtliches Erinnern nicht verlangt wird. Das implizite Gedächtnis wird mit indirekten Aufgaben geprüft, zum Beispiel durch die Aufgabe, Wortfragmente zu einem Ausgangswort zu ergänzen oder sehr kurz dargebotene Wörter zu identifizieren. Sind die fraglichen Wörter in einer ersten Phase des Experiments schon einmal dargeboten worden, so gelingt die Lösung der Aufgaben schneller und mit größerer Wahrscheinlichkeit. Möglicherweise spiegelt die Unterscheidung expliziter und impliziter Aufgaben den Unterschied von bewusster und automatischer Nutzung des Gedächtnisses wider. Tatsächlich ergeben sich in den meisten Fällen keine stimmungsbedingten Einbußen, wenn implizite Gedächtnisprüfungen benützt werden (Roediger & McDermott, 1992).

Wie werden die stimmungsbedingten Einbußen erklärt? Die meisten Ansätze bedienen sich des Begriffs der kognitiven Kapazität und nehmen an, dass die für die Bearbeitung der Aufgabe zur Verfügung gestellte Kapazität bei negativer und möglicherweise ebenso bei positiver Stimmung eingeschränkt sei (Ellis & Ashbrook, 1988). Das erklärt, warum die stimmungsbedingten Einbußen um so ausgeprägter erscheinen, je anstrengender die Enkodierung oder der Abruf des Materials gestaltet wird. Tatsächlich gibt es Hinweise dafür, dass in depressiver Stimmung Kapazität durch aufgabenirrelevante, selbstbezogene Gedanken und Grübeleien gebunden wird und dann für die Bearbeitung der Aufgabe nicht zur Verfügung steht (Seibert & Ellis, 1991). Paula Hertel ist dagegen der Meinung, dass die Kapazität nicht zwangsläufig von der Aufgabe abgezogen wird, sondern dass es sich eher um ein motivationales Defizit handelt. Traurige und depressive Menschen ergriffen demzufolge weniger oft die Initiative zu aufwendigem Verarbeiten des Materials. In vielen Fällen gelang es ihr und ihren Mitarbeitern, stimmungs- und depressionsbedingte Defizite im Gedächtnis durch gezielte Anleitung der Personen zum Einsatz anstrengender Strategien, wie sie in neutraler Stimmung oder von nicht Depressiven möglicherweise spontan verwendet werden, zu eliminieren (Hertel & Rude, 1991). Allerdings werden in der jüngsten Forschung Gedächtnisdefizite oft im Kontext von allgemeineren kognitiven Stilen und Funktionsweisen gesehen (→ Emotionsregulation). Depressive Stimmung ist dabei mit ruminativen Tendenzen verbunden, also dem zyklischen Wiederaufrufen negativer autobiografischer Information (Hertel, 2004), als auch mit der Tendenz, die Aufmerksamkeit im Bereich wahrnehmbarer Stimuli breiter zu streuen (von Hecker & Meiser, 2005).

Verschiedene Studien haben sich auch mit ängstlichen Emotionen befasst. Eine interessante Erklärung der etwas uneinheitlichen Befundlage in diesem Bereich haben Eysenck und Calvo (1992) vorgeschlagen. Wie bei den Ansätzen für traurige Stimmung wird angenommen, dass aufgabenirrelevante Prozesse Kapazität von der Aufgabenbearbeitung abziehen. Darüber hinaus vermuten Eysenck und Calvo aber, dass bei Ängstlichen die Anstrengungsbereitschaft nicht verringert, sondern erhöht sei. Dadurch gelinge es den Ängstlichen in vielen Fällen, die Effekte der verringerten Kapazität zu kompensieren. Nur wenn die Anforderungen diese Kompensationsmöglichkeit übersteigen und die Kapazität ausgeschöpft ist, kommt es auch bei Ängstlichen zu Einbußen (→ Angst und Furcht).

4 Fazit

In diesem Kapitel wurden solche Befunde aus dem Bereich „Emotionen und Gedächtnis" vorgestellt, die als relativ stabil und bewährt gelten dürfen. Dazu zählen die Befunde,
- dass starke Emotionen die Erinnerung zumindest an zentrale Aspekte der emotionsauslösenden Episode eher erhöhen als erniedrigen,
- dass sich affektiv polarisiertes Material beim Enkodieren in kongruenter Stimmung besser einprägt als wenn Stimmung und affektive Tönung des Materials auseinandergehen,
- dass es zumindest bei negativem Material und negativer Stimmung entsprechende Kongruenzeffekte auch beim Abruf gibt,
- dass es bei negativer Stimmung zu allgemeinen Gedächtnisdefiziten kommt, die umso ausgeprägter sind, je mehr Anstrengung und Einsatz beim Lernen oder Abrufen dem Erinnern förderlich sind.

Weiterführende Literatur

Buchanan, T. W. & Adolphs, R. (2004). The neuroanatomy of emotional memory in humans. In D. Reisberg & P. Hertel (Eds.), *Memory and emotion* (pp. 42–75). New York: Oxford University Press.

Hertel, P. T. (2004). Memory for emotional and nonemotional events in depression: A question of habit? In D. Reisberg & P. Hertel (Eds.), *Memory and emotion* (pp. 186–216). New York: Oxford University Press.

Literatur

Baddeley, A. D. (1997). *Human memory. Theory and practice* (2nd ed.). Hove, UK: Psychology Press.
Bless, H. (1997). *Stimmung und Denken. Ein Modell zum Einfluss von Stimmungen auf Denkprozesse.* Bern: Huber.
Bower, G. H. (1981). Mood and memory. *American Psychologist, 36,* 129–148.
Christianson, S.-Å. & Safer, M. A. (1996). Emotional events and emotions in autobiographical memories. In D. C. Rubin (Ed.), *Remembering our past: Studies in autobiographical memory* (pp. 218–243). Cambridge: Cambridge University Press.
Clore, G. L., Schwarz, N. & Conway, M. (1994). Affective causes and consequences of social information processing. In R. S. Wyer Jr. & T. K. Srull (Eds.), *Handbook of social cognition* (pp. 323–417). Hillsdale, NJ: Erlbaum.
Easterbrook, J. A. (1959). The effect of emotion on cue utilization and the organization of behavior. *Psychological Review, 66,* 183–201.
Ellis, H. C. & Ashbrook, P. W. (1988). Resource allocation model of the effects of depressed mood states on memory. In K. Fiedler & P. Forgas (Eds.), *Affect, cognition, and social behavior* (pp. 25–43). Göttingen: Hogrefe & Huber Publishers.
Eysenck, M. W. & Calvo, M. G. (1992). Anxiety and performance: The processing efficiency theory. *Cognition and Emotion, 6,* 409–434.
Hartlage, S., Alloy, L. B., Vázquez, C. & Dykman, B. (1993). Automatic and effortful processing in depression. *Psychological Bulletin, 114,* 247–278.
von Hecker, U. & Meiser, T. (2005). Defocused attention in depressed mood: Evidence from source monitoring. *Emotion, 5,* 456–463.
von Hecker, U. & Sedek, G. (1999). Uncontrollability, depression, and the construction of mental models. *Journal of Personality and Social Psychology, 77, 4,* 833–850.
Hertel, P. & Rude, S. S. (1991). Depressive deficits in memory: Focusing attention improves subsequent recall. *Journal of Experimental Psychology: General, 120,* 301–309.
Kenealy, P. M. (1997). Mood-state-dependent retrieval: The effects of induced mood on memory reconsidered. *Quarterly Journal of Experimental Psychology, 50A,* 290–317.
Klauer, K. C. (1998). Affective priming. *European Review of Social Psychology, 8,* 67–103.
Levine, L. J. (1997). Reconstructing memory for emotions. *Journal of Experimental Psychology: General, 126,* 165–177.
Matt, G. E., Vázquez, C. & Campbell, W. K. (1992). Mood-congruent recall of affectively toned stimuli: A meta-analytic review. *Clinical Psychology Review, 12,* 227–255.
Mayer, J. D., McCormick, L. J. & Strong, S. E. (1995). Mood congruent memory and natural mood: New evidence. *Personality and Social Psychology Bulletin, 21,* 736–746.
McGaugh, J. L. (2004). The amygdala modulates the consolidation of memories of emotionally arousing experiences. *Annual Review of Neuroscience, 27,* 1–28.
Moreland, R. L. & Zajonc, R. B. (1979). Exposure effects may not depend on stimulus recognition. *Journal of Personality and Social Psychology, 37,* 1085–1089.
Revelle, W. & Loftus, D. A. (1992). The implications of arousal effects for the study of affect and memory. In S.-Å. Christianson (Ed.), *The handbook of emotion and memory: Research and theory* (pp. 113–149). Hillsdale, NJ: Erlbaum.

Roediger, H. L. & McDermott, K. B. (1992). Depression and implicit memory: A commentary. *Journal of Abnormal Psychology, 101,* 587–591.

Seibert, P. S. & Ellis, H. C. (1991). Irrelevant thoughts, emotional mood states, and cognitive task performance. *Memory and Cognition, 19,* 507–513.

Singer, J. A. & Salovey, P. (1988). Mood and memory: Evaluating the network theory of affect. *Clinical Psychology Review, 8,* 211–251.

Spies, K. (1995). *Negative Stimmung und kognitive Verarbeitungskapazität.* Münster, Germany: Waxmann.

Thomas, D. L. & Diener, E. (1990). Memory accuracy in the recall of emotions. *Journal of Personality and Social Psychology, 59,* 291–297.

Westermann, R., Spies, K., Stahl, G. & Hesse, F. W. (1996). Relative effectiveness and validity of mood induction procedures: A meta-analysis. *European Journal of Social Psychology, 26,* 557–580.

Williams, J. M. G., Watts, F. N., MacLeod, C. & Mathews, A. (1997). *Cognitive psychology and emotional disorders* (2nd ed.). Chichester, UK: Wiley.

Winograd, E. & Neisser, U. (1992). *Affect and accuracy in recall: Studies of „flashbulb" memories.* New York: Cambridge University Press.

Motivation
Motivation

Falko Rheinberg

1 Definition

Für den alltagspsychologischen Motivationsbegriff ist charakteristisch, dass Motivation als eine in sich homogene, quasi naturalistisch gegebene Antriebsgröße erscheint, von der man mal mehr und mal weniger hat. Man fühlt sich mal stärker und mal schwächer „motiviert". Die genauere Betrachtung der mit Motivation bezeichneten Phänomene zeigt jedoch sehr schnell, dass sich diese Phänomene aus dem Zusammenwirken recht unterschiedlicher Prozesse ergeben. Beteiligt sind *kognitive Prozesse* (z. B. Bildung von Erwartungen, Entwurf von Handlungsplänen), *affektive Erlebnistönungen* des momentanen Zustands (z. B. Hoffnung vs. Furcht), *physiologische Prozesse* (z. B. Ausschüttung von Neurohormonen) und *basale Handlungstendenzen* (z. B. hin oder weg von einem Objekt/Ereignis). Je nachdem, welche dieser beteiligten Prozesse stärker beachtet werden, ob z. B. die kognitiven oder die neurohormonellen, fällt die Begriffsbestimmung von Motivation etwas anders aus.

Bei aller Unterschiedlichkeit findet sich jedoch ein gemeinsamer Kern, der sich über die folgende Definition charakterisieren lässt (vgl. Rheinberg, 2008).

> **Definition: Motivation**
> Der Begriff Motivation bezieht sich auf die aktivierende Ausrichtung des momentanen Lebensvollzugs auf einen positiv bewerteten Zielzustand.

Wichtig ist, dass es „die Motivation" als in sich homogene Einheit nicht gibt, sondern nur das jeweilige Zusammenspiel kognitiver, affektiver, neurohormoneller, behavioraler Prozesse, die die aktivierende Zielausrichtung bewirken. So gesehen ist der Motivationsbegriff eine Abstraktion, ein *hypothetisches Konstrukt*. Dieses Konstrukt hat allerdings die Besonderheit, in der alltäglichen Selbst- und Fremdwahrnehmung hoch plausibel zu sein. Es erklärt uns die Ausrichtung, die Energetisierung und die Ausdauer unseres Verhaltens.

2 Das Grundmodell der Motivationspsychologie

Motivation wird als variable Größe verstanden. Sie kann in ihrer Stärke, ihrer Qualität und Art des angestrebten Ziels variieren. In der „klassischen" Motivationspsychologie wird die aktuelle Motivation rekonstruiert über das Zusammenwirken von Personmerkmalen (*Motiven*, vgl. Kasten) und situativ gegebenen Anreizen. Abbildung 1 zeigt eine Möglichkeit, diesen Sachverhalt grafisch zu verdeutlichen.

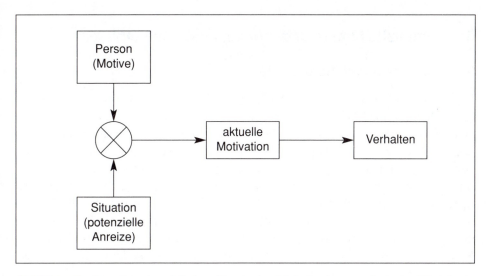

Abbildung 1: Das Grundmodell der „klassischen" Motivationspsychologie (Rheinberg, 2008)

Das Kreuz in dem Kreis soll all die Prozesse repräsentieren, über die ein jeweiliges Motiv der Person durch situativ gegebene Befriedigungschancen angeregt wird. Ohne eine solche situative Anregung treten Motive nicht oder kaum in Erscheinung. Andererseits beeinflussen Motive wie eine spezifisch eingefärbte Brille die Wahrnehmung der Situation.

> **Begriffsbestimmung: Motive**
> Motive sollen erklären, warum einige Personen stärker als andere immer wieder auf bestimmte Zielzustände aus sind und bevorzugt auf bestimmte Anreize in der Situation reagieren. Solche Bevorzugungen können im Selbstbild der Person explizit repräsentiert sein oder aber als implizite Steuergrößen ohne bewusste Kenntnis der Person wirken.

In der klassischen Motivationspsychologie sensu McClelland (1999) oder Heckhausen (1989) werden Motive nach Inhaltsklassen von Zielzuständen unterschieden und zwar auf hoch abstrahiertem Niveau. Bevorzugt untersucht wurden das *Leistungsmotiv* (die eigene Kompetenz zu steigern und die Auseinandersetzung mit Gütemaßstäben zu suchen; → Leistung), das *Machtmotiv* (sich im Einfluss auf andere groß, überlegen und wichtig fühlen; → Machtmotivation) und das *An-*

schlussmotiv (beiderseitig angenehme, vertrauensvolle Sozialkontakte herzustellen und aufrecht zu erhalten; → Anschluss und Intimität). In der Ausprägung dieser Motive gibt es starke individuelle Unterschiede.

3 Implizite Motive und motivationale Selbstbilder

3.1 Motivationale Selbstbilder

Fragt man Personen nach ihren Tätigkeitsvorlieben, Bedürfnissen und bevorzugten Zielen, so erhält man Daten zu dem motivationalen Selbstbild einer Person (*self attributed motives* bzw. explizite Motive). Solche Selbsteinschätzungen sind nach McClelland (1999) kognitive Schemata, die bevorzugt dann aktiviert werden, wenn soziale Erwartungen, wichtige Konsequenzen oder situative Vorgaben reflexive Handlungsentscheidungen statt spontaner Tätigkeitsaufnahmen begünstigen. Menschen versuchen dann, in Übereinstimmung mit ihrem Selbstbild zu handeln. Motiv- und Bedürfnisfragebögen sagen deshalb auch am ehesten respondentes, d. h. vorgabenorientiertes Verhalten in umgrenzten sozial definierten Situationen vorher (z. B. in psychologischen Experimenten oder in stark regulierten Lern- und Arbeitssituationen).

3.2 Implizite Motive

Überraschend unabhängig von fragebogenerfassten motivationalen Selbstbildern sind Motivkennwerte, die mit projektiven Messverfahren erfasst werden. Hier wird insbesondere der *Thematische Apperzeptions Test* (TAT; McClelland, 1999) bzw. *Picture Story Exercise* (PSE, Brunstein, 2003) eingesetzt, bei dem Fantasiegeschichten zu mehrdeutigen Bildern standardisiert ausgewertet und zu Motivkennwerten verrechnet werden. Diese Messmethode erfasst motivationsrelevante Besonderheiten unterhalb der Ebene bewusster Selbstkonzepte direkt aus den Prozessen, die auch in alltäglichen Handlungskontexten auftreten. Implizite Motive sagen selbstinitiatives Verhalten in offenen Situationen (sog. operantes Verhalten) auch über längere Zeiträume vorher (Brunstein, 2003; McClelland, 1999) (→ Implizite und explizite Motive).

Evolutionspsychologische Herleitung impliziter Motive

Implizite Motive werden ähnlich wie Grundemotionen zunehmend evolutionspsychologisch erklärt (McClelland, 1999). Dabei werden diese Motive als basale Antriebs- und Richtungssysteme konzipiert, die sich im Zuge der Evolution als fitnesssteigernde Antwort auf die Anforderungen von wiederkehrenden Grundsituationen des Lebensvollzuges herausgebildet haben. Lebewesen, die z. B. positive Affekte bei der Kompetenzsteigerung haben, also über eine Art

> hedonistisch verankerten Selbstoptimierungsmechanismus verfügen, sollten im Evolutionsprozess Fitnessvorteile gegenüber solchen Lebewesen gehabt haben, denen so etwas fehlte. Erste sollten deshalb eine höhere Reproduktionswahrscheinlichkeit gehabt haben, weswegen diese genetische Struktur in zumindest basaler Ausprägung heute universell anzutreffen ist (Schneider & Schmalt, 2000) (→ Evolutionäre Psychologie).

Auch wenn die Basis impliziter Motive universell gedacht ist, gibt es individuelle Unterschiede in der Richtung und Stärke dieser Motive. Die Unterschiede in der Richtung des Motivs (Annäherung- vs. Meidenkomponenten) sind stark von individuellen Lernprozessen beeinflusst. Im Fall des Leistungsmotivs lässt sich die Motivausrichtung „Hoffnung auf Erfolg" vs. „Furcht vor Misserfolg" in speziellen Trainings verändern (s. Rheinberg & Krug, 2005).

Inzwischen gibt es Hinweise auf endokrinologische Korrelate impliziter Motive. Für das angeregte Machtmotiv wurde eine vermehrte Ausschüttung des männlichen Sexualhormons Testosteron (auch bei Frauen!) gefunden. Für die Ausschüttung dieses Hormons wurde eine belohnende Wirkung nachgewiesen. Beim Anschlussmotiv wurden Zusammenhänge zu Dopamin und Progesteron und beim Leistungsmotiv zu Vasopressin berichtet (McClelland, 1999; Schultheiss & Wirth, in Druck) (→ Endokrinologische Korrelate von Motiven).

Implizite Motive werden über typische Reizkonfigurationen (*natural incentives*, McClelland, 1999) auch ohne bewusste Zielsetzung und Nutzenbeurteilung angeregt. Beim Leistungsmotiv ist das z. B. eine schwierige Aufgabe, bei der man etwas besser bzw. besonders gut machen kann.

3.3 Kongruenz beider Motivarten

Implizite Motive wirken unterhalb der Ebene reflektierter Selbstbilder. Von daher kann es zu Diskrepanzen zwischen fragebogenerfassten motivationalen Selbstbildern und TAT-gemessenen impliziten Motiven kommen. So kann eine Person ein hohes implizites Machtmotiv besitzen, das sie in sozialen Situationen dazu bringt, ständig andere Menschen belehren, leiten und beeinflussen zu wollen. In ihrer motivationalen Selbsteinschätzung würde sie das aber energisch bestreiten und sich statt dessen für kontaktfreudig, partnerzentriert und sozial engagiert halten – sich also ein hohes Anschlussmotiv zuschreiben.

Implizite Motive unterstützen über positive Tätigkeitsanreize motivpassende Aktivitäten: Freundlich entspannte Sozialkontakte sind bei hohem impliziten Anschlussmotiv in sich belohnend. Selbstvergessenes Engagement bei herausfordernden Aufgaben ist hoch attraktiv bei starkem impliziten Leistungsmotiv.

Muss man aber Ziele verfolgen, bei denen die erforderlichen Aktivitäten nicht zu den eigenen impliziten Motiven passen, fehlt dem Tätigkeitsvollzug die emotionale Komponente der affektiven Unterstützung. Die Tätigkeit muss deshalb häufig willensgestützt bis zur Zielerreichung auf Kurs gehalten und überwacht werden, was die Entstehung negativer Affekte begünstigt (Sokolowski, 1993).

Weicht das motivationale Selbstbild deutlich von der impliziten Motivstruktur ab, so gerät die Person häufig in Gefahr, sich selbst Ziele zu setzen, die nicht zu ihren impliziten Motiven passen. Gerade dann, wenn sie besonders gründlich reflektiert, richtet sie sich ja nach ihrem motivationalen Selbstbild. Sie entscheidet sich dann oft für Ziele, die von ihr eine eher willensgestützte Zielverfolgung mit häufig negativen Affekten verlangen.

Ungünstige Effekte von Motivdiskrepanzen wurden inzwischen wiederholt nachgewiesen (z. B. Baumann, Kaschel & Kuhl, 2005; Engeser, 2004). Das Konzept der *motivationalen Kompetenz* (Rheinberg, 2002) ergänzt den Aspekt der Übereinstimmung zwischen impliziten Motiven und motivationalem Selbstbild mit weiteren Komponenten.

4 Implizite Motive und Emotionen

Motive werden theoretisch auf verschiedene Weise mit emotionalen Variablen verknüpft. Zunächst lässt sich bei einigen Grundemotionen (z. B. Furcht oder Ärger) ganz wie bei Motiven eine Bindung an hoch verallgemeinerte situative Auslösebedingungen zeigen. Soweit diese Emotionen dann auch noch eine aktivierende Ausrichtung der Lebensvollzüge auf Zielzustände bewirken, könnten sie im Prinzip auch als motivähnliche Systeme verstanden werden. Dem entsprechend bezeichnet Heckhausen (1989) solche Grundemotionen als „rudimentäre Motivationssysteme". Sie sind „rudimentär", weil ihnen die differenzierteren (kognitiven) Beurteilungsprozesse fehlen, die Heckhausen ansonsten als typisch für die Motivationsphase im Handlungsgeschehen annimmt.

Im Unterschied dazu betont McClelland (1999) bei impliziten Motiven gerade deren unmittelbare Anregung durch Schlüsselreize *(natural incentives)*. Diese Motive haben ein affektives und neurohormonell basiertes Grundmuster, das direkt und ohne abwägende kognitive Zwischenprozesse von *natural incentives* bzw. Schlüsselreizen ausgelöst wird. Im Lauf der individuellen Entwicklung können über den Mechanismus des klassischen Konditionierens dann auch andere Reize mit den *natural incentives* verkoppelt werden und ebenfalls die Fähigkeit erhalten, diese affektiven Grundmuster auszulösen. Ein Motiv als Personmerkmal ist dann als Fähigkeit des Individuums zu verstehen, auf bestimmte Ereignisklassen vorzugsweise mit bestimmten Affekten zu reagieren – z. B. nach eigenem Erfolg (Ereignisklasse) Stolz besonders intensiv zu erleben (Affektmuster).

Dabei sehen Schneider und Schmalt (2000) im Anstreben positiver motivspezifischer Affekte den eigentlichen Anreizkern des Motivationsgeschehens. Die vorweggenommenen Affekte ergeben in ihrer Verknüpfung mit motivtypischen Handlungsweisen die aktivierende Zielausrichtung von Lebensvollzügen, die Gegenstand der Motivationspsychologie sind. Ein Beispiel wäre das engagierte Bemühen zur Erreichung eines Gütestandards (leistungsmotivtypische Handlungsweise) verknüpft mit dem vorweggenommenen Stolzaffekt (leistungsthematische Emotionskomponente). Motivationstheorien bestimmen dann genauer, welche Situationsbedingungen welche individuell unterschiedlichen Motivsysteme aktivieren, wie im Zusammenwirken mit kognitiven Prozessen und Verhaltensgewohnheiten der Aktivitätsstrom dann auf motivspezifische Ziele ausgerichtet wird und welche Folgen Zielerreichung bzw. -verfehlung haben.

Dies alles gilt für Forschungen, die sich mit *impliziten* Motiven befassen. Motivationsforschung, die sich allein mit motivationalen Selbstbildern (*expliziten* Motiven) oder gar mit bloßen Präferenzwahlen in vorgegebenen Szenarien befasst, beschränkt sich auf (sozial-)kognitive Beurteilungsprozesse, bei denen allenfalls eine vermittelnde Funktion für emotional-affektive Prozesse modellierbar ist.

Weiterführende Literatur

Heckhausen, J. & Heckhausen, H. (Hrsg.). (2006). *Motivation und Handeln* (3. Aufl.). Berlin: Springer.
Rheinberg, F. (2008). *Motivation* (7. Aufl.). Stuttgart: Kohlhammer.

Literatur

Baumann, N., Kaschel, R. & Kuhl, J. (2005). Striving for unwanted goals: Stress-dependent discrepancies between explicit and implicit achievement motives reduce subjective well-being and increase psychosomatic symptoms. *Journal of Personality and Social Psychology, 89,* 789–799.
Brunstein, J. C. (2003). Implizite Motive und motivationale Selbstbilder: Zwei Prädiktoren mit unterschiedlicher Gültigkeit. In J. Stiensmeier-Pelster & F. Rheinberg (Hrsg.), *Diagnostik von Motivation und Selbstkonzept* (Tests und Trends N. F. 2, S. 59–88). Göttingen: Hogrefe.
Engeser, S. (2004). *Motivation, Handlungssteuerung und Lernleistung in der Statistikausbildung Psychologie.* Dissertation. Potsdam: Institut für Psychologie.
Heckhausen, H. (1989). *Motivation und Handeln* (2. Aufl.). Berlin: Springer.

McClelland, D. C. (1999). *Human motivation* (6th ed.). Cambridge: Cambridge University Press.

Rheinberg, F. (2002). Freude am Kompetenzerwerb, Flow-Erleben und motivpassende Ziele. In M. v. Salisch (Hrsg.), *Emotionale Kompetenz entwickeln* (S. 179–206). Stuttgart: Kohlhammer.

Rheinberg, F. & Krug, S. (2005). *Motivationsförderung im Schulalltag* (3. Aufl.). Göttingen: Hogrefe.

Schneider, K. & Schmalt, H.-D. (2000). *Motivation* (3. Aufl.). Stuttgart: Kohlhammer.

Schultheiss, O. C. & Wirth, M. M. (in press). Biopsychological aspects of motivation. In J. Heckhausen & H. Heckhausen (Eds.), *Motivation and action*. New York: Cambridge University Press.

Sokolowski, K. (1993). *Emotion und Volition*. Göttingen: Hogrefe.

Emotion und Handeln
Emotion and Action

Klaus Rothermund & Andreas B. Eder

1 Einleitung

Handeln ist zentraler Bestandteil der Zielverfolgung. Durch zielgerichtetes Handeln versuchen wir, erwünschte Ereignisse und Zustände hervorzubringen bzw. das Auftreten von unerwünschten Situationen zu verhindern. Die Einordnung von Handeln in den Kontext der Zielverfolgung ist zugleich ein Schlüssel zum Verständnis des Zusammenhangs zwischen Emotion und Handeln: Die im Zuge der Zielverfolgung eintretenden Situationen und ihre Bewertung mit Blick auf die Erreichung (oder Nichterreichung) persönlicher Ziele sind wichtige Determinanten emotionaler Reaktionen. Die hierbei entstehenden affektiven Zustände sind jedoch kein bloßes Epiphänomen der Zielverfolgung. Emotionen regulieren Kognition, Motivation und Verhalten in vielfältiger Weise und wirken so auf das zielgerichtete Handeln zurück.

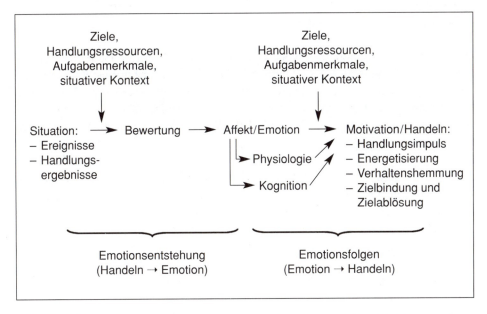

Abbildung 1: Wechselseitige Beeinflussung von Emotion und Handeln. Bei der Emotionsentstehung und bei der emotionalen Handlungsregulation kommt individuellen Zielen und Handlungsmöglichkeiten eine modulierende Rolle zu.

Diese wechselseitigen Zusammenhänge zwischen Emotion und Handeln liefern die Gliederung des vorliegenden Kapitels (vgl. Abb. 1): Zunächst behandeln wir Auswirkungen von Handlungsprozessen und -ergebnissen auf Emotionen. Danach werden Auswirkungen von Emotionen und affektiven Zuständen auf die Zielverfolgung und das Handeln besprochen.

2 Auswirkungen von Handeln auf Emotion

Emotionen stellen, i. Ggs. zu diffusen affektiven Zuständen wie Stimmungen, diskrete Reaktionen auf Situationen dar, deren kognitive Bewertung *(appraisal)* die jeweils spezifische Emotion definiert (→ Einschätzung). Warum sind aber gerade Handlungen so wichtig für die Entstehung von Emotionen?

In einschlägigen *Appraisal*-Modellen gehören Einschätzungen der Zieldienlichkeit einer Situation sowie des subjektiven Bewältigungsvermögens zu den wichtigsten Bewertungsaspekten, die die Art und Richtung von Emotionen bestimmen (Freude vs. Trauer, Verzweiflung vs. Hoffnung). Hier liegt ein wesentlicher Grund für die herausragende Rolle von Handlungen für die Emotionsentstehung, denn erwünschte und unerwünschte Handlungsergebnisse sind der primäre Gegenstand von Zieldienlichkeitsbewertungen und das Bewältigungsvermögen bemisst sich in erster Linie an den subjektiv (nicht) verfügbaren Handlungsmöglichkeiten (→ Erwartung und Anreiz).

Auch die Attributionstheorie weist Handlungen eine zentrale Bedeutung in der Emotionsentstehung zu (→ Attributionale Ansätze; → Attributionstheorie und attributionale Theorien). Einschätzungen der Kontrollierbarkeit von Handlungen bestimmen wesentlich darüber, ob Emotionen wie Stolz, Schuld und Scham (bei eigenen Handlungen) oder Ärger und Mitleid (bei Handlungen anderer Personen) entstehen.

Nach Carver und Scheier (1990) hängt das affektive Erleben von der Geschwindigkeit ab, mit der sich im Zuge zielgerichteten Handelns eine Zielannäherung einstellt. Bleibt die durch das sog. *meta-monitoring* ermittelte Rate der Zielannäherung hinter den Erwartungen zurück, entsteht negativer Affekt; nähert man sich dem Ziel schneller als erwartet, stellen sich positive Emotionen ein. Demnach sind also nicht nur bereits ausgeführte Handlungen und ihre Ergebnisse sondern auch aktuelle, zukunftsbezogene Handlungsorientierungen für die Emotionsentstehung bedeutsam.

Dieser Gesichtspunkt wird von Higgins (1997) weiter differenziert (→ Theorie des regulatorischen Fokus). Higgins unterscheidet zwischen einem *Annähe-*

rungsfokus, der durch eine Ausrichtung auf die Erreichung positiv definierter Zielzustände gekennzeichnet ist (Verbesserungs- und Erfolgsorientierung, z. B. einen Wettkampf gewinnen wollen), und einem *Vermeidungsfokus*, der sich als Versuch, Verluste abzuwehren oder Normen einzuhalten, charakterisieren lässt (Erhaltungs- oder Mißerfolgsvermeidungsorientierung, z. B. die Eltern nicht enttäuschen wollen). Der regulatorische Fokus bestimmt auch das emotionale Erleben während der Zielverfolgung. Ein *Annäherungsfokus* geht mit Gefühlen der Freude und Euphorie (im Erfolgsfall) bzw. der Niedergeschlagenheit, Unzufriedenheit, Traurigkeit oder Scham (im Misserfolgsfall) einher; ein *Vermeidungsfokus* dagegen prädisponiert zu Gefühlen der Zufriedenheit und Entspannung (im Erfolgsfall) bzw. der Beunruhigung, Aufregung, Angst oder Schuld (im Misserfolgsfall).

Natürlich ist zielgerichtetes Handeln nicht die einzige Quelle von Emotionen. Es können auch Ereignisse zum Gegenstand von Emotionen werden, die persönliche Ziele nicht direkt tangieren (z. B. Empörung über das Verhalten anderer; Mitleid mit anderen) und die unabhängig von eigenem oder fremdem Handeln auftreten (z. B. Trauer über einen Schicksalsschlag). Allerdings spielen selbst in diesen Fällen die zentralen Komponenten der Zielverfolgung eine wichtige Rolle für die emotionale Bewertung von Situationen und Ereignissen (persönliche Werte und Normen sowie Einschätzungen der Kontrollierbarkeit von Handlungen bzw. der Verfügbarkeit von Handlungsmöglichkeiten).

3 Auswirkungen von Emotion auf Handeln

Emotionen sind nicht nur aufgrund ihrer Entstehung von besonderer Bedeutung, sondern vor allem wegen ihrer Folgen. Emotionen hätten nicht unser tieferes Interesse geweckt, wenn sie nur eine Begleiterscheinung des Zielverfolgungsprozesses wären und folgenlos für unser Denken und Handeln blieben. Von Emotionstheoretikern wurden viele, zum Teil sehr verschiedene Aussagen über die möglichen Auswirkungen von Emotionen auf das Handeln vorgebracht, die wir im Folgenden diskutieren. Auswirkungen auf das Verhalten anderer Personen (→ Ausdruck) werden hierbei aus Platzgründen nicht behandelt (vgl. hierzu Banse, 2000).

3.1 Aktivierung von Handlungsimpulsen

Die unmittelbarste Form der emotionalen Handlungssteuerung besteht in einer direkten Verbindung zwischen Emotionen und Verhalten. Unter dieser Sichtweise werden Emotionen mit motivationalen Zuständen gleichgesetzt, die mehr oder weniger eng mit bestimmten Verhaltensprogrammen verbunden sind.

In evolutionstheoretischen Emotionstheorien (→ Evolutionäre Psychologie) wird angenommen, dass Emotionen Reaktionsmuster auf Ereignisklassen darstellen, die für das Überleben und die Reproduktion wichtig sind. Emotionen gewährleisten, dass diese Situationen schnell erkannt und identifiziert werden, und gehen mit einer Aktivierung adaptiver Verhaltensprogramme einher, die sich bei der Bewältigung der mit dem jeweiligen Situationstyp verbundenen Anforderungen bewährt haben.

Plutchik (1980) unterscheidet zwischen acht Basisemotionen, denen jeweils unterschiedliche Handlungsimpulse zugeordnet sind (z. B. Ärger – Angriff, Zerstören; Furcht – Flucht, Schutzsuche; Ekel – Wegstoßen, Zurückweisen; Überraschung – Innehalten, Orientieren). Einen engen Zusammenhang zwischen Handlungsbereitschaften und Emotionen belegt auch eine Untersuchung von Frijda, Kuipers und ter Schure (1989): Die in emotionalen Situationen erlebten Handlungsimpulse leisteten einen wesentlichen, über die Situationseinschätzungen hinausgehenden Beitrag zur Bestimmung der jeweils empfundenen Emotionen. Allerdings wird nur der Impuls, nicht die tatsächliche Handlungsausführung als kennzeichnend für die jeweilige Emotion gesehen, da emotionale Handlungsimpulse auch unterdrückt und kontrolliert werden können.

Auch in lerntheoretischen Modellvorstellungen wird eine enge Verbindung zwischen Emotion und Verhalten angenommen: Positiven Emotionen werden appetitive Annäherungstendenzen, negativen Emotionen dagegen Vermeidungstendenzen zugeschrieben. Emotionen werden hier als – konditionierte oder unkonditionierte – Reaktionen auf entsprechende Reize aufgefasst. Durch aversive Reize (z. B. ein Schocksignal) wird appetitives Verhalten unterdrückt; umgekehrt interferiert die Darbietung eines appetitiven Reizes (z. B. Futter) mit Vermeidungs- oder Fluchtverhalten (Dickinson & Dearing, 1979). Diese Wechselwirkungen werden mit Aktivierungszuständen von motivationalen Systemen der Annäherung und Vermeidung erklärt, die appetitive und defensive Verhaltensmuster auf einer zentralen Verarbeitungsebene steuern (→ Annäherungs- vs. Vermeidungsmotivation).

Ähnliche Kongruenzeffekte wurden auch zwischen valenten Reizen und der Ausführung spezifischer Bewegungen beobachtet: Armbeugende Bewegungen werden schneller auf positive, armstreckende Bewegungen schneller auf negative Reize ausgeführt (Chen & Bargh, 1999). Eder und Rothermund (2008) zeigten allerdings, dass dieser Effekt nicht von emotionsspezifischen Muskelaktivierungen sondern von der kognitiven Kodierung einer Bewegung durch affektiv-semantische Zielkonzepte (z. B. hin, weg) abhängt. Eine flexible Kodierung des Handlungsspektrums wird somit als bestimmendes Merkmal einer automatischen emotionalen Verhaltensaktivierung gesehen.

> **Merke:**
> Die Verbindung zwischen Emotion und Verhalten ist flexibel und variabel. Ein Aggressionsimpuls etwa kann zu unterschiedlichen spezifischen Verhaltensweisen Anlass geben – es hängt von der Situation ab, ob man mit der Faust auf den Tisch haut, einem defekten Automaten einen Tritt verpasst oder einen Strafzettel zerreißt. Offenbar handelt es sich bei emotionalen Verhaltenstendenzen nicht um spezifische Motorprogramme sondern um abstrakte Zielorientierungen.

3.2 Energetisierung, Mobilisierung von Ressourcen

Verhaltensaktivierende Effekte von Emotionen werden häufig mit unspezifischen energetisierenden Effekten in Zusammenhang gebracht, da die Ausführung bestimmter Verhaltensmuster eine schnelle Bereitstellung von Energiereserven und eine angemessene Anstrengungsbereitschaft voraussetzt. Eine solche Aktivierung soll den Organismus in die Lage versetzen, das emotional angeregte Verhalten mit erhöhter Intensität und Dauer ausführen zu können.

Zur Induktion emotionaler Zustände wurden unterschiedliche Methoden benutzt, die von der Herstellung einer emotionsauslösenden realen Situation, über das Betrachten entsprechender Filme und das Erinnern emotionaler Episoden bis hin zum Nachahmen emotionaler Gesichtsausdrücke reichen. Als Indikatoren einer energetisierenden Wirkung von Emotionen wurden vor allem Variablen erhoben, die eine Aktivierung des Sympathikus abbilden (Blutdruck, Herzrate). Die beobachteten autonomen Erregungseffekte unterscheiden sich z.T. erheblich in Abhängigkeit von der benutzten Induktionsmethode und von den erhobenen Indikatoren, so dass es schwierig ist, allgemeingültige Aussagen zu treffen.

Generell gehen negative Emotionen mit einem höherem Blutdruck und einer höheren Herzrate einher als positive Emotionen. Das Muster der autonomen Reaktion ist jedoch von der spezifischen Emotion abhängig (→ Physiologische Emotionsspezifität): Während Furcht die Herzrate erhöht, reduziert Ärger den Blutdruck (Stemmler, Heldmann, Pauls & Scherer, 2001). Zudem hängt die Art der kardiovaskulären Reaktion davon ab, welches Verhalten in der jeweiligen Situation als adäquat angesehen wird: Ist Erstarren die angemessene Reaktion, so sinkt die Herzrate, während sie bei Flucht steigt.

Effekte positiver und negativer Stimmungen auf die globale autonome Aktivierung wurden vor allem im Rahmen des Mood-Behavior-Modells untersucht (Gendolla

& Brinkmann, 2005). Eine Stimmungsinduktion allein führt nicht zu systematischen Veränderungen in der kardiovaskulären Reaktivität. Allerdings zeigen sich Stimmungseffekte, sobald eine Aufgabe zu bearbeiten ist. Eine negative Stimmung wird dann als Hinweis auf Probleme bei der Aufgabenbearbeitung bzw. auf eine hohe Aufgabenschwierigkeit gedeutet. Diese veränderte Wahrnehmung der Aufgabenanforderungen führt zu entsprechenden autonomen Aktivierungen; insbesondere wurde ein erhöhter systolischer Blutdruck bei der Bearbeitung von Aufgaben unter negativer Stimmung nachgewiesen.

> **Merke:**
> Die Befunde sprechen gegen eine starre Verbindung von affektiven Zuständen mit einer generellen Ressourcenaktivierung. Eine emotionale Bereitstellung der zum Handeln nötigen Energiereserven hängt in der Regel von den Handlungsabsichten und -erfordernissen ab, die sich in Abhängigkeit von persönlichen Zielen in der jeweiligen Situation ergeben.

3.3 Blockierung und Deaktivierung von Verhalten

Die bisherigen Ausführungen zur verhaltensaktivierenden und -energetisierenden Wirkung von Emotionen haben sich an einem Funktionsmodell emotionaler Reaktionen orientiert, das ausschließlich auf eine aktiv-unterstützende Rolle bei der Realisierung motivationaler Orientierungen fokussiert. Der Zweck positiver wie negativer Emotionen bleibt dabei darauf beschränkt, den Organismus durch die Bereitstellung passender Verhaltensstrategien und ausreichender Energiereserven auf aktuelle Umweltanforderungen einzustellen. Diese Sichtweise verstellt jedoch den Blick auf handlungshemmende Wirkungen von Emotionen.

Negative Emotionen haben aber nicht selten genau diesen Effekt: Angst in Prüfungssituationen oder starke Anspannung in einem Wettkampf können zu einer Blockierung adaptiven Handelns führen und das Verhalten regelrecht lähmen. Solche Behinderungen durch emotionale Zustände sind insbesondere dann zu beobachten, wenn intensive Emotionen in Situationen auftreten, die flexibles und einfallsreiches Handeln verlangen (Yerkes-Dodson Gesetz). Zum anderen können intensive Emotionen selbst zum Gegenstand der Aufmerksamkeit werden („Angst vor der Angst"), was häufig mit grüblerischen Selbstzweifeln verbunden ist und eine Fokussierung auf die relevante auszuführende Tätigkeit unterbindet.

Zudem sprechen negative Emotionen wie Trauer, Verzweiflung und Depressivität, die in der Regel mit Zuständen der Niedergeschlagenheit, Inaktivität und Antriebslosigkeit einhergehen, gegen eine ausschließlich energetisierende Funktion von Emotionen. Diese „verhaltenshemmenden" Emotionen entstehen häufig als

Reaktion auf Verlusterfahrungen und Misserfolge, die einen endgültigen, irreversiblen Charakter haben. In solchen Situationen stellt eine Aktivitätsreduktion durchaus ein adaptives Element der Handlungssteuerung dar.

> **Merke:**
> Die Unterbrechung leer laufender Verhaltensroutinen verhindert, dass knappe Handlungsressourcen in aussichtslosen Aktivitäten verschwendet werden (Klinger, 1975). Neben einer Verhaltensenergetisierung kann somit auch eine emotionale Verhaltensblockierung in bestimmten Situationen eine funktionale Reaktion darstellen.

3.4 Reaktante Erhöhung der Zielbindung vs. Ablösung von Zielen

Handeln erfolgt stets im Dienste motivationaler Orientierungen. Eine weitere, indirekte Form der emotionalen Steuerung des Handelns besteht daher in einer Veränderung aktueller Zielorientierungen und/oder ihrer motivationalen Stärke.

Ein wichtiges Merkmal emotionaler Reaktionen besteht darin, dass sie den Gegenstand der Emotion – also die auslösende Situation und die mit ihrer emotionalen Bewertung verbundenen Gesichtspunkte – hervorheben. Dies kann unterschiedliche Arten von Veränderungen in der Motivationslage der Person hervorrufen.

Wenn durch eine emotionale Aufmerksamkeitsverschiebung ein bislang unbeachteter, für die aktuell vorherrschende Handlungsorientierung irrelevanter motivationaler Inhalt in das Zentrum des Bewusstseins rückt, entsteht eine motivationale Konkurrenzsituation, die zu einer Unterbrechung des aktuellen Handlungsstroms und zu einer neuen motivationalen Prioritätensetzung führen kann (Simon, 1967). Werden beispielsweise in einer Diskussion Argumente in herablassender, die intellektuelle Kompetenz des Gesprächspartners in Frage stellender Art vorgetragen, so kann die beim Adressaten entstehende Emotion (Empörung, Ärger) eine neue motivationale Orientierung induzieren (Rache), die die bisherige Motivation – das inhaltliche Interesse an der Diskussion – verdrängt.

Empirische Unterstützung erhält die *emotionale Interrupt-Hypothese* von Experimenten, in denen persönlich bedeutsame Reize als Distraktoren in Reaktionsaufgaben präsentiert wurden. Eine solche Darbietung motivrelevanter Distraktoren führt zu Reaktionsverzögerungen, die auf eine automatische Aufmerksamkeitsbindung durch emotionale Valenzen und eine dadurch entstehende motivationale Interferenz mit der aktuell auszuführenden Aufgabe zurückgeführt werden (Wentura & Rothermund, im Druck).

Welche Konsequenzen sind nun aber für die Motivation zu erwarten, wenn eine auf die aktuell vorherrschende Zielorientierung bezogene Emotion entsteht? Vor allem für negative affektive Zustände (Unzufriedenheit, Enttäuschung) wurden – zum Teil entgegengesetzte – Auswirkungen angenommen.

Zum einen wird ein motivationsverstärkender Effekt negativer Emotionen erwartet. So berichten Bandura und Cervone (1986), dass Unzufriedenheit nach einer negativen Leistungsrückmeldung zu einer Anstrengungserhöhung und zu ehrgeizigeren Zielsetzungen im weiteren Verlauf der Aufgabenbearbeitung führt.

Negativer Affekt kann jedoch auch Vermeidungsreaktionen und verringerte problembezogene Bewältigungstendenzen hervorbringen. So reduziert negativer Affekt nach anfänglichen Misserfolgen die Bereitschaft, weiter in das bislang erfolglose Projekt zu investieren (Wong, Yik & Kwong, 2006). Hierdurch wird eine Ablösung vom aktuell verfolgten Ziel eingeleitet und eine Eskalation von blockierten Zielbindungen verhindert.

> **Merke:**
> Wie lassen sich die gegensätzlichen Befunde zu den Effekten negativer Emotionen auf aktuelle Zielbindungen (reaktante Verstärkung vs. Ablösung) miteinander vereinbaren? Nach Brandtstädter und Rothermund (2002) entscheidet die Verfügbarkeit von Handlungs- und Kontrollmöglichkeiten über die motivationalen Implikationen negativer Erfahrungen während der Zielverfolgung: Solange die Kontrollerwartungen hoch sind, führen Zieldiskrepanzen zu einer reaktanten Aufwertung der Wichtigkeit des bedrohten Ziels (assimilative Hartnäckigkeit). Bei knappen Ressourcen und Kontrollverlust dagegen begünstigt ein durch Misserfolge hervorgerufener negativer Affekt die Zielablösung (akkommodative Flexibilität).

3.5 Informationsverarbeitung

Wie die vorangehenden Abschnitte zeigen, sprechen die empirischen Befunde für eine flexible und indirekte Verbindung zwischen Emotion und Handeln, die durch situative Gegebenheiten, subjektive Kontrollüberzeugungen und individuelle Handlungsziele moduliert wird. Einfache Assoziationsmodelle werden der komplexen Ergebnislage nicht mehr gerecht, womit sich die Frage nach den Prozessen stellt, die zwischen Emotion und Handeln vermitteln. In vielen Modellen wird die emotionale Modulation basaler Funktionsparameter der Informationsverarbeitung als zentrales Bindeglied zwischen Emotion und Handeln angesehen (Kuhl, 2001).

Emotionale Zustände nehmen insbesondere Einfluss auf die Breite und Richtung der Informationsverarbeitung (Derryberry & Tucker, 1994). Positiver Affekt geht mit einer Öffnung des Aufmerksamkeitsfokus einher: Es fällt leichter, entfernte und ungewöhnliche Assoziationen zu generieren, semantische Kategorien werden weiter gefasst, und Perseveration wird verhindert. Diese Öffnung unterbindet das Verharren in etablierten Handlungsroutinen und bereitet auf eine motivationale Neuorientierung vor, etwa nach erfolgreicher Zielverfolgung (Carver, 2003). Negativer Affekt führt dagegen zu einer verstärkten Zentrierung auf zielrelevante Inhalte und bewirkt einen detailorientierten Verarbeitungsstil. Diese Fokussierung ermöglicht eine Aufwertung bedrohter Zielorientierungen als Reaktion auf Schwierigkeiten oder Misserfolge, und sie unterstützt eine genaue Problemanalyse und hartnäckige Zielverfolgung. Allerdings konnten Brandtstädter und Rothermund (2002) zeigen, dass die durch negativen Affekt hervorgerufene Fokussierung in eine Öffnung der Aufmerksamkeit umschlägt, wenn subjektive Kontrollüberzeugungen untergraben werden. Diese Öffnung bereitet eine motivationale Neuorientierung und Ablösung von einem Ziel vor, wenn keine Möglichkeit der Problemlösung mehr gesehen wird.

In Untersuchungen zu Richtungseffekten emotionaler Zustände auf die Informationsverarbeitung dominieren affektive Inkongruenzeffekte (Derryberry & Tucker, 1994; Wentura & Rothermund, im Druck). Reaktionen der Freude (nach Erfolg) bzw. der Enttäuschung (nach Misserfolg) führen dazu, dass die Aufmerksamkeit verstärkt durch solche Reize gebunden wird, deren Valenz entgegengesetzt zur aktuellen Emotionslage ist (Rothermund, 2003). Analoge Inkongruenzeffekte wurden auch für zukunftsgerichtete affektiv-motivationale Orientierungen gefunden (Hoffnung auf einen möglichen Gewinn vs. Furcht vor einem möglichen Verlust; Rothermund, Voss & Wentura, 2008).

> **Merke:**
> Eine affektive Gegenregulation in der automatischen Aufmerksamkeitssteuerung erhöht die Salienz sicherheitsbezogener oder entlastender Informationen angesichts von Bedrohungen und begünstigt somit ein situationsangemessenes Problemlöse- oder Fluchtverhalten. Zugleich verhindert sie impulsives Verhalten unter positivem Affekt und Annäherungsmotivation, indem die Aufmerksamkeit auf mögliche Risiken und Gefahren gelenkt wird.

Eine automatische Aufmerksamkeitsausrichtung auf affektiv inkongruente Information widerspricht der klassischen Modellvorstellung eines affektiv-semantischen Netzwerks, in dem Affekt und Kognition über Aktivationsausbreitungsprozesse interagieren (Bower, 1981). Vielmehr geben affektive Inkruenzeffekte in der Aufmerksamkeitsausrichtung weitere Hinweise auf eine komplex gestaltete, funktionale Architektur affektiver und kognitiver Verarbeitungssysteme (Kuhl, 2001). Eine automatische affektive Gegenregulation im Bereich der selektiven Aufmerksamkeit ermöglicht eine ausgewogene Verarbeitung von Chancen und Gefahren und verhindert so ein direktes Durchschlagen emotional-motivationaler

Orientierungen auf die Handlungssteuerung. Diese Entkoppelung von Emotion und Verhalten bildet die Grundlage für ein flexibles und situationsangemessenes Handeln.

4   Fazit

Emotion und Handeln sind eng miteinander verknüpft. Emotionen entstehen häufig in motivationalen Handlungskontexten und regulieren das weitere motivationale Geschehen durch Ausrichtung und Energetisierung, aber auch durch Unterbrechung, Hemmung und Neuorientierung des Handelns. Das wesentliche Merkmal emotionaler Handlungsregulation ist ihre Flexibilität: Emotionen sind nicht an biologische Grundbedürfnisse gebunden, sondern sie entstehen durch Bewertungen bezüglich individueller Wert- und Zielorientierungen. Auch werden durch Emotionen nicht starre motorische Verhaltensroutinen reflexhaft in Gang gesetzt. Die emotionale Verhaltenssteuerung erfolgt vielmehr indirekt durch eine Aktivierung abstrakter zielbezogener Handlungsimpulse, so dass bei deren Umsetzung in spezifische Verhaltensweisen auch aktuelle Erfordernisse und Handlungsmöglichkeiten berücksichtigt werden können. Die mit emotionalen Zuständen verbundenen kognitiven und physiologischen Veränderungen sind globaler Art und bereiten Prozesse der Zielverfolgung, der Zielanpassung und der motivationalen Neuorientierung vor. Insgesamt liefern aktuelle Modelle der Zielverfolgung und Handlungsregulation einen angemessenen theoretischen Rahmen für die Analyse der vielschichtigen funktionalen Zusammenhänge zwischen Emotion, Motivation und Handeln (Brandtstädter & Rothermund, 2002; Kuhl, 2001).

Weiterführende Literatur

Baumeister, R. F., Vohs, K. D., DeWall, C. N. & Zhang, L. (2007). How emotion shapes behavior: Feedback, anticipation, and reflection, rather than direct causation. *Personality and Social Psychology Review, 11,* 167–203.

Derryberry, D. & Tucker, D. M. (1994). Motivating the focus of attention. In P. M. Niedenthal & S. Kitayama (Eds.), *The heart's eye* (pp. 167–196). San Diego, CA: Academic Press.

Frijda, N. (1986). *The emotions.* Cambridge, UK: Cambridge University Press.

Literatur

Bandura, A. & Cervone, D. (1986). Differential engagement of self-reactive influences in cognitive motivation. *Organizational Behavior and Human Decision Processes, 38,* 92–113.

Banse, R. (2000). Soziale Interaktion und Emotion. In J. H. Otto, H. A. Euler & H. Mandl (Hrsg.), *Emotionspsychologie* (S. 360–369). Weinheim: Beltz.

Bower, G. H. (1981). Mood and memory. *American Psychologist, 36,* 129–148.
Brandtstädter, J. & Rothermund, K. (2002). Intentional self-development: Exploring the interfaces between development, intentionality, and the self. In L. J. Crockett (Ed.), *Agency, motivation, and the life course: Nebraska symposium on motivation* (Vol. 48, pp. 31–75). Lincoln, NE: University of Nebraska Press.
Carver, C. S. (2003). Pleasure as a sign you can attend to something else: Placing positive feelings within a general model of affect. *Cognition and Emotion, 17,* 241–261.
Carver, C. S. & Scheier, M. F. (1990). Origins and functions of positive and negative affect: A control-process view. *Psychological Review, 97,* 19–35.
Chen, M. & Bargh, J. A. (1999). Consequences of automatic evaluation: Immediate behavioral predispositions to approach or avoid the stimulus. *Personality and Social Psychology Bulletin, 25,* 215–224.
Derryberry, D. & Tucker, D. M. (1994). Motivating the focus of attention. In P. M. Niedenthal & S. Kitayama (Eds.), *The heart's eye* (pp. 167–196). San Diego, CA: Academic Press.
Dickinson, A. & Dearing, M. F. (1979). Appetitive-aversive interactions and inhibitory processes. In A. Dickinson & R. A. Boakes (Eds.), *Mechanisms of learning and motivation* (pp. 203–231). Hillsdale, NJ: Erlbaum.
Eder, A. & Rothermund, K. (2008). When do motor behaviors (mis)match affective stimuli? An evaluative coding view of approach and avoidance reactions. *Journal of Experimental Psychology: General, 137,* 262–281.
Frijda, N. H., Kuipers, P. & ter Schure, E. (1989). Relations among emotion, appraisal, and emotional action readiness. *Journal of Personality and Social Psychology, 57,* 212–228.
Gendolla, G. H. E. & Brinkmann, K. (2005). The role of mood states in self-regulation: Effects on action preferences and resource mobilization. *European Psychologist, 10,* 187–198.
Higgins, E. T. (1997). Beyond pleasure and pain. *American Psychologist, 52,* 1280–1300.
Klinger, E. (1975). Consequences of commitment to and disengagement from incentives. *Psychological Review, 82,* 1–25.
Kuhl, J. (2001). *Motivation und Persönlichkeit: Interaktionen psychischer Systeme.* Göttingen: Hogrefe.
Plutchik, R. (1980). *Emotion. A psychoevolutionary synthesis.* New York: Harper & Row.
Rothermund, K. (2003). Motivation and attention: Incongruent effects of feedback on the processing of valence. *Emotion, 3,* 223–238.
Rothermund, K., Voss, A. & Wentura, D. (2008). Attentional counter-regulation in affective processing: A basic mechanism that warrants flexibility in emotion and motivation. *Emotion, 8,* 34–46.
Simon, H. A. (1967). Motivational and emotional controls of cognition. *Psychological Review, 74,* 29–39.
Stemmler, G., Heldmann, M., Pauls, C. A. & Scherer, T. (2001). Constraints for emotion specificity in fear and anger: The context counts. *Psychophysiology, 38,* 275–291.
Wentura, D. & Rothermund, K. (im Druck). Aufmerksamkeit und Gedächtnis. In G. Stemmler (Hrsg.), *Enzyklopädie der Psychologie, Serie Motivation und Emotion, Band 3, Psychologie der Emotion.* Göttingen: Hogrefe.
Wong, K. F. E., Yik, M. & Kwong, J. Y. Y. (2006). Understanding the emotional aspects of escalation of commitment: The role of negative affect. *Journal of Applied Psychology, 91,* 282–297.

Persönlichkeit und Emotion
Personality and Emotion

Reinhard Pekrun & Anne C. Frenzel

Seit der Antike werden Emotionen als zentrale Bestandteile menschlicher Persönlichkeit angesehen. So spekulierten Hippokrates (ca. 460–370 v. Chr.) und Galen (ca. 129–200), dass sich individuelles Temperament anhand von vier Kategorien emotionalen Verhaltens beschreiben lasse (sanguinisch, melancholisch, cholerisch, phlegmatisch), deren Grundlage in der relativen Dominanz bestimmter Körperflüssigkeiten zu sehen sei. Auch in den Persönlichkeitstheorien des 20. Jahrhunderts spielen Emotionen eine zentrale Rolle (Allport, 1938; Pekrun, 1988).

Will man also Persönlichkeit verstehen, muss man sich mit dem Thema „Emotion" befassen. Auch das Umgekehrte gilt: Ein Verständnis emotionaler Prozesse setzt voraus, die Persönlichkeitsstrukturen und -bedingungen in den Blick zu nehmen, in die solche Prozesse eingebettet sind. Damit sind zwei zentrale Perspektiven zum Verhältnis von Persönlichkeit und Emotion angesprochen (Krohne & Kohlmann, 1990): Unter einer deskriptiven Perspektive stellt sich die Frage, in welcher Weise Emotionen als Komponenten von Persönlichkeit aufzufassen sind. Aus einer explikativen Perspektive ist zu klären, wie Persönlichkeit auf emotionale Prozesse einwirkt, welches also die Persönlichkeitsbedingungen von Emotionen sind, und wie individuelle Emotionen ihrerseits andere Prozesse beeinflussen (Verhalten, Leistung, Gesundheit, Identitätsentwicklung etc.).

Im Folgenden werden zunächst kurz die Begriffe „Persönlichkeit" und „Emotion" erläutert. Im Sinne der genannten Perspektiven wird dann auf Emotionen als Teilsysteme der Persönlichkeit, auf Persönlichkeitsbedingungen von Emotionen und auf die Wirkungen von individuellen Emotionen eingegangen. Abschließend werden offene Fragen diskutiert.

1 Zu den Begriffen „Persönlichkeit" und „Emotion"

Ebenso wie andere Grundbegriffe der Psychologie wird auch der Begriff „Persönlichkeit" unterschiedlich verwendet. Weitgehende Einigkeit scheint aber in den folgenden Punkten zu bestehen (vgl. Kasten; vgl. Allport, 1938; Pekrun, 1988).

> **Definition: „Persönlichkeit"**
> 1. *Systemcharakter:* Bei „Persönlichkeit" handelt es sich um eine organisierte Menge (ein „System") von Merkmalen einer Person.
> 2. *Zeitstabilität:* Diese Merkmale sind relativ überdauernd, also über die Zeit hinweg mehr oder minder stabil.
> 3. *Individualität:* Die betreffenden Merkmale sind charakteristisch für die einzelne Person, unterscheiden sie also von anderen Personen.
>
> *Persönlichkeit* lässt sich dementsprechend als Gesamtsystem derjenigen Merkmale eines Menschen bestimmen, die relativ zeitstabil sind und ihn von anderen Menschen unterscheiden können. Merkmale dieser Art werden häufig auch als *Traits* bezeichnet.

In Abgrenzung zu überdauernden Personmerkmalen werden unter *Emotionen* in der Regel Systeme miteinander vernetzter psychischer Prozesse verstanden, zu denen vor allem die folgenden zählen können:
a. affektive Erlebenskomponenten (z. B. Gefühle einer unlustvollen, nervösen Anspannung bei → Angst und Furcht), die mit physiologischen Prozessen in kortikalen und subkortikalen (insbesondere limbischen) Teilsystemen des zentralen Nervensystems verknüpft sind;
b. emotionsspezifische Kognitionen (z. B. Gedanken der Bedrohung; → Einschätzung);
c. emotionsspezifische motivationale Tendenzen (z. B. Meidens- und Fluchtmotivation);
d. emotionsspezifisches Ausdrucksverhalten (→ Ausdruck);
e. periphere physiologische Prozesse (z. B. Aktivierung; → Psychophysiologie).

2 Emotionen als Teilsysteme von Persönlichkeit

Aus der genannten Definition des Begriffs „Persönlichkeit" folgt, dass das einzelne, momentane Emotionsgeschehen als solches noch nicht als Bestandteil von Persönlichkeit aufzufassen ist: Hierzu ist es in der Regel zu flüchtig. Wird eine Emotion hingegen in individualtypischer, habitueller Weise immer wieder erlebt, so kommt diesem habituellen Emotionserleben aufgrund seines zeitlich überdauernden Charakters der Status eines Persönlichkeitsmerkmals zu. Emotionen sind also dann als Persönlichkeitsmerkmale aufzufassen, wenn es sich um habituelle Emotionen handelt (*emotionale Traits;* Pekrun, 1988). Dasselbe gilt für individualtypische, zeitlich überdauernde Parameter des Emotionserlebens, die über die einzelne Emotion hinausgehen (wie z. B. die individualtypische Intensität des Emotionserlebens). Zunächst werden solche direkt emotionsbezogenen Persönlichkeitsmerkmale diskutiert; anschließend wird kurz auf Bezüge zu anderen Persönlichkeitsbereichen eingegangen.

2.1 Emotionen und Emotionsparameter als Persönlichkeitsmerkmale

Habituelle Emotionen lassen sich nach Valenz, Intensität, Aktivierung, Inhalten, Situationsbezug, Bedingungen und Funktionen ordnen. Ihren Inhalten und Funktionen entsprechend lassen sich qualitativ unterschiedliche („diskrete") Kategorien von Emotionen differenzieren (Freude, Ärger, Angst etc.). Bei Valenz (positiv vs. negativ, angenehm vs. unangenehm), Intensität und Aktivierung hingegen handelt es sich um quantitativ-dimensionale Merkmale (→ kategoriale und dimensionale Modelle).

Bei *kategorial unterschiedlichen* Emotionen sind allgemeine Neigungen zum Erleben einer bestimmten Emotion, die nicht auf bestimmte Situationen und Objekte eingeschränkt sind, von bereichsspezifischen Emotionsneigungen zu unterscheiden (Beispiel: allgemeine Ärgerneigung vs. Neigung zu Leistungsärger). Vor allem zu habitueller Angst („Ängstlichkeit", Trait-Angst) sind viele Studien durchgeführt worden. Es zeigte sich, dass mindestens zwei Gruppen von habituellen Ängsten zu differenzieren sind: Ängste vor körperlichen Gefahren einerseits und vor Bewertung und sozialer Zurückweisung andererseits (Laux & Glanzmann, 1996).

Viele Studien zu Bewertungsangst sind durch das Trait-State-Modell der Angst von Spielberger (1972) angeregt worden. Dieses Modell postuliert, dass hoch ängstliche Personen in selbstwertbedrohlichen Situationen (z. B. Leistungssituationen) mit stärkerer Zustandsangst (State-Angst) reagieren als niedrig ängstliche Personen. Anhand des State-Trait-Angst-Inventars von Spielberger (STAI; Laux, Glanzmann, Schaffner & Spielberger, 1981) und ähnlicher Instrumente konnte diese Annahme in einer größeren Zahl von Untersuchungen bestätigt werden. Allerdings ist mit einem solchen Zusammenhangsnachweis noch keine Erklärung des Auftretens von Zustandsangst gewonnen: Wenn Trait-Angst im Sinne der relativen Häufigkeit von State-Angst konzeptualisiert wird, handelt es sich eher um einen partiell tautologischen Teil-Ganzes-Zusammenhang denn um eine gehaltvolle Klärung von Antezedenzbedingungen (vgl. auch Krohne & Kohlmann, 1990).

Unter einer *dimensionalen Perspektive* strebt man danach, varianzstarke Faktoren zu identifizieren, anhand derer sich Emotionen faktorenanalytisch gruppieren lassen. Dabei werden häufig Adjektivskalen verwendet. Für die summarische Beschreibung habitueller Emotionalität ergeben sich dabei immer wieder zwei Faktoren: Valenz und Aktivierung. Alternative Dimensionierungen beziehen neben Emotionen auch andere Zustände ein (wie Wachheit, Konzentration, erlebte Stärke etc.). Die auch hier resultierenden beiden varianzstarken Faktoren lassen sich als äquivalent zu den Dimensionen Valenz und Aktivierung auffassen, wenn man diese einer Rotation um 45 Grad unterzieht (vgl. Abb. 1). Mit D. Watson werden diese beiden Dimensionen heute meist als – zueinander mehr oder minder orthogonale

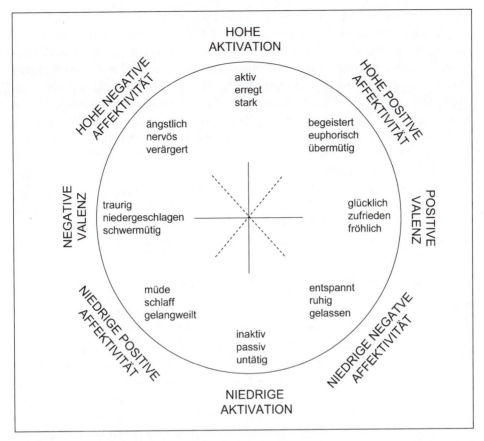

Abbildung 1: Das Circumplex-Modell habitueller Emotionen (adaptiert nach Feldman Barrett & Russel, 1998)

– positive und negative „Affektivität" bezeichnet (z. B. Watson, 2002). Durch viele Studien wird belegt, dass negative Affektivität mit negativen Zustandsemotionen, mit ungünstigen Sichtweisen von Selbst, Umwelt und Zukunft und dementsprechend mit Angststörungen und Depressionsneigung korreliert ist (Krohne, Egloff, Kohlmann & Tausch, 1996).

Fügt man beide Dimensionierungsansätze zusammen, so ergibt sich ein Circumplex-Modell habitueller Emotionen, in dessen Rahmen sich „positive Affektivität" als Mischung aus positivem Emotionserleben und erlebter Aktivation kennzeichnen lässt, „negative Affektivität" hingegen als Mischung aus bestimmten negativen Emotionen (insbesondere Ängstlichkeit und Ärgerneigung) und erlebter Aktivation (vgl. auch Posner, Russell & Peterson, 2005; vgl. Abb. 1).

Neben Valenz und Aktivierung wurde auch die individualspezifische Intensität von Emotionen empirisch untersucht. Dabei zeigte sich, dass habituelle Intensitäten von Emotionen unterschiedlicher Kategorien so hoch miteinander korrelieren, dass sie sich anhand des Konstrukts der „Affektintensität" beschreiben lassen (Larsen & Diener, 1987; Schimmack & Diener, 1997). Kategoriale und dimensionale Sichtweisen individueller Emotionalität lassen sich anhand *hierarchischer Modelle* integrieren. Korreliert man Maße diskreter habitueller Emotionen miteinander, so ergeben sich in der Regel mäßige Zusammenhänge, die sich im Sinne kategorialer wie dimensionaler Ansätze interpretieren lassen. Ähnlich wie in anderen Persönlichkeitsbereichen werden solchen Korrelationsmustern hierarchische Modelle am besten gerecht (vgl. Watson & Clark, 1992). Im Sinne solcher Modelle kommt habituellen Emotionen kategoriale Spezifität zu: Es macht z. B. einen Unterschied, ob jemand zu Ärger, Angst oder resignativer Hoffnungslosigkeit neigt. Andererseits aber haben positive und negative Emotionen untereinander jeweils so viel gemeinsam, dass die oben genannten allgemeineren Dimensionen ebenfalls sinnvolle Beschreibungen liefern können.

2.2 Emotionen und andere Persönlichkeitsbereiche

Emotionen sind mit anderen Bereichen der Persönlichkeit strukturell eng verflochten, und sie stellen zentrale Bestandteile vieler Persönlichkeitskonstrukte dar, die sich auf mehr als einen psychischen Funktionsbereich beziehen. Besonders deutlich wird dies in faktorenanalytischen Systemen der Persönlichkeit. Zwei summarische Persönlichkeitsdimensionen sind Bestandteile der meisten dieser Systeme, einschließlich des heute populären „Fünf-Faktoren-Modells" der Persönlichkeit: *Neurotizismus* und *Extraversion* (vgl. McCrae & Allik, 2002). „Neurotizismus" umfasst Neigungen zum Erleben von negativen Emotionen (insbesondere Angst), psychosomatischen Beschwerden, niedrigem Selbstwertgefühl etc. Typische Definitionen von Extraversion beziehen sich auf Geselligkeit, Impulsivität und zugeordnete aktiviert-positive Stimmungen (Begeisterung, Aktivitätsgefühl etc.). Dementsprechend korreliert Neurotizismus eng mit negativer „Affektivität", Extraversion hingegen mit positiver Affektivität (Krohne et al., 1996). Ferner sind Emotionen und ihre Parameter (z. B. Variabilität in Gestalt von Stimmungsschwankungen) auch zentrale Komponenten des individuellen *Temperaments* über den Lebenslauf hinweg (Bates, 2000).

Mit traditionellen Maßen allgemeiner *Intelligenz* sind habituelle Emotionen meist nur schwach korreliert (Zeidner, 2007). Anders dürfte dies bei Fähigkeiten zum Umgang mit Emotionen sein. Kognitive Fähigkeiten dieser Art lassen sich als *emotionale Intelligenz* bezeichnen (Matthews & Zeidner, 2002; → Emotionale Intelligenz und Emotionale Kompetenz). Zur emotionalen Intelligenz zählen kognitive Fähigkeiten zum Erkennen und Interpretieren eigener und fremder Emotionen, zur Regulation von Emotionen, zu ihrer Kommunikation und zu ihrer Nutzung für Denken, Motivation und Handeln. In der seit einigen Jahren populären Literatur zu diesem Bereich (z. B. Goleman, 1996) wird allerdings häufig nicht hinreichend deutlich, dass emotionsbezogene Kompetenzen über den Bereich emotionaler Intelligenz hinausreichen, da sie auch nicht-kognitive (z. B. physiologisch oder motivational begründete) Fähigkeiten des Erlebens und der Bewältigung von Emotionen umfassen. Die Forschung zu Emotionskompetenzen steht am Beginn. Erste Befunde deuten auf ihre potenziell hohe Bedeutung für adaptive Lebensgestaltung und psychische Gesundheit hin (Matthews & Zeidner, 2002).

3 Persönlichkeitsspezifische Bedingungen und Wirkungen von Emotionen

3.1 Persönlichkeitsbedingungen von Emotionen

Zur Bedeutung des *Genotyps* für Merkmale wie Neurotizismus und Ängstlichkeit ist seit längerem bekannt, dass ca. 30 bis 50 % der interindividuellen Varianz solcher Merkmale auf genetische Varianz zurückzuführen sind (Loehlin, 1992). Zu den *phänotypisch-somatischen* Persönlichkeitsbedingungen von Emotionen zählen u. a. eine Reihe von neuronalen und neuroendokrinen Strukturen (z. B. im limbischen System) sowie individualspezifische Muster habitueller neurochemischer Prozesse (Canli, 2006).

Aus psychologischer Perspektive werden seit der „kognitiven Wende" in der Psychologie vor allem *kognitive Prozesse und Strukturen* als wesentlich für die Entstehung von Emotionen gesehen. Je nach Theorie werden kognitive Einschätzungen zu Erwartbarkeit, Ursachen, Normentsprechung, Bedeutung und weiteren Eigenschaften von Ereignissen und Lagen für emotionserzeugend gehalten (z. B. Pekrun, 1992, 2006; vgl. Scherer, Schorr & Johnstone, 2001; → Einschätzung, → Komponenten-Prozess-Modell – ein integratives Emotionsmodell). Solche Einschätzungen sind ihrerseits zum einen durch die jeweilige Situation bestimmt, zum anderen aber auch durch individuelle kognitive Strukturen. Diese Strukturen disponieren Individuen dazu, in individualtypischer Weise Situationen eher optimistisch oder pessimistisch, eher als bedeutsam oder als weniger relevant etc. zu interpretieren. Damit dürften sie wesentlichen Einfluss auf das individuelle Emotionserleben ausüben.

Enge Zusammenhänge mit Emotionen wurden insbesondere für Selbstkonzepte, Erwartungsüberzeugungen, attributionale Überzeugungen („Attributionsstile") sowie Valenzüberzeugungen nachgewiesen (Scherer, Schorr & Johnstone, 2001). Angststörungen und depressive Zustände sind typischerweise mit ungünstigen Selbstkonzepten und geringen Selbstwirksamkeitserwartungen assoziiert. Ferner konnte gezeigt werden, dass depressive Personen durch einen depressogenen Attributionsstil gekennzeichnet sind, der habituelle Attributionen negativer Ereignisse auf internale, unkontrollierbare und globale Ursachen beinhaltet (vgl. Anderson, Miller, Riger, Dill & Sedikides, 1994). Eine hohe Bedeutsamkeit emotionsrelevanter Ereignisse hingegen dürfte nicht nur negative, sondern auch positive Emotionen intensivieren. Dementsprechend korrelieren Bedeutungszuschreibungen positiv mit der Intensität negativer wie positiver Affekte (Schimmack & Diener, 1997).

Allerdings müssen Emotionen nicht durch kognitive Prozesse vermittelt sein, sondern können auch direkt durch Situationswahrnehmungen ausgelöst werden. Dies gilt z. B. für angeborene und gelernt-automatisierte Formen der Emotionsentstehung. Schließlich nehmen auch individualtypisches *Verhalten* und ihm zugrunde liegende *Motivation* Einfluss auf den Emotionshaushalt (→ Motivation). Zum einen kann die Ausführung von Tätigkeiten tätigkeitsbezogene Emotionen erzeugen, zu denen u. a. Tätigkeitsfreude und Langeweile zählen (Csikszentmihalyi, 1985). Zum anderen tragen individuelle Motivations- und Verhaltensgewohnheiten dazu bei, dass emotionsauslösende Situationen individuell ausgewählt und gestaltet werden.

3.2   Folgen von persönlichkeitsspezifischen Emotionen

Emotionen stellen zentrale psychische Organisationseinheiten dar, die wesentlich für individuelle Muster von Wahrnehmung, Denken und Motivation, von expressivem und instrumentellem Verhalten und von physiologischen Prozessen verantwortlich sind. Aus ihrer Bedeutung für individuelle psychische Grundfunktionen folgt, dass sie Einfluss auf psychische Störungen und Gesundheit, Lernen, Arbeit, Leistung sowie Identitäts- und Persönlichkeitsentwicklung nehmen.

Habituell gestörte Emotionen sind Kernbestandteile der meisten *psychischen Störungen* (Pekrun, 1998). Beispiele sind exzessive Angst bei Phobien, Niedergeschlagenheit bei depressiven Störungen oder exzessive Euphorie in manischen Zuständen. Die Abwesenheit solcher Störungen und das Vorhandensein von positiven Emotionen und von Kompetenzen zur Bewältigung negativer Emotionen lassen sich als zentrale Bestandteile psychischer Gesundheit auffassen. Habituelle negative Emotionen können ferner auch körperliche Krankheiten (mit-)bedingen. Dies gilt z. B. für exzessiv erlebten, häufigen Ärger, der möglicherweise mit einer erhöhten Wahrscheinlichkeit koronarer Herzerkrankungen einhergeht (Otto, 1992). Fraglich ist allerdings, wie stark solche Effekte tatsächlich sind (z. B. Amelang & Schmidt-Rathjens, 2003).

Im *Lern- und Leistungsbereich* ist für habituelle Prüfungsangst von Schülern und Studenten belegt, dass sie in der Regel negativ mit Schul- und Studienleistungen korreliert (Zeidner, 2007). Wesentlich hierfür sind vermutlich die kognitiven Komponenten von Prüfungsangst (Sorgen um drohende Misserfolge, ihre Konsequenzen etc.), die Kapazitätsanteile des Arbeitsgedächtnisses beanspruchen und damit die Bearbeitung komplexer bzw. schwieriger Lern- und Prüfungsaufgaben beeinträchtigen. Darüber hinaus ist zu vermuten, dass Angst die individuelle Lernmotivation, das Interesse am Lernen und den Einsatz individueller Lern- und Problemlösestrategien steuert. Auch für andere habituelle Schul- und Studienemotionen (z. B. Langeweile, Lernfreude) ist anzunehmen, dass sie erheblichen Einfluss auf Lern- und Leistungsprozesse nehmen können (Pekrun, Goetz, Titz & Perry, 2002). Ähnliches gilt für individualtypische Emotionen bei der Arbeit und im Sport.

Schließlich sind habituelle Emotionen auch für die *Persönlichkeits- und Identitätsentwicklung* von zentraler Bedeutung. Die individuelle Emotionalität („Temperament") steuert bereits im Säuglingsalter eigenes Verhalten und damit auch Reaktionen der Umwelt (Ambert, 1992). Positive Emotionen dürften über den Lebenslauf hinweg eine wesentliche Voraussetzung für kreative Selbstgestaltung und Nutzung von Handlungsspielräumen, die Gewährung solcher Spielräume durch Bezugspersonen und resultierende Wahrnehmungen eigener Individualität sein, während eine Reihe von negativen Emotionen (z. B. Hoffnungslosigkeit) explorativ-selbsterprobendes Handeln eher behindern dürften. Für das Kindes- und Jugendalter wird dies u. a. von Befunden der Bindungsforschung belegt, welche die Bedeutung positiver affektiver Bindung an Bezugspersonen für exploratives Verhalten zeigen (Spangler & Zimmermann, 1995). Die vom Säuglingsalter an resultierenden Kompetenzentwicklungen und Bahnungen von Motivations- und Handlungsgewohnheiten dürften zentral für die gesamte Persönlichkeitsentwicklung und ihre subjektive Spiegelung in selbst- und außengerichteten Komponenten der Identität sein (Selbstkonzepte, Selbstwertgefühle etc.).

4 Ausblick

Die Forschung der letzten Jahre hat erhebliche Erkenntnisgewinne zu den Strukturen persönlichkeitsspezifischer Emotionen und ihren Zusammenhängen mit einzelnen Bedingungs- und Wirkungsvariablen erbracht. Neben einer Fülle von Detailfragen aber sind auch einige Grundprobleme des Verhältnisses von Persönlichkeit und Emotion bisher kaum geklärt. Unter *strukturell-deskriptiven* Gesichtspunkten deutet sich zwar ein Konsens an, wie emotionale Individualität aus nomothetischer Perspektive beschreibbar ist (s. Abschnitt 2.1). Erst zukünftige Forschung aber wird befriedigende Antworten auf die Frage liefern können, inwieweit Emotionsstrukturen in Gestalt von emotionalen Reaktionshierarchien, Mustern von emotionalen Reaktionskomponenten, Inhalten solcher Komponenten etc. individuell einzigartig organisiert sein können, welche Person- und Kontextbedingungen für die individuelle Organisation von Emotionen verantwortlich sind und welche Funktionen ihr zukommen. Ähnliches gilt für die spezifischen Strukturen von Emotionen in unterschiedlichen Kulturen und historischen Epochen.

Unter *dynamisch-explikativer* Perspektive ist zu konstatieren, dass die meisten Studien zu individuellen Emotionsbedingungen und -folgen bisher Denkmodellen unidirektionaler Kausalität verpflichtet waren. Durchgeführt wurden laborexperimentelle Studien, die Emotionen jeweils entweder als Ursache oder als Wirkungsvariablen vorsahen, sowie querschnittliche Feldstudien ohne Anspruch auf Klärung dynamischer Bedingungszusammenhänge. Ein Beispiel ist die mittlerweile mehr als 1.000 Studien umfassende Forschung zu den Leistungswirkungen von Prüfungsangst: In Laborstudien wurden leistungsreduzierende Effekte von Angst belegt, in Feldstudien negative Korrelationen habitueller Angst mit Schul- und Studienleistungen (Zeidner, 2007). Nur eine kleine Zahl von Längsschnittstudien aber hat sich um die zu vermutenden, teils komplexen Rückkopplungsbeziehungen gekümmert, die Angst-Leistungs-Zusammenhängen tatsächlich zugrunde liegen dürften (vgl. Pekrun, 1992). Für zukünftige Forschung ist deshalb zu fordern, die aktual- und ontogenetische Verlaufs- und Bedingungsdynamik von Emotionen angemessener zu modellieren.

Schließlich gilt auch unter dynamischer Perspektive, dass die bisher dominierenden, ausschließlich nomothetisch orientierten Ansätze ergänzungsbedürftig sind: Nicht nur die Strukturen von Emotionen, sondern auch manche ihrer Funktionen können in Existenz und Form von Person zu Person variieren. Um der komplexen Realität individueller Emotionalität gerecht zu werden, sollten zukünftige Studien zur Persönlichkeitspsychologie der Emotionen neben nomothetisch beschreibbaren Struktur- und Funktionsaspekten auch idiografisch zu ermittelnde Aspekte des individuellen Gefühlslebens analysieren.

Weiterführende Literatur

Krohne, H.-W. & Kohlmann, C.-W. (1990). Persönlichkeit und Emotion. In K. R. Scherer (Hrsg.), *Enzyklopädie der Psychologie, Serie Motivation und Emotion, Band 3, Psychologie der Emotion* (S. 485–559). Göttingen: Hogrefe.

Lewis, M. & Haviland-Jones, J. M. (Eds.). (2000). *Handbook of emotions* (2nd ed.). New York, NY: Guilford.

Scherer, K. R., Schorr, A. & Johnstone, T. (Eds.). (2001). *Appraisal processes in emotion.* Oxford, UK: Oxford University Press.

Literatur

Allport, G. W. (1938). *Personality. A psychological interpretation.* London: Constable.

Ambert, A.-M. (1992). *The effect of children on parents.* New York: Haworth.

Amelang, M. & Schmidt-Rathjens, C. (2003). Persönlichkeit, Krebs und koronare Herzerkrankungen: Fiktionen in der Ätiologieforschung. *Psychologische Rundschau, 54,* 12–23.

Anderson, C. A., Miller, R. S., Riger, A. L., Dill, J. C. & Sedikides, C. (1994). Behavioral and characterological attributional styles as predictors of depression and loneliness: Review, refinement, and test. *Journal of Personality and Social Psychology, 66,* 549–558.
Bates, J. E. (2000). Temperament as an emotion construct: Theoretical and practical issues. In M. Lewis & J. M. Haviland-Jones (Eds.), *Handbook of Emotions* (pp. 382–396). New York: Guilford.
Canli, T. (Ed.). (2006). *Biology of personality and individual differences.* New York: Guilford.
Csikszentmihalyi, M. (1985). *Jenseits von Angst und Langeweile: Im Tun aufgehen.* Stuttgart: Klett.
Feldman Barrett, L. & Russell, J. A. (1998). Independence and bipolarity in the structure of current affect. *Journal of Personality and Social Psychology, 74,* 967–984.
Goleman, D. (1996). *Emotionale Intelligenz.* München: Hanser.
Krohne, H.-W., Egloff, B., Kohlmann, C.-W. & Tausch, A. (1996). Untersuchungen mit einer deutschen Version der „Positive and Negative Affect Schedule" (PANAS). *Diagnostica, 42,* 139–156.
Larsen, R. J. & Diener, E. (1987). Affect intensity as an individual difference characteristic: A review. *Journal of Research in Personality, 21,* 1–39.
Laux, L. & Glanzmann, P. G. (1996). Angst und Ängstlichkeit. In M. Amelang (Hrsg.), *Temperaments- und Persönlichkeitsunterschiede* (Enzyklopädie der Psychologie, Serie Differentielle Psychologie und Persönlichkeitsforschung, Band 3, S. 107–151). Göttingen: Hogrefe.
Laux, L., Glanzmann, P., Schaffner, P. & Spielberger, C. D. (1981). *Das State-Trait-Angst-Inventar (STAI).* Weinheim: Beltz.
Loehlin, J. C. (1992). *Genes and environment in personality development.* Newbury Park, CA: Sage.
Matthews, G. & Zeidner, M. (2002). *Emotional intelligence: Science and myth.* Cambridge, MA: MIT Press.
McCrae, R. R. & Allik, J. (Eds.). (2002). *The Five-Factor Model of personality across cultures.* New York: Kluwer Academic Publishers.
Otto, J. (1992). Ärger, negative Emotionalität und koronare Herzkrankheit. In U. Mees (Hrsg.), *Psychologie des Ärgers* (S. 206–218). Göttingen: Hogrefe.
Pekrun, R. (1988). *Emotion, Motivation und Persönlichkeit.* München: Psychologie Verlags Union.
Pekrun, R. (1992). The expectancy-value theory of anxiety: Overview and implications. In D. G. Forgays, T. Sosnowski & K. Wrzesniewski (Eds.), *Anxiety: Recent developments in self-appraisal, psychophysiological, and health research* (pp. 23–41). Washington: Hemisphere.
Pekrun, R. (1998). Emotionsstörungen. In U. Baumann & M. Perrez (Hrsg.), *Lehrbuch Klinische Psychologie – Psychotherapie* (2. Aufl., S. 687–706). Bern: Huber.
Pekrun, R. (2006). The control-value theory of achievement emotions. *Educational Psychology Review, 18,* 315–341.
Pekrun, R., Goetz, T., Titz, W. & Perry, R. P. (2002). Academic emotions in students' self-regulated learning and achievement: A program of quantitative and qualitative research. *Educational Psychologist, 37,* 91–106.

Posner, J., Russell, J. A. & Peterson, B. S. (2005). The circumplex model of affect: An integrative approach to affective neuroscience, cognitive development, and psychopathology. *Development and Psychopathology, 17,* 715–734.

Schimmack, O. & Diener, E. (1997). Affect intensity: Separating intensity and frequency in repeatedly measured affect. *Journal of Personality and Social Psychology, 73,* 1313–1329.

Spangler, G. & Zimmermann, P. (Hrsg.). (1995). *Die Bindungstheorie.* Stuttgart: Klett.

Spielberger, C. D. (1972). Anxiety as an emotional state. In C. D. Spielberger (Ed.), *Anxiety: Current trends in theory and research* (Vol. 1, pp. 23–49). New York: Academic Press.

Watson, D. (2002). Positive affectivity: The disposition to experience pleasurable emotional states. In C. R. Snyder & S. J. Lopez (Eds.), *Handbook of positive psychology* (pp. 106–119). New York: Oxford University Press.

Watson, D. & Clark, L. A. (1992). Affects separable and inseparable: On the hierarchical arrangement of the negative affects. *Journal of Personality and Social Psychology, 62,* 489–505.

Zeidner, M. (2007). Test anxiety in educational contexts: Concepts, findings and future directions. In P. A. Schutz & R. Pekrun (Eds.), *Emotions in education* (S. 165–184). San Diego: Academic Press.

Geschlechtsunterschiede in Emotionen
Gender Differences in Emotions

Andrea E. Abele

1 Einleitung

Mädchen heulen, Jungen sind cool; Frauen sind gefühlsgesteuert, Männer nutzen ihren Verstand; Frauen haben Angst, Männer sind furchtlos. Diese und ähnliche Meinungen kann man hören, wenn es um die Frage geht, ob es Geschlechtsunterschiede in Emotionen gibt. Alltagspsychologisch reagieren Frauen emotionaler als Männer. „Emotionaler" heißt hierbei mehr Gefühlsschwankungen, intensiveres emotionales Erleben, häufigeres Erleben spezifischer Emotionen und mehr Unausgeglichenheit. In Skalen zur Erfassung von „Maskulinität" vs. „Feminität" gehört „emotional" eindeutig zum femininen Bereich (z. B. Spence, Helmreich & Stapp, 1974).

> **Das Stereotyp der emotionalen Frau und des rationalen Mannes**
> Items in Femininitäts- und Maskulinitätsskalen (F, M):
> - „Ich denke viel über meine Motive und Gefühle nach" (F)
> - „Ich schaue gern Fußball an" (M)
> - „Donner und Blitz erschrecken mich" (F)
> - „emotional" (F) – „der Gefühle anderer sehr bewusst" (F) – „gefühlsbetont" (F)
> - „unabhängig" (M) – „durchsetzungsfähig" (M) – „Führungstyp" (M)

Doch lässt sich diese Vermutung belegen? Oder handelt es sich bei der Annahme der „emotionaleren Frau" eher um ein Stereotyp, das zwar einen kleinen Wahrheitskern beinhaltet, jedoch stark überzeichnet ist? Nach einer Betrachtung verschiedener Konnotationen von „Geschlecht" und deren Bezug zu Geschlechtsunterschieden in Emotionen werden empirische Befunde zusammengefasst und es wird versucht, eine Antwort auf die Frage zu geben, ob Frauen emotionaler sind als Männer.

2 Drei Bedeutungen von Geschlecht

Der Terminus „Geschlecht" kann unter psychologischer Perspektive dreifach differenziert werden (Abele, 2000).

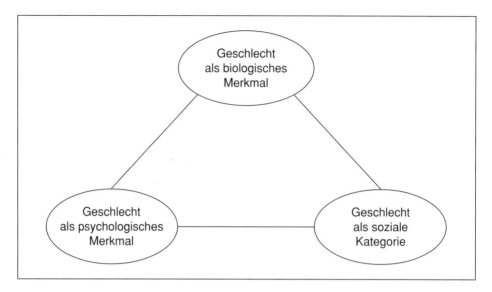

Abbildung 1: Die dreifache Bedeutung von „Geschlecht"

Geschlecht ist zum einen ein *biologisches Merkmal* und impliziert damit eine Reihe von biologischen Unterschieden zwischen Männern und Frauen, z. B. hormonelle Struktur, Körperbau, etc. (→ Psychophysiologie). Im vorliegenden Kontext ist unter biologischer Perspektive z. B. zu fragen, ob hormonelle Unterschiede für unterschiedliches emotionales Erleben der Geschlechter verantwortlich sind. Zweitens ist Geschlecht ein *psychologisches Merkmal*, d. h. jede Person hat in ihrem Selbstkonzept Anteile, die sich auf ihre Geschlechtszugehörigkeit und darauf beziehen, wie sie sich selbst als Frau oder Mann, Mädchen oder Junge sieht. Dieses psychologische Merkmal wird üblicherweise über Skalen zu Maskulinität/Femininität bzw. Instrumentalität und Expressivität erfasst (Spence et al., 1974). Man spricht in diesem Zusammenhang auch von Geschlechtsrollenorientierung (vgl. Abele, 2003). Im vorliegenden Kontext ist z. B. zu fragen, ob besonders „instrumentelle" Männer emotional anders reagieren als Männer, die besonders „expressiv" sind. Geschlecht ist schließlich auch ein Merkmal zur Zuordnung von Personen zu Gruppen, wir sprechen hier von Geschlecht als *soziale Kategorie*. Die Zuordnung von Personen zu Kategorien, z. B. Geschlechtskategorien, impliziert eine Reihe weiterer Prozesse, u. a. die Generierung von Erwartungen darüber, wie sich ein typischer Mann zu verhalten habe und welche Eigenschaften eine typische Frau hat. Diese Erwartungen können zu selektiver Aufmerksamkeit auf erwartungskonforme Informationen oder zu geschlechtsspezifisch differierendem Verhalten gegenüber der Person führen. Im vorliegenden Kontext ist zu fragen, ob Erwartungen an die „Emotionalität" von Frauen und Männern unterschiedlich sind und ob sich diese Erwartungen möglicherweise in Form sich selbst erfüllender Prophezeiungen niederschlagen.

3 Geschlecht und das Erleben von Emotionen

Nach meta-analytischen Befunden berichten Frauen etwas mehr Emotionen als Männer (Dindia & Allen, 1992). Allerdings ist der Unterschied klein und hängt von weiteren Faktoren ab. So sprechen Personen generell mehr über ihre Gefühle, wenn sie sich mit einer Frau unterhalten. Wenn es um negative Gefühle geht, dann berichten Frauen eher Traurigkeit und depressive Verstimmungen, Männer eher Ärger. Wichtig ist auch die Art der Messung: Wenn ein direkter Selbstbericht gegeben wird, sind die Geschlechtsunterschiede größer als wenn indirektere Verfahren, z. B. Beobachtungen oder physiologische Messungen verwendet werden (LaFrance & Banaji, 1992). Es könnte eine Art „Erinnerungsbias" dergestalt geben, dass Frauen sich an Emotionen besser erinnern als Männer. Hinzu kommt, dass im Zusammenhang mit ihrer Geschlechtsrolle Männer möglicherweise mehr Scheu haben, über Emotionen zu sprechen als Frauen (→ Gedächtnis und Emotion).

Während die Befunde zur *Häufigkeit* des emotionalen Erlebens eher geringe Geschlechtsunterschiede nahe legen, lassen andere Selbstberichtstudien vermuten, dass die *Intensität* des emotionalen Erlebens bei Frauen größer ist als bei Männern (z. B. Davis, 1999). Studien, die die Intensität emotionalen Erlebens mit physiologischen Parametern (Herzschlag, Blutdruck etc.) erfassen, sind in ihren Ergebnissen komplex. Möglicherweise zeigen Männer stärkere physiologische Reaktionen als Frauen. Schließlich legen einige Arbeiten nahe, dass Frauen und Männer andere Informationsquellen beim Erschließen ihrer Emotionen nutzen (Pennebaker & Roberts, 1992). Männer gründen ihre Emotionen eher auf physiologische Zustände, Frauen eher auf situative Bedingungen.

Hinsichtlich des Erlebens von Emotionen ergibt sich also ein komplexes Bild: Frauen berichten mehr emotionales Erleben, außer, wenn es um Ärger geht; je indirekter das subjektive Erleben erfasst wird, desto geringer werden die Geschlechtsunterschiede; im Selbstbericht ist die Intensität emotionalen Erlebens bei Frauen höher, bei physiologischen Messungen ist eher das Gegenteil der Fall.

Hinsichtlich der obigen dreifachen Konzeptualisierung von Geschlecht lassen diese Daten vermuten, dass der Selbstbericht über Emotionen durch das „psychologische Geschlecht", d. h. die eigene Geschlechtsrollenorientierung, und auch durch das „soziale Geschlecht", d. h. die stereotypen Vorstellungen darüber, wie sich Männer und Frauen unterscheiden (sollen), beeinflusst wird. Emotionales Erleben wird eher dem weiblichen als dem männlichen Geschlechterstereotyp zugeschrieben und Personen beiden Geschlechts, die sich selbst als besonders „maskulin" sehen, erleben subjektiv seltener Emotionen als Personen, die sich selbst als „feminin" oder als „androgyn" (hohe maskuline und feminine Selbstsicht) einschätzen. Die etwas stärkeren physiologischen Reaktionen der Männer und auch die Tatsache, dass Männer ihre Emotionen stärker auf interne, Frauen stärker auf externe Hinweisreize gründen, könnten auf biologische Geschlechtsunterschiede verweisen. Die Befunde könnten aber auch so interpretiert werden, dass die bei Männern häufiger zu beobachtende „Unterdrückung" emotionalen Erlebens zu stärkeren kompensatorischen physiologischen Reaktionen führt (vgl. Sieverding, 1999); sowie dass Frauen aufgrund ihrer Rollen stärker auf Umweltreize achten als Männer dies tun (vgl. Helgeson, 2002; → Emotionsregulation).

4 Geschlecht, der Ausdruck und das Erkennen von Emotionen

Emotionen werden mehr oder weniger absichtlich durch paraverbales Verhalten wie Mimik, Gestik, Blickverhalten, interpersonelle Distanz, Stimmlage, Versprecher etc. ausgedrückt. In Studien wurde sowohl untersucht, ob der paraverbale Emotionsausdruck von Frauen und Männern unterschiedlich ist, als auch ob Frauen und Männer sich in ihrer Fähigkeit, Emotionen anhand des paraverbalen Ausdrucks zu erkennen, unterscheiden. Die entsprechenden meta-analytischen Auswertungen (z. B. Hall, 1984) zeigen große Geschlechtsunterschiede. Frauen haben eine ausgeprägtere Gesichtsmimik und auch eine ausgeprägtere Körperexpressivität, sie schauen ihr Gegenüber häufiger an, haben mehr Blickkontakt und sie lächeln mehr. Männer umgekehrt halten größere interpersonelle Distanz, sind in ihrer Gestik expansiver und sind unruhiger. Die Unterschiede sind recht groß. Beispielsweise lächeln drei Viertel aller Frauen mehr als ein Mann im Durchschnitt lächelt. Geschlechtsunterschiede in der emotionalen Expressivität finden sich schon bei kleinen Kindern (→ Entwicklung).

Es gibt jedoch auch Emotionen, die Frauen nicht deutlicher ausdrücken als Männer. Dies sind Ärger und Enttäuschung. Wallbott (1988) ließ professionelle Schauspieler verschiedene Emotionen darstellen und zeigte die entsprechenden Fotos Kindern im Grundschulalter. Die Darstellung von Furcht und Trauer wurde besser erkannt, wenn eine Frau posiert hatte. Die Darstellung von Ärger wurde besser erkannt, wenn ein Mann posiert hatte.

Beim Emotionserkennen sind Frauen Männern überlegen. Nach der Meta-Analyse von Hall (1984) können im Vergleich zum durchschnittlichen Mann zwei Drittel aller Frauen Emotionen besser am Gesichtsausdruck ablesen. Dies trifft sogar zu, wenn die Stimuli an der Schwelle bewusster Aufmerksamkeit dargeboten werden. Diese Befunde deuten darauf hin, dass Frauen generell mehr auf Emotionen achten und sie insofern auch besser beim Gegenüber erkennen. Beim Ausdruck von Emotionen sind Frauen expressiver, wenn es um positive Emotionen (Lächeln) sowie um Furcht und Trauer geht. Ärger drücken Männer deutlicher aus. Diese Befunde entsprechen dem Stereotyp der „emotionaleren" Frau insofern, als Frauen emotional aufmerksamer sind, was wiederum zu den obigen

Befunden zum häufigeren subjektiven Erleben von Emotionen bei Frauen passt. Die Befunde entsprechen dem Stereotyp der „emotionaleren" Frau insofern nicht, als auch Männer – anders – ihre Emotionen ausdrücken und insbesondere bei Ärgeremotionen einen deutlicheren Ausdruck zeigen. Wiederum sind diese Ergebnisse mit der Konzeptualisierung von Geschlecht sowohl als psychologische Variable als auch als soziale Kategorie in Einklang zu bringen. Wenn Frauen per Stereotyp höhere Emotionalität zugeschrieben wird und wenn Frauen sich in Positionen befinden, in denen sie eher von anderen abhängig sind als Männer, dann achten sie auch mehr auf Andere, erkennen deren Emotionen insofern besser, verstecken Ärger- oder Enttäuschungsausdruck und sind freundlich und lächeln viel.

5 Geschlecht und emotionale Störungen

Während im Kindesalter eindeutig Jungen häufiger emotionale Störungen aufweisen als Mädchen, ist der Geschlechtsunterschied im Jugend- und Erwachsenenalter je nach Störung unterschiedlich. Frauen zeigen mehr depressive Störungen, die man auch als „internalisierende" Störungen bezeichnet. Bei „externalisierenden" Störungen wie physische Aggressivität, auch Autoaggression bis hin zu Suizid, wie Drogenmissbrauch oder intensiven Ärgerreaktionen sind dagegen Männer überrepräsentiert. Das Stereotyp der „emotionaleren" Frau wird also allenfalls hinsichtlich depressiver Verstimmungen gestützt, wobei auch hier zu berücksichtigen ist, dass Frauen solche Zustände bereitwilliger kommunizieren als Männer. Wieder spielen Geschlecht als psychologische Variable und als soziale Kategorie eine wichtige Rolle. Im Bereich klinisch auffälliger Störungen sind jedoch in Kombination mit sozialpsychologischen Faktoren auch biologische Erklärungen wahrscheinlich.

6 Emotionale Sozialisation von Mädchen und Jungen

Bei den bisherigen Befunden wurde immer wieder die besondere Bedeutung von Geschlecht als psychologische Variable sowie von Geschlecht als soziale Kategorie betont. Beides, die eigene „Maskulinität/Femininität", sowie kulturelle Stereotype über Frauen und Männer werden im Laufe der Sozialisation erworben. Es lohnt sich deshalb, Studien zur emotionalen Sozialisation von Mädchen und Jungen anzuschauen, von denen es bisher jedoch noch wenige gibt. Mütter als auch Väter nutzen bei ihren Töchtern mehr und vielfältigere Emotionsbegriffe als bei den Söhnen. Mädchen im Alter von knapp 6 Jahren verwenden mehr Emotionsbegriffe als Jungen. Jungen werden bestraft, wenn sie Trauer oder Furcht zeigen, Mädchen dagegen belohnt. Im Gegensatz zum Erwachsenenalter zeigen Studien mit Kindern, dass Jungen – manche – Emotionen intensiver ausdrücken als Mädchen. Die emotionale Sozialisation von Mädchen und Jungen verläuft offensichtlich teilweise unterschiedlich. Mädchen und Jungen werden für unterschiedliche Emotionen belohnt bzw. bestraft und emotionale Expressivität wird bei Jungen eher unterbunden, während sie bei Mädchen zumindest nicht unterbunden, vielleicht sogar gefördert wird. Möglicherweise ist auch die Bedeutung von Vater und Mutter für die emotionale Sozialisation ihrer Kinder und damit auch das Rollenmodell beider Eltern für Mädchen und Jungen unterschiedlich. Allerdings ist die Basis an Studien, auf die entsprechende Folgerungen aufgebaut werden können, noch recht schmal.

7 Folgerungen

Der Literaturüberblick zeigt, dass Geschlechtsunterschiede in Emotionen kleiner sind als per Stereotyp erwartet. Im folgenden Kasten sind die wichtigsten Befunde zusammengefasst.

Zusammenfassung der Befunde zu Geschlecht und Emotionen

- Frauen und Männer unterscheiden sich in der Häufigkeit emotionalen Erlebens wenig.
- Frauen zeigen im Selbstbericht intensiveres emotionales Erleben.
- Männer zeigen auf physiologischen Parametern intensivere Emotionen.
- Männer nutzen physiologische Hinweise mehr, Frauen situative Hinweise mehr, wenn es um die Beschreibung der eigenen Emotion geht.
- Frauen sind im Emotionsausdruck expressiver – Ausnahmen sind Ärger und Enttäuschung.
- Frauen lächeln sehr viel mehr als Männer.
- Ärger wird im Gesichtsausdruck von Männern, Furcht und Trauer werden im Gesichtsausdruck von Frauen besser erkannt.
- Frauen sind besser beim Erkennen von Emotionen als Männer.
- Frauen zeigen mehr internalisierende, Männer mehr externalisierende emotionale Störungen.
- Jungen zeigen mehr emotionale Auffälligkeiten als Mädchen.
- Jungen äußern ihre Emotionen intensiver als Mädchen.
- Eltern reagieren auf den Emotionsausdruck von Mädchen und Jungen unterschiedlich.
- Die emotionale Sozialisation von Mädchen und Jungen verläuft unterschiedlich.

Stereotype Erwartungen im Sinne von „Geschlecht als soziale Kategorie" und individuelle Unterschiede im Geschlechtsrollenselbstkonzept sind plausible Interpretationen für viele der gefundenen Unterschiede (vgl. Tab. 1).

Tabelle 1: Geschlechtsunterschiede in Emotionen – theoretische Perspektive

Befundbereich	Interpretierbarkeit durch		
	Geschlecht als biologisches Merkmal	Geschlecht als psychologisches Merkmal	Geschlecht als soziale Kategorie
Selbstbericht Häufigkeit emotionalen Erlebens	eher nein	ja	ja
Selbstbericht Intensität emotionalen Erlebens	eher nein	ja	ja
Physiologische Reaktivität	ja	eher ja	ja
Emotionsausdruck	unklar	ja	ja
Emotionserkennen	unklar	ja	ja
Emotionale Störungen	ja	ja	ja

Von Männern werden hinsichtlich des Erlebens und insbesondere des Ausdrucks von Emotionen andere Verhaltensweisen erwartet als von Frauen und entsprechend werden bereits kleine Jungen anders behandelt als kleine Mädchen. Ein Mann soll keine Furcht zeigen und seine Trauer für sich behalten. Ärger darf er durchaus ausdrücken, weil er bei Auseinandersetzungen mit Anderen „kämpfen" muss. Frauen dürfen ängstlich sein, sie dürfen ihre Unsicherheit und Traurigkeit zeigen und entsprechend tun sie das auch mehr, erinnern sich an solche Episoden besser und wirken deshalb „emotionaler", selbst wenn die physiologischen Reaktionen eine andere Sprache sprechen. Nach solchen Stereotypen befragt, würden wahrscheinlich die meisten Menschen antworten, sie hätten keine. Trotzdem können sie subtil wirken. Beispiel für solche subtilen Wirkungen von geschlechtsbezogenen Emotionsstereotypen ist eine Studie von Becker, Kenrick, Neuberg und Smith (2007). Sie zeigten, dass Ärger schneller auf männlichen Gesichtern und Freude schneller auf weiblichen Gesichtern erkannt wird.

Geschlechterstereotype wirken sich auch auf das Selbstkonzept aus. So findet man beispielsweise, dass Frauen sich tatsächlich als „emotionaler" und auch als „einfühlsamer" bezeichnen als Männer (z. B. Abele, 2003) und dass Personen in Abhängigkeit vom Selbstkonzept ihre Emotionen unterschiedlich ausdrücken. In einem Übersichtsartikel kommt Manstead (1992) zu dem Schluss, dass Geschlechtsunterschiede in Emotionen derzeit besser durch sozialpsychologische Faktoren als durch biologische Prozesse erklärt werden könnten. Es könnte auch sein, dass – geringfügige – biologische Unterschiede im Erleben und im Ausdruck von Emotionen zwischen den Geschlechtern bestehen, diese jedoch durch Sozialisation, durch Rollenvorgaben und durch gesellschaftliche Normen überformt und verstärkt werden.

Weiterführende Literatur

Fischer, A. H. (Ed.). (2000). *Gender and emotion: Social psychological perspectives*. New York: Cambridge University Press.
Helgeson, V. S. (2002). *The psychology of gender*. Upper Saddle River, N. J.: Pearson.
Lippa, R. A. (2002). *Gender, nature, and nurture*. Mahwah, NJ: Lawrence Erlbaum.

Literatur

Abele, A. E. (2000). A dual impact model of gender and career related processes. In T. Eckes & H.-M. Trautner (Eds.), *The developmental social psychology of gender* (pp. 361–388). New Jersey: Erlbaum.
Abele, A. E. (2003). The dynamics of masculine-agentic and feminine-communal traits. Findings from a prospective study. *Journal of Personality and Social Psychology, 85* (4), 768–776.
Becker, D. V., Kenrick, D. T., Neuberg, S. L. & Smith, D. M. (2007). The confounded nature of. angry men and happy women. *Journal of Personality and Social Psychology, 92* (2), 179–190.
Davis, P. (1999). Gender differences in autobiographical memory for childhood emotional experiences. *Journal of Personality and Social Psychology, 76, 498–510*.
Dindia, K. & Allen, M. (1992). Sex differences in self-disclosure: A meta-analysis. *Psychological Bulletin, 112,* 106–124.
Hall, J. A. (1984). *Nonverbal sex differences: Communication accuracy and expressive style*. Baltimore: John Hopkins University Press.
LaFrance, M. & Banaji, M. (1992). Toward a reconsideration of the gender-emotion relationship. *Review of Personality and Social Psychology, 14,* 178–201.
Manstead, A. S.R. (1992). Gender differences in emotion. In A. Gale & M. Eysenck (Eds.), *Handbook of individual differences: Biological perspectives* (pp. 355–387). Oxford: Wiley.
Pennebaker, J. W. & Roberts, T. A. (1992). Toward a his and hers theory of emotion: Gender differences in visceral perception. *Journal of Social and Clinical Psychology, 11,* 199–212.
Sieverding, M. (1999). Die Geschlechterfrage bei der Untersuchung psychischer Gesundheit: Drei Ebenen der Geschlechtsrolle. In E. Brähler & H. Felder (Hrsg.), *Weiblichkeit – Männlichkeit und psychische Gesundheit* (pp. 31–57). Düsseldorf: Westdeutscher Verlag.

Spence, J. T., Helmreich, R. L. & Stapp, J. (1974). The Personal Attributes Questionnaire: A measure of sex-role stereotypes and masculinity and femininity. *Journal Supplement Abstract Service: Catalog of Selected Documents in Psychology, 4,* 43–44.

Wallbott, H. G. (1988). Big girls don't frown, big boys don't cry – Gender differences of. professional actors in communicating emotion via facial expression. *Journal of Nonverbal Behavior, 12* (2), 98–106.

Emotionale Intelligenz und Emotionale Kompetenz[1]
Emotional Intelligence and Emotional Competence

Jürgen H. Otto

1 Geschichte

Mit Thorndikes Idee „Sozialer Intelligenz" und Wechslers Gedanken zu „nonintellective factors in general intelligence" wurde schon zu Anfang des 20. Jahrhunderts vorgeschlagen, den Intelligenzbegriff nicht nur auf intellektuelle Fähigkeiten und Leistungen zu beziehen, sondern soziale und emotionale Aspekte zu berücksichtigen. Ausgangspunkt der neueren Arbeiten zur sog. Emotionalen Intelligenz (EI) waren die Untersuchungen von John D. Mayer zu emotionsbezogenen Kognitionen (meta-moods). Mayer und seine Mitarbeiter erfassten mit Fragebogen Selbsteinschätzungen, die Gefühlszustände begleiten und die die Kontrolle, Klarheit, Akzeptanz, Typizität und Veränderung von Gefühlszuständen betreffen. In einem ersten Rahmenmodell emotionsbezogener Fähigkeiten der Einschätzung, des Ausdrucks, der Bedeutungserfassung und der Regulation eigener und fremder Gefühle bezeichnen Salovey und Mayer (1990) das Ensemble dieser Fähigkeiten als „Emotionale Intelligenz".

Der Wissenschaftsjournalist D. Goleman (1995) entlieh diesen Begriff für seinen Bestseller, der den populistischen Höhepunkt des Themas markiert (Time Magazine, Oktober, 1995). Die suggestiven Spekulationen Golemans und sein „nicht ernst zunehmender EQ Test" (Mayer, Salovey & Caruso, 2000, S. 411) haben nichts mit den seriösen wissenschaftlichen Arbeiten von Mayer und Salovey gemein. Welche Modellvorstellungen lassen sich heute zur Erforschung der EI antreffen?

2 Modelle

2.1 Modellkategorien

Mayer et al. (2000) haben zwei Modellkategorien zur Beschreibung der EI-Modelle vorgeschlagen. Zum einen handelt es sich um die inhaltliche Unterscheidung, ob ein Modell nur emotionsbezogene, intellektuelle Fähigkeiten erfassen

---

[1] Ich danke Ralf Schulze, Aljoscha Neubauer und Harald Freudenthaler für ihre Kommentare zu einer früheren Kapitelfassung.

soll (reines Modell) oder ob auch weitere, nicht-intellektuelle Persönlichkeitsmerkmale (→ Persönlichkeit und Emotion) im Modell berücksichtigt werden (gemischtes Modell). Zum anderen wird die methodische Unterscheidung getroffen, ob Leistungsdaten (T-Daten) oder Selbstauskünfte (Q-Daten) als Daten herangezogen werden (→ Verbale Daten: Fragebogenverfahren). Die Bezeichnung „Emotionale Intelligenz" empfiehlt sich für reine, performanzbasierte Modelle, während bei Selbstauskünften besser von „Emotionaler Kompetenz" gesprochen werden soll. Die Modelle, denen Selbstberichtsverfahren zugrunde liegen, unterscheiden sich deutlicher voneinander und wurden in der Regel über Faktorenanalysen aus den Messinstrumenten gewonnen. Tabelle 1 fasst die bekanntesten Modelle und ihre Messverfahren sowie deren Akronyme zusammen.

Tabelle 1: Kategorien zur Beschreibung der Modelle Emotionaler Intelligenz und Kompetenz mit der Zuordnung ihrer gewöhnlichen Messverfahren und deren Akronyme

Modelltyp	Messung	
	T-Daten	Q-Daten
Rein	MEIS[a] MSCEIT V2.0[b]	SREIT[c] TMMS[d]
Gemischt		EQ-i[e]

Anmerkungen: Deutschsprachige Verfahren werden entwickelt. [a] Multifactor Emotional Intelligence Scale (Mayer, Caruso & Salovey, 1999); [b] Mayer-Salovey-Caruso Emotional Intelligence Test (Mayer, Salovey & Caruso, 2002); [c] Self-Report EI Test (Schutte et al., 1998). [d] Trait Meta-Mood Scale (Salovey, Mayer, Goldman, Turvey & Palfai, 1995). [e] Emotional Quotient Inventory (Bar-On, 1997).

2.2 Modelle, Messverfahren, Definitionen

Zuerst werden die reinen, dann die gemischten Modelle und ihre Messverfahren dargestellt. Mayer et al. (2000) gehen von reinen Fähigkeiten der EI aus, weil diese das traditionelle Intelligenzverständnis widerspiegeln. Mit über 141 Einzelaufgaben zur
- Emotionserkennung in Gesichtern, Landschaften und abstrakten Bildern,
- Erleichterung kognitiver Prozesse durch Emotionen und Emotionsempfindungen,
- Einsicht in die Zusammensetzung und Veränderung von Emotionen und
- Emotionsregulation bei sich selbst und anderen

werden die vier entsprechenden „Zweige" der EI (Perceiving Emotions, Using Emotions to Facilitate Thought, Understanding Emotions, Managing Emotions) erfasst. Als genuines Maß der EI kann der MSCEIT V2.0 (Mayer et al., 2002) mit seinem Vorläufer, dem MEIS (Mayer et al., 1999), gelten. Mayer et al. (2000) definieren emotionale Intelligenz folgendermaßen:

> **Definition: Emotionalen Intelligenz (EI)**
> „More formally, we define emotional intelligence as the ability to perceive and express emotion, assimilate emotion in thought, understand and reason with emotion, and regulate emotion in the self and others." (Mayer et al., 2000, S. 396)

Als Maß der Emotionalen Kompetenz können der SREIT (Schutte et al., 1998) und die TMMS (Salovey, Mayer, Goldman, Turvey & Palfai, 1995) gelten. Der Fragebogen von Schutte et al. lehnt sich an das frühe, vorwiegend fähigkeitsbasierte Modell von Salovey und Mayer an (Salovey & Mayer, 1990). Ein Beispielitem ist: „I am aware of my emotions as I experience them". Die Tauglichkeit des SREIT als „reines" Konzept, seine eindimensionale Struktur sowie seine Vorhersagemöglichkeiten werden jedoch angezweifelt (Brackett & Mayer, 2003).

Das TMMS-Konzept (Salovey et al., 1995) ist ebenfalls ein an dem frühen Modell orientiertes Konzept. Methodisch sehen Mayer et al. (2000) das persönlichkeitstestbasierte Vorgehen an als „… a less direct way of assessing performance … tapping internal experiences difficult to obtain with performance measures …" (S. 408).

> **Definition: Emotionalen Kompetenz (beliefs about EI, EI self-efficacy, perceived emotional intelligence; PEI)**
> „Perceived emotional intelligence (PEI), defined as the ability to attend to, distinguish among, and regulate moods …" (Salovey, Stroud, Woolery & Epel, 2002, S. 622)

Entsprechend erfassen die 48 Fragebogenitems der drei TMMS-Unterskalen die Überzeugung, inwieweit Emotionen Aufmerksamkeit geschenkt wird (Beispielitem: „I pay a lot of attention to how I feel"), wie klar das Erleben der Gefühle ist (Beispielitem: „I am usually very clear about my feelings") und ob negative Gefühle beendet und positive beibehalten werden können (Beispielitem: „I try to have good thoughts no matter how bad I feel").

Bar-On (1997) stellt mit seinem EQ-i das umfassendste, gemischte Modell der EI zur Verfügung. Sein Modell umfasst z. B. auch Merkmale wie Selbstbehauptung, Impulskontrolle und Optimismus und geht damit schon über die Definition von emotionaler Kompetenz hinaus. Gerade seine Breite und damit potenzielle Überlappung mit bekannten Persönlichkeitsmerkmalen, sowie seine geringe Konvergenz mit leistungstestbasierten Verfahren, wird kritisch gesehen (Matthews, Zeidner & Roberts, 2002). Unabhängige Validierungsstudien sind selten (Petrides & Furnham, 2001).

3 Reliabilität und Validität der Messinstrumente

Der leistungstestbasierte Zugang zur EI ist besonders wegen Reliabilitätsproblemen kritisiert worden. Zur Emotionalen Kompetenz, basierend auf Selbstauskünften, werden vor allem Validitätsprobleme diskutiert. Für die Kritiker sind aber die psychometrischen Standards bis heute nicht befriedigend und sie empfehlen, die fähigkeitsbasierten und persönlichkeitsbasierten Konzeptionen getrennt weiterzuverfolgen (Matthews et al., 2002; vgl. Mayer et al., 2000).

3.1 Reliabilität

Der leistungstestbasierte Ansatz ist wegen methodischer Probleme in die Kritik geraten, die vor allem die Unstimmigkeiten zwischen expertenbezogenen und konsensuellen Auswertungskriterien der Testvarianten betreffen. Beim Konsensusverfahren besteht die Auswertung einer Multiple-Choice-Testaufgabe üblicherweise in der Zuweisung des Wertes, der dem relativen Anteil von Personen einer Referenzstichprobe entspricht, die die jeweilige Option für korrekt eingeschätzt hatten. Beim Expertenverfahren wird genau so vorgegangen, die Referenzstichprobe setzt sich jedoch nicht aus einer möglichst repräsentativen Stichprobe, sondern aus 21 Experten der International Society for Research on Emotion zusammen (Mayer et al., 2002, Mayer, Solovey, Caruso & Sitarenios, 2003). Der Artikel von Davies, Stankov und Roberts (1998) formulierte eine massive Kritik an frühen Skalenentwicklungen zur EI, wie die TMMS und die Vorläufertests des MEIS. Selbstberichtsmaße zeigten eine hohe Übereinstimmung mit bekannten Persönlichkeitsmaßen (Neurotizismus, Extraversion, Umgänglichkeit; → Persönlichkeit und Emotion). Um die Reliabilitätsprobleme objektiver Maße auszuräumen, entwickelten Mayer et al. (1999) den MEIS weiter. Roberts, Zeidner und Matthews (2001) untersuchten diese Weiterentwicklung. Es zeigten sich die erwarteten moderaten Korrelationen, besonders der Komponente Emotionsverständnis, zu kognitiven Intelligenzkomponenten (verbale und kristallisierter Intelligenz) und nur geringfügige Zusammenhänge zu Persönlichkeitsdimensionen (Big Five, 16 PF). Kritisch blieb, dass verschiedenen Auswertungsmethoden, nach konsensuellen und Experten-Kriterien, zu unterschiedlichen Faktorenstrukturen des EI-Konzepts, d. h. verschiedenen Ergebnissen führten.

Für die aktuelle Entwicklungsstufe, den MSCEIT V2.0, wird eine zufrieden stellende Übereinstimmung der Scoringmethoden berichtet (Mayer et al., 2003), jedoch in einer solchen Höhe, dass eine vom kommerziellen Testanbieter (Multi-

Health Systems) unabhängige Replikation dringend erforderlich erscheint (Matthews et al., 2002).

Verschieden Arten der Validität der MEIS und des MSCEIT wurden intensiv untersucht (z. B. Brackett & Mayer, 2003; Mayer et al., 2003). Besonders haben sich die Vorhersagen abweichenden und prosozialen Verhaltens bewährt (Mayer, Salovey & Caruso, 2004).

3.2 Validität

Bei der Emotionalen Kompetenz stehen verschiedene Validitätsprobleme im Mittelpunkt der Kritik. Die fragebogenbasierten PEI-Maße zeigen so gut wie keine Zusammenhänge zu kognitiven Intelligenzkomponenten, aber Zusammenhänge zu Persönlichkeitsmerkmalen, vor allem zu Extraversion und Neurotizismus, die als Problem hinreichend *konvergenter* und *diskriminanter Validität* diskutiert werden (Davies et al., 1998). Fragebogen- und leistungstestbasierte EI-Maße sind in den wenigen Studien, die beide Maße untersuchten, nie negativ, aber oft nur schwach positiv korreliert (Brackett & Mayer, 2003). Dies betont die Unterschiedlichkeit der Konzepte.

Die wenigen empirischen Validierungsstudien, die zu den wichtigsten fragebogenbasierten PEI-Konzepten (TMMS, SREIT) vorliegen, geben Hinweise auf deren *Konstruktvalidität*. Erste Arbeiten der Gruppe um Mayer und Salovey untersuchten die Stressbewältigung (Salovey et al., 2002), während weitere Studien anderer Autoren die Emotionserkennung (Petrides & Furnham, 2003) und die kognitive Aufgabenbearbeitung zur Validierung heranzogen (Otto, Döring-Seipel & Lantermann, 2002).

> **Beispiel:**
> Eine Validierungsstudie zur emotionalen Klarheit der TMMS (Otto et al., 2002) prüfte an 63 Studierenden die Hypothesen, dass sich die emotionsbezogene Klarheit zur Vorhersage des komplexen Problemlösens eignet und dass diese Vorhersage über die Verhaltensvorhersage durch die Intelligenzkomponente „Verarbeitungskapazität", hinausgeht. Die Ergebnisse der quasi-experimentellen Untersuchung zeigten, dass hoch klarheitsdisponierte Personen geeigneteres Problemlöseverhalten und eine bessere Leistung aufweisen als niedrig klarheitsdisponierte Personen. Regressionsanalytisch sagte die emotionsbezogene Klarheit unabhängige, gleich große Leistungsanteile wie die kognitive Verarbeitungskapazität, vorher.

Hinsichtlich der *prädiktiven Validität* ließ sich weder der Zusammenhang von SREIT (Schutte et al., 1998) noch EQ-i (Bar-On, 1997) und Studienerfolg absichern (Brackett & Mayer, 2003).

Zusammenfassend ergeben die Validierungsstudien zur emotionalen Kompetenz folgendes Bild. Die Probleme *konvergenter und diskriminanter Validität* hinsichtlich verwandter Persönlichkeitsmerkmale können methodisch, etwa durch die Erhebung entsprechender Kovariaten, berücksichtigt werden. Für die Stressbewältigung, Emotionserkennung und die Bearbeitung kognitiver Probleme scheint ein gewisses Maß an *empirischer Validität* für die PEI-Skalen aufzeigbar zu sein. Schlüssige Belege zur *prädiktiven Validität* liegen noch nicht vor.

4 Anwendungsfelder

In den Handbüchern werden Anwendungen für die Klinische (→ Psychotherapie und Emotion), Pädagogische (→ Schulisches Lernen und Emotion) und Arbeits-, Betriebs- und Organisationspsychologie (→ Emotionen in Organisationen) diskutiert. Für die klinische Psychologie erscheinen Emotionale Intelligenz und Kompetenz relevant zu sein. Pathologisch niedrige EI lässt sich jedoch nicht eindeutig dem Klassifikationssystem für Emotionsstörungen zuordnen, und als Prädisposition abnormer Persönlichkeit erscheint Neurotizismus geeigneter zu sein. Die Aussagen der EI für spezifische Störungen und Therapieverfahren bleiben allgemein und die Wirkprozesse werden nicht spezifiziert, so dass im Moment engere Konzepte wie z. B. Alexithymie oder Empathie praxisnäher erscheinen (Matthews et al., 2002).

Für die Pädagogische Psychologie steht die Vermittlung emotionaler Intelligenz bzw. Kompetenz im Sinne „gemischter" Modelle im Mittelpunkt. Als solches zielt das Sozial-Emotionale Lernen (SEL) in der Schule auf folgende vier Kompetenzen mit EI-Anteilen:
- Selbsterkenntnis (inklusive Emotionserkenntnis),
- Entscheidungskompetenz (inklusive Emotionsmanagement),
- Soziale Verantwortung und
- Soziale Kompetenz (inklusive Kommunikationsgeschick).

Unter dem Dach der Collaborative for Academic, Social, and Emotional Learnig (www.CASEL.org) sind die 1998–2002 im Auftrag des U. S.-Department of Education durchgeführten Evaluationsstudien zu 250 Programmen organisiert, von denen 22 anspruchsvollen Effektivitätskriterien genügten (vgl. Greenberg et al., 2003 zu ersten Meta-Analysen; zur Kritik: Matthews et al., 2002).

Im Bereich der Arbeits-, Betriebs- und Organisationspsychologie sind Fertigkeiten interessant, die für die Emotionsarbeit (Hochschild, 1983) erforderlich sind. Matthews et al. (2002) warnen vor einer Überschätzung der Bedeutung der EI für die Berufswahl, Berufstätigkeit und die Bewältigung von berufsbezogenem Stress. Es fehle noch weitgehend an echten experimentellen Belegen für ihre Validität.

Weiterführende Literatur

Matthews, G., Zeidner, M. & Roberts, R. D. (2002). *Emotional intelligence. Science and myth*. Cambridge, MA: MIT.
Schulze, R. & Roberts, R. D. (Eds.). (2005). *Emotional Intelligence. An International Handbook*. Göttingen: Hogrefe.

Literatur

Bar-On, R. (1997). *The Emotional Quotient Inventory (EQ-i): Technical Manual*. Toronto, Canada: Multi-Health Systems Inc.
Brackett, M. A. & Mayer, J. D. (2003). Convergent, discriminant, and incremental validity of competing measures of emotional intelligence. *Personality and Social Psychology Bulletin, 29*, 1147–1158.
Davies, M., Stankov, L. & Roberts, R. D. (1998). Emotional intelligence: In search of an elusive construct. *Journal of Personality and Social Psychology, 75*, 989–1015.
Goleman, D. (1995). *Emotional intelligence*. New York. Bantam Books.
Greenberg, M. T., Weissberg, R. P., O'Brien, M. U., Zins, J. E., Fredericks, L., Resnik, H. & Elias, M. J. (2003). Enhancing school-based prevention and youth development through coordinated social, emotional, and academic learning. *American Psychologist, 58*, 466–474.
Hochschild, A. (1983). *The managed heart: The commercialization of human feeling*. Berkeley: University of California Press.
Matthews, G., Zeidner, M. & Roberts, R. D. (2002). *Emotional intelligence. Science and myth*. Cambridge, MA: MIT.
Mayer, J. D., Caruso, D. R. & Salovey, P. (1999). Emotional intelligence meets traditional standards for an intelligence. *Intelligence, 27*, 267–298.
Mayer, J. D., Salovey, P. & Caruso, D. R. (2000). Models of emotional intelligence. In R. J. Sternberg (Ed.), *Handbook of intelligence* (pp. 396–420). New York: Cambridge University Press.
Mayer, J. D., Salovey, P. & Caruso, D. R. (2002). *User's manual and item booklet for The Mayer-Salovey-Caruso Emotional Intelligence Test (MSCEIT), Version 2.0*. Toronto, Canada: Multi-Health Systems Inc.
Mayer, J. D., Salovey, P. & Caruso, D. R. (2004). Emotional Intelligence: Theory, findings, and implications. *Psychological Inquiry, 15*, 197–215.
Mayer, J. D., Salovey, P., Caruso, D. R. & Sitarenios, G. (2003). Measuring emotional intelligence with the MSCEIT V2.0. *Emotion, 3*, 97–105.
Otto, J. H., Döring-Seipel, E. & Lantermann, E.-D. (2002). Zur Bedeutung von subjektiven, emotionalen Intelligenzkomponenten für das komplexe Problemlösen. *Zeitschrift für Differentielle und Diagnostische Psychologie, 23*, 417–433.
Petrides, K. V. & Furnham, A. (2001). Trait emotional intelligence: Psychometric investigation with reference to established trait taxonomies. *European Journal of Psychology, 15*, 425–448.

Petrides, K. & Furham, A. (2003). Trait emotional intelligence: Behavioural validation in two studies of emotion, recognition, and reactivity to mood induction. *European Journal of Personality, 17,* 39–57.

Roberts, R. D., Zeidner, M. & Matthews (2001). Does emotional intelligence meet traditional standards for an intelligence? Some new data and conclusions. *Emotion, 1,* 196–231.

Salovey, P. & Mayer, J. D. (1990). Emotional intelligence. *Imagination, Cognition, and Personality, 9,* 185–211.

Salovey, P., Mayer, J. D., Goldman, S. L., Turvey, C. & Palfai, T. P. (1995). Emotional attention, clarity, and repair: Exploring emotional intelligence using the Trait Meta-Mood Scale. In J. W. Pennebaker (Ed.), *Emotion, disclosure, and health* (pp. 125–154). Washington, DC: American Psychological Association.

Salovey, P., Stroud, L. R., Woolery, A. & Epel, E. S. (2002). Perceived emotional intelligence, stress reactivity, and health: Further explorations using the Trait Meta-Mood Scale. *Psychology and Health, 17,* 611–627.

Schutte, N. S., Malouff, J. M., Hall, L. E., Haggerty, D. J., Cooper, J. T., Golden, C. J. & Dornheim, L. (1998). Development and validation of a measure of emotional intelligence. *Personality and Individual Differences, 25,* 167–177.

Emotionsregulation
Emotion Regulation

Boris Egloff

1 Einleitung

Emotionen haben die Funktion, den Organismus angesichts innerer oder äußerer Herausforderungen (Abweichungen von Sollzuständen bzw. Zielen) in Handlungsbereitschaft zu versetzen, indem Reaktionstendenzen auf behavioraler, subjektiv-gefühlsmäßiger und physiologischer Ebene ausgelöst werden. Gemäß dieser Grundannahme ermöglichen Emotionen also effiziente Reaktionen auf adaptive Herausforderungen. Insofern *regulieren Emotionen* Verhaltensweisen, z. B. haben Emotionen Effekte auf kognitive oder soziale Prozesse. Unter dem Begriff *Emotionsregulation* werden dagegen Studien eingeordnet, die untersuchen, wie *Emotionen reguliert werden*, also Einflussmaßnahmen auf den Emotionsprozess selbst thematisieren.

> **Definition:**
> Gross (2002) definiert Emotionsregulation als einen Prozess, durch den Personen beeinflussen, welche Emotionen sie haben, wann sie diese haben und wie sie diese empfinden und ausdrücken. Diese Prozesse können automatisch oder kontrolliert sein, ihren Ansatzpunkt an verschiedenen Stellen der Emotionsgenese haben und Effekte auf einer oder mehreren Reaktionsebenen aufweisen.

2 Deskriptive Ansätze

Eine Möglichkeit, die Vielzahl der in den Prozess der Emotionsregulation involvierten Komponenten und Strategien zu systematisieren, liegt darin, Personen zu befragen, wie sie im Alltag versuchen, ihre Emotionen zu beeinflussen. Eine Studie von Thayer, Newman und McClain (1994) ergab sechs Dimensionen der Emotionsregulation.

> **Sechs Dimensionen der Emotionsregulation nach Thayer et al. (1994)**
> - *Aktive Emotionsregulation* (Entspannung, Bewegung, Bewertung der Situation).
> - *Angenehme Aktivitäten und Ablenkung suchen* (Hobbies nachgehen, Humor, Musik hören).

- *Passive Emotionsregulation* (Fernsehen, Essen, Ausruhen).
- *Soziale Unterstützung und Belohnung* (mit jemandem reden, mit anderen zusammen sein).
- *Direkte Spannungsreduktion* (Alkohol, Drogen, Sex).
- *Vermeidung/Rückzug* (Allein sein, Situation vermeiden).

In der wohl ausführlichsten Studie zur Klassifikation von Emotionsregulationsstrategien gewannen Parkinson und Totterdell (1999) zunächst mittels Fragebögen, Interviews, Gruppendiskussionen und Literaturstudium 162 distinkte Strategien zur bewussten Regulation negativer Emotionen, welche in einem zweiten Schritt von Probanden hinsichtlich ihrer Ähnlichkeit klassifiziert wurden. Diese Ähnlichkeitsmatrizen wurden dann einer Clusteranalyse unterzogen. Aus den Resultaten entwickelten die Autoren nach Abgleich mit den theoretischen Erwartungen eine Klassifikation der Strategien der Emotionsregulation (vgl. Tab. 1). Wesentlich ist hierbei zum einen die Separierung von kognitiven und verhaltensbezogenen Strategien der Emotionsregulation, zum anderen die Unterscheidung von Vermeidung und Engagement. In dieses Vier-Felder-Schema, das vor allem im Bereich der Ablenkung weiter untergliedert ist, lassen sich nach Parkinson und Totterdell (1999) sämtliche Strategien einordnen.

Tabelle 1: Klassifikation von Strategien zur Emotionsregulation (nach Parkinson & Totterdell, 1999)

	Kognitiv	Verhaltensbezogen
Vermeidung Disengagement	– Vermeiden, über das Problem nachzudenken	– Problematische Situation vermeiden
Ablenkung – Angenehmes oder Entspannendes suchen	– Über angenehme Dinge nachdenken – Über entspannende Dinge nachdenken	– Etwas Angenehmes tun – Etwas Entspannendes tun
– Reallokation von Ressourcen	– An etwas denken, was Aufmerksamkeit beansprucht	– Etwas Anstrengendes tun
Engagement	– Umbewerten – Nachdenken über Problemlösung	– Gefühle ausleben/ausdrücken – Soziale Unterstützung suchen – Handlungen zur Problemlösung

3 Prozessmodell der Emotionsregulation

Ein Modell der Emotionsregulation, das auf einer konzeptuellen Analyse der in der Emotionsgenese involvierten Prozesse aufbaut und Regulationsstrategien sowohl funktional als auch hinsichtlich ihres Ansatzpunktes im zeitlichen Verlauf der Emotion einordnet, wurde von Gross (2002) vorgelegt (vgl. Abb. 1). Auf der obersten Ebene wird hinsichtlich antezedenzfokussierten und reaktionsfokussierten Strategien unterschieden. Letztere umfassen Prozesse der Reaktionsmodulation, also Einflussmaßnahmen auf bereits ausgelöste Reaktionstendenzen (z. B. Unterdrückung des Emotionsausdrucks). Antezedenzfokussierte Regulationsstrategien beinhalten dagegen eine Klasse von Prozessen, die vor dem Auslösen von emotionalen Reaktionstendenzen ansetzen. Hierbei lassen sich grob vier Strategien unterscheiden: Situationsauswahl, Situationsmodifikation, Aufmerksamkeitslenkung und kognitive Veränderung.

Situationsauswahl bezieht sich auf das Vermeiden bzw. Aufsuchen bestimmter Personen, Orte, Dinge oder Konstellationen, falls eine Wahlmöglichkeit besteht. So könnte ein Examenskandidat entweder kurz vor der Prüfung zusammen mit Kommilitonen warten oder sich zurückziehen. Für eine effiziente Situationsaus-

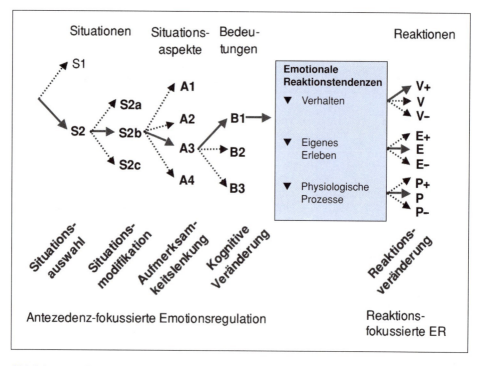

Abbildung 1: Prozessmodell der Emotionsregulation (nach Gross, 2002)

wahl sind Kenntnisse über diejenigen Bestandteile von Situationen erforderlich, die üblicherweise Emotionen auslösen. Zudem müssen diese mit den personspezifischen Präferenzen abgeglichen werden.

Befindet man sich bereits in einer bestimmten potenziell emotionsauslösenden Situation, so können durch Prozesse der *Situationsmodifikation* die (emotionalen) Konsequenzen der Situation beeinflusst werden, indem aktiv in die Situation eingegriffen wird. In der Literatur zur Stressbewältigung werden diese Prozesse als problemfokussiertes Coping oder primäre Kontrolle bezeichnet. Um beim Prüfungsbeispiel zu bleiben: Falls man sich dafür entschieden hat, zusammen mit Kommilitonen auf die Prüfung zu warten, kann man sie bitten, über andere, z. B. lustige, Dinge zu sprechen oder aber darauf dringen, die aktuell durchgegebenen letzten Prüfungsfragen zu debattieren. Von Gross (2002) selbst wird konzediert, dass eine klare Trennung zwischen Situationsauswahl und Situationsmodifikation nicht immer eindeutig möglich ist: Eine effektive Einflussnahme auf eine Situation kann nämlich durchaus eine andere, neue Situation herbeiführen. Interessant ist auch, dass der (strategische wie spontane) Ausdruck von Emotionen eine soziale Situation und ihre emotionalen Folgen dramatisch verändern kann, z. B. das Zeigen von Reue in einer Ärgersituation.

Aufmerksamkeitslenkung bewirkt das Fokussieren auf einen bestimmten Aspekt der ausgewählten und ggfs. modifizierten Situation. Die Vielzahl der Strategien kann hier z. B. grob in (kognitive) Vermeidungs- und Annäherungsstrategien unterteilt werden (vgl. auch die „kognitive" Spalte in Tab. 1). In unserem Prüfungsbeispiel kann der Kandidat unmittelbar vor der Prüfung einerseits versuchen, nicht mehr an diese zu denken, indem er z. B. auf den danach folgenden Urlaub fokussiert. Andererseits könnte er sich auch gedanklich intensiv mit den Details (und Implikationen) des Prüfungsgeschehens auseinandersetzen.

Kognitive Veränderung bezieht sich darauf, welche Bedeutung eine Person einer Situation oder einem Situationsaspekt zuschreibt. Bewertungen sind integraler Bestandteil der Emotionsgenese; sie verleihen Perzepten Bedeutung. Zentral ist neben der Bewertung des Stimulus auch die Abschätzung der Möglichkeiten und Ressourcen des Individuums, auf die Situation adäquat reagieren zu können. Kern der Emotionsregulationsstrategie „Kognitive Veränderung" ist die Modifikation dieser bei der Emotionsgenese ablaufenden Bewertungsschritte bzw. -kaskaden. Gross (2002) subsumiert zum einen „klassische" Angstabwehrmechanismen wie Verleugnung, Isolierung oder Intellektualisierung unter diese Kategorie, zum anderen generell positive Interpretationen einer Situation, Ab- und Aufwärtsvergleiche sowie kognitives Reframing. Prototyp und am häufigsten empirisch untersuchte Form der kognitiven Veränderung als Emotionsregulation ist die Strategie der kognitiven Umbewertung *(reappraisal)*: Im Prüfungsbeispiel könnte der Kandidat die Situation z. B. so bewerten, dass sie die Möglichkeit bietet, seine Kompetenzen zu beweisen. Andererseits könnte auch der bedrohliche (weil die Möglichkeit des Scheiterns umfassende) Aspekt der Situation fokussiert werden – mit entsprechenden Konsequenzen für das Befinden.

Reaktionsveränderungen bedeuten Einflussnahmen auf die physiologische, die verhaltensbezogene und die subjektiv-gefühlsmäßige Reaktionsebene, wenn die entsprechenden Reaktionstendenzen schon aktiviert wurden (reaktionsfokussierte Emotionsregulation). Hier wird also „am Ende" des Emotionsprozesses eingegriffen bzw. die Prozessergebnisse zu modulieren versucht. Hier werden Pharmaka, Drogen, Alkohol, Zigaretten, Koffein, Nahrung, Entspannungstechniken und Biofeedback eingeordnet; ebenso wie Sport oder andere Aktivitäten (siehe Abschnitt 2). Prototypisch für diese Klasse von Regulationsstrategien ist die Modulation, also die Unterdrückung oder Erhöhung, des Emotionsausdrucks, z. B. könnte der Prüfling versuchen, sich seine Angst während der Prüfung nicht anmerken zu lassen.

4 Empirische Untersuchungen zum Modell

In einer typischen Untersuchung sahen Versuchsteilnehmer einen ekelerregenden Film (Armamputation; Gross, 1998). Ein Drittel der Probanden erhielt keine spezielle Regulationsinstruktion (sie sollten sich einfach den Film anschauen; Kontrollgruppe), während eine zweite Gruppe instruiert wurde, ihre Gefühle während des Films nicht zu zeigen *(Unterdrückung des Emotionsausdrucks)*. Eine dritte Gruppe wurde instruiert, über den Film in objektiver Art und Weise zu denken, ihn z. B. im Hinblick auf die technischen Aspekte zu betrachten oder aus der Perspektive eines Arztes zu sehen, also zu versuchen, keine Gefühle entstehen zu lassen *(kognitive Umbewertung)*. Es zeigte sich, dass die Unterdrückungsgruppe bedeutsam weniger Verhaltensindikatoren von Ekel als die Kontrollgruppe zeigte. Auf der Gefühlsseite ließen sich keine Effekte der Instruktion sichern. Hinsichtlich physiologischer Reaktionen zeigte sich (relativ zur uninstruierten Kontrollgruppe) ein Abfall der Herzrate und Anstiege in Indikatoren des sympathischen Nervensystems (elektrodermale Aktivität, Fingerpulsamplitude etc.). Die Instruktion zur kognitiven Umbewertung des Filminhalts bewirkte eine Verminderung des Ekelgefühls (und anderer negativer Emotionen) sowie des Ekelausdrucks. Allerdings zeigten sich keine signifikanten Effekte auf physiologische Parameter (entgegen den Befunden der wegweisenden Arbeiten der Lazarus-Gruppe; zusammenfassend: Lazarus, 1966).

Hinsichtlich der Determinanten dieses Ergebnisses besteht allerdings noch wenig Klarheit. Auf einer sehr allgemeinen Ebene wird argumentiert, dass die Modulation einer schon ausgelösten Reaktionstendenz (reaktionsfokussierte Emotionsregulation) diffiziler ist – und damit höhere Kosten in Form physiologischer Erregung mit sich bringt – als das eher präventive Wirken antezedenzfokussierter Strategien: Hier sollen emotionale Reaktionstendenzen erst gar nicht aufkommen bzw. im Vorfeld schon stark minimiert werden, so dass zumindest keine negativen physiologischen Begleiterscheinungen auftreten.

In strukturell ähnlich aufgebauten Studien untersuchten Richards und Gross (2000) die Effekte von Emotionsregulation auf die *Erinnerung*. Während sich für Unterdrückung des Emotionsausdrucks eine Verminderung der Erinnerungsleistung an Details von visuell oder akustisch präsentierter Information von Filminhalten zeigte, konnten für Umbewertung keine Effekte festgestellt werden.

Butler et al. (2003) analysierten die *interpersonalen Konsequenzen* von Emotionsregulation: Hierzu sahen zwei einander unbekannte Studentinnen zunächst einen negative Emotionen induzierenden Film, über dessen Implikationen sie dann miteinander diskutieren sollten. Nach dem Film, aber vor der Diskussion, wurde in einer Bedingung eine Teilnehmerin (ohne Kenntnis der anderen) instruiert, ihre Emotionen zu unterdrücken. Während für diese Person die intrapersonalen Effekte von Emotionsunterdrückung repliziert wurden, ergab sich ein interessanter interpersonaler Effekt auf physiologischer Ebene, indem die uninstruierten Interaktionspartner den höchsten Blutdruckanstieg aller Personen zeigten. Spekulativ lässt sich dieser Befund auf eine ungünstig verlaufende soziale Interaktion – bedingt durch Emotionsunterdrückung in einem emotionalen Kontext – beziehen, die sich z. B. in einer verminderten Responsivität und geringerem Rapport während der Diskussion manifestierte.

Mit dem Aufkommen immer präziserer bildgebender Verfahren erhielt die Suche nach *zentralnervösen Korrelaten* von Emotionen und Emotionsregulation starken Auftrieb. Übersichtsarbeiten betonen hier die zentrale Rolle des präfrontalen Cortex bei der Top-down-Regulation der Aktivität der limbischen Emotionsareale (Davidson, Putnam & Larson, 2000; Ochsner & Gross, 2005). Somit sind in die Kontrolle emotionaler Reaktionen sehr ähnliche Hirnareale involviert, die auch während der Selbstregulation anderer Verhaltensweisen aktiv sind.

Reaktionsfokussierte Emotionsregulation wurde bisher ausschließlich im Kontext der Unterdrückung bzw. Minimierung des Emotionsausdrucks diskutiert. Obwohl dies im Alltag sicherlich die häufigere Variante der Regulation von (insbesondere negativen) Emotionen darstellt, lassen sich doch zahlreiche Beispiele, Strategien und Motive für die *Erhöhung bzw. Intensivierung* bereits vorhandener emotionaler Reaktionstendenzen anführen (Demaree, Schmeichel, Robinson & Everhart, 2004; Parkinson & Totterdell, 1999). Demaree et al. (2004) konnten zeigen, dass die Intensivierung des Emotionsausdrucks zu vergleichbaren Effekten wie die Unterdrückung des Ausdrucks führte, insbesondere zu einer verstärkten Aktivierung des sympathischen Nervensystems.

Individuelle Differenzen in kognitiver Umbewertung und Unterdrückung des Emotionsausdrucks können mit dem *Emotion Regulation Questionnaire* (ERQ; Gross & John, 2003) erfasst werden. Der ERQ umfasst zehn Items (sechs Reappraisal-Items, vier Unterdrückungs-Items), die emotionsunspezifisch die Häufigkeit des Einsatzes dieser Strategieklassen messen. Psychometrische Kennwerte, Faktorenstruktur sowie konvergente und diskriminante Validität dieser Skalen werden von Gross und John (2003) beschrieben.

Egloff, Schmukle, Burns und Schwerdtfeger (2006) untersuchten *spontane Emotionsregulation*, indem hinsichtlich der Emotionsregulation uninstruierte Probanden in einer evaluativen Situation eine Rede hielten. Mit an den ERQ angelehnten Skalen wurde direkt nach der Rede erfasst, welche Strategien die Teilnehmer zur Emotionsregulation einsetzten. Hier konnten während einer Aufgabe, die einerseits großes Engagement und starke Aktivität erforderte (und sich auch darin von den Filmparadigmen unterschied) sowie andererseits den Probanden freie Hand bei der Wahl ihrer Regulationsstrategie ließ, die Befunde der experimentellen Tradition bestätigt werden: Während beide Strategien mit einem verminderten Emotionsausdruck einhergehen, ist nur Unterdrückung mit erhöhten Werten in Indikatoren des sympathischen Nervensystems assoziiert und nur Umbewertung korreliert mit verminderten negativen Gefühlszuständen.

5 Erweiterte Perspektiven auf Emotionsregulation

Aus der Copingforschung stammende Taxonomien von Bewältigungsintentionen spezifizieren neben den beiden „klassischen" *emotionsfokussierten* (z. B. den Ausdruck regulieren) und *problemfokussierten* Strategien und Zielen (z. B. in die Situation eingreifen) von Bewältigung auch die *Regulation des Selbstwerts* (wiederherstellen, schützen, steigern) und die *Interaktionsregulation* (Gefühle und Selbstbilder kommunizieren, Beziehung fördern, erwünschtes Verhalten hervorrufen; vgl. Laux & Weber, 1993). Diese Forschungstradition weist also darauf hin, dass Ausdruck und Regulation von Emotionen in einem sozialen Rahmen stattfinden. Zudem motiviert die von den Zielen der Selbstwert- und Interaktionsregulation inspirierte Selbstdarstellungsperspektive von Emotionsregulation eine emotionsspezifische Analyseebene: Jede Basisemotion hat nicht nur spezifische Auslöser und Ausdrucksebenen, sondern repräsentiert auch verschiedene Bedürfnisse, Selbstwertbedrohungen und Chancen.

Zentral erscheint auch, Prozesse der Emotionsregulation in den größeren Kontext der Selbstregulation zu stellen (Tice & Bratslavsky, 2000). Zukünftige Arbeiten zum Thema werden von der Einbeziehung von Funktionen und Zielen von Emotionsregulation sowie deren Interaktionen mit anderen Formen der Selbstregulation profitieren können. Abschließend kann konstatiert werden, dass Emotionsregulation ein sich äußerst dynamisch entwickelndes Forschungsgebiet darstellt, welches sowohl unter Grundlagen- als auch unter Anwendungsgesichtspunkten viele interessante Erkenntnisse erwarten lässt.

Weiterführende Literatur

Gross, J. J. (Ed.). (2007). *Handbook of emotion regulation.* New York: Guilford.
Philippot, P. & Feldman, R. S. (Eds.). (2004). *The regulation of emotion.* Mahwah, NJ: Wiley.

Literatur

Butler, E. A., Egloff, B., Wilhelm, F. H., Smith, N. C., Erickson, E. A. & Gross, J. J. (2003). The social consequences of expressive suppression. *Emotion, 3,* 48–67.
Davidson, R. J., Putnam, K. M. & Larson, C. L. (2000). Dysfunction in the neural circuitry of emotion regulation – A possible prelude to violence. *Science, 289,* 591–594.
Demaree, H. A., Schmeichel, B. J., Robinson, J. L. & Everhart, D. E. (2004). Behavioral, affective, and physiological effects of negative and positive emotional exaggeration. *Cognition and Emotion, 18,* 1079–1097.
Egloff, B., Schmukle, S. C., Burns, L. R. & Schwerdtfeger, A. (2006). Spontaneous emotion regulation during evaluated speaking tasks: Associations with negative affect, anxiety expression, memory, and physiological responding. *Emotion, 6,* 356–366.
Gross, J. J. (1998). Antecedent- and response-focused emotion regulation: Divergent consequences for experience, expression, and physiology. *Journal of Personality and Social Psychology, 74,* 224–237.
Gross, J. J. (2002). Emotion regulation: Affective, cognitive, and social consequences. *Psychophysiology, 39,* 281–291.
Gross, J. J. & John, O. P. (2003). Individual differences in two emotion regulation processes: Implications for affect, relationship, and well-being. *Journal of Personality and Social Psychology, 85,* 348–362.
Laux, L. & Weber, H. (1993). *Emotionsbewältigung und Selbstdarstellung.* Stuttgart: Kohlhammer.
Lazarus, R. S. (1966). *Psychological stress and the coping process.* New York: McGraw-Hill.
Ochsner, K. N. & Gross, J. J. (2005). The cognitive control of emotions. *Trends in Cognitive Sciences, 9,* 242–249.
Parkinson, B. & Totterdell, P. (1999). Classifying affect-regulation strategies. *Cognition and Emotion, 13,* 277–303.
Richards, J. M. & Gross, J. J. (2000). Emotion regulation and memory: The cognitive costs of keeping one's cool. *Journal of Personality and Social Psychology, 79,* 410–424.

Thayer, R. E., Newman, J. R. & McClain, T. M. (1994). Self-regulation of mood: Strategies for changing a bad mood, raising energy, and reducing tension. *Journal of Personality and Social Psychology, 67,* 910–925.

Tice, D. M. & Bratslavsky, E. (2000). Giving in to feel good: The place of emotion regulation in the context of general self-control. *Psychological Inquiry, 11,* 149–159.

Empathie
Empathy

Gisela Steins

1 Einleitung

Empathie gilt als eine erwünschte positive emotionale Reaktion. Sie stellt eine Grundlage für soziale Kompetenzen dar (→ Emotionale Intelligenz und emotionale Kompetenzen) und wurde besonders im Kontext des prosozialen Verhaltens erforscht. In der frühen Literatur zur Empathie wird davon ausgegangen, dass Empathie zu prosozialem Verhalten motiviert. Allerdings fanden Underwood und Moore in einer Meta-Analyse keine empirischen Beziehungen zwischen Empathie und einem breiten Spektrum prosozialer Verhaltensweisen (Underwood & Moore, 1982). Wie sich später herausstellte, waren zu dieser Zeit relevante Konzepte, welche mit Empathie zusammen auftreten und teilweise interferieren, noch nicht eindeutig definiert. Dieses Beispiel illustriert eine grundlegende Schwierigkeit hinsichtlich des Empathiebegriffs, nämlich seine unscharfe Trennung von anderen emotionalen Reaktionen. Zunächst soll der Versuch einer Abgrenzung zu anderen mit Empathie häufig zusammen auftretenden emotionalen Reaktionen auf der Basis der Forschung um Eisenberg (2005) dargestellt und dann auf die Frage eingegangen werden, was Empathie auslöst.

2 Begriffsklärung und Zusammenhänge

Eisenberg und ihre Mitarbeiter begannen auf der Basis von Hoffman (1975) und Batson (1991) zwischen Empathie, Mitleid und Kummer zu differenzieren (Eisenberg, 2005). In den folgenden Kästen werden die Begriffe definiert.

> **Definition: Empathie**
> Empathie wird als eine affektive Reaktion definiert, welche
> - aus dem Erkennen oder dem Verständnis des emotionalen Zustandes einer Zielperson resultiert und die ähnlich zu dem ist, was die Zielperson fühlt oder erwartungsgemäß in der gegebenen Situation fühlen würde. Wenn also eine Beobachterperson eine traurige Zielperson sieht und als Folge davon sich ebenfalls traurig fühlt, ist Empathie gegeben. Empathie ist für das Erkennen selbst nicht unbedingt erforderlich.
> - Sieht eine Beobachterperson ein anderes Individuum in einer üblicher Weise Traurigkeit auslösenden Situation (z. B. auf der Beerdigung einer nahe ste-

henden Person), kann die Beobachterperson empathische Traurigkeit empfinden, auch dann, wenn die Zielperson keine Trauer zeigt. In diesen Fällen löst die gespeicherte Information über die Effekte der gegebenen Situation oder das mentale Hineinversetzen in die Situation der Zielperson Empathie aus.

Definition: Mitgefühl

Mitgefühl wird als eine emotionale Reaktion definiert, die aus dem Erkennen des emotionalen Zustandes einer Zielperson resultiert, aber Kummer beinhaltet. Wichtig ist hier: Der emotionale Zustand von Beobachter- und Zielperson unterscheidet sich. Wenn also eine Beobachterperson eine traurige Zielperson sieht, um die sie sich sorgt, verspürt sie Mitgefühl, ist aber nicht ebenfalls traurig. Eine mitfühlende Reaktion basiert häufig auf empathischer Traurigkeit, sie kann aber auch auf Perspektivenübernahme beruhen.

Definition: Kummer

Kummer (distress) ist definiert als eine selbstzentrierte aversive affektive Reaktion auf das Erkennen einer Emotion einer Zielperson. Kummer kann durch die Kombination einer empathischen Übererregung mit einer mangelnden Emotionsregulation verursacht werden.

Eine empathische Reaktion kann also (1) automatisch erfolgen. Eine Beobachterperson ist mit dem emotionalen Zustand einer Zielperson konfrontiert und empfindet diesen ebenfalls. Hiermit hängt der Prozess der Gefühlsansteckung eng zusammen (vgl. → Empathie im Handbuch der Persönlichkeitspsychologie und Differenziellen Psychologie, Weber & Rammsayer, 2005). Eine empathische Reaktion kann aber (2) auch auf kognitiven Prozessen basieren, in denen die Informationen über emotionsauslösende Situationen der anderen Person verarbeitet werden. Hierfür ist der Prozess der Perspektivenübernahme (vgl. → Perspektivenübernahme oder: Wer ist die andere Person? im Handbuch der Sozialpsychologie und Kommunikationspsychologie, Bierhoff & Frey, 2006) entscheidend. Sowohl Gefühlsansteckung wie auch Perspektivenübernahme können, müssen aber nicht zu einer empathischen Reaktion führen. Gefühlsansteckung resultiert in einer unbewussten Synchronisation mit der Mimik und Gestik des Gegenübers, die nicht notwendigerweise mit einer empathischen Reaktion verbunden ist.

Zusammenhänge zwischen Empathie, Mitgefühl und Kummer

Empathie, Mitgefühl und Kummer sind emotionaler Natur. Sie setzen ein Minimum an kognitiver Informationsverarbeitung voraus und beinhalten unterschiedliche emotionale Erfahrungen. Die Unterscheidung dieser drei emotionalen Reaktionen wird besonders bedeutsam, wenn ihre Beziehungen zu anderen Variablen untersucht werden. So argumentiert Batson (1991) im Kontext der Altruismusforschung, dass Mitgefühl mit dem Wunsch zusammenhängt, den Kummer der Zielperson zu reduzieren und für altruistisches Verhalten förderlich ist. Kummer wird hingegen als aversiv erlebt und motiviert dazu, diesen zu reduzieren. Von Personen, welche Kummer empfinden, würde man am ehesten erwarten, dass sie anderen nur dann helfen, wenn dies der leichteste Weg ist, den eigenen Kummer zu reduzieren. Kummer lenkt also die Aufmerksamkeit der Beobachterperson auf die eigenen Bedürfnisse. Bei Empathie und Mitgefühl richtet sich die Aufmerksamkeit der Beobachterperson auf die Zustände und Bedürfnisse der Zielperson.

Empathie erhöht die Wahrscheinlichkeit prosozialen Verhaltens über die Vermittlung von Mitgefühl, während Kummer dazu führt, dass wir nur dann prosoziales Verhalten zeigen, wenn die Kosten der Hilfevermeidung zu groß wären. Die Zusammenhänge zwischen Empathie und prosozialem Verhalten sind nicht immer besonders ausgeprägt. Dies kann an methodischen Vorgehensweise liegen, bei denen nicht immer darauf geachtet wird, Empathie als individuellen Unterschied und situativ determiniertes Gefühl zu unterscheiden und daher auch die Interaktion zwischen Disposition und Situation nicht immer exakt erfasst wird.

3 Bedingungen von Empathie

3.1 Empathie als Disposition

Empathiebezogene Reaktionen hängen stark mit der Fähigkeit eines Individuums zur Regulation der eigenen Emotionen zusammen. Wenn ein Individuum seinen eigenen Kummer und sein Stresserleben kontrollieren kann, ist die Wahrscheinlichkeit größer, dass es zu Empathie kommt. Da bereits kleine Kinder sich stark in dieser Regulationsfähigkeit unterscheiden, nehmen manche Autoren an, dass die Fähigkeit zu empathischen Reaktionen eine genetische Basis hat (Zahn-Waxler, Schiro, Robinson, Emde & Schmitz, 2001), also eine Disposition darstellt.

3.2 Empathie als im Sozialisationsprozess erworbene Fähigkeit

Nach Eisenberg, Cumberland und Spinrad (1998) fördern elterliche Wärme, d. h. ein einfühlsamer, freundlicher und unterstützender Umgang mit dem Kind, das Erleben und Äußern empathischer Reaktionen, indem sie dem Kind ein Gefühl sicherer Bindung und Hilfe in der Entwicklung von Selbstregulation vermitteln. Die Aufmerksamkeit der Eltern ist auf den momentanen Zustand des Kindes gerichtet, im Fall negativer Emotionen mit dem Ziel, eine Wendung zu positiven Gefühlen herbeizuführen. Hierdurch erfährt das Kind auch eine hohe positive Wertschätzung, die es wahrscheinlicher macht, dass es sich später auch gegenüber anderen Menschen einfühlsam verhält (Ulich, Kienbaum & Volland, 2002).

Weiterhin schein ein induktiver Erziehungsstil entscheidend zu sein (Hoffman, 2000). Hierbei versuchen die Eltern negatives Verhalten des Kindes positiv zu beeinflussen, indem sie es mit den Folgen des negativen Verhaltens für andere Personen konfrontieren. So kann das Kind ein Konzept von Ursache und Wirkung entwickeln und Einsicht in das eigene Verhalten bekommen. Empathie wird einerseits als allgemeine Persönlichkeitsorientierung verstanden, die mit Fragebogen erfasst werden kann, andererseits als situationsbezogenes Gefühl (Bierhoff, 2002). In der Forschung zur Empathie werden diese beiden Motivationsquellen von Empathie nicht immer berücksichtigt.

4 Ausblick

Die Forschung auf diesem Gebiet würde viel gewinnen, wenn mindestens die folgenden zwei in diesem Beitrag ausgearbeiteten Punkte stärkere Beachtung finden würden:
- Empathische Reaktionen hängen mit anderen emotionalen Reaktionen zusammen. Es ist auf jeden Fall erforderlich zwischen Empathie, Mitgefühl und Kummer zu differenzieren. Es ist aber anzunehmen, dass es noch weitere emotionale Erfahrungen gibt, welche durch Empathie ausgelöst werden oder zusammen mit ihr auftreten. Empathie wird z. B. häufig als das Wahrnehmen der Traurigkeit einer anderen Person erfasst. Neuere Forschung zeigt, dass aber auch emotionale Zustände, die wir möglicherweise nicht spontan mit Empathie assoziieren, durchaus eine Rolle für ein Verständnis von Empathie spielen. So führen Vitaglione und Barnett (2003) die Dimension des empathischen Ärgers ein, der auftreten kann, wenn man mit einer Person in einer Opferrolle konfrontiert wird. Empathischer Ärger kann zu mindestens zwei Verhaltensweisen führen, nämlich zu Hilfeverhalten (dem Opfer gegenüber) und zu dem Wunsch, den Täter zu bestrafen. Es würde zur weiteren Differenzierung des Konzepts beitragen, wenn Empathie in Zusammenhang mit einer Vielzahl von anderen Emotionen näher untersucht werden würde.
- Empathie kann einerseits als Disposition, andererseits als situative Emotion konzipiert werden. Auch dies muss bei den unterschiedlichen Messverfahren noch stärker berücksichtigt werden. Eine besondere Herausforderung künftiger Forschung liegt darin, die Interaktionen zwischen Disposition und Situation in verschiedenen Kontexten differenzierter zu erarbeiten. Hierfür fehlt jedoch noch ein überzeugendes Modell.

Dazu kommen zwei weitere Aspekte, welche in diesem Beitrag nicht näher erläutert wurden, aber bei der Forschung zur Empathie zu berücksichtigen sind. Empathie ist nicht eine ausschließlich moralisch gute Eigenschaft. Es gibt weitere Facetten dieser emotionalen Reaktion, die nahelegen, dass auch beispielsweise empathieinduzierter Altruismus nicht nur positive Qualitäten aufweisen muss (Batson, Ahmad & Stocks, 2004). Die positive Konnotation des Empathiebegriffs hat möglicherweise bislang verhindert, dass es auch eine systematische, kritische Erforschung der Konfundierung von Empathie mit verwandten Konzepten gibt.

Weiterführende Literatur

Eisenberg, N. (2005). The development of empathy-related responding. In G. Carlo & C. P. Edwards (Eds.), *Moral motivation through the life span, Vol. 51, The Nebraska Symposium on Motivation* (pp. 73–117). London: University of Nebraska Press.

Literatur

Batson, C. D. (1991). *The altruism question: Toward a social-psychological answer.* Hillsdale NJ: Erlbaum.
Batson, C. D., Ahmad, N. & Stocks, E. L. (2004). Benefits and liabilities of empathy-induced altruism. In A. G. Miller (Ed.), *The social psychology of good and evil* (pp. 359–385). New York: Guilford Press.
Bierhoff, H.-W. (2002). Theorien hilfreichen Verhaltens. In D. Frey & M. Irle (Hrsg.), *Theorien der Sozialpsychologie, Band II, Gruppen-, Interaktions- und Lerntheorien* (2. Aufl., S. 178–197). Bern: Huber.
Bierhoff, H.-W. & Frey, D. (2006). *Handbuch der Sozialpsychologie und Kommunikationspsychologie.* Göttingen: Hogrefe.
Eisenberg, N., Cumberland, A. & Spinrad, T. L. (1998). Parental socialization of emotion. *Psychological Inquiry, 9,* 241–273.
Hoffman, M. L. (1975). Developmental synthesis of affect and cognition and its implications for altruistic motivation. *Developmental Psychology, 11,* 607–622.
Hoffman, M. L. (2000). *Empathy and moral development: Implications for caring and justice.* Cambridge: Cambridge University Press.
Ulich, D., Kienbaum, J. & Volland, C. (2002). Empathie mit anderen entwickeln. Wie entwickelt sich Mitgefühl? In M. von Salisch (Hrsg.), *Emotionale Kompetenz entwickeln* (S. 111–133). Stuttgart: Kohlhammer.
Underwood, B. & Moore, B. (1982). Perspective-taking and altruism. *Psychological Bulletin, 91,* 143–173.
Vitaglione, G. D. & Barnett, M. A. (2003). Assessing a new dimension of empathy: Empathic anger as a predictor of helping and punishing desires. *Motivation and Emotion, 27,* 301–324.

Weber, H. & Rammsayer, T. (2005). *Handbuch der Persönlichkeitspsychologie und Differentiellen Psychologie*. Göttingen: Hogrefe.

Zahn-Waxler, C., Schiro, K., Robinson, J. L., Emde, R. N. & Schmitz, S. (2001). Empathy and prosocial patterns in young MZ and DZ twins. In R. N. Emde & J. K. Hewitt (Eds.), *Infant to early childhood: Genetic and environmental influences on developmental change* (pp. 141–162). Oxford: Oxford University Press.

XI Anwendungsbereiche

Psychotherapie und Emotionen
Psychotherapy and Emotion

Peter Fiedler

1   Einleitung

Mit der Brille des Forschers gelingt es immer nur, die Emotionen in „Scheibchen" oder „Ausschnitten" zu erfassen. Diese Scheibchen-Suche ist entscheidend durch Sprache, Kognition, Symbolisierung, Erinnerung, Wissen und Ideologie determiniert – vor allem jedoch durch unsere Sprache, mit der wir Emotionen zu beschreiben, zu verstehen oder zu modellieren versuchen.

Alltagspsychologische Auffassungen wie gelegentlich auch popularisierte Konzepte der Wissenschaft vom Menschen bestimmen nicht nur das, was der einzelne unter Emotion versteht. Sie beeinflussen in bedeutsamer Weise auch noch das, was als Emotion erlebt wird oder was Emotion anregt. Emotion ist nicht nur ereignisabhängig. Emotion kann vielmehr durch Denken und Sprache abgeschwächt und verstärkt werden. Diese Beobachtung ist entscheidend für die Psychotherapie, wenn in ihr emotionale Prozesse und emotionale Störungen beim Patienten stimuliert, gehemmt oder anderweitig verändert werden sollen.

Von Vorteil für eine Untersuchung oder Beeinflussung emotionaler Prozesse ist es weiter, Emotionen immer als *funktional* zu betrachten. Ihrer jeweiligen unterschiedlichen Funktion entsprechend unterscheiden sich selbst Emotionen mit gleicher Bezeichnung – das macht einen Unterschied zwischen Emotionskognition (oder „Nachdenken" über Emotion) und zeitgleich ablaufender emotionaler neuronaler Prozessierung aus. Das soll nachfolgend am Beispiel von *Angst als Leitsymptom* einiger psychischer Störungen verdeutlicht werden. Je nach Unterschiedlichkeit der jeweiligen Anforderung werden bei gleichartiger Emotionsbezeichnung (nachfolgend: Angst) unterschiedliche innere wie interpersonelle emotionale Prozesse aktiviert, die eine je spezifische innere wie zwischenmenschliche Dynamik entfalten.

2   Integration, Abwehr oder Überbewertung emotionaler Prozesse

Verstehens- und Behandlungsansätze psychischer Störungen gehen davon aus, dass Menschen immer nur mehr oder weniger gut in der Lage sind, ihre Emotionen klar wahrzunehmen und sich deren Funktion angemessen zu erklären. Diese subjektive Unsicherheit im Umgang mit Emotionen wird als Mit-Ursache zahlreicher psychischer Störungen betrachtet.

In dem Maße, wie Angst vor „bedrohlich erlebter Emotion" zunimmt, setzt ein mehr oder weniger sichtbarer Prozess ein, in dem Betroffene ihre Emotionen zu bewältigen versuchen. Diese beobachtbaren Bewältigungsversuche *(Coping)* laufen teils autoregulativ, teils intendiert ab. Es handelt sich dabei zumeist um *Tendenzen zur Angstminimierung* gegenüber unangenehm, aversiv oder bedrohlich erlebten Emotionen, die sich funktional auf mindestens dreierlei, nachfolgend beschriebene Weise manifestieren können.

2.1 Integrationsfunktion emotionalen Erlebens

Damit ist eine *natürliche*, gelegentlich *autoregulativ ablaufende* Tendenz zur ganzheitlichen Integration emotionaler Erfahrung in das Bewusstsein oder Kognitionssystem gemeint. Dieser „kognitive Rekurs" auf das eigene emotionale Erleben wird üblicherweise als „gesunde", teils „lebensnotwendige" Reaktion angesehen, weil sie der Orientierung an menschlichen Bedürfnissen, der Erweiterung des Wissens, der Begründung notwendiger Entscheidungen, der Aufklärung konflikthaltiger Anforderungen usw. dient. Für diese natürliche ganzheitliche Emotions-Integration werden in unterschiedlichen Psychotherapieverfahren unterschiedliche Begriffe eingesetzt, die häufig therapeutisch unterstützte Veränderungsprozesse mit dem Ziel psychischer Gesundung charakterisieren (wie z. B. Selbstaktualisierung, Katharsis, Abreaktion, Habituation).

Eine zu starke Forcierung emotionaler Prozesse andererseits (wie sie z. B. in der Bioenergetik oder provokativen Therapie empfohlen wird) erzielt jedoch nicht immer therapeutisch günstige Wirkungen, weshalb sie bei bestimmten psychischen Störungen oder Verfassungen kontraindiziert ist (z. B. im psychotischen oder dissoziativen Erleben von Patienten; vgl. Fiedler, 2008).

2.2 Vermeidungsfunktion emotionalen Erlebens

Sie bezeichnet eine kognitiv intendierte Tendenz zur innerpsychischen Hemmung oder Abwehr unangenehmer (bis subjektiv als „bedrohlich" oder gar als „gefährlich" erlebter) emotionaler Prozesse – zumeist mit dem Ziel, Selbstsicherheit zu bewahren (vgl. Traue, 1998). Den absichtsvollen Versuchen einer Affektabwehr wird üblicherweise eine ungünstige Funktion zugeschrieben. Entsprechend häufig findet sie sich in einer Negativ-Konnotation unterschiedlicher Bezeichnungen wieder, die in den Therapieschulen für eine Emotionshemmung benutzt werden. Neben Abwehr sind z. B. auch Ablenkung, Rationalisierung, Reaktionsbildung, Projektion, Verdrängung, Verleugnung, Widerstand oder Ähnliches mehr gebräuchlich.

Andererseits stellt die Abwehr bzw. Hemmung emotionaler Prozesse unter bestimmten Umständen jedoch eine wichtige, positiv zu konnotierende Kompetenz bereit, als sie es z. B. ermöglicht, sich in bestimmten Situationen nicht von seinen Gefühlen „irritieren" oder „überwältigen" zu lassen, z. B. als Ablenkung von eigenen Ängsten im Rahmen einer Prüfung. Entsprechend positive Wirkungen können therapeutisch in der Behandlung sexueller Deviationen erreicht werden, wenn es vormaligen Tätern beispielsweise erfolgreich gelingt, im Zusammensein mit einem Kind einem pädophilen Verlangen zu widerstehen.

2.3 Attraktorfunktion emotionalen Erlebens

Damit ist einerseits eine angstvolle Aufmerksamkeitslenkung auf emotionales Erleben gemeint mit dem Ergebnis, dass Emotion zum Störungsattraktor werden kann, der sich selbst verstärkt (bis hin zu extremer Symptomatik, z. B. phobophobische Panik oder übersteigertes sexuelles Verlangen). Für die Betroffenen führt dies häufig zu einem paradoxen Ergebnis des vermeintlichen Kontrollverlustes, obwohl die Selbstbeobachtung in subjektiver Erwartung eigentlich der Emotionskontrolle, beispielsweise einer Angstminimierung dienen sollte.

Andererseits gibt es wiederum zahlreiche Beispiele, die dafür sprechen, mit der Attraktorfunktion emotionalen Erlebens nicht nur ungünstige Ergebnisse zu verbinden. So kann ein „sich seinen Gefühlen überlassen" durchaus günstig sein, zum Beispiel zur Anregung kreativer Prozesse im sog. *Flow*-Erleben (Csikszentmihalyi, 1990) oder auch seinen sexuellen Gefühlen freien Lauf lassen, wenn dies auf Gegenliebe stößt.

2.4 Das Zusammenwirken bewusster und unbewusster Prozesse

Dennoch spielen insbesondere die letzten beiden Bedingungen (vgl. Abschnitt 2.2 und 2.3) bei der Entwicklung und Aufrechterhaltung psychischer Störungen mit Eigendynamik eine erhebliche Rolle. Werden beide Tendenzen zur Angstminimierung eingesetzt, werden sie erheblich durch eine subjektive Theorie über die Funktionalität emotionalen Erlebens mitgesteuert und forciert. Geht die betreffende Person zum Beispiel im Sinne von Abschnitt 2.2 von der Annahme aus, dass man unangenehme, im Gedächtnis verankerte Emotionen intentional abwehren könne, dann ist dies realiter natürlich nur bedingt möglich, da diese Emotionen und die damit assoziierten Erinnerungen im Gedächtnis durchaus weiterhin parallel ablaufen können.

Aus diesem Grund postulieren die meisten klinischen Emotionsforscher (kognitive wie emotionale) *unbewusste Prozesse* – etwa als „parallele Informationsverarbeitung" oder Emotionsprozessierung *außerhalb der bewussten Aufmerksamkeit*. In der modernen Gedächtnisforschung ist für dieses Zusammenspiel eine weitere Unterscheidung eingeführt worden, nämlich die zwischen der gleichzeitigen Wirkung von „impliziten" und „expliziten" Gedächtnisinhalten, mit der die

Beziehungen zwischen bewusster Wahrnehmung und unbewussten Gedächtnisinhalten untersucht und konzeptualisiert werden (Schacter, 1996).

Explizites Gedächtnis ermöglicht die intentionale und bewusste (also „explizierbare") Wiedererinnerung an vergangene Ereignisse (episodisch, autobiografisch) oder an andere Informationen auch aus dem semantischen Gedächtnis. Der Begriff *implizites Gedächtnis* steht für Situationen, in denen das Verhalten durch Erinnerungsvorgänge beeinflusst wird, ohne dass die betreffende Person dies zugleich bewusst wahrnehmen muss. Beide Bereiche sind entscheidend durch separierte emotionale Erfahrungen mitbestimmt. Konflikte oder Widersprüche zwischen beiden Bereichen finden ebenfalls im aktuellen emotionalen Erleben ihren Ausdruck (vgl. Fiedler, 2004).

Im Lichte der modernen Aufmerksamkeits- oder Gedächtnisforschung lässt sich besser und präziser auch von *selektiver Unaufmerksamkeit* gegenüber bedrohlichangstvoll erlebten Emotionen sprechen – eine Denkfigur, die von Sullivan (bereits 1953) vorweggenommen wurde: Wo die Aufmerksamkeit nicht hinreicht, prozessiert vieles bis fast alles unbewusst (LeDoux, 2002). Ausnahme hierfür sind vielleicht sog. „kalte", rein konzeptuell-kognitive Emotionen wie z.B. die selbstreflexiven Schuldgefühle, die weitgehend emotionslos berichtet werden können.

3 Emotionen als Schlüssel zur Erklärung und Behandlung psychischer Störungen

Insbesondere die oben beschriebenen Tendenzen der Vermeidungsfunktion (vgl. Abschnitt 2.2) und Attraktorfunktion (vgl. Abschnitt 2.3) zur Angstminimierung gelten inzwischen als Schlüssel zur Erklärung und Behandlung insbesondere jener psychischen Störungen, bei denen Emotionen *als bedrohlich erlebte Symptome* eine große Rolle spielen. Dies soll nachfolgend anhand von drei sog. „Teufelskreisen" kognitiv-emotionalen Erlebens verdeutlicht werden.

3.1 Subjektive Angst vor dem Wiedererleben traumatischer Erfahrungen (Teufelskreis 1)

Menschen mit posttraumatischer Belastungsstörung gelten als Prototyp einer Angstminimierung durch Abwehr emotionalen Erlebens, indem sie intentional versuchen, jegliche Wiedererinnerung an ein real erlebtes Trauma aktiv zu vermeiden (beobachtbar z.B. bei Opfern physischer oder sexueller Gewalt sowie bei Überlebenden von Naturkatastrophen, Unfällen oder Kriegseinwirkungen; Fiedler, 2008). Zur Vermeidung unangenehmer Erinnerung wird nun von den Betroffenen eine Reihe unterschiedlicher Abwehrmechanismen eingesetzt, um die traumatische Erfahrung selektiv außerhalb des Bewusstseins zu halten. Die meisten

Strategien selektiver Unaufmerksamkeit misslingen jedoch regelhaft, da sich die Trauma bezogenen Informationen einschließlich der Angst-Emotionen in einem durchaus „aktiven Gedächtnis" befinden (sog. „implizites Gedächtnis"). LeDoux (1996) fasst die neuronal-impliziten Regelkreise unter der Bezeichnung „Angst- bzw. Trauma-Gedächtnis" zusammen.

3.1.1 Störungsbild und Störungsdynamik

Immer dann, wenn nämlich die gewählte Form selektiver Unaufmerksamkeit zusammenbricht, drängen sich Trauma bedingte emotionale Erinnerungen wiederholt (posttraumatisch) z. B. in Form von Flashbacks, Alpträumen und ungewollten Erinnerungen intrusiv und beständig erneut dem Bewusstsein auf. Eine besonders plausible Erklärung für diese Phänomene findet sich u. a. in der neuropsychologischen Forschung von zwei offenkundig getrennt wirkenden Gedächtnissystemen: (a) eines vorrangig durch die Amygdala gesteuerten (impliziten) Emotionsgedächtnisses versus (b) eines vorrangig durch den Hippocampus gesteuerten (expliziten) Kognitionsgedächtnisses (vgl. Fiedler, 2008).

Es gibt offensichtlich so etwas wie eine dynamische Spannung zwischen beiden Gedächtnissystemen, die sich psychologisch am besten als Konflikt zwischen der oben beschriebenen *Tendenz zu ganzheitlicher Erfahrungsintegration* (vgl. Abschnitt 2.1) und der subjektiv intendierten *Tendenz zur Angstminimierung traumatischer Emotionen mittels Abwehr* (vgl. Abschnitt 2.2) beschreiben lässt (Fiedler, 2004). Diese konfligierende Dynamik führt dazu, dass die kognitiven Prozesse zwischen Hemmung/Abwehr und Intrusion/Integration hin und her oszillieren können, wodurch es immer nur graduell zu einer ganzheitlicheren Integration traumatischer Erfahrungen kommt – mit der Konsequenz, dass sich eine manifeste posttraumatische Belastungsstörung entwickelt.

3.1.2 Behandlung

Das Risiko der Entwicklung einer posttraumatischen Belastungsstörung erhöht sich in dem Maße, wie der Grad subjektiver Entschlossenheit ansteigt, eine erneute (innere) Auseinandersetzung mit dem Trauma selektiv zu vermeiden (Ehlers, 1999). Genau diese Beobachtung wird der Therapie posttraumatischer Störungen zugrunde gelegt. Im Mittelpunkt steht die therapeutisch behutsam begleitete, mehr- bis vielfach wiederholte Konfrontation mit den traumatischen Gedächtnisbildern. Das Ziel dieser (auch Exposition genannten) Vorgehensweise besteht in der Habituation an die emotionale Symptomatik der posttraumatischen Störungen. Die Exposition folgt dem Anspruch, ein zunehmendes Selbstmanagement emotionalen Erlebens aufzubauen. Dies wird durch wiederholte gedanklich-imaginative Aktivierung der Trauma-Szenarien oder des Trauma-Erlebens zu erreichen versucht.

Therapeuten müssen jedoch darauf achten, dass es dabei nicht zur erneuten Aufschaukelung von Angsterfahrungen kommt; denn das Wiedererinnern kann in einzelnen Fällen auch zur Re-Traumatisierung führen (Fiedler & Sachsse, 2005). Auch ist die Exposition nicht indiziert, wenn die Gefahr einer realen Traumatisierung gegenwärtig noch weiter besteht, wie dies beispielsweise bei noch andauerndem bedrohlichen Stalking der Fall sein kann. Statt durch imaginatives Wiedererinnern können ähnliche, ebenfalls habituative Wirkungen erreicht werden, wenn man Patienten hinreichend Möglichkeiten gibt, die gemachten Erfahrungen und den bisherigen Umgang mit Belastungen und Konflikten narrativ zu verarbeiten, um auf diese Weise Erleichterung zu finden. Vielleicht scheint das explizite Besprechen und Verarbeiten traumatischer Erinnerung auch den wichtigsten Anteil einer Trauma-Behandlung auszumachen.

3.2 Subjektive Angst vor einem Zuviel an Emotion bei Panik und Phobien (Teufelskreis 2)

Die innerpsychische Abwehr muss sich nicht gegen traumatische Erinnerungen richten. Sie kann sich direkt auf subjektiv als zunächst bedrohlich erlebte, späterhin als bedrohlich *antizipierte* Emotionen selbst beziehen. Menschen können sich selbst durch innere Vorstellungen und Erwartungen erhebliche Ängste bereiten. Schließlich steigert auch eine zunehmende (kognitive) Angst vor der (zuvor emotional erlebten) Angst den Angstaffekt selbst (Phobophobie).

3.2.1 Störungsdynamik

Dieser Teufelskreis lässt sich einerseits mit der Attraktorwirkung (vgl. Abschnitt 2.3) als „Angst vor der Angst" beschreiben. Die Panik-Forschung zeigt aber auch, dass selektive Unaufmerksamkeit (Vermeidung) für die Aufrechterhaltung der Störung verantwortlich ist (vgl. Abschnitt 2.2). Beide Aspekte sind in der Agoraphobie- und Panikforschung gut ausgearbeitet und untersucht worden (Schneider & Margraf, 1998).

Es ist jedoch interessant, dass sich im Erleben von Panikpatienten auch noch die autoregulative Tendenz zur Emotionsintegration (vgl. Abschnitt 2.1) finden lässt – dies insbesondere in Selbstbehandlungsversuchen der Betroffenen. Deutlich wird, dass Agoraphobie- und Panikpatienten eine mögliche Ambivalenz innerhalb unterschiedlicher Tendenzen zur Angstminimierung erfahren (sie oszilliert zwischen Integrations-, Vermeidungs- und Attraktorfunktion). Dies zeigt sich eindrücklich in den recht unterschiedlichen Emotionen, die sich bei Phobiepatienten beobachten lassen: Diese reichen von Furcht, über Aggression, Neugier/Interesse, Ekel, Scham bis hin zur Freude, was die differenziellen Funktionen subjektiver „Angst" in der Panik unterstreicht (Krause, 1998).

3.2.2 Behandlung

Die Therapie von Angststörungen, insbesondere die Behandlung von Panikanfällen setzt unmittelbar an der Attraktorwirkung von „Angst vor der Angst" an, also an der subjektiven angststeigernden bzw. sich selbst ängstigenden Bewertung emotionalen Erlebens. Patienten werden systematisch darin geschult, die eigenen Ängste genau zu beobachten und realistisch zu bewerten (Schneider & Margraf, 1998). Die angezielten Veränderungsprozesse versuchen auf unterschiedliche Weise genau jene oben beschriebene Oszillation emotionalen Erlebens aufzubrechen: Zum einen werden Patienten angeleitet, neue angstreduzierende Bewertungen der körperlich-emotionalen Symptome zu entwickeln. Zum anderen sollen sie in Expositionsübungen, in denen sie realen Angstbedingungen ausgesetzt werden, eine Gewöhnung (Habituation) an die inneren und äußeren (real in der Regel nicht bedrohlichen) Angstauslöser erfahren. Schließlich werden Patienten systematisch angeleitet, ihre Aufmerksamkeit von der inneren Angstdynamik weg nach außen auf die real gegebene Umwelt zu richten, um die phobophobische Selbstbeobachtung der Angstaffekte zu unterbinden.

3.3 Subjektive Angst bei Mangel an Emotion z. B. in der Depression (Teufelskreis 3)

Die Depression stellt zur Zeit die größte Herausforderung für Klinische Emotionsforscher dar: Sie ist nicht nur eine der weltweit häufigsten Erkrankungen, sondern auch häufigste Ursache für Arbeits- und Erwerbsunfähigkeit. Das Risiko der Chronifizierung ist beträchtlich, denn drei Viertel (also über 70 %) der behandelten Patienten erleiden innerhalb von vier Jahren einen Rückfall.

Die Emotionspsychologie der Depression ist komplex, denn diese Erkrankung sieht von Patient zu Patient unterschiedlich ist. Ist die Depression als „schwer" zu bezeichnen, scheint es so, als hätten depressive Patienten ihre Gefühle als wesentliche Referenz für Denken und Handeln verloren. Gehen Gefühle als Referenz verloren, sind Planung und Entscheidung nicht mehr möglich. Ohne Gefühl kann man sich eine Zukunft nicht mehr vorstellen. Völlig pessimistisch jeder Möglichkeit gegenüber und ohne Kreativität und Schwung sind Depressive unfähig, sich in der Dimension Zeit zu entwerfen und konkrete Pläne zu machen.

3.3.1 Störungsdynamik

Erst in den letzten Jahren wird der psychologische Mechanismus des Hineingeratens in einen fast „gefühllosen" Zustand immer klarer (Fiedler, 2006). Depressive Patienten unterliegen (wie gelegentlich ihre Therapeuten) möglicherweise einem Mythos. Sie vermuten in negativen Emotionen (Angst, Ärger, Traurigkeit) ein Risiko für das Wiederaufflammen der Depression. Sie beginnen damit, auf eine Vermeidung vermeintlich negativer Gefühle hinzuarbeiten (Vermeidungsfunktion). Die

Patienten bemerken nicht, dass ihnen auf diese Weise ein Bezug zu vielen eigenen, üblicherweise gerade durch „negative" Emotionen stimulierten Bedürfnissen und Interessen verloren geht. Dieser depressiogene Teufelskreis wurde von Kuhl und Kaschel (2004) als *Prozess der Selbstentfremdung* anschaulich beschrieben.

Es gibt nämlich ausgesprochen beachtenswerte Unterschiede zwischen der Depression und den Gefühlen eines Menschen. Im dysphorisch depressiven Erleben dominiert Stresserleben, ablesbar z. B. an einem deutlich erhöhten Cortisolspiegel. Und Stresserleben unterscheidet sich beträchtlich von klar wahrnehmbarer Traurigkeit, Angst oder Ärger. Es scheint nun die neurobiologisch bestimmte Dominanz des dysphorisch depressiven Erlebens zu sein, welche die Patienten in depressiven Episoden zu depressiogenem Denken, Selbstabwertungen und damit in Selbstentfremdung und Hoffnungslosigkeit führen. Nicht das depressiogene Denken führt in die Depression (wie dies Forscher in Anlehnung an theoretische Überlegungen von Beck, Rush, Shaw & Emery, 1979, lange Zeit vermuteten). Vielmehr scheint die Depression für das depressiogene Denken verantwortlich und hat dieses fest im Griff.

Tritt ein solcher Zustand ein, werden diese Störungsmerkmale selbst zum Attraktor subjektiv erlebten Emotionsverlustes (vgl. Abschnitt 2.3). Der emotionale Verlust und die Selbstentfremdung sind so gegenwärtig, dass nur selten ein schwer Depressiver nicht an Selbsttötung denkt, selbst wenn er nicht darüber spricht. Es findet eine grundlegende Bewusstseins- als Kognitionsverengung statt: Schwer depressive Patienten neigen in der Depression nicht selten dazu, die Welt und ihr eigenes Leben nach einer besonders moralischen (mangels Emotion ausschließlich kognitiven) Sichtweise als „sinnlos" zu interpretieren: Der teilweise biologisch regulierte Verlust emotionaler Referenz führt – ausschließlich Kognition – zu einem gefahrvollen „moralischen Imperativ" (beschrieben als „präsuizidales Syndrom"): Der extrem depressive Patient erlebt oder beurteilt sich als Subjekt seines verbliebenen rudimentären Urteilsvermögens als „tot".

3.3.2 Behandlung

Wegen dieses (teils durch biologisch elementare Prozesse stimulierten) „kognitiven Imperativs" handelt es sich bei der schweren Depression um eine jener psychischen Störungen, bei denen es nutzbringend erscheint, den Patienten von seinem Leiden die Vorstellung einer *biologisch regulierten Krankheit* zu vermitteln. Sie sollen unter anderem den Unterschied zwischen Depression und Gefühlen kennen lernen und den biologischen Mechanismus verstehen, der sie im mythologischen „Kampf gegen negative Emotionen" zunehmend in den Zustand der Selbstentfremdung geführt hat.

Interessanterweise ist es inzwischen gelungen, die hohen Rückfallzahlen selbst bei bereits jahrelang chronifizierter Depression deutlich zu senken, nämlich mit

Hilfe sog. Achtsamkeitsübungen, die unter der Bezeichnung „Mindfulness" nach Aufsehen erregenden Erfolgsberichten schnell weltweit die Runde machten (Segal, Williams & Teasdale, 2002). Im Mittelpunkt des auf Mindfulness abzielenden Behandlungskonzepts steht der Versuch, dass Patienten erlernen, wie man mittels Achtsamkeit auf Körperlichkeit und dem Wiedererleben positiver und vor allem auch negativer Gefühle aus einer depressiven Verstimmung erneut herauskommen kann.

Weiter sollten Therapeuten in einem klientenzentrierten Gespräch über reale Probleme (Arbeitsplatzverlust, Tod eines Partners, Einsamkeit, Verschuldung), die Patienten in der Vergangenheit erlebt haben, gegenwärtig noch besitzen oder zukünftig befürchten, sehr gezielt alle damit zusammenhängenden positiven wie negativen Emotionen beobachten, aktivieren und bekräftigen – und dabei sehr achtsam vor allem auf die negativen Emotionen achten (wie Frust, Ärger, Wut, Traurigkeit, Ekel oder Angst), zu denen die Patienten wegen der Depression entweder keinen Zugang haben, einen Zugang verloren haben oder die sie wegen des beschriebenen Risiko-Mythos zu vermeiden trachten (zfsd.: Fiedler, 2006).

4 Abschließende Bemerkung

Mit dem Hinweis auf die Beachtung realer Sorgen und Nöte von Patienten ist schließlich auch noch angedeutet worden, dass Emotionen in ihrer Funktion psychotherapeutisch nicht nur individualistisch ausgedeutet werden dürfen. Emotionen sind Ausdruck und Wirkvariablen im Gewirr zwischenmenschlicher und gesellschaftlicher Beziehungen. Emotionen sind also nicht nur Gegenstand von Behandlung und Selbstmanagement des subjektiven emotionalen Erlebens. Vielmehr dienen sie in fast jeder Therapie der persönlichen Sinnfindung und Sinnstiftung. Da sie von der gesamten Lebensgeschichte des Einzelnen nicht zu trennen sind, sind sie immer auch als Teil *kollektiver Prozesse* zu verstehen, in die sich der Einzelne verstrickt findet.

Mit Fragen und Problemen der zuletzt angesprochenen Art hat sich die klinische und therapeutische Emotionsforschung bisher leider nur sehr am Rande auseinander gesetzt. Nach wie vor hängt alles sehr vom einzelnen Therapeuten ab, ob er die Integration emotionalen Erlebens (Bewusstwerdung, Sinnfindung) in Richtung individualpsychologischer oder auch darüber hinaus in gesellschaftlicher Perspektivierung unterstützt. Solange Forschungsarbeiten dazu ausstehen, werden die Persönlichkeit des Therapeuten, seine psychologischen Orientierungen und die persönlichen Weltanschauungen auch über Emotionen und Emotionsbedeutung entscheidenden Anteil an vielen Einzelprozessen der Therapie behalten – und damit darauf, wie der Patient sich seiner selbst und seiner Probleme bewusst wird, sie in Besitz nimmt und sie eventuell überwinden kann.

Weiterführende Literatur

Fiedler, P. (2004). Die Bedeutung innerpsychischer Konflikte für die Entstehung und Aufrechterhaltung psychischer Störungen. In F. Pfetsch (Hrsg.), *Konflikt* (S. 201–212). Heidelberg: Springer.

Fiedler, P. (2006). Psychotherapie in der Entwicklung. *Verhaltenstherapie und psychosoziale Praxis, 38,* 269–282.

Kuhl, J. & Kaschel, R. (2004). Entfremdung als Krankheitsursache: Selbstregulation und integrative Kompetenz. *Psychologische Rundschau, 55,* 61–71.

Literatur

Beck, A. T., Rush, A. J., Shaw, B. F. & Emery, G. (1979). *Cognitive therapy of depression.* New York: Guilford.

Csikszentmihalyi, M. (1990). *Flow. Das Geheimnis des Glücks.* Stuttgart: Klett-Cotta.

Ehlers, A. (1999). *Posttraumatische Belastungsstörung.* Göttingen: Hogrefe.

Fiedler, P. (2004). Die Bedeutung innerpsychischer Konflikte für die Entstehung und Aufrechterhaltung psychischer Störungen. In F. Pfetsch (Hrsg.), *Konflikt* (S. 201–212). Heidelberg: Springer.

Fiedler, P. (2006). Psychotherapie in der Entwicklung. *Verhaltenstherapie und psychosoziale Praxis, 38,* 269–282.

Fiedler, P. (2008). *Dissoziative Störungen und Konversion* (3. Aufl.). Weinheim: Beltz-PVU.

Fiedler, P. & Sachsse, U. (2005). Traumaexposition: kontrovers? In P. Fiedler & U. Sachsse (Hrsg.), *Traumatherapie kontrovers* (S. 60–64). Stuttgart: Schattauer.

Krause, R. (1998). *Allgemeine Psychoanalytische Krankheitslehre* (Band 2: Modelle). Stuttgart: Kohlhammer.

Kuhl, J. & Kaschel, R. (2004). Entfremdung als Krankheitsursache: Selbstregulation und integrative Kompetenz. *Psychologische Rundschau, 55,* 61–71.

LeDoux, J. (1996). *The emotional brain. The mysterious underpinnings of emotional life.* New York: Simon & Schuster.

LeDoux, J. (2002). *Synaptic self. How our brains become who we are.* New York: Viking Penguin.

Schacter, D. L. (1996). Searching for memory. The brain, the mind, and the past. New York: Basic Books.

Schneider, S. & Margraf, J. (1998). Agoraphobie und Panikstörung. Göttingen: Hogrefe.

Segal, Z. V., Williams, J. M. G. & Teasdale, J. D. (2002). Mindfulness-based cognitive therapy for depression. New York: Guilford.

Sullivan, H. S. (1953). *The interpersonal theory of psychiatry.* New York: Norton.

Traue, H. C. (1998). *Emotion und Gesundheit. Eine psychobiologische Regulation durch Hemmung.* Heidelberg: Spektrum.

Emotion und Gesundheit
Emotion and Health

Matthias Jerusalem

1 Einleitung

Emotionale Prozesse bestehen aus affektiven Empfindungsqualitäten (z. B. erlebter Gefühlszustand bei Freude, Ärger, Eifersucht), emotionsspezifischen Gedanken (z. B. Bedrohung bei Angst, Selbstvorwürfe bei Scham), körperlichen Veränderungen (z. B. Aufregung, Zittern, Muskelspannung, Gesichtsausdruck) und motivationalen Verhaltenstendenzen (z. B. Aggressionsneigung bei Wut, soziale Annäherung bei Freude). Emotionale Erfahrungen resultieren oft aus Einschätzungen der Bewältigbarkeit bzw. der tatsächlichen Bewältigung von Anforderungen (z. B. Prüfungsangst vor Klassenarbeiten, Stolz bei Erfolg). Die an Emotionsprozessen beteiligten Komponenten beeinflussen sich gegenseitig und wirken sich in ihrem komplexen Zusammenspiel auf gesundheitliche Prozesse aus. Dieser Beitrag beschäftigt sich mit der gesundheitlichen Relevanz von Emotionen im Hinblick auf potenzielle Wirkmechanismen, die Verhaltens- und Emotionsregulation bei Belastungen, Emotionsdispositionen sowie Emotionsausdruck und Emotionshemmungen.

2 Potenzielle Wirkmechanismen

Zu der Frage, wie sich Emotionen auf Gesundheit auswirken können, werden als Vermittlungsmechanismen körperliche Prozesse und Verhaltensweisen sowie generelle und Belastungen abpuffernde Wirkungen diskutiert (vgl. Kasten).

> **Mögliche Wirkmechanismen von Emotion und Gesundheit**
> - *Körperliche Prozesse.* Negative Emotionen (z. B. Angst, Ärger) gehen einher mit unmittelbar gesundheitsabträglichen physiologischen Erregungszuständen, muskulären Reaktionen, endokrinen und immunologischen Prozessen.
> - *Verhaltensweisen.* Belastende Emotionen (z. B. Angst, Wut, Trauer) und ihre physiologischen Begleitumstände sind indirekt gesundheitsabträglich, indem sie zu riskantem Verhalten führen (z. B. Alkoholkonsum, Rauchen, unkontrolliertes Essen), das seinerseits gesundheitsschädigende Wirkung entfaltet.
> - *Generelle Wirkungen von Emotionen.* Emotionen nehmen grundsätzlich in allen Lebenslagen Einfluss auf Gesundheit: Negative Emotionen sind schäd-

lich, positive Emotionen förderlich. Die Kumulation von Emotionen hat entsprechende Langzeitfolgen für die Gesundheit.
- *Abpuffernde Wirkungen von Emotionen.* Emotionen sind nicht in jedem Fall und jederzeit, sondern vor allem oder ausschließlich bei Belastungen gesundheitsrelevant. Angesichts von Belastungen sind negative Emotionen gesundheitsabträglich, während positive Emotionen den Stress abpuffern und die Gesundheit schützen.

Häufig untersucht worden sind Zusammenhänge zwischen Ärger und Gesundheit. Nach einer Meta-Analyse von Schum, Jorgensen, Verhaeghen, Sauro & Thibodeau (2003) ist intensives Ärgererleben verbunden mit ungünstigen physiologischen Veränderungen (erhöhte Blutdruckwerte und Herzraten). Nicht nur bei Ärger sondern bei negativen Emotionen generell scheinen Bluthochdruck, Herzvolumen und Herzratenwerte ungünstiger auszufallen als bei positiven Emotionen (Traue, Horn & Kessler, 2005). Negative Emotionen tragen auch zu gesundheitlichem Risikoverhalten wie Alkoholkonsum, Rauchen oder unkontrolliertes Essen bei. Bei dispositionaler Neigung zu Ärger oder anderen negativen Emotionen und damit häufigem emotionalen Stress können Chronifizierungen der körperlichen Reaktionen und gewohnheitsmäßiges Risikoverhalten zu gesundheitsschädlichen Langzeitwirkungen führen (z. B. Bluthochdruck, Herz-Kreislauf-Risiken, Organschäden durch Suchtverhalten).

Die konkreten Wirkmechanismen sind allerdings noch keineswegs hinreichend erforscht. Zum einen sind die meisten Zusammenhänge zwar statistisch signifikant, aber relativ schwach. Zum anderen entfaltet sich die potenziell pathologische Wirkung von Emotionen auf Gesundheit über viele Jahre und steht in Wechselwirkung mit vielfältigen anderen Prozessen, so dass Kausalitätsbezüge schwierig nachzuweisen sind.

Die Forschung hat sich insbesondere beschäftigt mit gesundheitlichen Einflüssen von persönlichen Stilen der Verhaltens- und Emotionsregulation bei Belastungen, Emotionsdispositionen, Tendenzen emotionalen Ausdrucksverhaltens und verfestigten Emotionshemmungen.

3 Verhaltens- und Emotionsregulation bei Belastungen

Die Verhaltens- und Emotionsregulation bei Belastungen wird durch Einschätzungen der Anforderungen und deren möglicher Bewältigung wesentlich beeinflusst (→ Einschätzung). Je weniger eigene Bewältigungsmöglichkeiten wir sehen, desto schwieriger fällt die Bewältigung und desto eher stellen sich unangenehme Emotionen ein. Angenehm und emotional positiv sind demgegenüber Anforderungen, die uns beherrschbar erscheinen. Bewältigungszweifel oder erlebte Überforderung lassen unsicheres Verhalten und unangenehme Gefühle wie Angst, Ärger, Wut oder Enttäuschung aufkommen. Erlebte Unkontrollierbarkeit in wichtigen Lebensbereichen (z. B. Schule, Beruf, soziale Beziehungen) kann zu Resignation, Depressivität, Hilflosigkeit oder Aggressivität führen. Ein Scheitern bei wichtigen Anforderungen schädigt zudem Selbstachtung und Selbstwert, was zu Gefühlen von Feindseligkeit, Scham oder Schuld beitragen kann. Insgesamt lässt sich sagen, dass negative Emotionen und deren gesundheitsschädliche Wirkungen wahrscheinlicher werden, wenn Menschen sich wichtigen Anforderungen und Belastungen in ihrem Leben nicht gewachsen fühlen. Dabei kann zudem gewohnheitsmäßiges Risikoverhalten zur Emotionsregulation bzw. Abmilderung negativer Emotionen entstehen (z. B. Suchtverhalten, Gewalt, Delinquenz).

Auf der Basis von Erfahrungen können sich auch dispositionale Bewältigungsstile bzw. Bewältigungstendenzen zur Verhaltens- und Emotionsregulation bei Belastungen entwickeln (vgl. Kasten).

Bewältigungsstile

In der Forschung finden sich durchgängig zwei grundlegende Unterscheidungen von Bewältigungsstilen. Zum einen geht es aus funktionaler Sicht um Bemühungen zur aktiven Problemlösung (*problemorientiertes Coping;* z. B. anforderungsbezogene Anstrengung und Ausdauer) oder zur Verbesserung der emotionalen Befindlichkeit (*emotionsorientiertes Coping*; z. B. Beruhigung, Ablenkung). Zum anderen werden *vigilante Bewältigungsstile* (Suche nach bedrohlichen Informationen zur Reduktion von Unsicherheit) von *vermeidenden Bewältigungsstilen* (Nichtbeachtung bedrohlicher Reize zur Vermeidung von Erregung) unterschieden. Für psychosoziale Anpassung und Gesundheit scheinen vermeidende und emotionsorientierte Bewältigungsstile eher kurzfristig, vigilante und problemorientierte Bewältigungsstile dagegen eher langfristig vorteilhaft zu sein.

Ein wichtiger gesundheitlicher Schutzfaktor ist die erlebte Selbstwirksamkeit, die Problemorientierung und eine konstruktive Verhaltens- und Emotionsregulation unterstützt (Jerusalem, 2005). Selbstwirksamkeit ist das Vertrauen in die eigenen Kompetenzen, Anforderungen aus eigener Kraft meistern zu können. Die damit verbundene zuversichtliche Herangehensweise an Anforderungen führt zu intensiverer Anstrengung und Ausdauer, höherer Wahrscheinlichkeit für Erfolg, der die Selbstwirksamkeit weiter stärkt, und einer gesundheitsförderlichen positiven Emotionsbilanz. Selbstwirksamkeit hat sich in vielen Studien als besonders günstig für den erfolgreichen Umgang mit Anforderungen, ein positives emotionales Erleben und auch für protektives Gesundheitsverhalten erwiesen (Bandura, 1997).

4 Emotionsdispositionen

Belastungsbezogene Einschätzungen und emotionale Prozesse werden auch durch Emotionsdispositionen beeinflusst. Vor allem emotional negativ gefärbte Personmerkmale wie Neurotizismus/negative Affektivität, Ärgerneigung, Feindseligkeit oder bestimmte Typologien (z. B. Typ A, Typ C; vgl. Kasten) gelten als Risikofaktoren für die Gesundheit wegen der mit ihnen verbundenen überdauernden Tendenzen zum Erleben aversiver Gefühlszustände, zu pessimistischen Anforderungseinschätzungen und gesundheitlichen Risikoverhaltensweisen. Empirisch finden sich Zusammenhänge mit subjektiver und objektiver Gesundheit, die aber vermutlich zumindest teilweise durch methodische Artefakte entstanden sind. Denn Fragebögen zu negativen Emotionsdispositionen fragen oft auch nach körperlichen Symptomen und Befindlichkeitsstörungen, so dass Persönlichkeit und Gesundheit nicht unabhängig voneinander erfasst werden. Für Dispositionen zu positiven Emotionen (z. B. Optimismus, „Frohnatur") finden sich Zusammenhänge mit Wohlbefinden und subjektiver Gesundheit, in geringerem Maße auch mit körperlicher Gesundheit. Für Typologien (mehrere Personmerkmale charakterisieren gemeinsam einen Persönlichkeitstyp) sind Bezüge zur Gesundheit schwierig zu ermitteln wegen der uneinheitlichen Bestimmung, der Heterogenität oder der mangelnden empirischen Differenzierung von Einzelkomponenten.

Verhaltensmuster Typ A und Typ C

Besonders häufig untersucht worden ist das so genannte Typ A-Verhaltensmuster. Aufgrund klinischer Beobachtungen beim Vergleich von herzkranken mit nicht herzkranken Patienten glaubten die Kardiologen Friedman und Rosenman, mit dem Typ A-Verhalten einen psychologischen Risikofaktor für Herz-Kreislauf-Erkrankungen gefunden zu haben. Danach besteht ein erhöhtes Herzinfarktrisiko bei Menschen, die sich durch ehrgeiziges Leistungsstreben, Ungeduld, Aggressivität und Feindseligkeit auszeichnen sowie sich ständigem Konkurrenz- und Zeitdruck ausgesetzt fühlen (Typ A; Friedman & Rosenman, 1985). Erste Befunde zum Zusammenhang von kardiovaskulären Erkrankungen mit diesem komplexen Typ A-Verhalten konnten in weiteren Studien jedoch nicht bestätigt werden. Für die körperliche Gesundheit und ein kardiovaskuläres Risiko scheinen nur die Faktoren Feindseligkeit und Ärgerneigung eine Rolle zu spielen, allerdings sind die Zusammenhänge eher schwach (Mittag, 1999; Myrtek, 2007).

Hinsichtlich eines als Typ C bezeichneten Verhaltensmusters (Unterdrückung von Emotionen, mangelnde Stressbewältigungsfähigkeit, Hoffnungslosigkeit, Depression als Risikokonstellation für Krebserkrankungen) ist die Befundlage sehr heterogen. Das Konzept scheint eher für die Bewältigung von Krebserkrankungen als für deren Entstehung bedeutsam zu sein.

5 Emotionales Ausdrucksverhalten

Gesundheitliche Wirkungen von Emotionsdispositionen können auch über das Ausdrucksverhalten (→ Ausdruck) in der sozialen Kommunikation vermittelt werden. Eine positive emotionale Grundeinstellung begünstigt ein optimistisches, offenes und sozial attraktives Ausdrucksverhalten, erleichtert soziale Kontakte und fördert die Bereitschaft zu sozialer Unterstützung, die emotional angenehm, für die Bewältigung von Anforderungen dienlich und somit gesundheitszuträglich sein kann. Eine negative emotionale Grundeinstellung mit pessimistischem und klagendem Ausdrucksverhalten ist sozial eher unattraktiv und führt tendenziell zu Zurückweisung, wodurch wieder negative Emotionen und Bewältigungsprobleme entstehen können.

In bestimmten Situationen oder bei besonderen Belastungen kann der offene Ausdruck negativer Emotionen jedoch auch positive Gesundheitseffekte haben. So scheint ein konstruktiver Ausdruck von Ärger physiologisch günstig (geringerer Blutdruck), die Unterdrückung von Ärger eher ungünstig zu sein. Und für eine erfolgreiche Krankheitsbewältigung ist ein offensiver, kämpferischer Ausdruck belastender Emotionen möglicherweise hilfreicher als das stille Ertragen (Panagopoulou, Kersbergen & Maes, 2003). Auf die gesundheitliche Bedeutung emotionalen Ausdrucks haben insbesondere die Arbeiten von Pennebaker und Mitarbeitern zum emotionalen bzw. expressiven Schreiben hingewiesen (vgl. Kasten).

Emotionsausdruck und Gesundheit

Im Rahmen seines Ansatzes zum expressiven bzw. emotionalen Schreiben hat Pennebaker (1985; zfsd.: Horn & Mehl, 2004) gesundheitliche Effekte des schriftlichen Emotionsausdrucks eingehend untersucht. In seinen Studien bat er Personen, an mehreren Tagen je eine viertel bis eine halbe Stunde über ihre bisher schmerzhaftesten Lebenserfahrungen und deren emotionale Bedeutung zu schreiben. Obwohl dies als emotional belastend erlebt wurde und unmittelbar anschließend negative Gefühlszustände resultierten, zeigten sich in vielen Studien im Vergleich zu Kontrollgruppen längerfristig erstaunlich positive gesundheitliche Effekte. So stellten sich insbesondere günstigere physiologische Werte (z. B. Immunparameter, Blutdruck, Leberwerte) ein, aber auch Verbesserungen des psychischen Wohlbefindens und positive gesundheitliche Effekte wie geringerer Medikamentengebrauch, weniger Arztbesuche, kürzere Krankenhausaufenthalte, verbesserte Schlafqualität oder geringere Pflegebedürftigkeit.

Als Erklärung für die Wirksamkeit des emotionalen Schreibens galt zunächst, dass die über den psychischen Aufwand der Emotionsunterdrückung vermittelten pathologischen körperlichen Prozesse durch den emotionalen Aus-

> druck geschwächt werden bzw. gar nicht eintreten. Linguistische Analysen von Befragungen der Teilnehmer ergaben dann, dass diese durch das Schreiben zu neuen Erkenntnissen, Erklärungsmöglichkeiten, Sinnfindung und Verständnis für sich und die erlebten Belastungen kamen. Auf diese Weise veränderte emotionales Schreiben auch das Denken und die Interpretation der Belastungserlebnisse. Danach ist nicht das Schreiben als solches gesundheitsförderlich, sondern die Integrationsmöglichkeit der Erfahrungen in ein verstehbares Gesamtgeschehen („kohärentes Narrativ"). Schließlich können auf längere Sicht auch soziale Prozesse beteiligt sein, da eine differenzierte Analyse eigenen emotionalen Erlebens die Emotionsregulation und eine angemessene Artikulation von Emotionen durch Interaktion und soziale Rückmeldung fördern kann. Langfristig werden dadurch die Mobilisierung sozialer Unterstützung, die Bewältigung von Belastungen und damit günstige gesundheitliche Prozesse gefördert.

Unabhängig von möglichen positiven Effekten emotionalen Ausdrucks scheinen Dispositionen zu negativen Emotionen auf lange Sicht gesundheitsbeeinträchtigend zu sein, vor allem, wenn es zur dauerhaften Unterdrückung von Gefühlen kommt bzw. verfestigte emotionale Hemmungen vorliegen.

6 Emotionale Hemmungen

Nach Traue (1998) sind Emotionshemmungen und Emotionskontrolle bedeutsam für die Entstehung von Gesundheitsstörungen. Traue et al. (2005) unterscheiden fünf Typen emotionaler Hemmung, die auf einer genetischen Anlage basieren und durch Sozialisation beeinflusst werden können. Die *genetische Hemmung* des emotionalen Ausdrucks umfasst angeborenes Vermeidungsverhalten, sozialen Rückzug und Furcht vor Fremden mit einem Risiko für die Entstehung psychophysiologischer Störungen bei Stress. Eine *repressive Hemmung* liegt vor, wenn Menschen die vielfältigen Facetten ihrer emotionalen Prozesse (physiologische, soziale und kognitive) nicht vollständig erleben oder ertragen können. Dies kann körperliche Fehlregulationen unter Stress sowie ineffektive Bewältigungsversuche mit sich bringen. Bei der *suppressiven Hemmung* werden Emotionen zwar komplex erlebt, aber das Ausdrucksverhalten wird absichtlich ganz oder teilweise unterdrückt. Risiken dabei sind körperliche Fehlregulationen, Störungen sozialer Kommunikation und der energetische Aufwand zur Kontrolle der Selbstdarstellung. Der psychische Aufwand ist noch höher, wenn eine falsche emotionale Befindlichkeit gezielt vorgetäuscht werden soll *(dezeptive Hemmung)*, da die Vortäuschung Anstiege von Herzraten, Atemfrequenzen und Blutdruck sowie die Hemmung des mimischen Ausdrucks mit sich bringt. *Emotionale Implosion* kennzeichnet durch schwere traumatische und existenziell bedrohliche Belastungen (z. B. Folter, Vergewaltigung) entstehende Ausdruckshemmungen, die hohe vegetative, zentralnervöse und endokrine Erregung hervorrufen und zu körperlichen Erkrankungen beitragen können. Insgesamt sind auf der Basis dieser verschiedenen Hemmungsprozesse verschiedene gesundheitliche Störungen möglich, wobei die emotionale Ausdruckshemmung weniger an der Entstehung von Erkrankungen als an deren Aufrechterhaltung und Chronifizierung bzw. der Verzögerung von Heilung beteiligt ist. Wesentliche Vermittlungsmechanismen von Hemmung und Gesundheit können physiologische Übererregungen ebenso wie Fehlregulationen des endokrinen und des Immunsystems sein.

Weiterführende Literatur

Traue, H. C. (1998). *Emotion und Gesundheit*. Berlin: Spektrum.
Traue, H. C., Horn, A. & Kessler, H. (2005). Emotion, Emotionsregulation und Gesundheit. In R. Schwarzer (Hrsg.), *Enzyklopädie der Psychologie, Serie Gesundheitspsychologie, Band 1, Gesundheitspsychologie* (S. 149–171). Göttingen: Hogrefe.

Literatur

Bandura, A. (1997). *Self-efficacy: The exercise of control*. New York: Freeman.
Friedman, M. & Rosenman, R. H. (1985). *Rette dein Herz*. Reinbek: Rowohlt.
Horn, A. B. & Mehl, M. R. (2004). Expressives Schreiben als Coping-Technik: Ein Überblick über den Stand der Forschung. *Verhaltenstherapie, 14*, 274–283.
Jerusalem, M. (2005). Selbstwirksamkeit. In H. Weber & T. Rammsayer (Hrsg.), *Handbuch der Persönlichkeitspsychologie und Differentiellen Psychologie* (S. 438–445). Göttingen: Hogrefe.
Mittag, O. (1999). Feindseligkeit als koronarer Risikofaktor: Zum gegenwärtigen Forschungsstand. *Zeitschrift für Gesundheitspsychologie, 7*, 53–66.
Myrtek, M. (2007). Type A behavior and hostility as independent risk factors for coronary heart disease. In J. Jordan, B. Barde & A. M. Zeiher (Eds.), *Contributions toward evidence-based psychocardiology* (pp. 159–183). Washington, DC: American Psychological Association.
Panagopoulou, E., Kersbergen, B. & Maes, S. (2002). The effects of emotional (non-)depression in (chronic) disease: A meta-analytic review. *Psychology and Health, 17*, 529–545.
Pennebaker, J. W. (1985). Traumatic experience and psychosomatic disease: Exploring the roles of behavioral inhibition, obsession, and confiding. *Canadian Psychology, 26*, 82–95.
Schum, J. L., Jorgensen, R. S., Verhaeghen, P., Sauro, M. & Thibodeau, R. (2003). Trait anger, anger expression, and ambulatory blood pressure: A meta-analysis review. *Journal of Behavioral Medicine, 26*, 395–415.

Schulisches Lernen und Emotionen
Academic Learning and Emotions

Martin Hänze

Im vorliegenden Kapitel soll beispielhaft dargelegt werden, wie Emotionen das schulische Lernen beeinflussen und was aus den Ergebnissen der Emotionsforschung für die Gestaltung von schulischen Lernsituationen folgt.

1 Häufigkeit und Klassifikation lernrelevanter Emotionen

Während in den ersten Grundschuljahren leistungs- und aufgabenbezogene Emotionen bei Schülern noch eine vergleichsweise untergeordnete Rolle spielen, nimmt die Rolle von Lern- und Leistungsemotionen in späteren Schuljahren zu. In einer Untersuchung von Petillon (1993) gingen 80 % der in einem offenen Interview geäußerten Gefühle von Schülern der ersten beiden Grundschuljahre auf Interaktionen mit Mitschülern zurück, während auf die Schulleistung bezogene Ereignisse nur in 13 % und Interaktionen mit dem Lehrer nur in 7 % der Fälle als bedeutsam für die Entstehung von Emotionen eingeschätzt wurden. Bei älteren Schülern werden hingegen leistungs- und lernbezogene Emotionen häufiger genannt. In der Reihenfolge der Nennungshäufigkeiten sind dies Angst, Lernfreude, Hoffnung, Stolz, Erleichterung, Ärger, Langeweile und Scham (Pekrun, Goetz, Titz & Perry, 2002).

Pekrun und Mitarbeiter (Pekrun et al. 2002) unterscheiden zwischen *aufgabenbezogenen* und *sozialen* Emotionen in schulischen Leistungssituationen. Aufgabenbezogene Emotionen haben die Lernaktivität (z. B. Lernfreude) oder das Lernergebnis (z. B. Stolz) zum Gegenstand. Beim Lernergebnis kann nach dem zeitlichen Bezug unterschieden werden: Prospektive Emotionen sind auf zukünftige Ereignisse gerichtet und umfassen zum Beispiel Hoffnung bzw. Vorfreude oder – als aversives Gefühl – die Angst. Bei retrospektiven aufgabenbezogenen Emotionen geht es um einen Vergleich der eigenen Leistungsstandards mit der tatsächlich erbrachten Leistung. Werden die eigenen Ziele erreicht, so können Gefühle der Erleichterung oder Freude entstehen. Welche konkreten Gefühle aus einer Leistungssituation entstehen, hängt von der Art der individuell und situativ unterschiedlichen Ursachenzuschreibungen ab. Stolz entsteht, wenn das eigene Ich mit dem eingetretenen Erfolg in eine ursächliche Beziehung gebracht wird. Beschämung ist das negative Pendant zu Stolz und kann entstehen, wenn ein Misserfolg mit eigenem Unvermögen in eine ursächliche Beziehung gesetzt wird. Ärger entsteht nach Misserfolgen dann, wenn ein Misserfolg auf einen Aspekt zurückzuführen ist, über den man eine gewisse Kontrolle hat, wie mangelnde Anstrengung (→ Attributionale Ansätze).

Im Hinblick auf die soziale Dimension des Unterrichts ist die kommunikative Funktion von Gefühlen zu beachten: Schüler nehmen die Attributionen, die sich ihrer Meinung nach hinter der emotionalen Äußerung ihres Lehrers verbergen, wahr und akzeptieren und übernehmen sie häufig für sich selbst. Zeigt der Lehrer nach einem Misserfolg etwa starkes Mitgefühl, so kann das beim Schüler zu Beschämung und damit verbunden zu der Auffassung führen, dass er nicht fähig sei, die geforderten Leistungen zu erbringen. Ärger hingegen hat – da er in diesem Zusammenhang zumeist mit einer Attribution mangelnder Anstrengung einhergeht – eher eine positiv motivierende Kraft (Reyna & Weiner, 2001).

2 Emotionen und Lerninhalte

Emotionen beeinflussen die Attraktivität von Lerninhalten. Dieser Sachverhalt lässt sich ableiten aus verschiedenen psychologischen Ansätzen, die im Folgenden kurz beschrieben werden, bevor auf beispielhafte empirische Befunde und Anwendungskonsequenzen eingegangen wird. In lerntheoretischen Ansätzen (Hoffmann, 1993) wird ausführlich die Rolle von Antizipationen für das Lernen diskutiert und auf die Bedeutung von Emotionen für die Verhaltenssteuerung hingewiesen. Das Eintreffen vorhergesagter Verhaltenskonsequenzen geht mit positiven Emotionen bis hin zu einem Gefühl tiefer Befriedigung einher. Es ist eine zentrale These verschiedener Lerntheorien, dass Lernen durch die Erfüllung bzw. Nichterfüllung von Erwartungen über unsere Umwelt und anschließende Fehlerkorrektur gesteuert wird (Bower, 1992). Diskrepanzen zwischen Erwartungen und erzielten Resultaten gelten auch als Auslöser für Emotionen. Aus lerntheoretischer Sicht ist daher vorherzusagen, dass Ereignisse oder Lerninhalte, die Emotionen auslösen, die Aufmerksamkeit auf sich lenken und infolgedessen besser behalten werden (Bower, 1992).

Auch bei den Annahmen zur Genese emotionaler Bewertungen spielt die Zielunterstützung („goal supportiveness") eine wichtige Rolle (Brendl & Higgins, 1996). Objekte oder Ereignisse sind aus der Sicht des bewertenden Individuums gut, wenn sie den eigenen Zielen förderlich sind; sie sind schlecht, wenn sie ihnen hinderlich sind. Je intensiver einem Objekt Valenz zugeschrieben wird, je wichtiger die mit ihm verbundenen Ziele sind und je wahrscheinlicher das Zusammentreffen mit dem Objekt bzw. dem Ereignis ist, umso stärker wird auch das mit ihm verbundene emotionale Erleben sein (Brendl & Higgins, 1996).

Innerhalb der Person-Gegenstands-Theorie wird die positive emotionale Bewertung des Interesseobjektes als eine Komponente des Interesses angesehen (Krapp,

1998). Sowohl situationales als auch individuelles Interesse an einem Lerngegenstand stehen in positivem Zusammenhang mit der Lernleistung.

Aus empirischer Sicht lässt sich bestätigen, dass Individuen emotional anregendes Lernmaterial besser behalten als neutrales Lernmaterial (Bower, 1992). Christianson und Loftus (1991) zeigten, dass bei emotional anregendem Lernmaterial insbesondere die zentralen Inhalte gut behalten werden, während vergleichsweise wenig Aufmerksamkeit auf periphere Bestandteile gelegt wird. Auch innerhalb der angewandten pädagogischen Forschung findet sich ein deutlicher Zusammenhang zwischen (Lern-)Leistung und positiven Emotionen, wenn auch die Kausalrichtung dieses Zusammenhangs nicht immer nachweisbar ist. Helmke (1993) zeigt, dass der Zusammenhang zwischen Leistung und Lernfreude primär auf die Wirkrichtung Leistung → Lernfreude zurückgeht; Ma (1997) weist direkte Effekte von der Lernfreude auf die Mathematikleistung nach. In einer Studie zum Textlernen zeigen Ainley, Hidi und Berndorff (2002), dass der positive Effekt des Interesses auf Persistenz und Lernleistung durch affektive Reaktionen auf den Text vermittelt wird.

Überträgt man die dargestellten Ergebnisse auf schulisches Lernen, so wäre es vorschnell, möglichst viele Lerninhalte emotional angereichert darzubieten, nur um die spätere Behaltensleistung zu verbessern. Die Interesseforschung spricht in diesem Zusammenhang von den „Catch"-Faktoren des Interesses (Mitchell, 1993) und warnt gleichzeitig vor den so genannten „seductive details", die für den Lernprozess als dysfunktional angesehen werden. Ergänzt werden müssen die Catch-Faktoren des Interesses durch „Hold"-Komponenten. Mitchell verweist darauf, dass der Lerninhalt als etwas persönlich Sinnvolles wahrgenommen werden sollte, um überdauerndes Interesse hervorzurufen. Krapp sieht die Voraussetzung für die Entwicklung überdauernden Interesses in der Unterstützung der Grundbedürfnisse für selbstbestimmte Motivation, nämlich Kompetenzerleben, Autonomieerleben und das Erlebeben sozialer Eingebundenheit.

Mit dem Begriff des „trägen Wissens" wird die Schwierigkeit beschrieben, schulisches Wissen auf den Alltag und auf lebensnahe Probleme zu übertragen. Eine Ursache für die Entstehung von trägem Wissen liegt darin, dass der Wissenserwerb nicht mit Handlungszielen verknüpft wird. Wenn keine Ziele erreicht (oder verfehlt) werden können, entstehen auch keine mit dem Lernstoff verbundenen Emotionen. Bei lehrerzentrierten, darbietenden Unterrichtsformen besteht die Gefahr, dass Handlungsziele der Schüler nicht einbezogen werden und der Unterrichtsstoff dadurch weniger leicht persönliche Bedeutsamkeit erlangen kann. In emotionspsychologischer Hinsicht haben problemorientierte Lernumgebungen eher das Potenzial, dass der Unterricht die Ziele der Schüler aufnimmt bzw. die Schüler vorgegebene Ziele internalisieren.

Die Empfehlung, Emotionen in den Lernprozess einzubeziehen, ist nicht neu. Lernen mit „Kopf, Herz und Hand" forderte schon der Pädagoge Johann Heinrich Pestalozzi. Auch die von Reformpädagogen wie Montessori und Freinet Anfang des vergangenen Jahrhunderts vorgeschlagenen Maßnahmen zielen – ohne dass diese Funktion expliziert wird – auf eine bessere emotionale Verankerung des Lernstoffes ab. So erhalten die Schüler beispielsweise die Möglichkeit, Fragen selber zu formulieren, eigene Themen zu suchen, und die Antworten auf ihre Fragen eigenständig zu erarbeiten. Dadurch wird das Wissen in einen Handlungskontext eingebunden und erhält eine stärkere persönliche und emotionale Relevanz für den Schüler.

3 Stimmungen und kognitive Prozesse

Die Stimmungsforschung der vergangenen zwanzig Jahre hat nachgewiesen, dass Stimmungen durchdringende und umfassende Auswirkungen auf Wahrnehmung, Denken und Handeln haben (→ Gedächtnis und Emotion). Gut gelaunte Personen lösen Probleme anders als schlecht gelaunte, sie sind kreativer aber auch gutgläubiger und oberflächlicher, sie nutzen in höherem Ausmaß generelle Wissensstrukturen (z. B. übergeordneten Schemata) und vertrauen einfachen Heuristiken. Schlecht gelaunte Personen arbeiten systematischer, sorgfältiger und rigider.

Stimmungen haben einen Informationswert für die Verhaltensregulation. Während gute Stimmung signalisiert, dass die psychologische Situation in Ordnung ist, signalisiert schlechte Stimmung einen höheren Regulations- und Steuerungsbedarf für das eigene Handeln (Schwarz, 1990). Die funktionale Sichtweise der Emotionspsychologie weist auf die Relevanz emotionaler Variablen für selbstreguliertes Lernen hin.

Martin, Ward, Achee und Wyer (1993) zeigen, dass der Zusammenhang von Stimmung und Kognition auch davon abhängt, wie Personen ihre Stimmung in Bezug auf die Aufgabe und den Kontext interpretieren. Die Effekte positiver und negativer Stimmung hängen davon ab, ob Personen ergebnisorientierte oder prozessorientierte Ziele verfolgen. Bei ergebnisorientierten Zielen (z. B. eine gute Lösung) wird die positive Stimmung eher als Hinweis dafür gewertet, dass die Ziele bereits erreicht sind und weitere Anstrengungen werden eingestellt; bei prozessorientierten Zielen (z. B. Spaß an der Tätigkeit) fördert eine positive Stimmung die weitere Beschäftigung mit der Aufgabe. Efklides und Petkaki (2005) zeigen die Relevanz dieses Ansatzes für das selbstregulierte Lernen auf und belegen, dass sich Stimmung auf verschiedene Variablen des metakognitiven Erlebens, wie z. B. Einschätzungen der Schwierigkeit, der Unsicherheit oder der Zuversicht, auswirkt.

Pekrun et al. (2002) beschreiben die Auswirkungen von Emotionen auf die Lernleistung in einem kognitiv-motivationalem Modell. Neben der Valenzdimension spielt die Aktivierungsdimension eine entscheidende Rolle für die Art der Auswirkung einer Emotion auf das Lernen. Es werden demgemäß vier Gruppen von Emotionen unterschieden: positiv-aktivierende Emotionen (z. B. Lernfreude, Hoffnung, Stolz), positiv-deaktivierende Emotionen (z. B. Erleichterung, Zufriedenheit), negativ-aktivierende Emotionen (Wut, Angst, Scham) und negativ-deaktivierende Emotionen (z. B. Langeweile, Hoffnungslosigkeit). Sich ergänzende und überlagernde Effekte von Emotionen auf Lern- und Denkstrategien, Motivation und Verarbeitungskapazität führen zu einem charakteristischen Profil dieser vier Gruppen von Emotionen. Korrelative Analysen bestätigen das kognitiv-motivationale Modell in verschiedener Hinsicht; so kann man z. B. Korrelationen zwischen Lernfreude und dem Einsatz tiefenorientierten Lernstrategien sowie zwischen Lernangst und der Verwendung eher oberflächlicher Wiederholungsstrategien nachweisen. Zum Zusammenhang von Angst und Lernleistung findet man einen Literaturüberblick bei Zeidner (1998).

4 Lernziel emotionale Intelligenz

Die Bedeutung von Emotionen für schulisches Lernen zeigt sich auch in Programmen zur Steigerung emotionaler Intelligenz (→ Emotionale Intelligenz und Emotionale Kompetenz). Das Konstrukt der emotionalen Intelligenz umfasst Qualitäten wie das Verstehen der eigenen Gefühle, Einfühlungsvermögen in andere Menschen und die Fähigkeit, die eigenen Emotionen zur Verbesserung der Lebensqualität einzusetzen (Mayer, Salovey & Caruso, 2004). Im Einzelnen sind das die Fähigkeiten, (1) Emotionen interpretieren und ausdrücken zu können, (2) Emotionen steuern und regulieren zu können und (3) Emotionen produktiv nutzen zu können. Alle drei Punkte haben Relevanz auch für schulisches Lernen. Emotional intelligente Schüler erkennen Gefühle, können sie regulieren und für die Bewältigung ihrer Lernaufgaben nutzen.

In stärkerem Maße als beim kognitiven Intelligenzbegriff wird davon ausgegangen, dass die zur emotionalen Intelligenz gehörenden Fähigkeiten erlern- und trainierbar sind. In den letzten Jahren sind verschiedene Lehrprogramme zur Förderung emotionaler Intelligenz bei Schülern entwickelt worden (Überblick bei Goetz, Frenzel, Pekrun & Hall, 2005; Zeidner, Roberts & Matthews, 2002). Zeidner und Mitarbeiter betonen in ihrer kritischen Überblicksarbeit zur Frage der Trainierbarkeit emotionaler Intelligenz, dass wenig echte Evaluationsstudien zu Trainingsprogrammen der emotionalen Intelligenz existieren. In vielen Studien sei unklar, ob tatsächlich Fähigkeiten trainiert werden, die zu den theoretisch begründeten Facetten emotionaler Intelligenz gehören. Eine interessante Weiterentwicklung stellt das Rahmenmodell von Goetz und Mitarbeitern zur Förderung emotionaler Intelligenz in Bezug auf lern- und leistungsbezogenes emotionales Erleben dar (Goetz et al., 2005).

Weiterführende Literatur

Bower, G. (1992). How might emotions affect learning? In S.-Å. Christianson (Ed.), *The handbook of emotion and memory: research and theory* (pp. 3–31). Hillsdale, NJ: Erlbaum.

Pekrun, R., Goetz, T., Titz, W. & Perry, R. P. (2002). Academic emotions in students' self-regulated learning and achievement: a program of qualitative and quantitative research. *Educational Psychologist, 37,* 91–105.

Literatur

Ainley, M., Hidi, S. & Berndorff, D. (2002). Interest, learning, and the psychological processes that mediate their relationship. *Journal of Educational Psychology, 94,* 545–561.

Brendl, C. M. & Higgins, E. T. (1996). Principles of judging valence: What makes events positive or negative? *Advances in experimental social psychology, 28,* 95–160.

Christianson, S.-Å. & Loftus, E. F. (1991). Memory for traumatic events. the fate of detail information. *Cognition and Emotion, 5,* 81–108.

Efklides, A. & Petkaki, C. (2005). Effects of mood on students' metacognitive experience. *Learning and Instruction, 15,* 415–431.

Goetz, T., Frenzel, C. A., Pekrun, R. & Hall, N. (2005). Emotional intelligence in the context of learning and achievement. In R. Schulze & R. D. Roberts (Eds.), *Emotional intelligence: An international Handbook* (pp. 233–253). Cambridge, MA: Hogrefe & Huber Publishers.

Helmke, A. (1993). Die Entwicklung der Lernfreude vom Kindergarten bis zur 5. Klassenstufe. *Zeitschrift für Pädagogische Psychologie, 7,* 77–86.

Hoffmann, J. (1993). *Vorhersage und Erkenntnis. Die Funktion von Antizipationen in der menschlichen Verhaltenssteuerung und Wahrnehmung.* Göttingen: Hogrefe.

Krapp, A. (1998). Entwicklung und Förderung von Interessen im Unterricht. *Psychologie in Erziehung und Unterricht, 45,* 186–203.

Ma, X. (1997). Reciprocal relationships between attitude toward mathematics and achievement in mathematics. *Journal of Educational Research, 90,* 221–229.

Martin, L. L., Ward, D. W., Achee, J. W. & Wyer, R. S. (1993). Mood as an input: people have to interpret the motivational implications of their moods. *Journal of Personality and Social Psychology, 64,* 317–326.

Mayer, J. D., Salovey, P. & Caruso, D. R. (2004). Emotional intelligence: Theory, findings, and implications. *Psychological Inquiry, 15,* 197–215.

Mitchell, M. (1993). Situational interest: Its multifaceted structure in the secondary school mathematics classroom. *Journal of Educational Psychology, 85,* 424–436.

Petillon, H. (1993). *Das Sozialleben des Schulanfängers: die Schule aus der Sicht des Kindes*. Weinheim: Psychologie Verlags Union.

Reyna, C. & Weiner, B. (2001). Justice and utility in the classroom: An attributional analysis of the groals of teachers punishment and intervention strategies. *Journal of Educational Psychology, 93,* 309–319.

Schwarz, N. (1990). Feelings as information: informational and motivational functions of affective states. In E. T. Higgins & R. M. Sorrentino (Eds.), *Handbook of motivation and cognition. Foundations of social behavior, Vol. 2* (pp. 527–561). New York: Guilford.

Zeidner, M. (1998). *Test anxiety: The state of the art.* New York: Plenum.

Zeidner, M., Roberts, R. D. & Matthews, G. (2002). Can emotional intelligence be schooled? A critical review. *Educational Psychologist, 37,* 215–231.

Emotionen in Organisationen
Emotions in Organisations

Dieter Zapf & Melanie Holz

1 Einleitung

Emotionen wurden in der arbeits- und organisationspsychologischen Forschung traditionell wenig beachtet (Briner, 1999). In Organisationen geht es in der Regel darum, rationale Entscheidungsmodelle zu entwickeln. Emotionen haben in solchen Modellen eher eine störende Funktion und wurden daher in der Vergangenheit höchstens im Zusammenhang mit der Stressforschung oder als unerwünschte Begleiterscheinungen untersucht (Fineman, 2000). Seit einigen Jahren erlebt die Untersuchung von Emotionen in Organisationen jedoch einen enormen Aufschwung (Ashkanasy, Härtel & Zerbe, 2000, 2002; Wegge, 2004). Da Emotionen und Arbeit auf sehr vielfältige Weise miteinander verknüpft sind, werden Emotionen beispielsweise im Zusammenhang mit Arbeitszufriedenheit differenziert erforscht. Emotionen in Organisationen betreffen daher eine Vielzahl der klassischen arbeits- und organisationspsychologischen Themen und entwickeln sich zunehmend zu einer Schlüsselvariable, die neuen Schwung in altbewährte Forschungsfelder bringt.

Emotionen sind ein zentrales Phänomen unseres täglichen Lebens. Selbstverständlich erleben und zeigen Menschen auch bei der Arbeit verschiedene Emotionen. Schallberger und Pfister (2001) gehen sogar davon aus, dass Emotionen in Organisationen oft intensiver und häufiger erlebt werden als im Privatleben. Interaktionen wie Konfrontationen mit Kollegen und Vorgesetzten, Kundeninteraktionen oder Leistungssituationen sind geprägt von Emotionen. Emotionen können dabei sowohl Ursache als auch Reaktion sein oder eine vermittelnde Funktion einnehmen. Im Folgenden werden einige Themen der Organisationspsychologie herausgegriffen, in denen Emotionen eine wichtige Rolle spielen.

2 Arbeitszufriedenheit als Emotion

In der Emotionsforschung wird Zufriedenheit meistens als eine eigenständige Emotion aufgefasst. Die gängigen Arbeitszufriedenheitsmodelle folgen dagegen dem klassischen Einstellungsmodell und weisen der Arbeitszufriedenheit eine kognitive, affektive und eine Verhaltenskomponente zu, wobei für die meisten Definitionen die affektive Komponente ausschlaggebend ist (z. B. Locke, 1976). Die meisten Modelle und Instrumente der Arbeitszufriedenheitsforschung haben kaum Bezüge zu den Emotionstheorien. Die Arbeitszufriedenheitsforschung hatte sich in den 30er bis 70er Jahren etabliert und hat sich, als mit Beginn der 80er Jahre die emotionspsychologische Forschung immer mehr Bedeutung erlangte, kaum weiterentwickelt. Die neuere Emotionspsychologie wurde deshalb von der Arbeitszufriedenheitsforschung kaum zur Kenntnis genommen. Weiss und Cropanzano (1996) haben mit der „affective-events-theory (AET)" ein Rahmenmodell entwickelt, welches eine Verbindung zwischen diesen beiden Entwicklungen herstellt und das Zusammenspiel von spezifischen Emotionserlebnissen und Stimmungen im Arbeitsleben und Arbeitszufriedenheit thematisiert. Grundsätzlich wird in diesem Modell Arbeitszufriedenheit als eine Reaktion auf emotionale Ereignisse bei der Arbeit operrationalisiert. Der Arbeitsalltag besteht aus verschiedenen Ereignissen, die spezifische emotionale Erlebnisse auslösen können; diese beeinflussen die Einstellung zur Arbeit und somit die Arbeitszufriedenheit. Empirische Studien haben bisher nur Teilkomponenten des Modells betrachtet, und es wird noch zahlreiche Forschung nötig sein, um die genauen Mechanismen der AET zu untersuchen (Wegge, 2004).

3 Systemerhaltende Emotionen in Organisationen

Positive Emotionen wurden in Organisationen bislang wenig untersucht. Erst in jüngster Zeit haben sich Organisationspsychologen mit dem Gesamtspektrum an Emotionen in Organisationen auseinandergesetzt. In neueren Konzepten werden Emotionen geradezu als notwendig für ein effizientes Funktionieren der Organisation erachtet. Eine Organisation verfolgt bestimmte Ziele und entwickelt dazu Strategien und Pläne. Gemäß der klassischen Vorstellung aufgabenorientierter Führung werden Zielvorgaben von den oberen an die unteren Führungsebenen übermittelt, wobei die Führungsaufgabe vor allem darin besteht, Arbeitsaufgaben zu verteilen und deren Ausführung zu kontrollieren. Neuere Theorien der transformationalen und charismatischen Führung stellen diese Vorstellung in Frage (Bass & Riggio, 2006). Globale und dynamische Märkte erfordern immer stärker ein schnelles und flexibles Handeln in immer komplexer werdenden Organisationen. In diesen Strukturen sind Führungskräfte oft gar nicht mehr in der Lage, klare Ziele vorzugeben und einzelne Arbeitsprozesse zu überwachen. Auch verfügen Mitarbeiter häufig über ein spezifisches Fachwissen. Diese Veränderungen erfordern, dass Mitarbeiter eine hohe Eigenständigkeit, und Flexibilität entwickeln. Was aber garantiert, dass die Mitarbeiter sich in einer solchen Situation für das Unternehmen engagieren, wenn ihre Arbeit letztlich nicht kontrolliert werden kann? Unter diesen Voraussetzungen wird eine hohe → *Leistung* nur erbracht werden, wenn die Mitarbeiter sich mit der Organisation verbunden fühlen, ein hohes Maß an Bindung an die Organisation (commitment) aufweisen (Moser, 1996). Dabei kommt der emotionalen Komponente eine besondere Bedeutung zu, deren Förderung eine wesentliche Führungsaufgabe darstellt. Führungskräfte sollen ein bestimmtes Charisma mitbringen und durch ihre sozialen und kommunikativen Fähigkeiten die Mitarbeiter von bestimmten Vorhaben überzeugen, zum Beispiel, indem sie selbst positive Emotionen wie Begeisterung zeigen. Sie agieren als Vorbild und leiten zum selbstständigen Handeln an. Sie motivieren Mitarbeiter sich anspruchsvolle Ziele zu setzen und erzeugen Emotionen, um die Mitarbeiter an die Organisation zu binden, beispielsweise, indem sie mit positiven Emotionen besetzte Gruppenerlebnisse initiieren. Durch die oben dargestellten Veränderungen sind Organisationen immer stärker darauf angewiesen, dass Mitarbeiter proaktives Verhalten oder freiwilliges Arbeitsengagement (OCB = Organizational Citizenship Behavior) aufbringen. Auch dieses Verhalten wird wiederum durch das emotionale Erleben der Mitarbeiter gesteuert. Fair erlebtes Führungs- und Entscheidungsverhalten fördert das Entstehen positiver emotionaler Reaktionen.

4 Systemstörende Emotionen in Organisationen

Innerhalb der Organisation können sich Emotionen auch störend auswirken. Negative Emotionen wurden bislang häufig in der Stress- oder Belastungsforschung als abhängige Variablen in Form von → *Angst* oder → *Ärger* betrachtet. Unter den Stressorengruppen (Zapf & Semmer, 2004) haben soziale Stressoren, die in der Interaktion mit anderen Menschen entstehen und sehr häufig mit emotionalen Prozessen verbunden sind, ein besonderes Gewicht. Basch und Fischer (2000) konnten zeigen, dass negative Emotionen vor allem mit „Handlungen der Kollegen" und „Handlungen des Managements" in Beziehung standen. Extreme negative Emotionen wie Hass oder Neid werden in der Mobbingforschung thematisiert (Zapf, 1999). Emotionen wie Ärger oder Enttäuschung spielen bei alltäglichen Konflikten stärker eine Rolle. Eine weitere Bedingung negativer Emotionen ist die organisationale oder interaktionale Ungerechtigkeit (Skarlicki & Folger, 1997). Gerechtigkeit beinhaltet faires Verhalten im persönlichen Umgang. Der Eindruck, gegenüber anderen benachteiligt und insgesamt ungerecht behandelt zu werden, beeinträchtigt auf Dauer die Arbeitsmotivation (→ Motivation in Arbeit und Beruf) und lässt Kündigungsgedanken sowie Frustration und Aggression aufkommen. Im Zuge radikaler Veränderungen wie Stellenabbau oder anderer Restrukturierungen treten negative Emotionen wie Angst oder Ärger gehäuft auf. Die Sorge, den eigenen Arbeitsplatz zu verlieren, kann genauso negative Emotionen auslösen wie der tatsächliche Verlust. Auch bei alltäglichen Veränderungen erleben Mitarbeiter negative Emotionen, insbesondere dann, wenn sie das Gefühl haben, dass Ungerechtigkeit vorliegt. Im Extremfall kann Sabotage, eine besonders gravierende Form kontraproduktiven Verhaltens, zur subjektiven Wiederherstellung der Gerechtigkeit dienen. Für das allgemeine Wohlbefinden ist im Übrigen die Anzahl an emotionalen Ereignissen von größerer Bedeutung, als ihre Intensität. Viele kleine alltägliche negative Ereignisse können über die Dauer kumulieren und verweilen viel länger im Gedächtnis der Mitarbeiter als beispielsweise positive Emotionen (Loben).

5 Emotionsarbeit

Emotionsarbeit bedeutet, dass von den Mitarbeitern einer Organisation erwartet wird, bestimmte Emotionen zu zeigen. Diese Erwartungen werden als Darbietungsregeln (display rules) bezeichnet (Hochschild, 1990), die explizit festlegen, welche Gefühle in welcher Situation gezeigt werden sollen. Das Besondere an Emotionsarbeit ist somit, dass bestimmte Emotionen wie Mitgefühl oder Freundlichkeit im Interesse des Unternehmens erbracht werden müssen. Das Konzept der Emotionsarbeit wurde von Hochschild (1990) eingeführt und ist definiert als die bezahlte Arbeit, bei der ein Management der eigenen Gefühle erforderlich ist, um nach außen in Mimik, Stimme und Gestik ein bestimmtes Gefühl zum → *Ausdruck* zu bringen, unabhängig davon, ob dies mit den inneren Empfindungen übereinstimmt oder nicht. Neben den Dienstleistern in Kundeninteraktionen müssen u. a. auch Führungskräfte Emotionsarbeit leisten. Emotionsarbeit zeichnet sich somit dadurch aus, dass bestimmte emotionale Anforderungen vorliegen und Emotionen dahingehend aktiv reguliert werden müssen (→ Emotionsregulation) (vgl. Kasten).

> **Vier Möglichkeiten der Emotionsregulation (nach Zapf, 2002)**
> - *Automatisierte Emotionsregulation:* Die geforderte Emotion wird spontan gefühlt.
> - *Surface-acting (Oberflächenhandeln):* Eine Emotion wird nicht spontan empfunden und daher nach außen hin dargestellt, obwohl diese innerlich nicht empfunden wird.
> - *Deep-acting (Tiefenhandeln):* Auch hier wird die Emotion nicht empfunden. Durch den Einsatz verschiedener Methoden wird aber aktiv versucht, die geforderte Emotion auch tatsächlich zu fühlen.
> - *Emotionale Devianz:* Den emotionalen Anforderungen wird nicht entsprochen und das von der Organisation erwartete Gefühl wird nicht gezeigt.

In der Forschung werden zentral die Konzepte des surface- und deep actings und ihre Auswirkungen auf Wohlbefinden oder Leistung untersucht (Grandey, 2000). Unter Bezug auf neuere emotionspsychologische Konzepte der → *Emotionsregulation* werden verschiedene Techniken wie kognitive Restrukturierung, Aufmerksamkeitssteuerung und Perspektivenübernahme in Kundeninteraktionen als Formen des deep actings untersucht (Gross, 1998; Totterdell & Holman, 2003).

Hochschild (1990) brachte Emotionsarbeit ursprünglich vorwiegend mit negativen Wirkungen in Verbindung. Untersuchungen haben aber gezeigt, dass Emotionsarbeit nicht per se als negativ zu bewerten ist, sondern ein multidimensionales Konstrukt ist (Morris & Feldman, 1996), dessen Teilaspekte sowohl positiv als auch negativ mit verschiedenen Parametern des Wohlbefindens zusammenhängen (Zapf

& Holz, 2006). Die einzelnen Dimensionen des Emotionsarbeitskonstruktes umfassen dabei verschiedene emotionale Anforderungsdimensionen (vgl. Kasten):

> **Anforderungsdimensionen der Emotionsarbeit**
>
> - *Anforderung positive Emotionen zu zeigen.* Diese Anforderung ist nahezu bei allen Arbeitsplätzen von Bedeutung.
> - *Anforderung negative Emotionen zu zeigen.* So müssen z. B. Kindergärtnerinnen mitunter gezielt negative Emotionen einsetzen. In anderen Berufen wie im Bankgewerbe wäre das Ausdrücken negativer Emotionen ungewöhnlich und eher ein Zeichen misslungener Interaktion.
> - *Anforderung neutrale Emotionen zu zeigen.* Bei der Polizei ist es z. B. erforderlich, nach außen hin gar keine Emotionen zu zeigen, sondern möglichst neutral zu erscheinen.
> - *Anforderung Anteilnahme zu zeigen.* Bei der Arbeit mit Patienten ist es oft erforderlich, Mitgefühl oder Anteilnahme zu zeigen.
> - *Sensitivitätsanforderung.* Sofern Interaktionen mit Kunden nicht sehr kurz und routiniert ablaufen, ist die Wahrnehmung der Emotionen (→ Empathie) von Kunden und die Ausrichtung der eigenen Gefühle eine weitere wichtige Anforderung bei der Emotionsarbeit.

In der Interaktion mit Kunden kann es vorkommen, dass Gefühle ausgedrückt werden müssen, die nicht mit den eigenen Emotionen übereinstimmen. Beispielsweise müssen gegenüber einem unfreundlichen Kunden positive Gefühle gezeigt werden. Diesen zentralen Sachverhalt bei der Emotionsarbeit bezeichnet man als Emotionale Dissonanz. In mehreren Untersuchungen (Zapf, 2002; Zapf & Holz, 2006) hat sich inzwischen gezeigt, dass die Emotionale Dissonanz der wesentliche belastende Aspekt bei der Emotionsarbeit ist. Da die Zahl der Arbeitsplätze, bei denen andere Menschen Gegenstand der Arbeitstätigkeit sind, weiter zunehmen wird, wird auch das Konzept der Emotionsarbeit in der Arbeits- und Organisationspsychologie weiter an Bedeutung gewinnen. Aus diesem Konzept lassen sich eine Reihe von Vorschlägen zur Qualifizierung von Dienstleistern und der Gestaltung von Dienstleistungsarbeitsplätzen, sowie emotionsarbeitsbezogener Bewältigungsmöglichkeiten ableiten.

6 Emotionsregulation in Organisationen – Emotionale Intelligenz

Eine wichtige Voraussetzung zur Ausführung von Emotionsarbeit ist die Fähigkeit, Emotionen gezielt zu steuern und einzusetzen, sei es in der Interaktion mit Kunden oder in der Interaktion mit Kollegen, Vorgesetzten oder Untergebenen (Rubin, Munz & Bommer, 2005). Emotionen haben somit eine strategische Funktion und die Fähigkeit, Emotionen kontrollieren und gezielt einzusetzen, stellt für viele Berufe eine Schlüsselqualifikation dar. Salovey und Mayer (1990) haben dazu den Begriff der emotionalen Intelligenz (→ emotionale Intelligenz und emotionale Kompetenz) geprägt und definieren in ihrem Modell vier Dimensionen der emotionalen Intelligenz: (1) Wahrnehmung, (2) Assimilation, (3) Verständnis und das (4) Management von Emotionen. Durch Goleman (1998) erlangte das Konstrukt eine stärkere Aufmerksamkeit, wobei sich nach wie vor die Operrationalisierung und die Messung des Konstruktes als kritisch und schwierig erweisen.

Emotionen spielen in der Arbeitswelt eine wichtige Rolle. In verschiedenen Veranstaltungen, z. B. Verkaufsschulungen oder Führungsseminaren, werden die hier behandelten Themen aufgegriffen. Das Training solcher sozialer und emotionaler Fertigkeiten im Rahmen von Personalentwicklungsmaßnahmen gehört zu den bedeutsamsten und umfangreichsten Aufgaben, die Psychologen in Unternehmen wahrnehmen. Auch bei der Personalauswahl, Potenzialanalyse und Leistungsbeurteilung werden diese Kompetenzen vermehrt aufgenommen.

Weiterführende Literatur

Ashkanasy, N. M., Härtel, C. E. J. & Zerbe, W. J. (2000). *Emotions in the workplace: Research, theory and practice* (pp. 215–217). Westport, CT: Quorum Books.
Ashkanasy, N. M., Härtel, C. E. J. & Zerbe, W. J. (2002). *Managing emotions in a changing workplace.* Armonk, NY: M. E. Sharpe.
Wegge, J. (2004). Emotionen in Organisationen. In H. Schuler (Hrsg.), *Enzyklopädie der Psychologie, Serie Wirtschafts-, Organisations- und Arbeitspsychologie, Band 3, Organisationspsychologie – Grundlagen und Personalpsychologie* (S. 715–791). Göttingen: Hogrefe.

Literatur

Basch, J. & Fischer, C. D. (2000). Affective events-emotion matrix: A classification of work events and associated emotions. In N. M. Ashkanasy, C. E. J. Härtel & W. J. Zerbe (Eds.), *Emotions in the workplace: Research, theory and practice* (pp. 36–48). Westport, CT: Quorum Books.
Bass, B. M. & Riggio, R. E. (2006). *Transformational leadership* (2nd ed.). Mahwah, NJ: Erlbaum.
Briner, R. B. (1999). The neglect and importance of emotion at work. *European Journal of Work and Organizational Psychology, 8,* 323–346.
Fineman, S. (2000). *Emotion in Organizations* (2nd ed.). London: Sage.
Goleman, D. (1998). *Working with emotional intelligence.* New York: Bantam Books.
Grandey, A. A. (2000). Emotion regulation in the workplace: A new way to conceptualize emotional labor. *Journal of Occupational Health Psychology, 5,* 95–110.

Gross, J. J. (1998). Antecedent- and response-focused emotion regulation: Divergent consequences for experience, expression, and physiology. *Journal of Personality and Social Psychology, 74,* 224–237.
Hochschild, A. R. (1990). *Das gekaufte Herz. Zur Kommerzialisierung der Gefühle.* Frankfurt/M.: Campus.
Locke, E. A. (1976). The nature and causes of job satisfaction. In M. D. Dunnette (Ed.), *Handbook of industrial and organizational psychology* (pp. 1297–1349). Chicago: Rand McNally.
Morris, J. A. & Feldman, D. C. (1996). The dimensions, antecedents, and consequences of emotional labor. *Academy of Management Journal, 21,* 989–1010.
Moser, K. (1996). *Commitment in Organisationen.* Bern: Huber.
Rubin, R. S., Munz, D. C. & Bommer, W. H. (2005). Leading from within: The effects of emotion recognition and personality on transformational leadership behavior. *Academy of Management Journal, 48,* 845–858.
Salovey, P. & Mayer, J. D. (1990). Emotional intelligence. *Imagination, Cognition, and Personality, 9,* 185–211.
Schallberger, U. & Pfister, R. (2001). Flow-Erleben in Arbeit und Freizeit. Eine Untersuchung zum „Paradox der Arbeit" mit der Experience Sampling Method (ESM). *Zeitschrift für Arbeits- und Organisationspsychologie, 45,* 176–187.
Skarlicki, D. P. & Folger, R. (1997). Retaliation in the workplace: The role of distributive, procedural, and interactional justice. *Journal of Applied Psychology, 82,* 434–443.
Totterdell, P. & Holman, D. (2003). Emotion regulation in customer service roles: testing a model of emotional labor. *Journal of Occupational Health Psychology, 8,* 55–73.
Weiss, H. & Cropanzano, R. (1996). Affective events theory: A theoretical discussion of the structure, causes, and consequences of affective experiences at work. *Research in Organizational Behavior, 18,* 1–74.
Zapf, D. (1999). Mobbing in Organisationen – Überblick zum Stand der Forschung. *Zeitschrift für Arbeits- und Organisationspsychologie, 43,* 1–25.
Zapf, D. (2002). Emotion work and psychological strain. A review of the literature and some conceptual considerations. *Human Resource Management Review, 12,* 237–268.
Zapf, D. & Holz, M. (2006). On the positive and negative effects of emotion work in organizations. *European Journal of Work and Organizational Psychology, 15,* 1–28.
Zapf, D. & Semmer, N. K. (2004). Stress und Gesundheit in Organisationen. In H. Schuler (Hrsg.), *Enzyklopädie der Psychologie, Serie Wirtschafts-, Organisations- und Arbeitspsychologie, Band 3, Organisationspsychologie – Grundlagen und Personalpsychologie* (S. 1007–1112). Göttingen: Hogrefe.

Die Autorinnen und Autoren des Bandes

Prof. Dr. Andrea E. Abele
Universität Erlangen-Nürnberg
Lehrstuhl Sozialpsychologie
Bismarckstraße 6
91054 Erlangen
E-Mail: abele@phil.uni-erlangen.de

Dr. Anja Achtziger
Universität Konstanz
FB Psychologie
Universitätsstraße 10
78457 Konstanz
E-Mail: anja.achtziger@uni-konstanz.de

PD Dr. Georg W. Alpers
Universität Würzburg
Lehrstuhl für Psychologie I
Marcusstraße 9–11
97070 Würzburg
E-Mail: alpers@psychologie.uni-wuerzburg.de

Prof. Dr. Nicola Baumann
Universität Trier
Fachbereich I – Psychologie
54286 Trier
E-Mail: nicola.baumann@uni-trier.de

Prof. Dr. Jürgen Beckmann
TU München
Lehrstuhl für Sportpsychologie
Connollystraße 32
80809 München
E-Mail: beckmann@sp.tum.de

Prof. Dr. Hans-Werner Bierhoff
Ruhr-Universität Bochum
Fakultät für Psychologie
44780 Bochum
E-Mail: hans-werner.bierhoff@ruhr-uni-bochum.de

Prof. Dr. Wolfgang Bilsky
Universität Münster
Psychologisches Institut IV
Fliednerstraße 21
48149 Münster
E-Mail: bilsky@psy.uni-muenster.de

Prof. Dr. Rainer Bösel
Freie Universität Berlin
Kognitive Neuropsychologie
Habelschwerdter Allee 45
14195 Berlin
E-Mail: rboesel@zedat.fu-berlin.de

Prof. Dr. Stephan Bongard
Universität Frankfurt
Institut für Psychologie
Kettenhofweg 128
60054 Frankfurt am Main
E-Mail: bongard@psych.uni-frankfurt.de

Prof. Dr. Jan Born
Universität Lübeck
Institut für Neuroendokrinologie
Ratzeburger Allee 160
23538 Lübeck
E-Mail: born@kfg.uni-luebeck.de

Prof. Dr. Veronika Brandstätter
Universität Zürich
Psychologisches Institut
Allgemeine Psychologie (Motivation)
Binzmühlestraße 14/6
8050 Zürich
Schweiz
E-Mail: v.brandstaetter@psychologie.uzh.ch

Dipl.-Psych. Tobias Brosch
Université de Genève
Swiss Center for Affective Sciences
7, Rue des Battoirs
1205 Genève
Schweiz
E-Mail: Tobias.Brosch@pse.unige.ch

Dr. Athanasios Chasiotis
Tilburg University
Faculty of Social and Behavioural Sciences
PO Box 90153
5000 LE Tilburg
Niederlande
E-Mail: achasiot@uvt.nl

Dr. Markus Denzler
University of Amsterdam
Social Psychology
Roetersstraat 15
1018 WB Amsterdam
Niederlande
E-Mail: m.denzler@uva.nl

Prof. Dr. Oliver Dickhäuser
Universität Mannheim
Lehrstuhl Pädagogische Psychologie
68131 Mannheim
E-Mail: oliver.dickhaeuser@uni-mannheim.de

Prof. Dr. Markus Dresel
Universität Augsburg
Lehrstuhl für Psychologie
Universitätsstraße 10
86135 Augsburg
E-Mail: markus.dresel@phil.uni-augsburg.de

Dr. Natalie C. Ebner
Yale University
Department of Psychology
Memory and Cognition Project
P. O. Box 208205
New Haven, CT 06520–8205
USA
E-Mail: natalie.ebner@yale.edu

Dr. Andreas B. Eder
Friedrich-Schiller-Universität Jena
Allgemeine Psychologie II
Am Steiger 3, Haus 1
07743 Jena
E-Mail: andreas.eder@uni-jena.de

Prof. Dr. Boris Egloff
Universität Leipzig
Institut für Psychologie II
Seeburgstraße 14–20
04103 Leipzig
E-Mail: egloff@uni-leipzig.de

Prof. Dr. Gisela Erdmann
Technische Universität Berlin
Institut für Psychologie und Arbeitswissenschaft
Biopsychologie und Neuroergonomie
Franklinstraße 28/29
10587 Berlin
E-Mail: erdmann@gp.tu-berlin.de

Prof. Dr. Harald A. Euler
Universität Kassel
FB07 – Institut für Psychologie
Holländische Straße 36–38
34109 Kassel
E-Mail: euler@uni-kassel.de

Prof. Dr. Peter Fiedler
Universität Heidelberg
Psychologisches Institut
Hauptstraße 47–51
69117 Heidelberg
E-Mail:
peter.fiedler@psychologie.uni-heidelberg.de

Prof. Dr. Jens Förster
University of Amsterdam
Department of Social Psychology
Roetersstraat 15
1018 WB Amsterdam
Niederlande
E-Mail: J.A.Forster@uva.nl

Prof. Dr. Friedrich Försterling †
Ludwig-Maximilians-Universität
Department Psychologie
Leopoldstraße 13
80802 München

Dr. Anne C. Frenzel
LMU München
Department Psychologie
Leopoldstraße 13
80802 München
E-Mail: frenzel@psy.lmu.de

Prof. Dr. Alexandra M. Freund
Universität Zürich
Angewandte Psychologie:
Life-Management
Binzmühlestraße 14/11
8050 Zürich
Schweiz
E-Mail: freund@angpsy.uzh.ch

Dr. Caterina Gawrilow
Universität Hamburg
Fachbereich Psychologie
Pädagogische Psychologie
Von-Melle-Park 5
20146 Hamburg
E-Mail: caterina.gawrilow@uni-hamburg.de

Dipl.-Psych. Fay C. M. Geisler
Universität Greifswald
Differentielle und Persönlichkeitspsychologie/Psychologische Diagnostik
Franz-Mehring-Straße 47
17487 Greifswald
E-Mail: fay.geisler@uni-greifswald.de

Prof. Dr. Guido H. E. Gendolla
Université de Genève
FPSE, Section de Psychologie
40, Bd. du Pont-d'Arve
1205 Genève
Schweiz
E-Mail: Guido.Gendolla@pse.unige.ch

Prof. Dr. Peter M. Gollwitzer
Universität Konstanz
FB Psychologie
Universitätsstraße 10
78457 Konstanz
E-Mail: peter.gollwitzer@uni-konstanz.de

Prof. Dr. Martin Hänze
Universität Kassel
Institut für Psychologie
Holländische Straße 36
34109 Kassel
E-Mail: haenze@uni-kassel.de

Prof. Dr. Dirk Hagemann
Universität Heidelberg
Psychologisches Institut
Hauptstraße 47–51
69117 Heidelberg
E-Mail: dirk.hagemann@uni-heidelberg.de

Mag. Martina Hartner
Universität Wien
Wirtschaftspsychologie
Universitätsstraße 7
1010 Wien
Österreich
E-Mail: martina.hartner@univie.ac.at

Dr. Ulrich von Hecker
Cardiff University
School of Psychology
Tower Building
Park Place
Cardiff CF10 3AT
United Kingdom
E-Mail: vonheckeru@cardiff.ac.uk

Prof. Dr. Dr. Jürgen Hennig
Universität Gießen
Fachbereich 06
(Psychologie, Sportwissenschaft)
Otto-Behaghel-Straße 10
35394 Gießen
E-Mail: juergen.hennig@psychol.uni-giessen.de

Prof. Dr. Michael Hock
Universität Mainz
Psychologisches Institut
Campus, Staudingerweg 9
55099 Mainz
E-Mail: hock@uni-mainz.de

Prof. Dr. Volker Hodapp
Universität Frankfurt
Institut für Psychologie
Kettenhofweg 128
60054 Frankfurt am Main
E-Mail: hodapp@psych.uni-frankfurt.de

PD Dr. Jan Hofer
Universität Osnabrück
FB Humanwissenschaften
Institut für Psychologie
Artilleriestraße 34
49069 Osnabrück
E-Mail: jan.hofer@uos.de

Mag. Marianne Holler
Universität Wien
Wirtschaftspsychologie
Universitätsstraße 7
1010 Wien
Österreich
E-Mail: marianne.holler@univie.ac.at

Prof. Dr. Manfred Holodynski
Universität Münster
Psychologisches Institut V
Fliednerstraße 21
48149 Münster
E-Mail: manfred.holodynski@uni-muenster.de

Dr. Melanie Holz
Goethe-Universität Frankfurt
Arbeits- und Organisations-
psychologie
Mertonstraße 17
60054 Frankfurt
E-Mail: m.holz@psych.uni-
frankfurt.de

Prof. Dr. Ralph B. Hupka
California State University
Department of Psychology
1250 Bellflower Blvd.
Long Beach, CA 90840-0901
USA
E-Mail: rhupka@csulb.edu

Prof. Dr. Wilhelm Janke
Universität Würzburg
Lehrstuhl für Biologische und
Klinische Psychologie
Röntgenring 10
97070 Würzburg
E-Mail: wilhelm.janke@t-online.de

Prof. Dr. Lutz Jäncke
Universität Zürich
Psychologisches Institut
Neuropsychologie
Binzmühlestraße 14/25
8050 Zürich
Schweiz
E-Mail: l.jaencke@psychologie.uzh.ch

Prof. Dr. Matthias Jerusalem
Humboldt-Universität zu Berlin
Pädagogische Psychologie und
Gesundheitspsychologie
Unter den Linden 6
10099 Berlin
E-Mail: jerusalem@hu-berlin.de

Prof. Dr. Susanne Kaiser
Université de Genève
FPSE, Section de Psychologie
40, Bd. du Pont-d'Arve
1205 Genève
Schweiz
E-Mail: susanne.kaiser@
pse.unige.ch

Prof. Dr. Josef A. Keller
TU München
Lehrstuhl für Sportpsychologie
Connollystraße 32
80809 München
E-Mail: J.A.Keller@sp.tum.de

Prof. Dr. Erich Kirchler
Universität Wien
Wirtschaftspsychologie
Universitätsstraße 7
1010 Wien
Österreich
E-Mail: erich.kirchler@univie.ac.at

Prof. Dr. Karl Christoph Klauer
Universität Freiburg
Institut für Psychologie
Sozialpsychologie und Methoden-
lehre
Engelbergerstraße 41
79085 Freiburg
E-Mail: klauer@psychologie.uni-
freiburg.de

Prof. Dr. Uwe Kleinbeck
Universität Dortmund
Organisationspsychologie
Emil-Figge-Straße 50
44227 Dortmund
E-Mail: uwe.kleinbeck@t-online.de

Prof. Dr. Carl-Walter Kohlmann
Pädagogische Hochschule
Schwäbisch Gmünd
Institut für Humanwissenschaften –
Abt. Psychologie
Oberbettringer Straße 200
73525 Schwäbisch Gmünd
E-Mail: carl-walter.kohlmann@
ph-gmuend.de

Prof. (i. R.) Dr. Andreas Krapp
Universität der Bundeswehr München
Leoprechtingstraße 54
81739 München
E-Mail: andreas.krapp@unibw.de

Prof. Dr. Julius Kuhl
Universität Osnabrück
Differentielle Psychologie und
Persönlichkeitsforschung
Seminarstraße 20
49069 Osnabrück
E-Mail: j.kuhl@gmx.net

PD Dr. Thomas A. Langens
Bergische Universität Wuppertal
Fachbereich G
Gaußstraße 20
42119 Wuppertal
E-Mail: langens@uni-wuppertal.de

Dr. Anke Lengning (Jun. Prof.)
Technische Universität Dortmund
Rehabilitationspsychologie
Emil-Figge-Straße 50
44221 Dortmund
E-Mail: anke.lengning@uni-
dortmund.de

Prof. Dr. Philipp Mayring
Universität Klagenfurt
Institut für Psychologie
Universitätsstraße 65–67
9020 Klagenfurt
Österreich
E-Mail: philipp.mayring@uni-
klu.ac.at

Prof. Dr. Ulrich Mees
Universität Oldenburg
Institut für Psychologie
Abteilung Umwelt und Kultur
26111 Oldenburg
E-Mail: ulrich.mees@uni-
oldenburg.de

Prof. Dr. Jörg Merten
Universität des Saarlandes
Fachrichtung Psychologie
Postfach 151150
66041 Saarbrücken
E-Mail: j.merten@mx.uni-
saarland.de

PD Dr. Andreas Mühlberger
Universität Würzburg
Lehrstuhl für Psychologie I
Marcusstraße 9–11
97070 Würzburg
E-Mail: uehlberger@psychologie.uni-
wuerzburg.de

Dr. Peter Neumann
Wandlhamerstraße 12
82166 Gräfelfing
E-Mail: pneupneu@arcor.de

Prof. Dr. Gabriele Oettingen
Universität Hamburg
Fachbereich Psychologie
Von-Melle-Park 5
20146 Hamburg
E-Mail: gabriele.oettingen@uni-hamburg.de

Prof. Dr. Jürgen H. Otto
Universität Kassel
Institut für Psychologie, Fb 7
Holländische Straße 36–38
34109 Kassel
E-Mail: ottoj@uni-kassel.de

Prof. Dr. Paul Pauli
Universität Würzburg
Lehrstuhl für Psychologie I
Marcusstraße 9–11
97070 Würzburg
E-Mail: pauli@psychologie.uni-wuerzburg.de

Prof. Dr. Reinhard Pekrun
LMU München
Department Psychologie
Leopoldstraße 13
80802 München
E-Mail: pekrun@edupsy.uni-muenchen.de

Dr. Marlies Pinnow
Ruhr-Universität Bochum
Institut für kognitive Neurowissenschaft
Abt. Biopsychologie
44780 Bochum
E-Mail: marlies.pinnow@rub.de

PD Dr. Rosa Maria Puca
Ruhr-Universität Bochum
Institut für Pädagogik
Lehrstuhl für Pädagogische Psychologie
44780 Bochum
E-Mail: rosa.puca@rub.de

Dr. Markus Quirin
Universität Osnabrück
Differentielle Psychologie und Persönlichkeitsforschung
Seminarstraße 20
49069 Osnabrück
E-Mail: mquirin@uos.de

Prof. Dr. Rainer Reisenzein
Universität Greifswald
Institut für Psychologie
Franz-Mehring-Straße 47
17487 Greifswald
E-Mail: rainer.reisenzein@uni-greifswald.de

Prof. Dr. Falko Rheinberg
Bülser Straße 15
45964 Gladbeck
E-Mail: rheinberg-gladbeck@t-online.de

Dr. Michael Richter
Université de Genève
FPSE, Section de Psychologie
40, Bd. du Pont-d'Arve
1205 Genève
Schweiz
E-Mail: Michael.Richter@pse.unige.ch

Prof. Dr. Jeanette Roos
Pädagogische Hochschule Heidelberg
Fakultät I – Psychologie
Keplerstraße 87
69120 Heidelberg
E-Mail: roos@ph-heidelberg.de

**Prof. Dr. Dr. h. c.
Lutz von Rosenstiel**
Herzogstraße 78
80796 München
E-Mail: boegel@psy.uni-muenchen.de

Prof. Dr. Klaus Rothermund
Friedrich-Schiller-Universität Jena
Lehrstuhl für Allgemeine
Psychologie II
Am Steiger 3, Haus 1
07743 Jena
E-Mail: klaus.rothermund@uni-jena.de

Prof. Dr. Udo Rudolph
TU Chemnitz
Allgemeine Psychologie und
Biopsychologie
Wilhelm-Raabe-Straße 43
09107 Chemnitz
E-Mail: udo.rudolph@phil.tu-chemnitz.de

Dr. David Scheffer
Helmut-Schmidt-Universität
Holstenhofweg 85
22043 Hamburg
E-Mail: scheffer@180grad.de

Prof. Dr. Klaus R. Scherer
Université de Genève
Swiss Center for Affective Sciences
7, Rue des Battoirs
1205 Genève
Schweiz
E-Mail: Klaus.Scherer@pse.unige.ch

Prof. Dr. Heinz-Dieter Schmalt
Universität Wuppertal
Allgemeine Psychologie II
Gaußstraße 20
42097 Wuppertal
E-Mail: schmalt@uni-wuppertal.de

Prof. Dr. Klaus-Helmut Schmidt
Universität Dortmund
Institut für Arbeitsphysiologie
Ardeystraße 67
44139 Dortmund
E-Mail: schmidtkh@ifado.de

Prof. Dr. Lothar Schmidt-Atzert
Universität Marburg
Fachbereich Psychologie
Psychologische Diagnostik
Gutenbergstraße 18
35032 Marburg
E-Mail: schmidt-atzert@staff.uni-marburg.de

PD Dr. Annette Schmitt
Universität Oldenburg
Institut für Psychologie
Abteilung Umwelt und Kultur
26111 Oldenburg
E-Mail: annette.schmitt@uni-oldenburg.de

Dr. Julia Schüler
Universität Zürich
Psychologisches Institut
Allgemeine Psychologie (Motivation)
Binzmühlestraße 14/6
8050 Zürich
Schweiz
E-Mail: j.schueler@psychologie.uzh.ch

Dr. Achim Schützwohl
Brunel University West London
Department of Psychology
Uxbridge, Middlesex, UB8 3PH
United Kingdom
E-Mail: achim.schuetzwohl@
brunel.ac.uk

Mag. Phil. A. Timur Sevincer
Universität Hamburg
Fachbereich Psychologie
Von-Melle-Park 5
20146 Hamburg
E-Mail: timur.sevincer@uni-
hamburg.de

Prof. Dr. Kurt Sokolowski
Universität Siegen
Psychologie im FB 02
Adolf-Reichwein-Straße 2
57068 Siegen
E-Mail: sokolowski@
psychologie.uni-siegen.de

Prof. Dr. Birgit Spinath
Universität Heidelberg
Psychologisches Institut
Hauptstraße 47–51
69117 Heidelberg
E-Mail: birgit.spinath@
psychologie.uni-heidelberg.de

Prof. Dr. Gisela Steins
Universität Duisburg-Essen
Campus Essen
Institut für Psychologie
Universitätsstraße 11
45141 Essen
E-Mail: gisela.steins@uni-due.de

Prof. Dr. Gerhard Stemmler
Universität Marburg
Fachbereich Psychologie
Gutenbergstraße 18
35032 Marburg
E-Mail: stemmler@staff.uni-
marburg.de

**Prof. Dr.
Joachim Stiensmeier-Pelster**
Universität Giessen
FB 06 – Psychologie und Sport-
wissenschaft
Pädagogische Psychologie
Otto-Behaghel-Straße 10F
35394 Gießen
E-Mail: joachim.stiensmeier-
pelster@psychol.uni-giessen.de

Dipl.-Psych. Markus Studtmann
Universität Greifswald
Institut für Psychologie
Franz-Mehring-Straße 47
17487 Greifswald
E-Mail: markus.studtmann@uni-
greifswald.de

Prof. Dr. Regina Vollmeyer
Universität Frankfurt
Arbeitsbereich Pädagogische
Psychologie
Senckenberganlage 15
60054 Frankfurt am Main
E-Mail: R.Vollmeyer@
paed.psych.uni-frankfurt.de

Prof. Dr. Gerhard Vossel
Universität Mainz
Psychologisches Institut
Staudingerweg 9
55099 Mainz
E-Mail: vossel@uni-mainz.de

Dr. Ullrich Wagner
Universität Lübeck
Institut für Neuroendokrinologie
Ratzeburger Allee 160
23538 Lübeck
E-Mail: wagner@kfg.uni-luebeck.de

Prof. Dr. Hannelore Weber
Universität Greifswald
Differentielle und Persönlichkeitspsychologie/Psychologische Diagnostik
Franz-Mehring-Straße 47
17487 Greifswald
E-Mail: weber@uni-greifswald.de

Prof. Dr. Jürgen Wegge
TU Dresden
Institut für Arbeits-, Organisations- und Sozialpsychologie
Zellescher Weg 17
01062 Dresden
E-Mail: wegge@psychologie.tu-dresden.de

Dr. Thomas Wehrle
Universität Zürich
Psychologisches Institut
Psychologische Methodenlehre
Binzmühlstraße 14/27
8050 Zürich
Schweiz
E-Mail: t.wehrle@psychologie.uzh.ch

Dr. Carmen Wulf
Universität Oldenburg
Institut für Psychologie
Abteilung Umwelt und Kultur
26111 Oldenburg
E-Mail: carmen.wulf@uni-oldenburg.de

Prof. Dr. Dieter Zapf
Goethe-Universität Frankfurt
Arbeits- und Organisationspsychologie
Mertonstraße 17
60054 Frankfurt am Main
E-Mail: d.zapf@psych.uni-frankfurt.de

Prof. Dr. Albert Ziegler
Universität Ulm
Pädagogische Psychologie
Albert-Einstein-Allee 47
89069 Ulm
E-Mail: albert.ziegler@uni-ulm.de

PD Dr. Heinz Zimmer
Universität Mainz
Allgemeine Experimentelle Psychologie
Staudingerweg 9
55099 Mainz
E-Mail: hzimmer@uni-mainz.de

Dr. Horst Zumkley
Theodor-Heuss-Straße 20a
97204 Höchberg
E-Mail: h.zumkley@t-online.de

Autorenregister

A

Abderhalden, E. *119*
Abe, N. 514, *519*
Abele, A. E. 542, *547,* 697, 698, 703, *704*
Abele-Brehm, A. 587, *594*
Abelson, J. L. 414, *419*
Aberhalden, E. *213*
Abler, B. 514, *520*
Abramson, L. Y. 130, 132, *134,* 199, 201, 203
Ach, N. 118, *119,* 157, *162,* 209, *213*
Achee, J. W. 14, *17,* 751, *753*
Achtziger, A. 150, 153, *156,* 204, 209–211, 213, *213,* 387, *390*
Ackerman, B. P. 13, *17*
Ackerman, P. 542, *547*
Ahmad, N. 248, *251,* 727, *727*
Ahnert, L. *283*
Ainley, M. 750, *753*
Ajzen, I. 385, *390*
al'Absi, M. 617–619, *621*
Albani, C. 537, *538*
Alfermann, D. 381, *382*
Alge, B. 176, *180*
Allen, J. J. B. 492, *529, 547–549*
Allen, M. 699, *704*
Allik, J. 690, *695*
Alloy, L. B. 199, *203,* 663, *666*
Allport, G. W. 50, 366, 686, *694*
Alpers, G. W. 412, 414, 418, *419–421*
Alpert, N. 75, *78*
Ambady, N. 574, *576*
Ambert, A.-M. 693, *694*
Amelang, M. 245, 310, *312,* 561, *631,* 692, 694, 695
Ames, C. 64, *70,* 345, 381, *382*
Ames, R. *345*
Amin, M. *489*
Amirkhan, J. H. 606, *610*
Amodio, D. M. 542, *548*
Anderson, A. 201, *203,* 439, *444*
Anderson, C. A. 330, *331,* 692, *695*
Andrews, V. H. 544, *547*

Antoun, N. *648*
Appelbaum, P. S. 514, *520*
Archer, J. 409, *411,* 636, *642*
Argyle, M. 585, 586, 592, *594,* 595
Arkes, H. R. 82, *87*
Armitage, C. J. 385, *390*
Armon-Jones, C. 457, *461*
Armor, D. A. 43, *45,* 186, *188*
Arnold, M. B. 435–437, *444*
Aron, A. *520*
Asendorpf, J. B. 630, 631, *631*
Asendorpf, J. S. *283*
Ashbrook, P. W. 664, *666*
Ashkanasy, N. M. 755, *760*
Atack, J. R. *490*
Athenstaedt, U. 454, *456*
Atkinson, J. W. 21, 27, *28,* 32, *35,* 73, 80, *87,* 110, 116, *119,* 120, 122–124, *125,* 135, 136, *140,* 217, *223,* 350, 351, *358,* 651
Aue, T. 454, *455*
Auhagen, A. E. 586, *594*
Aunger, R. 645, *648*
Austin, J. T. 37, *44*
Averill, J. R. 457, *461,* 615, 616, *621*
Ayduk, O. N. *196*
Ayton, P. 82, *87*

B

Baddeley, A. D. 663, *666*
Bailer, H. *538*
Bailey, S. 201, *203*
Bakermans-Kranenburg, M. J. *631*
Balcetis, E. 117, *119*
Ballew, C. *610*
Ballin, U. 256, *257*
Baltes, M. M. 585, *594*
Baltes, P. B. 75, *78,* 288, *297,* 585, *594*
Banaji, M. 699, *704*
Bandura, A. 22, 23, *28,* 39, *45,* 175, *180,* 182, *187,* 207, *208,* 241, 247, 248, *251,* 384, *390,* 682, *684,* 743, *747*
Bank, A. L. 608, *611*

Banko, K. M. 263, *264*
Banks, M. S. 255, *257*
Bänninger-Huber, E. 522, *529*
Banse, R. 423, *428*, 521, *531*, *549*, 630, *631*, 677, *684*
Barbieri, S. *481*
Bard, K. B. 412, 426, *428*
Barde, B. *747*
Bargh, J. A. 76, *78*, 165, 166, *172*, 204–207, *208*, *331*, 414, *420*, 678, *685*
Bar-Haim, Y. 628, *631*
Barnard, P. J. 440, *445*
Barndollar, K. 206, *208*
Barnes, M. L. *603*
Barnett, M. A. 726, *727*
Bar-On, R. 707, 708, 710, *712*
Baron, R. M. *245*, 546, *547*
Barone, M. *323*
Barron, K. E. 67, 68, *71*
Bartholomew, K. 601, *603*
Bartussek, D. 310, *312*
Basch, J. 757, *760*
Bass, B. M. 756, *760*
Bates, J. E. 690, *695*
Batson, C. D. 248, 249, *251*, 542, *547*, 723, 725, 727, *727*
Bauerle, S. Y. 606, *610*
Bauman, A. 384, *391*
Baumann, D. J. 248, *251*
Baumann, N. 34, *36*, 142, 145, *148*, 166, *172*, 672, *673*
Baumann, U. *134*, *695*
Baumeister, R. F. 83, *88*, 248, *251*, 542, *548*, *684*
Baumert, J. 336, 339, *345*, *346*
Baumgartner, T. 514, *520*
Baxter, L. C. *481*
Bayer, U. C. 155, *156*, 210–212, *213*, *214*
Beall, A. C. 543, *549*
Beattie, B. *481*
Beaubien, J. M. 97, *106*
Beauducel, A. 310, *312*
Bechara, A. *420*, 478, *480*
Beck, A. T. 738, *740*
Becker, D. V. 703, *704*
Becker, P. 587, *594*
Beckerman, S. 607, *610*
Beckmann, J. 120, 122–124, *124*, 159, 161, *162*, 171, *173*, 377, 380, *382*
Behrens, J. T. 67, *71*

Bellebaum, A. 585, *594*
Benson, H. *621*
Berenbaum, H. 542, *549*
Berg, C. A. 256, *257*
Berg, D. 240, *245*
Berg, P. 254, *257*
Bergmann, C. 54, *57*
Berk, L. E. 268, *270*, 468, *469*
Berkowitz, L. *134*, 241, *445*, 614, *621*
Berlyne, D. E. 253, *257*
Berndorff, D. 750, *753*
Berns, G. S. 294, *297*
Berntson, G. G. 76, *78*, *330*, 419, *420*, 498, 501, *510*
Berridge, K. C. 287, 295, *297*, 319, *322*
Berry, J. W. *51*, *568*
Bettler, B. *481*
Biemond, R. 543, *548*
Bierhoff, H.-W. 246–250, *251*, 724, 726, *727*
Bilsky, W. 46, 47, 50, *51*
Bindra, D. 291, 292, 294, *297*
Birbaumer, N. *420*, *421*
Birch, K. 542, *547*
Birkhead, T. R. 408, *411*
Bischof, N. *237*, 300, *305*
Bischoff, J. 343, *345*
Bischof-Köhler, D. 267, *270*, 272, 276, 279, 280, *282*
Blairy, S. 523, *530*
Blaney, P. L. 545, *548*
Blascovich, J. J. 543, *549*
Blaser, G. *538*
Blass, E. M. 315, *322*
Blecker, C. *649*
Bless, H. 664, *666*
Bloom, F. E. *421*
Blumenfeld, P. C. 59, *62*, 67, *71*
Boakes, R. A. *685*
Boekaerts, M. *346*
Bohlig, A. 617, *621*
Boigs, R. 253, *257*
Boivin, M. 61, *62*
Bokonjic, D. R. *490*
Bolles, R. C. 315, *322*
Bolt, E. 340, *346*
Bolte, A. 166, *172*
Bommer, W. H. 759, *761*
Bonanno, G. A. 634, *642*
Bongard, S. 612, 615, 617–619, *621*
Booth, A. 229, *230*

Booth, D. *322*
Borg, I. 46, *51*
Borgstedt, K. 580, *584*
Borkovec, T. D. 544, *547*
Born, J. 482, 483, 489, *489, 490*
Bornstein, M. H. *257*
Bos, W. *345*
Bosch, C. *538*, 538
Bösel, R. 473, 479, *480*
Bower, G. H. 663, *666*, 683, *685*, 749, 750, *753*
Bowlby, J. 233, *237*, 601, *603*, 637, *642*
Bowles, S. 375, *375*
Boyatzis, R. E. 33, *36*
Boyle, G. J. *105*
Brackett, M. A. 708, 710, *712*
Bradburn, N. M. 585, 586, *594*
Bradley, M. M. 13, *17*, 492, *498*, 543, 544, *548, 549*
Brähler, E. 532, 536, *538, 539*, *704*
Braithwaite, V. A. 46, *51*
Brandstätter, V. 13, 15, 79–83, 85, *87*, 154, *156*, 210–212, *214*, 353, *358, 359*
Brandt, H. 374, *375*
Brandtstädter, J. 80, 82, 86, 87, *87, 88*, 650, *657*, 682–684, *685*
Braten, I. 66, *70*
Bratslavsky, E. 720, *722*
Braun, M. *51*
Brehm, J. W. 325, 330, *331*
Brehm, S. S. *45*
Brendl, C. M. 749, *753*
Bresler, C. 545, *548*
Brezing, H. 393, *402*
Brickman, P. 591, *594*
Briner, R. B. 755, *760*
Brinkmann, K. 326, 327, *331*, 680, *685*
Brocke, B. 310, *312*
Brockner, J. 80, 82, *88*
Brophy, J. 69, *70*
Brosch, T. 446, 454, *455*
Brosschot, J. F. 493, *498*
Brown, J. 431, *434*
Brown, L. L. 520
Brown, S. P. 176, *180*
Brown, S. W. *251*
Brownley, K. A. 325, *330*
Brunner, S. 388, *391*
Brunstein, J. C. 30, 31, 33, 34, *36*, 95, 98, *105*, 124, *124*, 137, *140*, 218–221, *223*,
224, 226, *230*, *345*, 381, *382, 402*, 670, *673*
Bryson, J. B. 606, *610*
Buchanan, T. W. 515, *520*, 662, *665*
Buchkremer, G. *421*
Buckley, T. 542, *547*
Bulgarella, C. 44, *45*
Bullock, M. 269, *271*
Buonocore, M. H. 418, *420*
Burns, B. D. 96, *106*
Burns, L. R. 720, *721*
Burns, R. A. 624, *631*
Burrows, L. 165, *172*
Busch, H. 91, *93*
Bushman, B. J. 542, *548*
Buss, A. 240, *245*
Buss, D. M. 405, 408, *411*, 600, *603*, 607, 608, *610*
Butler, E. A. 719, *721*
Butler, R. 67, *70*
Butner, J. 225, *230*
Buunk, B. P. 608, *610, 611*
Bybee, J. *251*

C

Cacioppo, J. R. *391*
Cacioppo, J. T. 76, *78*, *330*, 419, *419–421*, 496, 497, *498*, 501, 506, *510*
Cai, Y. 340, *346*
Calder, A. J. *648, 649*
Calvo, M. G. 629, *631*, 665, *666*
Cameron, J. 146, *148*, 263, *264*
Campbell, W. K. 663, *666*
Campos, D. 90, 91, *93*
Campos, J. J. 270, *270, 428*, 467, *470*
Campos, R. 425, *428*
Camras, L. A. 270, *270*, 425, *428*, 467, *470*
Canli, T. 691, *695*
Caputi, P. 534, *538*
Carlo, G. *727*
Carrol, D. *331*
Carroll, P. *187*
Carter, S. M. 67, *71*
Caruso, D. R. 594, 706, 707, 709, 710, *712*, 752, *753*
Carver, C. S. 80, *88*, 310, *312*, 676, 683, *685*
Cassasus, G. *481*
Caterina, R. 182, 529, *530*
Cervone, D. 682, *684*
Ceschi, G. 454, *456*

Chaiken, S. *156*
Chan, A. *583*
Chang, E. C. *188*
Charney, D. *489*
Chartrand, T. L. 205, 207, *208*
Chasiotis, A. 35, *36*, 89–92, *93*
Chen, M. 76, *78*, 165, *172*, 414, *420*, 678, *685*
Cheng, P. W. 129, *134*
Chevalier-Skolnikoff, S. 425, *428*
Chirkov, V. I. 147, *148*
Choe, J. *610*
Christianson, S.-Å. 661, 662, *666*, 750, *753*
Chun, W. Y. *45*
Church, M. A. 65, 67, 69, *71*
Cialdini, R. B. 248, *251*
Ciaramidaro, A. 514, *520*
Ciarrochi, J. 534, *538*
Cinotti, L. *322*
Ciocchi, S. *481*
Clark, L. A. 690, *696*
Clark, M. S. 541, *548*, 548
Clark, P. A. 217, *223*
Clark, R. A. 123, *125*
Clore, G. L. 433, *434*, 436–438, 443, *444*, *445*, *538*, 571, 575, *576*, 582, *583*, *657*, 663, *666*
Coan, J. A. *529*, *547–549*
Coates, D. 591, *594*
Coats, E. J. 75, *78*
Codol, J.-P. *245*
Cohen, J. D. *481*
Cohen, R. M. *490*
Cohn, J. F. 528, *529*
Coles, M. G. H. *481*, 508, *510*
Collegium Internationale Psychiatriae Scalarum CIPS 532, *538*
Collins, A. 433, *434*, 436–438, *444*, 582, *583*, *583*, *657*
Collis, J. M. *56*
Connor, M. *390*
Conway, M. 663, *666*
Cook, J. M. *490*
Cooper, J. T. *134*, 545, *548*, 707, *713*
Cooper, R. 507, 509, *510*
Corbin, J. 566, *568*
Corr, P. J. 311, *311*, *312*
Cosmides, L. 408–410, *411*
Covington, M. V. *78*, 117, *119*
Coyle, J. T. *489*
Crawford, D. 384, *391*

Critchley, H. D. 293, *297*, *481*
Crockett, L. J. *685*
Cropanzano, R. 756, *761*
Crowe, E. 190, 194, *195*
Csikszentmihalyi, I. S. *28*
Csikszentmihalyi, M. 5, 25, 28, 259, *264*, *343*, *345*, 590, *594*, 692, *695*, 733, *740*
Cumberland, A. 725, *727*
Curio, I. 503, *510*
Curran, H. V. 647, *649*
Curtis, V. 645, *648*
Cuthbert, B. N. 13, *17*, 492, *498*, 543, *549*
Cuthbertson, R. A. *530*

D

Dabbs, J. M. 303, *305*
Dahl, H. *568*
Dahme, G. 220, *223*
Dai, D. Y. *57*
Dalton, K. M. *420*
Daly, M. 607, *611*
Damasio, A. 514, *520*
Damasio, A. R. 413, *420*, 468, *469*, *480*
Damasio, H. 413, *420*, *480*
Damon, W. *470*
Dan Glauser, E. S. 454, *455*
Dan, E. S. 454, *456*
Darley, J. M. 246, *251*
Darwin, Ch. 111, *119*, 405, 407, *411*, 422, 424, 425, *427*, 473, *481*, 492, 580, 582, *583*, 644
Davey, G. C. L. 647, *648*
David, A. S. 29, 647, *649*
Davidson, K. 619, *621*
Davidson, L. *257*
Davidson, R. J. 13, *17*, 77, *78*, 287, *297*, 416, *419*, *420*, *444*, 473, *480*, *497*, *498*, *509*, *510*, 514, *520*, 719, *721*
Davies, C. A. 355, *358*
Davies, M. 709, 710, *712*
Davis, K. E. 127, *134*
Davis, K. L. 483, *489*
Davis, M. 417, *420*
Davis, P. 699, *704*
Davis-Kean, P. E. 338, *346*
Dawson, G. R. *490*
De Boeck, P. 101, *106*, 614, *622*
de Pontet, S. B. *88*
de Waal, F. 225, *230*
Dearing, M. F. 678, *685*
Dearing, R. l. 654, *657*

Debener, S. 310, *312*
Debus, G. 536, *539, 561, 562, 576, 621*
Decety, J. *322*
DeCharms, R. 23, *28*, 263, *264*
Deci, E. L. 24, 25, *28*, 42, *45*, 142, 143, 145–147, *148*, 261, 263, *264*, 340, 341, *345*, 396, 400, *402*
Deichmann, R. 293, *297*
Deimann, P. *257*
Demaree, H. A. 719, *721*
Dembo, T. 25, *28*, 120, *125*
Denes-Raj, V. 33, *36*, 166, *172*
Dengler, W. 417, *421*
Depue, R. A. 302, *305*, 557
Derryberry, D. 682, 683, *684, 685*
DeSteno, D. A. 608, *611*
Deussing, J. M. *490*
Dewey, J. 52, *57*
Dhamala, M. *297*
Diacoyanni-Tarlatzis, I. *583*
Diaz, R. M. 268, *270*, 468, *469*
Dibbelt, S. *162*, 161
Dichter, E. *367*, 367
Dickhäuser, O. 58, 59, 61, *62*, 65, *70*, 140, 140
Dickinson, A. 678, *685*
Diener, E. 42, *45*, *538*, 585, 587–589, 592, 593, *594*, 662, *667*, 690, 692, *695, 696*
Dienstbier, R. *621*
Dies, R. R. *36*
Dijksterhuis, A. 166, *172*
Dijkstra, P. 608, *610*
Dill, J. C. 330, *331*, 692, *695*
Dilthey, W. 563, *568*
Dindia, K. 699, *704*
Dittmar, H. 374, *375*
Dixon, K. 619, *621*
Dobson, M. 641, *642*
Dodson, J. D. 380, *382*
Dolan, R. J. 293, *297*, *481*, 514, *520*
Doll, J. *345*
Dolski, I. *420*
Döring-Seipel, E. 710, *712*
Dornheim, L. 707, *713*
Dorow, R. 488, *489*
Dougherty, L. *530*
Drayson, M. *331*
Dresel, M. 392, 397, 399–401, *402*
Drury, J. 374, *375*
Duchenne de Boulogne, G.-B. *530*
Duncan, B. D. 542, *547*

Dunker, J. 506, *510*
Dunnette, M. D. *761*
Dunning, D. 117, *119*
Dusi, D. 621, *622*
Dutton, Y. C. 640, *642*
Dweck, C. S. 41, *45*, 64–66, 69, 70, *71*, *105*, 224
Dykman, B. 663, *666*

E

Earley, P. C. 351, *358*
Easterbrook, J. A. 662, *666*
Ebner, N. C. 72, 75, *78*
Eccles, J. S. 27, *28*, 59, *62*, 279, *283*, 337, 338, 341, *345*, 346
Eckert, C. 202, *203*
Eckes, T. *704*
Edelstein, W. *657*
Eder, A. 675, 678, *685*
Eder, F. 54, *57*
Edwards, C. P. *727*
Edwards, D. 567, *568*
Efklides, A. *181*, 751, *753*
Eghrari, H. 145, *148*
Egloff, B. 536, *539*, 630, 631, *631*, 689, 690, *695*, 714, 720, *721*
Ehlers, A. 155, *156*, 735, *740*
Ehrlichman, H. 544, *548*
Eibl-Eibesfeldt, I. 233, *237*
Eichstaedt, J. 32, 35, *36*, *105*
Eid, M. 536, *539*
Eisenberg, N. *251*, *470*, 723, 725, *727*
Eisenberger, R. 146, *148*
Eisman, E. J. *36*
Ekman, P. 77, *78*, 407, *411*, 414, *420*, 423, 424, 426, *428*, 458, *461*, 463, 466, *469*, *481*, 492, 497, 521, 522, 525, 526, 528, *529*, 530, 582, *583*, 613, 615, *621*
Elbe, A.-M. 377, 378, *382*
Elfenbein, H. A. 574, *576*
Elias, M. J. *712*
Ellard, J. H. 641, *642*
Ellgring, H. 454, *456*
Elliot, A. J. 64, 65, 67–69, *71*, 73, 75, *78*, 224
Ellis, H. C. 664, *666, 667*
Ellsworth, P. C. 441, *444*
Emde, R. N. *728*
Emery, G. *740*
Emmelkamp, P. M. G. 543, *548*
Emmerich, S. *481*

Emmons, R. A. 75, *78*
Eng, S. J. 645, *649*
Engelien, A. *481*
Engeser, S. 97, *106*, 343, *345*, 672, *673*
Enns, R. M. 225, *230*
Entwisle, D. E. 101, *105*
Epel, E. S. 708, *713*
Epplen, J. T. 646, *649*
Epstein, S. 33, 34, *36*, 166, *172*
Ercolani, A. P. 248, *251*
Erdmann, G. 550, 552, 555, 557, *561*
Erickson, E. A. *721*
Erk, S. 514, *520*
Esslen, M. 517, 518, *520*
Etter, A. *549*
Etzioni, A. 369, *375*
Eubanks, L. 328, *331*
Euler, H. A. 16, *17*, 405, 407, 409, *411*, *444*, *480*, *489*, *490*, *547*, *568*, *595*, *657*, *684*
Everhart, D. E. 719, *721*
Eyde, L. D. *36*
Eysenck, H. J. 310, *312*, 551
Eysenck, M. W. 629, *631*, 665, *666*, *704*

F

Fabiani, M. 508, *510*
Fahrenberg, J. 418, *420*, 533, *538*, 563, *567*
Fahy, T. 647, *649*
Falus, G. *611*
Farndon, J. 571, *576*
Feather, N. T. 27, *28*, 80, *88*, 122, 124, *125*
Fehr, B. 644, *648*
Fehr, E. 302, *305*, 374, *375*
Felder, H. *704*
Feldman Barrett, L. 689, *695*
Feldman, D. C. 758, *761*
Feldman, R. S. *498*, *622*, 689, *721*
Fernández-Dols, J.-M. 422, *428*, 522, *530*
Ferris, G. *358*
Feshbach, S. 240, *245*
Fessler, D. M. T. 645, *649*
Festinger, L. 25, *28*, 120, *125*
Fiedler, K. *666*
Fiedler, P. 732, 734–737, 739, *740*
File, S. E. 486, 488, *489*
Finegan, J. E. 547, *548*
Fineman, S. 755, *760*
Fingelton, C. *610*
Finn, S. E. *36*
Fiore, C. *390*

Firat, A. F. 374, *375*
Fischbacher, U. 302, *305*
Fischer, A. H. 456, *462*
Fischer, C. D. 757, *760*
Fischer, K. W. 650, *656*
Fischer, L. *51*
Fishbach, A. *45*
Fisher, H. E. 514, *520*
Fitzgerald, D. A. 647, *649*
Fitzimons, J. T. 315, *322*
Fitzpatrick, M. A. *603*
Flykt, A. 454, *455*, *456*
Folger, R. 757, *761*
Fonagy, P. *490*
Forgas, J. P. 542, *548*
Forgas, P. *666*
Forgays, D. G. *695*
Förster, J. 76, *78*, 189, 190, 193–195, *195*, *196*
Försterling, F. 89, *93*, 126, 129, 132, *133*, 133, *134*, 397, 398, *402*, 429, *444*, *583*
Foss, M. A. 571, 575, *576*
Fowles, D. C. 328, 330, *331*
Frady, R. L. 303, *305*
Francis, M. E. 641, *642*
Frank, E. 81, *87*, 154, *156*
Frankel, C. B. 270, *270*
Fredericks, L. *712*
Frederickson, B. 410, *411*, 588
Freitas, A. L. 194, *196*
Frenzel, C. A. 686, 752, *753*
Freud, A. 73, 112–114, 117, *119*
Freud, S. 241, 636, *642*
Freund, A. M. 72, 75, *78*, 180, *181*
Frey, B. 592, *594*
Frey, D. 362, *368*, *402*, 724, *727*
Fridlund, A. J. 466, *469*, 469, 506, *510*, 522
Friedlmeier, W. 91, *93*, 271, 282, 283, *469*
Friedman, J. M. *323*
Friedman, M. 744, *747*
Friedman, R. S. 45, 190, 193, *196*, *621*
Fries, S. 397, *402*
Friesen, W. V. 77, *78*, 423, 426, *428*, 458, *461*, 525, 526, *529*, *530*, *583*
Frieze, I. H. *134*, *141*
Frijda, N. H. 13, *17*, 266, *270*, 274, *282*, 436, *456*, *462*, 464, 465, *469*, *530*, 541, *548*, 606, *611*, 678, *684*, 685
Frith, C. D. 514, *520*
Fröhlich, S. M. 104, *105*

Frois-Wittmann, J. *530*
Fuchs, R. 381, *382*
Fuhrmann, A. 104, *105*
Fujii, T. 514, *519*
Fulgosi, A. *611*
Furnham, A. 709, 710, *712*
Fuster, J. M. 288, 290, *297*

G

Gabler, H. 377, 378, *382*
Gächter, S. 374, *375*
Gagnè, F. M. 155, *156*
Galanter, E. 37, *45*
Galati, D. 425, *428*
Gale, A. *704*
Galinowski, I. 280, 282, 527, *530*
Gallucci, M. 248, *251*
Gangestad, S. W. 409, *411*
Garotti, P. L. 529, *530*
Garrett, A. S. 418, *420*
Garrison, A. *610*
Gauggel, S. 489, *490*
Gaulin, S. J. C. 405, *411*
Gaunt, R. 128, *134*
Geen, R. G. 330, *331*
Gendolla, G. H. E. 324, 326–328, 330, *331*, 679, *685*
Geppert, U. 280, *282*, 527, *530*
Gerard, D. *322*
Gergely, G. 467, *469*
Gergen, K. J. 462, 638, *643*
Gergen, M. M. 638, *643*
Gerhart, B. 373, *376*
Geyer, M. *538*
Giese-Davis, J. *420*
Gilbert, D. T. 128, *134*
Gilbert, P. *251*
Gill, R. 567, *568*
Gilliland, K. 310, *312*
Gin, T. *490*
Gintis, H. *375*, 375
Gitelman, D. *297*
Glaeser-Zikuda, M. 567, *568*
Glanzmann, P. G. *631*, 688, *695*
Glatzer, W. 585, 591, *594*
Goetz, T. 693, *695*, 748, 752, *753*
Gogerly, L. 571, *576*
Golden, C. J. 707, *713*
Goldman, S. L. *713*
Goldsmith, H. H. 13, *17*, 419, 420, *444*, 480, *497*, 498

Goldstein, M. G. *390*
Goleman, D. 690, *695*, 706, *712*, 760, *760*
Gollwitzer, P. M. 38, 39, 43, 44, *44*, *45*, 78, 80, 81, *88*, 98, *106*, 150, 151, 153, 155, *156*, 165, *172*, 186, *188*, 204, 206, *208*, 209–213, *213*, *214*, *331*, 383, 386, 387, *390*
Goodman, G. S. 602, *604*
Goren, C. C. 254, *257*
Göritz, A. S. 546, *548*
Gorman, J. M. 489, *489*
Goschke, T. 161, *162*, 164, 166, *172*
Gove, P. B. 21, *28*
Grabowski, T. J. *420*
Grandey, A. A. 758, *760*
Grandjean, D. 446, 454, *455*, *456*
Grant, H. 38, *45*, 69, *71*
Grässmann, R. 31, *36*
Gratton, G. 508, *510*
Grau, I. 476, 596, *603*
Graumann, C. F. *119*, *140*
Gray, J. A. 77, *78*, 306–311, *312*, 478, *481*, 551, 552, 557, *561*
Green, O. H. 441, *444*
Greenberg, J. *45*
Greenberg, M. T. 711, *712*
Greene, B. A. 67, *71*
Greenwald, A. G. *106*, 630, *631*
Gregoire, M.-C. *322*
Gregory, M. D. *297*
Greve, W. *78*, *245*, 245
Groos, K. 259, *264*
Gross, J. J. 419, *420*, 542, *548*, 549, 714, 716–720, *721*, 758, *761*
Grossmann, K. E. 276, *282*
Grubrich-Simitis, I. 112, *119*
Grulke, N. 537, *538*
Grünke, M. *402*
Grusec, J. E. 46, *51*
Guay, F. 61, *62*
Guevara, M. L. 160, *162*
Gürtler, L. 563, *568*
Gutberlet, I. *420*

H

Hacker, W. *161*, 176, *180*, 241, 350, 352, *358*
Hackfort, D. *382*
Hacking, I. 457, *461*
Hackman, J. R. 349, 351, *358*

Haefely, W. 489, *489*
Hagemann, D. 306, 310, *312,* 543, *548*
Hagemeyer, T. P. *490*
Hager, J. 525, *529*
Hager, W. 393, *402,* 544, *549*
Haggerty, D. J. 707, *713*
Haidt, J. 645, *649*
Halberstadt, L. J. 201, *203*
Halisch, F. 121, *125, 141*
Hall, G. S. 615, *621*
Hall, J. A. 700, *704*
Hall, L. E. 707, *713*
Hall, N. 752, *753*
Halpern, J. N. 544, *548*
Halvari, H. 377, *382*
Hamm, A. O. 416, *421, 481,* 537, *538,* 543, *548*
Hanel, J. 139, *141*
Hannover, B. 336, *345*
Hansford, B. C. 61, *62*
Hanson, R. O. *641–643*
Harackiewicz, J. M. 64, 67–69, *71,* 264, 265
Harlow, L. L. *390*
Harlow, R. E. *196*
Harmon-Jones, C. 617, *621*
Harmon-Jones, E. 542, *548,* 614, 617, *621*
Harold, R. D. 59, *62*
Harré, R. *461*
Harrigan, J. A. *529*
Harris, C. R. 608, *611*
Harris, V. A. 128, *134*
Härtel, C. E. J. 755, *760*
Harter, S. 278, *282*
Hartlage, S. 663, *666*
Hartney, L. M. 161, *162*
Harvey, J. H. *434*
Hasselhorn, M. *203,* 269, *270*
Hatfield, E. 501, *510,* 603, *603*
Hattie, J. A. 61, *62*
Hau, K.-T. 60, *62*
Haugwitz, M. 401, *402*
Haviland, J. *462*
Haviland, J. M. *548*
Haviland-Jones, J. M. *17, 411, 421, 461, 498, 694, 695*
Hazan, C. 601, *603,* 637, *642*
Hecht, H. *420*
Hecker, G. 381, *382*
Heckhausen, H. 14, *17,* 22, 27, *28,* 35, *36,* 49, 50, *51,* 81, *88,* 96, *105, 119,* 121, 122, 123, 124, *124, 125,* 135, 137, 139, *140, 141,* 150, 151, *156,* 207, *208,* 218, *223,* 227, *229,* 232, 235, 237, *237,* 260, *264,* 266–270, *270, 271,* 272–274, 276, 280, *282,* 330, *331,* 348, 349, *358,* 383, 384, *390,* 651, 669, 672, *673, 674*
Heckhausen, J. *35, 36,* 81, *88, 105, 119,* 122–124, *124, 140, 156,* 213, *223,* 229, *237, 264,* 266–270, *270, 271,* 272–274, 276, 280, *282,* 330, *331,* 348, 349, *358, 390,* 669, 672, *673, 674*
Heerey, E. A. 542, *548*
Heider, F. 21, 27, *28,* 126, 127, 130, *134, 583*
Heider, K. 580, *583*
Heier, H. 33, *36,* 166, *172*
Height, T. L. *251*
Heinrichs, M. 302, *305*
Heise, D. R. 573, 575, *576*
Heisermen, J. E. *481*
Heiss, W. D. 482, *489*
Held, D. 31, *36*
Heldmann, M. 495, *498,* 542, *549, 685*
Helgeson, V. S. 700, *704*
Hell, B. 54, *57*
Hell, D. 517, *520*
Helle, P. 169, *173*
Heller, K. A. 400, *402*
Helmke, A. 750, *753*
Helmreich, R. L. 697, *705*
Hembree, E. *530*
Henderson, M. 44, *45*
Hendrick, C. 598, *603*
Hendrick, S. S. 598, *603*
Hennig, J. 644, 646, *649*
Herholz, K. 482, *489*
Herrmann, M. J. 415, *420*
Herrnstein, R. J. 370, *376*
Herry, C. *481*
Hertel, P. T. 663, 664, *665, 666*
Herwig, U. 514, *520*
Hess, M. 414, *421*
Hess, U. 523, *530*
Hesse, F. W. 546, *549,* 663, *667*
Hessel, A. 536, *538*
Hewig, J. 543, *548*
Hewitt, J. K. *728*
Hewstone, M. *62,* 245
Hidi, S. 55, *57, 346,* 750, *753*
Hiemisch, A. 155, *156*

Hietanen, J. K. 544, *549*
Higgins, E. T. 76, *78, 88, 106, 156,* 189–194, 195, *195, 196,* 224, 445, 676, *685,* 749, *753, 754*
Higgitt, A. 486, *490*
Hillgruber, A. 122, *125*
Hinz, A. 536, *538*
Hird, K. 454, *456*
Hiroto, D. S. 197, *203*
Hitchcott, P. K. 486, 488, *489*
Hjörtsjö, C. H. *530*
Hochschild, A. R. 458, 460, *462,* 711, 758, *761*
Hodapp, V. 612, 613, 619, *621, 622*
Hodgkins, S. 211, *214*
Hofer, J. 89–91, *93*
Hoffman, M. L. 723, 726, *727*
Hoffmann, J. 749, *753*
Hogan, R. G. *461*
Hogg, M. A. *134*
Holland, J. L. 53, 54, *57*
Hollenbeck, J. 176, *180*
Holman, D. 758, *761*
Holodynski, M. 266–268, 270, *270, 271,* 272, 274, 277, 278, 280, *282, 283,* 463, 465–468, *469*
Holroyd, C. B. 475, *481*
Holsboer, F. 489, *490*
Holz, M. 755, 759, *761*
Hölzer, M. 566, *568*
Hölzl, E. 372, *376*
Hölzl, R. 412, *421*
Homberg, V. *649*
Hoppe, F. 25–27, *28*
Hopper, C. H. 303, *305*
Horn, A. B. 742, 745, 746, *747*
Horowitz, L. M. 601, *603*
Horowski, R. *489*
Horstmann, G. 465, *469,* 579, *583*
Hosek, V. 377, *382*
Hoshino, T. 646, *649*
Houser-Marko, L. 41, *45*
Howe, H. *621*
Hoyle, H. R. 67, *71*
Huber, G. L. 563, *568*
Ḥubner, J. J. 58, *63*
Hugdahl, K. 418, *420, 520*
Hull, C. L. 115, *119*
Humeau, Y. *481*
Hungerige, H. 255, *257*
Hunt, J. M. *28*

Hupka, R. B. 605–609, *610, 611*
Hüppe, M. 535, *539*
Hurwitz, B. E. 325, *330*
Hüsing, B. 512, 514, *519*

I

Ickes, W. J. *434*
Idson, L. C. 193, 194, *195, 196*
Ilgen, D. R. 355, *358*
Ilies, R. 179, *180*
Immenroth, M. 618, *621*
Inglehart, M. 46, 504, *510*
Insel, T. M. 479, *490*
Irle, M. *727*
Isen, A. M. 541, *548*
Isenberg, N. 475, *481*
Iser, I. 96, *106*
Ising, M. 554, *561*
Ito, T. A. *498*
Itoh, M. 514, *519*
Iyengar, S. S. 147, *148*
Izard, C. E. 13, *17,* 424, 466, *469,* 492, 526, *530,* 588, *594,* 648, *649*

J

Jackson, D. C. 416, *420*
Jackson, D. N. 97, *105*
Jacobs, J. E. 338, *345*
Jacobs, S. C. *621*
James, W. 13, 73, 109, 112, 113, 118, *119,* 407, 412, 491, 501, *510*
Jäncke, L. 512, 514, 515, 517, *519, 520*
Jänig, W. 492, 493, *498*
Janke, B. 536, *539*
Janke, W. 536, *539,* 550, 551, 553–557, 561, *561, 562,* 576, *621*
Janoff-Bulman, R. 75, *78,* 591, *594,* 639, *642*
Janssen, J. P. *382*
Japee, S. 443, *444*
Jaskiw, G. E. 488, *490*
Jasper, H. 413, *421*
Jenkins, J. M. 14, *17*
Jerusalem, M. *283,* 741, 743, *747*
Joest, K. 618, *621*
John, O. P. 720, *721*
Johnson, J. E. 161, *162*
Johnson, S. C. 479, *481*
Johnson-Laird, P. N. 461, *461,* 582, *583*
Johnston, G. A. 488, *490*
Johnston, J. C. 626, *632*

Johnstone, T. *444, 445,* 446, 454, *455, 456,* 465, *470, 498, 549,* 691, *694*
Jones, E. E. 127, 128, 130, *134, 180*
Jones, M, K. 443, *444*
Jones, M. R. 176, *237, 264*
Jordan, J. *747*
Jorgensen, R. S. *747*
Jost, J. 461, *462*
Jostmann, N. B. 169, *173*
Judd, C. M. *208*
Judge, T. A. 179, *180*
Junghöfer, M. 416, *421, 481*
Jungnickel, D. 220, *223*
Jürgens, U. *470*
Juvonen, J. 133, *134*

K

Kächele, H. 566, *568*
Kaffenberger, T. 514, *520*
Kagitcibasi, C. *51*
Kahneman, D. 370, *376, 538,* 587, 592, 593, *594*
Kaiser, P. *604*
Kaiser, S. 521–529, *529–531*
Kallus, K. W. 556, *561*
Kamboj, S. K. 647, *649*
Kämmerer, A. 651, *656*
Kanade, T. 528, *529*
Kanner, A. D. 374, *376*
Kaplan, A. 69, *71*
Kaplan, H. S. 409, *411*
Kaplan, U. 147, *148*
Kappas, A. 422, 423, *428,* 543, *548*
Karlbauer, G. 412, *421*
Karnat, A. *649*
Karp, L. 541, *548*
Karpathian, M. *62*
Kärtner, J. 92, *93*
Kaschel, R. 672, *673,* 738, *740*
Kasser, T. 143, *148, 149,* 374, *376*
Kästele, G. 159, *162*
Kastner-Koller, U. *257*
Katona, G. 361, 362, *367*
Katsikitis, M. *529*
Kaube, H. 514, *520*
Kauffmann, J. 59, *63*
Kaupmann, K. *481*
Kawamura, M. 646, *649*
Kay, G. G. *36*
Kazén, M. 103, *105,* 145, *149,* 164, *172*
Keane, J. *648*

Kehr, H. M. 356, 357, *358,* 395, *402*
Keller, H. 120, *173,* 253, *257, 270, 282*
Kelley, H. H. 126–130, *133, 134*
Keltner, D. 542, *548*
Kendall, M. *331*
Kendrick, K. M. 301, *305*
Kenealy, P. M. 663, *666*
Kenny, D. A. 546, *547*
Kenrick, D. T. 225, *230,* 248, *251, 704*
Kersbergen, B. 745, *747*
Kessels, U. 336, *345*
Kessler, H. 742, 746, *747*
Keyes, C. L. *257*
Keynes, J. M. 361, *368*
Khan, M. M. *237*
Kidd, R. F. *434*
Kiegelmann, M. 563, *568*
Kienbaum, J. 726, *727*
Kile, S. J. 418, *420*
Kim, Y. 147, *148*
Kimmel, H. D. 624, *631*
King, J. E. 225, *230*
Kinney, L. 509, *510*
Kirby, L. D. 326, 328, *330*
Kirchler, E. 369, 372, *375, 376*
Kirkpatrick, L. A. 609, *611*
Kirsch, P. *649*
Kirsner, K. 454, *456*
Kirson, D. 573, *576,* 634, *642*
Kitayama, S. 459, *462,* 684, *685*
Klaiberg, A. 532, *539*
Klauer, K. C. 661, 662, *666*
Klein, H. 176, *180,* 501, *510*
Kleinbeck, U. 176, *181,* 347–349, 351, 355, 357, *358, 359*
Kleinginna, A. M. 14, *17*
Kleinginna, P. R. 14, *17*
Klinger, E. 37, 44, *45,* 82–84, *88,* 184, *188,* 681, *685*
Knäuper, B. 381, *382*
Koch, S. 262, *264*
Kochi, K. 517, *520*
Koeppler, K. 367, *368*
Koestner, R. 31, *35, 36,* 49, *51,* 89, *93,* 146, *148,* 273, *283*
Köhler, T. 506, *510*
Kohlmann, C.-W. 536, *539,* 623, 686, 688–690, *694, 695*
Köller, O. 60, *62, 70,* 336, 339, *345, 346*
Koole, S. L. 169, *173*

Kornadt, H.-J. 240–242, *245*, 272, 276, 281, *282*
Kosfeld, M. 302, *305*
Krahé, B. 245, *245*
Krapp, A. 52, 53, 55, 56, *56*, *57*, 261, 262, *265*, 335, 336, *346*, 395, *402*, 749, 750, *753*
Krause, R. *583*, 736, *740*
Krefting, E. 579, *584*
Krieger, D. T. *305*
Krieschel, S. *420*
Krijn, M. 543, *548*
Krippendorff, K. 563, *568*
Krohne, H.-W. 536, *539*, *631*, 686, 688–690, *694*, *695*
Krug, S. 94, *106*, 139, 140, *140*, *141*, 381, *382*, 397, *402*, 671, *674*
Kruglanski, A. W. 39, *45*, 260, *265*, *445*, *461*, *462*
Krumhuber, E. 423, *428*
Krüsken, J. 328, *331*
Ksionzky, S. 234, 235, *237*, 378, *382*
Kubiszyn, T. W. *36*
Kuczynski, L. 46, *51*
Kuhl, J. 32, 33, 35, *36*, 80–83, 85, *88*, 89, 90, *93*, 101, 103, 104, *105*, *141*, 145, *148*, *149*, 157–161, *161*, *162*, 163, 164, 166, 169, 171, *172*, *173*, *181*, 209, *214*, 269, 356, 357, *358*, 387, *390*, 395, *402*, *672*, *673*, 682–684, *685*, 738, *740*
Kuipers, P. 678, *685*
Kukla, A. 132, *134*, *141*
Külpe, O. 152, *156*
Kumari, V. *312*
Küpers, W. 395, *402*
Kupfer, D. J. *421*
Kuppens, P. 614, *622*
Küpper, J. *480*
Kurzban, R. 302, *305*
Kwong, J. Y. Y. 83, *88*, 682, *685*

L

Lader, M. *490*
Lafarge, E. *322*
LaFrance, M. 699, *704*
Laird, J. D. 545, *548*
Lamy, D. *631*
Landis, C. *530*
Lang, P. J. 13, *17*, 39, 412, 414, 417, *420*, 492, 494, *498*, 543, 544, *548*, 549
Lange, H. 412, *649*

Langens, T. A. 32, *36*, 94, 98, 101, 102, *105*, *106*, 217, 221, *223*, 235, *238*
Lantermann, E.-D. 710, *712*
Lanza, S. 338, *345*
Larrick, R. P. 129, *134*
Larsen, J. T. *498*
Larsen, R. J. *538*, 607, *610*, 690, *695*
Larson, C. L. 719, *721*
Larson, J. M. 641, *642*
Latané, B. 246, *251*
Latham, B. W. 178, *181*
Latham, G. P. 37, *45*, 122, *125*, 174, 177–180, *180*, *181*, 352, 353, *358*
Lautenbacher, S. 412, *421*, 489, *490*
Lauth, G. W. *402*
Laux, L. *631*, 688, *695*, 720, *721*
Lawrence, A. D. 617, *622*
Lazarus, R. S. 13, 436, 441, *444*, 463, 465, *470*, 582, *583*, 590, *594*, 614, *622*, 623, *632*, 718, *721*
LeCompte, W. A. *583*
Ledingham, J. G. 315, *323*
LeDoux, J. E. 416, *420*, 475, *481*, 580, *583*, 734, 735, *740*
Lee, J. A. 598, *603*
Lee-Chai, A. 206, *208*
Leggett, E. L. 41, *45*, 65, 66, 70, *71*
Lehman, D. R. 641, *642*
Lehmann, D. 517, *520*
Lehmann, R. *345*
Lehto, A. T. 67, *71*
Leigh, T. W. 176, *180*
Lelas, S. *490*
Lengfelder, A. 210, *214*
Lengning, A. 252, 254, *257*, 276, 278, 279, *283*
Lens, W. 101, *106*
Leon, A. C. *481*
Leone, D. 145, *148*
Leontjew, A. N. 267, 269, *271*
Leopold, L. *323*
LePine, J. A. *180*
Leppänen, J. M. 544, *549*
Lepper, M. R. 147, *148*
Lerman, D. 430, *434*
Lerner, J. S. 618, *622*
Lerner, R. M. *470*
Leung, K. 91, *93*
Levenson, R. W. *497*, 542, *548*
Leventhal, H. 13, *17*, 440, *444*, 450, 451, *456*
Levine, D. *134*

Levine, L. J. 662, *666*
Lewin, K. 25, 27, *28,* 73, 110, 116, 117, *119,* 120, *125,* 126, 165, *173,* 209, *214*
Lewis, M. *17, 411, 421, 461, 462, 498, 510,* 526, *530, 548,* 652, 654, *656, 694, 695*
Li, N. P. 225, *230*
Liberman, N. 187, *188*
Liberzon, I. 416, *421*
Licata, S. C. *490*
Liebert, R. M. 628, *632*
Lieder, F. 385, *390*
Lind, H. 315, *323*
Lind, W. 315, *323*
Lindsay, P. H. 410, *411*
Lippa, R. A. *704*
Lippke, S. 381, *382*
Lipska, B. K. *490*
Lishner, D. A. 248, *251*
Little, H. J. 486, *490*
Litwin, G. H. 122, *125*
Lively, K. J. 573, 575, *576*
Lizarralde, R. *610*
Locke, E. A. 37, *45,* 122, *125,* 174, 177–179, *180,* 352, 353, *358,* 755, *761*
Loehlin, J. C. 691, *695*
Loftus, D. A. 663, *666*
Loftus, E. F. 750, *753*
Loomis, J. M. 543, *549*
Lopez, S. J. *251,* 586, 588, 589, 594, *594, 696*
Lorenz, K. 241, 252, *257,* 410
Lowell, E. L. 123, *125,* 217, *223*
Lumsden, D. B. *632*
Lundy, A. 103, *105*
Luszczynska, A. 385, *390*
Lüthi, A. *481*
Lütkenhaus, P. 269, *271*
Lutz, C. 459, *462*
Lutz, K. *520*
Lutzenberger, W. *421*
Lydon, J. E. 154, 155, *156*
Lysinski, E. 365, *368*

M

Ma, X. 750, *753*
MacGregor, M. Wm. *621*
Mackowiak, K. 255, *257,* 274, *283*
MacLean, D. *621*
MacLeod, C. 627, *632, 667*
Maclure, M. *621*

Maddock, R. J. 418, *420*
Maes, S. *747*
Maffel, M. *323*
Maher, B. A. 88, *161*
Maier, G. W. 31, 33, 34, *36,* 95, 98, *105,* 220, 221, *223*
Maier, S. F. 197, *203*
Mak, Y. E. *297*
Malavade, K. *481*
Malone, P. S. 128, *134*
Malouff, J. M. 707, *713*
Mandl, H. 16, *17, 402, 411, 444, 480, 489, 490, 547, 568, 595, 657, 684*
Manes, F. *648*
Manig, Y. 96, *106,* 259, *265*
Manstead, A. S. R. 423, *428, 456, 462,* 703, *704*
Marcus, B. H. *390*
Marcuse, L. 585, *594*
Margraf, J. 736, 737, *740*
Markus, H. R. 157, 163, 184, *188,* 189, 392, 459, *462*
Mars, R. B. *481,* 745
Marsella, S. 543, *549*
Marsh, H. W. 60, 61, *62,* 339, *346*
Martens, J. U. 395, *402*
Martin, L. L. 14, *17,* 748, 751, *753*
Martin, M. E. *297*
Martins, Y. 645, *649*
Marzillier, S. L. 648, *648*
Maser, J. D. *632*
Mathews, A. 627, *632,* 661, *667*
Matip, E. M. 254, *257*
Matt, G. E. 663, *666*
Matthews, G. *105,* 310, *312, 456,* 690, 691, *695,* 709–711, *712, 713,* 752, *754*
Matzner, W. T. 302, *305*
Mauss, I. B. 542, *549*
Mayer, D. 43, *45,* 184, *188*
Mayer, J. D. 534, *538,* 594, 663, *666,* 706–710, *712, 713,* 752, *753,* 760, *761*
Mayne, T. J. 641, *642*
Mayring, Ph. 563–565, 567, *567,* 568, 585–589, 592–594, *594,* 595
Mazur, A. 229, *230,* 321, *322*
McAdams, D. P. 232, 236, *237*
McBurney, D. H. 405, *411*
McCauley, C. 645, *649*
McClain, T. M. 714, *722*
McClelland, D. C. 29–33, *35, 36,* 49, *51,* 73, 89, *93,* 94, 95, 100, 101, *106,* 123,

125, 135, *141*, 217, 219, 221, *223*, *224*, 226–229, *229*, *230*, 273–276, 282, *283*, 299, 304, *305*, 378, *382*, 669–672, *674*
McClure, S. M. 294, *297*
McCormick, L. J. 663, *666*
McCrae, R. R. 690, *695*
McCullough, M. E. 250, *251*
McDermott, K. B. 664, *667*
McDougall, W. 109, 112, 117, *119*, 407
McEwen, B. S. *420*
McGaugh, J. L. 662, *666*
McGhee, D. E. 630, *631*
McGregor, H. A. 64, 67, *71*, 619
McGuigan, F. C. *632*
McIntosh, D. N. 545, *549*
McKeachie, W. J. 235, *237*
McNaughton, N. 309, 311, *312*, 478, *481*, *561*
McVicker Hunt, J. 28, *125*
Mecklenbräuker, S. 544, *549*
Meece, J. L. 67, *71*
Mees, U. 240, *245*, 436, 437, *444*, 596, 597, *604*, 612, 622, 633, *656*, *695*
Mehl, M. R. 745, *747*
Mehrabian, A. 234, 235, *237*, 378, *382*
Meiser, T. 665, *666*
Meng, Z. 425, *428*
Menke, C. *480*
Mentzel, H. J. 418, *421*
Menzies, R. G. 443, *444*
Mergenthaler, E. 566, *568*
Merten, J. 422, 426, *427*, *428*
Merz, F. 239, *245*
Mesulam, M. M. *297*
Metalsky, G. I. 199, 201, *203*
Meyer, G. J. 33, *36*
Meyer, J. S. *561*
Meyer, W.-U. 23, *28*, 58, 60, *62*, 198, *203*, 407, *411*, 433, *434*, 435, 440, *444*, 577, 579, 582, *583*
Miceli, R. 425, *428*
Michalek, J. 321, *322*
Michalos, A. C. 591, *595*
Michela, J. 126, *133*
Michotte, A. E. 127, *134*
Middleton, M. 69, *71*
Midgley, C. 69, *71*, 337, 341, *345*
Mikula, G. 454, *456*
Mikulincer, M. 602, *604*
Mill, J. S. *134*
Miller, A. G. *727*
Miller, G. A. 37, *45*
Miller, G. E. 87, *88*
Miller, N. E. 625, *632*
Miller, R. B. 67, *71*
Miller, R. S. *657*, 692, *695*
Miller, W. I. 646, *649*
Milne, S. 385, *390*
Miltner, W. H. 417, *420*, *421*
Mineka, S. 626, *632*
Minette, K. A. 373, *376*
Minkov, C. 641, *642*
Mirzazade, S. *520*
Mitchell, M. 750, *753*
Mitscherlich, A. *642*
Mittag, O. 744, *747*
Mittleman, M. A. 618, *621*
Miyake, K. 425, *428*
Mohler, P. Ph. *51*
Molden, D. C. 194, *196*
Möller, J. 59, 60, *62*, *63*
Monarch, N. D. 542, *548*
Montada, L. 270, *283*, 655, *657*
Montague, D. P. F. 526, *530*
Montague, P. R. 294, *297*
Montalvo, B. R. 67, *71*
Montoya, P. 417, *421*
Mook, D. G. *322*
Moore, B. 723, *727*
Moore, G. J. *649*
Moore, K. A. *257*
Moreland, K. L. *36*
Moreland, R. L. 662, *666*
Morgan, C. D. *106*
Morgan, R. A. 161, *162*
Mori, E. 514, *519*
Morris, H. V. 488, *490*
Morris, J. A. 758, *761*
Morris, L. W. 628, *632*
Morris, M. W. 129, *134*
Morrone-Strupinsky, J. V. 302, *305*
Moser, K. 16, 547, *548*, 756, *761*
Moskowitz, G. 210, *213*
Mücke, D. 630, *631*
Mueller, C. J. *420*
Mühlberger, A. 412, 415, *420*
Mullen, P. E. 605, 606, 609, 610, *610*, *611*
Muller, J. E. *621*
Muller, M. B. 489, *490*
Mulry, R. P. *621*
Mummendey, A. 244, *245*
Munz, D. C. 759, *761*

Murphy, F. C. 617, *622*
Murphy, S. T. 504, *510*
Murray, H. A. 32, *36*, 50, *51*, 100, *106*, 109, 110, *119*, 277, *283*
Müsseler, J. 238
Mussen, P. H. 245, 257
Myrtek, M. 418, *420*, *498*, 533, *538*, 744, *747*

N

Nathan, P. J. *649*
Navarrete, C. D. 645, *649*
Neisser, U. 661, *667*
Nemeroff, C. *489*
Nerdinger, F. W. 178, 179, *180*, 350, *358*, 367, *368*
Nesdale, A. 240, *245*
Netter, P. 550, 553, 561, *561*, *562*, 646, *649*
Neuberg, S. L. *704*
Neubert, M. J. 176, *180*
Neugebauer, S. *561*
Neuman, O. 67, *70*
Neumann, P. 360, 362–364, *367*, *368*
Neumann, R. 414, *421*
Newman, D. 67, *71*
Newman, J. R. 714, *722*
Nicholls, J. G. 64, 65, 67, *71*
Nichols, J. D. 67, *71*
Niedenthal, P. M. *684*, *685*
Nietzsche, F. 313, *322*
Niewenhuis, S. *481*
Nimmo-Smith, I. 617, *622*
Ninan, P. T. 488, *490*
Nitsch, J. R. *382*
Nitschke, J. B. *420*
Noam, G. *657*
Nolen, S. B. 67, *71*
Nolen-Hoeksema, S. 641, *642*
Nolting, H.-P. 240, 244, *245*
Nordgren, L. F. 166, *172*
Norman, D. A. 410, *411*, 585
Notz, P. 536, *539*
Novick, L. R. 129, *134*
Nunner-Winkler, G. *657*
Nurius, P. 184, *188*
Nystrom, L. *481*

O

Oatley, K. 14, *17*, 582, *583*
Obradovic, D. I. *490*
O'Brien, M. U. *712*
Obrist, P. A. 324, 325, 330, *331*
Ochsner, K. N. 417, *421*, 719, *721*
O'Connor, C. 573, *576*, 634, *642*
O'Doherty, J. 293, *297*, 514, *520*
Oemig, C. 542, *548*
Oerter, R. 267, *270*, 278, 279, *283*, *657*
Oettingen, G. 37, 38, 43, 44, *44*, *45*, 169, *173*, 182, 184–187, *187*, *188*
Oh, T. E. *490*
Öhman, A. 415, *420*, *421*, 443, *444*, *481*
Olafsson, R. P. 543, *548*
Oldham, G. R. 349, 351, *358*
Orbell, S. 211, 212, *214*, 385, *390*
Orbuch, T. L. *642*
Ortega, E. *611*
Ortony, A. 433, *434*, 436–439, *444*, 571, 575, *576*, 582, *583*, 652, *657*
Osgood, C. E. 572, *576*
Osgood, D. W. 338, *345*
Osselton, J. W. 507, *510*
Oster, H. 425, *428*, 525, *530*
O'Sullivan, M. *583*
Ott, U. *649*
Otto, J. H. 13, 15, 16, *17*, 411, *444*, 480, *489*, *490*, 540, 542, 545, *547*, 568, 595, 605, *657*, 684, 692, *695*, 706, 710, *712*
Owen, N. 384, *391*

P

Pacini, R. 33, *36*, 166, *172*
Pagnoni, G. *297*
Pak, H.-J. 38, *45*, 169, *173*, 186, *187*
Palfai, T. P. 707, *713*
Panagopoulou, E. 745, *747*
Panksepp, J. 492, *498*, 552, 556, *562*
Papoušek, H. *470*
Papoušek, M. *470*
Parkinson, B. 646, 715, 719, *721*
Parr, L. A. 426, *428*
Parrish, T. *297*
Parrot, W. G. 654, *657*
Parsons, T. *51*
Parvizi, J. *420*
Paschelke, G. *489*
Pascual-Marqui, R. D. 517, *520*
Patashnick, M. 67, *71*
Patrick, B. 145, *148*
Patry, J.-L. 393, *402*
Paul, S. M. *490*
Pauli, P. 412, 415, 417, *420*, *421*

Pauls, C. A. 495, *498*, 685
Pawlik, K. 533, *538*, *561*
Payne, S. C. 97, *106*
Pecchinenda, A. 543, *548*
Peck, J. W. 315, *322*
Pekrun, R. *283*, 686, 687, 691–694, *695*, *696*, 748, 752, *753*
Pelster, A. 201, *203*
Penfield, W. 413, *421*
Pennebaker, J. W. 170, *173*, 641, *642*, 699, *704*, *713*, 745, *747*
Pergamin, L. *631*
Perrez, M. *134*, 533, *538*, *695*
Perry, R. P. 693, *695*, 748, *753*
Perugini, M. 248, *251*
Pessoa, L. *296*, 443, *444*
Petermann, F. *345*
Petersen, L. E. 385, *390*
Peterson, B. S. 689, *696*
Petillon, H. 748, *754*
Petkaki, C. 751, *753*
Petrides, K. V. 709, 710, *712*
Petty, R. E. *391*
Petzel, T. P. 161, *162*
Pfauser, S. *106*
Pfetsch, F. *740*
Pfister, R. 755, *761*
Pham, L. B. 43, *45*, 186, *188*
Phan, K. L. 416, *421*, *649*
Philippot, P. *498*, 523, *530*, *622*, *721*
Phillips, M. L. 647, *649*
Pickering, A. D. 306, 309, 311, *312*
Pickett, C. L. *421*
Pierce, W. D. 263, *264*
Pilon, D. A. 276, 282, *283*
Pinder, C. C. 347, 349, *358*
Pinel, J. P. J. 317, *322*
Pinker, S. 405, *411*
Pinnow, M. 298, 313, 319, *322*
Pintrich, P. R. 68, *71*, *346*
Pipe, J. G. *481*
Pitcairn, T. *583*
Pliner, P. 645, *649*
Plutchik, R. 407, 408, *411*, 473, *481*, *611*, *678*, *685*
Poco, M. 228, *230*
Poehlmann, K. M. *498*
Pohlmann, B. 59, *63*
Ponto, L. L. *420*
Poppe, P. 201, *203*
Posner, J. 689, *696*

Posse, S. *649*
Pössel, P. 646, *649*
Potter, J. 567, *568*
Pourtois, G. 454, *455*
Powell, J. H. *312*
Prenzel, M. 53, *57*, *345*
Presaghi, F. 248, *251*
Pribram, K. H. 37, *45*
Priester, J. R. 76, *78*
Prigatano, G. P. *481*
Prinz, W. *238*
Pritchard, R. D. 357, *358*
Prochaska, J. O. 389, *390*
Proenca, R. *323*
Puca, R. M. 101, 103, *106*, 109, 154, 155, *156*, 235, *238*
Putnam, K. M. 719, *721*

Q

Quenzer, L. F. *561*
Quigley, K. S. 507, *510*

R

Rabie, T. 645, *648*
Rachel, K. C. *251*
Rakoczy, K. 341, *346*
Rakowski, W. *390*
Rammsayer, T. 622, 724, *728*, *747*
Ramsay, D. J. *322*
Rando, T. 634, *642*
Raphael, B. 641, *642*
Rapson, R. L. 603, *603*
Rathje, H. 220, *223*
Raven, B. H. 226, *230*
Ravindran, B. 67, *71*
Ray, R. R. 543, *549*
Ray, W. J. 507, *510*
Redding, C. A. *390*
Reed, G. M. *36*
Reed, L. *134*, *141*
Reeve, J. 340, *346*
Reinhard, M.-A. 61, *62*
Reis, H. T. *208*, *603*
Reisberg, D. *665*
Reisenzein, R. 407, *411*, 433, *434*, 435–437, 439–441, 443, *444*, 540, 542, 545, *549*, 575, *576*, 579, 582, *583*
Renninger, K. A. 55, *57*, *346*
Resnik, H. *712*
Rest, S. *134*, *141*
Revelle, W. 663, *666*

Reyna, C. 749, *754*
Reynolds, D. S. *490*
Rheinberg, F. *36*, 94–97, 99, *105, 106,* 139, 140, *140, 141,* 258, 259, *264, 265,* 340, 342, 343, *345, 346,* 381, *382,* 384, 389, *390,* 397, *402,* 668, 669, 671, 672, *673, 674*
Rhoeneck, Ch. v. *568,* 594, *594*
Ricci-Bitti, P. E. 529, *530, 583*
Richards, A. *642*
Richards, J. M. 719, *721*
Richardson, D. *245*
Richter, M. 324, 328, 330, *331*
Riger, A. L. 692, *695*
Riggio, R. E. 756, *760*
Rimé, B. 641, *642*
Ring, C. *331*
Rivkin, I. D. 43, *45,* 186, *188*
Roberts, G. C. *382*
Roberts, R. D. 709, *712, 713,* 752, *753, 754*
Roberts, T. A. 699, *704*
Roberts, W. 526, *530*
Robinson, J. L. 719, *721, 728*
Robinson, J. P. *51*
Robinson, M. D. *538*
Robinson, T. E. 295, 296, *297*
Rochat, P. *469*
Rodrigues, S. M. 475, *481*
Roediger, H. L. 664, *667*
Rogers, R. W. 384, *391*
Rohde, W. 229, *230,* 303, *305*
Rohmann, E. 250, *251*
Rollett, W. 342, *346*
Rolls, B. J. 314, *322*
Rolls, E. T. 302, *305,* 314, 315, 319, 320 *322, 323*
Rooney, A. 571, *576*
Roos, J. 650, *657*
Roseman, I. J. 436, 446, *456*
Rosenbaum, R. M. *134, 141*
Rosenberg, E. L. 521, 522, 525, *530*
Rosenblatt, P. C. 637, *642*
Rosenbloom, D. *390*
Rosenkranz, M. A. *420*
Rosenman, R. H. 744, *747*
Rosenstein, D. 425, *428,* 525, *530*
Rosenthal, R. *529*
Rösler, F. *562*
Rossi, J. S. *390*
Rossi, S. R. *390*

Rost, D. H. *251, 346*
Roth, S. 94, *106*
Roth, W. T. 414, 418, *419, 420*
Rothermund, K. *78,* 675, 678, 681–684, *685*
Rothman, A. J. 389, *391*
Rotshtein, P. *481*
Rottenberg, J. 543, *549*
Rotter, J. B. 23, 24, *28*
Rowland, K. *358*
Rowlett, J. K. 486, *490*
Rozin, P. 645, *649*
Ruback, R. B. 303, *305*
Rubin, D. C. *666*
Rubin, R. S. 759, *761*
Rüddel, H. 503, *510*
Rude, S. S. 663, 664, *666*
Rudolph, U. 21, 26, *28*
Rule, B. 240, *245*
Rush, A. J. *740*
Russell, D. 430, *434*
Russell, G. W. 379, *382*
Russell, J. A. 414, *421,* 426, *428,* 522, *530,* 644, 645, *648, 649,* 689, *695, 696*
Ryan, R. M. 24, *28,* 42, *45,* 142, 143, 145–147, *148, 149,* 261, 263, *264,* 340, 341, *345,* 396, 400, *402*
Ryff, C. D. *420*
Rynes, S. L. 373, *376*

S

Saari, L. M. 37, *45*
Saarni, C. 467, *470*
Saborowski, C. 381, *382*
Sachsse, U. 736, *740*
Safer, M. A. 661, 662, *666*
Saklofske, D. H. *105*
Salapatek, P. 255, *257*
Sallis, J. F. 384, *391*
Salmon, J. 384, *391*
Salovey, P. 594, 608, 609, *610, 611,* 663, *667,* 706–710, *712, 713,* 752, *753,* 760, *761*
Sammer, G. *649*
Sandage, S. J. *251*
Sander, D. 446, 454, *455, 456*
Sanfey, A. G. *296*
Sanna, L. A. *188*
Sansone, C. 262, *264, 265*
Sapolsky, R. M. 170, *173*
Sapyta J. J. 42, *45*

Sarason, I. G. *140*, 628, *632*
Sarges, W. 32, 35, *36*
Saron, C. D. 77, *78*
Sarty, M. 254, *257*
Sauro, M. *747*
Savic, M. M. 486, *490*
Schaal, B. 212, *214*
Schachter, S. 429, *434*, 441, *445*
Schacter, D. L. 734, *740*
Schafe, G. E. 301, *481*
Schaffner, P. 688, *695*
Schallberger, U. 755, *761*
Schandry, R. 503, *510*
Scheffer, D. 29, 32, 34, 35, *35*, *36*, 101, *105*, 273, 281, *283*, 356, 357, *358*
Scheier, C. 31, *36*
Scheier, M. F. 80, 87, *88*, 676, *685*
Scherer, K. R. 13, *17*, *419*, *420*, 423, *427*, *428*, 436, 440, 441, *444*, *445*, 446, 447, 450, 451, 453, 454, *455*, *456*, 465, *470*, *480*, *481*, 492, 495, *497*, 498, 521, 529, *530*, *531*, *549*, *583*, 623, *632*, 691, *694*
Scherer, T. *498*, *685*
Scheytt, N. 566, *568*
Schiefele, U. 52, 56, *56*, *57*, 261, 262, *265*, 336, *346*, 395, 396, *402*
Schiel, S. 538, *538*
Schienle, A. 647, *649*
Schilling, D. 202, *203*
Schimmack, O. 690, 692, *696*
Schimmack, U. 535, 575, *539*, *576*
Schiro, K. *728*
Schmalt, H.-D. 32, *36*, 94, 98, 101, 102, *105*, *106*, 124, *124*, 155, *156*, 218, 223, *223*, *224*, 225, 227, 228, *229*, *230*, 232, 235, 236, *237*, *238*, 252, 253, *257*, 262, *265*, 383, *391*, 671, 673, *674*
Schmeichel, B. J. 719, *721*
Schmidt, D. 280, *282*, *530*
Schmidt, K.-H. 174, 176, *180*, *181*, 357, 358, *358*, *359*
Schmidt, S. 527, 529, *531*
Schmidt-Atzert, L. 532, 534, 535, *538*, *539*, 571–574, *576*
Schmidt-Daffy, M. *561*, *562*, *576*, *621*
Schmidt-Rathjens, C. 692, *694*
Schmitt, A. 563, 565, 566, *568*, 597, *604*
Schmitz, S. *728*
Schmölders, G. 361, *368*
Schmukle, S. C. 630, 631, *631*, 720, *721*
Schmutzer, G. *538*

Schnabel, K. 336, *346*
Schneider, K. 124, *124*, 218, *223*, 252, 253, 255, *257*, 262, *265*, 274, *283*, 319, *322*, 383, *391*, 671, 673, *674*
Schneider, S. 736, 737, *740*
Schneider, W. 203, *282*, *345*
Schneiderman, N. *330*
Schnetter, K. 38, *45*, 169, *173*, 186, *187*
Schober, B. 393, 398–401, *402*
Schöfer, G. 565, *568*
Scholl-Schaaf, M. 46, 49, *51*
Schölmerich, A. 276, 278, 279, *283*
Scholz, U. 387, *391*
Schöne, C. 65, *70*, 97, *106*, 202, *203*
Schönpflug, W. 109, *119*
Schorr, A. 444, *445*, 446, 454, *455*, *456*, 465, *470*, *498*, *530*, 691, *694*
Schrahe, K. 59, *62*
Schroeder, S. *610*
Schroeder, U. 646, *649*
Schubert, U. 256, *257*
Schuler, H. 54, *57*, *368*, *760*, *761*
Schüler, J. 96, 97, 135, 139, 140, 147, 166, 220, 234, 236, *237*, 261, 335–342, 353, *359*, 378, 383, 388, *391*, 396, 492, 749–752
Schultheiss, O. C. *36*, 218, 219, *224*, 226, *229*, *230*, 303, *304*, *305*, 671, *674*
Schultz, W. 291, 292, *297*
Schulz, R. 80, *88*
Schulz, S. 414, *421*
Schulze, R. *712*, *753*
Schum, J. L. 742, *747*
Schumacher, J. 532, *539*
Schupp, H. T. 416, *421*, 478, *481*
Schuster, B. 89, *93*, 132, *134*
Schut, H. 640, *641–643*
Schutte, N. S. 707, 708, 710, *713*
Schutz, P. A. *696*
Schützwohl, A. 407, *411*, 433, *434*, 435, 440, *444*, 577, 579–582, *583*, *584*, 651, *657*
Schüz, B. 387, *391*
Schwab, F. *411*
Schwartz, J. L. K. 573, *576*, 630, *631*, 634, *642*
Schwartz, S. H. 46–48, 50, *51*, 89, *93*
Schwarz, N. 443, *445*, *538*, 585, 587, 592, 593, *594*, *595*, 663, *666*, 751, *754*
Schwarzer, R. *224*, 385, 387, *390*, *391*, *747*

Schwenkmezger, P. *539,* 612, 613, 619, 621, *621, 622*
Schwerdtfeger, A. 720, *721*
Scitovsky, T. 373, *376*
Scott, W. A. 46, *51*
Sears, P. S. 25, *28,* 120, *125*
Sedek, G. 664, *666*
Sedikides, C. 692, *695*
Seeman, T. *420*
Segal, Z. V. 739, *740*
Segall, M. H. *51*
Seibert, P. S. 664, *667*
Seifert, J. 543, *548*
Seifert, K. H. *358*
Seijts, G. H. 178, *181*
Self, E. A. 325, 330, *331,* 479
Selg, H. 240, *245*
Seligman, C. 547, *548*
Seligman, M. E. P. 130, *134,* 197, 199, *203,* 415, *421,* 586, *595,* 626, *632*
Sell, R. 419, *420*
Semin, G. P. *462*
Semmelroth, J. 607, *610*
Semmer, N. K. 757, *761*
Senior, C. 647, *649*
Senulis, J. A. 77, *78*
Seymour, B. 514, *520*
Sgoutas, D. S. 303, *305*
Shaban, H. 475, *481*
Shah, J. Y. *45,* 190, *196,* 260, *265*
Shah, N. J. *520*
Shakelford, T. K. *610*
Shalker, T. E. 541, *548*
Shalley, C. E. 351, *358*
Shapira, Z. *88*
Sharpsteen, D. J. 606, 609, *611*
Shavelson, R. J. 58, 61, *63*
Shaver, P. R. *51,* 573, *576,* 601, *603,* 634, 637, *642*
Shaw, B. F. *740*
Shaw, J. C. 507, *510*
Shaw, K. N. 37, *45*
Sheeran, P. 209, 211, 212, *213, 214,* 385, *390*
Sheldon, K. M. 41, *45*
Sheppard, B. H. 235, *238,* 378, *382*
Shepperd, J. A. 183, *187*
Sherwood, J. B. *621*
Shigemasu, K. 646, *649*
Shigemoto, R. *481*
Shils, E. A. *51*

Short, T. G. 486, *490*
Shuchter, S. R. 634, *643*
Shweder, R. A. 459, *462*
Siemer, M. 443, *445,* 541, 544, 546, *549*
Sieverding, M. 700, *704*
Sigelman, J. D. 617, *621*
Sigmund, K. 374, *375*
Silberzweig, D. *481*
Sillaber, I. *490*
Silny, L.-M. *583*
Silver, R. C. 635, *643*
Simon, H. A. 370, *376,* 681, *685*
Simpkins, S. D. 338, 339, *346*
Singer, B. H. *420*
Singer, J. A. 663, *667*
Singer, J. E. 429, *434*
Singer, T. 514, *520*
Singer, R. *382*
Sini, B. 425, *428*
Sitarenios, G. 709, *712*
Skaalvik, E. M. 59, *63*
Skaalvik, S. 59, *63*
Skarlicki, D. P. 757, *761*
Skinner, E. A. 23, *28*
Skinner, M. 38, *45*
Skolnick, P. *490*
Sleeth-Keppler, D. *45*
Small, D. M. 294, *297*
Smith Pasqualini, M. C. *428*
Smith, C. A. 446, *456,* 614, *622*
Smith, C. P. 89, *93,* 99, 100, *106*
Smith, D. M. *704*
Smith, H. *610*
Smith, J. L. 262, *265*
Smith, N. C. *721*
Smith, P. B. 46, *51*
Smith, P. K. 38, *45*
Smith, S. F. 654, *657*
Smits, D. J. M. 614, *622*
Sniehotta, F. F. 387, 388, *391*
Snyder, C. R. *251,* 586, 588, 589, 594, *594, 696*
Soares, J. J. F. 443, *444*
Sokolowski, K. 32, *36,* 94, 98, 101, 102, *105, 106,* 231, 232, 234–237, *237, 238, 672, 674*
Solomon, R. C. 441, *445*
Sonntag, K.-H. 347, *359, 368*
Sorrentino, R. M. *88, 106, 156, 181,* 224, 235, *238,* 378, *382,* 754
Sosnowski, T. *695*

Spada, H. *237*
Spangler, G. 274, 276, 277, *283,* 693, *696*
Spangler, W. D. 221, *224*
Specht, K. *520*
Spence, J. T. 697, 698, *705*
Spencer, H. 111, *119*
Spiegel, B. 364, *368*
Spiegel, D. *420*
Spiegel, S. 194, *196*
Spiel, C. *257*
Spielberger, C. D. *140, 224,* 613, 619, *622, 623, 631, 632,* 688, *695, 696*
Spies, K. 546, *549,* 663, 664, *667*
Spinath, B. 61, *63,* 64–67, 70, *70, 71,* 97, *106*
Spinrad, T. L. 725, *727*
Sprengelmeyer, R. 646, *649*
Sroufe, A. 465–468, *469*
Srull, T. K. *208, 666*
Stahl, G. 546, *549,* 663, *667*
Stanger, C. 526, *530*
Stankov, L. 709, *712*
Stanton, G. C. 58, *63*
Stapel, D. A. *208*
Stapp, J. 697, *705*
Stark, R. *649*
Staw, B. M. 80, 82, 83, *88*
Steckler, T. 489, *490*
Steffgen, G. 621, *622*
Stegmaier, R. 347, *359*
Steimer-Krause, E. 526, *531*
Steinmetz, H. 514, *520*
Stemmler, G. 310, *312,* 415, *421,* 491, 492, 494–497, *498,* 542, *549,* 555, *562,* 613, *617, 622,* 679, *685*
Stephens, D. N. *490*
Stephenson, G. M. *245*
Stepper, S. 541, 545, *549*
Stern, D. 454, *456*
Stern, E. *481*
Stern, R. M. 507, *510*
Sternberg, R. J. *57,* 256, *257,* 598–600, *603, 604, 712*
Steward, A. J. *237*
Steyer, R. 536, *539*
Stiensmeier-Pelster, J. *36,* 61, *63,* 65, 70, *70, 71, 105, 106, 140,* 197, 201, 202, *203,* 397, 398, *402,* 444, *583,* 673
Stockburger, J. *481*
Stocks, E. L. 727, *727*
Stoleru, S. 321, *322*

Storm, C. 533, *539*
Storm, T. 533, *539*
Strachey, J. *642*
Strack, F. 76, *78,* 193, *196,* 541, 545, *549,* 585, *595*
Straube, T. 418, *421*
Strauss, A. 566, *568*
Strayer, J. *530*
Streblow, L. 59, *63*
Strian, F. 412, *421*
Stricker, E. M. *322*
Strobel, A. 310, *312*
Stroebe, M. S. 635, 638, *641–643*
Stroebe, W. *62,* 245, 316, *322,* 638, 640, *641–643*
Stromso, H. I. 66, *70*
Strong, E. K. 53, *57*
Strong, S. E. 663, *666*
Stroud, L. R. 708, *713*
Stuhr, J. 619, *621*
Stutzer, A. 592, *594*
Suh, E. 42, *45*
Sullivan, H. S. 734, *740*
Sullivan, M. W. 526, *530*
Suls, J. *106, 611*
Suzuki, A. 646, *649*
Suzuki, M. 514, *519*
Swain, R. *611*
Sweeney, P. D. 201, *203*
Sweeny, K. 183, *187*
Szymanski, B. 377, *382*

T

Tag, B. 512, 514, *519*
Taira, K. 302, *305*
Tam, Y. H. *490*
Tan, P. *490*
Tancer, M. E. *649*
Tangney, J. P. 650, 654, *656, 657*
Tarabrina, N. V. *611*
Tasa, K. 178, *181*
Tassinary, L. G. *330, 419, 510*
Tatsuo, U. 425, *428*
Tausch, A. 536, *539,* 689, 690, *695*
Taves, P. A. 545, *548*
Taylor Bianco, A. 194, *196*
Taylor, A. *196*
Taylor, G. 651, *657*
Taylor, S. E. 43, *45,* 153, *156,* 183, 186, *188,* 390, *391*
Taylor, S. F. 416, *421*

Teasdale, J. D. 130, *134,* 199, *203,* 440, *445, 740*
Tedeschi, J. T. *230*
ter Schure, E. 678, *685*
Tesser, A. *208*
Thaler, R. H. 370, 371, *376*
Thayer, J. F. 493, *498*
Thayer, R. E. 714, *722*
Thibodeau, R. *747*
Thoits, P. A. 460, *462*
Thomae, H. *245,* 274, *283*
Thomas, D. L. 662, *667*
Thomassen, T. O. 377, *382*
Thorndike, E. L. 73, 114, 115, *119*
Thornton, J. C. *312*
Thorpe, J. S. 185, *188*
Thrash, T. M. 68, *71*
Tice, D. M. 720, *722*
Tiedens, L. Z. 618, *622*
Timpl, P. *490*
Tinklepaugh, O. L. 582, *584*
Titz, W. 693, *695,* 748, *753*
Titzmann, P. 619, 620, *622*
Toates, F. M. 294, *297, 322*
Todt, E. 54, 56, *57*
Toflerm, G. H. *621*
Tolman, E. C. 21, *28,* 37, *45,* 116, 118, *119,* 182, *188*
Tomarken, A. J. 509, *510*
Tomita, M. *583*
Tooby, J. 408–410, *411*
Tornatzky, W. *490*
Totterdell, P. 715, 719, *721,* 758, *761*
Tranel, D. *480*
Trapmann, S. 54, *57*
Trappl, R. *444*
Traue, H. C. 732, *740,* 742, 746, *747*
Trautner, H.-M. *704*
Trippe, R. H. *420*
Trommsdorff, G. 281, *282, 283*
Tronick, E. Z. 526, *531*
Trope, Y. 98, *106,* 128, *134,* 156, 187, *188,* 220, *224*
Trötschel, R. 206, *208,* 211, *214*
Trudewind, C. 254–256, *257,* 274, 277, 278, *283*
Tsang, J. A. 248, *251*
Tucker, D. M. 682, 683, *684, 685*
Tuerlinckx, F. 101, *106*
Tuma, A. H. *632*

Turvey, C. 707, *713*
Tversky, A. 370, *376*
Tykocinski, O. 192, *196*

U

Ugresic, N. D. *490*
Ulich, D. 585, *595,* 726, *727*
Underwood, B. 723, *727*
Ungerleider, L. G. 443, *444*
Urban, W. M. 46, *51*
Urry, H. L. *420*
Utman, C. H. 67, *71*

V

Vaitl, D. E. 537, *538,* 543, *548, 649*
Van de Vijver, F. J. R. 91, *93*
van den Bercken, J. *125*
van der Ploeg, H. *224*
van der Putten, H. *481*
van IJzendoorn, M. H. *631*
Van Mechelen, I. 614, *622*
van Reekum, C. M. 454, *456,* 543, *549*
Vancouver, J. B. 37, *44*
Vanek, M. 377, *382*
Vangelisti, A. L. *603*
Västfjäll, D. 544, *549*
Vázquez, C. 663, *666*
Veenhoven, R. 585, 588, 592, *595*
Velden, M. 502, *510*
Velicer, W. F. *390*
Velten, E. 544, *549*
Verbalis, J. G. 314, *322*
Verhaeghen, P. *747*
Vernon, L. L. 50, 542, *549*
Vershofen, W. 361, *368*
Vick, S. J. 426, *428*
Visser, P. S. *421*
Vitaglione, G. D. 726, *727*
Völker, S. 172, *173*
Volland, C. 726, *727*
Vollmeyer, R. 96, 97, *105, 106,* 335, *342,* 343, *345, 346,* 381, *382*
Volpert, W. *161*
von Cranach, M. *161*
von Hecker, U. 661, 663, 665, *666*
von Rosenstiel, L. 360, 362, 363, *367, 368, 402*
von Salisch, M. 522, *529, 674*
Voss, A. 683, *685*
Vossel, G. 501, 505, *510*

Vroom, V. H. 347, 349, 350, 353, *359*
Vygotskij, L. S. 268, *271*

W

Wacker, J. 542, *549*
Wager, T. D. 416, *421*
Wagner, U. 482, 483, 489, *489, 490*
Walker-Andrews, A. S. 526, *530*
Wallbott, H. G. 423, *427, 428,* 521, *531,* 700, *705*
Waller, B. W. 426, *428*
Walter, B. *649*
Walter, H. 514, *520*
Walter, T. 639, *643*
Wang, L. 425, *428*
Wang, N. 543, *549*
Ward, D. W. 14, *17,* 751, *753*
Watson, D. 690, *696*
Watson, J. S. 467, *469*
Watts, F. N. 627, *632,* 661, *667*
Webb, T. L. 212, *214*
Weber, H. 457, 458, 460, *462,* 612, 619, 620, *621, 622,* 720, *721,* 724, *728, 747*
Wegge, J. 174, 175, *175,* 177–179, *180, 181,* 348, 351, *358,* 755, 756, *760*
Weghorst, S. J. 607, *611*
Wehrle, T. 521, 527–529, *530, 531,* 549
Weike, A. I. 416, *421, 481*
Weinberg, M. K. 362, 367, 526, *531*
Weinberger, D. R. *490*
Weinberger, J. 31, *35, 36,* 49, *51,* 89, *93,* 273, *283*
Weiner, B. 14, *17,* 22, 27, *28,* 89, *93,* 130–132, 133, *133, 134,* 135, 136, *141,* 199, *203,* 217, *224,* 397, 398, *402,* 429–433, *434,* 436, 581, *584,* 651, 749, *754*
Weinert, F. E. *390*
Weis, K. *603, 604*
Weiss, A. 225, *230*
Weiss, H. 756, *761*
Weiss, T. *420*
Weissberg, R. P. *712*
Welsh, K. M. 303, *304*
Wentura, D. *78,* 681, 683, *685*
Wentworth, N. 254, *257*
Werth, L. 194, 195, *196*
Wesson, M. 176, *180*
Westen, D. 607, *610*
Westermann, R. 155, *156,* 546, *549,* 663, *667*

Westhoff, G. 532, *539*
Westmeyer, H. 457, *461*
Wetherell, M. 567, *568*
Weyers, P. 554–556, *562*

Wheeler, R. E. 509, *510*
White, G. L. 605, 606, 609, 610, *610, 611*
White, R. W. 262, *265*
White, T. L. 310, *312*
Whitmont, S. 443, *444*
Whyte, G. 83, *88*
Wicklund, R. A. 39, *45,* 98, *106,* 212, *214*
Wiedemann, G. 415, 417, *420, 421*
Wiens, S. *481*
Wiese, B. S. 180, *181*
Wigfield, A. 27, *28,* 59, *62,* 279, *283,* 337, 338, *345*
Wild, K.-P. *346*
Wilder, L. S. *481*
Wilhelm, F. H. 414, 418, *419, 420,* 721
Wilhelm, F. W. 542, *549*
Wilke, B. 615, 617, *621*
Willemsen, G. *331*
Williams, B. J. 328, *331*
Williams, E. L. 206, *208*
Williams, J. M. G. 627, *632,* 661, *667, 740*
Willner, P. 417, *421*
Wills, T. A. *611*
Wilson, M. 607, *611*
Winder, T. 538, *538*
Winograd, E. 661, *667*
Winteler, A. 336, *346*
Winter, D. G. 100, 101, *106,* 221, 227, 228, *230,* 378, *382*
Winzer, A. 325, *331*
Wirth, M. M. 303, *304,* 671, *674*
Witherington, D. C. 467, *470*
Witryol, S. L. 254, *257*
Witte, E. H. *604*
Wittkowski, J. *641, 642*
Woike, B. 228, *230*
Wölk, C. 502, *510*
Wölker, H. 360, *368*
Wolwer, W. *561*
Wong, K. F. E. 83, *88,* 682, *685*
Wood, J. V. *208*
Wood, R. J. 315, *323*

Woodworth, R. S. 259, *265*
Woolery, A. 708, *713*
Woolf, A. 571, *576*
Worden, J. W. 639, 641, *643*
Worthington, E. L. *251*
Wortman, C. B. 635, 641, *642, 643*
Wouters, C. 639, *643*
Wright, R. A. *45,* 325, 326, 328, 330, *330, 331*
Wrightsman, L. S. *51*
Wrosch, C. 80, 82, 86, 87, *88*
Wrzesniewski, K. *695*
Wu, P. Y. K. 254, *257*
Wunderer, R. 395, *402*
Würth, S. 381, *382*
Wyer Jr., R. S. *666*
Wyer, J. R. 14, *17*
Wyer, R. S. 751, *753*

Y

Yerkes, R. M. 380, *382, 582, 584*
Yeung, A. S. 60, *62,* 339, *346*
Yeung, N. *481*
Yik, M. 83, *88,* 682, *685*
Yin, W. *490*
Young, A. W. 646, *648, 649*
Young, K. K. *490*
Young, R. C. 542, *548*
Youngcourt, S. S. 97, *106*

Z

Zahn-Waxler, C. 725, *728*
Zajonc, R. B. 504, *510,* 662, *666*
Zak, P. J. 302, *305*
Zammuner, V. L. 606, *611*
Zander, O. 506, *510*
Zanna, M. P. *45, 51,* 330, 545, *548*
Zapf, D. 757–759, *761*
Zapf, W. 585, 591, *594*
Zech, E. 641, *642*
Zeidner, M. *346,* 628, *632,* 690, 692, 694, *695, 696,* 709, *712, 713,* 752, *754*
Zeigarnik, B. 161, *162*
Zeiher, A. M. *747*
Zentner, M. R. 454, *456*
Zerbe, W. J. 755, *760*
Zhang, L. 83, *88, 684*
Zhang, Y. 316, *323*
Ziegler, A. 392, 393, 398–401, *402*
Zilles, K. *520*
Zimmer, H. 501, 505, *510*
Zimmermann, P. 693, *696*
Zimmermann, S. *490*
Zink, C. F. 294, *297*
Zinner, L. R. 542, *548*
Zins, J. E. *712*
Zisook, S. 634, 640, *642, 643*
Znoj, H. 639, *643*
Zumkley, H. 239, 242–244, *245*

Sachregister

A

Ablenkung 715
Absicht 157, 164
Absichtskomponente 158
Absichtsüberlegenheit 161
Abwägen 383
Abwehr 732, 735
Abwertungsprinzip 129
ACC 474, 475
Achtsamkeit 739
Active coping 324, 330
Adaptation 406
adaptionistisch 405
Affekt 673
Affektintensität 690
affective-events-theory 756
Affektives Priming 443
Affektregulation 159, 171
Affektskala 565
Affiliationsmotiv 377–379
 – implizites 92
Aggression 239, 377, 379
Aggressions-Hemmungsmotiv 241, 242
Aggressionsart 239, 240
Aggressionsforschung 241, 245
Aggressionsmotiv 239, 241, 242, 275, 281, 282
Aggressionssyndrom 614
Aggressionstheorie 241
Aggressivität 239
Agonist 483, 484, 486, 488, 489
Aktiotop 400
Aktiviertheit 414
Aktivierung 380, 572, 575, 688, 689
Aktivität
 – elektrodermale 504
 – kardiovaskuläre 501
Aktualgenese 435
Alexithymie 533, 711
Alkohol 554, 558
Alkoholkonsum 227
Alltagspsychologie 436
Allzweckmechanismus 408

Als-ob-Gefühl 468
Altruismus 407, 727
Amygdala 293, 416, 417, 474–478, 647
Analgetika (Opiate) 555, 558, 559
Anger-in 619
Anger-out 619
Angst 252, 256, 307, 542, 623, 757
 – habituelle 688
 – Trait-State-Modell 688
 – Zwei-Prozess-Theorie 625
Angst-Leistungs-Zusammenhang 694
Angst-Leistungsrelation 628
Ängstlichkeit 306, 309, 310, 624, 629, 691
 – soziale 155
Angstminimierung 732
Angstreiz, störungsspezifischer 417
Angststörung 418
Angstsystem, neurochemisches 488
Animation 529
Annäherung 678
Annäherungs-Leistungsziel 64
Annäherungsmotivation 72
Annäherungsziel 75
anorexigen 318
Anpassung 405, 406, 408–410
Anreiz 21, 22, 25, 80, 81, 84–86, 96, 120, 121, 253, 254, 273, 274, 328, 388, 389
 – extrinsischer 124
 – in der Tätigkeit 261
 – sozial-evaluativer 220
 – tätigkeitszentrierter 259
 – zweckzentrierter 259
Anreiz-Fokus-Skala 96
Anreiztheorie 24, 287
Ansatz
 – attributionaler 429
 – leistungstestbasierter 709
 – sozial-konstruktivistischer 457
Anschluss 97
Anschlussmotiv 232, 234, 236, 275, 299
Anspruchsniveau 25
Anspruchsniveausetzung 26, 381
Anstrengung 122, 124, 129–132, 137, 325

Anstrengungsaufwendung 23
Anstrengungsmobilisierung 327
Anstrengungsregulation 330
Antagonist 484, 486
Appetit 316
Appraisal 446
Appraisal-Dimension 446
Arbeitsgedächtnis 692
Arbeitsmotivation 757
Arbeitsvermeidung 65
Arbeitszufriedenheit 350, 755, 756
Ärger 14, 133, 240, 241, 243, 410, 431–433, 439, 443, 541, 612, 757
 – als Disposition (Trait-Ärger) 613
 – als Zustand (State-Ärger) 613
 – Ausdruck 619
 – Auslösebedingung 615
 – Komponente 612
 – konstruktiver 619
 – Modifikation des Erlebens 621
Ärgersyndrom 614
Ärger-Bewältigung 619
Ärgerinduktion 616
Ärgermodifikationsprogramm 621
Asymmetrie in der EEG Aktivität 416
Attraktivität 437
Attribution 127, 128, 130, 131, 200, 202, 389
 – Stabilität 431
Attributionsfehler, fundamentaler 127
Attributionsstil 81, 136, 691
 – depressiver 201
Attributionstheorie 126, 429
attributionsunabhängig 430
Aufgabenkomplexität 177
Aufgabenschwierigkeit 325–327
Aufgabenwahl 23, 60, 122, 124
Aufgeregtheit 628
Aufmerksamkeit 680, 681, 683
 – selektive 683
Aufmerksamkeitslenkung 716, 717
Aufwand
 – nepotistischer 410
 – somatischer 410
Ausdauer 23, 79
Ausdruck 422, 465, 466, 468
Ausdrucksverhalten 742, 745, 746
 – kulturelle Einflüsse 426
 – von Primaten 425, 426
Automotiv-Theorie 205
Autonomie 142, 145, 147, 396

B

Bari Volksstamm 607
Basalganglien 308
Basalkern 477, 478
Basisemotion 407, 414, 424, 522, 582, 585, 613
Basisemotionssystem 492
Bearbeitung kognitiver Probleme 711
Bedeutungszuschreibung 692
Bedürfnis 13, 22, 85, 109, 110, 113, 115, 116
 – biogenes 314
 – psychologisches 142, 147
Befinden, emotionales 532
Befriedigung 439
Begabung 58, 59, 220
Behavioral Approach System (BAS) 307, 311
Behavioral Inhibition System (BIS) 306, 311
Belastung 742, 743, 745, 746
Belohnung 306–310
Benzodiazepin 485, 486
bereichsspezifisch 408
Berufsberatung 53
Beschämung 430
Besitzeffekt 370, 371
Besorgnis 623, 628, 629
Bestrafung 306, 308–310
Bewältigbarkeit 437
Bewältigung 634, 639–641, 741, 742, 745, 746
Bewältigungsintention 720
Bewältigungsplan 388
Bewältigungsstil 743
Bewertung 389, 436, 437, 613
 – emotionale 749
 – soziale 330
Bewertungsmaßstab 66
Bewertungstheorie 435
Bewusstsein 113, 114
Bewusstseinslage 81, 152
Beziehung 606
 – emotionale 607, 608
Beziehungseifersucht 607
Bezugsgruppeneffekt 60
Bezugsnorm 140
Bezugsnormorientierung 381
Bindung 637
Bindungsforschung 693
Bindungsmotiv 275, 277, 279

Bindungsstil 601, 602
Bindungstheorie 637
Blood Oxygenation Level Dependent (BOLD) 514
Blut-Hirn-Schranke 484, 485
Blutdruck 503
– diastolischer 324
– systolischer 324

C

Cannon und Bard 412
Chorea Huntington 646, 647
Cingulum 291
Circumplex-Modell 689
commitment 84, 155, 756
Computerspiel 543
Computerspielinteraktion 528
Computertomografie (CT) 511
Cyclotron 516

D

Dankbarkeit 431, 433, 439
Darbietungsregel 758
Darstellungsregeln (display rules) 407, 458, 615
Darwinsche Algorithmen 408
demon 410
Depression 132, 161, 198, 201, 663, 737
Determinismus, reziproker 182
Diffusion Tensor Imaging (DTI) 511
Dimensionale Modelle 571
Dissonanztheorie 82
distal 256
Dominanzhierarchie 225
doppel-blind 485
Dosis-Wirkungs-Beziehung 484
Drogenkonsum 227
Durchblutung, periphere 504
Durst 314

E

EEA 406
Eifersucht 408, 605–610
– antizipatorische 605
– argwöhnische 605
– fait accompli 605, 606
– romantische 605, 607
– sexuelle 605–608
Eifersuchtereignis 606
Eifersuchtsarten 605
Eifersuchtsepisode 609

Eifersuchtsfaktor 608
Eifersuchtskommunikation 609
Eifersuchtskomplex 606
Eifersuchtsmotiv 607
Eifersuchtsmuster 606
Eifersuchtsprozess 606
Einbindung, soziale 396
Eingebundenheit, soziale 142, 145, 147
Einschätzung 432, 435, 437, 440, 441, 613, 691
– kognitive 691
Einschätzungsdimension 437
Einschätzungsprozess 439, 440, 443
– emotionserzeugender 440
Einschätzungstheoretiker 435, 440
Einschätzungstheorie 435–437, 439–443
Ekel 410, 644
Elektroenzephalogramm (EEG) 413, 507
Elektrokardiogram (EKG) 502
Elektromyogramm (EMG) 413, 506
elevated plus maze 484, 487
elterliche Wärme 725
Elternaufwand 410
EMG 523
Emotion 13–15, 131, 132, 179, 180, 266, 273, 274, 407, 409
– Ähnlichkeit 571, 572
– attributionale Theorie 429
– attributionsabhängige 430
– Ausdifferenzierung verschiedener E. 452
– Ausdruck 700, 703
– basale 458, 459
– Definition 464
– Dimensionen 572
– dimensionsabhängige 430
– ereignisbezogene 439
– Erkennen 700
– Geschlecht 700
– Gesundheit 741
– habituelle 688, 690
– handlungsbezogene 439
– im Alltag 572
– Kompetenzen zur Bewältigung negativer E. 692
– komplexe 650
– objektbezogene 439
– persönlichkeitsspezifische 693
– primäre 407, 408
– Psychotherapie 731
– sekundäre 407

- selbstwertrelevante 650
Emotional Facial Action Coding System (EMFACS) 526
emotionale Dissonanz 759
Emotionalität
- habituelle 688
- individuelle 694
Emotionsarbeit 711, 758, 759
Emotionsausdruck 231, 406, 419, 741, 745
- Unterdrückung 718, 720
emotionsbeeinflussende chemische Stoffe 552, 558
Emotionsdimension 532
Emotionsdisposition 741, 742, 744, 745
Emotionsentstehung 446, 675, 676
Emotionserkennung 707, 710, 711
Emotionserleben 231
- habituelles 687
- Häufigkeit 699
- Intensität 699
Emotionsgenese 440
Emotionshaushalt 692
Emotionshemmung 732, 741, 742, 746
Emotionsinduktion 541
Emotionskategorien 573, 574
Emotionskomponente 446
Emotionskontrolle 746
Emotionsneigung, bereichsspezifische 688
Emotionsregel 602
Emotionsregulation 707, 714, 741–743, 758, 759
- spontane 720
Emotionsspezifität, physiologische 491
Emotionstheorie 446, 491
- attributionale 429, 430
- psychophysiologische 412
Emotionsverständnis 709
Emotionswörter 572, 573
Empathie 711, 723, 726
Empathie-Altruismus-Hypothese 246, 249, 250
Empathie-Verzeihens-Hypothese 246, 250
Energetisierung 675, 679, 684
Entfremdung 160
Entscheidung 158, 160
Entschlusssicherheit 247
Entspanntheit 410
Enttäuschung 439
Entwicklung 254, 463
- kognitive 256
Entwicklungschance 56

Ereignisfokus 438
Ereigniswahrscheinlichkeit 438
Erfolg 74, 120, 123, 137
Erfolgserwartung 60, 61
Erfolgsmotiv 120–122, 377
Erfolgswahrscheinlichkeit 354
ergebnisabhängig 430
Ergebniserwartung 22, 23
Erinnerungsmethode 542
Erleben 575
- ästhetisches 479
- metakognitives 751
Erleichterung 439
- kognitiver Prozesse 707
Erregung 533, 537
- physiologische 443
- und Ruhe 572
Erwartung 21, 22, 25, 38, 116, 120, 182, 184, 197, 199, 381
- negative 184
- positive 184, 187
Erwartungs-mal-Wert-Prinzip 430
Erwartungs-Wert-Modell 336, 337, 339
Erwartungs-x-Wert-Theorie 21, 25, 27
Erwartungsemotion 136
Erwartungsüberzeugung 691
Erwartungswidrigkeit 438
Erweitertes kognitives Motivationsmodell 384
Erwünschtheit 437, 438
escalation of commitment 80, 82
Evaluation 393
Evolutionspsychologie 93
Evolutionstheorie 111, 112, 407
Expertenverfahren 709
Exploration
- distale 253, 254
- proximale 253, 254
Explorationsverhalten 252–255
Exposition 735
Extensionsgedächtnis 166
Extraversion 690, 710

F

Facial Action Coding System (FACS) 423, 525
Facial Expression Analysis Tool (FEAT) 527
Fähigkeit 129–132, 137, 175
- emotionsbezogene 706
- intellektuelle 706

– selbsteingeschätzte 337
Fähigkeitskonzept 70
Fähigkeitsselbstkonzept 202
Fähigkeitsüberzeugung 326
Fantasien 182, 184
– negative 184
– positive 183, 184, 187
Fight-Flight System 308
flashbulb memories 661
Flow 34, 343, 733
Flow-Erleben 25, 97, 259
Fokus, regulatorischer (RF) 189
Fragebogen 532
Fragebogen zur Erfassung der aktuellen Motivation (FAM) 96
Fragebogenverfahren 532
Freude 410, 432, 438, 442, 541, 585
Frontalcortex 288
– medialer 479
Führung 756
funktionale Magnetresonanztomografie 647
funktionelle Magnetresonanztomografie (fMRI) 413
Furcht 279, 410, 438, 443, 623, 671
– bestätigte 439
– vor Misserfolg 217, 218, 222, 223
– vor Zurückweisung 232, 234, 236

G

GABA$_A$-Benzodiazepin-Rezeptorkomplex 485
Gedächtnis 661
– explizites 734
– implizites 734
Gefühl 231, 532
– im Alltag 573, 574
– subjektives 453
– der Befriedigung 439
Gefühlsqualität 537
Gefühlsregel (feeling rule) 458
Gefühlszustand 532
Gegenregulation 683
Gegenstandsspezifität 52, 55
Geschlecht
– biologisches Merkmal 698
– psychologisches Merkmal 698
– soziale Kategorie 698
Geschlechterstereotyp 703
Geschlechtsunterschied 338, 426, 457, 697
Geschlechtsverkehr 607

Gesichtsausdruck 521, 572, 574
– der Überraschung 580
Gesichtserkennung 409
Gesundheit 586, 742, 743, 747
– Risikofaktor 744
Gesundheitssport 378, 381
Ghrelin 318
Glück 308, 585
Grounded Theory 566
Grübeln 186
Gruppenarbeit 178
Gruppenziel 178
Gütemaßstab 217

H

Habituation 732
HAKEMP 103
Handeln 675–677, 680–682
Handlung 151, 209, 213, 268
Handlungsinitiierung, automatische 211
Handlungskontrolle 381, 387
Handlungskontrollmechanismus 158
Handlungskontrollstrategie 81
Handlungskontrolltheorie 81, 85, 157, 163
Handlungsorientierung 103, 159, 171
Handlungsplan 387
Handlungsregulationskompetenz 85
Handlungssteuerung 206, 677, 681, 684
Handlungstendenz 424
Handlungstheorie 163
Handlungsverlauf 150
Handlungsziel 349, 350, 353
Hautfeuchte 506
Hautleitfähigkeit 505
Hauttemperatur 504
Hedonismus 109
Hemisphärenasymmetrie 509
Hemmung 684, 735
– soziale 248
Herz-/Kreislaufsystem 612
Herz-Kreislauferkrankung 618, 619
Herzrate 413
Herzschlagfrequenz 502
Herzschlagrate 324
Heuristik 372
Hilfebedürftigkeit 432
Hilflosigkeit 431
– erlernte 132, 197
Hippocampus 474, 475, 477, 478
Hoffnung 431, 438, 442, 671

– auf Erfolg 217
– auf Anschluss 232, 234
Hoffnungslosigkeit 199, 200, 202
Homo Consumericus 373
Homo Öeconomicus 360, 369, 370
Homöostase 313
Hormon 298, 551, 555, 560
Hunger 316
Hypothalamus 474–477

I

Ich-Involviertheit 222
Identitätshypothese 441
Ignoranz, pluralistische 248
Immunsystem 229
Implementierungsintention 387
Impliziter Assoziationstest 630
Impulsivität 306, 309, 310
in vitro 484
in vivo 484
Induktionsverfahren 540
Inhaltsanalyse 31, 563
– qualitative 564
Inhaltsspezifität 52
Inhibitionstendenz 226
Insel 477, 479
Inselregion 479
Instinkt 109–114, 117, 406, 407, 410
Instrument
– imaginationsbasiertes 91
– operantes 91
Instrumentalität 353, 354
Insula 647
Integration 735
Intelligenz
– emotionale 690, 706, 708, 711, 752, 759, 760
– gemischtes Modell emotionaler I. 708
– leistungstestbasierter Zugang zur emotionalen I. 709
– leistungstestbasiertes Maß emotionaler I. 710
Intensität 688
Intensitätstheorie, motivationale 325, 330
Intention 157, 158, 164, 239
– prosoziale 247
Intentionsgedächtnis 164
Interesse 52, 261, 278, 335, 749, 750
Interessenförderung 395
Interessenforschung 54

Interessenkonstrukt 53
Interessenprofil 53
Internalisierung 144, 468
International Affective Digitized Sounds (IADS) 544
International Affective Picture System (IAPS) 543
Interpretation 563
Intimität 97
Intimitätsmotiv 232, 236
intrinsisch 124, 381
Intrusion 735
inverses Problem 517
Investitionsklima 361
Isotop 515

J

James und Lange 412

K

Kampf-/Fluchtreaktion 412, 417
Kapazität 664, 665
– kognitive 664
Katharsis 242, 243, 732
Kausaldimension 430
Kausalität 127, 133
Kindheit, frühe 467
Knock-out 485
Kodierverfahren 521, 524
Kognitions-Emotions-Beziehung 435
kognitive Umbewertung (reappraisal) 717
Kompetenz 142, 145, 147, 217, 396
– emotionale 707–711
– motivationale 355, 357, 672
– volitionale 355, 357
Kompetenzerleben 262
Kompetenzgefühl 247
Komponenten-Prozess-Modell 446, 492
Komponentenmodell der somatoviszeralen Aktivierung 496
Konditionieren, evaluatives 662
Konditionierung
– instrumentelle 625
– klassische 625, 626
Konflikt 117, 734
Konsensusverfahren 709
Konsumklima 361
Konsummotiv, Aktivierung 367
Konsumtheorie
– makroökonomische 361
– mikroökonomische 361

Kontrastierung, mentale 37, 44, 185, 186, 187
Kontrolle 225, 226
Kontrollierbarkeit 430–432, 676, 677
Kontrollmöglichkeit 682
Kontrollstrategie 43
Kontrolltheorie 23
Kontrollüberzeugung 682
Kontrollverlust 226
Konzept 47
Konzeption, persönlichkeitsbasierte 709
Korrumpierungseffekt 146
Kovariationsprinzip 128
Kultur 147, 459, 461
 – kollektivistische 90
 – nicht westliche 91
 – westliche 90
kulturuniversal 407
Kulturuniversalität 406
Kulturvergleich 89–92
Kummer 724–726

L

Lächelformen 423
Lächeln 410
Lächeln und Lachen 426
Lageorientierung 103, 171
 – bedrohungsbezogene 159
 – prospektive 159
law of effect 114
Lebensaufwand 406
Lebensqualität 585
Lebensverlauf 405
Lebensverlaufsgeschichte 406, 409
Lebenszufriedenheit 92
Leid 438
Leistung 37, 40, 59–61, 67, 69, 97, 122, 174, 175, 205, 217, 347, 352, 380, 756
Leistungsmotiv 29, 65, 275, 279, 280, 304, 377–379
 – explizites 30
 – implizites 30, 91, 92
Leistungsmotivation 27, 74, 80, 120, 131, 132, 155, 217
 – attributionale Theorie 136
 – Selbstbewertungsmodell 135, 137
Leistungsverhalten 120
Leistungsziel 41, 75, 97
Leptin 318
Lern- und Denkstrategie 752
Lern- und Leistungsemotion 748

Lernen 748
 – selbstreguliertes 751
 – sozial-emotionales 711
Lernfreude 748
Lernumgebung, problemorientierte 750
Lernziel 41, 64, 75, 97, 177, 178
Liebe 596
Liebeshandlung 601
Liebeskummer 596
Liebesstile 598
life history 405, 406
Ligand 483, 485
liking 288, 294
Lobwürdigkeit 437
Lust – Unlust 572, 575
Lust- und Unlustgefühle 442

M

Macht 97
Machtmittel 226
Machtmotiv 92, 226, 228, 275, 280, 282, 303, 377, 378
Magnetresonanztomografie (MRI) 511
Marker, somatischer 478
Marketing 360
Marktforschung 363
Marktpsychologie 361
Maximally Discriminative Facial Movement Coding System (MAX) 526
Mechanismus, psychischer 406, 408, 409
Meliorationsprinzip 370
Messung, ambulatorische 418
Meta-Analyse 496, 497
meta-mood 706
Methode
 – operante 33
 – neurochemische 550
 – qualitative 563
micro-momentary expressions 427
Mimik 422, 521, 574, 612, 613, 615
Mimik-Feedback-Hypothese 545
Mimikanalyse 521
Mimiksynthese 521
Misserfolg 74, 123, 137, 159, 355
 – Furcht vor 155
Misserfolgsmotiv 120–122, 378
Mitgefühl 724–726
Mitleid 432, 542
Mitteilungsbereitschaft 534
MMG 101, 102

Modell
- fähigkeitsbasiertes 708
- hexagonales 54
- kategoriales 571
- neuropsychologisches 412

modular 409
Mood-Behavior-Model 327
Morbus Parkinson 646
Motiv 13, 14, 22, 29, 80, 81, 85, 109, 110, 113, 132, 225, 266, 299, 303, 353, 669, 672
- Entwicklung 272, 277
- explizites 29, 49, 50, 89, 274
- funktionelle Autonomie von M. 279
- implizites 29, 49, 89–91, 93, 274, 670–673
- Klassifikation 274–276
- Merkmal 273
- nach Leidvermeidung/Furcht 278
- prosoziales 275, 281
- selbst-attribuiertes 49
- Selbsteinschätzung von M. 30

Motiv-Ziel-Kongruenz 92
Motivation 13–15, 155, 343, 668
- extrinsische 143, 144, 340
- intrinsische 143, 145, 146, 340
- altruistische 249
- extrinsische 258, 264
- intrinsische 24, 258, 259–264
- Neurobiologie 287
- neuronale Hierarchie 287
- potenzielle 40, 325, 328
- Schwierigkeitsgesetz 122

Motivationsförderung 381
Motivationspsychologie 90
- historische Ansätze 109

Motivationssystem, neurobehaviorales 492
Motivationstraining 392
Motivationsverlust 179, 335, 336, 340
Motivdefinition 273
Motivklassifikation 50
Motivtrias 89, 90, 276
Multi-Motiv-Gitter (MMG) 100

N

naches 409
natural incentives 671
near-infrared-spectroscopy (NIRS) 511
Neodarwinismus 407
Neokortex 31

Neugeborenes 466, 467
Neugier 252, 254–256
- epistemische 254, 255
- manipulative 254, 255
- perzeptive 254, 255

Neugiermotiv 275, 278
Neugierverhalten
- diversives 253
- spezifisches 253

neurohormonell 672
Neuromodulator 550, 557
Neuropeptid 483
Neuropsychologie 473
Neurostoff 550, 560
Neurotizismus 690, 691, 710
Neurotransmitter 483, 550, 557
Neurowissenschaft, affektive 287
Norm 47, 90, 457, 460
Notfallreaktion 613
Nucleus accumbens 293
Nucleus caeruleus 474, 476

O

ob/ob Maus 316
Objekterkennung 165
OFC-Amygdala-Accumbens-Komplex 293
Operanter Motivtest (OMT) 33, 92, 100, 101
Operation 269
Opioid 299
Optimismus 154
- illusorischer 182, 183

orexigen 318
Organisation 755–757, 759
Oxytocin 301, 478

P

Paarungsaufwand 410
Panik 309
Peinlichkeit 650, 651
Persistenz 39, 61, 79, 80, 86, 122, 154, 392
Person-Gegenstands-Konzeption 55
Person-Umwelt-Orientierung 53
Personality Research Form (PRF) 97
Persönlichkeit 646, 686, 687, 690
- Komponenten 686

Persönlichkeits- und Identitätsentwicklung 693
Persönlichkeitsbedingung 686, 691

Persönlichkeitsmerkmal, nicht-intellektuelles 707
Persönlichkeitstheorie 686
Personmerkmal 687
- emotionsbezogenes 687
Perspektivenübernahme 724
Pharmaka/chemische Stoffe als Forschungswerkzeuge 551, 555, 560
Phobie 443
Picture Emotion Scales PES 538
Picture-Story Exercise (PSE) 100
Placebo-kontrolliert 485
Plan 150
Planen 209, 386
Populationsgenetik 407
„Positive Psychologie" 586
Positronen-Emmissions-Tomografie (PET) 511
possible selves 182, 184
Potenzial
- ereignisbezogenes 508
- ereigniskorreliertes 415
Präfrontalcortex 288, 477
- dorsolateraler 290, 478
- ventrolateraler 290
Prediction Theory of NAc 294
Preparedness-Theorie 415
Prevention-Fokus 76, 189–193
Prinzip, hedonisches 189, 193
Produktivität 347
Produktivitätsmanagement 357
Promotion-Fokus 76, 189–193
Prosopagnosie 409
Prospect Theory 370
Provokationstest („Challenge"-Test) 561
proximat 406
Prozess
- automatischer 204
- motivationaler 209
- unbewusster 204
- volitionaler 209
PSE 101
PSI-Theorie 163
Psychologie, evolutionäre 405
Psychopharmaka 553
Psychophysiologie 501
Psychostimulantien 554, 558, 559
Psychotizismus 306, 309
Psychotomimetika (Halluzinogene) 555
Putamen 647

R

Reaktionsmuster 452
Reaktionsveränderung 718
Reaktivität 534
- emotionale 533
Reattributionstraining 397
Regulation
- emotionale 267
- habituelle 269
- interpersonale 267, 270, 464, 465
- intrapersonale 267, 270, 464, 465, 468
- intuitive 269
- reflexive 269
- volitionale 268
Regulatorischer Fit 194
Relevanzdetektion 454
Reproduktion, genetische 405
Reproduktionsproblem 408
Reproduktivität, differenzielle 408
Resignation 431
Reue 439
Rezeptor 482, 483
Reziprozität 374
Risikoverhalten 742–744
Risikowahl-Modell 131, 136, 351
Rivale 606–609
Rolle 457, 458, 460
Rubikonmodell 150
- der Handlungsphasen 383
Rückmeldung 176
Rückschaufehler 372

S

satisficing principle 369
Sättigung 316
Schadenfreude 409
Scham 222, 650, 651
Schamgefühl 431
Schema 457
- kausales 129, 580
Schlüssel-Schloss-Prinzip 483
Schlüsselreiz (natural incentives) 672
Schüchternheit 231
Schuld 432, 433, 650, 651
Schuldgefühl 248, 432
Schwangerschaft 645
Schwelgen 185–187
Scopolamin 647
Selbst 166
Selbstaktualisierung 732

Selbstauskunft, explizite 92
Selbstbestimmung 48, 261, 263, 381
Selbstbestimmungstheorie 142, 340
Selbstbewertungsemotion 135, 136
Selbstbild, motivationales 670–673
Selbstentfremdung 738
Selbstergänzungstheorie 39
Selbstinvolvierung 328
Selbstkonzept 21, 33, 98, 220, 396, 691
– der Begabung 58, 339
Selbstregulation 74, 720, 721
Selbstregulationsproblem 209
Selbstregulationsstrategie 209
Selbststeuerungsinventar (SSI) 104
Selbstverstärkung 248
Selbstvertrauen 247
Selbstwertdefizit 200
Selbstwirksamkeit 22, 39, 175, 247, 381, 743
Selbstwirksamkeitserwartung 384
Selektion
– natürliche 409
– sexuelle 406
Self-Assessment Manikin (SAM) 537
Self-Evaluative Emotions Coding System (SEECS) 527
Sensation-seeking 254, 255
Sexualität 645
Sexualverhalten 321
Sicht, neuropsychologische 30
Signalentdeckung 410
Simulation, mentale 43, 186
Situationsauswahl 716
Situationsmodifikation 716, 717
Skript 457–460
„Somatic Marker"-Hypothese 413
Sonografie 511
Sozial-kognitives Prozessmodell gesundheitlichen Handelns 385
Sozialisation 366, 460
– emotionale 701, 702
Spektroskopie 511
Spezialzweckmechanismus 408
spezies-typisch 409
spezies-universal 409
Spezifitätsmodell 494
Spiegelneuron 479, 480
Stabilität 430
Stabilitätsdimension 431
Startle 413
State-Trait-Angstmodell 623

State-Trait-Unterscheidung 587
Stereotyp 697
Steroid, neuroaktives 483
Steroidhormon 483
Stimmung 326, 327, 443, 661, 663, 664, 751
Stimmungskongruenzeffekt 663
Stimulus Evaluation Check 446
Stolz 14, 120, 123, 131, 135, 137, 179, 218, 430, 442, 541, 650, 651
Stressbewältigung 710, 711
Stressmanagement 381
Striatum 476, 478
– ventrales 293
Studienerfolg 710
Sunk Cost Effekt 371
Synchronisation 453
System
– kardiovaskuläres 324
– limbisches 30
– neurochemisches 550
– septo-hippocampales 307
Szintigrafie 511

T

TAT 671
Tätigkeitsanreiz 218, 671
Tatsachenüberzeugung 436, 438
Taxonomie 50
Teil-Ganzes-Hypothese 441
Temperament 690
Temporal Construal Theory 182, 187
Tendenz, epistemische 55
Testosteron 228, 229, 302
Textanalyse 563
Thalamus 475, 477
Thematischer Apperzeptionstest (TAT) 32, 670
Thematischer Auffassungstest (TAT) 92, 100, 218
Theorie
– attributionale 429
– der Fantasierealisierung 182, 184, 186
– der resultierenden Valenz 120, 121
– der Schutzmotivation 384
– des geplanten Verhaltens 385
– des mimischen Ausdrucks 407
– des regulatorischen Fokus 189
– implizite 66
Theory of Self 479

Tiermodell 484, 487
Tod 633, 637–639, 641
Trait 687
– emotionales 687
Tranquillantien 553, 557–559
transgen 485
Transmitter 483
Trauer 409, 633
– Phasenmodell 634
Trauerarbeit 635, 636, 639
Trauerreaktion 635, 638
Traurigkeit 432, 442
Trennung 636
Trennungsschmerz 409
Trieb 110–113, 115
Trinkverhalten 315

U
Übergewicht 316
Übermotivation 379, 380
Überraschung 433, 542, 577
Überzeugung 47
– attributionale 691
ultimat 406
Ultimatum-Spiel 479
Umbewertung, kognitive (reappraisal) 717, 718, 720
Ungerechtigkeit 757
Unterstützung, soziale 715
Untreue 605
– sexuelle 605
Ursache
– proximate 405
– ultimate 405

V
Valenz 73, 199, 414, 533, 538, 572, 575, 688, 689
Valenzüberzeugung 691
Validierung von Befindensmaßen 534
Variabilität der Schlagfrequenz 502
Vasopressin 301, 304
Vaterschaft 608
Vaterschaftsgewissheit 607
Velten-Technik 544, 616
Verachtung 644
Veränderung, kognitive 716, 717
Verantwortlichkeit 432, 433
Verantwortung
– Diffusion 248
– soziale 250

Verantwortungsübernahme 247
Verantwortungszuschreibung 432
Verfahren
– bildgebendes 511
– situiertes 527
Vergleichsmaßstab
– individuell-dimensionaler 59
– individuell-temporaler 59
– kriterialer 59
– sozialer 59
Vergleichsprozess 59, 60
Verhalten
– abweichendes 460, 710
– gesundheitsbezogenes 383
– operantes 219
– prosoziales 710
– respondentes 220
Verhaltensblockierung 681
Verhaltensenergetisierung 681
verhaltenshemmend 680
Verhaltenshemmung 306, 675
Verhaltensmobilisierung 308
Verhaltensmuster 744
Verhaltenssteuerung 165
Verhaltenstendenz 679
Verlegenheit 542
Verliebtsein 596, 597
Verlust 633, 636, 637, 639–641
Vermeidung 678, 715
Vermeidungs-Leistungsziel 64
Vermeidungsmotivation 72
Vermeidungsziel 75
Verstärker
– primärer 291
– sekundärer 291
Verstärkung 291
Verursachung, persönliche 23, 24
Vigilanz 627, 628
Volition 209
– Neurobiologie 287
Volitionspsychologie 80
Volkswirtschaftslehre 360
Vorgehen, persönlichkeitstestbasiertes 708
Vorhersage-Fehler 294
– negativer 294
– positiver 294
Vorsatz 43, 186, 212
Vorstellungsmethode 542
Voxel-basierte-Morphometrie (VBM) 513

W

Wahrnehmungsschwelle 443
wanting 288, 294
Wenn-Dann-Plan 210
Wert 46, 90, 147, 373
Wert- und Tatsachenüberzeugung 437
Wertedimension 48
Wertetaxonomie 47
Wertetyp 47, 48
Wertkonflikt 367
Wille 111, 117, 118
Willensbahnung 169
Willenshemmung 169
Wirksamkeitserwartung 22, 23
Wirksamkeitsmotiv 275, 278, 279
Wohlbefinden 37, 142, 143, 168, 374, 585
working memory 629
Wunsch 150, 438
Wunscherfüllung, kognizierte 437

Y

Yerkes-Dodson-Gesetz 379, 380

Z

Zentrales Autonomes Netzwerk 493
Zentralität 661
Ziel 13, 37, 49, 64, 79, 81, 90, 109, 110, 112, 116–118, 150, 174, 175, 225, 260, 261, 348, 349, 351, 668, 672, 675, 676, 680, 682
– persönliches 74, 95
Zielablösung 79, 80, 82, 83, 85, 86
Zielbindung 37, 185–187, 352
– eskalierende 82, 83
Zielhierarchie 39
Zielintention 212
Zielorientierung 64, 178
Zielschwierigkeit 174
Zielsetzung 381
Zielvereinbarung 357
Zielverfolgung 675–677, 684
Zielvorgaben 351
Zielzustand 47
Zufriedenheit 410, 585
Zustandsangst 623, 624
Zwangsstörung 647
Zwei-Prozess-Theorie 625, 626
Zweifaktorentheorie 429

David Scheffer

Implizite Motive

Entwicklung, Struktur und Messung

(Reihe: »Motivationsforschung«)
2004, XIV/171 Seiten,
€ 34,95 / sFr. 59,90
ISBN 978-3-8017-1778-0

Das Buch befasst sich mit der Frage, wie implizite Motive messbar und damit objektiv beobachtbar gemacht werden können. Es informiert ausführlich über indirekte Verfahren, mit denen sich implizite Motive messen lassen.

Hugo M. Kehr

Motivation und Volition

Funktionsanalysen, Feldstudien mit Führungskräften und Entwicklung eines Selbstmanagement-Trainings (SMT)

(Reihe: »Motivationsforschung«)
2004, XV/281 Seiten,
€ 32,95 / sFr. 56,90
ISBN 978-3-8017-1821-3

Dieser Band liefert eine kritische Auseinandersetzung mit der gegenwärtigen Motivations- und Volitionsforschung und berichtet über die Entwicklung eines Selbstmanagement-Trainings (SMT) zur Förderung metamotivationaler und metavolitionaler Kompetenzen.

Julius Kuhl

Motivation und Persönlichkeit

Interaktionen psychischer Systeme

2001, XXI/1221 Seiten, geb.,
€ 79,95 / sFr. 128,–
ISBN 978-3-8017-1307-2

Die Theorie der Persönlichkeits-System-Interaktionen (PSI-Theorie) ist ein umfassender Versuch, die Motivations- und Persönlichkeitspsychologie auf neue Weise zusammenzuführen.

Veronika Brandstätter

Persistenz und Zielablösung

Warum es oft so schwer ist, los zu lassen

(Reihe: »Motivationsforschung«)
2003, XVI/226 Seiten,
€ 34,95 / sFr. 59,–
ISBN 978-3-8017-1743-8

Ausgehend von sozial- und organisationspsychologischen Befunden beschäftigt sich der Band mit den beiden Facetten erfolgreichen Zielstrebens: Persistenz und Zielablösung.

Thomas Andreas Langens

Tagträume, Anliegen und Motivation

(Reihe: »Motivationsforschung«)
2002, XI/217 Seiten,
€ 36,95 / sFr. 62,–
ISBN 978-3-8017-1670-7

Das Buch zeigt auf, unter welchen Bedingungen sich Menschen von positiven Tagträumen zur Verfolgung ihrer Ziele anregen lassen, und welche Faktoren dazu führen, daß sie ihre Ziele aufgeben.

Friedrich Försterling
Joachim Stiensmeier-Pelster (Hrsg.)

Kognitive und emotionale Aspekte der Motivation

2000, 258 Seiten,
€ 36,95 / sFr. 60,–
ISBN 978-3-8017-1419-2

Die Beiträge des Bandes beschreiben und erklären die motivationalen und emotionalen Prozesse, die menschliches Verhalten in ganz unterschiedlichen Bereichen bestimmen.

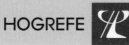

Hogrefe Verlag GmbH & Co. KG
Rohnsweg 25 · 37085 Göttingen · Tel: (0551) 49609-0 · Fax: -88
E-Mail: verlag@hogrefe.de · Internet: www.hogrefe.de

Die Handwörterbücher für Studium, Beruf und Lehre!

Die 13 Bände der Reihe »Handbuch der Psychologie« bieten eine schnelle Orientierung über die wichtigsten Inhalte des jeweiligen Fachgebietes.

F. Petermann · H. Reinecker (Hrsg.)
Band 1: 2005, 783 Seiten, geb.,
ISBN 978-3-8017-1899-2

H. Weber · T. Rammsayer (Hrsg.)
Band 2: 2005, 608 Seiten, geb.,
ISBN 978-3-8017-1855-8

H.-W. Bierhoff · D. Frey (Hrsg.)
Band 3: 2006, 838 Seiten, geb.,
ISBN 978-3-8017-1844-2

F. Petermann · M. Eid (Hrsg.)
Band 4: 2006, 805 Seiten, geb.,
ISBN 978-3-8017-1911-1

J. Funke · P.A. Frensch (Hrsg.)
Band 5: 2006, 825 Seiten, geb.,
ISBN 978-3-8017-1846-6

H. Schuler · K. Sonntag (Hrsg.)
Band 6: 2007, 838 Seiten, geb.,
ISBN 978-3-8017-1849-7

M. Hasselhorn · W. Schneider (Hrsg.)
Band 7: 2007, 711 Seiten, geb.,
ISBN 978-3-8017-1847-3

S. Gauggel · M. Herrmann (Hrsg.)
Band 8: 2008, 808 Seiten, geb.,
ISBN 978-3-8017-1910-4

R. Volbert · M. Steller (Hrsg.)
Band 9: 2008, 652 Seiten, geb.,
ISBN 978-3-8017-1851-0

W. Schneider · M. Hasselhorn (Hrsg.)
Band 10: 2008, 771 Seiten, geb.,
ISBN 978-3-8017-1863-3

In Vorbereitung:

· Handbuch der Gesundheitspsychologie und Medizinischen Psychologie

· Handbuch Statistik, Methoden und Evaluation

Preis je Band € 59,95 / sFr. 99,–. Sparen Sie € 10,– pro Band bei einer Abo-Bestellung (bei Abnahme von mind. 4 Bänden der Reihe beträgt der Preis je Band € 49,95 / sFr. 84,–).

HOGREFE

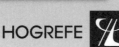

Hogrefe Verlag GmbH & Co. KG
Rohnsweg 25 · 37085 Göttingen · Tel: (0551) 49609-0 · Fax: -88
E-Mail: verlag@hogrefe.de · Internet: www.hogrefe.de